남녘과 북녘 속담을 두루 살펴 그 가운데서 우리 아이들의 눈높이에 맞는 속담들을 골라 이 한 권의 책에 담았습니다. 흔히 쓰는 관용 표현도 실었습니다. 속담의 유래나 관련 옛이야기, 우리 문화나 풍습, 역사뿐 아니라 우리 겨레 동식물에 대한 다양한 읽을거리까지 두루 담아 읽기 책으로서도 손색이 없습니다. 어려운 낱말은 친절하고 쉬운 말로 풀이를 덧붙이고, 삽화도 곁들여 이해를 도왔습니다. 어휘력, 문해력, 표현력이라는 세 마리 토끼를 한 번에 잡을 수 있는 책이라고 할 수 있지요.

어휘력을 기르고 말과 글의 이해력을 높이고 자기 생각을 풍부하게 표현할 수 있는 힘을 키우는 데 가장 정확하고 효과적인 방법은 항상 사전을 옆에 두고 펼쳐 보는 것입니다. 아이들뿐 아니라 어른들도 마찬가지입니다. 뜻있는 부모님과 선생님들이 이 사전을 많은 어린이와 청소년들에게 권해 주시기 바랍니다. 그리고 늘 곁에 두고 함께 펼쳐 보면서 자주 입에 올려 써 보시기 바랍니다.

2024년 5월 1일

엮은이들을 대표하여 윤구병

일러두기

1. 남녘 속담과 북녘 속담을 아울러 실었습니다. 흔히 쓰는 관용 표현(관용구)도 함께 실었습니다. 운율과 대구가 살아 있고 교훈적이며 속뜻이 깊은 속담들을 가려 실었습니다. 성차별을 하거나 남을 업신여기거나 시대에 맞지 않는 봉건적인 속담은 되도록 뺐습니다. 북녘 속담은 따로 표시하지 않았습니다.
2. 속담과 관용 표현은 가나다차례로 싣고, 표제어, 뜻풀이, 같은 속담, 읽을거리, 낱말 풀이 순으로 설명하였습니다.
3. 한 속담에서 빼고 쓸 수 있는 말은 ( )로 표시하고, 바꾸어 쓸 수 있는 말은 [ ]로 표시했습니다. 바꾸어 쓸 수 있는 말이 여럿인 경우에는 /로 표시했습니다.

   예 갈수록 태산[수미산/심산/적막강산/험산](이라)

4. 속담과 관용 표현마다 겉뜻과 속뜻 풀이를 같이 실었습니다. 말뜻이 직접 드러나는 속담이나 관용 표현은 속뜻만 풀이했습니다.
5. 표현은 다른데 같은 뜻을 지닌 속담은 '같은 속담'으로 표시하고 덧붙였습니다. 마찬가지로 같은 뜻을 지닌 관용 표현은 '같은 관용'으로 표시하고 덧붙였습니다.
6. '읽을거리'에는 그 속담의 유래나 관련 옛이야기, 우리 문화와 풍습, 사회, 역사, 상징적인 동식물에 대한 재미있는 이야기들을 담았습니다.
7. 어렵거나 낯선 낱말은 이해를 돕기 위해 '낱말 풀이'와 삽화를 덧붙였습니다.
8. 부록은 여러 쓰임새에 따라 다양하게 구성했습니다. 주제나 소재별로 속담을 찾아보거나 그림으로 옛 살림살이를 한눈에 살펴보거나 속담과 한자 성어를 견주어 볼 수 있도록 구성했습니다.
9. 방언은 그대로 두되, 띄어쓰기와 맞춤법은 국립국어원 《표준국어대사전》을 따랐습니다. 북녘말의 표기도 현행 한글맞춤법 규정에 따라 표기하였습니다.

표제어 속담 또는 관용 표현(관용구)

봄 꿩이 제바람에 놀란다

겉뜻 / 속뜻

봄이 되어 알을 낳으려는 꿩이 저 혼자 놀라 후다닥 난다는 뜻으로, 자기가 한 일에 자기가 놀라는 경우를 빗대어 이르는 말.

뜻풀이 속담의 겉뜻과 속뜻을 보여 준다.

같은 속담 제 방귀에 (제가) 놀란다

같은 속담 속뜻이 같은 속담을 모았다.

읽을거리 꿩은 '꿔궝, 꿩' 하고 운다는 데에서 붙은 이름이라고 해. 부르는 이름도 여러 가지야. 수컷은 장끼, 암컷은 까투리, 새끼는 꺼병이라고 해. 꿩이나 토끼나 노루 같은 초식 동물들은 늘 자기를 잡아먹으려는 짐승들 때문에 마음을 못 놓고 살지. 특히 봄이 되면 부지런히 먹이를 찾고 새끼를 낳아 길러야 하니까 더 긴장해서 더러 저 혼자 놀라기도 한다는 말이야. 사람도 자기가 한 일에 자기가 놀라는 경우가 있는데 이를 꿩을 빗대어 쓴 거야.

읽을거리 속담의 유래나 문화와 풍습, 동식물의 특징 따위를 담았다.

낱말 풀이 **제바람** 스스로의 행동에서 생긴 영향.

낱말 풀이 어려운 낱말을 풀이하였다.

걷기도 전에 뛰려고 한다

쉬운 일도 해내지 못하면서 반드시 거쳐야 할 차례를 건너뛰고 어려운 것을 해 보겠다고 헤덤비는 짓을 비웃어 이르는 말.

같은 속담 기기도 전에 날기부터 하려 한다 • 털도 아니 난 것이 날기부터 하려 한다 • 푸둥지도 안 난 것이 날려고 한다

같은 속담

기기도 전에 날기부터 하려 한다
기도 못하는 게 날려 한다
기도[기지도] 못하면서 뛰려 한다
'걷기도 전에 뛰려고 한다'와 같은 속담.

같은 뜻을 지닌 속담은 가나다차례로 묶었다.

강 건너 불구경[불 보듯]

강 건너에서 일어난 불을 달려가 끌 생각은 하지 않고 팔짱 끼고 구경만 한다는 뜻으로, 자기와 관계없는 일이라고 하여 나서지 않고 곁에서 보고만 있는 모양을 이르는 관용 표현.

같은 관용 건넛마을 불구경하듯 • 건넛산 불 보듯

같은 관용 속뜻이 같은 관용 표현을 모았다.

건넛마을 불구경하듯
'강 건너 불구경[불 보듯]'과 같은 관용 표현.

차례

ㄱ

가갸 뒷다리[뒤 자]도 모른다

'가'와 '갸' 자의 세로획 'ㅣ'조차 쓸 줄 모른다는 뜻으로, 글자를 하나도 알지 못하거나 일의 이치에 몹시 어두운 사람을 놀리어 이르는 말.

같은 속담 기역 자 왼 다리도 못 그린다 • 낫 놓고 기역 자도 모른다

낱말 풀이 **가갸** 옛날에, '한글'을 달리 이르던 말. =가갸글.

가게 기둥에 입춘[주련]

대궐 기둥이나 살림집 대문에 붙이던 입춘방을 엉뚱하게 가게 기둥에 붙였다는 뜻으로, 제 분수에 맞지 않게 지나치게 꾸미는 것을 빗대어 이르는 말.

읽을거리 옛날에, 봄이 시작되는 입춘이면 한 해 동안 편안하기를 바라며 집 안 곳곳에 좋은 글귀를 써서 붙이던 풍습이 있었어. 흔히 쓰는 글귀인 '입춘대길(立春大吉) 건양다경(建陽多慶)'은 봄을 맞이하여 운이 매우 좋고 경사스러운 일이 많이 생기기를 바란다는 뜻이야. 대궐에서는 신하들이 쓴 시 가운데 아름다운 구절을 골라 적어서 기둥에 붙였어. 이런 글귀들을 보잘것없는 가게 기둥에 붙였으니 안 어울렸겠지. 그래서 분수에 맞지 않는 일을 보면 "가게 기둥에 입춘" 또는 "가게 기둥에 주련"이라고 빗대어 말해 왔던 거야. 또 입춘에 남몰래 착한 일을 하면 나쁜 일을 막아 준다고 믿었어. 그래서 아무도 모르게 냇물에 징검다리를 놓거나 울퉁불퉁한 길을 다듬거나 거지 움막에 밥을 가져다 놓기도 했지. 입춘은 힘들고 가난한 이웃을 생각하고 따뜻한 인정을 베푸는 날이라고 할 수 있어.

입춘방

낱말 풀이 **입춘방** 입춘에 벽이나 문짝, 문지방 따위에 써 붙이는 글. **주련** 벽이나 기둥에 꾸미려고 써 붙이는 글귀나 글씨.

가까운 남[이웃]이 먼 일가[친척]보다 낫다

어려운 일이 있을 때 가까이에서 도와주는 이웃이 먼 데 있는 친척보다 오히려 낫다는 뜻으로, 이웃끼리 서로 도우며 사이좋게 지내라는 말.

같은 속담 먼 데 일가가 가까운 이웃만 못하다 • 지척의 원수가 천 리의 벗보다 낫다

낱말 풀이 **일가** 1. 한집에 사는 가족. 2. 성과 본이 같고 한 핏줄을 이어받은 사람.

가까운 데를 가도 점심밥을 싸 가지고 가거라

아무리 가까운 곳에 가더라도 만일을 생각하여 점심밥을 싸 가라는 뜻으로, 무슨 일이든 시작하기 전에 빈틈없이 준비하라는 말.

같은 속담 십 리 길에 점심 싸기

가까운 데 집은 깎이고 먼 데 절[집]은 비친다

가까이에 있는 것은 작은 흠까지 드러나서 안 좋게 보이고, 멀리 있는 것은 겉모습만 대강 보여서 실제보다 더 돋보이기 쉽다는 말.

가까운 무당보다 먼 데 무당이 영하다

사람은 흔히 자기가 잘 알고 가까이 있는 것보다 잘 모르고 멀리 있는 것을 더 낫게 여긴다는 말.

같은 속담 먼 데 무당이 영하다

낱말 풀이 **영하다** 사람의 바람을 이루어 주는 신비한 힘이 있다.

가까운 집 며느리일수록 흉이 많다

가까운 데 사는 며느리는 자주 봐서 자그마한 흠까지 더 잘 알게 된다는 뜻으로, 늘 가까이 있어 잘 아는 사이일수록 크고 작은 흠이 눈에 더 잘 띈다는 말.

같은 속담 이웃집 며느리 흉도 많다

가까이 앉아야 정이 두터워진다[가깝다]

서로 가까이 있으면서 자주 오가야 마음이 통하고 정도 두터이 쌓인다는 말.

가꾸지 않은 곡식 잘되는 법이 없다

곡식은 애써서 가꾸지 않으면 잘 여물지 않듯이, 사람도 올바르게 가르치고 잘 이끌지 않으면 제구실을 못한다는 말.

가난 구제는 나라[나라님/임금]도 못한다[어렵다]
가난은 나라(님)도 못 당한다

가난한 살림을 도와주는 것은 끝이 없는 일이라서 사람은 물론 나라의 힘으로도 어쩔 수 없다는 말.

가난도 비단 가난

아무리 가난해도 비굴하게 굴거나 몸가짐을 함부로 하지 않고 타고난 지위와 체면을 더럽히지 않는다는 말.

가난이 소 아들만도[아들보다] 못하다

가난하여 업신여김을 당하는 처지가 집짐승만도 못하다고 한탄하여 이르는 말.

가난이 소 아들이라

소처럼 죽도록 일해도 가난에서 벗어날 수 없다는 말.

가난이 싸움 (붙인다)

가난 때문에 사람들 사이가 나빠지거나 다툼이 생기는 것을 이르는 말.

ㄱ

가난이 원수

가난 때문에 억울한 일을 당하거나 하고 싶은 일을 못 하는 경우에 이르는 말.

가난이 죄다

가난하기 때문에 죄를 짓거나 불행과 고통을 당하게 된다는 말.

가난이 질기다

1. 가난 속에서 온갖 고생을 하면서도 그럭저럭 살아간다는 말. 2. 아무리 애를 써도 가난한 생활에서 벗어나지 못한다는 말.

같은 속담 굶어 죽기는 정승 하기보다 어렵다

가난한 양반 씻나락 주무르듯

가난한 양반이 이듬해 심을 볍씨를 털어먹자니 앞날이 걱정스럽고 굶자니 배가 고파서 볍씨만 주무르듯이, 어떤 일을 선뜻 결정하지 못하고 우물쭈물하는 모양을 빗대어 이르는 말.

읽을거리 씻나락은 '볍씨'의 방언이야. 볍씨는 못자리에 뿌리는 벼의 씨야. 볍씨를 물에 담가 싹을 틔운 뒤에 못자리나 모판에 뿌려 한 달쯤 키워. 그렇게 모판에서 모가 자라면 논에 옮겨 심는 것을 모내기라고 해. 모가 자라서 벼가 되는 거지. 벼는 봄에 모내기를 하고 가을에 거두는 곡식이야. 곡식 가운데에서 물을 댄 논에서 기르는 건 벼뿐이야. 가을에 벼 이삭이 누렇게 익으면 우리가 먹는 쌀을 거둘 수 있지.

가난한 양반 향청에 들어가듯

1. 가난한 양반이 주눅이 들어 관청에 들어갈 때처럼, 떳떳하지 못하고 쩔쩔매며 머뭇거리는 모습을 빗대어 이르는 말. 2. 하기 싫은 일을 마지못해 기운 없이 하는 것을 빗대어 이르는 말.

낱말 풀이 **향청** 고려와 조선 시대에, 고을을 다스리던 벼슬아치를 도와 일을 하던 곳.

가난한 집 신주 굶듯

가난한 집에서는 산 사람도 끼니를 잇기 어렵기 때문에 죽은 사람이 제삿밥을 얻어먹는 것은 더 어렵다는 뜻으로, 매우 자주 굶는다는 말.

낱말 풀이 **신주** 죽은 사람의 이름을 적은 나무패.

신주

가난한 집에 자식이 많다

가난한 살림에 거두어 먹일 자식까지 많다는 뜻으로, 가뜩이나 어려운 형편에 이래저래 부담되는 일이 많다는 말.

가난한 집 제사[제삿날/젯날] 돌아오듯

힘이 몹시 들거나 힘에 부치는 일이 자주 닥쳐올 때 빗대어 이르는 말.

가난할수록 기와집 짓는다

1. 가난한 사람일수록 얕보이기 싫어서 잘사는 척하는 것을 빗대어 이르는 말.
2. 가난할수록 어떻게든 잘살아 보려고 큰일을 벌인다는 말.

가는 날이 생일

남의 집에 볼일이 있어 갔다가 그 집 생일잔치에 끼게 되었다는 뜻으로, 뜻밖에 좋은 일이나 기회를 얻게 된 경우에 빗대어 이르는 말.

가는[가던] 날이 장날

일을 보러 가니 우연히 장이 서는 날이라는 뜻으로, 뜻밖에 일이 딱 들어맞거나 어떤 일을 하려다가 뜻하지 않은 일을 당했을 때 빗대어 이르는 말.

같은 속담 오는 날이 장날

가는 떡이 커야 오는 떡이 크다

'가는 말이 고와야 오는 말이 곱다'와 같은 속담.

가는 말에도 채를[채찍을] 치랬다
가는 말에 채찍질

달리는 말한테 더 빨리 가라고 채찍질한다는 뜻으로, 1. 한창 잘되어 가는 일이라도 더 잘되도록 마음을 쓰고 힘을 더해야 한다고 빗대어 이르는 말. 2. 열심히 하고 있는데도 더 빨리하라고 다그치는 것을 빗대어 이르는 말.

같은 속담 닫는 말에도 채를 친다 • 달리는 말에 채찍질

가는 말이 고와야 오는 말이 곱다

자기가 남에게 하는 말이나 행동이 곱고 상냥해야 남도 자기를 좋게 대한다는 말.

같은 속담 가는 떡이 커야 오는 떡이 크다 • 가는 정이 있어야 오는 정이 있다 • 엑 하면 떽 한다

가는 며느리가 보리방아 찧어 놓고 가랴

안 돌아올 결심을 하고 떠나는 며느리가 남은 식구를 위해 살림을 돌보겠느냐는 뜻으로, 일이 다 틀어져 그만두는 사람은 뒷일을 생각하지 않는다는 말.

가는 방망이 오는 홍두깨

이쪽에서 방망이로 치면 저쪽에서는 방망이보다 큰 홍두깨로 때린다는 뜻으로, 남을 해치려다가 도리어 자기가 더 큰 화를 입게 됨을 빗대어 이르는 말.

낱말 풀이 **홍두깨** 옷이나 옷감을 감아서 다듬이질할 때 쓰는, 단단한 나무로 만든 도구.

가는 세월 오는 백발

세월이 가면 나이를 먹고 늙는다는 말.

가는 손님은 뒤꼭지가 예쁘다

손님을 대접하기가 어려운 터에 손님이 사정을 알아주어 빨리 돌아가니 더없이 고맙게 느껴진다는 말.

낱말 풀이 **뒤꼭지** '뒤통수'의 방언(전남).

가는 정이 있어야 오는 정이 있다

'가는 말이 고와야 오는 말이 곱다'와 같은 속담.

가는 토끼 잡으려다 잡은 토끼 놓친다

다른 토끼도 잡으려다 이미 잡은 토끼를 잘못 간수해 놓친다는 뜻으로, 지나치게 욕심을 부리다가 이미 얻은 것마저 잃어버리는 경우에 빗대어 이르는 말.

같은 속담 닫는 사슴을 보고 얻은 토끼를 잃는다 • 달아나는 노루 보고 얻은 토끼를 놓았다 • 멧돼지 잡으려다가 집돼지를 잃어버린다 • 산돼지를 잡으러 갔다가 집돼지를 잃어버린다 • 산토끼를 잡으려다가 집토끼를 놓친다

가늘게 먹고 가는 똥 싸라

지나치게 욕심을 부리다가는 봉변을 당하기 쉬우니 제힘에 맞게 적당히 취하라고 빗대어 이르는 말.

가늘게 먹고 가늘게 살아라

검소하게 먹으면서 소박하게 살라는 뜻으로, 주제넘게 호화롭게 살려고 하지 말고 제 분수에 맞게 살라고 가르쳐 이르는 말.

가라고 가랑비 오고, 있으라고 이슬비 온다

비가 오는데 누구는 가랑비라 하고 누구는 이슬비라 한다는 뜻으로, 같은 일이라도 저마다 자기에게 이롭게 해석하는 것을 빗대어 이르는 말.

읽을거리 옛날에, 처가살이하는 사위가 미워서 장모가 "가라고 가랑비 오네." 했더니, 사위가 "있으라고 이슬비 오네." 했더래. 가지 않고 미적거리는 손님이 미워서 주인이 "가라고 가랑비 오네." 하니까, 손님이 "있으라고 이슬비 오네." 했다는 이야기도 있어. 이렇게 같은 비도 사람마다 다르게 해석하듯이, 같은 일을 두고 저마다 자기에게만 이롭게 받아들이고 우길 때 "가라고 가랑비, 오라고 이슬비"라고 말해왔던 거지.

낱말 풀이 **가랑비** 가늘게 내리는 비. 빗방울이 이슬비보다 조금 굵다. **이슬비** 아주 가늘게 내리는 비.

가랑니가 더 문다

하찮고 시시한 것이 더 괴롭히거나 애를 먹이는 것을 빗대어 이르는 말.

읽을거리 이는 사람 몸이나 머리카락에 붙어살면서 피를 빨아 먹는 곤충이야. 이가 머리카락이나 옷 솔기에 슬어 놓은 알을 '서캐'라고 해. 서캐에서 갓 나온 새끼 이가 '가랑니'야. 옛날에는 빗살이 촘촘한 참빗으로 머리를 빗어서 머릿니를 잡았어. 거의 없어졌다가 요즘 다시 나타나고 있는데 이가 새로운 환경에 적응하는 힘이 생겼기 때문이래.

가랑비에 옷 젖는 줄 모른다

가늘게 내리는 비는 조금씩 젖어 들어 옷이 젖는 줄 모른다는 뜻으로, 시시한 일이라도 거듭되어 쌓이면 큰일이 된다고 빗대어 이르는 말.

가랑이가 찢어지게 가난하다

몹시 가난한 살림살이를 빗대어 이르는 말.

같은 속담 똥구멍이 찢어지게 가난하다 • 밑구멍이 찢어지게[째지게] 가난하다

가랑잎에 떨어진 좁쌀알 찾기

가랑잎 더미에서 매우 작은 좁쌀알을 찾으려 한다는 뜻으로, 아무리 애를 써도 찾아내기가 몹시 어렵고 힘든 경우를 빗대어 이르는 말.

같은 속담 감자밭에서 바늘 찾는다 • 검불밭에서 수은 찾기 • 겨자씨 속에서 담배씨(를) 찾는 격 • 바다에 떨어진 바늘을 찾는 격 • 잔디밭에서 바늘 찾기 • 짚 속에 묻힌 바늘

가랑잎에 불붙듯[달리듯]

바싹 마른 가랑잎에 불이 붙으면 걷잡을 새 없이 타 버린다는 뜻으로, 1. 성미가 매우 급하고 걸핏하면 화를 잘 내는 것을 빗대어 이르는 말. 2. 어떤 말에 빠르게 호응하거나 자극에 빨리 반응함을 빗대어 이르는 말.

가랑잎으로 눈 가리기

손바닥만 한 가랑잎으로 몸을 가려 봤자 겨우 눈밖에 가릴 수 없다는 뜻으로, 1. 미련하여 아무리 애써도 일 처리를 제대로 못하는 사람을 비웃어 이르는 말. 2. 자기 허물을 감추려고 미련하게 애쓰는 꼴을 빗대어 이르는 말.

가랑잎으로 눈(을) 가리고 아웅 한다

속이 빤히 들여다보이는 얕은수로 남을 속이려 드는 어리석은 짓을 이르는 말.

같은 속담 눈 가리고 아웅 • 눈 벌리고 어비야 한다 • 머리카락 뒤에서 숨바꼭질한다 • 입 가리고 고양이 흉내

가랑잎이 솔잎더러 바스락거린다고 한다

바싹 말라서 바스락거리는 가랑잎이 오히려 솔잎더러 바스락거린다고 나무란다는 뜻으로, 제 허물이 더 큰 줄 모르고 남의 작은 허물을 들추어 나무라는 경우를 빗대어 이르는 말.

같은 속담 겨울바람이 봄바람보고 춥다 한다

가래질도 세 사람이 한마음이 되어야 한다

세 사람이 함께 하는 가래질은 서로 마음이 맞아야 잘된다는 뜻으로, 무슨 일이든 일하는 사람들이 서로 슬기와 힘을 모아야 잘된다는 말.

낱말 풀이 **가래질** 가래로 흙을 파헤치거나 떠서 옮기는 일. 날 양쪽에 줄을 매어 한 사람은 자루를 잡고 다른 두 사람은 줄을 잡아당긴다. 가래로 떠낸 흙덩이를 '가랫밥'이라고 한다.

가래질

가려운 곳을[데를] 긁어 주듯[주다]

남이 궁금해하는 것을 풀어 주거나 필요한 것을 알아서 시원스럽게 만족시켜 주는 경우에 빗대어 이르는 말.

가로 지나 세로 지나

짐을 어떻게 지든 등에 지기는 마찬가지라는 뜻으로, 이리하나 저리하나 마찬가지라는 관용 표현.

같은 관용 열고 보나 닫고 보나 • 외로 지나 가로 지나 • 지나 업으나

가루 가지고 떡 못 만들랴

누구나 다 할 수 있는 일을 하면서 혼자 우쭐대는 꼴을 비웃어 이르는 말.

같은 속담 떡가루 두고 떡 못할까

가루는 칠수록 고와지고 말은 할수록 거칠어진다

가루는 체에 칠수록 더 고와지지만 말은 많이 하거나 길어질수록 말다툼이 날 수 있으니 말조심을 하라는 말.

가루 팔러 가니 바람이 불고 소금 팔러 가니 이슬비 온다

가루를 팔러 가면 바람에 가루가 날아가고 소금을 팔러 가면 이슬비에 소금이 녹는다는 뜻으로, 하는 일마다 뜻대로 되지 않고 어긋나거나 틀어지는 경우에 빗대어 이르는 말.

같은 속담 밀가루 장사 하면 바람이 불고 소금 장사 하면 비가 온다 • 소금을 팔러 나섰더니 비가 온다 • 소금 팔러[타러] 가면 비가 오고 가루 팔러 가면 바람 분다

가림은 있어야 옷[의복]이라 한다

가릴 데를 가려야 옷이라는 뜻으로, 무엇이든 제구실을 다 해야 그에 마땅한 대우를 받을 수 있다는 말.

가마가 검기로 밥도 검을까

가마솥이 검다고 솥 안에 있는 밥까지 검겠느냐는 뜻으로, 겉으로 보기에 좋지 않다고 하여 속까지 좋지 않을 것이라고 함부로 판단하지 말라는 말.

같은 속담 가마솥이 검기로 밥도 검을까 • 겉이 검기로 속도 검을까

읽을거리 가마는 아주 크고 우묵한 솥이야. 가마솥에 밥을 지으면 바닥에 누룽지가 눋는데, 박박 긁어서 그냥 먹기도 하고, 물을 부어 숭늉을 만들어 먹기도 하지. 솥은 한 집의 부엌을 대표하는 살림살이야. 옛날에는 집을 새로 짓거나 이사를 할 때 맨 먼저 부뚜막에 솥부터 걸었다고 해. 부뚜막에 솥을 거는 일은 살림을 차리는 것을 상징하지. 그래서 한식구나 한집에서 오랫동안 함께 산 사람을 가리켜 '한솥밥을 먹은 사이'라고 말해 왔던 거야.

가마가 솥더러 검정아 한다
가마[가마솥] 밑이 노구솥 밑을 검다 한다

그을음투성이인 가마솥 밑이 저보다 덜 시꺼먼 노구솥 밑을 보고는 검다고 타박한다는 뜻으로, 남 못지않은 잘못이나 흠이 있는 사람이 제 허물은 생각하지 않고 남의 허물을 들추어내는 것을 비웃어 이르는 말.

노구솥

같은 속담 숯이 검정 나무란다

낱말 풀이 **노구솥** 놋이나 구리쇠로 만든 작은 솥.

가마목에 엿을 놓았나

가마목에 두고 온 엿이 녹을까 봐 서둘러 돌아가느냐는 뜻으로, 집으로 빨리 돌아가려고 몹시 조급하게 구는 사람에게 놀리어 이르는 말.

같은 속담 노구 전에 엿을 붙였나 • 솥뚜껑에 엿을 놓았나 • 이불 밑에 엿 묻었나 • 화롯가에[화롯전에다] 엿을 붙이고 왔나

낱말 풀이 **가마목** 가마솥이 걸려 있는 부뚜막이나 그 둘레.

가마목의 소금도 집어넣어야[쳐야만] 짜다

아무리 좋은 조건이 마련되었거나 손쉬운 일이라도 힘을 들이지 않으면 아무것도 이룰 수 없다는 말.

같은 속담 부뚜막의 소금도 집어넣어야 짜다

가마 속의 콩도 삶아야 먹는다

다 된 듯한 일이나 쉬운 일도 힘을 들여야 이익을 볼 수 있다는 말.

가마솥에 든 고기

꼼짝없이 죽게 된 처지를 빗대어 이르는 말.

가마솥이 검기로 밥도 검을까

'가마가 검기로 밥도 검을까'와 같은 속담.

가마 안의 팥이 풀어져도 그 안에 있다

손해를 본 것 같지만 낱낱이 따져 보면 밑지지 않은 경우에 빗대어 이르는 말.

같은 속담 죽이 풀려도[풀어져도] 솥 안에 있다 • 팥이 풀어져도 솥 안에 있다

가마 타고 시집가기는 (다) 틀렸다
가마 타고 시집가기는 콧집이 앵돌아졌다

옛날에, 새색시가 시집갈 때 으레 가마를 탔는데 그 격식을 따르지 못하게 되었다는 뜻으로, 어떤 일을 제 격식과 채비를 다 갖추어서 하기는 이미 글렀다는 말.

가마

낱말 풀이 **가마** 옛날에, 안에 사람을 태우고 둘이나 네 사람이 들거나 매던, 조그만 집 모양의 탈것. **앵돌아지다** 1. 노여워서 토라지다. 2. 홱 틀려 돌아가다.

가마 타고 옷고름 단다

일이 눈앞에 닥쳐서야 허둥지둥 서두르는 것을 빗대어 이르는 말.

같은 속담 말 태우고[태워 놓고] 버선 깁는다 • 철 묵은 색시 가마[승교] 안에서 장옷 고름 단다

가만바람이 대목을 꺾고 모기 소리에 소가 놀란다
가만한 바람이 대목을 꺾는다

소리 없이 부는 약한 바람이 아름드리나무를 꺾고 작은 모기 소리에도 소가 놀란다는 뜻으로, 작고 보잘것없는 것이라도 얕잡아 보아서는 안 된다는 말.

낱말 풀이 **가만바람** 약하게 소리 없이 부는 바람. **대목** 아름드리 큰 나무.

가만히 먹으라니까 뜨겁다 한다

1. 비밀로 하려던 일이 손발이 맞지 않아 드러나게 된 경우에 빗대어 이르는 말. 2. 남의 약점을 알고 더욱 난처하게 하는 경우에 빗대어 이르는 말. 3. 어긋나는 짓을 함을 빗대어 이르는 말.

같은 속담 무섭다니까 바스락거린다

가문 날에 빗방울 안 떨어지는 날이 없다

가뭄이 이어지면서 비는 시원하게 오지 않고 몇 방울 떨어지기만 한다는 말.

낱말 풀이 **가물다** 오랫동안 비가 오지 않다.

가문 논에 물 대기

가물어 마른논에 물을 대면 금세 물이 땅에 잦아들어 티도 안 난다는 뜻으로, 아무리 힘이나 밑천을 많이 들여서 해 놓아도 보람이 없거나 일이 매우 힘든 경우를 빗대어 이르는 말.

같은 속담 마른논에 물 대기

가물 그루터기는 있어도 장마 그루터기는 없다
가물 끝은 있어도 장마 끝은 없다

가뭄은 아무리 심하게 들어도 얼마쯤 거둘 것이 있지만 큰 장마가 진 뒤에는 다 떠내려가서 아무것도 거둘 것이 없다는 뜻으로, 가뭄 피해보다 장마 피해가 더 크다는 말.

같은 속담 삼 년 가뭄에는 살아도 석 달 장마에는 못 산다 • 칠 년 가뭄에는 살아도 석 달 장마에는 못 산다

낱말 풀이 **가물** 오랫동안 비가 내리지 않아 메마른 날씨. =가뭄. **그루터기** 1. 풀이나 나무의 아랫동아리. 또는 그것들을 베고 남은 아랫동아리. 2. 밑바탕이나 기초를 빗대어 이르는 말.

가물에 단비

가뭄이 들어 곡식이 다 말라 가는데 때맞추어 비가 내린다는 뜻으로, 오랫동안 몹시 애타게 기다리고 바라던 일이 마침내 이루어짐을 빗대어 이르는 말.

같은 속담 구년지수 해 돋는다 • 칠년대한에 단비 온다

낱말 풀이 **단비** 꼭 필요한 때 알맞게 내리는 비.

가물에 도랑[돌] 친다

1. 큰비가 오기 전에 미리 도랑을 쳐서 물길을 낸다는 뜻으로, 일이 터지기 전에 미리 대책을 세워 두는 것이 좋다는 말. 2. 한창 가물 때 쓸데없이 도랑을 치느라 몹시 바쁘게 군다는 뜻으로, 아무 보람도 없는 일을 하느라 부산스레 구는 것을 빗대어 이르는 말.

낱말 풀이 **도랑** 매우 좁고 작은 개울.

가물에 콩(씨) 나듯

가물에 콩을 심으면 싹이 잘 트지 않아 매우 드문드문 나온다는 뜻으로, 어떤 일이나 물건이 하나씩 드문드문 나타나는 것을 빗대어 이르는 말.

가물이 들면 하늘을 볼 것이 아니라 땅속을 보라

1. 가물이 들면 비 오기만 바라지 말고 땅에 고인 물을 파서라도 가뭄을 이겨 내라고 이르던 말. 2. 일을 하다가 모자란 것이 있으면 위에서 해 주기를 바라지 말고 함께 일하는 사람들의 힘과 지혜를 모아서 풀어 나가라는 말.

가물철 수숫잎 꼬이듯

1. 배배 꼬이고 뒤틀린 심사를 빗대어 이르는 말. 2. 무슨 일이 쉽게 풀리지 않고 자꾸 꼬이기만 하는 경우에 빗대어 이르는 말.

ㄱ

가물철의 오이도 깨물어[먹어] 봐야 쓴맛을 안다

아무리 당연한 일이라도 자기가 겪어 보아야 알 수 있다는 말.

가물치가 뛰면 옹달치도 뛴다
가물치가 첨벙하니 메사구도 첨벙한다

1. 남이 한다고 하니까 앞뒤 가리지 않고 덩달아 나서는 경우에 비웃어 이르는 말. 2. 자기 능력과 힘은 헤아리지 않고 남이 하니까 덮어놓고 따라 하는 꼴을 비웃어 이르는 말.

같은 속담 망둥이가 뛰니까 전라도 빗자루도 뛴다 • 숭어가 뛰니까 망둥이도 뛴다 • 잉어가 뛰니까 망둥이도 뛴다

낱말 풀이 **가물치** 가물칫과의 민물고기. 몸이 가늘고 길며, 저수지나 늪에 산다. **메사구** '메기'의 방언(함경). 수염이 있고, 호수나 늪에 산다. **옹달치** 옹달샘에서 사는 물고기라는 뜻으로, 아주 작은 물고기를 이르는 말.

가뭄철 물웅덩이의 올챙이 신세

가뭄으로 곧 바닥이 드러날 물웅덩이에서 오글대는 올챙이 신세 같다는 뜻으로, 머지않아 죽거나 없어질 처지에 놓인 경우를 빗대어 이르는 말.

가시나무에 가시가 난다

1. 타고난 바탕이나 본질은 바뀌지 않는다고 빗대어 이르는 말. 2. 모든 일은 근본이나 원인에 따라 그에 걸맞은 결과가 나온다는 말.

같은 속담 대 끝에서 대가 나고 싸리 끝에서 싸리가 난다 • 대 뿌리에서 대가 난다 • 배나무에 배 열리지 감 안 열린다 • 오이 덩굴에 오이 열리고 가지 나무에 가지 열린다 • 왕대밭에 왕대 난다 • 외 덩굴에 가지 열릴까[달릴까] • 외 심은 데 콩 나랴 • 조 심은 데 조 나고 콩 심은 데 콩 난다 • 콩 날 데 콩 나고 팥 날 데 팥 난다 • 콩 심은 데 콩 나고 팥[조] 심은 데 팥[조] 난다 • 팥을 심으면 팥이 나오고 콩을 심으면 콩이 나온다 • 호랑이가 호랑이를 낳고 개가 개를 낳는다

가시나무에 연줄 걸리듯

가시나무에 걸린 연줄을 빼내려고 하면 더 엉키듯이, 1. 인정 때문에 이러지도 저러지도 못하는 경우에 빗대어 이르는 말. 2. 친척과 인척이 얼키설키 얽혀 있다는 말.

낱말 풀이 **인척** 혼인으로 관계가 맺어진 친척. **친척** 아버지, 어머니와 핏줄이 같은 가까운 사람. 또는 혼인을 하여 가까운 관계에 있는 사람.

가시내가 오랍아 하면 머슴애[사내]도 오랍아 한다

여자아이가 오빠라고 하니 남자아이도 형이라 부르지 않고 덩달아 오빠라고 한다는 뜻으로, 자기 생각은 없이 남이 하는 대로 덩달아 따라 하는 사람을 비웃어 이르는 말.

같은 속담 계집애가 오랍아 하니 머슴애[사내]도 오랍아 한다

가시 무서워 장 못 담그랴

'구더기 날까 봐 장 못 말까'와 같은 속담.

낱말 풀이 **가시** 음식물에 생긴 구더기.

가시물그릇에서 숟가락 얻기

설거지통에서 숟가락을 얻었다는 뜻으로, 쉬운 일이나 보잘것없는 일을 해 놓고 큰일이나 한 듯이 자랑하는 사람을 비웃어 이르는 말.

같은 속담 부엌에서 숟가락을 얻었다 • 살강 밑에서 숟가락 얻었다[주웠다]

낱말 풀이 **가시물그릇** 음식 그릇을 씻을 때 쓰는 물을 담는 통. =설거지통.

가시아비 돈 떼먹은 격
가시아비 돈 떼어먹은 놈처럼

사위가 장인한테 돈을 빌려 쓰고는 안 갚는다는 뜻으로, 남에게 폐를 끼치고도

미안해하지 않는 태도를 나무라는 말.

낱말 풀이 **가시아비** '장인'의 낮춤말.

가시어머니 모셔다 놓은 듯

장모를 모셔다 놓으면 사위가 일을 하지 않는다는 뜻으로, 손가락 하나 까딱하지 않고 하는 일 없이 지내는 모양을 빗대어 이르는 말.

낱말 풀이 **가시어머니** '장모'의 낮춤말.

가시어미 장 떨어지자 사위가 국 싫다 한다

처가에 장이 떨어져서 장모는 속이 타는데 때마침 사위가 국이 싫다고 한다는 뜻으로, 일이 뜻하지 않게 잘 맞아떨어지는 경우를 빗대어 이르는 말.

같은 속담 나그네 국 맛 떨어지자[없다] 주인집에 장 떨어진다 • 주인 장 떨어지자 나그네 국 맛 없다 한다

가시 찔리지 않고 밤 먹을 사람

밤송이에 돋은 숱한 가시에 단 한 번도 찔리지 않고 밤을 까먹을 사람이라는 뜻으로, 매우 약은 사람을 빗대어 이르는 말.

가시한테 찔려야 밤 맛을 안다

밤송이를 까면서 가시에 찔려 봐야 밤 맛이 어떤지 똑똑히 알 수 있다는 뜻으로, 고생스럽더라도 힘을 들여야 보람을 얻을 수 있다는 말.

가을 날씨가 늦추면 그해 겨울이 춥다

대개 가을 날씨가 늦게까지 더우면 그해 겨울이 몹시 춥다고 일러 오던 말.

가을 다람쥐 같다

겨울에 먹을 나무 열매들을 정신없이 모으는 가을 다람쥐 같다는 뜻으로, 1. 매우 부지런한 사람을 빗대어 이르는 말. 2. 욕심스레 무엇을 자꾸 거두어들이는 사람을 빗대어 이르는 말.

읽을거리 다람쥐는 산에서 흔히 볼 수 있어. 도토리, 밤, 개암 같은 나무 열매를 좋아하고 곡식도 잘 먹어. 가을이 되면 다람쥐들은 바빠져. 겨울잠을 자기 전에 부지런히 먹이를 모아야 하거든. 뺨에 먹이 주머니가 있어서 두 뺨이 볼록해지도록 먹이를 넣어 날라. 바위 구멍이나 땅속에서 겨울잠을 자는데 가끔씩 깨어나서 모아 둔 먹이를 먹고는 해. 겨울이 오면 사람도 겨울날 준비를 해. 땔감도 마련하고 곡식 갈무리도 하고 겨우내 먹을 김장도 담그지. 그렇게 미리 앞서 준비하는 사람을 가을 다람쥐에 빗대어 말하는데, 지나치게 욕심을 부리는 사람을 나무랄 때 쓰기도 해.

가을마당에 빗자루 몽당이를 들고 춤을 추어도 농사 밑이 어둑하다

가을걷이를 해서 갚을 건 갚고 줄 건 주고 빈 손에 몽당빗자루만 들게 되더라도 남은 것이 조금은 있다는 뜻으로, 농사일이 든든함을 이르는 말.

낱말 풀이 **가을마당** 가을걷이를 하고 낟알을 떨어내는 마당. **몽당이** 뾰족한 끝이 많이 닳아서 거의 못 쓸 정도가 된 물건.

가을 메는 부지깽이도 덤벙인다

가을에 메는 쓰임이 많아 부지깽이도 덩달아 메로 쓰인다는 뜻으로, 1. 어떤 물건이 자주 쓰여 그와 비슷한 것까지 마구 쓰인다는 말. 2. 가을걷이 때는 일이 많아서 누구나 바삐 나서서 거들게 된다는 말.

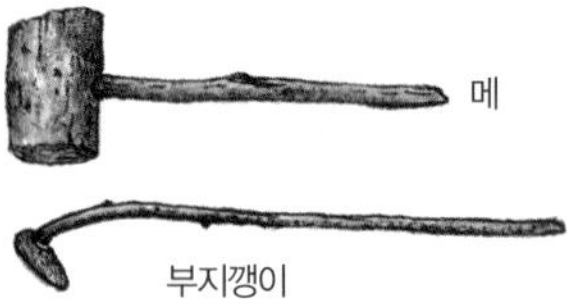

같은 속담 가을에는 대부인 마누라도 나무 신짝 가지고 나온다

낱말 풀이 **메** 무엇을 치거나 박을 때 쓰는 물건. 묵직하고 둥그스름한 나무토막이나 쇠토막에 자루를 박아 만든다.

ㄱ

가을 무 껍질이 두꺼우면 겨울에 춥다
가을 무 꽁지가 길면 겨울에 춥다

가을에 무 껍질이 두껍거나 무 뿌리가 길게 뻗으면 그해 겨울이 춥다고 일러 오던 말.

가을 물은 소 발자국에 고인 물도 먹는다

가을철 물은 소 발자국에 고인 물도 먹을 수 있을 만큼 매우 맑고 깨끗하다고 일러 오던 말.

가을바람의 새털

가을바람에 이리저리 날리는 새털처럼 꿋꿋하지 못하고 줏대가 없는 사람을 빗대어 이르는 말.

가을밭은 안 갈아엎는다

1. 가을 농사가 끝난 뒤에 논은 갈아엎지만 밭은 그냥 두는 것이 좋다는 말. 2. 가을걷이한 밭에는 이삭이 많이 남아 있어 사람이나 짐승들이 먹을 수 있도록 내버려둔다는 말.

가을밭을 밟으면 떡이 세 개요 봄밭을 밟으면 빰이 세 개다

가을걷이를 한 밭은 밟아서 다지는 것이 좋고 씨 뿌리기 전에 녹아서 부푼 봄밭은 밟지 않는 것이 좋다는 말.

가을볕에는 딸을 쬐이고 봄볕에는 며느리를 쬐인다

선선한 가을볕에는 딸을 쬐이고 살이 타는 봄볕에는 며느리를 쬐인다는 뜻으로, 흔히 시어머니가 며느리보다 자기 딸을 더 아끼고 위한다는 말.

같은 속담 배 썩은 것은 딸을 주고 밤 썩은 것은 며느리 준다 • 봄볕은 며느리를 쬐이고 가을볕은 딸을 쬐인다 • 양식 없는 동자는 며느리 시키고 나무 없는 동자는 딸 시킨다 • 죽 먹은 설거지는 딸 시키고 비빔 그릇 설거지는 며느리 시킨다

가을비는 떡비라

가을에는 먹을 것이 많기 때문에 비가 와서 일하러 나가지 못하면 집 안에서 넉넉한 곡식으로 떡이나 해 먹고 지낸다고 일러 오던 말.

낱말 풀이 **떡비** 일을 쉬고 떡이나 해 먹을 수 있게 하는 비라는 뜻으로, 가을비를 이르는 말.

가을비는 빗자루로도 피한다

가을에 내리는 비는 빗자루로도 막을 수 있을 만큼 잠깐 뿌리다 만다는 뜻으로, 가을비는 잠깐 오다가 곧 그친다는 말.

같은 속담 가을비는 시아버지[시아비/장인] 나룻[수염/턱] 밑에서도 긋는다

가을비는 시아버지[시아비/장인]의 나룻[수염/턱] 밑에서도 긋는다
가을비는 턱 밑에서도 긋는다

1. 가을비는 잠깐 오다가 곧 그친다는 말. 2. 그때그때 하는 잔걱정은 곧 지나가 버린다는 말.

가을빚에 소도 잡아먹는다

가을걷이를 믿고 소 한 마리 값을 빚낸다는 뜻으로, 뒤로 미룰 수 있는 일이라면 따져 보지도 않고 응하는 경우에 빗대어 이르는 말.

가을 빼꾸기 소리 같다

여름 철새인 빼꾸기가 가을에 우는 소리 같다는 뜻으로, 1. 뚱딴지같은 소리를 빗대어 이르는 말. 2. 믿을 수 없는 헛소문을 빗대어 이르는 말.

가을 상추는 문 걸어 잠그고 먹는다

문을 걸어 잠그고 혼자 먹을 만큼 가을철 상추는 매우 맛이 좋다는 말.

가을 식은 밥이 봄 양식이다

가을에 먹을 것이 흔해 안 먹고 내놓은 밥이 봄에 귀한 양식이 된다는 뜻으로, 넉넉한 때일수록 아껴 두어야 나중에 궁함을 면할 수 있다는 말.

가을 아욱국은 사위만 준다
가을 아욱국은 계집 내쫓고 먹는다

가을에 잘 자란 아욱으로 끓인 국은 사위를 대접하거나 제 아내를 내쫓고 혼자 먹을 만큼 맛이 매우 좋다는 말.

가을 안개에는 곡식이 늘고, 봄 안개에는 곡식이 준다

가을에 안개가 끼면 날씨가 따뜻해서 곡식이 잘 영글어 많이 거두고, 봄에 안개가 끼면 기온 차이가 커서 보리에 병이 나거나 거두는 양이 줄어든다는 말.

가을에 내 아비 제사도 못 지냈거든 봄에 의붓아비 제 지낼까
가을에 못 지낸 제사를 봄에는 지낼까
가을에 친아비 제사도 못 지냈는데 봄에 의붓아비 제사 지낼까

넉넉한 가을에도 친아버지 제사를 못 지냈는데 하물며 먹을거리가 부족한 봄철에 의붓아버지 제사를 지내겠느냐는 뜻으로, 형편이 넉넉할 때 꼭 치러야 할 일도 못하는 처지인데 어려운 때에 체면을 차리기 위해서 억지로 힘든 일을 할 수는 없다는 말.

같은 속담 봄에 의붓아비 제 지낼까

가을에는 대부인 마누라도 나무 신짝 가지고 나온다
가을에는 부지깽이도 덤벙인다[덤빈다/뛴다]
가을철에는 죽은 송장도 꿈지럭한다
가을 판에는 대부인 마님이 나막신짝 들고 나선다

'가을 메는 부지깽이도 덤벙인다'와 같은 속담.

낱말 풀이 **대부인** 옛날에, 왕의 어머니를 이르던 말.

가을에는 손톱 발톱이 다 먹는다

가을에는 먹을거리가 많고 입맛이 당겨서 너도나도 먹을 것을 찾는다고 빗대어 이르는 말.

가을에 떨어지는 도토리는 먼저 먹는 것이 임자이다

나무에서 떨어진 도토리는 따로 주인이 없어서 누구든지 먼저 주우면 그만이라는 뜻으로, 주인이 따로 없는 것은 먼저 차지하는 사람의 것이라는 말.

같은 속담 개똥참외는 먼저 맡는 이가 임자라 • 참나무에서 떨어지는 도토리 멧돼지가 먹으면 멧돼지 것이고 다람쥐가 먹으면 다람쥐 것이다

낱말 풀이 **임자** 어떤 물건을 자기 것으로 가지고 있는 사람.

가을에 밭에 가는 것이 가난한 친정에 가는 것보다 낫다
가을에 밭에 가면 가난한 친정에 가는 것보다 낫다

가을걷이한 논밭에는 떨어진 이삭이 많아서 가난한 친정집에 가는 것보다 낫다는 뜻으로, 가을철 논밭에 먹을 것이 많다는 말.

가을 중의 시주 바가지 같다

옛날에, 곡식이 넉넉한 가을에는 시주를 많이 하여 시주 바가지가 가득하다는

뜻으로, 무엇이 가득 담긴 모양을 빗대어 이르는 말.

낱말 풀이 **시주** 절이나 승려에게 음식이나 돈 따위를 베푸는 일.

ㄱ

가재는 게 편
가재는 게 편이요 초록은 동색[한 빛]이라

가재는 생김새가 저와 비슷한 게 편을 들어 준다는 뜻으로, 처지가 비슷한 사람들끼리 서로 돕거나 감싸기 쉬움을 빗대어 이르는 말.

같은 속담 검둥개는 돼지 편 • 검정개는 돼지 편 • 검정개 한패[한편] • 게는 가재 편 • 솔개는 매 편(이라고) • 이리가 짖으니 개가 꼬리를 흔든다

낱말 풀이 **가재** 맑은 골짜기 물이나 얕은 개울물에서 사는 동물. 게나 새우처럼 온몸이 딱딱한 껍데기에 싸여 있고 크고 엑센 집게다리가 두 개 있다.

가재 물 짐작하듯

가재가 물 있는 곳을 용케 짐작하고 찾아가듯이, 무슨 일이나 미리 헤아려 짐작하기를 잘한다는 말.

가죽이 있어야 털이 나지

털은 가죽에서 돋아나는데 어떻게 가죽 없이 털이 나겠느냐는 뜻으로, 바탕이 있어야 무엇이든 생겨나고 일이 이루어질 수 있다는 말.

같은 속담 껍질 없는 털가죽이 없다 • 등걸이 없는 휘추리가 있나 • 뿌리 없는 나무가 없다

가지 많은 나무가 잠잠할 적 없다
가지 많은 나무에[나무가] 바람 잘 날이 없다

가지가 많고 잎이 우거진 나무는 산들바람에도 잎이 자꾸 흔들린다는 뜻으로, 자식이 많은 부모는 이래저래 근심과 걱정이 끊이지 않는다는 말.

각설이 떼에게서는 장타령밖에 나올 것이 없다
각설이의 장타령

옛날에, 동냥으로 먹고사는 각설이한테서 장타령 말고는 더 나올 것이 없다는 뜻으로, 본바탕이 하찮은 데에서는 크게 기대할 만한 것이 나올 수 없다는 말.

낱말 풀이 **각설이** 예전에, 장이나 길거리를 돌아다니면서 장타령을 부르던 동냥아치. **장타령** 구전 민요의 하나로, 동냥하는 이가 구걸할 때 부르는 노래.

간다 간다 하면서 물 한 독 길어다 붓고 간다
간다 간다 하면서 아이 셋 낳고 간다

걸핏하면 시집살이를 걷어치우고 떠나겠다고 하면서 떠나지 않는다는 뜻으로, 1. 말로는 그만둔다고 하면서 정작 그만두지 못하고 질질 끄는 경우에 빗대어 이르는 말. 2. 어떤 일을 하겠다고 말만 하는 경우에 빗대어 이르는 말.

간다 하고 가는 님 없고 온다 하고 오는 님 없다

말처럼 간다고 하면서 떠나는 사람이 없고 떠날 때에 꼭 돌아오겠다고 하면서 오는 사람이 없다는 뜻으로, 1. 약속을 지키지 않는 사람을 두고 이르던 말. 2. 말과 행동이 다른 경우에 이르던 말.

낱말 풀이 **님** '임'의 옛말로, 사랑하는 사람을 이르는 말.

간에 가 붙고 쓸개[염통]에 가 붙는다
간에 붙었다 쓸개[염통]에 붙었다 한다

자기에게 조금이라도 이익이 되는 쪽으로 이리저리 옮겨 다니는 짓을 빗대어 이르는 말.

같은 속담 쓸개에 가 붙고 간에 가 붙는다

낱말 풀이 **쓸개** 간에서 만들어진 쓸개즙을 모으고 농축하는 주머니. 음식물의 소화를 돕는다. **염통** 피를 온몸으로 보내는 기관. =심장.

ㄱ

간에 기별도 안 가다

먹을 것이 너무 적어 먹으나 마나 하다는 관용 표현.

낱말 풀이 **기별** 다른 곳에 있는 사람에게 소식을 전함.

간이 뒤집혔나 허파에 바람이 들었나

마음의 평정을 잃고 별 까닭도 없이 자꾸 웃는 것을 핀잔하는 말.

간(이) 떨어지다

매우 놀랐다는 관용 표현.

간이라도 빼어[뽑아] 먹이겠다

아주 친한 사이라 아무리 소중한 것이라도 아낌없이 내줄 수 있다는 말.

간이라도 빼어[뽑아] 줄[먹일] 듯

무엇이든지 아낌없이 다 내줄 것처럼 구는 태도를 빗대어 이르는 말.

간이 오그라들다
간이 콩알만 해지다

몹시 두려워지거나 무서워진다는 관용 표현.

간이 크다

겁이 없고 매우 용감하다는 관용 표현.

간장에 전 놈이 초장에 죽으랴

힘든 일을 견뎌 낸 사람은 보잘것없는 일을 무서워하지 않는다는 말.

간장을 녹이다

1. 듣기 좋은 말과 아양 따위로 홀딱 반하거나 빠지게 한다는 관용 표현. 2. 마음을 졸이게 한다는 관용 표현.

낱말 풀이 **간장** 간과 창자라는 뜻으로, '마음'을 빗대어 이르는 말.

간장이 시고 소금이 곰팡 난다[슨다]

짜디짠 간장이 시어질 리 없고 소금에 곰팡이가 슬 수 없다는 뜻으로, 도저히 그렇게 될 수 없는 일을 빗대어 이르는 말.

갈가마귀 병아리 채 가듯

감쪽같이 빼앗아 가는 모양을 빗대어 이르는 말.

낱말 풀이 **갈가마귀** '갈까마귀'의 방언(강원, 경북, 전남, 충청). 까마귀보다 몸이 조금 작고, 배가 희다.

갈매기도 제집이 있다

하늘을 나는 갈매기도 제 둥지가 있다는 뜻으로, 집 없는 사람의 서러운 처지를 한탄하여 이르는 말.

같은 속담 까막까치도 집이 있다 • 까치도 둥지가 있다 • 달팽이도 집이 있다 • 새도 보금자리가 있고 다람쥐도 제 굴이 있다 • 우렁이도 집이 있다

갈수록 태산[수미산/심산/적막강산/험산](이라)

갈수록 더욱더 어려운 처지에 빠지게 되는 경우를 빗대어 이르는 말.

같은 속담 산 넘어 산이다 • 산은 오를수록 높고 물은 건널수록 깊다 • 재는 넘을수록 높고[험하고] 내는 건널수록 깊다

낱말 풀이 **수미산** 불교에서, 세계의 중앙에 있다는 산. **심산** 깊은 산. **적막강산** 1. 아주 조용하고 쓸쓸한 풍경을 이르는 말. 2. 앞일을 내다볼 수 없게 캄캄하고 답답한 지경이나 심정을 빗대어 이르는 말. **태산** 높고 큰 산. **험산** 가파르고 험악한 산.

갈치가 갈치 꼬리 문다

한집안 식구나 같은 처지에 있는 사람들끼리 서로 헐뜯고 싸우는 경우에 빗대어 이르는 말.

같은 속담 망둥이 제 동무 잡아먹는다 • 살이 살을 먹고 쇠가 쇠를 먹는다 • 쇠가 쇠를 먹고 불[살]이 불[살]을 먹는다

감 고장의 인심

감나무가 많은 고장에서는 누가 감을 따 먹어도 아무도 말리지 않았다는 데서, 매우 넉넉한 인심을 빗대어 이르는 말.

낱말 풀이 **고장** 1. 사람이 모여 사는 지방이나 지역. 2. 어떤 물건이 특별히 많이 나거나 있는 곳.

감과 고욤은 두들겨 따야 잘 열린다

감이나 고욤은 두들겨 따야 이듬해 햇가지가 잘 자라고 열매가 많이 달린다는 뜻으로, 어떤 일이든 이치에 맞게 해야 큰 결실을 볼 수 있다는 말.

감기 고뿔도 남을 안 준다
감기 고뿔도 남 주기는 싫어한다

제 몸에 해로운 감기조차 내 것이라면 남에게 주기 아까워한다는 뜻으로, 제 것을 지나치게 아끼고 마음이 너그럽지 못함을 빗대어 이르는 말.

감기 고뿔도 제가끔 앓으랬다

감기조차도 따로따로 앓으라는 뜻으로, 좋은 일이건 궂은일이건 저마다 혼자서 해야 함을 빗대어 이르는 말.

같은 속담 고뿔도 제가끔 앓으랬다

낱말 풀이 **고뿔** '감기'의 순우리말. **제가끔** 저마다 따로따로.

감기는 밥상머리에 내려앉는다
감기는 밥상머리에서 물러간다[물러앉는다]

밥만 잘 먹어도 감기쯤은 절로 낫는다는 뜻으로, 1. 병이 나으려면 끼니를 잘 챙겨 먹어야 한다는 말. 2. 앓다가도 밥상만 받으면 아픈 사람 같지 않게 잘 먹는다는 말.

감나무 밑에 누워서 홍시[연시] (입안에) 떨어지기를 기다린다[바란다]
감나무 밑에서 입 벌리고 감 떨어질 때만 기다리겠다

감나무 밑에 누워서 다 익은 감이 저절로 떨어져 입안으로 들어오기를 기다린다는 뜻으로, 아무런 애도 쓰지 않으면서 좋은 결과가 이루어지기만 바라는 것을 비웃는 말.

같은 속담 배나무 밑에 앉아 선 배 떨어지기를 기다린다 • 입에 떨어지는 사과를 기다리는 격 • 홍시 떨어지면 먹으려고 감나무 밑에 가서 입을 벌리고 누웠다

낱말 풀이 **홍시** 물렁하게 잘 익은 감. =연시.

감나무 밑에서 삿갓 쓰지 말고 참외밭에서 신발 동이지 말라

감나무 밑에서 손을 들어 삿갓을 고쳐 쓰면 감을 따나 의심을 받을 수 있고 참외밭에서 허리를 굽혀 신발 끈을 묶으면 참외를 따나 의심을 받을 수 있다는 뜻으로, 남에게 오해받지 않도록 행동을 조심하라는 말.

삿갓

낱말 풀이 **동이다** 끈이나 실 따위로 감거나 둘러 묶다. **삿갓** 비나 햇볕을 막기 위하여 대오리나 갈대로 거칠게 엮어서 만든 갓.

감 내고 배 낸다

자기 뜻대로 일을 해 나가는 것을 빗대어 이르는 말.

같은 속담 장 내고 소금 낸다

감 놓아라 배 놓아라 한다

남의 집 잔치나 제사에 가서 자기가 주인인 양 감 놓아라 배 놓아라 한다는 뜻으로, 아무런 상관도 없는 남의 일에 쓸데없이 끼어들어 아는 체하거나 이래라 저래라 하는 것을 핀잔하여 이르는 말.

같은 속담 남의 일에 흥야항야한다 • 남의 잔치[장/제사]에 감 놓아라 배 놓아라 한다 • 사돈네 제사에 가서 감 놓아라 배 놓아라 한다 • 사돈집 잔치에 감 놓아라 배 놓아라 한다

감사가 행차하면 사또만 죽어난다

옛날에, 감사가 오면 사또는 대접하느라 매우 힘들고 고달프다는 뜻으로, 윗사람이나 남의 일 때문에 고단하게 일하는 경우를 빗대어 이르는 말.

같은 속담 사또 행차엔 비장이 죽어난다

낱말 풀이 **감사** 조선 시대 벼슬의 하나. 각 도에서 일어나는 여러 일을 맡아 다스렸다.

감사 덕분에 비장 나리 호사한다

윗사람 덕분에 아랫사람이 분수에 넘치는 대접을 받는다는 뜻으로, 다른 사람 덕분에 엉뚱한 사람이 호강하는 경우에 빗대어 이르는 말.

낱말 풀이 **비장** 조선 시대에, 높은 벼슬아치를 돕던 무관.

감자밭에서 바늘 찾는다

'가랑잎에 떨어진 좁쌀알 찾기'와 같은 속담.

감장강아지라면 다 제집 강아지인가

제집 강아지가 검은색이라고 검은 강아지면 다 제집 강아지냐는 뜻으로, 비슷하기만 하면 덮어놓고 제 것이라고 우기는 사람에게 비꼬아 이르는 말.

같은 속담 장거리에서 수염 난 건 모두 네 할아비냐 • 장마당에 수염 난 영감은 다 너의 할아버지더냐 • 조선의 뜸부기는 다 네 뜸부기냐

감장강아지로 돼지 만든다

색깔이 같다고 검은 강아지를 가리켜 돼지라고 억지를 부린다는 뜻으로, 비슷한 것을 진짜처럼 꾸며 남을 속이려는 짓을 빗대어 이르는 말.

같은 속담 검은 강아지로 돼지 만든다

감출 줄은 모르고 훔칠 줄만 안다

1. 생각이 밝지 못하여 어느 한쪽만 보고 전체를 두루 보지 못하는 어리석음을 빗대어 이르는 말. 2. 자기 물건은 건사할 줄 모르고 남의 물건을 자꾸 욕심낸다는 뜻으로, 손버릇이 몹시 나쁘고 욕심 사나운 사람을 두고 빗대어 이르는 말.

같은 속담 하나만 알고 둘은 모른다

감투가 커도 귀가 짐작이라

감투가 귀에 걸리는지 안 걸리는지에 따라 감투 크기를 가늠할 수 있다는 뜻으로, 어떤 사물에 대하여 웬만큼 짐작할 수 있는 경우에 빗대어 이르는 말.

낱말 풀이 **감투** 예전에, 남자가 머리에 쓰던 모자의 하나. 정식으로 옷을 갖추어 입을 때 썼다.

갑갑한 놈이 송사한다[우물 판다]

어떤 일이 가장 급하고 필요한 사람이 앞장서서 그 일을 하기 마련이라는 말.

같은 속담 답답한 놈이 송사한다[소지 쓴다] • 목마른 놈이 우물 판다

낱말 풀이 **송사하다** 백성끼리 다툼이 있을 때, 나라에 옳고 그름을 가려 달라고 하다.

ㄱ

갑자기 먹는 음식이 체한다

빈속에 음식을 너무 빨리 먹으면 잘 체한다는 뜻으로, 매우 급하게 하는 일은 실패하기 쉽다는 말.

값도 모르고 싸다[눅다] 한다
값도 모르고 쌀자루 내민다

물건값이 얼마인지도 모르면서 싸다고 한다는 뜻으로, 일의 형편이나 속내도 모르면서 가볍게 이러쿵저러쿵 말하는 것을 빗대어 이르는 말.

같은 속담 금도 모르면서 싸다 한다

낱말 풀이 **눅다** 값이나 이자 따위가 싸다.

값싼 갈치자반 (맛만 좋다)

값이 싸면서도 쓸 만한 물건을 빗대어 이르는 말.

낱말 풀이 **갈치자반** 소금에 절인 갈치를 토막 내어 굽거나 쪄서 만든 반찬.

값싼 것이 갈치자반
값싼 비지떡

값이 싼 만큼 맛이 좋기를 바라기 어렵다는 뜻으로, 값싼 물건치고 좋은 것이 없다는 말.

같은 속담 싼 것이 비지떡[갈치자반]

낱말 풀이 **비지떡** 두부를 만들고 남은 비지에 쌀가루나 밀가루를 넣고 반죽하여 부친 떡.

갓 마흔에 첫 버선[보살]

마흔 살에야 처음 버선을 신어 본다는 뜻으로, 바라던 일을 나이가 들어 처음 해 보거나 오래 기다려 온 일이 뒤늦게 이루어진 경우를 빗대어 이르는 말.

같은 속담 사십에 첫 버선

갓 쓰고 박치기해도 제멋(이다)

갓이 망가져도 제멋으로 하는 일이면 무슨 상관이냐는 뜻으로, 격에도 안 맞고 제게 손해되는 일이라도 제 마음대로 하게 내버려두라는 말.

같은 속담 도포를 입고 논을 갈아도 제멋이다 • 오이를 거꾸로 먹어도 제멋[제 소청] • 저모립 쓰고 물구나무를 서도 제멋 • 지게를 지고 제사를 지내도 제멋이다[상관 말라]

읽을거리 갓은 옛날에 어른이 된 남자가 옷차림을 제대로 갖춰 입을 때 쓰던 모자야. 대를 쪼개 가늘게 깎은 대오리로 만들고 먹칠과 옻칠을 했지. 초립은 주로 어린 나이에 상투를 튼 사람이 쓰던 갓이야. 가는 풀 줄기나 대오리로 엮어 만들었어. 삿갓은 비나 햇볕을 막기 위해 대오리나 갈대를 거칠게 엮어서 만든 갓이야. 패랭이는 댓개비로 엮은 갓인데 역졸이나 보부상 같은 신분이 낮은 사람이 썼어.

갓장이 헌 갓 쓰고 무당 남 빌려 굿하고

갓을 만들거나 고치는 사람이 변변히 쓸 갓이 없어 헌 갓을 쓰고 무당이 제집 굿을 못해 남의 손을 빌려 굿을 한다는 뜻으로, 자기가 자기 것을 만들어 갖지 못하거나 제가 제 일을 처리하지 못하는 경우에 빗대어 이르는 말.

강가에서 모래알 고르기

강가에서 잘고 가는 모래알을 하나하나 고르고 있다는 뜻으로, 끝을 볼 수 없는 일을 부질없이 벌여 놓음을 빗대어 이르는 말.

강가에 아이 내다[세워] 놓은 것 같다

아이가 강가에 있으면 물에 빠질까 봐 부모 마음이 조마조마하다는 뜻으로, 몹시 걱정스러워 잠시도 마음을 놓지 못하는 상태를 빗대어 이르는 말.

같은 속담 냇가에 어린애 세워 둔 것 같다 • 우물가에 애 보낸 것 같다

ㄱ

강 건너 불구경[불 보듯]

강 건너에서 일어난 불을 달려가 끌 생각은 하지 않고 팔짱 끼고 구경만 한다는 뜻으로, 자기와 관계없는 일이라고 하여 나서지 않고 곁에서 보고만 있는 모양을 이르는 관용 표현.

같은 관용 건넛마을 불구경하듯 • 건넛산 불 보듯

강물도 쓰면 준다

강물이 아무리 많아도 자꾸 퍼 쓰면 줄어들기 마련이라는 뜻으로, 많이 있다고 헤프게 써 버리면 마침내 남는 것이 없으니 아껴 써야 한다는 말.

같은 속담 시냇물도 퍼 쓰면 준다

강물에 소 지나간 자리[것 같다]

흐르는 강물에는 소가 지나가도 흔적이 남지 않는다는 뜻으로, 아무런 흔적이나 자취가 남지 않아서 도무지 알 수 없는 상태를 이르는 말.

같은 속담 개 바위 지나가는 격 • 한강에 배 지나간 자리 (있나)

강물은 건너 봐야 알고 사람은 지내봐야 안다

강물의 깊이는 건너 보아야 알 수 있듯이, 사람의 됨됨이는 오래 같이 지내보아야 알 수 있다고 빗대어 이르는 말.

같은 속담 깊고 얕은 물은 건너 보아야 안다 • 대천 바다도 건너 봐야 안다 • 물은 건너 보아야 알고 사람은 지내보아야 안다 • 사람 속은 소금 세 말을 같이 먹어 보아야 안다 • 사람은 겪어 보아야 알고 물은 건너 보아야 안다 • 사람은 지내봐야 안다 • 사람을 알자면 하루 길을 같이 가[걸어] 보라 • 수박은 속을 봐야 알고 사람은 지내봐야 안다 • 천 길 물속은 건너 보아야 알고 한 길 사람 속은 지내보아야 안다 • 한집 살아 보고 한배 타 보아야 속을 안다

강물이 돌을 굴리지 못한다
강물이 흘러도 돌은 굴지 않는다

강물이 아무리 흘러도 돌을 움직여 굴리지 못한다는 뜻으로, 어떤 상황에서도 뜻을 굽히지 않고 꿋꿋이 지켜 나가는 것을 빗대어 이르는 말.

강아지도 닷새면 주인을 안다

은혜와 믿음을 저버린 사람을 개보다 못하다고 욕으로 이르는 말.

같은 속담 개도 닷새가 되면 주인을 안다 • 개도 제 주인을 보면 꼬리 친다 • 개 새끼도 주인을 보면 꼬리를 친다

강아지 똥은 똥이 아닌가

1. 얼마쯤 차이는 있더라도 본질은 다 같다는 말. 2. 나쁜 짓을 조금 했다고 하여 안 했다고 발뺌할 수 없다는 말.

같은 속담 적은 것은 똥 아닌가 • 지린 것은 똥 아닌가 • 파리똥도 똥이다

강아지에게 메주 멍석 맡긴 것 같다

강아지한테 메주 멍석을 맡기면 메주를 먹을 것은 뻔한 일이라는 뜻으로, 믿을 수 없는 사람에게 어떤 일이나 물건을 맡겨 놓고 마음이 놓이지 않아 걱정하는 것을 빗대어 이르는 말.

같은 속담 고양이보고 반찬 가게 지켜 달란다

강원도 (안 가도) 삼척

강원도에 가든 안 가든 삼척은 본디 강원도에 있다는 뜻으로, 흔히 '삼청냉돌'이라 불리는 매우 추운 방을 빗대어 이르는 말.

읽을거리 삼청은 조선 시대에 대궐 안을 지키고 임금을 지키는 군사들이 일을 하던 곳이야. 삼청 방은 불을 때지 않아서 몹시 춥고 바닥이 찼다고 해. 방이 따뜻하면

군사들이 졸거나 느슨해지기 쉽다고 여겼나 봐. 그래서 불을 안 때 몹시 추운 방을 '삼청냉돌'이라 불렀지. 냉돌은 불기가 없는 찬 온돌이라는 뜻이야. 삼청이 '삼척'과 비슷해서 잘못 말하고는 했는데, 그러다 보니 "강원도 삼척" 하면 삼청냉돌처럼 추운 방을 빗대는 말이 된 거야.

강원도 포수

포수가 강원도에만 가면 돌아오지 않는다는 뜻으로, 어떤 곳으로 떠난 뒤에 다시 돌아오지 않거나 매우 늦게 돌아오는 사람을 빗대어 이르는 말.

같은 속담 지리산 포수

읽을거리 옛날부터 강원도는 산이 험하고 범이 많아서 사람이 많이 죽었다고 해. 범을 잡는 포수도 강원도로 사냥을 나가면 못 돌아오는 일이 많았다지. 그래서 어떤 일로 떠났다가 영 돌아오지 않는 사람을 두고 "강원도 포수" 같다고 말해 왔던 거야.

강철이 간 데는 가을도 봄(이라)

강철이가 지나간 곳에는 씨 뿌리기 전에 아무것도 자라지 않은 봄과 같다는 뜻으로, 악한 방해꾼이 나타나거나 운수가 나빠서 다 되어 가던 일을 망치는 경우에 빗대어 이르는 말.

읽을거리 강철이는 전설에 나오는 용의 이름이야. 독이 있고, 생김새는 소를 닮았다고 해. 강철이가 한번 지나간 곳에는 나무와 풀, 온갖 곡식들이 말라 죽어서 남은 것이 없었대. 그런 까닭에 가을이 되어도 먹을 것이 없을 때나 악독한 방해꾼이 나타나서 잘되어 가던 일을 망칠 때 "강철이 간 데는 가을도 봄"이라고 한 거야. 아주 심한 흉년이 들면 '강철이 가을'이라고도 말했지.

강철이 달면 더욱 뜨겁다

강철은 쉽사리 달구어지지 않지만 일단 달궈지면 보통 쇠보다 더 뜨겁다는 뜻으로, 웬만해서 흥분하지 않는 사람이 한번 성을 내면 매우 무섭다는 말.

같은 속담 뜬 쇠도 달면 무섭다[힘들다]

갖바치 내일 모레

갖바치들이 물건을 제날짜에 만들어 두지 않고 손님이 찾으러 오면 내일 오라 모레 오라 하며 질질 미뤘다는 데서, 약속한 날짜를 지키지 않고 자꾸만 미루는 것을 빗대어 이르던 말.

같은 속담 고리백장 내일 모레 • 피장이 내일 모레

낱말 풀이 **갖바치** 옛날에, 가죽으로 신을 만드는 일을 하던 사람.

갖바치에 풀무는 있으나 마나

풀무는 쇠를 달구어 연장 따위를 만드는 대장장이에게는 꼭 필요한 도구이지만 가죽으로 물건을 만드는 갖바치에게는 아무 쓸데가 없다는 뜻으로, 남한테는 중요하고 쓸모 있는 물건이라도 제게는 아무 쓸모가 없는 경우에 빗대어 이르는 말.

같은 속담 미장이에 호미는 있으나 마나

낱말 풀이 **풀무** 불을 피울 때에 바람을 일으키는 기구.

같은 값이면 껌정소 잡아먹는다
같은 값이면 다홍치마[검정 송아지]

같은 값이면 누렁소보다 고기 맛이 더 좋은 껌정소를 잡아먹는다는 뜻으로, 같은 값이면 조금이라도 더 좋고 마음에 드는 것을 골라잡는다는 말.

같은 값이면 은가락지 낀 손에 맞으랬다

빰을 맞을 바에는 은가락지 낀 손에 맞는 것이 낫다는 뜻으로, 꾸중을 듣거나 벌을 받더라도 덕이 있고 높은 자리에 있는 사람에게 당하는 것이 낫다는 말.

같은 속담 매를 맞을 바에는 은가락지 낀 손에 맞아라 • 빰을 맞아도 은가락지 낀 손에 맞는 것이 좋다 • 욕을 들어도 당감투 쓴 놈한테 들어라

같은 깃의 새는 같이 모인다

뜻이 맞거나 형편이 비슷비슷한 사람들끼리 서로 잘 모이고 어울림을 빗대어 이르는 말.

같은 떡도 맏며느리 주는 것이 더 크다

맏며느리는 집안의 크고 작은 살림을 도맡아 하기 때문에 집안의 중요한 사람이라고 빗대어 이르는 말.

같은 말도 툭 해서 다르고 탁 해서 다르다

같은 말이라도 어떻게 하느냐에 따라 달리 들린다는 뜻으로, 말을 할 때에는 표현 하나도 조심스럽게 골라서 해야 한다는 말.

같은 속담 말이란 아 해 다르고 어 해 다르다

같은 손가락에도 길고 짧은 것이 있다

같은 손가락이라도 길이는 똑같지 않다는 뜻으로, 아무리 같은 조건에 있더라도 서로 조금씩은 다른 데가 있기 마련이라고 빗대어 이르는 말.

같은 속담 손가락도 길고 짧다 • 한날한시에 난 손가락도 길고 짧은 것이 있다

같은 자리에서 서로 딴 꿈을 꾼다

겉으로는 같이 행동하는 척하면서 속으로는 저마다 딴생각을 한다는 말.

같은 속담 잠은 같이 자도 꿈은 다른 꿈을 꾼다 • 한자리에 누워서 서로 딴 꿈을 꾼다

같은 쟁기도 사람 나름이다

같은 쟁기라도 그것을 다루는 사람에 따라 밭을 가는 정도가 다르다는 뜻으로, 같은 물건이라도 쓰는 사람의 능력과 솜씨에 따라 쓰이는 정도가 다르다는 말.

낱말 풀이 **쟁기** 논밭을 가는 농기구.

같이 우물 파고 혼자 먹는다

여럿이 힘을 모아서 한 일의 성과를 혼자 모두 차지하는 것을 빗대어 이르는 말.

개가 개를 낳지

1. 옛날에, 못난 부모에게서 못난 자식이 태어난다고 빗대어 이르던 말. 2. 바탕이 나쁜 데서는 좋은 것이 나올 수 없다는 말.

읽을거리 개는 열두 띠 가운데 열한 번째 동물이야. 새해에 들어 첫 번째 드는 개날에는 일손을 놓고 쉬는데 이날 일을 하면 개가 텃밭에 가서 해를 끼친다고 믿었기 때문이야. 개는 사람이 오랜 세월을 통해서 가축으로 길들인 짐승이야. 진돗개, 삽살개, 동경이는 우리나라 토종개로 천연기념물이야. 진돗개는 냄새를 잘 맡고 귀가 밝아서 사냥을 아주 잘해. 집도 잘 지키지. 또 영리하고 주인한테 무척 충성스러워. 삽살개(삽사리)는 순우리말 이름으로, 귀신이나 액운을 쫓는다는 뜻을 지녔어. 온몸이 긴 털로 덮여 있고 옛 그림이나 이야기에 자주 나와. 동경이는 경주에서 주로 키우던 개로 꼬리가 짧아. 토종개 가운데 문헌에 기록된 가장 오래된 개인데, 온순하고 사냥을 잘한대. 또 다른 토종개인 풍산개는 호랑이 잡는 개로 알려져 있지.

개가 겨를 먹다가 말경 쌀을 먹는다

개가 겨를 훔쳐 먹다가 마지막에는 쌀까지 훔쳐 먹는다는 뜻으로, 처음에는 작은 잘못을 저지르다가 익숙해지면 점점 더 큰 잘못을 저지르게 된다는 말.

같은 속담 등겨 먹던 개가 나중[말경]에는 쌀을 먹는다

개가 똥을 마다한다[마다할까]

똥개가 똥을 보고 그냥 돌아설 리 없다는 뜻으로, 늘 즐겨 좋아하는 것을 짐짓 싫다고 거절할 때 비웃어 이르는 말.

같은 속담 고양이가 쥐를 마다한다 • 까마귀가 고욤을[보리를] 마다할까 • 까마귀가 메밀을[오디를] 마다한다 • 까마귀 오디를 나무랄[싫다 할] 때가 있다

개가 약과 먹은 것 같다

무슨 맛인지도 모르면서 바삐 먹어 치우는 모양을 빗대어 이르는 말.

같은 속담 개 머루[약과] 먹듯

개가 웃을 일이다

너무나 어처구니없고 같잖은 일이라는 말.

개가 제 주인을 보고 짖게 되어야 농사가 풍년 진다

농사꾼이 부지런히 일을 해서 개가 주인도 못 알아볼 만큼 얼굴이 타야 그해 농사가 잘된다고 이르던 말.

개가 짖는다고 날이 흐려질까

개가 짖는다고 맑은 하늘에 구름이 낄 리 없다는 뜻으로, 아무리 지껄여도 쓸데없는 말이라고 비웃어 이르는 말.

개가 콩엿 사 먹고 버드나무에 올라가겠다 한다

어리석고 둔한 사람이 주제넘게 할 수 없는 일을 하겠다고 큰소리치는 것을 비웃어 이르는 말.

개가 핥은 죽사발 같다

개가 그릇이 반반해질 때까지 죽을 말끔히 핥아 먹는다는 뜻으로, 1. 아무것도 없는 빈 그릇을 이르는 말. 2. 얼굴이 멀끔하고 차림새가 매끈한 사람을 빗대어 이르는 말. 3. 매우 인색하고 인정이 없어 다른 사람이 얻어 갈 것이 조금도 없음을 빗대어 이르는 말.

개같이 벌어서 정승같이 산다[먹는다]

힘들고 천한 일을 해서 돈을 벌더라도 떳떳하고 보람 있게 쓰면 된다는 말.

같은 속담 돈은 더럽게 벌어도 깨끗이 쓰면 된다

개 고양이 보듯

개와 고양이가 마주치면 서로 으르렁거린다는 뜻으로, 서로 사이가 나빠서 으르렁거리며 원수 대하듯 하는 모양을 빗대어 이르는 말.

같은 속담 고양이 개 보듯

개구리가 봄에 집 안에 뛰어들면 큰물이 진다

개구리가 봄에 집 안으로 뛰어들면 큰비가 와서 홍수가 난다고 일러 오던 말.

읽을거리 개구리는 뭍과 물을 오가며 살아. 개굴개굴 잘 울고 폴짝폴짝 잘 뛰지. 논이나 습지에 알을 낳는데, 알에서 깬 새끼를 올챙이라고 해. 올챙이는 몸통이 둥글며 꼬리로 헤엄쳐 다니면서 장구벌레 따위를 잡아먹고 자라. 자라면서 네 다리가 생기고 꼬리가 없어지면 개구리가 돼. 어릴 때 모습과 다 자란 모습이 아주 다르지.

낱말 풀이 **큰물** 비가 많이 와서 강이나 개천에 갑자기 크게 불은 물. =홍수.

개구리 낯짝에 물 붓기
개구리 대가리에 찬물 끼얹기

물에 사는 개구리한테 물을 끼얹어 보았자 놀라지 않는다는 뜻으로, 1. 무슨 일을 당해도 아무렇지 않다는 말. 2. 아무 보람도 없는 일을 빗대어 이르는 말.

개구리도 옴쳐야[움쳐야] 뛴다

개구리도 뛰기 전에 몸을 움츠렸다가 뛰어야 더 잘 뛴다는 뜻으로, 아무리 급한 일이라도 그 일을 이루려면 준비를 해야 한다는 말.

같은 속담 개구리 움츠리는[주저앉는] 뜻은 멀리 뛰자는 뜻이다

ㄱ

개구리 돌다리 건너듯

개구리가 펄쩍펄쩍 뛰어서 돌다리를 건너가듯 한다는 뜻으로, 일손이 야무지지 못하고 일을 건성건성 하는 모양을 빗대어 이르는 말.

개구리 밑구멍에 실뱀 따라다니듯

데리고 다니려고 하지 않아도 늘 졸졸 따라다니는 것을 이르는 말.

개구리 삼킨 뱀의 배

1. 멋없이 불룩한 모양을 빗대어 이르는 말. 2. 보기와는 달리 꿋꿋하고 고집이 센 사람을 빗대어 이르는 말.

같은 속담 꿋꿋하기는 개구리 삼킨 뱀

개구리 소리도 들을 탓

시끄러운 개구리 소리도 듣는 사람에 따라 좋게 들을 수 있다는 뜻으로, 같은 일도 어떻게 받아들이느냐에 따라 좋게도 보이고 나쁘게도 보일 수 있다는 말.

개구리 올챙이 적 생각 못 한다

전보다 형편이 나아진 사람이 보잘것없거나 어렵던 때를 잊고 처음부터 잘난 듯이 젠체하거나 뽐내는 것을 빗대어 이르는 말.

같은 속담 올챙이 적 생각은 못 하고 개구리 된 생각만 한다

개구리 움츠리는[주저앉는] 뜻은 멀리 뛰자는 뜻이다

1. 아무리 급한 일이라도 그 일을 이루려면 준비를 해야 한다는 말. 2. 큰일을 이루기 위한 준비가 언뜻 보기에는 못나고 어리석어 보일 수도 있다는 말.

같은 속담 개구리도 옴쳐야[움쳐야] 뛴다

개구멍에 망건 치기

개가 드나드는 것을 막으려고 개구멍에 망건을 쳤다가 망건 마저 못 쓰게 만들었다는 뜻으로, 되지도 않을 일을 해서 도리어 손해만 본 경우를 빗대어 이르는 말.

낱말 풀이 **망건** 상투를 틀 때 머리카락이 흘러내리지 않게 머리에 두르는 물건.

개구멍으로 통량갓을 굴려 낼 놈

개가 드나드는 작은 구멍으로 크고 값비싼 통량갓을 상하지 않게 굴려 낼 놈이라는 뜻으로, 감쪽같이 남을 잘 속여 넘기는 사람을 비꼬아 이르는 말.

같은 속담 쥐구멍으로 통영갓을 굴려 낼 놈

낱말 풀이 **통량갓** 경상남도 통영에서 만든 질 좋은 갓.

개 귀[목]에 방울

개 귀에 어울리지 않게 방울을 단다는 뜻으로, 제 분수나 격에 안 맞게 지나치게 치레하는 것을 빗대어 이르는 말.

같은 속담 개 대가리에 관[옥관자] • 개 발에 놋대갈[대갈/버선/주석 편자/토시짝] • 개에게 호패 • 거적문에 (국화) 돌쩌귀 • 돼지 발톱에 봉숭아물을 들인다

개 귀의 비루를 털어[떨어] 먹어라

자기보다 못사는 사람 것을 빼앗는 더럽고 째째한 사람을 비웃어 이르는 말.

같은 속담 개 등의 등겨를 털어 먹는다 • 거지 턱을 쳐 먹어라

낱말 풀이 **비루** 개나 말, 나귀 들의 피부가 헐고 털이 빠지는 병.

개 그림 떡 바라듯

개가 그림 속 떡을 아무리 보아도 못 먹는다는 뜻으로, 혹시나 하고 기대하지만 헛일이라는 말.

개 꼬라지 미워서 낙지 사 온다
개 꼬락서니 미워서 낙지 산다

개가 뼈다귀를 핥는 것이 미워서 뼈 없는 낙지를 사 온다는 뜻으로, 자기가 미워하는 사람에게 이롭거나 좋은 일은 애써 하지 않겠다는 말.

낱말 풀이 **꼬라지** '꼬락서니'의 방언(강원, 경기, 경상, 전남, 충청). **꼬락서니** 사람 모습이나 태도를 낮잡아 이르는 말. '꼴'을 낮잡아 이르는 말.

개 꼬리가 개 몸뚱이를 흔든다

부분이 전체에 영향을 미치거나 곁딸린 것이 주된 것을 이리저리 휘두르는 경우에 빗대어 이르는 말.

개 꼬리 삼 년 두어도 황모 못 된다
개 꼬리 삼 년 묵어도[두어도/묻어도] 황모 되지 않는다

개 꼬리는 아무리 오래 두어도 값진 족제비 꼬리털이 될 수 없다는 뜻으로, 타고난 본바탕이 나쁜 것은 아무리 시간과 애를 써도 좋게 바뀌지 않는다는 말.

같은 속담 까마귀 백 년 가도 백로 못 된다 • 센 개 꼬리 시궁창에 삼 년 묻었다 보아도 센 개 꼬리다 • 오그라진 개 꼬리 대롱통에 삼 년 두어도 아니 펴진다 • 흰 개 꼬리 굴뚝에 삼 년 두어도 흰 개 꼬리다

낱말 풀이 **황모** 족제비 꼬리털. 잔글씨에 알맞은 가늘고 빳빳한 붓을 만드는 데 쓴다.

개 꾸짖듯

체면도 사정도 보지 않고 마구 꾸짖는 것을 빗대어 이르는 말.

개 눈에는 똥만 보인다

자기가 좋아하거나 관심 있는 것만 눈에 잘 띈다고 비꼬아 이르는 말.

개는 나면서부터 짖는다

개는 날 때부터 컹컹 짖는다는 뜻으로, 타고난 본성은 배우거나 익히지 않아도 저절로 드러난다고 빗대어 이르는 말.

같은 속담 개 새끼는 나는 족족 짖는다 • 게 새끼는 나면서부터 집는다

개는 인사가 싸움이라

개들은 만나기만 하면 으르렁대며 싸운다는 뜻으로, 툭하면 남과 다투기를 잘 하는 사람을 빗대어 이르는 말.

개 닭 보듯

서로 아무런 생각이나 관심 없이 바라보는 모양을 빗대어 이르는 말.

같은 속담 소 닭 보듯 (닭 소 보듯)

개 대가리에 관[옥관자]

'개 귀[목]에 방울'과 같은 속담.

낱말 풀이 **관** 검은 머리카락이나 말총으로 엮어 만든 쓰개. 신분과 격식에 따라 여러 가지 모양이 있다. **옥관자** 옛날에, 옥으로 만들어 망건에 달던 고리.

개도 기름 먹고는 짖지 않는다

개도 도둑이 던져 준 기름 덩이를 먹으면 짖지 않는다는 뜻으로, 뇌물을 받아 먹으면 사정을 봐주게 되고 할 말도 못 하게 된다는 말.

개도 나갈 구멍을 보고 쫓아라
개도 나갈 구멍을 열어 놓고 쫓는다

1. 개를 빠져나갈 구멍도 없이 쫓다가는 물릴 수 있다는 뜻으로, 어려움에 빠진

사람을 너무 막다른 데까지 몰아넣지 말라는 말. 2. 남에게 조금 무리하게 일을 시키더라도 그의 능력을 잘 살려서 맡겨야 한다는 말.

같은 속담 도적놈 도망칠 구멍을 내주고 쫓는다 • 쥐도 도망갈 구멍을 보고 쫓는다

개도 닷새가 되면 주인을 안다

'강아지도 닷새면 주인을 안다'와 같은 속담.

낱말 풀이 **닷새** 1. 다섯 날. 2. 달마다 초하루부터 헤아려 다섯째 되는 날. =초닷샛날.

개도 무는[사나운] 개를 돌아본다

1. 같은 개끼리도 사나운 개를 두려워하듯이, 사나운 사람에게는 해를 입을까 봐 도리어 조심하게 된다는 말. 2. 너무 고분고분하면 도리어 업신여김을 당하거나 관심을 끌지 못한다고 빗대어 이르는 말.

같은 속담 무는 개를 돌아본다

개도 부지런해야 더운 똥을 얻어먹는다

개도 부지런히 돌아다녀야 식지 않은 똥을 얻어먹을 수 있듯이, 사람도 부지런해야 얻을 것이 많다는 말.

같은 속담 거지도 부지런하면 더운밥을 얻어먹는다

개도 손 들 날이 있다

1. 하찮은 짐승도 손님 맞을 날이 있다는 뜻으로, 어려운 처지에 있는 사람일지라도 반가운 사람을 만나 기쁨을 나눌 때가 있다는 말. 2. 나들이할 때 변변한 옷가지 따위를 갖추지 못한 것을 안타까워하여 이르는 말.

같은 속담 거지도 손 볼 날이 있다

낱말 풀이 **손** 손님.

개도 안 짖고 도적(을) 맞는다

낯선 사람이 나타나면 개가 짖는 법인데 개도 안 짖고 도둑을 맞았다는 뜻으로, 미처 손쓸 새 없이 물건을 잃어버리는 경우에 빗대어 이르는 말.

개도 제 새끼를 귀애하는 시늉을 보이면 좋아한다

'고슴도치도 제 새끼가 함함하다면 좋아한다'와 같은 속담.

개도 제 주인을 보면 꼬리 친다
개도 주인을 알아본다

'강아지도 닷새면 주인을 안다'와 같은 속담.

개도 제 털을 아낀다

개도 제 털이 빠질까 봐 아낀다는 뜻으로, 자기 몸을 돌보지 않고 함부로 하는 사람에게 그러지 말라고 타이르는 말.

개도 텃세한다

개도 제가 먼저 자리를 잡으면 나중에 오는 개한테 으르렁댄다는 뜻으로, 먼저 자리 잡은 사람이 뒤에 온 사람에게 선뜻 자리를 내주지 않는 것을 빗대어 이르는 말.

같은 속담 닭싸움에도 텃세한다 • 병아리 텃세하듯

낱말 풀이 **텃세하다** 먼저 자리를 잡은 사람이 뒤에 오는 사람을 업신여기며 괴롭히다.

개 등의 등겨를 털어 먹는다

'개 귀의 비루를 털어[떨어] 먹어라'와 같은 속담.

낱말 풀이 **등겨** 벗겨 놓은 벼의 껍질.

개떡같이 주무르다

아무렇게나 막 주물러 만든 개떡처럼 제 마음대로 마구 다룬다는 관용 표현.

낱말 풀이 **개떡** 1. 보리나 밀 따위를 대충 반죽하여 둥글넓적하게 빚어 찐 떡. 2. 못생기거나 나쁘거나 마음에 안 드는 것을 빗대어 이르는 말.

개떡 먹기

하기 쉽고도 즐거운 일을 빗대어 이르는 말.

같은 속담 기름떡 먹기 • 깨떡 먹기 • 약과 먹기

개 똥 구린 줄 모른다

똥 먹는 개는 똥이 구린 줄 모른다는 뜻으로, 자기 허물은 스스로 잘 깨닫지 못한다는 말.

낱말 풀이 **구리다** 1. 똥이나 방귀 냄새와 같다. 2. 행동이 떳떳하지 못한 데가 있어 의심스럽다.

개똥도 약에 쓰려면 없다

흔해 빠진 개똥도 정작 약으로 쓰려고 하면 구하기 어렵다는 뜻으로, 평소에 흔하고 많던 것도 막상 중요하게 쓰려면 구하기 어렵다는 말.

같은 속담 고양이 똥도 약에 쓰려면 없다 • 까마귀 똥도 약에 쓰려면 없다[오백 냥이라] • 쇠똥도 약에 쓰려면 없다

개똥도 약에 쓴다
개똥도 약에 쓸 때가 있다

더럽고 하찮은 개똥도 약에 쓰일 때가 있다는 뜻으로, 아무리 보잘것없는 것이라도 매우 중요하게 쓰이는 때가 있다는 말.

같은 속담 소똥도 약에 쓸 때가 있다

개똥밭에 굴러도 이승이 좋다

아무리 가난하고 천하게 살아도 죽는 것보다는 사는 것이 더 낫다는 말.

같은 속담 거꾸로 매달아도 사는 세상이 낫다 • 땡감을 따 먹어도 이승이 좋다 • 말똥에 굴러도 이승이[사는 게] 좋다

낱말 풀이 **개똥밭** 1. 땅이 기름지고 양분이 많은 밭. 2. 개똥이 많이 있는 더러운 곳.

개똥밭에도 이슬 내릴 때가 있다

어려운 처지에 놓인 사람도 언젠가는 좋은 때를 만날 날이 있다는 말.

같은 속담 고랑도 이랑 될 날 있다 • 마루 밑에 볕 들 때가 있다 • 쥐구멍에도 볕 들 날 있다

개똥밭에 인물 난다

하찮은 개똥밭에서 인물이 난다는 뜻으로, 보잘것없는 집안이나 변변치 못한 부모한테서 훌륭한 사람이 나온 것을 빗대어 이르던 말.

같은 속담 개천에서 용[선녀가] 난다 • 누더기 속에서 영웅 난다 • 시궁[시궁창]에서 용 난다

개똥이라도 씹은 듯

못마땅하여 잔뜩 찌푸린 얼굴을 빗대어 이르는 말.

같은 속담 똥 먹은 곰의 상 • 똥 주워 먹은 곰 상판대기

개똥이 무서워 피하나 더러워 피하지

갈잖고 너절한 사람을 피하는 것은 그가 무서워서가 아니라 상대할 가치가 없기 때문이라는 말.

같은 속담 똥이 무서워 피하나 더러워 피하지

ㄱ

개똥참외는 먼저 맡는 이가 임자라

길가나 들에 저절로 난 개똥참외는 누구든지 먼저 따 먹는 사람이 임자라는 뜻으로, 주인이 따로 없는 것은 먼저 차지하는 사람의 것이라는 말.

같은 속담 가을에 떨어지는 도토리는 먼저 먹는 것이 임자이다

낱말 풀이 **개똥참외** 길가나 들 같은 곳에 저절로 자란 참외. 참외보다 작고 맛이 없어 잘 안 먹는다.

개똥참외도 가꿀 탓이다

아무 데나 마구 난 개똥참외도 품 들여 가꾸면 참외가 잘 열린다는 뜻으로, 평범한 사람도 잘 가르치면 얼마든지 훌륭한 사람이 될 수 있다는 말.

개똥참외도 임자가 있다

어떤 물건이든 다 주인이 있다는 말.

개를 기르다 다리를 물렸다

'기르던 개에게 다리를 물렸다'와 같은 속담.

개를 따라가면 측간으로 간다

나쁜 사람과 어울려 다니면 좋지 않은 곳으로 가게 될 수 있으니 조심하라고 이르는 말.

개를 친하면 옷에 흙칠을 한다

못된 사람과 가까이 지내다가는 해를 입을 수 있다고 빗대어 이르는 말.

같은 속담 아이를 예뻐하면 옷에 똥칠을 한다 • 어린애 친하면 코 묻은 밥 먹는다

낱말 풀이 **흙칠** 1. 어떤 것에 흙을 묻히는 일. 2. 명예 따위를 더럽히는 일을 빗대어 이르는 말.

개 머루[약과] 먹듯

개가 맛있는 머루를 맛도 모르고 단숨에 삼켜 버리듯이, 1. 무슨 맛인지도 모르면서 바삐 먹어 치우는 모양을 빗대어 이르는 말. 2. 일을 차근차근히 하지 않고 건성건성 하는 것을 빗대어 이르는 말. 3. 뜻도 모르면서 아는 체하는 것을 이르는 말.

같은 속담 개가 약과 먹은 것 같다

개 못된 것은 들에 가서[나가] 짖는다
개 못된 것은 짖을 데 가 안 짖고 장에 가서 짖는다

제가 마땅히 해야 할 일은 하지 않고 엉뚱한 곳에 가서 쓸데없는 짓을 하는 경우에 빗대어 이르는 말.

개 못된 것은 부뚜막에 올라간다

제구실도 못하는 사람이 못된 짓만 하는 경우에 빗대어 이르는 말.

개미가 거동을 하면 비가 온다

개미가 떼로 몰려나와 줄 서서 다니면 비가 올 징조라고 일러 오던 말.

낱말 풀이 **거동** 몸을 움직임. 또는 그런 짓이나 태도.

개미가 절구통 물고 나간다[가는 격]

약하고 작은 사람이 몹시 무거운 짐을 졌거나 힘에 겨운 큰일을 맡아 할 때 빗대어 이르는 말.

개미가 정자나무 건드린다

도저히 당해 낼 수 없는 상대에게 주제넘게 덤벼드는 것을 빗대어 이르는 말.

같은 속담 대부등에 곁낫질이라[낫걸이라] • 장나무에 낫걸이 • 참나무에 곁낫걸이

• 토막나무에 낫걸이

낱말 풀이 **정자나무** 집 근처나 길가에 있는 큰 나무. '그늘나무'라고도 한다.

개미가 큰 바윗돌을 굴리려고 하는 셈

분수도 모르고 제힘에 부치는 상대에게 덤벼드는 어리석음을 빗대어 이르는 말.

같은 속담 당랑이 수레를 버티는 셈 • 말똥구리가 수레바퀴를 굴리자고 한다 • 버마재비가 수레를 버티는 셈

개미구멍으로 공든 탑 무너진다
개미구멍이 둑을 무너뜨린다
개미구멍 하나가 큰 제방 둑을 무너뜨린다

공들여 쌓은 탑과 크고 든든한 둑도 개미구멍 때문에 허물어질 수 있다는 뜻으로, 작은 흠이나 실수를 제때 바로잡지 않으면 나중에 큰 문제를 일으킬 수 있으니 조심하라는 말.

같은 속담 공든 탑도 개미구멍으로 무너진다 • 모래 구멍에 동뚝 터진다 • 큰 둑[방죽]도 개미구멍으로 무너진다

개미 금탑 모으듯
개미 메 나르듯

1. 재물 따위를 조금씩 알뜰히 모으는 것을 빗대어 이르는 말. 2. 무슨 일을 꾸준히 하는 것을 빗대어 이르는 말.

낱말 풀이 **메** 개미, 쥐, 게가 주로 구멍을 뚫으려고 갉아서 파내 놓은 흙.

개미는 작아도 탑을 쌓는다

아무리 보잘것없고 힘없는 사람이라도 꾸준히 애쓰고 정성을 들이면 훌륭한 결과를 이룰 수 있다는 말.

개미 새끼 하나(도) 얼씬 못 하다

빈틈없이 지키고 있어 아무도 가까이 다가가지 못한다는 관용 표현.

개미역사 하듯

개미들이 달라붙어 큰 물건을 뜯어 옮기듯이, 1. 큰 공사에 숱한 사람들이 달라붙어 해 나가는 것을 빗대어 이르는 말. 2. 큰 대상에 새까맣게 달라붙어 여기저기로 쳐들어가는 것을 빗대어 이르는 말.

낱말 풀이 **개미역사** 많은 사람이 달라붙어 조금씩 해내는 방식으로 하는 일을 빗대어 이르는 말.

개미 천 마리면 망돌을 굴린다

개미 천 마리가 한데 힘을 모으면 크고 무거운 망돌도 굴릴 수 있다는 뜻으로, 작고 약한 것도 여럿이 한데 뭉치면 큰일을 이룰 수 있다고 빗대어 이르는 말.

같은 속담 모기도 모이면 천둥소리 난다 • 바위도 힘을 합하면 뽑는다 • 좀개도 많으면 범을 잡는다

낱말 풀이 **망돌** '맷돌'의 방언(강원).

개미 쳇바퀴 돌듯

아무리 애써도 앞으로 나아가거나 더 좋아지지 않고 제자리걸음만 하는 경우를 빗대어 이르는 말.

같은 속담 다람쥐 쳇바퀴 돌듯 • 돌다(가) 보아도 마름[물방아]

개미 한 잔등이만큼 걸린다

1. 개미의 작고 가느다란 등 하나만큼이나 물건이 어딘가에 겨우 걸려 있는 모양을 빗대어 이르는 말. 2. 시간이 아주 조금밖에 안 걸림을 빗대어 이르는 말.

낱말 풀이 **잔등이** '등'을 달리 이르는 말.

ㄱ

개 바위 지나가는 격

개가 바위를 밟고 지나간들 발자국이 남을 리 없다는 뜻으로, 아무런 흔적이나 자취가 남지 않아서 도무지 알 수 없는 상태를 이르는 말.

같은 속담 강물에 소 지나간 자리[것 같다]

개 발에 놋대갈[대갈/버선/주석 편자/토시짝]

'개 귀[목]에 방울'과 같은 속담.

낱말 풀이 **놋대갈** 편자를 박을 때 쓰는 놋으로 만든 징. **주석** 은백색의 고체 금속. 잘 녹슬지 않는다. **토시** 1. 추위를 막기 위하여 팔뚝에 끼는 것. 2. 일할 때 소매를 가뜬하게 하고 소매가 해지거나 더러워지지 않도록 그 위에 덧끼는 물건. **편자** 말발굽에 박는 U자 모양 쇳조각.

개 발에 진드기 끼듯 한다[하였다]

개 발에 진드기가 끼면 딱 달라붙어 떨어지지 않는다는 뜻으로, 무엇이 붙지 않아야 할 곳에 지저분하고 더러운 것이 많이 붙어 있음을 빗대어 이르는 말.

개 발에 진드기 떼서 내치듯

개 발에 착 달라붙어서 애먹이던 진드기를 떼어 버리듯이, 귀찮게 달라붙어 애를 먹이던 것을 시원스럽게 떼어 버리는 것과 같은 행동을 이르는 말.

개밥에 도토리

개는 도토리를 안 먹기 때문에 개밥에 도토리가 있으면 밥만 먹고 남긴다는 뜻으로, 어떤 축에도 끼지 못하고 따돌림받는 외톨이를 빗대어 이르는 말.

개뼈다귀에 은 올린다

아무 쓸모없는 데에 돈을 들여서 꾸미는 것을 비꼬는 말.

개 보름 쇠듯

대보름에 아무것도 먹지 못하는 개처럼 굶주린다는 뜻으로, 남들은 다 잘 먹고 즐거운 날에 혼자 변변히 먹지도 못하는 가난한 처지를 빗대어 이르는 말.

읽을거리 음력 정월 대보름날에 사람만 잘 차려 먹고 개에게는 먹이를 주지 않던 풍습에서 나온 말이야. 대보름날에 개가 밥을 먹으면 여름에 파리가 많이 생긴다고 해서 아예 먹이를 주지 않았대. 명절이라 사람들은 잘 먹는데 개는 쫄쫄 굶어야 하니, 남들 다 잘 먹고 즐기는 날에 혼자 못 먹고 굶주리는 딱한 사람을 보면 "개 보름 쇠듯 한다"라고 말해 왔던 거야.

개살구도 맛 들일 탓

시고 떫은 개살구도 자꾸 먹어 맛을 들이면 그 맛을 좋아하게 된다는 뜻으로, 처음에는 싫다가도 차츰 재미를 붙이고 정을 들이면 좋아질 수 있다는 말.

같은 속담 돌배도 맛 들일 탓 • 떫은 배도 씹어 볼 만하다 • 산살구도 맛 들일 탓 • 신배도 맛 들일 탓 • 쓴 개살구[배/외]도 맛 들일 탓

개살구 지레 터진다

맛없는 개살구가 참살구보다 먼저 익어 터진다는 뜻으로, 되지못한 사람이 오히려 잘난 체하며 뽐내거나 남보다 먼저 나섬을 빗대어 이르는 말.

같은 속담 지레 터진 개살구

개 새끼는 나는 족족 짖는다
개 새끼는 짖고 고양이 새끼는 할퀸다
개 새끼치고 물지 않는 종자 없다

'개는 나면서부터 짖는다'와 같은 속담.

낱말 풀이 **종자** 1. 식물의 씨 또는 씨앗. 2. 동물의 혈통이나 품종.

ㄱ

개 새끼는 도둑 지키고 닭 새끼는 홰를 친다

사람은 저마다 맡은 일이 따로 있다고 빗대어 이르는 말.

개 새끼도 주인을 보면 꼬리를 친다

'강아지도 닷새면 주인을 안다'와 같은 속담.

개 새끼 밉다니까 우쭐대며 똥 싼다

미운 놈이 오히려 잘난 체하며 못되게 구는 꼴을 욕으로 이르는 말.

개 새끼 한 마리 얼씬하지 않다

사람은커녕 움직이는 작은 동물조차 찾아볼 수 없다는 뜻으로, 아무도 다니지 않고 조용한 것을 이르는 관용 표현.

같은 관용 검정개 한 마리 얼씬 안 한다 • 쥐 새끼 한 마리 얼씬하지 않다

개싸움에는 모래가 제일이라

개들이 맞붙어 싸울 때에는 모래를 뿌리는 게 가장 좋은 방법이라는 뜻으로, 옆에서 아무리 말려도 맞붙어 싸우는 사람이 듣지 않을 때는 어지간한 방법으로는 안 된다는 말.

같은 속담 개싸움에 물 끼얹는다

개싸움에 물 끼얹는다

1. 개싸움에 물을 끼얹어 더욱 시끄러워진 것처럼, 사람들이 매우 시끄럽게 떠들어 대는 것을 빗대어 이르는 말. 2. 개들이 서로 물어뜯고 싸울 때 물을 끼얹으면 조용해지듯이, 옆에서 아무리 말려도 맞붙어 싸우는 사람이 듣지 않을 때는 어지간한 방법으로는 안 된다는 말.

같은 속담 개싸움에는 모래가 제일이라

개암 까먹기[까먹듯]

개암이 고소해서 자꾸 까먹듯 한다는 뜻으로, 무엇을 모아 둘 줄 모르고 생기는 대로 써 버리는 것을 빗대어 이르는 말.

낱말 풀이 **개암** 개암나무 열매. 도토리와 비슷하게 생겼고 맛은 밤과 비슷하나 더 고소하다.

개에게 된장 덩어리 지키게 하는 격

개에게 된장 덩어리를 지키라고 하면 고깃덩어리인 줄 알고 덤벼들 것이라는 뜻으로, 믿지 못할 사람에게 맡겨서 일을 망치는 경우에 빗대어 이르는 말.

개에게 호패

'개 귀[목]에 방울'과 같은 속담.

낱말 풀이 **호패** 조선 시대에, 남자가 열여섯 살 때부터 신분을 알 수 있게 차고 다니던 패.

호패

개와 고양이

만나기만 하면 싸우는 개와 고양이 사이 같다는 뜻으로, 서로 사이좋게 지내지 못하고 아웅다웅 싸우는 관계를 이르는 관용 표현.

같은 관용 고양이와 개

읽을거리 옛날에, 바닷가에 살던 늙은 부부가 용왕님의 구슬을 얻었대. 이웃 마을에 사는 노파가 그 구슬을 훔쳐 가자 부부가 기르던 개와 고양이가 은혜를 갚겠다며 구슬을 찾으러 갔다지. 구슬을 찾아 돌아오는 길에 강을 건너는데, 개가 자꾸 말을 거는 바람에 고양이가 입에 물고 있던 구슬을 강에 떨어뜨리고 말았어. 개는 화를 내며 떠나고 강가를 서성이던 고양이는 운 좋게 구슬을 삼킨 물고기를 잡아서 부부에게 돌아갔지. 부부는 고양이를 집 안에서 키우며 예뻐하고, 개는 마당에 풀어놓아 집을 지키게 했대. 그때부터 고양이와 개 사이가 나빠졌다지. 그래서 만나기만 하면 으르렁대고 앙숙인 사람들을 두고 "개와 고양이" 사이 같다고 하는 거야.

낱말 풀이 **앙숙** 서로 원한을 품고 몹시 미워하는 사이.

ㄱ

개 잡아먹고 동네 인심 잃고 닭 잡아먹고 이웃 인심 잃는다

개나 닭을 잡아 이웃과 나누어 먹더라도 많다 적다 줬다 안 줬다 하는 뒷말을 듣기 쉽다는 뜻으로, 색다른 음식을 하여도 나누어 먹기 어렵다는 말.

개천 미꾸라지가 용이 되어 보겠단다

작은 시내에 사는 미꾸라지가 큰 용이 되겠다고 한다는 뜻으로, 그럴 만한 자격도 없는 사람이 터무니없이 되지도 않을 일을 바랄 때 비꼬아 이르는 말.

개천아 네 그르냐 눈먼 봉사 내 그르냐

개천에 빠진 사람이 제 허물은 생각지 않고 개천만 탓한다는 뜻으로, 제 잘못과 흠은 생각하지 않고 애꿎은 남이나 조건만 탓하는 경우를 빗대어 이르는 말.

같은 속담 눈먼 탓이나 하지 개천 나무래 무엇 하나 • 봉사 개천 나무란다 • 소경 개천 그르다 하여 무얼 해 • 소경이 그르냐 개천이 그르냐 • 장님 개천 나무란다

개천에 나도 제 날 탓이라

개천에서 나도 잘되는 사람이 있고 못되는 사람이 있다는 뜻으로, 1. 아무리 미천한 집안에서 태어나도 저만 잘나면 훌륭하게 될 수 있다는 말. 2. 그 어떤 환경에 있더라도 잘되고 못되는 것은 다 자기 노력에 달려 있다는 말.

개천에 든 소

개천 양쪽에 난 풀을 다 먹을 수 있는 소라는 뜻으로, 이렇게 하나 저렇게 하나 넉넉한 형편에 놓인 사람이나 그런 형편을 빗대어 이르는 말.

같은 속담 도랑에 든 소 • 두렁에 든 소

개천에서 용[선녀가] 난다

'개똥밭에 인물 난다'와 같은 속담.

개천 치다 금을 줍는다

큰 힘을 들이지 않고 횡재를 하거나 한 번에 두 가지 이익을 보는 경우에 빗대어 이르는 말.

개털에 벼룩 끼듯

1. 좁은 곳에 많은 것이 득시글득시글 몰려 있는 모양을 빗대어 이르는 말. 2. 하찮고 시시한 사람이 귀찮게 한몫 끼어들 때 빗대어 이르는 말. 3. 복잡하게 뒤섞여 가려내기가 어려움을 빗대어 이르는 말.

개 팔자가 상팔자

1. 아무 일도 하지 않고 놀고먹는 개 팔자가 가장 좋은 팔자라는 뜻으로, 제 팔자가 하도 나빠서 차라리 개 팔자가 낫겠다고 넋두리로 하는 말. 2. 놀고 있는 개가 부럽다는 뜻으로, 일이 많아 바쁘거나 고생스러울 때 넋두리로 하는 말.

낱말 풀이 **상팔자** 썩 좋은 한평생의 운수.

개하고 똥 다투랴

똥 먹는 개와 똥을 놓고 네 거니 내 거니 싸울 거리가 되겠느냐는 뜻으로, 성질이 사납고 고약한 사람과 옳고 그름을 가리거나 다툴 필요가 없다는 말.

개 호랑이가 물어 간 것만큼 시원하다

몹시 미워하던 개를 호랑이가 물어 간 것만큼이나 속이 시원하다는 뜻으로, 걱정을 끼치거나 마음에 께름칙하던 것이 없어져서 속이 거뜬하고 시원한 경우에 빗대어 이르는 말.

같은 속담 앓던 이 빠진 것 같다 • 호랑이 개 물어 간 것만 하다

객주가 망하려니 짚단만 들어온다

객줏집 장사가 안되려니까 손님은 안 들어오고 크기만 하고 잇속이 없는 짚단만 들어온다는 뜻으로, 일이 안되려면 성가시고 쓸모없는 일만 자꾸 생긴다는 말.

같은 속담 마방집이 망하려면 당나귀만 들어온다 • 마판이 안되려면 당나귀 새끼만 모여든다 • 어장이 안되려면 해파리만 끓는다 • 여각이 망하려니 나귀만 든다

낱말 풀이 **객주** 조선 시대에, 다른 지방에서 온 상인들에게 잠자리를 내주고 물건을 맡아 팔거나 흥정을 붙여 주는 일을 하던 상인. 또는 그런 집.

거꾸로 매달아도 사는 세상이 낫다

'개똥밭에 굴러도 이승이 좋다'와 같은 속담.

거둥길 닦아 놓으니까 깍정이가 먼저 지나간다

애써 길을 잘 닦아 놓으니까 깍정이나 거지가 먼저 지나간다는 뜻으로, 1. 애써서 한 일을 엉뚱한 사람이 그르쳐 놓아 보람 없게 된 경우에 빗대어 이르는 말. 2. 간절히 기다리는 사람은 안 오고 반갑지 않은 사람이 온 경우에 빗대어 이르는 말.

같은 속담 길 닦아 놓으니까 거지[깍정이]가 먼저 지나간다 • 신작로 닦아 놓으니까 문둥이가 먼저 지나간다 • 치도하여 놓으니까 거지가 먼저 지나간다

낱말 풀이 **거둥길** 왕이 나들이하는 길. **깍정이** 1. 포도청에서 심부름하며 도둑을 잡는 것을 거들던 아이. 2. 행동이나 말이 얄밉도록 약삭빠른 사람을 얕잡아 이르는 말.

거둥에 망아지 (새끼) 따라다니듯

왕을 태운 수레를 망아지 새끼가 따라다니듯 한다는 뜻으로, 필요도 없는 사람이 쓸데없이 여기저기 귀찮게 따라다니는 꼴을 빗대어 이르는 말.

같은 속담 이사할 때 강아지 따라다니듯

거문고 인 놈이 춤을 추면 칼 쓴 놈도 춤을 춘다

남이 무엇을 한다니까 주제도 모르고 덩달아 따라 하다가 웃음거리가 되는 경우를 빗대어 이르는 말.

같은 속담 비단 올이 춤을 추니 베올도 춤을 춘다

낱말 풀이 **거문고** 우리나라 현악기의 하나. 명주실을 꼬아 만든 여섯 개의 줄을 술대로 뜯어서 연주한다.
칼 옛날에, 긴 널빤지에 구멍을 뚫어 죄지은 사람의 목에 씌우던 틀.

거문고

거미가 내리는 걸 보면 반가운 손님을 맞는다

옛날부터 거미가 줄을 타고 내려오면 반가운 손님이 온다고 일러 오던 말.

거미는 작아도 줄만 잘 친다

한낱 작은 벌레에 지나지 않는 거미도 먹이를 잡기 위해 넓은 공간에 줄을 친다는 뜻으로, 몸집은 비록 작아도 제구실을 다 한다고 빗대어 이르는 말.

같은 속담 뱁새는 작아도 알만 잘 낳는다 • 제비는 작아도 강남을 간다 • 참새가 작아도 알만 잘 깐다[낳는다]

ㄱ

거미도 줄을 쳐야 벌레를 잡는다

무슨 일이든지 그에 걸맞은 준비를 하고 힘을 들여야 뜻한 바를 이룰 수 있다고 빗대어 이르는 말.

같은 속담 잎거미도 줄을 쳐야 벌레를 잡는다

거미 새끼 풍기듯[헤어지듯/흩어지듯]

알에서 깬 거미 새끼들이 사방으로 흩어지듯 한다는 뜻으로, 많은 사람이나 물건이 한꺼번에 여기저기로 흩어지는 모양을 이르는 관용 표현.

거미 알 까듯[슬듯]

1. 거미가 알을 여기저기에 많이 낳아 놓듯이, 동식물이 가는 곳마다 자기 씨를 퍼뜨린다는 말. 2. 어수선하고 산만하게 흩어져 있는 모양을 빗대어 이르는 말. 3. 좁은 곳에 많은 수가 빽빽하게 모여 있는 모양을 빗대어 이르는 말.

거미줄도 줄은 줄이다

비록 보잘것없는 것이지만 명분은 갖추었다는 말.

거미줄로 방귀 동이듯

모양이 없는 방귀를 거미줄로 둘러 묶는다는 뜻으로, 1. 일을 건성으로 하는 척만 하는 모양을 빗대어 이르는 말. 2. 매우 헛되고 미덥지 못한 일이라는 말.

거미줄에 목을 맨다

거미줄에라도 목을 맬 심정이라는 뜻으로, 어처구니없는 일로 몹시 억울하고 분하다는 말.

같은 속담 송편으로 목을 따 죽지

거북이도 제 살던 바윗돌을 떠나면 오래 살지 못한다

오래 사는 거북이도 제가 살던 바위를 떠나면 오래 못 산다는 뜻으로, 사람은 고향을 떠나 낯선 곳에 가면 발붙이고 살기가 어렵다고 빗대어 이르는 말.

읽을거리 거북은 뱀, 악어, 도마뱀 같은 파충류 가운데 하나야. 파충류는 기어다니는 짐승 무리라는 뜻이야. 민물에서 사는 남생이와 자라도 거북 무리야. 위험을 느끼면 단단한 등딱지 속에 머리, 꼬리, 네 발을 숨기지. 거북은 옛날부터 오래 사는 동물로 알려져 왔어. 학, 사슴과 더불어 오래 산다는 '십장생(十長生)' 가운데 하나지.

거북이 등의[잔등이에] 털을 긁는다

털이 나지 않는 거북이 등에서 털을 긁는다는 뜻으로, 아무리 구하여도 얻지 못할 것이 뻔한 데서 애써 구해 보려는 어리석은 행동을 비웃어 이르는 말.

거북의 터럭[털]
거북 털과 토끼 뿔

도무지 구할 수 없는 귀한 물건을 빗대어 이르는 말.

거적문에 (국화) 돌쩌귀

거적문은 새끼로 매달아야 하는데 격에 맞지 않게 돌쩌귀를 달았다는 뜻으로, 제 분수나 격에 안 맞게 지나치게 치레하는 것을 빗대어 이르는 말.

같은 속담 개 귀[목]에 방울

낱말 풀이 **거적문** 옛날에, 문짝 대신에 거적을 친 문. **돌쩌귀** 문짝을 문설주에 달아 문을 여닫는 데 쓰는 쇠붙이.

거적문

거적문(에) 드나들던 버릇

문을 드나들 때 잘 닫지 않고 다니는 나쁜 버릇을 욕으로 이르는 말.

ㄱ

거지가 꿀 얻어먹기

거지가 비싼 꿀을 동냥하는 것은 무척 어렵다는 뜻으로, 일어나기 매우 어려운 일을 빗대어 이르는 말.

거지가 말 얻은 것[격]

입에 풀칠하기조차 어려운 거지 형편에 거두어 보살피기 힘든 말까지 얻게 되었다는 뜻으로, 1. 제 처지에 어울리지 않는 것을 얻어 도리어 근심이 생긴 경우에 빗대어 이르는 말. 2. 제 분수에 넘치는 것을 얻어서 자랑하는 꼴을 비웃어 이르는 말.

같은 속담 비렁뱅이 비단 얻은 것[격]

거지가 밥술이나 먹게[뜨게] 되면 거지 밥 한 술 안 준다

가난하게 살던 사람이 형편이 좀 나아지면 오히려 어려운 사람을 생각할 줄 모른다는 말.

낱말 풀이 **뜨다** 수저 따위로 음식을 조금 먹다.

거지가 하늘을 불쌍히 여긴다

빌어먹는 형편에 하늘을 보고 불쌍하다고 한다는 뜻으로, 주제넘게 남의 처지를 딱하게 여기거나 엉뚱한 일을 걱정하는 경우를 빗대어 이르는 말.

같은 속담 비렁뱅이가 하늘을 불쌍히 여긴다

거지끼리 자루 찢는다

서로 딱한 처지를 가엾게 여겨야 할 사람들끼리 오히려 아옹다옹 다투는 경우를 빗대어 이르는 말.

같은 속담 비렁뱅이 자루 찢기

거지는 같이[함께] 다니지 않는다
빌어먹는 사람이 많으면 누구도 얻어먹기 어렵다고 빗대어 이르는 말.

거지는 논두렁 밑에 있어도 웃음이 있다
비록 없이 살아도 얼마든지 마음이 즐겁고 행복할 수 있다는 말.

거지는 모닥불에 살찐다
못 먹고 못 입는 거지라도 모닥불에 언 몸을 녹이는 맛에 살이 찐다는 뜻으로, 아무리 어려운 형편이라도 사는 재미 하나는 있다는 말.

거지도 부지런하면 더운밥을 얻어먹는다
'개도 부지런해야 더운 똥을 얻어먹는다'와 같은 속담.

거지도 손 볼 날이 있다
아무리 가난한 사람도 손님 맞을 날이 있다는 뜻으로, 어려운 처지에 있는 사람일지라도 반가운 사람을 만나 기쁨을 나눌 때가 있다는 말.

같은 속담 개도 손 들 날이 있다

낱말 풀이 **손** 손님.

거지도 입어야 빌어먹는다
거지도 초라한 옷이나마 걸쳐야 빌어먹기가 한결 낫다는 뜻으로, 옷차림이 깨끗해야 남에게 대우를 받을 수 있다는 말.

같은 속담 입은 거지는 얻어먹어도 벗은 거지는 못 얻어먹는다

거지 옷[베 두루마기] 해 입힌 셈 친다
거지에게 새 옷을 한 벌 만들어 입힌 셈 친다는 뜻으로, 1. 대가나 보답을 바라

지 않고 남에게 자비를 베풀어 주는 것을 이르는 말. 2. 마음에 없는 사람에게 무엇을 주었거나 뜻하지 않게 손해를 입었을 때 스스로 위안 삼아 이르는 말.

거지 자루 기울 새 없다

그날 벌어 그날 먹기도 힘든 거지라서 헤진 자루를 꿰맬 겨를이 없다는 뜻으로, 가난한 살림이라도 꾸려 나가려면 바쁘고 짬이 없다는 말.

낱말 풀이 **깁다** 떨어지거나 해어진 곳에 다른 조각을 대거나 또는 그대로 꿰매다.

거지 자루 크면 자루대로 다 줄까

1. 그릇이 크니 많이 달라고 할 때 그렇게 못 준다는 뜻으로 하는 말. 2. 헛된 욕심을 부린다고 해서 그 바람이 다 채워지는 것은 아니라는 말.

거지 제 쪽박 깨기

거지가 밥을 얻으러 다닐 때 쓰는 쪽박을 제가 깬다는 뜻으로, 도리어 자기에게 밑지는 일을 하는 경우에 빗대어 이르는 말.

거지 턱을 쳐 먹어라

'개 귀의 비루를 털어[떨어] 먹어라'와 같은 속담.

낱말 풀이 **턱** 좋은 일이 있을 때에 남에게 베푸는 음식 대접.

거짓말도 잘만 하면 논 닷 마지기보다 낫다
거짓말도 잘하면 오려논 닷 마지기보다 낫다

거짓말도 때에 따라 도움이 될 수가 있으니 사람은 말을 잘해야 한다는 말.

낱말 풀이 **마지기** 논밭 넓이의 단위. **오려논** 제철보다 일찍 여무는 올벼를 심은 논.

거짓말은 도둑놈 될 장본

거짓말을 하는 버릇이 도둑질의 시작임을 이르는 말.

낱말 풀이 **장본** 어떤 일이 크게 벌어지게 되는 근원.

거짓말이 외삼촌보다 낫다

거짓말이 때에 따라서는 큰 도움이 될 수 있다는 말.

거짓말하고 뺨 맞는 것보다 낫다

잘못한 것이 있을 때 거짓말하고 뺨을 맞는 것보다 사실 그대로 말하는 것이 낫다는 뜻으로, 거짓말을 하면 나중에 더 크게 망신당할 수 있으니 잘못을 솔직하게 말하는 것이 낫다는 말.

걱정도 팔자(다)

걱정을 많이 하는 팔자를 타고났다는 뜻으로, 하지 않아도 될 걱정을 하거나 상관도 없는 남의 일에 참견하는 사람에게 놀리어 이르는 말.

걱정이 많으면 빨리 늙는다

아무 까닭 없이 걱정을 자꾸 하면 빨리 늙게 마련이니 쓸데없는 잔걱정을 하지 말라는 말.

걱정이 반찬이면 상다리가 부러진다
걱정이 반찬이면 상발이 무너진다

누구나 걱정거리는 많고 그 걱정거리로 상을 차리면 상이 차고 넘쳐 상다리가 부러지겠다는 뜻으로, 쓸데없는 걱정을 많이 하는 사람을 비웃어 이르는 말.

낱말 풀이 **상발** 상에 붙어서 상을 떠받치는 다리. =상다리.

건너다보니 절터(라)

1. 겉으로만 보아도 내용을 짐작할 만하다는 말. 2. 아무리 욕심을 내어도 내 것이 아니기 때문에 뜻대로 할 수 없다는 말. 3. 어떤 일을 속속들이 살피지 않더라도 결과가 신통치 않을 것이 뻔히 내다보인다는 말.

건너다보니 절터요 찌그르르하니 입맛이라

1. 어린 아이들이 먹을 것 때문에 입맛을 다신다는 뜻으로, 걸핏하면 먹을 것을 주지 않을까 하고 바라는 것을 놀리어 이르는 말. 2. 내용을 하나하나 따지지 않아도 어림짐작으로 다 알 수 있다는 말.

건넛마을 불구경하듯

'강 건너 불구경[불 보듯]'과 같은 관용 표현.

건넛산 돌 쳐다보듯

건너편 산에 있는 돌을 쳐다보듯이, 자기와 아무런 관계가 없는 일이란 듯이 멍하니 쳐다보기만 한다는 말.

건넛산 보고 꾸짖기

그 사람에게 대놓고 욕하거나 꾸짖기가 거북하여 다른 사람이나 사물을 빗대어 꾸짖는 경우에 이르는 말.

건넛산 불 보듯

'강 건너 불구경[불 보듯]'과 같은 관용 표현.

건넛산 쳐다보기

어떤 일에 열중하지 않고 한눈을 파는 것을 이르는 말.

건넛집 혼사 말하듯

자기와 아무 상관도 없는 건넛집 혼사를 말하듯 한다는 뜻으로, 어렵지 않게 남 일을 말한다는 말.

건더기 먹은 놈이나 국물 먹은 놈이나

1. 잘 먹은 사람이나 못 먹은 사람이나 배고파지기는 마찬가지라는 말. 2. 잘산 사람이나 못산 사람이나 결국 다를 게 없다는 말.

건밭에 부룻동[부루 대]

기름진 밭에 와짝 자란 상추 줄기처럼 키가 크고 곧은 것을 빗대어 이르는 말.

낱말 풀이 **건밭** 흙이 기름지고 양분이 많아서 농작물이 잘되는 밭. **부루** '상추'의 옛말.

건재 약국에 백복령

건재 약국에는 꼭 백복령이 있는 법이라는 뜻으로, 무슨 일에나 빠지지 않고 꼭 끼어드는 사람이나 필요한 데에 꼭 있어야 할 물건을 빗대어 이르는 말.

같은 속담 약방[약국]에 감초

낱말 풀이 **건재** 조제하지 않은 그대로의 약재. **백복령** 소나무 뿌리에 혹처럼 붙어나는 버섯.

건지가 많아야 국물이 난다

건더기가 많아야 국물이 잘 우러나고 맛도 좋다는 뜻으로, 필요한 조건이 제대로 갖추어져야 더 큰 성과가 이루어질 수 있다고 빗대어 이르는 말.

걷기도 전에 뛰려고 한다

쉬운 일도 해내지 못하면서 반드시 거쳐야 할 차례를 건너뛰고 어려운 것을 해 보겠다고 헤덤비는 짓을 비웃어 이르는 말.

같은 속담 기기도 전에 날기부터 하려 한다 • 털도 아니 난 것이 날기부터 하려 한다 • 푸둥지도 안 난 것이 날려고 한다

ㄱ

걸어가다가도 말만 보면 타고 가자고 한다

지금까지 잘 걷던 사람도 말만 보면 타고 싶어 한다는 뜻으로, 자기 힘으로 할 수 있는데도 더 나은 조건이 만들어지면 그것에 기대어 자기 힘을 쓰지 않으려 하는 것을 빗대어 이르는 말.

같은 속담 잘 걷던 놈도 말만 보면 타고 가련다

걸음새 뜬 소가 천 리를 간다

소는 비록 걸음이 굼뜨지만 꾸준히 걸어서 천 리를 간다는 뜻으로, 한결같이 꾸준히 하다 보면 큰 성과를 이룰 수 있음을 빗대어 이르는 말.

걸음아 날 살려라

있는 힘껏 몹시 급하게 달아난다는 관용 표현.

같은 관용 다리야 날 살려라 • 오금아 날 살려라 • 종짓굽아 날 살려라

검둥개는 돼지 편

'가재는 게 편'과 같은 속담.

검둥개 멱 감기듯[감듯]
검둥개 미역 감긴다고 희어지지 않는다

검은 개는 아무리 씻겨도 하얗게 될 수 없다는 뜻으로, 1. 어떤 일을 해도 그다지 효과가 나타나지 않음을 빗대어 이르는 말. 2. 나쁜 사람이 끝내 제 잘못을 뉘우치지 못함을 빗대어 이르는 말.

같은 속담 검정개 미역 감긴 격

낱말 풀이 **멱** '미역'의 준말로, 냇물이나 강물 또는 바닷물에 들어가 몸을 담그고 씻거나 노는 일.

검불밭에서 수은 찾기

'가랑잎에 떨어진 좁쌀알 찾기'와 같은 속담.

낱말 풀이 **수은** 보통 온도에서 액체로 있는 은빛 금속 원소. 체온계, 온도계, 수은등 들을 만드는 데 쓰인다.

검은 강아지로 돼지 만든다

'감장강아지로 돼지 만든다'와 같은 속담.

검은 고양이 눈 감은 듯

온몸이 검은 고양이는 눈을 떴는지 감았는지 알기 어렵다는 뜻으로, 사물의 경계가 분명하지 않아 무엇이 무엇인지 구별하기 어려운 것을 빗대어 이르는 말.

같은 속담 검정고양이 눈 감은 듯

검은 구름에 백로 지나가기

1. 검은 구름 사이로 백로가 지나갈 때는 뚜렷이 보이지만 지나고 나면 지났는지조차 알 수 없다는 뜻으로, 어떤 일을 해도 나중에는 그 흔적이 남지 않음을 빗대어 이르는 말. 2. 많은 것들 가운데에서 유난히 표시나 자취가 뚜렷함을 빗대어 이르는 말. 3. 정한 곳 없이 떠돌아다니는 경우를 빗대어 이르는 말.

낱말 풀이 **백로** 왜가릿과의 새 가운데 몸빛이 흰 새를 통틀어 이르는 말. 백로는 희고 깨끗하여 청렴하고 꼿꼿한 선비를 상징한다. 옛날 시나 그림에 많이 나온다.

검은 데 가면 검어지고 흰 데 가면 희어진다

주변 환경이 사람의 사상이나 성격에 큰 영향을 준다는 말.

ㄱ

검은 머리 가진 짐승은 구제 말란다

검은 머리 가진 짐승, 곧 사람을 도와주지 말라는 뜻으로, 남의 은혜도 모르는 배은망덕한 사람을 핀잔하여 이르는 말.

같은 속담 머리 검은 짐승은 남의 공을 모른다

낱말 풀이 **구제** 어려움이나 위험에 빠진 사람을 도와줌.

검은 머리 파 뿌리 되도록[될 때까지]

새까맣던 머리가 하얀 파 뿌리처럼 셀 때까지란 뜻으로, 아주 늙을 때까지 오래 사는 것을 빗대어 이르는 말.

검정개나 누렁개나 개는 개다

개의 털이 검거나 누렇거나 다 개라는 뜻으로, 겉보기는 다르지만 본질은 같은 경우에 빗대어 이르는 말.

같은 속담 검정 돼지나 흰 돼지나 매한가지다 • 센둥이가 검둥이고 검둥이가 센둥이다

검정개는 돼지 편

'가재는 게 편'과 같은 속담.

검정개 돼지 흉본다[흉한다]

흠이 있는 것으로 치면 크게 다를 바 없는 사람이 저보다 못한 사람을 흉보거나 업신여길 때 비꼬아 이르는 말.

같은 속담 겨 묻은 개가 똥 묻은 개를 나무란다[흉본다] • 까마귀가 까치보고 검다 한다

검정개 미역 감긴 격

'검둥개 멱 감기듯[감듯]'과 같은 속담.

검정개 한 마리 얼씬 안 한다
검정개 한 마리 얼씬하지 않다
'개 새끼 한 마리 얼씬하지 않다'와 같은 관용 표현.

검정개 한패[한편]
'가재는 게 편'과 같은 속담.

검정고양이 눈 감은 듯
'검은 고양이 눈 감은 듯'과 같은 속담.

검정 돼지나 흰 돼지나 매한가지다
'검정개나 누렁개나 개는 개다'와 같은 속담.

겉가마도 안 끓는데 속가마부터 끓는다
겉가마부터 끓은 다음에 부엌 가장 안쪽에 있는 속가마가 끓는데 속가마가 주제를 모르고 먼저 나선다는 뜻으로, 제 차례를 기다리지 못하고 덤벙인다는 말.

겉과 속이 다르다
겉 다르고 속 다르다
겉 보기와 안 보기가 다르다
속으로는 딴생각을 품고 있으면서 겉으로는 좋은 듯이 꾸며서 행동한다는 말.

겉 보고 속을 안다
겉 보기가 속 보기
겉으로 드러난 모양만 보아도 속까지 넉넉히 짐작해서 알 수 있다는 말.

ㄱ

곁보리 서 말만 있으면 처가살이하랴

옛날에, 겉보리가 서 말만 있어도 아내의 친정집에 들어가 살지 않는다는 뜻으로, 처가살이는 할 것이 못 된다고 빗대어 이르던 말.

같은 속담 등겨가 서 말만 있으면 처가살이 안 한다

낱말 풀이 **겉보리** 낟알을 털어도 겉껍질이 벗겨지지 않는 보리.

겉은 검어도 속은 희다

1. 겉으로 보기에는 나빠 보이지만 실제 내용은 좋다는 말. 2. 겉과 속이 같지 않은 것을 빗대어 이르는 말.

겉은 늙어도 속은 새파랗다

나이 들어 몸은 비록 늙었지만 마음은 아직 젊다는 말.

겉이 검기로 속도 검을까

'가마가 검기로 밥도 검을까'와 같은 속담.

겉이 고우면 속[안]도 곱다

겉모양이 훌륭하면 내용도 그만큼 훌륭하다는 뜻으로, 형식과 내용이 잘 들어맞을 때 이르는 말.

게 눈 감추듯

게가 눈을 재빠르게 눈구멍 속으로 넣어 감추듯이, 음식을 매우 빨리 먹어 치우는 모습을 빗대어 이르는 말.

같은 속담 남양 원님 굴회 마시듯 • 두꺼비 파리 잡아먹듯 • 마파람에 게 눈 감추듯 • 사냥개 언 똥 들어먹듯[삼키듯]

게는 가재 편

'가재는 게 편'과 같은 속담.

게도 구럭도 다 잃었다[놓쳤다]

게도 못 잡고 가져간 구럭도 잃어버렸다는 뜻으로, 1. 무슨 일을 하려다가 아무것도 얻지 못하고 오히려 손해만 봤을 때 빗대어 이르는 말. 2. 이 일도 저 일도 다 틀어졌을 때 빗대어 이르는 말.

같은 속담 꿩 잃고 매 잃는 셈

낱말 풀이 **구럭** 새끼를 드물게 떠서 물건을 담을 수 있도록 만든 그릇.

게도 제 구멍이 아니면 들어가지 않는다

남의 영역에 함부로 들어가 해치거나 건드리지 말라는 말.

게를 똑바로 기어가게 할 수는 없다

옆으로 기는 게를 앞으로 기어가게 할 수 없다는 뜻으로, 무엇이나 타고난 성질을 완전히 고칠 수는 없다는 말.

게 발 물어 던지듯

볼일 다 보고 쓸모없게 된 것을 내던져 버리는 모양을 빗대어 이르는 말.

같은 속담 까마귀 게 발 던지듯

게 새끼는 나면서부터 집는다
게 새끼는 집고 고양이 새끼는 할퀸다

1. 타고난 본성은 배우거나 익히지 않아도 저절로 드러난다고 빗대어 이르는 말. 2. 본성이 나쁜 사람은 어려서부터 남을 해친다는 말.

같은 속담 개는 나면서부터 짖는다

ㄱ

게으른 년이 삼 가래 세고 게으른 놈이 책장 센다
게으른 놈[일꾼] 밭고랑 세듯
게으른 선비 책장 넘기기[넘기듯]

게으른 년이 삼 껍질을 벗겨 길게 찢어 놓다가 얼마나 했는지 헤아려 보고 게으른 놈이 책은 안 읽고 남은 책장만 센다는 뜻으로, 게으른 사람이 일은 안 하고 빨리 그 일을 그만두고 싶은 생각만 하고 있음을 핀잔하여 이르는 말.

같은 속담 김매기 싫은 놈 밭고랑만 센다

낱말 풀이 **삼 가래** 베를 만들기 위해 삼을 찢어 길게 늘여 놓은 토막.

게으른 놈 짐 많이 지기[진다]
게으른 말 짐 탐하기[탐한다]

게으른 사람이 한꺼번에 일을 해치우려고 짐을 많이 진다는 뜻으로, 1. 게으른 사람이 일하기 싫어서 많은 일을 한꺼번에 하려고 하는 것을 비꼬아 이르는 말. 2. 능력도 없는 사람이 하지도 못할 일을 욕심스럽게 탐냄을 비웃어 이르는 말.

게으른 선비 설날에 다락에 올라가서 글 읽는다

내내 빈둥거리다가 바쁜 때가 되어서야 부지런한 체한다는 말.

게 잡아 물에 놓았다[넣는다]

1. 힘들여 잡은 게를 물에 도로 놓아준다는 뜻으로, 애써 해 놓은 일을 스스로 헛되게 할 때 빗대어 이르는 말. 2. 조금 이익을 얻었다가 다시 못 찾게 잃어버렸다는 말.

겨 묻은 개가 똥 묻은 개를 나무란다[흉본다]

'검정개 돼지 흉본다[흉한다]'와 같은 속담.

겨울바람이 봄바람보고 춥다 한다

'가랑잎이 솔잎더러 바스락거린다고 한다'와 같은 속담.

겨울에 눈이 많이 오면 보리 풍년이 든다

겨울에 눈이 많이 와서 보리밭을 덮으면 눈이 추위를 막아 주고 물기가 많아져서 보리농사가 잘된다는 말.

겨울에 짓는 집은 더운 집 짓고 여름에 짓는 집은 서늘한 집 짓는다

겨울에는 집이 춥지 않도록 하고 여름에는 집이 시원하도록 하는 데 마음을 쓴다는 뜻으로, 그때그때 형편에 따라서 일의 방향이 달라지게 마련이라는 말.

겨울을 지내보아야 봄 그리운 줄 안다

사람은 어려운 일이나 아픔을 겪어 보아야 삶의 참된 보람을 알 수 있다는 말.

겨울이 다 되어야 솔이 푸른 줄 안다

낙엽이 지고 한겨울이 되어야 소나무가 푸른 줄 안다는 뜻으로, 위급하거나 어려운 고비를 겪어 보아야 비로소 그 사람의 참된 값어치를 알 수 있다고 빗대어 이르는 말.

겨울이 지나지 않고 봄이 오랴

1. 세상 모든 일에는 질서와 차례가 있어 급하다고 억지로 할 수는 없다는 말.
2. 추운 겨울이 지나야 따뜻한 봄이 오듯이, 어렵고 힘든 일을 이겨 내야 좋은 결과를 얻을 수 있다는 말.

겨울 추위에는 살이 시리지만 봄 추위에는 뼈가 시리다

이른 봄철에 뼈까지 시릴 만큼 변덕스러운 추위가 겨울 추위보다 더 쌀쌀하다고 이르는 말.

겨울 화롯불은 어머니보다 낫다

추운 겨울에는 뭐니 뭐니 해도 따뜻한 것이 으뜸이라는 말.

겨자씨 속에서 담배씨(를) 찾는 격

'가랑잎에 떨어진 좁쌀알 찾기'와 같은 속담.

겨 주고 겨 바꾼다

겨를 주고 겨를 바꾸어 보았자 달라질 것이 하나도 없다는 뜻으로, 아무 보람도 없고 쓸데도 없는 어리석은 짓을 빗대어 이르는 말.

경기 밥 먹고 청홍도 구실을 한다

경기도에서 주는 녹을 타 먹고는 충청도에서 구실아치 노릇을 한다는 뜻으로, 이쪽에서 일한 값을 받고 아무 상관도 없는 저쪽 일을 해 주는 경우를 빗대어 이르는 말.

같은 속담 양주 밥 먹고 고양 구실

읽을거리 옛날에, 경기도와 충청도가 붙어 있는 곳에 살던 관리들 이야기에서 나온 말이야. 그런 곳에서는 경기도 관아에서 주는 돈을 받고, 충청도에 살면서 충청도 구실아치 노릇을 하는 사람이 많았대. 그러다 보니 진짜 해야 할 관아 일보다 자기 마을 일에 슬금슬금 더 힘을 쓰게 되니까 그걸 비꼬아 말한 거지. 그래서 자기 할 일은 안 하면서 엉뚱하게 남의 일을 하는 사람을 보고 "경기 밥 먹고 청홍도 구실 하냐?" 하고 나무라듯 말해 왔던 거야.

낱말 풀이 **구실** 1. 역사에서, 관아의 임무. 2. 조선 시대에, 관아의 벼슬아치 밑에서 일하던 사람. =구실아치. **청홍도** 조선 시대에, 충청도를 달리 이르던 말. 충청도 '청'주와 '홍'주에서 첫 글자를 따온 말이다.

경주 돌이면 다 옥돌[옥석]인가

1. 경주에서 옥돌이 많이 나온다고 모든 돌이 다 옥돌은 아니라는 뜻으로, 좋은 것 가운데는 나쁜 것도 섞여 있을 수 있다는 말. 2. 무엇을 평가할 때 그 이름만 가지고는 판단할 수 없다는 말.

경쳐 포도청이라
경치고 포도청 간다

이미 호되게 벌을 받았는데 또 포도청에 끌려간다는 뜻으로, 몹시 심한 욕을 당하거나 매서운 벌을 받는 경우에 빗대어 이르는 말.

경칩 추위에 여우도 눈물을 흘린다

경칩 무렵 봄 날씨가 몹시 쌀쌀하고 맵짜다고 빗대어 이르는 말.

곁가마가 (더/먼저) 끓는다

끓어야 할 원래 가마솥은 끓지 않고 곁에 있는 가마솥이 먼저 끓는다는 뜻으로, 본인은 가만히 있는데 오히려 곁에 있는 사람들이 나서서 이래라저래라 참견하는 것을 빗대어 이르는 말.

곁방살이 불내기
곁방에서 불난다

남에게 세를 준 곁방에서 잘못하여 불을 냈다는 뜻으로, 늘 눈에 거슬려 못마땅하게 여기는 이가 잘못을 저질러 더욱 밉다는 말.

낱말 풀이 **곁방살이** 남의 집의 방 하나를 빌려서 생활함. 또는 그런 일.

곁방살이 코 곤다

남의 집 곁방살이하는 처지에 코까지 곤다는 뜻으로, 제 분수를 모르고 버릇없이 함부로 구는 것을 빗대어 이르는 말.

곁집 잔치에 낯을 낸다

이웃집 잔치에 제 손님을 데려가서 제가 베푼 일인 듯 자랑한다는 뜻으로, 제 물건은 안 쓰고 남의 것을 제 것인 양하며 생색 내는 짓을 빗대어 이르는 말.

같은 속담 곗술에 낯내기 • 남의 떡 가지고 낯을 낸다 • 남의 떡으로 선심 쓴다 • 상두쌀[상둣술]에 낯내기 • 제삿술 가지고 친구 사귄다

낱말 풀이 **곁집** 이웃하여 붙어 있는 집.

계란에도 뼈가 있다

계란에 뼈가 있어 먹을 수 없다는 뜻으로, 어지간히 복 없는 사람은 모처럼 좋은 때를 만나도 그 일마저 잘 안된다는 말.

같은 속담 달걀에도 뼈가 있다 • 복 없는 정승은 계란에도 뼈가 있다 • 안되는 놈은 두부에도 뼈라 • 헐복한 놈은 계란에도 뼈가 있다

계란으로 바위 치기

조금만 부딪쳐도 깨지는 달걀로 바위를 친다는 뜻으로, 자기의 능력을 헤아리지 못하고 도저히 이길 수 없는 상대에게 함부로 맞서는 어리석음을 빗대어 이르는 말.

같은 속담 달걀로 바위[백운대/성] 치기 • 바위에 달걀 부딪치기

계란이나 달걀이나

이것이나 저것이나 다 마찬가지라는 관용 표현.

계집애가 오랍아 하니 머슴애[사내]도 오랍아 한다

'가시내가 오랍아 하면 머슴애[사내]도 오랍아 한다'와 같은 속담.

낱말 풀이 **계집애** '여자아이'를 이르는 말. **머슴애** '머슴아이'의 준말로, '남자아이'를 이르는 말. **사내** '사나이'의 준말로, '남자'를 이르는 말. **오랍** '오라비'의 준말로, '오빠'를 달리 이르는 말.

계집의 곡한[독한] 마음 오뉴월에 서리 친다
계집의 말은 오뉴월 서리가 싸다
계집의 악담은 오뉴월에 서리 온 것 같다

여자가 한번 마음이 틀어져 미워하거나 응어리가 맺히면 무더운 오뉴월에도 서리가 칠 만큼 매섭고 독하다는 말.

같은 속담 여자가 한을 품으면 오뉴월에도 서리가 내린다

낱말 풀이 **곡하다** 섭섭하고 야속하여 마음이 언짢다. =고깝다.

계 타고 논문서 잡힌다
계 타고 집 판다

곗돈을 탔다고 돈을 마구 쓰다가는 나중에 돈이 없어 집까지 팔게 된다는 뜻으로, 운이 좋아 이익을 보았으나 그로 인하여 더 큰 손해를 보게 되는 경우에 빗대어 이르는 말.

낱말 풀이 **계 타다** 계에서 차례가 되어 목돈을 받다. '계'는 서로 돕거나 친하게 지내려고 만든다.

곗술에 낯내기

'곁집 잔치에 낯을 낸다'와 같은 속담.

낱말 풀이 **곗술** 계 모임에서 마시는 술. **낯내다** 다른 사람 앞에 당당히 나서거나 지나치게 자랑하다.

고기가 탐나거든 그물을 떠라

고기를 잡고 싶으면 그물을 먼저 뜨라는 뜻으로, 이루고 싶은 바가 있으면 준

비를 단단히 하라는 말.

같은 속담 고기를 잡고자 하거든 돌아가 그물을 떠라

고기 그물에 기러기가 걸린다

물고기를 잡으려고 쳐 놓은 그물에 기러기가 잡혔다는 뜻으로, 1. 정작 애쓴 일은 되지 않고 엉뚱하게 다른 일이 잘된 경우를 빗대어 이르는 말. 2. 남 일로 뜻밖의 화를 당하는 경우에 빗대어 이르는 말.

같은 속담 새망에 기러기 걸린다 • 참새 그물에 기러기 걸린다

고기는 씹어야 맛을 안다

겉으로만 봐서는 진짜 맛을 모르니 먹어 봐야 맛을 안다는 뜻으로, 1. 무슨 일이든지 직접 겪어 보아야 똑똑히 알 수 있다는 말. 2. 무엇이나 속속들이 새겨 보아야 참뜻을 알 수 있다는 말.

고기는 씹어야 맛이 나고 말은 해야 시원하다
고기는 씹어야 맛이요 말은 해야 맛이라

고기는 꼭꼭 씹어야 제맛이 나고 말은 시원스럽게 해야 한다는 뜻으로, 하고 싶은 말이나 해야 할 말은 속에 묻어 두지 말고 털어놓아야 좋다는 말.

같은 속담 말은 해야 맛이고 고기는 씹어야 맛이다

고기는 안 익고 꼬챙이만 탄다

꼬챙이에 고기를 꿰어 굽는데 꼬챙이만 탄다는 뜻으로, 애쓰는 일은 되지 않고 엉뚱하게 꼬이기만 하는 경우에 빗대어 이르는 말.

같은 속담 꼬치는 타고 고기는 설었다

낱말 풀이 **꼬챙이** 가늘고 길면서 끝이 뾰족한 쇠나 나무 따위의 물건. =꼬치.

고기는 안 잡히고 송사리만 잡힌다

먹을 만한 고기는 안 잡히고 고기 축에 끼지도 못하는 송사리만 잡힌다는 뜻으로, 바라던 것은 얻지 못하고 쓸데없는 것만 얻게 될 때 빗대어 이르는 말.

같은 속담 고래 그물에 새우가 걸린다

고기도 먹어 본 사람이 많이 먹는다

고기는 자주 먹어 본 사람이 더 잘 먹고 또 많이 먹는다는 뜻으로, 무슨 일이든지 늘 하던 사람이 더 잘한다는 말.

같은 속담 떡도 먹어 본 사람이 먹는다

고기도 저 놀던 물이 좋다
고기도 제 놀던 물이 좋다고 한다

누구나 서먹서먹하고 낯선 곳보다 제가 나서 자란 고향이나 평소에 익숙한 환경이 더 좋다는 말.

고기도 큰물에서 노는 놈이 크다

물고기도 큰물에서 자라는 놈일수록 더욱 크기 마련이라는 뜻으로, 사람도 좋은 환경에서 많이 배워야 훌륭한 사람이 될 수 있다고 빗대어 이르는 말.

고기를 잡고자 하거든 돌아가 그물을 떠라
고기 보고 기뻐 말고 가서 그물을 떠라

'고기가 탐나거든 그물을 떠라'와 같은 속담.

고기 만진 손 국 솥에 씻으랴

아무리 인색한 사람이라도 비린내가 아깝다고 고기 만진 손을 국 솥에 씻기까지 하겠느냐는 뜻으로, 아무러면 그렇게까지 인색하겠느냐고 되묻는 말.

ㄱ

고기 맛본 중

어떤 일에 뒤늦게 재미를 붙인 사람을 빗대어 이르는 말.

고기 새끼 하나 보고 가마솥 부신다

성미가 급하여 지레짐작으로 서두른다는 말.

고기 한 점이 귀신 천 머리를 쫓는다

몸이 쇠약해졌을 때에는 잘 먹고 제 몸을 돌보는 것이 중요하다는 말.

같은 속담 밥 한 알이 귀신 열을 쫓는다

고랑도 이랑 될 날 있다

'개똥밭에도 이슬 내릴 때가 있다'와 같은 속담.

고래 그물에 새우가 걸린다

'고기는 안 잡히고 송사리만 잡힌다'와 같은 속담.

고래 싸움에 새우 등 터진다

힘센 이들이 싸우는 틈에서 약한 사람만 억울하게 피해를 입는 경우에 빗대어 이르는 말.

같은 속담 두꺼비 싸움에 파리 치인다

고려공사 사흘[삼 일]

고려 말에 사흘이 멀다 하고 나라 법이 바뀌었다는 데서, 시작한 일이 오래가지 못하고 자주 바뀌는 것을 빗대어 이르던 말.

같은 속담 조정 공론 사흘 못 간다 • 중의 공사가 삼 일

고려 적 잠꼬대 (같은 소리)

너무 옛날 옛적 이야기를 한다는 뜻으로, 현실과 동떨어진 말 같지 않은 소리를 빗대어 이르는 말.

고름이 살 되랴

이미 그릇된 일이 다시 잘될 리 없다는 말.

같은 속담 부스럼이 살 될까 • 코딱지 두면 살이 되랴

고리백장 내일 모레

'갖바치 내일 모레'와 같은 속담.

낱말 풀이 **고리백장** 키버들로 고리나 키 따위를 만들어 파는 일을 하던 사람을 낮잡아 이르던 말.

고리

고린 장이 더디 없어진다

고린 된장은 맛이 없어서 잘 없어지지 않는다는 뜻으로, 나쁜 물건이 빨리 없어지지 않고 도리어 오래간다는 말.

낱말 풀이 **고리다** 썩은 풀이나 썩은 달걀 따위에서 나는 냄새와 같다.

고목에 꽃이 피랴

말라 죽은 나무에서 꽃이 필 리 없다는 뜻으로, 되지도 않을 일을 이루어지기 바라며 기다릴 필요는 없다고 빗대어 이르는 말.

같은 속담 마른나무에 꽃이 피랴

고목에 꽃이 핀다

1. 보잘것없는 집안에서 매우 좋은 일이 생겼을 때 빗대어 이르는 말. 2. 다 망

해 버린 일이 다시 활기를 띠어 잘되는 경우에 빗대어 이르는 말.

같은 속담 죽은 나무에 꽃이 핀다 • 죽은 덤불에 산 열매 난다

고목에는 새도 앉지 않는다

말라 죽은 나무에는 새도 앉지 않는다는 뜻으로, 다 낡고 쓸모없어진 사람이나 사물은 아무도 돌보지 않는다고 빗대어 이르는 말.

고목에도 꽃을 피운다

몸은 늙었어도 계속 나라와 사회의 중요한 사람으로서 값있게 산다는 말.

고비에 인삼

쓴 고비에 그보다 더 쓴 인삼이라는 뜻으로, 1. 어려움이나 불행이 자꾸 겹쳐 드는 것을 빗대어 이르는 말. 2. 하는 일마다 방해가 있어 뜻대로 되지 않는 것을 빗대어 이르는 말.

같은 속담 기침에 재채기 • 눈 위에 서리 친다 • 마디에 옹이 • 얼어 죽고 데어 죽는다 • 옹이에 마디 • 하품에 딸꾹질

낱말 풀이 **고비** 고빗과의 여러해살이풀. 어린잎은 삶아서 나물로 먹고, 뿌리는 약으로 쓴다.

고뿔도 제가끔 앓으랬다

'감기 고뿔도 제가끔 앓으랬다'와 같은 속담.

낱말 풀이 **고뿔** '감기'의 순우리말.

고삐가 길면 밟힌다

'꼬리가 길면 밟힌다'와 같은 속담.

낱말 풀이 **고삐** 말이나 소를 몰거나 부리려고 재갈이나 코뚜레를 잡아매는 줄.

고삐 놓은 말
고삐 풀린[없는] 망아지

1. 거칠거나 제멋대로 행동하는 사람을 이르는 관용 표현. 2. 갇혀 있던 곳이나 통제에서 벗어나 자유로워진 몸을 이르는 관용 표현.

같은 관용 굴레 벗은 말[망아지/송아지]

고사리는 귀신도 좋아한다

고사리는 제상을 받으러 온 귀신도 좋아해서 옛날부터 제사상에 빼놓지 않고 올렸다는 데서, 고사리는 우리나라 사람이라면 누구나 즐겨 먹는 음식이라고 빗대어 이르는 말.

읽을거리 고사리는 산이나 햇볕이 잘 드는 풀밭에서 자라. 옛날부터 제사 음식으로 흔히 썼어. 이른 봄에 통통하게 생긴 고사리 순이 돋으면 꺾어서 삶아 말려. 그것을 다시 물에 불리면 우리가 먹는 갈색 고사리나물이 돼. 고사리에는 독이 있어서 꼭 우려내고 먹어야 해. 하지만 독 양이 많지 않아서 물에 담그고 데치는 동안에 빠지지.

고사리도 꺾을 때 꺾는다
고사리도 제철에 꺾어야 한다

1. 고사리도 꺾을 때를 놓치면 쇠고 만다는 뜻으로, 모든 일은 다 때가 있으므로 그때를 잘 맞추어 해야 한다는 말. 2. 무슨 일을 시작하면 그 기회를 놓치지 말고 잘 잡으라는 말.

고산강아지 감 꼬챙이 물고 나서듯 한다

감이 많이 나는 고산에서 태어난 강아지는 뼈다귀와 비슷하게 생긴 감 꼬챙이만 보고도 물고 다닌다는 뜻으로, 먹을 것이 별로 없는 사람은 늘 먹고 싶어 하던 것과 비슷한 것만 보아도 좋아한다는 말.

낱말 풀이 **고산강아지** 강원도 고산 지방의 특산 강아지.

고생 끝에 낙이 온다[있다]

힘들고 어려운 고비를 이겨 내면 마침내 즐겁고 좋은 일이 생긴다는 말.

같은 속담 태산을 넘으면[넘어야] 평지를 본다

고생도 벌어 할 탓

같은 고생을 하더라도 자기가 어떻게 하느냐에 따라 고생이 덜할 수도 있고 더 할 수도 있다는 말.

고생을 밥 먹듯 한다

하루 세끼 밥을 먹는 것처럼 고생을 자꾸 하게 됨을 빗대어 이르는 말.

고생을 사서[벌어서] 한다

1. 몸가짐이나 행동을 잘못하여 하지 않아도 될 고생을 한다는 말. 2. 어려운 일인 줄 알면서 스스로 그 일을 맡아서 고생을 한다는 말.

고슴도치도 살 동무[친구]가 있다

온몸에 가시가 돋쳐 가까이하기 어려운 고슴도치도 같이 살 동무가 있다는 뜻으로, 아무리 까다롭고 무뚝뚝한 사람이라도 뜻이 맞는 짝이 있다고 빗대어 이르는 말.

읽을거리 고슴도치는 등 전체에 날카로운 가시가 돋아 있어. 여느 때는 가시를 눕히고 있지만 위험을 느끼면 몸을 동그랗게 말아서 가시를 곤두세워. 꼼짝 않고 웅크린 채 있으면 꼭 밤송이 같아. 가시가 아주 뾰족해서 찔리면 매우 아파.

고슴도치도 제 새끼가 제일 곱다고 한다

누구나 다 제 자식은 잘나고 귀여워 보인다는 말.

같은 속담 고슴도치도 제 새끼는 함함하다고 한다

고슴도치도 제 새끼가 함함하다면 좋아한다

1. 고슴도치도 제 새끼 털이 보드랍고 반지르르하다고 하면 좋아한다는 뜻으로, 누구나 제 자식을 칭찬해 주면 좋아함을 빗대어 이르는 말. 2. 칭찬받을 만한 일이 못 되더라도 추어주면 누구나 기뻐한다는 말.

같은 속담 개도 제 새끼를 귀애하는 시늉을 보이면 좋아한다 • 호랑이도 제 새끼가 곱다고 하면 물지 않는다

낱말 풀이 **함함하다** 1. 털이 보드랍고 반지르르하다. 2. 소담하고 탐스럽다.

고슴도치도 제 새끼는 함함하다고 한다
고슴도치도 제 새끼만은 곱다고 쓰다듬는다

1. 누구나 다 제 자식은 잘나고 귀여워 보인다는 말. 2. 고슴도치도 제 새끼의 바늘 같은 털이 부드럽다고 한다는 뜻으로, 자기 자식의 나쁜 점을 도리어 자랑으로 삼는다는 말.

같은 속담 고슴도치도 제 새끼가 제일 곱다고 한다

고슴도치 오이 걸머지듯
고슴도치 외 따 지듯

고슴도치가 오이를 따서 등에 진 것 같다는 뜻으로, 남에게 빚을 많이 지거나 어떤 일이나 짐을 많이 지고 있을 때 빗대어 이르는 말.

낱말 풀이 **걸머지다** 짐을 줄로 매어 어깨나 등에 걸치어 들다. **외** 1. '오이'의 준말. 2. '참외'의 방언(경상, 전남).

고슴도치한테 혼난 범이 밤송이 보고도 놀란다

범이 고슴도치 가시에 혼쭐이 난 뒤로 발밑에 떨어진 밤송이만 보고도 놀란다는 뜻으로, 어떤 것에 된통 혼이 난 사람은 그와 비슷한 것만 보아도 지레 겁을 먹게 된다고 빗대어 이르는 말.

같은 속담 국에 덴 놈 물[냉수] 보고도 분다[놀란다] • 더위 먹은 소가 달을 보고 피한다 • 뜨거운 물에 덴 놈 숭늉 보고도 놀란다 • 몹시 데면 회도 불어 먹는다 • 불에 놀란 놈이 부지깽이[화젓가락]만 보아도 놀란다 • 자라 보고 놀란 가슴 소댕[솥뚜껑] 보고 놀란다

ㄱ

고약으로는 속병을 고치지 못한다

종기나 상처 치료에 쓰이는 고약으로는 속병을 고치지 못한다는 뜻으로, 무슨 일이나 알맞은 대책 없이는 제대로 이룰 수 없다는 말.

고양이가 알 낳을 노릇[일]이다

새끼를 낳는 고양이가 알을 낳을 노릇이라는 뜻으로, 터무니없는 말이나 도무지 있을 수 없는 일을 빗대어 이르는 말.

고양이가 쥐를 마다한다

'개가 똥을 마다한다[마다할까]'와 같은 속담.

고양이 간 골에 쥐 죽은 듯

고양이가 있으면 쥐가 죽은 듯이 조용하다는 데서, 놀라거나 겁이 나서 숨을 죽이고 옴짝달싹 못 하는 모양을 빗대어 이르는 말.

고양이 개 보듯

'개 고양이 보듯'과 같은 속담.

고양이 기름 종지 노리듯[넘겨다보듯]

무엇을 몹시 탐내어 눈여겨보는 모양을 빗대어 이르는 말.

낱말 풀이 **종지** 간장, 고추장 따위를 담아서 상에 놓는, 작은 그릇.

종지

고양이는 발톱을 감춘다

고양이가 발톱을 감추듯이, 재주 있는 사람은 함부로 드러내지 않는다는 말.

고양이 달걀 굴리듯[어르듯]

무슨 일을 솜씨 있게 잘해 나가는 것을 빗대어 이르는 말.

고양이 덕은 알고 며느리 덕은 모른다[알지 못한다]

1. 고양이가 쥐를 잡아 주는 것은 알면서도 아이를 낳아 키우고 살림을 돌보는 며느리의 수고는 대수롭지 않게 여김을 빗대어 이르는 말. 2. 늘 덕을 보고 있으면서도 그것이 두드러지지 않으면 잊고 지내기 쉽다는 말.

고양이 똥도 약에 쓰려면 없다

'개똥도 약에 쓰려면 없다'와 같은 속담.

고양이 목에 방울 달기[단다]

쥐가 자기를 잡아먹는 고양이 목에 방울을 단다는 뜻으로, 얼핏 보기에는 아주 좋은 방법 같지만 막상 하려면 도무지 할 수 없는 일을 빗대어 이르는 말.

읽을거리 옛날 우화에서 나온 말이야. 어느 날 쥐들이 모여서 고양이를 피할 방법을 궁리했어. 쥐 한 마리가 "고양이 목에 방울을 달자."라고 말했어. 고양이 목에 방울을 달면 움직일 때마다 소리가 나서 자기들이 피할 수 있을 거라고 말이지. 모두 좋은 방법이라고 뛸 듯이 기뻐했지만, 정작 방울을 달겠다는 쥐가 없어서 말짱 헛일이 되었다는 이야기야. 그래서 얼핏 듣기에는 참 좋지만 실제로는 전혀 할 수 없는 일을 두고 "고양이 목에 방울 달기"라고 말해 왔던 거야.

고양이 발에 덕석

1. 고양이가 짚으로 만든 덕석을 밟으면 갈고리 같은 발톱 때문에 잘 떨어지지

않는다는 뜻으로, 두 사람이 서로 붙어 떨어지지 않고 아주 친한 모양을 빗대어 이르는 말. 2. 아무도 모르게 감쪽같이 행동하는 것을 빗대어 이르는 말.

고양이 밥 먹듯 하다

음식을 매우 적게 먹음을 빗대어 이르는 말.

고양이보고 반찬 가게 지켜 달란다
고양이보고 반찬 가게 지키라는 격(이다)

1. 일을 그르칠 것을 뻔히 알면서도 맡기는 어리석은 짓을 핀잔하여 이르는 말. 2. 믿을 수 없는 사람에게 어떤 일이나 물건을 맡겨 놓고 마음이 놓이지 않아 걱정하는 것을 빗대어 이르는 말.

같은 속담 강아지에게 메주 멍석 맡긴 것 같다 • 고양이 앞에 고기반찬 • 고양이한테 반찬단지 맡긴 것 같다 • 도둑고양이더러 제물 지켜 달란다

고양이 세수하듯[세면하듯]

1. 고양이가 침을 발라서 낯짝을 문지르듯이, 세수를 하나 마나 함을 이르는 말. 2. 남이 하는 것을 흉내만 내다 마는 것을 빗대어 이르는 말.

고양이 손도 바쁜 때

농사일이 한창일 때 일손이 모자라는 경우에 빗대어 이르는 말.

고양이 앞에 고기반찬

1. 자기가 좋아하는 것이면 남이 미처 손쓸 겨를 없이 덤벼드는 경우에 빗대어 이르는 말. 2. 믿을 수 없는 사람에게 어떤 일이나 물건을 맡겨 놓고 마음이 놓이지 않아 걱정하는 것을 빗대어 이르는 말.

같은 속담 고양이보고 반찬 가게 지켜 달란다

고양이 앞에 쥐[쥐걸음]

무서운 사람 앞에서 기를 펴지 못하고 설설 기는 모양을 빗대어 이르는 말.

같은 속담 이리 앞의 양 • 쥐가 고양이를 만난 격

고양이에게 반찬 달란다

고기반찬이라면 오금을 못 쓰는 고양이에게 반찬을 달라고 한다는 뜻으로, 상대에게 꼭 필요한 것을 달라고 함을 빗대어 이르는 말.

같은 속담 호랑이에게 고기 달란다

고양이와 개

'개와 고양이'와 같은 관용 표현.

고양이 죽는 데 쥐 눈물만큼
고양이 죽은 날 쥐 눈물

고양이가 죽었다고 쥐가 눈물을 흘릴 리 없다는 데서, 1. 아예 없거나 있어도 양이 매우 적을 때 빗대어 이르는 말. 2. 아무 슬픔이나 아쉬움이 없을 때 빗대어 이르는 말.

같은 속담 쥐 죽은 날 고양이 눈물

고양이 죽 쑤어 줄 것 없고 새앙쥐 볼가심할 것 없다

집이 너무 가난하여 먹을 것이 아무것도 없는 경우에 빗대어 이르는 말.

고양이 쥐 생각[사정 보듯]

쥐를 잡아먹는 고양이가 쥐를 생각해 줄 리 없듯이, 속으로는 해칠 마음을 품고 있으면서 겉으로는 위해 주는 척하는 것을 비웃어 이르는 말.

ㄱ

고양이 쥐 어르듯

1. 상대를 제 마음대로 가지고 노는 모양을 빗대어 이르는 말. 2. 바로 잡아먹을 듯이 덤비는 모양을 빗대어 이르는 말.

낱말 풀이 **어르다** 1. 어린아이를 달래거나 기쁘게 해 주다. 2. 사람이나 짐승을 놀리며 장난하다.

고양이한테 반찬단지 맡긴 것 같다
고양이한테 생선을 맡기다

'고양이보고 반찬 가게 지켜 달란다'와 같은 속담.

고와도 내 님 미워도 내 님

미우나 고우나 한번 연을 맺은 사람은 자기에게 귀한 사람이라는 말.

같은 속담 미워도 내 남편 고와도 내 남편

고욤 맛 알아 감 먹는다

이미 비슷한 일을 겪어 보아 어떤 일을 제대로 할 수 있다는 말.

낱말 풀이 **고욤** 고욤나무의 열매. 감보다 조금 작은데 둥글거나 갸름하며, 맛은 달면서 떫다.

고욤이 감보다 달다

시원찮게 여기던 것이 오히려 알차고 질이 더 좋을 때 이르는 말.

고욤 일흔이 감 하나를 당하지 못한다
고욤 일흔이 감 하나만 못하다

고욤 일흔 개보다 감 한 알이 더 낫다는 뜻으로, 자질구레하고 질이 낮은 것은 아무리 많아도 훌륭한 것 하나보다 쓸모가 없다는 말.

같은 속담 천 마리 참새가 한 마리 봉만 못하다

고운 사람 미운 데 없고 미운 사람 고운 데 없다

한번 좋게 본 사람은 하는 일마다 곱게 보이고 한번 밉게 본 사람은 하는 짓마다 밉게 보인다는 말.

같은 속담 미운 사람 고운 데 없고 고운 사람 미운 데 없다

고운 사람은 멱 씌워도 곱다

고운 사람은 보기 흉하게 멱을 씌워도 고운 바탕이 드러난다는 말.

낱말 풀이 **멱** 짚으로 날을 촘촘히 엮어서 만든 그릇. 주로 곡식을 담는 데 쓰인다. =멱서리.

고운 일 하면 고운 밥 먹는다

남을 위해 좋은 일을 하면 그에 따른 좋은 대접을 받고 모진 일을 하면 나쁜 대가를 받는다는 뜻으로, 1. 모든 일은 자기 할 탓이라고 빗대어 이르는 말. 2. 좋은 일을 하면 마땅히 좋은 결과가 뒤따르게 된다는 말.

고운 자식 매로 키운다

사랑하고 아끼는 자식일수록 잘못을 덮지 말고 엄하게 잘 가르쳐야 한다는 말.

같은 속담 귀여운 자식 매로 키운다 • 귀한 자식 매로 키워라 • 사랑하는 자식일수록 매로 다스린다[다스리라] • 예쁜 자식 매로 키운다

고운 정 미운 정

오랫동안 함께 지내면서 뜻이 맞지 않아 티격태격하기도 했지만 이런저런 고비를 잘 넘기고 깊이 든 정을 이르는 말.

같은 속담 미운 정 고운 정

고운 털이 박히다

곱게 여길 만한 남다른 점이 있다는 말.

고인 물도 밟으면 솟구친다[튀어나온다]

한곳에 가만히 고여 있는 물도 밟으면 솟구쳐 오른다는 뜻으로, 아무리 순한 사람도 함부로 얕보고 건드리면 맞서 대든다는 말.

고인 물에 이끼가 낀다
고인 물이 썩는다

흐르지 않는 물은 반드시 이끼가 끼거나 썩는다는 뜻으로, 사람은 부지런히 일하고 공부해야 나아지지 그저 가만히 있으면 뒤떨어지기 마련이라는 말.

고자리 먹고 자란 호박 꼴

쭈글쭈글하고 뒤틀려 있는 모양을 이르는 말.

낱말 풀이 **고자리** 잎벌레의 애벌레.

고자쟁이가 먼저 죽는다

남에게 해를 입히려고 고자질하는 사람이 도리어 먼저 화를 당하게 된다는 말.

낱말 풀이 **고자쟁이** 남의 잘못이나 비밀을 잘 일러바치는 사람을 낮잡아 이르는 말. =고자질쟁이.

고쟁이를 열두 벌 입어도 보일 것은 다 보인다

고쟁이를 아무리 많이 입어도 정작 가려야 할 것은 가리지 못했다는 뜻으로, 1. 일은 많이 했지만 가장 중요한 일을 빼놓고 한 경우에 빗대어 이르는 말. 2. 아무리 감추려 해도 나쁜 본성은 감출 수 없다고 빗대어 이르는 말. 3. 일을 서투르게 하면 하지 않는 것만 못하다는 말.

낱말 풀이 **고쟁이** 지난날에, 여자들이 입던 속옷의 한 가지.

고추가 커야만 매우랴[맵나]

고추는 작아도 맵다는 뜻으로, 덩치가 커야만 제구실을 하는 것은 아니라는 말.

고추 나무에 그네를 뛰고 잣 껍질로 배를 만들어 타겠다
고추 나무에 그네를 매어 뛰겠다

1. 고추 나무에 그네를 매어 뛸 수 있고 잣 껍질을 배 삼아 타고 다닐 수 있을 만큼 사람이 작아진다는 뜻으로, 세상이 망하게 되면 있을 괴상한 짓을 함을 빗대어 이르는 말. 2. 얼토당토않은 잔재주나 잔꾀를 부림을 빗대어 이르는 말. 3. 지나치게 좀스럽고 쩨쩨한 사람을 비웃어 이르는 말.

같은 속담 밀기름 새옹에 밥을 지어 귀이개로 퍼서 먹겠다

고추는 작아도 맵다

몸집이 작거나 나이가 어린 사람이 하는 일이 야무지고 재주가 뛰어날 때 빗대어 이르는 말.

같은 속담 고추보다 후추가 더 맵다 • 대국 고추는 작아도 맵다 • 작아도 후추알[고추알] • 작은 고추가 더 맵다 • 작은 새 울음이 크다 • 작은 탕관이 이내 뜨거워진다 • 후추는 작아도 맵다

고추밭에 말 달리기

매우 심술 사나운 짓을 빗대어 이르는 말.

같은 속담 논두렁에 구멍 뚫기 • 애호박에 말뚝 박기

고추밭을 매도 참이 있다

작고 쉬운 일이라도 사람을 부리면 값을 치러야 한다는 말.

낱말 풀이 **참** 일을 하다가 잠시 쉴 때나 끼니때가 되었을 때 먹는 음식.

고추벌레가 고추 매운 줄 모른다

1. 맵짜고 고약한 사람은 자기가 하는 일이 모질다는 것을 모른다는 말. 2. 어려운 고비를 많이 겪은 사람은 웬만한 고통은 고통으로 여기지 않는다는 말.

고추보다 후추가 더 맵다

1. 몸집이 작거나 나이가 어린 사람이 하는 일이 야무지고 재주가 뛰어날 때 빗대어 이르는 말. 2. 뛰어난 사람 위에 더 훌륭한 사람이 있을 때 빗대어 이르는 말.

같은 속담 고추는 작아도 맵다

고추장 단지가 열둘이라도 서방님 비위를 못 맞춘다

1. 성미가 하도 까다로워서 도무지 비위 맞추기가 어려운 경우를 빗대어 이르는 말. 2. 값나가는 물건만으로는 남의 마음을 사기 어려움을 빗대어 이르는 말.

같은 속담 반찬 항아리가 열둘이라도 서방님 비위를 못 맞추겠다

낱말 풀이 **단지** 목이 짧고 배가 부른 작은 항아리.

단지

고추장이 밥보다 많다

주된 것보다 곁딸린 것이 더 많은 경우에 빗대어 이르는 말.

같은 속담 밥보다 고추장이 더 많다

고치를 지어야 누에지
고치를 짓는 것이 누에다

고치를 짓지 않으면 누에라고 할 수 없다는 뜻으로, 누구든지 제구실을 다해야 한다는 말.

낱말 풀이 **고치** 벌레가 실을 토해 내어 지은 집. 누에는 번데기로 탈바꿈할 때 명주실을 입에서 토해 내 제 몸을 둘러싸면서 둥글고 길쭉한 모양의 고치를 짓는다.

고향을 떠나면 천하다

사람이 자기 고향이나 집을 떠나 낯선 곳에 가면 업신여김을 받기 쉽고 고생스럽다는 말.

곡식과 사람은 가꾸기에 달렸다

곡식은 어떻게 가꾸느냐에 따라 거두어들이는 양이 달라지듯이, 사람도 어려서부터 잘 가르치고 이끌어야 훌륭하게 된다는 말.

같은 속담 사람과 곡식은 가꾸기에 달렸다

곡식도 밑거름이 좋아야 잘 자란다

1. 어려서부터 좋은 부모와 스승에게 배워야 훌륭한 사람이 될 수 있다고 빗대어 이르는 말. 2. 모든 일은 기초가 든든해야 잘된다는 말.

곡식에 제비 같다

제비가 낟알을 먹지 않는 데서, 성품이 맑고 욕심이 없는 사람을 이르는 말.

곡식은 남의 것이 잘되어 보이고 자식은 제 자식이 잘나 보인다

자식은 제 자식이 가장 잘나 보이고 물건은 남의 것이 크고 좋게 보인다는 말.

같은 속담 딸은 제 딸이 고와 보이고 곡식은 남의 곡식이 탐스러워 보인다 • 아이는 제 자식이 잘나 보이고 곡식은 남의 곡식이 잘되어 보인다 • 자식은 내 자식이 커 보이고 벼는 남의 벼가 커 보인다 • 자식은 제 자식이 좋고 곡식은 남의 곡식이 좋다

곡식은 될수록 준다

1. 곡식은 이리저리 여러 번 되면 될수록 줄어든다는 말. 2. 무엇이나 여기저기 옮겨 담으면 조금이라도 줄지 늘지는 않는다는 말.

낱말 풀이 **되다** 곡식, 가루, 액체의 양을 말, 되, 홉으로 따져서 세다.

곡식 이삭은 익을수록[여물수록/잘될수록] 고개를 숙인다

아는 것이 많고 몸과 마음을 갈고닦은 사람일수록 남 앞에서 자기를 낮추고 내세우려 하지 않음을 빗대어 이르는 말.

같은 속담 난알은 익을수록 고개를 숙인다 • 벼 이삭은 익을수록 고개를 숙인다 • 병에 찬 물은 저어도 소리가 나지 않는다 • 잘 익은 벼 이삭일수록 더 깊이 내리[머리를] 숙인다

ㄱ

곡우에 가물면 땅이 석 자가 마른다

옛날부터 곡우에 비가 오지 않으면 그해에 심한 가뭄이 든다고 일러 오던 말.

읽을거리 '곡우'는 이십사절기 가운데 하나로, 양력으로 4월 20일쯤이야. 곡우 무렵에 봄비가 내리면 온갖 곡식이 잘 자라게 된다고 해. 그런데 볍씨를 뿌려 모를 길러야 할 때 비가 내리지 않으면 어떻게 될까? 땅이 말라 씨앗에서 싹이 안 트고, 그러면 그해 농사를 망치게 되지. 그래서 곡우에 비가 오면 못자리 물로 쓰기 좋기 때문에 풍년이 든다는 말도 있어.

곤달걀 꼬끼오 울거든

속이 상하고 썩은 달걀에서 병아리가 나와 꼬끼오 하고 울게 되면이란 뜻으로, 도무지 이루어질 수 없는 일이라 때를 정할 수 없음을 빗대어 이르는 말.

같은 속담 병풍에 그린 닭이 홰를 치거든

곤달걀 지고 성 밑으로 못 가겠다

못 먹는 곯은 달걀을 지고도 돌이 떨어져 깨질까 봐 성 밑으로 못 가겠다는 뜻으로, 지나치게 겁이 많아 쓸데없는 걱정을 하는 사람을 놀리어 이르는 말.

같은 속담 달걀 지고 돌담 모퉁이엔 가지 못하겠다

곤장을 메고 매 맞으러 간다

가만히 있으면 아무 일도 없을 텐데 안 해도 좋을 일을 굳이 해서 화를 입거나 고생을 하는 경우를 빗대어 이르던 말.

같은 속담 형틀 지고 와서 볼기[매] 맞는다

낱말 풀이 **곤장** 옛날에, 죄지은 사람의 볼기를 치는 데 쓰던 긴 나무 막대기.

곤쟁이 주고 잉어 낚는다

곤쟁이를 미끼로 주고 큰 잉어를 잡는다는 뜻으로, 적은 밑천을 들여서 큰 이익을 보는 것을 빗대어 이르는 말.

낱말 풀이 **곤쟁이** '송사리'의 방언(전남).

곧기가 뱀의 창자 같다

지나치게 고지식하고 외곬으로 생각하는 사람을 놀리어 이르는 말.

곧기는 먹줄 같다

곧기가 먹줄을 친 것같이 곧다는 뜻으로, 1. 마음이 몹시 곧거나 고집이 세다는 말. 2. 겉으로는 곧은 체하나 속이 검다는 말.

낱말 풀이 **먹줄** 먹통에 딸린 줄. 먹을 묻혀 줄을 곧게 치는 데 쓴다.

곧은 나무는 가운데 선다

곧은 나무를 가운데 세우듯이, 됨됨이가 훌륭한 사람을 무리의 중심으로 내세우게 된다는 말.

곧은 나무는 부러지기 쉽고 고운 꽃은 꺾이기 쉽다
곧은 나무 쉬[먼저] 꺾인다[찍힌다]
곧은 막대기는 잘 부러진다

휜 나무보다 곧은 나무가 쓸 데가 많기 때문에 먼저 베인다는 뜻으로, 1. 겉으로는 꼿꼿하고 곧아 보이던 사람이 뜻밖에 쉽게 굴복하는 경우에 빗대어 이르는 말. 2. 똑똑한 사람이 일찍 죽거나 실패하는 경우에 빗대어 이르는 말.

같은 속담 나무도 쓸 만한 것이 먼저 베인다

곧은 막대기는 진창 속에 꽂아도 그림자는 곧다

마음이 꼿꼿하고 곧은 사람은 어떤 환경에서도 올곧게 행동한다는 말.

낱말 풀이 **진창** 땅이 질어서 질퍽질퍽하게 된 곳.

골나면 보리방아 더 잘 찧는다

골이 난 김에 기가 올라 오히려 일을 더 잘하게 되는 경우에 이르는 말.

낱말 풀이 **골나다** 비위에 거슬리거나 마음이 언짢아서 성이 나다. **보리방아** 보리쌀을 내느라고 겉보리를 방아에 찧는 일.

골난 날 의붓아비 온다

가뜩이나 기분 나쁜 날에 반갑지도 않은 의붓아버지가 온다는 뜻으로, 1. 화가 나 있는데 미운 사람이 화를 더욱 돋우는 경우에 빗대어 이르는 말. 2. 한창 곤란한 일을 겪고 있을 때 반갑지 않은 일이 겹쳐 오는 것을 빗대어 이르는 말.

같은 속담 부아 돋는 날 의붓아비 온다

곪으면 터진다[터지는 법]

살이 곪으면 터지듯이, 원한이나 갈등이 쌓여서 견딜 수 없게 되면 마침내 터지고 만다는 말.

곪은 염통이 그냥 나을까

곪은 염통은 저절로 낫지 않는다는 뜻으로, 1. 잘못된 일은 아무리 감싸도 드러나게 된다는 말. 2. 잘못된 일은 반드시 원인을 찾아 고쳐야 한다는 말.

곯아도 젓국이 좋고 늙어도 영감이 좋다

푹 삭은 젓국이 맛있듯이, 아무리 늙어도 오래 정붙이고 산 제 영감이 가장 좋다는 말.

낱말 풀이 **곯다** 1. 물크러져 속이 상하다. 2. 속으로 병이 들다.

곰 가재 뒤듯[잡듯]

곰이 냇바닥 돌을 일일이 들추며 가재를 잡듯이, 1. 급하다는데 일을 느릿느릿하는 모양을 빗대어 이르는 말. 2. 차분하게 일하는 것을 빗대어 이르는 말.

낱말 풀이 **뒤다** 무엇을 찾으려고 샅샅이 들추거나 헤치다.

곰 망짝 받듯

곰이 제 머리 깨지는 줄도 모르고 자꾸 망짝을 받는다는 뜻으로, 미련하고 어리석어서 스스로 자기를 해치는 경우에 빗대어 이르는 말.

읽을거리 옛날에, 망짝으로 곰을 잡았다는 이야기에서 나온 말이야. 곰이 지나다니는 길에 망짝을 하나 매달아 놓으면 곰이 지나가다가 머리를 부딪치잖아. 어리숙한 곰이 성난다고 망짝을 세게 받으니 어떻게 됐겠어? 망짝이 더 멀리 갔다가 되돌아와 더 세게 머리를 치지. 그래서 곰이 죽기 살기로 점점 더 세게 망짝을 들이받다가 결국 죽었다는 이야기야. 그때부터 자기가 다치는 줄도 모르고 막무가내로 덤비는 고집스럽고 미련한 사람을 보면 "곰 망짝 받듯" 한다고 말해 왔다지.

낱말 풀이 **망짝** 맷돌의 한 짝. =맷돌짝.

곰 발바닥 같다

곰 발바닥같이 낯가죽이 몹시 두껍다는 뜻으로, 1. 고집이 세고 뻔뻔하며 검질긴 사람을 빗대어 이르는 말. 2. 눈치가 없거나 욕심이 많은 사람을 빗대어 이르는 말.

곰 발바닥에 티눈 뽑을 걱정

곰은 발바닥이 두꺼워서 티눈이 박혀도 아픔을 느끼지 않는데 그것을 힘들여 뽑을 걱정을 한다는 뜻으로, 괜한 걱정을 하는 것을 빗대어 이르는 말.

낱말 풀이 **티눈** 손이나 발에 생기는 사마귀 비슷한 굳은살.

곰(의) 설거지하듯

일을 해도 보람이 안 나는 경우에 빗대어 이르는 말.

곰이라고 발바닥이나 핥고 살까
곰이라 발바닥(을) 핥으랴
곰이 제 발바닥 핥듯

곰이 발바닥을 핥는 버릇이 있다는 데서 자신은 곰이 아니니 발바닥도 핥을 수 없다는 뜻으로, 먹을 것이라고는 전혀 없어 굶주림을 면하기 어려움을 이르는 말.

곰이 애기 보듯 한다

곰이 아기를 다독인다면서 세게 투덕거린다는 뜻으로, 하는 짓이 몹시 어리석고 둔함을 놀리어 이르는 말.

곰이 제 주인 생각하듯

곰이 제 주인 다치는 줄도 모르고 위해 준다는 뜻으로, 남을 생각해서 한다는 일이 도리어 해치거나 욕되게 하는 경우에 빗대어 이르는 말.

읽을거리 옛날에, 미련한 곰이 잠자는 제 주인의 얼굴에 앉은 파리를 보았어. 그런데 곰이 파리를 잡겠다고 주먹을 휘두르다 그만 주인을 해치고 말았다는 거야. 그때부터 남을 위한다고 하지만 도리어 해치거나 더 힘들게 할 때 "곰이 제 주인 생각하듯" 한다고 비웃어 말해 왔다지.

곱게 살면 갚음 받을 날이 있다

말과 행동을 바르게 하고 남에게 베풀고 살면 나중에 그 덕이 자기에게 모두 되돌아온다는 말.

곱다고 안아 준 아기 바지에 똥 싼다

은혜를 입은 사람이 은혜를 갚기는커녕 도리어 해를 입히는 경우에 빗대어 이르는 말.

곱다 곱다 하니까 나중엔 상투 위에 올라가 똥 싼다
곱다 곱다 하니까 나중엔 원 상투 끝에 올라간다

아이나 아랫사람을 너무 어루만지면 만만히 보고 버릇없게 굴기 마련이라는 말.

같은 속담 상투 위에 올라앉는다

곱다니까 운다

부족한 사람을 좋게 봐주면 우쭐하여 더욱 거슬리는 짓을 한다는 말.

곱사등이 짐 지나 마나

무엇을 하나 마나 무엇이 있으나 마나 큰 차이가 없는 경우에 빗대어 이르는 말.

같은 속담 귀머거리 귀 있으나 마나 • 봉사 안경 쓰나 마나 • 뻗정다리 서나 마나 • 소경 잠자나 마나 • 앉은뱅이 앉으나 마나 • 장님 잠자나 마나

낱말 풀이 **곱사등이** 등이 굽고 혹 같은 것이 불룩 튀어나온 사람.

공것 바라면 이마[대머리]가 벗어진다
공것 바라서 이마[대머리]가 벗어졌다[벗어졌나]

1. 이마가 몹시 벗어진 사람을 놀리어 이르는 말. 2. 아무 노력도 안 하고 공짜만 바라는 사람을 뻔뻔스럽다고 놀리어 이르는 말.

낱말 풀이 **공것** 힘이나 돈을 들이지 않고 거저 얻는 물건. =공짜.

ㄱ

공것은 써도 달다 (한다)

공것이라면 아무리 쓴 것이라도 달게 느껴진다는 뜻으로, 공짜라면 무엇이든지 간에 누구나 다 좋아함을 빗대어 이르는 말.

공것이라면 간장이라도 마신다
공것이라면 마름쇠[비상]도 삼킨다
공것이라면 양잿물도 마신다[먹는다/삼킨다]

공짜라면 짜디짠 간장도 마신다는 뜻으로, 공짜라면 무엇이든지 가리지 않고 있는 대로 욕심부리는 것을 비꼬아 이르는 말.

같은 속담 공술 한 잔 보고 십 리 간다 • 공짜라면 당나귀도 잡아먹는다

낱말 풀이 **마름쇠** 끝이 송곳처럼 뾰족한 네 개의 발을 가진 쇠못. 도둑이나 적을 막기 위하여 흩어 두었다. **비상** 비석에 열을 가하여 얻은 결정. 옛날에는 약으로 썼으나, 독성이 있어 지금은 쓰지 않는다. **양잿물** 서양에서 받아들인 잿물이라는 뜻으로, 빨래하는 데 쓰이는 수산화나트륨을 이르는 말.

마름쇠

공것이라면 눈도 벌겅 코도 벌겅

공짜를 지나치게 바라거나 탐내는 것을 놀리어 이르는 말.

낱말 풀이 **벌겅** 벌건 빛깔이나 물감.

공것이라면 말똥도 밤알같이 생각한다

공짜라면 먹지 못할 말똥도 밤알같이 생각하고 먹는다는 뜻으로, 공짜라면 무엇이든지 욕심스럽게 차지하려 하는 것을 빗대어 이르는 말.

공것이라면 사족을 못 쓴다

공짜라면 꼼짝 못 한다는 뜻으로, 공짜라면 체면도 없이 날뛰는 사람을 비웃어 이르는 말.

낱말 풀이 **사족** 두 팔과 두 다리를 속되게 이르는 말.

공든 탑도 개미구멍으로 무너진다

'개미구멍으로 공든 탑 무너진다'와 같은 속담.

공든 탑이 무너지고 믿는 나무에 곰이 핀다

1. 공들이고 꼭 잘되리라 믿었던 일이 뜻밖에 어그러진 경우에 빗대어 이르는 말. 2. 굳게 믿었던 사람이 그 믿음을 저버리는 경우에 빗대어 이르는 말.

같은 속담 믿는 나무에 곰이 핀다

공든 탑이 무너지랴
공든 탑이 무너지며 심은 나무 꺾일쏜가

공들여 쌓은 탑은 결코 무너질 리 없다는 뜻으로, 힘을 다하여 정성껏 한 일은 헛되지 않으며 반드시 좋은 결과가 있을 것이라는 말.

공부는 늙어 죽을 때까지 해도 다 못한다

지식을 쌓고 수준을 높이기 위해서는 평생 동안 끊임없이 배워야 한다고 힘주어 이르는 말.

공부하랬더니 개잡이를 배웠다

공부를 하랬더니 개 잡는 일을 배웠다는 뜻으로, 일껏 공부하여 훌륭한 사람이 되라고 했더니 엉뚱하게 못된 짓을 하는 경우에 빗대어 이르는 말.

공술에 술 배운다

1. 공짜로 얻어먹는 술이라고 자꾸 받아먹다가는 술 마시는 버릇이 든다는 말.
2. 공짜라고 선뜻 받아들인 것이 오히려 해롭게 된 경우에 빗대어 이르는 말.

공술 한 잔 보고 십 리 간다

1. 공짜 술 한 잔을 얻어먹겠다고 십 리 길을 간다는 뜻으로, 제 돈 안 들이고 거저 생기는 것이라면 아무리 힘든 일이라도 마다하지 않음을 비웃어 이르는 말. 2. 공짜라면 무엇이든 가리지 않고 있는 대로 욕심부리는 것을 비꼬아 이르는 말.

같은 속담 공것이라면 간장이라도 마신다 • 남의 술에 삼십 리 간다

공연한 제사 지내고 어물값에 졸린다[쪼들린다]

안 해도 될 제사를 지내는 바람에 거기에 쓰인 생선값을 물어 주느라 쪼들린다는 뜻으로, 안 해도 될 일을 괜히 해서 걱정과 근심이 생기는 경우를 이르는 말.

공연히 긁어서 부스럼 만든다
공연히 숲을 헤쳐서 뱀을 일군다

그냥 내버려두면 아무 일도 없을 것을 괜히 건드려서 탈을 내거나 걱정거리를 만드는 경우를 빗대어 이르는 말.

같은 속담 긁어 부스럼 • 아무렇지도 않은 다리에 침놓기 • 울려서 아이 빰 치기

공은 공이고 사는 사다

공적인 것과 사적인 것을 뚜렷하게 가려야 한다는 말.

공은 닦은 데로 가고 죄는 지은 데로 간다

좋은 일을 한 사람은 그만한 복을 받고 나쁜 짓을 한 사람은 그에 마땅한 벌을 받는다고 빗대어 이르는 말.

같은 속담 덕은 덕대로 남고 벌은 벌대로 받는다 • 죄는 지은 데로 가고 덕[공]은 닦은 데로 간다

공을 원수로 갚는다

보살펴 준 사람에게 은혜를 갚기는커녕 도리어 해를 끼치는 경우에 이르는 말.

같은 속담 덕을 원수로 갚는다 • 은혜를 원수로 갚는다

공자 앞에서 문자 쓴다

공자 같은 학자 앞에서 아는 체하고 문자를 쓴다는 뜻으로, 저보다 아는 것이 많은 사람 앞에서 같잖게 아는 체하는 것을 빗대어 이르는 말.

낱말 풀이 **공자** 중국 춘추 시대의 사상가이자 학자. 어진 마음, 곧 인(仁)을 최고의 덕으로 생각하여 여러 나라를 돌아다니며 덕으로 다스리는 정치를 강조하고, 나이가 들어서는 교육에 힘써 수천 명의 제자를 길러 냈다. 공자와 그 제자들의 언행을 적은 《논어》가 전해진다.

공자 왈 맹자 왈 (하는 식)

1. 옛날 선비들이 뜻도 잘 모르고 공자 왈 맹자 왈 하면서 사서삼경을 읊듯이, 내용도 모르면서 말마디나 외우는 것을 빗대어 이르는 말. 2. 실천은 안 하고 헛된 이론만 일삼는 것을 빗대어 이르는 말.

낱말 풀이 **맹자** 중국 전국 시대의 사상가. 공자의 인(仁) 사상을 발전시켜 '성선설'을 주장하고, 인의(仁義)의 정치를 권하였다. **사서삼경** 사서와 삼경을 아울러 이르는 말. 곧 《논어》, 《맹자》, 《중용》, 《대학》의 네 경전과, 《시경》, 《서경》, 《주역》의 세 경서를 이른다. **왈** '말하되', '말하기를'의 뜻을 나타내는 말.

공작도 날거미만 먹고 살고 수달피도 발바닥만 핥고 산다

공작과 수달은 겉모습이 빼어난 짐승이지만 먹는 것은 수수하다는 뜻으로, 음식을 지나치게 가리는 사람에게 핀잔하여 이르는 말.

낱말 풀이 **수달피** 수달의 가죽. 모자, 목도리, 외투의 깃 따위에 붙여 쓴다.

ㄱ

공작새 사이에 끼인 까마귀

공작새 무리에 새까맣고 볼품없는 까마귀가 끼어 매우 흉하다는 뜻으로, 훌륭한 환경에 견주어 성질이나 됨됨이가 보잘것없는 사람을 빗대어 이르는 말.

공작이 날거미를 먹고 살까

오죽하면 공작같이 아름다운 새도 날거미를 먹고 살겠느냐는 뜻으로, 괜히 점잔을 빼면서 음식을 가리지 말고 아무것이나 잘 먹으라고 핀잔하여 이르는 말.

공중에 나는 기러기도 길잡이는 한 놈이 한다

여럿이 줄지어 나는 기러기 떼도 길잡이는 한 마리가 한다는 뜻으로, 일은 한 사람이 이끌어 나가야지 저마다 나서서 길잡이를 하려고 해서는 안된다는 말.

같은 속담 기러기 떼도 길잡이가 있다

공중을 쏘아도 알과녁만 맞춘다

아무렇게나 쏘아도 겨냥한 과녁 한복판에 맞는다는 뜻으로, 그다지 애쓰지 않아도 하는 일마다 큰 성과를 내는 경우에 빗대어 이르는 말.

공짜라면 당나귀도 잡아먹는다
공짜라면 양잿물이라도 먹는다

'공것이라면 간장이라도 마신다'와 같은 속담.

곶감 꼬치를 먹듯
곶감 꼬치에서 곶감 빼[뽑아] 먹듯
곶감 뽑아 먹듯

애써 알뜰살뜰 모아 둔 재산을 야금야금 다 써 없앰을 빗대어 이르는 말.

곶감이 접 반이라도 입이 쓰다

아무리 다디단 곶감이라도 기분에 따라 쓴맛이 난다는 뜻으로, 마음에 안 맞아 기분이 좋지 않은 경우에 빗대어 이르는 말.

낱말 풀이 **접** 채소나 과일 따위를 백 개씩 묶어 세는 단위.

곶감 죽을 먹고 엿목판에 엎드러졌다

맛있는 곶감 죽을 먹고 나서 엿가락을 가득 담아 놓은 목판에 엎어졌다는 뜻으로, 먹을 복이 잇따라 생기거나 좋은 일이 뒤달아 생기는 것을 빗대어 이르는 말.

곶감 죽을 쑤어 먹었나

맛있는 곶감 죽을 쑤어 먹어서 그리 기분이 좋으냐는 뜻으로, 실없이 웃는 것을 핀잔하여 이르는 말.

과물전 망신은 모과가 시킨다

지지리 못난 사람일수록 같이 있는 사람들까지 망신시킨다는 말.

같은 속담 과일[과실] 망신은 모과가 (다) 시킨다 • 생선 망신은 꼴뚜기가 시킨다 • 실과 망신은 모과가 시킨다 • 어물전 망신은 꼴뚜기가 시킨다

낱말 풀이 **과물전** 여러 가지 과일을 팔던 가게.

과부는 은이 서 말

과부는 은이 서 말이고 홀아비는 이가 서 말이다

과부의 버선목에는 은이 가득하고 홀아비의 버선목에는 이가 가득하다

옛날에, 과부는 살림을 알뜰하게 꾸려 재물을 모으지만, 홀아비는 그렇지 못해 생활이 어렵다고 빗대어 이르던 말.

낱말 풀이 **과부** 남편을 잃고 혼자 사는 여자. **홀아비** 아내를 잃고 혼자 사는 남자.

과부 사정은 과부[홀아비]가 안다
과부 설움은 (동무) 과부[홀아비]가 안다
과부의 심정은 홀아비가 알고 도적놈의 심보는 도적놈이 잘 안다

남의 사정은 그와 비슷한 일을 당해 보았거나 같은 처지에 있는 사람이 잘 알 수 있다는 말.

같은 속담 벙어리 속은 벙어리가 안다

과부 은 팔아먹기

새로 벌지는 못하고 전에 벌어서 모아 두었던 재물을 쓰면서 살아감을 빗대어 이르는 말.

과부 집 송아지 백정 부르러 간 줄 모르고 날뛴다

몹시 위태로운 처지인 줄도 모르고 함부로 날뛰는 사람을 빗대어 이르는 말.

낱말 풀이 **백정** 옛날에, 소나 돼지 따위를 잡는 일을 하던 사람.

과부 집에 가서 바깥양반 찾기

과부의 집에 가서 없는 바깥양반을 찾는다는 뜻으로, 엉뚱한 곳에 가서 거기에 있을 리가 없는 것을 찾는 경우에 빗대어 이르는 말.

같은 속담 물방앗간에서 고추장 찾는다 • 절간에 가서 참빗 찾기 • 절에 가서 젓국 달라 한다

낱말 풀이 **바깥양반** 집안의 남자 주인을 높이거나 스스럼없이 이르는 말.

과일[과실] 망신은 모과가 (다) 시킨다

'과물전 망신은 모과가 시킨다'와 같은 속담.

낱말 풀이 **모과** 모과나무 열매. 가을에 열매가 노랗게 익는데 맛이 몹시 시다. 차를 담가 먹는다.

과일 잘되는 해는 곡식이 안된다

옛날부터 과일이 많이 달리는 해에는 흔히 곡식이 잘 안된다고 일러 오던 말.

관가 돼지 배 앓는 격
관 돝 배 앓기

1. 관가에서 키우는 돼지가 배를 앓아도 돌보아 줄 사람이 없다는 데서, 근심이 있어도 알아주는 이가 없어 혼자 끙끙 앓음을 빗대어 이르는 말. 2. 자기와 아무 상관 없는 일이라는 말.

낱말 풀이 **돝** '돼지'의 옛말.

관가의 조세는 범보다도 더 무섭다

옛날에, 관가에서 백성들한테 세금을 거두고 빼앗는 것이 매우 심하고 모질다고 빗대어 이르던 말.

낱말 풀이 **조세** 나라나 지방에서 국민이나 주민에게 거두는 돈. =세금.

관 속에 들어가도 막말은 말라

살아서는 물론 죽어서 관 속에 들어가서라도 막말을 하지 말라는 뜻으로, 어떤 경우에라도 말을 함부로 하면 안 된다고 가르쳐 이르는 말.

관 쓴 송사리가 메기에게 일가(라고 한다)

송사리가 머리에 관을 써도 메기와 조금도 비슷하지 않은데 송사리가 메기한테 한집안 식구라고 한다는 뜻으로, 1. 친척이라고 할 수 없는 어떤 사람이 잘되면 사돈의 팔촌까지 줄을 놓아 도움을 받으려고 하는 것을 빗대어 이르는 말. 2. 업신여김과 푸대접을 받던 이가 높은 자리에 오르니 제 근본조차 몰라본다는 말.

ㄱ

관청 뜰에 좁쌀을 펴 놓고 군수가 새를 쫓는다

1. 군수가 할 일이 없어서 뜰에 좁쌀을 뿌려 놓고 모여드는 새를 쫓는다는 뜻으로, 관청에 너무나 할 일이 없음을 빗대어 이르는 말. 2. 할 일이 없어서 일부러 일감을 만들어 심심풀이를 하는 경우에 빗대어 이르던 말.

관청에 잡아다 놓은 닭
관청에 잡혀 온 촌닭

영문도 모르고 낯선 곳에 끌려와서 어리둥절해 있는 사람을 빗대어 이르는 말.

광대 끈 떨어졌다

탈춤을 출 때 쓰는 탈 끈이 떨어졌다는 뜻으로, 1. 제힘으로는 이러지도 저러지도 못하는 처지에 빠졌거나 믿고 기댈 곳이 없어 꼼짝 못 하게 된 경우에 빗대어 이르는 말. 2. 제구실을 못해 아무 데도 쓸모없게 된 것을 빗대어 이르는 말.

같은 속담 끈 떨어진 뒤웅박[갓/둥우리/망석중이] • 턱 떨어진 광대

낱말 풀이 **광대** 옛날에, 탈놀이, 인형극, 줄타기 같은 일을 하던 사람.

광부의 말도 성인이 가려 쓴다

성인은 미친 사람이 하는 말도 듣고 받아들일 것은 받아들인다는 뜻으로, 누구 말이든 귀담아듣고 옳은 말이면 받아들이라고 가르쳐 이르는 말.

같은 속담 성인은 미치광이 말도 가려 쓴다

낱말 풀이 **광부** 미친 사나이.

광에서 인심 난다

곳간에 쌀이 많으면 저절로 마음이나 씀씀이가 너그러워진다는 뜻으로, 자기가 넉넉해야 남의 딱한 형편도 도와줄 수 있다고 빗대어 이르는 말.

같은 속담 쌀독[쌀광]에서 인심 난다

괴 다리에 기름 바르듯

1. 매끈한 고양이 다리에 기름까지 바른다는 뜻으로, 좋은 것을 더욱더 좋게 한다는 말. 2. 일을 분명하고 깔끔하게 마무리 짓지 않고 슬그머니 얼버무려 넘어가는 것을 빗대어 이르는 말.

같은 속담 구렁이 담 넘어가듯 • 메기 등에 뱀장어 넘어가듯 • 쑥구렝이 담 넘어가듯

낱말 풀이 **괴** '고양이'의 옛말.

괴 목에 방울 달고 뛴다

쥐가 고양이 목에 방울을 달고 달아난다는 뜻으로, 어리석게 위험한 짓을 하는 것을 비웃어 이르는 말.

괴발개발 그리다

고양이 발로 그렸는지 개 발로 그렸는지 알 수 없게 마구 갈겨쓴 글씨를 이르는 관용 표현.

구경꾼 셋에 풍각쟁이 일곱이다

풍각쟁이보다 구경꾼이 훨씬 적다는 뜻으로, 정작 중요한 사람보다도 곁다리나 구경꾼이 더 많은 경우에 빗대어 이르는 말.

같은 속담 장꾼은 하나인데 풍각쟁이는 열둘이라

낱말 풀이 **풍각쟁이** 시장이나 집을 다니면서 노래를 부르거나 악기를 연주하며 돈을 얻으러 다니는 사람.

구관이 명관이다

전에 있던 관리가 지금 있는 관리보다 더 나았다는 뜻으로, 1. 새 사람을 맞아 지내보아야 먼저 사람이 좋은 줄 알게 된다고 빗대어 이르는 말. 2. 어떤 일이든 경험이 많거나 익숙한 사람이 그렇지 않은 사람보다 더 잘한다는 말.

낱말 풀이 **구관** 앞서 그 자리에 있던 벼슬아치. **명관** 일에 밝은 벼슬아치.

ㄱ

구년지수 해 돋는다

'가물에 단비'와 같은 속담.

읽을거리 '구년지수'는 중국 요나라 때 구 년 동안이나 비가 그치지 않고 내려서 큰 홍수가 졌다는 데서 나온 말이야. 구 년에 걸쳐 장마가 계속되니 오죽 해가 나오기를 기다렸겠어. "구년지수 해 돋는다"고 하면 그만큼 애타게 기다리는 일이 이루어졌다는 거지.

구년지수 해 바라듯
구 년 홍수에 볕 기다리듯

구 년 동안 장마가 지고 큰물이 나는 가운데 햇볕이 나기를 기다리듯이, 어떤 것을 아주 간절하게 바라는 모양을 빗대어 이르는 말.

구더기 날까 봐 장 못 말까
구더기 무서워 장 못 담글까

구더기가 생길까 겁이 나서 장을 못 담그겠냐는 뜻으로, 작은 걸림돌이 있어도 마땅히 할 일은 해야 한다는 말.

같은 속담 가시 무서워 장 못 담그랴 • 쉬파리 무서워 장 못 담글까[만들까] • 장마가 무서워 호박을 못 심겠다

낱말 풀이 **구더기** 파리가 낳은 알에서 나온 애벌레.

구두 신고 발등 긁기

구두를 신고 발등을 긁으면 긁으나 마나라는 뜻으로, 무슨 일을 애써 하기는 하지만 필요한 곳에 직접 미치지 못하여 안타까운 경우를 빗대어 이르는 말.

같은 속담 목화 신고 발등 긁기 • 버선 신고 발바닥 긁기 • 신 신고 발바닥 긁기 • 옷을 격해 가려운 데를 긁는다

구두장이 셋이면 제갈량의 꾀를 이긴다
구두장이 셋이 모이면 제갈량[재사]보다 낫다

보잘것없는 사람이라도 셋이 모이면 촉나라의 꾀 많은 제갈량보다 낫다는 뜻으로, 여러 사람의 꾀와 슬기가 모이면 뛰어난 어느 한 사람보다도 낫다는 말.

같은 속담 못난이 열 명의 꾀가 잘난 이 한 명의 꾀보다 낫다

낱말 풀이 **구두장이** 구두를 만들거나 고치는 일을 하는 사람. **재사** 재주가 뛰어난 남자.

구럭의 게(도) 놓아주겠다[놔주겠다]

구럭 안에 잡아 둔 게조차도 놓치겠다는 뜻으로, 가지고 있던 것마저도 잃어버리거나 제 몫인데도 찾아 먹지 못하는 사람을 핀잔하여 이르는 말.

낱말 풀이 **구럭** 새끼를 드물게 떠서 물건을 담을 수 있도록 만든 그릇.

구렁이 개구리[달걀] 녹이듯

구렁이가 개구리를 통째로 삼켜서 배 속에서 삭이듯이, 어떤 일을 크게 힘들이지 않고 쉽게 감쪽같이 해내는 것을 빗대어 이르는 말.

구렁이 담 넘어가듯

구렁이가 소리 없이 슬며시 기어 어느새 담을 넘어가듯이, 일을 분명하고 깔끔하게 마무리 짓지 않고 슬그머니 얼버무려 넘어가는 것을 빗대어 이르는 말.

같은 속담 괴 다리에 기름 바르듯 • 메기 등에 뱀장어 넘어가듯 • 쑥구렝이 담 넘어가듯

구레나룻이 대 자 오 치라도 먹어야 양반

수염을 길게 기르고 점잔을 빼는 양반도 먹지 않고서는 살 수 없다는 뜻으로, 먹는 것이 가장 중요하다는 말.

같은 속담 나룻이 석 자라도 먹어야 샌님 • 먹어야 체면 • 수염이 대 자라도 먹는 게 땅수

낱말 풀이 **대 자 오 치** 다섯 자 다섯 치. 약 166.65센티미터이다.

구르는 돌은 이끼가 끼지 않는다
구르는 돌은 이끼가 안 낀다

부지런하고 꾸준히 애쓰는 사람은 뒤떨어지지 않고 점점 발전함을 빗대어 이르는 말.

같은 속담 늘 쓰는 가래는 녹이 슬지 않는다 • 부지런한 물방아는 얼 새도 없다

구름 갈 제 비가 간다

구름이 끼면 비가 온다는 뜻으로, 서로 늘 붙어 다니는 가까운 사이를 빗대어 이르는 말.

같은 속담 꺽꺽 푸드득 장끼 갈 제 아로롱 까투리 따라가듯 • 녹수 갈 제 원앙 가듯 • 바늘 가는 데 실 가고 바람 가는 데 구름 간다 • 바늘 따라 실 간다 • 바람 간 데 범 간다 • 범 가는 데 바람 간다 • 봉 가는 데 황 간다 • 실 가는 데 바늘도 간다 • 용 가는 데 구름 가고 범 가는 데 바람 간다

구름 따라 용이 가고 바람 따라 구름 간다

구름을 따라 용이 가고 바람이 부는 대로 구름이 흘러간다는 뜻으로, 어떤 현상들이 서로 밀접하게 연관되어 있다는 말.

같은 속담 바람 따라 구름 가고 구름 따라 용이 간다

구름 없는 하늘에 비 올까
구름이 없이 비가 올까

구름 한 점 없는 맑은 하늘에서 비가 내릴 수 없다는 뜻으로, 원인이 없으면 결과가 있을 수 없음을 빗대어 이르는 말.

같은 속담 불 안 땐 굴뚝에 연기 날까 • 뿌리 없는 나무에 잎이 필까 • 아니 때린 장구 북소리 날까

구름이 자주 끼면 비가 온다

어떤 징조가 있으면 그에 따르는 결과가 있기 마련이라는 말.

구름 잡아 타고 하늘로 날겠다고 한다

너무나도 터무니없는 생각을 빗대어 이르는 말.

구름장에 치부(했다)

1. 하늘에 떠가는 구름 덩이에 적어 놓는다는 뜻으로, 없어질 데에다 써 둔 경우에 빗대어 이르는 말. 2. 보고 들은 것을 쉽게 잊어버릴 때 빗대어 이르는 말.

낱말 풀이 **치부** 돈이나 물건 따위가 들어오고 나감을 기록함. 또는 그런 장부.

구린 입 지린 입

1. 저마다 자기 생각을 이렇다 저렇다 말하는 입을 빗대어 이르는 말. 2. 하는 말이 상스럽고 더러워서 그런 말을 하는 입조차도 구리고 지리다는 말.

낱말 풀이 **지리다** 오줌 냄새와 같거나 그런 맛이 있다.

구멍 보고 쐐기를 깎아라
구멍 보아 가며 말뚝[쐐기] 깎는다
구멍을 보아 말뚝 깎는다

말뚝이고 쐐기고 박아 넣을 구멍에 맞게 깎아야 한다는 뜻으로, 형편을 보아 가며 거기에 알맞게 일을 해야 한다는 말.

낱말 풀이 **쐐기** 물건의 틈에 박아서 맞물리거나 물건들의 사이를 벌리는 데 쓰는 물건.

ㄱ

구멍 속의 뱀이 서 발인지 너 발인지

구멍에 든 뱀 (긴지 짧은지/길이를 모른다/몇 자인 줄 아나)

1. 구멍 속에 몸을 감추고 있는 뱀 길이는 가늠할 수 없다는 뜻으로, 아직 나타나지 않은 재능이나 감추어져 있는 사물은 그 정도를 가늠하기가 매우 어렵다고 빗대어 이르는 말. 2. 남의 속은 모른다고 빗대어 이르는 말.

같은 속담 뱀의 굴이 석 자인지 넉 자인지 어찌 알랴

구멍은 깎을수록 커진다

구멍이 있는 자리는 깎을수록 커진다는 뜻으로, 잘못을 변명하고 얼버무리려고 할수록 일이 더욱 커지고 어려워진다는 말.

구멍을 파는 데는 칼이 끌만 못하고, 쥐를 잡는 데는 천리마[용마]가 고양이만 못하다

1. 무엇이나 제구실이 따로 있고 저마다 쓰이는 데가 다르다는 말. 2. 아무리 귀하고 값진 물건이라도 제 쓰임에 맞게 쓰이지 않으면 빛을 내기 어렵다는 말. 3. 어느 한 분야에서 뛰어난 재주를 가진 사람도 다른 분야에서는 서투를 수 있다는 말.

낱말 풀이 **끌** 망치로 한쪽 끝을 때려서 나무에 구멍을 뚫거나 겉면을 깎고 다듬는 데 쓰는 연장.

구복이 원수

1. 입과 배가 원수라는 뜻으로, 먹고살기 위하여 괴롭거나 아니꼬운 일도 참아야 하는 경우에 빗대어 이르는 말. 2. 먹고살기 위하여 어쩔 수 없이 잘못을 저지른 경우에 빗대어 이르는 말.

같은 속담 입이 원수

낱말 풀이 **구복** 입과 배를 아울러 이르는 말.

구부러진 송곳

있기는 하지만 쓸모없게 된 것을 빗대어 이르는 말.

같은 속담 끝 부러진 송곳

구슬 없는 용

여의주가 없으면 용이라고 할 수 없다는 뜻으로, 쓸모없거나 보람 없게 된 처지를 빗대어 이르는 말.

같은 속담 꽃 없는 나비 • 날개 없는 봉황 • 물 없는 기러기 • 성인 못 된 기린 • 임자 없는 용마 • 줄 없는 거문고 • 짝 잃은 기러기[원앙]

낱말 풀이 **여의주** 용의 턱 아래에 있는 신비한 구슬. 이것을 얻으면 무슨 일이든 뜻대로 할 수 있다고 한다.

구슬이 서 말이라도 꿰어야 보배(라)

아무리 훌륭하고 좋은 것이라도 매만져서 쓸모 있게 만들어야 값어치가 있음을 빗대어 이르는 말.

같은 속담 보석도 꿰어야 보배 • 진주가 열 그릇이나 꿰어야 구슬 • 청산 속에 묻힌 옥도 갈아야 빛이 난다

구시월(의) 세단풍[고운 단풍]

1. 구월과 시월의 곱디고운 단풍을 이르는 말. 2. 한창때를 빗대어 이르는 말. 3. 막 보기에는 좋지만 얼마 못 가서 시들어 흉하게 될 것을 빗대어 이르는 말.

구운 게도 다리를 떼고[매 놓고/비끄러매 놓고] 먹는다
구운 게도 매어 먹어라

구워서 죽은 게라도 손을 물지 모르니 다리를 떼고 먹는다는 뜻으로, 1. 틀림없어 보이는 일도 뜻밖의 경우를 생각해 앞뒤를 잘 살피고 조심하라는 말. 2. 지

나치게 겁이 많은 사람을 놀리어 이르는 말.

같은 속담 삶은 게도 다리를 묶어 놓고 먹으랬다 • 죽은 게도 동여매고 먹으라

구원이 우환이라

위험에 빠진 사람을 구해 준 것이 오히려 큰 걱정거리가 되었다는 뜻으로, 남이 잘되도록 도운 것이 잘못된 결과를 불러오거나 도리어 자기를 해치는 결과를 빚어낸 경우에 이르는 말.

낱말 풀이 **우환** 집안에 나쁜 일이나 환자가 생겨서 나는 걱정이나 근심.

구제할 것은 없어도 도둑 줄 것은 있다

1. 아무리 가난한 집이라도 도둑이 훔쳐 갈 만한 물건은 있다는 말. 2. 남을 도와줄 생각만 있다면 다만 얼마라도 도와줄 것은 있다는 말. 3. 도둑맞을 것이 없다고 마음을 놓지 말라는 말.

같은 속담 동생 줄 것은 없어도 도둑 줄 것은 있다 • 저녁 먹을 것은 없어도 도둑맞을 것은 있다 • 쥐 먹을 것은 없어도 도둑맞을 것은 있다 • 쥐 줄 것은 없어도 도둑 줄 것은 있다

국수를 못하는 년이 피나무 안반만 나무란다

자기 재주나 능력이 모자라는 것은 생각하지 않고 애꿎은 도구나 조건만 나쁘다고 탓하는 것을 비꼬아 이르는 말.

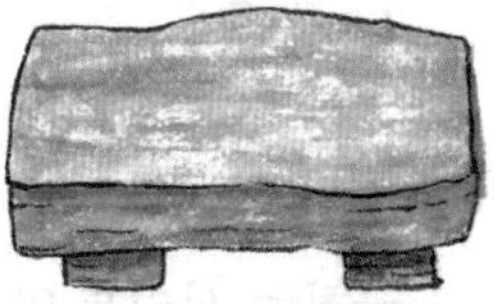
안반

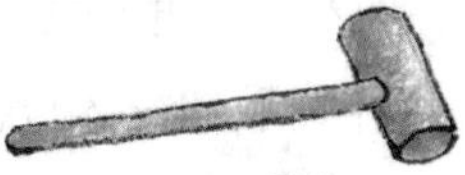
떡메

같은 속담 굿 못하는 무당 장구 타박한다 • 글 못한 놈 붓 고른다 • 밭 갈 줄 모르는 소 멍에 나무란다 • 서투른 과방이 안반 타박한다 • 선무당이 마당 기울다 한다

낱말 풀이 **안반** 떡을 칠 때 밑에 받치는 두껍고 넓은 나무 판.

국수 먹은 배

1. 국수를 먹으면 금세 배가 부르지만 얼마 못 가서 쉬이 꺼진다는 뜻으로, 먹은 음식이 쉽게 꺼지는 경우를 빗대어 이르는 말. 2. 실속 없고 헤픈 경우를 빗대어 이르는 말.

국수 잘하는 솜씨가 수제비 못하랴

어떤 한 가지 일을 잘하는 사람은 그와 비슷한 다른 일도 다 잘한다고 빗대어 이르는 말.

같은 속담 수제비 잘하는 사람이 국수도 잘한다

국숫집 식초병 같다

한자리에 오래 붙어 있지 못하고 자주 왔다 갔다 하는 것을 빗대어 이르는 말.

국에 덴 놈 물[냉수] 보고도 분다[놀란다]
국에 덴 놈이 냉수를 불고 먹는다

'고슴도치한테 혼난 범이 밤송이 보고도 놀란다'와 같은 속담.

국이 끓는지 장이 끓는지 (모른다)

일이 어떻게 되어 가는지 도무지 영문을 모르겠다는 말.

낱말 풀이 **장** 간장과 된장, 고추장 따위를 통틀어 이르는 말. 음식의 간을 맞추는 데 쓰는 간장은 메주를 소금물에 30~40일쯤 담가 우려낸 뒤 국물만 떠내어 솥에 붓고 달여서 만든다.

국화는 서리를 맞아도 꺾이지 않는다

서리가 내리면 다른 꽃은 다 시들어도 국화는 이겨 낸다는 뜻으로, 뜻이나 믿음이 매우 강한 사람은 어떤 힘든 고비가 닥쳐도 꿋꿋이 이겨 낸다고 빗대어 이르는 말.

ㄱ

군말이 많으면 쓸 말이 적다

말을 많이 하다 보면 잘못 말하거나 쓸데없는 말을 하기 쉬우니 말은 되도록 적게 하고 잘 가려 하라는 말.

같은 속담 말이 많으면 실언이 많다

군밤 둥우리 같다

옷 입은 맵시가 깔끔하지 못하고 엉성함을 빗대어 이르는 말.

군밤에서 싹 나거든

구운 밤에서 싹이 나오면 그때 가서 보자는 뜻으로, 1. 도무지 될 수 없는 일이라 아무리 바라도 쓸데없다는 말. 2. 도무지 이루어질 가망이 없는 조건을 빗대어 이르는 말.

같은 속담 용마 갈기 사이에 뿔 나거든 • 층암 상에 묵은 팥 심어 싹이 날까[나거든]

군자도 시속을 따른다

옛날에, 군자도 그 시대의 풍속을 따랐다는 뜻으로, 누구라도 시대의 흐름을 따르며 살아야 한다고 가르쳐 이르는 말.

같은 속담 성인도 시속을 따른다[좇으랬다]

낱말 풀이 **군자** 행실이 점잖고 어질며 덕과 학식이 높은 사람. **시속** 그 시대 그 사회에 널리 퍼진 생활 습관 따위를 이르는 말.

군자 말년에 배추씨 장사

군자라고 대접받으며 살던 사람이 늘그막에 먹고살려고 배추씨 장사를 한다는 뜻으로, 1. 한때 떵떵거리며 잘살다가 늘그막에 가서 망하여 초라하게 된 경우를 빗대어 이르는 말. 2. 평생 어질게 산 사람이 늘그막에 가서 매우 어렵게 사는 경우를 빗대어 이르는 말.

굳은 땅에 물이 괸다[고인다]

1. 헤프게 쓰지 말고 아껴 써야 재산을 모을 수 있다는 말. 2. 어떤 일이든 마음을 굳게 먹고 노력해야 좋은 결과를 얻을 수 있다는 말.

같은 속담 단단한 땅에 물이 괸다[고인다]

굴뚝 보고 절한다

빚에 쪼들리어 밤도망 치는 사람이 이웃 사람에게 인사는 못 하고 굴뚝에 절한다는 뜻으로, 무엇을 피하여 몰래 달아나는 것을 빗대어 이르는 말.

굴뚝에서 빼 놓은 족제비 (같다)

굴뚝에 박혀 온통 검댕을 뒤집어쓴 족제비 같다는 뜻으로, 1. 얼굴이 가무잡잡하고 볼품없는 사람을 놀리어 이르는 말. 2. 지저분하고 가냘픈 사람을 빗대어 이르는 말.

굴뚝에 (솥을 걸고) 불을 땐다

아궁이에 때야 할 불을 굴뚝에다 땐다는 뜻으로, 일의 차례를 뒤바꾸어 거꾸로 하는 것을 빗대어 이르는 말.

굴러온 돌이 박힌 돌 뺀다
굴러온 돌한테 발등 다친다

새로 생긴 것이나 딴 데서 온 것이 이미 자리 잡고 있던 것을 밀어내거나 해치려고 하는 경우를 빗대어 이르는 말.

굴러온 호박

뜻밖에 좋은 물건을 얻거나 행운을 만났을 때 빗대어 이르는 말.

같은 속담 선반에서 떨어진 떡 • 시렁에서 호박 떨어진다 • 아닌 밤중에 찰시루떡 • 호박이 굴렀다[떨어졌다]

ㄱ

굴레 벗은 말[망아지/송아지]

'고삐 놓은 말'과 같은 관용 표현.

낱말 풀이 **굴레** 말이나 소 따위를 부리기 위하여 머리와 목에서 고삐에 걸쳐 얽어매는 줄.

굴에 든 뱀 길이를 알 수 없다

남이 가진 재주나 보물은 얼마나 되는지 알 수가 없음을 빗대어 이르는 말.

굴에 들어가야 범을 잡는다

뜻하는 바를 이루기 위해서는 필요한 조건을 갖추거나 그에 마땅한 일을 노력해야 한다고 빗대어 이르는 말.

같은 속담 굴을 파야 금을 얻는다 • 범을 잡자면 범의 굴에 들어가야 한다 • 범의 굴에 들어가야 범을 잡는다 • 산에 가야 범을 잡지[잡는다] • 산엘 가야 꿩을 잡고 바다엘 가야 고기를 잡는다 • 진주를 찾으려면 물속에 들어가야 한다 • 호랑이 굴에 가야 호랑이 새끼를 잡는다

굴우물에 돌 넣기

아주 깊은 우물은 아무리 돌을 넣어도 차지 않는다는 뜻으로, 1. 자기 힘으로는 도무지 해낼 수 없는 일을 하려고 할 때 빗대어 이르는 말. 2. 아무리 해도 끝이 없다는 말.

굴우물에 말똥 쓸어 넣듯 한다

1. 되지도 않을 일에 밑천을 끝없이 밀어 넣는 것을 빗대어 이르는 말. 2. 음식을 게걸스럽게 많이 먹는 것을 욕으로 이르는 말.

굴을 파야 금을 얻는다

'굴에 들어가야 범을 잡는다'와 같은 속담.

굵은베가 옷 없는 것보다 낫다

벌거벗은 것보다는 굵은 올로 성기게 짜 만든 삼베 옷이라도 걸치는 편이 훨씬 낫다는 뜻으로, 아주 없는 것보다는 하찮은 것이라도 있는 것이 낫다는 말.

굶기를 (부잣집) 밥 먹듯 한다

살림이 어려워서 자주 끼니를 굶는다는 말.

굶어 죽기는 정승 하기보다 어렵다

아무리 가난해도 굶어 죽기는 나라의 으뜸 벼슬에 오르는 것보다 어렵다는 뜻으로, 가난 속에서 온갖 고생을 하면서도 그럭저럭 살아간다는 말.

같은 속담 가난이 질기다

굶어 죽어도 종자는 베고 죽는다

1. 굶어 죽으면서도 이듬해 뿌릴 씨앗은 먹지 않고 남겨 둔다는 뜻으로, 농사꾼은 씨앗을 소중히 여긴다는 말. 2. 답답할 정도로 어리석고 인색하기만 한 사람을 이르는 말.

같은 속담 농민은 굶어 죽어도 씨오쟁이는 베고 죽는다 • 죽어도 씨오쟁이는 베고 죽는다

굶으면 아낄 것 없어 통비단도 한 끼라

배가 고프면 아무리 값비싼 통비단도 밥 한 끼와 바꿀 수밖에 없다는 뜻으로, 끼니를 때우기 힘든 형편에서는 아무것도 아낄 것이 없음을 빗대어 이르는 말.

같은 속담 비단이 한 끼라 • 없는 놈이 비단이 한 때라

굶은 개가 언 똥을 나무라겠는가
굶은 놈이 흰밥 조밥을 가릴까

굶주린 개가 똥이 얼었다고 마다하고 배고픈 사람이 맛을 가리겠냐는 뜻으로, 자기가 아쉽거나 사정이 급하면 좋고 나쁜 것을 가릴 겨를이 없음을 빗대어 이르는 말.

같은 속담 배고픈 놈이 흰쌀밥 조밥 가리랴 • 빌어먹는 놈이 이밥 조밥 가리랴 • 얻어먹는 놈이 이밥 조밥 가리랴 • 없는 놈이 찬밥 더운밥을 가리랴

굶은 개 부엌 들여다보듯

굶은 개가 먹을 것이 있나 하고 부엌 안을 들여다보듯이, 추저분하게 먹을 것을 찾거나 남의 것을 바라는 꼴을 빗대어 이르는 말.

굶주린 범이 원님 알아보랴

형편이 몹시 어렵거나 사정이 몹시 급한 사람은 아무것도 가리지 않고 막된 짓까지 마구 하게 됨을 빗대어 이르는 말.

같은 속담 배고픈 호랑이가 원님을 알아보나 • 사흘 굶은 범이 원님을 안다더냐 • 새벽 호랑이가 중이나 개를 헤아리지 않는다 • 호랑이가 굶으면 환관도 먹는다

굶주린 호랑이가 살려 준 사람을 알아본다더냐

죽어 가는 호랑이를 불쌍히 여겨 살려 줬더니 도리어 잡아먹으려 한다는 뜻으로, 구해 준 사람에게 은혜를 갚기는커녕 나쁘게 굴고 해를 끼치는 경우에 빗대어 이르는 말.

읽을거리 옛날에, 은혜 모르는 호랑이 이야기에서 나온 말이야. 호랑이 한 마리가 함정에 빠져 죽어 가는데 아무도 도와주지 않았어. 마침 지나가던 착한 농부가 구해 주었지. 그런데 이 호랑이가 고마워하기는커녕 배가 고프다고 농부를 잡아먹으려고 하네. 이때 영리한 토끼가 꾀를 내어 농부를 구해 주고 호랑이는 다시 함정에

빠졌다는 이야기야. 함정에 빠졌던 호랑이처럼 구해 준 은혜를 갚기는커녕 욕심을 부리고 해를 끼치는 사람을 보면 "굶주린 호랑이가 살려 준 사람을 알아본다더냐?" 하고 손가락질하며 말해 왔다지.

굼벵이가 담벽을 뚫는다

1. 보기에는 몹시 굼뜨고 느린 듯하지만 꾸준히 계속하여 큰일을 함을 빗대어 이르는 말. 2. 일이 생각대로 안 되거나 매우 느린 것을 빗대어 이르는 말.

낱말 풀이 **굼벵이** 매미 애벌레나 풍뎅이 같은 딱정벌레의 애벌레. 몸통이 굵고 다리가 짧아 움직임이 느리다.

굼벵이가 지붕에서 떨어지는 것은 매미 될 셈이 있어 떨어진다
굼벵이가 지붕에서 떨어질 때는 생각이 있어 떨어진다

남 보기에는 어리석고 둔한 행동이라도 제 딴에는 중요한 뜻이 있어 하는 것임을 빗대어 이르는 말.

같은 속담 두꺼비 엎디는 뜻은 덮치자는 뜻이라

굼벵이도 구르는[꾸부리는/떨어지는] 재주가 있다

1. 아무리 능력이 없는 사람도 잘하는 것이 한 가지쯤 있다는 말. 2. 능력 없는 사람이 어쩌다 남의 관심을 끌 만한 짓을 했을 때 놀리어 이르는 말.

굼벵이도 밟으면[다치면/디디면] 꿈틀한다

아무리 하찮은 사람이나 순하고 어리숙한 사람도 자기를 지나치게 괴롭히거나 업신여기면 가만있지 않는다고 빗대어 이르는 말.

같은 속담 벌레도 밟으면 꿈틀한다 • 지나가는 달팽이도 밟아야 굼틀한다 • 지렁이도 밟으면[다치면/디디면] 꿈틀한다 • 참새가 방아[방앗간]에 치여 죽어도 짹 하고 죽는다 • 참새가 죽어도 짹 한다 • 한 치 벌레에도 오 푼 결기가 있다

ㄱ

굼벵이도 제 일을 하려면[하라면] 한 길은 판다
굼벵이도 제 일 하는 날은 열 번 재주(를) 넘는다

굼벵이조차도 필요하면 열 가지 재주를 부린다는 뜻으로, 아무리 능력이 없는 사람이라도 제 일이 급하게 되면 어떻게든 해낸다고 빗대어 이르는 말.

굼벵이 천장하듯

굼뜬 굼벵이가 무덤을 다른 곳으로 옮기려면 오래 걸리듯이, 어리석은 사람이 일을 질질 끌며 좀처럼 마무리 짓지 못하는 것을 빗대어 이르는 말.

낱말 풀이 **천장하다** 무덤을 다른 곳으로 옮기다.

굽은 나무가 선산을 지킨다

곧은 나무는 사람들이 재목으로 쓰려고 베어 가지만 굽은 나무는 그다지 쓸모가 없어서 안 베어 가기 때문에 선산을 지키게 된다는 뜻으로, 쓸모없어 보이던 것이 뜻밖에 도움이 되거나 변변찮아 보이던 사람이 값어치 있는 일을 하는 경우에 빗대어 이르는 말.

같은 속담 꾸부렁한[꾸부정] 나무도 선산을 지킨다

낱말 풀이 **선산** 조상의 무덤. 또는 조상의 무덤이 있는 산.

굽은 지팡이는 그림자도 굽어 비친다

본디 바탕이 나쁜 것은 아무리 숨기려 해도 숨기지 못한다는 말.

굿 구경 간 어미 기다리듯

굿 구경을 간 어머니가 떡을 얻어 가지고 돌아오기를 기다린다는 뜻으로, 1. 좋은 일이 일어날 가망이 있을 때 애타게 바라며 기다린다는 말. 2. 빨리 돌아오지 않는 사람을 애태우며 기다리는 것을 빗대어 이르는 말.

같은 속담 굿에 간 어미 기다리듯 • 어린 아들 굿에 간 어미 기다리듯

굿도 볼 겸 떡도 먹을 겸

한 가지 일을 하여 두 가지 이익을 얻는 것을 빗대어 이르는 말.

같은 속담 굿 보고 떡 먹기 • 꿩 먹고 알 먹고 둥지 털어 불 땐다 • 도랑 치고 가재 잡는다 • 배 먹고 배 속으로 이를 닦는다 • 알로 먹고 꿩으로 먹는다

굿 뒤에 날장구[쌍장구] 친다
굿 마친[지낸] 뒤 장구

굿이 다 끝난 뒤에 부질없이 장구를 친다는 뜻으로, 일이 다 끝나거나 정해진 뒤에 이러쿵저러쿵하는 것을 빗대어 이르는 말.

같은 속담 굿한 뒤 장구

낱말 풀이 **날장구** 노래도 춤도 따르지 않는 헛장구. 또는 부질없이 마구 치는 장구.

굿 들은 무당 재 들은 중

자기가 즐겨 하는 일이나 바라던 일을 하게 되어 신이 나서 좋아하는 사람을 빗대어 이르는 말.

낱말 풀이 **재** 절에서 부처에게 드리는 공양.

굿 못하는 무당 장구 타박한다

'국수를 못하는 년이 피나무 안반만 나무란다'와 같은 속담.

굿 보고 떡 먹기

'굿도 볼 겸 떡도 먹을 겸'과 같은 속담.

굿 본 거위[게사니] 죽는다

거위가 괜스레 굿판에 나타나서 무당이 든 나뭇가지에 얻어맞아 죽는다는 뜻

으로, 쓸데없이 남의 일에 끼어들었다가 뜻밖의 변이나 망신스러운 일을 당하는 경우에 빗대어 이르는 말.

낱말 풀이 **게사니** '거위'의 방언(강원, 경기).

ㄱ

굿에 간 어미 기다리듯

'굿 구경 간 어미 기다리듯'과 같은 속담.

굿이나 보고 떡이나 먹지
굿이나 보다 떡이나 먹으면 된다

굿 구경이나 하다가 굿이 끝난 다음에 나누어 주는 떡이나 먹으라는 뜻으로, 남의 일에 쓸데없이 참견하지 말고 가만히 있다가 제 몫이나 챙기라는 말.

굿하고 싶어도 맏며느리 춤추는 꼴 보기 싫다[싫어 못 한다]

무엇을 하려고 할 때 미운 사람이 끼어들어 좋아하는 꼴이 보기가 싫어서 꺼린다는 말.

굿하다 파한 집 같다
굿해 먹은 집 같다

떠들썩하던 굿이 끝나자 집 안이 쓸쓸할 정도로 아주 고요하다는 뜻으로, 몹시 떠들썩하다가 고요해진 경우에 빗대어 이르는 말.

낱말 풀이 **파하다** 어떤 일을 마치거나 그만두다.

굿한다고 마음 놓으랴

정성을 들였다고 해서 결과를 안심할 수는 없으니 끝까지 정신을 바짝 차리라고 가르쳐 이르는 말.

같은 속담 정성을 들였다고 마음을 놓지 마라

굿한 뒤 장구

'굿 뒤에 날장구[쌍장구] 친다'와 같은 속담.

궁둥이에서 (비파) 소리가 난다

어찌나 바삐 다니는지 궁둥이에서 비파 소리가 난다는 뜻으로, 앉아 있을 겨를 없이 몹시 바쁘게 움직이거나 싸돌아다니는 것을 빗대어 이르는 말.

같은 속담 치마에서 비파 소리가 난다

궁둥이에 좀이 쑤신다

조금도 가만히 있지 못하고 궁둥이를 들썩거린다는 뜻으로, 마음이 들썽해서 한곳에 가만히 있지 못하는 경우에 빗대어 이르는 말.

궁서가 고양이를 문다
궁지에 빠진 쥐가 고양이를 문다
궁한 새가 사람을 쫓는다
궁한 쥐가 고양이한테 대든다

쥐가 막다른 곳에 몰려 오도 가도 못하게 되면 고양이를 문다는 뜻으로, 아무리 약한 사람도 막다른 지경에 이르면 죽을힘을 다해 맞서 대든다는 말.

같은 속담 막다른 골목에 든 강아지 호랑이를 문다

낱말 풀이 **궁서** 쫓겨서 궁지에 몰린 쥐.

궁 처지기 불 처지기
궁 처지면 코 처진다

장기를 둘 때 궁이 맨 앞에 놓이면 지기 쉽다는 뜻으로, 무엇이 제자리에서 벗어나 몹시 불리하거나 어려운 지경에 빠지게 된 상태를 빗대어 이르는 말.

낱말 풀이 **궁** 장기에서, '漢' 자나 '楚' 자를 새긴 장기짝. 다른 장기짝으로 이것을 먼저 잡는 사람이 이긴다.

궁하면 통한다

아주 막다른 처지에 이르게 되면 도리어 거기에서 벗어날 길이 생긴다는 말.

낱말 풀이 **궁하다** 1. 살림이 가난하고 어렵다. 2. 일이나 재료 따위가 부족하거나 없다. 3. 사정이 난처하거나 막혀 피할 도리가 없다.

궂은고기 먹는[삼키는] 것 같다

병으로 죽은 짐승 고기를 먹어서 께름칙하고 불안하다는 뜻으로, 마음에 걸리거나 꺼림칙한 느낌이 드는 것을 빗대어 이르는 말.

낱말 풀이 **궂은고기** 병으로 죽은 짐승의 고기.

궂은 날 개 사귄 것 같다

땅이 진 날에 개를 예뻐하면 진흙 발로 달려들어 옷을 더럽힌다는 뜻으로, 달갑지 않은 사람이 자꾸 따라다니며 치근대는 것을 못마땅하게 여겨 이르는 말.

같은 속담 진날 개 사귄 이 같다 • 진날 삽살개 친한 격

낱말 풀이 **궂다** 비나 눈이 내려 날씨가 나쁘다.

궂은일에는 일가만 한 이가 없다

궂은일이 생겼을 때에는 가까운 친척이 가장 큰 도움을 준다는 말.

권에 비지떡

남이 부추겨서 맛없는 비지떡을 먹는다는 뜻으로, 하고 싶은 마음이 없는데 남의 부추김에 못 이겨 마지못해 하게 되는 경우에 빗대어 이르는 말.

낱말 풀이 **권** 어떤 일을 하도록 부추김. 또는 그런 말이나 행동. **비지떡** 두부를 만들고 남은 비지에 쌀가루나 밀가루를 넣고 반죽하여 둥글넓적하게 부친 떡.

귀가[귓구멍이] 도자전 마룻구멍이라
귀가 도자전이라

'귀가 보배[산홋가지]라'와 같은 속담.

낱말 풀이 **도자전** 작은 칼과 노리개 같은 패물 따위를 파는 가게.

귀가 백 자 눈도 백 자

이러저러한 소식을 빠짐없이 잘 듣고 잘 본다는 뜻으로 이르는 말.

귀가 보배[산홋가지]라

배운 것은 없지만 이것저것 얻어들어 아는 것이 많은 경우에 빗대어 이르던 말.

같은 속담 귀가[귓구멍이] 도자전 마룻구멍이라

낱말 풀이 **산홋가지** 1. 나뭇가지처럼 생긴 산호의 가지. 2. 부인이 차는 노리개의 하나.

귀가 얇다[엷다]

남의 말을 쉽게 받아들인다는 관용 표현.

귀가 항아리만 하다

귓구멍이 넓고 크다는 뜻으로, 남의 말을 곧이듣거나 잘 받아들이는 모양을 빗대어 이르는 말.

같은 속담 귓구멍이 나팔통 같다

귀까지는 속일 수 있어도 눈만은 못 속인다

1. 못 본 사람들은 말로 속여 넘길 수 있어도 직접 본 사람은 속일 수 없다는 말. 2. 남의 말만 듣고는 속을 수 있어도 제 눈으로 보고는 속지 않는다는 말.

귀때기가 떨어졌으면 이다음 와 찾지

그까짓 귀때기쯤 떨어진 일 같으면 갔다가 이 다음에 와서 찾는 것이 좋지 않겠느냐는 뜻으로, 1. 우물쭈물하지 말고 빨리 떠나라고 할 때 이르는 말. 2. 서둘러 급하게 떠날 때에 하는 말.

낱말 풀이 **귀때기** '귀'를 속되게 이르는 말. 항아리나 그릇 따위의 전이나 손잡이를 이르는 말.

귀뚜라미 풍류하겠다[풍류한다]

논에 김을 매지 않아 귀뚜라미들이 노래할 지경이라는 뜻으로, 게을러서 논에 손을 대지 않아 풀이 우거짐을 빗대어 이르는 말.

낱말 풀이 **풍류하다** 멋스럽게 놀거나 연주하다.

귀 막고 방울 도둑질한다[도적질하기]

얕은수와 서툰 방법으로 남을 속이려 드는 어리석은 행동을 비웃어 이르는 말.

귀 막고 아옹 한다

보람 없는 일을 괜히 하는 체하며 부질없는 짓을 함을 빗대어 이르는 말.

같은 속담 눈 가리고 아옹 • 눈 감고 아옹 한다 • 눈 벌리고 아옹

귀머거리 귀 있으나 마나
귀머거리 들으나 마나

'곱사등이 짐 지나 마나'와 같은 속담.

귀머거리 눈치 빠르다

1. 흔히 귀먹은 사람들이 말귀는 못 알아들어도 눈치는 빠르다는 말. 2. 변변치 않은 사람도 한 가지 재주는 가지고 있다는 말.

귀머거리 삼 년이요 벙어리 삼 년(이라)

옛날에, 여자는 시집가서 남의 말을 듣고도 못 들은 척하고 하고 싶은 말이 있어도 하지 말아야 한다는 뜻으로, 시집살이가 매우 어렵다고 이르던 말.

같은 속담 색시가 시집살이하려면 벙어리 삼 년 귀머거리 삼 년 해야 한다 • 시집살이하려면 벙어리 삼 년 귀머거리 삼 년 해야 한다

읽을거리 옛날에, 어떤 부모가 딸을 시집보내면서 "무슨 말을 들어도 못 들은 척, 무슨 일을 보아도 못 본 척, 무슨 말이든 못하는 척하라."고 일렀어. 그래야 탈 없이 살 수 있다는 거야. 그래서 딸은 시집가서 부모님 말씀대로 삼 년이나 그렇게 살았어. 그러니 시집 식구들은 며느리가 귀머거리에 벙어리에 눈뜬장님이라고 여겨 친정으로 되돌려 보내기로 했어. 시아버지가 며느리를 데리고 친정으로 가는데, 산을 넘게 됐어. 그런데 꿩이 푸드덕 날아가는 거야. 그걸 본 며느리가 깜짝 놀라 "저기 꿩이 날아갑니다." 하고 외쳤어. 시아버지는 며느리가 말을 했으니 벙어리가 아니고 꿩 나는 것을 보았으니 장님도 아니고 꿩 나는 소리를 들었으니 귀머거리도 아니구나 하고 다시 집으로 데려와 잘 살았다는 이야기야.

귀머거리 솔뿌리 캐듯
귀먹은 중 마 캐듯

귀먹은 중이 남이 무엇이라고 하건 말건 부지런히 마만 캔다는 뜻으로, 남이 무슨 말을 하거나 말거나 알아듣지 못한 체하면서 제 할 일만 하는 것을 빗대어 이르는 말.

낱말 풀이 **마** 맛과의 여러해살이 덩굴풀. 산에 절로 나서 자라며 뿌리는 약이나 음식에 쓰인다.

귀머거리 제 마음에 있는 소리 한다
귀머거리 제 속의 소리 한다

귀머거리는 남의 말을 듣지 못하니까 그저 제 말만 한다는 뜻으로, 남의 이야기는 듣지도 않고 제 이야기만 함을 빗대어 이르는 말.

ㄱ

귀밑머리 풀어 준 남편

처녀가 혼인을 하여 맞은 남편을 이르는 관용 표현.

읽을거리 귀밑머리는 이마 한가운데를 갈라 귀 뒤로 넘겨 땋은 머리야. 옛날에, 처녀들이 귀밑머리를 땋고 다니다가 혼인을 하면 머리를 틀어 올려 비녀를 꽂던 풍습에서 나온 말이야. 혼인을 하면 첫날밤에 지아비가 머리를 풀어 주니까 '귀밑머리 풀어 준 사람'이라는 말이 곧 남편을 이르는 말이 된 거지. 총각들도 귀밑머리를 땋았어. 혼인을 하면 귀밑머리를 풀고 상투나 쪽머리를 했지.

귀밑에 피도 마르지 않은 놈
귀밑에 피도 안 마른 놈

갓 태어났을 때 귀밑에 묻은 피가 채 마르지 않은 놈이라는 뜻으로, 나이가 어리거나 철들지 않은 이가 잘난 체할 때 핀잔하여 이르는 말.

귀 소문 말고 눈 소문 하라[내라]

제 눈으로 본 것만 소문내라는 뜻으로, 직접 보고 확인한 것이 아니면 말하지 말라고 가르쳐 이르는 말.

같은 속담 귀 장사 하지 말고 눈 장사 하라

귀신 대접하여 그른 데 있느냐

탈이 될 만한 일에는 미리 손을 쓰는 것이 좋다는 말.

귀신도 빌면 듣는다

1. 귀신도 빌면 바라는 것을 들어준다는 뜻으로, 무엇이나 정성을 들이면 보람이 있다고 빗대어 이르는 말. 2. 귀신도 잘못을 빌면 용서해 준다는 뜻으로, 잘못을 뉘우치고 빌면 누구나 용서해 준다는 말.

귀신도 사귈 탓

악하고 모진 사람도 사귀기에 따라서는 잘 지낼 수 있다고 빗대어 이르는 말.

귀신 듣는 데 떡 소리 한다

들으면 썩 좋아할 이야기를 그 사람 앞에서 하는 경우에 빗대어 이르는 말.

같은 속담 귀신의 귀에 떡 소리 • 주린 귀신 듣는 데 떡 이야기 하기

귀신 듣는 데서는 떡 소리도 못 하겠다[한다]

떡을 좋아하는 귀신한테 떡 얘기를 하면 정신없이 덤벼든다는 뜻으로, 무슨 말이 떨어지기 무섭게 해 달라고 조르는 경우에 빗대어 이르는 말.

귀신보다 사람이 더 무섭다

사람이 남을 미워하거나 나쁜 마음을 먹으면 어떤 무서운 일도 할 수 있다는 말.

귀신 씻나락 까먹는 소리

산 사람 눈에 보이지 않는 귀신이 볍씨를 까먹는 소리라는 뜻으로, 1. 엉뚱하고 쓸데없는 소리를 빗대어 이르는 말. 2. 남이 알아들을 수 없게 웅얼거리는 소리를 빗대어 이르는 말.

같은 속담 도깨비 씻나락 까먹는 소리

귀신은 경문에 막히고 사람은 인정에 막힌다
귀신은 경에 막히고 사람은 사정에 막힌다

귀신 쫓는 주문에 귀신이 꼼짝 못 하듯이, 사람은 인정이 있어서 빌고 매달리는 사람에게는 어쩌지 못한다고 빗대어 이르는 말.

같은 속담 사람은 인정에 막히고 귀신은 경문에 막힌다

낱말 풀이 **경** '경문'의 준말. 미신에서, 고사를 지내거나 무당이 푸닥거리를 할 때 외는 주문.

귀신은 경으로 떼고 도깨비는 방망이로 뗀다

1. 말을 듣지 않거나 미쳐 날뛰는 놈들은 힘으로 억눌러 다스려야 한다고 빗대어 이르는 말. 2. 귀신은 주문을 외워서 떼고 도깨비는 방망이로 쳐서 쫓는다는 뜻으로, 귀찮은 대상을 떼는 데는 알맞은 방법이 있기 마련이라는 말.

같은 속담 도깨비는 방망이로 떼고[치고] 귀신은 경으로 뗀다[친다]

귀신(을) 피하려다 호랑이(를) 만난다

작은 위험을 피하려다가 오히려 더 큰 위험을 당함을 빗대어 이르는 말.

귀신의 귀에 떡 소리

'귀신 듣는 데 떡 소리 한다'와 같은 속담.

귀신이 곡할 노릇[일](이다)

어떤 일이 너무도 신기하여 도무지 속내를 알 수 없음을 빗대어 이르는 말.

귀신이 탄복할 노릇[일](이다)
귀신이 하품을 할 만하다

1. 어떤 일이 믿을 수 없을 만큼 너무나 묘하고 신통함을 빗대어 이르는 말.
2. 귀신도 놀랄 만큼 솜씨가 아주 빼어나다는 말.

낱말 풀이 **탄복하다** 매우 감탄하여 마음으로 따르다.

귀에 걸면 귀걸이 코에 걸면 코걸이

어디에 거느냐에 따라 귀걸이도 되고 코걸이도 된다는 뜻으로, 1. 보는 눈에 따라 이렇게도 볼 수 있고 저렇게도 볼 수 있는 경우에 빗대어 이르는 말. 2. 자기 잇속에 따라 이랬다저랬다 하는 경우에 빗대어 이르는 말.

같은 속담 코에 걸면 코걸이 귀에 걸면 귀걸이

ㄱ

귀에다 말뚝을 박았나

귀에다 말뚝을 틀어박아 못 듣느냐는 뜻으로, 말을 잘 알아듣지 못하는 사람을 핀잔하여 이르는 말.

같은 속담 귓구멍에 마늘쪽[말뚝을] 박았나

귀에 딱지가 앉다
귀에 못이 박히다[박힐 지경]

같은 말을 수없이 들어서 익숙하거나 지겹다는 관용 표현.

귀여운 애한테는 매채를 주고 미운 애한테는 엿을 준다

아이에게 당장 좋게만 해 주는 것은 오히려 해로우니 귀여운 자식일수록 엄하게 잘 가르쳐야 한다는 말.

같은 속담 귀한 자식 매 한 대[개] 더 때리고 미운 자식 떡 한 개 더 준다

낱말 풀이 **매채** '채찍'의 방언(함경).

귀여운 자식 매로 키운다

'고운 자식 매로 키운다'와 같은 속담.

귀 장사 하지 말고 눈 장사 하라

'귀 소문 말고 눈 소문 하라[내라]'와 같은 속담.

귀한 것은 상량문

집을 다 지었는데 상량문만 없다는 뜻으로, 모든 것이 다 갖추어져 있는데 오직 한 가지가 부족한 것을 빗대어 이르는 말.

낱말 풀이 **상량문** 집 짓는 데 마지막으로 마룻대를 올리며 축하할 때 읽는 글.

ㄱ

귀한 그릇 쉬 깨진다

1. 흔히 값지고 좋은 물건일수록 쉽게 망가진다는 말. 2. 귀하게 자라던 사람이나 재주 있는 사람이 일찍 죽는 경우에 빗대어 이르는 말.

귀한 자식 매로 키워라

'고운 자식 매로 키운다'와 같은 속담.

귀한 자식 매 한 대[개] 더 때리고 미운 자식 떡 한 개 더 준다

'귀여운 애한테는 매채를 주고 미운 애한테는 엿을 준다'와 같은 속담.

귓구멍에 마늘쪽[말뚝을] 박았나

'귀에다 말뚝을 박았나'와 같은 속담.

귓구멍이 나팔통 같다

'귀가 항아리만 하다'와 같은 속담.

낱말 풀이 **나팔통** '나팔'을 속되게 이르는 말.

그 나물에 그 밥

1. 서로 격이 어울리는 것끼리 짝이 된 경우에 빗대어 이르는 말. 2. 서로 비슷한 것끼리 짝이 되어 별다를 것이 없는 경우에 빗대어 이르는 말.

그늘 밑(의) 매미 신세[팔자]

무더운 여름날에 시원한 나무 그늘 밑에서 자리 잡고 울기만 하는 매미 신세라는 뜻으로, 하는 일 없이 빈둥거리면서 편안히 지내는 처지를 빗대어 이르는 말.

그렇게 하면 뒷간에 옻칠을 하나

그렇게 인색하게 돈을 모아서 뒷간에까지 값비싼 옻칠을 할 것이냐는 뜻으로, 몹시 인색하게 굴면서 재물을 모으는 사람을 비꼬아 이르는 말.

같은 속담 기와집에 옻칠하고 사나

낱말 풀이 **뒷간** 변소. **옻칠** 가구나 나무 그릇 따위에 윤을 내기 위하여 옻을 바르는 일.

그릇도 차면 넘친다

무엇이든 한창 성하면 차츰 쇠하기 마련이라는 말.

같은 속담 달도 차면 기운다 • 달이 둥글면 이지러지고 그릇이 차면 넘친다 • 차면 넘친다[기운다]

그림의 떡

그림 속에 있는 떡은 먹을 수 없듯이, 아무리 마음에 들어도 차지할 수 없거나 쓸 수 없는 경우를 이르는 관용 표현.

그물에 걸린 고기[새/토끼/짐승] 신세
그물에 든 고기요[새요] 쏘아 놓은 범이라

이미 그물에 잡혀 옴짝달싹할 수 없는 신세라는 뜻으로, 헤어날 수 없는 아주 위험한 형편에 놓여 꼼짝없이 죽게 된 처지를 빗대어 이르는 말.

같은 속담 낚시에 걸린 물고기 • 농 속에 갇힌 새 • 덫에 치인 범이요 그물에 걸린 고기라 • 도마에 오른 고기 • 모래불에 오른 새우 • 물 밖에 난 고기 • 뭍에 오른 고기 • 샘에 든 고기 • 솥 안에 든 고기 • 우물에 든 고기 • 함정에 든 범

그물을 벗어난 새
그물을 벗어난 새요 함정에서 뛰어 난 범이라

매우 위급하거나 꼼짝없이 죽게 된 처지에서 벗어나 다시 살아나게 된 경우에 빗대어 이르는 말.

그물이 삼천 코라도 벼리가 으뜸
그물이 열 자라도 벼리가 으뜸

그물이 삼천 코나 되고 크기가 열 자가 되더라도 벼리가 있어야 그물을 치거나 조일 수 있다는 뜻으로, 1. 사람이나 물건이 아무리 많아도 중심이 되어 이끌어 나가는 사람이 없으면 쓸데없다고 빗대어 이르는 말. 2. 재료가 아무리 넉넉해도 제대로 써서 끝맺지 못하면 아무런 값어치가 없다고 빗대어 이르는 말.

낱말 풀이 **벼리** 그물의 위쪽 코를 꿰어 놓은 줄. 잡아당겨 그물을 오므렸다 폈다 한다. **코** 그물이나 뜨개질한 물건의 눈마다의 매듭. 코와 코를 잡아맨 눈이 모여서 그물이 된다.

그물이 천 코면 걸릴 날이 있다
그물코가 삼천이면 걸릴 날이 있다

1. 코가 많은 그물을 물속에 쳐 놓으면 언젠가는 고기가 잡힌다는 뜻으로, 이익이 될 만한 일을 여러 갈래로 벌여 놓으면 어디서든 얻는 것이 있다고 빗대어 이르는 말. 2. 부지런히 일하면 좋은 결과를 얻을 수 있다고 빗대어 이르는 말.

그믐달 보자고 초저녁부터 나선다

새벽에 뜨는 그믐달을 보자고 초저녁부터 나와 기다린다는 뜻으로, 미리부터 지나치게 서두르는 것을 빗대어 이르는 말.

그믐밤 길에 등불 만난 격
그믐밤에 해 뜬 격

캄캄한 그믐밤에 해가 뜨거나 등불을 만난 것 같다는 뜻으로, 문제를 해결할 길을 찾지 못하고 헤매다가 뜻밖에 좋은 방법을 찾았을 때 빗대어 이르는 말.

그믐밤에 달이 뜨는 것과 같다

도무지 될 수 없는 일을 빗대어 이르는 말.

그믐밤에 홍두깨 내민다[내밀듯]

캄캄한 밤에 불쑥 다듬잇방망이를 내민다는 뜻으로, 갑자기 생각하지 않은 말을 꺼내거나 불쑥 엉뚱한 짓을 하는 경우에 빗대어 이르는 말.

같은 속담 아닌 밤중에 홍두깨 (내밀듯) • 어두운 밤에 주먹질

그믐에 안된 것이 초승[초생]에 되는 수가 있다

그달 마지막 날에 안된 일이 다음 달 초승에 되는 수가 있다는 뜻으로, 처음에는 이루어지지 않던 일이 나중에 잘되기도 한다는 말.

낱말 풀이 **그믐** 음력으로 그달의 마지막 날. =그믐날. **초승** 음력으로 그달 첫째 날인 초하루부터 처음 며칠 동안을 이르는 말. =초생.

그 속옷이 그 속옷이다

1. 처지가 서로 비슷한 사람들끼리 어울리는 경우를 빗대어 이르는 말. 2. 부르는 이름은 다르지만 따져 보면 서로 비슷하여 다른 게 없다는 말.

같은 속담 초록은 동색

그슬린 돼지가 달아맨 돼지 타령한다

새까맣게 불에 그슬린 돼지가 묶여 있는 돼지를 비웃는다는 뜻으로, 남보다 못한 처지에 있으면서 자기보다 나은 사람을 얕보거나 비웃는 경우에 빗대어 이르는 말.

같은 속담 달아매인 돼지가 누운 돼지 나무란다 • 매달린 개가 누워 있는 개를 웃는다 • 언덕에 자빠진 돼지가 평지에 자빠진 돼지를 나무란다

낱말 풀이 **그슬리다** 불에 겉만 조금 타다. **달아매다** 달아나지 못하도록 고정된 물건에 묶다.

ㄱ

그 아버지에 그 아들[딸]
그 어머니에 그 딸[아들/자식]

부모와 자식이 여러 면에서 꼭 닮은 경우를 이르는 말.

그 장단 춤추기 어렵다

1. 장단이 까다롭고 대중없어서 춤추기가 힘들다는 뜻으로, 시키는 일이 똑똑치 않고 자주 바뀌어 어떻게 하면 좋을지 모르겠다는 말. 2. 어떤 일을 맡아 이끄는 사람이 너무 많아서 누구 말을 따라야 할지 모를 때 빗대어 이르는 말.

같은 속담 어느 장단에 춤추랴 • 이 굿에는 춤추기 어렵다 • 이날 춤추기 어렵다

그 집 장 한 독을 다 먹어 보아야 그 집 일을 잘 안다

장 한 독을 다 먹을 만큼 오래 지내보아야 그 집안 사정을 잘 알 수 있다는 뜻으로, 무슨 일이든 자세히 알기 위해서는 충분히 겪어 보아야 한다는 말.

극과 극을 달리다

뜻이나 생각, 처지 따위가 심하게 다르거나 서로 반대된다는 관용 표현.

극락길 버리고 지옥 길 간다

1. 착한 일은 하지 않고 나쁜 짓만 일삼는 것을 빗대어 이르는 말. 2. 쉽고 편한 길을 마다하고 위험하고 해로운 짓만 함을 빗대어 이르는 말.

낱말 풀이 **극락길** 불교에서, 극락으로 가는 길. 극락은 좋은 일을 많이 한 사람이 죽어서 간다는 곳이다.

근심에는 마르고[여위고] 설움에는 살찐다

드러내 놓고 슬퍼하는 것보다 속으로 깊이 근심하는 것이 더 애타고 몸도 축난다는 말.

같은 속담 설움에는 살찌고 근심에는 여윈다

근원 벨 칼이 없고 근심 없앨 약이 없다

누구나 제 근본을 벗어날 수 없고 사람이 살면서 근심이 없을 수 없다는 말.

근처 무당 영한 줄 모른다
근처 의원이 용한 줄 모른다

자기 집 가까이에 있는 무당이나 의원이 신통한 줄 모른다는 뜻으로, 가까이 있으면 단점을 많이 보아서 훌륭하다고 생각하지 않는다는 말.

글 모르는 귀신 없다

귀신도 지방에 쓰인 글을 보고 찾아오는데 하물며 사람이 글을 몰라서야 되겠느냐는 뜻으로, 사람이라면 마땅히 글을 배워서 제 앞길을 닦아야 한다는 말.

낱말 풀이 **지방** 제사 때 죽은 사람의 이름을 적은 종이.

글 못한 놈 붓 고른다
글 잘 못 쓰는 사람은 붓 타박을 하고 농사지을[총 쏠] 줄 모르는 사람은 밭[총] 타박을 한다

글을 잘 못 쓰는 이가 붓 탓을 한다는 뜻으로, 자기 재주나 능력이 모자라는 것은 생각지 않고 애꿎은 도구나 조건만 나쁘다고 탓하는 것을 비꼬아 이르는 말.

같은 속담 국수를 못하는 년이 피나무 안반만 나무란다

낱말 풀이 **타박** 허물이나 결함을 나무라거나 핀잔함.

글 속에 글이 있다
글 속에도 글 있고 말 속에도 말 있다

1. 글 속에 드러나지 않은 깊은 뜻이 있고 말 속에 깔려 있는 참말이 있다는 뜻으로, 표현된 글이나 말 속에는 표현되지 않은 더욱 다양하고 깊은 뜻이 담겨 있다는 말. 2. 쓸 만한 글과 말은 따로 있다는 말.

글은 기성명이면 족하다
글은 제 이름 석 자나 알면 족하다

글은 자기 이름만 쓸 줄 알면 된다는 뜻으로, 글공부를 많이 할 필요가 없다고 이르던 말.

읽을거리 옛날 중국에 항우라는 장사가 있었어. 항우는 어릴 때 글을 배우다 집어치우고 검술도 배우다 집어치웠어. 항우의 작은아버지가 그걸 보고 꾸짖었지. 그랬더니 항우가 "글은 제 이름만 쓸 줄 알면 되고, 칼은 한 사람하고만 겨룰 뿐이라서 배울 게 못 되니 여러 사람과 겨룰 수 있는 법을 배우겠습니다." 하고 병법을 배웠대. 병법은 군사를 거느리고 싸우는 방법이야. 나중에 항우는 왕이 되었지만 한 가지 일을 진득하게 못하고 금방 싫증을 냈어. 결국 나라를 빼앗기는 신세가 되었지. 사람들은 그렇게 된 까닭이 항우가 힘만 앞세우고 공부를 게을리 한 탓이라고 여겼어. 글 공부가 자기 성과 이름을 쓸 줄 아는 것만으로는 부족하다는 거지. 지금은 여러 분야에 걸쳐 깊이 있게 공부하는 것이 필요한 때야.

낱말 풀이 **기성명** 1. 성과 이름을 적음. 2. 겨우 자기 이름이나 적는다는 뜻으로, 학식이 매우 낮다는 말.

글 잘 쓰는 사람은 필묵을 가리지[탓하지] 않는다

1. 글을 잘 쓰는 사람은 붓과 먹이 좋다 나쁘다 탓하지 않는다는 뜻으로, 능력 있는 사람은 조건이나 도구가 좋고 나쁨을 가리지 않고 일을 잘한다는 말. 2. 재주 없는 사람이 도구를 탓할 때 이르는 말.

같은 속담 명필에게는 무드럭붓이 없다

낱말 풀이 **필묵** 붓과 먹을 아울러 이르는 말.

글 잘하는 자식 낳지 말고 말 잘하는 자식 낳으랬다

세상 물정 모르고 그저 글이나 외우는 자식보다는 말 잘하는 자식이 낫다는 뜻으로, 말을 잘하면 살아가는 데 큰 도움이 된다고 빗대어 이르는 말.

같은 속담 힘센 아이 낳지 말고 말 잘하는 아이 낳아라

긁어 부스럼

구태여 부스럼을 긁어서 탈이 났다는 뜻으로, 그냥 내버려두면 아무 일도 없을 것을 괜히 건드려서 탈을 내거나 걱정거리를 만드는 경우를 빗대어 이르는 말.

같은 속담 공연히 긁어서 부스럼 만든다

금강산 구경도 먹은 후에야 한다
금강산 구경도 식후경이라

'금강산도 식후경'과 같은 속담.

금강산 그늘이 관동 팔십 리 간다

금강산의 아름다움이 관동 팔십 리, 곧 강원도 지방까지 널리 미친다는 뜻으로, 훌륭한 사람 밑에서 지내면 그의 덕이 미치고 도움을 받게 된다고 빗대어 이르던 말.

같은 속담 수양산 그늘이 강동 팔십 리를 간다 • 인왕산 그늘이 강동 팔십 리 간다

낱말 풀이 **관동** 강원도에서 대관령 동쪽에 있는 지역. =영동.

금강산도 식후경

아무리 좋은 구경이라도 배가 불러야 재미가 있다는 뜻으로, 배가 고프면 아무 일도 할 수 없다는 말.

같은 속담 금강산 구경도 먹은 후에야 한다 • 꽃구경도 식후사

금강산 상상봉에 물 밀어 배 띄워 평지 되거든

도무지 이루어질 수 없는 바람을 빗대어 이르는 말.

같은 속담 기암절벽 천층석이 눈비 맞아 썩어지거든 • 까마귀 대가리 희거든

낱말 풀이 **상상봉** 여러 봉우리 가운데 가장 높은 봉우리.

금년 새 다리가 명년 소 다리보다 낫다

앞으로 어떻게 될지 모르는 큰 이익보다는 적더라도 바로 얻을 수 있는 눈앞의 이익이 더 낫다고 빗대어 이르는 말.

같은 속담 나중 꿀 한 식기 먹기보다 당장의 엿 한 가락이 더 달다 • 내일의 천자보다 오늘의 재상

금도 모르면서 싸다 한다

'값도 모르고 싸다[눅다] 한다'와 같은 속담.

낱말 풀이 **금** 그 당시 세상 형편이나 흥정에 따라 정해지는 물건값.

금돈도 안팎이 있다

아무리 좋고 훌륭한 것도 부분에 따라 차이가 있다고 빗대어 이르는 말.

금방망이 우려먹듯

한 가지를 두고두고 써먹는 경우를 빗대어 이르는 말.

같은 속담 쇠뼈다귀 우려먹듯

금방 먹을 떡에도 소를[살을] 박는다

아무리 급한 일이라도 밟아야 할 순서는 제대로 밟고 갖추어야 할 격식은 제대로 갖추어야 한다고 빗대어 이르는 말.

떡살

낱말 풀이 **살** 떡살로 찍은 무늬. **소** 송편이나 만두 같은 것을 만들 때 맛을 내기 위하여 속에 넣는 여러 가지 재료.

금이 가다

서로 사이가 벌어지거나 틀어진다는 관용 표현.

금이야 옥이야

무엇을 다루는 데 매우 아끼고 사랑하여 금이나 옥처럼 귀중히 여기는 모양을 빗대어 이르는 말.

금주에 누룩 흥정[장사]

옛날에, 술을 빚거나 파는 것이 법으로 금지되어 술을 못 먹게 되었는데 술 만드는 데 쓰는 누룩을 팔려고 흥정한다는 뜻으로, 1. 세상 물정에 어두워 쓸모없는 일을 하는 사람을 비웃어 이르던 말. 2. 환경과 조건에 맞지 않게 엇나가는 일을 하는 사람의 어리석음을 비웃어 이르던 말.

같은 속담 주금에 누룩 장사

금 판 돈도 돈이고 똥 판 돈도 돈이다

금을 팔아서 번 돈이나 똥지게를 져서 번 돈이나 돈이기는 마찬가지라는 뜻으로, 비록 형식과 과정은 달라도 본질은 같다는 말.

급하기는 우물에 가 숭늉 달라겠다
급하기는 콩마당에 서슬 치겠다

우물에 가서 밥 먹은 뒤에 마시는 숭늉을 달라고 한다는 뜻으로, 1. 성격이 지나치게 급한 사람을 비웃어 이르는 말. 2. 모든 일에는 차례가 있는데 성질이 급하여 지나치게 헤덤비는 경우에 비웃어 이르는 말.

같은 속담 돼지 꼬리 잡고 순대 달란다 • 메밀밭에 가서 국수를 달라겠다 • 보리밭에 가 숭늉 찾는다 • 싸전에 가서 밥 달라 한다 • 우물에 가 숭늉 찾는다 • 콩밭에 가서 두부 찾는다 • 타작마당에 가서 숭늉 찾겠다

급하다고 갓 쓰고 똥[뒤] 싸랴[보랴]

1. 아무리 급해도 갓을 쓴 채로 똥을 눌 수 없다는 뜻으로, 아무리 급해도 예의

는 지켜야 한다는 말. 2. 일에는 일정한 차례와 때가 있으니 아무리 급해도 순서를 밟아서 일을 해야 한다는 말.

같은 속담 급하다고[급하면] 바늘허리에 실 매어 쓸까

급하다고[급하면] 바늘허리에 실 매어 쓸까
급하다고 우물 쳐들고 마시랴

바늘구멍에 실을 꿰어야 바느질을 할 수 있다는 뜻으로, 일에는 일정한 차례와 때가 있으니 아무리 급해도 순서를 밟아서 일을 해야 한다는 말.

같은 속담 급하다고 갓 쓰고 똥[뒤] 싸랴[보랴] • 급하면 콩마당에서 간수 치랴

급하면 관세음보살을 왼다
급하면 부처 다리를 안는다

흔히 급하면 아무나 관세음보살을 왼다는 뜻으로, 여느 때에는 관심을 안 두다가 급하면 아무에게나 달라붙어 도움을 구한다는 말.

낱말 풀이 **관세음보살** 불교에서, 사람들을 구제하는 보살. 고통을 겪는 사람이 열심히 이 이름을 부르면 도와준다고 한다. =관음보살.

급하면 업은 아이도 찾는다

급할 때에는 어찌 줄 모르고 터무니없는 짓도 하게 된다는 말.

급하면 콩마당에서 간수 치랴

'급하다고[급하면] 바늘허리에 실 매어 쓸까'와 같은 속담.

급할수록 돌아가라[돌아가랬다]

급한 일일수록 서두르면 도리어 실수할 수 있으니 여유를 가지고 앞뒤를 잘 헤아려서 차근차근 해 나가라는 말.

급히 데운[더운] 방이 쉬 식는다

힘이나 밑천을 적게 들여서 서둘러 한 일은 그만큼 실수가 많고 그 결과도 오래가지 못한다고 빗대어 이르는 말.

같은 속담 쉬 더운 구들[방]이 쉬 식는다 • 쉽게 단 쇠가 쉽게 식는다

급히 먹는 밥이 체한다[목이 멘다]

어떤 일이든지 너무 급하게 서두르다 보면 일을 마치지 못하고 실패할 수도 있다고 빗대어 이르는 말.

기갈 든 놈은 돌담장도[돌담조차도] 부순다

굶주린 사람은 남의 집 돌담장도 맨손으로 부수고 들어간다는 뜻으로, 사람이 막다른 처지에 몰리면 생각지도 못한 짓까지 저지를 수 있다는 말.

낱말 풀이 **기갈** 배고픔과 목마름을 아울러 이르는 말.

기기도 전에 날기부터 하려 한다
기도 못하는 게 날려 한다
기도[기지도] 못하면서 뛰려 한다

'걷기도 전에 뛰려고 한다'와 같은 속담.

기는 놈 위에 나는 놈이 있다
기는 놈이 있으면 뛰는 놈이 있고 뛰는 놈이 있으면 나는 놈이 있다

제아무리 재주가 뛰어나다고 해도 그보다 더 뛰어난 사람이 있다는 뜻으로, 스스로 뽐내며 우쭐거리는 사람을 경계하여 이르는 말.

같은 속담 나는 놈 위에 타는 놈 있다 • 뛰는 놈 위에 나는 놈 있다 • 위에는 위가 있다 • 치 위에 치가 있다

ㄱ

기둥보다 서까래가 더 굵다

집을 지을 때 가장 중요한 기둥보다 곁딸린 서까래가 더 굵다는 뜻으로, 주된 것과 곁딸린 것이 뒤바뀌어 이치에 맞지 않는 경우에 빗대어 이르는 말.

낱말 풀이 **기둥** 주춧돌 위에 세워 보와 도리 따위를 받치는 나무. **서까래** 지붕의 비탈진 면을 받치는 긴 나무.

기둥을 치면 대들보가[들보가/봇장이] 운다[울린다]

기둥을 치면 집과 지붕을 떠받치는 대들보나 봇장까지 울린다는 뜻으로, 1. 넌지시 알려 주기만 해도 곧 눈치를 채고 뜻이 서로 통함을 빗대어 이르는 말. 2. 주된 것을 건드리면 그와 관련 있는 것들도 영향을 받게 된다는 말.

같은 속담 벽을 치면 대들보가 울린다 • 변죽을 치면 복판이 운다

낱말 풀이 **대들보** 천장 한가운데를 가로지르는 큰 나무. 지붕을 떠받친다. **들보** 칸과 칸 사이의 두 기둥을 건너지르는 나무. =봇장.

기러기는 백 년의 수를 갖는다

천하다고 여기는 기러기가 오래 사는 만큼 대단한 점이 있다는 뜻으로, 예사로운 것이라도 얕보고 함부로 굴면 안 된다는 말.

낱말 풀이 **수** 1. 오래 삶. 오복의 하나로 장수를 이른다. 2. 생물이 살아 있는 햇수.

기러기도 경솔히 섬에 내리지 않는다

기러기도 안전한지 잘 살펴보고 땅에 내려온다는 뜻으로, 무슨 일에나 대중없이 날뛰지 않고 모든 경우를 따져 보고 행동해야 실패가 없다는 말.

낱말 풀이 **경솔히** 말이나 행동이 조심성 없이 가볍게.

기러기 떼도 길잡이가 있다

'공중에 나는 기러기도 길잡이는 한 놈이 한다'와 같은 속담.

기르던 개에게 다리를 물렸다
기른 개가 아들 불알 잘라 먹는다
기른 개 발뒤꿈치[발뒤축] 문다

은혜를 베풀어 준 사람에게 도리어 해를 입는 경우에 빗대어 이르는 말.

같은 속담 개를 기르다 다리를 물렸다 • 내 밥 먹은 개가 발뒤축을 문다 • 등을 쓰다듬어 준 강아지 발등 문다 • 삼 년 먹여 기른 개가 주인 발등을 문다 • 제가 기른 개에게 발꿈치 물린다 • 제 밥 먹은 개가 제 발등 문다 • 제집 개에게 발뒤꿈치 물린 셈

기름떡 먹기

'개떡 먹기'와 같은 속담.

기름 맛을[먹어] 본 개(같이)

기름 맛을 본 개는 기름을 자꾸 먹고 싶어 한다는 뜻으로, 어떤 일에 재미를 붙여 자꾸 하고 싶어 하는 것을 빗대어 이르는 말.

기름 먹인 가죽이 부드럽다

뻣뻣한 가죽도 기름을 먹이면 녹신해진다는 뜻으로, 힘 있는 사람에게 돈이나 물건을 주면서 부탁하면 일이 쉽게 되는 것을 비꼬아 이르는 말.

기름을 버리고[엎지르고] 깨를 줍는다
기름을 엎지르고 깨 줍기

애써 짠 기름을 엎지르고 깨알을 줍는다는 뜻으로, 큰 손해를 보고 작은 이익을 구하는 데에 마음을 쏟는 꼴을 빗대어 이르는 말.

같은 속담 노적가리에 불 지르고 싸라기 주워 먹는다 • 재산을 잃고 쌀알을 줍는다 • 집 태우고 못 줍기

ㄱ

기린이 늙으면 노마만 못하다

잘 달리는 기린도 늙으면 느린 말보다도 못하다는 뜻으로, 아무리 뛰어난 사람도 늙으면 제 능력을 충분히 펼칠 수 없다고 빗대어 이르는 말.

기쁨은 나눌수록 커지고 괴로움은 나눌수록 덜어진다

기쁨은 여러 사람이 함께 기뻐하기 때문에 커지고 괴로움은 여러 사람에게 도움과 위로를 받기 때문에 덜어진다는 뜻으로, 기쁨과 괴로움은 혼자 맞지 말고 여럿이 함께 나누라는 말.

기암절벽 천층석이 눈비 맞아 썩어지거든

'금강산 상상봉에 물 밀어 배 띄워 평지 되거든'과 같은 속담.

낱말 풀이 **기암절벽** 기이하게 생긴 바위와 깎아지른 듯한 낭떠러지. **천층석** 천 개의 층으로 이루어진 돌.

기역 자 왼 다리도 못 그린다

'가갸 뒷다리[뒤 자]도 모른다'와 같은 속담.

기와집에 옻칠하고 사나

'그렇게 하면 뒷간에 옻칠을 하나'와 같은 속담.

낱말 풀이 **기와집** 지붕을 기와로 인 집.

기와 한 장 아끼다가 대들보 썩힌다

기와 한 장이 아까워서 물 새는 지붕을 안 고쳤다가 대들보까지 썩힌다는 뜻으로, 작은 것을 아끼려다가 도리어 큰 손해를 보게 되는 경우를 빗대어 이르는 말.

같은 속담 서까랫감 아끼다가 용마루 썩힌다 • 좁쌀만큼 아끼다가 담 돌만큼 해 본다 • 한 푼 아끼다 백 냥 잃는다

기운이 세다고[세면] 소가 왕 노릇 할까
기운이 세면 장수 노릇 하나

소가 아무리 힘이 세도 왕 노릇은 못 한다는 뜻으로, 1. 큰일은 힘만 가지고는 할 수 없으며 반드시 일에 대한 뛰어난 능력이 뒷받침되어야 한다고 빗대어 이르는 말. 2. 제가 힘센 것만 믿고 우쭐대는 사람을 비웃어 이르는 말.

같은 속담 소가 크면[세면] 왕 노릇 하나 • 힘 많은 소가 왕 노릇 하나

기침에 재채기

'고비에 인삼'과 같은 속담.

긴말할 것 없다

이러쿵저러쿵 길게 여러 말을 늘어놓을 필요가 없다는 관용 표현.

긴병에 효자 없다

아무리 효자라도 부모 병시중을 오래 들기 힘들다는 뜻으로, 무슨 일이든지 너무 오래 걸리거나 자꾸 되풀이되면 마음이 풀어져 소홀해지기 마련이라는 말.

같은 속담 삼 년 구병에 불효 난다 • 장병에 효자 없다

길가에 집 짓기

길가에 집을 지으면 오가는 사람들이 한마디씩 거들어서 집을 못 짓는다는 뜻으로, 무슨 일을 할 때 남의 말을 다 들으면 제대로 일을 끝낼 수 없다는 말.

길가의 돌부처가 다 웃겠다

너무나 어처구니없는 일을 빗대어 이르는 말.

같은 속담 돌미륵이 웃을 노릇 • 돌부처가 웃다가 배꼽이 떨어지겠다

길고 짧은 것은 대어[재] 보아야 안다
길든 짧든 대보아야 한다

크고 작고, 길고 짧고, 좋고 나쁘고는 말로 해서는 모르고 실제로 견주어 보거나 겪어 보아야 알 수 있다는 말.

같은 속담 내 말이 좋으니 네 말이 좋으니 하여도 달려 보아야 안다 • 크고 작은 것은 대봐야 안다

길 닦아 놓으니까 거지[깍정이]가 먼저 지나간다

'거둥길 닦아 놓으니까 깍정이가 먼저 지나간다'와 같은 속담.

길동무가 좋으면 먼 길도 가깝다

마음이 맞는 사람과 함께 일을 하면 힘도 덜 들고 결과도 좋다는 말.

길로 가라니까 메[뫼]로 간다

쉽고 편한 방법을 일러 주어도 굳이 제 고집대로 하여 일을 어렵게 만드는 것을 빗대어 이르는 말.

길마 무거워 소 드러누울까 (걱정)

길마가 아무리 무겁다고 소가 드러누울 리 없다는 뜻으로, 하지 않아도 될 쓸데없는 걱정을 하는 것을 빗대어 이르는 말.

낱말 풀이 **길마** 짐을 싣거나 수레를 끌기 위하여 소 등에 얹는 기구.

길마

길 아래 돌부처

아무 일에도 관심을 두지 않는 사람을 빗대어 이르는 말.

길 아래 돌부처도 돌아앉는다

1. 아무리 순한 사람이라도 너무 업신여기면 가만있지 않는다는 말. 2. 옛날에, 남편이 첩을 두면 아무리 무던한 아내도 화를 낸다고 빗대어 이르던 말.

같은 속담 돌부처도 꿈적인다

길에 돌도 연분이 있어야 찬다

길가에 있는 돌을 차는 것도 차게 된 까닭이 꼭 있다는 뜻으로, 아무리 하찮은 일이라도 인연이 있어야 이루어진다고 빗대어 이르는 말.

낱말 풀이 **연분** 서로 관계를 맺게 되는 인연.

길은 갈 탓(이요) 말은 할 탓(이라)

같은 내용의 말도 어떻게 말하는가에 따라 상대가 달리 받아들일 수 있다는 말.

같은 속담 말은 꾸밀 탓으로 간다 • 말은 할 탓이다

길을 두고 뫼[메]로 갈까

쉬운 길이 있는데 힘든 산으로 가겠냐는 뜻으로, 쉬운 방법을 두고 굳이 어렵게 하거나 편한 곳을 두고 불편한 곳으로 가는 경우를 빗대어 이르는 말.

길을 떠나려거든 눈썹도 빼어 놓고 가라

먼 길을 떠날 때는 적은 짐도 거추장스러우니 될 수 있는 대로 짐을 줄이는 것이 좋다는 말.

같은 속담 서울 가는 놈이 눈썹을 빼고 간다 • 천 리 길에는 눈썹도 짐이 된다

길을 무서워하면 범을 만난다

겁이 많은 사람은 겁낸 만큼 무서운 일을 당하게 된다는 뜻으로 이르던 말.

ㄱ

길을 알면 앞서 가라

어떤 일에 자신 있으면 앞장서서 해 보라고 이르는 말.

길이 멀면 말의 힘을 알고 날이 오래면 사람의 마음을 안다

사람은 오랫동안 같이 지내보아야 진짜 어떤 사람인지 알 수 있다고 빗대어 이르는 말.

길이 아니거든 가지 말고 말이 아니거든 듣지 말라
길이 아니면 가지 말고 말이 아니면 탓하지 말라

사리에 어긋나는 일은 아예 처음부터 하지 말고 말과 행동을 조심하라는 말.

길이 없으니 한길을 걷고 물이 없으니 한물을 먹는다

달리 도리가 없어 할 수 없이 일을 같이 한다는 말.

김매기 싫은 놈 밭고랑만 센다

'게으른 년이 삼 가래 세고 게으른 놈이 책장 센다'와 같은 속담.

김매는 데 주인은 아흔아홉 몫을 맨다

남을 부려서 일을 하는데 자기 일처럼 하는 사람은 없고 주인만 애쓴다는 말.

김 씨가 먹고 이 씨가 취한다

1. 애써 일한 사람은 이득이 없고 엉뚱한 사람이 덕을 보게 되었을 때 빗대어 이르는 말. 2. 나쁜 짓은 제가 했는데 그 벌이나 화는 생뚱맞게 아무 관계도 없는 남이 당하는 경우를 빗대어 이르는 말.

같은 속담 콩죽은 내가 먹고 배는 남이 앓는다

김 씨가 한몫 끼지 않은 우물은 없다

우물에 물을 길러 오는 사람들 가운데에는 김 씨가 꼭 있다는 뜻으로, 우리나라에 김씨 성을 가진 사람이 많다는 말.

김 안 나는 숭늉이 덥다[더 뜨겁다]

1. 공연히 떠드는 사람보다 잠자코 있는 사람이 도리어 더 무섭고 야무지다는 말. 2. 겉으로 드러나지 않는 것이 오히려 더 알차거나 강하다는 말.

김이 식다

재미나 의욕이 없어진다는 관용 표현.

김칫국 먹고 수염 쓴다

1. 시시한 일을 해 놓고서 무슨 큰일이나 한 것처럼 으스대는 것을 빗대어 이르는 말. 2. 하잘것없는 못난 사람이 잘난 체하는 것을 비웃어 이르는 말.

같은 속담 냉수 먹고 갈비 트림한다 • 미꾸라짓국 먹고 용트림한다 • 잉엇국 먹고 용트림한다

김칫국부터 마신다

해 줄 사람은 생각지도 않는데 저 혼자 지레 다 된 일로 알고 행동하는 것을 빗대어 이르는 말.

같은 속담 떡방아 소리 듣고 김칫국 찾는다 • 떡 줄 사람은 꿈도 안 꾸는데 김칫국부터 마신다 • 앞집 떡 치는 소리 듣고 김칫국부터 마신다

김칫국 채어 먹은 거지 떨듯 (한다)

남달리 추위를 많이 타서 덜덜 떠는 사람을 놀리어 이르는 말.

낱말 풀이 **채다** 재빠르게 센 힘으로 빼앗거나 훔치다.

ㄱ

깊고 얕은 물은 건너 보아야 안다

'강물은 건너 봐야 알고 사람은 지내봐야 안다'와 같은 속담.

깊던 물이라도 얕아지면 오던 고기도 아니 온다

1. 물이 깊을 때 늘 찾아와 놀던 물고기도 환경이 바뀌어 물이 얕아지면 다시 찾아오지 않는다는 뜻으로, 사람이 세도가 있을 때는 찾아오다가 처지가 보잘것없게 되면 안 찾아온다는 말. 2. 사람이 나이가 들면 따르던 사람도 멀어지고 찾아오지 않는다는 말.

같은 속담 꽃이라도 십일홍이 되면 오던 봉접도 아니 온다 • 나무라도 고목이 되면 오던 새도 아니 온다

깊은 강물은 소리 없이 흐른다

깊은 강물은 흐르는 소리가 나지 않듯이, 덕이 높고 생각이 깊은 사람일수록 점잖아서 함부로 잘난 체하거나 자기를 내세우지 않는다는 말.

같은 속담 물이 깊을수록 소리가 없다

깊은 강물을 짧은 삿대로는 잴 수 없다

하찮은 사람의 좁은 생각으로는 훌륭한 사람의 뜻이나 세상일을 헤아리기 어렵다는 말.

낱말 풀이 **삿대** 배를 대거나 띄울 때, 물이 얕은 곳에서 배를 밀어 나갈 때 쓰는 긴 막대.

깊은 물에 고기가 모이고 깊은 산에 짐승이 모인다
깊은 물에 고기가 모인다

물이 많고 깊어야 고기가 모이듯이, 됨됨이가 좋고 인정이 많아야 주위에 사람들이 많이 모여든다고 빗대어 이르는 말.

깊은 산에서 목마르다고 하면 호랑이를 본다

형편으로 보아 이루기 어려운 요구나 바람을 가지지 말라는 말.

까기 전에 병아리 세지 마라

암탉이 품은 알에서 병아리가 껍데기를 깨고 나오기 전에 미리 세지 말라는 뜻으로, 무슨 일이든지 이루어지기 전에 섣불리 셈하거나 계획하지 말라는 말.

같은 속담 알 까기 전에 병아리 세지 마라

까다롭기는 옹생원 똥구멍이라

몹시 까다로운 사람한테 욕으로 이르는 말.

낱말 풀이 **옹생원** 성질이 옹졸한 사람을 놀려 이르던 말.

까마귀가 검기로 마음[살/속]도 검겠나
까마귀가 검어도 살은 희다[아니 검다]

1. 겉이 허술하다고 마음까지 더럽고 악한 것은 아니라는 말. 2. 사람을 겉모습만 보고 평가하면 안 된다는 뜻으로 이르는 말.

같은 속담 까마귀 겉 검다고 속조차 검은 줄 아느냐

까마귀가 고욤을[보리를] 마다할까

'개가 똥을 마다한다[마다할까]'와 같은 속담.

까마귀가 까치보고 검다 한다

온몸이 까만 까마귀가 털이 희끗희끗한 까치보고 검다고 나무란다는 뜻으로, 흠이 있는 것으로 치면 크게 다를 바 없는 사람이 저보다 못한 사람을 흉보거나 업신여길 때 비꼬아 이르는 말.

같은 속담 검정개 돼지 흉본다[흉한다]

까마귀가 까치집을 뺏는다

비슷하게 생긴 것을 핑계 삼아 남의 것을 뺏는 경우에 빗대어 이르는 말.

까마귀가 메밀을[오디를] 마다한다

'개가 똥을 마다한다[마다할까]'와 같은 속담.

까마귀가 봉황을 욕되게 하랴

1. 짝이 심하게 기울어 견주기 어려운 경우에 빗대어 이르는 말. 2. 되지도 못한 자가 주제넘게 훌륭한 사람을 욕되게 하려는 경우에 빗대어 이르는 말.

까마귀가 아저씨[할아버지] 하겠다

손발이나 몸에 때가 많아 시꺼멓고 더러운 사람을 놀리어 이르던 말.

같은 속담 까마귀와 사촌

까마귀가 알 (물어다) 감추듯

까마귀가 알을 물어다 감추고는 나중에 어디에 감추었는지 모르듯이, 물건 따위를 어디에 두었는지 잘 잊어버리는 사람을 놀리어 이르는 말.

같은 속담 까마귀 떡 감추듯

까마귀가 열두 번 울어도 까옥 소리뿐이다

1. 마음이 검은 사람이 지껄이는 말은 들을 것이나 이로울 것이 없다고 빗대어 이르는 말. 2. 아무리 애써도 근본은 바꿀 수 없다고 빗대어 이르는 말. 3. 미운 사람이 하는 일은 하나부터 열까지 다 밉다는 말.

같은 속담 까마귀 소리 열 소리에 한마디 신통한 소리 없다 • 까마귀 열두 가지 소리 다 잘해도 마지막에는 저 맞아 죽을 소리 한다 • 까마귀 하루에 열두 마디를 울어도 송장 먹는 소리

까마귀가 오지 말라는 격

까마귀가 '까옥까옥' 우는 소리가 마치 오지 말라고 '가오, 가오' 하는 것처럼 들린다는 데서, 남의 말을 잘못 듣고 괜스레 언짢아할 때 이르는 말.

까마귀 겉 검다고 속조차 검은 줄 아느냐

'까마귀가 검기로 마음[살/속]도 검겠나'와 같은 속담.

까마귀 게 발 던지듯

'게 발 물어 던지듯'과 같은 속담.

까마귀 고기를 먹었나[먹었느냐]

무엇이든 잘 잊어버리는 사람을 놀리거나 나무라는 말.

까마귀 날자 배 떨어진다

아무 관계없이 한 일이 우연히 때가 겹쳐 마치 관계가 있는 것처럼 의심받는 경우에 빗대어 이르는 말.

까마귀 대가리 희거든

1. 도무지 이루어질 수 없는 바람을 빗대어 이르는 말. 2. 기한을 정할 수 없는 경우를 이르는 말.

같은 속담 금강산 상상봉에 물 밀어 배 띄워 평지 되거든

까마귀도 내 땅 까마귀라면 반갑다

1. 하찮게 여겼던 것도 고향이나 나라를 떠나 만나면 반갑다는 뜻으로, 내 나라 내 고향을 그리워하는 마음을 나타낸 말. 2. 오래 정이 든 것은 무엇이나 다 좋다고 빗대어 이르는 말.

같은 속담 내 땅 까마귀는 검어도 귀엽다

까마귀도 반포의 효도가 있고 비둘기도 예절을 안다
까마귀도 자라면 제 어미를 알아보고 위한다

하찮은 짐승이라도 효도를 알고 예절을 지킬 줄 아는데, 하물며 사람으로서 은혜를 모르고 믿음을 저버릴 수 있겠느냐는 말.

같은 속담 짐승도 은혜를 안다

읽을거리 옛날 중국에 이밀이라는 사람이 살았어. 왕이 이밀의 재능을 알아보고 높은 벼슬을 주겠다고 하며 불러들였어. 이밀은 할머니 손에서 자랐는데, 그때 이밀의 할머니는 늙고 병들어 누가 돌보지 않으면 안 됐지. 이밀이 "저는 올해 44세이고, 할머니는 96세이니, 할머니를 모실 날이 짧습니다. 까마귀 새끼가 자라서 길러 준 늙은 어미에게 먹이를 물어다 주듯이 은혜를 갚으려 하니 할머니가 돌아가시는 날까지 모시게 해 주십시오."라는 글을 써서 왕에게 올렸어. 왕은 그 글을 보고 감동하여 상을 내렸고, 뒷날 그 글을 읽은 사람들은 눈물을 흘렸다고 해. 옛날 사람들은 까마귀가 제 어미에게 먹이를 물어다 주어 은혜를 갚는다고 여겨서 까마귀를 '효조' 또는 '반포조'라고 불렀어.

낱말 풀이 **반포** 자식이 커서 부모를 봉양하는 일. =안갚음.

까마귀 둥우리에 솔개미 들어앉는다

좁은 곳에 큰 것이 들어앉거나 하찮은 자리에 큰 인물이 앉아서 격에 어울리지 않는 경우에 빗대어 이르는 말.

낱말 풀이 **솔개미** '솔개'의 방언(경상, 전라, 충청, 함남).

까마귀 떡 감추듯

'까마귀가 알 (물어다) 감추듯'과 같은 속담.

까마귀 똥도 약에 쓰려면 없다[오백 냥이라]
까마귀 똥도 약이라니까 물에 깔긴다[싼다]
까마귀 똥도 열닷[오백] 냥 하면 물에 깔긴다

'개똥도 약에 쓰려면 없다'와 같은 속담.

까마귀 모르는 제사

안갚음으로 이름난 까마귀도 모르게 차린 작은 제사라는 뜻으로, 자손이 없는 변변치 못한 제사를 빗대어 이르던 말.

낱말 풀이 **안갚음** 1. 까마귀 새끼가 자라서 늙은 어미에게 먹이를 물어다 주는 일. 2. 자식이 커서 부모를 봉양하는 일. =반포.

까마귀 목욕하듯[미역 감듯]

까마귀가 아무리 물에 몸을 담그고 씻어도 몸빛이 검은 것은 마찬가지라는 뜻으로, 1. 일한 자취나 보람이 나타나지 않는 것을 빗대어 이르는 말. 2. 일 처리가 꼼꼼하지 못하고 거친 것을 빗대어 이르는 말.

까마귀 무리에 해오라기 하나

많은 사람들 가운데 섞여 있는 두드러진 사람을 빗대어 이르는 말.

같은 속담 꿩 무리에 학

까마귀 밥이 되다

거두어 줄 사람이 없이 죽은 경우에 빗대어 이르는 말.

ㄱ

까마귀 백 년 가도 백로 못 된다

'개 꼬리 삼 년 두어도 황모 못 된다'와 같은 속담.

까마귀 백로 되기 바란다

도무지 될 수 없는 일을 행여나 될까 하고 바라는 어리석음을 비웃어 이르는 말.

같은 속담 돌멩이 갖다 놓고 달걀 되기를 바란다

까마귀 소리 열 소리에 한마디 신통한 소리 없다

'까마귀가 열두 번 울어도 까옥 소리뿐이다'와 같은 속담.

낱말 풀이 **신통하다** 별다른 데가 있거나 마음에 들 만큼 마땅하고 좋다.

까마귀 아래턱이 떨어질 소리

매우 어처구니없는 소리라는 뜻으로 이르는 말.

까마귀 안(을) 받아먹듯

늙은 부모가 자식의 효도를 받는 것을 빗대어 이르는 말.

낱말 풀이 **안** '안갚음'의 준말로, 까마귀 새끼가 자라서 늙은 어미에게 먹이를 물어다 주는 일.

까마귀 열두 가지 소리 다 잘해도 마지막에는 저 맞아 죽을 소리 한다
까마귀 열두 소리에 하나도 좋지 않다
까마귀 열두 소리 하나도 들을 것 없다

'까마귀가 열두 번 울어도 까옥 소리뿐이다'와 같은 속담.

까마귀 오디를 나무랄[싫다 할] 때가 있다

'개가 똥을 마다한다[마다할까]'와 같은 속담.

까마귀와 사촌

'까마귀가 아저씨[할아버지] 하겠다'와 같은 속담.

까마귀 제 소리 하면 온다

그 자리에 없는 어떤 사람에 대해 이야기를 하는데 때마침 그 사람이 나타나는 경우에 이르는 말.

같은 속담 범도 제 말[소리] 하면 온다 • 호랑이도 제 말 하면 온다

까마귀 짖어 범 죽으랴

흉조로 여기던 까마귀가 운다고 해서 범이 죽지 않는다는 뜻으로, 하찮은 것이 아무리 방해해도 큰일에는 아무런 영향을 끼치지 못한다고 빗대어 이르는 말.

까마귀 하루에 열두 마디를 울어도 송장 먹는 소리
까마귀 하루 열두 가지 소리를 내어도 들을 소리 하나 없다

'까마귀가 열두 번 울어도 까옥 소리뿐이다'와 같은 속담.

낱말 풀이 **송장** 죽은 사람의 몸을 이르는 말.

까마귀 학이 되랴

아무리 애를 써도 제가 타고난 대로밖에 못 된다고 빗대어 이르는 말.

같은 속담 나무 뚝배기 쇠 양푼 될까 • 나무 접시 놋접시 될까 • 닭의 새끼 봉 되랴 • 우마가 기린 되랴

까마귀 호통

제 주제도 모르고 남에게 호통치는 사람을 비웃어 이르는 말.

낱말 풀이 **호통** 몹시 화가 나서 크게 소리 지르거나 꾸짖음.

까막까치도 집이 있다

까마귀나 까치와 같은 날짐승도 집이 있다는 뜻으로, 집 없는 사람의 서러운 처지를 한탄하여 이르는 말.

같은 속담 갈매기도 제집이 있다

낱말 풀이 **까막까치** 까마귀와 까치를 아울러 이르는 말.

까막까치 소리를 다 한다

시끄럽게 할 소리 못할 소리를 다 하는 사람한테 욕으로 이르는 말.

까치가 울면 반가운 손님이 온다

옛날부터 까치가 울면 반가운 손님이 오거나 좋은 소식이 들려온다고 이르던 말.

읽을거리 까치는 '카치카치, 카칵카칵' 울음소리를 내서 까치라는 이름이 붙었대. 시골은 물론 도시에서도 많이 살아서 흔히 볼 수 있어. 옛날 사람들은 까치가 기쁜 소식을 전해 주는 길조라고 여겼어. 설 전날을 '까치설날'이라고 부르거나 감을 딸 때 감나무에 까치밥을 남겨 두는 것을 보면 오래전부터 우리 겨레와 친근한 새라는 것을 알 수 있지. 까치는 사람 얼굴을 잘 기억하기 때문에 낯선 얼굴이 마을 어귀에 들어서면 운대. 그래서 까치가 울면 반가운 손님이 온다고 여겼지.

까치는 까치끼리
까치는 까치끼리 살아야지 솔개와 까치는 못 산다

처지가 같거나 이해관계가 비슷한 사람들끼리 모이고 서로 사귀는 것을 빗대어 이르는 말.

같은 속담 늑대는 늑대끼리 노루는 노루끼리

까치도 둥지가 있다

'갈매기도 제집이 있다'와 같은 속담.

까치 배때기[배 바닥] 같다

까치 배가 희다는 데서, 흰소리 잘하는 사람을 빗대어 이르는 말.

낱말 풀이 **흰소리** 터무니없이 잘난 체하며 떠벌리거나 허풍을 떠는 말.

까투리 북한 다녀온 셈이다

보기는 했지만 무엇을 보았는지 무슨 내용인지 모르는 경우에 빗대어 이르는 말.

같은 속담 하룻망아지 서울 다녀오듯

낱말 풀이 **까투리** 꿩의 암컷. 수컷 꿩은 '장끼'라고 한다.

깎은 밤 같다

젊은 남자가 말쑥하고 얌전하게 차려입은 모습을 빗대어 이르는 말.

깐깐오월 미끈유월 어정칠월에 건들팔월이라

옛날에, 음력 오월은 보릿고개 때문에 힘들고 지루하게 지나가고, 유월은 모내기가 바빠서 훌쩍 지나가고, 칠월은 김이나 매면서 어정어정 지나가고, 팔월은 바쁜 가운데 어느새 건들바람이 불어온다고 일러 오던 말.

읽을거리 깐깐오월은 음력 5월로, 하루해가 긴 때야. 그러니 하루하루 일하는 게 몹시 지루하게 느껴진다는 거지. 미끈유월은 음력 6월로, 해가 짧게 느껴질 만큼 농사일이 많은 때야. 그러니 시간이 미끄러지듯 흘러간다는 거지. 어정칠월은 음력 7월로, 봄에 심은 곡식과 과일이 익어 가고 할 일도 적어서 한가하게 지내는 때야. 그러니 어정어정하는 사이에 대강 지나간다는 말이지. 건들팔월은 음력 8월로, 추수한 곡식이 가득 쌓여서 걱정 없이 지낼 수 있는 때야. 그러니 건들건들 이듬해 농사철까지 쉴 수 있다는 거지. 옛날에는 농사만 끝나면 다음 해 농사철까지는 한가하게 쉬었거든. 그러니까 철따라 봄에 씨 뿌리고 여름에 가꾸어서 가을에 거두는 농사의 특징을 잘 나타냈다고 볼 수 있는 말이야.

ㄱ

깨떡 먹기

'개떡 먹기'와 같은 속담.

깨어진 그릇[시루]

다시 본래대로 돌이키거나 바로잡을 수 없는 일을 빗대어 이르는 말.

깨어진 그릇 (이) 맞추기
깨진 그릇 맞추기요 엎질러진 물이라

깨진 그릇을 다시 붙이려는 것은 부질없다는 뜻으로, 이미 한번 망가진 일은 다시 바로잡으려고 애써도 되돌릴 수 없다고 빗대어 이르는 말.

깨어진 냄비와 꿰맨 뚜껑

서로 허물이 한 가지씩 있어 이쪽도 저쪽도 흉볼 수 없는 사이를 이르는 말.

깨어진 요강 단지 받들듯

매우 조심스럽게 다루는 모양을 빗대어 이르는 말.

같은 속담 언 소반 받들듯

낱말 풀이 **요강** 방에 두고 오줌을 누는 그릇.

요강

깻묵에도 씨가 있다

기름을 짜고 난 깻묵에도 씨가 있다는 뜻으로, 1. 아무것도 없을 것 같지만 잘 보면 무엇이 있다는 말. 2. 겉으로 표현하지 않는 사람도 다 자기 속마음이 있으니 누구든 함부로 업신여기거나 얕잡아 보지 말라는 말.

같은 속담 볏짚에도 속이 있다 • 핏짚에도 밸이 있고 깻묵에도 씨가 있다

낱말 풀이 **깻묵** 기름을 짜고 남은 깨의 찌꺼기. 흔히 낚시 밑밥이나 논밭의 밑거름으로 쓰인다.

꺼내 먹은 김칫독 (같다)

김치를 다 꺼내 먹은 뒤에 더는 열 필요가 없게 된 빈 김칫독이라는 뜻으로, 1. 쓸모없게 된 물건이나 사람을 빗대어 이르는 말. 2. 텅 비어 아무것도 없는 것을 빗대어 이르는 말.

같은 속담 다 퍼먹은 김칫독

꺽꺽 푸드득 장끼 갈 제 아로롱 까투리 따라가듯

서로 늘 붙어 다니는 가까운 사이를 빗대어 이르는 말.

같은 속담 구름 갈 제 비가 간다

꺽저기탕[꺽지탕]에 개구리 죽는다

탕을 끓이려고 꺽저기를 잡을 때 개구리까지 잡혀 죽는다는 뜻으로, 아무 까닭 없이 애먼 희생을 당한 경우에 빗대어 이르는 말.

낱말 풀이 **꺽저기** 꺽짓과의 민물고기. 꺽지보다 조금 작으며, 갈색 바탕에 붉은 가로줄이 있다.

껍질 상치 않게 호랑이를 잡을까

호랑이를 잡으려면 가죽이 상할 수밖에 없다는 뜻으로, 적은 손실도 없이 큰 성과를 거둘 수 없다고 빗대어 이르는 말.

껍질 없는 털가죽이 없다
껍질 없는 털이 있을까

'가죽이 있어야 털이 나지'와 같은 속담.

꼬기는 칠팔월 수숫잎 꼬이듯

1. 심술 사납고 마음보가 뒤틀린 사람을 빗대어 이르는 말. 2. 자기 뜻을 뚜렷

이 밝히지 않고 우물쭈물하는 모습을 빗대어 이르는 말.

같은 속담 동풍 안개 속에 수숫잎 꼬이듯 • 칠팔월 가물에 수숫잎 꼬이듯

ㄱ

꼬리가 길면 밟힌다

'고삐가 길면 밟힌다'와 같은 속담.

꼬리가 있어야 흔든다

아무리 하고 싶은 일이라도 수단이 없으면 할 수 없다고 빗대어 이르는 말.

꼬리 먼저 친 개가 밥은 나중에 먹는다

먹이를 준다고 좋아서 먼저 꼬리 친 개가 가장 나중에 먹는다는 뜻으로, 남보다 서두른 사람이 도리어 뒤떨어진 경우를 빗대어 이르는 말.

같은 속담 먼저 꼬리 친 개 나중 먹는다

꼬리 아홉 가진 여우 같다

몹시 약고 나쁜 꾀를 부리는 사람을 빗대어 이르던 말.

꼬치는 타고 고기는 설었다

'고기는 안 익고 꼬챙이만 탄다'와 같은 속담.

낱말 풀이 **설다** 열매, 밥, 술 따위가 제대로 익지 않다.

꼭뒤에 부은 물이 발뒤꿈치로 내린다

윗사람의 몸가짐이나 행동이 아랫사람들에게 미치는 영향이 크기 때문에 윗사람이 잘하면 아랫사람도 따라서 잘하게 된다고 빗대어 이르는 말.

같은 속담 윗물이 맑아야 아랫물이 맑다 • 이마에 부은 물이 발뒤꿈치로 흐른다[내린다] • 정수리에 부은 물이 발뒤꿈치까지 흐른다

꼭뒤에 피도 안 마르다

세상에 태어날 때 뒷머리 한 가운데에 묻었던 피도 아직 마르지 않았다는 뜻으로, 나이가 어리거나 하는 짓이 아직 어른이 되려면 멀었다는 관용 표현.

같은 관용 대가리에 피도 안 마르다 • 머리에 피도 안 마르다 • 이마에 피도 안 마르다

꼭지가 물러야 감이 떨어진다

무엇이든 때가 되어 조건이 갖추어져야 바라는 결과를 얻을 수 있다는 말.

꼴같잖은 말은 이도 들쳐 보지 않는다

말 나이는 이 개수와 모양으로 알 수 있는데 볼품없는 말은 아예 이를 안 들쳐 본다는 뜻으로, 언뜻 보기에 시원찮은 것은 자세히 알아볼 필요도 없다는 말.

꼴 보고 이름 짓고 체수 맞춰 옷 마른다
꼴 보고 이름 짓는다

이름은 생김새를 보고 짓고 옷은 몸에 맞추어 마른다는 뜻으로, 모든 일은 저마다 격에 어울리게 해야 한다는 말.

같은 속담 체수 맞춰 옷 마르고 꼴 보고 이름 짓는다

낱말 풀이 **꼴** 겉으로 보이는 사물의 모양. **마르다** 옷감 따위를 치수에 맞게 자르다.

꼴에 수캐라고 다리 들고 오줌 눈다

되지못한 사람이 젠체하고 우쭐거리는 것을 비꼬아 이르는 말.

꼴을 베어 신을 삼겠다

은혜를 저버리지 않고 어떻게든 꼭 갚겠다고 다짐하는 말.

낱말 풀이 **꼴** 말이나 소에게 먹이는 풀.

ㄱ

꼿꼿하기는 개구리 삼킨 뱀

보기와는 달리 꼿꼿하고 고집이 센 사람을 빗대어 이르는 말.

같은 속담 개구리 삼킨 뱀의 배

꼿꼿하기는 서서 똥 누겠다

고집이 세어 조금도 굽힐 줄 모르고 제 생각만 내세우는 사람을 빗대어 이르는 말.

꽁지 대가리 없는 뜬소문

꽁지와 대가리가 없으면 무슨 짐승인지 알 수 없듯이, 밑도 끝도 없어 갈피를 잡을 수 없는 소문을 빗대어 이르는 말.

꽁지 빠진 새[수탉] 같다

꼴이나 처지가 초라하고 볼품없이 된 경우에 빗대어 이르는 말.

꽁지 없는 소

꼭 필요한 것이나 중요한 것이 빠져 꼴이 보잘것없고 힘도 못 쓰게 된 경우를 빗대어 이르는 말.

같은 속담 뿔 빠진 암소 (같다)

꽃구경도 식후사

'금강산도 식후경'과 같은 속담.

꽃도 한철 나비도 한철이라

1. 모든 것이 다 한창때가 있다고 빗대어 이르는 말. 2. 한창 좋은 시절도 지나고 나면 그뿐이라는 말.

같은 속담 매화도 한철 국화도 한철

꽃 떨어진 화분

화분은 꽃을 보려고 두는 것인데 꽃이 시들어 떨어졌다는 뜻으로, 한창때를 지나 쓸모없게 된 것을 빗대어 이르는 말.

꽃보다 떡

배고픈 사람에게는 아름다운 꽃을 보는 것보다 떡을 먹는 것이 낫다는 뜻으로, 먹는 문제가 가장 중요하다는 말.

꽃 본 나비 담 넘어가랴

나비가 꽃을 보면 꽃에 앉지 그냥 지나칠 리 없다는 뜻으로, 반갑고 그리운 사람을 만나 그냥 지나칠 수 없을 때 빗대어 이르는 말.

같은 속담 물 본 기러기 산 넘어가랴

꽃 본 나비 (물 본 기러기)

1. 꽃을 보고 좋아하는 나비처럼 마음에 드는 사람이나 물건을 만나서 몹시 기뻐하는 것을 빗대어 이르는 말. 2. 정이 깊어 서로 떨어지지 못하는 남녀 사이를 빗대어 이르는 말.

같은 속담 물 본 기러기 꽃 본 나비

읽을거리 "꽃 본 나비 물 본 기러기"는 옛날 시에서 나온 말이야. 나비가 꽃을 보듯, 기러기가 물을 만난 듯 몹시 바라고 좋아하는 물건이나 사람을 만났을 때 "꽃 본 나비" 같다고 말해 왔어. 또 남녀가 정이 깊어 앞뒤 가리지 않고 서로에게 빠져들 때에는 "꽃 본 나비 불을 헤아리랴"라고 말해 왔지. 죽는 줄도 모르고 불로 뛰어드는 나비처럼, 좋아하는 마음이 깊으면 어떤 괴로움이나 어려움도 가리지 않는다는 뜻이야.

꽃 본 나비 불을 헤아리랴

남녀 사이에 정이 깊어지면 죽음을 무릅쓰고서라도 찾아가 사랑을 나눈다고 빗대어 이르는 말.

ㄱ

꽃샘잎샘에 설늙은이[반늙은이] 얼어 죽는다

꽃과 잎이 피려고 하는 이른 봄 날씨가 몹시 추울 때 빗대어 이르는 말.

읽을거리 이른 봄, 꽃이 피고 잎이 돋아날 무렵에 갑자기 추워질 때가 있어. 꽃과 잎이 피는 것을 샘내서 날씨가 추운 거라고 여겨 이때 추위를 '꽃샘추위' 또는 '잎샘추위'라고 해. 설늙은이는 아주 젊지도 늙지도 않고 조금 나이 든 사람을 이르는데 설늙은이가 얼어 죽을 만큼 꽃샘잎샘 추위가 심하다는 말이야.

꽃 없는 나비

1. 처녀 없는 총각, 아내 없는 남편을 빗대어 이르는 말. 2. 쓸모없거나 보람 없게 된 처지를 빗대어 이르는 말.

같은 속담 구슬 없는 용

꽃은 목화가 제일이다

목화는 열매에서 솜털을 뽑아 솜을 만들고 씨로 기름을 짤 수 있기 때문에 더없이 좋다는 뜻으로, 겉모습이 어떻든 쓰임이 있는 것이 좋다는 말.

꽃은 웃어도 소리가 없고 새는 울어도 눈물이 없다

1. 겉으로 드러내지는 않지만 마음속으로 느끼고 있다는 말. 2. 마음에 없는 행동을 하는 것을 빗대어 이르는 말.

꽃이 고와야[좋아야] 나비가 모인다

1. 제 물건이 좋아야 사러 오는 손님이 많다는 말. 2. 자기에게 허물이 없어야

남에게도 허물이 없기를 바랄 수 있다는 말.

같은 속담 내 딸이 고와야 나비가 모인다 • 내 물건이 좋아야 값을 받는다

꽃이라도 십일홍이 되면 오던 봉접도 아니 온다
꽃이 시들면 오던 나비도 안 온다

'깊던 물이라도 얕아지면 오던 고기도 아니 온다'와 같은 속담.

낱말 풀이 **봉접** 벌과 나비를 아울러 이르는 말. **십일홍** 열흘 붉은 꽃. 짧게 피었다 지는 꽃을 이른다.

꽃이 먼저 피고 열매는 나중 맺는다

1. 원인이 있어야 결과가 있음을 빗대어 이르는 말. 2. 딸을 먼저 낳고 다음에 아들을 낳는 경우를 빗대어 이르는 말.

꽃 피자 님 온다

때맞추어 반가운 일이 생겼을 때 빗대어 이르는 말.

꾀만 있으면 용궁에 잡혀갔다가도 살아 나온다

슬기로우면 힘들고 위험한 일을 만나도 벗어날 수 있다고 빗대어 이르는 말.

읽을거리 〈토끼전〉, 〈별주부전〉, 〈수궁가〉로 불리는 옛날이야기에서 나온 말이야. 바다를 다스리는 용왕이 병이 들었는데, 뭍에 사는 토끼 간을 먹어야 낫는다는 거야. 말주변이 좋고 능청스러운 자라가 토끼 간을 구해 오겠다고 나섰어. 자라는 높은 벼슬을 준다고 토끼를 꾀어 용궁까지 데려왔지. 용궁에 가서야 속은 것을 안 토끼는 꾀를 하나 냈어. 간을 산에 두고 왔다고 말이야. 용왕은 얼른 뭍에 가서 간을 가져오라고 했지. 자라와 함께 뭍으로 올라온 토끼는 어떻게 간을 떼어 놓고 다니느냐면서 자라를 실컷 놀려 주고 달아나 버렸대. 병든 용왕은 못된 임금을, 자라는 신하를, 토끼는 벼슬에 욕심을 냈다가 슬기롭게 벗어난 백성을 빗댄 이야기야.

꾀병에 말라 죽겠다

1. 거짓으로 아픈 시늉을 하느라 제대로 먹지도 못하고 누워만 있다가 말라 죽겠다는 뜻으로, 얕은수를 부리다가 제 꾀에 제가 넘어간다는 말. 2. 꾀를 부리며 일하지 않으려는 사람을 비웃어 이르는 말.

꾸러미에 단 장 들었다

꾸러미가 보잘것없어 보여도 속에 맛있는 장이 들었다는 뜻으로, 겉모양은 비록 볼품없어도 속은 훌륭한 경우를 빗대어 이르는 말.

같은 속담 뚝배기보다 장맛이 좋다 • 장독보다 장맛이 좋다

꾸부렁한[꾸부정] 나무도 선산을 지킨다

'굽은 나무가 선산을 지킨다'와 같은 속담.

꾸어다 놓은 보릿자루[빗자루]

여러 사람 가운데 어울리지 못하고 외따로 있는 사람을 빗대어 이르는 말.

같은 속담 전당 잡은 촛대 (같고 꾸어 온 보릿자루 같다)

꾸어 온 조상은 자기네 자손부터 돕는다

훌륭한 남의 집안 조상을 빌려 온들 그들은 제 자손부터 돕는다는 뜻으로, 1. 이름난 남의 조상을 자기네 조상처럼 섬기는 것은 아무 쓸데 없는 짓이라는 말. 2. 누구나 자기에게 가까운 사람부터 돕게 된다는 말.

꾼 값은 말 닷 되

남에게 곡식 한 말을 꾸면 갚을 때는 한 말 닷 되를 주어야 된다는 뜻으로, 꾸어 쓰는 것에는 값을 톡톡히 치르게 된다고 이르던 말.

꿀단지 겉 핥기[핥는다]

단지 안에 든 꿀은 먹지 않고 단지 겉만 핥고 있다는 뜻으로, 사물의 속 내용은 모르고 겉만 대충 건드려 보고 마는 것을 빗대어 이르는 말.

같은 속담 수박 겉 핥기

꿀도 약이라면 쓰다

단꿀도 약으로 먹으라고 하면 쓴 약처럼 느껴진다는 뜻으로, 1. 아무리 자기에게 이롭고 도움이 되는 것도 누가 권하면 받아들이려 하지 않는 경우에 빗대어 이르는 말. 2. 좋은 말이라도 충고라면 듣기 싫어한다는 말.

꿀 먹은 벙어리
꿀 먹은 벙어리요 침 먹은 지네라

1. 속에 있는 생각을 겉으로 나타내지 못하는 사람을 빗대어 이르는 말. 2. 남몰래 일을 저지르고 모르는 체 시치미를 딱 떼는 사람을 빗대어 이르는 말.

꿀보다 약과가 더 달다

앞뒤가 뒤바뀌어 이치에 맞지 않음을 빗대어 이르는 말.

꿀은 달아도 벌은 쏜다

1. 좋은 것을 얻으려면 마땅히 그만한 어려움이 따른다는 말. 2. 하찮게 보고 어설프게 건드렸다가 톡톡히 화를 당하는 경우를 빗대어 이르는 말.

꿀은 적어도 약과만 달면 쓴다[된다]

1. 품이나 돈은 덜 들여도 좋은 결과를 얻을 수 있으면 된다는 말. 2. 수단은 다르더라도 목적만 이루면 된다는 말.

꿈도 꾸기 전에 해몽(부터 한다)

앞으로 어떻게 될지 모르는 일을 미리 자기 마음대로 생각하고 기대한다는 말.

낱말 풀이 **해몽** 꿈에 나타난 일을 풀어서 좋고 나쁨을 판단함. =꿈풀이.

꿈보다 해몽
꿈보다 해몽이 좋다

1. 하찮거나 언짢은 일을 둘러 생각하여 좋게 풀이한다는 말. 2. 사실보다 해석이 더 중요하다는 말.

꿈은 아무렇게[잘못] 꾸어도 해몽만 잘하여라

1. 좋지 않은 일이라도 마음먹기에 따라 좋게 생각할 수 있다는 말. 2. 무슨 일이나 현상보다 본질을 잘 판단하는 것이 중요하다는 말.

꿈에 떡 맛보듯

1. 뭔가 뚜렷하지 않거나 욕심껏 채우지 못해 서운함을 빗대어 이르는 말. 2. 좋은 일이 생기는 듯하다가 일이 틀어져서 서운하게 된 경우에 빗대어 이르는 말.

꿈에 본[얻은] 돈이다
꿈에 본 천량 같다

꿈에 본 돈을 어떻게 손에 넣겠느냐는 뜻으로, 아무리 좋아도 제 손에 가질 수 없는 것을 빗대어 이르는 말.

낱말 풀이 **천량** 개인 살림살이에 필요한 돈이나 식량 같은 재산.

꿈에 사위 본 듯

한 일이 무엇인지 또렷하지 않은 것을 빗대어 이르는 말.

꿈을 꾸어야 임을 보지[본다]

1. 어떤 성과를 얻으려면 그에 걸맞은 노력과 준비가 있어야 한다는 말. 2. 무슨 일을 할 수 있는 환경이나 조건이 도무지 마련되지 않음을 빗대어 이르는 말.

같은 속담 눈을 떠야 별을 보지 • 임을 보아야 아이를 낳지 • 잠을 자야 꿈을 꾸지 • 장가를 들어야 아이를 낳는다 • 하늘을 보아야 별을 따지

꿩 구워 먹은 소식

아예 소식이 없을 때 빗대어 이르는 말.

꿩 구워 먹은 자리(엔 재나 있지)

1. 어떤 일의 흔적이 하나도 남아 있지 않은 경우에 빗대어 이르는 말. 2. 일을 하고도 아무런 결과가 드러나지 않는 경우에 빗대어 이르는 말.

꿩 놓친 매

힘들여 잡은 것을 놓치고 헐떡이며 분해하는 모습을 빗대어 이르는 말.

꿩 대신 닭
꿩 대신 닭은 못 쓸까

어떤 일에 꼭 알맞은 것이 없을 때 그것보다 못하지만 그 비슷한 것으로 바꿔 쓰는 경우를 빗대어 이르는 말.

같은 속담 봉 아니면 꿩이다

읽을거리 꿩은 우리나라 산과 들에 사는 텃새야. 오래전부터 고기를 얻으려고 사냥해 왔어. 수컷을 장끼, 암컷을 까투리라고 해. 옛날에는 설날에 꿩고기로 떡국을 끓여 먹었어. 꿩고기가 맛도 좋지만 꿩을 길조라고 여겼거든. 꿩을 '하늘 닭'이라고 하면서 마을을 상징하는 농기에 꿩 깃털을 꽂기도 했어. 하지만 꿩은 잡기가 어려워서 집에서 기르는 닭을 잡아 떡국을 끓였지. "꿩 대신 닭"은 여기에서 나온 말이야.

ㄱ

꿩 먹고 알 먹고 둥지 털어 불 땐다
꿩 먹고 알 먹기[먹는다]

'굿도 볼 겸 떡도 먹을 겸'과 같은 속담.

꿩 무리에 학

'까마귀 무리에 해오라기 하나'와 같은 속담.

꿩은 머리만 풀에 감춘다

꿩이 숨는다는 것이 겨우 머리만 덤불에 처박았다는 뜻으로, 1. 몸의 한 부분만 숨기고 마음 놓고 있다가 들키는 경우를 빗대어 이르는 말. 2. 잔꾀를 가진 사람이 어설픈 짓을 할 때 빗대어 이르는 말.

꿩 잃고 매 잃는 셈

꿩을 잡으려고 매를 풀었다가 꿩은커녕 매도 잃어버렸다는 뜻으로, 1. 무슨 일을 하려다가 아무것도 얻지 못하고 오히려 손해만 봤을 때 빗대어 이르는 말. 2. 이 일도 저 일도 다 틀어졌을 때 빗대어 이르는 말.

같은 속담 게도 구럭도 다 잃었다[놓쳤다]

꿩 잡는 것이 매다

꿩을 잡아야 매라고 할 수 있다는 뜻으로, 1. 방법이 어떻든 간에 뜻한 바를 이루는 것이 중요하다는 말. 2. 이름에 걸맞게 제구실을 해야 한다는 말.

꿩 잡는 매 노릇을 한다

매가 주인이 시키는 대로 꿩을 잡아야 하듯이, 꼼짝 못 하고 남이 시키는 대로만 해야 하는 처지에 놓인 사람을 빗대어 이르는 말.

꿩 잡으러 갔다가 노루 잡은 격

어떤 것을 얻으려다가 뜻밖에 더 좋은 것을 얻은 경우에 빗대어 이르는 말.

꿩 장수 후리듯

옛날에, 꿩 장수가 매를 놓아 꿩을 잡았다는 데서, 남을 이용하여 제 잇속을 차리는 것을 빗대어 이르는 말.

꿩처럼 굴레를 벗고 쓴다

하는 짓이 매우 약삭빠르고 꾀 많은 사람을 비꼬아 이르는 말.

같은 속담 약기는 쥐 새끼냐 참새 굴레도 씌우겠다 • 참새 굴레 씌우겠다[쌀 만하다] • 참새 얼려 잡겠다

끈 떨어진 뒤웅박[갓/둥우리/망석중이]

1. 제힘으로는 이러지도 저러지도 못하는 처지에 빠졌거나 믿고 기댈 곳이 없어 꼼짝 못 하게 된 경우에 빗대어 이르는 말. 2. 쓸모없게 된 물건을 빗대어 이르는 말.

둥우리

같은 속담 광대 끈 떨어졌다

낱말 풀이 **둥우리** 닭이 알을 낳거나 품을 수 있도록 짚이나 댑싸리 따위로 엮어 만든 그릇 모양의 물건. 새끼로 얽어 추녀나 서까래 밑에 매달아 두기도 한다. **뒤웅박** 박을 쪼개지 않고 꼭지 근처에 구멍만 뚫어 속을 파낸 바가지.

끓는 국에 국자 누르기[휘젓는다]

남의 불행을 더욱 부추기거나 성난 사람을 약 올려서 더욱 성나게 하는 것을 빗대어 이르는 말.

같은 속담 불난 데 풀무질[부채질]한다 • 불붙는 데 키질하기[부채질하기] • 타는 불에 부채질한다[기름 끼얹는다]

끓는 국에 맛 모른다

뜨거운 국을 먹으면 맛을 잘 알 수가 없다는 뜻으로, 1. 사람이 너무 놀라거나 급하면 갈팡질팡하다가 올바른 판단을 내릴 수 없다는 말. 2. 일이 돌아가는 형편도 모르고 함부로 행동한다는 말.

같은 속담 뜨거운 국에 맛 모른다

끓는 물에 냉수 부은 것 같다

여러 사람이 북적거리다가 갑자기 조용해지는 것을 빗대어 이르는 말.

끝 부러진 송곳

'구부러진 송곳'과 같은 속담.

끼니 없는 놈에게 점심 의논

끼닛거리가 없어 아침도 못 먹은 사람에게 점심을 어떻게 할까 이야기한다는 뜻으로, 1. 큰 걱정거리를 안고 있는 사람에게 자기의 작은 걱정을 도와 달라고 하는 경우에 빗대어 이르는 말. 2. 남의 처지는 아랑곳하지 않고 경우에 맞지 않는 짓을 한다는 말.

ㄴ

나 가는 데 강철이 가는 데

내가 가는 데마다 강철이가 지나간 자리처럼 풀이며 나무가 모조리 말라 죽는다는 뜻으로, 재수 없는 사람은 가는 곳마다 해를 끼침을 빗대어 이르는 말.

읽을거리 강철이는 설화에 나오는 심술스러운 용이야. 이무기처럼 용이 못 된 것을 강철이라고 하기도 해. 강철이가 지나가는 곳은 나무며 풀, 곡식들이 다 말라 죽었대. 또 하늘에서 불덩이 같은 강철이가 내려오면 크게 가물어 흉년이 들었대. 그래서 비가 안 오고 가물면 '깡철이 날린다'고 하여 산에 가서 풍물을 치는 마을도 있었지. 강철이를 날리기 위해 산에 갈 때는 남자 어른들만 가고 먹을거리는 장만하지 않았어. 강철이는 설화에서 흔히 심술을 부리는 못된 용으로 나오지만, 용이 되어 하늘로 올라가게 도와준 사람에게는 큰 상을 내렸다는 이야기도 있어.

나가던 범이 몰려든다

가까스로 위험한 고비를 넘겨 마음을 놓으려던 참에 다시 위험에 처하는 경우를 빗대어 이르는 말.

나간 놈[사람]의 몫은 있어도 자는 놈[사람]의 몫은 없다

1. 일하지 않고 게으름을 피우는 사람한테는 나누어 줄 것이 없다는 말. 2. 흔히 가까이 있는 사람보다 먼 데 떨어져 있는 사람을 더 생각하게 된다는 말.

나간 놈의 집
나간 놈의 집구석이라

사람이 살다가 떠난 집처럼 너저분하고 어수선한 꼴을 빗대어 이르는 말.

나간 머슴이 일은 잘했다

1. 사람은 지금 갖고 있는 것보다 지나간 것이나 잃어버린 것을 더 낫게 여기기 마련이라는 말. 2. 있을 때는 귀한 줄 모르다가 없어진 다음에야 아쉬워하는 것을 빗대어 이르는 말.

ㄴ

나갔던 며느리 효도한다

1. 처음에는 좋지 않게 여겼던 사람이 뜻밖에 큰 도움을 주거나 좋은 일을 하는 경우에 빗대어 이르는 말. 2. 잘못을 저지른 사람이 뉘우치고 더 좋은 사람으로 바뀐 경우에 빗대어 이르는 말.

나갔던 상주 제상 엎지른다

상주가 뒤늦게 들어와서는 기껏 차려 놓은 제사상을 엎는다는 뜻으로, 제가 마땅히 해야 할 일도 제대로 못하면서 도리어 망치는 것을 빗대어 이르는 말.

낱말 풀이 **상주** 사람이 죽어 장사 지낼 때 주인 노릇을 하는 사람. 흔히 죽은 이의 맏아들이 맡는다.

나갔던 파리 왱댕한다[왱왱거린다/왱왱한다]

일하지 않고 나돌던 사람이 괜스레 일 중간에 참견하여 달갑지 않은 짓을 할 때 빗대어 이르는 말.

나귀는 샌님만 섬긴다[섬기겠단다]

1. 보잘것없는 사람이라도 자기가 지닌 원칙과 믿음을 지키는 경우에 빗대어 이르는 말. 2. 자기 비위에 맞거나 자기한테 좋게 대하는 사람만 받아들이는 경우에 빗대어 이르는 말.

낱말 풀이 **나귀** 말과에 들어가는 집짐승. 말과 비슷한데 몸은 작고 앞머리에 긴 털이 없고 귀가 길다. =당나귀. **샌님** 1. '생원님'의 준말로, 백성들이 선비를 이르던 말. 2. 얌전하고 고루한 사람을 놀리어 이르는 말.

나귀는 샌님만 업신여긴다

만만한 사람한테는 까닭도 없이 함부로 구는 경우를 빗대어 이르는 말.

나귀 샌님 대하듯

본체만체하며 무표정하게 대하는 모양을 빗대어 이르는 말.

나귀에 짐을 지고 타나 싣고 타나

짐을 제가 지고 나귀를 타나 그 짐을 나귀에 먼저 싣고 타나 나귀 등에 실리는 무게는 같다는 뜻으로, 이러나저러나 결과는 마찬가지임을 빗대어 이르는 말.

나그네가 (도리어) 주인 노릇 한다

주된 것과 곁딸린 것 또는 먼저와 나중이 서로 뒤바뀐 경우에 이르는 말.

같은 속담 나그네 주인 쫓는 격

나그네 국 맛 떨어지자[없자] 주인집에 장 떨어진다

일이 뜻하지 않게 잘 맞아떨어지는 경우를 빗대어 이르는 말.

같은 속담 가시어미 장 떨어지자 사위가 국 싫다 한다 • 주인 장 떨어지자 나그네 국 맛 없다 한다

나그네 귀는 간짓대 귀

나그네 귀는 마치 장대처럼 길고 크다는 뜻으로, 1. 나그네는 여기저기 돌아다니며 얻어듣는 것이 많다는 말. 2. 나그네는 주인 눈치를 보는 처지라 소곤거리는 말까지 다 듣는다는 말.

같은 속담 나그네 귀는 석 자라

나그네 귀는 석 자라

나그네는 주인 눈치를 보는 처지라 소곤거리는 말까지 다 듣는다는 말.

같은 속담 나그네 귀는 간짓대 귀

ㄴ

나그네 말죽 먹이듯

반갑지 않은 나그네가 타고 온 말에게 마지못해 말죽을 먹이듯 한다는 뜻으로, 무슨 일을 마지못해 건성으로 해치우는 것을 빗대어 이르는 말.

나그네 먹던 김칫국도 먹자니 더럽고 남 주자니 아깝다

'나 먹기는 싫어도 남 주기는 아깝다'와 같은 속담.

나그네 보내고 점심 한다

나그네에게 점심 주는 게 아까워서 나그네가 가고 나서야 점심을 먹는다는 뜻으로, 1. 제 것을 남에게 주기 아까워 인색하게 구는 경우에 빗대어 이르는 말. 2. 일을 제때에 치르지 못하는 경우에 빗대어 이르는 말.

나그네 주인 쫓는 격

'나그네가 (도리어) 주인 노릇 한다'와 같은 속담.

나는 놈 위에 타는 놈 있다

제아무리 재주가 뛰어나다고 해도 그보다 더 뛰어난 사람이 있다는 뜻으로, 스스로 뽐내며 우쭐거리는 사람을 경계하여 이르는 말.

같은 속담 기는 놈 위에 나는 놈이 있다 • 뛰는 놈 위에 나는 놈 있다 • 위에는 위가 있다 • 치 위에 치가 있다

나는 마당 당 해도 너는 마당 장 해라
나는 바담 풍 해도 너는 바람 풍 해라

옛날에, 어느 글방 선생이 '마당 장(場), 바람 풍(風)' 자를 가르치는데 혀가 짧아서 '마당 당, 바담 풍'이라고 하니까 아이들도 ' 마당 당, 바담 풍'이라고 했다는 데서, 자기는 제대로 하지 못하면서 남에게는 똑바로 하라고 요구할 때 이르는 말.

나는 새도 깃을 쳐야 날아간다
나는 새도 움직여야 난다

새도 깃을 펴고 힘차게 두 날개를 쳐야 난다는 뜻으로, 1. 무슨 일이든지 그에 걸맞은 준비를 하고 순서를 밟아 나가야 뜻한 바를 이룰 수 있다고 빗대어 이르는 말. 2. 아무리 훌륭한 재능이 있어도 꾸준히 애쓰지 않으면 그 재능을 떨칠 수 없다고 빗대어 이르는 말.

나는 새도 떨어뜨린다
나는 새도 떨어뜨리고 닫는 짐승도 못 가게 한다

나는 새도 떨어뜨릴 만큼 벼슬이 높거나 힘이 있다는 뜻으로, 권세가 대단하여 모든 일을 제 마음대로 할 수 있는 상태를 빗대어 이르는 말.

나는 새에게 여기 앉아라 저기 앉아라 할 수 없다

저마다 제 생각과 의지가 있는 사람의 자유를 얽맬 수 없다고 빗대어 이르는 말.

나도 덩더꿍 너도 덩더꿍

둘이 마주 서서 북을 친다는 뜻으로, 서로 맞서 조금도 굽히지 않고 저마다 제 뜻만 고집하며 버티는 경우에 빗대어 이르는 말.

낱말 풀이 **덩더꿍** 북소리를 나타내는 소리시늉말.

나도 사또 너도 사또, 아전 노릇은 누가 하느냐

모든 사람이 좋은 자리에만 있겠다고 하면 궂은일을 할 사람이 없다는 말.

ㄴ

나라가 어지러우면 충신이 난다

나라가 어지러울 때에는 목숨을 걸고 나라를 지키는 충신이 나타난다는 뜻으로, 어려운 때일수록 훌륭한 사람이 나오게 마련이라는 말.

같은 속담 집이 가난하면 효자가 나고 나라가 어지러우면 충신이 난다

나라 고금도 잘라먹는다
나라님 만든 관지 판 돈도 자른다

나라의 품삯도 잘라먹고 임금이 몸소 쓰고 새긴 관지를 판 돈조차 잘라먹는다는 뜻으로, 지나치게 자기 잇속만 차리고 욕심스러워 뻔뻔하고 염치없이 구는 짓을 빗대어 이르는 말.

같은 속담 상납 돈도 잘라먹는다

낱말 풀이 **고금** 일한 데 대한 품값으로 받는 돈. =삯돈. **관지** 글자 따위를 평평한 면에 새긴 것을 이르는 말. **자르다** 치러야 하는 돈 가운데서 그 일부를 떼 내어 치르지 아니하다. **잘라먹다** 어떤 재물이나 남에게 전해 주어야 할 것을 중간에서 자기 것으로 하다.

나루 건너 배 타기

배를 타야 나루를 건널 수 있는데 나루를 건넌 뒤에 배를 타려 한다는 뜻으로, 무슨 일이든 순서가 있어 건너뛰어서는 할 수 없음을 빗대어 이르는 말.

같은 속담 내 건너 배 타기

나룻이 석 자라도 먹어야 샌님

수염이 석 자나 되는 양반도 배가 고프면 점잔을 뺄 수 없다는 뜻으로, 먹는 것이 가장 중요하다는 말.

같은 속담 구레나룻이 대 자 오 치라도 먹어야 양반 • 먹어야 체면 • 수염이 대 자라도 먹는 게 땅수

낱말 풀이 **나룻** 얼굴에 나는 털. =수염.

나 많은 말이 콩 마다할까

콩을 잘 먹는 늙은 말이 콩을 싫다고 할 리 없다는 뜻으로, 어떤 것을 물리치지 않고 넙죽 받거나 오히려 더 좋아함을 빗대어 이르는 말.

같은 속담 늙은 말이 콩 마다할까

낱말 풀이 **나** '나이'의 준말.

나 많은 아저씨가 져라

어린 사람과 다툴 때 나이 많은 사람에게 져 주라고 이르는 말.

나 먹기는 싫어도 남 주기는 아깝다
나 먹자니 싫고 개 주자니 아깝다

자기에게는 필요하지 않거나 쓸모없는 것이라도 남한테 주기는 아까워하는 인색한 태도를 빗대어 이르는 말.

같은 속담 나그네 먹던 김칫국도 먹자니 더럽고 남 주자니 아깝다 • 쉰밥 고양이 주기 아깝다 • 저 먹자니 싫고 남[개] 주자니 아깝다 • 제 먹기는 싫고 개 주기는 아깝다

나 못 먹을 밥에는 재나 넣지

자기가 먹지 못할 밥은 남도 못 먹게 재를 넣는다는 뜻으로, 제가 못 가질 바에는 남도 갖지 못하도록 아예 못쓰게 만드는 뒤틀린 마음보를 빗대어 이르는 말.

같은 속담 못 먹는 감 찔러나 본다

낱말 풀이 **재** 어떤 물건이 불에 완전히 탄 뒤에 남는 가루.

나무가 커야 그늘[그림자]도 크다

나무가 크면 클수록 그늘이나 그림자도 그만큼 크다는 뜻으로, 훌륭한 사람일수록 다른 사람에게 미치는 영향이나 혜택이 크다는 말.

나무는 옮기면 죽고 사람은 (자리를) 옮겨야 산다

나무는 자꾸 옮겨 심으면 죽지만 사람은 이곳저곳 다니며 보고 듣는 것이 많아야 큰일을 할 수 있다는 말.

나무는 큰 나무 덕을 못 보아도 사람은 큰사람의 덕을 본다

나무는 큰 나무 곁에 있으면 그늘 때문에 잘 자라지 못하지만 사람은 자기보다 나은 사람 곁에 있으면 좋은 영향을 받는다는 뜻으로, 1. 남의 덕을 받아 일이 잘된 경우를 빗대어 이르는 말. 2. 훌륭한 사람과 가까이 있으면 알게 모르게 덕을 보게 된다는 말.

같은 속담 사람은 키 큰 덕을 입어도 나무는 키 큰 덕을 못 입는다

나무도 달라서 층암절벽에 선다[산다]

나무도 사는 법이 달라서 가파른 절벽 위에 사는 것도 있다는 뜻으로, 모든 것이 저마다 살아가는 방법이나 모습이 다르다고 빗대어 이르는 말.

낱말 풀이 **층암절벽** 몹시 험한 바위가 겹겹이 쌓여 있는 낭떠러지.

나무도 쓸 만한 것이 먼저 베인다

1. 나무를 벨 때에도 쓸 수 있는 것부터 먼저 골라서 벤다는 뜻으로, 똑똑하고 능력 있는 사람이 먼저 뽑혀 쓰이게 됨을 빗대어 이르는 말. 2. 똑똑한 사람이 일찍 죽거나 실패하는 경우에 빗대어 이르는 말.

같은 속담 곧은 나무는 부러지기 쉽고 고운 꽃은 꺾이기 쉽다

나무도 옮겨 심으면 삼 년은 뿌리를 앓는다

나무를 다른 곳에 옮겨 심으면 한동안은 시름시름 앓듯이, 1. 무엇이나 옮겨 놓으면 자리를 잡는 데에 오랜 시간이 걸리기 마련이라는 말. 2. 어떤 일을 치르고 난 뒤에 새로운 질서가 잡히기까지 어려움이 많음을 빗대어 이르는 말.

나무 될 것은 떡잎 때부터 알아본다

좋은 재목감은 떡잎만 보고도 미루어 알 수 있다는 뜻으로, 앞으로 크게 될 사람은 어려서부터 남다른 데가 엿보인다고 빗대어 이르는 말.

같은 속담 대부등 감은 자랄 때부터 다르다 • 될성부른 나무는 떡잎부터 알아본다 • 용 될 고기는 모이 철부터 안다 • 잘 자랄 나무는 떡잎부터 안다[알아본다] • 푸성귀는 떡잎부터 알고 사람은 어렸을 때부터 안다

나무 뚝배기 쇠 양푼 될까

나무를 깎아서 만든 뚝배기가 놋쇠로 만든 양푼이 될 수 없다는 뜻으로, 아무리 애를 써도 제가 타고난 대로밖에 못 된다고 빗대어 이르는 말.

같은 속담 까마귀 학이 되랴 • 나무 접시 놋접시 될까 • 닭의 새끼 봉 되랴 • 우마가 기린 되랴

나무라도 고목이 되면 오던 새도 아니 온다

사람이 세도가 있을 때는 찾아오다가 처지가 보잘것없게 되면 안 찾아온다는 말.

같은 속담 깊던 물이라도 얕아지면 오던 고기도 아니 온다 • 꽃이라도 십일홍이 되면 오던 봉접도 아니 온다

나무를 보고 숲을 보지 못한다

생각이 깊지 못하여 부분만 보고 전체를 보지 못하거나 눈앞의 일만 보고 앞날을 짐작하지 못하는 경우에 빗대어 이르는 말.

나무에도 돌에도 붙일 데 없다
나무에도 못 대고 돌에도 못 댄다

아무 데도 믿고 기댈 곳이 없는 처지를 빗대어 이르는 말.

나무에서 고기를 찾는다

나무에 올라가서 물고기를 찾는다는 뜻으로, 엉뚱한 곳에 가서 도무지 할 수 없거나 될 리 없는 일을 하려고 애쓰는 어리석음을 빗대어 이르는 말.

같은 속담 바다에 가서 토끼 찾기 • 산에서 물고기 잡기 • 솔밭에 가서 고기 낚기

나무에 오르라 하고 흔드는 격
나무에 올려놓고 흔든다

남을 나무 위에 올려놓고는 나무를 흔들어 못살게 군다는 뜻으로, 남을 꾀어 위험한 곳이나 어려운 처지에 몰아넣는 경우에 빗대어 이르는 말.

나무에 잘 오르는 놈이 떨어져 죽고 헤엄 잘 치는 놈이 빠져 죽는다

자기가 지닌 재주를 믿고 잘난 체하며 마음을 놓다가는 큰 실수를 할 수 있다고 가르쳐 이르는 말.

같은 속담 잘 헤는 놈 빠져 죽고 잘 오르는 놈 떨어져 죽는다 • 헤엄 잘 치는 놈은 물에 빠져 죽고 나무에 잘 오르는 놈은 나무에서 떨어져 죽는다

나무 잘 타는 잔나비 나무에서 떨어진다

어떤 일을 아무리 익숙히 잘하는 사람도 실수할 때가 있음을 빗대어 이르는 말.

같은 속담 닭도 홰에서 떨어지는 날이 있다 • 원숭이도 나무에서 떨어진다 • 잔나비도 나무에서 떨어진다

낱말 풀이 **잔나비** '원숭이'를 이르는 말.

나무 접시 놋접시 될까

'나무 뚝배기 쇠 양푼 될까'와 같은 속담.

나무 한 대를 베면 열 대를 심으라

나무를 베면 그보다 훨씬 더 많이 나무를 심어서 숲을 가꾸어야 한다는 말.

나 부를 노래를 사돈집에서 부른다

1. 자기가 하고 싶은 말을 남이 먼저 하는 경우에 빗대어 이르는 말. 2. 꾸지람을 들어야 할 사람이 도리어 큰소리를 치는 경우에 빗대어 이르는 말.

같은 속담 내 노래를 사돈이 부른다 • 내 할 말을 사돈이 한다 • 시어미 부를 노래를 며느리가 먼저 부른다

나쁜 소문은 빨리 퍼진다

나쁜 일일수록 아무리 숨기려 해도 금세 널리 퍼진다는 말.

나쁜 일은 천 리 밖에 난다

나쁜 일에 대한 소문은 먼 데까지 널리 퍼짐을 빗대어 이르는 말.

나쁜 풀은 빨리 자란다

그다지 쓸모없는 것이 먼저 나선다는 말.

나이가 들면 어린애가 된다

사람이 늙을수록 말이나 하는 짓이 어린애처럼 된다는 말.

같은 속담 늙으면 아이 된다 • 늙은이 아이 된다

나이가 예순 되도록 셈이 든다

1. 사람은 예순이 될 때까지도 철이 들면서 사람 구실을 하게 된다는 뜻으로, 사람은 늙어 죽을 때까지 끊임없이 자신을 갈고닦아야 한다는 말. 2. 늙은 사람이 아이처럼 분수없이 굴 때 핀잔하여 이르는 말.

낱말 풀이 **셈** 사물을 분별하는 슬기.

나이는 못 속인다

아무리 젊어 보이려고 애를 써도 나이가 들면 말투나 겉모습에서 나이 든 티가 드러나기 마련이라는 말.

나중 꿀 한 식기 먹기보다 당장의 엿 한 가락이 더 달다
나중에 꿀 한 식기 먹으려고 당장 엿 한 가락 안 먹을까

나중에 먹을 수 있을지 알 수 없는 꿀 한 그릇보다는 지금 바로 먹을 수 있는 엿 한 가락이 더 낫다는 뜻으로, 앞으로 어떻게 될지 모르는 큰 이익보다는 적더라도 바로 얻을 수 있는 눈앞의 이익이 더 낫다고 빗대어 이르는 말.

같은 속담 금년 새 다리가 명년 소 다리보다 낫다 • 내일의 천자보다 오늘의 재상

읽을거리 엿은 쌀, 옥수수, 고구마 같은 곡식을 엿기름으로 삭혀서 고아 만들어. 엿에는 물엿과 단단한 강엿이 있는데 물엿은 반찬이나 간식거리, 약과 따위를 만드는 데 썼어. 옛날에는 설날 음식을 만드는 데 꼭 필요해서 겨울이 되면 집집마다 엿을 고았지. 그러다 보니 집집마다 마을마다 독특한 엿들이 생겨났어. 전라도는 고구마엿, 강원도는 쌀엿, 충청도는 무엿, 제주도는 닭이나 꿩고기를 넣어 만든 엿이 이름나 있지. 신부가 처음으로 시부모를 뵐 때 엿을 고아 드리는 풍습도 있었어. 시댁 식구들이 엿을 먹고 입이 붙어 신부한테 나쁜 말을 하지 않기를 바라서였대. 엿가락을 꺾거나 부러뜨리는 놀이도 했어. 엿을 꺾어 누구 엿 구멍인 더 큰가 내기를 하는 거야. 진 사람은 엿 값을 물어내야 했지.

낱말 풀이 **식기** 1. 음식을 담는 그릇. 2. 그릇에 담은 음식의 분량을 세는 단위.

나중 난 뿔이 우뚝하다

1. 나중에 생긴 것이 먼저 것보다 훨씬 낫거나 두드러지는 경우에 빗대어 이르는 말. 2. 후배가 선배보다 더 뛰어난 경우에 빗대어 이르는 말.

같은 속담 뒤에 난 뿔이 우뚝하다 • 먼저 난 머리보다 나중 난 뿔이 무섭다 • 후생 각이 우뚝하다

나중 달아난 놈이 먼저 달아난 놈을 비웃는다

조금 다를 뿐 따지고 보면 서로 같은 경우에 빗대어 이르는 말.

읽을거리 옛날 중국에 《맹자》라는 책에 나오는 이야기야. 양나라 왕이 맹자한테 왜 이웃 나라 백성보다 우리나라 백성이 늘지 않느냐고 물었어. 맹자가 "전쟁에 진 병사들이 달아나는데, 어떤 병사는 오십 보를 가다 멈추고 어떤 병사는 백 보를 가다 멈추었습니다. 이때 오십 보를 도망간 병사가 백 보를 도망간 병사를 비웃는다면 어떻겠습니까?" 하고 되물었어. 왕은 오십 보나 백 보나 달아난 건 마찬가지라고 답했지. 그러자 맹자는 양나라와 이웃 나라를 견주어 볼 때 크게 낫지 않고 따지고 보면 '오십보백보'처럼 큰 차이가 없다는 거야. 백성들이 나라를 떠나지 않고 잘 살게 하려면 힘이 아니라 '왕도 정치'를 통해 어질고 바르게 다스려야 한다는 거지.

나중에 들어온 놈이 아랫목 차지한다

뒤에 들어오고도 버젓이 가장 따뜻한 아랫목을 차지한다는 뜻으로, 1. 늦게 들어온 주제에 좋은 자리를 차지하고 우쭐대는 꼴을 아니꼽게 여겨 이르는 말. 2. 늦게 와서 가장 좋은 것을 차지하게 된 경우에 빗대어 이르는 말.

나중에 보자는 사람[양반] 무섭지 않다

1. 그 자리에서는 어쩌지 못하고 다음에 보자고 벼르는 사람은 무서워할 까닭이 없다고 비웃는 말. 2. 나중에 어떻게 하겠다고 말로만 하는 것은 아무 쓸데가 없다는 말.

같은 속담 두고 보자는 건 무섭지 않다 • 뒤에 보자는 사람[양반] 무섭지 않다

나중에야 삼수갑산을 갈지라도

나중에 일이 잘못되더라도 당장은 마음먹은 대로 하겠다고 할 때 이르는 말.

같은 속담 내일은 삼수갑산을 가더라도

낱말 풀이 **삼수갑산** 우리나라에서 가장 험한 산골이라던 삼수와 갑산. 조선 시대에 귀양지의 하나였다.

낙동강 오리알

무리에서 떨어져 나오거나 혼자 남아 외롭게 된 처지를 이르는 관용 표현.

낙락장송도 근본은 씨앗[종자]

아름드리 소나무도 씨앗에서 나왔다는 뜻으로, 1. 아무리 훌륭한 사람이라도 처음은 평범한 사람과 다를 바 없고 꾸준히 애썼기에 그렇게 되었다는 말. 2. 아무리 대단한 일도 처음에는 작은 것으로부터 시작되었다는 말.

낱말 풀이 **낙락장송** 긴 가지가 척척 늘어지고 키가 큰 소나무.

낙숫물은 떨어지던 데 또 떨어진다

추녀 끝의 낙숫물은 한 번 떨어진 자리에 거푸 떨어진다는 뜻으로, 한번 버릇이 들면 고치기 어려움을 빗대어 이르는 말.

낱말 풀이 **낙숫물** 지붕의 처마 끝에서 떨어지는 물.

낙숫물이 댓돌을 뚫는다

추녀 끝에서 떨어지는 물방울이 비록 작지만 오랜 세월을 두고 떨어지면 끝내 댓돌에 구멍을 뚫는다는 뜻으로, 적은 힘이라도 꾸준히 계속하면 큰일을 이룰 수 있다고 빗대어 이르는 말.

같은 속담 추녀 물이 돌에 구멍을 뚫는다

낚시에 걸린 물고기
낚싯바늘에 걸린 생선

낚시에 걸려 도마 위에 오르게 된 물고기라는 뜻으로, 헤어날 수 없는 아주 위험한 형편에 놓여 꼼짝없이 죽게 된 처지를 빗대어 이르는 말.

같은 속담 그물에 걸린 고기[새/토끼/짐승] 신세 • 농 속에 갇힌 새 • 덫에 치인 범이요 그물에 걸린 고기라 • 도마에 오른 고기 • 모래불에 오른 새우 • 물 밖에 난 고기 • 뭍에 오른 고기 • 샘에 든 고기 • 솥 안에 든 고기 • 우물에 든 고기 • 함정에 든 범

읽을거리 낚시는 갈고리처럼 생긴 바늘에 미끼를 꿰어 물고기를 잡는 도구야. 옛날에는 동물의 뼈나 돌을 갈아서 낚싯바늘을 만들었어. 미끼는 주로 지렁이나 떡밥을 써서 잡지. 떼 지어 다니는 물고기를 한 번에 많이 잡을 때에는 그물을 써.

난리가 모 뿌리로 들어간다

농촌에서 일이 없으면 난리라고 이야기하다가 정작 모내기할 때는 바빠서 그런 이야기를 할 새가 없다는 뜻으로, 정작 바빠지면 바쁘다는 말조차 못 하게 됨을 빗대어 이르는 말.

난봉자식이 마음잡아야 사흘이다

못된 자식이 마음을 바로잡아도 사흘밖에 못 간다는 뜻으로, 1. 나쁜 일에 한번 빠지면 좀처럼 벗어나기 어려움을 빗대어 이르는 말. 2. 잘못을 고치고 착한 사람이 되겠다는 결심을 오래 가지지 못함을 빗대어 이르는 말.

낱말 풀이 **난봉자식** 말과 행실이 착실하지 못하고 더럽고 지저분한 짓을 하는 자식.

난쟁이끼리 키 자랑하기

1. 고만고만한 사람끼리 서로 다투는 것을 빗대어 이르는 말. 2. 둘이 어슷비슷하여 견주어 보나 마나 마찬가지인 경우에 빗대어 이르는 말.

같은 속담 도토리 키 재기[다툼]

난쟁이 허리춤 추키듯

난쟁이가 자꾸 흘러내리는 바지를 추어올리듯이, 남을 자꾸 칭찬하는 모습을 빗대어 이르는 말.

낱말 풀이 **추키다** 힘 있게 위로 끌어 올리거나 채어 올리다.

ㄴ

난초 불붙으니 혜초 탄식한다
난초 불사르니 혜초가 탄식하고 소나무 무성하니 잣나무 기뻐한다

난초나 혜초는 같은 풀이어서 난초가 불에 타니 혜초가 가슴 아파한다는 뜻으로, 같은 처지에 있는 사람들끼리 서로 딱하게 여기고 괴로움과 슬픔, 어려운 일들을 함께 나누는 것을 빗대어 이르는 말.

같은 속담 소나무가 말라 죽으면 잣나무가 슬퍼한다 • 여우가 죽으니까 토끼가 슬퍼한다 • 토끼 죽으니 여우 슬퍼한다

낟가리에 불 질러 놓고 손발 쬐일 놈

춥다고 곡식 낟가리에 불을 질러 놓고 손발을 쬐일 놈이라는 뜻으로, 1. 남의 큰 손실은 아랑곳없이 자기의 작은 이익만 좇는 이기적인 사람을 두고 욕으로 이르는 말. 2. 매우 어리석고 미련한 짓을 하는 사람을 꾸짖어 이르는 말.

낱말 풀이 **낟가리** 낟알이 붙은 곡식을 그대로 쌓은 더미.

낟알은 익을수록 고개를 숙인다

아는 것이 많고 몸과 마음을 갈고닦은 사람일수록 남 앞에서 자기를 낮추고 내세우려 하지 않음을 빗대어 이르는 말.

같은 속담 곡식 이삭은 익을수록[여물수록/잘될수록] 고개를 숙인다 • 벼 이삭은 익을수록 고개를 숙인다 • 병에 찬 물은 저어도 소리가 나지 않는다 • 잘 익은 벼 이삭일수록 더 깊이 내리[머리를] 숙인다

날개 돋친 범

본디 범은 날쌔고 용감한데 날개가 돋쳐 하늘도 날게 되었다는 뜻으로, 1. 몹시 날쌔고 용맹스러운 기상을 빗대어 이르는 말. 2. 본디 힘 있는 사람이 더 큰 힘을 얻게 된 경우에 빗대어 이르는 말.

같은 속담 범에게 날개 • 범이 날개를 얻은 셈

날개 부러진 독수리[매]

위세를 부리다가 기가 꺾여 힘없는 신세가 된 사람을 빗대어 이르는 말.

같은 속담 허리 부러진 장수[호랑이]

날개 부러진 새

1. 자기 재주와 힘을 더 이상 쓸 수 없게 된 사람을 빗대어 이르는 말. 2. 행동수단을 잃고 옴짝달싹할 수 없는 처지에 빠진 사람을 빗대어 이르는 말.

날개 없는 봉황

날개 없이는 봉황이 제구실을 할 수 없다는 뜻으로, 쓸모없거나 보람 없게 된 처지를 빗대어 이르는 말.

같은 속담 구슬 없는 용 • 꽃 없는 나비 • 물 없는 기러기 • 성인 못 된 기린 • 임자 없는 용마 • 줄 없는 거문고 • 짝 잃은 기러기[원앙]

읽을거리 봉황은 새 가운데 으뜸으로, 복되고 길하다는 상상의 새야. 수컷을 봉, 암컷을 황이라고 하는데, 늘 함께 다닌대. 생김새는 옛날 기록마다 조금씩 달라서 닭과 비슷하다고도 하고, 용의 몸이나 물고기 꼬리를 갖추고 있다고도 했어. 옛날 건축물이나 공예품에 봉황 무늬를 많이 새겼고, 수를 놓을 때도 봉황 무늬를 많이 새겨 넣었어. 봉황 날개나 꽁지 모양으로 만든 악기나 부채도 있어. 봉황은 꿋꿋하고 품위를 지키는 새로 알려져 있어서 뛰어나게 잘난 사람을 빗대기도 하지.

날고기 보고 침 안 뱉을 이 없고 익은 고기 보고 침 안 삼키는 이 없다

날고기는 비위에 거슬리지만 구운 고기는 누구나 입맛이 당겨서 군침을 삼킨다는 뜻으로, 1. 고기는 익혀 먹어야 맛이 있다는 말. 2. 잇속에 따라 평가와 행동을 다르게 하는 것을 비웃어 이르는 말.

ㄴ

날랜 장수 목 베는 칼은 있어도 윤기 베는 칼은 없다

칼이 아무리 잘 들어도 사람의 윤리를 끊을 수 없다는 뜻으로, 부모 자식, 부부, 형제와 같은 사람 사이는 억지로 끊을 수 없음을 빗대어 이르는 말.

낱말 풀이 **윤기** 윤리와 기강을 아울러 이르는 말.

날로 보나 등으로 보나

어느 모로 보나 틀림없음을 이르는 말.

낱말 풀이 **날** 연장의 가장 얇고 날카로운 부분.

날 받아 놓은 색시 같다

시집갈 날을 받은 처녀가 몸가짐을 조심스럽게 한다는 뜻으로, 바깥을 안 나가고 집에만 가만히 있는 사람을 빗대어 이르는 말.

날 샌 올빼미 신세

밤에만 활동하는 올빼미가 낮이 되어 앞을 못 보니 꼼짝할 수 없다는 뜻으로, 힘과 세력을 잃어서 자기 능력을 펼칠 수 없게 된 처지를 빗대어 이르는 말.

날 샌 은혜 없다

날이 새면 고마운 마음도 식게 마련이라는 뜻으로, 남에게 받은 은혜나 원한은 시간이 지나면 차츰 잊어버리게 된다는 말.

같은 속담 밤 잔 원수 없고 날 샌 은혜 없다

날아다니는 까막까치도 제 밥은 있다

까마귀나 까치 같은 하찮은 새들도 먹이가 있는데 하물며 사람이 먹을 것이 없어서 되겠느냐는 뜻으로 이르는 말.

날 잡아 잡수 한다

하고 싶은 대로 해 보라며 남한테 마구 들이대거나 남이 뭐라고 하든지 딴청을 피우면서 나 몰라라 하는 경우에 이르는 말.

날 잡은 놈이 자루 잡은 놈을 당하랴[당할까]

칼날을 잡은 사람은 칼자루를 잡은 사람을 이길 수 없다는 뜻으로, 처음부터 이로운 조건에 있는 사람과 겨루어서는 도무지 이길 수 없음을 빗대어 이르는 말.

같은 속담 칼날 잡은 놈이 칼자루 잡은 놈한테 당하랴

남 눈 똥에 주저앉고 애매한 두꺼비 떡돌에 치인다

남이 저지른 잘못으로 자기가 해를 입거나 벌을 받게 됨을 빗대어 이르는 말.

같은 속담 남이 눈 똥에 주저앉는다

남 떡 먹는데 팥고물 떨어지는 걱정 한다

남 일에 끼어들어 쓸데없이 걱정하는 경우에 빗대어 이르는 말.

남산골샌님이 역적 바라듯

옛날에, 서울 남산골에 모여 살던 몰락한 양반들이 역적이라도 나타나서 세상이 뒤집혀야 자기들 처지가 바뀔 거라고 기대했다는 데서, 1. 가난한 사람이 엉뚱한 일을 바라는 것을 빗대어 이르는 말. 2. 불우한 처지에 있는 사람들은 불평불만이 많고 세상이 뒤집히기를 바란다는 말. 3. 자기가 할 수 없는 일을 남의 힘을 빌려서라도 이루어 보려고 하는 것을 빗대어 이르는 말.

낱말 풀이 **남산골샌님** 가난하면서도 자존심만 강한 선비를 비웃어 이르던 말.

ㄴ

남산에서 돌팔매질을 하면 김씨나 이씨 집 마당에 떨어진다

우리나라 사람 성씨 가운데 김씨와 이씨가 많다는 말.

남생이 등 맞추듯

남생이의 등은 둥글게 생겨서 등을 서로 맞추려면 도저히 되지 않는다는 뜻으로, 서로 잘 들어맞지 않는 것을 맞추려고 함을 빗대어 이르는 말.

남생이 등에 풀쐐기 쐼 같다

남생이 등은 단단하여 풀쐐기가 쏘아도 아무렇지 않다는 뜻으로, 작은 것이 큰 것을 건드려도 아무 해를 끼치지 못함을 빗대어 이르는 말.

남생이 등에 활쏘기

1. 매우 어려운 일을 하려고 함을 빗대어 이르는 말. 2. 해를 입히려고 하나 끄떡없는 경우를 빗대어 이르는 말.

남양 원님 굴회 마시듯

남양 원이 굴회를 맛있게 훌훌 먹듯 한다는 뜻으로, 1. 음식을 매우 빨리 먹어 치우는 모습을 빗대어 이르는 말. 2. 무슨 일을 솜씨 있게 눈 깜짝할 사이에 재빨리 해치우는 것을 빗대어 이르는 말.

같은 속담 게 눈 감추듯 • 두꺼비 파리 잡아먹듯 • 마파람에 게 눈 감추듯 • 사냥개 언똥 들어먹듯[삼키듯]

남에게 매 맞고 개 옆구리 찬다

앞에서는 감히 대들지 못하다가 뒤에 가서 아무 상관도 없는 만만한 상대에게 화풀이하는 것을 빗대어 이르는 말.

남을 물에 넣으려면 제가 먼저 물에 들어간다

남에게 해를 입히려고 하면 도리어 자기가 먼저 그런 일을 당하게 된다는 말.

같은 속담 남 잡으려다가 제가 잡힌다

남을 위해 주는 일엔 북두칠성도 굽어본다

진심으로 남을 위하면 북두칠성조차 도와준다는 뜻으로, 사람이 마음을 곱고 바르게 쓰면 하늘도 감동하여 보살펴 준다는 말.

같은 속담 마음 한번 잘 먹으면 북두칠성이 굽어보신다 • 심덕을 바로 가지면 하늘도 굽어본다

읽을거리 북두칠성은 북쪽 하늘에 국자 모양으로 떠 있는 일곱 개의 별이야. 북두, 북두성, 칠성이라고도 해. 옛날 사람들은 북두칠성이 하늘을 상징하고 날씨를 다스리는 신이라고 믿었어. 날씨를 다스리니 비를 내려 풍년이 들게 한다고 해서 재물의 신으로 모시기도 했지. 또 하늘을 상징하는 뜻에서 사람 목숨을 다스리는 신이라고도 생각해서 '칠성님께 명을 빈다'는 말도 나왔지. 북두칠성에 얽힌 설화들도 있어. 효성스런 일곱 아들이 죽어 별이 되었다거나 설화 속 바리공주가 낳은 일곱 아들이 죽어 하늘에 올라가 별이 되었다는 이야기들이야. 모두 죽어서 별이 되었다는 것은 별이 사람의 인격을 지녔다고 보았던 거지.

남의 것을 마 베어 먹듯 한다

남의 것이라면 마를 베어 먹듯 뭉텅뭉텅 잘라먹는다는 뜻으로, 남의 물건을 거리낌없이 빼앗거나 훔치는 것을 빗대어 이르는 말.

남의 고기 한 점 먹고 내 고기 열 점 준다

적은 것이라도 남의 것으로 이득을 보면 나중에는 그 몇 갑절을 갚게 되어 큰 손해를 보게 된다고 빗대어 이르는 말.

낱말 풀이 **점** 잘라 내거나 뜯어낸 고기의 살점을 세는 단위.

ㄴ

남의 고기 한 점이 내 고기 열 점보다 낫다

1. 자기 것은 두고 욕심을 부리며 남의 것을 탐내는 것을 빗대어 이르는 말. 2. 남의 것이 제 것보다 더 좋아 보이게 마련이라는 말.

남의 군불에 밥 짓는다

남이 방을 덥히려고 땐 불에 제 밥을 짓는다는 뜻으로, 자기 밑천이나 노력은 안 들이고 남의 힘을 입어서 거저 이득을 보는 것을 빗대어 이르는 말.

같은 속담 남의 떡에 설 쇤다 • 남의 바지 입고 새 벤다 • 남의 불에 게 잡는다[굽는다] • 남의 팔매에 밤 줍는다 • 남 지은 글로 과거한다

낱말 풀이 **군불** 음식을 하기 위해서가 아니라 오로지 방을 덥히려고 아궁이에 때는 불.

남의 굿 보듯

자기와 관계없는 일인 듯이 나서지 않고 곁에서 보기만 하는 태도를 빗대어 이르는 말.

남의 꽃은 붉게 보인다

같은 붉은 꽃이라도 남이 가진 꽃이 더 붉게 보인다는 뜻으로, 제 것보다 남의 것이 더 크고 좋아 보이기 마련이라는 말.

같은 속담 남의 밥그릇은 높아 보이고 자기 밥그릇은 낮아 보인다 • 남의 밥에 든 콩이 굵어 보인다 • 남의 손의 떡은 더 커 보인다 • 제 떡보다 남의 떡이 더 커 보인다

남의 눈에 눈물 내면 제 눈에는 피눈물이 난다
남의 눈에서 피 내리면 내 눈에서 고름이 나야 한다

남에게 나쁜 짓을 하면 자기는 그보다 몇 갑절 더한 벌을 받게 된다는 말.

남의 다리 긁는다
남의 다리에 행전 친다

1. 기껏 한 일이 남 좋은 일이 된 경우에 빗대어 이르는 말. 2. 남의 일을 자기 일로 잘못 알고 엉뚱하게 애써 한 경우에 빗대어 이르는 말.

같은 속담 남의 말에 안장 지운다 • 남의 발에 감발한다 • 남의 입에 떡 집어넣기 • 잠결에 남의 다리 긁는다

낱말 풀이 **행전** 한복 바지를 입을 때 움직임을 편하게 하려고 정강이에 감아 무릎 아래에 매는 물건.

남의 더운밥이 내 식은 밥만 못하다
남의 돈 천 냥이 내 돈 한 푼만 못하다

아무리 적고 보잘것없는 것이라도 자기가 가진 것이 남의 것보다 더 낫다고 빗대어 이르는 말.

같은 속담 남의 집 금송아지가 우리 집 송아지만 못하다 • 내 돈 서 푼이 남의 돈 사백 냥보다 낫다

남의 두루마기에 밤 주워 담는다

아무리 애써도 남 좋은 일만 한 결과가 됨을 빗대어 이르는 말.

남의 등(을) 쳐 먹다

남을 속이거나 얼러서 빼앗아 먹는다는 뜻으로, 악독하고 교활한 짓으로 남의 것을 빼앗는다는 관용 표현.

남의 떡 가지고 낯을 낸다

제 물건은 안 쓰고 남의 것을 제 것인 양하며 생색 내는 짓을 빗대어 이르는 말.

같은 속담 결집 잔치에 낯을 낸다 • 곗술에 낯내기 • 남의 떡으로 선심 쓴다 • 상두쌀[상둣술]에 낯내기 • 제삿술 가지고 친구 사귄다

ㄴ

남의 떡방아에 키를 들고 달려간다

남이 떡방아를 찧고 있는 데 가서 키질을 하려고 한다는 뜻으로, 자기와 아무런 관계도 없는 남의 일에 함부로 뛰어드는 행동을 빗대어 이르는 말.

남의 떡에 설 쇤다
남의 떡으로 조상 제 지낸다

'남의 군불에 밥 짓는다'와 같은 속담.

남의 떡으로 선심 쓴다

'남의 떡 가지고 낯을 낸다'와 같은 속담.

낱말 풀이 **선심** 남에게 베푸는 후한 마음.

남의 떡함지에 넘어진다

일부러 남의 떡함지에 넘어져 떡을 집어 먹는다는 뜻으로, 남의 것을 가지거나 얻어먹으려고 염치없이 구는 짓을 핀잔하여 이르는 말.

함지

낱말 풀이 **함지** 1. 나무로 만든 크고 네모난 그릇. 2. 통나무 속을 파서 만든 그릇.

남의 말도 석 달

아무리 떠들썩하게 난 소문도 시간이 지나면 차츰 흐지부지된다는 말.

남의 말에 안장 지운다

1. 기껏 한 일이 남 좋은 일이 된 경우에 빗대어 이르는 말. 2. 남의 것을 마치 제 것처럼 씀을 빗대어 이르는 말.

같은 속담 남의 다리 긁는다

낱말 풀이 **안장** 사람이 타기에 편리하도록 말, 나귀 따위의 등에 얹는 도구.

남의 말이라면 쌍지팡이 짚고 나선다
남의 말이라면 양식 싸 지고 나선다

남의 말을 하는 일이라면 누구보다 앞장선다는 뜻으로, 남의 일에 시비 걸기를 좋아하거나 남의 허물을 말하기 좋아하는 사람을 꼬집어 이르는 말.

남의 말 하기는 식은 죽 먹기

남의 허물이나 잘못을 들추어내거나 헐뜯기는 아주 쉽다는 말.

남의 바지 입고 새 벤다
남의 바지 입고 춤추기

제 옷이 찢어질까 봐 남의 옷을 입고 풀을 벤다는 뜻으로, 자기 밑천이나 노력은 안 들이고 남의 힘을 입어서 거저 이득을 보는 것을 빗대어 이르는 말.

같은 속담 남의 군불에 밥 짓는다

낱말 풀이 **새** 띠나 억새 따위의 볏과 식물을 통틀어 이르는 말.

남의 발에 감발한다
남의 발에 버선 신긴다

'남의 다리 긁는다'와 같은 속담.

낱말 풀이 **감발하다** 발에 발감개를 하다.

남의 밥그릇은 높아 보이고 자기 밥그릇은 낮아 보인다

'남의 꽃은 붉게 보인다'와 같은 속담.

남의 밥 보고 시래깃국 끓인다
남의 밥 보고 장[김치부터] 떠먹는다

1. 남의 밥을 보고 제가 곁들여 먹을 시래깃국을 끓인다는 뜻으로, 아무 상관도 없는 남의 일에 괜히 서둘러 좋아하는 경우에 빗대어 이르는 말. 2. 남의 것을 턱없이 바라는 경우에 빗대어 이르는 말.

남의 밥에는[음식엔] 가시가 있다

남의 덕을 보거나 신세를 지고 살면 떳떳하지 못할 뿐 아니라 마음이 편치 않아 먹은 것이 살로 안 간다는 말.

남의 밥에 든 콩이 굵어 보인다

'남의 꽃은 붉게 보인다'와 같은 속담.

남의 밥은 맵고도 짜다

남의 집에 가서 일해 주고 먹고사는 것은 몹시 괴롭고 어려운 일이라는 말.

남의 복은 끌로도 못 판다

남의 복은 없애거나 내가 가질 수 없다는 뜻으로, 남이 잘되는 것을 샘내거나 미워하지 말라는 말.

읽을거리 옛날 어느 마을에, 잘사는 집과 가난한 집이 이웃해 살았어. 잘사는 집은 농사를 지어 마당에 볏단을 잔뜩 쌓아 놓았어. 가난한 집은 땅이 없어 농사도 못 지으니까 벼 대신 돌을 하나씩 주워다 쌓아 놓았어. 하루는 잘사는 집 부자가 가난한 집 마당을 보니 돌무더기에 금덩어리가 하나 있더래. 금덩이가 탐이 난 부자는 얼른 자기네 볏단과 돌무더기를 바꾸자고 했지. 그러면서 아까웠던지 벼 한 단은 빼고 주니까 가난한 집에서도 부자를 따라서 금덩어리를 내려놓고 나머지 돌을 주더래. 그렇게 부자는 쓸모없는 돌 더미를 갖고 가난한 집은 쌀더미를 가져 부자가 되었다는 이야기야. 아무리 남의 복이 탐난다고 나무 파는 끌로 파낸들 그 복은 자기 것이 될 수 없다는 말이지.

남의 부모 공경이 제 부모 공경이다

남의 부모를 위하고 존경하는 것은 곧 제 부모를 위하고 존경하는 일이 된다는 뜻으로, 남의 부모도 잘 위하고 존경하라는 말.

남의 불에 게 잡는다[굽는다]

'남의 군불에 밥 짓는다'와 같은 속담.

남의 사돈이야 가거나 말거나

자기와 아무 상관이 없는 일을 빗대어 이르는 말.

같은 속담 남의 제상에 배 놓거나 감 놓거나

남의 생손은 제 살의 티눈만도 못하다

남의 고통이 아무리 커도 자기의 작은 고통보다 못하게 여겨진다는 말.

같은 속담 남의 염병이 내 고뿔만 못하다 • 남의 죽음이 내 고뿔만도 못하다 • 내 고뿔이 남의 염병보다 더하다

남의 소 들고 뛰는 건 구경거리

남의 집 소는 고삐가 풀려 달아나도 한갓 구경거리밖에 안 된다는 뜻으로, 자기와 아무런 상관없는 남의 불행은 구경거리로 여긴다는 말.

남의 소에 멍에를 메워 제 밭을 간다

제 소를 부리기 아까워서 남의 소에 멍에를 메워 제 밭을 간다는 뜻으로, 남의 것을 가지고 제 잇속을 채우는 염치없는 짓을 빗대어 이르는 말.

낱말 풀이 **멍에** 수레나 쟁기를 끌기 위하여 말이나 소의 목에 얹는 구부러진 막대.

남의 속에 있는 글도 배운다

남의 머릿속에 들어 있는 글도 배우는데 제 눈으로 직접 본 것을 왜 못 배우겠느냐는 뜻으로, 어떤 일이든 남이 하는 것을 잘 살펴보면 쉽게 배우고 따라 할 수 있다는 말.

남의 손의 떡은 더 커 보인다

'남의 꽃은 붉게 보인다'와 같은 속담.

남의 손의 떡이 더 커 보이고 남이 잡은 일감이 더 헐어 보인다

물건은 남의 것이 제 것보다 더 좋아 보이고 일은 남의 일이 제 일보다 더 쉬워 보인다고 빗대어 이르는 말.

남의 술에 삼십 리 간다

1. 남이 술 마시는 데 가자고 하면 삼십 리 길도 따라간다는 뜻으로, 자기는 하고 싶지 않은데 남의 권유를 저버리지 못해 따르는 것을 빗대어 이르는 말. 2. 공짜

술 한 잔을 얻어먹겠다고 삼십 리 길을 간다는 뜻으로, 제 돈 안 들이고 거저 생기는 것이라면 아무리 힘든 일이라도 마다하지 않음을 비웃어 이르는 말.

같은 속담 공것이라면 간장이라도 마신다 • 공술 한 잔 보고 십 리 간다

남의 싸움에 칼 빼기

자기와 아무 관계도 없는 일에 쓸데없이 끼어드는 것을 빗대어 이르는 말.

남의 아이 떡 주라는 소리는 내 아이 떡 주라는 소리(이다)

제 아이와 남의 아이가 같이 있는데 남의 아이한테 떡 주라고 권하는 것은 결국 제 아이에게 떡 주라고 하는 말이나 다름없다는 뜻으로, 겉으로는 남을 위하는 것처럼 보이지만 속셈은 제 잇속을 채우려는 것임을 빗대어 이르는 말.

남의 아이 이름 내가 어이 짓나

남의 어려운 일을 나라고 어떻게 할 수 있겠느냐는 말.

남의 아이 한 번 때리나 열 번 때리나 때렸단 소리 듣기는 마찬가지다

1. 나쁜 일은 적게 하나 많이 하나 잘못했다는 말을 듣기는 마찬가지라는 말.
2. 이렇게 하나 저렇게 하나 매한가지인 경우에 빗대어 이르는 말.

남의 열 아들 부럽지 않다

내 자식 하나가 남의 아들 여럿에 못지않거나 그보다 낫다는 말.

남의 염병이 내 고뿔만 못하다

'남의 생손은 제 살의 티눈만도 못하다'와 같은 속담.

남의 일에 흥야항야한다

아무런 상관도 없는 남의 일에 쓸데없이 끼어들어 아는 체하거나 이래라저래라 하는 것을 핀잔하여 이르는 말.

같은 속담 감 놓아라 배 놓아라 한다 • 남의 잔치[장/제사]에 감 놓아라 배 놓아라 한다 • 사돈네 제사에 가서 감 놓아라 배 놓아라 한다 • 사돈집 잔치에 감 놓아라 배 놓아라 한다

낱말 풀이 **흥야항야하다** 관계없는 남의 일에 쓸데없이 참견하여 이래라저래라 하다.

남의 일은 오뉴월에도 손이 시리다

남 일은 아무리 헐해도 힘들게 느껴진다는 뜻으로, 남을 위하여 진심으로 일하기는 쉽지 않음을 빗대어 이르는 말.

남의 일을 보아주려거든 삼 년 내 보아주어라

남의 상갓집 일을 봐주려면 삼 년 제사가 끝날 때까지 봐주라는 뜻으로, 남 일은 끝까지 돌봐주어야 도와준 보람이 있다는 말.

남의 입에 떡 집어넣기

'남의 다리 긁는다'와 같은 속담.

남의 자식 고운 데 없고 내 자식 미운 데 없다

자기 자식은 아무리 못생겨도 잘나 보이는 부모의 마음을 이르는 말.

남의 자식 흉보지 말고 내 자식 가르쳐라

남의 자식의 잘못을 말하기 전에 먼저 자기 자식에게 그런 잘못이 없는지 살펴보고 잘 가르치라는 뜻으로, 남을 흉보기 전에 그것을 거울삼아 제 잘못을 돌이켜 보고 고치라는 말.

남의 잔치[장/제사]에 감 놓아라 배 놓아라 한다

'남의 일에 흥야항야한다'와 같은 속담.

남의 장단에 엉덩춤 춘다
남의 장단[피리]에 춤춘다

제 생각이 없이 남이 하는 대로 덩달아 따라 하는 것을 비웃어 이르는 말.

같은 속담 남이 친 장단에 궁둥이춤[엉덩춤] 춘다

남의 제삿날[친기]도 우기겠다

남의 제사 날짜를 자기가 옳게 알고 있다고 우긴다는 뜻으로, 모든 일에 잘 우기는 사람을 두고 이르는 말.

낱말 풀이 **친기** 부모의 제사.

남의 제상에 배 놓거나 감 놓거나

'남의 사돈이야 가거나 말거나'와 같은 속담.

남의 죽음이 내 고뿔만도 못하다

'남의 생손은 제 살의 티눈만도 못하다'와 같은 속담.

남의 짐이 가벼워 보인다

남이 하는 일은 힘든 일이라도 제가 하는 일보다 쉬워 보임을 빗대어 이르는 말.

남의 집 금송아지가 우리 집 송아지만 못하다

'남의 더운밥이 내 식은 밥만 못하다'와 같은 속담.

ㄴ

남의 집 불구경 않는 군자 없다

1. 남의 집에 불이 나면 아무리 군자라도 불 끌 생각은 않고 구경한다는 뜻으로, 남의 불행에 무관심한 것을 빗대어 이르는 말. 2. 사람은 도덕적인 일보다 흥미로운 일에 더 끌린다고 빗대어 이르는 말.

남의 집 소경은 쓸어나 보는데 우리 집 소경은 쓸어도 못 본다

1. 남의 집 소경은 청소하는 시늉이라도 하는데 우리 집 소경은 비질할 생각조차 못 한다는 뜻으로, 남들은 안 그런데 자기 집 사람은 도무지 집안 사정이나 살림을 보살피지 않고 무관심함을 빗대어 이르는 말. 2. 자기 집 사람의 형편이 몹시 어려움을 빗대어 이르는 말.

남의 집 제사에 절하기

아무 관계도 없는 남의 일에 끼어들어 헛수고만 하는 것을 빗대어 이르는 말.

남의 참견 말고 제 발등의 불 끄지

남 일에 쓸데없이 참견하지 말고 제 앞에 닥친 급한 일이나 먼저 살피라는 말.

남의 팔매에 밤 줍는다

'남의 군불에 밥 짓는다'와 같은 속담.

낱말 풀이 **팔매** 조그마한 돌 따위를 손에 쥐고, 팔을 힘껏 흔들어서 세게 멀리 내던짐. 또는 그런 물건.

남의 호박에 말뚝 박기

잘 자라는 남의 집 호박에 말뚝을 박는다는 뜻으로, 남 일이 잘되어 가는 것을 보고 심술이 나서 훼방을 놓는 고약한 마음보를 빗대어 이르는 말.

남의 흉이 한 가지면 내 흉은 몇 가지냐
남의 흉이 한 가지면 제 흉은 열[백] 가지

남의 흉을 보기 좋아하는 사람은 알고 보면 제 흉은 열 가지는 된다는 뜻으로, 1. 자기는 더 많은 흉을 가졌으면서도 남의 흉을 본다는 말. 2. 쓸데없이 남을 흉보지 말라고 가르쳐 이르는 말.

남이 놓은 것은 소도 못 찾는다

다른 사람이 둔 물건은 소처럼 큰 것이라고 해도 찾기가 매우 어렵다는 말.

남이 눈 똥에 주저앉는다

'남 눈 똥에 주저앉고 애매한 두꺼비 떡돌에 치인다'와 같은 속담.

남이 서울 간다니 저도 간단다

남이 서울에 가니 자기는 볼일도 없으면서 덩달아 따라간다는 뜻으로, 줏대 없이 남을 따라 하는 사람을 두고 비웃어 이르는 말.

같은 속담 남이 은장도를 차니 나는 식칼을 낀다[찬다]

남이야 낮잠을 자든 말든
남이야 뒷간에서 낚시질을 하건 말건
남이야 삼승 버선을 신고 못자리를 밟든 말든
남이야 전봇대로 이를 쑤시건 말건
남이야 지게 지고 제사를 지내건 말건

남이야 무슨 짓을 하든지 자기와 관계없는 일에 쓸데없이 이래라저래라 할 필요가 없다는 말.

낱말 풀이 **삼승** 예순 올의 날실로 짠 굵은 베. =석새삼베.

남이 은장도를 차니 나는 식칼을 낀다[찬다]
남이 장 간다고 하니 거름 지고 나선다
남이 장에 가니 저도 덩달아 장에 간다
남이 장에 간다고 하니 무릎에 망건 씌다
남이 장에 간다니까 씨오쟁이 떼어 지고 간다

'남이 서울 간다니 저도 간단다'와 같은 속담.

낱말 풀이 **씨오쟁이** 씨앗을 담아 두려고 짚으로 엮은 자루.

남이 친 장단에 궁둥이춤[엉덩춤] 춘다

'남의 장단에 엉덩춤 춘다'와 같은 속담.

남자는 이레 굶으면 죽고 여자는 열흘 굶으면 죽는다

어려움에 처했을 때 여자가 남자보다 더 잘 견딜 수 있음을 빗대어 이르는 말.

남 잡으려다가 제가 잡힌다
남 잡이가 제 잡이

'남을 물에 넣으려면 제가 먼저 물에 들어간다'와 같은 속담.

남 지은 글로 과거한다
남 켠 횃불에 조개 잡듯

'남의 군불에 밥 짓는다'와 같은 속담.

남편 덕을 못 보면 자식 덕을 못 본다
남편 복 없는 여자는 자식 복도 없다

시집을 잘못 가서 평생 고생만 하는 신세를 한탄하여 이르는 말.

남편은 두레박 아내는 항아리

두레박으로 물을 퍼서 항아리를 채운다는 뜻으로, 남편은 밖에서 벌어들이고 아내는 살림을 알뜰살뜰 꾸려 가는 것을 빗대어 이르던 말.

낫 놓고 기역 자도 모른다

기역(ㄱ) 자처럼 생긴 낫을 눈앞에 두고도 기역 자인 줄 모른다는 뜻으로, 글자를 하나도 알지 못하거나 일의 이치에 몹시 어두운 사람을 놀리어 이르는 말.

낫

같은 속담 가갸 뒷다리[뒤 자]도 모른다 • 기역 자 왼 다리도 못 그린다

낱말 풀이 **낫** 곡식, 풀 따위를 베는 데 쓰는 농기구.

낫으로 눈 가려운 데 긁기

눈이 가렵다고 낫으로 눈을 긁는다는 뜻으로, 미련하게 위험한 짓을 하는 경우에 빗대어 이르는 말.

낫으로 눈을 가린다

낫으로 눈을 가리고 온몸을 다 가린 줄 안다는 뜻으로, 1. 어리석고 미련하여 제대로 일 처리를 하지 못하는 사람을 비웃어 이르는 말. 2. 자기 허물이나 흔적을 감추려고 미련하게 애쓰는 꼴을 빗대어 이르는 말.

낮말은 새가 듣고 밤말은 쥐가 듣는다
낮말은 지게문이 듣는다

1. 아무도 안 듣는 데서라도 말조심을 해야 한다는 말. 2. 아무리 남몰래 숨어서 한 말이라도 반드시 누군가의 귀에 들어가게 된다는 말.

같은 속담 밤말은 쥐가 듣고 낮말은 새가 듣는다

낱말 풀이 **지게문** 옛날식 집에서, 마루와 방 사이의 문이나 부엌의 바깥문.

낮에 난 도깨비[도둑]

도깨비나 도둑은 본디 어두컴컴한 밤에 돌아다니는데 대낮에 나타났다는 뜻으로, 낯가죽이 두껍거나 하는 짓이 괴상야릇한 사람을 빗대어 이르는 말.

ㄴ

낯은 알아도 마음은 모른다

사람의 마음속은 알 수 없다는 말.

낯익은 도끼에 발등 찍힌다

잘되리라 생각했던 일이 어긋나거나 믿었던 사람이 등을 돌리고 오히려 해를 입히는 경우에 빗대어 이르는 말.

같은 속담 믿는 도끼에 발등 찍힌다 • 아는 도끼에 발등 찍힌다

낳는 놈마다 장군 난다

1. 어떤 집안에 훌륭한 인물이 잇따라 남을 빗대어 이르는 말. 2. 좋은 일이 잇따라 일어남을 빗대어 이르는 말.

낳은 아이 아들 아니면 딸이지

둘 가운데에 하나라는 말.

낳은 정보다 기른 정이 더 크다

낳은 정도 크지만 길러 준 정이 낳은 정보다 더 크고 소중하다는 말.

내가 중이 되니 고기가 천하다

1. 중이 되면 고기를 먹지 않아서 고기가 하찮게 생각된다는 뜻으로, 어떤 물건이든 자기에게 쓸모없을 때에는 귀하게 여기지 않음을 빗대어 이르는 말.

2. 중이 되니 고기가 천할 정도로 많아졌다는 뜻으로, 자기가 필요할 때에는 구하기 어렵던 것이 필요 없게 되니까 흔하게 된 경우에 빗대어 이르는 말.

같은 속담 내 상주 되니 개고기도 흔하다

내 건너 배 타기

'나루 건너 배 타기'와 같은 속담.

내 것도 내 것 네 것도 내 것

욕심 많은 사람이 제 것뿐 아니라 남의 것까지 탐내어 남의 것을 마치 제 것처럼 쓰는 경우를 이르는 말.

내 것 아니면 남의 밭머리 개똥도 안 줍는다

사람됨이 매우 맑고 깨끗하여 욕심이 없음을 빗대어 이르는 말.

내 것 없어 남의 것 먹자니 말도 많다

1. 제가 가진 것이 없어서 남에게 무엇을 부탁하느라 아쉬운 소리를 늘어놓는 경우에 빗대어 이르는 말. 2. 가난한 사람이 얻어먹고 살자니 눈치도 보이고 말썽도 많이 생긴다는 말.

내 것 잃고 내 함박 깨뜨린다

제 것을 다 내주고도 함박마저 깨졌다는 뜻으로, 곱절로 손해를 보게 된 경우에 빗대어 이르는 말.

함박

내 것 잃고 죄짓는다

도둑을 맞고는 괜스레 애먼 사람을 의심하는 죄까지 짓게 된다는 말.

같은 속담 도둑맞고 죄 된다

내 것 주고 매 맞는다

남에게 잘해 주고도 도리어 해를 입는 경우를 빗대어 이르는 말.

같은 속담 제 것 주고 뺨[매] 맞는다

내 고뿔이 남의 염병보다 더하다

'남의 생손은 제 살의 티눈만도 못하다'와 같은 속담.

낱말 풀이 **고뿔** '감기'의 순우리말. **염병** '장티푸스'를 속되게 이르는 말.

내 노랑 병아리만 내라 한다

다 똑같이 생긴 병아리들 가운데서 제 병아리를 찾아내라 한다는 뜻으로, 무엇을 해 달라고 덮어놓고 억지를 부리는 경우에 빗대어 이르는 말.

내 노래를 사돈이 부른다

'나 부를 노래를 사돈집에서 부른다'와 같은 속담.

내 논에 물 대기

남의 논물이 마르거나 말거나 제 논에만 물을 댄다는 뜻으로, 남은 아랑곳없이 제게만 이롭게 생각하거나 행동하는 경우에 빗대어 이르는 말.

같은 속담 제 논에 물 대기

내닫기는[내뛰기는] 주막집 강아지라

주막집 개가 손님이 드나들 때마다 얻어먹으려고 덤벼든다는 뜻으로, 무슨 일이 있을 때마다 함부로 나서거나 참견하는 사람을 비꼬아 이르는 말.

내 돈 서 푼은 알고 남의 돈 칠 푼은 모른다

제 돈 서 푼은 귀중하게 여기지만 남의 돈 칠 푼은 하찮게 여긴다는 뜻으로, 제 것은 소중히 여기면서 남의 것은 대수롭지 않게 여김을 비꼬아 이르는 말.

내 돈 서 푼이 남의 돈 사백 냥보다 낫다

'남의 더운밥이 내 식은 밥만 못하다'와 같은 속담.

내 딸이 고와야 나비가 모인다
내 딸이 고와야 사위를 고르지

자기에게 허물이 없어야 남에게도 허물이 없기를 바랄 수 있다는 말.

같은 속담 꽃이 고와야[좋아야] 나비가 모인다 • 내 물건이 좋아야 값을 받는다

내 땅 까마귀는 검어도 귀엽다

1. 하찮게 여겼던 것도 고향이나 나라를 떠나면 귀하게 여겨진다는 뜻으로, 내 나라 내 고향을 그리워하는 마음을 나타낸 말. 2. 오래 정이 든 것은 무엇이나 다 좋다고 빗대어 이르는 말.

같은 속담 까마귀도 내 땅 까마귀라면 반갑다

내를 건너서 지팡이 추수하고 나서 자루

내를 건널 때 쓴 지팡이나 가을걷이할 때 곡식을 담았던 자루라는 뜻으로, 필요한 때가 지나 거추장스럽게 된 물건을 빗대어 이르는 말.

내리사랑은 있어도 치사랑[올리사랑]은 없다

윗사람이 아랫사람을 사랑하여 돌보아주는 것은 흔히 있는 일이지만 아랫사람이 윗사람을 돌보는 것은 쉽지 않다는 말.

같은 속담 사랑은 내리사랑

낱말 풀이 **올리사랑** 윗사람에 대한 아랫사람의 사랑. 또는 부모에 대한 자식의 사랑. **치사랑** 손아랫사람이 손윗사람을 사랑함. 또는 그런 사랑.

ㄴ

내 말은 남이 하고 남 말은 내가 한다

1. 누구나 다 남의 말 하기를 좋아한다는 말. 2. 자기가 나서서 자기와 관계되는 어떤 요구를 하기는 어렵지만 남이 해 주기는 쉽다는 말.

내 말이 좋으니 네 말이 좋으니 하여도 달려 보아야 안다

크고 작고, 길고 짧고, 좋고 나쁘고는 말로 해서는 모르고 실제로 견주어 보거나 겪어 보아야 알 수 있다는 말.

같은 속담 길고 짧은 것은 대어[재] 보아야 안다 • 크고 작은 것은 대봐야 안다

내 몸이 높아지면 아래를 살펴야 한다

사람은 높은 자리에 오를수록 아랫사람들을 더 잘 보살펴야 한다는 말.

내 물건은 좋다 한다

장사치가 자기가 파는 물건을 다 좋다고 한다는 뜻으로, 제 것은 무엇이나 다 좋다고 하는 사람을 비웃어 이르는 말.

내 물건이 좋아야 값을 받는다

내 물건이 좋아야 비싸게 팔 수 있다는 뜻으로, 1. 자기가 지킬 도리를 지켜야 남에게 대우받을 수 있음을 빗대어 이르는 말. 2. 자기에게 허물이 없어야 남에게도 허물이 없기를 바랄 수 있다는 말.

같은 속담 꽃이 고와야[좋아야] 나비가 모인다 • 내 딸이 고와야 나비가 모인다

내 미락 네 미락
내 미룩 네 미룩

책임을 안 지려고 서로 미룬다는 말.

같은 속담 네 미락 내 미락

내 미워 기른 아기 남이 괸다

자기가 미워하면서 기른 자식을 오히려 남들이 사랑해 준다는 말.

낱말 풀이 **괴다** 매우 귀여워하고 사랑하다.

내 미워 기른 자식 남이 괼까

자기가 미워하면서 기른 자식을 남인들 사랑하겠느냐는 뜻으로, 자기 것은 자기가 귀중하게 여겨야 남도 소중히 여기고 사랑한다는 말.

내 밑 들어 남 보이기

제가 한 짓이 자기를 욕되고 떳떳하지 못하게 만드는 경우를 빗대어 이르는 말.

같은 속담 제 밑 들어 남 보이기 • 제 얼굴에 똥칠한다

내 발등의 불을 꺼야 아비[아들] 발등의 불을 끈다

다급할 때는 다른 사람의 일보다도 자기에게 닥친 일부터 하게 된다는 뜻으로, 누구나 남 일보다 자기 일을 먼저 돌보게 된다는 말.

내 밥 먹은 개가 발뒤축을 문다

은혜를 베풀어 준 사람에게 도리어 해를 입는 경우에 빗대어 이르는 말.

같은 속담 개를 기르다 다리를 물렸다 • 기르던 개에게 다리를 물렸다 • 등을 쓰다듬어 준 강아지 발등 문다 • 삼 년 먹여 기른 개가 주인 발등을 문다 • 제가 기른 개에게 발꿈치 물린다 • 제 밥 먹은 개가 제 발등 문다 • 제집 개에게 발뒤꿈치 물린 셈

내 배가 부르니 종의 배고픔을 모른다
내 배 부르면 종의 밥 짓지 말라 한다

주인이 제 배가 부르니 모두 저와 같은 줄 알고 종이 먹을 밥도 못 짓게 한다는 뜻으로, 1. 편하게 사는 사람은 남의 어려운 사정을 잘 모른다는 말. 2.자기만 만족하면 남의 사정이나 곤란함을 돌보아 주지 않는 것을 빗대어 이르는 말.

같은 속담 상전 배부르면 종 배고픈 줄 모른다 • 자기 배 부르면 남의 배 고픈 줄 모른다 • 제 배 부르니 종의 밥 짓지 말란다

내 상주 되니 개고기도 흔하다

'내가 중이 되니 고기가 천하다'와 같은 속담.

내 속 짚어 남의 말 한다

자기 속마음이나 생각을 미루어서 다른 사람의 생각도 나와 같으리라고 지레 짐작하여 말하는 경우에 빗대어 이르는 말.

내 손끝[손톱]에 뜸을 떠라
내 손바닥[손톱]에 장을 지져라
내 손에 장을 지지겠다

내 말이 틀리면 손끝에 뜸을 뜨고 손에 장을 지지겠다고 할 만큼, 자기가 옳다고 자신 있게 말할 때 이르는 말.

낱말 풀이 **장** 간장, 된장, 고추장 따위를 통틀어 이르는 말.

내 손이 내 딸이라

남한테 일을 시키는 것보다 제 손으로 직접 하는 것이 더 마음에 들게 잘된다고 빗대어 이르는 말.

내 앞도 못 닦는 것이 남의 걱정 한다

제 앞에 닥친 일도 똑똑히 해내지 못하면서 쓸데없이 남 일에 참견하거나 나서기를 잘하는 사람을 핀잔하여 이르는 말.

같은 속담 제 코도 못 닦는 것이 남의 코 닦으려 한다

내 얼굴에 침 뱉기

남을 해치려다가 도리어 자기가 해를 입게 됨을 빗대어 이르는 말.

같은 속담 누워서 침 뱉기

내외간도 돌아누우면 남이다

부부 사이라도 마음이 멀어질 수 있다는 말.

낱말 풀이 **내외간** 부부 사이.

내외간 싸움은 개싸움
내외간 싸움은 칼로 물 베기라

부부는 싸웠다가도 쉽게 마음을 풀고 어울린다는 말.

같은 속담 부부 싸움은 칼로 물 베기 • 양주 싸움은 칼로 물 베기

내 일 바빠 한댁 방아

1. 큰집 방아를 빌려서 쌀을 찧으려니 큰집 방아부터 찧는다는 뜻으로, 내 일을 위하여 하는 수없이 남의 일부터 해야 하는 경우에 이르는 말. 2. 일이 바쁠 때는 준비가 덜 되어도 서둘러 한다는 말.

읽을거리 일연 스님이 쓴 《삼국유사》에 나오는 이야기야. 신라 경덕왕 때 '욱면'이라는 여자 종이 주인을 따라 절에 갔는데 밤마다 스님을 따라 염불을 외우더래. 주인은 욱면이 일을 잘 안 한다고 여겨 날마다 곡식 두 섬씩 주고 하룻저녁 내내 찧도록 했어. 그랬더니 욱면이 초저녁에 다 찧어 놓고 염불을 외더라는 거야. 그렇게 염불

하기를 게을리 하지 않던 욱면은 마침내 부처가 되었다고 하지. 도를 닦기 위해서 제 주인이 시킨 방아 찧기를 먼저 하지 않으면 안 되었다는 데서 나온 말이야.

낱말 풀이 **한댁** 살림살이 규모가 매우 큰 집.

ㄴ

내일은 삼수갑산을 가더라도

'나중에야 삼수갑산을 갈지라도'와 같은 속담.

내일의 천자보다 오늘의 재상

'나중 꿀 한 식기 먹기보다 당장의 엿 한 가락이 더 달다'와 같은 속담.

내 절 부처는 내가 위해야 한다

1. 자기가 할 일은 남에게 미루지 말고 제힘으로 해야 한다고 빗대어 이르는 말. 2. 옛날에, 자기가 모시는 주인은 제가 잘 섬겨야 남도 그를 알아본다고 빗대어 이르던 말.

같은 속담 제 절 부처는 제가 위하랬다(고)

내 침 발라 꼰 새끼가 제일(이다)

제가 손수 힘을 들여 꼰 새끼가 가장 좋다는 뜻으로, 무슨 일이든지 자기의 힘과 정성을 들여 이루어 낸 결과가 귀중하다는 말.

낱말 풀이 **새끼** 짚으로 꼬아 줄처럼 만든 것.

내 칼도 남의 칼집 속에 들어가면 빼기 어렵다
내 칼도 남의 칼집에 들면 찾기 어렵다

제 칼도 남의 칼집에 들어가면 마음대로 못 뺀다는 뜻으로, 아무리 자기 것이라도 한번 남의 손에 들어가면 제 마음대로 하기 어렵다고 빗대어 이르는 말.

같은 속담 제 칼도 남의 칼집에 들면 찾기 어렵다

내 코가 닷 발이다
내 코가 석 자

내 콧물이 닷 발이나 되어 닦기 바쁘다는 뜻으로, 자기 앞에 닥친 일이 급하여 다른 사람을 돕거나 안타까워할 겨를이 없을 때 빗대어 이르는 말.

같은 속담 제 코가 석 자(가웃이나 빠졌다)

낱말 풀이 **발** 길이의 단위. 한 발은 두 팔을 양옆으로 벌렸을 때 두 손끝 사이를 잰 길이이다.

내 콩이 크니 네 콩이 크니 한다

콩알 크기야 다 고만고만한데 서로 제 콩이 크다고 다툰다는 뜻으로, 비슷한 것들 가운데에서 굳이 낫고 못함이나 잘잘못을 가리려 함을 빗대어 이르는 말.

같은 속담 네 콩이 크니 내 콩이 크니 한다 • 참깨가 기니 짧으니 한다 • 참새가 기니 짧으니 한다 • 콩 났네 팥 났네 한다 • 콩이야 팥이야 한다

내 탓 네 탓 수염 탓
내 탈 네 탈 수염 탈

이것은 내 탓이고 저것은 네 탓이고 그것은 수염 탓이라며 핑계를 댄다는 뜻으로, 자기 잘못을 남한테 이리저리 떠넘기는 경우에 빗대어 이르는 말.

내 할 말을 사돈이 한다

'나 부를 노래를 사돈집에서 부른다'와 같은 속담.

냇가 돌 닳듯

냇가 자갈은 오랫동안 물에 씻기고 구르며 닳는다는 뜻으로, 1. 이리저리 부대끼면서 어렵고 힘든 일을 겪는 모양을 빗대어 이르는 말. 2. 세상에 시달려 성격이 약고 모질어짐을 빗대어 이르는 말.

같은 속담 시냇가 돌 닳듯

냇가에 어린애 세워 둔 것 같다

몹시 걱정스러워 잠시도 마음을 놓지 못하는 상태를 빗대어 이르는 말.

같은 속담 강가에 아이 내다[세워] 놓은 것 같다 • 우물가에 애 보낸 것 같다

ㄴ

냇물은 보이지도 않는데 신발부터 벗는다

턱없이 성급하게 구는 것을 빗대어 이르는 말.

냉수도 불어 먹겠다

찬물조차도 입이 델까 봐 식혀 먹겠다는 뜻으로, 지나치게 꼼꼼하고 조심스러워 몸을 사리는 사람을 놀리어 이르는 말.

냉수 먹고 갈비 트림한다

찬물만 마시고 푸짐한 갈비를 먹은 것처럼 트림한다는 뜻으로, 1. 시시한 일을 해 놓고서 무슨 큰일이나 한 것처럼 으스대는 것을 빗대어 이르는 말. 2. 하잘것없는 못난 사람이 잘난 체하는 것을 비웃어 이르는 말.

같은 속담 김칫국 먹고 수염 쓴다 • 미꾸라짓국 먹고 용트림한다 • 잉엇국 먹고 용트림한다

낱말 풀이 **트림하다** 먹은 것이 소화가 잘 되지 않아서 생긴 가스가 입으로 올라 나오다.

냉수 먹고 된똥 눈다

냉수만 마시고도 된똥을 누었다는 뜻으로, 보잘것없는 것을 가지고 뜻밖에 좋은 결과를 낸 경우에 빗대어 이르는 말.

냉수 먹고 속 차려라

철없는 사람에게 정신을 차리라고 꼬집어 이르는 말.

냉수 먹고 이 쑤시기

찬물을 마시고는 무엇을 잘 먹은 체하며 이를 쑤신다는 뜻으로, 실속은 없으면서 무엇이 있는 체하는 것을 이르는 말.

냉수에 뼈뜯이

1. 찬물에다 뼈에서 뜯어낸 고기를 두었다는 뜻으로, 맛없는 음식을 빗대어 이르는 말. 2. 말이나 행동이 싱거운 사람을 빗대어 이르는 말.

냉수에 이 부러지겠다[부러진다]

하찮은 것 때문에 뜻밖의 일을 겪는다는 뜻으로, 도무지 이치에 맞지 않는 아주 어이없는 경우를 빗대어 이르는 말.

너구리 굴 보고 피물 돈 내어 쓴다

너구리 굴만 보고 지레 가죽을 팔 생각에 빚부터 진다는 뜻으로, 1. 일이 되기도 전에 거기서 나올 이익을 생각하여 돈을 미리 당겨쓰는 것을 비웃어 이르는 말. 2. 일을 너무 급히 서둘러 하는 것을 비웃어 이르는 말.

같은 속담 땅벌 집[둥지] 보고 꿀돈 내어 쓴다 • 벌집 보고 꿀돈 내어 쓴다

낱말 풀이 **피물** 짐승의 가죽. 또는 그것으로 만든 물건.

너구리도 들구멍 날구멍을 판다

너구리도 땅에 구멍을 팔 때 들어가는 구멍과 도망갈 구멍을 판다는 뜻으로, 무슨 일을 하든지 질서와 절차가 있어야 하고 나중 일을 빈틈없이 생각하고 해야 한다고 빗대어 이르는 말.

같은 속담 쥐도 들구멍 날구멍이 있다

낱말 풀이 **날구멍** 동물이 나가는 구멍. **들구멍** 동물이 들어가는 구멍.

너 난 날 내 났다

너나 나나 같은 날 나서 별다를 것이 없다는 뜻으로, 쓸데없이 잘난 척하는 사람을 나무라는 말.

너울 쓴 거지

겉은 말끔하고 번듯하게 차렸지만 속은 거지나 다름없다는 뜻으로, 배가 너무 고파서 체면을 차릴 수 없게 된 처지를 빗대어 이르는 말.

낱말 풀이 **너울** 예전에, 여자들이 나들이할 때 얼굴을 가리기 위하여 쓰던 물건.

너하고 말하느니 개하고 말하겠다

도무지 말귀를 알아듣지 못하는 사람이나 고집을 부리는 사람에게 비꼬아 이르는 말.

같은 속담 담벼락하고 말하는 셈이다

넉 달 가뭄에도[가물어도] 하루만 더 개었으면 한다

1. 오래 기다리던 비라도 무슨 일을 치르려면 비 오는 것을 싫어한다는 말. 2. 넉 달이나 가물어서 비를 기다리는 때에도 어떤 사람은 하루만 더 개었으면 한다는 뜻으로, 사람은 날씨에 대해 자기중심으로 생각한다는 말.

넘어지기 전에 지팡이 짚는다

실패하거나 나쁜 일을 당하기 전에 미리 준비함을 빗대어 이르는 말.

넘어지면 막대 타령이라

제가 잘못하거나 실수한 까닭을 자기 자신한테서 찾지 않고 애먼 사람이나 조건 탓만 하는 경우에 핀잔하여 이르는 말.

같은 속담 소경이 넘어지면 막대[지팡이] 탓이다 • 장님이 넘어지면 지팡이 나쁘다 한다

넘어지면 코 닿을 데

매우 가까운 거리를 빗대어 이르는 말.

같은 속담 엎어지면 코 닿을 데

넘어진 김에 쉬어 간다

일이 일어난 김에 그 기회를 틈타 그동안 자기가 하려던 일을 이루거나 자기에게 이롭게 꾀하는 경우에 빗대어 이르는 말.

같은 속담 미끄러진 김에 쉬어 간다 • 엎어진 김에 쉬어 간다 • 자빠진 김에 쉬어 간다

넙치 눈은 작아도 먹을 것은 잘 본다

아무리 보고 들은 것이나 배운 것이 적은 사람도 제 살길은 다 마련하고 있음을 빗대어 이르는 말.

같은 속담 메기가 눈은 작아도 저 먹을 것은 알아본다 • 뱀장어 눈은 작아도 저 먹을 것은 다 본다

네 다리 빼라 내 다리 박자

1. 사람들이 꽉 들어찬 곳을 염치없이 비집고 들어가는 것을 빗대어 이르는 말.
2. 자기 요구를 이루기 위해 무리한 요구를 내세우는 것을 빗대어 이르는 말.

네 떡 내 먹었더냐

자기가 일을 저질러 놓고 모르는 체 시치미를 떼고 덤덤히 앉아 있기만 하는 것을 빗대어 이르는 말.

네 떡이 한 개면 내 떡이 한 개라

1. 남이 자기에게 어떻게 대하느냐에 따라 자기도 그만큼 남을 대한다는 말. 2. 말은 누구에게나 점잖고 부드럽게 하여야 한다는 말.

같은 속담 오는 떡이 두터워야[커야] 가는 떡이 두텁다[크다]

ㄴ

네 맛도 내 맛도 없다

아무 맛도 없다는 말.

네 미락 내 미락
네 미룩 내 미룩

'내 미락 네 미락'과 같은 속담.

네 일[것] 내 일[것]을 가리지 않다

자기 일과 남의 일을 가리지 않고 남의 일을 잘 도와준다는 말.

네 콩이 크니 내 콩이 크니 한다

'내 콩이 크니 네 콩이 크니 한다'와 같은 속담.

노구 전에 엿을 붙였나

뜨거운 노구솥 가에 붙인 엿이 녹아 흐를까 봐 서둘러 돌아가냐는 뜻으로, 집으로 빨리 돌아가려고 몹시 조급하게 구는 사람에게 놀리어 이르는 말.

같은 속담 가마목에 엿을 놓았나 • 솥뚜껑에 엿을 놓았나 • 이불 밑에 엿 묻었나 • 화롯가에[화롯전에다] 엿을 붙이고 왔나

낱말 풀이 **노구** 놋쇠나 구리쇠로 만든 작은 솥. =노구솥. **전** 그릇 따위의 위쪽 가장자리에 조금 넓적하게 된 부분.

노구솥

노는 입에 염불하기

가만있기보다는 하다못해 염불이라도 외우는 게 낫다는 뜻으로, 하는 일 없이 놀기보다는 무슨 일이든 하는 것이 낫다고 빗대어 이르는 말.

같은 속담 적적할 때는 내 볼기짝 친다 • 할 일이 없거든 오금이나 긁어라

노닥노닥 기워도 마누라 장옷
노닥노닥 기워도 비단 걸레
노닥노닥해도 비단일세

지금은 낡았지만 처음에는 소중한 물건이었고 아직도 그 전의 모습이나 가치가 남아 있음을 빗대어 이르는 말.

낱말 풀이 **노닥노닥** 해지거나 찢어진 곳을 여기저기 깁거나 덧붙인 모양. **장옷** 옛날에, 여자들이 나들이할 때 얼굴을 가리려고 머리부터 쓰던 긴 옷.

장옷

노래기 푸념한 데 가 시룻번이나 얻어먹어라
노래기 회도 먹겠다

고약한 노린내가 나는 노래기로 회를 쳐 먹겠다는 뜻으로, 비윗살이 지나치게 좋거나 부끄러움도 모르고 행동하는 사람을 비웃어 이르는 말.

같은 속담 비위가 노래기 회 쳐 먹겠다 • 장지네 회 쳐 먹겠다

낱말 풀이 **노래기** 노래기강의 절지동물을 통틀어 이르는 말. 몸은 원통형으로 길고 발이 많다. 건드리면 몸을 둥글게 말고 노린내를 풍긴다. **시룻번** 시루를 솥에 안칠 때 그 틈에서 김이 새지 않도록 바르는 반죽. **푸념하다** 마음속에 품은 불평을 늘어놓다.

노래면 다 육자배긴 줄 아나

제가 알고 있는 얕은 지식으로 어림짐작하여 그릇되게 판단하는 경우에 비꼬아 이르는 말.

낱말 풀이 **육자배기** 전라도 지방에서 불리던 민요의 하나.

노루가 제 방귀에 놀라듯

겁이 많은 노루가 제 방귀에 놀라 기겁을 하듯이, 남몰래 저지른 일에 스스로 겁을 먹고 대수롭지 않은 일에도 깜짝깜짝 놀라는 꼴을 빗대어 이르는 말.

같은 속담 토끼가 제 방귀에 놀란다

읽을거리 노루는 겁이 많아서 작은 소리에도 잘 놀라고 금세 달아나. 개가 짖는 것처럼 '컹컹' 하고 울어. 해 진 뒤나 해 뜰 무렵에 나와서 먹이를 먹는데, 연한 나뭇가지나 풀이나 배추, 무, 콩 같은 곡식을 잘 먹어. 먹이를 먹고 나면 안전한 곳에 가서 되새김질을 하지. 노루는 한곳에 자리를 잡고 사는데, 잠을 자는 자리와 낮에 잠시 쉬거나 되새김질을 하는 자리가 따로 있어.

노루 꼬리가 길면 얼마나 길까

짧은 노루 꼬리가 길면 얼마나 길겠느냐는 뜻으로, 시원찮은 재주를 가지고 지나치게 뽐내며 우쭐대는 것을 비웃어 이르는 말.

노루는 잡아 놓은 노루

일이 되어 가는 것을 보아 성공할 것이 틀림없을 때 빗대어 이르는 말.

노루 때린 막대기

어쩌다가 노루를 때려잡은 막대기를 가지고 늘 노루를 잡으려고 한다는 뜻으로, 1. 뜻밖의 행운만 바라는 어리석음을 빗대어 이르는 말. 2. 낡은 방법을 덮어놓고 지금에도 쓰려고 하는 어리석음을 빗대어 이르는 말.

노루 때린 막대기 세 번이나 국 끓여 먹는다

노루를 때려잡는 데 쓴 막대기를 노루 고기 맛이라도 날까 하여 세 번이나 끓여서 우려먹는다는 뜻으로, 거의 쓸모가 없게 된 것을 두고 계속 써먹으려 하는 것을 비웃어 이르는 말.

같은 속담 노루 친 막대기 삼 년 우린다

노루 보고 그물 짊어진다
노루 보고 신들메 맨다

노루를 보고 그제야 부랴부랴 그물을 짊어지고 잡으려 한다는 뜻으로, 미리 준비하지 않고 있다가 일이 닥쳐서야 허둥지둥 덤비는 꼴을 비웃어 이르는 말.

낱말 풀이 **신들메** 신이 벗어지지 않도록 신을 발에다 동여매는 끈. =들메끈.

노루 본 놈이 그물 짊어진다

무슨 일이나 직접 당한 사람이 나서서 하기 마련이라는 말.

노루잠에 개꿈이라

1. 시답지 않은 꿈을 꾸거나 그런 꿈 이야기를 하는 경우에 빗대어 이르는 말.
2. 격에 맞지 않는 말을 하는 경우에 빗대어 이르는 말.

같은 속담 돝잠에 개꿈

낱말 풀이 **개꿈** 별 내용은 없이 어수선하게 꾸는 꿈. **노루잠** 깊이 들지 못하고 자꾸 놀라 깨는 잠.

노루 잡기 전에 골뭇감 마련한다

노루도 잡기 전에 벌써 노루 가죽으로 골무를 만들려고 한다는 뜻으로, 1. 일을 지나치게 서두르는 것을 비웃어 이르는 말. 2. 일이 이루어지기 전에 그 공을 따져 말하는 것을 빗대어 이르는 말.

골무

낱말 풀이 **골무** 바느질할 때 바늘을 눌러 밀거나 손끝이 찔리는 것을 막기 위하여 손가락에 끼우는 도구. 헝겊이나 가죽 따위로 만든다.

ㄴ

노루 잡는 사람에게 토끼가 보이나

큰 것을 바라거나 큰일을 꾀하는 사람은 하찮고 사소한 것은 거들떠보지도 않는다는 말.

노루 친 막대기 삼 년 우린다

'노루 때린 막대기 세 번이나 국 끓여 먹는다'와 같은 속담.

노루 피하니 범이 온다

1. 한 가지 위험을 피하고 나니 그보다 더 큰 위험이 들이닥치는 경우를 이르는 말. 2. 일이 점점 더 어렵고 힘들게 되는 경우에 빗대어 이르는 말.

같은 속담 뒷문으로 이리가 나가니 앞문으로 호랑이가 들어온다 • 발바리 새끼 쫓겨 가자 미친개 뛰어든다 • 여우를 피하니까 이리가 나온다 • 이리를 피하니 범이 앞을 막는다 • 조약돌[조막돌]을 피하니까 수마석을 만난다

노름은 도깨비 살림

1. 노름을 하는 것은 있던 재물이 눈 깜짝할 사이에 몽땅 없어지는 불안정한 도깨비 살림 같다는 뜻으로, 노름으로 쉽게 번 돈은 아무리 많이 벌어도 하루아침에 다 털어먹게 됨을 빗대어 이르는 말. 2. 도박의 성패는 미리 알 수 없어서 한번 돈이 불어날 때에는 쉽게 또 크게 늘어남을 빗대어 이르는 말.

낱말 풀이 **노름** 돈이나 값나가는 물건을 걸고 주사위나 화투, 트럼프 같은 것으로 내기를 하는 일. **도깨비 살림** 있다가도 갑자기 눈 깜짝할 사이에 없어지는 불안정한 살림살이.

노름은 본전에 망한다

밑천만 되찾겠다고 자꾸 노름을 하다 보면 노름에 더욱 깊이 빠져들어 헤어나지 못하게 된다는 말.

노인네 망령은 고기로 고치고 젊은이 망령은 몽둥이로 고친다

아이들이 잘못했을 때는 엄하게 가르쳐야 하고 노인들은 그저 잘 위해 드려야 한다는 말.

같은 속담 젊은이 망령은 홍두깨로 고치고 늙은이 망령은 곰국으로 고친다

노인 말 그른 데 없고 어린아이 말 거짓 없다

경험 많은 노인의 말은 옳은 말이 많고 순진한 어린아이 말은 솔직하다는 말.

노적가리에 불 지르고 싸라기 주워 먹는다
노적가리에 불태우고 낟알 주워 먹는다
노적 섬에 불붙여 놓고 박산 주워 먹는다

노적가리에 불을 지르고는 잿더미에서 싸라기를 주워 먹는다는 뜻으로, 큰 손해를 보고 작은 이익을 구하는 데에 마음을 쓰는 꼴을 빗대어 이르는 말.

노적가리

같은 속담 기름을 버리고[엎지르고] 깨를 줍는다 • 재산을 잃고 쌀알을 줍는다 • 집 태우고 못 줍기

낱말 풀이 **노적가리** 가을걷이를 한 논이나 집 마당에 수북이 쌓아 둔 곡식 더미. **박산** '옥수수알을 튀긴 튀밥'의 방언(강원, 경남).

노처녀가 시집을 가려니 등창이 난다

오랫동안 별러 오던 일을 정작 하려고 하니 걸림돌이 생겨 끝내 하지 못하고 마는 경우에 빗대어 이르는 말.

같은 속담 여든 살 난 큰아기가 시집가랬더니 차일이 없다 한다

녹수 갈 제 원앙 가듯

서로 늘 붙어 다니는 가까운 사이를 빗대어 이르는 말.

같은 속담 구름 갈 제 비가 간다 • 꺽꺽 푸드득 장끼 갈 제 아로롱 까투리 따라가듯 • 바늘 가는 데 실 가고 바람 가는 데 구름 간다 • 바늘 따라 실 간다 • 바람 간 데 범 간다 • 범 가는 데 바람 간다 • 봉 가는 데 황 간다 • 실 가는 데 바늘도 간다 • 용 가는 데 구름 가고 범 가는 데 바람 간다

낱말 풀이 **녹수** 푸른 물.

논두렁에 구멍 뚫기

논두렁에 구멍을 뚫어 논에 댄 물을 새어 나가게 한다는 뜻으로, 매우 심술 사나운 짓을 빗대어 이르는 말.

같은 속담 고추밭에 말 달리기 • 애호박에 말뚝 박기

논밭은 다 팔아먹어도 향로 촛대는 지닌다

살림이 어려워 논밭을 다 팔아먹는 한이 있어도 조상에게 제사 지낼 때 쓰는 향로와 촛대는 남겨 둔다는 뜻으로, 1. 뼈대 있는 집안은 망해도 그 집안의 가풍은 남아 있다는 말. 2. 있던 것이 다 없어진다 하여도 남는 것이 한둘은 있다는 말.

같은 속담 종가는 망해도 신주보와 향로 향합은 남는다

낱말 풀이 **촛대** 초를 꽂아 놓는 기구. **향로** 향을 피우는 데 쓰는 자그마한 화로.

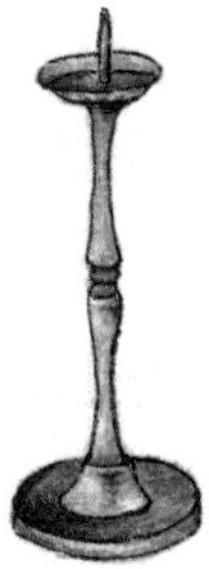

촛대

논에는 물이 장수

싸움터에서 장수가 큰 구실을 하듯이, 논농사에서 물이 가장 중요하다는 말.

논을 사려면 두렁을 보라

1. 논을 사려면 논두렁이나 물길 따위를 잘 보고 사야 한다고 가르쳐 이르는 말.
2. 무슨 일이나 환경과 조건을 잘 헤아려서 해야 실수가 없다고 빗대어 이르는 말.

같은 속담 밭을 사려면 변두리를 보라

논 이기듯 밭[신] 이기듯

잘 알아듣도록 같은 말을 자꾸 되풀이하는 것을 빗대어 이르는 말.

낱말 풀이 **이기다** 가루나 흙 따위에 물을 부어 반죽하다.

논 자취는 없어도 공부한 공은 남는다

놀지 않고 힘써 공부하면 나중에 그 공적이 반드시 드러날 테니 될 수 있는 대로 공부에 힘쓰라는 말.

논 팔아 굿하니 맏며느리 춤추더라

없는 형편에 논까지 팔아서 굿을 하니 맏며느리가 분수없이 굿판에 뛰어들어 춤을 춘다는 뜻으로, 어려운 형편에 마땅히 일이 잘되도록 애써야 할 사람이 도리어 엉뚱한 행동을 하는 경우에 빗대어 이르는 말.

같은 속담 빚 얻어 굿하니 맏며느리 춤춘다

놀란 토끼 벼랑 바위 쳐다보듯

1. 말도 못하고 눈만 껌벅거리며 쳐다보는 모습을 빗대어 이르는 말. 2. 위험을 벗어날 길이 없어서 어쩔 줄 몰라 하는 경우에 이르는 말.

농군이 여름에 하루 놀면 겨울에 열흘 굶는다

농사꾼이 여름에 게으름을 피우면 추운 겨울에 먹을 것이 없다는 뜻으로, 모내고 논매고 추수할 때에는 부지런히 일해야 한 해를 걱정 없이 보낼 수 있다는 말.

같은 속담 여름에 하루 놀면 겨울에 열흘 굶는다

농민은 굶어 죽어도 씨오쟁이는 베고 죽는다
농사꾼이 (굶어) 죽어도 종자는 베고 죽는다

1. 농사꾼은 굶어 죽더라도 이듬해 뿌릴 씨앗은 먹지 않고 남겨 둔다는 뜻으로, 농사꾼은 씨앗을 소중히 여긴다는 말. 2. 답답할 정도로 어리석고 인색하기만 한 사람을 이르는 말.

같은 속담 굶어 죽어도 종자는 베고 죽는다 • 죽어도 씨오쟁이는 베고 죽는다

낱말 풀이 **씨오쟁이** 씨앗을 담아 두려고 짚으로 엮은 자루.

씨오쟁이

농사 물정 안다니까 피는 나락 홱 뽑는다[뺀다]

남이 아첨하는 말이나 비꼬는 말을 제대로 알아듣지 못하고 잘난 체하거나 우쭐거리면서 더 괴상한 짓을 함을 빗대어 이르는 말.

농 속에 갇힌 새

'낚시에 걸린 물고기'와 같은 속담.

높은 가지가 부러지기 쉽다

높은 자리에 있을수록 그 자리를 오래 지키기가 어려움을 빗대어 이르는 말.

높은 나무에는 바람이 세다

1. 높은 자리에 오를수록 그 자리를 탐내는 이가 많아서 마음을 놓기 어렵다는 말. 2. 윗사람일수록 아랫사람들 때문에 근심도 많고 고생도 많이 겪는다는 말.

높은 데 송아지 간 발자국만 있고 온 발자국은 없다

1. 언제 없어졌는지도 모르게 무엇이 없어짐을 빗대어 이르는 말. 2. 옛날에, 제물로 바친 송아지는 끌려간 발자국은 있어도 돌아온 발자국은 없다는 뜻으로, 한번 가서 다시 돌아오지 않는 경우에 이르던 말.

높은 산을 피하니까 벼랑이 앞에 나선다

한 가지 위험이나 어려움에서 벗어나니 또 다른 위험이나 어려움에 부닥치게 됨을 빗대어 이르는 말.

같은 속담 범을 피하니 사자가 나온다

놓치고 보니 큰 고기인 것만 같다
놓친 고기가 더 크다[커 보인다]

잡으려다 놓친 물고기가 더 크게 여겨진다는 뜻으로, 지금 가지고 있는 것보다 얻지 못하거나 잃은 것을 더 아쉬워한다는 말.

뇌성벽력은 귀머거리라도 듣는다

시끄러운 우레 소리와 벼락 치는 소리는 귀머거리라도 듣는다는 뜻으로, 아주 뚜렷한 사실은 누구나 다 알 수 있다고 빗대어 이르는 말.

같은 속담 청천백일은 소경이라도 밝게 안다

누가 흥이야 항이야 하랴

누가 감히 '흥'이 어떻고 '항'이 어떻고 할 수 있겠느냐는 뜻으로, 관계없는 남의 일에 이래라저래라 할 수 없다는 말.

읽을거리 조선 숙종 때에, 김수흥과 김수항이라는 형제가 있었어. 둘 다 정승 자리에 있으면서 막강한 권세를 누렸지. 그 권세에 맞서 누가 감히 드러내 놓고 흥이야 항이야 하겠느냐는 데서 나온 말이야.

누더기 속에서 영웅 난다

보잘것없는 집안이나 변변치 못한 부모한테서 훌륭한 사람이 나온 것을 빗대어 이르던 말.

같은 속담 개똥밭에 인물 난다 • 개천에서 용[선녀가] 난다 • 시궁[시궁창]에서 용 난다

누운 나무에 열매 안 연다

죽은 나무에 열매가 열릴 수 없다는 뜻으로, 사람도 움직이지 않고 가만히 있으면 아무것도 이루거나 가질 수 없으니 열심히 움직이고 일해야 성공한다는 말.

ㄴ

누운 소 똥 누듯 한다

어떤 일을 힘들이지 않고 쉽게 해 나감을 빗대어 이르는 말.

같은 속담 키 큰 암소 똥 누듯 (한다)

누운 소 타기
누워서 떡 먹기[받아먹듯]

하기가 매우 쉬운 일을 빗대어 이르는 말.

누울 자리 봐 가며 발을 뻗어라[편다]

1. 일을 할 때 어떤 결과가 나올지 생각하여 미리 살핀 뒤에 일을 시작하라는 말. 2. 때와 곳을 가려 행동하라는 말.

같은 속담 발길도 이불깃을 봐 가면서 펴야 한다 • 발 뻗을 자리를 보고 누우랬다 • 이부자리 보고 발을 펴라

누워서 떡을 먹으면 팥고물[콩고물]이 눈에 들어간다

누워서 떡을 먹는 것은 쉬운 일이지만 팥고물이 얼굴에 떨어져 눈에 들어간다는 뜻으로, 그저 제 몸이 편할 일만 하려다가는 도리어 제게 해로울 수 있다고 빗대어 이르는 말.

누워서 침 뱉기

1. 남을 해치려다가 도리어 자기가 해를 입게 됨을 빗대어 이르는 말. 2. 자기에게 해가 돌아올 짓을 함을 빗대어 이르는 말.

같은 속담 내 얼굴에 침 뱉기 • 자기 낯[얼굴]에 침 뱉기 • 제 갗[낯]에 침 뱉기 • 천장에 침 뱉기 • 하늘 보고 침 뱉기 • 하늘에 돌 던지는 격

누이 믿고 장가 안 간다

도저히 할 수 없는 일만 하려고 하고 다른 방법이나 계획을 마련해 놓지 않는 어리석음을 비웃어 이르는 말.

누이 좋고 매부 좋다

이쪽이나 저쪽이나 다 이롭고 좋다는 말.

누지 못하는 똥 으드득 누라 한다

마렵지도 않은 똥을 누라고 한다는 뜻으로, 되지도 않을 일을 억지로 졸라 하라고 하는 경우에 이르는 말.

눈 가리고 아웅

1. 속이 빤히 들여다보이는 얕은수로 남을 속이려 드는 어리석은 짓을 이르는 말. 2. 보람 없을 일을 괜히 하는 체하며 부질없는 짓을 함을 빗대어 이르는 말.

같은 속담 가랑잎으로 눈(을) 가리고 아웅 한다 • 귀 막고 아웅 한다 • 눈 감고 아웅 한다 • 눈 벌리고 아웅 • 눈 벌리고 어비야 한다 • 머리카락 뒤에서 숨바꼭질한다 • 입 가리고 고양이 흉내

눈 감고 따라간다

자기 생각 없이 남이 이끄는 대로 덮어놓고 따라 하는 것을 빗대어 이르는 말.

같은 속담 눈먼 말[망아지] 워낭 소리 따라간다 • 밤눈 어두운 말이 워낭 소리 듣고 따라간다

눈 감고 아웅 한다

보람 없을 일을 괜히 하는 체하며 부질없는 짓을 함을 빗대어 이르는 말.

같은 속담 귀 막고 아웅한다 • 눈 가리고 아웅 • 눈 벌리고 아웅

ㄴ

눈 감으면 코 베어 먹을 세상[인심]
눈 뜨고 코 베어 갈 세상[인심]

눈을 감으면 코를 베어 갈 만큼 세상인심이 매우 사납고 고약하다는 말.

같은 속담 눈을 떠도 코 베어 간다

눈 깜짝할 사이

매우 짧은 순간을 이르는 관용 표현.

눈 뜨고 도둑맞는다[봉사질한다]

뻔히 알면서도 어쩔 수 없이 빼앗기거나 손해를 본다는 말.

눈 먹던 토끼 얼음 먹던 토끼가 제각각

1. 저마다 사는 방식이 다르다는 말. 2. 겪어 온 환경에 따라 생각이나 능력도 차이가 있기 마련이라는 말.

같은 속담 눈 집어 먹은 토끼 다르고 얼음 집어 먹은 토끼 다르다

눈먼 고양이 갈밭 매듯

뚜렷한 목표 없이 여기저기 떠돌아 다님을 빗대어 이르는 말.

같은 속담 눈먼 중 갈밭에 든 것 같다

낱말 풀이 **갈밭** 갈대가 우거진 밭. =갈대밭. **매다** 논밭에 난 잡풀을 뽑다.

눈먼 고양이[구렁이] 달걀 어르듯
눈먼 구렁이 꿩의 알 굴리듯

앞 못 보는 고양이가 달걀을 조심스레 이리 굴리고 저리 굴린다는 뜻으로, 제게 소중한 것인 줄 알고 몹시 아끼는 모양을 빗대어 이르는 말.

눈먼 놈이 앞장선다

못난 사람이 남보다 먼저 나서는 꼴을 빗대어 이르는 말.

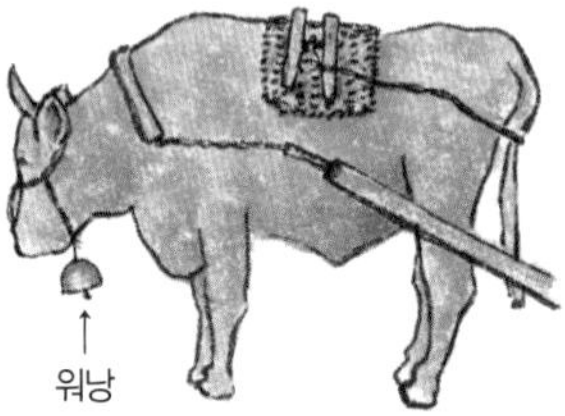

눈먼 말[망아지] 워낭 소리 따라간다

'눈 감고 따라간다'와 같은 속담.

낱말 풀이 **워낭** 말이나 소의 턱밑에 늘여 단 방울.

눈먼 말 타고 벼랑을 간다

매우 위험한 짓을 빗대어 이르는 말.

눈먼 소경더러 눈멀었다 하면 성낸다

자기가 알고 있는 흠이라도 남이 그것을 말하면 싫어한다는 말.

같은 속담 소경더러 눈멀었다 하면 노여워한다

눈먼 자식이 효자 노릇 한다

늘 부모에게 걱정만 끼치던 눈먼 자식도 부모에게 효도할 날이 있다는 뜻으로, 무시하고 기대하지 않았던 사람에게 뜻밖에 큰 도움을 받은 경우를 이르는 말.

같은 속담 병신 자식이 효도한다

눈먼 장님은 서울을 가도 말 못 하는 벙어리는 서울 못 간다

눈먼 사람은 말을 할 수 있기 때문에 서울을 물어서 갈 수 있다는 뜻으로, 벙어리보다 장님이 낫다고 빗대어 이르던 말.

눈먼 정이 눈뜬 사람 잡는다

옳고 그름을 따지지 않고 덮어놓고 예뻐하기만 하면 버릇을 망칠 수 있다는 말.

눈먼 중 갈밭에 든 것 같다

'눈먼 고양이 갈밭 매듯'과 같은 속담.

눈먼 탓이나 하지 개천 나무래 무엇 하나

제 눈이 멀어 개천에 빠졌는데 애먼 개천을 탓한다는 뜻으로, 제 잘못과 흠은 생각하지 않고 애꿎은 남이나 조건만 탓하는 경우를 빗대어 이르는 말.

같은 속담 개천아 네 그르냐 눈먼 봉사 내 그르냐 • 봉사 개천 나무란다 • 소경 개천 그르다 하여 무얼 해 • 소경이 그르냐 개천이 그르냐 • 장님 개천 나무란다

눈물은 내려가고 숟가락[밥술]은 올라간다

아무리 슬픈 일이 있어도 사람은 그것을 참고 견디면서 살아갈 길을 찾기 마련이라는 말.

눈물 흘리면서 겨자 먹기

맵다고 울면서도 겨자를 먹는다는 뜻으로, 하기 싫은 일을 억지로 마지못하여 할 때 빗대어 이르는 말.

같은 속담 울며 겨자 먹기

눈 벌리고 아웅

보람 없을 일을 괜히 하는 체하며 부질없는 짓을 함을 빗대어 이르는 말.

같은 속담 눈 가리고 아웅

눈 벌리고 어비야 한다

속이 빤히 들여다보이는 얕은수로 남을 속이려 드는 어리석은 짓을 이르는 말.

같은 속담 눈 가리고 아웅

낱말 풀이 **어비** 어린아이에게 무섭거나 위험한 것이라는 뜻으로 하지 못하게 할 때 내는 소리. =에비.

눈보다 동자가 크다

주된 것보다 곁딸린 것이 더 많거나 큰 경우를 빗대어 이르는 말.

같은 속담 몸보다 배꼽이 더 크다 • 발보다 발가락이 더 크다 • 배보다 배꼽이 더 크다 • 아이보다 배꼽이 크다 • 얼굴보다 코가 더 크다

눈 본 대구 비 본 청어

눈이 내릴 때는 대구가 많이 잡히고 비가 올 때는 청어가 많이 잡힌다는 말.

읽을거리 대구는 입이 크다고 대구야. 차가운 물을 좋아해서 여름에는 깊고 차가운 동해 바다 속에서 살아. 물 밑바닥에서 떼 지어 살면서 새우, 고등어, 오징어, 게 따위를 닥치는 대로 잡아먹는데, 먹성이 좋아서 바닥에 깔린 돌멩이까지 꿀꺽꿀꺽 삼킬 정도라고 해. 한겨울이 돼서 바닷가 얕은 물이 차가워지면 알을 낳으러 깊은 바다에서 올라와. 그래서 대구는 눈이 와야 많이 잡힌다고 했어. 청어는 몸이 파랗다고 청어야. 정월부터 이른 봄이면 알을 낳으러 동해나 남해 얕은 바닷가로 떼 지어 몰려와. 옛날에는 청어가 바다를 뒤덮을 만큼 몰려오기도 했대. 그래서 '진달래꽃 피면 청어 배에 돛 단다'는 말도 생겨났지. 꾸덕꾸덕하게 말린 청어를 '과메기'라고 하는데 요즘에는 청어가 잘 안 잡혀서 꽁치로 과메기를 만들기도 해.

ㄴ

눈썹만 뽑아도 똥 나오겠다

조그마한 괴로움이나 아픔도 참지 못해 쩔쩔매는 것을 놀리어 이르는 말.

눈썹 새에 내 천 자를 누빈다

두 눈썹 사이에 골이 세 가닥 났다는 뜻으로, 매우 마뜩잖아서 눈살을 찌푸린 모습을 빗대어 이르는 말.

낱말 풀이 **내 천 자** 한자 '川'의 이름. '내'는 시내보다는 크고 강보다는 작은 물줄기를 이른다.

눈썹에 떨어진 액[병]

느닷없이 들이닥친 재난을 빗대어 이르는 말.

낱말 풀이 **액** 모질고 사나운 운수.

눈썹에 불이 붙는다

뜻밖에 큰 걱정거리가 닥쳐와서 매우 위급하게 된 경우를 빗대어 이르는 말.

눈 앓는 놈 고춧가루 넣기

아주 나쁜 결과를 가져올 수 있는 마땅치 않은 대책을 빗대어 이르는 말.

같은 속담 안질에 고춧가루

눈앞에서 자랑 말고 뒤에서 꾸짖지 마라

눈앞에서는 아첨하고 뒤에서는 헐뜯는 간사한 짓을 하지 말라는 말.

눈 어둡다 하더니 다홍 고추만 잘 딴다

눈이 나빠 잘 안 보인다고 하면서도 익은 고추만 골라 딴다는 뜻으로, 1. 잇속에 밝고 속이 몹시 검은 사람을 비꼬아 이르는 말. 2. 제 일만 하고 남의 일에는 핑계를 대며 도와주지 않는 사람을 빗대어 이르는 말.

눈에는 눈(을) 이에는 이(를)

해를 입은 만큼 앙갚음하는 것을 빗대어 이르는 말.

눈에 띄다

두드러지게 드러난다는 관용 표현.

눈에 약하려도 없다

눈병에는 약이 조금만 있어도 되는데 그 정도도 없다는 뜻으로, 어떤 것이 조금도 없음을 빗대어 이르는 말.

같은 속담 약에 쓰려도 없다

눈에 콩깍지가 씌었다

눈앞이 가리어 사람이나 물건을 제대로 보지 못함을 빗대어 이르는 말.

낱말 풀이 **콩깍지** 콩알을 털어 내고 남은 빈 껍질.

눈 오는 날 개 싸다니듯

눈이 오면 개들이 좋다고 달려 나와서 돌아다닌다는 뜻으로, 쓸데없이 돌아다니기 좋아함을 빗대어 이르는 말.

눈 온 뒤에는 거지가 빨래를 한다
눈 온 이튿날 거지가 빨래한다

눈 온 다음 날은 거지가 입던 옷을 벗어 빨래를 할 만큼 날씨가 따뜻하다는 말.

눈 와야 솔이 푸른 줄 안다

어려운 상황을 당해 보아야 그 사람의 진짜 됨됨이를 알 수 있다는 말.

눈 위에 서리 친다

1. 어려움이나 불행이 자꾸 겹쳐 드는 것을 빗대어 이르는 말. 2. 하는 일마다 방해가 있어 뜻대로 되지 않는 것을 빗대어 이르는 말.

같은 속담 고비에 인삼 • 기침에 재채기 • 마디에 옹이 • 얼어 죽고 데어 죽는다 • 옹이에 마디 • 하품에 딸꾹질

낱말 풀이 **서리** 공기 가운데 있던 수증기가 땅 위나 물체에 닿아 얼어붙은 것.

눈은 그까짓 것 하고 손은 어비 한다

눈으로 볼 때에는 쉬워 보이던 것도 정작 하려고 하면 제 마음대로 되지 않거나 실제로 하기는 힘든 경우에 빗대어 이르는 말.

같은 속담 눈 익고 손 설다

눈은 그 사람의 마음을 닮는다
눈은 마음의 거울

눈만 보아도 그 사람의 마음을 미루어 알 수 있다고 빗대어 이르는 말

눈은 있어도 망울이 없다

1. 가장 중요한 것이 빠졌기 때문에 있으나 마나 하다는 말. 2. 옳고 그름을 가리고 사물을 꿰뚫어 보는 눈이 모자람을 빗대어 이르는 말.

눈은 풍년이나 입은 흉년이다

눈에 보이는 것은 많아도 정작 먹을 것은 없다는 말.

눈을 떠도 코 베어 간다

'눈 감으면 코 베어 먹을 세상[인심]'과 같은 속담.

눈을 떠야 별을 보지
눈을 떠야 앞을 본다

1. 어떤 성과를 얻으려면 그에 걸맞은 노력과 준비가 있어야 한다는 말. 2. 무슨 일을 할 수 있는 환경이나 조건이 도무지 마련되지 않음을 빗대어 이르는 말.

같은 속담 꿈을 꾸어야 임을 보지[본다] • 임을 보아야 아이를 낳지 • 잠을 자야 꿈을 꾸지 • 장가를 들어야 아이를 낳는다 • 하늘을 보아야 별을 따지

눈을 져다가 우물을 판다

눈을 가져다가 그대로 두어도 물이 될 텐데 거기에 또 땅을 파서 물이 나게 한다는 뜻으로, 일 처리가 둔하고 답답함을 빗대어 이르는 말.

눈이 번쩍 뜨이다

정신이 갑자기 든다는 관용 표현.

눈이 보배다

눈썰미가 있거나 사물의 값어치를 꿰뚫어 보는 눈이 뛰어나다는 말.

눈이 아무리 밝아도 제 코는 안 보인다

아무리 똑똑한 사람도 정작 자신에 대해서는 잘 모른다고 빗대어 이르는 말.

눈이 저울이라

눈대중한 것이나 저울로 단 것이나 크게 다르지 않다는 뜻으로, 오랜 경험에서 나온 짐작이 거의 들어맞을 때 빗대어 이르는 말.

눈이 팔백 냥

사람 몸값을 천 냥으로 친다면 눈은 팔백 냥이나 된다는 뜻으로, 사람한테는 눈이 매우 중요하다는 말.

같은 속담 사람이 천 냥이면 눈이 팔백 냥이다

ㄴ

눈 익고 손 설다

'눈은 그까짓 것 하고 손은 어비 한다'와 같은 속담.

눈 집어 먹은 토끼 다르고 얼음 집어 먹은 토끼 다르다

'눈 먹던 토끼 얼음 먹던 토끼가 제각각'과 같은 속담.

눈 찌를 막대
눈 찌를 막대는 저마다[사람마다] 있다

비록 보잘것없는 막대라도 사람의 눈을 찔러 앞을 못 보게 할 수 있다는 뜻으로, 아무리 약한 사람이라도 자기를 해치려 드는 사람한테서 자신을 지킬 방법이 있다는 말.

눈치가 발바닥이라

눈치가 몹시 무디거나 없는 경우에 빗대어 이르는 말.

눈치가 빠르기는 도갓집 강아지

도갓집에서 키우는 개들은 드나드는 사람들이 많아 눈치가 빠르다는 뜻으로, 낌새를 잘 알아차리고 눈치가 매우 빠른 사람을 빗대어 이르던 말.

낱말 풀이 **도갓집** 옛날에, 같은 장사를 하는 상인들끼리 모여서 장사에 관한 의논을 하던 집.

눈치가 빠르면 절에 가도 젓갈[새우젓/조개젓]을 얻어먹는다

고기를 못 먹게 하는 절에서도 눈치만 빠르면 젓갈을 얻어먹을 수 있다는 뜻으로, 사람이 눈치가 빠르면 어떠한 경우라도 먹고살 수 있다는 말.

낱말 풀이 **젓갈** 멸치나 새우나 생선의 살 따위를 소금에 절여 삭혀 만든 음식.

눈치가 안는 암탉 잡아먹겠다

알을 품고 있는 암탉도 잡아먹을 눈치라는 뜻으로, 뒷일은 생각하지 않고 눈앞에 놓인 이익만 얻으려는 사람을 빗대어 이르는 말.

낱말 풀이 **안다** 새가 알을 까기 위하여 가슴이나 배 부분으로 알을 덮고 있다.

눈치가 있으면 떡이나 얻어먹지

눈치가 없어 쉽게 얻어먹을 수 있는 떡도 못 얻어먹는다는 뜻으로, 둔하고 미련한 사람을 놀리어 이르는 말.

눈치가 참새 방앗간 찾기

눈치가 매우 빠름을 빗대어 이르는 말.

낱말 풀이 **방앗간** 방아로 곡식을 찧거나 빻는 곳.

뉘 아기[개] 이름인 줄 아나

1. 턱없는 소리를 자꾸 할 때 핀잔하는 말. 2. 누군가 자기 이름을 자꾸 부를 때 핀잔하는 말.

뉘 집 숟가락이 몇 갠지 아나

남의 집에 숟가락이 몇 개인지 어떻게 알겠느냐는 뜻으로, 남의 집 일을 다 알 수 없고 또 알 필요도 없다고 이르는 말.

뉘 집에 죽이 끓는지 밥이 끓는지 아나

누구네 집에서 어떤 일이 벌어졌는지 모른다는 뜻으로, 1. 여러 사람의 사정을 다 알기 어렵다는 말. 2. 세상일에 어둡다는 말. 3. 남의 집안일은 다른 사람이 끼어들 일이 아니라는 말.

느릿느릿 걸어도 황소걸음

일을 매우 느리게 하는 것 같지만 꾸준해서 오히려 믿음직스럽다는 말.

같은 속담 드문드문 걸어도 황소걸음 • 띄엄띄엄 걸어도 황소걸음

늑대는 늑대끼리 노루는 노루끼리

처지가 같거나 이해관계가 비슷한 사람들끼리 모이고 서로 사귀는 것을 빗대어 이르는 말.

같은 속담 까치는 까치끼리

늘 쓰는 가래는 녹이 슬지 않는다

부지런하고 꾸준히 애쓰는 사람은 뒤떨어지지 않고 점점 발전함을 빗대어 이르는 말.

같은 속담 구르는 돌은 이끼가 끼지 않는다 • 부지런한 물방아는 얼 새도 없다

늙고 병든 나무에는[몸은] 눈먼 새도 안 앉는다

사람이 늙고 병들면 누구 하나 찾아 주지도 않고 좋아하는 사람도 없다는 말.

늙으면 아이 된다

'나이가 들면 어린애가 된다'와 같은 속담.

늙으면 욕이 많다

사람이 오래 살게 되면 이런저런 못 볼 일을 많이 보게 되고 부끄러운 일을 많이 당하게 된다는 말.

같은 속담 오래 살면 욕이 많다

늙은 개가 문 지키기 괴롭다

나이 많은 사람이 쉬지 않고 꼬박 일하기가 매우 어려움을 빗대어 이르는 말.

늙은 고양이가 아랫목을 찾는다

늙은 고양이가 쥐 잡을 생각은 안 하고 따스한 아랫목만 찾아든다는 뜻으로, 사람이 나이를 먹어 늙으면 앞장서기를 꺼리고 편안한 것을 좋아하게 된다고 빗대어 이르는 말.

늙은 고양이는 불에 데지 않는다

나이 많은 사람은 경험이 많고 슬기롭다고 빗대어 이르는 말.

늙은 당나귀 꾀 많다

1. 나이를 먹을수록 힘이 딸리기 때문에 되도록 편하게 지내려고 꾀를 부리게 됨을 빗대어 이르는 말. 2. 나이 든 사람은 경험이 많기 때문에 약빠른 꾀를 잘 낸다고 빗대어 이르는 말.

늙은 당나귀 콩 실러 가자면 좋아하듯

여느 때에는 일하기 싫어하다가도 자기에게 보탬이 되는 일에는 반겨 나서는 모양을 빗대어 이르는 말.

늙은 말이 길을 안다

나이가 들면 경험이 많은 만큼 일에 대한 이치도 잘 안다고 빗대어 이르는 말.

읽을거리 옛날 중국 제나라 때 있었던 이야기야. 어느 해 봄에 제나라 임금이 병사들을 이끌고 다른 나라와 전쟁을 하러 갔어. 금방 이길 줄 알았던 전쟁은 쉽게 끝나지 않았고, 겨울이 닥쳐왔지. 그래서 어쩔 수 없이 다시 제나라로 서둘러 돌아와야 했어. 그런데 돌아오는 길에 그만 길을 잃고 헤매게 되었어. 그때 어떤 신하가 늙은 말을 풀어놓고 그 뒤를 따르게 했더니, 늙은 말이 빨리 달리지는 못하지만 봄에 왔던 길을 잊지 않아서 별 탈 없이 집으로 돌아왔다는 이야기야. 늙은 말의 슬기처럼 사람도 나이가 들면 경험이 많아져서 그만큼 슬기롭고 세상 살아가는 이치를 잘 알게 된다는 뜻이지.

늙은 말이 콩 마다할까

'나 많은 말이 콩 마다할까'와 같은 속담.

늙은 말 콩 더 달란다

늙을수록 욕심이 늘고 먹는 데에 관심이 더 많아진다는 말.

같은 속담 늙은 소 콩밭으로 간다

늙은 소가 밭을 더 깊이 간다

흔히 늙은이가 젊은이들보다 더 깐깐하면서도 알차게 일함을 빗대어 이르는 말.

늙은 소 콩밭으로 간다

1. 늙을수록 욕심이 늘고 먹는 데에 관심이 더 많아진다는 말. 2. 오랜 경험을 바탕으로 힘든 일보다는 자기에게 이로운 일만 하는 것을 빗대어 이르는 말.

같은 속담 늙은 말 콩 더 달란다

늙은 소 흥정하듯

늙은 소는 사고파는 데 오래 걸린다는 뜻으로, 1. 일을 빨리 못 끝내고 질질 끄는 것을 빗대어 이르는 말. 2. 행동이 매우 굼뜬 경우에 빗대어 이르는 말.

늙은 아이어미 석 자 가시 목구멍에 안 걸린다

늙도록 아이를 낳은 어머니는 석 자나 되는 가시를 먹어도 목에 안 걸리고 넘어갈 만큼 속이 비어 있다는 말.

늙은 영감 덜미 잡기

인정 없고 심술궂으며 뻔뻔한 짓을 빗대어 이르는 말.

같은 속담 무죄한 놈 뺨 치기 • 우는 아이 똥 먹이기

늙은 우세 하고 사람 치고, 병 우세 하고 개 잡아먹는다

1. 늙음을 구실로 하여 사람을 치고 병든 것을 구실로 하여 개를 잡아먹는다는 뜻으로, 무슨 일이나 자기에게 이롭게 핑계를 댈 때 빗대어 이르는 말. 2. 늙은이나 병든 사람은 잘못을 하여도 용서를 받는 경우가 많다는 말.

낱말 풀이 **우세** 남보다 힘이나 세력이 강함. 또는 그 힘이나 세력.

늙은이 괄시는 해도 아이들 괄시는 안 한다

1. 한창 크는 아이들 기를 꺾지 말라는 말. 2. 세상 물정 모르는 아이들은 대접하기가 더 어려우니 잘 대해야 한다는 말.

낱말 풀이 **괄시** 업신여겨 하찮게 대함.

늙은이 기운 좋은 것과 가을 날씨 좋은 것은 믿을 수 없다

일이 되어 가는 형편이 언제 바뀔지 모른다는 말.

늙은이도 세 살 먹은 아이 말을 귀담아들으랬다

세 살 먹은 아이가 하는 말이라도 이치를 깨우쳐 줄 수 있으니 무시하지 말고 귀담아들으라는 뜻으로, 남이 하는 말을 신중하게 잘 들으라는 말.

같은 속담 세 살 먹은 아이 말도 귀담아들으랬다 • 아이 말도 귀여겨들으랬다 • 어린 아이 말도 귀담아들어라 • 업은 아기 말도 귀담아들으랬다 • 팔십 노인도 세 살 먹은 아이한테 배울 것이 있다

늙은이 박대는 나라도 못 한다

나라님도 늙은이를 푸대접하지 못한다는 뜻으로, 어느 누구라도 늙은 사람을 업신여겨서는 안 된다는 말.

늙은이 아이 된다

'나이가 들면 어린애가 된다'와 같은 속담.

늙은이(의) 상투

다 빠지고 얼마 남지 않은 머리카락을 틀어 묶은 상투라는 뜻으로, 보잘것없이 작은 물건을 빗대어 이르는 말.

같은 속담 영감의 상투

늙은이 잘못하면 노망으로 치고 젊은이 잘못하면 철없다 한다

잘못의 원인을 제대로 밝히지 않고 어림짐작으로 돌려 버릴 때 이르는 말.

늙은이 호박나물에 용쓴다
늙은이 호박죽에 힘쓴다

1. 도저히 힘을 쓸 수 없는 사람이 힘을 쓸 듯이 자신있게 나섬을 빗대어 이르는 말. 2. 호박죽이나 호박나물은 늙은이가 먹기 쉽고 기운이 나는 음식이라는 말.

늙은 쥐가 독 뚫는다

늙으면 꾀가 많이 생기고 엉큼해짐을 빗대어 이르는 말.

늙은 총각 떡함지에 엎어졌다

1. 나이가 들도록 장가를 못 들다가 좋은 혼처가 난 경우에 이르는 말. 2. 뜻밖에 큰 이익을 본 경우에 빗대어 이르는 말.

능참봉을 하니까 거둥이 한 달에 스물아홉 번이라

어쩌다가 겨우 능참봉 한자리를 얻었는데 한 달에 스물아홉 번이나 왕이 내려와 힘들다는 뜻으로, 1. 오래 바라던 일이 이루어졌으나 허울만 좋을 뿐 실속 없이 수고롭기만 할 때 빗대어 이르는 말. 2. 운수가 나빠서 하는 일마다 꼬이기만 하는 경우에 빗대어 이르는 말.

같은 속담 모처럼 능참봉을 하니까 한 달에 거둥이 스물아홉 번 • 여든에 능참봉을 하니 한 달에 거둥이 스물아홉 번이라 • 칠십에 능참봉을 하니 하루에 거둥이 열아홉 번씩이라

낱말 풀이 **거둥** 임금의 나들이. **능참봉** 조선 시대에, 능을 관리하는 일을 맡아보던 벼슬.

늦가을에 깨운 열쭝이 서리 맞은 것 같다

늦가을에 깐 병아리가 서리 맞은 것 같다는 뜻으로, 힘없는 사람이 큰일을 당해 겁에 질리고 얼이 빠져 있는 모습을 빗대어 이르는 말.

낱말 풀이 **열쭝이** 갓 날기 시작한 새 새끼 또는 늦가을에 깐 병아리.

늦게 배운 도둑이 날 새는 줄 모른다
늦게 시작한 도둑이 새벽 다 가는 줄 모른다

어떤 일에 남보다 늦게 재미를 붙인 사람이 그 일에 더 정신을 쏟게 됨을 빗대어 이르는 말.

늦게 잡고 되게 친다

늦장을 부리면 나중에 가서 서두르게 되기 때문에 더 큰 고생을 하게 된다는 말.

늦모내기 때에는 아궁 앞의 부지깽이도 뛴다
늦모내기에 죽은 중도 꿈쩍거린다

늦게 하는 모내기는 부지깽이 손이라도 빌려서 할 만큼 몹시 바쁘다는 뜻으로,

1. 제철에 시작한 모내기도 제때 끝내기 바쁜데 늦모내기는 더욱 바쁘다는 말.
2. 몹시 바쁜 때에는 누구나 다 움직여야 한다는 말.

낱말 풀이 **부지깽이** 아궁이에 불을 땔 때 불을 헤치거나 끌어내거나 하는 데 쓰는 가는 막대기.

늦바람이 용마름을 벗긴다

늦게 불기 시작한 바람이 초가집 지붕마루에 얹은 용마름을 벗길 만큼 세다는 뜻으로, 사람이 나이 들어 무엇을 좋아하게 되거나 어떤 일에 재미를 들이게 되면 거기에서 벗어나기 힘들다는 말.

같은 속담 사람도 늦바람이 무섭다

낱말 풀이 **용마름** 초가의 지붕마루에 덮는 'ㅅ' 자 모양으로 엮은 이엉.

늦은 밥 먹고 파장 간다

늦장 부리다 장이 끝나고 나서야 장에 간다는 뜻으로, 때가 이미 늦었음을 빗대어 이르는 말.

낱말 풀이 **파장** 1. 과거장, 시장 따위가 끝남. 또는 그런 때. 2. 여럿이 모여 벌이던 판이 거의 끝남. 또는 그 무렵.

늦장마가 더 무섭다

늦장마가 오면 큰물이 난다고 일러 오던 말.

ㄷ

다 가도 문턱 못 넘기

애써 일했지만 끝맺음을 못해 보람이 없게 된 경우에 빗대어 이르는 말.

다 닳은 대갈마치라

많이 두드려서 닳아빠진 대갈마치란 뜻으로, 세상을 겪을 대로 겪어 몸과 마음이 다부지고 억척스러운 사람을 빗대어 이르는 말.

낱말 풀이 **대갈마치** 소나 말의 발굽에 편자를 박을 때 쓰는 작은 연장.

다 된 농사에 낫 들고 덤빈다

농사지은 곡식을 다 거두어들인 다음에 낫을 들고 달려든다는 뜻으로, 일이 다 끝난 뒤에 쓸데없이 참견하고 나서는 것을 빗대어 이르는 말.

다 된 죽에 코 빠졌다[빠뜨린다]
다 된 죽에 코 풀기

1. 거의 다 된 일을 망치는 주책없는 짓을 두고 욕하여 이르는 말. 2. 남의 잘되어 가는 일을 몹쓸 방법으로 방해하는 것을 빗대어 이르는 말.

같은 속담 잘되는 밥 가마에 재를 넣는다 • 잦힌 밥에 흙 퍼붓기 • 패는 곡식 이삭 뽑기[빼기]

다람쥐 도토리 방구리에 드나들듯

다람쥐가 방구리에 있는 도토리를 굴로 물어 나르느라고 들락날락하듯이, 어느 곳을 매우 자주 드나드는 모양을 빗대어 이르는 말.

같은 속담 반찬단지에 고양이 발 드나들듯 • 밤 소쿠리에 생쥐 드나들듯 • 조개젓 단지에 괭이[고양이] 발 드나들듯 • 팥죽 단지에 생쥐 달랑거리듯 • 풀 방구리에 쥐 드나들듯

낱말 풀이 **방구리** 물을 길어 나르거나 음식을 담아 두던 질그릇.

방구리

ㄷ

다람쥐 밤 까먹듯

다람쥐가 밤을 볼에 잔뜩 물고 오물오물 까먹듯이, 욕심스럽게 잘 먹는 모양을 빗대어 이르는 말.

다람쥐 쳇바퀴 돌듯

다람쥐가 쳇바퀴 안에서 달리면 한자리에서만 맴돌듯이, 아무리 애써도 앞으로 나아가거나 더 좋아지지 않고 제자리걸음만 하는 경우를 빗대어 이르는 말.

같은 속담 개미 쳇바퀴 돌듯 • 돌다(가) 보아도 마름[물방아]

다리가 의붓자식보다 낫다

마음껏 걸어 다닐 수 있는 다리가 의붓자식에게 신세 지는 것보다 낫다는 뜻으로, 제 몸을 움직여서 아무 데나 마음대로 갈 수 있는 것이 남이 해 주는 것보다 훨씬 낫다는 말.

같은 속담 다리뼈가 맏아들이라 • 발이 맏아들[사촌/의붓자식/효도 자식/효자]보다 낫다 • 정강이가 맏아들보다 낫다

낱말 풀이 **의붓자식** 재혼한 배우자가 데려온 자식.

다리 밑에서 욕하기

앞에서 바로 맞서지 못하고 뒤에 가서 불평하거나 욕하는 것을 빗대어 이르는 말.

같은 속담 다리 아래서 원을 꾸짖는다

다리 부러진 거북이 같다

가뜩이나 걸음이 느린 거북이가 다리까지 부러져 더 굼뜨게 기어가는 것 같다는 뜻으로, 1. 몹시 굼뜨고 느린 사람을 놀리어 이르는 말. 2. 아무런 능력도 없게 된 사람을 빗대어 이르는 말.

다리 부러진 노루 한자리[한 곬]에 모인다

취미나 처지가 같은 사람들끼리 한데 모여 있음을 빗대어 이르는 말.

낱말 풀이 **곬** 한쪽으로 트여 나가는 방향이나 길.

다리 부러진 장수 성안에서 호령한다
다리 부러진 장수 소리치는 격
다리 부러진 장수 집 안에서 큰소리친다

다리가 부러져 꼼짝 못 하는 장수가 성안에서만 명령하고 큰소리친다는 뜻으로, 남 앞에서는 기도 펴지 못하면서 남이 없는 데서만 큰소리치며 잘난 체하는 사람을 비웃어 이르는 말.

같은 속담 이불 속[안]에서 활개 친다

다리뼈가 맏아들이라

'다리가 의붓자식보다 낫다'와 같은 속담.

다리 아래서 원을 꾸짖는다
다릿목 아래서 원 꾸짖기

'다리 밑에서 욕하기'와 같은 속담.

낱말 풀이 **다릿목** 다리가 놓여 있는 길목. **원** 옛날에, 지방의 각 고을을 맡아 다스리던 관리들을 통틀어 이르는 말. 절도사, 관찰사, 부윤, 목사, 부사, 군수, 현감, 현령 따위를 이른다.

ㄷ

다리야 날 살려라

다리에게 있는 힘껏 달려서 나를 살려 달라고 빈다는 뜻으로, 있는 힘껏 몹시 급하게 달아난다는 관용 표현.

같은 관용 걸음아 날 살려라 • 오금아 날 살려라 • 종짓굽아 날 살려라

다 먹은 죽에 코 빠졌다 한다

1. 잘 먹고 나서 음식에 대하여 불평하는 경우에 빗대어 이르는 말. 2. 그 당시에는 몰랐지만 나중에 사실을 알고 나니 꺼림칙하다는 말.

다북쑥도 삼밭에 나면 곧아진다

줄기가 곧지 못한 다북쑥도 삼밭에 나면 삼 줄기처럼 곧게 자란다는 뜻으로, 사람은 자라는 환경과 조건이 매우 중요하다고 빗대어 이르는 말.

낱말 풀이 **다북쑥** 국화과의 여러해살이풀. 잎은 어긋나며, 7~10월에 분홍빛이 도는 흰색 꽃이 핀다. 어린 잎은 먹고 줄기와 잎자루는 약으로 쓴다. **삼** 삼과의 한해살이풀. 줄기가 곧게 자란다. 줄기 껍질은 섬유의 원료로 쓰고, 껍질을 벗긴 대는 종이를 만드는 데 쓴다.

다 삭은 바자 틈에 누렁개[노랑 개] 주둥이 같다

다 삭아 빠진 바자 틈으로 난데없이 쑥 나온 누렁개의 주둥이 같다는 뜻으로, 되지도 않는 일에 끼어들어 주제넘게 말참견하는 것을 비꼬아 이르는 말.

같은 속담 삭은 바자 구멍에 노란 개 주둥이 내밀듯

낱말 풀이 **바자** 대, 갈대, 수수깡, 싸리 따위로 발처럼 엮어서 만든 물건. 울타리를 만드는 데 쓰인다.

다섯 손가락 깨물어서 아프지 않은 손가락이 없다

자식이 여럿이라도 부모에게는 어느 하나 소중하지 않은 자식이 없다는 말.

같은 속담 열 손가락 깨물어 안 아픈 손가락이 없다

다시 긷지 아니한다고 이 우물에 똥을 눌까

1. 두 번 다시 안 볼 것처럼 굴어도 나중에 다시 만나 신세를 지거나 아쉬워할 때가 올 수 있으니 누구에게나 너그럽게 대하라는 말. 2. 자기 처지가 나아졌다고 전에 신세 졌던 사람을 업신여기거나 함부로 대하면 안 된다는 말.

같은 속담 똥 누고 간 우물도 다시 먹을 날이 있다 • 발을 씻고 달아난 박우물에 다시 찾아온다 • 안 먹겠다 침 뱉은 물 돌아서서 다시 먹는다 • 이 샘물 안 먹는다고 똥 누고 가더니 그 물이 맑기도 전에 다시 와서 먹는다 • 이 우물에 똥을 누어도 다시 그 우물을 먹는다 • 침 뱉은 우물 다시 먹는다

다시 보니 수원 나그네

누군가 싶었는데 다시 보니 전부터 잘 아는 수원 나그네였다는 뜻으로, 처음에는 알아차리지 못하다가 곰곰이 생각해 보니 알던 사람이라는 말.

같은 속담 알고 보니 수원 나그네 • 인제 보니 수원 나그네

다 쑤어 놓은 죽

잘되었든 못되었든 이미 끝나서 더는 어쩔 수 없게 된 것을 빗대어 이르는 말.

다 퍼먹은 김칫독

김치를 다 꺼내 먹어 더는 열 필요가 없게 된 빈 김칫독이라는 뜻으로, 1. 쓸모없게 된 물건이나 사람을 빗대어 이르는 말. 2. 앓거나 굶주려 눈이 쑥 들어간 사람을 빗대어 이르는 말.

같은 속담 꺼내 먹은 김칫독 (같다)

다 퍼먹은 김칫독에 빠진다

1. 남들이 이익을 보고 물러난 뒤에 함부로 덤벼들었다가 큰 손해를 보는 것을

빗대어 이르는 말. 2. 빈 김칫독에 빠져서 김치를 버릴 일은 없다는 뜻으로, 어떤 이익이나 손해 볼 것도 없는 경우에 빗대어 이르는 말.

닦은 방울 같다

1. 정성을 들여 닦아서 윤이 나는 방울 같다는 뜻으로, 눈이 초롱초롱 빛나고 아름다운 것을 빗대어 이르는 말. 2. 영리하고 똑똑한 어린아이를 빗대어 이르는 말.

단 가마에 눈

뜨겁게 달아오른 가마에 닿아 금세 녹아 버리는 눈이라는 뜻으로, 1. 무엇이 눈 깜짝할 사이에 사라짐을 빗대어 이르는 말. 2. 무슨 일을 하여도 보람 없는 경우에 빗대어 이르는 말.

단김에 소뿔 빼듯

무슨 일이든지 하려고 마음먹었으면 망설이지 말고 한창 열이 올랐을 때 곧바로 행동으로 옮기라는 말.

같은 속담 소뿔도 손대였을 때 뽑아라 • 쇠뿔도 단김에 빼라[빼랬다]

단김에 쇠를 두드려야 한다

쇠는 벌겋게 달아올랐을 때 두드려야 벼릴 수 있다는 뜻으로, 일이란 손에 잡은 김에 바로 끝을 보아야 한다고 빗대어 이르는 말.

같은 속담 쇠는 단김에 벼려야 한다

단꿀에 덤비는 개미 떼

단꿀에 새까맣게 달라붙어 와글거리는 개미 떼 같다는 뜻으로, 눈앞의 이익을 보고는 앞뒤 가리지 않고 덤벼드는 것을 빗대어 이르는 말.

단단하기만 하면 벽에 물이 고이나

1. 단단한 벽에는 물을 아무리 부어도 물이 흘러내릴 뿐 고이지 않는다는 뜻으로, 어떤 일이든 여러 조건이 고루 갖추어져야 일이 잘된다는 말. 2. 너무 아끼면서 아득바득 재물을 모으려는 사람을 핀잔하여 이르는 말.

단단한 땅에 물이 괸다[고인다]

1. 헤프게 쓰지 말고 아껴 써야 재산을 모을 수 있다는 말. 2. 어떤 일이든 마음을 굳게 먹고 노력해야 좋은 결과를 얻을 수 있다는 말.

같은 속담 굳은 땅에 물이 괸다[고인다]

단맛 쓴맛 다 보았다

살면서 세상의 즐거움과 괴로움, 기쁨과 슬픔 따위를 다 겪어 보았다는 말.

같은 속담 쓴맛 단맛 다 보았다

단솥에 물 붓기

1. 불에 달아 뜨거운 솥에 물을 뿌려 보았자 솥을 식힐 수 없다는 뜻으로, 형편이 이미 기울어서 아무리 도와주어도 보람이 없는 경우에 빗대어 이르는 말. 2. 무엇이 어쩔 사이 없이 매우 빨리 없어지는 경우에 빗대어 이르는 말.

단술 먹은 여드레 만에 취한다

단술을 마시고 나서 8일 만에 취한다는 뜻으로, 어떤 일이 있은 지 한참 만에야 그 영향이 나타나는 것을 빗대어 이르는 말.

같은 속담 작년에 고인 눈물 금년에 떨어진다

낱말 풀이 **단술** 엿기름을 우린 물에 밥알을 넣어 식혜처럼 삭혀서 끓인 음식. 음력 이월 초하룻날에 식구의 건강과 풍년을 바라는 뜻에서 단술을 만들어 먹는 풍습이 있다.

단술에 배부를까

밥 한 숟가락에 배가 부를 수는 없다는 뜻으로, 어떤 일이든지 한 번에 만족할 만한 성과를 얻기는 어렵다고 빗대어 이르는 말.

같은 속담 첫술에 배부르랴 • 한술 밥에 배부르랴

날말 풀이 **단술** 1. 단 한 번 뜬 밥술. 2. 단 한 번.

ㄷ

단풍도 떨어질 때 떨어진다

모든 일이 다 제때가 있다는 말.

닫는 데 발 내민다

막 뛰어가는데 발을 걸어 넘어지게 한다는 뜻으로, 어떤 일에 열중하고 있는데 남이 중간에서 방해함을 빗대어 이르는 말.

날말 풀이 **닫다** 빨리 뛰어가다.

닫는 말에도 채를 친다
닫는 말에 채찍질(한다)

달리는 말에도 더 빨리 달리라고 채찍질한다는 뜻으로, 1. 한창 잘되어 가는 일이라도 더 잘되도록 마음을 쓰고 힘을 더해야 한다고 빗대어 이르는 말. 2. 열심히 하고 있는데도 더 빨리하라고 다그치는 것을 빗대어 이르는 말.

같은 속담 가는 말에도 채를[채찍을] 치랬다 • 달리는 말에 채찍질

닫는 말에 채질한다고 경상도까지 하루에 갈 것인가

달리는 말에 아무리 채찍질을 해도 하루에 경상도까지 갈 수는 없다는 뜻으로, 부지런히 힘껏 하고 있는 일을 자꾸 더 잘하고 빨리하라고 무리하게 다그쳐 봐야 잘될 리가 없다는 말.

닫는 사슴을 보고 얻은 토끼를 잃는다

달아나는 사슴을 보고 잡아 놓은 토끼를 두고 쫓아갔다가 얻은 토끼마저 잃고 맨손으로 돌아왔다는 뜻으로, 지나치게 욕심을 부리다가 이미 얻은 것마저 잃어버리는 경우에 빗대어 이르는 말.

같은 속담 가는 토끼 잡으려다 잡은 토끼 놓친다 • 달아나는 노루 보고 얻은 토끼를 놓았다 • 멧돼지 잡으려다가 집돼지를 잃어버린다 • 산돼지를 잡으러 갔다가 집돼지를 잃어버린다 • 산토끼를 잡으려다가 집토끼를 놓친다

달걀도 굴러가다 서는 모가 있다

1. 언제 끝날지 모르는 힘든 일도 끝날 때가 있음을 빗대어 이르는 말. 2. 좋게만 대하는 사람도 화를 낼 때가 있음을 빗대어 이르는 말.

같은 속담 메밀도 굴러가다 서는 모가 있다

낱말 풀이 **모** 물건의 거죽으로 쑥 나온 귀퉁이.

달걀로 바위[백운대/성] 치기

조금만 부딪쳐도 깨지는 달걀로 바위를 치는 셈이라는 뜻으로, 자기의 능력을 헤아리지 못하고 도저히 이길 수 없는 상대에게 함부로 맞서는 어리석음을 빗대어 이르는 말.

같은 속담 계란으로 바위 치기 • 바위에 달걀 부딪치기

낱말 풀이 **백운대** 북한산에서 가장 높은 산봉우리. 화강암으로 된 바위가 깎아지른 듯 높이 솟아 있다.

달걀로 치면 노른자[노른자위](다)

어떤 것에서 가장 중요한 부분이라는 말.

달걀에도 뼈가 있다

어지간히 복 없는 사람은 모처럼 좋은 때를 만나도 그 일마저 잘 안된다는 말.

같은 속담 계란에도 뼈가 있다 • 복 없는 정승은 계란에도 뼈가 있다 • 안되는 놈은 두부에도 뼈라 • 헐복한 놈은 계란에도 뼈가 있다

읽을거리 조선 세종 대왕 때, 황희라는 정승이 살았어. 영의정을 오래 지내면서 많은 업적을 남겼고, 어질고 깨끗한 관리의 본보기가 된 분으로 이름나 있지. 황희 정승은 벼슬은 높지만 욕심 없이 살아서 먹을 것이 없어 배를 곯는 날이 많았어. 임금이 이를 딱하게 여겨 하루 동안 남대문에 들어오는 물건을 다 갖다 주라고 했어. 그 날따라 큰비가 내려 겨우 달걀 한 꾸러미가 들어왔는데, 막상 먹으려고 보니까 다 곯은 달걀이더래. 나중에 곯은 달걀이 아니라 달걀에 뼈가 들어 있다는 말로 바뀌었어. 곤달걀이나 뼈가 든 달걀이나 먹을 운이 없기는 마찬가지지. 운이 나쁜 사람이 모처럼 좋을 때를 만나도 그 일마저 잘 안될 때 빗대는 말로 쓰게 되었어.

ㄷ

달걀에 제 똥 묻은 격

본디 바탕에서 크게 어긋나지 않아 그다지 흠잡을 것이 없다고 빗대어 이르는 말.

같은 속담 오리 알에 제 똥 묻은 격

달걀 장사 속구구

달걀을 팔아서 재산을 불릴 생각만 한다는 뜻으로, 헛된 꿈만 꾸다가 얼마 안 되는 밑천마저 잃어버리는 어리석음을 빗대어 이르는 말.

낱말 풀이 **속구구** 마음속으로 하는 궁리나 계획. =속셈.

달걀 지고 돌담 모퉁이엔 가지 못하겠다
달걀 지고 성 밑으로 못 가겠다

성이 무너질까 봐 달걀을 지고 성 밑으로 못 가겠다고 한다는 뜻으로, 지나치게 겁이 많아 쓸데없는 걱정을 하는 사람을 놀리어 이르는 말.

같은 속담 곤달걀 지고 성 밑으로 못 가겠다

달고 치는데 안 맞는 장사가 있나

아무리 장사라도 매달아 놓고 때리면 맞을 수밖에 없다는 뜻으로, 아무리 힘센 사람도 여럿이 함께 몰아대면 당할 수밖에 없다고 빗대어 이르는 말.

낱말 풀이 **장사** 몸이 우람하고 힘이 아주 센 사람.

달기는 엿집 할머니 손가락이라

엿이 달다고 엿을 만들어 파는 할머니의 손가락까지 단 줄 안다는 뜻으로, 1. 어떤 음식을 좋아하여 비슷한 것까지 그 음식으로 잘못 안다는 말. 2. 어떤 일에 마음이 쏠려 좋은 것만 보이고 나쁜 것은 안 보인다는 말.

달도 차면 기운다

보름달도 날이 가면 기운다는 뜻으로, 1. 무엇이든 한창 성하면 차츰 쇠하기 마련이라는 말. 2. 행운이 언제까지나 이어지지 않는다는 말.

같은 속담 그릇도 차면 넘친다 • 달이 둥글면 이지러지고 그릇이 차면 넘친다 • 차면 넘친다[기운다]

달리는 말에 채찍질

'닫는 말에도 채를 친다'와 같은 속담.

달리다 딸기 따 먹듯

먹은 것이 양에 차지 않을 때 빗대어 이르는 말.

달면 삼키고 쓰면 뱉는다

음식이 제 입에 맞으면 먹고 안 맞으면 뱉는다는 뜻으로, 옳고 그름이나 믿음을 저버리고 제 이익만 꾀하는 것을 빗대어 이르는 말.

같은 속담 맛이 좋으면 넘기고 쓰면 뱉는다 • 쓰면 뱉고 달면 삼킨다 • 추우면 다가들고 더우면 물러선다

달무리 한 지 사흘이면 비가 온다

옛날부터 달무리가 지면 며칠 안으로 비가 내리는 일이 많다고 일러 오던 말.

낱말 풀이 **달무리** 달 언저리에 둥그렇게 생기는 구름 같은 허연 테.

달 밝은 밤이 흐린 낮만 못하다

밤에 아무리 달이 밝아도 흐린 대낮만큼 밝지는 않다는 뜻으로, 자식의 효도가 남편이나 아내의 사랑만 못하다고 빗대어 이르는 말.

달밤에 삿갓 쓰고 나온다

비가 오거나 볕이 내리쬘 때 쓰는 삿갓을 달밤에 쓰고 나온다는 뜻으로, 가뜩이나 미운 사람이 더 미운 짓만 할 때 빗대어 이르는 말.

같은 속담 못난 색시 달밤에 삿갓 쓰고 나선다[다닌다] • 못생긴 며느리 제삿날에 병난다 • 미운 계집이 달밤에 삿갓 쓰고 다닌다 • 예쁘지 않은 며느리가 삿갓 쓰고 으스름달밤에 나선다

달 보고 짖는 개

한밤에 달을 보고 괜스레 짖어 대는 개라는 뜻으로, 1. 대수롭지 않은 일에 놀라거나 겁을 내며 떠들썩하는 싱거운 사람을 비웃어 이르는 말. 2. 잘 알지도 못하면서 남의 일에 대하여 떠들어 대는 사람을 빗대어 이르는 말.

달아나는 노루 보고 얻은 토끼를 놓았다

'닫는 사슴을 보고 얻은 토끼를 잃는다'와 같은 속담.

달아매인 돼지가 누운 돼지 나무란다

남보다 못한 처지에 있으면서 자기보다 나은 사람을 얕보거나 비웃는 경우에 빗대어 이르는 말.

같은 속담 그슬린 돼지가 달아맨 돼지 타령한다 • 매달린 개가 누워 있는 개를 웃는다 • 언덕에 자빠진 돼지가 평지에 자빠진 돼지를 나무란다

달이 둥글면 이지러지고 그릇이 차면 넘친다

'달도 차면 기운다'와 같은 속담.

낱말 풀이 **이지러지다** 한 귀퉁이가 떨어져 없어지거나 가려져 한쪽이 차지 않다.

달팽이가 바다를 건너다니

도무지 할 수 없는 일이라 말할 거리도 안 된다는 말.

달팽이도 집이 있다

집 없는 사람의 서러운 처지를 한탄하여 이르는 말.

같은 속담 갈매기도 제집이 있다 • 까막까치도 집이 있다 • 까치도 둥지가 있다 • 새도 보금자리가 있고 다람쥐도 제 굴이 있다 • 우렁이도 집이 있다

닭 길러 족제비 좋은 일 시킨다

애써 기른 닭을 족제비가 잡아먹었다는 뜻으로, 애써 한 일이 남에게만 좋은 일이 되어 버림을 빗대어 이르는 말.

읽을거리 닭은 열두 띠 가운데 열 번째 동물이야. 새해 첫 달 닭날에는 여자들이 아무 일도 하지 않고 쉬었어. 이날 바느질을 하거나 옷감을 짜면 손이 닭발처럼 된다고 하여 삼갔지. 닭이 울면 곧 밤이 끝나고 새날이 오기 때문에, 새벽을 알리는 닭 울음소리가 귀신을 쫓는다고 믿었어.

닭도 제 앞 모이 긁어 먹는다

제 앞에 닥친 일은 제가 처리해야 한다는 말.

닭도 홰에서 떨어지는 날이 있다

어떤 일을 아무리 익숙히 잘하는 사람도 실수할 때가 있음을 빗대어 이르는 말.

같은 속담 나무 잘 타는 잔나비 나무에서 떨어진다 • 원숭이도 나무에서 떨어진다 • 잔나비도 나무에서 떨어진다

낱말 풀이 **홰** 새장이나 닭장 속에 새나 닭이 올라앉게 가로질러 놓은 나무 막대.

닭 소 보듯, 소 닭 보듯

서로 아무런 관심도 없는 사이임을 빗대어 이르는 말.

닭 손님으로는 아니 간다

닭장에 낯선 닭이 들어오면 본디 있던 닭들이 못살게 굴듯이, 손님을 반가워하지 않는 집에는 가 봐야 좋은 대접을 못 받는다고 빗대어 이르는 말.

닭쌈에도 텃세한다

먼저 자리 잡은 사람이 뒤에 온 사람에게 선뜻 자리를 내주지 않는 것을 빗대어 이르는 말.

같은 속담 개도 텃세한다 • 병아리 텃세하듯

닭의 대가리가 소꼬리보다 낫다
닭의 볏이 될지언정 소의 꼬리는 되지 마라
닭의 부리가[입이] 될지라도 소의 꼬리는 되지 마라

1. 큰 무리에서 가장 아랫자리에 있는 것보다는 작은 무리에서 우두머리가 되

는 것이 낫다고 빗대어 이르는 말. 2. 무슨 일을 할 때 남의 뒤만 따르지 말고 앞장서 나가라고 타일러 이르는 말.

같은 속담 쇠꼬리보다 닭 대가리가 낫다

닭의 새끼 봉 되랴

병아리는 결코 봉황새가 될 수 없다는 뜻으로, 아무리 애를 써도 제가 타고난 대로밖에 못 된다고 빗대어 이르는 말.

같은 속담 까마귀 학이 되랴 • 나무 뚝배기 쇠 양푼 될까 • 나무 접시 놋접시 될까 • 우마가 기린 되랴

낱말 풀이 **봉** 복되고 길하다는 상상의 새. =봉황, 봉황새.

닭이 봉황을 키우는 격

1. 평범한 사람이 주제넘게 훌륭한 사람을 가르치려고 하는 경우에 비웃어 이르는 말. 2. 남을 가르칠 때 자기를 낮추면서 하는 말.

닭이 천이면 봉이 한 마리 있다

닭이 천 마리나 있으면 그 가운데 봉황새도 한 마리쯤 있다는 뜻으로, 사람이 많으면 그 가운데 뛰어난 사람도 있다고 빗대어 이르는 말.

닭 잡아 겪을 나그네 소 잡아 겪는다
닭 잡아 할 제사 소 잡아 하게 된다

닭을 잡아 대접해도 될 손님을 소를 잡아 대접한다는 뜻으로, 1. 분수에 맞지 않게 판을 크게 벌여 돈과 노력을 헛되이 쓰는 경우에 빗대어 이르는 말. 2. 처음에 대수롭지 않게 생각하여 소홀히 하다가 나중에 큰 손해를 보게 되는 경우에 빗대어 이르는 말.

같은 속담 새 잡아 잔치할 것을 소 잡아 잔치한다

닭 잡아먹고 오리발 내놓기[내민다]

남의 닭을 잡아먹고 들키니까 오리발을 내밀고 안 먹은 척한다는 뜻으로, 잘못을 저지르고는 엉뚱한 수작으로 속여 넘기려 하는 것을 빗대어 이르는 말.

닭 쫓던 개 울타리 넘겨다보듯
닭 쫓던 개의 상
닭 쫓던 개 지붕[먼 산] 쳐다보듯

닭 쫓던 개가 닭이 지붕에 올라가자 어쩌지 못하고 쳐다보기만 한다는 뜻으로, 애써 하던 일이 틀어지거나 어찌할 도리가 없게 되어 맥이 빠진 모양을 빗대어 이르는 말.

담배씨로 뒤웅박을 판다[딴다]

아주 작은 담배씨의 속을 파내어 뒤웅박을 만든다는 뜻으로, 1. 속이 무척 좁거나 잔소리가 심한 사람을 비웃어 이르는 말. 2. 솜씨가 매우 꼼꼼하여 어렵고 품이 많이 드는 일을 잘함을 빗대어 이르는 말. 3. 하는 일이 매우 좀스럽고 자질구레함을 빗대어 이르는 말.

담뱃대로 가슴을 찌를 노릇

몹시 답답하고 억울함을 빗대어 이르는 말.

같은 속담 솜뭉치로 가슴을 칠 일이다

담벼락을 문이라고 내민다

이치에 맞지 않는 사실인데도 제 고집을 세우려고 억지로 우기는 경우를 빗대어 이르는 말.

같은 속담 벽을 문이라고 내민다

담벼락하고 말하는 셈이다

도무지 말귀를 알아듣지 못하는 사람이나 고집을 부리는 사람에게 비꼬아 이르는 말.

같은 속담 너하고 말하느니 개하고 말하겠다

담에도 귀가 달렸다

세상에 비밀은 없으니 조심성 없이 가볍게 말하지 말라는 말.

같은 속담 벽에도 귀가 있고 돌에도 입이 있다

담을 쌓았다 헐었다 한다

이렇게 저렇게 따져 보고 깊이 생각하는 것을 빗대어 이르는 말.

답답한 놈이 송사한다[소지 쓴다]

어떤 일이 가장 급하고 필요한 사람이 앞장서서 그 일을 하기 마련이라는 말.

같은 속담 갑갑한 놈이 송사한다[우물 판다] • 목마른 놈이 우물 판다

낱말 풀이 **소지** 옛날에, 청원이 있을 때에 관아에 내던 서면.

닷곱에 참녜, 서 홉에 참견

다섯 홉을 재는데도 많다 적다 하고 서 홉을 재는데도 이러쿵저러쿵 참견한다는 뜻으로, 아무 일에나 끼어들어 쓸데없이 아는 체하거나 이래라저래라 하는 것을 비웃어 이르는 말.

같은 속담 서 홉에도 참견, 닷 홉에도 참견

낱말 풀이 **닷곱** 다섯 홉. 반 되를 이른다. **참녜** '참여'의 변한말.

닷 돈 보고 보리밭에 갔다가 명주 속옷 찢었다

적은 돈을 벌려고 보리밭에 갔다가 아까운 명주로 만든 속옷을 찢었다는 뜻으

로, 작은 이익을 얻으려다 도리어 큰 손해를 봄을 빗대어 이르는 말

당겨 놓은 화살을 놓을 수 없다

이미 모든 것을 갖춰 놓고 시작한 일을 도중에 그만두어서는 안 된다는 말.

ㄷ

당나귀 귀 치레

커다란 당나귀 귀에다 여러 가지 치레를 잔뜩 한다는 뜻으로, 당치도 않은 곳에 쓸데없는 겉치레를 하여 오히려 더 흉하게 만드는 것을 비웃어 이르는 말.

낱말 풀이 **치레** 보기 좋게 꾸미거나 잘 손질하여 모양을 냄.

당닭의 무녀리냐 작기도 하다

본디 작은 당닭이 첫배로 난 무녀리처럼 작다는 뜻으로, 여럿 가운데 가장 작은 것을 이르는 말.

낱말 풀이 **당닭** 닭 가운데 몸집이 가장 작고 앙증맞은 종. **무녀리** 한배에 낳은 여러 마리 새끼 가운데서 맨 먼저 나온 새끼.

당랑이 수레를 버티는 셈

분수도 모르고 제힘에 부치는 상대에게 덤벼드는 어리석음을 빗대어 이르는 말.

같은 속담 개미가 큰 바윗돌을 굴리려고 하는 셈 • 말똥구리가 수레바퀴를 굴리자고 한다 • 버마재비가 수레를 버티는 셈

낱말 풀이 **당랑** 사마귓과 곤충을 통틀어 이르는 말. =사마귀.

당장 먹기엔 곶감이 달다

1. 나중에 가서 어떻게 되든지 곧바로 하기 쉽고 마음에 드는 일부터 시작하는 것을 빗대어 이르는 말. 2. 바로 먹기 좋거나 하기 편한 것은 그때뿐이지 정작 좋고 이로운 것이 못 된다는 말.

대가리에 쉬슨 놈

머리에 쉬가 슬어서 머리가 제구실을 못하는 놈이라는 뜻으로, 미련하거나 얼빠진 짓을 하는 사람을 욕으로 이르는 말.

낱말 풀이 **쉬슬다** 파리가 알을 여기저기에 낳다.

대가리에 피도 안 마르다
대가리의 물도 안 마르다

세상에 태어날 때 머리에 묻었던 피도 아직 마르지 않았다는 뜻으로, 나이가 어리거나 하는 짓이 아직 어른이 되려면 멀었다는 관용 표현.

같은 관용 꼭뒤에 피도 안 마르다 • 머리에 피도 안 마르다 • 이마에 피도 안 마르다

대감 말이 죽었다면 먹던 밥을 밀쳐놓고 가고, 대감이 죽었다면 먹던 밥 다 먹고 간다
대감 죽은 데는 안 가도 대감 말 죽은 데는 간다

옛날에, 대감이 죽으면 찾아가지 않지만 대감이 살아 있을 때 말이 죽으면 대감에게 잘 보이려고 찾아간다는 뜻으로, 힘 있는 사람 앞에서 알랑거리다가도 그 사람이 힘을 잃으면 돌아보지도 않는 세상인심을 비웃어 이르던 말.

같은 속담 정승 개[말/당나귀] 죽은 데는 (문상을) 가도 정승 죽은 데는 (문상을) 안 간다

대국 고추는 작아도 맵다

1. 몸집이 작거나 나이가 어린 사람이 하는 일이 야무지고 재주가 뛰어날 때 빗대어 이르는 말. 2. 뿌리가 있는 것은 겉보기로만 판단할 것이 아니라는 말.

같은 속담 고추는 작아도 맵다 • 고추보다 후추가 더 맵다 • 작아도 후추알[고추알] • 작은 고추가 더 맵다 • 작은 새 울음이 크다 • 작은 탕관이 이내 뜨거워진다 • 후추는 작아도 맵다

낱말 풀이 **대국** 옛날에, 우리나라에서 중국을 이르던 말.

대 끝에서 대가 나고 싸리 끝에서 싸리가 난다
대나무 그루에선 대나무가 난다
대나무에서 대 난다

1. 타고난 바탕이나 본질은 바뀌지 않는다고 빗대어 이르는 말. 2. 모든 일은 근본이나 원인에 따라 그에 걸맞은 결과가 나온다는 말.

같은 속담 가시나무에 가시가 난다 • 대 뿌리에서 대가 난다 • 배나무에 배 열리지 감 안 열린다 • 오이 덩굴에 오이 열리고 가지 나무에 가지 열린다 • 왕대밭에 왕대 난다 • 외 덩굴에 가지 열릴까[달릴까] • 외 심은 데 콩 나랴 • 조 심은 데 조 나고 콩 심은 데 콩 난다 • 콩 날 데 콩 나고 팥 날 데 팥 난다 • 콩 심은 데 콩 나고 팥[조] 심은 데 팥[조] 난다 • 팥을 심으면 팥이 나오고 콩을 심으면 콩이 나온다 • 호랑이가 호랑이를 낳고 개가 개를 낳는다

낱말 풀이 **싸리** 콩과의 잎이 지는 떨기나무. 싸리 나뭇가지 여러 개를 엮어서 울타리를 만들었다.

대 끝에서도 삼 년이라

가느다란 대나무 끝에서도 삼 년을 버틴다는 뜻으로, 어려운 일을 당해도 참고 견디는 것을 빗대어 이르는 말.

대낮에 도깨비에 홀렸나[홀린 격]

도무지 영문을 알 수 없는 일을 당했을 때 빗대어 이르는 말.

대낮에 마른벼락

맑은 대낮에 벼락을 맞았다는 뜻으로, 뜻하지 않게 화를 입거나 재난을 당하는 경우에 빗대어 이르는 말.

같은 속담 마른날에 벼락 맞는다 • 마른하늘에 날벼락[생벼락] • 맑은 하늘에 벼락 맞겠다 • 청천 하늘에 날벼락

낱말 풀이 **마른벼락** 맑게 갠 하늘에서 치는 벼락.

대낮에 옛말하면 흉년 든다

농사일로 바쁜 대낮에 옛말을 하면서 게으름을 부리면 흉년이 든다는 뜻으로, 바쁘 일할 시간에는 부지런하게 열심히 일하라는 말.

대낮의 올빼미

밤에 활동하는 올빼미가 낮에는 제대로 보지 못하듯이, 무엇을 보고도 도무지 알아보지 못하고 멍청하게 있는 것을 빗대어 이르는 말.

대동강에서 모래알 줍기

대동강 가에 쌓인 모래알을 아무리 주워도 빈 자리가 나지 않는다는 뜻으로, 아무리 애써도 보람이 없는 일을 빗대어 이르는 말.

대들보가 썩어서 무너지면 서까래도 무너진다

서까래를 받치는 대들보가 썩어서 무너지면 서까래도 같이 무너진다는 뜻으로, 가장 중심이 되는 것이 망가지면 거기에 딸린 것이 다 잘못된다는 말.

낱말 풀이 **대들보** 천장 한가운데를 가로지르는 큰 나무. 지붕을 떠받친다. **서까래** 지붕의 비탈진 면을 받치는 긴 나무.

대들보 썩는 줄 모르고 기왓장 아낀다[아끼는 격]

비가 새서 대들보가 썩는 것은 모르고 기왓장이 아까워 지붕을 이지 않는다는 뜻으로, 나중에 큰 손해를 볼 줄 모르고 눈앞의 작은 것을 아끼는 어리석음을 빗대어 이르는 말.

대문 밖이 저승이라

1. 사람은 언제 죽을지 모른다는 뜻으로, 사람 목숨이 덧없다는 말. 2. 머지않

아 곧 죽게 될 것이라는 말.

같은 속담 문턱 밑이 저승이라 • 저승길이 대문 밖이다

대문이 가문

1. 아무리 지체 높은 가문이라도 가난하여 집채나 대문이 작으면 위엄이 없어 보인다는 말. 2. 겉보기가 훌륭해야 남에게 위엄을 세울 수 있다는 말.

낱말 풀이 **가문** 가족 또는 가까운 피붙이로 이루어진 공동체. 또는 그 사회적 지위.

대문턱 높은 집에 정강이 높은 며느리 들어온다

일이 마침 알맞게 잘되어 가는 경우에 빗대어 이르는 말.

같은 속담 문턱 높은 집에 무종아리 긴 며느리 생긴다 • 확 깊은 집에 주둥이 긴 개가 들어온다

대부등 감은 자랄 때부터 다르다

'될성부른 나무는 떡잎부터 알아본다'와 같은 속담.

낱말 풀이 **대부등** 아름드리 큰 나무. 또는 집이나 가구 따위를 만드는 나무.

대부등에 곁낫질이라[낫걸이라]

아름드리나무를 작은 낫으로 베려고 한다는 뜻으로, 도저히 당해 낼 수 없는 상대에게 주제넘게 덤벼드는 것을 빗대어 이르는 말.

같은 속담 개미가 정자나무 건드린다 • 장나무에 낫걸이 • 참나무에 곁낫걸이 • 토막나무에 낫걸이

낱말 풀이 **곁낫질** 낫을 옆쪽으로 내리치는 일. **낫걸이** 낫의 날이 상하지 않도록 짚으로 주머니처럼 짠 것. 벽에 매달아 둔다.

대 뿌리에서 대가 난다

'대 끝에서 대가 나고 싸리 끝에서 싸리가 난다'와 같은 속담.

대사 뒤에 병풍 지고 나간다

남의 집 잔치에 왔다가 병풍을 지고 간다는 뜻으로, 너무도 염치없는 짓을 하는 경우에 빗대어 이르는 말.

낱말 풀이 **대사** 1. 매우 중요하고 큰 일. 2. 혼인, 회갑 같은 큰 잔치나 장례 같은 중요한 의식.

대사에 낭패 없다

관혼상제 같은 큰일은 한번 시작해 놓으면 어떻게든 다 치러 내게 된다는 말.

대소한에 소 대가리가 얼어 터진다

절기로 대한과 소한 무렵에는 소 대가리까지도 얼어서 터질 만큼 춥다는 말.

낱말 풀이 **대한** 이십사절기의 마지막 때. 1월 20일경으로, 한 해 중에 가장 추운 때이다. **소한** 이십사절기의 스물셋째. 1월 6일이나 7일경으로, 동지와 대한 사이에 든다.

대신 댁 송아지 백정 무서운 줄 모른다
대신 집 강아지 범 무서운 줄 모른다

남의 세력을 등에 업고 다른 사람을 업신여기는 것을 빗대어 이르는 말.

같은 속담 포수 집 강아지 범 무서운 줄 모르듯

낱말 풀이 **대신** 1. 군주가 다스리는 나라에서 '장관'을 이르는 말. 2. 조선 시대에 둔 의정부의 영의정, 좌의정, 우의정을 통틀어 이르는 말. **백정** 옛날에, 소나 돼지 따위를 잡는 일을 하던 사람.

대장의 집에 식칼이 논다
대장장이 집에 식칼이 놀고 미장이 집에 구들장 빠진 게 삼 년 간다

쇠를 달구어 온갖 물건을 만드는 대장간에 흔한 식칼이 없다는 뜻으로, 어떤 물건이 흔하게 있을 듯한 곳에 오히려 더 드물거나 없는 경우를 빗대어 이르는 말.

같은 속담 야장간에 식칼이 논다[없다] • 짚신장이 헌 신 신는다

낱말 풀이 **구들장** 구들을 놓을 때 방바닥을 만드는 얇고 넓은 돌. **놀다** 드물어서 귀하다. **대장** 대장장이. **미장이** 건물을 지을 때 벽이나 천장, 바닥에 흙, 회, 시멘트 따위를 바르는 일을 하는 사람.

대천가의 논은 살 것이 아니다

큰 강가에 있는 논은 장마 때 큰물 피해를 입기 쉽다고 일러 오던 말.

낱말 풀이 **대천** 큰 내. 또는 이름난 내.

대천 바다도 건너 봐야 안다

큰 강이나 깊은 바다도 제 스스로 건너 봐야 큰지 작은지 알 수 있다는 뜻으로, 사람의 됨됨이는 오래 같이 지내보아야 알 수 있다고 빗대어 이르는 말.

같은 속담 강물은 건너 봐야 알고 사람은 지내봐야 안다 • 깊고 얕은 물은 건너 보아야 안다 • 물은 건너 보아야 알고 사람은 지내보아야 안다 • 사람 속은 소금 세 말을 같이 먹어 보아야 안다 • 사람은 겪어 보아야 알고 물은 건너 보아야 안다 • 사람은 지내봐야 안다 • 사람을 알자면 하루 길을 같이 가[걸어] 보라 • 수박은 속을 봐야 알고 사람은 지내봐야 안다 • 천 길 물속은 건너 보아야 알고 한 길 사람 속은 지내보아야 안다 • 한집 살아 보고 한배 타 보아야 속을 안다

대추나무에 연 걸리듯

대추나무 가지에 줄 끊어진 연이 걸려 있듯이, 여기저기에 빚을 잔뜩 지고 있는 경우를 빗대어 이르는 말.

낱말 풀이 **연** 종이에 댓가지를 가로세로로 붙여 실을 맨 다음 공중에 높이 날리는 장난감.

대통 맞은 병아리 같다

담배통에 얻어맞은 병아리 같다는 뜻으로, 남에게 얻어맞거나 뜻밖의 일을 당하여 어리둥절해하는 경우에 빗대어 이르는 말.

대포로 참새를 쏘는 격

보잘것없는 작은 일에 쓸데없이 큰 대책을 세우는 것을 빗대어 이르는 말.

같은 속담 모기 보고 칼 빼기[뽑기]

대학을 가르칠라

1. 미련한 사람이 어리석은 말을 하는 것을 빗대어 이르는 말. 2. 고통스러운 일을 당하게 하겠다는 뜻으로 이르는 말.

읽을거리 옛날에, 어느 농부가 공부가 하고 싶어서 서당 훈장을 찾아갔어. 훈장이 《대학》이라는 책을 가르쳤는데 농부는 겨우 반나절을 배우다가 어찌나 좀이 쑤시는지 견딜 수가 없어서 달아나 버렸어. 그 뒤로 농부는 세상에서 가장 어렵고 힘든 일은 《대학》을 배우는 거라고 생각했지. 그래서 밭을 갈 때 소가 말을 안 들으면 "이랴, 대학을 가르칠라!" 하고 소리쳤다는 데서 나온 말이야.

낱말 풀이 **대학** 유교 경전인 사서(四書)의 하나. 《논어》, 《맹자》, 《대학》, 《중용》을 '사서'라고 한다.

대한 끝에 양춘이 있다

추운 대한이 지나면 따뜻한 봄이 온다는 뜻으로, 1. 어렵고 괴로운 일을 겪고 나면 즐겁고 좋은 일도 있다는 말. 2. 세상일은 돌고 돈다는 말.

낱말 풀이 **양춘** 따뜻한 봄.

대한이 소한네 집에 놀러 갔다가 얼어 죽는다
대한이 소한의 집에 가서 얼어 죽는다

글자 뜻만 보면 대한이 소한보다 더 추울 것 같지만 소한 때가 대한 때보다 더 춥다고 일러 오던 말.

같은 속담 소한의 얼음 대한에 녹는다 • 추운 소한은 있어도 추운 대한은 없다 • 춥지 않은 소한 없고 추운 대한 없다

대한 칠 년 비 바라듯

칠 년이나 이어지는 큰 가뭄에 비 오기를 바라듯 한다는 뜻으로, 무엇을 몹시 간절히 바라는 것을 빗대어 이르는 말.

같은 속담 칠년대한에 대우 기다리듯[바라듯]

댑싸리 밑의 개 팔자

아무 하는 일 없이 마음 편히 놀고먹는 처지를 빗대어 이르는 말.

같은 속담 싸리밭에 개 팔자 • 오뉴월 개 팔자 • 오뉴월 댑싸리 밑의 개 팔자 • 오뉴월 음달 아래 개 팔자 • 음지의 개 팔자 • 풍년 개 팔자

낱말 풀이 **댑싸리** 명아줏과의 한해살이풀. 높이는 1미터 정도이다. 한여름에 연한 녹색을 띤 꽃이 피며 줄기는 비를 만드는 재료로 쓰인다.

댓구멍으로 하늘을 본다

대나무 통의 작은 구멍으로 넓은 하늘을 본다는 뜻으로, 전체를 두루 살피지 못하는 매우 좁은 생각을 비웃어 이르는 말.

같은 속담 바늘구멍으로 하늘 보기

댕기 끝에 진주

머리에 드리는 댕기 끝에 진주를 박았다는 뜻으로, 매우 소중하고 보배로운 것을 빗대어 이르는 말.

낱말 풀이 **댕기** 길게 땋은 머리 끝에 드리는 장식용 헝겊이나 끈.

더도 말고 덜도 말고 늘 가윗날만 같아라

옛날에, 추석에는 먹을 것도 많고 즐겁게 놀았다는 데서, 늘 가윗날처럼 잘 먹고 잘 지내기를 바란다는 말.

읽을거리 가윗날은 '가배, 가위, 한가위, 중추절, 추석'이라 불리는 우리나라 명절 가운데 하나야. 1년 중 가장 큰 보름달을 맞이하는 날이지. 가을은 온갖 곡식이며 과일이 영글어 먹을 것이 많은 때야. 한 해 농사를 잘 마친 것을 축하하면서 햇곡식으로 밥이며 떡을 하고, 술을 빚어 차례를 지내지. 줄다리기, 소놀이, 강강술래 같은 여러 가지 놀이도 해. 삼국 시대 때부터 추석을 지냈다니 아주 오래된 명절이야.

더벅머리 댕기 치레하듯

더부룩한 머리에 댕기를 드려 꾸민다는 뜻으로, 바탕이 좋지 않은 것에 요란한 겉치레를 하여 오히려 더 흉하게 된 것을 비웃어 이르는 말.

낱말 풀이 **치레하다** 1. 잘 손질하여 모양을 내다. 2. 내용보다 겉을 더 좋게 꾸미어 드러내다.

더부살이가 주인 마누라 속곳 베 걱정한다
더부살이 환자 걱정

남의 집에 더부살이하는 사람이 주인집 마누라의 속곳 마련할 걱정을 한다는 뜻으로, 주제넘게 남 일에 대하여 걱정하는 것을 빗대어 이르는 말.

같은 속담 칠월 더부살이가 주인 마누라 속곳 걱정한다

낱말 풀이 **더부살이** 남의 집에서 먹고 자면서 일을 해 주고 삯을 받는 일. 또는 그런 사람. **환자** 조선 시대에, 봄에 백성들에게 곡식을 꾸어 주고 가을에 이자를 붙여 거두던 일. 또는 그 곡식.

더운 국에 국수사리 풀어지듯

더운 국에 국수사리가 쉽게 풀어지듯이, 어떤 일이 쉽게 되어 가는 것을 빗대어 이르는 말.

더운밥 먹고 식은 소리 한다

이치에 맞지 않는 말을 하는 싱거운 사람을 핀잔하여 이르는 말.

같은 속담 익은 밥 먹고 선소리한다

더운죽에 파리 날아들듯

무턱대고 함부로 뛰어들었다가 곤란한 처지에 놓이게 됨을 빗대어 이르는 말.

더운죽에 혀 데기

1. 뜨거운 죽에 혀를 대면 덴다는 것을 뻔히 알면서도 어리석게 혀를 댄다는 뜻으로, 잘못될 것이 뻔한 일을 하는 것을 빗대어 이르는 말. 2. 대단하지 않은 일로 낭패를 보아 잠시나마 어찌할 바를 모르는 것을 빗대어 이르는 말.

ㄷ

더워서 못 먹고 식어서 못 먹고

이런저런 핑계와 조건을 대면서 이러쿵저러쿵 불만만 늘어놓거나 아무 일도 하지 않는 것을 핀잔하여 이르는 말.

더위 먹은 소가 달을 보고 피한다
더위 먹은 소 달만 보아도 헐떡인다

더위 먹은 소가 둥근 달만 보고서 해인 줄 알고 헐떡이며 피한다는 뜻으로, 어떤 것에 된통 혼이 난 사람은 그와 비슷한 것만 보아도 지레 겁을 먹게 된다고 빗대어 이르는 말.

같은 속담 고슴도치한테 혼난 범이 밤송이 보고도 놀란다 • 국에 덴 놈 물[냉수] 보고도 분다[놀란다] • 뜨거운 물에 덴 놈 숭늉 보고도 놀란다 • 몹시 데면 회도 불어 먹는다 • 불에 놀란 놈이 부지깽이[화젓가락]만 보아도 놀란다 • 자라 보고 놀란 가슴 소댕[솥뚜껑] 보고 놀란다

더펄개 줄방죽 건너가기

긴 털이 더부룩한 개가 줄을 맞추어 쌓은 방죽을 더펄더펄 헤덤비며 건너가듯이, 무슨 일을 정신없이 하는 것을 빗대어 이르는 말.

낱말 풀이 **더펄개** 긴 털이 더부룩하게 나서 더펄거리는 개.

덕석에 참새 떼 앉은 격

소 잔등을 덮어 준 덕석에 참새들이 되는대로 내려앉은 격이라는 뜻으로, 어중이떠중이들이 모여든 모양을 빗대어 이르는 말.

낱말 풀이 **덕석** 추운 겨울에 소 잔등을 덮어 주는, 짚으로 엮은 물건.

덕석이 멍석이라고 우긴다
덕석이 멍석인 듯

소 잔등을 덮는 덕석과 곡식을 말리는 멍석은 크기나 쓸모가 다른데 덕석이 멍석과 비슷하게 생겼다고 하여 같은 것이라고 우긴다는 뜻으로, 1. 맞지 않는 것을 옳다고 우기거나 억지를 부릴 때 빗대어 이르는 말. 2. 조금 비슷한 것을 핑계로 진짜인 양 우기는 것을 빗대어 이르는 말.

멍석

낱말 풀이 **멍석** 짚으로 만든 큰 깔개. 흔히 곡식이나 채소를 널어 말리는 데 쓴다.

덕은 덕대로 남고 벌은 벌대로 받는다
덕은 쌓은 데로 가고 죄는 지은 데로 간다

좋은 일을 한 사람은 그만한 복을 받고 나쁜 짓을 한 사람은 그에 마땅한 벌을 받는다고 빗대어 이르는 말.

같은 속담 공은 닦은 데로 가고 죄는 지은 데로 간다 • 죄는 지은 데로 가고 덕[공]은 닦은 데로 간다

덕은 덕으로 대하고 원수는 원수로 대한다

남이 자기를 대하는 것만큼 자기도 남을 대함을 빗대어 이르는 말.

같은 속담 돌로 치면 돌로 치고 떡으로 치면 떡으로 친다 • 떡으로 치면 떡으로 치고 돌로 치면 돌로 친다 • 욕은 욕으로 갚고 은혜는 은혜로 갚는다

덕을 원수로 갚는다

보살펴 준 사람에게 은혜를 갚기는커녕 도리어 해를 끼치는 경우에 이르는 말.

같은 속담 공을 원수로 갚는다 • 은혜를 원수로 갚는다

던져 마름쇠

1. 마름쇠는 누가 어떻게 던지든 한쪽 위가 솟는다는 데서, 어떤 일에 익숙하지 않은 사람도 실수 없이 잘 해낼 수 있는 일을 빗대어 이르는 말. 2. 어떻게 하든 한 가지 정해진 결과나 경우밖에 되지 않는 일을 빗대어 이르는 말.

덜 곪은 부스럼에 아니 나는 고름 짜듯

덜 곪은 부스럼에서는 고름이 나오지도 않는데 그것을 짠다는 뜻으로, 얼굴을 몹시 찌푸리는 모양을 빗대어 이르는 말.

덜미에 사잣밥을 짊어졌다

옛날에, 저승사자에게 대접하는 밥을 목덜미에 지고 다닌다는 뜻으로, 언제 어느 곳에서 죽을지 모를 위험한 처지에 놓여 있는 경우에 빗대어 이르던 말.

같은 속담 사잣밥을 목에 매달고 다닌다

덤불이 깊어야 범이 나고 물이 깊어야 고기가 모인다
덤불이 커야 도깨비가 난다

1. 무슨 일이든지 조건이나 바탕이 충분히 갖추어져야 거기에 알맞은 내용이 따르게 된다고 빗대어 이르는 말. 2. 자기가 덕이 있고 너그러워야 많은 사람들이 따르고 우러르게 된다는 말.

같은 속담 물이 깊어야 고기가 모인다 • 산이 깊어야 범이 있다 • 숲이 깊어야 도깨비가 나온다 • 숲이 커야 짐승이 나온다[든다]

덩덩하니 굿만 여겨
덩덩하니 문 너머 굿인 줄 아느냐

북소리만 나면 굿하는 줄 안다는 뜻으로, 무슨 낌새만 보이면 좋은 일이나 구경거리가 있는 줄 알고 떠들썩하게 날뛰는 것을 빗대어 이르는 말.

낱말 풀이 **덩덩하다** 북이나 장구, 소고 따위를 치는 소리가 나다. 또는 그런 소리를 내다.

덫 안에 든 쥐

덫에 걸려들어 빠져나갈 수 없는 쥐 처지와 같다는 뜻으로, 궁지에서 도무지 벗어날 수 없는 처지를 이르는 관용 표현.

같은 관용 독 안에 든 쥐 • 푸줏간에 든 소

덫에 치인 범이요 그물에 걸린 고기라

헤어날 수 없는 아주 위험한 형편에 놓여 꼼짝없이 죽게 된 처지를 이르는 말.

같은 속담 그물에 걸린 고기[새/토끼/짐승] (신세) • 낚시에 걸린 물고기 • 농 속에 갇힌 새 • 도마에 오른 고기 • 모래불에 오른 새우 • 물 밖에 난 고기 • 뭍에 오른 고기 • 샘에 든 고기 • 솥 안에 든 고기 • 우물에 든 고기 • 함정에 든 범

덮어놓고 열닷[열넉] 냥 금

물건이 좋은지 나쁜지도 모르면서 덮어놓고 값을 매긴다는 뜻으로, 내용을 잘 살피지도 않고 함부로 판단하거나 대충 하는 경우에 빗대어 이르는 말.

낱말 풀이 **금** 시세나 흥정에 따라 정해지는 물건값.

덴 데 털 안 난다

크게 덴 상처에는 털도 돋지 않는다는 뜻으로, 한번 크게 실패하면 다시 추스르기가 어려움을 빗대어 이르는 말.

덴 소 날치듯[날뛰듯]

불에 덴 소가 이리 뛰고 저리 뛰며 날치듯 한다는 뜻으로, 함부로 마구 날뛰는 모양을 빗대어 이르는 말.

도깨비감투 끈 같다

어떻게 된 판인지 도무지 알 수 없는 경우에 빗대어 이르는 말.

낱말 풀이 **도깨비감투** 전설에서, 머리에 쓰면 자기 몸이 남의 눈에 보이지 않게 된다는 감투.

도깨비감투를 뒤집어쓰다

영문도 모르고 억울한 누명을 쓰게 된 경우에 빗대어 이르는 말.

도깨비 기왓장 뒤듯[번지듯]

1. 집안이 망하려면 도깨비가 나타나 기왓장을 들쑤셔 놓는다는 데서, 쓸데없이 이것저것 수선스럽게 뒤지는 짓을 빗대어 이르는 말. 2. 남 보기에 분주하게 일을 엄벙덤벙하는 것을 빗대어 이르는 말.

같은 속담 도깨비 수키왓장 뒤듯 • 도깨비 얼음장 뒤듯[뒤지듯]

읽을거리 도깨비는 옛이야기 속에 많이 나오는데, 동물이나 사람 모습을 하고 나타나. 사람이 죽어서 된다는 귀신과는 달리, 도깨비는 나무, 돌 같은 자연물이나 빗자루, 키 같은 손때 묻은 물건이 변해서 된대. 그래서 산과 들, 절간, 빈집에서 흔히 나타난다고 여겼지. 도깨비는 몇 가지 특징이 있어. 심술궂은 장난을 즐겨서 장에 갔다 오는 사람한테 곧잘 씨름을 하자고 덤벼들어. 또 꾀가 없고 미련하고 건망증이 심해. 그래서 사람들은 도깨비의 미련함을 이용하여 재물을 얻거나 이득을 보기도 했지. 도깨비가 보물을 혹과 바꾼 이야기, 한번 꾼 돈을 날마다 갚으러 가는 이야기들이 있어. 그리고 도깨비는 노래와 춤을 즐기고 놀이를 좋아한다고 해. 이렇게 도깨비에 관련된 이야기가 많은 것은 사람들이 잘살고 싶은 욕심이 있지만 현실은 그렇지 못하니까 도깨비를 통해서 대신 채우려고 했던 것으로 보여.

날말 풀이 **뒤다** 무엇을 찾으려고 샅샅이 들추거나 헤치다. =뒤지다. **번지다** 물건을 갈라서 젖히거나 뒤집으며 옮기다.

도깨비는 방망이로 떼고[치고] 귀신은 경으로 뗀다[친다]

도깨비는 방망이로 쳐서 쫓고 귀신은 주문을 외워서 쫓는다는 뜻으로, 귀찮은 대상을 떼는 데는 알맞은 방법이 있기 마련이라는 말.

같은 속담 귀신은 경으로 떼고 도깨비는 방망이로 뗀다

도깨비 대동강 건너듯[건너가듯]

도깨비가 어느새 대동강을 건넜는지 건너편에 가 있다는 뜻으로, 일이 되어 가는 과정은 눈에 띄지 않지만 결과가 빨리 나타나는 경우에 빗대어 이르는 말.

도깨비도 수풀이 있어야 모인다

누구나 의지할 곳이 있어야 어떤 일이든 시작하거나 이룰 수가 있다는 말.

같은 속담 소도 언덕이 있어야 비빈다[디딘다]

도깨비도 수풀이 있어야 재주를 피운다

아무리 재능이 있는 사람이라도 필요한 조건이 갖추어져야 그 재능을 펼칠 수 있다고 빗대어 이르는 말.

도깨비 땅 마련하듯

도깨비가 땅세를 받아먹겠다고 땅을 마구 마련하듯 한다는 뜻으로, 1. 무슨 일을 하기는 하나 아무 실속 없이 헛된 일만 하는 것을 빗대어 이르는 말. 2. 무슨 일을 계획 없이 벌여만 놓고 뒷마무리를 못 하는 것을 빗대어 이르는 말.

도깨비를 사귀었나

까닭 모르게 재산이 갑자기 늘어난 경우에 빗대어 이르는 말.

도깨비 사귄 셈이라

귀찮은 사람이 늘 따라다니며 매우 성가시게 구는 경우에 빗대어 이르는 말.

ㄷ

도깨비 수키왓장 뒤듯

'도깨비 기왓장 뒤듯[번지듯]'과 같은 속담.

도깨비 쓸개라

1. 누구도 도깨비를 본 사람이 없는데 하물며 도깨비 쓸개가 어떻게 생겼는지 누가 알겠느냐는 뜻으로, 무엇이 무엇인지 도무지 속내를 알 수 없을 때 이르는 말. 2. 보잘것없이 작고 지저분한 것을 빗대어 이르는 말.

도깨비 씨름 (같다)

도깨비들끼리 서로 어울려 씨름하듯이, 결판이 나지 않고 끝없이 서로 옥신각신하는 것을 빗대어 이르는 말.

도깨비 씻나락 까먹는 소리

남이 알아듣을 수 없게 웅얼거리는 소리를 빗대어 이르는 말.

같은 속담 귀신 씻나락 까먹는 소리

도깨비 얼음장 뒤듯[뒤지듯]

'도깨비 기왓장 뒤듯[번지듯]'과 같은 속담.

도깨비에 홀린 것 같다

무슨 영문인지 몰라 정신을 차릴 수 없는 경우에 빗대어 이르는 말.

도끼가 제 자루 깎지 못한다
도끼가 제 자루 못 찍는다

아무리 잘 드는 도끼도 제 자루는 찍을 수 없다는 뜻으로, 1. 제 허물을 제가 알아서 고치기는 어려움을 빗대어 이르는 말. 2. 자기와 관계된 일은 남의 일보다 하기가 더 어려움을 빗대어 이르는 말.

같은 속담 식칼이 제 자루를 깎지 못한다 • 자루 베는 칼 없다 • 칼날이 날카로워도 제 자루 못 깎는다

낱말 풀이 **도끼** 나무를 찍거나 패는 연장.

도끼 가진 놈이 바늘 가진 놈을 못 당한다

1. 보잘것없는 수단을 가진 사람이 경쟁에서 이기는 경우를 이르는 말. 2. 작다고 상대를 깔보다가는 도리어 보잘것없는 사람에게 당할 수 있다는 말.

같은 속담 바늘 가진 사람이 도끼 가진 사람 이긴다

도끼는 날을 달아 써도 사람은 죽으면 그만
도끼는 무디면 갈기나 하지 사람은 죽으면 다시 오지 못한다
도끼라 날 달아 쓸까

1. 물건은 고쳐 쓸 수 있지만 사람은 죽으면 다시 살아날 수 없다는 말. 2. 어떤 물건이 다시 쓸 수 없게 된 경우에 빗대어 이르는 말.

도끼 등에 칼날을 붙인다

서로 맞지 않는 것을 억지로 붙이려고 하는 헛된 짓을 빗대어 이르는 말.

도끼로 제 발등 찍는다

도끼로 다른 물건을 찍으려다가 제 발등을 찍었다는 뜻으로, 남을 해치려고 한 일이 결국은 자기에게 해가 된 경우에 빗대어 이르는 말.

도끼를 들고 나물 캐러 간다

나물은 작은 도구로도 쉽게 캘 수 있는데 쓸데없이 둔하고 무거운 도끼를 쓰려고 한다는 뜻으로, 격에 맞지 않는 행동을 함을 빗대어 이르는 말.

ㄷ

도끼 삶은 물

도끼를 솥에 넣고 삶아야 우러날 것이 없다는 뜻으로, 1. 아무 맛도 없이 맨숭맨숭한 것을 빗대어 이르는 말. 2. 아무런 내용도 없는 것을 빗대어 이르는 말.

같은 속담 맹물에 조약돌 삶은 맛이다

도낏자루 썩는 줄 모른다

재미있는 일에 정신이 팔려 시간 가는 줄 모르는 것을 빗대어 이르는 말.

같은 속담 신선놀음에 도낏자루 썩는 줄 모른다

읽을거리 옛날에 어떤 나무꾼이 나무를 하러 산에 들어갔어. 그런데 깊은 산속에서 머리가 허연 할아버지 둘이서 바둑을 두고 있더래. 나무꾼은 지게랑 도끼를 내려놓고 바둑 구경에 푹 빠졌어. 어느덧 해가 뉘엿뉘엿 넘어가서 집에 돌아가려고 지게를 잡으니 파삭 삭아 버리고, 도낏자루를 잡으니 퍽석 썩어 버리더래. 알고 보니 할아버지들은 신선이었고, 그새 지게도 도낏자루도 썩을 만큼 세월이 흘렀던 거야. 세월이 가는 것도 모를 만큼 어떤 일에 정신이 팔려 있을 때 쓰는 말이야.

도둑개가 겻섬에 오른다

도둑개가 겻섬을 노리고 사람 눈치를 보다가 어느 결에 기어오른다는 뜻으로, 자기가 하고 싶은 것을 할 때에는 동작이 매우 재빠른 것을 빗대어 이르는 말.

낱말 풀이 **겻섬** 벼, 보리, 조 따위의 곡식을 찧어 벗겨 낸 껍질을 담은 섬.

도둑개가 꼬리를 사린다

주인 몰래 음식을 훔쳐 먹은 개가 지레 꼬리를 사리고 내뺀다는 뜻으로, 죄지은 사람은 마음이 켕기어 움츠러들게 마련이라고 빗대어 이르는 말.

낱말 풀이 **사리다** 짐승이 겁을 먹고 꼬리를 다리 사이에 구부려 끼다.

도둑개 살 안 찐다
도둑고양이가 살찌랴

주인 없이 여기저기 떠돌아다니며 음식을 훔쳐 먹는 도둑개가 살이 찔 리 없다는 뜻으로, 늘 남의 재물을 탐내거나 훔치거나 빼앗는 사람은 결코 마음이 편안하지 않고 재산도 모으지 못한다고 빗대어 이르는 말.

도둑고양이가 제상[제청]에 오른다

도둑고양이가 밉살스럽게 제사 음식을 탐내어 제상에 뛰어오른다는 뜻으로, 못된 놈이 버릇없는 짓을 함부로 하는 경우에 빗대어 이르는 말.

낱말 풀이 **제청** 제사를 지내는 큰 마루.

도둑고양이더러 제물 지켜 달란다

믿을 수 없는 사람에게 어떤 일이나 물건을 맡겨 놓고 마음이 놓이지 않아 걱정하는 것을 빗대어 이르는 말.

같은 속담 강아지한테 메주 멍석 맡긴 것 같다 • 고양이보고 반찬 가게 지켜 달란다 • 고양이 앞에 고기반찬 • 고양이한테 반찬단지 맡긴 것 같다

도둑놈 개 꾸짖듯

개가 짖어 대니 누가 들을세라 도둑놈이 숨죽여 개를 꾸짖는다는 뜻으로, 남에게 들리지 않게 입속으로 중얼거리는 모양을 빗대어 이르는 말.

도둑놈 개에게 물린 셈

도둑놈이 개한테 물려도 주인에게 아무 말도 못 하듯이, 자기가 잘못해서 봉변을 당해도 아무 말 못 하는 경우를 빗대어 이르는 말.

도둑놈더러 인사불성이라 한다

도둑놈보고 인사 안 한다고 꾸짖는다는 뜻으로, 큰 잘못을 저지른 사람에게 작은 허물만 탓할 때 빗대어 이르는 말.

낱말 풀이 **인사불성** 1. 사람으로서의 예절을 차릴 줄 모름. 2. 정신이 흐리멍덩한 상태.

도둑놈 문 열어 준 셈
도둑놈 열쇠 맡긴 셈

믿지 못할 사람에게 중요한 일을 맡기는 어리석음을 빗대어 이르는 말.

같은 속담 도둑에게 열쇠 준다

도둑놈 소 몰듯

도둑놈이 들킬까 봐 훔친 소를 바삐 몰고 가듯이, 당황하여 급히 서두르는 모양을 빗대어 이르는 말.

도둑놈은 한 죄, 잃은 놈은 열 죄

도둑은 물건을 훔친 죄밖에 없지만 잃은 사람은 간수를 잘못하고 괜히 남을 의심하여 도리어 여러 가지 죄를 짓게 된다는 뜻으로, 도둑맞고 남을 의심하지 않도록 자기 물건을 잘 간수해야 한다고 가르쳐 이르는 말.

도둑놈이 몽둥이 들고 길 위에 오른다

도둑놈이 도둑을 잡는다며 나선다는 뜻으로, 잘못을 저질러 벌을 받아야 할 사람이 도리어 큰소리치며 대드는 경우에 빗대어 이르는 말.

같은 속담 도둑이 달릴까 했더니 우뚝 선다 • 도둑이 매를 든다

도둑놈이 씻나락을 헤아리랴

1. 나중 일은 생각하지 않고 당장의 이익만 보고 행동하는 사람을 빗대어 이르는 말. 2. 남의 사정을 보아주지 않고 오로지 제 욕심만 채운다는 말.

도둑놈이 제 말에 잡힌다
도둑놈이 제 발자국에 놀란다

나쁜 짓을 하고 그것을 숨기려고 하지만 저도 모르는 사이에 죄를 드러내게 된다는 말.

도둑놈 허접 대듯

도둑놈이 들켜서 어찌할 바를 모르고 쩔쩔 매듯이, 잘못을 저지르고는 그것을 감추려고 정신없이 애쓰는 것을 빗대어 이르는 말.

같은 속담 언덕에 둔덕 대듯 (한다)

도둑맞고 사립[빈지/사립문] 고친다

도둑이 물건을 훔쳐 간 뒤에 문을 고친다는 뜻으로, 일이 이미 잘못된 뒤에는 손을 써 보아야 아무 쓸데가 없다고 비꼬아 이르는 말.

같은 속담 도적놈 보고 새끼 꼰다 • 말 잃고 외양간 고친다 • 소 잃고 외양간 고친다

낱말 풀이 **빈지** 옛날에, 한 짝씩 끼웠다 떼었다 할 수 있게 만든 문. 흔히 가게에서 문 대신 썼다. **사립문** 나뭇가지를 엮어서 만든 문짝을 단 문.

도둑맞고 죄 된다

도둑을 맞고는 괜스레 애먼 사람을 의심하는 죄까지 짓게 된다는 말.

같은 속담 내 것 잃고 죄짓는다

도둑맞으면 어미 품도 들춰 본다

도둑맞고 나서 제 어미까지 의심하며 품을 들춰 본다는 뜻으로, 물건을 잃어버리면 누구나 의심스럽게 여겨진다고 빗대어 이르는 말.

도둑에게 열쇠 준다

'도둑놈 문 열어 준 셈'과 같은 속담.

도둑에도 의리가 있고 딴꾼에도 꼭지가 있다

못된 짓을 하는 사람들끼리도 지켜야 하는 의리나 질서가 있다는 말.

낱말 풀이 **꼭지** 거지나 딴꾼의 우두머리. **딴꾼** 포도청에서 포교의 심부름을 하며 도둑 잡는 일을 거들던 사람을 낮잡아 이르는 말.

도둑을 뒤로 잡지 앞으로 잡나

도둑은 뚜렷한 증거를 가지고 잡아야지 의심만으로 못 잡는다는 뜻으로, 터무니없이 남을 의심하거나 이러니저러니 말해서는 안 된다고 빗대어 이르는 말.

도둑을 맞으려면 개도 안 짖는다

일이 안되려면 평소에 잘되던 것까지 틀어진다고 빗대어 이르는 말.

같은 속담 도둑이 들려면 개도 안 짖는다 • 운수가 사나우면 짖던 개도 안 짖는다

도둑의 두목도 도둑이요 그 졸개도 또한 도둑이라

도둑 무리의 우두머리나 졸개나 남의 물건을 훔치기는 마찬가지라는 뜻으로, 윗자리에서 시키는 사람이나 밑에서 그대로 따르는 사람이나 나쁜 짓을 하는 것은 마찬가지라고 빗대어 이르는 말.

도둑의 때는 벗어도 자식의 때는 못 벗는다

도둑 누명은 벗을 수 있지만 자식을 잘못 키운 허물은 벗을 수 없다는 말.

도둑의 묘에 잔 부어 놓기

대접받을 가치가 없는 도둑의 묘에 죽음을 슬퍼하여 술잔 부어 놓는다는 뜻으로, 일을 잘못 처리함을 빗대어 이르는 말.

도둑의 씨가 따로 없다

타고난 도둑은 없다는 뜻으로, 궁하면 누구나 도둑질을 할 수 있다는 말.

도둑의 집에도 되는 있다

도둑의 집에도 낟알을 되는 됫박이 있다는 뜻으로, 못된 짓을 하는 사람한테도 제 딴에는 옳고 그름을 갈라 헤아리는 기준이 있다는 말.

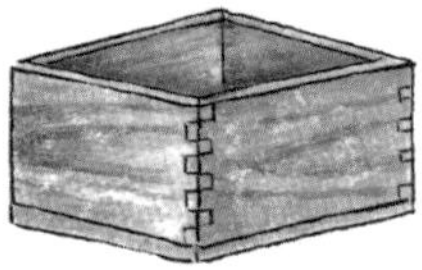
되

낱말 풀이 **되** 곡식, 가루, 액체 따위를 담아 분량을 헤아리는 데 쓰는 그릇.

도둑의 찌끼는 있어도 불의 찌끼는 없다

도둑이 지나간 자리는 그나마 쓸 만한 것이 남아도 큰불이 났던 자리는 아무것도 남는 것이 없다는 말.

도둑이 달릴까 했더니 우뚝 선다

'도둑놈이 몽둥이 들고 길 위에 오른다'와 같은 속담.

도둑이 도둑이야 한다

1. 도둑이 제 잘못을 숨기기 위해 애꿎은 사람을 도둑이라고 한다는 뜻으로, 잘못을 저지른 사람이 도리어 남보다 먼저 들고 나서는 경우를 빗대어 이르는 관용 표현. 2. 지은 죄를 숨기려고 한 짓이 도리어 죄를 드러내고 만 경우를 빗대어 이르는 관용 표현.

같은 관용 도둑이 포도청 간다 • 불낸 놈이 불이야 한다

ㄷ

도둑이 들려면 개도 안 짖는다

'도둑을 맞으려면 개도 안 짖는다'와 같은 속담.

도둑이 매를 든다

'도둑놈이 몽둥이 들고 길 위에 오른다'와 같은 속담.

도둑이 제 발 저리다

죄가 있으면 늘 마음이 켕기어 작은 일에도 겁먹고 떤다는 뜻으로, 지은 죄가 있으면 자연히 마음이 조마조마해진다는 말.

도둑이 포도청 간다

도둑이 스스로 죄인을 잡아들이는 포도청에 찾아간다는 뜻으로, 지은 죄를 숨기려고 한 짓이 도리어 죄를 드러내고 만 경우를 빗대어 이르는 관용 표현.

같은 관용 도둑이 도둑이야 한다

낱말 풀이 **포도청** 조선 시대에, 죄지은 사람을 잡거나 다스리는 일을 맡아보던 관아.

도둑질도 혼자 해 먹어라

무슨 일이든 여럿이 하면 말이 많아지고 손발이 맞지 않아 실수하기 쉬우니 차라리 혼자 하는 것이 낫다고 빗대어 이르는 말.

도둑질은 내가 하고 오라는 네가 져라

나쁜 짓은 내가 했지만 오라에 묶여 잡혀가는 것은 네가 하라는 뜻으로, 좋은 것은 제가 차지하고 나쁜 결과에 대한 책임은 남에게 지우겠다는 말.

같은 속담 오라는 네가 지고 도둑질은 내가 하마

낱말 풀이 **오라** 옛날에, 도둑이나 죄인을 묶을 때 쓰던, 붉고 굵은 줄.

도둑질을 하다 들켜도 변명을 한다

아무리 큰 잘못을 저지른 사람도 핑계 댈 구실은 다 있다는 말.

같은 속담 처녀가 아이를 낳아도 할 말이 있다 • 핑계 없는 무덤이 없다

도둑질을 해도 손발[눈]이 맞아야 한다

못된 도둑질을 하는 것조차도 서로 마음이 통하고 손이 맞아야 할 수 있다는 뜻으로, 무슨 일이든지 혼자서는 이루기 어려우며 서로 뜻이 맞아야 성과를 거둘 수 있다고 빗대어 이르는 말.

같은 속담 두 손뼉이 맞아야 소리가 난다

도둑질한 사람은 오그리고 자고 도둑맞은 사람은 펴고 잔다

남에게 해를 입힌 사람은 마음이 불안하고 괴롭지만 해를 입은 사람은 오히려 마음이 편하다는 말.

같은 속담 때린 놈은 가로 가고 맞은 놈은 가운데로 간다 • 맞은 놈은 펴고 자고 때린 놈은 오그리고 잔다 • 친 사람은 다리를 오그리고 자도 맞은 사람은 다리를 펴고 잔다

도둑 한 놈에 지키는 사람 열이 못 당한다

도난을 막기가 매우 어렵다는 말.

도랑 막고 고래 잡을까

바다에 가야 잡을 수 있는 고래를 도랑을 막고 잡으려 한다는 뜻으로, 터무니없고 헛된 바람을 비웃어 이르는 말.

낱말 풀이 **도랑** 매우 좁고 작은 개울.

ㄷ

도랑물이 소리를 내지 깊은 소[호수]가 소리를 낼까

얕은 도랑물이 소리를 내며 흐르지 물이 많이 고인 소가 소리를 내겠느냐는 뜻으로, 속에 든 것이 없는 사람일수록 더 아는 체하면서 시끄럽게 떠들고 오히려 속에 든 것이 많은 사람은 겸손하다고 빗대어 이르는 말.

도랑에 든 소

도랑에 들어선 소는 양쪽 둑에 자란 풀을 다 먹을 수 있다는 뜻으로, 1. 이렇게 하나 저렇게 하나 넉넉한 형편에 놓인 사람이나 그런 형편을 빗대어 이르는 말. 2. 이쪽저쪽에서 이익을 다 얻을 수 있는 경우에 빗대어 이르는 말.

같은 속담 개천에 든 소 • 두렁에 든 소

도랑 치고 가재 잡는다

1. 한 가지 일을 하여 두 가지 이익을 얻는 것을 빗대어 이르는 말. 2. 도랑을 말끔히 치운 뒤에는 아무것도 남는 것이 없는데 가재를 잡는다는 뜻으로, 일의 차례를 뒤바꾸어서 애쓴 보람이 없게 됨을 빗대어 이르는 말.

같은 속담 굿도 볼 겸 떡도 먹을 겸 • 굿 보고 떡 먹기 • 꿩 먹고 알 먹고 둥지 털어 불 땐다 • 배 먹고 배 속으로 이를 닦는다 • 알로 먹고 꿩으로 먹는다

도련님은 당나귀가 제격이라

어린 도련님은 말보다 작은 당나귀를 타는 것이 어울린다는 뜻으로, 물건을 쓰거나 행동할 때에는 제격에 맞게 해야 어울린다는 말.

도래떡이 안팎이 없다

둥글넓적한 도래떡은 겉과 속이 따로 없다는 뜻으로, 두루뭉술하여 무엇이라고 딱히 가려내기 어려운 경우에 빗대어 이르는 말.

낱말 풀이 **도래떡** 옛날 혼례 때 큰상에 올려놓던 둥글넓적하고 큼직한 흰 쌀떡.

도로 아미타불(이라)

중이 아무리 아미타불을 외워도 아무 쓸모가 없다는 뜻으로, 오랫동안 애만 쓰고 아무것도 얻은 것이 없게 된 경우에 이르는 관용 표현.

낱말 풀이 **아미타불** 서방 정토에 있는 부처. 이 부처 이름을 외우면 죽은 뒤에 극락에 간다고 한다.

도마에 오른 고기

1. 헤어날 수 없는 아주 위험한 형편에 놓여 꼼짝없이 죽게 된 처지를 이르는 말. 2. 이미 어찌할 수 없게 된 막다른 처지를 빗대어 이르는 말.

같은 속담 덫에 치인 범이요 그물에 걸린 고기라

낱말 풀이 **도마** 칼로 음식의 재료를 썰거나 다질 때에 밑에 받치는 것.

도적고양이 범 물어 간 것만 하다

범이 도적고양이를 잡아가서 몹시 시원하다는 뜻으로, 괴롭히거나 성가시게 굴던 것이 없어져서 속이 몹시 시원하다고 빗대어 이르는 말.

같은 속담 미친개 범 물어 간 것 같다 • 범이 미친개 물어 간 것 같다

도적놈 도망칠 구멍을 내주고 쫓는다

도둑을 도망칠 구멍을 내주지 않고 쫓으면 오히려 해를 입을 수 있다는 뜻으로, 어려움에 빠진 사람을 너무 막다른 데까지 몰아넣지 말라는 말.

같은 속담 개도 나갈 구멍을 보고 쫓아라 • 쥐도 도망갈 구멍을 보고 쫓는다

도적놈 보고 새끼 꼰다

'도둑맞고 사립[빈지/사립문] 고친다'와 같은 속담.

낱말 풀이 **새끼** 짚으로 꼬아 줄처럼 만든 것.

도적놈의 기침만 하다

도둑놈은 기침도 크게 못 한다는 뜻으로, 1. 소리가 몹시 작고 맥없는 것을 빗대어 이르는 말. 2. 음식이나 물건이 매우 적은 것을 빗대어 이르는 말.

도적맞고 욕본다

손해를 보고도 도리어 어려운 처지에 빠짐을 빗대어 이르는 말.

낱말 풀이 **욕보다** 1. 부끄러운 일을 당하다. 2. 몹시 고생스러운 일을 겪다.

도적 한 놈을 열 사람이 지키지 못한다

여러 사람이 함께 살펴도 한 사람의 나쁜 짓을 막기가 쉽지 않다는 말.

같은 속담 열 사람이 지켜도 한 도둑놈을 못 막는다 • 지키는 사람 열이 도둑 하나를 못 당한다

도척의 개 범 물어 간 것 같다

도척의 개를 범이 물어 간 것처럼 시원하다는 뜻으로, 싫어하는 사람이 잘못되거나 불행해지는 것을 보고 속 시원해하거나 기뻐하는 것을 빗대어 이르는 말.

낱말 풀이 **도척** 중국 춘추 시대의 큰 도적의 이름으로, 몹시 악한 사람을 빗대어 이르는 말.

도토리 키 재기[다툼]

1. 고만고만한 사람끼리 서로 다투는 것을 빗대어 이르는 말. 2. 둘이 어슷비슷하여 견주어 보나 마나 마찬가지인 경우에 빗대어 이르는 말.

같은 속담 난쟁이끼리 키 자랑하기

도포를 입고 논을 갈아도 제멋이다

도포를 입고 흙물이 튀는 논일을 해도 제가 좋아서 하면 그만이란 뜻으로, 격에도 안 맞고 제게 손해되는 일이라도 제 마음대로 하게 내버려두라는 말.

같은 속담 갓 쓰고 박치기해도 제멋(이다) • 오이를 거꾸로 먹어도 제멋[제 소청] • 저 모립 쓰고 물구나무를 서도 제멋 • 지게를 지고 제사를 지내도 제멋이다[상관 말라]

도포 입고 논 썰기

도포를 입고 논에 들어가 써레질을 한다는 뜻으로, 격에 어울리지 않는 볼꼴 사나운 짓을 비웃어 이르는 말.

같은 속담 벌거벗고 전동[전통] 찰까

낱말 풀이 **도포** 옛날에, 남자가 보통 예복으로 입던 웃옷. **썰다** '써리다'의 준말로, 써레로 논바닥을 고르거나 흙덩이를 잘게 부수다.

도회 소식 들으려면 시골로 가거라
도회지 소식은 시골에 가서 들으라

가까운 데 일은 잘 모르면서 오히려 먼 곳의 일은 잘 안다는 말.

독사의 입에서 독이 나온다

본바탕이 나쁜 사람은 나쁜 짓만 한다고 빗대어 이르는 말.

독서당 개가 맹자 왈 한다

아무것도 모르는 사람도 어떤 분야에서 오래 보고 들으면 얼마간 지식이 쌓이게 된다고 빗대어 이르는 말.

같은 속담 서당 개 삼 년에 풍월한다 • 정승 집 개도 삼 년이면 육갑을 한다

낱말 풀이 **독서당** 1. 집안 사람들만을 가르치려고 차린 글방. 2. 조선 시대에, 나라의 중요한 인재를 길러 내기 위하여 젊은 문관 가운데 뛰어난 사람을 뽑아 오로지 학업만을 닦게 하던 서재.

독수공방에 정든 님 기다리듯

홀로 빈방을 지키며 사랑하는 사람이 오기만 기다린다는 뜻으로, 무엇인가를 간절히 바라며 기다리는 모양을 빗대어 이르는 말.

독수리가 병아리 채 가듯

갑자기 덮쳐서 감쪽같이 잡아가는 모양을 빗대어 이르는 말.

독수리는 모기를 잡아먹지 않는다

자신의 위엄과 신망에 어울리지 않는 자질구레한 일에는 신경 쓰지 않음을 빗대어 이르는 말.

독수리는 파리를 못 잡는다

아무리 빠른 독수리도 한낱 파리를 못 잡는다는 뜻으로, 저마다 자기 능력에 맞는 일이 따로 있다는 말.

독수리 본 닭 구구 하듯

독수리를 본 닭이 놀라서 구구 하며 제자리만 맴돈다는 뜻으로, 뜻밖에 위험이 닥쳤을 때 겁에 질려 어찌할 바를 몰라 하는 모양을 빗대어 이르는 말.

독 안에 든 쥐

'덫 안에 든 쥐'와 같은 관용 표현.

독 안에 들어가도 팔자 도망은 못한다

온통 다 막힌 독 안에 숨어도 제 팔자는 벗어날 수 없다는 뜻으로, 이미 정해진 운명은 피할 수 없다고 빗대어 이르는 말.

같은 속담 산천 도망은 해도 팔자 도망은 못한다

독 안에서 소리치기

남이 보지 않는 곳에서나 큰소리치고 잘난 체하는 것을 빗대어 이르는 말.

독 안에서 푸념

1. 남이 들을까 봐 독 안에 들어가서 푸념한다는 뜻으로, 시시하고 속이 좁아서 하는 짓이 답답한 경우에 빗대어 이르는 말. 2. 속이 시커멓고 엉큼하여 무슨 짓을 할지 모르겠다는 말.

독을 보아 쥐를 못 친다

장독 사이에 들어간 쥐는 독이 깨질까 봐 치지 못한다는 뜻으로, 무엇을 없애려고 해도 도리어 자기에게 손해가 미칠까 봐 이러지도 저러지도 못하는 경우를 빗대어 이르는 말.

같은 속담 쥐를 때리려 해도 접시가 아깝다

독장수구구는 독만 깨뜨린다

실제로 이루어질 가능성이 없는 허황된 계산은 도리어 손해만 가져온다는 말.

독장수

읽을거리 옛날에 헛된 셈을 하다가 망한 독장수 이야기에서 나온 말이야. 어느 독장수가 독 짐을 지고 가다가 잠시 쉬는 참에 돈 벌 궁리를 했어. 독 하나를 팔아서 독 두 개를 사고,

독 두 개를 팔아서 독 네 개를 사고, 이런 식으로 셈을 하다 보니 곧 큰 부자가 될 것 같거든. 독장수는 부자가 된 양 흥에 겨워 춤을 추다가 그만 지겟작대기를 발로 건드렸어. 그 바람에 독을 몽땅 깨뜨리고 말았지. '독장수셈'은 애쓰지는 않고 헛꿈을 꾸다가 손해를 보는 사람들을 비웃는 말이야.

ㄷ

독 틈에도 용소가 있다

독 틈에도 깊은 웅덩이가 있다는 뜻으로, 무슨 일이든지 남을 속이려 하는 사람이 있으니 조심해야 한다는 말.

낱말 풀이 **용소** 폭포수가 떨어지는 바로 밑에 있는 깊은 웅덩이.

독 틈에서 쥐 잡기

독과 독 사이에 숨어 있는 쥐를 잡으려고 하다가는 독을 깨뜨릴 수 있다는 뜻으로, 적은 이익을 얻으려고 섣불리 덤벼들었다가 큰 손해를 입게 되는 경우에 빗대어 이르는 말.

같은 속담 쥐 잡으려다가 쌀독 깬다

독 틈에 탕관

독과 독 사이에 끼어 있는 자그마한 탕관이란 뜻으로, 약한 사람이 힘센 사람들 사이에 끼어 어려움을 겪는 것을 빗대어 이르는 말.

같은 속담 두 틈에 탕관

낱말 풀이 **탕관** 국을 끓이거나 약을 달이는 자그마한 그릇.

탕관

돈 놓고는 못 웃어도 아이 놓고는 웃는다

1. 사람이 사는 데에는 재물보다 자식이 더 귀하다는 말. 2. 많은 재물에는 근심이 따르지만 아이의 재롱은 기쁨을 안겨 준다는 말.

돈 떨어지자 입맛 난다

돈이 다 떨어져 살 수 없게 되자 무엇이 자꾸 사 먹고 싶어진다는 뜻으로, 무엇이 다 없어진 뒤에 그것이 더 간절하게 생각난다는 말.

같은 속담 뒤주 밑이 긁히면 밥맛이 더 난다

돈만 있으면 개도 멍첨지라[홍한 짓을 한다]

돈만 있으면 개도 벼슬을 얻는다는 뜻으로, 아무리 천한 사람도 돈만 있으면 귀하게 대접받는다고 빗대어 이르는 말.

낱말 풀이 **멍첨지** 멍가 성을 가진 첨지라는 뜻으로, '개'를 빗대어 이르는 말.

돈만 있으면 귀신[두억시니]도 부릴 수 있다
돈만 있으면 귀신도 사귄다

돈이 있으면 세상에 못할 일이 없다는 말.

낱말 풀이 **두억시니** 모질고 사나운 귀신의 하나. =야차.

돈 모아 줄 생각 말고 자식 글 가르쳐라

자식에게 돈을 물려주는 것보다 자식을 잘 가르치는 것이 더 중요하다는 말.

같은 속담 황금 천 냥이 자식 교육만 못하다

돈 없는 놈이 선가[뱃삯] 먼저 물어본다
돈 없는 놈이 큰 떡 먼저 든다

자격을 갖추지 못한 사람이 도리어 먼저 나댈 때 이르는 말.

같은 속담 돈 한 푼 없는 놈이 자두치떡만 즐긴다

돈에 침 뱉는 놈 없다

사람은 누구나 돈을 소중히 여긴다는 말.

돈으로 비단은 살 수 있어도 사랑은 살 수 없다

참다운 사랑은 돈으로 얻을 수 없다는 말.

돈은 더럽게 벌어도 깨끗이 쓰면 된다

힘들고 천한 일을 해서 돈을 벌더라도 떳떳하고 보람 있게 쓰면 된다는 말.

같은 속담 개같이 벌어서 정승같이 산다[먹는다]

ㄷ

돈은 도적맞을 수 있어도 땅은 도깨비도 떠메고 갈 수 없다

땅이 가장 안전하고 없어질 걱정이 없는 재산이라고 빗대어 이르는 말.

돈은 있다가도 없어지고 없다가도 생기는 법이라

1. 돈은 임자가 따로 없으므로 때에 따라 가질 수도 있고 못 가질 수도 있다는 말. 2. 돈으로 남을 평가하는 것은 잘못된 일이라는 말.

돈이 돈을 번다

돈이 많으면 그것을 밑천 삼아 돈을 더 많이 벌 수 있다는 말.

돈이라면 호랑이 눈썹이라도 빼 온다

돈이 생기는 일이라면 아무리 어렵고 위험한 일이라도 무릅쓰고 하는 것을 빗대어 이르는 말.

돈이 많으면 장사를 잘하고 소매가 길면 춤을 잘 춘다

돈이 많으면 장사를 크게 벌일 수 있고 소매가 길면 장삼춤을 멋있게 출 수 있다는 뜻으로, 모든 일이 잘되려면 그 소재가 좋고 넉넉해야 한다는 말.

낱말 풀이 **장삼춤** 탈춤에서, 긴 소매를 휘저으며 추는 춤.

돈이면 나는 새도 떨어진다
돈이면 지옥문도 연다

돈만 있으면 어떤 일도 다 할 수 있다는 말.

돈이 양반이라

돈이 있으면 자연히 지위나 권력이 따르게 된다는 말.

돈이 없으면 적막강산이요 돈이 있으면 금수강산이라

돈이 없으면 온 세상이 쓸쓸하게 보이고 돈이 있으면 아름답게 보인다는 뜻으로, 돈이 넉넉해야 즐기며 살 수 있다는 말.

같은 속담 돈 있으면 활량 돈 못 쓰면 건달

낱말 풀이 **금수강산** 비단에 수를 놓은 것처럼 아름다운 강과 산이라는 뜻으로, 우리나라의 자연을 빗대어 이르는 말. **적막강산** 1. 아주 적적하고 쓸쓸한 풍경을 이르는 말. 2. 앞일을 내다볼 수 없게 캄캄하고 답답한 지경이나 심정을 빗대어 이르는 말.

돈이 자가사리 끓듯 한다

1. 돈이 어찌나 많은지 자가사리가 와글거리듯 한다는 뜻으로, 돈이 엄청나게 많다는 말. 2. 돈이 많다고 함부로 못된 짓을 하는 사람을 욕으로 이르는 말.

낱말 풀이 **자가사리** 1. 퉁가릿과의 민물고기. 주로 밤에 활동하며 맑은 강 상류의 바위나 자갈이 많은 곳에 산다. 2. '동자개'의 방언(강원).

돈이 장사라[제갈량]

돈의 힘은 힘센 장수나 꾀 많은 제갈량에 못지않다는 뜻으로, 돈만 있으면 무슨 일이나 뜻대로 할 수 있다는 말.

돈 있으면 활량 돈 못 쓰면 건달

'돈이 없으면 적막강산이요 돈이 있으면 금수강산이라'와 같은 속담.

낱말 풀이 **건달** 하는 일 없이 빈둥빈둥 놀거나 게으름을 부리는 사람. **활량** '한량'의 변한말로, 일정하게 맡아 하는 일이 없이 놀고먹던 말단 양반 계층.

돈 주고 못 살 것은 기개[지개]

1. 아무리 돈이 많아도 사람의 기개만은 마음대로 살 수 없다는 말. 2. 뜻이 있고 기개가 높은 사람은 결코 돈에 팔려 행동하지 않는다는 말.

낱말 풀이 **기개** 씩씩하고 굳은 마음가짐. **지개** 의지와 지개를 아울러 이르는 말.

돈 주고 병 얻는다

제 돈을 주고 스스로 병을 얻는다는 뜻으로, 제 잘못으로 고생하게 된 경우를 빗대어 이르는 말.

돈피에 잣죽도 저 싫으면 그만이다

아무리 좋은 일이라도 제 마음에 내키지 않으면 억지로 시킬 수 없다는 말.

같은 속담 상감님도 제 맘에 들어야 한다 • 평안 감사도 저 싫으면 그만이다

낱말 풀이 **돈피** 담비의 털가죽. 질이 좋고 값이 비싸다.

돈 한 푼 없는 놈이 자두치떡만 즐긴다

'돈 없는 놈이 선가[뱃삯] 먼저 물어본다'와 같은 속담.

낱말 풀이 **자두치떡** 크기가 한 자 두 치나 되는 떡.

돋우고 뛰어야 복사뼈라

힘껏 돋우어 뛰어도 겨우 제 발목에 둥글게 튀어나온 복사뼈만큼밖에 되지 않는다는 뜻으로, 1. 아무리 애를 써 보아도 어느 정도밖에 더 못 한다는 말. 2. 아무리 도망쳐 보았자 크게 벗어날 수 없다는 말.

돌다(가) 보아도 마름[물방아]

1. 제자리에서 돌아가는 물방아나 물속에 뿌리를 박고 자라는 마름처럼, 같은 장소를 빙빙 돌기만 할 때 빗대어 이르는 말. 2. 아무리 애써도 앞으로 나아가거나 더 좋아지지 않고 제자리걸음만 하는 경우를 빗대어 이르는 말.

같은 속담 개미 쳇바퀴 돌듯 • 다람쥐 쳇바퀴 돌듯

낱말 풀이 **마름** 연못이나 늪 같은 고인 물에서 사는 한해살이풀. 잎자루에 공기 주머니가 있어 물 위에 뜬다.

돌다리도 두들겨 보고 건너라

돌다리도 무너질 수 있으니 든든한가 두들겨 보고 건너라는 뜻으로, 아무리 잘 아는 일이라도 틀림없도록 꼼꼼히 살피고 조심해야 한다는 말.

같은 속담 삼 년 벌던 논밭도 다시 돌아보고 산다 • 아는 길도 물어 가랬다 • 얕은 내도 깊게 건너라 • 징검다리도 두들겨 보고 건너라

돌담 구멍에 족제비 눈깔

1. 돌담에 족제비가 많이 틀어박혀 산다는 데서, 어떤 것이 여기저기 흔하게 많이 있음을 빗대어 이르는 말. 2. 매우 날카로운 눈매를 빗대어 이르는 말.

돌담 배 부른 것
돌담의 부른 배는 쓸모가 없다

1. 돌담이 가운데가 불룩하면 보기에도 좋지 않고 무너질 위험이 있기 때문에 쓸데없다는 데서, 아무 쓸모가 없고 해롭기만 한 것을 빗대어 이르는 말. 2. 위태롭게 되어 오래갈 수 없는 것을 빗대어 이르는 말.

돌도 십 년을 보고 있으면 구멍이 뚫린다

무슨 일에나 정성을 드리고 애쓰면 안 되는 것이 없음을 빗대어 이르는 말.

돌 뚫는 화살은 없어도 돌 파는 낙수는 있다

무슨 일이나 오래 정성을 들여서 꾸준히 하면 마침내 뜻을 이룰 수 있다는 말.

낱말 풀이 **낙수** 처마 끝 따위에서 빗물이나 고드름이 녹은 물이 떨어짐. 또는 그 물.

돌로 치면 돌로 치고 떡으로 치면 떡으로 친다

'덕은 덕으로 대하고 원수는 원수로 대한다'와 같은 속담.

돌림병에 까마귀 울음

돌림병을 앓는데 까마귀가 기분 나쁘게 운다는 뜻으로, 귀에 몹시 거슬리는 듣기 싫은 소리를 빗대어 이르는 말.

같은 속담 염병에 까마귀 소리

돌멩이 갖다 놓고 달걀 되기를 바란다

도무지 될 수 없는 일을 행여나 될까 하고 바라는 어리석음을 비웃어 이르는 말.

같은 속담 까마귀 백로 되기 바란다

돌미륵이 웃을 노릇

돌부처도 웃겠다는 뜻으로, 너무나 어처구니없는 일을 빗대어 이르는 말.

같은 속담 길가의 돌부처가 다 웃겠다 • 돌부처가 웃다가 배꼽이 떨어지겠다

돌배도 맛 들일 탓

처음에는 싫다가도 차츰 재미를 붙이고 정을 들이면 좋아질 수 있다는 말.

같은 속담 개살구도 맛 들일 탓 • 떫은 배도 씹어 볼 만하다 • 산살구도 맛 들일 탓 • 신 배도 맛 들일 탓 • 쓴 개살구[배/외]도 맛 들일 탓

ㄷ

돌부리를 걷어차면 내 발만 아프다
돌부리를 차면 발부리만 아프다

성이 난다고 함부로 화풀이를 하다가 도리어 자기가 해를 입는 경우에 빗대어 이르는 말.

같은 속담 돌을 차면 발부리만 아프다 • 바위를 차면 제 발부리만 아프다 • 성나 바위 차기 • 성내어 바위를 차니 발부리만 아프다

돌부처가 웃다가 배꼽이 떨어지겠다
돌부처가 웃을 노릇

'돌미륵이 웃을 노릇'과 같은 속담.

돌부처도 꿈적인다

옛날에, 남편이 첩을 두면 아무리 무던한 아내도 화를 낸다고 빗대어 이르던 말.

같은 속담 길 아래 돌부처도 돌아앉는다

돌부처보고 아이 낳아 달란다

도무지 이루어질 수 없는 일을 바라거나 해 달라고 생억지를 부리는 것을 빗대어 이르는 말.

돌아본 마을 뀌어 본 방귀

1. 무엇이나 한번 시작하면 재미가 붙어 그만둘 수 없다는 말. 2. 어떤 일을 실컷 겪어 보아서 그 방면에 이골이 났다는 말.

돌을 들면 얼굴이 붉어진다

무거운 돌을 들 때 힘을 쓰면 얼굴이 붉어지듯이, 어떤 원인이 있으면 꼭 그에 따르는 결과가 나타나게 된다는 말.

같은 속담 드는 돌에 낯 붉는다

돌을 들어 제 발등을 깬다

괜히 돌을 들었다가 놓치는 바람에 제 발등을 깼다는 뜻으로, 자기가 한 일로 말미암아 자기가 큰 화를 입게 되는 경우를 빗대어 이르는 말.

같은 속담 제 도끼에 제 발등 찍힌다 • 제 발등을 제가 찍는다 • 제 오라를 제가 졌다

돌을 차면 발부리만 아프다

'돌부리를 걷어차면 내 발만 아프다'와 같은 속담.

돌 전에 아우 본 아이 젖 감질나듯

어떤 일이 하고 싶어서 도무지 참지 못하고 안타까워하는 모습을 이르는 말.

돌절구도 밑 빠질 때가[날이] 있다

돌절구도 오래 쓰면 닳아서 구멍이 뚫린다는 뜻으로, 1. 아무리 대단한 집안이나 세력이라도 무너질 때가 있다는 말. 2. 이 세상에 오래도록 바뀌지 않는 것은 없다는 말.

낱말 풀이 **돌절구** 돌의 가운데 부분을 오목하게 파서 만든 절구.

돌절구

돌 지고 방아 찧는다

1. 디딜방아를 찧을 때에는 돌을 지고 찧는 것이 더 쉽다는 뜻으로, 무슨 일이나 힘을 들여야 잘될 수 있다는 말. 2. 디딜방아 찧는 일은 본디 힘든 일인데 돌까지 지고 방아를 찧는다는 뜻으로, 하는 짓이 어리석고 분별없음을 비웃어 이르는 말.

낱말 풀이 **방아** 곡식 따위를 찧거나 빻는 데 쓰는 기구를 통틀어 이르는 말. 물방아, 디딜방아, 물레방아, 연자방아 따위가 있다.

돌쩌귀에 녹이 슬지 않는다

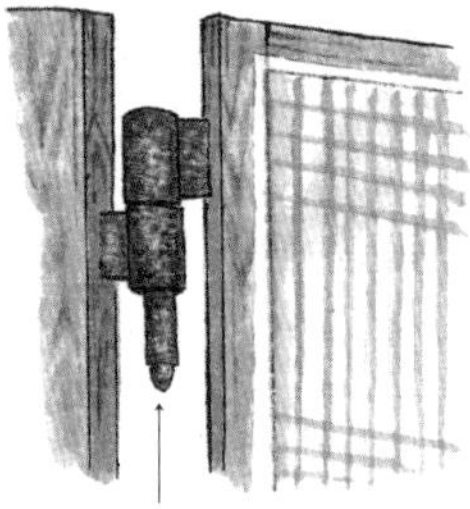
돌쩌귀

돌쩌귀는 문을 여닫을 때마다 움직여서 녹슬 새가 없다는 뜻으로, 1. 어떤 일이든 쉼 없이 꾸준하고 부지런히 해야 실수가 없고 탈이 생기지 않는다고 빗대어 이르는 말. 2. 물건이나 재능은 묵혀 두지 말고 늘 잘 써야 한다고 빗대어 이르는 말.

같은 속담 홈통은 썩지 않는다

낱말 풀이 **돌쩌귀** 문짝을 문설주에 달아 문을 여닫는 데 쓰는 두 개의 쇠붙이.

돌쩌귀에 불이 나겠다[난다]

돌쩌귀에 불이 날 만큼 문을 자주 여닫는다는 뜻으로, 찾아오는 사람이 많아 쉴 새 없이 자꾸 드나드는 것을 빗대어 이르는 말.

같은 속담 문 돌쩌귀에 불 나겠다

동기간 싸움은 칼로 물 베기

형제자매는 싸워도 화해하기 쉽다는 말.

낱말 풀이 **동기간** 형제, 자매, 남매 사이.

동냥아치[동냥치]가 동냥아치[동냥치] 꺼린다

누군가에게 무슨 부탁을 할 때 다른 사람도 와서 부탁하면 자기 일이 이루어지지 않거나 몫이 적어질까 봐 꺼린다는 말.

낱말 풀이 **동냥아치** 동냥하러 다니는 사람. =동냥치.

동냥아치 쪽박 깨진 셈

먹고사는 데 쓰는 연장이 못쓰게 되거나 밑천이 동난 것을 빗대어 이르는 말.

동냥은 못 줘도 쪽박은 깨지 마라

남을 돕지는 못할망정 손해는 끼치지 말라고 빗대어 이르는 말.

동냥은 아니 주고 자루 찢는다
동냥은 안 주고 쪽박만 깬다

남이 해 달라는 부탁을 들어주기는커녕 오히려 방해만 하는 경우에 빗대어 이르는 말.

ㄷ

동냥은 혼자 간다

남에게 무엇을 구하거나 얻으러 갈 때 여럿이 가면 제 몫이 적어지므로 혼자 가는 것이 낫다는 말.

동냥자루도 마주 벌려야 들어간다

1. 간단한 일이라도 서로 힘을 보태고 도와야 잘된다는 말. 2. 무슨 일이나 조건을 갖추지 않으면 어떤 결과도 바랄 수 없다는 말.

동냥자루도 제멋에 찬다

1. 남들이 업신여기는 동냥질도 제가 하고 싶어서 하듯이, 남들이 어떻게 생각하든 자기가 하고 싶은 대로 한다는 말. 2. 남들이 다 좋다고 하는 일은 안 하고 나쁘다고 하는 일만 하는 경우에 빗대어 이르는 말.

동냥자루를 찢는다

동냥자루를 두고 다투다가 자루를 찢었다는 뜻으로, 대수롭지 않은 일을 가지고 서로 다투는 것을 비웃어 이르는 말.

같은 속담 자루를 찢는다

동냥하려다가 추수 못 본다[한다]

1. 낟알을 동냥하려다가 제때에 가을걷이를 못 한다는 뜻으로, 작은 이익을 얻으려다 큰 손해를 보게 된 경우에 빗대어 이르는 말. 2. 남의 도움만 바라다가 자기 힘으로 할 수 있는 일조차 하지 못하게 된 경우에 빗대어 이르는 말.

동네 개 짖는 소리(만 못하게 여긴다)

남이 하는 말을 무시하여 아예 들은 체도 안 함을 빗대어 이르는 말.

같은 속담 어느 집 개가 짖느냐 한다 • 어디 개가 짖느냐 한다

동네마다 후레아들[후레자식] 하나씩 있다

1. 마을마다 버릇없고 막되게 자란 놈이 하나씩은 있다는 뜻으로, 사람들이 많이 모여 있는 곳에는 어쩌다가 좋지 않은 사람이 한둘 끼어 있을 수 있다는 말. 2. 많은 것 가운데는 좋은 것도 있지만 나쁜 것도 있다는 말.

낱말 풀이 **후레아들** 배운 데 없이 막되게 자라 버릇이 없는 사람을 낮잡아 이르는 말. =후레자식.

동네 무당 영하지 않다

한동네에 사는 무당은 단점까지 잘 알기 때문에 신통하게 여기지 않는다는 뜻으로, 가까이에 있는 사람은 흠까지 보여서 아무리 능력이 있고 재주가 좋아도 훌륭하게 생각하지 않는다는 말.

같은 속담 동네 의원 용한 줄 모른다 • 이웃집 무당 영하지 않다

동네 색시 믿고 장가 못 간다

저 혼자 마음에 둔 동네 색시가 다른 남자한테 시집가는 바람에 장가를 못 가게 되었다는 뜻으로, 남은 생각지도 않는 일을 혼자서 믿고 있다가 낭패를 보는 경우에 이르는 말.

같은 속담 앞집 처녀 믿다가 장가 못 간다 • 옆집 처녀 믿다가 장가 못 간다 • 이웃집 색시 믿고 장가 못 든다

동네 송아지는 커도 송아지란다

늘 보던 동네 송아지는 황소가 되어도 송아지로만 여긴다는 뜻으로, 늘 눈앞에 두고 보면 바뀐 것을 알아차리기 어려움을 빗대어 이르는 말.

동네 의원 용한 줄 모른다

'동네 무당 영하지 않다'와 같은 속담.

동녘이 번하니까 다 내 세상인 줄 안다
동녘이 훤하면 새벽[세상]인 줄 안다

낮과 밤만 겨우 가릴 뿐 세상 돌아가는 형편을 도무지 몰라 무슨 일이나 다 잘 될 줄 아는 경우에 빗대어 이르는 말.

낱말 풀이 **번하다** 어두운 가운데 밝은 빛이 비치어 조금 훤하다.

동도 서도 모른다

동쪽과 서쪽도 못 가린다는 뜻으로, 사리에 매우 어둡거나 어찌 된 영문인지 아무것도 알지 못하는 경우에 빗대어 이르는 말.

동무 따라 강남 간다

자기 생각은 없이 남이 하는 대로 덩달아 따라 하는 경우에 빗대어 이르는 말.

같은 속담 벗 따라 강남 간다 • 친구 따라[친해] 강남 간다

동무 몰래 양식 내기

음식 추렴에 남몰래 양식을 내면 아무도 모른다는 뜻으로, 애써 한 일이지만 아무런 보람이 없을 때 빗대어 이르는 말.

같은 속담 어두운 밤에 눈 깜짝이기 • 절 모르고 시주하기

낱말 풀이 **추렴** 모임이나 놀이 또는 잔치 따위에 여럿이 저마다 얼마씩 돈이나 물건을 내어 거두는 것.

동무 사나워 뺨 맞는다

성미가 사납거나 손버릇이 나쁜 동무와 같이 다니다가는 자기까지 욕을 본다는 뜻으로, 동무를 잘 사귀어야 한다고 가르쳐 이르는 말.

동방 누룩 뜨듯

사람의 얼굴빛이 누렇게 뜨고 기운이 없는 모양을 빗대어 이르는 말.

낱말 풀이 **누룩** 술을 빚거나 빵을 굽는 데 쓰는 발효제. 밀이나 찐 콩을 갈아서 반죽하여 덩이를 만들고 띄워서 누룩곰팡이로 번식시켜 만든다. **동방** 해가 떠오르는 쪽. 또는 동쪽 지방.

동방삭이는 백지장도 높다고 하였단다

늙지도 않고 아주 오래 산 동방삭이가 종이 한 장도 높다고 할 만큼 조심스러워했다는 데서, 모든 일에 조심하여 실수가 없도록 하라는 말.

낱말 풀이 **동방삭** 중국 한나라 때 문인. 전설에, 서왕모의 복숭아를 훔쳐 먹고 삼천갑자, 곧 18만 년이나 살았다고 한다.

동방삭이 밤 까먹듯[깎아 먹듯/갉아 먹듯]

동방삭이 급하고 귀찮으면 밤을 반만 까먹었다는 데서, 급하게 무슨 일을 대충대충 하다 마는 것을 빗대어 이르는 말.

동방삭이 인절미 먹듯

동방삭이가 인절미를 꼭꼭 씹어 먹었다는 데서, 음식을 꼭꼭 오래 잘 씹어 먹는 것을 빗대어 이르는 말.

동산에 뜬 달 보고 놀란 강아지 짖어 댄다

아무것도 아닌 일에 괜히 놀라서 안절부절못하는 꼴을 빗대어 이르는 말.

동생의 말도 들어야 형의 말도 듣는다

형이 먼저 동생을 사랑하고 너그럽게 대해야 동생도 형을 믿고 받든다는 뜻으로, 1. 윗사람이라고 하여 아랫사람더러 제 말만 따르라고 해서는 안 된다고 가르쳐 이르는 말. 2. 형제 사이에도 의리를 지키고 은혜를 갚아야 한다는 말.

ㄷ

동생 줄 것은 없어도 도둑 줄 것은 있다

1. 아무리 가난한 집이라도 도둑이 훔쳐 갈 만한 물건은 있다는 말. 2. 식구조차 돌보지 않는 인색한 사람도 도둑이 훔쳐 가는 것은 막을 수 없다는 말.

같은 속담 구제할 것은 없어도 도둑 줄 것은 있다 • 저녁 먹을 것은 없어도 도둑맞을 것은 있다 • 쥐 먹을 것은 없어도 도둑맞을 것은 있다 • 쥐 줄 것은 없어도 도둑 줄 것은 있다

동서 시집살이는 오뉴월에도 서릿발 친다

시어머니 밑에서 하는 시집살이도 쉽지 않은데 동서 밑에서 하는 시집살이가 더 어렵고 괴롭다고 일러 오던 말.

낱말 풀이 **동서** 형제의 아내끼리 또는 자매의 남편끼리 서로 이르는 말.

동서 춤추게[춤추란다]

제가 춤추고 싶다고 말은 못 하고 동서더러 춤추라고 한다는 뜻으로, 자기가 하고 싶은 일을 남에게 하도록 부추기는 것을 빗대어 이르는 말.

같은 속담 제가 춤추고 싶어서 동서를 권한다 • 춤추고 싶은 둘째 동서 맏동서보고 춤추라 한다

동성아주머니 술도 싸야 사 먹지

고모가 빚은 술도 싸야 사 먹는다는 뜻으로, 아무리 가까운 사이라도 이익이 있어야 오간다는 말.

같은 속담 아주머니 떡[술]도 싸야 사 먹지 • 외할미 떡도 싸야[커야] 사 먹는다 • 할아버지 떡도 커야 사 먹는다

낱말 풀이 **동성아주머니** '고모'를 이모와 구별하여 이르는 말.

동아 속 썩는 것은 밭 임자도 모른다

동아는 썩어도 겉은 멀쩡하기 때문에 밭 임자도 썩은 것을 가려내지 못한다는 뜻으로, 남의 속 걱정은 가까이 지내는 사람도 모른다는 말.

낱말 풀이 **동아** 박과의 한해살이 덩굴성 식물. 열매는 호박과 비슷한데 긴 타원형이다.

동에 번쩍 서에 번쩍

정해진 곳이 없고 자취를 알 수 없을 만큼 여기저기에 나타나는 모양을 빗대어 이르는 말.

동의 일 하라면 서의 일 한다

말을 잘 알아듣지 못하여 어떤 일을 시키면 전혀 관계없는 일만 하는 경우에 빗대어 이르는 말.

동정 못 다는 며느리 맹물 발라 머리 빗는다

한복 저고리의 동정도 달 줄 모르는 며느리가 멋만 부린다는 뜻으로, 일솜씨는 하나도 없는 주제에 겉치레만 하는 것을 비웃어 이르는 말.

같은 속담 부뚜막 땜질[매질] 못하는 며느리 이마의 털만 뽑는다

동지 때 개딸기

제철이 아닌 때에 없는 물건을 애써 구하려 하는 것을 빗대어 이르는 말.

같은 속담 동짓달에 멍석딸기 찾는다

낱말 풀이 **개딸기** =산딸기. **동지** 이십사절기의 하나. 12월 22일이나 23일경으로, 대설과 소한 사이에 들며 일 년 중 낮이 가장 짧고 밤이 가장 긴 날이다.

동지섣달에 베잠방이를 입을망정 다듬이 소리는 듣기 싫다

1. 다듬이질 소리가 몹시 듣기 싫다는 말. 2. 들볶이면서 대접을 받기보다 고생스러워도 마음 편하게 지내는 것이 낫다고 빗대어 이르던 말.

낱말 풀이 **다듬이** 옷이나 옷감 따위를 방망이로 두드려 반드럽게 하는 일. =다듬이질. **동지섣달** 1. 동짓달과 섣달을 아울러 이르는 말. 2. 한겨울을 이르는 말. **베잠방이** 베로 지은 짧은 남자용 홑바지.

다듬이

동지죽이 쉬는 해에는 풍년이 온다

동짓날 날씨가 따뜻하면 이듬해 농사가 잘될 징조라고 일러 오던 말.

낱말 풀이 **동지죽** 동짓날에 찹쌀 새알심을 넣고 쑤어 먹는 팥죽. 액을 막고 잡귀를 쫓는다고 한다.

동지 지나 열흘이면 해가 소 누울 자리만큼 길어진다

동지가 지나면 낮이 길어지고 밤이 짧아지는 것을 빗대어 이르는 말.

동짓달에 멍석딸기 찾는다

'동지 때 개딸기'와 같은 속담.

낱말 풀이 **멍석딸기** 장미과의 낙엽 떨기나무. 산딸기의 하나로, 산기슭이나 밭둑에 난다. 초여름에 장밋빛 꽃이 피며, 열매는 크고 맛이 달다.

동태나 북어나

동태는 얼린 명태이고 북어는 말린 명태이니 동태나 북어나 다 같은 명태라는 뜻으로, 이것이나 저것이나 본질은 마찬가지라고 빗대어 이르는 말.

동풍 맞은 익모초

바람을 맞아 익모초가 한쪽으로 휘었다는 뜻으로, 무슨 일인지 알지도 못하면서 남이 시키는 대로 하는 경우에 빗대어 이르는 말.

낱말 풀이 **익모초** 꿀풀과의 두해살이풀. 7~9월에 엷은 홍자색 꽃이 핀다. 말린 풀포기를 약으로 쓴다.

동풍 안개 속에 수숫잎 꼬이듯

1. 심술 사납고 마음보가 뒤틀린 사람을 빗대어 이르는 말. 2. 자기 뜻을 뚜렷이 밝히지 않고 우물쭈물하는 모습을 빗대어 이르는 말.

같은 속담 꼬기는 칠팔월 수숫잎 꼬이듯 • 칠팔월 가물에 수숫잎 꼬이듯

동풍에 곡식이 병난다

곡식이 한창 자라는 여름에 차고 변덕스러운 샛바람이 불면 농사에 해롭다고 일러 오던 말.

동풍에 원두한의 탄식

난데없이 동풍이 불어와 뒤죽박죽된 밭을 보고 주인이 탄식한다는 뜻으로, 애써 해 놓은 일이 뜻하지 않은 화를 입어 헛수고가 된 경우에 빗대어 이르던 말.

낱말 풀이 **원두한** 밭에 심어 기르는 채소 따위를 부치거나 놓는 사람.

돌잠에 개꿈

1. 시답지 않은 꿈을 꾸거나 그런 꿈 이야기를 하는 경우에 빗대어 이르는 말.
2. 격에 맞지 않는 말을 하는 경우에 빗대어 이르는 말.

같은 속담 노루잠에 개꿈이라

낱말 풀이 돝 '돼지'의 옛말.

돼지가 깃을 물어들이면 비가 온다

1. 돼지가 짚이나 마른풀을 물어 잠자리를 마련하면 비가 온다고 일러 오던 말. 2. 둔하고 미련한 사람의 느낌이 들어맞는 경우에 빗대어 이르는 말.

읽을거리 돼지는 열두 띠 가운데 열두 번째 동물이야. 신화에서는 재산이나 복을 상징하지만 속담에서는 거의 욕심 많고 더럽고 게으른 동물로 나오지. 새해 첫 달 돼지날에는 돼지를 사고팔거나 잡지 않았어. 어쩔 수 없이 돼지를 팔더라도 돈을 미리 받아 두거나 날을 넘겨 가져가게 했대. 돼지꿈은 주로 재물이 생길 꿈이라고 풀이하는데, 그것은 돼지를 가리키는 한자 음이 '돈(豚)'이기 때문이라고 해.

돼지 꼬리 잡고 순대 달란다

모든 일에는 차례가 있는데 성질이 급하여 지나치게 헤덤비는 경우에 비웃어 이르는 말.

같은 속담 급하기는 우물에 가 숭늉 달라겠다 • 메밀밭에 가서 국수를 달라겠다 • 보리밭에 가 숭늉 찾는다 • 싸전에 가서 밥 달라 한다 • 우물에 가 숭늉 찾는다 • 콩밭에 가서 두부 찾는다 • 타작마당에 가서 숭늉 찾겠다

돼지는 흐린 물을 좋아한다

1. 더러운 것은 더러운 것과 어울리기를 좋아한다는 말. 2. 저마다 좋아하는 것이 따로 있다는 말.

돼지도 낯을 붉히겠다

매우 뻔뻔스러운 짓을 하는 사람을 핀잔하여 이르는 말.

돼지 목에 진주 목걸이
돼지에 진주 (목걸이)

돼지의 목에 귀한 진주 목걸이를 걸어 주었다는 뜻으로, 값어치를 모르는 사람에게는 보물도 아무 쓸모가 없다고 빗대어 이르는 말.

돼지 발톱에 봉숭아물을 들인다
돼지우리에 주석 자물쇠

제 분수나 격에 안 맞게 지나치게 치레하는 것을 빗대어 이르는 말.

같은 속담 개 귀[목]에 방울 • 개 대가리에 관[옥관자] • 개 발에 놋대갈[대갈/버선/주석 편자/토시짝] • 개에게 호패 • 거적문에 (국화) 돌쩌귀

낱말 풀이 **주석** 은백색의 고체 금속. 잘 녹슬지 않는다.

돼지 밥을 잇는 것이 네 옷 대기보다 낫다

한창 장난이 심한 아이들 옷을 빨아 대기가 몹시 힘들다고 이르는 말.

돼짓값은 칠 푼이요, 나뭇값은 서 돈이라

돼짓값보다도 돼지를 잡을 때 쓰는 나뭇값이 훨씬 더 비싸다는 뜻으로, 주된 것보다 곁딸린 것에 더 많은 돈이나 힘을 들이는 경우에 빗대어 이르는 말.

같은 속담 한 냥 장설에 고추장이 아홉 돈어치라 • 한 푼짜리 푸닥거리에 두부가 오 푼

낱말 풀이 **돈** 예전에, 엽전을 세던 단위. 한 돈은 한 푼의 열 배이다. **푼** 예전에, 엽전을 세던 단위.

되 글을 가지고 말 글을 써먹는다

1. 한 되밖에 안 되는 지식을 한 말이나 되게 써먹는다는 뜻으로, 배운 글은 적지만 보람 있게 잘 써먹는 것을 빗대어 이르는 말. 2. 머리에 든 것은 얼마 없으면서 많이 아는 것처럼 엮어 내는 것을 이르는 말.

되는 집에는 가지 나무에 수박이 열린다

일이 잘되어 가는 집은 가지 나무에서 수박이 열린다는 뜻으로, 잘되어 가는 집이나 사람은 하는 일마다 좋은 결과를 거둔다는 말.

되는 호박에 손가락질

옛날에, 호박이 열려서 한창 자랄 때 손가락질을 하면 떨어진다는 데서, 잘되어 가는 남의 일을 샘내어 헐뜯거나 틀어지게 하는 것을 빗대어 이르는 말.

되로 주고 말로 받는다

한 되를 주고 몇 갑절이나 많은 말로 되돌려 받는다는 뜻으로, 남에게 작은 도움을 주고 그 값으로 몇 배나 되는 것을 받아 내는 경우에 빗대어 이르는 말.

같은 속담 한 되 주고 한 섬 받는다

낱말 풀이 **되** 곡식, 액체, 가루 따위의 분량을 헤아리는 데 쓰는 그릇. 한 되는 한 말의 10분의 1이다. **말** 곡식, 액체, 가루 따위의 분량을 헤아리는 데 쓰는 그릇. 한 말은 열 되이다.

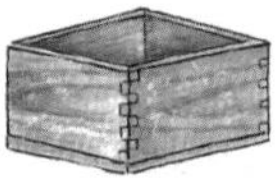

되

말

되면 더 되고 싶다
되면 될수록 더 되고 싶어 한다

잘되면 잘될수록 더 잘되고 싶어 한다는 뜻으로, 사람의 욕심은 끝이 없다고 빗대어 이르는 말.

같은 속담 말 타면 경마 잡히고 싶다 • 바다는 메워도 사람의 욕심은 못 채운다

낱말 풀이 **되다** 일이 뜻한 대로 잘 이루어지다.

된장에 풋고추 박히듯
된장 항아리에 풋고추 박히듯

한곳에 꼭 틀어박혀 자리를 떠나지 않는 모양을 빗대어 이르는 말.

될성부른 나무는 떡잎부터 알아본다
될성부른 나물은 떡잎부터 다르다

큰 나무가 될 것은 싹이 날 때부터 다르다는 뜻으로, 앞으로 크게 될 사람은 어려서부터 남다른 데가 엿보인다고 빗대어 이르는 말.

같은 속담 나무 될 것은 떡잎 때부터 알아본다 • 대부등 감은 자랄 때부터 다르다 • 용될 고기는 모이 철부터 안다 • 잘 자랄 나무는 떡잎부터 안다[알아본다] • 푸성귀는 떡잎부터 알고 사람은 어렸을 때부터 안다

두견새 울음소리가 소쩍소쩍 울면 풍년이 들고, 소똥소똥 울면 흉년이 든다

옛날부터 두견새 울음소리로 풍년과 흉년을 미리 알 수 있다고 일러 오던 말.

읽을거리 두견새는 우리말로는 접동새라고 해. 뻐꾸기와 같은 무리이고, 뻐꾸기처럼 스스로 집을 짓지 않고 남의 둥지에 알을 낳고 살아. 휘파람새, 굴뚝새, 산솔새 같은 새의 둥지에 알을 낳고 다른 어미 새가 새끼를 키우게 해. 두견새 새끼는 알에서 깨어나면 가짜 어미 새의 알이나 새끼를 둥지 밖으로 밀어 떨어뜨려. 그러고는 혼자서 먹이를 받아먹으며 자라. 두견새는 울음소리가 구슬퍼서 옛날 시에서 한이나 슬픔을 나타낼 때 많이 나왔어. 두견새와 비슷한 새로 소쩍새가 있어. 소쩍새는 주로 밤에만 우는데, 굶어 죽은 며느리가 소쩍새가 되어서 '솥적 솥적' 하고 운다는 이야기가 있어.

두견이 목에 피 내어[뽑아] 먹듯

남에게 누명을 씌워 제 잇속을 차리거나 어려운 처지에 있는 사람의 재물을 빼

앗는 경우에 빗대어 이르는 말.

두고도 못 먹는 전라도 곡식

필요한 것을 눈앞에 두고도 마음대로 쓰지 못하는 경우에 빗대어 이르던 말.

같은 속담 보고도 못 먹는 전라도 곡식 • 전라도 곡식이라

두고 보자는 건 무섭지 않다

1. 그 자리에서는 어쩌지 못하고 다음에 보자고 벼르는 사람은 무서워할 까닭이 없다고 비웃는 말. 2. 나중에 어떻게 하겠다고 말로만 하는 것은 아무 쓸데가 없다는 말.

같은 속담 나중에 보자는 사람[양반] 무섭지 않다 • 뒤에 보자는 사람[양반] 무섭지 않다

두 귀로 듣고 한 입으로 말하라

남의 말은 많이 듣고 제 말은 적게 하라는 뜻으로, 잘 알지 못하는 일에 대해서는 이러쿵저러쿵 함부로 말하지 말라고 가르쳐 이르는 말.

두꺼비 꽁지 같다
두꺼비 꽁지만 하다

아주 작아서 거의 없는 것과 같다는 말.

두꺼비 돌에 치였다
두꺼비 떡돌에 치우듯

애먼 사람이 화를 당하거나 벌을 받게 되어 억울한 경우를 빗대어 이르는 말.

같은 속담 애매한 두꺼비[거북이] 돌에 치였다

낱말 풀이 **떡돌** 떡을 칠 때 받치는 판판하고 넓적한 돌.

두꺼비 싸움에 파리 치인다

힘센 이들이 싸우는 틈에서 약한 사람만 억울하게 피해를 입는 경우에 빗대어 이르는 말.

같은 속담 고래 싸움에 새우 등 터진다

두꺼비씨름 누가 질지 누가 이길지

두꺼비가 씨름을 하면 누가 이길지 가늠할 수 없다는 뜻으로, 힘이 엇비슷하여 서로 겨루어도 승부가 나지 않는다는 말.

같은 속담 막둥이 씨름하듯

낱말 풀이 **두꺼비씨름** 끝내 승부가 나지 않는 다툼이나 겨룸을 빗대어 이르는 말.

두꺼비 엎디는 뜻은 덮치자는 뜻이라

남 보기에는 어리석고 둔한 행동이라도 제 딴에는 중요한 뜻이 있어 하는 것임을 빗대어 이르는 말.

같은 속담 굼벵이가 지붕에서 떨어지는 것은 매미 될 셈이 있어 떨어진다

두꺼비 콩대에 올라 세상이 넓다 한다

세상 견문이 좁고 하는 일이 옹졸한 사람을 빗대어 이르는 말.

낱말 풀이 **콩대** 콩을 떨어내고 남은, 잎을 뗀 나머지 부분. 불이 잘 붙어 땔감으로 쓴다.

두꺼비 파리 잡아먹듯

두꺼비가 날아가는 파리를 덥석 잡아먹듯이, 음식을 매우 빨리 먹어 치우는 모습을 빗대어 이르는 말.

같은 속담 게 눈 감추듯 • 남양 원님 굴회 마시듯 • 마파람에 게 눈 감추듯 • 사냥개 언똥 들어먹듯[삼키듯]

읽을거리 두꺼비는 온몸이 오돌토돌해. 개구리처럼 폴짝폴짝 안 뛰고 느긋하게 엉금엉금 기어다녀. 그래도 뱀이나 새가 섣불리 못 잡아먹어. 몸에서 독이 나오기 때문이야. 몸놀림은 아주 굼뜨지만 먹이는 눈 깜짝할 새에 잡아먹지. 파리, 나방, 모기 같은 먹이를 보면 슬금슬금 다가가서 긴 혀로 낚아채는 데 1초도 안 걸릴 만큼 빨라. 두꺼비는 옛이야기, 민요에 주인공으로 많이 나와. 둔하지만 슬기롭고 의리 있는 동물로 나오지. 아이들이 흙이나 모래를 가지고 노는 놀이 가운데 두꺼비집 짓기가 있어. 손등의 흙을 두드릴 때 '두껍아 두껍아 헌 집 줄게 새 집 다오'라는 노래를 부르기 때문에 두꺼비집 짓기라고 해.

두더지는 나비가 못 되라는 법 있나

다른 사람이 상상하지 못하는 일이 뜻밖에 일어날 수도 있지 않겠느냐는 말.

두더지 땅굴 파듯

1. 두더지가 땅굴을 눈 깜짝할 사이에 파듯이, 무슨 일에 욕심스럽게 덤벼들어 마구 해치우는 것을 빗대어 이르는 말. 2. 뜻한 바를 이루기 위하여 꾸준히 노력하는 것을 빗대어 이르는 말.

두더지 혼인 같다

1. 자기보다 훨씬 나은 사람과 혼인하려고 애쓰다가 끝내 비슷한 처지에 있는 사람과 혼인하는 경우에 이르는 말. 2. 널리 알리지 않고 집안사람들끼리 치르는 혼인을 빗대어 이르는 말. 3. 분수에 넘치는 엉뚱한 바람을 갖는 것을 빗대어 이르는 말.

읽을거리 두더지가 사위를 고르고 고르다가 결국 두더지 사위를 얻었다는 이야기에서 나온 말이야. 옛날에 두더지가 세상에서 가장 힘이 센 사위를 얻으려고 해를 찾아갔어. 높디높은 하늘에서 햇살을 비추니까 가장 힘이 세다고 생각했지. 그런데 해가 자기는 구름이 가리면 그만이라는 거야. 구름을 찾아갔더니 구름이 자기는 바람이 불면 그만이라는 거야. 바람을 찾아갔더니 자기는 제아무리 힘을 써도 돌부처가 끄떡도 않는다는 거야. 돌부처를 찾아갔더니 자기는 두더지가 땅을 파면 쓰러질 거라는 거야. 돌고 돌아 두더지는 자기들이 세상에서 가장 힘이 세다는 걸 알게 되었지. 헛된 욕심으로 자신의 참된 가치를 모르는 어리석음을 깨우쳐 주는 말이야.

두덩[두렁]에 누운 소

두덩에 편안히 누워서 새김질하는 소라는 뜻으로, 아무 일도 안 하고 편하게 놀고 지내는 팔자를 빗대어 이르는 말.

낱말 풀이 **두덩** 우묵하게 들어간 땅의 가장자리에 약간 두두룩한 곳.

두렁에 든 소

'도랑에 든 소'와 같은 속담.

두레박 놔두고 우물 들어 마신다

물 긷는 두레박은 제쳐 놓고 우물째 들어서 마시려 한다는 뜻으로, 몹시 급하게 서두르는 경우에 빗대어 이르는 말.

같은 속담 우물 들고 마시겠다

낱말 풀이 **두레박** 줄을 길게 달아 우물물을 퍼 올리는 데 쓰는 도구.

우물

두부 먹다 이 빠진다

무른 두부를 먹다가 이가 빠진다는 뜻으로, 1. 쉬운 일이라고 마음을 놓으면 생각하지 않던 실수가 있을 수 있으니 조심하라는 말. 2. 일이 자꾸 꼬이고 틀어지는 것을 빗대어 이르는 말.

같은 속담 홍시 먹다가 이 빠진다[빠지겠다]

두부살에 바늘뼈

살은 두부같이 무르고 뼈는 바늘같이 가늘다는 뜻으로, 몸이 아주 연약한 사람을 놀리어 이르는 말.

같은 속담 바늘뼈에 두부살

두부에도 뼈라

운수 나쁜 사람은 으레 될 일도 뜻밖에 안된다는 말.

두 소경 한 막대 짚고 걷는다

1. 생각도 다르고 갈 곳도 다른 두 소경이 한 막대를 짚고 길을 나섰다는 뜻으로, 서로 뜻이 안 맞는 사람들이 함께 움직이게 된 경우에 빗대어 이르는 말. 2. 어리석은 두 사람이 같은 잘못을 저지르는 경우에 빗대어 이르는 말.

두 손뼉이 맞아야 소리가 난다

1. 무슨 일이든지 혼자서는 이루기 어려우며 서로 뜻이 맞아야 성과를 거둘 수 있다고 빗대어 이르는 말. 2. 서로 똑같기 때문에 다툼이 일어나므로 그 책임은 둘 모두에게 있다고 빗대어 이르는 말.

같은 속담 도둑질을 해도 손발[눈]이 맞아야 한다 • 빌어먹어도 손발이 맞아야 한다 • 손뼉도 마주쳐야[마주 울려야] 소리가 난다

두 손에 쥔 떡
두 손의 떡

떡이 잇달아 생겨서 두 손에 쥐게 되었다는 뜻으로, 1. 두 가지 좋은 일이 동시에 생겼을 때 이르는 말. 2. 똑같은 두 가지 일이 있는데 어떤 것부터 먼저 해야 할지 모를 때 이르는 말.

같은 속담 양손의 떡

두엄의 버섯 같다

두엄 더미에 돋아난 버섯은 산이나 들에 나는 버섯과 달리 매우 여리고 가냘파서 돋자마자 곧 시들어 버린다는 데서, 생긴 지 얼마 안 되어 곧 죽거나 시들어 버리는 아주 연약한 것을 이르는 말.

낱말 풀이 **두엄** 풀이나 짚, 또는 집짐승의 똥오줌 따위를 썩힌 거름.

두었다가 국 끓여 먹겠느냐

돈이나 물건을 써야 할 데도 안 쓰고 지나치게 아끼기만 하는 사람을 비웃어 이르는 말.

두 틈에 탕관

'독 틈에 탕관'과 같은 속담.

둘러치나 메어치나

몽둥이 따위를 휘둘러 세게 내리치나 어깨 너머로 들어올렸다 힘껏 바닥에 내리치나 마찬가지라는 뜻으로, 이리하나 저리하나 마찬가지라는 말.

같은 속담 업으나 지나

둘이 먹다 하나(가) 죽어도 모르겠다

둘이 먹다가 옆 사람이 죽어도 모르겠다는 뜻으로, 음식이 매우 맛있다는 말.

같은 속담 셋이 먹다가 둘이 죽어도 모른다

둘째 며느리를 맞아 보아야 맏며느리가 무던한 줄 안다
둘째 며느리 삼아 보아야 맏며느리 착한 줄 안다

맏며느리가 무던한 것은 둘째 며느리를 맞아 보아야 알게 된다는 뜻으로, 먼저 있던 사람의 좋은 점은 나중 사람을 겪어 보아야 비로소 알게 된다는 말.

같은 속담 작은며느리 맞아 보아야 큰며느리 무던한 줄 안다

둠벙 망신은 미꾸라지가 시킨다

1. 모자란 것 하나 때문에 그와 관련된 전체가 좋지 못한 평가를 받는 경우에 빗대어 이르는 말. 2. 못난 자식이 집안 망신을 시킨다는 말.

낱말 풀이 **둠벙** 물이 고여 있는 큰 웅덩이.

ㄷ

뒤로 오는 호랑이는 속여도 앞으로 오는 팔자는 못 속인다

뒤에서 다가오는 호랑이는 속여서 목숨을 구했지만 자기 앞에 닥친 운명은 벗어날 수 없다는 뜻으로, 타고난 팔자는 피할 수도 바꿀 수도 없다고 이르던 말.

뒤로[뒤에서] 호박씨 깐다

겉으로는 점잖은 체, 어리석은 체하면서 남이 보지 않는 곳에서는 엉큼한 짓이나 뜻밖의 행동을 하는 사람을 비꼬아 이르는 말.

같은 속담 뒷구멍으로 호박씨 깐다 • 똥구멍으로 호박씨[수박씨] 깐다 • 밑구멍으로 노 꼰다 • 수박씨(를) 깐다

뒤에 난 뿔이 우뚝하다

1. 나중에 생긴 것이 먼저 것보다 훨씬 낫거나 두드러지는 경우에 빗대어 이르는 말. 2. 후배가 선배보다 더 뛰어난 경우에 빗대어 이르는 말.

같은 속담 나중 난 뿔이 우뚝하다 • 먼저 난 머리보다 나중 난 뿔이 무섭다 • 후생 각이 우뚝하다

뒤에 보자는 사람[양반] 무섭지 않다

'두고 보자는 건 무섭지 않다'와 같은 속담.

뒤에 볼 나무는 그루를 돋우어라
뒤에 볼 나무는 뿌리를 높이 잘라라

앞으로 잘될 가망이 있는 대상은 뒷일을 생각하여 미리부터 보살피라는 말.

뒤웅박 신고 얼음판에 선 것 같다
뒤웅박 신은 것 같다

몹시 위태로워서 마음이 불안하고 조심스럽다는 말.

낱말 풀이 **뒤웅박** 박을 쪼개지 않고 꼭지 근처에 구멍만 뚫어 속을 파낸 바가지. 곡식이나 씨앗 같은 것을 담아 처마 밑이나 방문 밖에 매달아 두고 쓴다.

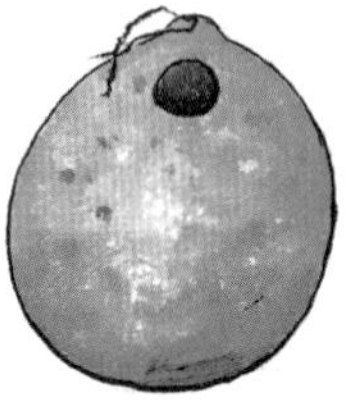
뒤웅박

뒤웅박 차고 바람 잡는다

아가리가 좁은 뒤웅박으로 눈에 보이지도 않는 바람을 잡겠다고 한다는 뜻으로, 어이없고 황당한 짓을 하는 사람을 빗대어 이르는 말.

뒤웅박 팔자

옛날에, 아가리가 좁은 뒤웅박 속에 갇힌 팔자라는 뜻으로, 한번 신세를 망치면 그 속에서 헤어 나오기 어려움을 빗대어 이르던 말.

뒤주 밑이 긁히면 밥맛이 더 난다

'돈 떨어지자 입맛 난다'와 같은 속담.

낱말 풀이 **뒤주** 쌀 같은 곡식을 담아 두는 살림살이 가운데 하나.

뒤주

뒷간과 사돈집은 멀어야 한다

뒷간이 가까이 있으면 구린내가 풍기고 사돈집이 가까이 있으면 좋지 않은 말이 오가기 쉬우므로 뒷간과 사돈집은 될수록 멀리 있는 것이 좋다고 이르던 말.

같은 속담 사돈집과 뒷간은 멀수록 좋다

낱말 풀이 **뒷간** 똥오줌을 누는 곳. =변소.

뒷간 기둥이 물방앗간 기둥을 더럽다 한다

자기는 더 큰 허물이 있으면서 남의 작은 허물을 들추어 흉보는 것을 핀잔하여 이르는 말.

같은 속담 똥 묻은 개가 겨 묻은 개 나무란다 • 똥 묻은 접시가 재 묻은 접시를 흉본다 • 허청 기둥이 측간[뒷간] 기둥 흉본다

뒷간에 갈 적 맘 다르고 올 적 맘 다르다

1. 뒤가 마려워 급히 뒷간에 들어갈 때 마음과 일을 보고 나올 때 마음이 다르다는 뜻으로, 자기한테 필요할 때는 다급하게 굴며 매달리다가 제 일을 마치고 나면 모른 체한다는 말. 2. 사람 마음이 자주 바뀔 때 빗대어 이르는 말.

같은 속담 똥 누러 갈 적 마음 다르고 올 적 마음 다르다

뒷간에 옻칠하고 사나 보자

더럽게 재물을 모으는 사람에게 얼마나 잘사나 두고 보겠다고 비꼬아 이르던 말.

낱말 풀이 **옻칠** 가구나 나무 그릇 따위에 윤을 내기 위하여 옻을 바르는 일.

뒷구멍으로 호박씨 깐다

'뒤로[뒤에서] 호박씨 깐다'와 같은 속담.

뒷문으로 이리가 나가니 앞문으로 호랑이가 들어온다

한 가지 위험을 피하고 나니 그보다 더 큰 위험이 들이닥치는 경우를 이르는 말.

같은 속담 노루 피하니 범이 온다 • 발바리 새끼 쫓겨 가자 미친개 뛰어든다 • 이리를 피하니 범이 앞을 막는다

뒷소리는 발이 없어도 천 리를 간다

남에 대한 뒷말은 발이 없어도 많은 사람들에게 전해진다는 뜻으로, 다른 사람에 대하여 함부로 말하지 말라고 가르쳐 이르는 말.

뒷집 마당 벌어진 데 솔뿌리 걱정한다

뒷집 마당이 벌어졌는데 나무 그릇을 깁는 데 필요한 솔뿌리 마련할 걱정을 한다는 뜻으로, 어떤 문제를 마땅치 않은 방법으로 바로잡으려고 하는 어리석음을 비웃어 이르는 말.

같은 속담 마당 벌어진 데 웬 솔뿌리 걱정 • 마당 터진 데 솔뿌리 걱정한다

낱말 풀이 **솔뿌리** 소나무 뿌리. 껍질을 벗긴 속의 심은 매우 질겨서 나무 그릇의 터진 부분을 꿰매거나 풀칠하는 솔을 동이는 데 쓴다.

뒷집 짓고 앞집 뜯어내란다

남의 집 뒤에 집을 짓고는 앞이 가리니 앞집을 헐라고 한다는 뜻으로, 1. 자기에게 손해가 된다고 저보다 먼저 시작한 사람의 일을 못 하게 하는 것을 욕으로 이르는 말. 2. 사리에 맞지 않게 제 잇속과 욕심만 차리려는 염치없는 짓을 빗대어 이르는 말.

드나드는 개가 꿩을 문다

부지런한 개가 꿩을 잡는다는 뜻으로, 꾸준히 부지런하게 일하는 사람이 일을 이루고 재물도 얻을 수 있다고 빗대어 이르는 말.

드는 돌에 낯 붉는다
드는 돌이 있어야 낯이 붉다

'돌을 들면 얼굴이 붉어진다'와 같은 속담.

드는 정은 몰라도 나는 정은 안다

1. 정이 들 때는 언제 정이 들었는지 몰라도 정이 떨어져 싫어질 때는 분명하게 알 수 있다는 말. 2. 정이 들 때는 드는 줄 몰라도 막상 헤어질 때는 그 정이 얼마나 깊었던가를 새삼 알게 된다는 말.

드는 줄은 몰라도 나는 줄은 안다
든 자리보다 난 자리가 더 크다

사람이나 재물이 늘어나는 것은 잘 느끼지 못해도 줄어드는 것은 쉽게 알아차린다는 말.

드문드문 걸어도 황소걸음

일을 매우 느리게 하는 것 같지만 꾸준해서 오히려 믿음직스럽다는 말.

같은 속담 느릿느릿 걸어도 황소걸음 • 띄엄띄엄 걸어도 황소걸음

듣기 좋은 꽃노래[육자배기]도 한두 번(이지)
듣기 좋은 이야기도 늘 들으면 싫다

아무리 듣기 좋은 노래도 자꾸 들으면 싫어진다는 뜻으로, 아무리 좋은 것이라도 여러 번 되풀이하여 대하면 싫어진다는 말.

같은 속담 맛있는 음식도 늘 먹으면 싫다 • 좋은 노래도 세 번 들으면 귀가 싫어한다 • 찰떡도 한두 끼라

낱말 풀이 **육자배기** 전라도 지방에서 부르는 민요의 하나.

듣는 것이 보는 것만 못하다

남의 말을 여러 번 듣기만 하는 것보다 자기 눈으로 한 번 보는 것이 낫다는 말.

같은 속담 백문이 불여일견 • 백 번 듣는 것이 한 번 보는 것만 못하다 • 열 번 듣는 것이 한 번 보는 것만 못하다

들깨가 참깨보고 짧다고 한다

참깨보다 짧은 들깨가 참깨보고 짧다고 흉본다는 뜻으로, 자기 허물은 모르고 남의 허물만 탓하는 것을 빗대어 이르는 말.

읽을거리 참깨와 들깨는 통틀어 깨라고 불리는데, 우리나라에서는 통일 신라 때부터 함께 길러 온 것으로 알려져 있어. 참깨는 양념으로 쓰거나 씨앗으로 기름을 짜. 참깨로 짠 기름은 참기름, 들깨로 짠 기름은 들기름이지. 들깨는 씨앗으로 기름도 짜지만 죽, 강정, 차 따위를 만들어 먹거나 가루를 내어 양념으로도 써. 들깻잎은 쌈 채소로 즐겨 먹을 뿐 아니라 볶음, 장아찌, 튀김, 전 같은 것을 만들거나 김치도 담가 먹지. 참깨나 들깨나 다 몸에 좋은 영양소가 아주 많은 채소야. '참깨 줄게 볕나라, 들깨 줄게 볕나라' 하면서 부르는 참깨 들깨 노래도 있어. 아이들이 물놀이를 하고 몸을 말리거나 신발을 말릴 때 해가 나오기를 바라면서 부르던 노래야.

들녘 소경 머루 먹듯

소경은 앞을 못 보기 때문에 먹음직스러운 머루를 고르지 못하고 손에 잡히는 대로 먹는다는 뜻으로, 좋고 나쁜 것을 가리지 못하고 아무것이나 되는대로 골라잡는 것을 빗대어 이르는 말.

같은 속담 소경 머루 먹듯

들어서 죽 쑨 놈은 나가서도 죽 쑨다

1. 집에서 밥을 짓는다며 죽을 쑨 사람은 집 밖에서 밥을 지어도 죽을 쑨다는 뜻으로, 집에서 일할 줄 모르는 사람은 밖에 나가서도 일을 못한다고 빗대어 이르는 말. 2. 집에서 하던 버릇은 집을 나가서도 버리지 못한다고 빗대어 이르는 말. 3. 집에서 일만 하던 사람은 밖에 나가서도 일만 하게 된다는 말.

들어오는 복도 문 닫는다

방정맞은 짓만 하여 오는 복을 마다한다는 말.

들어오는 복도 차 던진다
자기 잘못으로 제게 올 복을 잃어버리는 경우에 이르는 말.

들어온 놈이 동네 팔아먹는다
갓 이사 온 사람이 동네 사람들을 제쳐 놓고 이래라저래라 하다가 동네일을 망친다는 뜻으로, 나중에 끼어들어 온 사람이 먼저 있던 사람들한테 손해를 끼치는 경우에 빗대어 이르는 말.

ㄷ

들으면 병이요 안 들으면 약이라
들어서 근심거리가 될 말은 처음부터 듣지 않는 것이 낫다는 말.

들은 말 들은 데 버리고 본 말 본 데 버려라
남한테서 들은 말은 들은 자리에서 잊어버리고 무엇을 보았으면 본 자리에서 잊어버리라는 뜻으로, 들은 말과 본 것을 함부로 옮기지 말라는 말.

들은 풍월 얻은 문자
제대로 배워서 알게 된 지식이 아니라 오가다 얻어들은 지식이라는 뜻으로, 변변찮은 지식으로 한자 따위를 섞어서 어렵게 말하는 사람을 비웃어 이르는 말.

낱말 풀이 **풍월** 얻어들은 짧은 지식.

들을 이 짐작
1. 여러 사람이 서로 다른 말을 해도 듣는 사람이 알아듣기에 달렸다는 뜻으로, 누가 뭐라고 해도 넘어가지 말고 자기 생각을 가지고 행동하라는 말. 2. 남들이 옆에서 아무리 그럴듯한 말을 늘어놓아도 듣는 사람은 자기 나름대로 생각해 볼 것이니 말한 그대로만 될 리는 없다는 말.

같은 속담 열 사람이 백 말을 하여도 들을 이 짐작

들 중은 소금을 먹고 산 중은 나물[물]을 먹는다

들에 사는 중은 들에 흔한 소금을 먹고 산골에 사는 중은 산에 흔한 나물을 먹는다는 뜻으로, 1. 누구나 자기가 처한 환경에 따라 살아가기 마련이라는 말. 2. 무슨 일이든지 무리하지 말고 형편에 따라 되는대로 하라는 말.

들지 않는 낫에 손을 벤다

같잖은 일이나 변변찮은 사람한테 뜻밖의 해를 입는 경우에 빗대어 이르는 말.

같은 속담 새꽤기에 손 벤다

들지 않는 솜틀은 소리만 요란하다

1. 아무 일도 하지 않으면서 일하는 체하며 떠벌리는 것을 빗대어 이르는 말.
2. 못난 사람일수록 잘난 체하고 시끄럽게 나댄다고 빗대어 이르는 말.

같은 속담 먹지 않는 씨아에서 소리만 난다 • 못 먹는 씨아가 소리만 난다

등걸이 없는 휘추리가 있나

1. 바탕이 있어야 무엇이든 생겨나고 일이 이루어질 수 있다는 말. 2. 부모가 있어야 자식이 있으니 부모에게 효도하라는 말.

같은 속담 가죽이 있어야 털이 나지 • 껍질 없는 털가죽이 없다 • 뿌리 없는 나무가 없다

낱말 풀이 **등걸** 줄기를 잘라 낸 나무의 밑동. **휘추리** 가늘고 긴 나뭇가지.

등겨가 서 말만 있으면 처가살이 안 한다

옛날에, 벼 껍질 서 말만 있어도 처가에 들어가 살지 않는다는 뜻으로, 처가살이는 할 것이 못 된다고 빗대어 이르던 말.

같은 속담 겉보리 서 말만 있으면 처가살이하랴

낱말 풀이 **등겨** 벗겨 놓은 벼 껍질.

등겨 먹던 개가 나중[말경]에는 쌀을 먹는다

등겨를 먹던 개는 나중에 쌀까지 훔쳐 먹게 된다는 뜻으로, 처음에는 작은 잘못을 저지르다가 익숙해지면 점점 더 큰 잘못을 저지르게 된다는 말.

같은 속담 개가 겨를 먹다가 말경 쌀을 먹는다

낱말 풀이 **말경** 1. 어떤 일의 마지막에 해당하는 부분이나 기간. 2. 한 생이 끝나 갈 무렵.

등겨 먹던 개는 들키고 쌀 먹던 개는 안 들킨다

나쁜 짓을 크게 한 사람은 안 들키고 오히려 작은 잘못을 저지른 사람이 들켜서 애매하게 남의 허물까지 뒤집어쓰게 된 경우에 빗대어 이르던 말.

같은 속담 똥 먹던 강아지는 안 들키고 겨[재] 먹던 강아지는 들킨다 • 똥 싼 놈은 달아나고 방귀 뀐 놈만 잡혔다

등겻섬에 새앙쥐 엉기듯[엉켜 붙듯]

등겨를 담아 놓은 그릇에 생쥐들이 먹을 것을 찾아 달라붙듯이, 별로 먹을 것도 없는 데에 많은 사람이 달라붙어 있는 모양을 빗대어 이르는 말.

낱말 풀이 **등겻섬** 등겨를 담아 놓은 섬.

등불에 날아드는 부나비

부나비가 불을 보고 날아들다가 불에 타 죽는다는 데서, 제가 죽을 줄도 모르고 함부로 덤비거나 날뜀을 빗대어 이르는 말.

낱말 풀이 **부나비** 나비목의 곤충. 낮에는 꽃을 찾아 날아다니고 밤에는 등불에 날아든다. =불나방.

등 시린 절 받기 싫다

남에게 절을 받고 도리어 소름이 돋는다는 뜻으로, 자기가 푸대접한 사람한테서 정성스런 대접을 받는 것은 기분 좋은 일이 아니라는 말.

등을 쓰다듬어 준 강아지 발등 문다

은혜를 베풀어 준 사람에게 도리어 해를 입는 경우에 빗대어 이르는 말.

같은 속담 개를 기르다 다리를 물렸다 • 기르던 개에게 다리를 물렸다 • 내 밥 먹은 개가 발뒤축을 문다 • 삼 년 먹여 기른 개가 주인 발등을 문다 • 제가 기른 개에게 발꿈치 물린다 • 제 밥 먹은 개가 제 발등 문다 • 제집 개에게 발뒤꿈치 물린 셈

등이 따스우면 배부르다

1. 옷을 잘 입고 있는 사람이면 배도 부른 사람이라는 말. 2. 추운 날 더운 데 누워 있으면 먹지 않아도 배고픈 줄 모른다는 말.

등잔 뒤가 밝다

등잔불은 바로 밑보다 조금 떨어진 뒤가 밝다는 뜻으로, 너무 가까이에서 보는 것보다는 조금 떨어져서 볼 때 상황을 더 잘 알 수 있다는 말.

읽을거리 등잔은 기름을 담아 불을 켜는 데 쓰는 그릇이야. 참기름, 들기름, 콩기름, 아주까리기름, 동백기름처럼 식물에서 짠 기름이나 고래기름, 상어기름, 정어리기름, 돼지기름, 쇠기름처럼 동물에서 얻은 기름을 썼어. 옛날에는 작은 등불을 가운데 두고 온 식구가 옹기종기 모여 앉아 이야기꽃을 피우고는 했지.

등잔

등잔 밑이 어둡고 이웃집이 멀다
등잔 밑이 어둡다

등잔 밑은 그늘이 져서 어둡다는 뜻으로, 가까이에 있는 것이나 가까이에서 일어나는 일은 도리어 잘 모를 수 있다는 말.

같은 속담 제 눈썹은 보지 못한다

등잔불에 콩 볶아 먹을 놈

훅 불면 꺼지는 등잔불에다가 콩을 볶아 먹을 사람이라는 뜻으로, 생각이 좁고 어리석어 하는 짓마다 보기에 답답한 사람을 욕으로 이르는 말.

등줄기에서 노린내가 나게 두들긴다

몹시 두들겨 맞는 모습을 빗대어 이르는 말.

같은 속담 복날(에) 개 맞듯 • 섣달그믐날 흰떡 맞듯

등 치고 간 내먹다[빼 먹는다]

겉으로는 위해 주는 척하면서 속으로는 해를 끼치고 자기 잇속만 채운다는 말.

등 치고 배 만진다[문지른다]

남의 등을 치고 나서 아프겠다며 배를 문질러 준다는 뜻으로, 남에게 해를 끼치고는 뒤에 가서 위해 주는 척하는 것을 욕으로 이르는 말.

같은 속담 병 주고 약 준다 • 술 먹여 놓고 해장 가자 부른다

따 놓은 당상

과거 시험에 붙어 높은 벼슬자리에 오를 것이 틀림없다는 뜻으로, 일이 틀림없어 조금도 어긋나지 않음을 빗대어 이르는 말.

같은 속담 떼어 놓은 당상 • 받아 놓은 당상 • 받아 놓은 밥상

읽을거리 당상은 매우 높은 벼슬자리야. 옛날 조선 시대에는 머리에 쓰는 망건 고리에 관자라는 것을 달아 벼슬을 표시했대. 바로 그 당상을 상징하는 관자를 떼어 놓아도 그것이 상하거나 어디로 달아날 리 없듯이, 어떤 일이 확실해서 틀림없이 이루어진다고 볼 때 쓰는 말이야. 직위나 지위 같은 자리나 어떤 일을 자기가 꼭 맡게 될 것이 틀림없을 때 쓰기도 해.

딱딱하기는 삼 년 묵은 물박달나무 같다

오래된 물박달나무가 단단하듯이, 융통성이 없고 고집이 센 사람을 빗대어 이르는 말.

읽을거리 물박달나무는 우리나라 어디에서나 잘 자라고 키도 크고 오래 사는 나무야. 단단하고 무거워서 홍두깨나 방망이로 많이 만들어 썼어. 삼 년 묵은 물박달나무는 무척 단단하고 휘어지지도 않아서 고집 센 사람을 빗대게 되었지. 물박달나무는 쓰임새가 많아서 떡살이나 윷이나 머리빗 같은 것도 만들어 썼어. '문경새재 물박달나무 홍두깨로 다 나간다, 문경새재 박달나무 북 바디집으로 다 나간다'라는 타령도 있어. 우리나라는 박달나무를 신성하게 여겼어. 단군 신화는 우리 민족의 시조로 알려진 단군의 탄생과 우리나라 최초로 나라를 세운 것에 관한 이야기인데, 단군의 '단'도 박달나무라는 뜻이야.

딸 덕에 부원군

시집간 딸의 도움으로 큰일을 하거나 잘살게 되는 것을 빗대어 이르는 말.

낱말 풀이 **부원군** 조선 시대에, 왕비의 친아버지를 이르던 말.

딸 삼 형제 시집보내면 좀도둑도 안 든다
딸 셋을 여의면 기둥뿌리가 팬다

딸은 시집보내는 데 돈이 많이 들어서 딸 셋을 시집보내면 좀도둑도 들어오지 않을 만큼 살림이 준다는 뜻으로, 딸이 많으면 재산이 다 줄어든다는 말.

같은 속담 딸이 셋이면 문을 열어 놓고 잔다

딸 손자는 가을볕에 놀리고 아들 손자는 봄볕에 놀린다

외손자는 선선한 가을볕에 놀게 하고 친손자는 살갗이 거칠어지는 봄볕에 놀게 한다는 뜻으로, 친손자보다 외손자를 더 귀엽게 여긴다는 말.

딸 없는 사위

죽은 딸의 남편은 남과 다름이 없다는 뜻으로, 1. 실상이 없으면 거기에 딸린 것은 귀할 것이 없다는 말. 2. 직접적인 인연이나 관계가 끊어져 쓸모없어지거나 중요하지 않게 된 것을 빗대어 이르는 말.

같은 속담 딸 죽은 사위 불 꺼진 화로 • 불 없는[꺼진] 화로 딸 없는[죽은] 사위

ㄷ

딸은 예쁜[이쁜] 도적

딸은 키울 때나 시집보낸 뒤에도 아들보다 돈이 더 들고 부모 세간도 축내지만 딸을 사랑하는 마음이 커서 그것이 도리어 예쁘게 보인다는 뜻으로 이르는 말.

딸은 제 딸이 고와 보이고 곡식은 남의 곡식이 탐스러워 보인다

자식은 제 자식이 가장 잘나 보이고 물건은 남의 것이 크고 좋게 보인다는 말.

같은 속담 곡식은 남의 것이 잘되어 보이고 자식은 제 자식이 잘나 보인다 • 아이는 제 자식이 잘나 보이고 곡식은 남의 곡식이 잘되어 보인다 • 자식은 내 자식이 커 보이고 벼는 남의 벼가 커 보인다 • 자식은 제 자식이 좋고 곡식은 남의 곡식이 좋다

딸의 집에서 가져온 고추장

딸이 준 고추장이라고 두고두고 자랑하며 아껴 먹는다는 뜻으로, 물건을 몹시 아껴 두고 쓴다는 말.

딸의 차반 재 넘어가고 며느리 차반 농 위에 둔다

1. 딸은 차반을 시집으로 가져가고 며느리는 차반을 남편에게 주려고 제 방 농 위에 둔다는 뜻으로, 딸이나 며느리나 제 부모보다는 남편을 더 위하고 생각한다는 말. 2. 딸에게 줄 차반은 아끼지 않으면서 며느리에게 줄 차반은 아까워 농 위에 두고 망설인다는 뜻으로, 며느리보다 딸을 더 위하고 생각한다는 말.

낱말 풀이 **차반** 1. 예물로 가져가거나 들어오는 좋은 음식. 2. 맛있게 잘 차린 음식.

딸이 셋이면 문을 열어 놓고 잔다

'딸 삼 형제 시집보내면 좀도둑도 안 든다'와 같은 속담.

딸자식 두면 경상도 도토리도 굴러온다

딸의 중매를 서려고 온갖 사람이 다 찾아든다는 말.

딸 죽은 사위 불 꺼진 화로

'딸 없는 사위'와 같은 속담.

땅내가 고소하다[구수하다]

머지않아 죽게 될 것 같다는 말.

같은 속담 흙내가 고소하다

땅 넓은 줄은 모르고 하늘 높은 줄만 안다

키만 크고 살이 없이 바싹 마른 사람을 빗대어 이르는 말.

땅벌 둥지를 쑤시는 격

땅벌 둥지를 쑤시면 벌에 쏘이듯이, 가만히 있으면 아무 일도 없을 것을 괜스레 건드려 화를 입게 되는 경우에 빗대어 이르는 말.

땅벌 집[둥지] 보고 꿀돈 내어 쓴다

1. 일이 되기도 전에 거기서 나올 이익을 생각하여 돈을 미리 당겨쓰는 것을 비웃어 이르는 말. 2. 일을 너무 급히 서둘러 하는 것을 비웃어 이르는 말.

같은 속담 너구리 굴 보고 피물 돈 내어 쓴다 • 벌집 보고 꿀돈 내어 쓴다

낱말 풀이 **꿀돈** 꿀을 팔아서 얻게 되는 돈.

땅에서 솟았나 하늘에서 떨어졌나

1. 전혀 기대하지 않던 어떤 물건이나 일이 갑자기 나타났을 때 이르는 말. 2. 자기 부모나 조상을 몰라보는 사람에게 어디서 생겨났느냐고 욕으로 이르는 말.

땅을 열 길 파도 고리전 한 푼 생기지 않는다
땅을 열 길 파면 돈 한 푼이 생기나

돈을 벌기가 무척 힘들고 어려우니 적은 돈이라도 아껴 쓰라는 말.

땅 짚고 헤엄치기

1. 땅 짚고 헤엄치기는 물속에서 헤엄치는 것보다 쉽다는 뜻으로, 하는 일이 매우 쉬울 때 빗대어 이르는 말. 2. 어떤 일이 틀림없다는 말.

같은 속담 주먹으로 물 찧기

땅 파다가 은 얻었다

땅을 파다가 뜻하지 않게 귀한 은을 얻었다는 뜻으로, 대수롭지 않은 일을 하다가 뜻밖에 큰 이익을 얻게 된 경우에 빗대어 이르는 말.

때리는 사람보다 말리는 놈이 더 밉다
때리는 시어미보다 말리는 시누이가 더 밉다

1. 겉으로는 위해 주는 척하면서 속으로는 해하고 헐뜯는 사람이 더 밉다는 말. 2. 앞에 나서서 못되게 구는 사람보다 뒤에서 못된 짓을 부추기는 사람이 더 밉다는 말.

때리는 시늉하면 우는 시늉을 한다

때리는 시늉만 해도 진짜로 맞은 것처럼 우는 시늉을 한다는 뜻으로, 손발이 척척 잘 맞아떨어질 때 빗대어 이르는 말.

때리면 맞는 척이라도 해라
때리면 우는 척하다

누군가 잘못을 타이르면 제 고집만 부리지 말고 듣는 척이라도 하라는 말.

때린 놈은 가로 가고 맞은 놈은 가운데로 간다
때린 놈은 다릴 못 뻗고 자도 맞은 놈은 다릴 뻗고 잔다

'도둑질한 사람은 오그리고 자고 도둑맞은 사람은 펴고 잔다'와 같은 속담.

땡감을 따 먹어도 이승이 좋다

아무리 가난하고 천하게 살아도 죽는 것보다는 사는 것이 더 낫다는 말.

같은 속담 개똥밭에 굴러도 이승이 좋다 • 거꾸로 매달아도 사는 세상이 낫다 • 말똥에 굴러도 이승이 좋다

낱말 풀이 **땡감** 덜 익어 맛이 떫은 감.

떠들기는 천안 삼거리(라)

옛날에, 천안 삼거리는 경기도, 충청도, 전라도로 통하는 나들목으로 주막집과 밥집이 많아 늘 북적거렸다는 데서, 늘 끊이지 않고 떠들썩한 데를 빗대어 이르는 말.

떡가루 두고 떡 못할까

누구나 다 할 수 있는 일을 하면서 혼자 우쭐대는 꼴을 비웃어 이르는 말.

같은 속담 가루 가지고 떡 못 만들랴

떡갈나무에 회초리 나고, 바늘 간 데 실이 따라간다

서로 아주 가까워 빈틈이 없는 사이를 빗대어 이르는 말.

떡고리에 손 들어간다

오랫동안 탐내던 것을 마침내 가지게 된다는 말.

낱말 풀이 **떡고리** 떡을 담아 두는 상자.

떡 다 건지는 며느리 없다

1. 꼼꼼하고 알뜰하게 일하는 사람이 드물다는 말. 2. 사람은 누구나 남의 눈을 피해 제 잇속을 차리는 성향이 있다는 말.

ㄷ

떡도 떡같이 못 해 먹고 생떡국으로 망한다

어떤 일을 다 해 보지도 못하고 그르치게 된 경우에 빗대어 이르는 말.

떡도 떡같이 못 해 먹고 찹쌀 한 섬만 다 없어졌다

어떤 일에 성과는 없이 헛되이 힘이나 돈만 쓴 경우에 빗대어 이르는 말.

떡도 떡 같지 않은 옥수수떡이 배 속을 괴롭힌다

하찮은 것이 말썽을 부린다는 말.

떡도 떡이려니와 합이 더 좋다

떡 맛도 좋고 떡을 담은 그릇도 좋다는 뜻으로, 내용도 좋지만 형식이 더 잘되어 있다는 말.

합

낱말 풀이 **합** 음식을 담는 놋그릇의 하나. 둥글넓적하며 뚜껑이 있다.

떡 도르라면 덜 도르고 말 도르라면 더 도른다

누구나 재물은 더 가지려고 하고 남 말은 덧붙여 소문내기를 좋아한다는 말.

낱말 풀이 **도르다** 몫을 갈라서 따로따로 나누다.

떡도 먹어 본 사람이 먹는다

무슨 일이든지 늘 하던 사람이 더 잘한다는 말.

같은 속담 고기도 먹어 본 사람이 많이 먹는다

떡 먹은 입 쓸어 치듯

떡을 먹고도 안 먹은 듯 입을 쓸어 낸다는 뜻으로, 시치미를 뚝 떼는 모양을 빗대어 이르는 말.

떡방아 소리 듣고 김칫국 찾는다

해 줄 사람은 생각지도 않는데 저 혼자 지레 다 된 일로 알고 행동하는 것을 빗대어 이르는 말.

같은 속담 김칫국부터 마신다 • 떡 줄 사람은 꿈도 안 꾸는데 김칫국부터 마신다 • 앞집 떡 치는 소리 듣고 김칫국부터 마신다

떡보 메고 배부르다 한다

떡보자기를 메고 미리 배가 부르다고 한다는 뜻으로, 어떤 일이 될 조건이 마련되자 미리 그 일이 어김없이 이루어질 것이라고 장담하거나 벌써 결과를 얻은 듯이 행동함을 빗대어 이르는 말.

떡 본 김에 굿한다[제사 지낸다]

어떤 일을 하려고 생각하다가 뜻밖에 좋은 기회가 생겨 그 일을 해치우는 경우에 빗대어 이르는 말.

같은 속담 소매 긴 김에 춤춘다 • 활을 당기어 콧물을 씻는다

떡 본 도깨비

떡을 보고 좋아서 날뛰는 도깨비같다는 뜻으로, 염치없이 허겁지겁 덤벼드는

모양을 빗대어 이르는 말.

떡 삶은 물에 풀한다[중의 데치기]

1. 한 가지 일을 하면서 다른 일도 같이 해치움을 빗대어 이르는 말. 2. 버리게 된 물건을 다른 데다 써서 이익을 얻는다는 말.

낱말 풀이 **중의** 남자의 여름 홑바지. =고의. **풀하다** 풀기가 배어들게 하여 피륙 따위를 빳빳하게 하다.

떡에 웃기[웃기떡]

떡을 담은 접시 위에다 모양을 내려고 얹은 웃기 같다는 뜻으로, 겉보기에는 곱지만 실제로는 쓸데없는 겉치레라고 비꼬아 이르는 말.

낱말 풀이 **웃기** 흰떡에 물을 들여 여러 모양으로 만든 떡. 합이나 접시에 담은 떡 위에, 모양을 내기 위하여 얹거나 꽂는다. =웃기떡.

떡으로 치면 떡으로 치고 돌로 치면 돌로 친다

'덕은 덕으로 대하고 원수는 원수로 대한다'와 같은 속담.

떡은 치고 국수는 만다

1. 음식에 따라 만드는 법이 다르다는 말. 2. 무슨 일이나 다 이치와 경우에 따라 해야 한다는 말.

떡을 달라는데 돌을 준다

1. 인정이 없다는 말. 2. 바라는 것과 전혀 다르게 대할 때 이르는 말.

떡이 별 떡 있지 사람은 별사람 없다

떡은 가짓수나 많지 사람은 그리 크게 다르지 않다는 말.

떡 잘 안되면 안반 탓한다

일이 잘못되었을 때 남 탓만 하며 변명하는 경우를 빗대어 이르는 말.

같은 속담 떡 칠 줄 모르는 여편네 함지 타령한다

낱말 풀이 **안반** 떡을 칠 때 밑에 받치는 두껍고 넓은 나무 판.

떡 주고 뺨 맞는다

남을 위하여 좋은 일을 해 주고 도리어 욕을 보거나 해를 입게 되는 경우에 빗대어 이르는 말.

같은 속담 밥 퍼 주고 밥 못 얻어먹는다 • 술 받아[사] 주고 뺨 맞는다

떡 줄 사람은 꿈도 안 꾸는데 김칫국부터 마신다

'떡방아 소리 듣고 김칫국 찾는다'와 같은 속담.

떡 친 데 엎드러졌다
떡판에 엎드러지듯

1. 어떻게 하면 떡을 먹을 수 있을지 고민하다가 일부러 떡판에 엎어진다는 뜻으로, 한 가지 생각에 빠져서 다른 생각을 할 줄 모른다는 말. 2. 뜻밖에 큰 재물을 얻었다는 말.

떡 칠 줄 모르는 여편네 함지 타령한다
떡 할 줄 모르는 아주머니 함지[안반] 타령만 한다

'떡 잘 안되면 안반 탓한다'와 같은 속담.

떡 해 먹을 세상

떡을 해서 고사를 지내야 할 만큼 뒤숭숭하고 궂은일만 있는 세상이라는 말.

낱말 풀이 **고사** 하는 일과 집안이 잘되게 신에게 음식을 차려 놓고 비는 제사.

떡 해 먹을 집안

떡을 차려 놓고 제사를 지내야 할 만큼 정답지 않고 어려운 일만 잇달아 일어나는 집안을 이르는 말.

떨어진 주머니에 어패 들었다

마패

다 떨어진 주머니에 암행어사 마패가 들어 있다는 뜻으로, 사람이나 물건이 겉보기에는 허름하고 못난 듯이 보여도 실제로는 남보다 뛰어난 재주와 끼를 지니고 있거나 쓸모가 있음을 빗대어 이르는 말.

같은 속담 베주머니에 의송 들었다 • 허리띠 속에 상고장 들었다

떫기는 오뉴월 산살구 같다

사람이 친하게 지낼 마음이 안 들게 뭔가 떨떠름한 경우를 빗대어 이르는 말.

떫기로 고욤 하나 못 먹으랴

어떤 일이 조금 어렵고 힘들다 해도 그만한 일이야 못하겠느냐는 말.

낱말 풀이 **고욤** 고욤나무 열매. 감보다 작고 맛이 달면서 조금 떫다.

떫은 배도 씹어 볼 만하다

떫은 배도 한두 번 씹어 보면 먹을 만하다는 뜻으로, 처음에는 싫다가도 차츰 재미를 붙이고 정을 들이면 좋아질 수 있다는 말.

같은 속담 돌배도 맛 들일 탓

떼가 사촌보다 낫다

부당한 일을 억지로 요구하거나 고집을 부려 이루는 경우에 빗대어 이르는 말.

떼 꿩에 내놓은 매

떼 꿩에 매 놓기

꿩 무리에 매를 풀면 매가 어느 것을 잡을지 몰라 갈팡질팡한다는 뜻으로, 1. 할 일이 많거나 좋은 것이 많아서 무엇부터 할지 몰라 허둥대는 꼴을 빗대어 이르는 말. 2. 욕심을 부리다가 아무것도 얻지 못할 때 빗대어 이르는 말.

떼어 놓은 당상

떼어 둔 당상 좀먹으랴

'따 놓은 당상'과 같은 속담.

또아리 샅[눈] 가린다

가운데가 펑 뚫린 또아리로 몸을 가린다는 뜻으로, 가린다고 가렸으나 가장 중요한 데를 가리지 못했다는 말.

낱말 풀이 **또아리** 짐을 머리에 일 때 머리에 받치는 고리 모양의 물건. =똬리. **샅** 두 다리 사이.

똑똑한 머리보다 얼떨떨한 문서가 낫다

아무리 똑똑하고 머리가 좋아도 종이에 적어 놓는 것만 못하다는 뜻으로, 무엇이나 틀림없이 하려면 적어 두는 것이 가장 좋은 방법이라는 말.

같은 속담 총명이 둔필만 못하다

똥구멍으로 호박씨[수박씨] 깐다

'뒤로[뒤에서] 호박씨 깐다'와 같은 속담.

똥구멍이 찢어지게 가난하다

몹시 가난한 살림살이를 빗대어 이르는 말.

같은 속담 가랑이가 찢어지게 가난하다 • 밑구멍이 찢어지게[째지게] 가난하다

똥 누고 간 우물도 다시 먹을 날이 있다

'다시 긷지 아니한다고 이 우물에 똥을 눌까'와 같은 속담.

똥 누고 개 불러 대듯

1. 필요하면 아무 때나 마구 불러 대는 것을 빗대어 이르는 말. 2. 궂은일에 만만한 사람만 불러 대는 것을 빗대어 이르는 말.

똥 누고 밑 아니 씻은 것 같다

뒤처리를 깔끔하게 하지 못해서 마음이 께름칙하다는 말.

똥 누는 놈 주저앉히기

아주 심술궂고 고약한 마음보를 이르는 말.

똥 누러 가서 밥 달라고 하느냐

처음에 목적한 행동과 전혀 다른 엉뚱한 짓을 하는 경우에 이르는 말.

똥 누러 갈 적 마음 다르고 올 적 마음 다르다

'뒷간에 갈 적 맘 다르고 올 적 맘 다르다'와 같은 속담.

똥 누면 분칠하여 말려 두겠다

사람의 똥에다 흰 분을 하얗게 칠하여 말려 두었다가 흰 개의 흰 똥을 약으로 구하는 사람이 있으면 팔아먹겠다는 뜻으로, 몹시 인색하고 악독한 사람을 비웃어 이르는 말.

똥 덩이 굴리듯

쓸모없는 물건이라고 아무렇게나 함부로 다룬다는 말.

똥 먹던 강아지는 안 들키고 겨[재] 먹던 강아지는 들킨다

'등겨 먹던 개는 들키고 쌀 먹던 개는 안 들킨다'와 같은 속담.

똥 먹은 개 구린내 풍긴다

겉으로는 아무렇지 않아도 어디서나 그 본성이 드러나게 된다는 말.

똥 먹은 곰의 상

못마땅하여 잔뜩 찌푸린 얼굴을 빗대어 이르는 말.

같은 속담 개똥이라도 씹은 듯 • 똥 주워 먹은 곰 상판대기도

똥 묻은 개가 겨 묻은 개 나무란다

'뒷간 기둥이 물방앗간 기둥을 더럽다 한다'와 같은 속담.

똥 묻은 개 쫓듯

틈을 주지 않고 마구 쫓아내는 모양을 빗대어 이르는 말.

똥 묻은 속옷을 팔아서라도

그 어떤 수단과 방법을 가리지 않고 별의별 짓을 다하여서라도 바라는 바를 이루기 위해 힘쓰겠다고 할 때 빗대어 이르는 말.

같은 속담 조리 장수 매끼돈을 내어서라도 • 중의 망건 사러 가는 돈이라도

똥 묻은 접시가 재 묻은 접시를 흉본다

'뒷간 기둥이 물방앗간 기둥을 더럽다 한다'와 같은 속담.

똥 벌레가 제 몸 더러운 줄 모른다

사람은 자기 자신의 잘못이나 부족한 점을 모른다는 말.

똥 싸고 매화타령 한다
똥 싼 주제에 매화타령 한다

1. 구린내가 나는 똥을 싸 놓고도 비위 좋게 매화타령을 한다는 뜻으로, 제 잘못을 부끄러워하기는커녕 오히려 더 나댄다는 말. 2. 너절한 인간이 깨끗한 척할 때 비웃어 이르는 말.

낱말 풀이 **매화타령** 1. 경기 민요의 하나. 2. 주제에 맞지 않는 같잖은 언행을 비웃어 이르는 말.

똥 싸고 성낸다

자기가 똥을 싸서 구린내를 풍기고는 도리어 남한테 성을 낸다는 뜻으로, 잘못을 저지른 사람이 도리어 먼저 성을 내는 경우에 빗대어 이르는 말.

같은 속담 방귀 뀐 놈이 성낸다

똥 싼 놈은 달아나고 방귀 뀐 놈만 잡혔다

'등겨 먹던 개는 들키고 쌀 먹던 개는 안 들킨다'와 같은 속담.

똥은 건드릴수록 구린내만 난다
똥은 칠수록 튀어 오른다

1. 악한 사람을 건드리면 건드릴수록 더욱 못마땅한 일만 생긴다는 말. 2. 좋지 못한 일은 캐면 캘수록 더 나쁜 것이 드러나게 된다고 빗대어 이르는 말.

똥은 말라도 구리다

1. 본바탕이 나쁜 것은 모습이 바뀌어도 본질은 바뀌지 않는다고 빗대어 이르는 말. 2. 한번 저지른 잘못은 그 흔적을 쉽게 없애지 못한다는 말.

똥이 무서워 피하나 더러워 피하지

같잖고 너절한 사람을 피하는 것은 그가 무서워서가 아니라 상대할 가치가 없기 때문이라는 말.

같은 속담 개똥이 무서워 피하나 더러워 피하지

똥인지 된장인지 모른다

서로 비슷하여 가려내기 어려운 경우에 빗대어 이르는 말.

같은 속담 무릇인지 닭의 똥인지 모른다

똥 주워 먹은 곰 상판대기

'개똥이라도 씹은 듯'과 같은 속담.

똥 진 오소리

오소리가 자기가 판 굴에서 너구리와 함께 살며 너구리 똥까지 져 나른 데서, 남이 더러워서 하지 않는 일을 도맡아 하거나 늘 남의 뒤치다꺼리만 해 주는 사람을 비웃어 이르는 말.

읽을거리 오소리는 굴 파는 데 선수야. 긴 주둥이와 앞발로 굴을 파는데, 앞발 발톱이 굵고 길어서 굴 파는 데 알맞지. 오소리는 물이 잘 빠지는 비탈진 곳에 굴을 파는 영리한 동물이야. 깔끔한 것을 좋아해서 똥 굴을 따로 파서 꼭 거기에 똥을 눠. 굴에 들어올 때는 몸과 발을 털고 들어올 만큼 깔끔하지. 그런데 너구리는 굴을 잘 못 파서 돌 틈이나 나무통을 굴 대신 쓰거나 빈 오소리 굴에서 살기도 해. 그러니 오소리가 너구리 똥을 치우게 된다고 보아 생겨난 말이지.

똥 찌른 막대 꼬챙이
똥 친 막대기

천하게 되어 아무짝에도 못 쓰게 된 물건이나 버림받은 사람을 빗대어 이르는 말.

뚝배기보다 장맛이 좋다

겉모양은 비록 볼품없어도 속은 훌륭한 경우를 빗대어 이르는 말.

같은 속담 꾸러미에 단 장 들었다 • 장독보다 장맛이 좋다

낱말 풀이 **뚝배기** 찌개를 끓이거나 설렁탕 따위를 담을 때 쓰는 흙을 구워 만든 그릇.

뚝비 맞은 강아지[개 새끼] 같다

그칠 줄 모르고 쏟아지는 비에 흠뻑 젖은 강아지 같다는 뜻으로, 옷차림이 물에 흠뻑 젖어 초라하고 후줄근한 모양을 빗대어 이르는 말.

같은 속담 물독에 빠진 생쥐 같다

낱말 풀이 **뚝비** 그칠 가망이 없이 많이 내리는 비.

뚫어진 벙거지에 우박 맞듯

뚫어진 벙거지 구멍으로 우박이 쏟아져 들어오듯 한다는 뜻으로, 무엇이 어찌할 새 없이 마구 쏟아져 들어오는 것을 빗대어 이르는 말.

낱말 풀이 **벙거지** 조선 시대에, 군인이 쓰던 갓처럼 생긴 모자.

뛰는 놈 위에 나는 놈 있다
뛰는 놈이 있으면 나는 놈이 있다

제아무리 재주가 뛰어나다고 해도 그보다 더 뛰어난 사람이 있다는 뜻으로, 스스로 뽐내며 우쭐거리는 사람을 경계하여 이르는 말.

같은 속담 기는 놈 위에 나는 놈이 있다 • 나는 놈 위에 타는 놈 있다 • 위에는 위가 있다 • 치 위에 치가 있다

뛰는 토끼 잡으려다 잡은 토끼 놓친다

일을 자꾸 벌이기만 하다가 이미 이루어 놓은 것도 못쓰게 만드는 경우에 빗대어 이르는 말.

뛰면 벼룩이요 날면 파리

뛰면 벼룩같이 밉고 날면 파리같이 성가시다는 뜻으로, 제 마음에 맞지 않는 사람은 무슨 짓을 하든 밉게만 보인다는 말.

뛰어 보았자 부처님 손바닥
뛰어야 벼룩

눈에도 안 보일 만큼 작은 벼룩이 높이 뛰어 봐야 티도 안 난다는 뜻으로, 아무리 도망쳐 보았자 멀리 못 가서 손쉽게 잡을 수 있다고 장담하는 말.

뜨거운 국에 맛 모른다

국이 뜨거우면 맛이 좋은지 나쁜지 잘 알 수 없다는 뜻으로, 1. 사람이 너무 놀라거나 급하면 갈팡질팡하다가 올바른 판단을 내릴 수 없다는 말. 2. 일이 돌아가는 형편도 모르고 함부로 행동한다는 말.

같은 속담 끓는 국에 맛 모른다

뜨거운 물에 덴 놈 숭늉 보고도 놀란다

'더위 먹은 소가 달을 보고 피한다'와 같은 속담.

뜨고도 못 보는 당달봉사

눈으로 보고도 알지 못하는 사람을 빗대어 이르는 말.

낱말 풀이 **당달봉사** 겉으로 보기에는 눈이 멀쩡하나 앞을 보지 못하는 눈. 또는 그런 사람.

뜨물 먹고 주정한다

1. 쌀 씻은 물을 마시고도 술에 취한 듯 주정을 한다는 뜻으로, 괜히 술에 취한 척하며 주정하는 것을 이르는 말. 2. 뻔히 알면서도 억지를 부리거나 거짓말을 하는 것을 빗대어 이르는 말.

낱말 풀이 **뜨물** 곡식을 씻어 내 부옇게 된 물. **주정하다** 술에 취하여 정신없이 말하거나 행동하다.

뜨물 먹은 당나귀 청

발음이 또렷하지 않고 컬컬하게 쉰 목소리를 두고 놀리어 이르는 말.

같은 속담 모주 먹은 돼지 껄때청

ㄷ

뜬 소 울 넘는다

움직임이 매우 굼뜬 소가 울타리를 뛰어넘는다는 뜻으로, 평소에 몹시 느린 사람이 뜻밖에 장한 일을 할 때 빗대어 이르는 말.

뜬 솥도 달면 무섭다[힘들다]

더디게 다는 솥이 한번 되게 달면 식는 것도 그만큼 오래 간다는 뜻으로, 웬만해서 흥분하지 않는 사람이 한번 성을 내면 매우 무섭다는 말.

같은 속담 강철이 달면 더욱 뜨겁다

낱말 풀이 **달다** 타지 않는 단단한 물체가 열로 몹시 뜨거워지다.

뜻과 같이 되니까 입맛이 변해진다

오래 바라던 것이 이루어지니까 이제 싫증이 난다는 말.

띄엄띄엄 걸어도 황소걸음

'드문드문 걸어도 황소걸음'과 같은 속담.

ㅁ

마구 난 창구멍
마구 뚫은 창

1. 아무렇게나 마구 뚫어 놓은 창문 구멍 같다는 뜻으로, 아무 말이나 가리지 않고 함부로 하는 사람을 빗대어 이르는 말. 2. 질서 없이 되는대로 함부로 하는 행동을 빗대어 이르는 말.

마냥모 판에는 뒷방 처녀도 나선다

늦모내기를 할 때에는 매우 바쁘고 사람 손이 모자란다는 말.

낱말 풀이 **마냥모** 제철보다 늦게 내는 모. =늦모.

마당 벌어진 데 웬 솔뿌리 걱정

마당이 갈라졌는데 나무 그릇을 깁는 데 필요한 솔뿌리 구할 걱정을 한다는 뜻으로, 어떤 문제를 마땅치 않은 방법으로 바로잡으려고 하는 어리석음을 비웃어 이르는 말.

같은 속담 뒷집 마당 벌어진 데 솔뿌리 걱정한다 • 마당 터진 데 솔뿌리 걱정한다

마당삼을 캐었다

깊은 산이 아니라 집 안에 있는 마당에서 삼을 캤다는 뜻으로, 어떤 일이 힘들이지 않고 쉽게 이루어지는 경우에 이르는 말.

마당질 뒤의 쌀자루

마당질한 낟알을 쌀자루에 담아 마당에 세워 놓은 것 같다는 뜻으로, 아무 말

없이 우두커니 서 있는 모양을 빗대어 이르는 말.

낱말 풀이 **마당질** 곡식을 떨어 알곡을 거두는 일.

마당 터진 데 솔뿌리 걱정한다

'마당 벌어진 데 웬 솔뿌리 걱정'과 같은 속담.

마디에 옹이

나무에 마디가 있는데 또 옹이까지 겹쳐 있다는 뜻으로, 1. 어려움이나 불행이 자꾸 겹쳐 드는 것을 빗대어 이르는 말. 2. 하는 일마다 방해가 있어 뜻대로 되지 않는 것을 빗대어 이르는 말.

같은 속담 고비에 인삼 • 기침에 재채기 • 눈 위에 서리 친다 • 얼어 죽고 데어 죽는다 • 옹이에 마디 • 하품에 딸꾹질

낱말 풀이 **옹이** 나무 몸에 박힌 가지의 밑부분.

마루 넘은 수레 내려가기
마루 넘은 수레의 기세

산마루를 넘은 수레가 내리막길로 빠르게 굴러간다는 뜻으로, 일이 되어 가는 속도나 형세가 걷잡을 수 없이 빠르다는 말.

마루 밑에 볕 들 때가 있다
마룻구멍에도 볕 들 날이 있다

1. 어려운 처지에 놓인 사람도 언젠가는 좋은 때를 만날 날이 있다는 말. 2. 무엇이든지 바뀌지 않는 것은 없다고 빗대어 이르는 말.

같은 속담 개똥밭에도 이슬 내릴 때가 있다 • 고랑도 이랑 될 날 있다 • 쥐구멍에도 볕 들 날 있다

마른나무 꺾듯

1. 일을 단 한 번 만에 쉽게 해치우는 것을 빗대어 이르는 말. 2. 말을 앞뒤가 맞게 하지 않고 무턱대고 잘라 하는 경우에 빗대어 이르는 말.

마른나무를 태우면 생나무도 탄다

마른나무를 태워서 잘 타오르면 생나무에도 불이 쉽게 옮겨붙는다는 뜻으로, 여느 때 같으면 안될 일도 대세를 타면 잘될 수 있다는 말.

마른나무에 꽃이 피랴

되지도 않을 일을 이루어지기 바라며 기다릴 필요는 없다고 빗대어 이르는 말.

같은 속담 고목에 꽃이 피랴

마른나무에 물 내기라
마른나무에서 꽃 피우기

물기라고는 조금도 없는 마른나무에서 물을 짜내려 한다는 뜻으로, 도무지 할 수 없는 일을 억지로 하려고 하는 경우를 빗대어 이르는 말.

마른나무에 좀먹듯

마른나무에 좀이 드문드문 슬듯 했다는 뜻으로, 알지 못하는 사이에 건강이 차츰 나빠지거나 돈이 조금씩 줄어드는 것을 빗대어 이르는 말.

마른날에 벼락 맞는다

구름도 없는 맑은 날에 벼락을 맞는다는 뜻으로, 뜻하지 않게 화를 입거나 재난을 당하게 된다는 말.

같은 속담 대낮에 마른벼락 • 마른하늘에 날벼락[생벼락] • 맑은 하늘에 벼락 맞겠다 • 청천 하늘에 날벼락

마른논에 물 대기

바짝 마른논에 물을 대면 금세 물이 땅에 스며들어 티도 안 난다는 뜻으로, 아무리 힘이나 밑천을 많이 들여서 해 놓아도 보람이 없거나 일이 매우 힘든 경우를 빗대어 이르는 말.

같은 속담 가문 논에 물 대기

마른논에 물 잦듯
마른땅에 물이 잦아들듯

마른논에 물을 대면 곧 스며들듯이, 물건이 금세 없어짐을 빗대어 이르는 말.

낱말 풀이 **잦다** 액체가 속으로 스며들거나 점점 졸아들어 없어지다.

마른땅에 말뚝 박기

말라서 굳어진 땅에 힘들게 말뚝을 박는 것과 같다는 뜻으로, 일을 다짜고짜로 어렵고 힘들게 해 나가는 것을 빗대어 이르는 말.

마른 말은 꼬리가 길다

살찐 말보다 마른 말이 꼬리가 더 길어 보인다는 뜻으로, 같은 것도 때에 따라 다르게 보일 수 있다는 말.

마른하늘에 날벼락[생벼락]
마른하늘에 벼락 맞는다

'마른날에 벼락 맞는다'와 같은 속담.

마름쇠도 삼킬 놈

남의 것이라면 아무것이나 몹시 탐내는 사람을 욕으로 이르는 말.

마름쇠

낱말 풀이 **마름쇠** 끝이 송곳처럼 뾰족한 네 개의 발을 가진 쇠못. 도둑이나 적을 막기 위하여 땅에 흩어 두었다.

마마 그릇되듯

1. 마마가 쉽게 낫지 않고 덧나서 제대로 아물지 못한다는 뜻으로, 일이 잘 풀리지 않고 말썽이 나서 잘못됨을 빗대어 이르는 말. 2. 좋지 않은 징조가 보임을 빗대어 이르는 말.

낱말 풀이 **마마** '천연두'를 이르는 말. 열나고 몸에 발진이 생겨 딱지가 저절로 떨어지기 전에 긁으면 얽는다.

마마 손님 배송하듯

옛날에, 천연두를 퍼뜨리는 귀신이 행여나 화를 입힐까 걱정하여 조심스럽게 내보내듯 한다는 뜻으로, 말썽스럽고 까다로운 사람을 그저 어르고 달래서 잘 보내는 것을 빗대어 이르던 말.

낱말 풀이 **배송하다** 1. 괴로움이나 해를 끼치는 사람을 건드리지 않고 조심스럽게 내보내다. 2. 천연두를 앓은 지 13일 만에 별성마마를 떠나보내다. 별성마마는 집집마다 찾아다니며 천연두를 앓게 한다는 여신이다.

마방집이 망하려면 당나귀만 들어온다

마방집에 말은 안 들어오고 당나귀만 들어와 셈이 맞지 않는다는 뜻으로, 일이 안되려면 성가시고 쓸모없는 일만 자꾸 생긴다는 말.

같은 속담 객주가 망하려니 짚단만 들어온다 • 마판이 안되려면 당나귀 새끼만 모여든다 • 어장이 안되려면 해파리만 끓는다 • 여각이 망하려니 나귀만 든다

낱말 풀이 **마방집** 옛날에, 말로 짐을 실어다 주고 품삯을 받던 집.

마소 새끼는 시골로 사람의 새끼는 서울로

망아지는 말이 많이 나는 제주도로 보내어 기르고, 사람은 어릴 때부터 서울로 보내어 공부를 하게 하여야 잘될 수 있다는 말.

같은 속담 말은 나면 제주도로 보내고 사람은 나면 서울로 보내라 • 사람의 새끼는 서울로 보내고 마소 새끼는 제주[시골]로 보내라

마음씨가 고우면 옷 앞섶이 아문다

마음씨가 곱고 하는 짓이 착한 사람은 옷도 앞섶이 벌어지지 않게 반듯하게 입고 다닌다는 뜻으로, 아름다운 마음씨는 겉모습에도 나타난다는 말.

같은 속담 마음이 바르고 고와야 옷깃이 바로 선다

ㅁ

마음 없는 염불

하고 싶지 않은 일을 마지못해 하는 경우에 빗대어 이르는 말.

마음에 없으면 보이지도 않는다
마음에 있어야 꿈도 꾸지

생각이나 뜻이 없으면 이루어지는 것이 없다는 말.

마음은 걸걸해도 왕골자리에 똥 싼다

말로는 그럴듯하게 큰소리치지만 실제로는 못난 짓만 한다는 말.

마음을 잘 가지면 죽어도 옳은 귀신이 된다

착한 마음씨를 지니고 살면 죽어도 아쉬움이나 미련이 없다는 말.

같은 속담 옳은 일을 하면 죽어도 옳은 귀신이 된다

마음이 맞으면 삶은 도토리 한 알 가지고도 시장 멈춤을 한다

마음이 맞으면 도토리 한 알을 나누어 먹고도 배고픔을 견딜 수 있다는 뜻으로, 사이가 좋고 마음이 맞는 사람끼리는 어떤 힘든 상황에서도 서로 도우면서

잘 지낼 수 있다고 빗대어 이르는 말.

같은 속담 의가 좋으면 세 어이딸이 도토리 한 알을 먹어도 시장 멈춤은 한다

낱말 풀이 **시장 멈춤** 배가 고픈 느낌을 멎게 하는 일.

마음이 바르고 고와야 옷깃이 바로 선다

'마음씨가 고우면 옷 앞섶이 아문다'와 같은 속담.

마음이 없으면 지게 지고 엉덩춤 춘다

마음에 내키지 않는 일을 아무렇게나 하는 것을 빗대어 이르는 말.

마음이 지척이면 천 리도 지척이다

서로 정이 깊고 마음이 통하면 멀리 떨어져 있어도 가깝게 여겨진다는 말.

낱말 풀이 **지척** 아주 가까운 거리.

마음이 천 리면 지척도 천 리다

서로 마음이 통하지 않고 정이 깊지 않으면 아무리 가까이 있어도 사이가 멀게 느껴진다는 말.

마음이 흔들비쭉이라

걸핏하면 제 생각도 없이 마음이 흔들리고 비쭉거리기를 잘한다는 뜻으로, 심지가 굳지 못하여 이랬다저랬다 마음을 잘 바꾸는 사람을 빗대어 이르는 말.

마음잡아 개장사

행실이 나쁜 사람이 기껏 마음을 다잡아서 한다는 일이 보잘것없거나 먹고살려고 시작한 일이 오래가지 못하여 헛일이 될 때 빗대어 이르는 말.

마음처럼 간사한 건 없다

사람 마음이 제 잇속에 따라 아무 때나 쉽게 바뀐다는 말.

마음 한번 잘 먹으면 북두칠성이 굽어보신다

마음을 착하게 잘 먹으면 북두칠성조차 도와준다는 뜻으로, 사람이 마음을 곱고 바르게 쓰면 하늘도 감동하여 보살펴 준다는 말.

같은 속담 남을 위해 주는 일엔 북두칠성도 굽어본다 • 심덕을 바로 가지면 하늘도 굽어본다

마지막 고개를 넘기기가 가장 힘들다

무슨 일이든지 끝을 잘 마무리하기가 가장 어렵고 힘들다고 빗대어 이르는 말.

마치가 가벼우면 못이 솟는다

내리치는 마치의 힘이 약하면 못이 박히지 않고 솟게 마련이라는 뜻으로, 윗사람이 위엄이 없으면 아랫사람이 고분고분 따르지 않고 제멋대로 행동한다고 빗대어 이르는 말.

같은 속담 망치가 가벼우면 못이 솟는다 • 방망이가 약하면 쐐기가 솟는다

낱말 풀이 **마치** 못을 박거나 무엇을 두드리는 데 쓰는 연장.

마파람에 게 눈 감추듯

1. 음식을 매우 빨리 먹어 치우는 모습을 빗대어 이르는 말. 2. 무슨 일을 눈 깜짝할 사이에 재빨리 해치우는 것을 빗대어 이르는 말.

같은 속담 게 눈 감추듯 • 남양 원님 굴회 마시듯 • 두꺼비 파리 잡아먹듯 • 사냥개 언 똥 들어먹듯[삼키듯]

읽을거리 우리나라에는 바람을 부르는 이름이 많아. 바람이 불어오는 방향이나 부는 때, 빠르기, 세기에 따라 여러 가지야. 동풍은 '샛바람', 서풍은 '하늬바람'이라고 해. 남풍은 '마파람'인데 '마'가 뱃사람들 말로 '남쪽'을 뜻해. 북풍은 '뒤바람', 동북풍은

'높새바람'이라고 하지. 그 밖에도 부는 때에 따라 '봄바람', '갈바람', '겨울바람', '건들바람' 따위가 있고, 부는 곳에 따라 '들바람', '산바람', '골바람' 따위가 있어.

마파람에 곡식이 혀를 빼물고 자란다

여름철 남쪽에서 바람이 불어오기 시작하면 곡식이 무럭무럭 잘 자란다는 말.

마파람에 호박 꼭지 떨어진다

마파람을 맞아 호박 꼭지가 저절로 물크러져 떨어지듯이, 무슨 일이 시작되자마자 큰 걸림돌이 없는데도 틀어져 버림을 빗대어 이르는 말.

마판이 안되려면 당나귀 새끼만 모여든다

'마방집이 망하려면 당나귀만 들어온다'와 같은 속담.

막걸리 거르려다 지게미도 못 건진다

막걸리를 거르려고 체로 밭다가 잘못 걸러서 술지게미조차 건지지 못하고 말았다는 뜻으로, 큰 이익을 얻으려다가 거뜬히 얻을 수 있는 작은 이익도 얻지 못하고 손해만 보는 경우에 빗대어 이르는 말.

낱말 풀이 **지게미** 술을 거르고 남은 찌끼.

막내둥이 응석 받듯

집안의 막내둥이가 응석을 부리면 누구나 너그럽게 받아주듯이, 어떤 말이나 행동을 하여도 나무라지 않고 그대로 받아 주는 것을 빗대어 이르는 말.

막내아들이 첫아들이다

1. 막내아들을 첫 번째로 낳은 아들처럼 여긴다는 뜻으로, 여럿 가운데서 맨 나중 것을 가장 소중하게 여긴다는 말. 2. 무엇이 오직 하나밖에 없다는 말.

막다른 골목에 든 강아지 호랑이를 문다
막다른 골목에서 돌아선 개는 범보다 무섭다

아무리 약한 사람도 막다른 지경에 이르면 죽을힘을 다해 맞서 대든다는 말.

같은 속담 궁서가 고양이를 문다

막다른 골목으로 쫓긴 짐승이 개구멍을 찾아 헤매듯

막다른 지경에 이른 사람이 거기서 벗어나려고 작은 가능성이라도 찾아 헤매는 모양을 빗대어 이르는 말.

ㅁ

막다른 골목이 되면 돌아선다

1. 더는 어떻게 할 수 없는 최악의 상황에 이르러서야 방향을 바꾸는 어리석음을 빗대어 이르는 말. 2. 일이 막다른 데까지 이르면 또 다른 방법이 생긴다는 말.

막대 잃은 장님

장님이 늘 짚고 다니는 지팡이를 잃었다는 뜻으로, 믿고 기대던 것을 잃고 꼼짝 못 하게 된 처지를 빗대어 이르는 말.

막둥이 씨름하듯

힘이 엇비슷하여 서로 겨루어도 승부가 나지 않는다는 말.

같은 속담 두꺼비씨름 누가 질지 누가 이길지

막 삼아도 짚신

아무렇게나 마구 만들었어도 짚신이라는 뜻으로, 이렇게 하나 저렇게 하나 바탕은 그대로 남아 있다는 말.

낱말 풀이 **삼다** 짚이나 새끼를 엮어서 짚신이나 미투리 따위를 만들다.

막술에 목이 멘다

밥을 잘 먹다가 마지막에 떠 넣은 밥술갈에 목이 멘다는 뜻으로, 잘되어 가던 일이 마지막 고비에 이르러 그만 탈이 나는 경우에 빗대어 이르는 말.

막을 열다[올리다]

무대 공연이나 어떤 행사를 시작한다는 관용 표현.

만나자 이별

서로 만나자마자 곧 헤어진다는 말.

만날 뗑그렁

살림이 넉넉하여 늘 아무 걱정 없이 편하게 지낸다는 말.

만득이 북 짊어지듯

등에 짊어진 물건이 둥글고 커서 보기에 매우 불편해 보이는 모양을 이르는 말.

만 리 길도 한 걸음으로 시작된다

1. 아무리 큰 일도 처음에는 보잘것없어 보이는 작은 일에서 시작되므로, 무슨 일이나 그 시작이 매우 중요하다는 말. 2. 훌륭하게 된 사람도 본바탕을 캐어 보면 여느 사람과 별다르지 않으나 노력하여 그리되었다는 말.

같은 속담 천 리 길도 첫 걸음으로 시작된다

만만찮기는 사돈집 안방

사돈끼리는 어렵고 거북한 사이인데 더욱이 안사돈이 묵는 방은 더 어렵고 조심스럽다는 뜻으로, 매우 조심스럽고 거북한 자리를 빗대어 이르던 말.

같은 속담 사돈네 안방 같다

만만한 데 말뚝 박는다
만만한 땅에 말뚝 박기

1. 힘 안 들이고 매우 하기 쉬운 일을 빗대어 이르는 말. 2. 상대가 호락호락하여 제멋대로 다루기가 쉽다는 말.

같은 속담 무른 땅에 나무 박고 재고리에 말뚝 치기 • 잿골[잿독]에 말뚝 박기

ㅁ

만수산에 구름 모이듯

무엇이 여기저기에서 한곳으로 갑자기 모여드는 모양을 빗대어 이르는 말.

같은 속담 용문산에 안개 모이듯 • 장마철에 비구름 모여들듯 • 청천에 구름 모이듯

낱말 풀이 **만수산** 황해도 개성에 있는 '송악산'의 다른 이름.

많은 밥에 침 뱉기

매우 심술 사나운 짓을 빗대어 이르는 말.

많이 생각하고 적게 말하고 더 적게 써라

말과 행동보다 생각이 앞서야 한다고 가르쳐 이르는 말.

맏딸은 금 주고도 못 산다
맏딸은 세간 밑천이다

맏딸은 집안 살림에 큰 보탬이 되므로 매우 귀중하다고 빗대어 이르던 말.

맏며느리 손 큰 것

맏며느리가 씀씀이가 크면 큰집 살림을 제대로 꾸려 나갈 수 없다는 뜻으로, 아무 데도 쓸모가 없고 오히려 해로움을 빗대어 이르는 말.

같은 속담 지어미 손 큰 것

말 가는 데 소도 간다
말 갈 데 소 간다

1. 말이 갈 수 있는 곳이면 소도 갈 수 있다는 뜻으로, 더하고 덜할 수는 있지만 남이 할 수 있는 일이면 나도 할 수 있다는 말. 2. 안 갈 데를 간다는 말.

같은 속담 소 가는 데 말도 간다

읽을거리 말은 열두 띠 가운데 일곱 번째 동물이야. 새해 첫 달 말날은 좋은 날로 여겼어. 팥떡을 해서 마구간 앞에 놓고 말의 건강을 빌거나, 장을 담그기도 했어. 말이 좋아하는 콩으로 장을 담그면 장이 달고 맛있게 된다고 여겼던 거지.

말 갈 데 소 갈 데 다 다녔다

1. 말과 소가 갈 곳이면 안 가리고 다 돌아다녔다는 뜻으로, 온갖 곳을 다 다녔다는 말. 2. 여기저기 다니면서 갖가지 어려운 일과 고비를 다 겪었다는 말.

말 같지 않은 말은 귀가 없다

말 같지 않은 말은 들을 귀가 없다는 뜻으로, 이치에 맞지 않는 말은 못 들은 척하고 흘려버린다는 말.

말고기를 다 먹고 무슨 냄새 난다 한다

제 욕심을 실컷 채우고 나서 괜한 트집을 잡는 경우에 빗대어 이르는 말.

같은 속담 한 마리 고기 다 먹고 말 냄새 난다고 한다

말 귀에 염불

말 귀에 대고 아무리 염불을 외워도 도무지 알아듣지 못한다는 뜻으로, 아무리 가르치고 타일러도 알아듣지 못하거나 보람이 없는 경우에 빗대어 이르는 말.

같은 속담 쇠귀에 경 읽기 • 쇠코에 경 읽기

말 꼬리에 (붙은) 파리가 천 리 간다

1. 남의 기운을 얻어 무엇을 해 나감을 빗대어 이르는 말. 2. 힘 있는 자들을 따라다니면서 덕을 보려는 것을 비꼬아 이르는 말.

같은 속담 천리마 꼬리에 쉬파리 따라가듯

말끝에 단 장 달란다

남의 마음을 사 놓고 결국 자기가 바라는 것을 들어 달라고 한다는 말.

ㅁ

말 단 집에 장 단 법 없다
말 단 집에 장이 곤다
말 단 집 장맛이 쓰다

말은 달콤하게 잘하는데 장맛은 달지 않고 쓰다는 뜻으로, 입으로는 그럴듯하게 말하지만 들여다보면 실제로는 좋지 못하다는 말.

같은 속담 말 많은 집은 장맛도 쓰다

낱말 풀이 **곤다** '곯다'의 옛말로, 속이 물크러져 상하다.

말 뒤에 말이 있다

말에는 겉으로 드러나지 않은 깊은 뜻이 숨어 있다는 말.

같은 속담 말 속에 뜻이 있고 뼈가 있다

말똥구리가 수레바퀴를 굴리자고 한다
말똥구리가 수레바퀴를 받으려는 셈

작은 말똥구리가 제 몸보다 한참 큰 수레바퀴를 굴리려고 한다는 뜻으로, 분수도 모르고 제힘에 부치는 상대에게 덤벼드는 어리석음을 빗대어 이르는 말.

같은 속담 개미가 큰 바윗돌을 굴리려고 하는 셈 • 당랑이 수레를 버티는 셈 • 버마재비가 수레를 버티는 셈

말똥도 모르고 마의 노릇 한다

말에 대해 아무것도 모르면서 말의 병을 고치는 의사 노릇을 한다는 뜻으로, 제대로 알지도 못하면서 함부로 일을 맡아 덤벙거리는 사람을 비웃어 이르는 말.

같은 속담 맥도 모르고 침통 흔든다 • 잣눈도 모르고 조복 마른다

낱말 풀이 **마의** 옛날에, 말의 질병을 치료하던 의사를 이르는 말.

말똥도 밤알처럼 생각한다

욕심에 눈이 어두워 몹시 인색하게 구는 사람을 비웃어 이르는 말.

말똥도 세 번 굴러야 제자리에 선다

무슨 일이나 여러 번 해 봐야 제자리가 잡힌다는 말.

말똥에 굴러도 이승이 좋다

아무리 가난하고 천하게 살아도 죽는 것보다는 사는 것이 더 낫다는 말.

같은 속담 개똥밭에 굴러도 이승이 좋다 • 거꾸로 매달아도 사는 세상이 낫다 • 땡감을 따 먹어도 이승이 좋다

낱말 풀이 **이승** 지금 살고 있는 세상.

말똥을 놓아도 손맛이더라

비록 하찮은 것을 차리더라도 솜씨에 따라 그 맛이 달라진다는 말.

말똥이 밤알 같으냐

1. 말똥이 밤알인 줄 알고 달려드냐는 뜻으로, 먹지 못할 것을 먹으려고 덤벼드는 경우를 빗대어 이르는 말. 2. 아주 가망이 없는 일을 바라는 경우를 빗대어 이르는 말.

같은 속담 쇠똥이 지짐 떡 같으냐

말로는 못 할 말이 없다

실제로 행동이나 책임이 뒤따르지 않는 말은 무슨 말이든 다 할 수 있다는 말.

말로는 사람의 속을 모른다

말로는 온갖 소리를 다 할 수 있어서 말만 듣고는 사람 속내를 알 수 없다는 말.

말로는 사촌 기와집도 지어 준다
말로는 천당도 짓는다

실제로 행하지 않고 그저 말로만 한다면 무슨 말인들 못하겠느냐는 뜻으로 이르는 말.

말로는 속여도 눈길은 속이지 못한다

말로는 사람을 속일 수 있으나 눈길에 나타나는 마음은 속일 수 없다는 뜻으로, 사람의 마음은 눈길에 그대로 드러난다는 말.

말로 배워 되로 풀어먹는다

많이 배워서 조금만 써먹는다는 뜻으로, 학문이나 경험 따위를 제대로 쓸 줄 모르는 사람을 빗대어 이르는 말.

낱말 풀이 **되** 곡식, 액체, 가루 따위의 분량을 헤아리는 데 쓰는 그릇. 한 되는 한 말의 10분의 1이다. **말** 곡식, 액체, 가루 따위의 분량을 되는 데 쓰는 그릇. 한 말은 열 되이다. **풀어먹다** 어떤 목적에 이용하다.

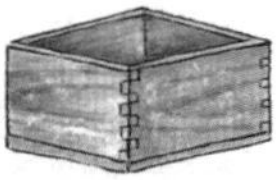

되

말

말로 온 공을 갚는다

말만 잘하면 천 냥 빚도 가린다[갚는다]

1. 말재주가 좋으면 사람들과 어울려 살아갈 때 보탬이 된다는 말. 2. 말은 사는 데 큰 영향을 끼치므로 말 한마디를 하더라도 잘못되지 않게 늘 조심하라는 말.

낱말 풀이 **가리다** 치러야 할 셈을 따져서 갚아 주다.

말만 귀양 보낸다

말을 해도 듣는 이가 아무 반응을 하지 않아서 기껏 한 말이 쓸모없게 된 경우를 이르는 말.

낱말 풀이 **귀양** 옛날에, 죄인을 먼 시골이나 섬으로 보내어 얼마 동안 그곳에서만 살게 하던 형벌.

말 많은 집은 장맛도 쓰다

1. 집안에 잔말이 많으면 정답지 못하여 살림이 잘 안된다는 말. 2. 입으로는 그럴듯하게 말하지만 들여다보면 실제로는 좋지 못하다는 말.

같은 속담 말 단 집에 장 단 법 없다

말 머리에 태기가 있다

일이 처음부터 잘될 징조가 있는 경우를 빗대어 이르는 말.

낱말 풀이 **태기** 아이를 밴 기미.

말 살에 쇠 뼈다귀

둘 사이에 아무 관련이 없어 얼토당토않다는 말.

말 살에 쇠 살

말 이야기를 하는데 뚱딴지같이 소 이야기를 꺼낸다는 뜻으로, 되는 소리 안 되는 소리 가리지 않고 마구 지껄이는 것을 빗대어 이르는 말.

말 삼은 소 신[짚신]이라

말이 만든 소의 짚신이라는 뜻으로, 1. 일이 뒤죽박죽되어 못쓰게 되었다는 말. 2. 물건을 제대로 못 만들어 쓸 수 없는 경우를 빗대어 이르는 말.

말 속에 뜻이 있고 뼈가 있다
말 속에 말 들었다
말 속에 말이[뼈가] 있다

'말 뒤에 말이 있다'와 같은 속담.

말 안 하면 귀신도 모른다

말을 안 하면 산 사람뿐 아니라 귀신도 모른다는 뜻으로, 1. 마음속으로만 애태우지 말고 시원스럽게 말을 하라는 말. 2. 말만 안 하면 누구도 모를 일이니 비밀을 잘 지키라고 이르는 말.

말에 실었던 짐을 벼룩 등에 실을까

힘과 능력이 없는 사람에게 무거운 책임을 지울 수 없다고 빗대어 이르는 말.

말 위에 말을 얹는다

1. 곡식 양을 재는 그릇인 말 위에다 또 말을 덧얹는다는 뜻으로, 욕심 사나운 사람을 빗대어 이르는 말. 2. 걱정이 겹겹이 쌓임을 빗대어 이르는 말.

말은 꾸밀 탓으로 간다

같은 내용이라도 어떻게 말하는가에 따라 상대가 달리 받아들일 수 있다는 말.

같은 속담 길은 갈 탓(이요) 말은 할 탓(이라) • 말은 할 탓이다

말은 끌어야 잘 가고 소는 몰아야 잘 간다

말은 사람이 앞에서 끌고 소는 뒤에서 몰아야 잘 간다는 뜻으로, 무슨 일이나 특성에 맞게 하여야 좋은 결과를 거둘 수 있다고 빗대어 이르는 말.

말은 나면 제주도로 보내고 사람은 나면 서울로 보내라

'마소 새끼는 시골로 사람의 새끼는 서울로'와 같은 속담.

말은 넌지시 하는 말이 비싸다

말 한마디를 해도 점잖게 넌지시 하는 말이 더 무게가 있다고 빗대어 이르는 말.

말은 바른대로 하고 큰 고기는 내 앞에 놓아라

말은 꾸미지 말고 바로 하고 숨긴 큰 고기는 내 앞에 꺼내 놓으라는 뜻으로, 거짓말을 하거나 남을 속이려 하지 말고 있는 그대로 털어놓으라는 말.

말은 보태고 떡은 뗀다
말은 보태고 봉송은 던다

말은 전해질수록 부풀려지고 음식은 돌릴수록 줄어든다는 뜻으로, 말을 삼가고 조심해야 한다는 말.

같은 속담 말은 할수록 늘고 되질은 할수록 준다 • 말이란 발이 달리기 마련이다 • 음식은 갈수록 줄고 말은 갈수록 는다

낱말 풀이 **봉송** 물건을 싸서 선물로 보냄. 또는 그 물건.

말은 앞서 할 게 아니다

1. 어떤 일의 속내도 모르면서 함부로 앞질러 말해서는 안 된다는 말. 2. 실제 행동으로 옮기지 못할 말은 하지 말라는 말.

말은 이 죽이듯 한다

말을 할 때 조금도 남기지 않고 자세히 다 하는 것을 이르는 말.

말은 적을수록 좋다

말이 많으면 쓸데없는 말이 많이 섞이게 되므로 그 결과가 좋지 못하다는 말.

말은 청산유수다

말이 푸른 산에 흐르는 맑은 물과 같다는 뜻으로, 말을 막힘없고 시원하게 잘 하는 것을 빗대어 이르는 말.

낱말 풀이 **청산유수** 푸른 산에 흐르는 맑은 물이라는 뜻으로, 막힘없이 썩 잘하는 말을 빗대어 이르는 말.

말은 하는 데 달리지 않고 듣는 데 달렸다

말은 듣는 사람이 어떻게 받아들이는지에 따라 말뜻이 달라진다는 뜻으로, 남의 말을 귀담아서 바르게 새겨들으라고 힘주어 이르는 말.

말은 할수록 늘고 되질은 할수록 준다

'말은 보태고 떡은 뗀다'와 같은 속담.

낱말 풀이 **되질** 곡식이나 가루 따위를 되로 되어 헤아리는 일. '되'는 분량을 헤아리는 데 쓰는 그릇이다.

말은 할 탓이다

'말은 꾸밀 탓으로 간다'와 같은 속담.

말은 해야 맛이고 고기는 씹어야 맛이다

말은 시원스럽게 해야 하고 고기는 꼭꼭 씹어야 제맛이 난다는 뜻으로, 하고 싶은 말이나 해야 할 말은 속에 묻어 두지 말고 털어놓아야 좋다는 말.

같은 속담 고기는 씹어야 맛이 나고 말은 해야 시원하다

ㅁ

말이 고마우면 비지 사러 갔다가 두부 사 온다

말을 듣기 좋게 하면 값싼 비지를 사러 갔다가 두부를 사 온다는 뜻으로, 상대방이 말을 고맙게 하면 제가 생각했던 것보다 훨씬 더 너그럽게 대한다는 말.

말이 났을 때 뿌리를 빼야 한다

무슨 일이든 말이 난 김에 내처 해치워야지 뒤로 미루면 어긋날 수 있다는 말.

말이란 발이 달리기 마련이다

'말은 보태고 떡은 뗀다'와 같은 속담.

말이란 아 해 다르고 어 해 다르다
말이란 탁 해 다르고 툭 해 다르다

같은 말이라도 어떻게 하느냐에 따라 달리 들린다는 뜻으로, 말을 할 때에는 표현 하나도 조심스럽게 골라서 해야 한다는 말.

같은 속담 같은 말도 툭 해서 다르고 탁 해서 다르다

말이 마음이고 마음이 말이다

말이란 말하는 사람의 마음이자 생각을 드러내는 것이라는 말.

말이 많으면 실언이 많다
말이 많으면 쓸 말이 적다

하지 않아도 될 말을 많이 하면 그만큼 쓸 말이 적다는 뜻으로, 말을 많이 하다 보면 잘못 말하거나 쓸데없는 말을 하기 쉬우니 말은 되도록 적게 하고 잘 가려 하라는 말.

같은 속담 군말이 많으면 쓸 말이 적다

낱말 풀이 **실언** 실수로 잘못 말함. 또는 그렇게 한 말.

말이 말을 만든다

말이란 입에서 입을 거치는 동안 말하는 사람의 생각이 보태져서 내용이 지나치게 부풀려지거나 엉뚱한 말로 번질 수 있다는 뜻으로, 말을 조심하라고 가르쳐 이르는 말.

말이 말을 문다

말이란 시간이 흐를수록 자꾸 꼬리를 물고 퍼져 나가기 마련이라는 말.

말이 미치면 소도 미친다

아무 생각 없이 남이 하는 대로 덩달아 따라 하는 행동을 비웃어 이르는 말.

같은 속담 소가 미치면 말도 미친다

말이 반찬 같았으면 상다리 부러지겠다

말을 어찌나 잘하는지 그 말을 반찬으로 하여 상을 차리면 상다리가 다 부러지겠다는 뜻으로, 1. 실제보다 더 말을 짓고 꾸며서 듣기 좋게 하는 경우에 비꼬아 이르는 말. 2. 손님상을 변변찮게 차려 놓고 말만 번지르르하게 하는 것을 비꼬아 이르는 말.

말이 반찬이다

입맛을 돋우는 반찬처럼 말을 잘 꾸며 듣기 좋게 하는 것을 빗대어 이르는 말.

말이 씨가 된다

말이 씨앗이 되어 열매를 맺는다는 뜻으로, 1. 늘 말하던 것이 마침내 진짜로 이루어진 경우에 빗대어 이르는 말. 2. 어떤 말을 하면 그대로 일어날 수 있으니 말조심을 하라는 말.

말이 앞서지 일이 앞서는 사람 본 일 없다

말없이 실천하는 사람은 드물다는 말.

말 잃고 외양간 고친다

일이 이미 잘못된 뒤에는 손을 써 보아야 아무 쓸데가 없다고 비꼬아 이르는 말.

같은 속담 도둑맞고 사립[빈지/사립문] 고친다 • 도적놈 보고 새끼 꼰다 • 소 잃고 외양간 고친다

말 잡은 집에 소금이 해자라[헤프다]

1. 자기 집에서 말을 잡으면 소금이라도 거저 내게 된다는 뜻으로, 큰일을 하다 보면 곁따라 하찮은 것들도 많이 쓰게 된다는 말. 2. 낯도 안 나는 일에 마지못해 무엇을 내놓게 되는 경우를 빗대어 이르는 말.

같은 속담 말 죽은 집에 소금 삭는다

낱말 풀이 **해자** 특별히 한 일 없이 공짜로 한턱 잘 얻어먹는 일.

말 죽은 데 체 장수 모이듯

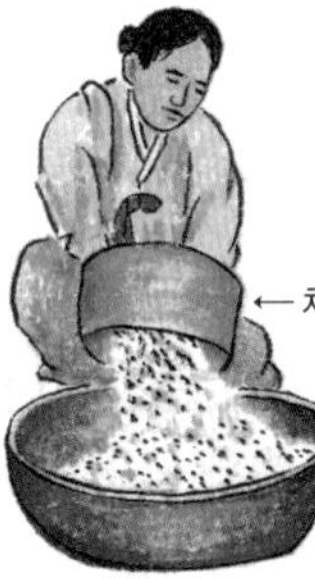

말이 죽으면 말의 갈기나 꼬리털을 얻으려고 체 장수가 모인다는 뜻으로, 남의 불행이야 어떻든지 제 잇속만 생각하면서 여러 사람이 덤벼드는 것을 빗대어 이르던 말.

낱말 풀이 **체** 가루를 곱게 치거나 액체를 밭거나 거르는 데 쓰는 기구. 얇은 나무로 만든 쳇바퀴에 말총이나 명주실, 철사 따위를 그물 모양으로 뜬 쳇불을 씌워 만든다.

말 죽은 밭에 까마귀같이

밭에 죽어 자빠진 말을 뜯어 먹으려고 까마귀들이 새까맣게 날아와 울어 대는 것 같다는 뜻으로, 어지럽게 모여서 시끄럽게 떠드는 모양을 욕으로 이르는 말.

말 죽은 집에 소금 삭는다

'말 잡은 집에 소금이 해자라[헤프다]'와 같은 속담.

말 타고 꽃구경

무엇을 찬찬히 보지 않고 지나치며 대강대강 보는 것을 빗대어 이르는 말.

ㅁ

말 타면 경마 잡히고 싶다
말 타면 종 두고 싶다

말을 타면 말고삐를 잡아 줄 종을 두고 싶어진다는 뜻으로, 사람의 욕심은 끝이 없다고 빗대어 이르는 말.

같은 속담 되면 더 되고 싶다 • 바다는 메워도 사람의 욕심은 못 채운다

낱말 풀이 **경마** 남이 탄 말의 고삐를 잡고 말을 모는 일. 또는 그 고삐.

말 태우고[태워 놓고] 버선 깁는다

신랑을 말에 태우고서야 신랑이 신을 버선을 꿰맨다는 뜻으로, 일이 눈앞에 닥쳐서야 허둥지둥 서두르는 것을 빗대어 이르는 말.

같은 속담 가마 타고 옷고름 단다 • 철 묵은 색시 가마[승교] 안에서 장옷 고름 단다

말하는 것을 개 방귀로 안다

남의 말을 시시하게 여겨 들은 척도 안 한다는 말.

말하는 남생이

남생이가 토끼를 속여 용궁으로 끌고 갔다는 옛이야기에서, 아무도 믿지 않을 말을 하는 사람을 비웃어 이르는 말.

낱말 풀이 **남생이** 남생잇과의 동물. 생김새는 거북과 비슷하나 몸집이 작다.

말하는 매실

말로 매실을 말한들 그 맛을 모르듯, 보고 듣기만 해서는 아무 실속이 없다는 말.

말하면 백 냥 금이요 입 다물면 천 냥 금이라

이것저것 말을 많이 하는 것보다 쓸데없는 말을 안 하거나 되도록 적게 하는 것이 낫다고 가르쳐 이르는 말.

말 한마디로 사람이 죽고 산다

말 한마디로도 사람이 죽고 살 만큼 돌이킬 수 없는 결과를 빚어낼 수 있다는 뜻으로, 말이란 깊이 생각하고 조심스럽게 해야 한다고 가르쳐 이르는 말.

말 한마디에 천금이 오르내린다

말 한 마디 한 마디에 따라 크게 다른 결과가 빚어지는 만큼 말을 잘하는 것이 중요하다고 빗대어 이르는 말.

말 한마디에 천 냥 빚도 갚는다

말만 잘하면 아무리 어려운 일이나 할 수 없어 보이는 일도 해낼 수 있다는 말.

같은 속담 천 냥 빚도 말로 갚는다

말한 입에 침도 마르기 전

무슨 말을 한 뒤에 금방 제가 한 말을 뒤집고 다른 짓을 하는 경우에 이르는 말.

맑은 물에 고기 안 논다

물이 너무 맑으면 먹이가 없어 고기가 안 모인다는 뜻으로, 사람이 지나치게 깨끗하여 아무런 허물이 없으면 따르는 사람도 없다고 빗대어 이르는 말.

같은 속담 물이 너무 맑으면 고기가 아니 모인다[산다]

맑은 샘에서 맑은 물이 난다

바탕이 좋은 데서 훌륭한 후손이 나오거나 훌륭한 결과가 이루어진다고 빗대어 이르는 말.

맑은 하늘에 벼락 맞겠다

1. 구름 없는 맑은 하늘에서 날벼락이 떨어져 맞을 거라는 뜻으로, 너무 못된 짓을 하여 꼭 벌을 받을 것이라는 말. 2. 뜻하지 않게 화를 입거나 재난을 당하게 된다는 말.

같은 속담 마른날에 벼락 맞는다

맛없는 국이 뜨겁기만 하다

1. 사람답지 못한 이가 건방지고 까다롭게 군다는 말. 2. 실속도 없는 일이 어렵기만 하다는 말.

같은 속담 못된 음식이 뜨겁기만 하다

맛없는 음식도 배고프면 달게 먹는다

배가 고프면 아무 음식이나 다 맛있다는 뜻으로, 배가 고프면 반찬 없이 먹는 밥이나 변변찮은 음식도 다 맛있다는 말.

같은 속담 시장이 반찬[팥죽]

맛이 좋으면 넘기고 쓰면 뱉는다

음식을 입에 넣어 보고 맛이 좋으면 삼키고 쓰면 도로 뱉는다는 뜻으로, 옳고 그름이나 믿음을 저버리고 제 이익만 꾀하는 것을 빗대어 이르는 말.

같은 속담 달면 삼키고 쓰면 뱉는다 • 쓰면 뱉고 달면 삼킨다 • 추우면 다가들고 더우면 물러선다

ㅁ

맛있는 음식도 늘 먹으면 싫다

아무리 좋은 것이라도 여러 번 되풀이하여 대하면 싫어진다는 말.

같은 속담 듣기 좋은 꽃노래[육자배기]도 한두 번(이지) • 좋은 노래도 세 번 들으면 귀가 싫어한다 • 찰떡도 한두 끼라

맛 좋고 값싼 갈치자반

한 가지 일이 두 가지로 이롭다는 말.

망둥이가 뛰니까 전라도 빗자루도 뛴다
망둥이가 뛰면 꼴뚜기도 뛴다

남이 한다고 하니까 앞뒤 가리지 않고 덩달아 나서는 경우에 비웃어 이르는 말.

같은 속담 가물치가 뛰면 옹달치도 뛴다 • 숭어가 뛰니까 망둥이도 뛴다 • 잉어가 뛰니까 망둥이도 뛴다

망둥이 제 동무 잡아먹는다
망둥이 제 새끼 잡아먹듯

한집안 식구나 같은 처지에 있는 사람들끼리 서로 헐뜯고 싸우는 경우에 빗대어 이르는 말.

같은 속담 갈치가 갈치 꼬리 문다 • 살이 살을 먹고 쇠가 쇠를 먹는다 • 쇠가 쇠를 먹고 불[살]이 불[살]을 먹는다

망석중 놀리듯

나무 인형의 팔다리에 줄을 매고 그 줄을 마음대로 놀리어 춤을 추게 하듯이, 사람을 제 마음대로 부추겨 놀리는 것을 빗대어 이르는 말.

읽을거리 조선 시대 송도(개성)에 이름난 중이 살았는데, 사람들이 바친 쌀이 만석이나 된다고 '만석중'이라고 불렀대. 송도에는 황진이라는 이름난 기생도 살았어. 황

진이는 만석중을 시험해 보려고 제자로 들어갔어. 만석중은 황진이를 보고 마음이 흔들려 버렸지. 그때부터 사람들이 만석중을 놀리느라 '만석중놀이'라는 인형극을 만든 거래. 겉으로는 아닌 척하면서 속내는 다른 경우에 빗대는 말로 썼어. 또 만석중은 나무를 다듬어 만든 인형인데 팔다리에 줄을 매어 그 줄을 움직여서 춤을 추게 했어. 여기에서 남이 부추기는 대로 따라 움직이는 사람을 놀릴 때에도 이 말을 쓰게 되었지. 만석중은 '망석중'이라고도 해.

ㅁ

망신살이 무지갯살 뻗치듯 한다

크게 망신을 당하여 많은 사람들한테 심한 업신여김이나 욕을 받는 경우에 빗대어 이르는 말.

낱말 풀이 **망신살** 미신에서, 몸을 망치거나 지위나 명예, 체면 따위를 떨어뜨릴 운수.

망신하려면 아버지 이름자도 안 나온다

1. 망신을 당하려면 내내 잘되던 일도 어긋난다는 말. 2. 잘 알고 있는 일인데 생각나지 않아서 실수를 하게 된 경우에 빗대어 이르는 말.

망아지 갈기가 외로 질지 바로 질지

망아지 갈기가 자라서 왼쪽으로 넘어갈지 오른쪽으로 넘어갈지 알 수 없다는 뜻으로, 어떤 일이 앞으로 어떻게 달라질지 도무지 가늠할 수 없다는 말.

같은 속담 생마 갈기 외로 질지 바로 질지 • 제주말 갈기 외로 갈지 바로 갈지

낱말 풀이 **갈기** 말이나 사자 따위의 목덜미에 난 털. =갈기털.

망치가 가벼우면 못이 솟는다
망치가 약하면 못대가리가 솟는다
망치 자루가 가벼우면 쐐기가 돋는다

'마치가 가벼우면 못이 솟는다'와 같은 속담.

낱말 풀이 **쐐기** 물건의 틈에 박아서 맞물리거나 물건들의 사이를 벌리는 데 쓰는 물건.

망치로 얻어맞은 놈 홍두깨로 친다

망치로 얻어맞은 사람이 망치보다 몇 곱절 더 큰 홍두깨로 때린다는 뜻으로, 앙갚음은 제가 받은 피해보다 더 심하게 하기 마련이라는 말.

같은 속담 방망이로 맞고 홍두깨로 때린다

맞기 싫은 매는 맞아도 먹기 싫은 음식은 못 먹는다

1. 다른 것은 몰라도 음식은 제 비위에 맞지 않으면 아무리 좋은 것이라도 애써 먹을 수 없다고 빗대어 이르는 말. 2. 도무지 받아들일 수 없는 경우를 빗대어 이르는 말.

같은 속담 싫은 매는 맞아도 싫은 음식은 못 먹는다

맞는 자식보다 때리는 부모의 마음이 더 아프다

자식을 올바르게 가르치느라 매도 들고 꾸중도 하는 부모의 마음은 매를 맞은 자식의 마음보다 더 아프다는 말.

맞은 놈은 펴고 자고 때린 놈은 오그리고 잔다

맞은 사람은 뒷걱정이 없기 때문에 다리를 쭉 뻗고 자지만 때린 사람은 마음을 놓지 못하여 오그리고 잔다는 뜻으로, 남에게 해를 입힌 사람은 마음이 불안하고 괴롭지만 해를 입은 사람은 오히려 마음이 편하다는 말.

같은 속담 도둑질한 사람은 오그리고 자고 도둑맞은 사람은 펴고 잔다 • 때린 놈은 가로 가고 맞은 놈은 가운데로 간다 • 친 사람은 다리를 오그리고 자도 맞은 사람은 다리를 펴고 잔다

매가 꿩을 잡아 주고 싶어 잡아 주나

매가 저 먹으려고 꿩을 잡는 게 아니라 주인에게 바치려고 꿩을 잡는다는 뜻으로, 마지못해 남의 부림을 당하는 처지를 빗대어 이르는 말.

매달린 개가 누워 있는 개를 웃는다

곧 잡아먹힐 처지에 놓인 개가 걱정 없이 누워 있는 개를 비웃는다는 뜻으로, 남보다 못한 처지에 있으면서 자기보다 나은 사람을 얕보거나 비웃는 경우에 빗대어 이르는 말.

같은 속담 그슬린 돼지가 달아맨 돼지 타령한다 • 달아매인 돼지가 누운 돼지 나무란다 • 언덕에 자빠진 돼지가 평지에 자빠진 돼지를 나무란다

ㅁ

매도 맞으려다 안 맞으면 서운하다

매를 맞을 줄 알고 마음의 준비를 하고 있다가 안 맞으면 어쩐지 허전한 마음이 들게 된다는 뜻으로, 무슨 일을 하려고 마음먹었다가 못 하게 되면 섭섭하다고 빗대어 이르는 말.

매도 먼저 맞는 놈이 낫다

다 같이 맞는 매도 먼저 맞는 것이 마음 편하다는 뜻으로, 아무래도 겪어야 할 일이면 괴로워도 먼저 치르는 것이 낫다는 말.

같은 속담 바람도 올바람이 낫다

매로 키운 자식이 효성 있다

잘되라고 매를 들고 꾸짖어 키운 자식이 나중에 커서 그 공을 알고 부모에게 효도한다는 말.

매를 꿩으로 보았다

1. 비슷하지도 않은 매와 꿩을 헷갈렸다는 뜻으로, 뻔한 것을 가리지 못할 때 빗대어 이르는 말. 2. 사나운 매를 순한 꿩으로 보았다는 뜻으로, 사나운 사람을 순한 사람으로 잘못 보았을 때 빗대어 이르는 말.

매를 맞을 바에는 은가락지 낀 손에 맞아라

꾸중을 듣거나 벌을 받더라도 덕이 있고 높은 자리에 있는 사람에게 당하는 것이 낫다는 말.

같은 속담 같은 값이면 은가락지 낀 손에 맞으랬다 • 뺨을 맞아도 은가락지 낀 손에 맞는 것이 좋다 • 욕을 들어도 당감투 쓴 놈한테 들어라

매를 솔개로 본다

좋은 사람을 나쁜 사람으로 보거나 잘난 사람을 못난 사람으로 잘못 봄을 빗대어 이르는 말.

읽을거리 옛날에는 매를 길들여서 꿩을 사냥했어. 사냥을 하는 매는 '송골매'라 했어. 매는 빠르고 발톱이 길고 날카로워서 먹잇감을 한번 잡으면 놓치는 법이 거의 없지. 알에서 깬 지 일 년이 안 된 어린 매는 '보라매'라고 하는데, 힘이 좋고 길들이기는 쉽지만 경험이 적어서 사냥 솜씨가 떨어졌대. 산에서 여러 해 산 매는 '산지니'라고 하는데, 길들이기는 힘들지만 사냥을 잘하지. '수지니'는 사람이 일 년 이상 키운 매인데, 사람을 잘 따르고 사냥도 잘한대. 솔개는 매와 같은 무리인데 소리개, 수리개라고도 불러. 옛날에는 솔개가 마당에서 기르는 닭이나 병아리를 채 가는 일이 많아서 우는 아이한테 솔개가 채 간다고 어르기도 했대.

매 밥만도 못하다

매로 꿩을 사냥할 때 매의 입맛을 돋우기 위하여 조금 주는 먹이만큼도 못하다는 뜻으로, 음식이 매우 적음을 빗대어 이르는 말.

매부 밥그릇이 높다

1. 시집간 누이가 제 남편 밥그릇에 오라비 밥그릇보다 밥을 더 담았다는 뜻으로, 시집간 누이에 대하여 섭섭한 마음이 있을 때 빗대어 이르는 말. 2. 처가에서 사위를 잘 대접하는 것을 보고 처남이 시샘할 때 이르는 말.

매 앞에 뜬 꿩 같다
매한테 쫓기는 꿩

매 앞에 뜬 꿩은 틀림없이 잡힐 것이라는 뜻으로, 막다른 위험에 빠져 꼼짝없이 죽게 된 처지를 빗대어 이르는 말.

매 위에 장사 있나

매로 때리는 데에는 버틸 사람이 없다는 말.

매주둥이에 오리발 같다

매의 부리에 오리발을 갖다 놓은 것 같다는 뜻으로, 1. 재주가 없고 쓸모없는 사람을 비웃어 이르는 말. 2. 서로 어울리지 않는 것을 빗대어 이르는 말.

매화도 한철 국화도 한철

1. 모든 것이 다 한창때가 있다고 빗대어 이르는 말. 2. 매화나 국화나 다 꽃이 한창 필 때나 아름답지 철이 지나면 볼품없다는 뜻으로, 한창 좋은 시절도 지나고 나면 그뿐이라는 말.

같은 속담 꽃도 한철 나비도 한철이라

낱말 풀이 **한창때** 기운이나 세력 따위가 가장 성하고 힘찬 때. **한철** 가장 성한 때.

맥도 모르고 침통 흔든다

맥도 짚을 줄 모르면서 아픈 사람한테 침을 놓겠다고 나선다는 뜻으로, 제대로 알지도 못하면서 함부로 일을 맡아 덤벙거리는 사람을 비웃어 이르는 말.

같은 속담 말똥도 모르고 마의 노릇 한다

낱말 풀이 **맥** 심장이 뛰면서 생기는 진동. 맥의 빠르기나 강하고 약함 따위로 심장이 건강한지 알 수 있다. =맥박.

맨발로 바위 차기

되지도 않을 것을 하여 도리어 자기만 손해를 보는, 어리석고 쓸모없는 짓을 빗대어 이르는 말.

맨입으로 드난한다

그저 입만 놀리면서 드난살이를 다 하려 든다는 뜻으로, 할 일은 하지 않고 말만 늘어놓는 것을 이르는 말.

낱말 풀이 **드난하다** 임시로 남의 집 행랑에 붙어 지내며 그 집 일을 도와주다.

맹꽁이가 처마 밑에 들어오면 장마 진다

맹꽁이의 행동을 보면 큰비가 내릴 것을 미리 알 수 있다고 일러 오던 말.

맹꽁이 울면 장마가 멎는다

맹꽁이 울음으로 날씨를 미리 알 수 있다는 말.

같은 속담 장마 때 맹꽁이가 울면 장마가 걷힌다

읽을거리 맹꽁이는 '맹꽁맹꽁' 운다고 맹꽁이야. 한 마리가 '맹' 하고 울면 다른 맹꽁이가 더 크게 '꽁' 하고 울지. 떼로 울어도 울음소리가 안 겹쳐서 '맹꽁맹꽁' 소리로 들려. 맹꽁이는 뒷다리로 땅을 잘 파고 들어가서 '쟁기발개구리'라고도 해. 맹꽁이는 초여름에 장맛비가 한차례 많이 내리면 이때 생긴 웅덩이나 도랑물, 논에 모여들어서 짝짓기를 해. 비 오는 날이나 비 온 다음 날 많이 울어서 날씨와 이어진 속담이 많아.

맹꽁이 통에 돌 들이친다

맹꽁이들이 시끄럽게 울어 대는 곳에 돌을 던지자 울음을 뚝 그친다는 뜻으로, 시끄럽게 떠들던 것이 갑자기 조용해진 경우에 빗대어 이르는 말.

맹물 같은 소리

알맹이가 없거나 내용이 없는 소리를 빗대어 이르는 말.

맹물에 조약돌 삶은 맛이다

맹물에 조약돌을 넣고 삶아 봐야 우러나올 것이 없다는 뜻으로, 아무 맛도 없이 맨숭맨숭한 것을 빗대어 이르는 말.

같은 속담 도끼 삶은 물

ㅁ

맹물에 조약돌을 삶아 먹더라도 제멋에 산다

남들이 보기에는 아무 재미도 없어 보이지만 무슨 일이나 다 제가 좋아서 하는 것이라는 말.

맹자 집 개가 맹자 왈 한다

무식한 사람도 훌륭한 사람이나 무리 곁에서 오래 보고 듣다 보면 자연스레 지식이 넓어진다는 말.

맺은 놈이 풀지

매듭은 맺은 사람이 풀어야 쉽게 풀 수 있다는 뜻으로, 무슨 일이든 처음 하던 사람이 그 일을 끝내야 한다는 말.

같은 속담 문 연 놈이 문 닫는다

머리가 나쁘면 손발이 고생하고 손발이 부지런하면 입이 호강한다

사람은 머리를 잘 써야 고생을 안 하고 손발을 부지런히 움직여야 잘 먹고 잘 산다는 뜻으로, 늘 머리를 쓰고 손발을 놀려야 얻는 것이 많다는 말.

머리가 모시 바구니가 되었다

머리카락이 하얀 모시를 담아 놓은 바구니 같다는 뜻으로, 머리털이 하얗게 세도록 늙었다는 말.

낱말 풀이 **모시** 쐐기풀과의 여러해살이풀. 잎은 넓은 달걀 모양이고, 잎 뒷면에 흰 털이 빽빽이 나 있다.

머리 간 데 끝 간 데 없다

1. 어떤 일이 한이 없다는 말. 2. 일이 갈피를 잡지 못할 만큼 어지럽다는 말.

머리 검은 짐승은 남의 공을 모른다

남의 은혜도 모르는 배은망덕한 사람을 핀잔하여 이르는 말.

같은 속담 검은 머리 가진 짐승은 구제 말란다

머리는 끝부터 가르고 말은 밑부터 한다

말이란 처음부터 차근차근 앞뒤가 맞게 갈피를 잘 잡아서 해야 한다는 말.

머리를 감추고 꼬리를 숨긴다

몸을 숨기려고 머리는 구멍에 감추고 꼬리는 사타구니에 감춘다는 뜻으로, 어떤 사실을 뚜렷이 드러내지 않고 감추는 모양을 빗대어 이르는 말.

머리를 맞대다

어떤 일을 결정하려고 서로 마주하여 의논한다는 관용 표현.

머리 없는 놈 댕기 치레한다

댕기는 머리끝에 다는 것인데 머리카락도 없으면서 댕기를 드려 꾸미려 한다는 뜻으로, 1. 본바탕에 어울리지 않게 겉만 지나치게 꾸미는 것을 빗대어 이르는 말. 2. 실속 없는 사람일수록 겉모양만 애써 꾸민다는 말.

머리에 피도 안 마르다

세상에 태어날 때 머리에 묻었던 피도 아직 마르지 않았다는 뜻으로, 나이가 어리거나 하는 짓이 아직 어른이 되려면 멀었다는 관용 표현.

같은 관용 꼭뒤에 피도 안 마르다 • 대가리에 피도 안 마르다 • 이마에 피도 안 마르다

머리카락 뒤에서 숨바꼭질한다

가느다란 머리카락 뒤에 숨는다는 뜻으로, 속이 빤히 들여다보이는 얕은수로 남을 속이려 드는 어리석은 짓을 이르는 말.

같은 속담 가랑잎으로 눈(을) 가리고 아웅 한다 • 눈 가리고 아웅 • 눈 벌리고 어비야 한다 • 입 가리고 고양이 흉내

머리카락에 홈 파겠다

가느다란 머리카락에다 홈을 파겠다는 뜻으로, 1. 속이 무척 좁고 변변찮은 사람을 비웃어 이르는 말. 2. 솜씨가 매우 꼼꼼하여 어렵고 품이 많이 드는 일을 잘함을 빗대어 이르는 말.

낱말 풀이 **홈** 물체에 오목하고 길게 팬 줄.

머리칼을 베서 신을 삼겠다
머리털을 베어 신발을 삼겠다

자기 머리카락을 베어 그것으로 신을 만들어 올리겠다는 뜻으로, 자기가 입은 은혜를 잊지 않고 무슨 수를 써서라도 꼭 갚겠다고 다짐하는 말.

머슴살이 삼 년에 주인 성 묻는다

같이 살거나 가까운 사이에 마땅히 알고 있어야 할 것을 뜻밖에 잘 모르고 지내는 경우를 빗대어 이르는 말.

같은 속담 십 년을 같이 산 시어미 성도 모른다 • 한집안에 김 별감 성을 모른다

먹고도 굶어 죽는다

많이 먹고도 굶어 죽는다고 한다는 뜻으로, 욕심이 아주 많은 사람을 이르는 말.

먹고 싶은 것도 많겠다

좀 안답시고 나서는 사람을 핀잔하여 이르는 말.

먹고 죽자 해도 없다

몹시 귀하여 아무리 구하려 해도 없다는 말.

먹기는 발장이 먹고 뛰기는 말더러 뛰란다
먹기는 파발[발장]이 먹고 뛰기는 역마[파발마]가 뛴다

돈은 파발이 받고 달리기는 역마가 한다는 뜻으로, 애써 일한 사람의 몫을 엉뚱한 사람이 받는 경우를 빗대어 이르는 말.

같은 속담 재주는 곰이 넘고 돈은 되놈[주인/호인]이 받는다

낱말 풀이 **발장** 옛날에, 중요한 공문서를 변방에 급히 전하던 군졸들의 우두머리. **역마** 조선 시대에, 역참마다 갖추어 둔 말. 역참은 관리들이 일을 다닐 때 먹고 자고 손님을 접대하던 곳이다. **파발** 1. 조선시대에, 공문을 가지고 역참 사이를 오가던 사람. 2. 조선 시대에, 공문을 급히 전달하는 사람이 타던 말. =파발마.

먹기는 아귀같이 먹고 일은 장승같이 한다

먹기는 굶주린 귀신처럼 먹으면서 일은 길가에 우뚝 서 있는 장승처럼 안 한다는 뜻으로, 많이 먹기만 하고 일은 하지 않는 사람을 빗대어 이르는 말.

낱말 풀이 **아귀** 1. 염치없이 먹을 것을 탐하는 사람. 2. 탐욕과 질투를 부려 죽은 뒤에 아귀도에 떨어진 귀신. 몸이 앙상하게 마르고 배가 엄청나게 큰데, 목구멍이 바늘구멍 같아서 음식을 먹을 수 없어 늘 굶주린다고 한다. **장승** 돌이나 나무에 사람의 얼굴을 새겨서 마을 또는 절 어귀나 길가에 세운 말뚝.

장승

먹기 싫은 밥에 재나 뿌리지

제가 하기 싫다고 남도 못 하게 방해를 하는 심술궂은 행동을 이르는 말.

먹는 개도 아니 때린다

하찮은 짐승조차도 먹을 때는 때리지 않는다는 뜻으로, 음식을 먹고 있을 때에는 아무리 잘못한 것이 있더라도 때리거나 꾸짖지 말아야 한다는 말.

같은 속담 먹을 때는 개도 때리지 않는다 • 밥 먹을 때는 개도 안 때린다

ㅁ

먹는 놈이 똥을 눈다

무슨 일이든 원인이 있으면 그에 따른 결과도 있다고 빗대어 이르는 말.

같은 속담 먹는 소가 똥을 누지 • 소금 먹은 놈이 물켠다[물 먹는다]

먹는 데는 감돌이 일에는 배돌이
먹는 데는 관발이요 일에는 송곳이라

먹을 것이 있으면 곁에 머물다가도 일감이 있으면 피해 달아난다는 뜻으로, 제 잇속을 차리는 데에는 빠지지 않으면서 일할 때는 꾀만 부리며 요리조리 피하는 사람을 욕으로 이르는 말.

같은 속담 일에는 베돌이 먹을 땐 감돌이

낱말 풀이 **감돌이** 작은 이익을 탐내어 덤비는 사람을 낮잡아 이르는 말. **관발** 불가사리나 성게 같은 동물에게 붙어 있는 대롱처럼 생긴 발. 관발을 자유롭게 움직여 돌아다닌다. **배돌이** 한데 어울리지 않고 조금 동떨어져 행동하는 사람.

먹는 데는 남이요 궂은일에는 일가라

1. 제 욕심을 채울 때는 모르는 체하다가 제가 어려운 일을 당하면 도움을 바란다는 말. 2. 먹을 일이 생겼을 때에는 남들이 먼저 찾아오지만 궂은일이 생겼을 때는 한집안 식구가 먼저 찾아와 도와준다는 말.

같은 속담 좋은 일에는 남이요 궂은일에는 일가라

먹는 떡에도 소를[살을] 박으라 한다
금방 먹어 없앨 떡도 떡살로 무늬를 찍어 모양을 낸다는 뜻으로, 이미 하려고 정한 일이면 모양 있게 잘하라는 말.

먹는 소가 똥을 누지
'먹는 놈이 똥을 눈다'와 같은 속담.

먹다가 보니 개떡[수제비]
한참 먹다가 보니 보릿겨 따위로 만든 개떡이었다는 뜻으로, 좋은 것인 줄 알고 집어 들었다가 뜻밖에도 하찮은 것이어서 실망함을 이르는 말.

먹다 남은 죽은 오래 못 간다
죽을 먹다가 남기면 이내 쉬거나 삭아서 못 먹게 된다는 뜻으로, 본디 좋지 못하거나 탐탁하지 않은 물건은 쓰다가 남겨도 그다지 쓸 만한 것이 못 된다고 빗대어 이르는 말.

먹던 술도 떨어진다
늘 하던 숟가락질도 어쩌다 잘못하여 숟가락을 떨어뜨릴 수 있다는 뜻으로, 늘 하던 일도 실수할 수 있으니 잘 살피고 주의하라고 가르쳐 이르는 말.

낱말 풀이 **술** '숟가락'의 방언(경북).

먹물 먹은 노끈이 재목을 가리지 않는다
목수가 먹을 묻혀 곧게 줄을 치는 데 쓰는 먹줄은 나무가 어떻든지 간에 다 곧게 줄을 친다는 뜻으로, 사람을 가리지 말라고 타일러 이르는 말.

낱말 풀이 **노끈** 실, 종이 따위를 가늘게 비비거나 꼬아서 만든 끈. **먹물** 벼루에 먹을 갈아 만든 검은 물.

먹어야 체면

충분히 먹고 난 뒤에야 체면치레도 할 수 있다는 뜻으로, 먹는 것이 가장 중요하다는 말.

같은 속담 구레나룻이 대 자 오 치라도 먹어야 양반 • 나룻이 석 자라도 먹어야 샌님 • 수염이 대 자라도 먹는 게 땅수

낱말 풀이 **체면** 남을 대하기에 떳떳한 도리나 얼굴.

ㅁ

먹여서 싫다는 사람[놈] 없다

1. 사람마다 경우나 정도는 조금씩 달라도 자기를 챙기기 마련이라는 말. 2. 뇌물이나 선물을 싫어하는 사람이 거의 없다는 말.

먹은 소가 밭 간다
먹은 소 기운을 쓴다

소가 먹어야 힘이 생겨 밭을 갈지 아무것도 안 먹고서는 밭을 못 간다는 뜻으로, 힘이나 밑천을 들여야 그만큼 좋은 결과를 바랄 수 있다고 빗대어 이르는 말.

같은 속담 먹지 않고 잘 걷는 말이 없다

먹은 죄는 꿀 종지도 하나
먹은 죄는 대꼭지로[종짓굽으로] 하나
먹은 죄는 없다

종지에 담긴 꿀을 다 먹고 나서 바닥에 꿀이 묻은 종지를 보고 종지가 먹었다고 나무라겠느냐는 뜻으로, 먹은 것은 죄가 아니라는 말.

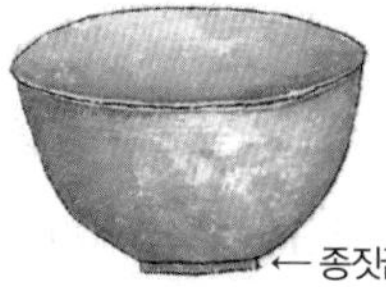

종지

낱말 풀이 **대꼭지** 담뱃대에서 담배를 넣는 부분. **종지** 간장 따위를 담는 작은 그릇. **종짓굽** 종지의 밑바닥에 붙은 나지막한 받침.

먹을 가까이하면 검어진다

먹을 가까이하면 먹물이 튀어 검게 되기 마련이라는 뜻으로, 좋지 못한 사람과 가까이하면 그를 닮아 나쁜 쪽으로 물들 수 있으니 사귀지 말라는 말.

먹을 것 없는 제사에 절만 많다

아무것도 얻어먹을 것이 없는 제사에 죽도록 절만 하다가 만다는 뜻으로, 아무런 이득도 없는 일에 괜히 애만 쓰는 것을 빗대어 이르는 말.

같은 속담 먹지도 못하는 제사에 절만 죽도록 한다

먹을 것을 보면 세 치를 못 본다

먹을 것을 눈앞에 두면 먹고 싶은 마음에 세 치 앞도 못 내다본다는 뜻으로, 먹을 것 앞에서 다른 생각을 조금도 못하는 것을 놀리어 이르는 말.

먹을 것이라면 깻묵에 강아지

강아지가 깻묵의 고소한 냄새를 맡고 달라붙듯 한다는 뜻으로, 먹을 것에 마구 달려드는 사람을 놀리어 이르는 말.

낱말 풀이 **깻묵** 기름을 짜고 남은 깨의 찌꺼기. 흔히 낚시 밑밥이나 논밭의 밑거름으로 쓴다.

먹을 때는 개도 때리지 않는다

'먹는 개도 아니 때린다'와 같은 속담.

먹을수록 냠냠한다

먹을수록 맛있다고 냠냠 소리까지 내며 자꾸 달라고 한다는 뜻으로, 먹을수록 더 먹고 싶어서 욕심을 부리는 것을 빗대어 이르는 말.

먹을 콩 났다고 덤빈다
먹을 콩으로 알고 덤빈다

1. 어쩌다가 좋은 수가 생겼다고 덤빈다는 말. 2. 실정도 모르고 아무 데나 마구 덤벼든다는 말.

먹지도 못하는 제사에 절만 죽도록 한다

'먹을 것 없는 제사에 절만 많다'와 같은 속담.

먹지 못할 버섯이 첫 삼월에 돋는다

먹지도 못할 독버섯이 이른 봄에 가장 빨리 돋아난다는 뜻으로, 쓸모없거나 좋지 못한 물건이 오히려 일찍부터 나돈다고 빗대어 이르는 말.

같은 속담 못된 버섯이 삼월 달부터 난다 • 못 먹는 버섯은 삼월 달부터 난다

먹지 못할 풀이 오월에 겨우 나온다

되지못한 것이 행동도 굼뜨다는 말.

먹지 않고 잘 걷는 말이 없다

'먹은 소가 밭 간다'와 같은 속담.

먹지 않는 씨아에서 소리만 난다

1. 씨를 잘 뽑지 못하는 씨아일수록 소리만 시끄럽다는 뜻으로, 아무 일도 하지 않으면서 일하는 체하며 떠벌리는 것을 빗대어 이르는 말. 2. 못난 사람일수록 잘난 체하고 시끄럽게 나댄다고 빗대어 이르는 말.

씨아

같은 속담 들지 않는 솜틀은 소리만 요란하다 • 못 먹는 씨아가 소리만 난다

낱말 풀이 **씨아** 목화의 씨를 빼는 도구.

먼 데 것을 얻으려고 가까운 것을 버린다

일의 차례를 뒤바꾼다는 말.

먼 데 단 냉이보다 가까운 데 쓴 냉이

1. 아무리 좋은 것이라도 먼 곳에 있는 것보다는 시원찮아도 가까이에 있어 손에 넣을 수 있는 것이 낫다는 말. 2. 먼 데 있는 친척보다 가까이 있어 사정을 보아주는 이웃이 더 낫다는 말.

먼 데 무당이 영하다
먼 데 점이 맞는다

사람은 흔히 자기가 잘 알고 가까이 있는 것보다 잘 모르고 멀리 있는 것을 더 낫게 여긴다는 말.

같은 속담 가까운 무당보다 먼 데 무당이 영하다

낱말 풀이 **영하다** 사람의 바람을 이루어 주는 신비한 힘이 있다.

먼 데 일가가 가까운 이웃만 못하다
먼 사촌보다 가까운 이웃이 낫다
먼 일가와 가까운 이웃

어려운 일이 있을 때 가까이에서 도와주는 이웃이 먼 데 있는 친척보다 오히려 낫다는 뜻으로, 이웃끼리 서로 도우며 사이좋게 지내라는 말.

같은 속담 가까운 남[이웃]이 먼 일가[친척]보다 낫다 • 지척의 원수가 천 리의 벗보다 낫다

먼저 꼬리 친 개 나중 먹는다

먹이를 준다고 좋아서 먼저 꼬리 친 개가 가장 나중에 먹는다는 뜻으로, 남보다 먼저 서둘렀으나 도리어 뒤떨어진 경우를 빗대어 이르는 말.

같은 속담 꼬리 먼저 친 개가 밥은 나중에 먹는다

먼저 난 머리보다 나중 난 뿔이 무섭다

머리보다 뒤에 그 머리에 돋아난 뿔이 더 무섭다는 뜻으로, 1. 나중에 생긴 것이 먼저 것보다 훨씬 낫거나 두드러지는 경우에 빗대어 이르는 말. 2. 후배가 선배보다 더 뛰어난 경우에 빗대어 이르는 말.

같은 속담 나중 난 뿔이 우뚝하다 • 뒤에 난 뿔이 우뚝하다 • 후생 각이 우뚝하다

먼저 먹은 후 답답

1. 음식을 남보다 먼저 먹고 나서 남이 먹을 때에는 바라보고만 있다는 말. 2. 너무 욕심을 부려 남보다 먼저 많이 하려다가는 도리어 일이 뜻대로 안 되거나 그르치게 될 수 있다고 빗대어 이르는 말.

먼저 바꾸자고 할 때에는 도적고양이가 있기 때문이다

물건을 바꾸자고 먼저 말할 때에는 자기 것이 남의 것보다 못하거나 나쁜 데가 있기 때문이라는 말.

먼저 방망이를 들면 홍두깨가 안긴다

먼저 남을 해친 사람은 반드시 더 큰 화를 입게 된다는 말.

먼 조카는 따져도 가까운 삼촌은 따지지 않는다

1. 손아래 먼 친척보다 가까운 손윗사람이 대하기에 더 허물없음을 이르는 말.
2. 자기와 관계가 멀수록 더 조심스럽게 따져서 대하게 된다는 말.

먼지도 쌓이면 큰 산이 된다

사람의 눈에 잘 보이지 않는 먼지라도 모이고 쌓이면 큰 산이 된다는 뜻으로, 아무리 작은 것이라도 모이고 모이면 큰 덩어리가 된다고 빗대어 이르는 말.

같은 속담 모래알도 모으면 산이 된다 • 실도랑 모여 대동강이 된다 • 티끌 모아 태산 [큰 산]

멍석 구멍에 생쥐 눈 뜨듯
멍석 구멍으로 새앙쥐 내다보듯

겁에 질려 몸을 숨기고 몰래 바깥을 살피는 모양을 빗대어 이르는 말.

낱말 풀이 **멍석** 짚으로 만든 큰 깔개. 흔히 곡식이나 채소 따위를 널어 말리는 데 쓴다. 시골에서는 큰일이 있을 때 마당에 깔아 놓고 손님을 모시기도 했다.

멍석

메기가 눈은 작아도 저 먹을 것은 알아본다

아무리 보고 들은 것이나 배운 것이 적은 사람도 제 살길은 다 마련하고 있음을 빗대어 이르는 말.

같은 속담 넙치 눈은 작아도 먹을 것은 잘 본다 • 뱀장어 눈은 작아도 저 먹을 것은 다 본다

메기 나래에 무슨 비늘이 있으랴

메기는 본디 비늘이 없는 물고기인데 어떻게 메기 지느러미에 비늘이 있겠느냐는 뜻으로, 처음부터 없는 것을 어떻게 얻겠느냐고 할 때 이르는 말.

낱말 풀이 **나래** '지느러미'의 방언(강원).

메기 등에 뱀장어 넘어가듯

미끄러운 메기 등에 미끄러운 뱀장어가 스르륵 넘어가듯이, 일을 분명하고 깔

끔하게 마무리 짓지 않고 슬그머니 얼버무려 넘어가는 것을 빗대어 이르는 말.

같은 속담 괴 다리에 기름 바르듯 • 구렁이 담 넘어가듯 • 쑥구렝이 담 넘어가듯

메기 아가리 큰 대로 다 못 먹는다

메기 아가리가 크다고 해서 무엇이나 다 먹을 수 있는 것은 아니라는 뜻으로, 욕심껏 모든 것을 다 가지려고 해도 뜻대로 안 된다고 빗대어 이르는 말.

읽을거리 "메기 아가리 큰 대로 다 못 먹는다"는 너무 욕심을 부리지 말라는 말이야. 그런데 메기 입이 왜 큰 줄 알아? 옛날에 아흔아홉 살 먹은 메기가 꿈을 꾸었대. 금줄을 타고 하늘로 올라갔다 뚝 떨어져서 이리저리 옮겨 다니는 꿈이었어. 메기는 광어를 찾아가서 꿈풀이를 해 달라고 했어. 광어는 용이 되어 하늘로 올라갈 꿈이라고 했어. 이 말을 들은 메기는 기뻐서 온갖 물고기를 불러 잔치를 벌였지. 그런데 새우가 그건 낚싯바늘에 걸려 사람한테 잡아먹힐 꿈이라고 하는 거야. 화가 잔뜩 난 메기가 광어를 때려서 광어 눈이랑 입이 한쪽으로 돌아가게 되었고, 광어가 질세라 메기를 깔고 앉아 지금처럼 입이 납작하고 커졌대. 그걸 본 새우가 배를 잡고 웃다가 허리가 구부러졌다지. 물고기 생김새 특징을 잘 잡은 이야기라고 할 수 있지.

메뚜기도 유월이 한철이다

1. 제때를 만난 듯이 한창 날뛰는 것을 빗대어 이르는 말. 2. 누구나 한창 활동할 수 있는 날이 길지 않으니 그때를 놓치지 말라고 가르쳐 이르는 말. 3. 못된 것이 한때 힘을 얻어 우쭐거리지만 얼마 못 가리라고 비웃어 이르는 말.

같은 속담 빼꾸기도 유월이 한철이라

읽을거리 메뚜기는 여름부터 가을까지 논과 들에 떼를 지어 살아. 흔히 벼나 억새풀 같은 볏과 식물을 먹고살아. 옛날에는 볏잎을 먹는 메뚜기를 잡아서 구워 먹기도 했어. 한창 떼 지어 다니던 메뚜기도 짝짓기가 끝나고 알을 낳고 나면 하나둘씩 죽음을 맞아. 사람도 마찬가지로 어쩌다 뭔가를 얻거나 이루었을 때 우쭐해져서 부러울 게 없어 보이지만 메뚜기와 다름없는 생을 맞을 수도 있다고 빗댄 말이야.

메밀도 굴러가다 서는 모가 있다

1. 언제 끝날지 모르는 힘든 일도 끝날 때가 있음을 빗대어 이르는 말. 2. 좋게만 대하는 사람도 화를 낼 때가 있음을 빗대어 이르는 말.

같은 속담 달걀도 굴러가다 서는 모가 있다

메밀떡 굿에 쌍장구 치랴

겨우 메밀떡만 차려 놓고 하는 굿판에 쌍장구까지 치겠느냐는 뜻으로, 자기 처지나 지닌 재주에 맞지 않게 큰일을 하려고 할 때 비웃어 이르는 말.

메밀밭에 가서 국수를 달라겠다

모든 일에는 차례가 있는데 성질이 급하여 지나치게 헤덤비는 경우에 비웃어 이르는 말.

같은 속담 급하기는 우물에 가 숭늉 달라겠다 • 돼지 꼬리 잡고 순대 달란다 • 보리밭에 가 숭늉 찾는다 • 싸전에 가서 밥 달라 한다 • 우물에 가 숭늉 찾는다 • 콩밭에 가서 두부 찾는다 • 타작마당에 가서 숭늉 찾겠다

메밀이 세 모라도 한 모는 쓴다더니

그다지 쓸모없어 보이는 물건이나 신통찮은 사람이라도 꼭 중요하게 쓰이는 때가 있다고 빗대어 이르는 말.

메밀이 있으면 뿌렸으면 좋겠다

옛날에, 메밀을 뿌려서 나쁜 귀신을 막는다는 데서, 달갑지 않은 사람이나 나쁜 일이 다시는 안 왔으면 좋겠다는 뜻으로 이르던 말.

읽을거리 메밀은 가뭄에도 잘 자라고 빨리 자라서 흉년이 들 때 배고픔을 넘기게 해 주던 곡식이야. 도깨비가 메밀을 좋아한다고 여겨 마을이나 집에서 고사를 지낼 때 상에 메밀을 올리기도 했어. 서해 바닷가 마을에서는 뱃고사를 지낼 때 메밀묵을

쑤어 바쳤대. '물 위 참봉, 물 아래 참봉, 이것 드시고 고기 많이 잡게 해 주세요.'라고 빌었는데, 참봉은 도깨비를 올려 부르는 이름이야. 우리나라에서는 오랫동안 가을 메밀을 길러 먹었어. 왜 그런고 하니 제주도에 전해 내려오는 '자청비'라는 옛이야기에 나와. 자청비는 농사를 맡아보는 여신인데, 옥황상제한테 오곡 씨앗을 받아 땅에 뿌린 뒤에 씨앗 하나를 빠뜨린 게 생각났어. 그게 메밀 씨앗이야. 다시 하늘로 올라가 메밀 씨앗을 가져왔는데 이미 다른 씨앗들은 싹이 돋은 뒤더래. 그래서 메밀은 다른 곡식보다 늦게 심게 되었다고 해. 메밀은 싹부터 껍질까지 버릴 게 없어. 가루를 내어 국수, 수제비, 만두, 떡, 묵 따위를 만들어 먹거나, 어린싹은 나물로 먹고 줄기는 집짐승 먹이로 썼어. 낟알은 먹고 껍질은 베개 속에 넣었지.

ㅁ

메주(를) 먹고 술 트림한다

1. 뜬금없이 엉뚱한 짓을 하는 경우에 빗대어 이르는 말. 2. 못 먹고도 잘 먹은 체하는 경우에 빗대어 이르는 말.

낱말 풀이 **메주** 콩을 삶아서 찧은 다음, 네모지게 덩이를 지어서 띄워 말린 것. 간장, 된장, 고추장 따위를 담그는 데 쓴다.

메주 밟듯

메주를 만들 때 삶은 콩을 골고루 밟아 으깨듯이, 우리나라 여러 곳을 구석구석 빠짐없이 두루 돌아다닌다는 말.

같은 속담 무른 메주 밟듯 • 팔도를 무른 메주 밟듯 한다

메추라기 소 발쪽에 밟히운다
메추리 소 발쪽에 디디운다

메추리가 소 앞에서 알짱거리다가 그만 소 발에 밟혀 죽는다는 뜻으로, 지나치게 약삭빠르게 굴다가는 큰 낭패를 당할 수 있다는 말.

낱말 풀이 **발쪽** 짐승의 다리에서, 땅을 밟아서 살가죽이 단단해진 부분.

멧돼지 잡으려다가 집돼지를 잃어버린다

멧돼지를 잡으려고 따라가다가 집돼지마저 잃어버리게 되었다는 뜻으로, 1. 지나치게 욕심을 부리다가 이미 얻은 것마저 잃어버리는 경우에 빗대어 이르는 말. 2. 하던 일은 매듭짓지 못하고 자꾸 새 일을 벌여서 이것도 저것도 다 하지 못하여 손해만 보는 경우에 빗대어 이르는 말.

같은 속담 가는 토끼 잡으려다 잡은 토끼 놓친다 • 닫는 사슴을 보고 얻은 토끼를 잃는다 • 달아나는 노루 보고 얻은 토끼를 놓았다 • 산돼지를 잡으러 갔다가 집돼지를 잃어버린다 • 산토끼를 잡으려다가 집토끼를 놓친다

멧부엉이라고 날개질이야 못할까

아무리 깊은 산속에서 사는 부엉이라도 날갯짓이야 못하겠느냐는 뜻으로, 아무리 어리숙하고 못난 사람이라도 자기가 할 수 있는 재주는 부릴 줄 안다고 빗대어 이르는 말.

낱말 풀이 **날개질** 날개를 치는 짓 =날갯짓

며느리가 미우면 발뒤축이 달걀 같다고 나무란다

며느리가 미우면 달걀같이 곱게 생긴 발뒤꿈치도 흠잡아 나무란다는 뜻으로, 미워하는 사람에 대해서는 괜히 트집을 잡아 없는 허물도 억지로 만들어 나무란다고 이르던 말.

같은 속담 흉이 없으면 며느리 다리가 희단다

며느리가 미우면 손자까지 밉다

어떤 사람을 몹시 미워하면 그 둘레에 있는 사람이나 딸린 물건까지도 괜히 미워진다고 빗대어 이르는 말.

같은 속담 중이 미우면 가사도[동냥자루까지] 밉다

며느리 늙어 시어미 된다

1. 시어머니한테 시달렸던 며느리가 나이가 들어 시어머니가 되니 제 며느리에게 더 심하게 군다는 말. 2. 아랫사람이 윗사람이 되니 자기가 남 아래에서 당하던 일은 생각지도 않고 도리어 아랫사람에게 더 모질게 대하는 경우를 빗대어 이르는 말.

같은 속담 며느리 자라 시어미 되니 시어미 티를 더 잘한다

ㅁ

며느리 보자 손자 본다

며느리를 맞은 데 이어 손자까지 보게 되었다는 뜻으로, 기쁜 일이 겹쳐 드는 경우를 빗대어 이르는 말.

며느리 사랑은 시아버지, 사위 사랑은 장모

흔히 며느리는 시아버지한테 더 사랑을 받고 사위는 장모한테 더 사랑을 받는다는 말.

같은 속담 사위 사랑은 장모, 며느리 사랑은 시아버지 • 장모는 사위가 곰보라도 예뻐하고[곱다 하고] 시아버지는 며느리가 뻐드렁니에 애꾸라도 예뻐한다[이쁘다 한다]

며느리 자라 시어미 되니 시어미 티를 더 잘한다

'며느리 늙어 시어미 된다'와 같은 속담.

멱부리 암탉이다

턱 밑에 털이 많이 난 암탉은 털 때문에 아래를 보지 못한다는 뜻으로, 바로 코앞에서 벌어지는 일도 모르는 사람을 비웃어 이르는 말.

낱말 풀이 **멱부리** 턱 밑에 털이 많이 난 닭.

멱 진 놈 섬 진 놈

멱둥구미를 진 사람과 섬을 진 사람이라는 뜻으로, 저마다 다른 온갖 사람들을 빗대어 이르는 말.

같은 속담 섬 진 놈 멱 진 놈

낱말 풀이 **멱둥구미** 곡식이나 채소 따위를 담으려고 짚으로 엮어서 둥글고 깊게 만든 그릇. **섬** 곡식 따위를 담으려고 짚으로 엮어서 만든 자루.

멱둥구미

멸치 한 마리는 어쭙잖아도 개 버릇이 사납다

개에게 멸치 한 마리를 주는 것은 아깝지 않지만 그로 말미암아 개 버릇이 나빠질까 봐 걱정이라는 뜻으로, 물건이 아까워서가 아니라 나쁜 버릇을 고치라는 뜻으로 주기 싫다는 말.

명공의 손에 잡히면 내버린 나무토막도 칼집이 된다

내버린 나무토막도 기술이 뛰어난 장인의 손을 거치면 칼집이 된다는 뜻으로, 1. 능력과 재주 많은 사람은 쓸모없이 보이는 것으로도 쓸모 있는 물건을 만들어 낼 줄 안다는 말. 2. 큰사람은 보잘것없는 사람도 훌륭하게 키워 낸다는 말.

명문 집어먹고 휴지 똥 눌 놈

믿음이나 의리를 저버리고 법을 어기기 일쑤인 사람을 욕으로 이르는 말.

낱말 풀이 **명문** 글로 뚜렷하게 쓰여 있는 문구. 또는 그런 조문.

명산대천에 불공 말고 타관 객지에 나선 사람 괄시를 말라
명산대천에 불공 말고 타관 객지에 나선 사람 잘 대접하랬다

이름난 산과 강을 찾아다니며 부처에게 공양할 생각 말고 집 떠나 고생하는 사람들이나 잘 대접하라는 뜻으로, 부처에게 공양하는 것보다 어려운 사람들을 도와 덕을 쌓는 것이 복을 받는 길이라고 가르쳐 이르는 말.

낱말 풀이 **객지** 자기 집을 멀리 떠나 임시로 있는 곳. **괄시** 업신여겨 하찮게 대함. **명산대천** 이름난 산과 큰 내. **타관** 자기 고향이 아닌 고장. =타향.

명심하면 명심 덕이 있다

무슨 일이든 마음에 잘 새겨 일을 하면 그만한 이익과 보람이 있다는 말.

명주 바지에 똥싸개
명주 자루에 개똥

번드르르한 명주 바지를 입었지만 속에 똥을 싸서 바지 안이 지저분하기 짝이 없다는 뜻으로, 겉보기에는 그럴듯하지만 속은 더럽고 보잘것없는 사람이나 물건을 빗대어 이르는 말.

같은 속담 비단보에 개똥[똥 싼다] • 청보에 개똥

낱말 풀이 **명주** 누에고치에서 뽑은 가늘고 고운 실로 무늬 없이 짠 비단.

명주옷은 사촌까지[육촌까지] 덥다

1. 명주옷을 입으면 저뿐만 아니라 가까운 친척까지도 다 덥다는 뜻으로, 명주옷이 따스하고 포근하여 좋다는 말. 2. 가까운 사람이 높은 자리에 오르고 잘살게 되면 친척들도 그 덕을 본다고 빗대어 이르는 말.

명 짧은 놈 턱 떨어지겠다

목숨 짧은 사람은 기다리다가 턱이 떨어져 죽겠다는 뜻으로, 기다리는 시간이 지나치게 오래라고 못마땅해하는 말.

명찰에 절승

이름난 절이 있는 곳에는 빼어난 볼거리가 많다는 뜻으로, 좋은 것을 두루 겸했다는 말.

낱말 풀이 **명찰** 이름난 절. **절승** 견줄 데 없이 빼어나게 좋은 경치.

명태 대가리 하나는 놀랍지 않아도 괭이 소위가 괘씸하다

없어진 명태가 아깝기보다 훔쳐 간 고양이의 소행이 더 밉다는 뜻으로, 손해를 본 것보다도 그 저지른 짓이 밉다는 말.

낱말 풀이 **소위** 이미 해 놓은 일이나 짓. =소행.

명태 한 마리 놓고 딴전 본다

1. 명태 한 마리를 놓고 장사하는 체하나 정작 딴 장사를 한다는 뜻으로, 겉으로 보이는 것과 속사정이 다른 경우를 빗대어 이르는 말. 2. 하고 있는 일과 관계없는 엉뚱한 일을 한다는 말.

명필에게는 무드럭붓이 없다
명필이 붓을 탓하랴

글씨를 잘 쓰는 사람은 붓이 좋다 나쁘다 탓하지 않는다는 뜻으로, 능력 있는 사람은 조건이나 도구가 좋고 나쁨을 가리지 않고 일을 잘한다는 말.

같은 속담 글 잘 쓰는 사람은 필묵을 가리지[탓하지] 않는다

낱말 풀이 **명필** 1. 매우 잘 쓴 글씨. 2. 글씨를 잘 쓰기로 이름난 사람. **무드럭붓** 끝이 닳아서 뭉툭해진 붓.

모기 다리에서 피를 뽑아낸다
모기 다리에서 피 뺀다

어려운 처지에 있는 사람에게서 돈이나 물건을 뜯어냄을 빗대어 이르는 말.

같은 속담 벼룩의 간을[선지를] 내먹는다 • 참새 앞정강이를 긁어 먹는다

모기 다리의 피만 하다

아주 하찮은 일이나 매우 적은 양을 빗대어 이르는 말.

같은 속담 새 발[다리]의 피 • 잠자리(의) 눈곱

모기 대가리에(서) 골을 내랴[빼랴]

사람 눈에 잘 보이지도 않는 모기 대가리에서 어떻게 골을 뺄 수 있겠느냐는 뜻으로, 도무지 안 될 일을 하려고 덤벼드는 어리석음을 비웃어 이르는 말.

낱말 풀이 **골** 머리뼈 안에 있는 부분. =뇌.

모기도 낯짝이 있지

부끄러운 짓을 하고도 뻔뻔하게 구는 사람을 나무라는 말.

ㅁ

모기도 모이면 천둥소리 난다

모기도 수없이 많이 모이면 천둥같이 큰 소리를 낸다는 뜻으로, 작고 약한 것도 여럿이 한데 뭉치면 큰일을 이룰 수 있다고 빗대어 이르는 말.

같은 속담 개미 천 마리면 맷돌을 굴린다 • 바위도 힘을 합하면 뽑는다 • 좀개도 많으면 범을 잡는다

모기도 처서가 지나면 입이 비뚤어진다

처서가 지나면 날이 선선해져서 모기나 파리도 사라진다는 말.

같은 속담 처서가 지나면 모기도 입이 비뚤어진다

읽을거리 처서는 양력 8월 23일 무렵이야. 이때가 되면 더위가 한풀 꺾이고 한창 피를 빨던 모기나 파리도 움직임이 둔해져. 차츰 모기나 파리 수가 줄어드니까 처서 지나면 모기 입이 비뚤어져 물지 못한다고 말해 왔던 거야.

모기 보고 칼 빼기[뽑기]

모기를 잡겠다고 긴 칼을 뽑아 든다는 뜻으로, 1. 시시한 일로 법석거리며 떠들어 대는 경우를 빗대어 이르는 말. 2. 보잘것없는 작은 일에 쓸데없이 큰 대책을 세우는 것을 빗대어 이르는 말.

같은 속담 대포로 참새를 쏘는 격

모난 돌이 정 맞는다

돌에 모가 나 있으면 정으로 쳐서 다듬는다는 뜻으로, 1. 성격이 원만하지 못한 사람은 남에게 미움을 받기 쉽다는 말. 2. 두드러지게 뛰어난 사람은 남에게 미움을 받기 쉽다는 말.

낱말 풀이 **정** 돌을 쪼아서 다듬거나 구멍을 뚫는 데에 쓰는, 쇠로 된 연장.

모내기 때는 고양이 손도 빌린다

모내기 철에는 어른, 아이 할 것 없이 다 나와서 일해야 할 만큼 일손이 무척 모자란다는 말.

모내기 때의 하루는 겨울의 열흘 맞잡이다

모내기는 때를 놓치지 말아야 하는 만큼 모내기 철에는 하루하루가 매우 중요하다는 말.

모내기 철에는 아궁 앞의 부지깽이도 뛴다

모내기 철에는 일손이 모자라 모든 사람이 바쁘게 뛰어다니게 된다는 말.

모든 일에는 때가 있다[있는 법이다]

일이 제대로 되려면 알맞은 때가 있으니 조급해하지 말고 때를 기다리라는 말.

모래가 싹 난다

어떤 경우에도 있을 수 없는 일을 두고 고집을 부리는 경우를 이르는 말.

모래 구멍에 동뚝 터진다

크게 쌓은 둑도 모래 구멍 하나에 터진다는 뜻으로, 작은 흠이나 실수를 제때 바로잡지 않으면 나중에 큰 문제를 일으킬 수 있으니 조심하라는 말.

같은 속담 개미구멍으로 공든 탑 무너진다 • 공든 탑도 개미구멍으로 무너진다 • 큰 둑[방죽]도 개미구멍으로 무너진다

모래로 물[내] 막는다
모래로 방천한다

애만 쓰고 아무 보람 없는 헛일을 하는 것을 빗대어 이르는 말.

낱말 풀이 **방천하다** 둑을 쌓거나 나무를 많이 심어서 냇물이 넘쳐 들어오는 것을 막다.

ㅁ

모래밭에 세워진 궁전

기초가 튼튼하지 못하여 오래가지 못할 물건이나 일을 빗대어 이르는 말.

같은 속담 모래 위에 선 누각[집]

모래불에 오른 새우

모래가 쌓인 땅 위에 오른 새우라는 뜻으로, 헤어날 수 없는 아주 위험한 형편에 놓여 꼼짝없이 죽게 된 처지를 빗대어 이르는 말.

같은 속담 물 밖에 난 고기

낱말 풀이 **모래불** 모래가 바닷물이나 바람에 옮겨 다니다가 바다 쪽으로 계속 밀려 나가 쌓여서 만들어진 곳. 한쪽 끝은 땅과 붙어 있고, 바다로 뻗은 쪽은 새 부리 모양이다. =모래부리.

모래알도 모으면 산이 된다

'먼지도 쌓이면 큰 산이 된다'와 같은 속담.

모래 위에 물 쏟는 격

아무리 애를 써도 보람이 없는 일을 빗대어 이르는 말.

모래 위에 선 누각[집]
모래 위에 쌓은 성

'모래밭에 세워진 궁전'과 같은 속담.

낱말 풀이 **누각** 산이나 물가에 자연 경치를 바라볼 수 있도록 문과 벽이 없이 높이 지은 다락집.

모로 가나 기어가나 서울 남대문만 가면 그만이다
모로 가나 바로 가나 서울만 가면 그만이다
모로 가도 서울만 가면 된다

어떤 수단과 방법을 쓰든지 목적한 바만 이루면 그만이라는 말.

같은 속담 삐뚜로 가도 서울만 가랬다

모로 던져 마름쇠

비껴서 던져도 마름쇠는 바로 선다는 데서, 아무렇게나 해도 실패가 없다는 말.

낱말 풀이 **마름쇠** 끝이 송곳처럼 뾰족한 네 개의 발을 가진 쇠못. 도둑 따위를 막으려고 흩어 두었다.

모르고 한 번 알고 한 번

1. 처음에는 모르고 속고 다음에는 알면서도 혹시나 하다가 속는다는 뜻으로, 여러 번 속고 나면 다시는 속지 않는다는 말. 2. 다시는 되풀이하지 않겠다고 마음먹을 때 이르는 말.

같은 속담 알고 한 번 모르고 한 번

모르는 것이 부처
모르는 게 약이다
모르면 약이요 아는 게 병

아무것도 모르면 차라리 마음이 편한데 쓸데없이 몰라도 될 것을 알게 되면 걱정이 늘어 도리어 해롭다는 말.

같은 속담 아는 것이 병[탈]

모시 고르다 베 고른다

1. 좋은 것을 고르려다가 도리어 나쁜 것을 차지하게 된 경우에 빗대어 이르는 말. 2. 처음 뜻한 바와 전혀 다른 결과에 이른 경우에 빗대어 이르는 말.

낱말 풀이 **모시** 모시풀 껍질에서 뽑은 실로 짠 천. 베보다 곱고 빛깔이 희며 여름 옷감으로 많이 쓰인다. **베** 삼 껍질에서 뽑아낸 실로 짠 천. =삼베.

모양내다 얼어 죽겠다

1. 추위에 멋을 내려고 옷을 얇게 입은 사람을 핀잔하여 이르는 말. 2. 실속은 없이 겉보기나 형식만 신경 쓰다가는 낭패할 수 있다고 핀잔하여 이르는 말.

같은 속담 몸꼴 내다 얼어 죽는다

모자라는 사람에게는 세 가지 쳇병이 있다

흔히 똑똑하지 못한 사람은 모르면서도 아는 체하고, 없으면서도 있는 체하며, 못난 주제에 잘난 체하는 면이 있다는 뜻으로 이르는 말.

낱말 풀이 **쳇병** 거짓으로 꾸며서 그럴듯하게 보이려는 병.

모주 먹은 돼지 껄때청

발음이 또렷하지 않고 컬컬하게 쉰 목소리를 두고 놀리어 이르는 말.

같은 속담 뜨물 먹은 당나귀 청

낱말 풀이 **껄때청** 크게 꽥꽥 지르는 소리. **모주** 술을 거르고 남은 찌꺼기에 물을 타서 뿌옇게 걸러 낸 탁주.

모주 먹은 돼지 벼르듯

모주를 훔쳐 먹은 돼지를 혼내 주겠다고 벼른다는 뜻으로, 미운 대상에게 혼자 성내며 몹시 벼르는 것을 빗대어 이르는 말.

모주 장사 열 바가지 두르듯

술장수가 술이 얼마 남지 않았는데도 많은 척하며 바가지로 휘휘 저어 보인다는 뜻으로, 없으면서 있는 체하거나 보잘것없는 내용을 겉만 꾸며 내는 모양을 빗대어 이르는 말.

모진 놈 옆에 있다가 벼락 맞는다

악한 사람과 사귀다가는 꼭 함께 화를 입고야 만다는 말.

모처럼 능참봉을 하니까 한 달에 거둥이 스물아홉 번

어쩌다가 겨우 능을 관리하는 참봉 벼슬 한자리를 얻었는데 한 달에 스물아홉 번이나 왕이 내려와 힘들다는 뜻으로, 1. 오래 바라던 일이 이루어졌으나 허울만 좋을 뿐 실속 없이 수고롭기만 할 때 빗대어 이르는 말. 2. 운수가 나빠서 하는 일마다 꼬이기만 하는 경우에 빗대어 이르는 말.

같은 속담 능참봉을 하니까 거둥이 한 달에 스물아홉 번이라 • 여든에 능참봉을 하니 한 달에 거둥이 스물아홉 번이라 • 칠십에 능참봉을 하니 하루에 거둥이 열아홉 번씩이라

모처럼 태수 되니 턱이 떨어져

옛날에, 모처럼 고을의 원이 되어 잘 먹으리라 생각했는데 그만 턱이 떨어져 아무것도 못 먹게 되었다는 뜻으로, 애써 이룬 일이 헛일이 되어 보람 없게 된 경우를 빗대어 이르는 말.

같은 속담 재주를 다 배우고 나니 눈이 어둡다

낱말 풀이 **태수** 옛날에, 고을을 맡아 다스리던 으뜸 벼슬.

목구멍 때도 못 씻었다

먹었으나 양이 하도 적어서 감질만 나고 성에 차지 않음을 빗대어 이르는 말.

같은 속담 범 나비 잡아먹듯 • 쌍태 낳은 호랑이 하루살이 하나 먹은 셈 • 주린 범의 가재다

목구멍에 거미줄 치랴[쓸까]

아무리 가난한 살림이라도 사람은 굶어 죽지 않고 그럭저럭 먹고 살아가기 마련이라고 빗대어 이르는 말.

같은 속담 사람이 굶어 죽으란 법은 없다 • 산 (사람) 입에 거미줄 치랴

ㅁ

목구멍에 풀칠하다

날알로 쑨 죽이 묽어서 마치 목구멍에 풀칠하는 것 같다는 데서, 굶어 죽지 않을 정도로 겨우 먹고 살아간다는 관용 표현.

같은 관용 입에 풀칠하다

낱말 풀이 **풀칠하다** 겨우 끼니를 이어 가다.

목구멍의 때를 벗긴다[씻는다]

오랜만에 좋은 음식을 배불리 먹음을 이르는 말.

목구멍이 포도청

먹을 것이 없어 포도청에 잡혀갈 짓까지도 하게 되었다는 뜻으로, 먹고살기 위하여 해서는 안 될 일까지도 할 수밖에 없음을 빗대어 이르는 말.

같은 속담 입이 포도청

목마른 놈이 우물 판다

어떤 일이 가장 급하고 필요한 사람이 앞장서서 그 일을 하기 마련이라는 말.

같은 속담 갑갑한 놈이 송사한다[우물 판다] • 답답한 놈이 송사한다[소지 쓴다]

목마른 사람에게 물소리만 듣고 목을 축이라 한다

말만 그럴듯하게 할 뿐 아무 대책을 세우지 않는 경우에 빗대어 이르는 말.

낱말 풀이 **축이다** 물 따위에 적셔서 축축하게 하다.

목마른 송아지 우물 들여다보듯

송아지가 목이 말라 깊은 우물을 들여다보며 안타까워한다는 뜻으로, 어떤 일에 손쓸 방법을 찾지 못하고 안타깝게 애만 쓰는 모양을 빗대어 이르는 말.

같은 속담 소금 먹은 소 굴우물 들여다보듯

목 멘 개 겨 탐하듯

목이 메어 끙끙거리면서도 마른 겨를 또 탐낸다는 뜻으로, 자기 힘에 겨운 일을 하려고 하거나 분수에 넘는 일을 바라는 것을 빗대어 이르는 말.

목석도 땀 날 때 있다

땀이 날 리 없는 나무나 돌에도 땀 날 때가 있다는 뜻으로, 건강한 사람이라도 아플 때가 있다는 말.

목수가 많으면 기둥이 기울어진다
목수가 많으면 집을 무너뜨린다

집을 지을 때 목수가 여럿이면 제대로 못 짓는다는 뜻으로, 어떤 일을 할 때 저마다 제 뜻만 고집하면 도리어 일을 그르치게 됨을 빗대어 이르는 말.

같은 속담 사공이 많으면 배가 산으로 간다[올라간다] • 상좌가 많으면 가마솥을 깨뜨린다 • 한집에 감투쟁이 셋이면 변이 난다

목의 때도 못 씻는 살림

변변히 먹지도 못할 만큼 몹시 가난한 살림을 이르는 말.

목 짜른 개 겻섬 넘어다보듯
목 짧은 강아지 겻섬 넘겨다보듯 한다

1. 목 짧은 강아지가 쌀겨가 탐이 나서 목을 빼고 겻섬을 넘겨다보듯 한다는 뜻으로, 키 작은 사람이 뭇사람들 틈에 끼어 발돋움하며 목을 빼들고 넘겨다보는 모양을 빗대어 이르는 말. 2. 기웃거리며 무엇을 넘겨다보는 경우에 빗대어 이르는 말.

ㅁ

목탁귀가 밝아야 한다

1. 절에서 밥 먹으러 오라고 할 때 목탁을 친 데서, 밥때 모이라는 목탁 소리를 잘 들어야 끼니를 굶지 않는다는 말. 2. 무슨 일에나 귀가 밝고 눈치가 있어야 한다는 말.

낱말 풀이 **목탁귀** 불공을 할 때나 사람들을 모이게 할 때 두드리는 목탁 소리를 듣는 귀.

목화 신고 발등 긁기

목화를 신고 발등을 긁으면 긁으나 마나라는 뜻으로, 무슨 일을 애써 하기는 하지만 필요한 곳에 직접 미치지 못하여 안타까운 경우를 빗대어 이르는 말.

목화

같은 속담 구두 신고 발등 긁기 • 버선 신고 발바닥 긁기 • 신 신고 발바닥 긁기 • 옷을 격해 가려운 데를 긁는다

낱말 풀이 **목화** 옛날에, 벼슬아치들이 관복을 입을 때 신던 신. 바닥은 나무이고 발목 부분은 천으로 만들었다. 지금은 전통 혼례 때 신랑이 신는다.

몸꼴 내다 얼어 죽는다

'모양내다 얼어 죽겠다'와 같은 속담.

낱말 풀이 **몸꼴** 몸의 생긴 모양이나 맵시.

몸보다 배꼽이 더 크다

주된 것보다 곁딸린 것이 더 많거나 큰 경우를 빗대어 이르는 말.

같은 속담 눈보다 동자가 크다 • 발보다 발가락이 더 크다 • 배보다 배꼽이 더 크다 • 아이보다 배꼽이 크다 • 얼굴보다 코가 더 크다

몹시 데면 회도 불어 먹는다

어떤 것에 된통 혼이 난 사람은 그와 비슷한 것만 보아도 지레 겁을 먹게 된다고 빗대어 이르는 말.

같은 속담 고슴도치한테 혼난 범이 밤송이 보고도 놀란다 • 국에 덴 놈 물[냉수] 보고도 분다[놀란다] • 더위 먹은 소가 달을 보고 피한다 • 뜨거운 물에 덴 놈 숭늉 보고도 놀란다 • 불에 놀란 놈이 부지깽이[화젓가락]만 보아도 놀란다 • 자라 보고 놀란 가슴 소댕[솥뚜껑] 보고 놀란다

못난 놈 잡아들이라면 없는 놈 잡아간다

1. 못난 놈을 잡아 오라면 돈 없는 사람을 만만히 여기고 잡아간다는 뜻으로, 돈 없고 가난한 사람을 업신여기면서 막 대하는 경우에 빗대어 이르는 말. 2. 아무리 잘났더라도 돈이 없고 살림이 가난하면 못난 사람 대접밖에 못 받고, 못난 사람도 돈만 있으면 좋은 대접을 받는다는 말.

같은 속담 못 입어 잘난 놈 없고 잘 입어 못난 놈 없다

못난 색시 달밤에 삿갓 쓰고 나선다[다닌다]

못난 색시가 상제나 쓰는 삿갓을 달밤에 꼴사납게 뒤집어쓰고 나선다는 뜻으로, 가뜩이나 미운 사람이 더 미운 짓만 할 때 빗대어 이르는 말.

같은 속담 달밤에 삿갓 쓰고 나온다 • 못생긴 며느리 제삿날에 병난다 • 미운 계집이 달밤에 삿갓 쓰고 다닌다 • 예쁘지 않은 며느리가 삿갓 쓰고 으스름달밤에 나선다

못난이 열 명의 꾀가 잘난 이 한 명의 꾀보다 낫다

여러 사람의 꾀와 슬기가 모이면 뛰어난 어느 한 사람보다도 낫다는 말.

같은 속담 구두장이 셋이면 제갈량의 꾀를 이긴다

못되면 조상 탓 (잘되면 제 탓)

일이 못되면 조상을 잘못 만난 탓이라고 한다는 뜻으로, 일이 잘못되면 제 잘못은 생각하지 않고 남 탓을 하거나 남에게 덮어씌우는 것을 빗대어 이르는 말.

같은 속담 못살면 터[조상] 탓 • 안되면 조상[산소] 탓 • 잘되면 제 복 못되면 남 탓

ㅁ

못된 나무에 열매만 많다

쓰지도 못할 나무에 시시한 열매만 많이 열렸다는 뜻으로, 쓸데없는 것이 많이 불어나 퍼지기만 하는 경우에 빗대어 이르는 말.

같은 속담 못된 소나무에 솔방울만 많다

못된 바람은 수구문[동대문 구멍]으로 들어온다

쓸모없는 못된 바람이 성문에 난 구멍 하나로 들어온다는 뜻으로, 궂은일이나 실패한 일의 책임이 제게만 돌아올 때 억울하다고 이르던 말.

낱말 풀이 **수구문** 조선 시대 성문의 하나로, 서소문과 함께 시체를 내보내던 문. =광희문.

못된 버섯이 삼월 달부터 난다

'먹지 못할 버섯이 첫 삼월에 돋는다'와 같은 속담.

못된 벌레 장판방에서 모로 긴다

밉살스러운 사람이 하는 짓마다 눈에 거슬리거나 엇나가는 짓만 한다는 말.

같은 속담 못된 송아지 뿔부터 난다

못된 소나무에 솔방울만 많다

'못된 나무에 열매만 많다'와 같은 속담.

못된 송아지 뿔부터 난다
못된 송아지 엉덩이에 뿔이 난다

1. 밉살스러운 사람이 하는 짓마다 눈에 거슬리거나 엇나가는 짓만 한다는 말.
2. 되지못한 것이 가르침을 받아들이지 않고 제멋대로 구는 것을 욕으로 이르는 말.

같은 속담 못된 벌레 장판방에서 모로 긴다 • 송아지 못된 것은 엉덩이에 뿔 난다 • 엉덩이에 뿔이 났다

못된 음식이 뜨겁기만 하다

'맛없는 국이 뜨겁기만 하다'와 같은 속담.

못된 일가 항렬만 높다

도움 안 되는 친척이 손윗사람이라는 뜻으로, 1. 일도 잘 못하고 못난 사람이 높은 자리에 앉아 아니꼽게 군다는 말. 2. 쓸데없는 것일수록 성하다는 말.

같은 속담 아무것도 못하는 놈이 문벌만 높다

낱말 풀이 **항렬** 친척 사이에서 세대의 위아래를 나타내는 말.

못 먹는 감 찔러나 본다
못 먹는 감[호박] 찔러 보는 심사
못 먹는 밥에 재 집어넣기

제가 못 먹을 감이라고 후벼 대는 못된 마음보라는 뜻으로, 제가 못 가질 바에는 남도 갖지 못하도록 아예 못쓰게 만드는 뒤틀린 마음보를 빗대어 이르는 말.

같은 속담 나 못 먹을 밥에는 재나 넣지

못 먹는 떡 개 준다

남에게는 쓰지 못할 찌꺼기나 주는 야멸차고 인정 없는 마음을 이르는 말.

못 먹는 버섯은 삼월 달부터 난다

'먹지 못할 버섯이 첫 삼월에 돋는다'와 같은 속담.

못 먹는 씨아가 소리만 난다

'먹지 않는 씨아에서 소리만 난다'와 같은 속담.

못 먹는 잔치에 갓만 부순다

얻어먹지도 못하는 잔치에 갔다가 제 갓만 못 쓰게 되었다는 뜻으로, 이익 없는 일에 끼었다가 도리어 밑지기까지 하는 경우를 빗대어 이르는 말.

못살면 터[조상] 탓

'못되면 조상 탓 (잘되면 제 탓)'과 같은 속담.

낱말 풀이 **터** 1. 집이나 건물을 지었거나 지을 자리. 2. 일이 이루어지는 밑바탕.

못생긴 며느리 제삿날에 병난다

'못난 색시 달밤에 삿갓 쓰고 나선다[다닌다]'와 같은 속담.

못 오를 나무는 쳐다보지도 마라

아무리 해도 올라갈 수 없는 나무는 아예 쳐다보지도 말라는 뜻으로, 자기 처지와 힘으로 이룰 수 없는 일은 처음부터 바라지도 말라는 말.

같은 속담 오르지 못할 나무는 쳐다보지도 마라

못 입어 잘난 놈 없고 잘 입어 못난 놈 없다

아무리 잘났더라도 돈이 없고 살림이 가난하면 못난 사람 대접밖에 못 받고, 못난 사람도 돈만 있으면 좋은 대접을 받는다는 말.

같은 속담 못난 놈 잡아들이라면 없는 놈 잡아간다

몽글게 먹고 가늘게 싼다

지나치게 욕심부리지 말고 제 분수를 지키며 마음 편히 살아가라는 말.

같은 속담 작게 먹고 가는 똥 누어라[싸지] • 작작 먹고 가는 똥 누어라

낱말 풀이 **몽글다** 1. 낟알이 까끄라기가 없어 깨끗하다. 2. 가루 따위가 아주 곱다.

몽둥이 깎는 새에 도적놈 다 달아난다

도둑을 잡으려고 몽둥이를 깎는 사이에 도적놈이 달아난다는 뜻으로, 무엇을 마련하는 데 너무 굼떠서 아무 쓸모 없이 되어 버린 경우를 이르는 말.

같은 속담 몽치 깎자 도둑이 뛴다

몽둥이 들고 포도청 담에 오른다

1. 도둑이 마치 제가 도둑을 잡는 사람인 양 몽둥이를 들고 포도청 담장에 뛰어 오른다는 뜻으로, 잘못을 저지른 사람이 제 잘못을 가리려고 남보다 먼저 떠들어 대는 경우를 빗대어 이르는 말. 2. 자기가 한 나쁜 일을 자기가 알리는 꼴을 빗대어 이르는 말.

같은 속담 불난 데서 불이야 한다

몽둥이 세 개 맞아 담 안 뛰어넘을 놈 없다

몽둥이로 매를 석 대나 맞으면 담 넘어 도망가지 않을 놈이 없다는 뜻으로, 1. 누구나 매 맞는 것을 참고 견디기가 쉽지 않다는 말. 2. 누구나 급하면 도무지 할 수 없던 일도 해낸다고 빗대어 이르는 말.

몽치 깎자 도둑이 뛴다

'몽둥이 깎는 새에 도적놈 다 달아난다'와 같은 속담.

낱말 풀이 **몽치** 짤막하고 단단한 몽둥이.

무는 개는 소리 없이 문다

무는 개는 짖지 않고 있다가 급작스레 문다는 뜻으로, 진짜로 힘과 능력이 있는 사람은 아무 군말 없이 제 할 일을 잘 해낸다고 빗대어 이르는 말.

ㅁ

무는 개를 돌아본다

너무 고분고분하면 도리어 업신여김을 당하거나 관심을 끌지 못한다고 빗대어 이르는 말.

같은 속담 개도 무는[사나운] 개를 돌아본다

무는 개 짖지 않는다

말이 없고 자기 생각이나 느낌을 잘 안 드러내는 사람이 더 무섭다는 말.

무는 말이 있으면 차는 말이 있다
무는 말 있는 데에 차는 말 있다

말도 물어뜯는 말이 있는가 하면 뒷발로 차는 말도 있다는 뜻으로, 고약한 사람 곁에는 그와 비슷한 사람들이 모여 있기 마련이라고 빗대어 이르는 말.

무는 모기 앵한다

1. 모기가 피를 빨아 먹으려고 소리를 내며 달라붙는다는 뜻으로, 무엇인가 일을 저지를 존재는 몹시 보채거나 시끄럽게 군다고 빗대어 이르는 말. 2. 자기 이익을 위해서 제 주장만 시끄럽게 떠들어 대는 것을 빗대어 이르는 말.

무는 호랑이는 뿔이 없다

호랑이한테 억센 이는 있지만 받는 뿔은 없다는 뜻으로, 한 가지 이로운 것이 있으면 다른 불리한 것이 있듯이 두루 다 갖추기는 어렵다고 빗대어 이르는 말.

무당이 제 굿 못하고 소경이 저 죽을 날 모른다
무당이 제 굿 못한다

무당이 남을 위해서는 굿이나 액풀이를 잘하지만 정작 자기를 위해서는 못한다는 뜻으로, 남을 위해서는 할 수 있는 일도 자기가 얽히면 스스로 처리하지 못하는 경우를 빗대어 이르는 말.

같은 속담 봉사 제 점 못한다 • 의사가 제 병 못 고친다 • 중이 제 머리를 못 깎는다

무던한 며느리 아들 맞잡이

마음씨 착하고 일 잘하는 며느리는 제 아들이나 다름없다는 뜻으로, 무던한 며느리는 아들 못지않다고 추어주는 말.

낱말 풀이 **맞잡이** 1. 서로 힘이 비슷한 두 사람. 2. 서로 비슷한 정도나 분량.

무른 감도 쉬어 가면서 먹어라

비록 무른 감이라도 급히 먹다가는 목이 멜 수 있으니 쉬엄쉬엄 먹으라는 뜻으로, 아무리 쉬운 일도 한 번 더 살펴보고 하는 것이 안전하다고 빗대어 이르는 말.

같은 속담 식은 국도 맛보고 먹으랬다 • 식은 죽도 불어[쉬어] 가며 먹어라

무른 땅에 나무 박고 재고리에 말뚝 치기
무른 땅에 말뚝 박기

'만만한 데 말뚝 박는다'와 같은 속담.

낱말 풀이 **재고리** 불타고 남은 재를 담은 고리짝.

무른 메주 밟듯

멍석 위에 삶은 메주콩을 펴고 발로 골고루 짓밟듯이, 1. 일을 쉽게 척척 하는 것을 빗대어 이르는 말. 2. 우리나라 여러 곳을 구석구석 빠짐없이 두루 돌아다닌다는 말.

같은 속담 메주 밟듯

무릇인지 닭의 똥인지 모른다

무릇 열매와 닭똥이 다 둥글둥글해서 가리기 힘들다는 뜻으로, 서로 비슷하여 가려내기 어려운 경우에 빗대어 이르는 말.

같은 속담 똥인지 된장인지 모른다

낱말 풀이 **무릇** 백합과의 여러해살이풀. 열매가 달걀 모양이다. 어린잎과 비늘줄기를 나물로 먹거나 약으로 쓴다.

무병이 장자

병을 앓으면 낫게 하는 데 돈이 많이 들게 되므로, 앓지 않고 튼튼하게 사는 것이 곧 부자라는 말.

무섭다니까 바스락거린다

무슨 소리가 나서 무서워하는 터에 바스락 소리를 내어 더 무섭게 한다는 뜻으로, 남의 약점을 알고 더욱 난처하게 하는 경우에 빗대어 이르는 말.

같은 속담 가만히 먹으라니까 뜨겁다 한다

무섭지는 않아도 똥 쌌다는 격

바지에 똥을 싸고도 무섭지는 않았다고 큰소리를 친다는 뜻으로, 뚜렷한 결과나 사실에 대해 그렇지 않다고 변명하는 경우를 비웃어 이르는 말.

무소식이 희소식

소식이 없는 것이 오히려 기쁜 소식이라는 뜻으로, 어떤 알림도 없는 것이 아무 탈 없이 잘 있다는 좋은 소식이라는 말.

무쇠도 갈면 바늘 된다

1. 꾸준히 애쓰면 아무리 어려운 일도 거뜬히 해낼 수 있다고 빗대어 이르는 말. 2. 커다란 무쇠 덩이를 갈아서 바늘을 만드는 못난 짓이라는 뜻으로, 어리석고 미련한 짓을 빗대어 이르는 말.

무식한 도깨비가 부작을 모른다
무식한 도깨비 부작이 무서운 줄 모른다

도깨비가 무식한 탓에 저를 쫓기 위해 벽에 붙인 부적도 못 알아본다는 뜻으로, 무식한 이가 제게 중요한 것을 알아보지 못하여 큰 실수를 하게 된다는 말.

낱말 풀이 **부작** '부적'의 변한말로, 귀신을 쫓으려고 글자나 그림을 그려 몸에 지니거나 벽에 붙이던 종이.

무자식 상팔자

팔자 가운데 자식이 없는 것이 가장 좋은 팔자라는 뜻으로, 1. 자식을 기르다 보면 걱정을 많이 하게 되므로 자식이 없는 것이 차라리 마음 편하다는 말. 2. 가난한 살림에 자식을 키우는 일이 힘겹다고 이르던 말.

같은 속담 자식 없는 것이 상팔자

무죄한 놈 뺨 치기

아무 죄도 없는 사람 뺨을 때린다는 뜻으로, 인정 없고 심술궂으며 뻔뻔한 짓을 빗대어 이르는 말.

같은 속담 늙은 영감 덜미 잡기 • 우는 아이 똥 먹이기

무진년 팥 방아 찧듯

같은 일이 자꾸 벌어지거나 수선스럽게 무엇을 자꾸 찧는다는 말.

읽을거리 옛날 평안도에 보기 드문 흉년이 들었대. 그런데 팥 농사만은 아주 잘되어 집집마다 팥 방아를 찧어서 팥만 먹었다지. 그렇게 흉년이 든 해가 무진년이어서 생긴 속담인데, 무엇을 똑같이 되풀이한다는 뜻으로 쓰는 말이야.

ㅁ

묵은 거지보다 햇거지가 더 어렵다

옛날에, 오랫동안 온갖 고생을 다 겪어 본 거지보다 이제 막 거지 노릇을 하는 사람이 더 어렵다는 뜻으로, 고생도 오래 해 본 사람이 처음 시작한 사람보다 참을성이 많아 더 잘 견딘다는 말.

묵은 낙지 꿰듯

하는 일이 몹시 쉬운 경우에 빗대어 이르는 말.

묵은 낙지 캐듯

무슨 일을 한 번에 시원스레 해치우지 않고 두고두고 조금씩 하는 것을 빗대어 이르는 말.

묵은장 쓰듯 (한다)

담근 지 오래되어 해를 넘긴 묵은장은 아까울 것이 없어서 마구 쓰듯이, 어떤 물건을 아낌없이 쓰거나 남에게 퍼 주는 경우에 빗대어 이르는 말.

묵은 치부장[치부책]

오래되고 쓸데없는 것이라 까맣게 잊어버린 것을 빗대어 이르는 말.

낱말 풀이 **치부장** 돈이나 물건이 들고 난 것을 적는 책. =치부책.

문경 새재 박달나무는 홍두깨 방망이로 다 나간다

어떤 물건이 필요에 따라 모두 다 쓰인 경우에 빗대어 이르는 말.

문경이 충청도 되었다 경상도가 되었다

충청도와 경상도 사이에 있는 문경은 이쪽에서 보면 충청도가 되고 저쪽에서 보면 경상도가 된다는 뜻으로, 어떤 일이 이랬다저랬다 하거나 여기에 붙었다 저기에 붙었다 하는 경우에 빗대어 이르는 말.

문 돌쩌귀에 불 나겠다

어찌나 자주 문을 여닫는지 돌쩌귀가 닳아서 불이 나겠다는 뜻으로, 찾아오는 사람이 많아 쉴 새 없이 자꾸 드나드는 것을 빗대어 이르는 말.

같은 속담 돌쩌귀에 불이 나겠다[난다]

낱말 풀이 **돌쩌귀** 문짝을 문설주에 달아 문을 여닫는 데 쓰는 두 개의 쇠붙이.

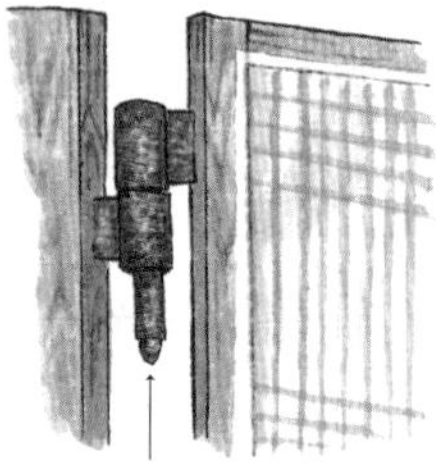

문 바른 집은 써도 입바른 집은 못쓴다

너무 바른말만 하는 사람은 남의 미움을 사기 쉽다는 말.

낱말 풀이 **입바르다** 바른말을 하는 데 거침이 없다.

문어 제 다리 뜯어 먹는 것[격]
문어 제 다리 잘라 먹기

문어는 배가 고프면 제 다리도 뜯어 먹는다는 데서, 1. 사정이 급하다고 스스로 자기한테 해로운 짓을 하는 어리석은 사람을 빗대어 이르는 말. 2. 같은 무리끼리 서로 비웃고 헐뜯는 것을 빗대어 이르는 말. 3. 자기 밑천이나 재산을 조금씩 까먹는 것을 빗대어 이르는 말.

같은 속담 칼치가 제 꼬리 베 먹는다

문 연 놈이 문 닫는다

'맺은 놈이 풀지'와 같은 속담.

문 열고 보나 문 닫고 보나 보기는 일반

문을 활짝 열고 보나 문을 닫고 문틈으로 보나 보는 것은 마찬가지라는 뜻으로, 어떤 일을 드러내 놓고 하나 숨어서 몰래 하나 하기는 마찬가지라는 말.

같은 속담 문틈으로 보나 열고 보나 보기는 일반

ㅁ

문지방[문턱]이 닳도록 드나든다

번거로울 만큼 매우 자주 드나든다는 말.

문턱 높은 집에 무종아리 긴 며느리 생긴다

일이 마침 알맞게 잘되어 가는 경우에 빗대어 이르는 말.

같은 속담 대문턱 높은 집에 정강이 높은 며느리 들어온다 • 확 깊은 집에 주둥이 긴 개가 들어온다

낱말 풀이 **무종아리** 발뒤꿈치와 장딴지 사이.

문턱 밑이 저승이라

1. 사람은 언제 죽을지 모른다는 뜻으로, 사람 목숨이 덧없다는 말. 2. 머지않아 곧 죽게 될 것이라는 말.

같은 속담 대문 밖이 저승이라 • 저승길이 대문 밖이다

문틈으로 보나 열고 보나 보기는 일반

'문 열고 보나 문 닫고 보나 보기는 일반'과 같은 속담.

낱말 풀이 **일반** 한 모양이나 마찬가지의 상태.

문풍지 떨어진 데는 풀비가 제격

문풍지를 바르는 데에는 풀비로 풀칠하는 것이 좋다는 뜻으로, 어떤 것이 쓸 곳에 딱 들어맞는 경우에 빗대어 이르는 말.

낱말 풀이 **문풍지** 문틈으로 새어 들어오는 바람을 막기 위하여 문짝 주변을 돌아가며 바른 종이. **풀비** 풀이나 옻을 칠할 때 쓰려고 짚 이삭으로 만든 작은 비.

묻은 불이 일어났다

불이 잿더미에서 죽지 않고 다시 살아났다는 뜻으로, 뒤탈이 없도록 잘 감춘 일이 드러나 큰 문제가 된 경우에 빗대어 이르는 말.

물거미 뒷다리 같다

물거미 뒷다리가 길고 가는 데서, 몸이 가늘고 키만 껑충하게 큰 사람을 빗대어 이르는 말.

같은 속담 봉산 수숫대 같다 • 음달의 싱아 대 같다

낱말 풀이 **물거미** 1. 물거밋과의 하나. 2. 물 위에 떠다니는 게아재비나 소금쟁이 같은 벌레를 이르는 말.

물 건너가는 호랑이

호랑이는 물을 건널 때 몹시 살을 아끼며 조심한다는 뜻으로, 자기 몸을 지나치게 아끼는 사람을 비웃어 이르는 말.

물건을 모르거든 값을 더 주라

좋은 물건이 어떤 것인지 잘 모를 때에는 비싼 것을 사면 된다는 말.

물건을 모르거든 금 보고 사라

물건의 값어치를 알 수 없다면 그 값을 보고 사라는 뜻으로, 값이 비쌀수록 물건이 좋다는 말.

물건 잃고 병신 발명

물건을 잃어버리고는 자기가 병신이라 그랬다며 발뺌한다는 뜻으로, 일을 잘 못해 놓고 얼토당토않은 변명을 늘어놓는 경우에 핀잔하여 이르는 말.

낱말 풀이 **발명** 죄나 잘못이 없음을 말하여 밝힘. 또는 그런 말.

물고기가 물속에 놓여 나다

본디 제가 자리 잡았던 곳으로 되돌아와 새롭고 힘차게 다시 일을 할 수 있게 된 경우를 빗대어 이르는 말.

ㅁ

물고기는 물을 떠나 살 수 없다

1. 활동하는 데에 저마다 자기에게 걸맞은 터전이 있다고 빗대어 이르는 말. 2. 서로 아주 가까운 사이라 떼려야 뗄 수 없는 관계를 빗대어 이르는 말.

물고기도 제 놀던 물이 좋다 한다

물고기조차 제가 나서 살던 곳을 잊지 못하는데 하물며 사람이야 더 말해 무엇 하겠느냐는 뜻으로, 나서 자란 고향이나 이미 정든 곳이 낯선 곳보다 낫다고 빗대어 이르는 말.

물고기도 큰 강물에 노는 놈이 더 크다

크고 넓은 세상에 사는 사람일수록 보고 듣는 것이 많고 생각도 크고 넓음을 빗대어 이르는 말.

물고기에 발을 그려 붙인다

물고기에 없는 발을 그려 붙인다는 뜻으로, 쓸데없는 군더더기를 덧붙이는 경우에 빗대어 이르는 말.

물과 고기

물이 없으면 물고기가 살 수 없듯이, 떼려야 뗄 수 없는 사이나 그런 관계에 있는 사물을 이르는 관용 표현.

물과 기름

물에 기름을 섞으면 기름방울만 둥둥 뜨듯이, 서로 어울리지 못하여 겉도는 사이를 이르는 관용 표현.

같은 관용 물 위의 기름

물귀신 심사

옛날에, 물귀신은 꼭 남을 물에 빠뜨려야 제가 그 처지에서 벗어날 수 있다는 데서, 자기가 어려운 처지에 빠졌을 때 남까지 끌고 들어가려는 고약한 마음보를 이르는 관용 표현.

물 난 뒤끝은 없어도 불탄 끝은 있다

불이 나면 타다 남은 것이라도 있지만 물난리가 나면 다 떠내려가 아무것도 남지 않는다는 뜻으로, 불난 피해보다 큰물 피해가 더 크다는 말.

같은 속담 불난 끝은 있어도 물 난 끝은 없다

물도 가다 구비를 친다

사람이 살다 보면 삶이 크게 바뀌는 때가 있기 마련이라는 말.

물도 곬을 찾아야 큰 강에 든다

물도 제 길을 따라 흘러가야 큰 강에 이른다는 뜻으로, 어릴 때부터 잘 배우고 바른길로 들어서야 훌륭한 사람이 될 수 있다고 빗대어 이르는 말.

물도 씻어 먹을 사람

맑고 깨끗한 물조차 씻어 먹을 사람이라는 뜻으로, 어지러운 구석이 조금도 없고 마음과 행동이 매우 깨끗한 사람을 빗대어 이르는 말.

물독 뒤에서 자랐느냐

몸이 호리호리하고 멋없이 키만 큰 사람을 놀리어 이르는 말.

ㅁ

물독에 빠진 생쥐 같다

옷차림이 물에 흠뻑 젖어 초라하고 후줄근한 모양을 빗대어 이르는 말.

같은 속담 뚝비 맞은 강아지[개 새끼] 같다

물 떠난 고기가 물을 그리워한다

자기가 정붙이고 살던 곳을 떠나면 그곳을 그리워하는 마음이 간절해진다고 빗대어 이르는 말.

물라는 쥐나 물지 씨암탉은 왜 물어
물라는 쥐는 안 물고 씨암탉을 문다

쥐를 물라고 시켰는데 뚱딴지같이 귀하게 여기던 씨암탉을 물었다는 뜻으로, 시킨 일은 하지 않고 해서는 안 될 짓을 하는 경우에 욕으로 이르는 말.

물 만난[얻은] 고기

어려운 형편에서 벗어나 재주를 펼 수 있는 판을 만난 처지를 이르는 관용 표현.

물만밥이 목이 멘다

물에 만 밥조차 목구멍에 넘어가지 않을 정도로 몹시 슬픈 감정을 이르는 말.

낱말 풀이 **물만밥** 물에 말아서 풀어 놓은 밥.

물먹은 담장[담벽/성벽]

물을 잔뜩 먹고 흐물흐물해져 곧 무너질 흙담이라는 뜻으로, 언제 허물어질지 모르는 매우 위태로운 상태를 빗대어 이르는 말.

물 먹은 배만 퉁긴다

먹을 것이 없어 물만 잔뜩 마시고는 배부르다고 배를 퉁긴다는 뜻으로, 실속은 없으면서 겉으로만 있는 체하는 꼴을 비웃어 이르는 말.

물 묻은 바가지에 깨 엉겨 붙듯

물 묻은 바가지를 깨 있는 곳에 두면 깨가 새까맣게 들러붙는다는 뜻으로, 무엇이 한곳에 다닥다닥 엉겨 붙은 모양을 빗대어 이르는 말.

낱말 풀이 **엉기다** 액체나 가루 따위가 뭉쳐 굳어지다. =엉키다.

물 묻은 치마에 땀 묻는 걸 꺼리랴

이미 물에 젖은 치마에 땀이 묻는 것은 거리낄 게 아니라는 뜻으로, 이미 크게 잘못된 처지에서 조금 더 잘못된 것을 꺼릴 필요가 없다고 빗대어 이르는 말.

물 밖에 난 고기

물 밖에 나와 옴짝달싹 못 하게 된 물고기 같다는 뜻으로, 1. 헤어날 수 없는 아주 위험한 형편에 놓여 꼼짝없이 죽게 된 처지를 빗대어 이르는 말. 2. 제 능력을 마음껏 펼칠 수 없는 처지에 몰린 것을 빗대어 이르는 말.

같은 속담 그물에 걸린 고기[새/토끼/짐승] 신세 • 낚시에 걸린 물고기 • 농 속에 갇힌 새 • 덫에 치인 범이요 그물에 걸린 고기라 • 도마에 오른 고기 • 모래불에 오른 새우 • 물 밖에 난 용이요 산 밖에 난 범이라 • 뭍에 오른 고기 • 산 밖에 난 범이요 물 밖에 난 고기라 • 샘에 든 고기 • 솥 안에 든 고기 • 우물에 든 고기 • 함정에 든 범

물 밖에 난 용이 개미한테 물어 뜯긴다

온갖 재주를 다 부린다는 용도 물 밖에 나오면 하찮은 개미한테 물어 뜯긴다는 뜻으로, 힘 있는 사람도 알맞은 조건과 환경을 떠나면 힘을 못 쓰고 하찮은 사람에게 업신여김을 받는다는 말.

같은 속담 용이 개천에 떨어지면 미꾸라지가 되는 법

물 밖에 난 용이요 산 밖에 난 범이라

제 능력을 마음껏 펼칠 수 없는 처지에 몰린 것을 빗대어 이르는 말.

같은 속담 물 밖에 난 고기

물방앗간에서 고추장 찾는다

곡식을 찧는 물방앗간에 가서 고추장을 찾는다는 뜻으로, 엉뚱한 곳에 가서 거기에 있을 리가 없는 것을 찾는 경우에 빗대어 이르는 말.

같은 속담 과부 집에 가서 바깥양반 찾기 • 절간에 가서 참빗 찾기 • 절에 가서 젓국 달라 한다

낱말 풀이 **물방앗간** 물방아로 곡식을 찧는 집. 물방아는 물의 힘으로 공이를 오르내리게 하여 곡식을 찧거나 빻는 기구를 통틀어 이르는 말이다.

물 베는 칼이 없고 정 베는 칼도 없다

칼로 물을 베려고 해도 벨 수가 없듯이 사람들 사이에 맺어진 정도 칼로 벨 수 없다는 뜻으로, 정은 억지로 끊을 수 없다는 말.

물 보기 전에 바지부터 벗는다

물도 보기 전에 물에 들어갈 차비로 바지부터 벗는다는 뜻으로, 매우 급한 나머지 순서를 가리지 못하고 헤덤비는 짓을 빗대어 이르는 말.

물 본 기러기 꽃 본 나비

1. 기러기는 물을 좋아하고 나비는 꽃을 반긴다는 데서, 정이 깊어 서로 떨어지지 못하는 남녀 사이를 빗대어 이르는 말. 2. 바라던 바를 이루어 우쭐대는 것을 이르는 말.

같은 속담 꽃 본 나비 (물 본 기러기)

물 본 기러기 산 넘어가랴

반갑고 그리운 사람을 만나 그냥 지나칠 수 없을 때 빗대어 이르는 말.

같은 속담 꽃 본 나비 담 넘어가랴

물 본 기러기 어옹을 두려워하랴

물을 보고 좋아서 정신없이 날아드는 기러기가 고기잡이를 두려워할 리 없다는 뜻으로, 좋은 일을 만나 앞뒤 생각하지 않고 하는 행동을 빗대어 이르는 말.

물 부어 샐 틈 없다

일이 빈틈없이 야물게 짜여 있음을 빗대어 이르는 말.

물속에서 사는 사람은 물 귀한 줄 모른다

1. 물건을 흔하게 쓰고 다루는 사람은 그것이 귀한 줄 모른다는 말. 2. 사람이 행복하게만 살면 그 행복이 어떻게 이루어진 것인지 잘 모른다는 말.

물썬 때는 나비잠 자다 물 들어야 조개 잡듯

조개 잡기 좋은 썰물 때는 게으름을 피우다가 밀물 때에야 조개를 잡으려 한다는 뜻으로, 좋은 때를 놓치고 뒤늦게 움직이는 모양을 빗대어 이르는 말.

낱말 풀이 **나비잠** 갓난아이가 두 팔을 머리 위로 벌리고 자는 잠. **물써다** 밀려 들어왔던 바닷물이 물러나가다.

물 쓰듯

돈이나 물건 따위를 흥청망청 매우 헤프게 쓰는 모양을 이르는 관용 표현.

물어도 준치 썩어도 생치

준치는 물쿼도 맛있고 꿩은 썩어도 겉모습이 갓 잡은 때와 다르지 않다는 데서, 본디 훌륭한 것은 비록 상해도 그 본질은 바뀌지 않는다고 빗대어 이르는 말.

같은 속담 썩어도 준치

낱말 풀이 **물다** 너무 무르거나 풀려서 본 모양이 없어지도록 헤어지게 하다. =물쿠다. **생치** 익히거나 말리지 않은 꿩고기. **준치** 준칫과의 바닷물고기. 밴댕이와 비슷한데 몸이 납작하고, 살에는 가시가 많다.

물 없는 기러기

물에서 먹이를 얻는 기러기가 물을 잃게 되었다는 뜻으로, 1. 믿고 기댈 곳이 없어 제힘을 펼치지 못하게 된 처지를 빗대어 이르는 말. 2. 쓸모없거나 보람 없게 된 처지를 빗대어 이르는 말.

같은 속담 구슬 없는 용 • 꽃 없는 나비 • 날개 없는 봉황 • 성인 못 된 기린 • 임자 없는 용마 • 줄 없는 거문고 • 짝 잃은 기러기[원앙]

물에 뜬 검불[지푸라기]

자리를 잡지 못하고 왔다 갔다 하거나 한곳에서 살지 못하고 여기저기 떠돌아 다니며 사는 사람을 빗대어 이르는 말.

낱말 풀이 **검불** 가느다란 마른 나뭇가지, 마른 풀, 가랑잎 따위를 통틀어 이르는 말.

물에 뜬 해파리 같다

파도에 이리저리 밀려 떠다니는 해파리 같다는 뜻으로, 요리 피하고 조리 피해 다니는 사람을 놀리어 이르는 말.

물에 물 탄 듯 술에 술 탄 듯

1. 물에 물을 탄 것처럼 아무 맛도 없고 싱겁다는 뜻으로, 제 생각이나 줏대가 없어 말이나 행동이 분명하지 않음을 빗대어 이르는 말. 2. 어떤 일을 해도 아무런 효과나 바뀌는 것이 없는 상태를 빗대어 이르는 말.

같은 속담 술에 술 탄 듯 물에 물 탄 듯

물에 빠져도 정신만 잃지 말라
물에 빠져도 정신을 차려야 산다

비록 물에 빠져도 정신만 안 놓으면 살길을 찾을 수 있다는 뜻으로, 아무리 위험한 처지에 놓이더라도 정신만 똑똑히 차리고 용기를 내면 벗어날 수 있다고 빗대어 이르는 말.

같은 속담 범에게 물려 가도 정신만 차리면 산다 • 호랑이에게 물려 가도 정신만 차리면 산다

물에 빠져도 주머니밖에 뜰 것이 없다
물에 빠지면 주머니부터 뜨겠다

물에 빠져도 텅 빈 주머니밖에 뜰 것이 없을 정도로 가진 돈이 한 푼도 없는 몹시 가난한 처지를 빗대어 이르는 말.

물에 빠지면 지푸라기라도 잡는다[움켜쥔다]

사람이 물에 빠지면 하나 도움 안 되는 지푸라기까지도 잡게 된다는 뜻으로, 사람이 너무 급하면 그다지 도움이 되지 않는 하찮은 것에도 기대게 된다고 빗대어 이르는 말.

같은 속담 벼락에는 바가지라도 쓴다[뒤집어쓴다]

낱말 풀이 **지푸라기** 낱낱의 짚. 또는 짚의 부스러기.

물에 빠진 놈 건져 놓으니까 내 봇짐 내라 한다
물에 빠진 놈 건져 놓으니까 망건값 달라 한다
물에 빠진 놈 건져 놓으니까 약값 달란다

물에 빠진 사람을 건져 주니까 고맙다는 인사는커녕 자기 봇짐을 찾아내라고 한다는 뜻으로, 은혜를 베푼 사람에게 도리어 생트집을 거는 경우에 이르는 말.

낱말 풀이 **망건** 상투를 틀 때 머리카락이 흘러내리지 않게 머리에 두르는 물건. **봇짐** 등에 지기 위하여 물건을 보자기에 싸서 꾸린 짐.

물에 빠진 사람이 죽을 때는 기어 나와 죽는다

죽는 순간까지 살려고 기를 쓰고 발버둥 치는 것이 사람의 본디 가지고 있는 마음이라는 말.

물에 빠진 생쥐

물에 흠뻑 젖어 몰골이 초췌한 모양을 빗대어 이르는 관용 표현.

물에 빠질 신수면 접시 물에도 빠져 죽는다

물에 빠져 죽을 운이라면 하다못해 접시 물에 빠져도 코를 박고 죽는다는 뜻으로, 1. 사람이 죽으려면 대수롭지 않은 일로도 죽게 된다는 말. 2. 그다지 위험하지 않은 데서 안 좋은 일이 생겼을 때 어쩔 수 없다는 뜻으로 이르던 말.

낱말 풀이 **신수** 한 사람의 운수.

물에 있는 고기 금 치기

물에서 노는 고기를 보고 물고기 값을 매긴다는 뜻으로, 도무지 미리 알 수 없는 결과를 놓고 흥정을 하는 경우를 빗대어 이르는 말.

낱말 풀이 **금** 시세나 흥정에 따라 정해지는 물건값.

물오른 송기 때 벗기듯

물오른 소나무에서 속껍질을 벗기듯이, 겉에 두른 옷이나 껍데기 따위를 남김 없이 벗기거나 빼앗는 모양을 이르는 말.

같은 속담 피나무 껍질 벗기듯

낱말 풀이 **송기** 소나무의 속껍질. 쌀가루와 섞어서 떡이나 죽을 만들어 먹는다.

물 위의 기름

'물과 기름'과 같은 관용 표현.

물은 건너 보아야 알고 사람은 지내보아야 안다

물은 건너 보아야 깊고 얕음을 알 수 있고 사람은 함께 지내보아야 됨됨이를 알 수 있다는 뜻으로, 사람의 됨됨이는 오래 같이 지내보아야 알 수 있다고 빗대어 이르는 말.

같은 속담 강물은 건너 봐야 알고 사람은 지내봐야 안다 • 깊고 얕은 물은 건너 보아야 안다 • 대천 바다도 건너 봐야 안다 • 사람 속은 소금 세 말을 같이 먹어 보아야 안다 • 사람은 겪어 보아야 알고 물은 건너 보아야 안다 • 사람은 지내봐야 안다 • 사람을 알자면 하루 길을 같이 가[걸어] 보라 • 수박은 속을 봐야 알고 사람은 지내봐야 안다 • 천 길 물속은 건너 보아야 알고 한 길 사람 속은 지내보아야 안다 • 한집 살아 보고 한배 타 보아야 속을 안다

물은 곬을 따라 흐른다
물은 제 곬으로 흐른다

물은 제가 흘러야 할 곳을 따라 흐르기 마련이라는 뜻으로, 모든 일은 순리대로 나아가기 마련이라고 빗대어 이르는 말.

같은 속담 물은 한 곬으로 흐르고 죄는 지은 대로 간다

낱말 풀이 **곬** 1. 한쪽으로 트여 나가는 방향이나 길. 2. 물고기 떼가 늘 다니는 일정한 길.

물은 근원이 없어지면 끊어지고 나무는 뿌리가 없어지면 죽는다

어떤 사물이든지 바탕이나 뿌리를 잃으면 존재할 수 없다고 빗대어 이르는 말.

물은 트는 대로 흐른다

물은 길을 트는 대로 따라 흐르기 마련이라는 뜻으로, 사람은 가르치는 대로 자라고 일은 잘되도록 힘써 이끄는 대로 된다는 말.

물은 한 곬으로 흐르고 죄는 지은 대로 간다

'물은 곬을 따라 흐른다'와 같은 속담.

물은 흘러도 여울은 여울대로 있다

물은 끊임없이 흘러가지만 여울은 그대로 남아 있다는 뜻으로, 세상에는 끊임없이 바뀌는 것이 있는가 하면 본디 모습을 오래도록 지니고 있는 것도 있다고 빗대어 이르는 말.

낱말 풀이 **여울** 강이나 바다에서 바닥이 얕거나 폭이 좁아 물살이 세게 흐르는 곳.

물은 흘러야 썩지 않는다

고인 물은 썩어도 흐르는 물은 썩지 않는다는 뜻으로, 사람은 늘 부지런히 일하고 공부해야 남에게 뒤떨어지지 않고 발전할 수 있다는 말.

같은 속담 흐르는 물은 썩지 않는다

물을 동이째 마신다

목이 마르다고 무거운 동이째 들어서 물을 마신다는 뜻으로, 성미가 몹시 급한 사람을 빗대어 이르는 말.

낱말 풀이 **동이** 질그릇의 하나. 흔히 물을 긷는 데 쓴다.

동이

물을 떠난 고기가 물을 그리워한다

자기 고향이나 나라, 정든 곳을 떠나면 그곳에 대한 그리움이 커진다는 말.

물이 가야[와야] 배가 오지

물이 흘러야 배가 올 수 있다는 뜻으로, 어떤 일이든 기회나 조건이 맞아야 제대로 이루어질 수 있다고 빗대어 이르는 말.

같은 속담 바람이 불어야 배가 가지

물이 깊어야 고기가 모인다

1. 무슨 일이든지 조건이나 바탕이 충분히 갖추어져야 거기에 알맞은 내용이 따르게 된다고 빗대어 이르는 말. 2. 자기가 덕이 있고 너그러워야 많은 사람들이 따르고 우러르게 된다는 말.

같은 속담 덤불이 깊어야 범이 나고 물이 깊어야 고기가 모인다 • 산이 깊어야 범이 있다 • 숲이 깊어야 도깨비가 나온다 • 숲이 커야 짐승이 나온다[든다]

물이 깊을수록 소리가 없다

물이 깊으면 물 흐르는 소리가 나지 않듯이, 덕이 높고 생각이 깊은 사람일수록 점잖아서 함부로 잘난 체하거나 자기를 내세우지 않는다는 말.

같은 속담 깊은 강물은 소리 없이 흐른다

물이 너무 많으면 고기가 안 모인다
물이 너무 많으면 고기가 없다

물고기도 저마다 살기에 알맞은 곳이 있어 물이 깊고 많기만 하면 모여들지 않는다는 뜻으로, 누구하고나 실속 없이 좋게만 지내는 사람한테는 가까운 친구가 없다고 빗대어 이르는 말.

물이 너무 맑으면 고기가 아니 모인다[산다]

'맑은 물에 고기 안 논다'와 같은 속담.

물이 썬 뒤에야 게 구멍이 보인다

1. 썰물이 되어야 밑바닥이 드러나서 게 구멍도 보인다는 뜻으로, 웬만큼 조건이 마련되어야 일을 시작할 수 있다고 빗대어 이르는 말. 2. 재물이 다 없어진 뒤에야 재물이 귀한 줄 알게 된다고 빗대어 이르는 말.

ㅁ

물이 아니면 건너지 말고 인정이 아니면 사귀지 말라

사람을 사귈 때는 마음으로 사귀어야지 참된 사귐이라는 말.

낱말 풀이 **인정** 1. 사람이 본디 가지고 있는 감정. 2. 남을 위하는 따뜻한 마음.

물장수 삼 년에 궁둥잇짓만 남았다
물장수 삼 년에 남은 것은 물고리뿐

옛날에, 물장수가 물을 지게로 져서 팔았다는 데서, 오랫동안 애써 일했지만 아무 보람도 없음을 빗대어 이르는 말.

낱말 풀이 **물고리** 물지게에 물통을 거는 고리.

물장수 상이라

차려 놓은 음식을 말끔히 먹어 치워 빈 그릇만 남은 밥상을 빗대어 이르던 말.

읽을거리 옛날에는 물을 집집이 길어 먹었지만 물장수한테 물을 사 먹기도 했어. 물장수는 물을 대어 주는 집에서 더러 밥을 얻어먹기도 했어. 그때 물장수가 밥상 위에 있던 음식을 물로 씻은 듯이 말끔히 다 먹고 상을 비웠다는 데서 생긴 말이야.

물 좋고 정자 좋은 데가 있으랴

모든 조건이 다 갖추어진 곳은 있기 힘들다는 말.

물 퍼런 것도 잘 보면 여러 가지라

물도 잘 보면 빛깔이 다 다르다는 뜻으로, 무엇이든지 얼핏 보기에는 같아 보여도 찬찬히 보면 꼭 같은 것은 하나도 없다고 빗대어 이르는 말.

뭇 닭 속의 봉황이요 새 중의 학 두루미다

평범한 사람 가운데 가장 뛰어난 사람을 빗대어 이르는 말.

낱말 풀이 **학** 두루밋과의 새. 옛날 사람들은 신선이 타고 다니는 새로 여겼다. =두루미.

뭍에서 배 부린다

땅 위에서 배를 탄다는 뜻으로, 터무니없는 짓을 할 때 비꼬아 이르는 말.

뭍에 오른 고기

'물 밖에 난 고기'와 같은 속담.

미꾸라지(가) 모래 쑤신다

미꾸라지가 모래를 쑤시고 들어가 감쪽같이 숨었다는 뜻으로, 아무리 하여도 아무런 자국이 남지 않는 경우를 빗대어 이르는 말.

읽을거리 미꾸라지는 몸이 아주 매끄러워. 살갗에서 미끈덩한 물이 나오면 더 미끌미끌하지. 잡으려고 하면 손가락 사이로 쏙쏙 잘도 빠져나가. 맑은 물보다 진흙탕을 좋아하는데 흙탕물을 마구 일으키면서 바닥으로 잘 파고들어. 논에 미꾸라지가 많으면 농사가 잘된대. 미꾸라지가 논바닥에 구멍을 뚫고 다니면 흙 속으로 바람이 잘 들어가서 벼 뿌리가 튼튼해지기 때문이야.

미꾸라지(가) 용 됐다

변변치 못하던 사람이 훌륭하게 잘된 경우를 빗대어 이르는 말.

미꾸라지 밸 따듯 (한다)

미끄러워서 따기도 힘들고 딸 까닭도 없는 미꾸라지의 밸을 따듯 한다는 뜻으로, 1. 일을 건성건성 하는 척만 하는 것을 빗대어 이르는 말. 2. 어떤 일을 매우 힘들게 하는 것을 빗대어 이르는 말.

날말 풀이 **밸** '배알'의 준말로, '창자'를 속되게 이르는 말.

미꾸라지 볼가심한다

미꾸라지가 시장기나 겨우 면할 만큼의 매우 적은 양을 빗대어 이르는 말.

날말 풀이 **볼가심하다** 아주 적은 양의 음식으로 배고픔을 달래다.

미꾸라지 속에도 부레풀은 있다

미꾸라지도 다른 물고기와 마찬가지로 공기주머니인 부레가 있다는 뜻으로, 아무리 하찮아 보여도 있을 것은 다 있다는 말.

미꾸라지 이 갈기

이가 없는 미꾸라지가 이를 갈아야 무서울 것 없다는 뜻으로, 아무리 화를 내며 두고 보자고 별러도 아무도 놀라거나 꿈쩍하지 않음을 빗대어 이르는 말.

미꾸라지 천 년에 용 된다

아무리 둔하고 재주가 없는 사람도 오랫동안 꾸준히 애쓰면 반드시 훌륭한 사람이 될 수 있다고 빗대어 이르는 말.

미꾸라지 하나가 못을 흐려 놓는다
미꾸라지 한 마리가 온 웅덩이를[도랑물을] 흐려 놓는다
미꾸라지 한 마리가 한강 물을 다 흐리게 한다

미꾸라지 한 마리가 흙탕물을 일으켜서 못을 온통 흐려 놓는다는 뜻으로, 좋지 못한 사람 하나가 큰 말썽을 일으켜 온 무리나 여러 사람에게 나쁜 영향을 끼치는 경우에 빗대어 이르는 말.

같은 속담 송사리 한 마리가 온 강물을 흐린다 • 실뱀 한 마리가 온 바다를 흐리게 한다 • 조그마한 실뱀이 온 강물을 다 휘젓는다 • 종개 한 마리가 대동강 물을 흐린다 • 한 갯물[개울물]이 열 갯물[개울물] 흐린다 • 한 마리 고기가 온 강물을 흐린다

미꾸라지 한 마리에 물 한 동이를 붓는다

1. 처지에 맞지 않게 떠들썩하게 일을 준비하는 경우에 비꼬아 이르는 말. 2. 아무리 작은 일이라도 마땅히 갖추어야 할 차례나 준비는 필요하다고 빗대어 이르는 말.

낱말 풀이 **동이** 물 따위를 질그릇 '동이'에 담아 그 분량을 헤아리는 단위.

미꾸라짓국 먹고 용트림한다

변변치 않은 미꾸라짓국을 먹고 거드름을 피우며 크게 트림한다는 뜻으로, 1. 시시한 일을 해 놓고서 무슨 큰일이나 한 것처럼 으스대는 것을 빗대어 이르는 말. 2. 하잘것없는 못난 사람이 잘난 체하는 것을 비웃어 이르는 말.

같은 속담 김칫국 먹고 수염 쓴다 • 냉수 먹고 갈비 트림한다 • 잉엇국 먹고 용트림한다

낱말 풀이 **미꾸라짓국** 미꾸라지를 삶아 체에 곱게 내린 뒤, 그 물에 된장을 풀어 우거지 따위와 함께 끓인 국. **용트림하다** 거드름을 피우며 일부러 크게 힘을 들여 트림하다.

미끄러진 김에 쉬어 간다

일이 일어난 김에 그 기회를 틈타 그동안 자기가 하려던 일을 이루거나 자기에게 이롭게 꾀하는 경우에 빗대어 이르는 말.

같은 속담 넘어진 김에 쉬어 간다 • 엎어진 김에 쉬어 간다 • 자빠진 김에 쉬어 간다

미끼 없는 낚시꾼

고기를 낚으려면 반드시 미끼가 있어야 하듯이, 어떤 일을 하는 데 가장 필요한 것을 갖추지 못한 사람을 빗대어 이르는 말.

미나리는 사철이요 장다리는 한 철이라

미나리는 봄, 여름, 가을, 겨울에 다 기를 수 있지만 장다리는 한 철만 자란다는 뜻으로, 착하고 좋은 것은 오래가지만 못되고 나쁜 것은 오래가지 못한다고 빗대어 이르던 말.

읽을거리 옛날에 불리던 〈미나리요〉라는 노래에서 나온 말이야. 미나리는 조선 숙종의 아내 인현 왕후를, 장다리는 나중에 왕비가 된 장희빈을 빗대었던 말이야. 장희빈 때문에 궁에서 내쫓긴 인현 왕후가 다시 왕비 자리로 돌아오고, 장희빈이 쫓겨날 것이라는 뜻을 담은 노래지. 미나리는 오래전부터 잎을 즐겨 먹던 채소야. 목숨을 상징하는 채소라서 아기 첫돌 상차림에 올리기도 했어. 오래 살라는 뜻으로 미나리를 자르지 않고 길게 데쳐 올려놓았대. 장다리는 무나 배추 따위에 난 꽃줄기를 말해.

미나리 도리듯 하다

무엇을 매우 알뜰하게 거두어들인다는 말.

낱말 풀이 **도리다** 둥글게 빙 돌려서 베거나 파다.

미련은 먼저 나고 슬기는 나중 난다

무슨 일을 잘못 생각하여 그르쳐 놓은 뒤에야 이랬으면 좋았을걸 저랬으면 좋았을걸 하고 깊이 생각하며 뉘우침을 빗대어 이르는 말.

미련이 담벼락 뚫는다

미련한 사람이 오히려 끈기가 있다고 빗대어 이르는 말.

미련하기는 곰일세
미련하기는 곰하고 사돈하겠다

매우 우둔하고 미련한 사람을 핀잔하여 이르는 말.

미련한 놈 가슴의 고드름이 안 녹는다

1. 미련한 사람은 문제를 잘 해결하지 못해서 늘 가슴에 맺힌 것이 있고 마음이 편하지 않음을 빗대어 이르는 말. 2. 어리석고 고지식한 사람이 한번 앙갚음하려고 마음을 먹으면 오랫동안 누그러지지 않음을 빗대어 이르는 말.

낱말 풀이 **고드름** 처마 끝에서 비나 눈 녹은 물 따위가 밑으로 흐르다가 길게 얼어붙은 얼음.

미련한 놈 똥구멍에 불송곳이 안 들어간다

미련하여 꽉 막히고 말이 통하지 않는 사람을 욕으로 이르는 말.

미련한 놈 잡아들이라 하면 가난한 놈 잡아들인다

돈이 없으면 잘난 사람도 못난이 대접밖에 못 받는다는 뜻으로, 돈을 최고의 가치로 여기는 세상인심을 비꼬아 이르는 말.

미련한 사람이 곰[범] 잡는다

미련하여 무서운 줄도 모르고 사나운 곰을 잡는다는 뜻으로, 1. 미련한 사람이 어쩌다 큰일을 이루는 경우에 빗대어 이르는 말. 2. 잇속이 밝고 약은 사람은 어물거리고 망설이기 쉬운데 미련한 사람은 재는 것이 없어 겁 없이 행동하다 보니 큰일을 할 수도 있음을 빗대어 이르는 말.

미련한 송아지 백정을 모른다

어리석고 둔한 송아지가 소 잡는 백정을 몰라본다는 뜻으로, 겪어 보지 않아서 잘 모르거나 어리석어서 세상 돌아가는 일에 어두운 사람을 빗대어 이르는 말.

같은 속담 바닷가 개는 호랑이[범] 무서운 줄 모른다

낱말 풀이 **백정** 옛날에, 소나 돼지 따위를 잡는 일을 하던 사람.

미물도 짝이 있다

짐승도 짝이 있는데 하물며 사람에게 짝이 없겠느냐는 뜻으로, 아무리 어리숙하고 보잘것없는 사람도 다 제 짝이 있기 마련이라고 이르던 말.

같은 속담 짚신도 제짝이 있다 • 헌 고리도 짝이 있다 • 헌 짚신도 짝이 있다

낱말 풀이 **미물** 인간에 비하여 보잘것없는 것이라는 뜻으로, '동물'을 이르는 말.

미운 강아지 우쭐거리며 똥 싼다
미운 개가 주걱 물고 조왕에 오른다

미운 강아지는 가만있어도 눈에 거슬리는데 우쭐거리며 똥을 싸니 더 밉다는 뜻으로, 가뜩이나 미운 사람이 더더욱 보기 싫고 미운 짓만 골라 함을 빗대어 이르던 말.

낱말 풀이 **조왕** 그릇 따위를 얹어 놓기 위하여 부엌의 벽에 건 선반인, '살강'의 방언(제주, 함남, 황해). **주걱** 1. 밥을 푸는 도구. =밥주걱. 2. 음식을 저어 섞는 데 쓰는 도구를 통틀어 이르는 말.

미운 계집이 달밤에 삿갓 쓰고 다닌다

'못난 색시 달밤에 삿갓 쓰고 나선다[다닌다]'와 같은 속담.

미운 놈 떡 하나 더 주고 우는 놈 한 번 더 때린다

미운 놈은 나중에 미워한다는 것이 알려지면 해코지를 할까 봐 마지못해 떡을 하나 더 주지만 우는 놈은 당장 듣기 싫으니 그치라고 한 대 더 때리게 된다는 뜻으로, 미운 놈보다 우는 놈이 더 귀찮다고 빗대어 이르는 말.

미운 놈 보려면 길 나는 밭 사라

옛날에, 길이 난 밭을 사면 곡식을 짓밟고 다니는 미운 사람들을 많이 보게 된다고 이르던 말.

미운 놈 보려면 술장수 하라

술장사를 하면 술 마시고 얼빠진 미운 놈들을 많이 만나게 된다고 이르던 말.

미운 놈이 도리질한다

1. 미운 놈이 제 딴에는 귀여운 짓을 한다고 꼴사납게 아기처럼 도리질까지 한다는 뜻으로, 미운 사람은 재주를 부려도 오히려 더 밉게 보인다는 말. 2. 미운 놈이 하는 짓은 다 밉게만 보인다는 말.

미운 마누라가 죽젓광이에 이 죽인다
미운 벌레 모로 긴다

미운 것이 더 밉살스러운 짓만 골라 하는 것을 빗대어 이르는 말.

같은 속담 미운 중놈이 고깔을 모로 쓰고 이래도 밉소 한다 • 흉한 벌레 모로 긴다

낱말 풀이 **죽젓광이** 죽을 쑬 때 고르게 끓게 하려고 휘젓는 나무 방망이.

미운 사람 고운 데 없고 고운 사람 미운 데 없다

한번 좋게 본 사람은 하는 일마다 곱게 보이고 한번 밉게 본 사람은 하는 짓마다 밉게 보인다는 말.

같은 속담 고운 사람 미운 데 없고 미운 사람 고운 데 없다

미운 사람에게는 쫓아가 인사한다
미운 아이[놈] 떡 하나 더 준다
미운 아이 먼저 품어라

미워하는 사람일수록 뒷일을 생각하여 더 친절하고 잘 대해 주어야 한다는 말.

같은 속담 미운 자식 밥 많이 먹인다 • 미운 쥐도 품에 품는다

미운 열 사위 없고 고운 외며느리 없다

옛날에, 사위는 열이라도 다 밉지 않은데 며느리는 하나인데도 곱지 않다는 뜻으로, 사위는 덮어놓고 귀하게 여기고 며느리는 덮어놓고 미워하는 시어머니의 마음을 빗대어 이르던 말.

미운 일곱 살

어린아이들이 일곱 살쯤 되면 말도 가장 안 듣고 말썽도 많이 피운다는 말.

미운 자식 밥 많이 먹인다
미운 자식 밥으로 키운다

1. 미워하는 사람일수록 뒷일을 생각하여 더 친절하고 잘 대해 주어야 한다는 말. 2. 아이들에게 밥을 많이 먹이는 것은 좋지 않다는 말.

같은 속담 미운 사람에게는 쫓아가 인사한다

미운 정 고운 정

오랫동안 함께 지내면서 뜻이 맞지 않아 티격태격하기도 했지만 이런저런 고비를 잘 넘기고 깊이 든 정을 이르는 말.

같은 속담 고운 정 미운 정

미운 중놈이 고깔을 모로 쓰고 이래도 밉소 한다

미워하는 중이 바로 써야 할 고깔을 삐딱하게 쓰고 멋있냐고 묻는다는 뜻으로, 미운 것이 더 밉살스러운 짓만 골라 하는 것을 빗대어 이르는 말.

같은 속담 미운 마누라가 죽젓광이에 이 죽인다

낱말 풀이 **고깔** 중이나 무당 또는 풍물패들이 머리에 쓰는 세모꼴 모자.

ㅁ

미운 쥐도 품에 품는다

'미운 사람에게는 쫓아가 인사한다'와 같은 속담.

미운 파리 잡으려다 성한 팔이 상한다

밉살스럽게 달라붙는 파리를 잡으려다가 멀쩡한 팔을 다치게 한다는 뜻으로, 나쁜 것을 없애려고 서툴게 굴다가는 오히려 귀한 것을 잃을 수 있으니 모든 일을 잘 생각해서 하라고 가르쳐 이르는 말.

미운 파리 치려다 고운 파리 상한다

좋지 않은 사람을 치려다 도리어 좋은 사람이 해를 입는다는 말.

미운 풀이 죽으면 고운 풀도 죽는다

나쁜 것을 없애려다 보면 좋은 것이나 귀한 것도 적지 않게 해를 입게 된다고 빗대어 이르는 말.

미워도 내 남편 고와도 내 남편

미우나 고우나 한번 연을 맺은 사람은 자기에게 귀한 사람이라는 말.

같은 속담 고와도 내 님 미워도 내 님

미장이에 호미는 있으나 마나

집을 짓거나 고치는 일을 하는 미장이한테 밭맬 때 쓰는 호미는 있으나 마나 하다는 뜻으로, 남한테는 중요하고 쓸모 있는 물건이라도 제게는 아무 쓸모가 없는 경우에 빗대어 이르는 말.

같은 속담 갖바치에 풀무는 있으나 마나

낱말 풀이 **미장이** 건물을 지을 때 벽이나 천장, 바닥에 흙, 회, 시멘트 따위를 바르는 일을 하는 사람.

미장이의 비비송곳 같다

깊은 생각에 빠져 속을 태우며 되풀이하여 걱정하는 것을 빗대어 이르는 말.

낱말 풀이 **비비송곳** 자루를 두 손바닥으로 비벼서 구멍을 뚫는 송곳.

미주알고주알 (밑두리콧두리) 캔다

시시콜콜한 것까지 속속들이 캐묻거나 알아보는 경우에 빗대어 이르는 말.

낱말 풀이 **미주알고주알** 아주 사소한 일까지 속속들이. **밑두리콧두리** 확실히 알려고 자꾸 캐묻는 근본.

ㅁ

미지근해도 흥정은 잘한다

성격이 느긋하고 좀 어리석어도 사고파는 일은 잘한다는 뜻으로, 누구나 다 한 가지 재주는 있다고 빗대어 이르는 말.

미치광이 풋나물 캐듯

미친 사람이 널려 있는 풋나물을 닥치는 대로 쥐어뜯듯 한다는 뜻으로, 일솜씨가 몹시 거친 것을 욕으로 이르는 말.

같은 속담 미친년 달래 캐듯

미친개가 달밤에 달을 보고 짖는다

개는 흔히 낯선 사람을 보고 짖는데 미친개는 달을 보고 큰일이 난 듯이 짖어 댄다는 뜻으로, 작은 일에 괜히 법석대며 시끄럽게 구는 것을 빗대어 이르는 말.

미친개가 천연한 체한다

미친개가 안 미친 척 군다는 뜻으로, 못된 사람이 짐짓 점잖은 체하거나 탈이 났는데도 온전한 체하는 경우에 비웃어 이르는 말.

낱말 풀이 **천연하다** 시치미를 뚝 떼어 겉으로는 아무렇지 아니한 듯하다.

미친개가 호랑이 잡는다

미친개가 날뛰다가 호랑이까지 잡는다는 뜻으로, 미쳐서 겁 없이 날뛰는 사람은 어떤 무서운 짓을 저지를지 모르니 조심하라는 말.

미친개 눈엔 몽둥이만 보인다

1. 미친개는 몽둥이로 다스리기 때문에 그 눈에는 몽둥이만 무섭게 어른거린다는 뜻으로, 무엇에 한번 되게 혼이 난 뒤에는 비슷한 것만 보아도 겁을 먹고 무서워하는 것을 빗대어 이르는 말. 2. 자기가 늘 관심 있는 것은 눈에 잘 띈다고 빗대어 이르는 말.

미친개 범 물어 간 것 같다

성가시게 굴던 미친개를 범이 잡아가서 몹시 시원하다는 뜻으로, 괴롭히거나 성가시게 굴던 것이 없어져서 속이 몹시 시원하다고 빗대어 이르는 말.

같은 속담 도적고양이 범 물어 간 것만 하다 • 범이 미친개 물어 간 것 같다

미친개에게는 몽둥이가 제격
미친개에게는 몽둥이찜질이 제일

미친 듯이 함부로 날뛰는 사람은 무섭게 다스려야 한다는 말.

미친개 친 몽둥이 삼[십] 년 우린다

미친개를 잡는 데 쓴 몽둥이를 삼 년이나 우려먹는다는 뜻으로, 별 볼 일 없는 것이나 하찮은 자랑을 오래 두고 되풀이하는 것을 비웃어 이르는 말.

미친개 풀 먹듯

미친개가 이 풀 저 풀 냄새를 맡고 짓씹어 보듯 한다는 뜻으로, 이것저것 가리지 않고 집어 먹어 보는 모양을 비웃어 이르는 말.

미친년 널뛰듯

미친 여자가 재미도 모르고 널을 뛴다는 뜻으로, 멋모르고 미친 듯이 행동하는 모양을 빗대어 이르는 말.

낱말 풀이 **널뛰다** 널뛰기를 하다. 널뛰기는 긴 널빤지의 중간을 짚단이나 가마니 따위로 괴어 놓고 양쪽 끝에 한 사람씩 올라서서 번갈아 뛰어 오르는 놀이이다.

ㅁ

미친년 달래 캐듯
미친년 방아 찧듯

'미치광이 풋나물 캐듯'과 같은 속담.

미친 사람의 말에서도 얻어들을 것이 있다

정신이 들락날락하는 미친 사람의 말에도 귀담아들을 것이 있다는 뜻으로, 남이 하는 말을 귀담아들어야 한다고 가르쳐 이르는 말.

미친 체하고 떡시루에 엎어진다
미친 체하고 떡판[떡 고리짝]에 엎드러진다

떡을 먹고 싶어서 짐짓 미친 체하면서 떡판에 넘어진다는 뜻으로, 잘 알면서도 일부러 모르는 체하고 슬그머니 제 잇속을 차리려는 짓을 빗대어 이르는 말.

민심은 천심

백성의 마음은 곧 하늘의 뜻과 같다는 뜻으로, 백성의 마음을 저버려서는 안 된다는 말.

믿기는 신주 믿듯 (한다)

옳고 그름을 따지지 않고 마냥 굳게 믿는 것을 빗대어 이르는 말.

믿는 나무에 곰이 핀다
믿는 나무에 곰팡이 앉는다

성한 나무에 곰팡이가 슬었다는 뜻으로, 1. 굳게 믿었던 사람이 그 믿음을 저버리는 경우에 빗대어 이르는 말. 2. 공들이고 꼭 잘되리라 믿었던 일이 뜻밖에 어그러진 경우에 빗대어 이르는 말.

같은 속담 공든 탑이 무너지고 믿는 나무에 곰이 핀다

믿는 도끼에 발등 찍힌다
믿던 발에 돌 찍힌다
믿었던 돌에 발부리 채었다

제 도끼에 제 발등을 찍혔다는 뜻으로, 잘되리라 생각했던 일이 어긋나거나 믿었던 사람이 등을 돌리고 오히려 해를 입히는 경우에 빗대어 이르는 말.

같은 속담 낯익은 도끼에 발등 찍힌다 • 아는 도끼에 발등 찍힌다

밀가루 장사 하면 바람이 불고 소금 장사 하면 비가 온다

밀가루 장사를 하려 하면 바람이 불어 가루가 날리고 소금 장사를 하려 하면 비가 내려 소금이 다 녹는다는 뜻으로, 하는 일마다 뜻대로 되지 않고 어긋나거나 틀어지는 경우에 빗대어 이르는 말.

같은 속담 가루 팔러 가니 바람이 불고 소금 팔러 가니 이슬비 온다 • 소금을 팔러 나섰더니 비가 온다 • 소금 팔러[타러] 가면 비가 오고 가루 팔러 가면 바람 분다

밀기름 새옹에 밥을 지어 귀이개로 퍼서 먹겠다

1. 밀랍을 끓여 녹이는 작은 놋그릇에 밥을 지어 귀이개로 퍼서 먹겠다는 뜻으로, 세상이 망하게 되면 있을 괴상한 짓을 함을 빗대어 이르는 말. 2. 얼토당토않은 잔재주나 잔꾀를 부림을 빗대어 이르는 말. 3. 지나치게 좀스럽고 쩨쩨한 사람을 비웃어 이르는 말.

같은 속담 고추 나무에 그네를 뛰고 잣 껍질로 배를 만들어 타겠다

낱말 풀이 **밀기름** 밀랍과 참기름을 섞어서 끓여 만든 머릿기름. **새옹** 놋쇠로 만든 작은 솥.

밀물에 꺽저기 뛰듯

밀물이 들어오니 잔물고기인 꺽저기가 좋아라 뛴다는 뜻으로, 똑똑하지 못한 사람이 제 세상이나 만난 것처럼 날뛰는 모양을 비웃어 이르는 말.

낱말 풀이 **꺽저기** 꺽짓과의 민물고기. 꺽지와 비슷한데 조금 작으며, 갈색 바탕에 붉은 가로줄이 있다.

ㅁ

밀밭도 못 지나간다

술을 아예 못 마시는 사람을 놀리어 이르는 말.

같은 속담 밀밭만 지나가도 주정한다[취한다]

밀밭만 지나가도 주정한다[취한다]

밀로 술을 빚으려면 밀을 베고 털고 찧어서 누룩을 만들어야 하는데 밀밭만 지나가도 술을 마신 것처럼 취한다는 뜻으로, 1. 술을 아예 못 마시는 사람을 놀리어 이르는 말. 2. 성미가 급하여 몹시 서두르는 사람을 놀리어 이르는 말.

같은 속담 밀밭도 못 지나간다 • 보리밭만 지나가도 주정한다

밉다고 차 버리면 떡고리에 자빠진다

1. 남이 미워서 한 짓이 도리어 남에게 더 이로운 일이 된 경우를 빗대어 이르는 말. 2. 밉다니까 더욱 밉게 구는 경우를 빗대어 이르는 말.

밉다니까 돈 꿔 달란다
밉다니까 저고리 안 고름감 사 달란다

미워서 보기 싫다는데 돈까지 꿔 달라고 한다는 뜻으로, 미운 사람은 하는 짓마다 더 밉게만 보인다고 빗대어 이르는 말.

밉다 하니 업자 한다

미운 사람이 더 미운 짓만 한다는 말.

밑구멍으로 노 꼰다
밑구멍으로 숨 쉰다
밑구멍으로[밑으로] 호박씨 깐다

겉으로는 점잖은 체, 어리석은 체하면서 남이 보지 않은 곳에서는 엉큼한 짓이나 뜻밖의 행동을 하는 사람을 비꼬아 이르는 말.

같은 속담 뒤로[뒤에서] 호박씨 깐다 • 뒷구멍으로 호박씨 깐다 • 똥구멍으로 호박씨[수박씨] 깐다 • 수박씨(를) 깐다

밑구멍은 들출수록 구린내만 난다

캐면 캘수록 숨기고 있는 좋지 않은 사실만 더욱 드러나게 되는 경우에 이르는 말.

밑구멍이 웃는다

하도 우스꽝스러워 똥구멍이 다 웃겠다는 뜻으로, 매우 어이없는 경우를 이르는 말.

밑구멍이 찢어지게[째지게] 가난하다

몹시 가난한 살림살이를 빗대어 이르는 말.

같은 속담 가랑이가 찢어지게 가난하다 • 똥구멍이 찢어지게 가난하다

밑돌 빼서 윗돌 고인다

밑돌을 빼면 윗돌이 내려앉기 때문에 빼낸 돌을 다시 그 위에 쌓아야 보람이 없다는 뜻으로, 일한 보람이 없이 어리석은 짓을 하는 경우를 빗대어 이르는 말.

밑 빠진 독[가마/항아리]에 물 붓기
밑 빠진 독에 물 채우기

밑 빠진 독에는 물을 아무리 부어도 물이 다 새어 나간다는 뜻으로, 아무리 애쓰거나 밑천을 들여도 보람 없는 일을 빗대어 이르는 말.

같은 속담 시루에 물 퍼붓기 • 조리로 물 푸기

읽을거리 옛날에 착하고 예쁜 콩쥐가 살았어. 콩쥐는 새어머니와 새어머니의 친딸인 팥쥐에게 구박을 받으며 살았어. 어느 날 나라에서 잔치가 열렸는데 새어머니가 팥쥐만 잔치에 데리고 가는 거야. 그러면서 콩쥐에게는 밑 빠진 독에 물을 가득 채워 놓으라고 했어. 그런데 밑 빠진 독에 어떻게 물을 채우겠어? 콩쥐는 애써 보다가 그만 주저앉아 울고 말았지. 그때 두꺼비가 나타나서 밑 빠진 독을 제 몸으로 메꾸어 주었어. 콩쥐는 두꺼비 덕분에 밑 빠진 독을 채웠다지.

밑 빠진 동이에 물 괴거든

도무지 이루어질 수 없는 일을 조건으로 내세우며 하는 말.

밑알을 넣어야 알을 내어 먹는다

닭 둥지에 밑알을 넣어 두어야 닭이 알을 낳는다는 뜻으로, 무슨 일이든 밑천을 들여야 얻는 것이 있다고 빗대어 이르는 말.

낱말 풀이 **밑알** 암탉이 알 낳을 자리를 바로 찾아들도록 둥지에 넣어 두는 달걀.

밑져야 본전

밑진다고 해도 처음 들인 돈은 남아 있다는 뜻으로, 일이 잘못되어도 손해될 것은 없으니 한번 해 볼 만하다고 이르는 말.

낱말 풀이 **본전** 장사나 사업을 할 때 본밑천으로 들인 돈.

바가지(를) 씌우다

요금이나 물건값을 실제보다 많이 내게 하여 억울한 손해를 입힌다는 관용 표현.

바가지

낱말 풀이 **바가지** 1. 물을 푸거나 물건을 담는 데 쓰는 그릇. 2. 물이나 곡식을 담아 그 분량을 세는 단위. 3. 물건값이 실제 값보다 훨씬 더 비쌈.

바느질아치는 가위질을 더디게 한다

바느질로 먹고사는 사람은 가위질을 아주 조심스럽게 한다는 뜻으로, 어떤 일에 경험이 많고 익숙한 사람일수록 실수가 없도록 더 조심스럽게 행동한다는 말.

바늘 가는 데 실 가고 바람 가는 데 구름 간다
바늘 가는 데 실 간다

바늘과 실, 바람과 구름이 늘 붙어 다니듯이, 서로 늘 붙어 다니는 가까운 사이를 빗대어 이르는 말.

같은 속담 구름 갈 제 비가 간다 • 꺽꺽 푸드득 장끼 갈 제 아로롱 까투리 따라가듯 • 녹수 갈 제 원앙 가듯 • 바늘 따라 실 간다 • 바람 간 데 범 간다 • 범 가는 데 바람 간다 • 봉 가는 데 황 간다 • 실 가는 데 바늘도 간다 • 용 가는 데 구름 가고 범 가는 데 바람 간다

읽을거리 바늘은 옷 따위를 짓거나 꿰매는 데 쓰는, 가늘고 끝이 뾰족한 물건이야. 한쪽 끝에 있는 작은 구멍에 실을 꿰어서 쓰지. 바늘은 아주 오래전부터 만들어 썼어. 지금은 쇠로 바늘을 만들지만 쇠가 있기 전에는 물고기 가시나 짐승의 가는 뼈를 갈아 만들었어. 우리나라에서는 금은으로 만든 바늘이 발견되기도 했어. 옛날에는 집집마다 바느질하는 게 일이었지. 오죽하면 바늘을 실, 가위, 인두, 자, 골무,

다리미와 함께 집안 여자들에게 꼭 필요한 일곱 동무라고 했겠어. 바느질할 때 쓰는 바늘꽂이도 있는데, 그건 헝겊 속에 솜이나 머리카락 같은 것을 넣어서 만들었어. 바늘은 굵기나 길이에 따라 쓰임새가 달라. 고운 바늘은 가는 천으로 옷을 지을 때, 중바늘은 굵은 옷감으로 옷을 지을 때, 굵은 바늘은 이불을 꿰맬 때 썼어. 바늘을 세는 단위를 '쌈'이라고 하는데, 한 쌈은 바늘 스물네 개를 이르는 말이야. 바늘은 세계적으로도 역사적으로도 매우 오래되고 아직도 쓰임이 많은 물건이야.

바늘 가진 사람이 도끼 가진 사람 이긴다

1. 보잘것없는 수단을 가진 사람이 경쟁에서 이기는 경우를 이르는 말. 2. 작다고 상대를 깔보다가는 도리어 보잘것없는 사람에게 당할 수 있다는 말.

같은 속담 도끼 가진 놈이 바늘 가진 놈을 못 당한다

바늘구멍으로 코끼리를 몰라 한다

몸집이 엄청 큰 코끼리를 작은 바늘구멍으로 몰라고 한다는 뜻으로, 도무지 될 수 없는 일을 억지로 하라고 하는 경우를 빗대어 이르는 말.

바늘구멍으로 하늘 보기

아주 작은 바늘구멍으로 넓디넓은 하늘을 본다는 뜻으로, 전체를 두루 살피지 못하는 매우 좁은 생각을 비웃어 이르는 말.

같은 속담 댓구멍으로 하늘을 본다

바늘구멍으로 황소바람 들어온다

추운 겨울에는 바늘귀같이 작은 구멍으로도 센바람이 들어온다는 뜻으로, 아무리 작은 일이라도 소홀하게 여겨서는 안 된다고 빗대어 이르는 말.

낱말 풀이 **황소바람** 좁은 틈으로 들어오는 센바람.

바늘 끝만 한 일을 보면 쇠공이만큼 늘어놓는다

바늘 끝만 한 아주 작은 일을 보고 쇠공이만큼 부풀려서 늘어놓는다는 뜻으로, 작은 일을 크게 부풀려 이야기하는 경우를 빗대어 이르는 말.

낱말 풀이 **쇠공이** 쇠로 만든 공이. 쇠 절구에 든 물건을 찧거나 빻을 때 쓴다.

바늘 끝에 알을 올려놓지 못한다

1. 도무지 할 수 없는 일을 빗대어 이르는 말. 2. 얼핏 보기에 하기 쉬운 듯하지만 막상 해 보면 하기 어려운 일을 빗대어 이르는 말.

바늘 넣고 도끼 낚는다[나온다]

바늘로 낚시를 만들어서 물에 빠진 도끼를 낚는다는 뜻으로, 적은 밑천을 들여서 매우 큰 이득을 얻는 경우에 빗대어 이르는 말.

같은 속담 바늘 주고 방앗공이 낚는다

바늘 도둑이 소도둑 된다

작은 바늘을 훔치던 사람이 나중에 소까지 훔친다는 뜻으로, 자잘한 나쁜 짓을 자꾸 하다 보면 나중에는 큰 죄를 저지르게 된다고 빗대어 이르는 말.

같은 속담 바늘 쌈지[상자]에서 도둑이 난다

바늘 들고[쥐고] 바늘 찾는다[찾기]

제 손에 바늘을 쥐고 그 바늘을 찾는다는 뜻으로, 무엇을 자기 몸에 지니거나 가까이 두고도 그것을 모르고 찾아 헤매는 경우를 빗대어 이르는 말.

바늘 따라 실 간다

'바늘 가는 데 실 가고 바람 가는 데 구름 간다'와 같은 속담.

바늘로 몽둥이 막는다

몽둥이로 내려치는데 아주 작은 바늘로 막으려 한다는 뜻으로, 도무지 상대가 안 되는 적은 힘으로 큰 것을 막으려는 어리석음을 비웃어 이르는 말.

바늘로 찔러도 피 나올 데가 없다
바늘로 찔러도 피 한 방울 안 난다

1. 매우 야무지고 단단하게 생긴 사람을 빗대어 이르는 말. 2. 고지식하고 빈틈이 없는 사람을 빗대어 이르는 말. 3. 지독한 구두쇠를 빗대어 이르는 말.

바늘만큼 시작된 싸움이 홍두깨만큼 커진다

처음에는 하찮은 일로 옥신각신하던 것이 차츰 커져서 큰 싸움으로 번진다는 뜻으로, 대수롭지 않은 일이 점차 큰 화로 번지는 것을 빗대어 이르는 말.

같은 속담 아이 싸움이 어른 싸움 된다 • 어린애 싸움이 어른 싸움 된다

바늘방석에 앉은 것 같다

마치 바늘로 만든 깔개 위에 앉은 것처럼, 앉아 있기에 몹시 거북하고 불안한 자리를 빗대어 이르는 말.

바늘보다 실이 굵다

바늘귀에 꿰어야 할 실이 바늘보다 굵다는 뜻으로, 사리에 맞지 않게 거꾸로 된 경우를 빗대어 이르는 말.

바늘뼈에 두부살

뼈는 바늘같이 가늘고 살은 두부같이 무르다는 뜻으로, 몸이 아주 연약한 사람을 놀리어 이르는 말.

같은 속담 두부살에 바늘뼈

바늘 쌈지[상자]에서 도둑이 난다

'바늘 도둑이 소도둑 된다'와 같은 속담.

낱말 풀이 **쌈지** 동전이나 바늘 따위를 넣어 두는 작은 주머니. 종이, 헝겊, 가죽 따위로 만든다.

바늘 잃고 도끼 낚는다

작은 것을 잃고 큰 것을 얻는 경우를 빗대어 이르는 말.

바늘 주고 방앗공이 낚는다

'바늘 넣고 도끼 낚는다[나온다]'와 같은 속담.

낱말 풀이 **방앗공이** 방아확 속에 든 곡식을 찧는 데 쓰는 길쭉한 몽둥이.

바다는 메워도 사람의 욕심은 못 채운다

넓고 깊은 바다는 메울 수 있을지언정 사람의 욕심은 채울 수 없다는 뜻으로, 사람의 욕심은 끝이 없다고 빗대어 이르는 말.

같은 속담 되면 더 되고 싶다 • 말 타면 경마 잡히고 싶다

바다로 나가야 할 배가 산으로 올라간다

물길을 따라 바다로 나가야 할 배가 엉뚱하게 산으로 올라간다는 뜻으로, 방향을 바로잡지 못하고 아예 딴 방향으로 헛들어 잘못된 길을 걷는 경우를 빗대어 이르는 말.

바다에 가서 토끼 찾기

뭍에 사는 토끼를 바다에 가서 찾는다는 뜻으로, 엉뚱한 곳에 가서 도무지 할 수 없거나 될 리 없는 일을 하려고 애쓰는 어리석음을 빗대어 이르는 말.

같은 속담 나무에서 고기를 찾는다 • 산에서 물고기 잡기 • 솔밭에 가서 고기 낚기

바다에 떨어진 바늘을 찾는 격
바닷가에 떨어진 구슬을 찾는 격

1. 아무리 애를 써도 찾아내기가 몹시 어렵고 힘든 경우를 빗대어 이르는 말.
2. 도무지 이루기 어려운 것을 이루어 보려고 애쓰는 것을 빗대어 이르는 말.

같은 속담 가랑잎에 떨어진 좁쌀알 찾기 • 감자밭에서 바늘 찾는다 • 검불밭에서 수은 찾기 • 겨자씨 속에서 담배씨(를) 찾는 격 • 잔디밭에서 바늘 찾기 • 짚 속에 묻힌 바늘

바닷가 개는 호랑이[범] 무서운 줄 모른다

바닷가에서 사는 개는 범을 본 적이 없어서 범을 무서워하지 않는다는 뜻으로, 겪어 보지 않아서 잘 모르거나 어리석어서 세상 돌아가는 일에 어두운 사람을 빗대어 이르는 말.

같은 속담 미련한 송아지 백정을 모른다

바닷속의 좁쌀알 같다

넓고 깊은 바닷속에 있는 조그만 좁쌀알 같다는 뜻으로, 서로 견줄 수 없을 만큼 매우 보잘것없거나 아주 작고 하찮은 것을 빗대어 이르는 말.

바람 간 데 범 간다

'바늘 가는 데 실 가고 바람 가는 데 구름 간다'와 같은 속담.

바람결에 날려[불려] 왔나 떼구름에 싸여 왔나

몹시 기다리던 것이 뜻밖에 갑자기 나타났을 때 이르는 말.

바람도 올바람이 낫다

다 같은 바람이라도 일찍 부는 바람이 그래도 덜 차고 피해도 적다는 뜻으로, 아무래도 겪어야 할 일이면 괴로워도 먼저 치르는 것이 낫다는 말.

같은 속담 매도 먼저 맞는 놈이 낫다

날말 풀이 **올바람** 바람이 많이 부는 철에 앞서 부는 바람.

바람도 지난 바람이 낫다

사람은 무엇이든 이미 지나간 일이나 때를 더 좋게 여기기 마련이라는 말.

바람도 타향에서 맞는 바람이 더 차고 시리다

같은 고생도 제집에서 겪는 것보다 객지에서 겪는 것이 더 힘겹고 괴롭다는 말.

바람 따라 구름 가고 구름 따라 용이 간다

바람이 부는 대로 구름이 흘러가고 구름이 가는 데에 용이 간다는 뜻으로, 어떤 현상들이 서로 밀접하게 연관되어 있다는 말.

같은 속담 구름 따라 용이 가고 바람 따라 구름 간다

바람 따라 돛을 단다[올린다]

1. 바람 방향이나 빠르기를 살펴 가며 돛을 단다는 뜻으로, 때를 잘 맞추어서 일을 벌여야 성과를 거둘 수 있다고 빗대어 이르는 말. 2. 뚜렷한 제 뜻과 생각은 없이 세상 형편이 돌아가는 대로 이리저리 따르는 모양을 빗대어 이르는 말.

같은 속담 바람 부는 대로 물결 치는 대로

바람 먹고 구름 똥 싼다

바람을 먹고 둥둥 떠가는 구름 같은 똥을 싼다는 뜻으로, 헛되고 미덥지 못한 짓만 하는 사람을 비웃어 이르는 말.

바람받이에 선 촛불

바람을 몹시 받는 곳에 둔 촛불이란 뜻으로, 마음을 놓을 수 없을 만큼 몹시 위태로운 처지에 놓여 있음을 빗대어 이르는 말.

같은 속담 바람 앞의 등불

바람벽에도 귀가 있다

바람벽에도 귀가 있어 몰래 한 말도 다 듣는다는 뜻으로, 언제 어디에서라도 말을 함부로 하지 말고 조심해야 한다고 빗대어 이르는 말.

낱말 풀이 **바람벽** 방과 방 사이나 집 둘레에 세운 벽.

ㅂ

바람벽에 돌 붙나 보지

벽에는 돌을 붙이려 해도 안 붙는다는 뜻으로, 되지도 않을 일이거나 오래 견디지 못할 일이면 아예 하지도 말라는 말.

바람 부는 날 가루 팔러 가듯

가루를 펼쳐 놓지도 못할 정도로 바람이 부는 날에 가루를 팔러 간다는 뜻으로, 모든 일에서 알맞은 기회를 알지 못하고 일을 벌임을 빗대어 이르는 말.

바람 부는 대로 물결 치는 대로
바람 부는 대로 살다[돛을 단다]
바람세에 맞추어 돛을 단다

뚜렷한 제 뜻과 생각은 없이 세상 형편이 돌아가는 대로 이리저리 따르는 모양을 빗대어 이르는 말.

같은 속담 바람 따라 돛을 단다[올린다]

바람 앞의 등불

'바람받이에 선 촛불'과 같은 속담.

바람은 불다 불다 그친다

1. 바람은 불다가도 어느 때가 되면 잠잠해지기 마련이라는 뜻으로, 모질고 사납게 굴던 현상이 어느 고비를 지나면서 숙어 드는 경우를 빗대어 이르는 말.
2. 화를 내며 펄펄 뛰어도 가만두면 제풀에 조용해진다고 빗대어 이르는 말.

바람이 불어야 배가 가지

돛단배는 바람이 불어야 갈 수 있다는 뜻으로, 어떤 일이든 기회나 조건이 맞아야 제대로 이루어질 수 있다고 빗대어 이르는 말.

같은 속담 물이 가야[와야] 배가 오지

바른말 하는 사람 귀염 못 받는다

남의 잘못에 대해 따지고 이치에 맞는 말만 하는 사람은 모두가 꺼린다는 뜻으로, 남의 비위를 건드리는 말은 될수록 삼가는 것이 좋다는 말.

바보는 약으로 못 고친다

날 때부터 못나고 어리석은 사람은 어쩔 수 없다는 말.

바쁘게 찧는 방아에도 손 놀 틈이 있다

아무리 바삐 방아를 찧어도 손으로 절구 속 낟알을 고루 펴 줄 만한 틈이 있다는 뜻으로, 아무리 바쁜 때라도 틈을 낼 수 있음을 빗대어 이르는 말.

같은 속담 세우 찧는 절구에도 손 들어갈 때 있다

읽을거리 방아는 곡식의 겉껍질을 벗기거나 빻아서 가루를 내는 데 쓰는 연장이야. 나무로 만든 건 나무방아, 돌로 만든 건 돌방아, 흙으로 만든 건 흙방아

물레방아

야. 절구나 맷돌도 방아 가운데 하나야. 물의 힘으로 돌리는 물방아나 물레방아도 있고, 두 사람이 마주 서서 찧는 디딜방아도 있어. 연자방아는 소나 말이 돌리는 방아야. 요즘은 모심기부터 곡식을 거두고 빻는 일까지 거의 다 기계로 하지만 기계가 없던 옛날에는 방아가 중요한 농기구이면서 살림살이였어.

바쁘다고 물보리 가을할까

아무리 바쁘다고 해도 아직 익지 않은 풋보리를 거두어들일 수 없다는 뜻으로, 1. 아무리 급해도 안 되는 일을 억지로 할 수는 없다고 빗대어 이르는 말. 2. 어떤 일이나 다 순서와 방법이 있어서 그것을 어겨서는 안 된다고 빗대어 이르는 말.

낱말 풀이 **물보리** 아직 여물지 않아 물기가 많은 보리.

바쁜 살림에 늙는 줄 모른다

바삐 돌아가는 살림살이에 어느새 시간이 가고 나이를 먹는지 알지 못한다는 뜻으로, 일에 매달려 바쁘게 살다 보면 세월이 가는 줄 모른다는 말.

바위도 힘을 합하면 뽑는다

작고 약한 것도 여럿이 한데 뭉치면 큰일을 이룰 수 있다고 빗대어 이르는 말.

같은 속담 개미 천 마리면 맹돌을 굴린다 • 모기도 모이면 천둥소리 난다 • 좀개도 많으면 범을 잡는다

바위를 차면 제 발부리만 아프다

성이 난다고 함부로 화풀이를 하다가 도리어 자기가 해를 입는 경우에 빗대어 이르는 말.

같은 속담 돌부리를 걷어차면 내 발만 아프다 • 돌을 차면 발부리만 아프다 • 성나 바위 차기 • 성내어 바위를 차니 발부리만 아프다

바위 속에도 용수가 있다

굳은 바위 속도 비집고 들어갈 틈이 있다는 뜻으로, 아무런 방법이 없어 보이는 경우라도 거기에는 반드시 해결할 길이 있다고 빗대어 이르는 말.

낱말 풀이 **용수** 솟아나는 물.

바위에 달걀 부딪치기
바위에 머리 받기

단단한 바위에 달걀을 친다는 뜻으로, 자기의 능력을 헤아리지 못하고 도무지 이길 수 없는 상대에 함부로 맞서는 어리석음을 빗대어 이르는 말.

같은 속담 계란으로 바위 치기 • 달걀로 바위[백운대/성] 치기

바지랑대로 하늘 재기

빨랫줄을 받치는 장대로 넓고 높은 하늘을 재려 한다는 뜻으로, 도무지 할 수 없는 일을 하겠다고 부질없이 덤비는 사람을 비웃어 이르는 말.

같은 속담 손가락으로 하늘 재기[찌르기] • 장대로 하늘 재기

낱말 풀이 **바지랑대** 빨랫줄을 받치는 긴 막대기.

바지저고리만 다닌다[앉았다]

사람의 몸뚱이는 없고 바지저고리만 걸어 다닌다는 뜻으로, 속도 없고 줏대도 없는 사람을 놀리어 이르는 말.

바짓가랑이에서 비파 소리가 난다
바짓가랑이에 자개바람이 인다

1. 매우 빠른 걸음걸이를 빗대어 이르는 말. 2. 어떤 일이 매우 급하게 진행되거나 몹시 바삐 움직이는 모양을 빗대어 이르는 말.

낱말 풀이 **자개바람** 요란한 소리를 내며 빠르게 일어나는 바람.

바퀴 떨어진[떼운] 달구지 신세

바퀴 없이 굴러갈 수 없는 달구지에서 바퀴가 떨어졌다는 뜻으로, 꼭 있어야 할 것이 없어서 아무 쓸모 없게 된 것을 빗대어 이르는 말.

낱말 풀이 **달구지** 소나 말이 끄는 짐수레.

달구지

ㅂ

바퀴 모르는 음식이 없다

바퀴벌레는 음식을 찾아 모여들기 때문에 모르는 음식이 없다는 뜻으로, 조금이라도 잇속이 있는 일이라면 덮어놓고 찾아다니는 경우를 비꼬아 이르는 말.

박달나무도 좀이 슨다

단단한 박달나무에도 좀이 알을 슬어 놓을 때가 있다는 뜻으로, 1. 아무리 몸이 튼튼한 사람도 병이 나거나 약해질 때가 있다고 빗대어 이르는 말. 2. 아무리 능력 있고 일을 잘하던 사람도 꾸준히 몸과 마음을 갈고 닦지 않으면 나중에는 뒤떨어지거나 자신을 망치게 된다고 빗대어 이르는 말.

박우물에 헤엄칠 사람

몸을 돌릴 자리조차 없는 얕은 우물에 들어가서 헤엄을 칠 사람이란 뜻으로, 너그럽지 못하고 생각이 좁은 사람을 비웃어 이르는 말.

낱말 풀이 **박우물** 바가지로 물을 뜰 수 있는 얕은 우물.

박쥐구실 새 편에 붙고 쥐 편에 붙는다

박쥐의 구실[두 마음]

박쥐가 제 잇속에 따라 새 편에 붙었다 쥐 편에 붙었다 한다는 뜻으로, 제 잇속만 채우려고 이리 붙었다 저리 붙었다 하는 행동을 빗대어 이르는 말.

같은 속담 새 편에 붙었다 쥐 편에 붙었다 한다

읽을거리 옛날부터 전해 내려온 동물 이야기에서 나온 말이야. 새들 가운데 으뜸이라는 봉황이 생일을 맞았어. 온갖 날짐승이 찾아와서 인사를 하는데 박쥐만 빠진 거야. 괘씸하게 여긴 봉황이 박쥐를 불러 꾸짖으니까 박쥐가 자기는 네 발이 달려서 들짐승이라는 거야. 얼마 뒤 길짐승 가운데 으뜸이라는 기린도 생일을 맞았어. 온갖 짐승들이 찾아와 인사를 하는데 박쥐만 안 오더래. 괘씸하게 여긴 기린이 박쥐를 불러 꾸짖으니 박쥐가 자기는 날개가 달려서 날짐승이라고 대꾸했어. 결국 박쥐는 날짐승과 길짐승 양쪽에서 미움을 받게 되어, 어두운 동굴 속에 숨어 있다가 밤에만 나오게 되었다지.

박한 술이 차보다 낫다

아무리 맛이 변변찮은 술이라도 차보다 낫다는 뜻으로, 없을 때에는 좋지 않은 것도 괜찮게 여기게 된다는 말.

낱말 풀이 **박하다** 맛이나 품질이 좋지 못하다.

밖에 나가 뺨 맞고 구들 위에 누워서 이불 차기

억울한 일을 당하고 엉뚱한 데서 화풀이하는 것을 빗대어 이르는 말.

같은 속담 서울서 매[뺨] 맞고 송도서[시골에서] 주먹질한다 • 읍에서 매 맞고 장거리에서 눈 흘긴다 • 종로에서 뺨 맞고 한강에서[빙고에서/한강에 가서/행랑 뒤에서] 눈 흘긴다

낱말 풀이 **구들** 아궁이에 불을 때어 방을 따뜻하게 하는 난방 시설.

반달 같은 딸 있으면 온달 같은 사위 삼겠다

고운 딸이 있어야 잘난 사위를 맞을 수 있다는 뜻으로, 1. 제 것이 좋아야 그에 걸맞은 좋은 것을 남에게 바랄 수 있음을 빗대어 이르는 말. 2. 자기에게 허물이 없어야 남에게도 허물이 없기를 바랄 수 있음을 빗대어 이르는 말.

반드럽기는 삼 년 묵은 물박달나무 방망이

삼 년씩이나 다루어 반들반들해진 물박달나무 방망이 같다는 뜻으로, 1. 남의 말을 잘 듣지 않고 요리조리 피하기만 하는 약삭빠른 사람을 빗대어 이르는 말. 2. 반들반들하여 쥐면 미끄러져 나갈 것 같은 것을 빗대어 이르는 말.

ㅂ

반딧불로 별을 대적하랴

1. 도무지 이길 수 없는 상대에 맞서 싸우려 할 때 놀리어 이르는 말. 2. 되지도 않을 일은 아무리 억지를 부려도 이루어지지 않는다고 이르는 말.

읽을거리 반딧불이는 반디, 반딧불, 개똥파리, 개똥벌레처럼 달리 부르는 이름이 많은 곤충이야. 옛날에는 집집마다 거름으로 쓰려고 음식 찌꺼기나 풀, 개나 소가 싸 놓은 똥까지 모아 두는 두엄이 있었어. 그런 두엄자리에서 반딧불이가 날아다니는 것을 보고 개똥이나 소똥에서 생겼다고 해서 개똥벌레라는 이름이 붙었다고도 하지. 어른벌레뿐 아니라 애벌레도 꽁무니에서 빛을 내는 반딧불이도 있어. 어른벌레는 짝을 찾아 짝짓기를 하려고 빛을 내지만, 애벌레는 짝짓기도 못하는데 왜 빛을 낼까? 그것은 '난 맛도 없고 내 몸에 독이 있으니 잡아먹지 마' 하며 자기를 보호하려는 거야.

반반한 숫돌은 부엌에 두어도 얽은 망은 방 안에 둔다

숫돌은 반반하여 보기 좋지만 쓰기 편하게 부엌에 두고 우툴두툴한 맷돌은 방에 두고 쓴다는 뜻으로, 사람이나 물건도 쓸모에 따라 두는 자리가 따로 있다고 빗대어 이르는 말.

반자가 얕다 하고 펄펄 뛴다

천장에 닿을 만큼 펄펄 뛴다는 뜻으로, 성이 몹시 나서 마구 날뛰는 것을 빗대어 이르는 말.

낱말 풀이 **반자** 지붕 밑이나 위층 바닥 밑을 가리기 위해 꾸민 각 방의 윗면.

반 잔 술에 눈물 나고 한 잔 술에 웃음 난다

술을 잔에 따라 줄 때 반만 채우면 몹시 섭섭해하지만 한 잔 가득 부으면 흐뭇해한다는 뜻으로, 남에게 무엇을 주려거든 넉넉하게 주어야지 인색하게 주면 오히려 인심을 잃기 쉽다는 말.

반지빠르기는 제일이라

똑똑한 체하나 실은 반지빨라서 하나도 쓸데가 없다는 뜻으로, 되지못한 사람이 우쭐거리며 건방지게 굴어서 아주 얄밉다는 말.

낱말 풀이 **반지빠르다** 1. 말이나 행동이 어수룩한 맛이 없이 얄밉게 약삭빠르다. 2. 잘난 체하고 건방지다.

반찬단지에 고양이 발 드나들듯

고양이가 반찬을 훔쳐 먹으려고 부지런히 반찬단지에 드나들듯 한다는 뜻으로, 어느 곳을 매우 자주 드나드는 모양을 빗대어 이르는 말.

같은 속담 다람쥐 도토리 방구리에 드나들듯 • 밤 소쿠리에 생쥐 드나들듯 • 조개젓 단지에 괭이[고양이] 발 드나들듯 • 팥죽 단지에 생쥐 달랑거리듯 • 풀 방구리에 쥐 드나들듯

반찬 먹은 개

반찬을 훔쳐 먹은 개가 꼼짝 못 하고 매를 맞듯이, 잘못을 저질러서 아무리 구박을 받아도 맞서지 못하는 처지를 빗대어 이르는 말.

반찬 먹은 고양이[괭이] 잡도리하듯

잘못을 저지른 사람을 호되게 혼내는 모양을 빗대어 이르는 말.

낱말 풀이 **잡도리하다** 아주 요란스럽게 나무라거나 닦달하다.

반찬 항아리가 열둘이라도 서방님 비위를 못 맞추겠다

열두 개나 되는 반찬 항아리에 갖가지 반찬을 장만해 두고 대접해도 남편 입맛이 어찌나 까다로운지 그 비위를 맞출 수 없다는 뜻으로, 1. 성미가 하도 까다로워서 도무지 비위 맞추기가 어려운 경우를 빗대어 이르는 말. 2. 값나가는 물건만으로는 남의 마음을 사기 어려움을 빗대어 이르는 말.

같은 속담 고추장 단지가 열둘이라도 서방님 비위를 못 맞춘다

반풍수 명산 폐묘시킨다
반풍수 집안 망친다

서투른 풍수가 아는 체하며 나서서 잘 쓴 산소를 못 쓰게 만든다는 뜻으로, 못난이가 잘된 일에 끼어들어 이러쿵저러쿵하다가 도리어 일을 망쳐 버린 경우를 빗대어 이르는 말.

낱말 풀이 **반풍수** 풍수지리에 대해 어지간한 지식이 있지만 서투른 사람. **폐묘** 못 쓰게 된 무덤.

받는 소는 소리 내지[치지] 않는다
받는 소는 씩 소리 없이 받는다

뿔로 받는 소는 아무 소리도 안 내고 있다가 눈 깜빡할 사이에 받는다는 뜻으로, 진짜로 힘과 능력이 있는 사람은 괜히 큰소리치지 않고 일을 해치운다는 말.

받아 놓은 당상

과거에 합격하여 당상관이란 높은 자리에 오르게 될 것이 틀림없다는 뜻으로,

일이 틀림없어 조금도 어긋나지 않음을 빗대어 이르는 말.

같은 속담 따 놓은 당상 • 떼어 놓은 당상 • 받아 놓은 밥상

받아 놓은 밥상

1. 밥상을 받아 놓고 그냥 물리지도 못하고 그렇다고 먹을 수도 없다는 뜻으로, 이러지도 저러지도 못하는 경우나 처지를 빗대어 이르는 말. 2. 일이 틀림없어 조금도 어긋나지 않음을 빗대어 이르는 말.

같은 속담 받아 놓은 당상

받은 밥상을 찬다

차례진 좋은 일이나 제게 들어온 복을 스스로 내버리는 것을 빗대어 이르는 말.

발가락의 티눈만큼도 안 여긴다

남을 몹시 업신여기거나 깔보는 것을 빗대어 이르는 말.

같은 속담 발새 티눈만도 못하다

발가벗고 달려드는 도깨비 부작을 써 붙여도 효험이 없다

부끄러운 줄도 모르고 발가벗고 달려드는 도깨비는 귀신을 쫓는 부적을 써 붙여도 통하지 않는다는 뜻으로, 죽기 살기로 체면 없이 달려드는 사람한테는 그 무엇으로도 당해 낼 수 없다고 빗대어 이르는 말.

낱말 풀이 **부작** '부적'의 변한말로, 귀신을 쫓으려고 글자나 그림을 그려 몸에 지니거나 벽에 붙이던 종이. **효험** 일이나 어떤 작용의 좋은 결과.

발가벗고 달밤에 체조한다

막되고 체면 없는 짓을 함을 빗대어 이르는 말.

발길도 이불깃을 봐 가면서 펴야 한다

1. 일을 할 때 어떤 결과가 나올지 생각하여 미리 살핀 뒤에 일을 시작하라는 말. 2. 때와 곳을 가려 행동하라는 말.

같은 속담 누울 자리 봐 가며 발을 뻗어라[편다] • 발 뻗을 자리를 보고 누우랬다 • 이부자리 보고 발을 펴라

낱말 풀이 **이불깃** 1. 덮을 때 사람 얼굴 쪽에 오는 이불의 윗부분. 2. 때가 많이 타는 이불 위쪽에 덧대는 천.

발등에 떨어진 불만 보고 염통 곪는 것은 못 본다

발등에 떨어진 불은 쉽게 볼 수 있지만 몸속에 있는 염통이 곪는 것은 못 본다는 뜻으로, 눈앞에 보이는 사소한 결함은 잘 알아도 눈에 보이지 않는 큰 결함이나 중대한 문제에 대해서는 잘 모름을 빗대어 이르는 말.

같은 속담 손톱 곪는 줄은 알아도 염통 곪는 줄은 모른다 • 염통에 고름 든 줄은 몰라도 손톱눈에 가시 든 줄은 안다

발등에 불(이) 떨어지다

일이 몹시 급하게 닥친 경우를 이르는 관용 표현.

발등에 오줌 싼다

몹시 바쁜 경우를 빗대어 이르는 말.

발등의 불을 끄다

눈앞에 닥친 급한 일이나 어려운 일을 처리하거나 해결한다는 관용 표현.

발바닥에 털 나겠다

가만히 앉아 빈둥거리거나 몸을 놀리기 싫어하는 것을 놀리어 이르는 말.

발바닥이 두터우면 뱃가죽도 두텁다

1. 발바닥이 두꺼운 것을 보면 뱃가죽까지 두꺼운 것을 알 수 있다는 뜻으로, 하나를 보면 전체를 알 수 있다고 빗대어 이르는 말. 2. 발바닥이 두꺼워지도록 부지런히 일하면 그만큼 살림이 넉넉해진다고 빗대어 이르는 말.

발바리 새끼 쫓겨 가자 미친개 뛰어든다

시끄럽게 구는 발바리를 쫓아내자 미친개가 뛰어든다는 뜻으로, 한 가지 위험을 피하고 나니 그보다 더 큰 위험이 들이닥치는 경우를 이르는 말.

같은 속담 노루 피하니 범이 온다 • 뒷문으로 이리가 나가니 앞문으로 호랑이가 들어온다 • 이리를 피하니 범이 앞을 막는다

낱말 풀이 **발바리** 1. 몸이 작고 다리가 짧아 발발거리는 개를 이르는 말. 2. 가볍고 조심성 없이 여기저기 잘 돌아다니는 사람을 빗대어 이르는 말.

발보다 발가락이 더 크다

1. 발보다 거기에 붙은 발가락이 더 크다는 뜻으로, 주된 것보다 곁딸린 것이 더 많거나 큰 경우를 빗대어 이르는 말. 2. 커야 할 것이 더 작고 작아야 할 것이 더 크다는 뜻으로, 일이 마땅한 도리와 반대가 되는 경우를 빗대어 이르는 말.

같은 속담 눈보다 동자가 크다 • 몸보다 배꼽이 더 크다 • 배보다 배꼽이 더 크다 • 아이보다 배꼽이 크다 • 얼굴보다 코가 더 크다

발 뺀을 자리를 보고 누우랬다

'발길도 이불깃을 봐 가면서 펴야 한다'와 같은 속담.

발새 티눈만도 못하다

'발가락의 티눈만큼도 안 여긴다'와 같은 속담.

낱말 풀이 **발새** 발가락과 발가락 사이. **티눈** 손이나 발에 생기는 사마귀 비슷한 굳은살.

발 없는 말이 천 리 간다

1. 말에는 비록 발이 없지만 잠깐 사이에 천 리 밖까지도 퍼져 나간다는 뜻으로, 어떤 소문이 멀리까지 퍼지는 경우에 빗대어 이르는 말. 2. 말은 입 밖에 나오기만 하면 잠깐 사이에 퍼져 나가므로 늘 말조심을 하라는 말.

발(을) 벗고 따라가도 못 따르겠다

신발까지 벗고 쫓아가도 따라가지 못하겠다는 뜻으로, 능력이나 수준이 너무 차이 나서 서로 겨루어도 도무지 상대가 되지 못하는 경우에 빗대어 이르는 말.

ㅂ

발(을) 벗고 환도 찬다

1. 마땅히 갖추어야 할 방비도 안 갖추고 누구에게 덤벼들어 해보겠다고 하는 사람을 비꼬아 이르는 말. 2. 아무 힘도 없는 사람이 허세를 부리며 날뛰는 꼴을 비웃어 이르는 말. 3. 도무지 어울리지 않는 짓을 함을 빗대어 이르는 말.

낱말 풀이 **환도** 옛날에, 군복에 갖추어 차던 긴 칼.

발을 씻고 달아난 박우물에 다시 찾아온다

다시는 안 마실 듯이 박우물에 발을 씻고는 나중에 목이 마르니까 다시 찾아온다는 뜻으로, 두 번 다시 안 볼 것처럼 굴어도 나중에 다시 만나 신세를 지거나 아쉬워할 때가 올 수 있으니 누구에게나 너그럽게 대하라는 말.

같은 속담 다시 긷지 아니한다고 이 우물에 똥을 눌까 • 똥 누고 간 우물도 다시 먹을 날이 있다 • 안 먹겠다 침 뱉은 물 돌아서서 다시 먹는다 • 이 샘물 안 먹는다고 똥 누고 가더니 그 물이 맑기도 전에 다시 와서 먹는다 • 이 우물에 똥을 누어도 다시 그 우물을 먹는다 • 침 뱉은 우물 다시 먹는다

발이 넓다

사귀어 아는 사람이 많거나 활동하는 범위가 넓다는 관용 표현.

발이 맏아들[사촌/의붓자식/효도 자식/효자]보다 낫다

맏아들보다도 마음대로 다닐 수 있는 제 다리가 더 낫다는 뜻으로, 제 몸을 움직여서 아무 데나 마음대로 갈 수 있는 것이 남이 해 주는 것보다 훨씬 낫다는 말.

같은 속담 다리가 의붓자식보다 낫다 • 다리뼈가 맏아들이라 • 정강이가 맏아들보다 낫다

발 큰 놈이 득이다

무슨 일이고 날쌘 사람이 먼저 이익을 차지한다고 빗대어 이르는 말.

밤꽃 머리에 비가 오면 밤이 잘 열린다
밤꽃이 피어 썩어지는 해는 밤이 잘 열린다

밤꽃이 한창 피고 질 무렵에 날씨가 덥고 비가 많이 오면 가을에 밤이 잘 열린다고 일러 오던 말.

밤꽃은 마른 땅에 떨어지지 않는다

밤꽃이 피고 질 무렵에는 흔히 비가 자주 온다고 일러 오던 말.

밤나무에서 은행이 열기를 바란다

되지도 않을 일을 바라는 경우를 빗대어 이르는 말.

밤눈 어두운 고양이

고양이는 주로 밤에 쥐를 잡기 때문에 밤눈이 밝은데 도리어 어둡다는 뜻으로, 제 분야에서 능력이 없거나 사람을 잘 가려보지 못하는 사람을 빗대어 이르는 말.

밤눈 어두운 말이 워낭 소리 듣고 따라간다

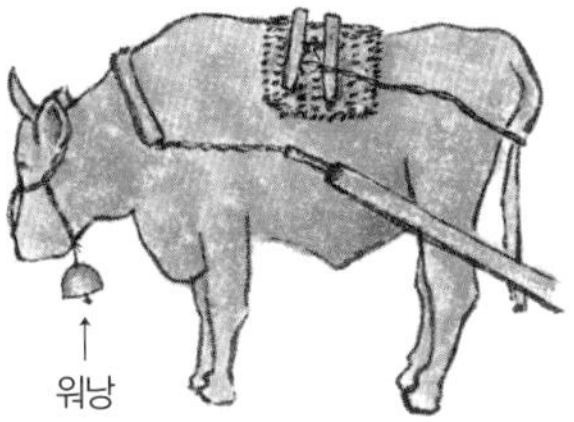

1. 밤눈 어두운 말이 자기 턱 밑에 달린 워낭 소리를 듣고 따라간다는 뜻으로, 자기 생각 없이 남이 이끄는 대로 덮어놓고 따라 하는 것을 빗대어 이르는 말. 2. 일에 서투른 사람이 능숙하게 잘하는 사람을 따라서 해낸다는 뜻으로 이르는 말.

같은 속담 눈 감고 따라간다 • 눈먼 말[망아지] 워낭 소리 따라간다

낱말 풀이 **워낭** 말이나 소의 턱밑에 늘여 단 방울.

ㅂ

밤눈이 오면 풍년 진다

겨울날 밤새 눈이 와서 수북이 쌓이면 그해 풍년이 든다고 일러 오던 말.

밤말은 쥐가 듣고 낮말은 새가 듣는다

1. 아무도 안 듣는 데서라도 말조심을 해야 한다는 말. 2. 아무리 남몰래 숨어서 한 말이라도 반드시 누군가의 귀에 들어가게 된다는 말.

같은 속담 낮말은 새가 듣고 밤말은 쥐가 듣는다

밤비에 자란 사람

밤사이에 내린 비를 맞고 자란 가냘픈 식물과 같다는 뜻으로, 1. 어리석고 야무지지 못한 사람을 놀리어 이르는 말. 2. 호리호리하게 키만 큰 사람을 놀리어 이르는 말.

밤새도록 가도 문 못 들기

밤새도록 갔으나 끝내 성문 안으로 들어가지 못했다는 뜻으로, 몹시 애를 썼지만 때맞춰 못 했기 때문에 애쓴 보람이 없게 된 경우에 빗대어 이르는 말.

밤새도록 물레질만 하겠다

1. 임을 기다리며 물레질만 하다가 괜히 밤을 새우겠다는 뜻으로, 뜻하는 바를 이루지 못하고 필요 없는 데에 시간을 들이는 경우에 빗대어 이르는 말. 2. 속셈은 딴 데 있으면서 그것을 위해 일하는 척하는 경우를 빗대어 이르는 말.

밤새도록 울다가 누가 죽었느냐고 묻는다[한다]
밤새도록 통곡해도 어느 마누라 초상인지 모른다

어떤 일을 하면서 그 일의 내용이나 돌아가는 형편도 모르면서 덮어놓고 하는 행동을 빗대어 이르는 말.

같은 속담 실컷 울고 나서 뉘 초상인가 물어본다

밤 소쿠리에 생쥐 드나들듯

1. 생쥐가 밤을 까먹으려고 밤 소쿠리에 부리나케 드나들듯 한다는 뜻으로, 어느 곳에 매우 자주 드나드는 모양을 빗대어 이르는 말. 2. 일은 하지 않고 들락거리면서 남의 것을 가로채 먹는 얄미운 짓을 빗대어 이르는 말.

소쿠리

같은 속담 반찬단지에 고양이 발 드나들듯 • 밤 항아리에 생쥐 새끼 들랑대듯

낱말 풀이 **소쿠리** 대나 싸리로 엮어 테가 있게 만든 그릇.

밤송이 우엉 송이 다 끼어 보았다

가시가 돋친 밤송이나 갈퀴 모양으로 굽은 우엉의 꽃송이에 다 찔려 보았다는 뜻으로, 안 겪은 일 없이 온갖 고생을 다 겪어 보았음을 빗대어 이르는 말.

밤송이째로 먹을 사람

가시가 가득 돋친 밤송이를 까지도 않고 그대로 먹을 사람이라는 뜻으로, 성미

가 몹시 급하여 헤덤비는 사람을 빗대어 이르는 말.

읽을거리 가시밭 속에 반반이, 반반이 속에 쌉쌀이, 쌉쌀이 속에 오도독이 뭔 줄 알아? 밤이야. 밤송이 겉에는 가시가 있고, 가시 속에 겉껍질은 반들반들하고, 겉껍질 속에 속껍질은 쌉싸름하고, 쌉싸름한 속껍질을 벗기면 맛있는 알밤이 나오지. 밤송이는 여물면 네 쪽으로 벌어져. 보통은 밤이 세 알씩 들어 있어. 밤나무는 밤을 따려고 심는데 산비탈이나 마을 가까이에서 저절로 자라기도 해. 우리나라 밤은 아주 옛날부터 알이 굵기로 이름났어. 밤은 도토리와 함께 쌀이 떨어졌을 때 끼니처럼 먹던 열매야. 쪄서도 먹고 구워서도 먹고 날로도 먹지. 밤꽃이 필 때 벌도 같이 치는데 밤꿀은 맛은 좀 쌉쌀하지만 꿀 가운데 약효가 좋은 꿀로 알려져 있어.

ㅂ

밤에 눈 끔쩍이기

어두운 밤에 아무리 눈을 끔쩍여도 남이 알아볼 수 없다는 뜻으로, 남이 알지 못하는 방법으로 자기 뜻을 알리려고 하는 어리석은 행동을 빗대어 이르는 말.

밤에 보아도 낫자루 낮에 보아도 밤나무

낫자루는 밤에 보아도 낫자루이고 밤나무는 낮에 보아도 밤나무라는 뜻으로, 사물의 본바탕은 언제 어디서나 그대로 드러난다고 빗대어 이르는 말.

밤은 두만강보다 길다

1. 몹시 기나긴 겨울밤을 빗대어 이르는 말. 2. 밤을 지새우기가 몹시 지루하고 어려움을 길고 긴 두만강에 빗대어 이르는 말.

밤이 깊어 갈수록 새벽이 가까워 온다

어렵고 괴로운 때를 오랫동안 참고 이겨 내면 마침내 새롭고 희망찬 날이 다가온다고 빗대어 이르는 말.

밤이슬 맞는 놈

옛날에, 남의 물건을 훔치는 놈들은 깊은 밤에 다니기 때문에 정강이와 발이 이슬에 젖는다는 뜻으로, 도둑을 빗대어 이르던 말.

같은 속담 찬 이슬(을) 맞는 놈

밤 자고 나서 문안하기

처음 만났을 때 문안 인사를 해야 하는데 그때는 안 하고 있다가 하룻밤을 자고 나서 문안 인사를 한다는 뜻으로, 때가 다 지난 다음에 새삼스럽게 말이나 일을 하는 경우에 빗대어 이르는 말.

낱말 풀이 **문안하다** 웃어른께 편안히 잘 지내는지 아닌지를 여쭈다.

밤 잔 원수 없고 날 샌 은혜 없다

밤이 지나면 원수같이 여기던 마음도 풀리고 날이 새면 고마운 마음도 식게 마련이라는 뜻으로, 남에게 받은 은혜나 원한은 시간이 지나면 차츰 잊어버리게 된다는 말.

같은 속담 날 샌 은혜 없다

밤중 같은 사람

캄캄한 밤에는 아무것도 보이지 않듯이, 세상 돌아가는 형편이나 벌어진 일에 대해 영 모르는 사람을 이르는 관용 표현.

밤 항아리에 생쥐 새끼 들랑대듯

밤을 담아 놓은 항아리에 생쥐 새끼가 자꾸 들어왔다 나갔다 하듯이, 일은 하지 않고 들락거리면서 남의 것을 가로채 먹는 얄미운 짓을 빗대어 이르는 말.

같은 속담 밤 소쿠리에 생쥐 드나들듯

밥 군 것이 떡 군 것보다 못하다

'밥 군'과 '바꾼'의 음이 비슷한 데서, 남과 바꾼 물건이 제 것만 못하거나 좋지 않다는 뜻으로 이르던 말.

밥그릇만 높으면 제일인 줄 안다

먹는 것밖에 모르는 미련함을 빗대어 이르는 말.

밥그릇 앞에서 굶어 죽을 사람[놈]

밥그릇을 앞에 놓고도 손끝 하나 움직이기 싫어서 굶어 죽을 사람이란 뜻으로, 몹시 게으른 사람을 욕으로 이르는 말.

같은 속담 밥함지 옆에서도 굶어 죽겠다 • 부뚜막에 앉아 굶어 죽겠다

밥그릇이 높으니까 생일만큼 여긴다

1. 밥을 제대로 먹지 못하다가 어쩌다 수북이 담은 밥그릇이 차려지니까 생일상이나 받은 것처럼 여긴다는 뜻으로, 못사는 처지에 어쩌다가 잘 먹게 됨을 빗대어 이르는 말. 2. 대접을 조금 잘해 주면 우쭐해하는 사람을 비꼬아 이르는 말.

밥 먹을 때는 개도 안 때린다

비록 하찮은 짐승도 밥 먹을 때에는 때리지 않는다는 뜻으로, 음식을 먹고 있을 때에는 아무리 잘못한 것이 있더라도 때리거나 꾸짖지 말아야 한다는 말.

같은 속담 먹는 개도 아니 때린다 • 먹을 때는 개도 때리지 않는다

밥보다 고추장이 더 많다

밥보다 밥에 곁들여 먹는 고추장이 더 많다는 뜻으로, 주된 것보다 곁딸린 것이 더 많은 경우에 빗대어 이르는 말.

같은 속담 고추장이 밥보다 많다

읽을거리 고추장은 간장, 된장과 함께 우리나라 대표적인 장이야. 찹쌀을 쑤어 만든 건 찹쌀고추장, 밀가루를 쑤어 만든 건 밀가루고추장, 보리를 쑤어 만든 건 보리고추장이야. 간장과 된장은 콩으로 만들어. 옛날에는 집집이 고추장을 두세 가지씩 담가 두고 음식에 따라 골라 썼어. 찹쌀고추장은 초고추장을 만들거나 색을 곱게 낼 때 쓰고, 밀가루고추장은 찌개나 국을 끓이고 장아찌를 만들 때 썼어. 보리고추장은 여름철 쌈장으로 즐겨 먹었지. 고추장은 쓰임새가 아주 많아. 국이나 찌개, 나물, 조림, 구이, 비빔밥 같은 온갖 먹을거리에 쓰이지. 요즘은 우리나라 매운맛이 세계에도 알려져 고추장을 넣은 여러 가지 음식에 관심이 쏠리고 있어.

밥 빌어다가 죽 쑤어 먹을 놈[자식]

게으르고 제구실을 똑똑히 못하는 어리석은 사람을 빗대어 이르는 말.

밥 빌어먹기는 장타령이 제일

체면을 버리면 못 할 짓이 없다는 말.

읽을거리 장타령은 본디 장돌뱅이라 불린 장수들이 물건을 팔기 위해 부르던 노래야. '빙빙 돌아 동래장, 우루루 간다 울산장, 입 크다 대구장'처럼 시장 이름을 노랫말 속에 담아 말놀이로 풀어낸 게 많아. 장터를 떠돌며 밥을 구걸하던 각설이패들도 따라 부르게 되었어. 각설이패들이 부르던 장타령은 '각설이타령'이라고 해. 옛날에는 시골마다 장이 섰는데 닷새마다 열리는 오일장이 가장 흔했지. 장날이 되면 사람들은 농사지은 거나 기르던 짐승을 팔아 먹을거리나 필요한 물건을 샀어. 시장은 물건을 사고팔고 바꾸는 데 중요한 곳이었어. 요즘은 날마다 여는 시장도 있고 큰 가게도 많다 보니 장날이 옛날 같지 않아서 장타령을 듣기는 어렵게 되었지.

밥 아니 먹어도 배가 부르다

기쁜 일이 생겨서 밥을 안 먹어도 배가 부를 만큼 마음이 매우 흐뭇하다는 말.

밥 위에 떡

밥 위에 더 맛있는 떡이 놓였다는 뜻으로, 좋은 일이 있는데 더 좋은 일이 겹침을 빗대어 이르는 말.

같은 속담 비단 위에 꽃

밥은 굶어도 속이 편해야 산다

비록 밥은 굶더라도 속 썩는 일이 없어야 편안히 살 수 있다는 뜻으로, 근심 걱정 없이 사는 것이 가장 좋다는 말.

ㅂ

밥은 열 곳에 가 먹어도 잠은 한 곳에서 자랬다

아무리 여러 곳을 다니며 밥을 먹더라도 잠자리는 옮기지 말아야 한다는 뜻으로, 사람은 일정한 곳에 자리 잡고 살아야 한다는 말.

밥은 주는 대로 먹고 일은 시키는 대로 하라

옛날에, 쓸데없이 자기 생각을 내세우거나 고집을 부리지 말고 시키는 일이나 고분고분히 하라고 이르던 말.

밥을 강원도 금강산 바라보듯 한다

살림이 몹시 가난하여 남이 밥 먹는 것을 금강산 구경하듯이 멍하니 바라본다는 뜻으로, 자주 굶는 경우를 빗대어 이르는 말.

밥을 굶어도 조밥을 굶지 말고 흰쌀밥을 굶으라

1. 같은 값이면 통 크게 마음을 먹고 잘될 생각을 하라는 말. 2. 이미 형편이 좋지 않은 바에는 좀 더 그럴듯한 구실을 대라고 빗대어 이르던 말.

밥을 죽이라고 우긴다

사실과 다른 주장을 막무가내로 내세우거나 생억지를 부림을 빗대어 이르는 말.

같은 속담 콩을 팥이라고 우긴다

밥을 치면 떡이 되고 사람을 치면 도둑이 된다

억울하게 도둑으로 몰아넣는 경우를 빗대어 이르는 말.

밥이 다 된 가마는 끓지 않는다

밥이 다 끓어서 물이 잦아든 뒤에는 가마가 끓지 않는다는 뜻으로, 일이 잘되거나 순조로운 경우에는 오히려 조용하다는 말.

밥이 약보다 낫다

병에는 약이 좋지만 밥은 약보다 더 좋다는 뜻으로, 아무리 약이 좋다고 해도 건강에는 밥을 잘 먹는 것이 기본이자 더 좋다는 말.

밥이 얼굴에 더덕더덕 붙었다

복 있게 생긴 얼굴이어서 먹고사는 데 걱정 없이 잘살겠다는 뜻으로 이르던 말.

밥인지 죽인지 솥뚜껑을 열어 보아야 안다

일이 어떻게 될지는 결과를 보아야 알 수 있으므로 미리 이러쿵저러쿵할 필요가 없다고 빗대어 이르는 말.

밥 팔아 죽 사 먹는다

큰 밑천을 들여 하찮은 이익을 얻게 된 경우에 빗대어 이르는 말.

밥 퍼 주고 밥 못 얻어먹는다
밥 퍼 주고 주걱으로 뺨 맞는다

남을 위하여 좋은 일을 해 주고 도리어 욕을 보거나 해를 입게 되는 경우에 빗대어 이르는 말.

같은 속담 떡 주고 뺨 맞는다 • 술 받아[사] 주고 뺨 맞는다

밥풀 물고 새 새끼 부르듯

새가 좋아하는 밥풀을 입에 물고 손쉽게 새 새끼를 불러내듯 한다는 뜻으로, 일을 매우 쉽게 하는 것을 빗대어 이르는 말.

밥 한 술에 힘 되는 줄은 몰라도 글 한 자에 힘이 된다

밥을 한두 끼 잘 먹는 것보다 글을 한 자라도 더 배우는 것이 큰 힘이 된다는 말.

밥 한 알이 귀신 열을 쫓는다

밥을 잘 먹어야 병이 낫는다는 뜻으로, 몸이 쇠약해졌을 때에는 잘 먹고 제 몸을 돌보는 것이 중요하다는 말.

같은 속담 고기 한 점이 귀신 천 머리를 쫓는다

밥함지 옆에서도 굶어 죽겠다

'밥그릇 앞에서 굶어 죽을 사람[놈]'과 같은 속담.

방귀가 잦으면 똥 싸기 쉽다
방귀가 잦으면 똥이 나온다

어떤 일과 연관이 있는 낌새가 자주 나타나면 마침내 그 일이 일어나기 마련이라는 말.

방귀 뀐 놈이 성낸다

자기가 방귀를 뀌어 구린내를 풍기고는 도리어 남한테 성을 낸다는 뜻으로, 잘못을 저지른 사람이 도리어 먼저 성을 내는 경우에 빗대어 이르는 말.

같은 속담 똥 싸고 성낸다

방귀 자라 똥 된다

대단치 않은 일이 번져 말썽거리가 되거나 낌새로 미리 어떤 일이 일어날지 알 수 있는 경우를 빗대어 이르는 말.

방둥이 부러진 소 사돈 아니면 못 팔아먹는다

엉덩이가 부러져서 더 부릴 수 없게 된 소는 사돈이 아니면 팔아먹을 수 없다는 뜻으로, 흠이 있는 것을 아는 사람에게 떠안기는 경우에 빗대어 이르던 말.

낱말 풀이 **방둥이** 길짐승의 엉덩이.

방망이가 가벼우면 주름이 잡힌다

다듬이질을 할 때 다듬잇방망이가 가벼우면 주름이 펴지지 않는다는 뜻으로, 무슨 일이든 엄하고 철저히 하지 않으면 부실하거나 빈틈이 생긴다고 빗대어 이르는 말.

방망이가 약하면 쐐기가 솟는다

윗사람이 위엄이 없으면 아랫사람이 고분고분 따르지 않고 제멋대로 행동한다고 빗대어 이르는 말.

같은 속담 마치가 가벼우면 못이 솟는다 • 망치가 가벼우면 못이 솟는다

방망이로 맞고 홍두깨로 때린다

방망이로 얻어맞은 사람이 그보다 몇 곱절 더 큰 홍두깨로 때린다는 뜻으로,

앙갚음은 제가 받은 피해보다 더 심하게 하기 마련이라는 말.

같은 속담 망치로 얻어맞은 놈 홍두깨로 친다

방바닥에서 낙상한다

다칠 일이 없는 판판한 방바닥에서 넘어져 다친다는 뜻으로, 1. 안전하다고 믿는 데에서 뜻밖에 화를 입는 경우에 빗대어 이르는 말. 2. 마음을 놓는 데서 실수가 생기기 쉬우니 늘 조심하라는 말.

같은 속담 장판방에서 자빠진다

ㅂ

방 보아 똥 싼다

1. 처지나 일의 조건 따위를 잘 살펴서 경우에 맞게 일을 한다는 말. 2. 사람의 지위나 우열 따위를 보아 달리 대우한다는 말.

같은 속담 방위 보아 똥 눈다

방 안에 앉아 한데 소리 한다
방 안 풍수

방 안에 앉아 있으면서 알지도 못하는 바깥 이야기를 늘어놓는다는 뜻으로, 자기가 몸소 겪어 보지 못했거나 제대로 알지 못하는 일에 대하여 이러쿵저러쿵 말하는 경우에 빗대어 이르는 말.

방앗공이는 제 산 밑에서 팔아먹으랬다

나무를 깎아 만든 방앗공이는 그 나무를 구한 산 밑에서 팔라는 뜻으로, 물건은 그것이 나는 고장에서 팔아야 실수가 없지 이익을 더 남기려고 멀리 가지고 나가면 도리어 손해를 보게 된다는 말.

낱말 풀이 **방앗공이** 방아확 속에 든 물건을 찧는 데 쓰는 길쭉한 몽둥이.

방에 가면 더 먹을까 부엌에 가면 더 먹을까

남보다 좀 더 먹기 위하여 방에 들어갈까 부엌에 들어갈까 따져 본다는 뜻으로, 어느 쪽이 더 많은 이익을 볼까 하고 여기저기 살피는 꼴을 빗대어 이르는 말.

방에서는 매부 말이 옳고 부엌에 가면 누이 말이 옳다

두 사람의 말이 다 그럴듯해서 옳고 그름을 가리기 어려운 경우에 이르는 말.

같은 속담 안방에 가면 시어머니 말이 옳고 부엌에 가면 며느리 말이 옳다

방울 소리만 듣고 따라다니는 눈먼 강아지

자기 생각 없이 남이 하자는 대로 덮어놓고 따라가는 사람을 비웃어 이르는 말.

방위 보아 똥 눈다

처지나 일의 조건 따위를 잘 살펴서 경우에 맞게 일을 한다는 말.

같은 속담 방 보아 똥 싼다

방죽을 파야 개구리가 뛰어들지

방죽을 파서 물이 가득 고여야 개구리가 뛰어들 수 있다는 뜻으로, 무슨 일이나 먼저 필요한 조건을 갖추어 놓아야 결과를 볼 수 있다고 빗대어 이르는 말.

낱말 풀이 **방죽** 1. 물이 밀려들어 오는 것을 막기 위하여 쌓은 둑. 2. 파거나 둑으로 둘러막은 못.

방패연

방패연의 갈개발[갈기] 같다

방패연 꼬리에 달린 종이 같다는 뜻으로, 무엇이 매우 길게 치렁치렁 드리운 모양을 빗대어 이르는 말.

낱말 풀이 **갈개발** 종이 연의 아래쪽 양 귀퉁이에 붙이는 종잇조각. **방패연** 방패 모양으로 만든 연.

밭 갈 줄 모르는 소 멍에 나무란다

밭 갈 줄 모르는 소가 멍에가 나쁘다고 투덜거린다는 뜻으로, 자기 재주나 능력이 모자라는 것은 생각하지 않고 애꿎은 도구나 조건만 나쁘다고 탓하는 것을 비꼬아 이르는 말.

같은 속담 국수를 못하는 년이 피나무 안반만 나무란다 • 굿 못하는 무당 장구 타박한다 • 글 못한 놈 붓 고른다 • 서투른 과방이 안반 타박한다 • 선무당이 마당 기울다 한다

밭에서 호랑이가 새끼 치게 되었다
밭에 풀이 무성하면 범이[호랑이가] 새끼 친다

1. 얼마나 김을 매지 않았는지 깊은 산속에 사는 호랑이가 내려와 밭에서 새끼를 치겠다는 뜻으로, 논밭의 김을 잘 매라고 꾸짖어 이르던 말. 2. 어떤 일이든 제때에 하지 않고 내버려두면 나중에 나쁜 결과가 빚어진다고 이르는 말.

같은 속담 범이 새끼를 치게 되었다 • 호랑이가 새끼 치겠다

밭을 사도 뙈밭은 사지 마라

1. 옛날에, 야산을 일구어 만든 밭을 사면 낟알도 못 거두고 고생만 하게 되니 사지 말라고 이르던 말. 2. 무슨 일을 하든지 가볍게 처리하지 말고 잘 판단하여 정확히 하라고 가르쳐 이르던 말.

낱말 풀이 **뙈밭** 야산을 일구어서 만든 밭.

밭을 사려면 변두리를 보라

1. 밭을 사려면 다른 밭과 경계를 분명히 하고 사야 한다고 가르쳐 이르는 말.
2. 밭을 사려면 둘레 조건이 어떤지 살펴보라는 뜻으로, 무슨 일이나 환경과 조건을 잘 헤아려서 해야 실수가 없다고 빗대어 이르는 말.

같은 속담 논을 사려면 두렁을 보라

밭 장자는 있어도 논 장자는 없다

밭농사로 큰 부자가 된 사람은 있어도 논농사로 큰 부자가 되는 사람은 없다는 뜻으로, 밭농사가 논농사보다 벌이가 더 좋음을 빗대어 이르는 말.

낱말 풀이 **장자** 큰 부자를 점잖게 이르는 말.

밭 팔아 논 사면 좋아도 논 팔아 밭 사면 안 된다

밭을 팔아 논을 사면 흰쌀밥을 먹을 수 있어 좋지만 귀중한 논을 팔아서 밭을 사는 것은 어리석은 짓이니 하지 말라는 뜻으로, 살림을 차츰차츰 늘려 나가지 않고 오히려 줄어들게 하면 안 된다는 말.

밭 팔아 논 살 때는 이밥[흰쌀밥] 먹자는 뜻

1. 있던 밭을 팔아서 논을 살 때는 논에서 나는 벼로 흰쌀밥을 먹어 보자는 뜻이었다는 데서, 못한 것을 버리고 나은 것을 골라 가질 때는 더 낫게 되기를 바라서인데 오히려 그보다 못하게 된 경우에 빗대어 이르는 말. 2. 새로 벌여 놓은 일의 목적이 누구에게나 뚜렷하게 있음을 빗대어 이르는 말.

낱말 풀이 **이밥** 잡곡이나 찹쌀을 섞지 않고 멥쌀로만 지은 밥.

배가 남산만 하다

1. 아이를 밴 여자의 배가 불룩하게 나온 모습을 빗대어 이르는 말. 2. 되지못하게 잘난 체하며 떵떵거리는 사람을 놀리어 이르는 말.

배고픈 놈더러 요기시키란다

자기 배도 채우지 못하는 사람에게 시장기를 면할 정도로 조금 먹여 달란다는 뜻으로, 제 앞가림도 못하는 사람한테 어려운 일을 해 달라고 하는 경우를 빗대어 이르는 말.

같은 속담 시장한 사람더러 요기시키란다

배고픈 놈이 흰쌀밥 조밥 가리랴

잔뜩 굶어 배고픈 사람이 쌀밥 조밥을 가리겠느냐는 뜻으로, 자기가 아쉽거나 사정이 급하면 좋고 나쁜 것을 가릴 겨를이 없음을 빗대어 이르는 말.

같은 속담 굶은 개가 언 똥을 나무라겠는가 • 빌어먹는 놈이 이밥 조밥 가리랴 • 얻어 먹는 놈이 이밥 조밥 가리랴 • 없는 놈이 찬밥 더운밥을 가리랴

배고픈 데 장사가 없다

아무리 힘센 장사라 할지라도 배가 고프면 아무런 힘도 쓰지 못한다는 뜻으로, 배고픈 것은 누구든지 참기 어렵다고 빗대어 이르는 말.

ㅂ

배고픈 때에는 침만 삼켜도 낫다

배가 몹시 고플 때에는 아무것으로나 조금만 볼가심해도 배고픔을 얼마쯤 덜 수 있다고 이르는 말.

배고픈 자는 찬밥이라도 달게 먹는다

배고픈 사람은 이것저것 가릴 형편이 못 되므로 찬밥도 달게 먹는다는 뜻으로, 1. 배고픈 사람은 아무 음식이나 다 맛있게 먹는다는 말. 2. 궁한 처지에 이르면 이것저것 가리지 않고 받아들이게 된다고 빗대어 이르는 말.

배고픈 호랑이가 원님을 알아보나

배고픈 호랑이가 고을을 다스리는 사람이라고 하여 사정을 보아줄 줄 아느냐는 뜻으로, 형편이 몹시 어렵거나 사정이 몹시 급한 사람은 아무것도 가리지 않고 막된 짓까지 마구 하게 됨을 빗대어 이르는 말.

같은 속담 굶주린 범이 원님 알아보랴 • 사흘 굶은 범이 원님을 안다더냐 • 새벽 호랑이가 중이나 개를 헤아리지 않는다 • 호랑이가 굶으면 환관도 먹는다

배곯고 있을 게 있나 약과라도 먹고 있지

1. 하다못해 약과라도 먹을 것이지 왜 배를 곯고 있느냐는 뜻으로, 가난한 사람들의 어렵고 안타까운 사정을 모르는 사람이 하는 희떠운 소리를 빗대어 이르던 말. 2. 제때에 대책을 세우지 못하고 어찌할 방법이 없어 꼼짝 못 하고 있는 경우에 놀리어 이르는 말.

배꼽 떨어진 고장

태어난 고장을 빗대어 이르는 말.

배꼽에 노송나무 나거든

1. 무덤 위에 솔씨가 싹이 터서 늙은 소나무가 되기까지라는 뜻으로, 때를 정해 약속할 수 없는 경우에 빗대어 이르는 말. 2. 배꼽에서 소나무가 날 리 없다는 뜻으로, 도무지 있을 수 없는 일을 빗대어 이르는 말.

같은 속담 절로 죽은 고목에 꽃 피거든

낱말 풀이 **노송나무** 늙은 소나무. 소나무는 늘푸른바늘잎나무이다.

배꼽은 작아도 동지 팥죽은 잘 먹는다

몸집이 작아도 동지 팥죽은 남들 못지않게 잘 먹는다는 뜻으로, 얼핏 보기에는 사람이 대단치 않은 것 같으나 하는 일은 만만치 않음을 빗대어 이르는 말.

배나무 밑에 앉아 선 배 떨어지기를 기다린다

아무런 애도 쓰지 않으면서 좋은 결과가 이루어지기만 바라는 것을 비웃는 말.

같은 속담 감나무 밑에 누워서 홍시[연시] (입안에) 떨어지기를 기다린다[바란다] • 입에 떨어지는 사과를 기다리는 격 • 홍시 떨어지면 먹으려고 감나무 밑에 가서 입을 벌리고 누웠다

배나무에 배 열리지 감 안 열린다

모든 일은 근본이나 원인에 따라 그에 걸맞은 결과가 나온다는 말.

같은 속담 가시나무에 가시가 난다 • 대 끝에서 대가 나고 싸리 끝에서 싸리가 난다 • 대 뿌리에서 대가 난다 • 오이 덩굴에 오이 열리고 가지 나무에 가지 열린다 • 왕대밭에 왕대 난다 • 외 덩굴에 가지 열릴까[달릴까] • 외 심은 데 콩 나랴 • 조 심은 데 조 나고 콩 심은 데 콩 난다 • 콩 날 데 콩 나고 팥 날 데 팥 난다 • 콩 심은 데 콩 나고 팥[조] 심은 데 팥[조] 난다 • 팥을 심으면 팥이 나오고 콩을 심으면 콩이 나온다 • 호랑이가 호랑이를 낳고 개가 개를 낳는다

ㅂ

배만 부르면 제 세상인 줄 안다

1. 배만 부르면 흐뭇해서 세상에 더 바랄 것이 없는 것처럼 여긴다는 뜻으로, 배불리 먹기만 하면 아무 근심 걱정을 모르고 흐뭇해하는 사람을 빗대어 이르는 말. 2. 돈만 있으면 제 세상인 줄 알고 제멋대로 행동한다는 말.

배 먹고 배 속으로 이를 닦는다
배 먹고 이 닦기

배를 맛있게 먹고 나서 껄껄한 배 속으로는 이까지 깨끗이 닦는다는 뜻으로, 한 가지 일을 하여 두 가지 이익을 얻는 것을 빗대어 이르는 말.

같은 속담 굿도 볼 겸 떡도 먹을 겸 • 굿 보고 떡 먹기 • 꿩 먹고 알 먹고 둥지 털어 불 땐다 • 도랑 치고 가재 잡는다 • 알로 먹고 꿩으로 먹는다

배보다 배꼽이 더 크다

배에 붙어 있는 배꼽이 배보다 더 크다는 뜻으로, 주된 것보다 곁딸린 것이 더 많거나 큰 경우를 빗대어 이르는 말.

같은 속담 발보다 발가락이 더 크다

배부르고 등 따습다

배부르게 먹고 등이 따습게 옷을 입는다는 뜻으로, 잘 먹고 잘산다는 말.

배부르니까 평안 감사도 부럽지 않다

굶던 사람이 배불리 먹으면 아무 부러울 것 없이 흐뭇해진다는 말.

배부른 고양이는 쥐를 잡지 않는다

1. 가난한 사람은 부지런하지만 돈 있는 사람은 게으르다고 빗대어 이르는 말.
2. 누구든 배가 부르면 게을러지기 마련이라는 말.

같은 속담 배부른 매는 사냥을 않는다

배부른 고양이 새끼 냄새 맡아 보듯

잔뜩 먹은 고양이가 흐뭇해서 제 새끼를 핥아 주며 냄새를 맡듯 한다는 뜻으로, 마음이 흐뭇하여 이것저것 살펴보고 만져 보고 하는 모양을 빗대어 이르는 말.

배부른 놈이 잠도 많이 잔다

배가 고프면 잠도 잘 오지 않는다는 뜻으로, 배가 불러야 모든 게 잘된다는 말.

배부른 데 선떡 준다

배가 부를 때 설익은 떡을 주면 아무 고마움을 못 느낀다는 뜻으로, 생색이 나지 않는 짓을 하는 것을 빗대어 이르는 말.

낱말 풀이 **선떡** 잘 익지 않고 설어서 푸슬푸슬한 떡.

배부른 매는 사냥을 않는다

'배부른 고양이는 쥐를 잡지 않는다'와 같은 속담.

배부른 사람은 배고픈 사람 사정을 모른다
배부른 상전이 배고픈 하인 사정 모른다
배부른 상전이 하인 밥 못 하게 한다

사는 게 여유로워 고생할 일이 없는 사람은 고생하는 사람의 사정이나 어려운 처지를 잘 모른다는 말.

배부른 자에게는 고량진미를 주어도 별맛을 모른다

배부른 사람에게는 아무리 좋은 음식을 주어도 그 참맛을 모른다는 뜻으로, 늘 행복하게 사는 사람은 자기가 누리고 있는 행복이 얼마나 큰 것인지 잘 모른다고 빗대어 이르는 말.

같은 속담 복 속에서 복을 모른다

낱말 풀이 **고량진미** 기름진 고기와 좋은 곡식으로 만든 맛좋은 음식.

배 썩은 것은 딸을 주고 밤 썩은 것은 며느리 준다

먹을 데가 조금이라도 있는 썩은 배는 딸을 주고 먹을 것이 아예 없는 썩은 밤은 며느리를 준다는 뜻으로, 흔히 시어머니가 며느리보다 자기 딸을 더 아끼고 위한다는 말.

같은 속담 가을볕에는 딸을 쬐이고 봄볕에는 며느리를 쬐인다 • 봄볕은 며느리를 쬐이고 가을볕은 딸을 쬐인다 • 양식 없는 동자는 며느리 시키고 나무 없는 동자는 딸 시킨다 • 죽 먹은 설거지는 딸 시키고 비빔 그릇 설거지는 며느리 시킨다

배 안의 아이 아들 아니면 딸

쓸데없이 이렇다 저렇다 맞힐 내기를 하거나 이런저런 쓸데없는 걱정을 하는 것을 핀잔하여 이르는 말.

같은 속담 밴 아이 사내 아니면 계집이지

배운 도둑질

1. 배운 것이 도둑질뿐이어서 그런 짓을 하게 된다는 뜻으로, 무엇이 버릇으로 굳어져 안 하려야 안 할 수 없음을 빗대어 이르는 말. 2. 배운 기술이나 재주를 속되게 이르는 말.

배 주고 속[배 속] 빌어먹는다

자기 배는 남에게 주고 남이 다 먹고 난 배 속을 얻어먹는다는 뜻으로, 자기의 큰 이익은 남에게 주고 하찮은 이익을 얻는 경우에 빗대어 이르는 말.

배 지나간 자리

아무 흔적이나 자취가 남지 않은 상태를 이르는 관용 표현.

배지 아니한 아이를 낳으라 한다

되지도 않을 일을 시키거나 없는 것을 억지로 내라고 지나치게 떼쓰는 경우를 빗대어 이르는 말.

같은 속담 아니 밴 아이를 자꾸 낳으란다

낱말 풀이 **배다** 배 속에 아이, 새끼, 알 따위를 가지다.

배추 밑에 바람이 들었다

어지간해서 바람 드는 일이 없는 배추 뿌리에 바람이 들었다는 뜻으로, 남 보기에는 그럴 것 같지 않은 사람이 나쁜 짓을 하는 경우에 빗대어 이르는 말.

배추밭에 개똥처럼 내던진다

개똥을 집어 배추밭에 아무렇게나 내던진다는 뜻으로, 무엇을 마구 집어 내던져 버림을 빗대어 이르는 말.

백 길 낭떠러지 위에 서 있다

높이가 백 길이나 되는 아슬아슬한 낭떠러지 끝에 서 있다는 뜻으로, 몹시 위태로운 처지에 있음을 빗대어 이르는 말.

같은 속담 백 자 대 끝에 서 있다

낱말 풀이 **길** 길이의 단위. 한 길은 사람의 키 정도 길이이다.

백 년을 다 살아야 삼만육천[삼만육천오백] 일

사람이 오래 살아야 얼마나 살겠느냐는 뜻으로, 살날이 짧으니 값있고 보람 있게 살아야 한다고 가르쳐 이르는 말.

백두산이 무너지나 동해수가 메어지나

서로 싸울 때 누가 이기나 끝까지 겨루어 보자고 벼르며 이르는 말.

같은 속담 아산이 깨어지나 평택이 무너지나 • 평택이 깨어지나 아산이 무너지나

백 리만 걸으면 눈썹조차 무겁다

먼 길을 오래 걸으면 몸에 지닌 하찮은 짐조차도 무겁고 귀찮아진다는 뜻으로, 먼 길을 걸을 때는 될수록 짐을 작고 가볍게 꾸리는 것이 좋다는 말.

백 마디 말보다 실천이 귀중하다

말만 많이 하는 것보다 하나라도 실천하는 것이 더 중요하다는 말.

백문이 불여일견

남의 말을 여러 번 듣기만 하는 것보다 자기 눈으로 한 번 보는 것이 낫다는 말.

같은 속담 듣는 것이 보는 것만 못하다 • 백 번 듣는 것이 한 번 보는 것만 못하다 • 열 번 듣는 것이 한 번 보는 것만 못하다

백미에 뉘 (섞이듯)

1. 많은 것들 가운데 드문드문 섞여서 찾아보기가 퍽 어려운 경우를 빗대어 이르는 말. 2. 좋은 것들 가운데 나쁜 것이 드문드문 섞여 있음을 빗대어 이르는 말.

같은 속담 쌀에 뉘 (섞이듯) • 흰쌀에 뉘 섞이듯

낱말 풀이 **뉘** 잘 찧은 쌀 속에 섞여 있는 겉껍질이 벗겨지지 않은 벼 알갱이.

백미에는 뉘나 섞였지

흰쌀에도 뉘가 섞여 있어 흠이 있는 데 반하여, 어떤 것에 아무런 흠도 없음을 이르는 말.

같은 속담 봉산 참배는 물이나 있지

백 번 듣는 것이 한 번 보는 것만 못하다

'백문이 불여일견'과 같은 속담.

백 사람의 입맛을 다 맞출 수 없다

사람마다 입맛이 달라서 모든 사람들 입에 맞게 음식을 만들 수 없다는 뜻으로, 모든 사람들의 바람을 단번에 다 만족시켜 줄 수는 없음을 빗대어 이르는 말.

백사지에 무엇이 있나

땅이 메말라서 아무것도 나는 것이 없음을 빗대어 이르는 말.

낱말 풀이 **백사지** 1. 흰모래가 깔려 있는 땅. 2. 곡식이나 풀, 나무 따위가 자라지 못하는 메마른 땅.

백성을 멀리하면 나라가 망한다

백성들의 뜻과 이익을 저버리면 나라가 위태롭게 된다고 이르던 말.

백성의 입 막기는 내 막기보다 힘들다[어렵다]

흐르는 냇물은 막기 쉬워도 백성이 하는 말은 막기 어렵다는 뜻으로, 국민의 생각이나 뜻은 막을 수 없다고 빗대어 이르던 말.

백에서 하나를 고르다

백 가지나 백 개 가운데에서 하나를 고른다는 뜻으로, 많은 것 가운데에서 가장 중요한 알맹이를 고름을 빗대어 이르는 말.

ㅂ

백에 하나

백에 하나밖에 없다는 뜻으로, 드물어서 매우 귀한 것을 빗대어 이르는 말.

백옥이 진토에 묻힌다

흰 구슬이 흙먼지 속에 파묻혀 빛을 내지 못한다는 뜻으로, 1. 뛰어난 사람이 재주와 능력을 드러내지 못하고 묻혀 있음을 빗대어 이르는 말. 2. 겉은 볼품없어 보이지만 본바탕은 변함없이 훌륭함을 빗대어 이르는 말.

낱말 풀이 **진토** 티끌과 흙을 통틀어 이르는 말.

백 일 장마에도 하루만 더 비가 왔으면 한다

1. 사람은 날씨에 대하여 늘 자기중심으로 생각한다는 말. 2. 사람의 바람이나 욕심은 저마다 다르고 끝이 없어 그 요구를 다 들어주는 것은 대단히 어려운 일이라고 빗대어 이르는 말.

백 자 대 끝에 서 있다

'백 길 낭떠러지 위에 서 있다'와 같은 속담.

백장이 버들잎 물고 죽는다

1. 버들가지를 엮어서 물건을 만들어 파는 고리장이는 죽을 때 늘 쓰던 버들잎을 입에 문 채로 죽는다는 뜻으로, 사람은 죽는 날까지 끝끝내 제 하던 짓은 버리지 못한다고 빗대어 이르는 말. 2. 죽을 때를 당하여도 자기 근본을 잊지 않는다는 말.

같은 속담 행담 짜는 놈은 죽을 때도 버들잎을 물고 죽는다

백정네 송아지 제 죽을 날 모른다

짐승 잡는 일을 하는 백정네 집에서 키우는 송아지는 제가 언제 죽을지 모른다는 뜻으로, 해를 끼칠 사람이 가까이 있는데도 자기의 위험한 처지를 헤아리지 못하는 것을 빗대어 이르는 말.

백정도 올가미가 있어야 한다

백정 노릇을 하려고 해도 올가미가 있어야 짐승을 잡을 수 있다는 뜻으로, 무슨 일이든 필요한 연장이나 솜씨를 갖추어야 할 수 있다고 빗대어 이르던 말.

백쥐가 나와 춤을 추고 초상상제가 나와 웃을 노릇이다

밝은 데를 싫어하는 흰쥐조차 쥐구멍에서 나와 춤을 추고 슬픔에 잠겨 있는 초상집 상제들조차 나와서 웃을 노릇이라는 뜻으로, 하는 짓이 너무 우습고 어처구니가 없어 웃음을 참을 수 없는 경우에 이르는 말.

백지장도 맞들면 낫다[가볍다]
백지 한 장도 맞들면 낫다

아무리 쉬운 일이라도 힘을 모아 서로 도우면 훨씬 쉽다는 말.

같은 속담 종이 한 장도 맞들면 가볍다[낫다] • 초지장도 맞들면 낫다

밴 아이 사내 아니면 계집이지

'배 안의 아이 아들 아니면 딸'과 같은 속담.

뱀을 그리고 발까지 단다

쓸데없는 군더더기를 덧붙여 오히려 못 쓰게 만들거나 일을 그르치게 하는 경우에 빗대어 이르는 말.

읽을거리 옛날 중국 초나라에 제사를 맡아보는 사람이 있었어. 어느 날 그이가 제사를 치르고 남은 술을 하인들한테 나누어 주었어. 하인들은 여럿이 나누어 마시기에는 술이 모자라니까 땅바닥에 가장 먼저 뱀을 그린 사람이 술을 혼자 마시기로 했어. 가장 먼저 뱀을 그린 사람이 술병을 들고는 우쭐한 마음에 발을 턱 그려 넣었어. 그러니까 바로 뒤에 뱀을 그린 사람이 술병을 빼앗고는, 뱀에 없는 발을 그렸으니 뱀이 아니라면서 그 술을 마셔 버렸지. 이 속담은 한자말로 '사족(蛇足)'이라고 해.

뱀의 굴이 석 자인지 넉 자인지 어찌 알랴

아직 나타나지 않은 재능이나 감추어져 있는 사물은 그 정도를 가늠하기가 매우 어렵다고 빗대어 이르는 말.

같은 속담 구멍 속의 뱀이 서 발인지 너 발인지

읽을거리 뱀은 열두 띠 가운데 여섯 번째 동물이야. 옛날에는 뱀한테 피해를 많이 입었기 때문에 뱀날을 좋지 않은 날로 여겼어. 새해 첫 달 뱀날에는 머리를 빗거나 깎지 않았어. 빨래나 바느질도 하지 않고 땔나무를 집 안에 들여오지 않았어. 이를 어기면 그해 뱀이 집안에 들어와서 화를 입게 된다고 여겼기 때문이야. 뱀은 설화에 사람을 해치는 존재로 나오지만 제주도에서는 뱀을 신앙의 대상으로 보기도 했대.

뱀이 용 되어 큰소리한다

변변찮거나 보잘것없는 처지에 있던 사람이 갑자기 높은 자리에 올라서 옛 처지를 잊고 잘난 체하며 으스대는 것을 비꼬아 이르는 말.

뱀장어 눈은 작아도 저 먹을 것은 다 본다

1. 뱀장어 눈이 아무리 작아도 제가 보아야 할 것은 다 본다는 뜻으로, 비록 크기는 작아도 똑똑하게 제구실을 한다는 말. 2. 아무리 보고 들은 것이나 배운 것이 적은 사람도 제 살길은 다 마련하고 있음을 빗대어 이르는 말.

같은 속담 넙치 눈은 작아도 먹을 것은 잘 본다 • 메기가 눈은 작아도 저 먹을 것은 알아본다

뱁새가 수리를 낳는다

하찮은 뱁새가 몸이 크고 힘이 센 수리를 낳는다는 뜻으로, 변변찮은 부모나 평범한 집안에서 뛰어난 자식이 나온 것을 빗대어 이르는 말.

같은 속담 삵이 호랑이를 낳는다

낱말 풀이 **수리** 수릿과의 독수리, 참수리, 흰꼬리수리, 검독수리 따위를 통틀어 이르는 말.

뱁새가 황새걸음을 하려면 다리가 찢어진다
뱁새가 황새를 따라가면 다리가 찢어진다

다리가 짧은 뱁새가 다리가 긴 황새 걸음걸이를 따라 하다가는 다리가 찢어지고 만다는 뜻으로, 자기 처지나 능력은 생각하지 않고 힘에 부치는 일을 억지로 따라 하려다가 도리어 해만 입는 경우를 빗대어 이르는 말.

같은 속담 참새가 황새걸음 하면 다리가 찢어진다 • 촉새가 황새를 따라가다 가랑이 찢어진다

읽을거리 뱁새는 '붉은머리오목눈이'라는 새를 말해. 머리색이 붉은빛을 띤다고 붉은머리오목눈이인데 움직일 때 꽁지깃을 오른쪽 왼쪽으로 흔드는 버릇이 있어. 가끔 뻐꾸기가 뱁새 둥지에 찾아와 알을 낳기도 해. 그러면 뱁새는 알에서 깬 뻐꾸기 새끼를 제 새끼와 같이 길러. 황새는 이름에 있는 '황' 자가 왕보다 높다는 뜻을 담고 있어. 새 가운데 으뜸으로 쳐서 이런 이름이 붙었지. 황새는 우리나라 곳곳에 사는 텃새였는데 이제는 거의 자취를 감추어 버렸어. 소나무 위에 앉아 있는 황새 그림이나 자수가 흔한 것을 보면 황새가 우리나라에서 흔한 새였다는 것을 알 수 있지.

뱁새는 작아도 알만 잘 낳는다

몸집은 비록 작아도 제구실을 다 한다고 빗대어 이르는 말.

같은 속담 거미는 작아도 줄만 잘 친다 • 제비는 작아도 강남을 간다 • 참새가 작아도 알만 잘 깐다[낳는다]

뱃가죽이 땅 두께 같다

부끄러움도 모르고 뻔뻔스럽거나 배짱이 센 사람을 빗대어 이르는 말.

ㅂ

뱃놈 배 둘러대듯

뱃사공이 뱃머리를 이리저리 마음대로 둘러대듯 한다는 뜻으로, 그때그때 상황에 따라 말을 이리저리 잘 둘러대는 모양을 이르는 관용 표현.

같은 관용 사공 배[뱃전] 둘러대듯

뱃놈의 개

뱃사공들이 배에서 기르는 개는 도둑을 지킬 필요가 없어 그저 놀고먹기만 한다는 뜻으로, 하는 일 없이 놀고먹는 사람을 욕으로 이르던 말.

뱃사공의 닻줄 감듯

뱃사공이 닻을 올릴 때 닻줄을 척척 감듯이, 1. 어떤 것을 부지런히 잘 감는 모양을 빗대어 이르는 말. 2. 무슨 일을 서툴지 않고 솜씨 좋게 잘 해낸다는 말.

낱말 풀이 **닻줄** 배를 한곳에 멈추어 있게 하려고 닻을 매다는 줄.

버는 자랑 말고 쓰는 자랑 하랬다

1. 돈을 모으려면 꼭 필요한 데에만 아껴 쓰고 저축을 잘해야 한다는 말. 2. 돈은 버는 것도 중요하지만 어떻게 쓰느냐가 더 중요하다는 말.

버들치가 용 될 수 없다

하찮은 민물고기가 아무리 기를 써도 용이 될 수 없다는 뜻으로, 본디 바탕이나 성질이 변변치 못한 사람은 아무리 애써도 훌륭한 사람이 될 수 없음을 빗대어 이르는 말.

낱말 풀이 **버들치** 잉엇과의 민물고기. 생김새가 피라미와 비슷한데 입에 수염이 없다.

버릇 굳히기는 쉬워도 버릇 떼기는 힘들다

나쁜 버릇이 들기는 쉬워도 한번 든 나쁜 버릇은 고치기가 매우 힘들다는 말.

버릇 배우라니까 과부 집 문고리 빼어 들고 엿장수 부른다

좋은 버릇을 배워서 행동을 반듯하게 하라고 타이르니까 도리어 더 못된 짓만 하고 돌아다님을 빗대어 이르는 말.

같은 속담 행실을 배우라 하니까 포도청 문고리를 뺀다

버릇 사나운 막냇자식

흔히 막냇자식은 부모들이 귀엽다고 남한테 괴로움을 끼치거나 갖가지 요구를 하여도 너그럽게 받아 주어 버릇이 나빠지기 쉽다는 말.

버린 밥으로 잉어를 낚는다

버린 밥을 미끼로 해서 귀한 잉어를 낚는다는 뜻으로, 전혀 밑천을 들이지 않거나 적은 밑천만 들여 큰 이익을 얻는 경우를 빗대어 이르는 말.

버마재비가 수레를 버티는 셈

버마재비와 같은 작은 벌레가 주제넘게 수레와 맞서려고 한다는 뜻으로, 분수도 모르고 제힘에 부치는 상대에게 덤벼드는 어리석음을 빗대어 이르는 말.

같은 속담 개미가 큰 바윗돌을 굴리려고 하는 셈 • 당랑이 수레를 버티는 셈 • 말똥구리가 수레바퀴를 굴리자고 한다

낱말 풀이 **버마재비** '사마귀'를 흔히 이르는 말.

버마재비 매미 잡듯

버마재비가 톱날처럼 생긴 두 발로 눈 깜짝할 사이에 매미를 덮쳐서 잡는다는 뜻으로, 상대가 미처 달아날 새 없이 갑작스레 덮치는 것을 빗대어 이르는 말.

같은 속담 연가시 매미 잡듯

버선목에 서 말이 들겠느냐
버선목에 한 섬 들까

좁고 작은 버선목에 서 말이나 되는 곡식을 어떻게 담을 수 있겠느냐는 뜻으로, 워낙 능력이 작아서 엄청나게 크거나 많은 것을 받아들일 수 없음을 빗대어 이르는 말.

낱말 풀이 **버선목** 발목에 닿는 버선 부분. **말** 곡식, 가루 따위를 재는 부피의 단위. 한 말은 약 18리터이다. **섬** 곡식, 가루 따위를 재는 부피의 단위. 약 180리터이다.

버선목에 이 잡을 때 보아야 알지

지금은 몰라도 나중에 거지가 되어 버선목에서 이를 잡는 처지가 되어 보아야 알 수 있다는 뜻으로, 지금 잘산다고 너무 뽐내거나 자랑하지 말라는 말.

버선목이라 뒤집어 보이나
버선목이라 (오장을) 뒤집어 보이지도 못하고

버선목처럼 속을 뒤집어 보일 수 없어 답답하다는 뜻으로, 1. 자기 속을 그대로 드러내 보일 수가 없어 안타깝고 답답함을 빗대어 이르는 말. 2. 남에게 의심을 받았을 때 아무리 해명해도 상대방이 받아들이지 않는 경우를 빗대어 이르는 말.

버선 신고 발바닥 긁기

버선을 신은 채로 발바닥을 긁으면 아무리 긁어도 시원하지 않다는 뜻으로, 무슨 일을 애써 하기는 하지만 필요한 곳에 직접 미치지 못하여 안타까운 경우를 빗대어 이르는 말.

같은 속담 구두 신고 발등 긁기 • 목화 신고 발등 긁기 • 신 신고 발바닥 긁기 • 옷을 격해 가려운 데를 긁는다

낱말 풀이 **버선** 천으로 발 모양과 비슷하게 만들어 종아리 아래까지 발에 신는 물건.

번개가 잦으면 벼락 늦이라
번개가 잦으면 천둥을 한다

1. 어떤 일의 낌새가 자주 나타나면 반드시 그 일이 일어나기 마련이라고 빗대어 이르는 말. 2. 나쁜 일이 잦으면 끝에 가서는 큰 화나 해를 입기 마련이라고 빗대어 이르는 말.

같은 속담 초시가 잦으면 급제가 난다

낱말 풀이 **늦** 앞으로 어떻게 될 것 같은 일의 근원. 또는 먼저 보이는 빌미.

번갯불에 꿩[솜/소금/용] 구워 먹겠다

잠깐 나타났다 사라지는 번갯불에 꿩 한 마리를 다 구워서 먹겠다는 뜻으로, 거짓말을 되는대로 쉽게 잘함을 이르는 말.

낱말 풀이 **솜** '소금'의 방언(경남).

번갯불에 콩 볶아 먹겠다
번갯불에 회 쳐 먹겠다

1. 번쩍하는 번갯불에 콩을 볶아 먹을 만하다는 뜻으로, 행동이 매우 빠르고 날쌘 것을 빗대어 이르는 말. 2. 번갯불에 콩을 볶아 먹을 만큼 급하게 군다는 뜻으로, 어떤 일을 당장 해치우지 못해 안달하는 성질을 놀리어 이르는 말.

번연히 알면서 새 바지에 똥 싼다

1. 그래서는 안 된다는 것을 뻔히 알고 있으면서도 어리석은 척하고 심술궂은 짓을 하는 경우를 빗대어 이르는 말. 2. 옳고 그름을 가릴 줄 아는 사람이 잘못을 저지르는 경우를 빗대어 이르는 말.

낱말 풀이 **번연히** '번히'의 본말로, 어떤 일의 결과나 상태 따위가 훤히 들여다보이듯이 분명하게.

벋어 가는 칡도 한이 있다

칡의 뿌리나 덩굴이 힘차게 뻗어 나가지만 그것도 끝이 있다는 뜻으로, 무엇이나 성한 것도 한도가 있게 마련이라는 말.

같은 속담 뻗어 가는 칡도 한[끝]이 있다

낱말 풀이 **벋다** 가지나 덩굴, 뿌리 따위가 길게 자라다.

벌거벗고 전동[전통] 찰까
벌거벗고 환도[칼] 차기

군사가 옷차림을 다 갖추지 않고 알몸에 화살통이나 칼을 차는 것과 같다는 뜻으로, 격에 어울리지 않는 볼꼴 사나운 짓을 비웃어 이르는 말.

같은 속담 도포 입고 논 썰기

낱말 풀이 **전통** '전동'의 원말로, 화살을 넣는 통. **환도** 옛날에, 군복에 갖추어 차던 긴 칼.

벌거벗은 손님이 더 어렵다

1. 벌거벗은 손님, 곧 어린 손님을 대접하기가 어른보다 더 품이 들고 어렵다는 말. 2. 가난한 사람을 대접하기가 더 어렵다는 말.

벌거숭이 잠자리

이것저것 가리지 못하고 함부로 행동하는 사람을 빗대어 이르는 말.

벌도 덤이 있다

벌을 받을 때도 덤으로 더 받기 마련인데 하물며 물건을 받을 때에야 더 받지 않겠느냐는 뜻으로 이르는 말.

낱말 풀이 **덤** 물건을 팔고 살 때 거저로 조금 더 얹어 주는 일. 또는 그런 물건.

벌도 법이 있지

벌과 같은 곤충이 살아가는 데에도 질서가 있는데 하물며 사람에게 제도와 질서가 없을 수 있겠느냐는 뜻으로 이르는 말.

벌레는 배꼽 떨어지자 저 살아갈 줄 안다

보잘것없는 벌레도 세상에 나자마자 살아갈 줄 안다는 뜻으로, 사람이 제구실을 똑똑히 하지 못하는 경우에 빗대어 이르는 말.

벌레도 밟으면 꿈틀한다

벌레 같은 보잘것없는 동물도 밟으면 꿈틀한다는 뜻으로, 아무리 하찮은 사람이나 순하고 어리숙한 사람도 자기를 지나치게 괴롭히거나 업신여기면 가만있지 않는다고 빗대어 이르는 말.

같은 속담 굼벵이도 밟으면[다치면/디디면] 꿈틀한다 • 지나가는 달팽이도 밟아야 굼틀한다 • 지렁이도 밟으면[다치면/디디면] 꿈틀한다 • 참새가 방아[방앗간]에 치여 죽어도 짹 하고 죽는다 • 참새가 죽어도 짹 한다 • 한 치 벌레에도 오 푼 결기가 있다

벌레 먹은 배추[삼] 잎 같다
벌레 먹은 준저리콩 같다

얼굴에 검버섯이나 기미가 많이 낀 모양을 빗대어 이르는 말.

낱말 풀이 **준저리콩** 제대로 자라지 못한 데다 벌레까지 먹은 콩.

벌쐰 사람 같다
벌에 쏘였나

1. 몹시 부산스럽게 굴거나 날뛰는 모양을 빗대어 이르는 말. 2. 말대꾸도 없이 오자마자 바로 가 버리는 사람을 비꼬아 이르는 말.

벌이 역사하듯

일벌들이 벌집을 짓듯이, 여럿이 손을 모아 일하는 모양을 빗대어 이르는 말.

낱말 풀이 **역사하다** 토목이나 건축 따위의 공사를 하다.

벌집 보고 꿀돈 내어 쓴다

일이 되기도 전에 거기서 나올 이익을 생각하여 돈을 미리 당겨쓰는 것을 비웃어 이르는 말.

같은 속담 너구리 굴 보고 피물 돈 내어 쓴다 • 땅벌 집[둥지] 보고 꿀돈 내어 쓴다

벌집을 건드리다[쑤시다]

건드려서는 안 될 것을 괜히 건드려서 제 스스로 화를 만든다는 관용 표현.

벌집을 쑤시어 놓은 것 같다
벌통을 쑤신 것 같다

벌집을 건드리면 벌들이 있는 대로 몰려나와 침을 쏘아 대듯이, 온통 뒤죽박죽되어 매우 시끄럽고 어수선한 상황을 이르는 관용 표현.

범 가는 데 바람 간다

'바늘 가는 데 실 가고 바람 가는 데 구름 간다'와 같은 속담.

범 나비 잡아먹듯

몸집이 큰 범이 자그마한 나비를 잡아먹은들 양에 차지 않는다는 뜻으로, 먹었으나 양이 하도 적어서 감질만 나고 성에 차지 않음을 빗대어 이르는 말.

같은 속담 목구멍 때도 못 씻었다 • 쌍태 낳은 호랑이 하루살이 하나 먹은 셈 • 주린 범의 가재다

범 대가리에 개고기[개꼬리]

1. 대가리는 범 대가리인데 몸뚱이는 시시하게 개고기라는 뜻으로, 어떤 일을 대단하게 벌여 놓고 흐지부지 끝내 버리는 모양을 빗대어 이르는 말. 2. 격에 어울리지 않는 것들이 모인 것을 비웃어 이르는 말.

낱말 풀이 **대가리** 1. 동물의 머리. 2. 사람의 머리를 속되게 이르는 말.

범도 궁하면 가재를 잡아먹는다

범같이 사나운 짐승도 배가 고프면 하는 수 없이 가재라도 잡아먹으려고 물밑의 돌을 뒤진다는 뜻으로, 살림이 너무 가난하면 체면도 가리지 않게 된다고 빗대어 이르는 말.

같은 속담 범이 배고프면 가재도 뒤진다

범도 새끼 둔 골을 두남둔다[센다]

범같이 사나운 짐승도 제 새끼를 사랑하여 그 새끼를 둔 골짜기를 살펴본다는 뜻으로, 비록 악한 사람이라도 제 자식은 늘 마음에 두고 아끼며 돌본다고 빗대어 이르는 말.

같은 속담 범도 제 새끼 놔둔 곳을 센다 • 자식 둔 골[곳]에는 호랑이도 두남둔다 • 짐승도 제 새끼는 사랑한다 • 호랑이도 자식 난 골에는 두남둔다

낱말 풀이 **두남두다** 1. 잘못을 감싸거나 편들어 주다. 2. 애착을 가지고 돌보다.

범도 제 말[소리] 하면 온다

범도 제 소리 하면 오고 사람도 제 말 하면 온다

사람 말을 알아듣지 못하는 범도 뒤에서 제 이야기를 하면 찾아온다는 뜻으로, 1. 그 자리에 없는 어떤 사람에 대해 이야기를 하는데 때마침 그 사람이 나타나는 경우에 이르는 말. 2. 어디에서든 그 자리에 없는 사람을 흉보지 말고 말조심하라는 말.

같은 속담 까마귀 제 소리 하면 온다 • 시골 놈 제 말 하면 온다 • 호랑이도 제 말 하면 온다

ㅂ

범도 제 새끼 놔둔 곳을 센다

범도 제 새끼 사랑할 줄 안다

'범도 새끼 둔 골을 두남둔다[센다]'와 같은 속담.

범도 죽을 때 제 굴에 가서 죽는다

누구나 죽을 때는 자기가 난 고향을 그리워한다고 빗대어 이르는 말.

범 되다가 만 스라소니

범 새끼들 가운데서 지지리 못난 것이 스라소니가 되었다는 이야기에서, 훌륭하게 되려다가 타고난 성질이나 힘이 모자라서 그렇게 되지 못한 사람을 빗대어 이르는 말.

낱말 풀이 **스라소니** 고양잇과 동물. 살쾡이와 비슷하게 생겼다.

범 모르는 하룻강아지

범 무서운 줄 모르는 하룻강아지

태어난 지 하루밖에 안 된 강아지가 범이 얼마나 무서운지 모르고 그 앞에서

날뛴다는 뜻으로, 맞설 수 없을 만큼 센 상대에게 겨루어 보자고 덤벼드는 어리석은 짓을 빗대어 이르는 말.

같은 속담 비루먹은 강아지 대호를 건드린다 • 자가사리 용을 건드린다 • 하룻강아지 범 무서운 줄 모른다 • 해변 개 범 무서운 줄 모른다

범 무서워 산에 못 가랴

범이 아무리 무서워도 산에 가야 할 일이 있으면 꼭 가야 한다는 뜻으로, 어떤 어려운 고비가 있어도 해야 할 일을 반드시 해야 한다고 힘주어 이르는 말.

범벅 덩이에 쉬파리 달라붙듯
범벅 덩이에 파리

범벅 덩이에 더러운 쉬파리가 새까맣게 달라붙듯 한다는 뜻으로, 크게 잇속도 없는 일에 사람들이 많이 모여들어 소란스러운 모양을 비꼬아 이르는 말.

읽을거리 범벅은 곡식 가루에 감자, 옥수수, 팥, 고구마, 호박, 콩 따위를 섞어서 풀처럼 되직하게 쑨 음식이야. 죽이라고 볼 수 있지. 강원도는 감자와 옥수수범벅, 경기도, 충청도, 경상도는 호박범벅, 제주도는 메밀범벅이 이름나 있어. 범벅 노래도 있어. '정월에는 달떡범벅, 이월에는 시래기범벅, 삼월에는 쑥범벅, 사월에는 수리취범벅…….'처럼 열두 달에 열두 가지 범벅을 맞추어 엮은 타령이야.

범벅 먹은 고양이 손 같다

닥치는 대로 범벅을 퍼먹은 고양이 손과 같다는 뜻으로, 질척질척한 것이 많이 달라붙어 매우 지저분한 것을 빗대어 이르는 말.

범벅에 꽂은 저라

흐물흐물한 범벅에 꽂아 언제 넘어질지 모르는 젓가락이란 뜻으로, 일의 기초가 튼튼하지 못하여 마음을 놓을 수 없고 낭패를 보기 쉬움을 빗대어 이르는 말.

범 본 놈[여편네/할미] 창구멍 틀어막듯

1. 범이 들어올까 걱정하여 창구멍부터 틀어막는다는 뜻으로, 급한 나머지 어리석은 방법으로 어설프게 둘러맞추려는 모양을 비웃어 이르는 말. 2. 밥을 허겁지겁 퍼먹는 모양을 놀리어 이르는 말.

같은 속담 호랑이 보고 창구멍 막기

범 아가리에 날고기 넣은 셈
범에게 개를 빌려준 셈

범 아가리에 범이 즐겨 먹는 날고기를 한번 넣으면 다시 끄집어낼 수 없다는 뜻으로, 욕심 사나운 사람에게 맡기면 틀림없이 떼일 것을 알면서도 소중한 물건을 맡기면서 잘 봐 달라고 하는 어리석음을 빗대어 이르는 말.

같은 속담 호랑이더러 날고기 봐 달란다 • 호랑이에게 개 꾸어 준 셈

범 없는 골에 삵이 범 노릇 한다
범 없는 골에 토끼가 스승[선생]이라
범 없는 산에서 오소리가 왕질한다

뛰어난 사람이 없는 곳에서 하찮은 사람이 높은 자리를 차지하고 잘난 체하며 나서는 꼴을 비웃어 이르는 말.

같은 속담 사자 없는 산에 토끼가 왕[대장] 노릇 한다 • 호랑이 없는 골에 토끼가 왕 노릇 한다 • 혼자 사는 동네 면장이 구장

범에게 날개

힘세고 사나운 범에게 날개가 돋쳐 하늘도 날게 되었다는 뜻으로, 본디 힘 있는 사람이 더 큰 힘을 얻게 된 경우에 빗대어 이르는 말.

같은 속담 날개 돋친 범 • 범이 날개를 얻은 셈

범에게 물려 가도 정신만 차리면 산다
범에게 열두 번 물려 가도 정신을 놓지 말라

아무리 위험한 처지에 놓이더라도 정신만 똑똑히 차리고 용기를 내면 벗어날 수 있다고 빗대어 이르는 말.

같은 속담 물에 빠져도 정신만 잃지 말라 • 호랑이에게 물려 가도 정신만 차리면 산다

범은 그려도 뼈다귀는 못 그린다
범을 그리어 뼈를 그리기 어렵고 사람을 사귀어 그 마음을 알기 어렵다

비록 범은 그릴 수 있으나 가죽 속에 있는 범의 뼈는 그릴 수 없다는 뜻으로, 1. 무엇이나 겉모양은 쉽게 알 수 있지만 그 속에 담긴 내용은 알기 어렵다고 빗대어 이르는 말. 2. 사람의 겉만 보고 그 사람의 속마음을 알 수 없다고 빗대어 이르는 말.

범을 그리려다 개[고양이]를 그린다

뜻을 크게 가지고 시작했으나 재주와 힘이 모자라 결과가 시원찮게 나왔거나 엉뚱한 것을 만들게 된 경우를 빗대어 이르는 말.

같은 속담 호랑이를 그리려다가 강아지[고양이]를 그린다

범을 길러 화를 받는다

호랑이 새끼를 데려다 길러 놓으니 사나운 짐승의 본성을 그대로 드러내어 주인을 해친다는 뜻으로, 스스로 화근을 길러서 큰 해를 입게 된 경우에 빗대어 이르는 말.

범을 보니 무섭고 범 가죽을 보니 탐난다

힘든 일은 하기 싫고 그 일로 얻게 될 이익은 욕심이 난다는 말.

범을 보지도 못하고 무섭다 한다

똑똑히 알지도 못하면서 남의 말만 듣고 덩달아 따라 하는 가볍고 어리석은 행동을 빗대어 이르는 말.

범을 잡자면 범의 굴에 들어가야 한다

뜻하는 바를 이루기 위해서는 필요한 조건을 갖추거나 그에 마땅한 일을 노력해야 한다고 빗대어 이르는 말.

같은 속담 굴에 들어가야 범을 잡는다 • 굴을 파야 금을 얻는다 • 범의 굴에 들어가야 범을 잡는다 • 산에 가야 범을 잡지[잡는다] • 산엘 가야 꿩을 잡고 바다엘 가야 고기를 잡는다 • 진주를 찾으려면 물속에 들어가야 한다 • 호랑이 굴에 가야 호랑이 새끼를 잡는다

ㅂ

범을 피하니 사자가 나온다
범을 피하니 이리가 앞을 막는다

무서운 범을 겨우 피했더니 이번에는 사자가 앞을 가로막는다는 뜻으로, 한 가지 위험이나 어려움에서 벗어나니 또 다른 위험이나 어려움에 부닥치게 됨을 빗대어 이르는 말.

같은 속담 높은 산을 피하니까 벼랑이 앞에 나선다

범을 피해서 사자 굴에 들어간다

위험에서 벗어나려다가 오히려 그보다 더 큰 위험에 부닥치게 된 경우를 빗대어 이르는 말.

범의 굴에 들어가야 범을 잡는다

'범을 잡자면 범의 굴에 들어가야 한다'와 같은 속담.

범의 꼬리를 잡고[붙잡고] 놓지 못한다

범 꼬리를 그냥 잡고 있자니 힘이 딸리고 놓자니 곧바로 범한테 잡아먹힐 것 같아서 놓지도 못한다는 뜻으로, 이러지도 저러지도 못하는 매우 딱한 처지에 놓임을 빗대어 이르는 말.

같은 속담 호랑이 꼬리를 잡은 셈

범의 차반

범의 먹잇감이라는 뜻으로, 범은 먹을 것이 생기면 실컷 먹고 없으면 쫄쫄 굶는다는 데서, 무엇이 생기면 아껴서 모아 둘 생각 없이 생기는 족족 다 써 버리는 것을 이르는 관용 표현.

낱말 풀이 **차반** '음식'의 옛말.

범의 코를 쑤시다

잘못 건드리면 큰 화를 당할 수 있는 매우 무서운 대상을 건드리는 경우에 빗대어 이르는 말.

범의 콧등에서 바둑을 둔다

어떤 일에 재미가 붙어 위험한 짓도 서슴지 않고 하는 것을 빗대어 이르는 말.

범이 날개를 얻은 셈

'범에게 날개'와 같은 속담.

범이 날고기 먹을 줄 모르나[모르랴]

범이 날고기를 먹는다는 사실은 누구나 다 안다는 뜻으로, 세상 모두가 뻔히 알고 있는 사실을 빗대어 이르는 말.

같은 속담 호랑이 날고기 먹는 줄 누가 모르랴

범이 담배를 피우고 곰이 막걸리를 거르던 때

지금과는 형편이 다른 아주 까마득한 옛날을 이르는 말.

같은 속담 호랑이 담배 먹을[피울] 적

범이 미친개 물어 간 것 같다

성가시게 굴던 미친개를 범이 물어 가서 몹시 시원하다는 뜻으로, 괴롭히거나 성가시게 굴던 것이 없어져서 속이 몹시 시원하다고 빗대어 이르는 말.

같은 속담 도적고양이 범 물어 간 것만 하다 • 미친개 범 물어 간 것 같다

ㅂ

범이 배고프면 가재도 뒤진다

'범도 궁하면 가재를 잡아먹는다'와 같은 속담.

범이 불알을 동지에 얼리고 입춘에 녹인다

날씨가 동지부터 추워져서 입춘부터 누그러짐을 빗대어 이르는 말.

범이 사납다고 제 새끼 잡아먹으랴

성질이 포악한 범이라고 해서 제 새끼를 잡아먹겠느냐는 뜻으로, 아무리 나쁜 사람일지라도 제 자식만은 사랑함을 빗대어 이르는 말.

범이 새끼를 치게 되었다

'밭에서 호랑이가 새끼 치게 되었다'와 같은 속담.

범 잡아 꼬리를 차지한다

애써 범을 잡아서 남 좋은 일만 시키고 자기는 꼬리밖에 차지하지 못했다는 뜻으로, 마음속에 큰 뜻을 품었으나 정작 자그마한 일밖에 이루지 못하였음을 빗대어 이르는 말.

범 잡아먹는 담비가 있다

1. 산속의 왕이라는 범을 잡아먹는 담비라는 작은 짐승이 있다는 뜻으로, 힘센 사람 위에는 그보다 더 힘센 사람이 있다는 말. 2. 잘난 체하지 말라는 말.

낱말 풀이 **담비** 족제빗과의 동물. 작은 새나 들쥐, 과일이나 도토리 따위를 먹고 산다.

범 잡은 포수

범을 잡고 하늘을 찌를 듯이 우쭐하는 포수라는 뜻으로, 어떤 일에 크게 성공하여 흐뭇해하며 뽐내는 모양을 빗대어 이르는 말.

범 탄 장수 같다

1. 위엄이 있는 장수가 범까지 탔으니 내뿜는 기운이 더 대단하다는 뜻으로, 지위와 세력을 가진 사람이 거기에 더 큰 힘을 가지게 된 경우를 빗대어 이르던 말. 2. 기세가 무서울 만큼 아주 높은 사람을 빗대어 이르는 말.

법당 뒤로 돈다

법당 앞에 있는 길을 두고 법당 뒤로만 슬슬 돈다는 뜻으로, 남의 눈을 피하여 옳지 못한 짓을 하는 경우에 빗대어 이르던 말.

낱말 풀이 **법당** 절에서, 불상을 앉혀 놓고 설교하거나 여러 가지 의식을 벌이는 곳.

법 돌아가다가 외돌아 가는 세상

법대로 되어 가는 것 같다가도 그릇된 쪽으로 가는 세상이라는 뜻으로, 옳은 것과 그른 것이 뒤죽박죽되어 갈피를 잡을 수 없는 경우를 빗대어 이르는 말.

법 모르는 관리가 볼기로 위세 부린다

실력 없는 자가 덮어놓고 우격다짐으로 일을 처리하는 경우를 이르는 말.

법 밑에(서) 법 모른다

1. 법을 잘 지켜야 할 곳에서 도리어 법을 어기는 경우를 빗대어 이르는 말. 2. 자기에게 가까워 잘 알고 있을 법한 일을 모르는 경우에 빗대어 이르는 말.

법보다 눈앞의 주먹이 무섭다

법보다 눈앞에서 휘두르는 주먹에 화를 입는 것이 더 무섭다는 말.

법은 멀고 주먹은 가깝다

1. 분한 일이 있을 때 나중에야 어떻게 되든 화를 참지 못하고 주먹부터 휘두르는 경우를 빗대어 이르는 말. 2. 법보다 폭력이 더 세다는 말.

같은 속담 주먹은 가깝고 법은 멀다

벗 따라 강남 간다

자기 생각은 없이 남이 하는 대로 덩달아 따라 하는 경우에 빗대어 이르는 말.

같은 속담 동무 따라 강남 간다 • 친구 따라[친해] 강남 간다

벗 줄 것은 없어도 도둑 줄 것은 있다

1. 없다 없다 하는 사람도 무엇인가 쓸 만한 것은 다 가지고 있음을 빗대어 이르는 말. 2. 제게 가까운 사람들에게는 매우 인색하게 굴지만 억지로 빼앗아 가는 데는 못 이김을 빗대어 이르는 말.

벙거지 조각에 콩가루 묻혀 먹을 놈

털로 만든 벙거지에 아무리 콩가루를 묻혀도 먹을 것이 없는데 그것을 먹는다는 뜻으로, 못 할 짓을 해서라도 남몰래 재물을 빼앗아 가는 사람을 욕으로 이르는 말.

낱말 풀이 **벙거지** 조선 시대에, 군인이 쓰던 갓처럼 생긴 모자.

벙거지

벙어리 냉가슴 앓듯

벙어리가 안타까운 마음을 말할 길이 없어 속만 썩이듯 한다는 뜻으로, 답답한 일이 있어도 남에게 말 못 하고 혼자서 애태우며 걱정함을 빗대어 이르는 말.

같은 속담 우황 든 소 앓듯

낱말 풀이 **냉가슴** 겉으로 드러내지 않고 혼자서 속으로만 끙끙대고 걱정하는 것.

벙어리 두 몫 떠들어 댄다

말할 줄 모르는 벙어리가 제 속마음을 털어놓기 위하여 더욱 떠들어 댄다는 뜻으로, 말주변 없는 사람일수록 떠들썩하게 말이 많다고 빗대어 이르는 말.

벙어리 마음은 벙어리도 모른다

말을 못 하는 벙어리 속마음은 같은 벙어리도 알 수 없다는 뜻으로, 무슨 말인지 실제로 들어 보지 않고는 그 내용을 알 수 없다는 말.

같은 속담 벙어리 속은 그 어미도 모른다

벙어리 발등 앓는 소리냐

발등을 다친 벙어리가 말도 못 하고 그저 끙끙 앓는 소리만 낸다는 뜻으로, 1. 뚜렷하지 않은 소리로 알아듣지 못하게 중얼대는 것을 빗대어 이르는 말. 2. 노래 부르는 소리나 책을 읽는 소리가 그다지 훌륭하지 못함을 빗대어 이르는 말.

벙어리 소를 몰고 가듯

벙어리가 아무 말도 없이 소를 몰면서 간다는 뜻으로, 아무 말 없이 앞서거니 뒤서거니 걷기만 하는 모양을 빗대어 이르는 말.

벙어리 속은 그 어미도 모른다

'벙어리 마음은 벙어리도 모른다'와 같은 속담.

벙어리 속은 벙어리가 안다

남의 사정은 그와 비슷한 일을 당해 보았거나 같은 처지에 있는 사람이 잘 알 수 있다는 말.

같은 속담 과부 사정은 과부[홀아비]가 안다

벙어리 웃는 뜻은 양반 욕하자는 뜻이라

1. 옛날에, 말 못 하는 벙어리가 양반을 보고 웃는 것은 반가워서가 아니라 미워서 쓴웃음을 짓는 것이라는 뜻으로, 비록 겉으로는 좋은 낯으로 대하나 속으로는 앙심을 품은 표현일 뿐 아무것도 아니라고 빗대어 이르는 말. 2. 도무지 뜻을 알기 어려운 경우에 짐짓 미루어 헤아려 본 뜻임을 빗대어 이르는 말.

벙어리 재판

말 못 하는 벙어리를 상대로 하여 재판을 한다는 뜻으로, 옳고 그름을 가리기가 매우 힘든 경우를 빗대어 이르는 말.

베 고의에 방귀 나가듯

성근 베로 지은 고의에 방귀가 쉽게 빠져나가듯이, 무엇이 사방으로 쉽게 퍼져 나가거나 풍기는 모양을 빗대어 이르는 말.

낱말 풀이 **고의** 남자의 여름 홑바지.

베는 석 자라도 틀은 틀대로 해야[차려야] 된다

1. 비록 석 자짜리 베를 짜려고 해도 베틀을 차리기는 마찬가지라는 뜻으로, 큰 일이나 작은 일이나 준비하는 데 드는 품은 마찬가지라고 빗대어 이르는 말. 2. 간단한 일이라도 차려야 할 격식은 다 차려야 함을 빗대어 이르는 말.

같은 속담 석 자 베를 짜도 베틀 벌이기는 일반[마찬가지다]

베돌던 닭도 때가 되면 홰 안에 찾아든다

1. 무리 속에 섞이지 않고 저 혼자 돌아다니던 닭도 저녁 무렵이 되면 스스로 홰 안에 찾아든다는 뜻으로, 서로 어울리지 않고 따로 놀던 사람도 때가 되면 언젠가는 다시 돌아온다고 빗대어 이르는 말. 2. 때가 되면 찾아올 사람은 다 찾아오기 마련이라고 빗대어 이르는 말.

낱말 풀이 **베돌다** 한데 어울리지 않고 동떨어져 행동하다. **홰** 새장이나 닭장 속에 새나 닭이 올라 앉게 가로질러 놓은 나무 막대.

베어도 움돋이

베고 또 베어도 움이 돋아 나온다는 뜻으로, 아무리 없애려 해도 없어지지 않고 끊임없이 생겨남을 빗대어 이르는 말.

베주머니로 바람 잡기

베주머니로 바람을 잡더라도 베올이 굵어 바람이 새어 나간다는 뜻으로, 헛수고만 한다는 말.

베주머니에 의송 들었다

허름한 베주머니에 아주 중요한 의송이 들어 있다는 뜻으로, 사람이나 물건이 겉보기에는 허름하고 못난 듯이 보여도 실제로는 남보다 뛰어난 재주와 끼를 지니고 있거나 쓸모가 있음을 빗대어 이르는 말.

같은 속담 떨어진 주머니에 어패 들었다 • 허리띠 속에 상고장 들었다

낱말 풀이 **의송** 조선 시대, 백성이 고을 원의 판결을 따르지 않고 관찰사에게 다시 판결해 달라고 올리던 글.

벼락 맞은 소[소고기] 뜯어 먹듯

벼락을 맞아 죽은 소에 달라붙어 게걸스럽게 뜯어 먹듯 한다는 뜻으로, 여럿이 달려들어 저마다 제 욕심을 채우려 드는 모양을 빗대어 이르는 말.

같은 속담 삶은 개고기 뜯어 먹듯

벼락에는 바가지라도 쓴다[뒤집어쓴다]
벼락에는 오히려 바가지를 쓴다

1. 사람이 너무 급하면 그다지 도움이 되지 않는 하찮은 것에도 기대게 된다고 빗대어 이르는 말. 2. 나쁜 운이나 재화는 무슨 짓을 하더라도 벗어나기 어려움을 빗대어 이르는 말.

같은 속담 물에 빠지면 지푸라기라도 잡는다[움켜쥔다]

벼락에 소 뛰어들듯

깜짝 놀라 어쩔 줄 모르고 허둥지둥하는 모양을 빗대어 이르는 말.

같은 속담 천둥에 (놀란) 개 뛰어들듯

벼락 치는 하늘도 속인다

악한 사람에게 벼락을 내리는 하늘도 속인다는 뜻으로, 속이려 들면 못 속일 것이 없음을 빗대어 이르는 말.

벼룩 꿇어앉을 땅도 없다

1. 발 들여놓을 틈도 없을 정도로 많은 사람들이 꽉 들어찬 것을 빗대어 이르는 말. 2. 제가 부쳐 먹을 땅이라고는 조금도 없음을 빗대어 이르는 말.

같은 속담 송곳 모로 박을 곳도 없다 • 송곳 박을 땅도 없다 • 입추의 여지가 없다

벼룩도 낯짝이 있다

아주 작은 벼룩도 낯짝이 있는데 사람이 체면 없이 굴어서야 되겠느냐는 뜻으로, 부끄러움을 모르고 체면 차릴 줄도 모르는 뻔뻔스러운 사람을 나무라는 말.

같은 속담 빈대도 낯짝[콧등]이 있다 • 족제비도 낯짝이 있다

읽을거리 벼룩은 사람이나 짐승 몸에 붙어서 피를 빨아 먹는 곤충이야. 몸은 아주 작고, 양옆에서 누른 것처럼 납작해. 한 자리를 물고 금세 다른 곳으로 톡톡 튀어

가서 좀처럼 잡기가 어렵지. 피를 빨아 먹는 곤충에는 이와 빈대도 있어. 숨바꼭질 놀이를 할 때 술래가 부르던 노래에도 세 곤충이 다 나와. '꼭꼭 숨어라, 벼룩이가 물어도 꼼짝 말아라, 빈대가 물어도 꼼짝 말아라, 이가 물어도 꼼짝 말아라.' 술래한테 안 들키려면 벼룩이 물어도 꼼짝하면 안 되겠지.

벼룩의 간을[선지를] 내먹는다

1. 눈에 잘 보이지도 않는 벼룩의 간을 뽑아 먹겠다는 뜻으로, 하는 짓이 몹시 잘거나 인색함을 비웃어 이르는 말. 2. 어려운 처지에 있는 사람에게서 돈이나 물건을 뜯어냄을 빗대어 이르는 말.

같은 속담 모기 다리에서 피를 뽑아낸다 • 참새 앞정강이를 긁어 먹는다

벼룩의 등에 육간대청을 짓겠다

작은 벼룩 등에다 마루가 여섯 칸인 큰 집을 짓겠다는 뜻으로, 통이 작고 생각이 좁아 하는 짓이 몹시 답답하고 번듯하지 못한 사람을 빗대어 이르는 말.

낱말 풀이 **육간대청** 여섯 칸이 되는 넓은 마루.

벼룩의 뜸자리만도 못하다

벼룩 몸에 난 뜸자리보다도 작다는 뜻으로, 몹시 작은 것을 빗대어 이르는 말.

벼룩이 황소 뿔 꺾겠다는 소리 한다

하찮은 능력밖에 없는 주제에 터무니없이 큰소리치는 것을 빗대어 이르는 말.

벼르던 제사(에) 물도 (한 그릇) 못 떠 놓는다

제사를 잘 지내려고 별러 왔는데 정작 물 한 그릇도 못 떠 놓고 제사를 지내게 되었다는 뜻으로, 무슨 일을 잘하려고 잔뜩 기대하였다가 오히려 더 못하게 되는 수가 많음을 빗대어 이르는 말.

벼린 도끼가 이 빠진다

애써 벼린 도끼날이 그만 이가 빠져서 꼴사납게 되었다는 뜻으로, 애써 장만한 것이 오히려 금세 못쓰게 된 경우에 빗대어 이르는 말.

벼슬은 높이고 뜻은 낮추어라

높은 자리에 올라갈수록 자기를 내세우지 말고 겸손하라는 말.

같은 속담 지위가 높을수록 뜻을 낮추랬다

벼 이삭은 익을수록 고개를 숙인다

벼 이삭은 잘 여물어 알이 들면 들수록 아래로 처진다는 뜻으로, 아는 것이 많고 몸과 마음을 갈고닦은 사람일수록 남 앞에서 자기를 낮추고 내세우려 하지 않음을 빗대어 이르는 말.

같은 속담 곡식 이삭은 익을수록[여물수록/잘될수록] 고개를 숙인다 • 낟알은 익을수록 고개를 숙인다 • 병에 찬 물은 저어도 소리가 나지 않는다 • 잘 익은 벼 이삭일수록 더 깊이 내리[머리를] 숙인다

벽에도 귀가 있고 돌에도 입이 있다
벽에도 귀가 있다

벽도 귀가 있어 듣고 돌도 입이 있어 제 생각을 말한다는 뜻으로, 세상에 비밀은 없으니 조심성 없이 가볍게 말하지 말라는 말.

같은 속담 담에도 귀가 달렸다

벽을 문이라고 내민다

이치에 맞지 않는 사실인데도 제 고집을 세우려고 억지로 우기는 경우를 빗대어 이르는 말.

같은 속담 담벼락을 문이라고 내민다

벽을 치면 대들보가 울린다

1. 넌지시 알려 주기만 해도 곧 눈치를 채고 뜻이 서로 통함을 빗대어 이르는 말. 2. 서로 매우 가까워 빈틈없는 사이를 빗대어 이르는 말.

같은 속담 기둥을 치면 대들보가[들보가/봇장이] 운다[울린다] • 변죽을 치면 복판이 운다

변덕이 죽 끓듯 하다

변덕이 어찌나 심한지 마치 죽이 부글부글 끓듯 한다는 뜻으로, 말이나 행동이 몹시 이랬다저랬다 하는 모양을 이르는 관용 표현.

낱말 풀이 **변덕** 이랬다저랬다 잘 변하는 태도나 성질.

변죽을 치면 복판이 운다

넌지시 알려 주기만 해도 곧 눈치를 채고 뜻이 서로 통함을 빗대어 이르는 말.

같은 속담 벽을 치면 대들보가 울린다

볏짚에도 속이 있다

변변치 않은 볏짚에도 속이 있는데 하물며 사람에게 속이 없겠느냐는 뜻으로, 겉으로 표현하지 않는 사람도 다 자기 속마음이 있으니 누구든 함부로 업신여기거나 얕잡아 보지 말라는 말.

같은 속담 깻묵에도 씨가 있다 • 핏짚에도 뱰이 있고 깻묵에도 씨가 있다

병도 먼저 앓아 본 사람이 의사 노릇 한다

먼저 병을 앓은 사람이 그 병을 고치는 의사 노릇을 한다는 뜻으로, 어떤 일에 먼저 경험을 쌓은 사람이 남을 가르칠 수 있다고 빗대어 이르는 말.

같은 속담 선병자 의(醫)라[의원이라]

병든 까마귀 어물전 돌듯

병들어 제구실을 못하는 까마귀가 얻어먹을 것이 있을까 하여 어물전 위를 빙빙 돈다는 뜻으로, 잔뜩 탐을 내며 욕심나는 것의 둘레를 떠나지 못하고 맴도는 모양을 빗대어 이르는 말.

병 만나기는 쉬워도 병 고치기는 힘들다

누구나 병에 걸리기는 쉬워도 고치기는 어렵다는 뜻으로, 한번 잘못된 길에 들어서면 거기서 헤어 나오기가 어려움을 빗대어 이르는 말.

ㅂ

병신 자식이 효도한다

무시하고 기대하지 않았던 사람에게 뜻밖에 큰 도움을 받은 경우를 이르는 말.

같은 속담 눈먼 자식이 효자 노릇 한다

병아리 눈물만큼

매우 적은 수와 양을 이르는 관용 표현.

병아리는 가을에 가서 세어 보아야 한다

봄에 깐 병아리가 몇 마리나 닭이 될지는 가을에 가서 세어 보아야 알 수 있다는 뜻으로, 일의 결과를 보지 않고 셈만 앞세우면 실제와 맞지 않을 수 있다는 말.

병아리 똥은 똥이 아닌가

비록 양이 적어도 그 본질에서는 다름이 없다는 말.

병아리 텃세하듯

먼저 자리 잡은 사람이 뒤에 온 사람에게 선뜻 자리를 내주지 않는 것을 빗대어 이르는 말.

같은 속담 개도 텃세한다 • 닭싸움에도 텃세한다

병에는 장사 없다

아무리 우람하고 힘센 장사라도 병에 걸리면 힘을 못 쓴다는 뜻으로, 병에 걸리지 않도록 조심하라는 말.

병에 찬 물은 저어도 소리가 나지 않는다

병에 꽉 찬 물은 아무리 흔들어도 출렁이는 소리가 나지 않는다는 뜻으로, 아는 것이 많고 몸과 마음을 갈고닦은 사람일수록 남 앞에서 자기를 낮추고 내세우려 하지 않음을 빗대어 이르는 말.

같은 속담 벼 이삭은 익을수록 고개를 숙인다

병은 밥상머리에서 떨어진다

앓는 사람은 밥을 잘 먹어야 병이 낫는다고 빗대어 이르는 말.

병은 사람을 못 잡아도 약은 사람을 잡는다

병에 걸린다고 다 죽는 것은 아니나 약은 한번 잘못 쓰면 사람을 죽일 수 있다는 뜻으로, 약을 병에 맞게 써야지 잘못 쓰면 돌이킬 수 없으니 조심하라는 말.

병은 한 가지 약은 천 가지

한 가지 병을 고치는 데 쓰이는 치료 방법이 많다는 말.

병 자랑은 하여라

병이 들었을 때는 자기가 앓고 있는 병을 자꾸 이 사람 저 사람에게 말하고 고칠 길을 물어보아야 좋은 치료 방법을 찾을 수 있다는 말.

병 주고 약 준다

남을 해치고 나서 약을 주며 그를 돌보는 체한다는 뜻으로, 남에게 해를 끼치고는 뒤에 가서 위해 주는 척하는 것을 욕으로 이르는 말.

같은 속담 등 치고 배 만진다[문지른다] • 술 먹여 놓고 해장 가자 부른다

병풍도 꼬부려야 선다

병풍도 장마다 꼬부려야 서지 꼿꼿이 다 펴면 넘어진다는 뜻으로, 무슨 일이나 그에 알맞은 꾀와 방법을 써야 함을 빗대어 이르는 말.

낱말 풀이 **병풍** 바람을 막거나 무엇을 가리거나 장식하려고 방 안에 치는 물건.

병풍

병풍에 그려 놓은 닭이 꼬기요 하고 운다
병풍에 그린 꽃이 향기 나랴
병풍에 그린 닭이 울까

실제로 일어날 가능성이 전혀 없는 일을 빗대어 이르는 말.

병풍에 그린 닭이 홰를 치거든

도무지 이루어질 수 없는 일이라 때를 정할 수 없음을 빗대어 이르는 말.

같은 속담 곤달걀 꼬끼오 울거든

낱말 풀이 **홰치다** 닭이나 새가 날개를 벌리고 탁탁 치다.

병풍에 그린 닭이 홰를 치고 우는 한이 있더라도

병풍에 그린 닭이 우는 일처럼 도무지 있을 수 없는 일이 일어나더라도 어떤 일을 끝까지 해내고야 말겠다고 힘주어 이르는 말.

병풍에 모과 구르듯 한다

병풍에 그려진 모과가 아무렇게나 나뒹굴어 있어도 아무 일 없듯이, 이리저리 굴러다녀도 탈이 없는 사람을 빗대어 이르는 말.

병환에 까마귀

가뜩이나 병 때문에 뒤숭숭한데 까마귀까지 나타나서 울어 댄다는 뜻으로, 가뜩이나 걱정스러운 일에 불길한 낌새까지 보이는 경우에 빗대어 이르는 말.

보고도 못 먹는 전라도 곡식

필요한 것을 눈앞에 두고도 마음대로 쓰지 못하는 경우에 빗대어 이르던 말.

같은 속담 두고도 못 먹는 전라도 곡식 • 전라도 곡식이라

보고 못 먹는 것은 그림의 떡

아무런 실속이 없음을 빗대어 이르는 말.

보금자리 사랑할 줄 모르는 새는 없다

새조차도 제 보금자리를 사랑하는데 사람이야 더 말해서 무엇 하겠느냐는 뜻으로, 사람은 누구나 자기 가족과 집을 사랑하고 소중히 여겨야 한다는 말.

보기 싫은 반찬이 끼마다 오른다

너무 잦아서 싫증 난 것일수록 자꾸 눈에 띈다고 빗대어 이르는 말.

보기 좋은 떡이 먹기도 좋다

1. 겉모양이 좋은 것이 내용도 좋음을 빗대어 이르는 말. 2. 겉모양새를 잘 꾸미는 것도 필요함을 빗대어 이르는 말.

보기 좋은 음식 별수 없다

겉모양은 좋으면서 그 내용이 그다지 좋지 못한 경우를 빗대어 이르는 말.

보리 가시랭이가 까다로우냐 괭이 가시랭이가 까다로우냐

고양이 발톱도 깔끄럽고 보리 껍질에 붙은 수염도 깔끄럽지만 그보다 더 깔끄럽다는 뜻으로, 성미가 몹시 까다로움을 빗대어 이르는 말.

ㅂ

보리 갈아 놓고 못 참는다

빨리 결과를 얻으려고 성급하게 구는 것을 빗대어 이르는 말.

보리 갈아 이태 만에 못 먹으랴

가을에 땅을 갈아 보리를 심으면 이듬해에 거두어 먹는 것은 당연한 일이라는 뜻으로, 으레 정해져 있는 사실을 가지고 구태여 말할 필요가 없음을 빗대어 이르는 말.

낱말 풀이 **이태** 두 해.

보리누름까지 세배한다

보리가 누렇게 익는 사오월까지도 세배를 한다는 뜻으로, 인사치레가 너무 지나친 경우에 비웃어 이르는 말.

낱말 풀이 **보리누름** 보리가 누렇게 익는 철.

보리누름에 설늙은이 얼어 죽는다

보리가 누렇게 익을 무렵에는 따뜻해야 하는데 오히려 추워서 몸이 약한 사람이 얼어 죽는다는 뜻으로, 날씨가 따뜻해야 할 때에 도리어 추운 경우를 빗대어 이르는 말.

보리로 담근 술 보리 냄새가 안 빠진다

1. 보리로 만든 술에서는 아무래도 보리 냄새가 난다는 뜻으로, 무엇이나 제 본성을 그대로 지니고 있기 마련이라는 말. 2. 근원이 좋으면 결과도 좋고 근원이 나쁘면 결과도 나쁨을 빗대어 이르는 말.

같은 속담 보리술이 제맛 있다

읽을거리 보리는 밭이나 논에 심어 기르는 두해살이 곡식이야. 온 세계에서 옥수수, 밀, 벼 다음으로 많이 길러 먹어. 보리는 가을에 씨앗을 뿌려서, 파릇파릇한 어린잎으로 겨울을 나. 이듬해 초여름에 푸르던 이삭이 누렇게 익으면 거두어들이지. 옛날에 묵은 곡식은 떨어지고 보리는 아직 덜 여물어서 배고프던 때를 '보릿고개'라고 빗대어 말했어. 보리는 쌀 대신 밥으로 먹던 귀한 양식이었어. 보리밥은 흰쌀밥보다 영양가가 많고 소화도 잘 되지. 가루를 내어 고추장, 된장도 담그고, 싹을 틔워 엿기름도 내. 엿기름으로는 식혜, 조청, 엿을 만들어. 겉겨를 벗기지 않고 통째로 볶아서 보리차를 끓여 마시기도 해. 또 빵을 만들거나 맥주 같은 술도 빚지. 옛날에는 잘 여문 보리 이삭을 통째로 불에 구워 먹기도 했어.

보리를 베면서 가라면 하루에 갈 길을 평지에서 걸어가라면 닷새도 더 걸린다

1. 보리를 거두어들이는 일은 힘들지만 신이 나는 일이라고 빗대어 이르는 말. 2. 몸에 밴 일은 시간 가는 줄도 모르게 빠르지만 그렇지 못한 일은 매우 더딤을 빗대어 이르는 말. 3. 할 일이 분명하면 빨리 해내지만 목적이 뚜렷하지 않으면 한없이 게을러진다는 뜻으로 이르는 말.

보리밥 알로 잉어 낚는다

보잘것없는 보리밥 알을 미끼로 잉어를 낚는다는 뜻으로, 작은 것을 주고 큰 것을 받거나 적은 밑천만 들이고 큰 이익을 얻는 경우를 빗대어 이르는 말.

같은 속담 새우로 도미[잉어]를 낚는다

보리밥에 고추장이 제격이다

보리밥에는 고추장을 곁들여 먹어야 알맞다는 뜻으로, 무엇이나 격에 알맞게 해야 좋다고 빗대어 이르는 말.

보리밭만 지나가도 주정한다

보리를 베어서 털고 찧어야 술 빚을 누룩을 만들 수 있는데 보리밭만 지나가도 술을 마신 것처럼 주정한다는 뜻으로, 1. 술을 아예 못 마시는 사람을 놀리어 이르는 말. 2. 성미가 급하여 몹시 서두르는 사람을 놀리어 이르는 말.

같은 속담 밀밭도 못 지나간다 • 밀밭만 지나가도 주정한다[취한다]

ㅂ

보리밭에 가 숭늉 찾는다

모든 일에는 차례가 있는데 성질이 급하여 지나치게 헤덤비는 경우에 비웃어 이르는 말.

같은 속담 급하기는 우물에 가 숭늉 달라겠다 • 돼지 꼬리 잡고 순대 달란다 • 메밀밭에 가서 국수를 달라겠다 • 싸전에 가서 밥 달라 한다 • 우물에 가 숭늉 찾는다 • 콩밭에 가서 두부 찾는다 • 타작마당에 가서 숭늉 찾겠다

보리술이 제맛 있다

'보리로 담근 술 보리 냄새가 안 빠진다'와 같은 속담.

보리 안 패는 삼월 없고 나락 안 패는 유월 없다

음력 삼월에는 보리 이삭이 패고 음력 유월에는 벼 이삭이 팬다는 뜻으로, 1. 모든 일에는 때가 있다고 빗대어 이르는 말. 2. 계절이 어김없이 돌아옴을 빗대어 이르는 말.

낱말 풀이 **나락** '벼'를 이르는 말. **패다** 벼, 보리 따위의 곡식에 이삭이 나오다.

보리 주면 오이[외] 안 주랴

그쪽이 보리를 주면 이쪽에서도 어련히 오이를 주지 않겠느냐는 뜻으로, 제 것은 몹시 아까워하면서 남만 인색하다고 여기는 사람에게 주는 것이 있어야 받는 것이 있다고 이르는 말.

보리죽에 물 탄 것 같다

맛없는 보리죽에 물까지 탔으니 그 맛이 밍밍하다는 뜻으로, 어떤 일이 싱겁고 아무 재미도 없는 경우에 빗대어 이르는 말.

보릿고개가 태산보다 높다

옛날에, 지난해 농사지어 거둔 곡식은 다 떨어지고 햇보리는 미처 여물지 않은 초여름 고비를 넘기기가 매우 어렵다고 빗대어 이르던 말.

낱말 풀이 **보릿고개** 햇보리가 나올 때까지의 넘기 힘든 고개라는 뜻으로, 묵은 곡식은 거의 떨어지고 보리는 아직 여물지 않아서 농촌의 식량 사정이 가장 어려운 때를 빗대어 이르던 말.

보릿고개에 죽는다

옛날에, 보릿고개 때에는 굶어 죽을 만큼 먹고살기가 무척 힘들다고 이르던 말.

보석도 꿰어야 보배

아무리 훌륭하고 좋은 것이라도 매만져서 쓸모 있게 만들어야 값어치가 있음을 빗대어 이르는 말.

같은 속담 구슬이 서 말이라도 꿰어야 보배(라) • 진주가 열 그릇이라도 꿰어야 구슬 • 청산 속에 묻힌 옥도 갈아야 빛이 난다

보석도 닦아야 빛이 난다

아무리 귀한 보석이라도 닦아야 빛이 난다는 뜻으로, 사람도 끊임없이 몸과 마

음을 갈고닦아야 훌륭한 재능을 나타낼 수 있음을 빗대어 이르는 말.

보쌈에 엉기는 송사리 떼 같다

물고기를 잡는 보쌈을 놓으니 먹이에 송사리 떼가 엉겨들듯 한다는 뜻으로, 많은 것들이 오글오글 몰려드는 모양을 빗대어 이르는 말.

낱말 풀이 **보쌈** 물고기를 잡는 도구의 하나. 양푼만 한 그릇에 먹이를 넣고 가운데 구멍이 뚫린 보로 싸서 물속에 넣어 두었다가 그 구멍 속으로 들어간 물고기를 잡는다.

보자 보자 하니까 얻어 온 장 한 번 더 뜬다

못되게 구는 것을 보고 참으니까 고치기는커녕 더욱더 밉살스럽게 행동하는 것을 욕으로 이르는 말.

보지 못하는 소 멍에가 아홉

눈먼 소에게 멍에를 아홉 개나 메웠다는 뜻으로, 능력도 없는 사람에게 지나치게 무거운 책임만 잔뜩 지워 놓은 경우에 빗대어 이르는 말.

낱말 풀이 **멍에** 수레나 쟁기를 끌기 위하여 마소의 목에 얹는 구부러진 막대.

보채는 아이 밥 한 술 더 준다
보채는 아이 젖 준다

자꾸 울거나 칭얼거리는 아이에게는 달래느라고 밥 한 술이라도 더 주게 된다는 뜻으로, 가만히 있지 않고 자꾸 조르는 사람이나 열심히 찾는 사람한테는 더 잘해 주게 된다고 빗대어 이르는 말.

같은 속담 젖은 보채는 아이한테 먼저 준다

복날(에) 개 맞듯

몹시 두들겨 맞는 모습을 빗대어 이르는 말.

같은 속담 등줄기에서 노린내가 나게 두들긴다 • 섣달그믐날 흰떡 맞듯

복 들어온 날 문 닫는다

1. 좋은 기회가 왔을 때 방해하는 짓을 함을 이르는 말. 2. 제 복을 제가 차 버리는 짓을 한다는 말.

복 속에서 복을 모른다

'배부른 자에게는 고량진미를 주어도 별맛을 모른다'와 같은 속담.

복 없는 놈이 가루 장사를 하려니까 골목 바람이 내분다

운이 나쁜 사람은 하는 일마다 걸림돌이 생겨 잘 안된다고 빗대어 이르는 말.

복 없는 정승은 계란에도 뼈가 있다

조선 시대에 정승 황희가 집이 가난하여 임금이 하루 동안 남대문으로 들어오는 물건을 모두 황희 집으로 보내라고 명하였는데 그때 받은 달걀이 곯았다는 데서, 어지간히 복 없는 사람은 모처럼 좋은 때를 만나도 그 일마저 잘 안된다는 말.

같은 속담 계란에도 뼈가 있다 • 달걀에도 뼈가 있다 • 안되는 놈은 두부에도 뼈라 • 헐복한 놈은 계란에도 뼈가 있다

복은 쌍으로 안 오고 화는 홀로 안 온다

복 받기는 매우 어렵고 화는 잇따라 겹쳐 옴을 빗대어 이르는 말.

같은 속담 짝 없는 화가 없다

복쟁이 헛배 부르듯

실속은 없이 겉으로만 그럴듯함을 빗대어 이르는 말.

낱말 풀이 **복쟁이** 참복과의 바닷물고기. 그물이나 낚시에 걸리면 배를 잔뜩 부풀린다. =흰점복.

복 치듯 한다

어부가 복어를 잡으면 패대기치듯이, 무엇을 함부로 치거나 때리는 모양을 빗대어 이르는 말.

볶은 콩도 골라 먹는다

어차피 다 먹게 될 볶은 콩도 마음에 당기는 것부터 골라 먹는다는 뜻으로, 어차피 다 쓸 거라 고를 필요가 없는데도 절로 좋은 것부터 고르게 마련이라는 말.

볶은 콩에 꽃이 피랴
볶은 콩에 싹이 날까

싹이 날 리 없는 볶은 콩에서 싹이 나기를 바라느냐는 뜻으로, 일이 다 틀어져 아예 가망이 없음을 빗대어 이르는 말.

본 놈이 도둑질한다

1. 도둑질은 내용을 아는 사람이 하는 것이라고 빗대어 이르는 말. 2. 무슨 일이나 실정을 알아야 그 일을 해낼 수 있다는 말.

봄꽃도 한때

1. 봄꽃도 한때라 때가 지나면 볼 것이 없어진다는 뜻으로, 한창 성하다가 시드는 것을 빗대어 이르는 말. 2. 돈이 많고 높은 자리에 올라 세상에서 온갖 귀한 대접을 받는 것도 다 한때인 것이어서 그때가 지나면 그만이라고 빗대어 이르는 말. 3. 좋은 때는 길지 않고 젊음은 누구에게나 한때라는 뜻으로 이르는 말.

같은 속담 봄도 한철 꽃도 한철 • 열흘 붉은 꽃이 없다

봄 꿩이 제바람에 놀란다

봄이 되어 알을 낳으려는 꿩이 저 혼자 놀라 후다닥 난다는 뜻으로, 자기가 한

일에 자기가 놀라는 경우를 빗대어 이르는 말.

같은 속담 제 방귀에 (제가) 놀란다

읽을거리 꿩은 '꿔궝, 꿩' 하고 운다는 데에서 붙은 이름이라고 해. 부르는 이름도 여러 가지야. 수컷은 장끼, 암컷은 까투리, 새끼는 꺼병이라고 해. 꿩이나 토끼나 노루 같은 초식 동물들은 늘 자기를 잡아먹으려는 짐승들 때문에 마음을 못 놓고 살지. 특히 봄이 되면 부지런히 먹이를 찾고 새끼를 낳아 길러야 하니까 더 긴장해서 더러 저 혼자 놀라기도 한다는 말이야. 사람도 자기가 한 일에 자기가 놀라는 경우가 있는데 이를 꿩을 빗대어 쓴 거야.

낱말 풀이 **제바람** 스스로의 행동에서 생긴 영향.

봄 꿩이 제 울음에 죽는다

봄 꿩은 잘 울어서 자기가 있는 곳을 스스로 드러내어 잡힌다는 뜻으로, 스스로 제 허물을 드러내어 걱정을 사거나 화를 입게 되는 경우를 빗대어 이르는 말.

같은 속담 우는 꿩이 먼저 채운다[죽는다]

읽을거리 옛날에는 봄철이면 길들인 매를 데리고 꿩 사냥을 나갔어. 암컷인 까투리 사냥을 나가면서 팔도에 이름 있는 산을 소개하는 '까투리 타령'도 있어. 꿩을 잡으려면 꿩이 어디에 있는지 알아야 하잖아. 온 산을 꿩잡이하러 다니다 보면 조바심 많은 꿩이 조용히 숨어 있지 못하고 푸드덕거리며 울어서 쉽게 사냥꾼한테 들키고 만다는 거야. 괜히 쓸데없는 짓을 해서 스스로 화를 불러올 때 빗대어 쓰는 말이지.

봄날의 하루가 가을날 열흘 맞잡이
봄날의 하루가 일 년 농사를 결정한다

한 해 농사에서 씨 뿌리고 모내야 할 봄철의 하루는 다른 계절의 열흘과 맞먹을 만큼 중요하다는 뜻으로, 봄철 농사가 매우 중요하다고 힘주어 이르는 말.

같은 속담 봄에 하루 놀면 겨울에 열흘 굶는다

낱말 풀이 **맞잡이** 서로 비슷한 정도나 분량.

봄도 한철 꽃도 한철

'봄꽃도 한때'와 같은 속담.

봄 떡은 들어앉은 샌님도 먹는다

점잔만 빼고 들어앉아 있던 샌님도 봄에 떡을 보면 몹시 반가워한다는 뜻으로, 먹을거리가 모자란 봄에는 누구나 군것질을 좋아함을 빗대어 이르던 말.

봄 떡은 버짐에도 약이라

봄 떡은 버짐에 약으로 쓸 만큼 매우 귀하게 여긴다는 뜻으로, 봄철에는 먹을거리가 매우 귀하다고 빗대어 이르던 말.

봄물에 방게 기어 나오듯

봄물이 지자 때를 만난 방게가 여러 곳에서 정신없이 기어 나오듯 한다는 뜻으로, 무엇이 여기저기서 많이 나오는 모양을 빗대어 이르는 말.

낱말 풀이 **봄물** 1. 봄이 되어 얼음이나 눈이 녹아 흐르는 물. 2. 봄철에 지는 장마.

봄바람에 여우가 눈물 흘린다

봄바람이 몹시 쌀쌀하고 맵짜다고 빗대어 이르는 말.

봄바람은 품으로 기어든다

아무리 봄이라도 바람 부는 날은 몹시 쌀쌀하다는 말.

봄 방 추우면 맏사위 달아난다

겨울 추위보다 봄철 추위가 더 견디기 힘들다는 말.

봄 백양 가을 내장

봄에는 백양산 푸른 비자나무 숲이, 가을에는 내장산 단풍이 더할 나위 없이 훌륭한 풍경이라는 말.

봄볕에 그을리면 보던 임도 몰라본다

봄볕에 그을리면 살갗이 까맣게 타기 때문에 늘 보던 임도 몰라보게 달라진다는 뜻으로, 봄볕에 살갗이 매우 잘 타고 거칠어진다고 빗대어 이르는 말.

봄볕은 며느리를 쬐이고 가을볕은 딸을 쬐인다

'배 썩은 것은 딸을 주고 밤 썩은 것은 며느리 준다'와 같은 속담.

봄비가 잦으면 마을 집 지어미 손이 크다
봄비 잦은 것

봄에 비가 자주 내리면 풍년이 들 것이라 생각하여 동네 아낙네들의 인심이 넉넉해진다는 뜻으로, 1. 봄비는 풍년비라고 일러 오던 말. 2. 아무 쓸모도 없고 도리어 해롭기만 함을 빗대어 이르는 말.

읽을거리 옛날에는 봄에 씨 뿌리기 전에 비가 자주 오면 볍씨 싹이 잘 트고 못자리 물이 넉넉해서 가을에 풍년이 든다고 여겼어. 풍년이 들면 먹을 게 넉넉해서 인심이 좋아지게 마련이지. 그렇다고 봄비가 잦은 것을 보고 농사도 짓기 전에 미리 손이 커지면 안 돼. 가을걷이한 양식으로 겨울을 나고 이듬해 봄까지 버텨야 하거든. 그러다 보니 이로울 것은 없고 해로운 것을 빗대는 말로도 쓰이게 되었어.

봄비는 잠비요 가을비는 떡비라

봄에는 먹을거리가 넉넉하지 않아서 비 오는 날에 낮잠을 자지만 가을에는 곡식이 넉넉하기 때문에 비 오는 날에는 쉬면서 떡을 해 먹는다고 일러 오던 말.

봄 소나기 삼 형제

옛날부터 봄에 오는 소나기는 내렸다 멎었다 하면서 세 차례에 걸쳐 쏟아진다고 하여 빗대어 이르던 말.

같은 속담 소나기 삼 형제

봄에 깐 병아리 가을에 와서 세어 본다

1. 일의 셈속을 이모저모 따져 볼 줄 모르는 어수룩함을 빗대어 이르는 말. 2. 벌여 놓은 일을 제때에 마무리 짓지 못하고 게으름을 부리다가 뒤늦게 바로잡느라고 바쁜 경우를 빗대어 이르는 말.

읽을거리 봄에 알에서 깨어난 병아리를 돌보지 않다가 가을에 와서 몇 마리가 있는지 세어 보면 처음에 깠던 병아리 수와 맞을 리가 있나. 더러는 죽고 더러는 남에게 주기도 하니까 그 수가 맞을 리가 없지. 그래서 벌여 놓은 일은 제때에 처리해야지 안 그러면 뒤늦게 바쁠 수밖에 없다는 뜻으로도 쓰이는 말이야.

봄에는 생말가죽이 마른다

봄철에는 햇볕이 따사로운 데다 건들바람이 불기 때문에 생말가죽이 바싹 말라 버린다는 뜻으로, 봄철에는 흔히 날씨가 매우 메마르다고 일러 오던 말.

봄에 씨 뿌려야 가을에 거둔다

봄에 밭을 갈고 씨를 뿌려야 가을에 곡식을 거둔다는 뜻으로, 어떤 일이든지 제때에 대책을 세우고 품을 들여야 그만큼 성과를 거둔다고 빗대어 이르는 말.

읽을거리 가을에 곡식을 거두려면 겨우내 언 땅이 녹고 난 봄에 씨부터 뿌려야 해. 그냥 앉아서 기다린다고 가을에 곡식을 거둘 수 있는 게 아니잖아. 농사일과 마찬가지로, 배우는 데에도 다 때가 있으니 젊어서 부지런히 배워야 좋은 결실을 맺게 마련이라는 뜻으로도 이 말을 쓰게 되었어.

봄에 의붓아비 제 지낼까

먹을 게 많지 않아 살기 힘든 봄에 의붓아비 제사를 지내겠냐는 뜻으로, 형편이 넉넉할 때 꼭 치러야 할 일도 못하는 처지인데 어려운 때에 체면 차리기 위한 일을 할 수는 없다는 말.

같은 속담 가을에 내 아비 제사도 못 지냈거든 봄에 의붓아비 제 지낼까

봄에 하루 놀면 겨울에 열흘 굶는다

'봄날의 하루가 가을날 열흘 맞잡이'와 같은 속담.

봄 조개 가을 낙지

봄에는 조개, 가을에는 낙지가 제철이라는 뜻으로, 1. 제때를 만나야 제구실을 하게 된다는 말. 2. 한창일 때 꼭 알맞게 나오는 물건을 빗대어 이르는 말.

읽을거리 "봄 조개 가을 낙지"는 제철에 나는 음식이 가장 맛있듯이 무엇이든지 다 제때가 되어야 제구실을 할 수 있다는 말이야. 요즘은 비닐하우스에서 과일, 채소뿐만 아니라 양식장에서 조개나 물고기도 많이 길러 먹는데, 철 따라 나오는 먹을거리가 맛도 좋고 몸에도 좋아. 흔히 봄에는 조개나 고둥, 여름에는 여러 가지 물고기, 가을에는 추수가 끝난 뒤에 게나 낙지가 살이 차기 시작해서 맛이 좋지. 특히 한여름에 먹이를 충분히 먹어서 몸속에 맛과 영양이 듬뿍 담긴 가을 낙지를 으뜸으로 쳐.

봇짐 내어 주며 앉아라 한다
봇짐을 내어 주면서 하룻밤 더 묵으라 한다

속으로는 떠나기를 바라면서 겉으로는 말리는 체한다는 뜻으로, 속생각은 다르면서 말로만 그럴듯하게 인사치레하는 것을 빗대어 이르는 말.

같은 속담 지팡이 내다 주며 묵어 가란다

낱말 풀이 **봇짐** 등에 지기 위하여 물건을 보자기에 싸서 꾸린 짐.

봇짐

봉 가는 데 황 간다

수컷인 봉이 가는 데에 암컷인 황이 따라간다는 뜻으로, 서로 늘 붙어 다니는 가까운 사이를 빗대어 이르는 말.

같은 속담 바늘 가는 데 실 가고 바람 가는 데 구름 간다

봉사 개천 나무란다

개천에 빠진 봉사가 제가 앞 못 보는 건 생각하지 않고 도리어 개천을 꾸짖는다는 뜻으로, 제 잘못과 흠은 생각하지 않고 애꿎은 남이나 조건만 탓하는 경우를 빗대어 이르는 말.

같은 속담 개천아 네 그르냐 눈먼 봉사 내 그르냐 • 눈먼 탓이나 하지 개천 나무래 무엇 하나 • 소경 개천 그르다 하여 무얼 해 • 소경이 그르냐 개천이 그르냐 • 장님 개천 나무란다

낱말 풀이 **개천** 크지 않은 시내. **봉사** '시각 장애인'을 낮잡아 이르는 말.

봉사 굿 보기

'봉사 단청 구경'과 같은 속담.

봉사 기름값 물어 주기

밤에 등을 켜지 않아도 되는 봉사가 기름값을 물어 준다는 뜻으로, 아무런 관계가 없는 일에 억울하게 손해를 물어 주게 된 경우를 빗대어 이르는 말.

같은 속담 소경 기름값 내기

봉사 기름값 물어 주나 중이 횟값 물어 주나 일반

밤에 등이 필요 없는 봉사가 기름값을 물거나 고기를 먹지 않는 중이 횟값을 물거나 마찬가지라는 뜻으로, 자기와 아무 관계가 없는 일에 돈을 내주는 것은 마찬가지라고 빗대어 이르던 말.

봉사 눈 뜬 것 같다

어둡고 답답하다가 환히 볼 수 있게 되거나 막혔던 일이 시원스럽게 풀리는 경우를 빗대어 이르는 말.

봉사 단청 구경
봉사 등불 쳐다보듯
봉사 씨름굿 보기

1. 눈먼 이가 단청을 뚫어지게 보아도 어떻게 생겼는지 모른다는 뜻으로, 사물의 참모습과 가치를 깨닫지 못함을 빗대어 이르는 말. 2. 아무리 보아도 그 참된 아름다움을 알아볼 능력이 없는 경우를 빗대어 이르는 말.

단청

같은 속담 봉사 굿 보기 • 소경 관등 가듯 • 소경 단청 구경 • 장님 단청[대청] 구경 • 장님 사또 구경 • 장님 은빛 보기다[보듯]

낱말 풀이 **단청** 옛날 집의 벽이나 기둥에 여러 가지 빛깔로 그림이나 무늬를 그림. 또는 그 그림이나 무늬.

봉사 문고리 잡기

1. 눈먼 이가 운 좋게 문고리를 잡은 것과 같다는 뜻으로, 그럴 능력이 없는 사람이 어쩌다가 운 좋게 어떤 일을 이룬 경우에 빗대어 이르는 말. 2. 봉사가 문고리를 더듬어 찾느라 허둥거리듯이, 가까이 두고도 찾지 못하여 우물거리거나 안타까워함을 빗대어 이르는 말.

같은 속담 소경 문걸쇠 • 소경이 문 바로 든다 • 장님 문고리 잡기

봉사 씻나락 까먹듯

남이 알아듣지도 못할 잔소리나 군소리를 늘어놓는 것을 빗대어 이르는 말.

낱말 풀이 **씻나락** '볍씨'를 이르는 말.

봉사 아이 어르듯

봉사가 보지도 못하면서 아이를 둥개둥개 어르듯 한다는 뜻으로, 무엇을 똑똑히 알지도 못하면서 어림하여 어설프게 행동하는 모양을 빗대어 이르는 말.

봉사 안경 쓰나 마나

봉사가 안경을 쓴들 보일 리 없다는 데서, 무엇을 하나 마나 무엇이 있으나 마나 큰 차이가 없는 경우에 빗대어 이르는 말.

같은 속담 곱사등이 짐 지나 마나 • 귀머거리 귀 있으나 마나 • 뻗정다리 서나 마나 • 소경 잠자나 마나 • 앉은뱅이 앉으나 마나 • 장님 잠자나 마나

봉사 제 점 못 한다

남의 점을 쳐 주는 봉사가 제 앞일에 대해서는 점을 못 친다는 뜻으로, 남을 위해서는 할 수 있는 일도 자기가 얽히면 스스로 처리하지 못하는 경우를 빗대어 이르는 말.

같은 속담 무당이 제 굿 못하고 소경이 저 죽을 날 모른다 • 의사가 제 병 못 고친다 • 중이 제 머리를 못 깎는다

봉사 청맹과니 만났다

눈먼 봉사가 겉보기에는 눈이 멀쩡하나 앞을 못 보는 청맹과니를 만났다는 뜻으로, 처지가 같은 사람끼리 만나서 반가워하는 경우를 빗대어 이르는 말.

봉산 수숫대 같다

옛날에, 황해도 봉산에서 나는 수숫대는 여느 것보다 훨씬 키가 컸다는 데서, 몸이 가늘고 키만 껑충하게 큰 사람을 빗대어 이르는 말.

같은 속담 물거미 뒷다리 같다 • 음달의 싱아 대 같다

ㅂ

봉산 참배는 물이나 있지

1. 어떤 것에 아무런 흠도 없음을 이르는 말. 2. 맛이 좋기로 소문난 봉산 지방의 참배는 물이라도 있지만 이것은 물은커녕 아무것도 없다는 뜻으로, 사람이 썩 못나서 도무지 볼품이 없음을 빗대어 이르는 말.

같은 속담 백미에는 뉘나 섞였지

낱말 풀이 **참배** 시고 떫은 돌배에 견주어 먹을 수 있는 보통 배를 이르는 말.

봉 아니면 꿩이다

어떤 일에 꼭 알맞은 것이 없을 때 그것보다 못하지만 그 비슷한 것으로 바꿔 쓰는 경우를 빗대어 이르는 말.

같은 속담 꿩 대신 닭

봉이 김선달 나무 장사 골리듯
봉이 김선달 대동강 물 팔아먹듯

엉뚱한 방법으로 남을 감쪽같이 속여 넘겨 골탕을 먹이는 경우를 이르는 말.

읽을거리 봉이 김선달은 옛날 설화에 나오는 사람이야. 닭 장수한테 닭을 봉황이라고 속여 팔았다는 데서 봉이 김선달이라고 불렸대. 김선달은 대동강 물도 팔아먹었어. 어느 날 김선달이 대동강에 나가서 물을 길어 가는 사람들에게 물값을 받더래. 딴 마을에서 온 사람이 그걸 보고 왜 물값을 받냐고 하니까, 김선달이 대동강이 자기 거라서 그렇다는 거야. 욕심이 난 그 사람이 큰돈을 주고 대동강 물을 파는 권리를 샀어. 다음 날 대동강에 나가 물을 긷는 사람들한테 물값을 달라고 하니까 아무도 내지 않더래. 그제야 속았다는 것을 깨달았지. 김선달이 미리 사람들과 짜고 물값을 주고받으면서 파는 시늉을 했던 거야. 김선달은 욕심 많은 사람이나 높은 벼슬만 믿고 못되게 구는 사람들을 비웃어 주거나 놀린 사람으로 알려져 있어.

봉천답이 소나기를 싫다 하랴

빗물을 받아 농사짓는 봉천답이 소나기를 마다할 리가 있느냐는 뜻으로, 틀림없이 좋아할 것임을 빗대어 이르는 말.

낱말 풀이 **봉천답** 빗물을 받아서만 벼농사를 지을 수 있는 논.

봉충다리의 울력걸음

한쪽 다리가 짧은 사람도 여럿이 함께 걸으면 절룩거리면서라도 따라갈 수 있다는 뜻으로, 여느 때엔 못 할 일도 여러 사람과 함께 하면 능히 해나갈 수 있음을 빗대어 이르는 말.

같은 속담 여럿이 가는 데 섞이면 병든 다리도 끌려간다 • 울력걸음에 봉충다리

ㅂ

봉홧불 받듯

봉화대에서 봉화 신호를 받는 족족 곧바로 불을 피워 올리듯이, 무엇을 질질 끌지 않고 바로바로 주고받는 경우를 빗대어 이르는 말.

낱말 풀이 **봉홧불** 봉화로 드는 횃불. 나라에 전쟁이나 난리가 났을 때 신호로 올리던 불이다.

봉홧불에 김을 구워 먹는다
봉홧불에 떡 구워 먹기
봉홧불에 산적 굽기

잘 구워질 리가 없는 횃불에 음식을 굽고 있다는 뜻으로, 일을 성의 없이 닥치는 대로 하여 좋은 결과를 거두지 못하는 경우를 이르는 말.

낱말 풀이 **산적** 양념한 고기붙이를 꼬챙이에 꿰어서 구운 음식.

부귀빈천이 물레바퀴 돌듯

사람이 잘살고 지위가 높은 것과 가난하고 천한 것은 물레바퀴가 돌아가듯이 끊임없이 바뀐다는 뜻으로, 세상일은 늘 돌고 돌며 사람의 처지도 뒤바뀔 수 있다는 말.

같은 속담 빈부귀천이 물레바퀴 돌듯 • 양지가 음지 되고 음지가 양지 된다 • 음지가 양지 되고 양지가 음지 된다 • 흥망성쇠와 부귀빈천이 물레바퀴 돌듯 한다

낱말 풀이 **부귀빈천** 재산이 많고 지위가 높은 것과 가난하고 천한 것을 아울러 이르는 말.

부뚜막 땜질[매질] 못하는 며느리 이마의 털만 뽑는다

부뚜막에 땜질 하나 못 하여 너절하게 사는 며느리가 모양을 내겠다고 이마의 털만 뽑고 있다는 뜻으로, 일솜씨는 하나도 없는 주제에 겉치레만 하는 것을 비웃어 이르는 말.

같은 속담 동정 못 다는 며느리 맹물 발라 머리 빗는다

낱말 풀이 **땜질** 금이 가거나 뚫어진 데를 때우는 일. **매질** 벽 거죽에 고운 매흙을 바르는 일.

부뚜막에 개를 올려놓은 듯

깨끗하고 정갈해야 할 부뚜막에 어지럽게 돌아다니는 개를 올려놓은 듯하다는 뜻으로, 어떤 자리에 나타난 사람이 뻔뻔스럽게 구는 모양을 빗대어 이르는 말.

부뚜막에 앉아 굶어 죽겠다

'밥그릇 앞에서 굶어 죽을 사람[놈]'과 같은 속담.

부뚜막의 소금도 집어넣어야 짜다

부뚜막 가까이에 있는 소금도 음식에 넣지 않으면 짠맛을 낼 수 없다는 뜻으로, 아무리 좋은 조건이 마련되었거나 손쉬운 일이라도 힘을 들이지 않으면 아무것도 이룰 수 없다는 말.

같은 속담 가마목의 소금도 집어넣어야[쳐야만] 짜다

부뚜막의 약바리

밖에 나가서는 그렇지 못하면서 집에서만 약삭빠르게 구는 사람을 이르는 말.

부러진 칼자루에 옻칠하기

부러져서 쓸모없게 된 칼자루에 옻칠을 하며 꾸민다는 뜻으로, 이미 그릇된 일에 쓸데없이 노력과 품을 들이는 것을 비웃어 이르는 말.

부레풀로 일월을 붙인다

나뭇조각 따위를 붙이는 부레풀을 가지고 하늘에 떠 있는 해와 달을 붙이려 한다는 뜻으로, 이치에 맞지 않는 말을 하는 어리석은 사람을 비웃어 이르는 말.

낱말 풀이 **부레풀** 민어와 같은 물고기의 부레를 고아서 만든 풀. 나뭇조각 따위를 붙이는 데 쓴다.

ㅂ

부르기 좋은 개똥쇠

부르기 좋아서 자꾸 개똥쇠 개똥쇠 하며 찾느냐는 뜻으로, 반갑지도 않은 사람이 시끄럽게 자기를 찾는 경우에 비꼬아 이르던 말.

부른 배 고픈 건 더 답답하다

1. 아이를 밴 여자는 남 보기에 배가 불러 있어 배가 고파도 아무도 몰라준다는 뜻으로, 아무도 속사정을 몰라주어 매우 답답한 경우를 빗대어 이르는 말. 2. 아이를 밴 때에는 배고픈 것을 견디지 못함을 빗대어 이르는 말.

부름이 크면 대답도 크다

큰 소리로 부르면 대답도 큰 소리로 하게 된다는 뜻으로, 이쪽에서 어떻게 하느냐에 따라 상대도 움직이게 된다는 말.

부모가 반팔자

어떤 부모 밑에 태어나 배우며 자랐느냐에 따라 사람의 앞날이 크게 달라진다고 이르는 말.

낱말 풀이 **반팔자** 타고난 팔자의 절반을 이르는 말.

부모가 온효자 되어야 자식이 반효자

부모가 자기 부모에게 효도해야 자식들도 그것을 보고 따라 효도한다는 뜻으로, 부모가 본보기가 되어야 자식도 그것을 따르게 된다는 말.

같은 속담 부모가 착해야 효자(가) 난다

부모가 자식을 겉 낳았지 속 낳았나

부모가 자식의 몸을 낳지 생각이나 마음까지 낳는 것은 아니라는 뜻으로, 제가 낳은 자식이라도 그 속에 품은 생각을 부모가 다 알 수 없음을 빗대어 이르는 말.

같은 속담 자식 겉 낳지 속은 못 낳는다

부모가 착해야 효자(가) 난다
부모가 효자가 되어야 자식이 효자 된다

부모가 착해야 자식들도 부모를 따라 착한 사람이 된다는 뜻으로, 1. 부모가 본보기가 되어야 자식도 그것을 따르게 된다는 말. 2. 윗사람이 잘해야 아랫사람도 잘한다고 빗대어 이르는 말.

같은 속담 부모가 온효자 되어야 자식이 반효자

부모는 자식이 한 자만 하면 두 자로 보이고 두 자만 하면 석 자로 보인다

부모는 자기 자식이 한 자만큼 자라면 두 자로 커 보이고 두 자만큼 자라면 석 자로 커 보인다는 뜻으로, 부모는 제 자식이 하는 일이라면 대견하게 보고 실제보다 더 잘하는 것처럼 여긴다는 말.

부모 말을 들으면 자다가도 떡이 생긴다

부모님 말씀을 잘 듣고 따르면 좋은 일이 생긴다는 말.

부모 배 속에는 부처가 들어 있고 자식 배 속에는 범이 들어 있다

부모는 누구나 제 자식을 끝없이 사랑하지만 자식들 가운데는 부모의 고마움을 모르고 은혜를 저버리는 경우가 더러 있다는 말.

부모와 자식 간에도 일이 사랑이다

아무리 귀한 자식일지라도 일을 잘해야 곱게 보인다는 뜻으로, 일을 잘해야 사랑을 받는다는 말.

같은 속담 삼대독자 외아들도 일해야 곱다

ㅂ

부부 싸움은 개도 안 말린다

부부 싸움은 섣불리 다른 사람이 끼어들 일이 아니라는 말.

부부 싸움은 칼로 물 베기

부부는 싸웠다가도 쉽게 마음을 풀고 어울린다는 말.

같은 속담 내외간 싸움은 개싸움 • 양주 싸움은 칼로 물 베기

부스럼이 살 될까

이미 그릇된 일이 다시 잘될 리 없다는 말.

같은 속담 고름이 살 되랴 • 코딱지 두면 살이 되랴

부아 돋는 날 의붓아비 온다

가뜩이나 화가 나 있는데 반갑지도 않은 의붓아버지가 온다는 뜻으로, 1. 화가 나 있는데 미운 사람이 화를 더욱 돋우는 경우에 빗대어 이르는 말. 2. 한창 곤란한 일을 겪고 있을 때 반갑지 않은 일이 겹쳐 오는 것을 빗대어 이르는 말.

같은 속담 골난 날 의붓아비 온다

낱말 풀이 **부아** 노엽거나 분한 마음.

부엉이 곳간

부엉이는 둥지에 먹을 것을 잔뜩 모아 두는 버릇이 있다는 데서, 없는 것 없이 다 갖추어져 있는 경우를 빗대어 이르는 말.

부엉이 셈 치기[세기]

부엉이는 수를 둘씩 짝으로만 헤아리기 때문에 하나가 없어지는 것은 알아도 짝을 맞추어 없어지는 것은 모른다는 데서, 셈에 몹시 어두운 사람을 놀리어 이르는 말.

부엉이 소리도 제가 듣기에는 좋다고

듣기 싫은 부엉이 소리도 제가 들으면 듣기 좋다는 뜻으로, 제 모자란 것은 모르고 자기가 하는 일은 다 좋은 것으로만 생각함을 비웃어 이르는 말.

부엉이 집을 얻었다

부엉이는 제 둥지에 닥치는 대로 갖다 두어서 거기에 없는 것이 없다는 데서, 뜻밖에 재물을 얻었음을 빗대어 이르는 말.

부엌에 가면 더 먹을까 방에 가면 더 먹을까

'방에 가면 더 먹을까 부엌에 가면 더 먹을까'와 같은 속담.

부엌에서 숟가락을 얻었다

부엌에서 흔한 숟가락을 얻어 놓고 자랑한다는 뜻으로, 쉬운 일이나 보잘것없는 일을 해 놓고 큰일이나 한 듯이 자랑하는 사람을 비웃어 이르는 말.

같은 속담 가시물그릇에서 숟가락 얻기 • 살강 밑에서 숟가락 얻었다[주웠다]

부자가 삼대를 못 가고 빈자가 삼대를 안 간다

부자라고 하여 내내 잘살 수는 없고 가난한 사람이라고 하여 언제까지나 가난하란 법은 없다는 뜻으로, 세상 모든 것이 한번 정한 대로 있는 것이 아니며 사람의 처지는 끊임없이 바뀐다고 빗대어 이르던 말.

같은 속담 삼대 거지 없고 삼대 부자 없다 • 삼대 정승이 없고 삼대 거지가 없다

낱말 풀이 **빈자** 가난한 사람. **삼대** 아버지, 아들, 손자의 세 대.

부자간에도 돈을 헤어 주고받는다
부자간에도 셈은 하랬다

아버지와 아들 사이에서도 돈을 똑바로 세고 주고받아야 아무 탈이 없다는 뜻으로, 돈을 주고받을 때에는 정확하게 하라고 가르쳐 이르는 말.

부자는 많은 사람의 밥상

1. 부자 한 사람이 먹는 상이면 수많은 사람의 밥상을 차리고도 남는다는 뜻으로, 다른 사람들의 재물을 긁어서 좋은 옷을 입고 좋은 음식을 먹는 부자의 생활을 빗대어 이르는 말. 2. 부자는 여러 사람에게 많건 적건 덕을 끼치게 된다고 빗대어 이르는 말.

부자는 망해도 삼 년 먹을 것이 있다

본디 부자이던 사람은 다 망했다 하더라도 얼마 동안은 그럭저럭 먹고살 수 있다는 말.

같은 속담 부잣집이 망해도 삼 년을 간다 • 큰 집이 기울어도 삼 년 간다

부자도 한이 있다

부자라고 해서 늘 재산이 불어나는 것은 아니라는 말.

부자 하나면 세 동네가 망한다

세 동네가 망해야 그 돈이 모여 부자 하나가 난다는 뜻으로, 큰일을 하나 이루려면 많은 희생이 있게 됨을 빗대어 이르는 말.

부잣집 가운데 자식 (같다)

부잣집 둘째 아들은 흔히 하는 일 없이 놀고먹으며 행실이 좋지 않다는 데서, 하는 일 없이 놀면서 재물을 헤프게 쓰는 사람을 빗대어 이르는 말.

부잣집 떡개는 작다

옛날에, 돈이 많은 집일수록 깍쟁이여서 떡을 되도록 작게 빚었다는 데서, 부자일수록 더 인색함을 빗대어 이르는 말.

낱말 풀이 **떡개** 떡의 낱개.

부잣집 맏며느릿감이다[맏며느리 같다]

옛날에, 얼굴이 둥글둥글하고 복스럽게 생긴 여자를 빗대어 이르던 말.

부잣집 업 나가듯 한다

부잣집 살림을 지키는 업이 나가듯 한다는 뜻으로, 갑자기 집안이 망해 가는 경우를 빗대어 이르는 말.

낱말 풀이 **업** 한 집안의 살림을 지키고 보살펴 준다는 동물이나 사람. 업이 나가면 집안이 망한다고 한다.

부잣집 외상보다 비렁뱅이 맞돈이 좋다

부자에게 외상으로 파는 것보다 거지한테 맞돈으로 파는 것이 더 좋다는 뜻으로, 장사는 물건을 파는 자리에서 곧바로 값을 받는 것이 가장 좋다고 빗대어 이르는 말.

낱말 풀이 **맞돈** 물건을 사고팔 때, 그 자리에서 곧바로 치르는 물건값.

부잣집이 망해도 삼 년을 간다

'부자는 망해도 삼 년 먹을 것이 있다'와 같은 속담.

부전조개 이 맞듯

부전조개의 조개껍데기 두 짝이 빈틈없이 딱 들어맞듯 한다는 뜻으로, 어떤 것이 틈 하나 없이 꼭 맞물리거나 서로 의가 좋음을 빗대어 이르는 말.

같은 속담 조개부전 이 맞듯

낱말 풀이 **부전조개** 조개껍데기 두 짝을 서로 맞추어 오색 헝겊으로 곱게 싼, 여자아이들 노리개.

ㅂ

부조는 않더라도 제상이나 치지 말라
부조도 말고 제상 다리도 치지 말라

남의 집 상사에 부조는 못 하더라도 기껏 차려 놓은 제상이나 치지 말라는 뜻으로, 남의 일을 도와주지는 못할망정 함부로 끼어들어 해를 끼치지 말라는 말.

낱말 풀이 **부조** 잔칫집이나 상갓집에 돈이나 물건을 보내 도와줌. 또는 그 돈이나 물건.

부조 안 한 나그네 제상 친다

부조도 안 한 나그네가 인사는커녕 남의 제상을 뒤엎는다는 뜻으로, 일을 돕지도 않는 주제에 방해하고 손해만 끼치는 경우를 빗대어 이르는 말.

부지깽이가 곤두선다

부지깽이조차 누울 새 없이 곤두서서 돌아다닌다는 뜻으로, 일손이 모자랄 만큼 어떤 일이 몹시 바쁜 경우를 빗대어 이르는 말.

낱말 풀이 **부지깽이** 아궁이에 불을 땔 때 불을 헤치거나 끌어내거나 하는 데 쓰는 가느다란 막대기.

부지깽이

부지깽이가 뛰는 세월

부지깽이까지 뛰어다니는 때라는 뜻으로, 몹시 바쁜 때를 빗대어 이르는 말.

부지런한 것도 반복은 된다

부지런함은 비록 옹근 복은 못 되어도 절반 복은 될 수 있다는 뜻으로, 부지런함은 행복하게 사는 데 중요한 조건이 된다고 가르쳐 이르는 말.

낱말 풀이 **반복** 타고난 복의 절반.

부지런한 농민에게는 좋은 땅과 나쁜 땅이 따로 없다
부지런한 농사꾼에게는 나쁜 땅이 없다

논밭을 한결같은 마음으로 가꾸면 나쁜 땅도 좋은 땅으로 만들어 곡식을 많이 거둘 수 있다는 말.

부지런한 물방아는 얼 새도 없다

멈추지 않고 끊임없이 돌아가는 물방아는 추워도 얼어붙을 새가 없다는 뜻으로, 1. 부지런하고 꾸준히 애쓰는 사람은 뒤떨어지지 않고 점점 발전함을 빗대어 이르는 말. 2. 무슨 일이든 쉬지 않고 부지런히 해야 탈이나 말썽 없이 이루어진다는 말.

같은 속담 구르는 돌은 이끼가 끼지 않는다 • 늘 쓰는 가래는 녹이 슬지 않는다

낱말 풀이 **물방아** 물 힘으로 공이를 오르내리게 하여 곡식을 찧거나 빻는 기구.

물방아

부지런한 범재가 부지런하지 못한 천재보다 낫다

보통 사람도 꾸준히 공부하고 노력하면 언젠가 인재가 될 수 있다는 말.

낱말 풀이 **범재** 평범한 재주를 가진 사람.

부처님 가운데[허리] 토막

남을 사랑하고 가엾게 여기는 부처의 가운데 부분과 같이 마음이 지나치게 어질고 순한 사람을 이르는 말.

부처님 공양 말고 배고픈 사람 밥을 먹여라

부처에게 재물을 바쳐 가며 보람도 없는 공양을 할 것이 아니라 그 재물을 가지고 굶주린 사람들을 조금이라도 도와서 밥을 먹이는 것이 참된 길이라는 뜻으로, 어려운 사람들을 도와 덕을 쌓으면 복이 저절로 온다는 말.

부처님더러 생선 방어 토막을 도둑질하여 먹었다 한다

생선을 먹지 않는 부처더러 생선 토막을 도둑질해 먹었다고 한다는 뜻으로, 1. 자기한테 잘못이나 죄가 없음을 내세우는 말. 2. 너무나도 어처구니없는 일을 우격다짐으로 고집하는 경우에 빗대어 이르는 말.

낱말 풀이 **방어** 전갱잇과의 바닷물고기. 몸길이가 1미터쯤 되고, 등이 푸른빛을 띤 회색이다.

부처님 살찌고 파리하기는 석수에게 달렸다

부처를 살찐 모양으로 만드는가 여윈 모양으로 만드는가 하는 것은 돌을 쪼는 석수의 솜씨에 달렸다는 뜻으로, 일이 잘되고 못되고는 그 일을 맡아 하는 사람에게 달려 있다고 빗대어 이르는 말.

같은 속담 코가 크고 작은 것은 석수쟁이 손에 달렸다

낱말 풀이 **석수** 돌을 다루어 물건을 만드는 사람.

부처님한테 설법(하는 셈)

부처가 만든 교리를 부처한테 풀어서 말하는 것과 같다는 뜻으로, 자신보다 훨씬 더 잘 알고 있는 사람에게 주제넘게 가르치려 드는 어리석은 행동을 비웃어 이르는 말.

낱말 풀이 **설법** 불교의 교리나 가르침을 풀어 밝힘.

부처를 건드리면 삼거웃이 드러난다
부처 밑을 기울이면 삼거웃이 드러난다

옛날에, 부처의 모습을 본떠 만든 불상은 겉으로 보면 점잖고 거룩해 보이지만 그 속을 들여다보면 너절한 데가 있다는 뜻으로, 1. 겉은 그럴듯하나 속을 들추어 보면 더럽고 지저분한 경우에 빗대어 이르던 말. 2. 남의 허물을 들추면 제 허물도 반드시 드러나게 됨을 빗대어 이르는 말.

낱말 풀이 **삼거웃** 삼 껍질의 끝을 다듬을 때에 긁혀 떨어진 검불. 찰흙으로 사람의 형상을 만들 때 흙에 넣어 버무려 쓴다.

부처를 위해 불공하나 제 몸을 위해 불공하지

불공을 하는 것은 부처를 위하기 때문이 아니라 자기의 바람을 이루어 달라고 하는 것이라는 뜻으로, 겉으로는 남을 위하여 애쓰는 것처럼 보이지만 속내는 제 이익을 위해 하는 것이라는 말.

낱말 풀이 **불공하다** 부처 앞에 향이나 등, 음식 따위를 바치다.

북과 아이는 칠수록 소리가 커진다

우는 아이를 때리면 도리어 더 크게 운다는 뜻으로, 우는 아이는 때리기보다 어르고 달래는 편이 낫다는 말.

같은 속담 아이는 칠수록 운다 • 아이와 북은 칠수록 소리 난다

북두칠성이 앵돌아졌다

북두칠성이 토라져서 제자리를 떠나 휙 돌아갔다는 뜻으로, 이미 일이 그릇되거나 다 틀어진 경우를 빗대어 이르는 말.

낱말 풀이 **앵돌아지다** 1. 노여워서 토라지다. 2. 홱 틀려 돌아가다.

북어 껍질 오그라들듯

1. 말린 명태 껍질을 불에 그슬리면 눈 깜짝할 사이에 오그라든다는 데서, 무엇이 걷잡을 수 없이 줄어드는 모양을 빗대어 이르는 말. 2. 하는 일마다 이루어지지 않거나 전보다 점점 못하게 되는 경우를 빗대어 이르는 말.

같은 속담 불탄 개가죽[조기 껍질] 같다

ㅂ

북어 뜯고 손가락 빤다

1. 말린 명태를 뜯고는 그래도 물고기 만진 손이라고 손가락을 빤다는 뜻으로, 크게 이익도 없는 일을 하고서 아쉬워하는 경우를 빗대어 이르는 말. 2. 거짓으로 꾸미거나 과장되게 행동하는 경우를 비꼬아 이르는 말.

북어 한 마리 주고 제상 엎는다

하찮은 북어 한 마리 주고는 정성껏 차린 제상을 뒤집어엎는다는 뜻으로, 보잘것없는 것을 주고는 대단한 것이나 준 것처럼 큰소리치거나 큰 손해를 끼치는 경우에 빗대어 이르는 말.

북엇값 받으려고 왔나

함경도에서 북어를 싣고 와서 상인에게 넘겨준 사람이 그 물건값을 다 받을 때까지 남의 집에서 하릴없이 낮잠만 잤다는 데서, 남의 집에 와서 줄곧 잠이나 자는 것을 비꼬아 이르는 말.

북은 칠수록 맛이 난다

북은 치면 칠수록 더욱 신난다는 뜻으로, 무슨 일이나 하면 할수록 신이 나고 잘된다고 빗대어 이르는 말.

낱말 풀이 **북** 타악기의 하나. 나무나 쇠붙이 따위로 만든 둥근 통의 양쪽에 가죽을 팽팽하게 씌우고, 채로 가죽 부분을 쳐서 소리를 낸다.

북

북은 칠수록 소리가 난다

북은 세게 치면 칠수록 더 큰 소리를 낸다는 뜻으로, 다투면 다툴수록 싸움이 커지고 더 손해를 보게 됨을 빗대어 이르는 말

북 치고 장구 치다

혼자서 이 일 저 일 다 한다는 관용 표현.

분다 분다 하니까 하루아침에 왕겨 석 섬을 분다

잘 분다고 추어주니까 쓸데없이 하루아침에 왕겨 석 섬을 다 불어서 날려 보냈다는 뜻으로, 잘한다고 추어주니까 우쭐해서 턱없는 짓까지 하는 어리석음을 비웃어 이르는 말.

분에 심어 놓으면 못된 풀도 화초라 한다

화분에 심어 놓으면 보잘것없는 풀조차도 다 화초로 대하게 된다는 뜻으로, 못난 사람도 높은 자리에 앉으면 잘나 보인다고 빗대어 이르는 말.

불고 쓴 듯하다

입으로 불어 가며 빗자루로 깨끗이 쓴 것 같다는 뜻으로, 아무것도 남은 것이 없이 깔끔한 모양을 빗대어 이르는 말.

불난 강변에 덴 소 날뛰듯

불이 난 강변에서 불에 덴 소가 이리 뛰고 저리 뛰며 날뛰듯 한다는 뜻으로, 위급한 경우를 당하여 정신없이 허둥지둥하며 날뛰는 모양을 빗대어 이르는 말.

불난 끝은 있어도 물 난 끝은 없다

불이 나면 타다 남은 것이라도 있지만 물난리가 나면 다 떠내려가 아무것도 남지 않는다는 뜻으로, 불난 피해보다 큰물 피해가 더 크다는 말.

같은 속담 물 난 뒤끝은 없어도 불탄 끝은 있다

불난 데서 불이야 한다

1. 잘못을 저지른 사람이 제 잘못을 가리려고 남보다 먼저 떠들어 대는 경우에 빗대어 이르는 말. 2. 자기가 한 나쁜 일을 자기가 알리는 꼴을 빗대어 이르는 말.

같은 속담 몽둥이 들고 포도청 담에 오른다

불난 데 풀무질[부채질]한다
불난 집에 부채질한다
불난 집에 키 들고 간다

불난 데 대고 부채질을 하여 불이 더 활활 붙게 한다는 뜻으로, 남의 불행을 더욱 부추기거나 성난 사람을 약 올려서 더욱 성나게 하는 것을 빗대어 이르는 말.

같은 속담 끓는 국에 국자 누르기[휘젓는다] • 불붙는 데 키질하기[부채질하기] • 타는 불에 부채질한다[기름 끼얹는다]

불낸 놈이 불이야 한다

지은 죄를 숨기려고 한 짓이 도리어 죄를 드러내고 만 경우를 빗대어 이르는 관용 표현.

같은 관용 도둑이 도둑이야 한다 • 도둑이 포도청 간다

불 맞은 노루[당나귀/멧돼지/짐승/토끼/황소]

총에 맞은 노루라는 뜻으로, 무엇에 놀라서 어쩔 바를 모르고 마구 날뛰는 것을 빗대어 이르는 말.

불면 꺼질까 쥐면 터질까

무엇을 몹시 귀하게 여기며 조심스럽게 다룬다는 뜻으로, 부모가 어린 자식들을 매우 아끼고 소중히 키우는 것을 빗대어 이르는 말.

같은 속담 쥐면 꺼질까 불면 날까

불면 날아갈 듯 쥐면 꺼질 듯

몸이 마르고 몹시 허약한 사람을 빗대어 이르는 말.

불붙는 데 키질하기[부채질하기]

'불난 데 풀무질[부채질]한다'와 같은 속담.

불 안 때도 절로 익는 솥

불을 때지 않아도 저절로 익는 솥이란 뜻으로, 이치에 맞지 않아 실제로 이루어질 수 없거나 도무지 사실과 맞지 않는 일을 빗대어 이르는 말.

같은 속담 술 샘 나는 주전자 • 양을 보째 낳는 암소 • 여물 안 먹고 잘 걷는 말

불 안 땐 굴뚝에 연기 날까

1. 원인이 없으면 결과가 있을 수 없음을 빗대어 이르는 말. 2. 정말로 어떤 일이 있기 때문에 말이 난다고 빗대어 이르는 말.

같은 속담 구름 없는 하늘에 비 올까 • 뿌리 없는 나무에 잎이 필까 • 아니 때린 장구 북소리 날까

불 없는[꺼진] 화로 딸 없는[죽은] 사위

직접적인 인연이나 관계가 끊어져 쓸모없어지거나 중요하지 않게 된 것을 빗대어 이르는 말.

같은 속담 딸 없는 사위 • 딸 죽은 사위 불 꺼진 화로

불에 놀란 놈이 부지깽이[화젓가락]만 보아도 놀란다
불에 덴 강아지 반딧불에도 끙끙한다

어떤 것에 된통 혼이 난 사람은 그와 비슷한 것만 보아도 지레 겁을 먹게 된다고 빗대어 이르는 말.

같은 속담 고슴도치한테 혼난 범이 밤송이 보고도 놀란다 • 국에 덴 놈 물[냉수] 보고도 분다[놀란다] • 더위 먹은 소가 달을 보고 피한다 • 뜨거운 물에 덴 놈 숭늉 보고도 놀란다 • 몹시 데면 회도 불어 먹는다 • 자라 보고 놀란 가슴 소댕[솥뚜껑] 보고 놀란다

불에 든 나비와 솥에 든 고기

목숨이 위태로워 당장 죽게 된 처지를 빗대어 이르는 말.

불이야 하니 불이야 한다

제정신이 없이 남이 하는 행동을 그대로 따라 하는 것을 빗대어 이르는 말.

불장난에 오줌 싼다

불을 가지고 놀다가는 큰일을 내게 되므로 불장난을 하지 말라는 말.

불탄 개가죽[조기 껍질] 같다
불탄 쇠가죽 오그라들듯

'북어 껍질 오그라들듯'과 같은 속담.

붉고 쓴 장

빛이 좋아서 맛있을 듯한 간장이 맛이 쓰다는 뜻으로, 겉으로 보기에는 그럴듯하나 속내는 좋지 못하여 안팎이 서로 다른 것을 빗대어 이르는 말.

붕어 밥알 받아먹듯

생기는 족족 다 써 버리는 경우를 빗대어 이르는 말.

비가 오면 모종하듯 조상의 무덤을 이장해라

못난 짓을 많이 하는 사람에게, 비 오는 날 모종하듯이 부모 산소를 다른 곳으로 옮겨 앞으로는 못난 자식이 나는 일이 없도록 하라고 비꼬아 이르던 말.

같은 속담 비 오거든 산소모종을 내어라

비는 놈한테 져야 한다
비는 데는 무쇠도 녹는다
비는 장수 목 벨 수 없다

제 잘못을 참되게 뉘우치는 사람은 너그럽게 용서하게 된다는 말.

같은 속담 숙인 머리 베지 않는다

비단보에 개똥[똥 싼다]
비단 보자기에 개똥

겉이 번드르르한 비단 보자기 속에 똥이 들었다는 뜻으로, 겉보기에는 그럴듯하지만 속은 더럽고 보잘것없는 사람이나 물건을 빗대어 이르는 말.

같은 속담 명주 바지에 똥싸개 • 청보에 개똥

낱말 풀이 **비단보** 비단으로 바느질하여 만든 보자기.

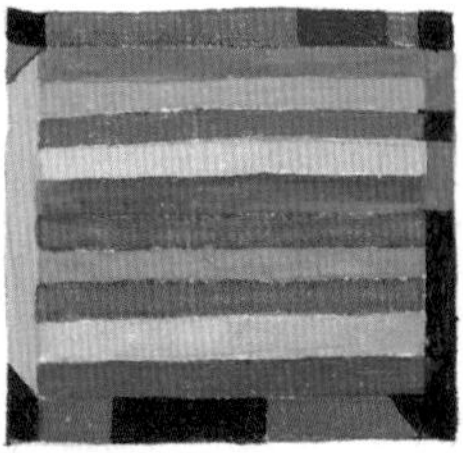

보자기

비단 올이 춤을 추니 베올도 춤을 춘다

남이 무엇을 한다니까 주제도 모르고 덩달아 따라 하다가 웃음거리가 되는 경우를 빗대어 이르는 말.

같은 속담 거문고 인 놈이 춤을 추면 칼 쓴 놈도 춤을 춘다

비단옷 입고 고향 간다

뜻을 품고 고향을 떠났던 사람이 크게 성공하여 흐뭇하게 고향으로 돌아감을 빗대어 이르는 말.

비단옷 입고 밤길 가기[걷기]

비단옷을 입고 밤길을 걸으면 눈에 띄지 않는다는 뜻으로, 애써 한 일을 아무도 알아주지 않아 보람 없는 경우를 빗대어 이르는 말.

비단 위에 꽃

'밥 위에 떡'과 같은 속담.

비단이 한 끼라

1. 굶으면 아무리 값비싼 비단도 밥 한 끼와 바꾼다는 뜻으로, 끼니를 때우기 힘든 형편에서는 아무것도 아낄 것이 없음을 빗대어 이르는 말. 2. 한번 몰락하기 시작하면 걷잡을 수 없음을 빗대어 이르는 말.

같은 속담 굶으면 아낄 것 없어 통비단도 한 끼라 • 없는 놈이 비단이 한 때라

비단 한 필을 하루에 짜려 말고 한 식구를 줄여라

벌이를 늘리려고 무리하게 애쓰지 말고 군식구를 하나라도 줄여서 나가는 돈을 줄이는 편이 낫다고 이르던 말.

같은 속담 열 식구 벌지[벌려] 말고 한 입 덜라 • 흉년에 한 농토 벌지 말고 한 입 덜라

비둘기는 몸은 밖에 있어도 마음은 콩밭에 가 있다
비둘기는 콩밭에만 마음이 있다

먹을 것에만 정신이 팔려 다른 볼일을 보지 못함을 빗대어 이르는 말.

읽을거리 비둘기는 산, 도시, 시골 마을 어디서나 흔히 볼 수 있는 텃새야. 낮고 탁한 소리로 '구, 구, 구, 구' 하고 우는데 옛날 사람들은 구슬프게 들려서 싫어했대. 비둘기는 순하고 암컷과 수컷이 사이가 좋아서 평화를 뜻하는 새이기도 해. 또 살던 곳으로 돌아오는 성질이 있어서 소식을 주고받는 새로 길들이기도 했어. 비둘기는 새끼에게 콩이나 나무 열매를 먹고 반쯤 삭힌 것을 게워 내서 먹이는데 이것을 '비둘기 젖'이라고 해. 새끼가 음식을 잘 소화하도록 도와주지.

비둘기는 하늘을 날아도 콩밭을 못 잊는다

아무리 좋은 곳을 떠돌아다녀도 자기가 살던 고장을 잊지 못한다는 말.

비둘기 마음은 콩밭에 있다

이득이 있거나 자기가 흥미를 가지는 데에만 정신을 파는 것을 빗대어 이르는 말.

비렁뱅이가 하늘을 불쌍히 여긴다

빌어먹는 형편에 하늘을 보고 처지가 가엾다고 한다는 뜻으로, 주제넘게 남의 처지를 딱하게 여기거나 엉뚱한 일을 걱정하는 경우를 빗대어 이르는 말.

같은 속담 거지가 하늘을 불쌍히 여긴다

낱말 풀이 **비렁뱅이** '거지'를 낮잡아 이르는 말.

비렁뱅이 비단 얻은 것[격]

제 분수에 넘치는 것을 얻어서 자랑하는 꼴을 비웃어 이르는 말.

같은 속담 거지가 말 얻은 것[격]

비렁뱅이 자루 찢기

1. 비렁뱅이가 앞으로 당할 어려움을 생각하지 않고 밥자루를 찢어 버린다는 뜻으로, 못사는 주제에 없는 살림마저 거덜 내는 꼴을 비웃어 이르는 말. 2. 서로 딱한 처지를 가엾게 여겨야 할 사람들끼리 오히려 아옹다옹 다투는 경우를 빗대어 이르는 말.

같은 속담 거지끼리 자루 찢는다

비루먹은 강아지 대호를 건드린다

'범 모르는 하룻강아지'와 같은 속담.

낱말 풀이 **대호** 큰 호랑이. **비루먹다** 개나 말 따위의 살갗이 헐어서 털이 빠지는 병에 걸리다.

비를 드니까 마당 쓸라 한다

스스로 마당을 쓸려고 비를 들었는데 누군가 마당을 쓸라고 시킨다는 뜻으로, 스스로 일을 하려는 사람에게 쓸데없는 간섭을 해서 기분을 망쳐 놓는 경우에 빗대어 이르는 말.

비 맞은 용대기 같다

1. 무엇이 추레하게 처져 늘어진 모양을 빗대어 이르는 말. 2. 우쭐거리며 뽐내던 사람이 풀이 죽어 볼품없어진 모양을 빗대어 이르는 말.

같은 속담 비 맞은 장닭 같다 • 비 오는 날 수탉 같다 • 석양에 비 맞은 용대기처럼

낱말 풀이 **용대기** 왕이 행차할 때 앞쪽에 세우던 큰 기. 누런 바탕에 용 한 마리와 구름을 채색하고, 가장자리에 붉게 타는 불꽃을 그려 넣었다.

비 맞은 장닭 같다

우쭐거리며 뽐내던 사람이 풀이 죽어 볼품없어진 모양을 빗대어 이르는 말.

같은 속담 비 맞은 용대기 같다

비 맞은 중놈 중얼거리듯
비 맞은 중 담 모퉁이 돌아가는 소리

외진 곳에서 비를 맞아 함빡 젖은 중이 혼자서 제 처지를 지껄이며 날씨를 나무라듯이, 남이 알아듣지 못할 만큼 낮은 목소리로 불평을 늘어놓으며 중얼대는 것을 빗대어 이르는 말.

비바리는 말똥만 보아도 웃는다

처녀들은 대수롭지 않은 일에도 때 없이 잘 웃는다는 말.

같은 속담 처녀들은 말 방귀만 뀌어도 웃는다

낱말 풀이 **비바리** '처녀'의 방언(제주).

비 소금 섬 녹이듯

비를 맞아 소금 더미가 차츰 녹아내리듯이, 돈이나 물건 따위가 조금씩 줄어 없어지는 것을 빗대어 이르는 말.

같은 속담 쥐 소금 나르듯[녹이듯] • 쥐 소금 먹듯

비싼 놈의 떡은 안 사 먹으면 그만이다

제가 하기 싫은 일은 안 하면 그만이라는 말.

비싼 밥 먹고 헐한 걱정 한다

쓸데없는 걱정을 한다는 말.

비 오거든 산소모종을 내어라

'비가 오면 모종하듯 조상의 무덤을 이장해라'와 같은 속담.

낱말 풀이 **산소모종** 조상의 산소를 이리저리 옮기는 일을 놀리어 이르는 말.

비 오는 것은 밥 짓는 부엌에서 먼저 안다

비가 오려고 기압이 낮아지면 아궁이에 불이 잘 안 붙으므로 부엌일을 늘 맡아 하는 아낙네들이 비 오는 것을 먼저 알게 된다고 일러 오던 말.

비 오는 날 나막신 찾듯

비가 오자 그제서야 신고 나갈 나막신을 찾는다는 뜻으로, 몹시 아쉬워서 찾는 모양을 빗대어 이르는 말.

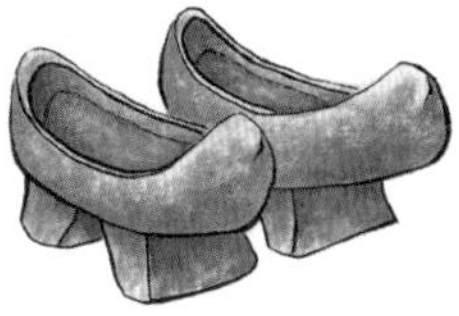
나막신

낱말 풀이 **나막신** 비 오는 날에나 땅이 진 곳에서 신으려고 나무를 파서 만든 신.

비 오는 날 낚시질하기

많은 날을 두고 하필이면 비 오는 날을 잡아 꾀죄죄하게 낚시질을 한다는 뜻으로, 때를 잘못 골라 일을 벌여 놓는 경우를 빗대어 이르는 말.

비 오는 날 삽살개 헤매듯

쓸데없이 이리저리 깝신거리며 나다니는 짓을 빗대어 이르는 말.

비 오는 날 소꼬리 같다

비에 후줄근히 젖은 소꼬리가 흔드는 대로 여기저기 가서 달라붙듯이, 반갑지도 않은 것이 달라붙어 귀찮게 치근거리는 경우에 빗대어 이르는 말.

비 오는 날 수탉 같다

비 맞은 수탉의 초라한 꼴과 같다는 뜻으로, 우쭐거리며 뽐내던 사람이 풀이 죽어 볼품없어진 모양을 빗대어 이르는 말.

같은 속담 비 맞은 용대기 같다

비 오는 날 장독 덮었다 (한다)

비 오는 날에는 가장 먼저 장독 뚜껑을 덮어야 하는데 그것을 했다고 자랑한다는 뜻으로, 1. 마땅히 할 일을 해 놓고 큰일이나 한 것처럼 자랑을 늘어놓는 경우에 비웃어 이르는 말. 2. 잘된 일을 다 제 덕으로 돌리는 것을 비꼬아 이르는 말.

장독

낱말 풀이 **장독** 간장, 된장, 고추장 따위를 담아 두거나 담그는 독.

비 오는 날 장독 열기

당치 않은 짓을 함을 빗대어 이르는 말.

비 온 뒤에 땅이 굳어진다

비에 젖어 질척거리던 흙이 마르면서 더 단단하게 굳어진다는 뜻으로, 어떤 시련을 겪은 뒤에 더 든든하고 강해짐을 빗대어 이르는 말.

비 온 뒤에 참대순 자라듯

비가 온 뒤 참대순이 여기저기서 우썩 자라듯 한다는 뜻으로, 어떤 일이 한때에 많이 생겨나는 것을 빗대어 이르는 말.

읽을거리 죽순은 봄에 땅속에서 새로 돋아나는 연한 대나무 순이야. 비 온 뒤 우쭉우쭉 자라는 죽순처럼 한꺼번에 일이 일어나는 것을 한자말로 '우후죽순(雨後竹筍)'이라고 해. 꿈에 죽순을 보면 자식이 많아진다는 이야기도 있어. 죽순이 한꺼번에 많이 나고 또 쑥쑥 잘 자라서 생긴 이야기로 보여. 죽순은 영양이 많고 맛과 향기가 좋아서 밥, 죽, 여러 가지 찬으로 만들어 먹어. 죽순에 얽힌 옛이야기도 있어. 옛날에 가난한 효자가 살았는데, 부모님이 병이 나서 죽게 생겼어. 효자가 병을 낫게 할 방법을 찾아보니 동지섣달에 나는 죽순을 먹으면 낫는다는 거야. 효자가 이 겨울에 죽순이 어디에 있냐고 엎드려 울자 그 자리에서 죽순이 돋아났대. 부모를 정성껏 모시면 하늘이 돕는다는 이야기야.

비웃 두름 엮듯

청어를 한 줄에 열 마리씩 두 줄로 엮듯이, 한 줄에 잇대어 달아서 묶은 모양을 빗대어 이르는 말.

비위가 노래기 회 쳐 먹겠다
비윗살 좋기가 오뉴월 쉬파리를 찜 쪄 먹겠다

고약한 노린내를 풍기는 노래기를 회 쳐 먹을 정도라는 뜻으로, 비윗살이 지나치게 좋거나 부끄러움도 모르고 행동하는 사람을 비웃어 이르는 말.

같은 속담 노래기 푸념한 데 가 시룻번이나 얻어먹어라 • 장지네 회 쳐 먹겠다

낱말 풀이 **비위** 음식물을 삭여 내거나 아니꼽고 싫은 것을 견디어 내는 성미.

비위가 떡판[떡함지]에 가 넘어지겠다

넘어지는 체하면서 떡판에 엎어져 떡을 주워 먹으려 한다는 뜻으로, 아주 비위가 좋고 뻔뻔스러운 사람을 비웃어 이르는 말.

비지 먹은 배는 연약과도 싫다 한다

1. 비지 같은 하찮은 음식이라도 배불리 먹은 뒤에는 연약과처럼 맛있는 음식도 먹을 생각이 나지 않는다는 뜻으로, 하잘것없는 음식을 먹었더라도 배만 부르면 아무리 좋은 것도 더 먹을 수 없음을 빗대어 이르는 말. 2. 하찮은 것이라도 먼저 간절히 바라거나 가지고 싶어 하는 것을 채워 주면 그보다 썩 좋은 것이 생겨도 값어치가 떨어진다고 빗대어 이르는 말.

비짓국 먹고 용트림한다

아주 보잘것없는 음식을 먹고도 잘 먹은 체하느라고 거드름을 부린다는 뜻으로, 실속은 없으면서 겉모양만 그럴듯하게 꾸미는 짓을 빗대어 이르는 말.

같은 속담 진잎죽 먹고 잣죽 트림한다

비 틈으로 빠져나가겠다

빗방울 하나 맞지 않고 빗줄기 사이를 빠져나가겠다는 뜻으로, 움직임이 매우 빠르고 날랜 모양을 빗대어 이르는 말.

빈 깡통이 소리는 더 난다[요란하다]

지식이 얕고 능력이 없는 사람일수록 더 아는 체하며 떠들어 댄다는 말.

같은 속담 빈 수레[달구지]가 요란하다 • 속이 빈 깡통이 소리만 요란하다

빈낚시에 고기가 물릴 수 없다

미끼를 꿰지 않은 낚시에 고기가 물릴 수 없다는 뜻으로, 밑천이나 힘을 안 들인 일에는 성과가 있을 수 없다고 빗대어 이르는 말.

빈대도 낯짝[콧등]이 있다

'벼룩도 낯짝이 있다'와 같은 속담.

빈대 미워 집에 불 놓는다
빈대 잡으려고 초가삼간 태운다

빈대가 귀찮고 밉다고 제가 사는 집에 불을 놓아 잡으려 한다는 뜻으로, 큰 손해를 볼 것은 생각하지 않고 저한테 이롭지 않은 것을 없애려고 그저 덤비기만 하는 어리석음을 빗대어 이르는 말.

낱말 풀이 **초가삼간** 짚이나 갈대 따위로 지붕을 인, 세 칸밖에 안 되는 집. 아주 작은 집을 이른다.

초가삼간

빈부귀천이 물레바퀴 돌듯

'부귀빈천이 물레바퀴 돌듯'과 같은 속담.

빈 수레[달구지]가 요란하다

짐을 무겁게 싣고 굴러가는 달구지는 크게 시끄럽지 않으나 짐을 싣지 않고 굴러가는 달구지는 덜커덩덜커덩 자못 법석거린다는 뜻으로, 지식이 얕고 능력이 없는 사람일수록 더 아는 체하며 떠들어 댄다는 말.

같은 속담 빈 깡통이 소리는 더 난다[요란하다]

ㅂ

빈 외양간에 소 들어간다

텅 빈 외양간에 소를 들여다 매니 그제야 자리가 제대로 채워졌다는 뜻으로, 비어 있던 자리에 안성맞춤인 것을 들여놓아 아주 잘 어울리는 경우에 빗대어 이르는 말.

빈 절에 구렁이 모이듯[끓이듯]

먹을 것도 없는 빈 절에 구렁이들이 모여들어 와글거린다는 뜻으로, 1. 언짢은 것들이 여기저기서 소리 없이 모여 우글거리는 모양을 빗대어 이르는 말. 2. 바랄 것도 없는데 쓸데없이 많은 사람들이 모여드는 것을 빗대어 이르는 말.

빈틈에 바람이 나다

사이가 뜨면 아무리 두터운 정이라도 멀어지기 마련이라고 빗대어 이르는 말.

빌어는 먹어도 다리아랫소리 하기는 싫다

아무리 없이 사는 처지에 있다 하더라도 남에게 굽신대며 알랑거리거나 빌붙기는 싫다고 이르던 말.

같은 속담 빌어먹어도 절하고 싶지 않다

낱말 풀이 **다리아랫소리** 머리를 다리 아래까지 숙여 내는 소리라는 뜻으로, 남에게 굽실거리거나 애걸하며 하는 말을 이르는 말.

빌어먹는 놈이 더운밥 찬밥 한다

이것저것 가릴 형편이 못 되는 처지에 있으면서도 좋고 나쁜 것을 가리려 드는 것을 비웃어 이르는 말.

빌어먹는 놈이 이밥 조밥 가리랴
빌어먹는 놈이 콩밥을 마다할까

'배고픈 놈이 흰쌀밥 조밥 가리랴'와 같은 속담.

빌어먹던 놈이 천지개벽을 해도 남의 집 울타리 밑을 엿본다

오래된 버릇은 갑자기 고치지 못함을 빗대어 이르는 말.

낱말 풀이 **천지개벽** 1. 하늘과 땅이 처음으로 열림. 2. 자연이나 사회에서 큰 변화가 일어남을 이르는 말.

빌어먹어도 손발이 맞아야 한다

남에게 빌어먹는 일조차도 서로 마음과 행동이 맞아야 쉽게 할 수 있다는 뜻으로, 무슨 일이든지 혼자서는 이루기 어려우며 서로 뜻이 맞아야 성과를 거둘 수 있다고 빗대어 이르는 말.

같은 속담 도둑질을 해도 손발[눈]이 맞아야 한다 • 두 손뼉이 맞아야 소리가 난다 • 손뼉도 마주쳐야[마주 울려야] 소리가 난다

빌어먹어도 절하고 싶지 않다

'빌어는 먹어도 다리아랫소리 하기는 싫다'와 같은 속담.

빗자루로는 개도 안 때린다

더러운 물건들을 쓸어 내는 빗자루로는 개도 안 때린다는 뜻으로, 빗자루로 사람을 때릴 때 말리면서 하는 말.

빚 물어 달라는 자식 낳지도 말랬다

기껏 자식을 낳아서 길러 놓았더니 자기 빚까지 물어 달라는 것은 큰 불효인 데다 사람 노릇도 제대로 하지 못하는 것이라는 뜻으로 이르던 말.

빚 보인하는[보증하는] 자식은 낳지도 말라

남의 빚보증을 섰다가 망하는 일이 많은 데서, 빚보증을 서는 것은 아주 위험한 일이니 삼가라고 이르는 말.

낱말 풀이 **보인하다** 빚보증을 서다.

빚 얻어 굿하니 맏며느리 춤춘다

없는 형편에 빚까지 내어 굿을 하니 맏며느리가 물색없이 굿판에 뛰어들어 춤을 춘다는 뜻으로, 어려운 형편에 마땅히 일이 잘되도록 애써야 할 사람이 도리어 엉뚱한 행동을 하는 경우에 빗대어 이르는 말.

같은 속담 논 팔아 굿하니 맏며느리 춤추더라

빚은 값으로나 떡이라지

떡이 도무지 떡답지 않고 빚어서 만들었다는 점만 떡 같다는 뜻으로, 제구실을 못하는 물건을 할 수 없이 아쉬운 대로 써야 하는 경우를 빗대어 이르는 말.

빚쟁이 발을 뻗고 잠을 못 잔다

남에게 빚을 많이 진 사람은 늘 갚을 일이 걱정되어 마음 편한 날이 없음을 빗대어 이르는 말.

빚 주고 뺨 맞기[맞는다]

남에게 제 돈을 꾸어 주고는 인사는커녕 뺨을 얻어맞는다는 뜻으로, 남을 위하여 애를 쓰고도 도리어 화를 입거나 망신을 당하는 경우에 빗대어 이르는 말.

낱말 풀이 **빚 주다** 이자를 받기로 하고 돈을 꾸어 주다.

빚진 종[죄인](이라)

빚진 사람은 빚을 내어 준 사람에게 죄인이나 종처럼 기를 펴지 못하고 굽실거리게 된다고 빗대어 이르는 말.

빛은 검어도 속은 희다

겉은 비록 볼품없으나 속은 곧고 깨끗함을 빗대어 이르는 말.

빛 좋은 개살구[산살구]

개살구는 빛깔이 고와서 먹음직스러워 보이나 맛은 없다는 뜻으로, 겉으로 보기에는 그럴듯하나 속내는 좋지 못하여 실속이 없는 것을 빗대어 이르는 말.

빠른 말이 뛰면 굼뜬 소도 간다

아무리 일솜씨가 느린 사람이라도 일 잘하는 사람과 함께 있으면 저절로 그를 따라가기 마련이라는 말.

빠른 바람에 굳센 풀을 안다

드센 바람이 불어야 그 속에서 꿋꿋이 서 있는 굳센 풀을 알 수 있다는 뜻으로, 굳은 뜻과 꿋꿋한 태도는 어려운 고비를 겪고 나서 더 뚜렷이 나타난다고 빗대어 이르는 말.

빠진 도낏자루

1. 제멋대로 굴며 말과 행동을 막되게 하고 껄렁껄렁한 사람을 빗대어 이르는 말. 2. 자루가 있어야 도끼질을 할 수 있는데 자루가 빠졌다는 뜻으로, 쓸모없게 된 것을 빗대어 이르는 말.

빨래 이웃은 안 한다

빨래할 때 너무 가까이 있으면 구정물이나 튀지 좋을 것이 없다는 말.

빨리 다는 화로가 빨리 식는다

1. 빨리 흥분하는 사람은 또 그 흥분을 쉽게 가라앉힘을 빗대어 이르는 말.
2. 일이 너무 빨리 잘되면 오래가기가 어렵다고 빗대어 이르는 말.

빨리 먹은 콩밥 똥 눌 때 보자 한다

잘 씹지 않고 급하게 삼켜 버린 콩은 삭지 않은 채 그대로 나온다는 뜻으로, 무슨 일이나 너무 급히 서두르면 꼭 빈틈이 생기게 마련이라는 말.

빨리 알기는 칠월 귀뚜라미라

음력 칠월만 되면 울기 시작하는 가을 귀뚜라미처럼 똑똑하고 눈치가 빠름을 빗대어 이르는 말.

빼도 박도 못하다

일이 몹시 난처하게 되어 그대로 할 수도 없고 그만둘 수도 없다는 관용 표현.

뺑덕어멈[뺑덕어미] 세간살이하듯

살림살이를 알뜰하게 하지 못하고 있는 대로 다 써 없앰을 빗대어 이르는 말.

읽을거리 뺑덕어미는 옛날 소설 〈심청전〉에 나오는 사람이야. 심청이는 아버지 심학규의 눈을 뜨게 하려고 공양미 삼백 석에 제 몸을 팔아 인당수에 빠졌어. 하지만 심학규는 눈을 뜨지 못했지. 그런 심학규에게 뺑덕어미가 찾아와 아내가 되겠대. 그러면서 세간살이를 맡아 돌보았는데 씀씀이가 엄청났어. 쌀 퍼 주고 엿 사 먹고, 벼를 주고 고기 사 먹고, 잡곡은 돈으로 바꾸어 술 사 먹기 일쑤였고, 게다가 외상으로 온갖 것을 샀어. 그렇게 뺑덕어미가 심학규를 속여 물을 퍼 쓰듯이 재산을 마구 다 써 버린 데서 나온 말이야.

뺑덕어멈 외상 빚 걸머지듯

빚을 잔뜩 걸머지고 헤어나지 못하는 모양을 빗대어 이르는 말.

뺨 맞는 데 구레나룻이 한 부조

쓸모없어 귀찮게만 여기던 구레나룻이 뺨을 맞을 때에는 아픔을 더는 데 도움이 된다는 뜻으로, 아무 쓸모 없어 보이던 물건도 보람 있게 쓰일 때가 있다고 빗대어 이르던 말.

낱말 풀이 **부조** 남을 거들어 일을 도와줌.

뺨을 맞아도 은가락지 낀 손에 맞는 것이 좋다

꾸중을 듣거나 벌을 받더라도 덕이 있고 높은 자리에 있는 사람에게 당하는 것이 낫다는 말.

같은 속담 같은 값이면 은가락지 낀 손에 맞으랬다 • 매를 맞을 바에는 은가락지 낀 손에 맞아라 • 욕을 들어도 당감투 쓴 놈한테 들어라

뺨(을) 맞을 놈이 여기 때려라 저기 때려라 한다

꾸중을 듣거나 벌을 받아야 할 사람이 도리어 이래라저래라 큰소리치는 경우를 비웃어 이르는 말.

뻐꾸기도 유월이 한철이라

초여름 남쪽에서 날아오는 뻐꾸기는 여름 철새로 우리나라에서 음력 유월이 한창때라는 뜻으로, 누구나 한창 활동할 수 있는 날이 길지 않으니 그때를 놓치지 말라고 가르쳐 이르는 말.

같은 속담 메뚜기도 유월이 한철이다

뻔뻔하기가 양푼 밑구멍 같다

양푼

양푼의 밑이 펀펀하다는 데서, 아주 뻔뻔스럽고 부끄러움을 모르는 사람을 빗대어 이르는 말.

낱말 풀이 **양푼** 음식을 담거나 데우는 데에 쓰는 놋그릇.

뻗어 가는 칡도 한[끝]이 있다

'벋어 가는 칡도 한이 있다'와 같은 속담.

뻗정다리 서나 마나

'봉사 안경 쓰나 마나'와 같은 속담.

낱말 풀이 **뻗정다리** 무릎마디가 굳어져 구부렸다 폈다 하지 못하고 늘 뻗어 있는 다리.

뽕 내 맡은 누에 같다

마음이 흐뭇하여 어찌할 바를 몰라 하는 사람을 빗대어 이르는 말.

읽을거리 누에는 누에나방 애벌레야. 옛날에는 누에고치에서 실을 얻으려고 집집이 누에를 길렀어. 누에고치에서 뽑은 실이 명주실이고 명주실로 짠 옷감이 비단이야. 옛날에는 누에치기를 논농사나 밭농사만큼 중요하게 여겼어. 누에알을 '누에씨'라고 하는데 곡식 씨앗처럼 누에도 귀하게 여겼던 거야. 누에는 자랄 때마다 부르는 이름이 달라. 갓 깨어난 누에는 작고 까매서 '개미누에', 두 번 허물을 벗으면 '애기누에', 몸집이 커지면 '큰누에', 고치를 지을 때가 되면 곡식이 누렇게 익은 것에 빗대어 '익은누에'라고 했지. 누에를 기를 때는 뽕나무 잎을 따서 먹여. 누에는 오직 뽕나무 잎만 먹거든. 번데기가 되기 전인 5령 누에는 먹성이 너무 좋아. 뽕잎을 수북이 덮어 주어도 돌아서면 금세 먹어 치우지. 그러니 흐뭇하여 마음이 마냥 좋을 때 "뽕 내 맡은 누에 같다"고 말해 왔던 거지.

뽕도 따고 임도 보고[본다]

누에 먹이를 장만하러 뽕밭에 가면 뽕잎도 따고 임도 만난다는 뜻으로, 한꺼번에 두 가지 좋은 결과를 얻을 수 있는 일을 빗대어 이르는 말.

같은 속담 원님도 보고 환자도 탄다 • 임도 보고 뽕도 딴다

뽕밭이 바다가 되다

뽕나무들이 빼곡히 들어선 뽕밭이 푸른 파도가 넘실거리는 바다가 되었다는 뜻으로, 세상이 크게 바뀌어 알 수 없게 되었음을 빗대어 이르는 말.

뿌리 깊은 나무 가뭄 안 탄다

땅속에 뿌리를 깊이 박은 나무는 가뭄을 잘 타지 않아 말라 죽는 일이 없다는 뜻으로, 무엇이나 근원이 깊고 튼튼하면 어떤 어려움도 견뎌 낼 수 있다고 빗대어 이르는 말.

뿌리 없는 나무가 없다

1. 바탕이 있어야 무엇이든 생겨나고 일이 이루어질 수 있다는 말. 2. 원인이 없이 결과만 있을 수 없다는 말.

같은 속담 가죽이 있어야 털이 나지 • 껍질 없는 털가죽이 없다 • 등걸이 없는 휘추리가 있나

뿌리 없는 나무에 잎이 필까

1. 원인이 없으면 결과가 있을 수 없음을 빗대어 이르는 말. 2. 희망을 가질 아무런 까닭이 없는데 기대를 가짐을 비웃어 이르는 말.

같은 속담 불 안 땐 굴뚝에 연기 날까

뿔 떨어지면 구워 먹지

소뿔이 저절로 떨어질 리 없는데 떨어지면 구워 먹으려고 기다린다는 뜻으로, 도무지 이루어질 수 없는 일을 바라고 기다리는 것을 핀잔하여 이르는 말.

ㅂ

뿔 빠진 암소 (같다)

소가 뿔이 빠지면 꼴불견일 뿐 아니라 떠받을 수도 없다는 뜻으로, 꼭 필요한 것이나 중요한 것이 빠져 꼴이 보잘것없고 힘도 못 쓰게 된 경우를 빗대어 이르는 말.

같은 속담 꽁지 없는 소

뿔 위에 올려놓은 달걀

판판한 곳에도 세우기 힘든 달걀을 뾰족한 뿔 위에 올려놓았다는 뜻으로, 몹시 조마조마한 상태를 빗대어 이르는 말.

삐뚜로 가도 서울만 가렸다

어떤 수단과 방법을 쓰든지 목적한 바만 이루면 그만이라는 말.

같은 속담 모로 가나 기어가나 서울 남대문만 가면 그만이다

사공 배[뱃전] 둘러대듯

사공이 배를 이리 댈까 저리 댈까 하듯이, 그때그때 상황에 따라 말을 이리저리 잘 둘러대는 모양을 이르는 관용 표현.

같은 관용 뱃놈 배 둘러대듯

사공이 많으면 배가 산으로 간다[올라간다]

사공이 많으면 배가 물로 못 가고 도리어 땅 위로 간다는 뜻으로, 어떤 일을 할 때 저마다 제 뜻만 고집하면 도리어 일을 그르치게 됨을 빗대어 이르는 말.

같은 속담 목수가 많으면 기둥이 기울어진다 • 상좌가 많으면 가마솥을 깨뜨린다 • 한 집에 감투쟁이 셋이면 변이 난다

사과나무에 배가 열렸나

이치에 어긋나는 엉뚱한 일이 생긴 경우에 이르는 말.

사귀어야 절교하지

사귀어 가까이 지내야 관계를 끊을 일도 있다는 뜻으로, 어떤 원인이 있어야 결과가 있을 수 있다는 말.

사나운 개도 먹여 주는 사람은 안다

사나운 개도 저를 먹여 주는 사람을 알아보고 반긴다는 뜻으로, 자기에게 은혜를 베풀어 주는 고마운 사람을 알아보지 못하는 것은 짐승만도 못하다는 말.

사나운 개 입[콧등] 성할 날 없다
사나운 개 콧등 아물 날[틈]이 없다

사나운 개는 늘 물고 뜯고 싸워서 콧등이 아물 새가 없다는 뜻으로, 성질이 사나워 남과 늘 다투는 사람은 상처가 나을 틈이 없다고 빗대어 이르는 말.

사나운 말에는 특별한 길마를 지운다

사나운 말은 여느 말에 지우는 길마와 다른 길마를 지워서 단단하게 다룬다는 뜻으로, 사람도 성미가 거칠고 행동이 사나우면 그에 걸맞게 특별한 방법으로 단속을 받게 된다는 말.

낱말 풀이 **길마** 짐을 싣거나 수레를 끌기 위하여 소 등에 얹는 기구.

ㅅ

사내가 우비하고 거짓말은 가지고 다녀야 한다
사내자식 길 나설 때 갈모 하나 거짓말 하나는 가지고 나서야 한다

사내는 비 올 때 가리기 위한 물건과 급할 때 둘러댈 거짓말을 갖추고 다녀야 한다는 뜻으로, 세상을 살아가는 데에는 때로 거짓말도 필요하다고 이르던 말.

낱말 풀이 **갈모** 옛날에, 비가 올 때 우산처럼 펴서 갓 위에 덮어 쓰던 모자. 고깔과 비슷하게 생겼다.

사내아이가 열다섯이면 호패를 찬다

옛날에, 열다섯 살이 넘은 남자는 누구나 호패를 차고 다녔다는 데서, 이미 나이가 열다섯이면 제 한몫을 할 때가 되었다고 이르던 말.

낱말 풀이 **호패** 조선 시대에, 남자가 열여섯 살 때부터 신분을 알 수 있게 차고 다니던 패.

호패

사냥 가는 데 총 놓고 간다
사냥 가는 데 총을 안 가지고 가는 것 같다

무슨 일을 하러 가면서 그 일에서 가장 중요한 것을 빼놓고 가는 경우를 빗대어 이르는 말.

사냥개 언 똥 들어먹듯[삼키듯]

음식을 매우 빨리 먹어 치우는 모습을 빗대어 이르는 말.

같은 속담 게 눈 감추듯 • 남양 원님 굴회 마시듯 • 두꺼비 파리 잡아먹듯 • 마파람에 게 눈 감추듯

사당치레하다가 신주 개 물려 보낸다

사당을 보기 좋게 꾸미는 데에만 마음을 쏟느라 사당에 두는 신주를 개가 물어 가도록 둔다는 뜻으로, 지나치게 겉치레만 하다가 중요한 것을 챙기지 못하거나 일을 그르치는 경우를 빗대어 이르는 말.

같은 속담 치장 차리다가 신주 개 물려 보낸다

낱말 풀이 **사당** 조상의 이름을 적은 신주를 모셔 놓은 집. **신주** 조상의 이름을 적은 나무패.

사돈 남 나무란다

자기도 같은 잘못을 했으면서 남의 잘못만 나무란다는 말.

낱말 풀이 **사돈** 1. 혼인한 두 남녀의 부모끼리 서로를 부르는 말. 2. 혼인으로 맺어진 관계.

사돈(네) 남(의) 말 한다

제 허물이나 할 일은 제쳐 놓고 괜히 남의 일에 참견함을 빗대어 이르는 말.

사돈네 논 산대

아무런 관계도 없는 남의 일에 괜히 참견하는 것을 핀잔하여 이르는 말.

사돈네 쉰 떡 보듯

직접적인 관계가 없는 일은 거들떠보지 않는다는 말.

같은 속담 사돈 영감 제상 바라보듯

사돈네 안방 같다

사돈끼리는 어렵고 거북한 사이인데 더욱이 안사돈이 묵는 방은 더 어렵고 조심스럽다는 뜻으로, 매우 조심스럽고 거북한 자리를 빗대어 이르던 말.

같은 속담 만만찮기는 사돈집 안방

사돈네 제사에 가서 감 놓아라 배 놓아라 한다

아무런 상관도 없는 남 일에 쓸데없이 끼어들어 아는 체하거나 이래라저래라 하는 것을 핀잔하여 이르는 말.

같은 속담 감 놓아라 배 놓아라 한다 • 남의 일에 흥야항야한다 • 남의 잔치[장/제사]에 감 놓아라 배 놓아라 한다 • 사돈집 잔치에 감 놓아라 배 놓아라 한다

읽을거리 제사는 옛날부터 내려온 의식으로, 돌아가신 분의 넋에게 음식을 바치며 그분을 기리는 거야. 제사상에는 밥과 국을 꼭 올리는데, 추석에는 밥과 국 대신에 햅쌀로 빚은 송편을, 설날에는 떡국을 올리지. 명절날 지내는 제사는 차례라고 해. 제사상에는 감과 배뿐 아니라 사과, 밤, 잣, 호두, 대추 같은 과일도 올려. 제사는 수수한 음식을 올리더라도 돌아가신 분을 기리면서 식구들끼리 정을 나누는 게 중요해.

사돈도 이럴 사돈 다르고 저럴 사돈 다르다
사돈도 이럴 사돈 저럴 사돈 있다

같은 경우라도 사람에 따라 달리 대하기 마련이라는 말.

사돈 밤 바래기

사돈은 가장 어려운 손님이어서 밤이 늦었다고 서로 바래다주다가 날이 훤히 밝는다는 뜻으로, 꼭 같은 일을 끝없이 되풀이하는 경우에 빗대어 이르는 말.

사돈 영감 제상 바라보듯

'사돈네 쉰 떡 보듯'과 같은 속담.

사돈은 부처님 팔촌만도 못하다

사돈 간은 워낙 어려운 사이여서 먼 이웃만도 못하다는 말.

사돈을 하려면 근본을 보아라

사돈을 삼으려면 먼저 그 집안부터 잘 보고 정하라는 말.

사돈의 팔촌

먼 친척이어서 남이나 다름없다는 관용 표현.

사돈이 말하는데 싸라기 엎지른 것까지 들춘다

사돈 앞에서 싸라기 엎지른 것까지 들추어 망신을 준다는 뜻으로, 남의 흠이나 잘못을 시시콜콜 들추어내어 말하는 것을 못마땅하게 이르는 말.

낱말 풀이 **싸라기** 부스러진 쌀 알갱이.

사돈집과 뒷간은 멀수록 좋다
사돈집과 마구간은 멀리 하랬다

뒷간이 가까이 있으면 구린내가 풍기고 사돈집이 가까이 있으면 좋지 않은 말이 오가기 쉬우므로 뒷간과 사돈집은 될수록 멀리 있는 것이 좋다고 이르던 말.

같은 속담 뒷간과 사돈집은 멀어야 한다

사돈집과 짐바리는 골라야 좋다

소나 말 등에 짐을 나누어 실을 때에도 한쪽으로 짐이 기울지 않도록 무게를 고르게 해야 하듯이, 사돈끼리도 사는 형편이 비슷해야 좋다고 이르던 말.

낱말 풀이 **짐바리** 말이나 소로 실어 나르는 짐.

사돈집 외 먹기도 각각

집집마다 가풍이 다 다름을 빗대어 이르는 말.

낱말 풀이 **가풍** 한 집안에서 이어져 내려온 풍습이나 분위기. **외** '오이'의 준말.

사돈집 잔치에 감 놓아라 배 놓아라 한다

'사돈네 제사에 가서 감 놓아라 배 놓아라 한다'와 같은 속담.

사또 덕분에 나팔 분다

옛날에, 사또와 함께 길을 나선 덕분에 나팔을 불며 맞아 주는 대접을 받았다는 뜻으로, 남의 덕으로 이익을 얻게 되거나 좋은 대접을 받고 우쭐대는 꼴을 빗대어 이르는 말.

같은 속담 원님 덕에 나발[나팔] 분다

낱말 풀이 **사또** 옛날에, 백성이나 계급이 낮은 벼슬아치들이 고을을 다스리는 원을 높여 부르던 말. **나팔** 옛 관악기의 하나. 행군을 하거나 신호를 주고받을 때 썼다.

사또 덕에 비장이[비장 나리] 호강한다

사또를 따라다니는 낮은 벼슬아치가 사또 덕분에 좋은 대접을 받는다는 뜻으로, 남에게 붙어서 덕을 볼 때 이르던 말.

낱말 풀이 **덕** 남에게 받은 은혜나 도움. =덕분. **비장** 조선 시대에, 높은 벼슬아치의 일을 돕던 무관.

사또 떠난 뒤에 나팔 분다

옛날에, 사또가 지나갈 때는 먼저 나팔을 불어 길 가던 사람들을 비켜서거나 절하게 했는데 사또가 다 지나간 뒤에 나팔을 분다는 뜻으로, 제때 안 하다가 뒤늦게 대책을 세우며 서두르는 것을 핀잔하여 이르는 말.

같은 속담 행차 뒤에 나발

ㅅ

사또 밥상에 간장 종지 같다
사또 상의 장[꿀] 종지

잘 차린 밥상 위에 올린 간장 종지라는 뜻으로, 1. 하찮은 사람이나 변변찮은 것이 한가운데 중요한 자리를 차지하고 있음을 빗대어 이르는 말. 2. 어떤 곳에서 아주 중요하고 높은 자리에 있음을 빗대어 이르는 말.

낱말 풀이 **종지** 간장, 고추장 따위를 담아서 상에 놓는 작은 그릇.

사또 행차엔 비장이 죽어난다

옛날에, 사또가 길을 나서면 그 밑에서 일하는 비장은 준비하느라 매우 힘들고 고달프다는 뜻으로, 윗사람이나 남의 일 때문에 고단하게 일하는 경우를 빗대어 이르는 말.

같은 속담 감사가 행차하면 사또만 죽어난다

사람과 곡식은 가꾸기에 달렸다

곡식은 사람 손이 많이 가고 부지런히 가꾸어야 잘되듯이, 사람도 어려서부터 잘 가르치고 이끌어야 훌륭하게 된다는 말.

같은 속담 곡식과 사람은 가꾸기에 달렸다

사람과 그릇은 많을수록 좋다
사람과 그릇은 있으면 쓰고 없으면 못 쓴다
사람과 쪽박[그릇]은 있는 대로 쓴다[쓰인다]

살림을 하다 보면 쓸모없어 보이는 쪽박이나 그릇도 있는 대로 다 꺼내 쓴다는 뜻으로, 사람이나 물건은 많으면 많은 대로 다 제 나름의 쓸모가 있다는 말.

사람과 산은 멀리서 보는 게 낫다

사람을 가까이 사귀면 멀리서 볼 때는 안 보이던 흠이 다 드러나 실망하게 됨을 빗대어 이르는 말.

사람 나고 돈 났지 돈 나고 사람 났나

아무리 돈이 귀중해도 사람보다 더 귀할 수 없다는 뜻으로, 돈밖에 모르는 사람을 나무라는 말.

사람도 늦바람이 무섭다

사람이 나이 들어 무엇을 좋아하게 되거나 어떤 일에 재미를 들이게 되면 거기에서 벗어나기 힘들다는 말.

같은 속담 늦바람이 용마름을 벗긴다

ㅅ

사람마다 저 잘난 맛[멋]에 산다

다른 사람이 비웃든 말든 얕보든 말든 제가 잘났다고 생각하며 산다는 뜻으로, 남이 어떻게 보든 사람마다 제가 잘났다는 긍지와 자존심이 있다는 말.

사람마다 한 가지 버릇은 있다

사람마다 한두 가지 나쁜 버릇은 가지고 있다는 말.

사람 밥 빌어먹는 구멍은 삼천 몇 가지

사람이 먹고살기 위해 하는 일의 가짓수는 많고도 많다는 말.

사람 번지는 것은 모른다

사람은 자라면서 크게 잘될 수도 있고 반대로 크게 잘못될 수도 있기 때문에 그것을 미리 헤아려 알기는 어렵다는 말.

낱말 풀이 **번지다** 사람의 모습이나 됨됨이가 자라면서 달라지다.

사람 살 곳은 가는 곳마다 있다
사람 살 곳은 골골마다[골골이] 있다

사람이 살 곳이나 서로 돕는 풍속은 고을마다 다 있다는 뜻으로, 아무리 형편이 어렵더라도 도와주는 사람이 있어서 어디서든 다 살아갈 수 있다는 말.

같은 속담 활인불은 골마다 난다

사람 세워 놓고 입관하겠다

1. 산 사람을 관 속에 넣을 정도라는 뜻으로, 사람이 하는 짓이나 말이 몹시 모질고 악할 때 빗대어 이르는 말. 2. 뻔히 알면서도 꼼짝 못 하고 화를 당한다는 뜻으로 이르는 말.

사람 속은 소금 세 말을 같이 먹어 보아야 안다

사람의 됨됨이는 오래 같이 지내보아야 알 수 있다고 빗대어 이르는 말.

같은 속담 강물은 건너 봐야 알고 사람은 지내봐야 안다 • 깊고 얕은 물은 건너 보아야 안다 • 대천 바다도 건너 봐야 안다 • 물은 건너 보아야 알고 사람은 지내보아야 안다 • 사람은 겪어 보아야 알고 물은 건너 보아야 안다 • 사람은 지내봐야 안다 • 사람을 알자면 하루 길을 같이 가[걸어] 보라 • 수박은 속을 봐야 알고 사람은 지내봐야 안다 • 천 길 물속은 건너 보아야 알고 한 길 사람 속은 지내보아야 안다 • 한집 살아 보고 한배 타 보아야 속을 안다

사람 속은 천 길 물속이라

사람 속내는 천 길이나 되는 깊은 물속처럼 잘 모른다는 뜻으로, 사람의 속마음을 알기란 매우 어려움을 빗대어 이르는 말.

같은 속담 열 길 물속은 알아도 한 길 사람 속은 모른다 • 천 길 물속은 알아도 한 길 사람 속은 모른다

사람 안 죽은 아랫목 없다

사람이 살았던 집 가운데 사람이 안 죽은 집은 없다는 뜻으로, 1. 사람이 죽는 일은 어느 집에나 있기 마련이라는 말. 2. 알고 보면 어느 곳이나 험하고 궂은 일이 있었던 자리일 수 있다는 말.

낱말 풀이 **아랫목** 온돌방에서 아궁이 가까운 쪽의 방바닥.

사람에 버릴 사람 없고 물건에 버릴 물건 없다

사람이나 물건이나 저마다 매우 중요하게 쓰일 때가 있다는 말.

ㅅ

사람 위에 사람 없고 사람 밑에 사람 없다

사람은 모두 태어날 때부터 권리나 의무가 평등하다는 말.

사람은 겪어 보아야 알고 물은 건너 보아야 안다

'사람 속은 소금 세 말을 같이 먹어 보아야 안다'와 같은 속담.

사람은 남 어울림에 산다

사람은 남과 서로 어울리며 살아갈 수밖에 없다는 말.

사람은 늙어 죽도록 배운다

배움이란 한때에 끝나는 것이 아니기 때문에 사람은 사는 동안 끊임없이 배우고 몸과 마음을 갈고닦아야 한다는 말.

사람은 늙어지고 시집은[시집살이는] 젊어진다

나이가 들수록 시집살이가 쉬워지기는커녕 더 힘들어진다는 말.

사람은 백지 한 장의 앞을 못 본다

방 안에 있는 사람은 흰 종이 한 장을 바른 방문 밖 일을 알지 못한다는 뜻으로, 사람은 바로 앞에 일어날 일도 미리 알 수 없다고 빗대어 이르는 말.

사람은 속일 수 있어도 농사는 속일 수 없다

사람은 한두 번 거짓말로 속여 넘길 수 있지만 농사는 사람이 품을 들인 만큼 거둘 수 있어 속일 수 없다는 뜻으로, 농사일은 정성껏 해야 한다는 말.

같은 속담 사람의 눈은 속여도 땅은 속이지 못한다

사람은 어려울 때 알아보고 사랑은 어려울 때 빛난다

사람의 됨됨이나 참된 사랑은 어려운 고비를 겪을 때 알게 된다는 말.

사람은 얼굴보다 마음이 고와야 한다

사람은 얼굴이 잘생긴 것보다 마음씨가 착하고 고운 것이 더 중요하다는 말.

사람은 열 번 (다시) 된다

1. 사람은 나이를 먹어 가면서 몸과 마음이 끊임없이 바뀐다는 말. 2. 사람의 개성이나 신세는 고정된 것이 아니므로 얼마든지 고칠 수 있다는 말.

사람은 인정에 막히고 귀신은 경문에 막힌다

귀신 쫓는 주문에 귀신이 꼼짝 못 하듯이, 사람은 인정이 있어서 빌고 매달리는 사람에게는 어쩌지 못한다고 빗대어 이르는 말.

같은 속담 귀신은 경문에 막히고 사람은 인정에 막힌다

낱말 풀이 **경문** 미신에서, 고사를 지내거나 무당이 푸닥거리를 할 때 외는 주문.

사람은 일생을 속아서 산다

사람은 온갖 어려움을 겪으면서도 다음에는 좀 나아지겠지 하는 막연한 기대 속에서 평생을 살아간다는 뜻으로, 사람은 행여나 이루어질까 하는 바람과 희망으로 살아간다는 말.

사람은 일을 해야 밥맛[입맛]이 난다

놀면서 밥을 먹을 때보다 일하고 난 뒤에 먹을 때 밥맛이 훨씬 더 좋다는 뜻으로, 놀면서 밥맛이 없다고 하는 사람을 핀잔하여 이르는 말.

사람은 입성이 날개라

옷을 잘 입으면 사람이 돋보인다는 뜻으로, 옷을 품위 있게 잘 갖추어 입는 것이 좋다는 말.

낱말 풀이 **입성** '옷'을 속되게 이르는 말.

사람은 작게 낳아서 크게 길러야 한다

1. 사람은 어떻게 낳느냐가 중요한 것이 아니라 어떻게 키우냐가 중요하다는 뜻으로, 아이는 작게 낳아도 잘 먹여 기르면 크게 자라기 마련이라는 말. 2. 사람은 교육을 잘하여 키워야 큰사람이 된다는 뜻으로, 어려서부터 잘 가르쳐야 한다는 말.

사람은 조석으로 변한다

사람 마음은 아침저녁으로 바뀐다는 뜻으로, 사람의 마음이란 변하기 아주 쉽다는 말.

같은 속담 사람의 마음은 하루에도 열두 번

낱말 풀이 **조석** 1. 아침과 저녁을 아울러 이르는 말. 2. 아침밥과 저녁밥을 아울러 이르는 말.

사람은 죽으면 이름을 남기고 범은[호랑이는] 죽으면 가죽을 남긴다

호랑이가 죽으면 귀한 가죽을 남기듯이, 사람은 사는 동안 보람 있고 값있는 일을 많이 해서 죽은 뒤에 그 이름을 남겨야 한다고 빗대어 이르는 말.

같은 속담 호랑이는 죽어서 가죽을 남기고 사람은 죽어서 이름을 남긴다

읽을거리 옛날에는 우리 땅과 백성을 지켜 주는 열두 수호신이 있다고 믿었어. 쥐, 소, 호랑이, 토끼, 용, 뱀, 말, 양, 원숭이, 닭, 개, 돼지로 상징되는 열두 동물이 열두 방향과 열두 시간을 맡아 지킨다고 생각했지. 띠는 이 열두 동물의 이름으로 사람이 태어난 해를 이르는 말이야. 새해 첫 달 열두 동물의 날에는 여러 풍습이 전해 내려오고 있어. 호랑이는 열두 띠 가운데 세 번째 동물이야. 호랑이는 범이라고도 해. 새해 첫 달 호랑이날에는 이웃과 서로 오가는 것을 삼가고 짐승에 대한 욕도 하지 않았어. 특히 여자들은 집 밖으로 나가는 것을 삼갔지. 옛날에는 호랑이가 사람들한테 해를 많이 끼쳤기 때문에 화를 입지 않도록 조심했던 거야.

사람은 지내봐야 한다

'사람 속은 소금 세 말을 같이 먹어 보아야 안다'와 같은 속담.

사람은 키 큰 덕을 입어도 나무는 키 큰 덕을 못 입는다

1. 나무는 키가 크면 먼저 잘리기 쉽지만 사람은 키가 크면 여러모로 쓸모가 있다는 말. 2. 훌륭한 사람과 가까이 있으면 알게 모르게 덕을 보게 된다는 말.

같은 속담 나무는 큰 나무 덕을 못 보아도 사람은 큰사람의 덕을 본다

사람은 헌[때 묻은] 사람이 좋고 옷은 새 옷이 좋다

물건은 새것일수록 좋고 사람은 오래 사귄 사람일수록 정이 깊고 좋다는 말.

같은 속담 옷은 새 옷이 좋고 사람[임]은 옛 사람[임]이 좋다 • 정은 옛정이 좋고 집은 새집이 좋다 • 친구는 옛 친구가 좋고 옷은 새 옷이 좋다

사람을 알자면 하루 길을 같이 가[걸어] 보라

'사람 속은 소금 세 말을 같이 먹어 보아야 안다'와 같은 속담.

사람을 왜 윷으로 보나

윷놀이에서 윷쪽 네 가락이 모두 다 엎어지면 '모'라고 하는 데서, 사람을 왜 바로 보지 않고 삐딱하게 보나 하는 뜻으로 놀리어 이르는 말.

읽을거리 윷은 옛날부터 어린이나 어른이 다 같이 즐기던 놀잇감이야. 설이나 추석 같은 명절에는 식구나 마을 사람들이 모여서 윷놀이를 했어. 윷은 박달나무, 참나무, 싸리나무, 밤나무 따위를 잘라서 만들어. 도토리, 살구씨, 은행, 밤 따위의 열매를 반으로 쪼개서 만든 윷도 있어. 콩알, 팥알로 윷놀이를 하는 마을도 있었지. 윷놀이는 편을 갈라 윷가락 네 개를 던져서 상대편 말을 잡으며 이기고 짐을 겨루는 놀이야. 윷가락을 던져서 한 개만 젖혀진 건 '도'인데 돼지를 가리키는 말이라고 해. '개'는 개를, '걸'은 양을, '윷'은 소를, '모'는 말을 가리킨다고 하지. 윷놀이에서 이기려면 윷을 잘 던지는 것도 중요하지만 말을 잘 쓰는 것도 좋은 방법이야.

사람의 눈은 속여도 땅은 속이지 못한다

'사람은 속일 수 있어도 농사는 속일 수 없다'와 같은 속담.

사람의 마음은 하루에도 열두 번

'사람은 조석으로 변한다'와 같은 속담.

사람의 새끼는 서울로 보내고 마소 새끼는 제주[시골]로 보내라

망아지는 말이 많이 나는 제주도로 보내어 기르고, 사람은 어릴 때부터 서울로 보내어 공부를 하게 하여야 잘될 수 있다는 말.

같은 속담 마소 새끼는 시골로 사람의 새끼는 서울로 • 말은 나면 제주도로 보내고 사람은 나면 서울로 보내라

사람의 속은 눈을 보아야 안다

눈에는 사람 마음이 비친다는 뜻으로, 눈을 보면 사람의 속마음을 쉽게 알 수 있다는 말.

사람의 얼굴은 열두[열] 번 변한다

사람은 사는 동안 모습이 아주 많이 바뀐다는 말.

사람의 혀는 뼈가 없어도 뼈를 부순다

뼈가 없는 혀에서 나온 말이 굳은 뼈도 부술 수 있다는 뜻으로, 말은 무서운 힘을 가지고 있으니 말 한마디를 하더라도 조심히 하라는 말.

사람이 곱나 일이 곱지

사람의 참된 아름다움은 얼굴에 있는 것이 아니라 일을 열심히 정성스럽게 하는 데에 있다는 말.

사람이 굶어 죽으란 법은 없다

아무리 가난한 살림이라도 사람은 굶어 죽지 않고 그럭저럭 먹고 살아가기 마련이라고 빗대어 이르는 말.

같은 속담 목구멍에 거미줄 치랴[쓸까] • 산 (사람) 입에 거미줄 치랴

사람이 궁할 때에는 대 끝에서도 삼 년을 산다

사람이 막다른 데에 몰리면 떨어질락 말락 하는 대나무 끝에서도 삼 년을 산다는 뜻으로, 사람은 아무리 어려운 처지에 있더라도 스스로 살아 나갈 길을 찾기 마련이라고 빗대어 이르는 말.

사람이 돈이 없어서 못 사는 게 아니라 명이 모자라서 못 산다

돈은 없다가도 생길 수 있지만 목숨은 정해진 때가 있다는 뜻으로, 사람한테는 돈이나 물건보다 목숨이 더 중요하다는 말.

사람이 되고라야 글이 소용이 있다

참된 사람이 된 다음에라야 그 지식도 쓸모가 있다는 뜻으로, 사람은 지식보다 됨됨이가 훌륭해야 한다고 가르쳐 이르는 말.

사람이 많으면 길이 열린다

여럿이 힘과 뜻을 한데 뭉치면 아무리 큰일이라도 이루어 낼 수 있다는 말.

ㅅ

사람이면 다 사람인가 사람이라야 사람이지

사람답지 않은 짓을 하는 사람은 참된 사람이라고 할 수 없다는 말.

사람이 세상에 나면 저 먹을 것은 가지고 나온다

잘난 사람이든 못난 사람이든 누구나 다 살아 나갈 방법을 가지고 있다는 말.

사람이 오래면 지혜요 물건이 오래면 귀신이다

사람은 늙어 갈수록 수많은 일을 겪으면서 슬기로워지고 물건은 오래될수록 낡거나 못 쓰게 된다는 말.

사람이 오래 살면 보따리를 바꾸어 진다

사람이 오래 살면서 여러 가지 어려운 일들을 겪다 보면 처지가 서로 달라지기도 한다는 말.

사람이 자지 돈이야 자나

사람이 잘 때에도 돈은 쉬지 않고 이자가 붙어 새끼를 쳐 나간다는 말.

사람이 죽으란 법은 없다

아무리 어려운 경우에 맞닥뜨려도 어려움을 헤쳐 나갈 길이 생긴다는 말.

같은 속담 죽을 변을 만나면 살길도 생긴다 • 죽을 수가 닥치면 살 수가 생긴다 • 하늘이 무너져도 솟아날 구멍이 있다

사람이 천 냥이면 눈이 팔백 냥이다

사람 몸값을 천 냥으로 친다면 눈은 팔백 냥이나 된다는 뜻으로, 사람한테는 눈이 매우 중요하다는 말.

같은 속담 눈이 팔백 냥

사람 죽여 놓고 초상 치러 준다

사람을 죽여 놓고 나서 장례를 치르는 데 돕겠다고 나선다는 뜻으로, 일은 제가 저질러 놓고 뒤늦게 돕는 체하며 나서는 뻔뻔스러운 행동을 비꼬아 이르는 말.

사람 죽은 줄 모르고 팥죽 생각만 한다

경우는 돌아보지 않고 먹을 생각만 하는 인정도 없고 부끄러움도 모르는 사람을 핀잔하여 이르는 말.

사람 팔자 시간문제

사람의 처지는 한순간에 달라질 수도 있으므로 누구도 앞날이 어떻게 바뀔지 알 수 없다는 말.

사랑은 내려가고 걱정은 올라간다

주로 사랑은 손윗사람이 손아랫사람에게 베풀고 걱정은 손아랫사람이 손윗사람에게 끼친다는 말.

사랑은 내리사랑

윗사람이 아랫사람을 사랑하여 돌보아주는 것은 흔히 있는 일이지만 아랫사람이 윗사람을 돌보는 것은 쉽지 않다는 말.

같은 속담 내리사랑은 있어도 치사랑[올리사랑]은 없다

사랑하는 자식일수록 매로 다스리라

사랑하고 아끼는 자식일수록 잘못을 덮지 말고 엄하게 잘 가르쳐야 한다는 말.

같은 속담 고운 자식 매로 키운다 • 귀여운 자식 매로 키운다 • 귀한 자식 매로 키워라 • 예쁜 자식 매로 키운다

사막에 꽃씨를 뿌린다고 꽃을 피울까

도무지 할 수 없는 일을 하려고 애쓰는 것을 빗대어 이르는 말.

사막에도 금강석이 있다

거친 사막에도 금강석같이 귀한 보석이 있다는 뜻으로, 하찮은 곳에도 귀한 것이나 참된 것이 있다고 빗대어 이르는 말.

낱말 풀이 **금강석** 다이아몬드.

사막에서 금강석을 찾는다

구하기가 힘든 것을 도무지 찾을 희망이 없는 곳에 가서 찾음을 빗대어 이르는 말.

사명당(의) 사첫방 (같다)

매우 추운 방을 빗대어 이르는 말.

읽을거리 사명당은 임진왜란 때 승려들을 이끌고 왜군과 싸워서 큰 공을 세운 스님이야. 전해 오는 이야기에 따르면 사명당이 사신으로 일본에 갔을 때, 왜왕이 구리로 만든 방에 묵게 하고는 불을 질렀대. 사명당은 이를 미리 알고 네 벽에는 '서리 상(霜)' 자를, 방바닥에는 '얼음 빙(氷)' 자를 써 붙인 뒤에 팔만대장경을 외웠지. 다음 날 왜왕은 틀림없이 사명당이 죽었다 생각하고 방문을 열었는데 서리가 끼고 얼음판이 된 방 안에서 덜덜 떨면서 책을 읽고 있더래. 왜왕은 깜짝 놀라 바로 두 손 들고 빌었다고 해. 그 뒤로 방이 몹시 추울 때 "사명당 사첫방 같다"고 하게 된 거야.

낱말 풀이 **사첫방** 손님이 묵고 있는 방.

사모 쓴 도둑놈

옛날에, 온갖 구실로 백성들의 재물을 빼앗아 가는 벼슬아치들을 욕하여 이르던 말.

낱말 풀이 **사모** 예전에, 벼슬아치들이 관복을 입을 때 쓰던 모자.

사모

사발 안의 고기도 놔주겠다

사발에 담아 놓은 고기도 못 먹고 놓아준다는 뜻으로, 어리석어 제 몫을 제대로 찾아 먹지 못하거나 애써 한 일을 헛일로 만드는 것을 빗대어 이르는 말.

낱말 풀이 **사발** 사기로 만든 국그릇이나 밥그릇.

사발

사발에 든 고기나 잡겠다

강이나 늪에 사는 고기는 못 잡고 겨우 사발에 담아 놓은 고기나 잡겠다는 뜻으로, 능력이 없어 제대로 일하지 못하고 밥이나 겨우 찾아 먹는 사람을 놀리어 이르는 말.

사발 이 빠진 것

사발 가장자리의 한 부분이 떨어져 나가면 그릇으로 못 쓴다는 뜻으로, 쓸모없이 되어 그대로 두기도 거추장스러운 물건을 빗대어 이르는 말.

사서 고생(을) 하다

하지 않아도 될 고생을 스스로 만들어서 한다는 관용 표현.

사십 먹은 아이 없다

마흔 살이 되도록 아이 노릇 하는 사람은 없다는 뜻으로, 나이가 많아지면 어른답게 행동하게 된다는 말.

ㅅ

사십에 첫 버선

나이 사십에 처음 벼슬길에 올라 버선을 신는다는 뜻으로, 바라던 일을 나이가 들어 처음 해 보거나 오래 기다려 온 일이 뒤늦게 이루어진 경우를 빗대어 이르는 말.

같은 속담 갓 마흔에 첫 버선[보살]

사월 파일 등 올라가듯

여럿이 조롱조롱 잇따라 올라가는 모양을 빗대어 이르는 말.

낱말 풀이 **사월 파일** 음력 4월 8일. 석가모니가 태어난 날로, 등불을 켜고 논다.

사위가 고우면 요강 분지를 쓴다

사위가 처가에 와서 장인 장모한테 아주 잘 대접받음을 빗대어 이르는 말.

읽을거리 요강은 방에 두고 오줌을 누는 그릇이고, 분지는 오줌똥을 함께 담는 그릇이야. 옛날 살림집 뒷간은 구석진 곳에 있는 데다가 비바람이 치거나 깊은 밤에는 드나들기 불편했어. 그래서 요강은 아주 쓸모가 있었고, 아기를 기를 때도 꼭 필요한 살림살이였지. 요강은 진흙, 놋쇠, 사기, 양은 따위로 만들었어. 조선 시대에는 옻칠을 한 종이 요강도 있었대. 가마를 타고 가거나 먼 길을 갈 때 쓰는 작은 길요강도 있었어. 요강은 쓸모도 있었지만 풍년을 뜻하기도 해서 시집갈 때 꼭 마련하던 살림살이였지.

사위가 무던하면 개 구유를 씻는다

사위는 처가에서 잘 대접받기 마련이라 앉아만 있어도 탓하지 않는데 개 밥통을 씻는 궂은일을 한다는 뜻으로, 처가의 온갖 막일도 가리지 않고 하는 무던한 사위를 이르는 말.

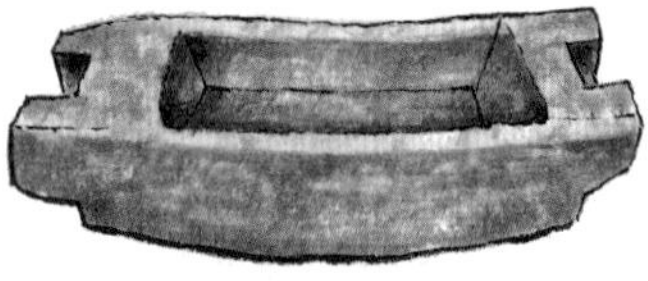

구유

낱말 풀이 **구유** 소나 말 같은 집짐승에게 먹이를 담아 주는 그릇.

사위는 백년손이라
사위는 백년손이요 며느리는 종신 식구라

사위는 영원한 손님이고 며느리는 시집오면 제집 식구가 된다는 뜻으로, 사위는 아무리 오래 보아도 홀하게 대할 수 없는 사람이라는 말.

낱말 풀이 **백년손** 백 년을 가도 언제나 손님으로 있는 사람. **종신** 목숨이 다하는 동안. 또는 죽을 때까지.

사위도 반자식(이라)

1. 사위를 아들이나 다름없이 여긴다는 말. 2. 사위도 때로 자식 노릇을 할 때는 한다는 말.

사위 반찬은 장모 눈썹 밑에 있다

장모가 사위를 대접하려고 눈에 띄는 대로 먹을거리를 찾아서 주려 한다는 말.

사위 사랑은 장모, 며느리 사랑은 시아버지

흔히 며느리는 시아버지한테 더 사랑을 받고 사위는 장모한테 더 사랑을 받는다는 말.

같은 속담 며느리 사랑은 시아버지, 사위 사랑은 장모 • 장모는 사위가 곰보라도 예뻐하고[곱다 하고] 시아버지는 며느리가 뻐드렁니에 애꾸라도 예뻐한다[이쁘다 한다]

사위 집 더부살이

장인이나 장모가 시집간 딸네 집에서 얹혀살기란 떳떳하지 못하고 어렵다는 말.

낱말 풀이 **더부살이** 남에게 얹혀사는 일.

사자가 눈깔이 멀었다

저승사자가 눈이 멀어 못된 놈을 안 잡아간다는 뜻으로, 못되게 구는 사람이나 사무치게 미워하는 사람을 욕하여 이르던 말.

사자 없는 산에 토끼가 왕[대장] 노릇 한다

뛰어난 사람이 없는 곳에서 하찮은 사람이 높은 자리를 차지하고 잘난 체하며 나서는 꼴을 비웃어 이르는 말.

같은 속담 범 없는 골에 삵이 범 노릇 한다 • 호랑이 없는 골에 토끼가 왕 노릇 한다 • 혼자 사는 동네 면장이 구장

사잣밥을 목에 매달고 다닌다
사잣밥을 지고[싸 가지고] 다닌다

옛날에, 저승사자에게 대접하려고 차린 밥을 싸 가지고 다닌다는 뜻으로, 언제 어느 곳에서 죽을지 모를 위험한 처지에 놓여 있는 경우에 빗대어 이르던 말.

같은 속담 덜미에 사잣밥을 짊어졌다

낱말 풀이 **사잣밥** 초상집에서 저승사자를 대접하려고 차려 놓은 밥. 죽은 사람의 넋을 데리러 온다고 한다.

사잣밥인 줄 알고도 먹는다

언제 죽을지 모르는 위험한 일인 줄 알면서도 다른 길이 없어서 어쩔 수 없이 한다는 말.

사정이 많으면 한 동리에 시아비가 아홉
사정이 많은 며느리 동네에 시아버지가 아홉

1. 정에 약해 남의 부탁을 다 들어주다가는 도리어 제 신세를 망칠 수 있다는 말. 2. 자기 생각 없이 덩달아 남을 좇는 사람을 빗대어 이르는 말.

사정이 사촌보다 낫다

웬만한 일은 사정만 잘하면 해결할 수 있다는 말.

사주에 없는 관을 쓰면 이마가 벗어진다

제 분수에 넘치는 일을 하면 도리어 해를 입을 수 있다는 말.

사주팔자는 날 때부터 타고난다

운명은 아무리 피하려 해도 피할 수 없다는 말.

사촌네 집도 부엌부터 들여다본다

가까운 사촌 집도 부엌에 먹을 것이 있어야 들어가 본다는 뜻으로, 1. 먹을 것이나 이득이 있으면 사귀고 없으면 거들떠보지도 않는 경우를 빗대어 이르는 말. 2. 남을 만날 때 얻어먹을 것만 바라는 경우를 빗대어 이르는 말.

사촌이 땅을 사면 배가 아프다

남이 잘되는 것을 샘하여 미워하거나 질투하는 경우를 빗대어 이르는 말.

사탕붕어의 겅둥겅둥이라

겉만 그럴듯하고 속이 텅텅 비어 아무 실속이 없는 경우를 빗대어 이르는 말.

같은 속담 속 빈 강정

낱말 풀이 **겅둥겅둥** 차분하지 못하고 채신없이 가볍게 행동하는 모양. **사탕붕어** 붕어 모양으로 만든, 속이 빈 강정이나 과자.

사후 술 석 잔 말고 생전에 한 잔 술이 달다

1. 죽은 뒤에 마시는 술 석 잔보다 살아 있을 때 마시는 술 한 잔이 달다는 뜻으로, 죽은 뒤에 아무리 정성을 다해도 살아 있을 때 생각해 주는 것만 못하다는 말. 2. 일이 다 틀어진 뒤에 쓸데없이 애쓰는 것보다 눈앞에 닥친 일부터 해결하는 것이 중요하다는 말.

같은 속담 죽어 석 잔 술이 살아 한 잔 술만 못하다

사후 약방문[청심환]

사람이 죽은 뒤에야 약을 구한다는 뜻으로, 이미 일이 잘못된 다음에야 뒤늦게 대책을 세우는 것을 비웃어 이르는 말.

같은 속담 상여 뒤에 약방문 • 성복 뒤에 약방문[약 공론] • 약 지으러 간 사람이 성복날에야 온다 • 죽은 다음에 청심환

사흘 굶어 담 아니 넘을 놈 없다
사흘 굶어 도둑질 아니 할 놈 없다
사흘 굶으면 못할 짓[노릇]이 없다
사흘 굶으면 포도청의 담도 뛰어넘는다

사흘을 꼬박 굶은 사람은 도둑질이라도 해서 먹을 것을 구한다는 뜻으로, 아무리 착한 사람이라도 살림이 몹시 어려워지면 못하는 짓이 없게 된다는 말.

같은 속담 세 끼 굶으면 군자가 없다 • 열흘 굶어 군자 없다

낱말 풀이 **사흘** 1. 세 날. 2. 매달 초하룻날부터 헤아려 셋째 되는 날. =초사흗날.

ㅅ

사흘 굶으면 양식 지고 오는 놈 있다

먹을거리가 떨어지면 도와주는 사람이 생기게 마련이라는 뜻으로, 아무리 형편이 어려워도 여간해서는 굶어 죽지 않는다는 말.

같은 속담 세끼(를) 굶으면 쌀 가지고 오는 놈[사람] 있다

사흘 굶은 개는 몽둥이를 맞아도 좋다 한다

몹시 굶주리게 되면 비록 먹지 못할 것이 생기더라도 기뻐한다는 말.

사흘 굶은 범이 원님을 안다더냐

형편이 몹시 어렵거나 사정이 몹시 급한 사람은 아무것도 가리지 않고 막된 짓까지 마구 하게 됨을 빗대어 이르는 말.

같은 속담 굶주린 범이 원님 알아보랴 • 배고픈 호랑이가 원님을 알아보나 • 새벽 호랑이가 중이나 개를 헤아리지 않는다 • 호랑이가 굶으면 환관도 먹는다

사흘 굶은 승냥이가 달 보고 으르렁댄다

몹시 사나운 사람이 궁지에 빠져 마구 날뛰는 꼴을 빗대어 이르는 말.

사흘 길에 하루쯤 가서 열흘씩 눕는다

1. 사람이 너무 게을러서 일을 끝맺지 못하는 것을 빗대어 이르는 말. 2. 일을 처음부터 너무 서두르다가 도리어 일이 더디어진 경우를 비웃어 이르는 말.

사흘 길 하루도 아니 가서 (눕는다)

오래 두고 해야 할 일을 시작하자마자 그만두거나 처음부터 싫증을 내는 경우를 빗대어 이르는 말.

같은 속담 열흘 길 하루도 아니 가서 (돌아선다)

사흘 살고 나올 집이라도 백 년 앞을 보고 짓는다

무슨 일을 하든지 건성건성 할 것이 아니라 앞날을 생각하여 온 정성과 힘을 다하라는 말.

사흘에 피죽 한 그릇도 못 얻어먹은 듯하다
사흘에 한 끼도 못 먹은 듯하다

낯빛이 해쓱하거나 풀이 죽고 힘이 빠져 보이는 사람을 빗대어 이르는 말.

사흘에 한 끼 입에 풀칠하기도 어렵다

사흘에 한 끼도 먹지 못할 만큼 가난한 살림을 빗대어 이르는 말.

ㅅ

사흘 책을 안 읽으면 머리에 곰팡이가 슨다

사람은 며칠만 책을 안 읽어도 머리가 둔해진다고 빗대어 이르는 말.

삭은 바자 구멍에 노란 개 주둥이 내밀듯

다 삭아 빠진 울타리 구멍으로 난데없이 누렁개가 주둥이를 내민다는 뜻으로, 1. 생각하지 못한 문제가 갑자기 불거져 나오는 경우를 빗대어 이르는 말. 2. 되지도 않는 일에 끼어들어 주제넘게 말참견하는 것을 비꼬아 이르는 말.

같은 속담 다 삭은 바자 틈에 누렁개[노랑 개] 주둥이 같다

산 개 새끼가 죽은 정승보다 낫다

1. 아무리 보잘것없는 처지라도 살아 있는 것이 죽는 것보다 낫다는 말. 2. 아무리 지위가 높고 신분이 귀했던 몸이라도 죽으면 아무도 거들떠보지 않는 것이 세상인심이라고 빗대어 이르는 말.

같은 속담 죽은 양반이 산 개만도 못하다 • 죽은 정승이 산 개만[종만] 못하다

산골 부자는 해변가 개보다 못하다

물고기 반찬을 먹는 데는 산골 부자가 바닷가 개보다 못하다는 뜻으로, 보잘것없는 산골 부자의 처지를 빗대어 이르는 말.

산 까마귀 염불한다

산에 사는 까마귀가 절에서 들려오는 염불을 하도 많이 들어서 염불하는 흉내를 낸다는 뜻으로, 전혀 모르던 사람도 무엇을 아주 오랫동안 보고 들으면 웬만큼 따라 할 수 있다는 말.

산 넘어 산이다

갈수록 더욱더 어려운 처지에 빠지게 되는 경우를 빗대어 이르는 말.

같은 속담 갈수록 태산[수미산/심산/적막강산/험산](이라) • 산은 오를수록 높고 물은 건널수록 깊다 • 재는 넘을수록 높고[험하고] 내는 건널수록 깊다

산 닭 길들이기는 사람마다 어렵다

어지간해서 말을 잘 듣지 않는 산 닭을 길들이는 것은 누구에게나 힘들다는 뜻으로, 제멋대로 버릇없이 자라난 사람을 가르치기는 몹시 어려운 일이라고 빗대어 이르는 말.

같은 속담 생마 잡아 길들이기

산 닭 주고 죽은 닭 바꾸기도 어렵다

1. 산 닭을 가지고도 죽은 닭 구하기가 어렵다는 뜻으로, 아무리 변변찮은 것이라도 꼭 필요해서 구하려고 하면 구하기 어렵다는 말. 2. 귀한 것을 가지고도 변변찮은 것조차 구하지 못하고 마침내 귀한 것의 값어치만 떨어뜨리는 경우를 빗대어 이르는 말.

산돼지를 잡으러 갔다가 집돼지를 잃어버린다
산돼지를 잡으려다가 집돼지까지 잃는다

1. 지나치게 욕심을 부리다가 이미 얻은 것마저 잃어버리는 경우에 빗대어 이르는 말. 2. 하던 일은 매듭짓지 못하고 자꾸 새 일을 벌여서 이것도 저것도 다 하지 못하여 손해만 보는 경우에 빗대어 이르는 말.

같은 속담 가는 토끼 잡으려다 잡은 토끼 놓친다 • 닫는 사슴을 보고 얻은 토끼를 잃는다 • 달아나는 노루 보고 얻은 토끼를 놓았다 • 멧돼지 잡으려다가 집돼지를 잃어버린다 • 산토끼를 잡으려다가 집토끼를 놓친다

산 밑 집에 방앗공이(가) 귀하다[논다]

나무가 많은 산 밑에 살면서 방앗공이가 없다는 뜻으로, 1. 어떤 물건이 아주 많이 나오는 곳에서 오히려 그 물건이 더 귀한 경우를 빗대어 이르는 말. 2. 무엇이 마땅히 있어야 할 곳에 없는 경우를 빗대어 이르는 말.

낱말 풀이 **놀다** 드물어서 구하기 어렵다. **방앗공이** 방아확 속에 든 곡식을 찧는 데 쓰는 길쭉한 몽둥이.

산 밖에 난 범이요 물 밖에 난 고기라

1. 호랑이와 물고기가 제 터전에서 나와 옴짝달싹 못 하게 되었다는 뜻으로, 기댈 곳을 잃어 꼼짝도 못 하게 된 처지를 빗대어 이르는 말. 2. 제 능력을 마음껏 펼칠 수 없는 처지에 몰린 것을 빗대어 이르는 말.

같은 속담 물 밖에 난 고기 • 물 밖에 난 용이요 산 밖에 난 범이라

산 범의 눈썹을 뽑는다

1. 살아 있는 호랑이의 눈썹을 뽑는다는 뜻으로, 목숨 걸고 위험한 짓을 하는 경우에 빗대어 이르는 말. 2. 도무지 이룰 수 없는 헛된 생각을 하는 경우에 빗대어 이르는 말.

산보다 골이[호랑이가] 더 크다

골짜기가 산보다 클 리가 없는데 산보다 골이 더 크다고 한다는 뜻으로, 주된 것과 곁딸린 것이 뒤바뀌었거나 이치에 어긋나는 일을 빗대어 이르는 말.

산 사람은 아무 때나 만난다

사람은 죽지 않고 살아 있으면 언젠가는 만나게 된다는 뜻으로, 다시 안 볼 것처럼 인정 없게 인연을 끊지 말라는 말.

산 (사람) 입에 거미줄 치랴

거미가 산 사람 입에 거미줄을 치자면 사람이 오랫동안 아무것도 안 먹어야 한다는 뜻으로, 아무리 가난한 살림이라도 사람은 굶어 죽지 않고 그럭저럭 먹고 살아가기 마련이라고 빗대어 이르는 말.

같은 속담 사람이 굶어 죽으란 법은 없다

읽을거리 거미는 줄을 쳐서 곤충을 잡아먹어. 예부터 전해 내려오는 노래나 이야기, 속담에는 그런 거미 특성이 잘 살아 있지. '거미야 거미야 왕거미야, 너 줄을 어디에 쳤니, 여기도 치고 저기도 치고…'처럼 거미는 줄을 뽑는 신기한 재주를 지닌 동물로 나와. 또 줄을 치고 숨어서 먹이를 기다리는 습성 때문인지 내숭쟁이나 무서운 동물로도 나오지. 하지만 거미는 해충을 잡아먹는 이로운 동물이야.

산살구나무에 배꽃이 피랴

1. 산살구나무에 배꽃이 필 수 없듯이 모든 일은 근본에 따라 결과가 있기 마련이라는 말. 2. 근본이 나쁜 데서는 도무지 좋은 결과가 나올 수 없다는 말.

산살구도 맛 들일 탓

떫은 개살구도 한두 번 먹어 맛을 들이면 먹을 만하다는 뜻으로, 처음에는 싫다가도 차츰 재미를 붙이고 정을 들이면 좋아질 수 있다는 말.

같은 속담 개살구도 맛 들일 탓 • 돌배도 맛 들일 탓 • 떫은 배도 씹어 볼 만하다 • 신배도 맛 들일 탓 • 쓴 개살구[배/외]도 맛 들일 탓

읽을거리 살구는 이른 여름에 따 먹는 올과일이야. 제철보다 일찍 여무는 과일을 올과일이라고 해. 옛날에 쌀은 다 떨어지고 보리는 익기 전인 6월 무렵에 배고픔을 채워 주던 과일이었어. 옛 어른들은 살구와 밤, 복숭아, 대추, 매실을 다섯 가지 중요한 과일로 쳤어. 개살구는 산에 저절로 자라는데 집에서 기르는 살구보다 알이 작고 맛은 훨씬 떫고 시어. 그래도 살구나 개살구나 다 씨앗을 약으로 썼어. 북녘에서는 산살구라고 하는데, 못난 사람이나 사물, 언짢은 일을 빗대는 말로 쓰기도 해.

산살구 지레 터진다

맛없는 산살구가 참살구보다 먼저 익어서 터진다는 뜻으로, 1. 능력도 없는 사람이 잘난 체하며 조심성 없이 나서는 것을 비꼬아 이르는 말. 2. 아직 다 자라기도 전에 못된 짓부터 배우는 것을 핀잔하여 이르는 말.

산 설고 물 설다

자기 고향이 아니라서 모든 것이 매우 낯설고 서먹서먹하다는 관용 표현.

산속에 있는 열 놈의 도둑은 잡아도 맘속에 있는 한 놈의 도둑은 못 잡는다

눈에 보이는 도둑은 잡을 수 있지만 제 마음속에 있는 도둑은 잡지 못한다는 뜻으로, 제 마음속에 자리 잡은 옳지 못한 생각은 자기 스스로 고치기가 매우 어렵다고 빗대어 이르는 말.

산신 제물에 메뚜기 뛰어들듯

산신에게 지내는 제사 음식에 메뚜기가 뛰어들었다는 뜻으로, 자기에게는 당치도 않은 일에 참견하는 것을 비꼬아 이르는 말.

같은 속담 산젯밥에 청메뚜기 뛰어들듯

낱말 풀이 **산신 제물** 산을 지키고 다스리는 산신에게 제를 지낼 때 차려 놓는 음식.

산에 가야 범을 잡지[잡는다]

뜻하는 바를 이루기 위해서는 필요한 조건을 갖추거나 그에 마땅한 일을 노력해야 한다고 빗대어 이르는 말.

같은 속담 굴에 들어가야 범을 잡는다 • 굴을 파야 금을 얻는다 • 범을 잡자면 범의 굴에 들어가야 한다 • 범의 굴에 들어가야 범을 잡는다 • 산엘 가야 꿩을 잡고 바다엘 가야 고기를 잡는다 • 진주를 찾으려면 물속에 들어가야 한다 • 호랑이 굴에 가야 호랑이 새끼를 잡는다

산에 들어가 호랑이를 피하랴

호랑이가 살고 있는 산에 들어가 호랑이를 피하려는 것은 어리석은 짓이라는 뜻으로, 이미 피할 수 없는 일이나 피해서는 안 되는 일을 피하려고 무모하게 행동함을 이르는 말.

산에서 물고기 잡기

엉뚱한 곳에 가서 도무지 할 수 없거나 될 리 없는 일을 하려고 애쓰는 어리석음을 빗대어 이르는 말.

같은 속담 나무에서 고기를 찾는다 • 바다에 가서 토끼 찾기 • 솔밭에 가서 고기 낚기

산엘 가야 꿩을 잡고 바다엘 가야 고기를 잡는다

'산에 가야 범을 잡지[잡는다]'와 같은 속담.

산은 오를수록 높고 물은 건널수록 깊다

'산 넘어 산이라'와 같은 속담.

산이 깊어야 범이 있다

1. 무슨 일이든지 조건이나 바탕이 충분히 갖추어져야 거기에 알맞은 내용이 따르게 된다고 빗대어 이르는 말. 2. 자기가 덕이 있고 너그러워야 많은 사람들이 따르고 우러르게 된다는 말.

같은 속담 덤불이 깊어야 범이 나고 물이 깊어야 고기가 모인다 • 물이 깊어야 고기가 모인다 • 숲이 깊어야 도깨비가 나온다 • 숲이 커야 짐승이 나온다[든다]

산이 높아야 골이 깊다

산이 높아야 골짜기도 깊듯이, 사람도 품은 뜻이 크고 높아야 생각도 크고 깊어 큰일을 할 수 있다는 말.

같은 속담 산이 커야 굴이[그늘이/그림자도] 크다

산이 높아야 옥이 난다

1. 훌륭한 부모에게서 훌륭한 자식이 난다는 말. 2. 바탕이나 감이 크고 좋아야 거기에서 훌륭한 것이 나고 생기는 보람도 크다는 말.

산이 들썩한 끝에 쥐 새끼 한 마리라
산이 울어 쥐 한 마리

시작할 때는 무슨 큰일을 할 듯이 시끄럽게 떠들어 댔지만 결과는 너무도 보잘것없는 경우를 빗대어 이르는 말.

산이 울면 들이 웃고 들이 울면 산이 웃는다

비가 많이 오면 산사태는 나지만 들은 오히려 농사가 잘되어 웃는 것 같고, 가물어 들이 말라붙으면 농사는 잘되지 않지만 산은 오히려 무너지지 않아서 웃는 듯하다는 뜻으로, 1. 산에 나무가 없어 벌거벗은 것을 빗대어 이르는 말. 2. 한쪽에서 해를 입으면 다른 한쪽에서는 득을 보게 되는 경우를 빗대어 이르는 말.

ㅅ

산이 커야 굴이[그늘이/그림자도] 크다

'산이 높아야 골이 깊다'와 같은 속담.

산젯밥에 청메뚜기 뛰어들듯
산젯밥에 청메뚜기 옆에 섰다가 모로 뛰어들듯 한다

'산신 제물에 메뚜기 뛰어들듯'과 같은 속담.

낱말 풀이 **산젯밥** 산신령에게 제사를 지내려고 차려 놓은 밥.

산중 놈은 도끼질 야지 놈은 괭이질

산속에서 사는 사람은 도끼질에 솜씨가 있고 들판에서 농사짓는 사람은 괭이질에 솜씨가 있다는 뜻으로, 사람은 자기가 놓인 환경에 따라 하는 일이 다르고 그 일에서 잘하는 것도 생기게 된다고 빗대어 이르는 말.

낱말 풀이 **괭이질** 괭이로 땅을 파는 일. **도끼질** 도끼로 나무 따위를 찍거나 패는 일. **야지** 산이 적고 들판이 넓은 지대.

괭이질

산중 놈(의) 풋농사

두메 산골 화전의 어설픈 농사라는 뜻으로, 여름에는 잘된 듯 보이나 가을걷이할 때는 거둘 것이 별로 없는 농사를 빗대어 이르는 말.

낱말 풀이 **화전** 산간 지대에서 풀과 나무를 불사르고 그 자리를 일구어 농사를 짓는 밭.

산중 농사지어[벌이하여] 고라니 좋은 일 했다

산속에서 애써 농사를 지어 놓으니 고라니가 와서 다 먹었다는 뜻으로, 기껏 고생하며 해 놓은 일이 남 좋은 일이 되고 만 경우를 빗대어 이르는 말.

낱말 풀이 **벌이하다** 일을 하여 돈이나 재물을 벌다.

산중에 거문고라

들어줄 이 하나 없는 깊은 산속에 거문고가 있다는 뜻으로, 어떤 자리에 도무지 어울리지 않는 것을 빗대어 이르는 말.

산지기 눈 봐라 도낏밥을 남 줄까

산지기가 나무는커녕 도끼질할 때 나오는 도낏밥조차 남한테 안 준다는 뜻으로, 몹시 욕심 많고 인색한 사람한테는 아예 무엇을 얻을까 바라지도 말라는 말.

낱말 풀이 **도낏밥** 도끼질을 할 때 생기는 나무 부스러기. **산지기** 남의 산이나 무덤을 돌보는 사람.

ㅅ

산 진 거북이요 돌 진 가재[자라]라

등이 납작하여 넘어질 위험이 없는 거북이와 가재가 저마다 등에 산과 돌을 지었다는 뜻으로, 믿고 기대는 세력이 든든함을 빗대어 이르는 말.

산천 도망은 해도 팔자 도망은 못한다

자연에서는 도망칠 수 있어도 정해진 팔자에서는 벗어날 수 없다는 뜻으로, 이미 정해진 운명은 피할 수 없다고 빗대어 이르는 말.

같은 속담 독 안에 들어가도 팔자 도망은 못한다

산천어 국은 둘이 먹다 셋이 죽어도 모른다

산천어로 끓인 국이 맛이 매우 좋음을 빗대어 이르는 말.

낱말 풀이 **산천어** 연어과의 민물고기. 생김새는 송어와 비슷하다.

산천어 굽는 냄새에 나갔던 며느리도 되돌아온다

산천어 맛이 매우 좋음을 빗대어 이르는 말.

산토끼를 잡으려다가 집토끼를 놓친다

'산돼지를 잡으러 갔다가 집돼지를 잃어버린다'와 같은 속담.

산 호랑이 눈썹도 그리울 게 없다

구하기 힘든 산 호랑이 눈썹까지도 있을 정도라는 뜻으로, 모든 것이 다 넉넉히 갖추어져 있어 아쉬운 것이 없음을 빗대어 이르는 말.

산 호랑이 눈썹 (찾는다)

살아 있는 호랑이 눈썹을 찾겠다고 한다는 뜻으로, 도무지 구할 수 없는 것을 얻으려고 하는 어리석은 사람을 비웃어 이르는 말.

산호 서 말 진주 서 말 싹이 나거든

싹이 틀 수 없는 산호나 진주에서 서 말씩이나 다 싹이 나게 되면이란 뜻으로, 도무지 실현될 수 없는 조건을 내세워 어떤 일을 하겠다고 할 때 이르는 말.

같은 속담 삶은 팥이 싹 나거든

살갑기는 평양 나막신

1. 신으면 발이 편하고 살가운 평양 나막신처럼 붙임성이 있고 사근사근한 사람을 빗대어 이르는 말. 2. 안쪽이 넓은 평양 나막신처럼 몸은 작은데 음식은 남보다 더 많이 먹는 사람을 빗대어 이르는 말.

읽을거리 나막신은 나무를 파서 만든 신이야. 신 앞뒤에 높은 굽이 달려 있어 비나 눈이 와서 진 땅이나 특히 장마철에 신기 좋았어. 나막신은 아이나 어른, 남녀를 가리지 않고 신었는데, 돈 많은 양반들보다는 못 사는 사람들이 더 많이 신었어. 옛날에 짚신, 미투리와 함께 흔

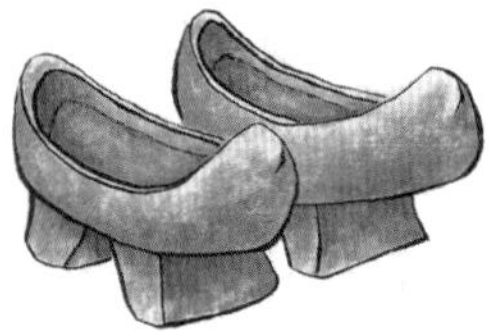
나막신

히 신던 신발이야. 하지만 나막신은 나무로 만들기 때문에 무겁고 조금만 걸어도 발이 아파. 그래서 말을 타거나 먼 길을 갈 때는 안 신었어. 나중에 질기면서도 가볍고 편한 고무신이 나오는 바람에 사라지게 되었지.

살강 밑에서 숟가락 얻었다[주웠다]

1. 쉬운 일이나 보잘것없는 일을 해 놓고 큰일이나 한 듯이 자랑하는 사람을 비웃어 이르는 말. 2. 남이 빠뜨린 물건을 얻어서 횡재했다고 좋아하다 임자가 나타나 좋아한 것이 헛되이 됨을 빗대어 이르는 말.

같은 속담 가시물그릇에서 숟가락 얻기 • 부엌에서 숟가락을 얻었다

낱말 풀이 **살강** 부엌 벽에 가로 드린 선반.

살강

살림에는 눈이 보배(라)

1. 살림을 잘하려면 빠짐없이 잘 살펴보아야 한다는 말. 2. 살림을 잘하려면 눈썰미가 있어야 한다는 말.

살림은 오장 같다

사람은 배 속에 있는 간장, 심장, 비장, 폐장, 신장이 다 제구실을 해야 건강하게 살 수 있듯이, 아무리 많은 살림살이도 모두 쓸 데가 있기 마련이며 그 살림살이가 저마다 제대로 쓰여야 살림이 잘된다고 빗대어 이르는 말.

살림이 거덜이 나면 봄에 소를 판다

옛날에, 집안 살림이 몹시 쪼들리게 되면 한창 밭갈이를 해야 할 봄철에 없어서는 안 될 소까지 팔게 된다는 뜻으로, 살림이 쪼들려 막다른 처지에 들면 아무리 소중한 것이라도 팔게 된다고 빗대어 이르던 말.

ㅅ

살림이란 게 쓸 건 없어도 남 주워 갈 건 있다

하찮은 물건이라도 도둑이 집어 갈 것은 있기 마련이라는 말.

살아생이별은 생초목에 불붙는다
살아생이별이 생초목에 불을 붙인다

옛날에, 살아 있으면서 서로 헤어지는 것은 불이 잘 붙지 않는 풀과 나무에 불이 붙을 만큼 애끓는 일이라고 빗대어 이르던 말.

낱말 풀이 **살아생이별** 살아 있는 부모, 형제, 자식, 부부 간에 어쩔 수 없이 헤어짐. **생초목** 1. 살아 있는 풀과 나무. 2. 물기가 아직 마르지 않은 풀과 나무.

살은 쏘고 주워도 말은 하고 못 줍는다

한번 쏜 화살은 주워서 다시 또 쏠 수 있지만 한번 내뱉은 말은 다시 주워 담지 못한다는 뜻으로, 말을 조심해야 한다고 가르쳐 이르는 말.

같은 속담 쌀은 쏟고 주워도 말은 하고 못 줍는다

살이 살을 먹고 쇠가 쇠를 먹는다

한집안 식구나 같은 처지에 있는 사람들끼리 서로 헐뜯고 싸우는 경우에 빗대어 이르는 말.

같은 속담 갈치가 갈치 꼬리 문다 • 망둥이 제 동무 잡아먹는다 • 쇠가 쇠를 먹고 불[살]이 불[살]을 먹는다

삵이 호랑이를 낳는다

하찮은 삵이 산속의 왕인 호랑이를 낳았다는 뜻으로, 변변찮은 부모나 평범한 집안에서 뛰어난 자식이 나온 것을 빗대어 이르는 말.

같은 속담 뱁새가 수리를 낳는다

낱말 풀이 **삵** 고양잇과의 동물. 생김새가 고양이와 비슷한데, 갈색 바탕에 검은 무늬가 있다.

삶은 개고기 뜯어 먹듯

1. 여럿이 달려들어 저마다 제 욕심을 채우려 드는 모양을 빗대어 이르는 말.
2. 아무나 여기저기서 덤벼들어 함부로 뜯어 먹듯 한다는 뜻으로, 여럿이 어떤 사람을 함부로 욕하고 모함함을 빗대어 이르는 말.

같은 속담 벼락 맞은 소[소고기] 뜯어 먹듯

삶은 게가 다 웃는다

하는 품이 하도 어이없고 우스울 때 놀리어 이르는 말.

같은 속담 삶은 소가 웃다가 꾸레미 째지겠다[터지겠다]

삶은 게도 다리를 묶어 놓고 먹으랬다

틀림없어 보이는 일도 뜻밖의 경우를 생각해 앞뒤를 잘 살피고 조심하라는 말.

같은 속담 구운 게도 다리를 떼고[매 놓고/비끄러매 놓고] 먹는다 • 죽은 게도 동여매고 먹으라

삶은 달걀에서 병아리가 나오기를 기다린다

도저히 이루어질 가망이 없는 일을 부질없이 바라는 것을 빗대어 이르는 말.

삶은 닭이 울까

삶은 닭이 되살아나 울 리가 없다는 뜻으로, 이미 다 틀어진 일을 아무리 되돌리려고 애써도 쓸데없다는 말.

삶은 무[호박]에 이(도) 안 들 소리

삶아서 푹 물러진 무나 호박에 이도 안 들어갈 소리라는 뜻으로, 도무지 이치에 맞지 않는 말을 하는 것을 빗대어 이르는 말.

같은 속담 여드레 삶은 호박에 도래송곳 안 들어갈 말이다

ㅅ

삶은 소가 웃다가 꾸레미 째지겠다[터지겠다]

웃을 수 없는 삶은 소조차 한껏 입을 벌리고 웃다가 꾸레미까지 터지겠다는 뜻으로, 하는 품이 하도 어이없고 우스울 때 놀리어 이르는 말.

같은 속담 삶은 게가 다 웃는다

낱말 풀이 **꾸레미** 소가 곡식이나 풀을 뜯어 먹지 못하게 하려고 소의 주둥이에 씌우는 물건. =부리망.

삶은 팥이 싹 나거든

'산호 서 말 진주 서 말 싹이 나거든'과 같은 속담.

삶은 호박에 침 박기

삶아서 물렁해진 호박에 침을 박는 것처럼, 아주 만만하고 하기 쉬운 일을 빗대어 이르는 말.

삼각산 밑에서 짠물 먹는 놈

인심 사나운 서울에서 짠물까지 먹고살아 온 놈이라는 뜻으로, 인색하기 그지없고 인정이라고는 눈곱만큼도 없는 사람을 빗대어 이르던 말.

낱말 풀이 **삼각산** '북한산'의 다른 이름. 백운대, 인수봉, 만경대 세 봉우리가 뿔처럼 솟아 있어 붙은 이름이다.

삼간집이 다 타도 빈대 죽는 걸 보니 좋다
삼간초가가 다 타도 빈대 죽어[타 죽는 것만] 좋다

비록 자기가 큰 손해를 보더라도 늘 귀찮게 여기던 것이나 제 마음에 들지 않던 것이 없어져서 속이 시원하다는 말.

같은 속담 절은 타도 빈대 죽는 게 시원하다 • 집이 타도 빈대 죽으니 좋다 • 초가삼간[초당 삼간이] 다 타도 빈대 죽는 것만 시원하다

낱말 풀이 **삼간집** 집칸이 셋인 집. **삼간초가** 세 칸밖에 안 되는 초가라는 뜻으로 아주 작은 집.

삼국 시절에 났나 말은 굵게 한다

쓸데없이 큰소리치며 잘난 체하는 사람을 비꼬아 이르는 말.

삼남이 풍년이면 천하는 굶주리지 않는다

1. 충청도, 전라도, 경상도 땅이 풍년이면 우리나라 사람은 굶주리지 않는다는 말. 2. 충청도, 전라도, 경상도 땅에서 곡식이 많이 난다고 빗대어 이르는 말.

낱말 풀이 **삼남** 충청도, 전라도, 경상도 세 지방을 통틀어 이르는 말.

삼 년 가뭄에는 살아도 석 달 장마에는 못 산다

가뭄 피해보다 장마 피해가 더 크다는 말.

같은 속담 가물 그루터기는 있어도 장마 그루터기는 없다 • 칠 년 가뭄에는 살아도 석 달 장마에는 못 산다

삼 년 가뭄에 하루 쓸 날 없다

오랫동안 날씨가 맑다가도 무슨 일을 하려고 하면 갑자기 날씨가 궂어서 할 수 없게 되는 경우를 빗대어 이르는 말.

같은 속담 칠 년 가뭄에 하루 쓸 날 없다

삼 년 구병에 불효 난다

부모가 오랫동안 앓아누우면 자식이 정성을 다하다가도 어쩌다 모자란 때가 있게 된다는 뜻으로, 무슨 일이든지 너무 오래 걸리거나 자꾸 되풀이되면 마음이 풀어져 소홀해지기 마련이라는 말.

같은 속담 긴병에 효자 없다 • 장병에 효자 없다

낱말 풀이 **구병** 병든 사람이나 다친 사람의 곁에서 돌보고 시중을 듦. =간병.

ㅅ

삼 년 굶은 놈이 제떡 나무라지 않는다

오랫동안 굶주려서 배고픈 사람은 제사에 쓸 떡도 가릴 형편이 못 된다는 뜻으로, 사람이 몹시 가난하고 어려우면 좋고 나쁜 것을 가리지 않는다는 말.

삼 년 남의집살고 주인 성 모른다

삼 년 동안 한집에서 같이 산 집주인의 성을 모른다는 뜻으로, 둘레 일에 지나치게 관심이 없고 데면데면한 사람을 빗대어 이르는 말.

같은 속담 삼 년 친구 성밖에 모른다

삼 년 먹여 기른 개가 주인 발등을 문다

은혜를 베풀어 준 사람에게 도리어 해를 입는 경우에 빗대어 이르는 말.

같은 속담 개를 기르다 다리를 물렸다 • 기르던 개에게 다리를 물렸다 • 내 밥 먹은 개가 발뒤축을 문다 • 등을 쓰다듬어 준 강아지 발등 문다 • 제가 기른 개에게 발꿈치 물린다 • 제 밥 먹은 개가 제 발등 문다 • 제집 개에게 발뒤꿈치 물린 셈

삼 년 묵은 말가죽도 봄이 되면 오롱조롱 소리 난다

삼 년 동안 말라빠진 말가죽도 봄이 되니 오롱조롱 소리를 낸다는 뜻으로, 세상 모든 것이 다시 살아나는 봄의 모습을 빗대어 이르는 말.

삼 년 벌던 논밭도 다시 돌아보고 산다

삼 년 동안 제 손으로 농사짓던 논밭도 제가 돈을 내어 사자면 이것저것 따져 보고 산다는 뜻으로, 아무리 잘 아는 일이라도 틀림없도록 꼼꼼히 살피고 조심해야 한다는 말.

같은 속담 돌다리도 두들겨 보고 건너라 • 아는 길도 물어 가랬다 • 얕은 내도 깊게 건너라 • 징검다리도 두들겨 보고 건너라

삼 년을 결은 노망태기

노끈을 꼬아서 망태기 하나를 짜는 데 삼 년이나 걸렸다는 뜻으로, 1. 오랫동안 공들여 만든 것을 이르는 말. 2. 너무 오랫동안 주무르며 꾸물거렸다는 말.

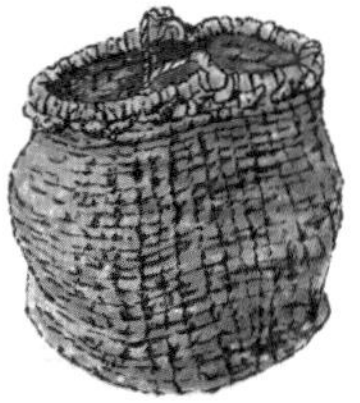
망태기

낱말 풀이 **겯다** 대, 갈대, 싸리 따위로 씨와 날이 서로 어긋나게 엮어 짜다. **노망태기** 실, 종이 따위를 가늘게 비비거나 꼰 줄로 그물처럼 떠서 만든 망태기. 망태기는 물건을 담아 들거나 어깨에 메고 다닐 수 있도록 만든 주머니다.

삼 년 전에 먹은 오려 송편이 나온다

참기 어려울 만큼 매우 속이 상하고 아니꼬움을 빗대어 이르는 말.

같은 속담 젖 먹은 것까지 다 기어 올라온다

읽을거리 송편은 추석에 먹는 대표적인 명절 음식이야. 쌀가루를 반죽하여 여러 가지 소를 넣고 반달 모양으로 빚어서 솔잎을 깔고 쪄 먹지. 송편이라는 이름은 솔잎을 깔고 찌기 때문에 붙은 이름이야. 소는 떡 속에 넣는 고물인데 깨, 팥, 콩, 녹두, 밤 따위를 써. 우리나라 사람들은 옛날부터 송편을 먹으면 소나무처럼 건강해지고 믿음도 굳세어진다고 믿었어. 또 송편을 예쁘게 빚으면 좋은 신랑을 만나거나 예쁜 딸을 낳는다고 여겨 정성스럽게 빚었지. 요즘은 꼭 추석이 아니어도, 가을이 아니어도 만들어 먹는 떡이 되었어.

낱말 풀이 **오려** '올벼'의 옛말로, 제철보다 일찍 여무는 벼.

삼 년 친구 성밖에 모른다

'삼 년 남의집살고 주인 성 모른다'와 같은 속담.

삼 동서가 모이면 황소도 잡는다

동서가 많으면 큰일도 거뜬히 치러 낼 수 있다는 말.

낱말 풀이 **동서** 형제의 아내끼리 또는 자매의 남편끼리 서로 이르는 말.

삼 동서 김 한 장 먹듯

1. 세 동서가 김 한 장을 먹듯이, 음식을 매우 빨리 먹어 치우는 것을 빗대어 이르는 말. 2. 일을 눈 깜짝할 사이에 재빨리 해치우는 것을 빗대어 이르는 말.

삼대 거지 없고 삼대 부자 없다

삼대를 이어 가며 계속 거지 노릇만 하는 집안도 없고 계속 부자인 집안도 없다는 뜻으로, 세상 모든 것이 한번 정한 대로 있는 것이 아니며 사람의 처지는 끊임없이 바뀐다고 빗대어 이르던 말.

같은 속담 부자가 삼대를 못 가고 빈자가 삼대를 안 간다 • 삼대 정승이 없고 삼대 거지가 없다

삼대독자 외아들도 일해야 곱다

아무리 자손이 귀한 집 외아들이라도 일을 해야 곱지 빈둥거리기만 하면 밉다는 뜻으로, 일을 잘해야 사랑을 받는다는 말.

같은 속담 부모와 자식 간에도 일이 사랑이다

삼대 적선을 해야 동네 혼사를 한다

옛날에, 삼대를 내려오면서 착하고 무던하다는 평을 받아야 한동네에 사는 사람과 혼사를 할 수 있다는 뜻으로, 한동네에서 사는 사람들끼리는 서로 속사정을 잘 알기 때문에 혼인 맺기가 어지간해서는 힘들다고 이르던 말.

낱말 풀이 **적선** 착한 일을 많이 함.

삼대 정승이 없고 삼대 거지가 없다

'삼대 거지 없고 삼대 부자 없다'와 같은 속담.

삼밭에 쑥대

쑥이 삼밭에서 섞여 자라면 쑥대가 삼대처럼 곧게 된다는 뜻으로, 사람도 좋은 환경에서 자라면 좋은 영향을 많이 받게 된다고 빗대어 이르는 말.

같은 속담 쑥대도 삼밭에 나면 곧아진다

삼밭에 한 번 똥 싼 개는 늘 싼 줄 안다

삼밭에 똥을 누다 들킨 개는 얼씬만 해도 똥 싼 줄 안다는 뜻으로, 한 번 잘못하면 그와 같은 일이 생길 때마다 늘 의심받게 된다고 빗대어 이르는 말.

같은 속담 상추밭에 똥 싼 개는 늘 저 개 저 개 한다 • 한 번 똥 눈 개가 일생 눈다 한다

삼베 주머니에 마패[성냥] 들었다

발이 굵고 거친 삼베 주머니에 귀중한 마패가 들었다는 뜻으로, 겉모양은 비록 초라하고 보잘것없지만 겉과 달리 속에는 깨끗하고 중요한 것이 들어 있음을 빗대어 이르는 말.

마패

낱말 풀이 **마패** 조선 시대에, 벼슬아치가 나랏일로 말을 이용하려 할 때 증표로 쓰던 둥근 구리 패. **발** 실이나 국수처럼 가늘고 긴 물체의 가락.

삼복더위에 소뿔도 꼬부라든다

초복, 중복, 말복 기간의 더위에는 굳은 소뿔도 녹아서 꼬부라든다는 뜻으로, 삼복에는 날씨가 몹시 덥다고 빗대어 이르는 말.

같은 속담 소뿔도 꼬부라드는 중복 고비

삼복에 비가 오면 보은 처자(가) 울겠다

좋은 대추가 많이 나기로 이름난 보은 지방에서 대추를 팔아 혼수를 마련한 데서, 삼복에 비가 오면 대추가 열리지 않는다고 빗대어 이르는 말.

삼복지간에는 입술에 붙은 밥알도 무겁다

삼복더위에는 입술에 붙은 밥알 하나도 무겁게 느낀다는 뜻으로, 한 해 가운데 가장 무더운 삼복 때의 더위를 이겨 내기가 무척 어렵다고 빗대어 이르는 말.

삼사월 낳은 아기 저녁에 인사한다

삼사월에는 아침에 낳은 아기가 그날 저녁에 인사를 한다는 뜻으로, 음력 삼사월은 하루해가 퍽 길다고 과장해 이르던 말.

삼수갑산에 가는 한이 있어도[있더라도]
삼수갑산을 가서 산전을 일궈 먹더라도

삼수와 갑산으로 유배를 가는 벌을 받더라도 제가 하고 싶은 일은 반드시 하고야 말겠다는 뜻으로, 어떤 위험을 무릅쓰고라도 자기 뜻을 꺾지 않고 해내려는 굳은 마음을 이르는 말.

낱말 풀이 **삼수갑산** 우리나라에서 가장 험한 산골이라 이르던 삼수와 갑산. 조선 시대 귀양지의 하나였다. **유배** 다섯 가지 형벌 가운데 죄인을 귀양 보내던 일. 죄가 클수록 먼 곳으로 보냈다.

삼십육계 줄행랑이 으뜸[제일]
삼십육계 중에 달아남이 상책이라

코앞에 닥친 화를 피하는 데에는 여러 가지 꾀 가운데서도 도망치는 게 가장 좋은 방법이라고 이르던 말.

낱말 풀이 **삼십육계** 서른여섯 가지의 꾀. 요리조리 헤아려 보고 생각해 낸 많은 꾀를 이른다.

삼일 안 새색시도 웃을 일

옛날에, 새색시는 말이나 몸가짐을 조심스럽게 했는데 시집온 지 사흘밖에 안 된 새색시도 웃을 일이라는 뜻으로, 웃지 않고서는 도저히 견딜 수 없는 일을 빗대어 이르던 말.

삼정승 부러워 말고 내 한 몸 튼튼히 가지라
삼정승을 사귀지 말고 내 한 몸을 조심하라

1. 권력 있는 사람과 사귀어 도움을 받으려 애쓰지 말고 행실을 조심하라는 말. 2. 자기 분수에 넘치는 욕심을 버리고 제 한 몸을 건강하게 돌보는 데 힘쓰라는 말.

같은 속담 정승 판서 사귀지 말고 제 입이나 잘 닦아라

낱말 풀이 **삼정승** 조선 시대에 나라의 중요한 일을 맡아보던 세 벼슬. 영의정, 좌의정, 우의정을 이른다.

삼천갑자 동방삭이도 저 죽을 날은 몰랐다

옛날에, 아주 오래 살았다는 동방삭도 제가 죽을 날은 몰랐다는 뜻으로, 아무도 자기가 언제 어디서 어떻게 될지 미리 알지 못한다고 빗대어 이르던 말.

읽을거리 동방삭은 중국 전설에 나오는 사람으로 삼천갑자나 살았다고 해. 삼천갑자는 무려 18만 년이야. 동방삭이 그렇게 오래 산 까닭은 신들이 먹는 복숭아를 훔쳐 먹어서라고도 하고, 저승사자를 속여서라고도 했어. 그렇게 동방삭이 제 목숨보다 오래 사니 염라대왕은 하루빨리 동방삭을 잡아 오라고 했지. 하지만 오래 산 만큼 잘도 저승사자를 피해 달아나는 바람에 도무지 잡을 수가 없었어. 그러자 염라대왕이 꾀를 냈어. 저승사자더러 늙은 할머니로 둔갑해서 숯 한 섬을 냇가에 내놓고 빨게 한 거야. 때마침 내를 건너던 동방삭이 뭐 하냐고 물어. 저승사자는 검은 숯을 희게 만들려고 한다고 대답했지. 동방삭이 너무 어이가 없어서 “내가 삼천갑자를 살았지만 검은 숯을 희게 빠는 이는 처음 본다.”라고 했어. 그러자 저승사자가 본디 모습으로 돌아가 “오냐, 네가 삼천갑자를 산 동방삭이 맞지?” 하고는 잡아갔대.

낱말 풀이 **삼천갑자** 육십갑자의 삼천 배. 한 갑자가 육십 년이므로, 삼천갑자면 십팔만 년을 이른다.

삼촌 못난이 조카 장물 짐 진다

못난 삼촌이 조카가 훔친 물건을 지고 그 뒤를 좇아다닌다는 뜻으로, 덩치는 큰 사람이 돌아다니며 못난 짓만 하는 경우를 빗대어 이르는 말.

낱말 풀이 **장물** 남의 것을 훔치거나 남을 속여서 얻은 물건.

삼태기로 앞 가리기

성글게 엮은 삼태기로 앞을 가려 보았자 속이 환히 들여다보인다는 뜻으로, 속내가 빤히 들여다보이는 일을 속이려고 하는 어리석음을 비웃어 이르는 말.

삼태기

낱말 풀이 **삼태기** 흙이나 쓰레기, 거름 따위를 담아 나르는 데 쓰는 살림살이. 가는 싸리나 대오리, 칡, 짚, 새끼 따위로 엮어 만든다.

상감님도 제 맘에 들어야 한다

아무리 좋은 일이라도 제 마음에 내키지 않으면 억지로 시킬 수 없다는 말.

같은 속담 돈피에 잣죽도 저 싫으면 그만이다 • 평안 감사도 저 싫으면 그만이다

낱말 풀이 **상감** '임금'의 높임말.

상감님 망건 사러 가는 돈도 잘라먹는다[써야만 하겠다]

임금님의 망건을 살 돈이라도 먼저 쓰고 봐야겠다는 뜻으로, 1. 제 눈앞의 이익을 위해서라면 나중에 받을 벌도 아랑곳하지 않고 행동함을 빗대어 이르는 말. 2. 손대지 말아야 할 돈이라도 가져다 써야 할 만큼 매우 급한 처지를 빗대어 이르는 말.

상갓집 개만도 못하다

장례를 치르는 집의 개는 제대로 얻어먹지 못하는데 그 개만도 못한 처지라는 뜻으로, 기댈 곳이 없어 외롭고 불쌍한 처지를 빗대어 이르는 말.

상납 돈도 잘라먹는다

나라에 바치는 돈도 떼어먹는다는 뜻으로, 사람이 지나치게 자기 잇속만 차리고 욕심스러워 뻔뻔하고 염치없는 짓을 함을 빗대어 이르는 말.

같은 속담 나라 고금도 잘라먹는다

낱말 풀이 **상납** 1. 나라에 세금을 바침. 2. 윗사람에게 돈이나 물건을 바침.

상두꾼은 연폿국에 반한다

상여를 메는 상두꾼은 일이 힘들어도 상갓집에서 끓이는 연폿국 먹는 재미로 일한다는 뜻으로, 아무리 힘들고 어려운 일이라도 그 일이 아니면 맛볼 수 없는 재미가 따로 있다는 말.

낱말 풀이 **연폿국** 소고기, 무, 다시마, 두부 따위를 넣어 맑게 끓인 국. 초상집에서 발인하는 날 끓인다.

ㅅ

상두쌀[상둣술]에 낯내기
상둣술에 벗 사귄다

상갓집에서 상여꾼에게 내는 술을 퍼 주면서 제 낯을 내려 든다는 뜻으로, 제 물건은 안 쓰고 남의 것을 제 것인 양하며 생색 내는 짓을 빗대어 이르는 말.

같은 속담 곁집 잔치에 낯을 낸다 • 곗술에 낯내기 • 남의 떡 가지고 낯을 낸다 • 남의 떡으로 선심 쓴다 • 제삿술 가지고 친구 사귄다

낱말 풀이 **낯내다** 남 앞에 당당하게 나서거나 지나치게 자랑하다. **상두쌀** 초상 치를 돈을 마련하려고 만든 계에서 마련하는 쌀. **상둣술** 상주가 상여꾼에게 먹이려고 내는 술.

상사구렁이 감기듯

상사구렁이가 칭칭 감겨 이러지도 저러지도 못하게 한다는 뜻으로, 무슨 일에 굳세고 끈질기게 달라붙는 모양을 빗대어 이르는 말.

낱말 풀이 **상사구렁이** 전설에, 서로 깊이 그리워하는 나머지 끈덕지게 감아 든다는 구렁이.

상시에 먹은 마음 꿈에도 있다

평소에 간절히 바라던 일이나 늘 품었던 생각은 꿈에도 나타난다는 말.

상시에 먹은 마음 취중에 난다

1. 술에 취하면 평소에 품었던 생각이 말이나 행동으로 나타나게 된다는 말.

2. 아무리 술에 취해서 한 말이라도 실수라 하여 덮어 버릴 수 없다는 말.

같은 속담 생시에 먹은 마음 취중에 나온다 • 취담 중에 진담이 있다 • 평시에 먹은 마음 취중에 나온다

상여 뒤에 약방문

'사후 약방문[청심환]'과 같은 속담.

상여 메고 가다가 귀청 후빈다

상여를 메고 나가다가 격에 맞지 않게 귀청을 후빈다는 뜻으로, 무슨 일을 하다가 말고 엉뚱하게 딴짓하는 것을 핀잔하여 이르는 말.

낱말 풀이 **상여** 관을 실어서 묘지까지 나르는 가마. 10여 명이 메고 옮긴다.

상여

상여 메는 사람이나 가마 메는 사람이나

상여를 메나 가마를 메나 메는 사람이라는 데에서는 마찬가지라는 뜻으로, 조금씩 차이는 있더라도 결국은 그게 그거라는 말.

상원 달을 보아 수한을 안다

정월 대보름날 저녁에 달 모양과 달빛을 보면 그해에 큰물이 질지 가뭄이 들지 알 수 있다고 일러 오던 말.

낱말 풀이 **상원** 음력 정월 대보름날. 이날에는 부럼 깨물기, 더위팔기, 귀밝이술 마시기, 줄다리기, 쥐불놀이, 다리밟기 따위를 한다. **수한** 장마와 가뭄을 아울러 이르는 말.

상원의 개와 같다

옛날에, 정월 대보름날에 집개한테 밥을 주면 그해 파리가 많이 꼬인다고 하여 종일 굶겼다는 데서, 몹시 굶어서 배고픈 사람을 빗대어 이르는 말.

상전 배부르면 종 배고픈 줄 모른다

주인이 배부르면 모두 저와 같은 줄 알고 제가 부리는 종의 배고픔을 모른다는 뜻으로, 1. 편하게 사는 사람은 남의 어려운 사정을 잘 모른다는 말. 2. 자기만 만족하면 남의 사정이나 곤란함을 돌보아 주지 않는 것을 빗대어 이르는 말.

같은 속담 내 배가 부르니 종의 배고픔을 모른다 • 자기 배 부르면 남의 배 고픈 줄 모른다 • 제 배 부르니 종의 밥 짓지 말란다

낱말 풀이 **상전** 옛날에, 종에 상대하여 그 주인을 이르던 말.

상전벽해 되어도 비켜설 곳이 있다

뽕나무밭이 푸른 바다가 되어도 피할 곳은 있다는 뜻으로, 아무리 큰 재난 속에서도 살아갈 길이 있다는 말.

낱말 풀이 **상전벽해** 뽕나무밭이 푸른 바다가 된다는 뜻으로, 세상이 몰라보게 바뀐 것을 빗대어 이르는 말.

상제가 울어도 제상에 가자미 물어 가는 것 안다

곡하며 우는 상제도 제사상에 차려 놓은 가자미를 누가 가져가는지 안다는 뜻으로, 누구나 자기가 손해 보는 것에 대하여서는 언제나 곤두서 있다는 것을

빗대어 이르는 말.

낱말 풀이 **상제** 부모나 조부모가 세상을 떠나서 장례를 치르는 사람.

상제와 젯날 다툰다

제삿날을 가장 잘 알고 있을 상제와 제사 날짜를 두고 다툰다는 뜻으로, 어떤 일에 대하여 가장 잘 아는 사람에게 자기가 옳다고 고집하는 어리석은 사람을 비웃어 이르는 말.

같은 속담 상주 보고 제삿날 다툰다

상좌가 많으면 가마솥을 깨뜨린다

한 절에 상좌가 많아서 저마다 이래라저래라 명령을 하면 가마솥조차도 깨뜨리고 만다는 뜻으로, 어떤 일을 할 때 저마다 제 뜻만 고집하면 도리어 일을 그르치게 됨을 빗대어 이르는 말.

같은 속담 사공이 많으면 배가 산으로 간다[올라간다]

낱말 풀이 **가마솥** 무쇠로 만든 크고 우묵하게 생긴 솥. 밥을 짓거나 국이나 물을 끓일 때 쓴다. **상좌** 1. 중이 되기 위해 불도를 닦는 사람. 2. 불교에서, 스승의 대를 이을 여러 중들 가운데서 가장 높은 사람.

상좌 중의 법고 치듯

1. 상좌에 앉은 젊은 중이 법고를 함부로 치듯 한다는 뜻으로, 무엇을 마구잡이로 두드리는 모양을 빗대어 이르는 말. 2. 무엇을 아주 빨리 힘 있게 쾅쾅 두드리는 모양을 빗대어 이르는 말.

같은 속담 중의 법고 치듯

낱말 풀이 **법고** 절에서 예불할 때나 의식을 치를 때에 치는 큰북. **상좌** 1. 윗사람이 앉는 자리. 2. 절에서 사람들을 거느리고 일을 맡아보는 주지나 덕이 높거나 나이가 든 승려가 앉는 자리.

법고

상주 보고 제삿날 다툰다

'상제와 젯날 다툰다'와 같은 속담.

상추밭에 똥 싼 개는 늘 저 개 저 개 한다

'삼밭에 한 번 똥 싼 개는 늘 싼 줄 안다'와 같은 속담.

상추쌈에 고추장이[된장이] 빠질까

상추쌈에 고추장이나 된장을 빼놓을 수 없다는 뜻으로, 매우 가까운 사이나 언제 어디서나 붙어 다니는 물건을 빗대어 이르는 말.

읽을거리 된장은 콩으로 메주를 쑤어서 담근 장이야. 콩은 밭에서 나는 고기라고 할 만큼 단백질 같은 영양소가 많아. 그래서 콩으로 만든 된장도 영양가가 높지. 된장은 간장과 함께 음식 간을 맞추고 맛을 내는 데 쓰여. 덩어리지고 되직하다고 된장이야. 된장에는 청국장, 막장, 담북장, 가루장, 보리장 따위가 있어. 된장으로는 흔히 된장국과 된장찌개를 끓여 먹어. 된장국과 된장찌개는 우리나라 사람들이 좋아하는 음식이야. 된장찌개에 넣는 재료는 철에 따라 달라. 여름에는 풋고추, 호박, 가을에는 버섯, 겨울에는 시래기나 무를 넣어 끓이지. 된장은 한번 담그면 일 년 내내 먹기 때문에 된장을 담글 때는 정성을 많이 기울였어. 된장을 담그고 난 뒤에는 항아리에 금줄을 둘러서 숯, 한지, 붉은 고추 따위를 꽂아 두기도 하고, 버선본을 거꾸로 붙여 두기도 했어. 그러면 나쁜 것은 빠지고 벌레는 막고 장맛이 좋아진다고 믿었기 때문이야.

상투가 국수버섯 솟듯

상투를 튼 모양이 더부룩이 돋아나는 국수버섯 같다는 뜻으로, 지나치게 잘난 체하며 우쭐거리는 모양을 빗대어 이르는 말.

낱말 풀이 **상투** 옛날에, 장가든 남자가 머리털을 끌어 올려 정수리 위에 틀어 감아 맨 것.

상투 위에 올라앉는다

아이나 아랫사람을 너무 어루만지면 만만히 보고 버릇없게 굴기 마련이라는 말.

같은 속담 곱다 곱다 하니까 나중엔 상투 위에 올라가 똥 싼다

새 까먹은 소리

새가 낟알을 까먹고 난 빈 껍질 같은 소리라는 뜻으로, 근거 없는 말을 듣고 퍼뜨린 헛소문이나 거짓말을 빗대어 이르는 말.

새꽤기에 손 벤다

같잖은 일이나 변변찮은 사람한테 뜻밖의 해를 입는 경우에 빗대어 이르는 말.

같은 속담 들지 않는 낫에 손을 벤다

낱말 풀이 **새꽤기** 억새, 띠, 갈대 따위의 줄기 껍질을 가늘게 벗긴 것.

새끼 많은 소 멍에 벗을 날이 없다
새끼 많이[아홉] 둔 소 길마 벗을 날 없다

새끼가 많은 소는 일에서 벗어나 쉴 새가 없다는 뜻으로, 자식을 많이 둔 부모는 자식을 먹여 키우려고 늘 바쁘고 쉴 새 없이 고생하게 된다는 말.

낱말 풀이 **길마** 짐을 싣거나 수레를 끌기 위하여 소 등에 얹는 기구. **멍에** 수레나 쟁기를 끌게 하기 위하여 소의 목에 얹는 구부러진 막대.

새끼에 맨 돌

새끼에 매인 돌은 새끼가 움직이는 대로 따라간다는 뜻으로, 1. 따로 떨어질 수 없는 아주 가까운 사이를 이르는 말. 2. 줏대 없이 남이 하자는 대로 끌려다니는 사람을 비꼬아 이르는 말.

낱말 풀이 **새끼** 짚으로 꼬아 줄처럼 만든 것.

새끼 짚신에 구슬 감기

새끼를 꼬아 만든 짚신에 값비싼 구슬을 감아 꾸민다는 뜻으로, 격에 어울리지 않는 모양이나 차림새를 빗대어 이르는 말.

같은 속담 새짚신에 구슬 감기 • 석새짚신에 구슬 감기 • 짚신에 국화 그리기

새는 앉았다 날 때마다 깃을 남긴다
새도 나는 대로 깃이 빠진다

여기저기 옮겨 다니는 것은 좋지 못하다는 말.

같은 속담 새도 앉는 데마다 깃이 든다[떨어진다]

ㅅ

새도 가지를 가려서 앉는다

새도 아무 데나 앉는 것이 아니라 꼭 나뭇가지를 가려서 앉는다는 뜻으로, 1. 동무를 사귈 때에는 상대에 대해 잘 알아보고 사귀어야 한다는 말. 2. 일자리를 고를 때에는 깊이 생각해 보고 정해야 한다는 말. 3. 둘레의 조건이나 환경을 잘 살펴서 조심스럽게 행동하라는 말.

새도 날개가 생겨야 날아간다

새라고 무턱대고 날 수 있는 것이 아니라 날개가 생겨야 비로소 날 수 있다는 뜻으로, 무슨 일이든 필요한 조건이나 능력이 갖추어져야만 이루진다는 말.

새 도랑 내지 말고 옛 도랑 메우지 말라

새로 일을 벌이는 것보다 옛것을 고쳐 쓰는 것이 훨씬 낫다고 빗대어 이르는 말.

새도 보금자리가 있고 다람쥐도 제 굴이 있다

보잘것없는 동물들도 다 제집이 있다는 뜻으로, 집 없는 사람의 서러운 처지를

한탄하여 이르는 말.

같은 속담 갈매기도 제집이 있다 • 까막까치도 집이 있다 • 까치도 둥지가 있다 • 달팽이도 집이 있다 • 우렁이도 집이 있다

새도 앉는 데마다 깃이 든다[떨어진다]

1. 새가 앉았다 날 때마다 깃이 떨어지듯이, 이사를 자주 다닐수록 세간 살림이 점점 줄어든다고 빗대어 이르는 말. 2. 여기저기 옮겨 다니는 것은 좋지 못하다는 말. 3. 누구나 가는 곳마다 자취를 남기기 마련이라는 말.

같은 속담 새는 앉았다 날 때마다 깃을 남긴다

새도 염불을 하고 쥐도 방귀를 뀐다

하찮은 짐승도 사람이 하는 짓을 다 하는데 사람이 왜 못 하느냐는 뜻으로, 많은 사람들이 즐겨 노는 데에서 어울리지도 못하고 아무것도 할 줄 모르는 사람을 놀리어 이르는 말.

새도 제 보금자리를 사랑한다

자기가 사는 집이나 가정, 고향을 사랑하지 않는 사람은 아무도 없음을 빗대어 이르는 말.

새로 지은 집 삼 년은 마음을 못 놓는다
새로 집 지은 후 삼 년은 마음을 못 놓는다

1. 옛날부터 집터를 잘못 잡으면 크게 화를 당한다고 믿어 온 데서, 새로 집을 짓고 살면 거기서 무슨 일이 일어나지 않을까 걱정되어 처음 삼 년 동안은 마음을 놓지 못한다는 말. 2. 어떤 일을 새로 시작하면 낯설어서 얼마 동안은 근심하게 된다는 말.

새망에 기러기 걸린다

1. 정작 애쓴 일은 되지 않고 엉뚱하게 다른 일이 잘된 경우를 빗대어 이르는 말. 2. 뜻밖에 큰 횡재를 한 경우를 빗대어 이르는 말.

같은 속담 고기 그물에 기러기가 걸린다 • 참새 그물에 기러기 걸린다

읽을거리 기러기는 가을에 우리나라에 왔다가 봄에 돌아가는 겨울 철새야. 가을을 알리는 새이면서 사람들이 오가기 어려운 곳에 소식을 전해 주는 새로 여겼어. 또 기러기는 암컷과 수컷이 서로 사이가 좋은 새로 알려져 있어. 그래서 홀아비나 홀어미의 외로운 신세를 '짝 잃은 기러기' 같다고도 하고, 짝사랑하는 사람을 '외기러기 짝사랑'이라며 놀리기도 했지. 옛날에는 혼례상에 나무로 만든 기러기를 올리는 풍습이 있었어. 기러기가 한 번 짝을 맺으면 다른 짝을 돌아보지 않아 믿음과 사랑이 깊은 새라고 보았기 때문이야. 신랑이 신부 집에 혼례를 올리러 갈 때 나무 기러기를 들고 가는데, 그걸 들고 가는 사람을 기럭아비라고 했어. 신랑은 기럭아비에게 나무 기러기를 받아서 상 위에 놓고 절을 두 번 하는데, 기러기처럼 서로 오래 사랑하며 살겠다고 다짐한다는 뜻이야. 그리고 나이 들어 편안하게 살기를 바라는 뜻에서 옛날 그림에도 기러기를 많이 그려 넣었지.

새매도 오래면 꿩을 잡는다

새매도 오랫동안 사냥을 하다 보면 제 몸보다 큰 꿩을 잡을 수 있다는 뜻으로, 누구나 자기가 하는 일에 익숙해지고 경험을 많이 쌓으면 더 큰일도 할 수 있다고 빗대어 이르는 말.

낱말 풀이 **새매** 수릿과의 새. 수컷을 '난추니', 암컷을 '익더귀'라 하고 길들여 작은 새 따위를 잡는 데 쓴다.

새며느리 친정 나들이

갓 시집온 며느리가 친정에 한번 다녀오려고 벼르지만 좀처럼 떠나지 못한다는 뜻으로, 무슨 일을 벼르기만 하고 이루지 못하는 것을 빗대어 이르는 말.

새 묘 써서 삼 년

옛날부터 묘를 잘못 쓰면 큰 화를 당한다고 믿어 온 데서, 새로 일을 벌일 때에는 적어도 삼 년은 두고 봐서 탈이 없어야 안심할 수 있다는 말.

새 바지에 똥 싼다

1. 새로 지어 입은 바지에 똥을 싼다는 뜻으로, 염치없는 짓을 빗대어 이르는 말. 2. 이미 잘된 일을 손대서 도리어 그르치는 경우를 빗대어 이르는 말.

새 발[다리]의 피

아주 하찮은 일이나 매우 적은 양을 빗대어 이르는 말.

같은 속담 모기 다리의 피만 하다 • 잠자리(의) 눈곱

새벽길을 걷는 사람이 첫 이슬을 턴다

1. 무엇이든 처음 하는 사람이 남보다 더 많이 수고하게 된다고 빗대어 이르는 말. 2. 어떤 일을 가장 먼저 해내는 사람만이 자기가 이루어 낸 결과를 다음 세대에 남기게 된다고 빗대어 이르는 말.

같은 속담 숫눈길을 걷는 사람만이 제 발자국을 남긴다

새벽달 보고 봇짐 싼다
새벽달 보려고 어스름부터 나선다
새벽달 보자고 초저녁부터 기다린다

새벽에 뜰 달을 보겠다고 초저녁부터 나가서 기다린다는 뜻으로, 어떤 일을 하려고 지나치게 일찍부터 서두름을 빗대어 이르는 말.

새벽달 보려고 으스름달 안 보랴

새벽달을 보겠다고 초저녁달을 안 보겠느냐는 뜻으로, 앞으로 일어날 일만 바

라면서 눈앞의 일을 소홀히 하지 말고 지금 닥친 일부터 힘써야 한다고 빗대어 이르는 말.

낱말 풀이 **으스름달** 침침하고 흐릿한 빛을 내는 달.

새벽바람 사초롱

새벽바람에 등불이 꺼질까 봐 조심스럽게 들고 있는 비단 초롱이라는 뜻으로, 몹시 귀하고 소중한 것을 빗대어 이르는 말.

같은 속담 얼음에 잉어

낱말 풀이 **사초롱** 밤길을 밝히기 위해 손에 들고 다니던 등. 겉을 비단으로 씌웠다.

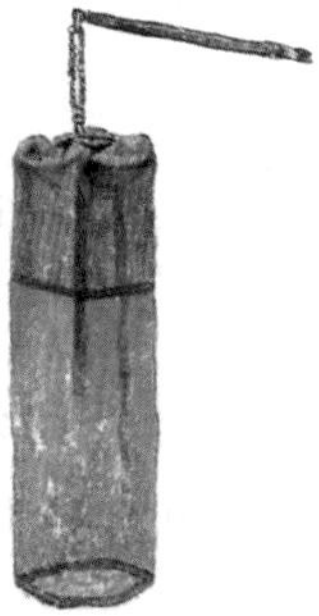
사초롱

ㅅ

새벽 봉창 두들긴다

1. 단잠이 든 새벽녘에 남의 집 창문을 두들겨 놀라게 한다는 뜻으로, 뜻밖의 말이나 일을 갑자기 불쑥 내미는 것을 빗대어 이르는 말. 2. 너무나도 느닷없이 일을 당한 경우를 빗대어 이르는 말.

같은 속담 자다가 봉창 두드린다

낱말 풀이 **봉창** 벽에 작은 구멍을 뚫고 종이를 발라서 막은 창문.

새벽에 갔더니 초저녁에 온 사람 있더라

부지런히 하느라고 애썼는데 그보다 앞선 사람이 있는 경우에 이르는 말.

새벽 호랑이가 중이나 개를 헤아리지 않는다
새벽 호랑이 쥐나 개나 모기나 하루살이나 하는 판

새벽을 맞은 호랑이는 한시바삐 깊은 산속으로 몸을 피해야 하므로 중이든 개든 닥치는 대로 잡아먹는다는 뜻으로, 형편이 몹시 어렵거나 사정이 몹시 급한 사람은 아무것도 가리지 않고 막된 짓까지 마구 하게 됨을 빗대어 이르는 말.

같은 속담 사흘 굶은 범이 원님을 안다더냐

새벽 호랑이 (신세)

밤중이 아니라 먼동이 틀 무렵이어서 호랑이가 마음대로 날칠 수 없게 되었다는 뜻으로, 세력을 잃고 보잘것없게 된 처지를 빗대어 이르는 말.

새사람 들여 삼 년(은 마음을 못 놓는다)

새로 일을 벌일 때에는 적어도 삼 년은 두고 봐서 탈이 없어야 안심이라는 말.

새알 볶아 먹을 놈

작은 새알을 꺼내어 볶아 먹을 놈이라는 뜻으로, 이익만 생긴다면 무슨 일이든 달려드는 욕심 사나운 사람을 욕으로 이르는 말.

새 오리 장가가면 헌 오리 나도 한다

남이 하면 무턱대고 자기도 하겠다고 따라나서는 주책없는 행동을 빗대어 이르는 말.

같은 속담 학이 곡곡 하고 우니 황새도 곡곡 하고 운다

새우 간을 빼 먹겠다

몸집이 아주 작은 새우의 간까지도 빼 먹겠다는 뜻으로, 아주 작은 이익이라도 얻을 것이 있으면 덤벼들어 지나치게 탐하는 짓을 빗대어 이르는 말.

새우로 도미[잉어]를 낚는다

새우를 낚싯밥으로 주고 큰 잉어를 낚는다는 뜻으로, 작은 것을 주고 큰 것을

받거나 적은 밑천만 들이고 큰 이익을 얻는 경우를 빗대어 이르는 말.

같은 속담 보리밥 알로 잉어 낚는다

낱말 풀이 **도미** 도밋과의 바닷물고기를 통틀어 이르는 말. 참돔, 감성돔, 새눈치 따위가 있다.

새우를 잡으려다 고래를 놓친다

보잘것없는 새우를 잡으려다가 도리어 큰 고래를 놓친다는 뜻으로, 큰 것을 내다보지 못하고 눈앞의 작은 이익을 챙기려다가 아주 큰 손해를 보는 행동을 빗대어 이르는 말.

새우 벼락 맞던 이야기를 한다

새우가 벼락 맞아 봉변당했던 이야기를 한다는 뜻으로, 까맣게 잊어버린 지난 일을 새삼스럽게 들추어내서 기억나게 하는 쓸데없는 행동을 빗대어 이르는 말.

새우 싸움에 고래 등 터지랴

약하고 보잘것없는 것끼리 아무리 싸워도 크고 힘 있는 것은 그 해를 입지 않는다는 말.

새우 싸움에 고래 등 터진다

1. 아랫사람이 저지른 일로 윗사람에게 해가 미치는 경우를 빗대어 이르는 말.
2. 남의 싸움에 끼어 애먼 사람이 해를 입는 경우를 빗대어 이르는 말.

새잎이 돋아나면 묵은 잎이 떨어진다

새것이 낡은 것을 대신하는 것은 자연스러운 일이라는 말.

같은 속담 속잎이 자라나면 겉잎이 젖혀진다

새 잡아 잔치할 것을 소 잡아 잔치한다
새 잡아 할 잔치를 소 잡아 한다

1. 분수에 맞지 않게 판을 크게 벌여 돈과 노력을 헛되이 쓰는 경우에 빗대어 이르는 말. 2. 처음에 대수롭지 않게 생각하여 소홀히 하다가 나중에 큰 손해를 보게 되는 경우에 빗대어 이르는 말.

같은 속담 닭 잡아 겪을 나그네 소 잡아 겪는다

새장에 갇힌 멧새[앵무새]

새장 속에 갇힌 새가 마음대로 날아다닐 수 없듯이, 1. 자유를 잃고 갇혀 있는 처지를 빗대어 이르는 말. 2. 올데갈데없게 된 처지를 빗대어 이르는 말.

새 정이 옛정만 못하다

오랫동안 함께 지내며 쌓인 정이 새롭게 맺은 정보다 두텁다는 말.

같은 속담 신정이 구정만 못하다

새짚신에 구슬 감기

'새끼 짚신에 구슬 감기'와 같은 속담.

낱말 풀이 **새짚신** 억새로 삼은 신.

새침데기 골로 빠진다

시시덕이는 힘들여 고개를 넘는데 새침데기는 약빠르게 골짜기로 빠져나간다는 뜻으로, 겉으로 떠벌리는 사람보다 얌전한 척하는 사람이 오히려 나쁜 마음을 품는 경우가 더 많다고 빗대어 이르는 말.

같은 속담 시시덕이는 재를 넘는다

낱말 풀이 **새침데기** 새침한 성격을 가진 사람. **골** 산과 산 사이에 움푹 패어 들어간 곳. =골짜기.

새 편에 붙었다 쥐 편에 붙었다 한다

박쥐가 제 잇속에 따라 새 편에 붙었다 쥐 편에 붙었다 한 옛이야기에서, 제 잇속만 채우려고 이리 붙었다 저리 붙었다 하는 행동을 빗대어 이르는 말.

같은 속담 박쥐구실 새 편에 붙고 쥐 편에 붙는다

새 한 마리도 백 놈이 갈라 먹는다

아무리 작은 것이라도 서로 뜻이 맞고 사이가 좋으면 얼마든지 골고루 나누어 먹거나 가질 수 있다는 말.

새해 못할 제사가 있으랴

일을 저질러 놓고는 다음부터 잘하겠다고 다짐하는 사람을 비꼬아 이르는 말.

색시가 고우면 가시집 말장 끝까지 곱게 보인다
색시가 고우면 처갓집 외양간 말뚝에도 절한다

1. 아내가 좋으면 아내 둘레의 보잘것없는 것까지 다 좋게 보인다는 말. 2. 한 가지가 좋아 보이면 모든 것이 다 좋아 보인다고 빗대어 이르는 말. 3. 어떤 사람을 너무 좋아하여 판단이 흐려지면 실수를 하게 된다고 빗대어 이르는 말.

같은 속담 아내가 귀여우면 처갓집 말뚝 보고도 절한다 • 의가 좋으면 처갓집 말뚝에도 절한다 • 장모 될 집 마당의 말뚝을 보고도 절한다

낱말 풀이 **가시집** '처가'를 달리 이르는 말. **말장** '말뚝'의 방언(전남).

색시가 시집살이하려면 벙어리 삼 년 귀머거리 삼 년 해야 한다

옛날에, 갓 시집온 새색시는 하고 싶은 말이 있어도 참고 남의 말을 듣고도 못 들은 체하며 살아야 한다는 뜻으로, 시집살이가 매우 어렵다고 이르던 말.

같은 속담 귀머거리 삼 년이요 벙어리 삼 년(이라) • 시집살이하려면 벙어리 삼 년 귀머거리 삼 년 해야 한다

색시 짚신에 구슬 감기가 웬일인고

1. 격에 어울리지 않게 너무 많이 꾸미면 도리어 보기에 좋지 않다는 말. 2. 분수에 넘치는 호강을 누리게 된 경우를 비꼬아 이르는 말.

샘에 든 고기

헤어날 수 없는 아주 위험한 형편에 놓여 꼼짝없이 죽게 된 처지를 빗대어 이르는 말.

같은 속담 그물에 걸린 고기[새/토끼/짐승] 신세 • 낚시에 걸린 물고기 • 농 속에 갇힌 새 • 덫에 치인 범이요 그물에 걸린 고기라 • 도마에 오른 고기 • 모래불에 오른 새우 • 물 밖에 난 고기 • 뭍에 오른 고기 • 솥 안에 든 고기 • 우물에 든 고기 • 함정에 든 범

낱말 풀이 **샘** 1. 물이 땅에서 솟아 나오는 곳. 또는 그 물. 2. 힘이나 기운이 솟아나게 하는 원천을 빗대어 이르는 말.

샘은 천 길 물속에서도 솟는다

새롭고 정의로운 것은 그 어떤 걸림돌이나 어려운 환경 속에서도 이겨 내고 반드시 빛을 내기 마련이라는 말.

샘을 보고 하늘을 본다

샘에 비친 손바닥만 한 하늘을 보고서야 비로소 하늘을 쳐다본다는 뜻으로, 늘 보고 겪는 것에 대하여 문득 새롭게 알게 될 때 빗대어 이르는 말.

샛바람에 게 눈 감기듯

1. 샛바람이 불어오자 게 눈이 얼른 감겨 버리는 모양과 같다는 뜻으로, 몹시 졸린 모양을 빗대어 이르는 말. 2. 날이 잘 가묾을 빗대어 이르는 말. 3. 움직임이 매우 빠른 모양을 빗대어 이르는 말.

낱말 풀이 **샛바람** 뱃사람들의 말로, 동쪽에서 불어오는 바람을 이르는 말.

샛바리 짚바리 나무란다

새나 짚이나 다를 것이 없는데도 새를 실은 바리가 짚을 실은 바리를 나무란다는 뜻으로, 남을 자기보다 못하다고 하지만 둘 다 마찬가지임을 빗대어 이르는 말.

낱말 풀이 **바리** 소나 말 등에 잔뜩 실은 짐. **샛바리** 띠나 억새 따위를 실은 바리. **짚바리** 짚을 실은 바리.

생나무 휘어잡기

1. 되지도 않을 일을 강다짐하려는 것을 빗대어 이르는 말. 2. 부리기 힘든 사람을 억지로 휘어잡으려 드는 경우를 빗대어 이르는 말.

생마 갈기 외로 질지 바로 질지

들에서 자란 망아지의 갈기가 좌우 어느 쪽으로 자랄지 미리 알 수 없다는 뜻으로, 1. 어떤 일이 앞으로 어떻게 달라질지 도무지 가늠할 수 없다는 말. 2. 사람이 자라서 어떤 인물이 될지 어릴 때 모습만 보고는 판단하기 어렵다는 말.

같은 속담 망아지 갈기가 외로 질지 바로 질지 • 제주말 갈기 외로 갈지 바로 갈지

낱말 풀이 **생마** 길들이지 않은 거친 말.

생마 잡아 길들이기

산이나 들에서 나고 자란 말은 길들이기가 몹시 힘들다는 뜻으로, 제멋대로 버릇없이 자라난 사람을 가르치기는 몹시 어려운 일이라고 빗대어 이르는 말.

같은 속담 산 닭 길들이기는 사람마다 어렵다

생선 망신은 꼴뚜기가 시킨다

지지리 못난 사람일수록 같이 있는 사람들까지 망신시킨다는 말.

같은 속담 과물전 망신은 모과가 시킨다 • 과일[과실] 망신은 모과가 (다) 시킨다 • 실과 망신은 모과가 시킨다 • 어물전 망신은 꼴뚜기가 시킨다

ㅅ

생시에 먹은 마음 취중에 나온다

'상시에 먹은 마음 취중에 난다'와 같은 속담.

낱말 풀이 **생시** 자거나 취하지 않고 깨어 있을 때.

생일날 잘 먹으려고 이레를[열흘 전부터] 굶는다

생일날 잘 먹겠다고 일주일 전부터 굶는다는 뜻으로, 어떻게 될지도 모를 앞일을 두고 미리부터 지나치게 기대한다는 말.

생쥐 고양이한테 덤비는 격[셈]

도무지 맞서서 이길 수 없는 상대나 죽을지도 모르는 일에 덤벼드는 것을 빗대어 이르는 말.

생쥐 발싸개만 하다

아주 작은 물건을 빗대어 이르는 말.

낱말 풀이 **발싸개** 신을 신을 때 버선을 대신하여 발을 싸는 헝겊.

생쥐 볼가심할 것도 없다

몸집이 작은 생쥐가 입가심할 것도 없다는 뜻으로, 너무 가난하여 먹을 것이 전혀 없음을 빗대어 이르는 말.

낱말 풀이 **볼가심하다** 아주 적은 양의 음식으로 배고픔을 달래다.

생쥐 소금 먹듯

음식을 맛보듯이 조금씩 먹다가 그만두는 것을 빗대어 이르는 말.

같은 속담 쥐 소금 먹듯

생초목에 불붙는다

시퍼렇게 살아 있는 풀과 나무에 불이 붙는다는 뜻으로, 1. 뜻밖의 재난을 당함을 빗대어 이르는 말. 2. 새파랗게 젊은 사람이 아깝게 너무 일찍 죽음을 빗대어 이르는 말. 3. 가슴속이 답답하여 화가 치미는 것을 빗대어 이르는 말.

생콩 씹은 상판

날콩을 씹고 비린내가 나서 얼굴을 찌푸린다는 뜻으로, 무엇이 마뜩잖아서 잔뜩 찌푸린 얼굴 모양을 빗대어 이르는 말.

같은 속담 썩은 콩을 씹은 것 같다

낱말 풀이 **상판** '얼굴'을 속되게 이르는 말.

ㅅ

서까랫감 아끼다가 용마루 썩힌다

지붕의 뼈대를 이루는 서까랫감을 아끼려다가 용마루를 썩힌다는 뜻으로, 작은 것을 아끼려다가 도리어 큰 손해를 보게 되는 경우를 빗대어 이르는 말.

같은 속담 기와 한 장 아끼다가 대들보 썩힌다 • 좁쌀만큼 아끼다가 담 돌만큼 해 본다 • 한 푼 아끼다 백 냥 잃는다

낱말 풀이 **서까랫감** 한옥에서 지붕의 비탈진 면을 받칠 수 있는 긴 나무 재료. **용마루** 지붕 가운데 부분에 있는 가장 높고 평평한 곳.

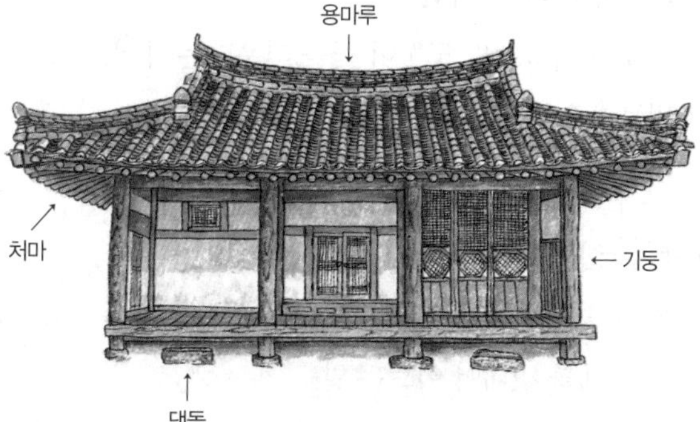

기와집

서까랫감인지 도릿감인지도 모르고 길다 짧다 한다

서까래로 쓸 것인지 도리로 쓸 것인지도 모르면서 길다 짧다 말한다는 뜻으로, 어떤 일이나 물건에 대해 알지도 못하면서 이러쿵저러쿵 말다툼하는 것을 비웃어 이르는 말.

낱말 풀이 **도릿감** 서까래를 받치기 위해 기둥 위에 건너지르는 나무가 될 수 있는 재료.

서낭에 가 절만 한다

서낭에 가서 아무 생각 없이 절만 한다는 뜻으로, 영문도 모르고 남들이 하는 대로 따라 하는 것을 빗대어 이르는 말.

낱말 풀이 **서낭** 땅과 마을을 지켜 준다는 신이나 그 신이 깃든 서낭나무, 서낭당 따위를 이르는 말.

서당 개 삼 년에 풍월한다
서당 개 삼 년에 풍월을 읊는다[짓는다]

서당에서 삼 년 동안 살면서 날마다 글 읽는 소리를 듣다 보면 개조차도 시를 짓는다는 뜻으로, 아무것도 모르는 사람도 어떤 분야에서 오래 보고 들으면 얼마간 지식이 쌓이게 된다고 빗대어 이르는 말.

같은 속담 독서당 개가 맹자 왈 한다 • 정승 집 개도 삼 년이면 육갑을 한다

서리가 내려야 국화의 절개를 안다

국화는 서리가 내린 다음에도 꿋꿋이 꽃을 피운다는 데서, 굳은 절개는 어렵고 힘든 때라야 비로소 알 수 있다는 말.

서리를 기다리는 마가을 초목

서리를 맞으면 시들게 될 늦가을의 풀과 나무 신세라는 뜻으로, 죽기를 기다리는 몹시 가냘픈 존재를 빗대어 이르는 말.

낱말 풀이 **마가을** 늦은 가을. 주로 음력 9월을 이른다. =늦가을.

서리 맞은 구렁이[병아리/열쭝이]

찬 서리를 맞은 구렁이는 추위에 잘 움직이지 못하고 느릿느릿 기어간다는 뜻으로, 1. 힘이 없고 몹시 굼뜨며 게으른 사람을 빗대어 이르는 말. 2. 세력이 다하여 앞으로 잘되기는 그른 사람을 빗대어 이르는 말.

낱말 풀이 **열쭝이** 겨우 날기 시작한 어린 새. 흔히 잘 자라지 않는 병아리를 이른다.

서리 맞은 다람쥐[호박잎 같다]

1. 갑자기 기운을 잃고 축 처진 모양을 빗대어 이르는 말. 2. 몹시 떠는 모양을 빗대어 이르는 말.

서무날 바람은 꾸어서라도 분다

음력 열이틀과 스무이레 무렵의 서무날에는 밀물과 썰물의 차이로 말미암아 어김없이 바람이 분다고 일러 오던 말.

서 발 막대[장대] 거칠 것[데] 없다
서 발 막대 휘둘러야 가로 거칠 것 없다

서 발이나 되는 긴 막대를 마구 휘둘러도 걸릴 것이 하나도 없다는 뜻으로, 1. 몹시 가난하여 집 안에 살림살이가 아무것도 없음을 빗대어 이르는 말. 2. 거리낄 것도 없고 둘레에 조심할 사람도 없음을 빗대어 이르는 말.

같은 속담 휑한 빈집에서 서 발 막대 거칠 것 없다

낱말 풀이 **서 발 막대** 매우 긴 나무나 긴 도막을 강조하여 이르는 말.

서울 가는 놈이 눈썹을 빼고 간다

서울 가는 사람이 눈썹도 짐이 된다며 빼고 간다는 뜻으로, 먼 길을 떠날 때는 적은 짐도 거추장스러우니 될 수 있는 대로 짐을 줄이는 것이 좋다는 말.

같은 속담 길을 떠나려거든 눈썹도 빼어 놓고 가라 • 천 리 길에는 눈썹도 짐이 된다

서울 가 본 놈하고 안 가 본 놈하고 싸우면 서울 가 본 놈이 못 이긴다

눈으로 본 사람은 본 대로 말하지만 보지 못한 사람은 오히려 더 그럴듯하게 부풀려 말하기 때문에 실제보다 더 그럴듯하고 엄청나게 이야기한다는 말.

서울 가서 김 서방 찾기
서울 김 서방 찾는다

넓은 서울에서 주소와 이름도 없이 덮어놓고 김 서방을 찾는다는 뜻으로, 찾는 사람에 대해 아무것도 모르면서 무턱대고 찾아가는 경우에 빗대어 이르는 말.

서울 김 서방 집도 찾아간다

어디에 있는지 모르는 사람이나 물건도 마음만 먹으면 찾아낼 수 있다는 말.

서울 놈의 글 꼭지를 모른다고 말꼭지야 모르랴

글을 모른다고 말꼭지까지 모르지는 않는다는 뜻으로, 글을 모른다고 말귀까지 못 알아듣지 않으니 너무 깔보지 말라는 말.

낱말 풀이 **말꼭지** 말의 첫마디를 빗대어 이르는 말.

서울 사람[놈]은 비만 오면 풍년이란다

서울에 사는 사람들은 농사에 대해 몰라서 아무 때건 비만 오면 풍년이 든다고 한다는 뜻으로, 농사일에 어두운 도시 사람들을 놀리어 이르던 말.

서울 사람의 옷은 다듬이 힘으로 입고 시골 사람의 옷은 풀 힘으로 입는다
서울 양반은 글 힘으로 살고 시골 농군은 일 힘으로 산다

서울 사람과 시골 사람은 살아가는 방법이 다르다는 뜻으로, 모든 사람은 저마다 제격에 맞게 살아간다고 빗대어 이르는 말.

서울서 매[뺨] 맞고 송도서[시골에서] 주먹질한다

서울에서 뺨 맞고 안성 고개 가서 주먹질한다

1. 욕을 당한 자리에서는 아무 말도 못하고 뒤에 가서 불평하는 것을 빗대어 이르는 말. 2. 억울한 일을 당하고 엉뚱한 데서 화풀이하는 것을 빗대어 이르는 말.

같은 속담 밖에 나가 뺨 맞고 구들 위에 누워서 이불 차기 • 읍에서 매 맞고 장거리에서 눈 흘긴다 • 종로에서 뺨 맞고 한강에서[빙고에서/한강에 가서/행랑 뒤에서] 눈 흘긴다

서울 소식은 시골 가서 들어라

서울에서 벌어진 일 가운데 어떤 소식은 시골에 먼저 퍼진다는 뜻으로, 자기 가까이에서 벌어지는 일은 오히려 먼 데 있는 사람이 더 잘 아는 경우가 많다는 말.

서울에 가야 과거도 본다

서울을 가야 과거에 급제하지

서울에 가야 과거를 보든지 말든지 한다는 뜻으로, 어떤 일을 이루려면 그에 알맞은 준비와 노력을 해야 한다는 말.

서울이 낭이라는 말을 듣고 삼십 리 밖에서부터 긴다

서울이 낭이라니까 과천[무악재/수원재/삼십 리]부터 긴다

서울이 무섭다니까 남태령[서재]부터 긴다

서울 인심이 사납기가 낭떠러지 같다는 말만 듣고 삼십 리 밖에서부터 벌벌 기어간다는 뜻으로, 말만 듣고 지레 겁먹고 굽히는 경우를 비웃어 이르던 말.

낱말 풀이 **낭** '낭떠러지'의 옛말.

서울 혼인에 깍쟁이 오듯

아무 관계도 없는 사람들이 마치 가까운 친척이나 되는 것처럼 잔칫집에 온다는 뜻으로, 그다지 관계없는 사람들이 많이 모여드는 경우를 빗대어 이르는 말.

낱말 풀이 **깍쟁이** 자기밖에 모르고 인색한 사람.

서쪽에서 해가 뜨다

1. 생각하지 않았던 사람이 뜻밖에 좋은 일을 했을 때 놀리어 이르는 관용 표현.
2. 절대로 있을 수 없는 일이 일어난 경우를 이르는 관용 표현.

같은 관용 해가 서쪽에서 뜨다

서천에 경 가지러 가는 사람은 가고 장가들 사람은 장가든다

같은 목적을 갖고 함께 움직이던 사람들이 갑자기 마음이 바뀌어 서로 자기 좋은 대로 행동하는 경우를 빗대어 이르는 말.

낱말 풀이 **서천** 1. 서쪽 하늘. 2. '인도'의 옛 이름.

서투른 과방이 안반 타박한다
서투른 무당이 마당 기울다 한다
서투른 무당이 장구만 나무란다
서투른 숙수가 (피나무) 안반만 나무란다

자기 재주나 능력이 모자라는 것은 생각하지 않고 애꿎은 도구나 조건만 나쁘다고 탓하는 것을 비꼬아 이르는 말.

같은 속담 국수를 못하는 년이 피나무 안반만 나무란다 • 굿 못하는 무당 장구 타박한다 • 글 못한 놈 붓 고른다 • 밭 갈 줄 모르는 소 멍에 나무란다 • 선무당이 마당 기울다 한다

낱말 풀이 **과방** 큰일을 치를 때에 음식을 차려놓는 일을 맡아 하는 사람. **숙수** 잔치처럼 큰일이 있을 때 음식을 만드는 사람. **안반** 떡을 칠 때 밑에 바치는 두껍고 넓은 나무 판.

서투른 도둑이 첫날 밤에 들킨다

1. 어쩌다 한번 잘못한 일이 뜻하지 않게 바로 드러난 경우를 빗대어 이르는 말.
2. 솜씨가 서툴러서 일의 첫 시작부터 꼬이거나 그르치는 경우를 이르는 말.

서투른 의원이 생사람 잡는다

의술에 서투른 의사가 아무 병도 없는 사람을 죽인다는 뜻으로, 능력이 없어서 제구실을 못하는 주제에 함부로 하다가 큰일을 저지름을 빗대어 이르는 말.

같은 속담 선무당이 사람 잡는다[죽인다] • 어설픈 약국이 사람 죽인다

서투른 풍수 집안만 망쳐 놓는다

잘 알지도 못하는 일을 아는 체하며 하다가 일을 아주 크게 그르치는 경우를 빗대어 이르는 말.

낱말 풀이 **풍수** 땅의 모양이나 위치를 보고 집터나 무덤 자리가 좋고 나쁨을 가려내는 사람.

서 홉에도 참견, 닷 홉에도 참견

서 홉을 재는데도 많다 적다 하고 다섯 홉을 재는데도 이러쿵저러쿵 참견한다는 뜻으로, 아무 일에나 끼어들어 쓸데없이 아는 체하거나 이래라저래라 하는 것을 비웃어 이르는 말.

같은 속담 닷곱에 참녜, 서 홉에 참견

낱말 풀이 **홉** 곡식, 가루 따위를 재는 단위. 한 홉의 열 배는 한 되이다.

홉

석 냥짜리 말은 이도 들춰 보지 말라

옛날에, 말을 흥정할 때에는 말 이빨을 보고 나이를 알아봤는데 값싼 말은 이도 들추어 보지 말라는 뜻으로, 값이 싸고 변변찮은 물건은 아예 보지 말라고 빗대어 이르는 말.

석 달 가는 흉이 없다

어떤 흉도 기껏해야 석 달 간다는 뜻으로, 1. 남의 흉은 오래지 않아 흐지부지 되어 버린다는 말. 2. 사람의 흠은 차츰 고쳐진다는 말.

석류는 떨어져도 안 떨어지는 유자를 부러워하지 않는다

석류와 유자는 다 맛이 시지만 석류는 익으면 떨어지고 유자는 안 떨어지는 특성을 지닌 데서, 누구나 다 제 잘난 멋에 살기 마련이라고 빗대어 이르는 말.

석새짚신에 구슬 감기

'새끼 짚신에 구슬 감기'와 같은 속담.

낱말 풀이 **석새짚신** 올이 매우 성글고 굵은 짚신.

석수장이 눈깜작이부터 배운다

돌을 쪼아 물건을 만드는 석수장이가 돌가루가 튀어 눈에 들어갈까 봐 눈을 깜작이는 것부터 배운다는 뜻으로, 1. 무슨 일이든 처음에는 가장 낮고 쉬운 기술부터 배우게 된다고 빗대어 이르는 말. 2. 일의 내용보다도 형식부터 먼저 본뜨려 하는 것을 비꼬아 이르는 말.

석양에 비 맞은 용대기처럼

1. 용이 그려진 큰 깃발이 비를 맞아 축 늘어진 모양과 같다는 뜻으로, 무엇이 추레하게 처져 늘어진 모양을 빗대어 이르는 말. 2. 우쭐거리며 뽐내던 사람이 풀이 죽어 볼품없어진 모양을 빗대어 이르는 말.

같은 속담 비 맞은 용대기 같다 • 비 맞은 장닭 같다 • 비 오는 날 수탉 같다

낱말 풀이 **용대기** 왕이 행차할 때 앞쪽에 세우던 큰 기. 누런 바탕에 용 한 마리와 구름을 채색하고, 가장자리에 붉게 타는 불꽃을 그려 넣었다.

석 자 떡눈이면 찰떡이 한 자랬다

이른 봄에 떡눈이 석 자나 내리면 눈이 녹아 땅이 축축해져서 싹이 잘 트고 풍년이 든다는 뜻으로, 첫봄에 내리는 눈은 풍년이 들 징조라고 일러 오던 말.

낱말 풀이 **떡눈** 물기가 있어서 척척 붙는 눈송이. **자** 길이의 단위. 한 자는 약 30㎝이다.

석 자 베를 짜도 베틀 벌이기는 일반[마찬가지다]

석 자짜리 베를 짜려고 해도 베틀을 차리기는 마찬가지라는 뜻으로, 큰일이나 작은 일이나 준비하는 데 드는 품은 마찬가지라고 빗대어 이르는 말.

같은 속담 베는 석 자라도 틀은 틀대로 해야[차려야] 한다

낱말 풀이 **베틀** 삼베, 무명, 모시, 비단 따위의 천을 짜는 틀.

ㅅ

선가 없는 나그네[놈이] 배에 먼저 오른다

뱃삯도 없는 사람이 가장 먼저 배에 올라탄다는 뜻으로, 능력 없는 사람이 어떤 일에 가장 먼저 나서서 서두르는 것을 비꼬아 이르는 말.

낱말 풀이 **선가** 배 타는 값으로 내는 돈. =뱃삯.

선떡 가지고 친정 간다

1. 잘 익지 않은 떡을 가지고 친정에 간다는 뜻으로, 변변찮은 물건으로 인사하는 경우를 빗대어 이르는 말. 2. 스스럼없이 가까이 지내는 데에는 그리 좋지 못한 선물을 해도 흉이 안 된다는 말.

낱말 풀이 **선떡** 잘 익지 않고 설어서 푸슬푸슬한 떡.

선떡 먹고 체하였나 웃기는 왜 웃나

별로 우습지도 않은 일에 히죽히죽 잘 웃는 사람을 핀잔하여 이르는 말.

같은 속담 웃기는 선떡을 먹고 취했나

선떡 받듯 (한다)

어떤 일이나 물건을 그리 달갑지 않게 받는 태도를 빗대어 이르는 말.

선떡이 부스러진다

제대로 익지 않은 떡이 푸슬푸슬 잘 부스러지듯이, 어설프게 한 일은 곧 좋지 않은 결과를 가져오게 된다고 빗대어 이르는 말.

선무당이 마당 기울다 한다
선무당이 장구만 나무란다
선무당이 장구 탓한다

'서투른 과방이 안반 타박한다'와 같은 속담.

선무당이 사람 속인다

서투른 무당이 사람을 속인다는 뜻으로, 일을 잘하지도 잘 알지도 못하는 사람이 남을 속여 넘기는 경우에 빗대어 이르는 말.

선무당이 사람 잡는다[죽인다]

굿과 점치는 일에 서투른 무당이 사람을 죽인다는 뜻으로, 능력이 없어서 제구실을 못하는 주제에 함부로 하다가 큰일을 저지름을 빗대어 이르는 말.

같은 속담 서투른 의원이 생사람 잡는다 • 어설픈 약국이 사람 죽인다

선반에서 떨어진 떡

우연히 선반 위에 올려놓은 떡이 떨어져 먹게 되었다는 뜻으로, 뜻밖에 좋은 물건을 얻거나 행운을 만났을 때 빗대어 이르는 말.

같은 속담 굴러온 호박 • 시렁에서 호박 떨어진다 • 아닌 밤중에 찰시루떡 • 호박이 굴렀다[떨어졌다]

선병자 의(醫)라[의원이라]

먼저 병을 앓은 사람이 그 병을 고치는 의사 노릇을 한다는 뜻으로, 어떤 일에 먼저 경험을 쌓은 사람이 남을 가르칠 수 있다고 빗대어 이르는 말.

같은 속담 병도 먼저 앓아 본 사람이 의사 노릇 한다

선비 논 데 용 나고 학이 논 데 비늘이 쏟아진다

훌륭한 사람의 자취나 착한 행동은 반드시 좋은 영향을 미친다는 말.

선생의 똥은 개도 안 먹는다

선생 노릇 하기가 매우 힘들고 어렵다고 빗대어 이르던 말.

같은 속담 초학 훈장의 똥은 개도 안 먹는다 • 훈장 똥은 개도 안 먹는다

선손질 후 방망이

먼저 손찌검을 하면 앙갚음으로 방망이찜질을 당한다는 뜻으로, 남에게 먼저 손해를 입히면 자기는 더 큰 화를 당한다는 말.

선영 덕은 못 입어도 인심 덕은 입는다

조상 덕은 입지 못해도 이웃 덕은 입는다는 뜻으로, 죽은 조상에게 바랄 것이 아니라 이웃끼리 정답게 지내야 서로 도움을 주고받을 수 있다는 말.

낱말 풀이 **선영** 조상의 무덤.

선의원 사람 죽이고 선무당 사람 살린다

1. 서투른 의사가 미덥지 못하다는 뜻으로 이르던 말. 2. 옛날에, 의사보다는 무당을 불러 굿을 하는 것이 낫다고 여기던 것을 이르는 말.

섣달그믐날 개밥 퍼 주듯

헤아리지 않고 무엇을 헤프게 퍼 주는 경우를 빗대어 이르는 말.

낱말 풀이 **섣달그믐날** 음력으로 한 해의 마지막 날. 섣달은 음력으로 한 해의 맨 끝 달로 십이월을 이른다.

섣달그믐날 시루 얻으러 가다니[다니기]

어느 집에서나 설음식을 장만하느라 한창 시루를 쓸 때 시루를 얻으러 다닌다는 뜻으로, 되지도 않을 일에 애쓰는 미련한 짓을 빗대어 이르는 말.

섣달그믐날 흰떡 맞듯

섣달그믐날에 흰 쌀떡이 떡메에 맞듯이, 몹시 두들겨 맞는 모습을 빗대어 이르는 말.

같은 속담 등줄기에서 노린내가 나게 두들긴다 • 복날(에) 개 맞듯

섣달이 둘[열아홉]이라도 시원치 않다

섣달이 아무리 많아도 충분하지 않다는 뜻으로, 기한을 아무리 늦추어도 일이 잘되기 어려운 경우에 빗대어 이르는 말.

설날에 옴 오르듯

희망차고 즐거워야 할 새해 첫날부터 옴이 오른다는 뜻으로, 어떤 일을 시작할 때 재수 없는 일이 생기는 경우를 빗대어 이르는 말.

낱말 풀이 **옴** 옴진드기가 달라붙어 일으키는 피부병.

설마가 사람 잡는다[죽인다]

설마 그러랴 하며 마음을 놓고 있다가 탈이 난다는 뜻으로, 요행을 바라지 말고 있을 수 있는 모든 일을 미리 생각해 보고 예방해 놓는 것이 좋다는 말.

설 사돈 있고 누울 사돈 있다

같은 경우라도 사람에 따라 대접을 달리한다는 말.

설삶은 말[소] 대가리

1. 본디 말 대가리는 푹 삶아도 질기고 굳은데 거기에 덜 삶기까지 했다는 뜻으로, 고집이 세고 말을 잘 알아듣지 못하는 사람을 빗대어 이르는 말. 2. 격에 어울리지 않게 멋없는 모습을 빗대어 이르는 말.

설 쇤 무

김장철에 뽑아 둔 무는 해를 넘기면 속이 텅 비고 맛이 없다는 뜻으로, 한창때가 지나 볼품없이 된 것을 빗대어 이르는 말.

설움에는 살찌고 근심에는 여윈다

드러내 놓고 슬퍼하는 것보다 속으로 깊이 근심하는 것이 더 애타고 몸도 축난다는 말.

같은 속담 근심에는 마르고[여위고] 설움에는 살찐다

설 자리 앉을 자리 모른다

상황이나 조건에 알맞게 어떻게 몸가짐이나 행동을 해야 하는지 모른다는 말.

섬 진 놈 멱 진 놈

섬을 진 사람과 멱둥구미를 진 사람이라는 뜻으로, 저마다 다른 온갖 사람들을 빗대어 이르는 말.

같은 속담 멱 진 놈 섬 진 놈

낱말 풀이 **멱둥구미** 곡식이나 채소 따위를 담으려고 짚으로 엮어서 둥글고 깊게 만든 그릇. **섬** 곡식 따위를 담으려고 짚으로 엮어서 만든 자루.

멱둥구미

섬짝을 지고 불 속으로 뛰어든다

허름하고 불이 잘 붙는 섬거적을 지고 불 속으로 뛰어든다는 뜻으로, 앞뒤를 가리지 못하고 미련하게 행동하는 것을 빗대어 이르는 말.

같은 속담 섶을 지고 불로 들어가려 한다

섬 틈에 오쟁이 끼겠나

볏섬을 쌓고 그 사이사이에 오쟁이까지 끼워 둘 셈이냐는 뜻으로, 재산이 많은 사람이 오히려 더 인색하게 구는 것을 비꼬아 이르던 말.

읽을거리 섬은 짚으로 짠 자루인데 가마니처럼 생겼어. 벼, 보리, 콩 따위 곡식이나 짐승 먹이를 담아 두는 데 썼어. 섬보다 크기가 작은 것은 '오쟁이', 오쟁이보다 더 작고 씨앗을 담는 것은 '씨오쟁이'라고 했어. 남부 지방에는 '다리 공들인다'라는 풍습이 있어. 섬이나 오쟁이에 밥, 돈, 모래 따위를 넣어서 사람들 몰래 도랑이나 개천에 다리 대신 놓는 거야. 그러면 한 해 동안 나쁜 일을 피할 수 있다고 믿었지. 섬이나 오쟁이 속 돈은 아이들 몫이었어.

섭산적이 되도록 맞았다

소고기를 잘게 다져서 납작하게 구운 섭산적 꼴로 맞았다는 뜻으로, 매우 심하게 두들겨 맞은 것을 빗대어 이르던 말.

성균관 개구리

성균관 선비들이 글을 외우는 소리가 마치 개구리가 우는 것 같다는 뜻으로, 방 안에 틀어박혀 자나 깨나 글만 읽는 사람을 놀리어 이르던 말.

성급한 놈 술값 먼저 낸다

성급한 사람은 술을 얼마나 먹을지도 모르면서 먼저 술값을 낸다는 뜻으로, 성미가 급한 사람은 늘 손해를 보게 된다고 빗대어 이르는 말.

성나 바위 차기
성나서 바위 차면 제 발등만 아프다
성난 끝에 돌 차기

잔뜩 성이 나서는 화풀이로 바위나 돌을 찬다는 뜻으로, 성이 난다고 함부로 화풀이를 하다가 도리어 자기가 해를 입는 경우에 빗대어 이르는 말.

같은 속담 돌부리를 걷어차면 내 발만 아프다 • 돌을 차면 발부리만 아프다 • 바위를 차면 제 발부리만 아프다 • 성내어 바위를 차니 발부리만 아프다

성내어 바위를 차니 발부리만 아프다

1. 성이 난다고 함부로 화풀이를 하다가 도리어 자기가 해를 입는 경우에 빗대어 이르는 말. 2. 안될 일을 억지로 하다가는 스스로 해를 당한다는 말.

같은 속담 성나 바위 차기

성복 뒤에 약방문[약 공론]
성복제 지내는데 약 공론 한다

'사후 약방문[청심환]'과 같은 속담.

낱말 풀이 **성복** 초상이 난 뒤에 상제와 친척들이 처음으로 상복을 입는 일.

성 쌓고 남은 돌

1. 성을 다 쌓고 남은 돌이라는 뜻으로, 남아돌아 쓸모가 없어진 것을 빗대어 이르는 말. 2. 혼자 남아 외롭게 된 처지를 빗대어 이르는 말.

성인 그늘이 팔십 리를 간다

성인의 덕이 널리 미침을 빗대어 이르는 말.

낱말 풀이 **성인** 지혜와 덕이 매우 뛰어나 세상 사람들이 우러러보는 사람.

ㅅ

성인도 시속을 따른다[좇으랬다]

옛날에, 성인도 그 시대의 풍속을 따랐다는 뜻으로, 누구라도 시대의 흐름을 따르며 살아야 한다고 가르쳐 이르는 말.

같은 속담 군자도 시속을 따른다

성인도 제 그름을 모른다

사람이 자기 잘못이나 부족한 부분을 알기는 매우 어렵다고 빗대어 이르는 말.

성인도 하루에 죽을 말을 세 번 한다

성인도 하루에 세 번은 말실수를 한다는 뜻으로, 아무리 훌륭한 사람이라도 실수를 하거나 잘못을 저지를 수 있으니 실수했다고 너무 걱정하지 말라는 말.

성인 못 된 기린

전설에 성인이 되면 그 성인을 태울 기린이 나타난다는 데서, 성인을 만나지 못한 기린의 신세와 같이 쓸모없거나 보람 없게 된 처지를 빗대어 이르는 말.

같은 속담 구슬 없는 용 • 꽃 없는 나비 • 날개 없는 봉황 • 물 없는 기러기 • 임자 없는 용마 • 줄 없는 거문고 • 짝 잃은 기러기[원앙]

읽을거리 기린은 전설에 나오는 상상의 동물이야. 용, 거북, 봉황과 함께 신비하고 길한 동물로 여겼어. 몸은 사슴이나 말처럼 생겼고, 꼬리는 소와 같고, 머리에는 뿔이 한 개 나 있다고 해. 수컷을 '기', 암컷을 '린'이라고 부르기도 했어. 재주나 예술적으로 뛰어난 아이를 '기린아'라고 일컫기도 해. 기린은 옛 그림이나 조각의 장식에서 볼 수 있어.

성인은 미치광이 말도 가려 쓴다

성인은 미치광이가 하는 말도 듣고 나서 받아들일 것은 받아들인다는 뜻으로, 누구 말이든 귀담아듣고 옳은 말이면 받아들이라고 가르쳐 이르는 말.

같은 속담 광부의 말도 성인이 가려 쓴다

성인(이) 벼락 맞는다

세상인심이 사납고 어수선하여 착하고 어진 사람이 도리어 큰 근심과 재난을 맞게 됨을 빗대어 이르는 말.

섶을 지고 불로 들어가려 한다
섶 지고 불에 뛰어든다

'섬짝을 지고 불 속으로 뛰어든다'와 같은 속담.

낱말 풀이 **섶** 땔감으로 쓰는 나뭇가지나 풀 따위를 통틀어 이르는 말.

ㅅ

세 끼 굶으면 군자가 없다

'사흘 굶어 담 아니 넘을 놈 없다'와 같은 속담.

세끼(를) 굶으면 쌀 가지고 오는 놈[사람] 있다

'사흘 굶으면 양식 지고 오는 놈 있다'와 같은 속담.

세난 장사 말랬다

1. 물건이 잘 팔린다고 하여 마구 팔면 이득을 보기는커녕 도리어 손해만 보기 쉽다는 말. 2. 한창 잘되는 장사는 많은 사람이 뛰어들기 때문에 그것을 따라 하려다가는 실패하기 쉽다는 말.

낱말 풀이 **세나다** 물건 따위가 찾는 사람이 많아서 잘 팔리다.

세 닢 주고 집 사고 천 냥 주고 이웃 산다

집을 살 때는 먼저 그 둘레의 이웃이 좋은지 살펴보는 것이 중요하다는 말.

같은 속담 집을 사면 이웃을 본다 • 팔백 금으로 집을 사고 천 금으로 이웃을 산다

세 사람만 우겨 대면 없는 호랑이도 만들어 낼 수 있다

셋이 모여 우겨 대면 누구나 곧이듣게 된다는 뜻으로, 1. 여럿이 힘을 합치면 못 해낼 일이 없다고 빗대어 이르는 말. 2. 여럿이 떠들어 소문을 내면 사실이 아닌 것도 사실인 것처럼 된다고 빗대어 이르는 말.

세 살 난 아이 물가에 놓은[내논] 것 같다

어린아이가 물에 빠질까 봐 잠시도 마음을 놓을 수 없다는 뜻으로, 당장 무슨 일이 날 것같이 위태로워서 마음을 놓지 못하는 것을 빗대어 이르는 말.

세 살 먹은 아이도 제 손의 것 안 내놓는다

세 살 난 아이도 제가 가지고 있는 것을 내놓기 싫어하는데 하물며 어른이야 더 말해 무엇 하겠느냐는 뜻으로, 누구나 자기 것은 내놓기 싫어한다는 말.

세 살 먹은 아이 말도 귀담아들으랬다

세 살 먹은 아이가 하는 말이라도 일리가 있을 수 있으니 무시하지 말고 귀담아들으라는 뜻으로, 남이 하는 말을 신중하게 잘 들으라는 말.

같은 속담 늙은이도 세 살 먹은 아이 말을 귀담아들으랬다 • 아이 말도 귀여겨들으랬다 • 어린아이 말도 귀담아들어라 • 업은 아기 말도 귀담아들으랬다 • 팔십 노인도 세 살 먹은 아이한테 배울 것이 있다

세 살 버릇 여든까지 간다
세 살 적 버릇[마음]이 여든까지 간다

어릴 때 몸에 밴 버릇은 나이가 들어서도 고치기 힘들다는 뜻으로, 어릴 때부터 나쁜 버릇이 들지 않도록 잘 가르쳐야 한다는 말.

같은 속담 어릴 적 버릇은 늙어서까지 간다

세 살에 도리질한다

도리질은 아이가 돌 전에 하는 짓인데 세 살이 되어서야 비로소 한다는 뜻으로, 1. 또래보다 사람됨이 성숙하지 못하고 늦됨을 빗대어 이르는 말. 2. 어떤 일을 해 나가는 것이 남보다 늦음을 빗대어 이르는 말.

세상모르고 약은 것이 세상 넓은 못난이만 못하다

아무리 약은 사람도 보고 들은 것이 많은 사람을 이길 수 없다는 뜻으로, 사람은 될수록 많이 보고 듣는 것이 중요하다는 말.

낱말 풀이 **세상모르다** 세상이 돌아가는 일에 어두워 자기 둘레에서 일어나는 일을 전혀 모르다.

세상은 각박해도 인정은 후덥다

세상살이가 아무리 고달프고 퍽퍽해도 사람들 사이의 인정은 두텁다는 말.

낱말 풀이 **각박하다** 인정이 없고 메마르다. **후덥다** 남에 대한 마음 씀씀이가 너그럽고 따뜻하다.

세상은 넓고도 좁다

1. 처음에는 모르고 있다가 이리저리 따져 보니 서로 알 만한 사이인 경우를 이르는 말. 2. 서로 멀리 떨어져 있는 곳에서 뜻밖에 아는 사람을 만나게 된 경우를 이르는 말.

세상이 야박하면 인심도 일그러진다

세상 살기가 힘들어지면 사람 마음도 거칠고 사나워진다는 말.

세상인심이 감기 고뿔도 남 주기 싫어한다

세상인심이 자기에게 해로운 감기조차 남에게 주기 아까워한다는 뜻으로, 세상인심이 몹시 박하고 인색하다는 말.

ㅅ

세우 찧는 절구에도 손 들어갈 때 있다

아무리 바쁜 때라도 틈을 낼 수 있음을 빗대어 이르는 말.

같은 속담 바쁘게 찧는 방아에도 손 놀 틈이 있다

절구

읽을거리 옛날에는 절구가 풍년을 상징했어. 섣달그믐날 밤 절구에 멍석을 덮었다가 이튿날 안에 쌀이 있으면 벼가, 조가 있으면 조가 풍년이 든다고 했지. 절구는 곡식을 찧거나 양념을 빻을 때, 또는 메주나 떡을 찧을 때 쓰는 살림살이야. 절구는 통나무나 돌에 구멍을 파서 만들어. 절구에 곡식을 넣고 절굿공이로 찧는데 절굿공이는 보통 돌절구에는 돌공이를, 쇠절구에는 쇠공이를, 나무절구에는 나무공이를 썼어. 절구가 크고 일감이 많을 때에는 두 사람이 마주 서서 절구질을 했어. 한 사람이 할 때에는 다른 사람이 나무주걱 같은 것으로 곡식을 뒤집어 주는데 '께낌질'이라고 해. 절굿공이가 도깨비로 바뀌었다는 이야기도 있어. 절굿공이처럼 사람의 손때를 오래 먹은 것이 도깨비로 바뀌어 사람을 놀라게 했다는 옛이야기는 어디에나 있었지.

낱말 풀이 **세우** '몹시'의 방언(함경). 또는 '세게'의 옛말.

세월은 사람을 기다려 주지 않는다

꾸물거리다가는 아무것도 못 하니 무슨 일을 하든지 시간을 아껴서 부지런히 하라는 말.

세월이 가는지 오는지도 모른다

1. 아무 탈 없이 매우 편안함을 빗대어 이르는 말. 2. 어떤 일에 정신이 팔려 시간이 얼마나 흘렀는지도 모르는 경우를 빗대어 이르는 말.

세월이 약

아무리 괴롭고 슬픈 일도 시간이 지나고 나면 저절로 잊게 된다는 말.

세전 토끼(라)

태어나서 아직 설도 안 쇤 어린 토끼는 늘 같은 길로만 다닌다는 데서, 고지식한 사람을 빗대어 이르는 말.

낱말 풀이 **세전** 설을 쇠기 전.

세 좋아 인심 얻어라

형편이 좋을 때에 좋은 일을 많이 해서 인심을 얻어 두라는 말.

세 치 혀가 사람 잡는다[죽인다]

세 치밖에 안 되는 짧은 혀라도 잘못 놀리면 사람을 죽일 수 있다는 뜻으로, 말을 함부로 해서는 안 된다고 빗대어 이르는 말.

낱말 풀이 **치** 길이의 단위. 한 치는 3센티미터쯤 된다.

센 개 꼬리 시궁창에 삼 년 묻었다 보아도 센 개 꼬리다

타고난 본바탕이 나쁜 것은 아무리 시간과 애를 써도 좋게 바뀌지 않는다는 말.

같은 속담 개 꼬리 삼 년 두어도 황모 못 된다 • 까마귀 백 년 가도 백로 못 된다 • 오그라진 개 꼬리 대봉통에 삼 년 두어도 아니 펴진다 • 흰 개 꼬리 굴뚝에 삼 년 두어도 흰 개 꼬리다

낱말 풀이 **세다** 머리카락이나 수염 같은 털이 희어지다.

센둥이가 검둥이고 검둥이가 센둥이다

개의 털이 검으나 희나 다 개라는 뜻으로, 겉보기는 다르지만 본질은 같은 경우에 빗대어 이르는 말.

같은 속담 검정개나 누렁개나 개는 개다 • 검정 돼지나 흰 돼지나 매한가지다

낱말 풀이 **센둥이** 털빛이 흰 강아지를 귀엽게 이르는 말.

셈 센 아버지가 참는다

슬기로운 아버지가 어리석은 자식의 말에 참는다는 뜻으로, 일의 이치를 모르고 떠드는 사람한테 점잖은 사람이 오히려 참는다는 말.

셋이 먹다가 둘이 죽어도 모른다

셋이 먹다가 둘이 죽어도 모를 만큼 음식이 매우 맛있다는 말.

같은 속담 둘이 먹다 하나(가) 죽어도 모르겠다

소 가는 데 말도 간다

더하고 덜할 수는 있지만 남이 할 수 있는 일이면 나도 할 수 있다는 말.

같은 속담 말 가는 데 소도 간다

소가 말이 없어도 열두 가지 덕이 있다

말이 없이 입이 무거운 사람이 덕이 있다고 빗대어 이르는 말.

읽을거리 소는 열두 띠 가운데 두 번째 동물이야. 옛날에는 소가 없으면 농사를 짓기 어려웠기 때문에 소를 한집안 식구처럼 여겼어. 또 소는 말없이 밭을 가는 농사일을 비롯해서 사람에게 열두 가지 덕을 입힌다고 여겼지. 그래서 새해 첫 달 소날에는 소에게 일도 안 시키고 쇠죽에 콩을 잔뜩 넣어 잘 먹이는 풍습이 있었어.

소가 미치면 말도 미친다

아무 생각 없이 남이 하는 대로 덩달아 따라 하는 행동을 비웃어 이르는 말.

같은 속담 말이 미치면 소도 미친다

소가 짖겠다

하는 짓이 너무나 어처구니없는 경우를 비웃어 이르는 말.

소가 크면[세면] 왕 노릇 하나

소가 아무리 힘이 세도 왕 노릇은 못한다는 뜻으로, 큰일은 힘만 가지고는 할 수 없으며 반드시 일에 대한 뛰어난 능력이 뒷받침되어야 한다고 빗대어 이르는 말.

같은 속담 기운이 세다고[세면] 소가 왕 노릇 할까 • 힘 많은 소가 왕 노릇 하나

소 갈 데 말 갈 데 (가리지 않는다)

어떤 목적을 이루기 위해서는 몸을 아끼지 않고 궂은 데나 험한 데도 마다하지 않으며 다 돌아다님을 빗대어 이르는 말.

소같이 벌어서[일하고] 쥐같이 먹어라

소처럼 일해서 많이 벌고 쥐처럼 조금씩 먹으라는 뜻으로, 일은 열심히 하여 많이 벌고 생활은 아끼고 검소하게 하라는 말.

소경 갓난아이 더듬듯

무엇을 제대로 다루지 못하여 우물쭈물 더듬기만 하는 모양을 빗대어 이르는 말.

같은 속담 소경 아이 낳아 만지듯

낱말 풀이 **소경** 1. 눈이 멀어 못 보는 사람. 2. 세상 물정에 어둡거나 글을 모르는 사람을 빗대어 이르는 말.

소경 개천 그르다 하여 무얼 해
소경 개천 나무란다
소경 개천 나무랄 것 있나 제 눈 탓이나 하지

개천에 빠진 소경이 제가 앞을 못 본 까닭은 생각하지 않고 개천만 그르다고 탓한다는 뜻으로, 제 잘못과 흠은 생각하지 않고 애꿎은 남이나 조건만 탓하는 경우를 빗대어 이르는 말.

같은 속담 개천아 네 그르냐 눈먼 봉사 내 그르냐 • 눈먼 탓이나 하지 개천 나무래 무엇 하나 • 봉사 개천 나무란다 • 소경이 그르냐 개천이 그르냐 • 장님 개천 나무란다

ㅅ

소경 경 읽듯

무슨 뜻인지도 모르고 자꾸 혼자서 흥얼흥얼 외우는 모양을 이르는 말.

같은 속담 소경 팔양경 외듯 • 중이 팔양경 읽듯

소경 관등 가듯

'소경 단청 구경'과 같은 속담.

낱말 풀이 **관등** 불교에서, 석가모니 탄신일이나 절의 주요 행사 때에 긴 대를 세우고 온갖 등을 달아 불을 밝히는 일.

소경 기름값 내기

밤에 등을 켜지 않아도 되는 소경이 기름값을 물어낸다는 뜻으로, 아무런 관계가 없는 일에 억울하게 손해를 물어 주게 된 경우를 빗대어 이르는 말.

같은 속담 봉사 기름값 물어 주기

소경 눈치 보아 뭘 하나 점 잘 치면 됐지
소경 눈치 보아 뭘 해 점이나 잘 쳐야지

점쟁이 소경이 점이나 잘 치면 됐지 보지도 못하는 눈으로 눈치를 봐서 뭘 하겠느냐는 뜻으로, 남의 눈치를 살피지 말고 제 맡은 일이나 잘하며 살라는 말.

소경 단청 구경

1. 소경이 여러 빛깔로 곱게 칠한 단청을 보더라도 아무것도 보지 못한다는 뜻으로, 사물의 참모습과 가치를 깨닫지 못함을 빗대어 이르는 말. 2. 아무리 보아도 그 참된 아름다움을 알아볼 능력이 없는 경우를 빗대어 이르는 말.

같은 속담 봉사 굿 보기 • 봉사 단청 구경 • 소경 관등 가듯 • 장님 단청[대청] 구경 • 장님 사또 구경 • 장님 은빛 보기다[보듯]

소경더러 눈멀었다 하면 노여워한다

자기가 알고 있는 흠이라도 남이 그것을 말하면 싫어한다는 말.

같은 속담 눈먼 소경더러 눈멀었다 하면 성낸다

소경 매질하듯[팔매질하듯]

1. 아무 데나 가리지 않고 함부로 때리는 모양을 빗대어 이르는 말. 2. 옳고 그름을 가릴 줄도 모르는 사람이 젠체하며 남의 잘못을 집어서 가리키는 경우를 빗대어 이르는 말. 3. 어떤 일을 꼼꼼히 따져 보지도 않고 되는대로 처리하거나 덤비는 모양을 빗대어 이르는 말.

ㅅ

소경 맴돌이 시켜 놓은 것 같다

소경을 제자리에서 뱅뱅 돌려 놓으면 얼떨떨해하듯이, 1. 한꺼번에 보고 들은 것이 너무 많아서 어리둥절한 모양을 빗대어 이르는 말. 2. 어느 곳을 벗어나지 못하고 한곳에서만 맴도는 모습을 빗대어 이르는 말.

낱말 풀이 **맴돌이** 제자리에서 뱅뱅 맴을 돎.

소경 머루 먹듯

소경은 앞을 못 보기 때문에 먹음직스러운 머루를 고르지 못하고 손에 잡히는 대로 먹는다는 뜻으로, 좋고 나쁜 것을 가리지 못하고 아무것이나 되는대로 골라잡는 것을 빗대어 이르는 말.

같은 속담 들녘 소경 머루 먹듯

소경 문걸쇠
소경 문고리 잡듯[잡은 격]

1. 눈먼 이가 운 좋게 문고리를 잡은 것과 같다는 뜻으로, 그럴 능력이 없는 사람이 어쩌다가 운 좋게 어떤 일을 이룬 경우에 빗대어 이르는 말. 2. 소경이 문

고리를 더듬어 찾느라 허둥거리듯이, 가까이 두고도 찾지 못하여 우물거리거나 안타까워함을 빗대어 이르는 말.

같은 속담 봉사 문고리 잡기 • 소경이 문 바로 든다 • 장님 문고리 잡기

낱말 풀이 **문걸쇠** 대문이나 방의 여닫이문을 잠그기 위하여 빗장으로 쓰는 'ㄱ' 자 모양의 쇠.

소경 북자루 쥐듯

제대로 다루지도 못하면서 어떤 일이나 물건 따위를 꽉 움켜쥐고 놓지 않는 모양을 빗대어 이르는 말.

같은 속담 장님 북자루 쥐듯

소경 시집 다녀오듯

소경이 시집을 다녀왔으나 아무것도 못 보고 돌아왔다는 뜻으로, 내용도 잘 모른 채 무턱대고 다녀오기만 하여 심부름을 제대로 하지 못하는 경우를 빗대어 이르는 말.

같은 속담 소경이 장 구경 다니듯

소경 아이 낳아 만지듯

'소경 갓난아이 더듬듯'과 같은 속담.

소경의 초하룻날

옛날에, 사람들이 초하룻날마다 그달 운수를 보려고 점쟁이 소경에게 몰려들어 소경의 벌이가 좋았다는 데서, 운수가 좋아 벌어들이는 것이 많은 경우를 빗대어 이르는 말.

소경이 그르냐 개천이 그르냐

'소경 개천 그르다 하여 무얼 해'와 같은 속담.

소경이 넘어지면 막대[지팡이] 탓이다

제가 잘못하거나 실수한 까닭을 자기 자신한테서 찾지 않고 애먼 사람이나 조건 탓만 하는 경우에 핀잔하여 이르는 말.

같은 속담 넘어지면 막대 타령이라 • 장님이 넘어지면 지팡이 나쁘다 한다

소경이 문 바로 든다

'소경 문걸쇠'와 같은 속담.

소경이 셋이 모이면 못 보는 편지를 뜯어본다

앞을 못 보는 소경이라도 셋이 모이면 못 보는 편지도 읽을 수 있다는 뜻으로, 한 사람 한 사람으로 보면 어떤 일을 할 능력이 없지만 여러 사람이 힘과 슬기를 모으면 어떤 어렵고 힘든 일도 해낼 수 있다는 말.

같은 속담 장님이 셋이면 편지를 본다

소경이 장 구경 다니듯

1. 소경이 아무리 장 구경을 다녀도 아무것도 보지 못한다는 데서, 내용도 잘 모른 채 무턱대고 다녀오기만 하여 심부름을 제대로 하지 못하는 경우를 빗대어 이르는 말. 2. 아무 보람도 없고 값어치도 없는 행동을 빗대어 이르는 말.

같은 속담 소경 시집 다녀오듯

소경이 장 먹듯
소경 장 떠먹기

소경이 손을 더듬어 장을 떠먹듯이, 내용도 모르면서 무슨 일을 그저 어림짐작으로만 처리하는 경우를 빗대어 이르는 말.

낱말 풀이 **장** 간장, 된장, 고추장 따위를 통틀어 이르는 말.

ㅅ

소경이 저 죽을 날 모른다

남의 앞날을 알려 주는 눈먼 점쟁이도 제가 죽을 날은 모른다는 뜻으로, 남 일에 대해서는 다 아는 체하면서 막상 제 일에 대해서는 전혀 알지 못하는 경우에 빗대어 이르는 말.

소경이 지팡이에 의지하듯

소경이 저 혼자 움직이거나 길을 다니자면 기댈 데가 오직 지팡이뿐이라는 뜻으로, 어떤 것에 오롯이 기대어 도움을 받고 있는 모양을 빗대어 이르는 말.

소경이 코끼리 만지고 말하듯
소경이 코끼리 배 만진 격

소경이 큰 코끼리의 일부만 만져 보고 온 모습인 줄 안다는 뜻으로, 어떤 것에 대해 잘 모르면서 한쪽만 보고 섣불리 판단하여 말하는 경우를 이르는 말.

읽을거리 옛날에, 눈먼 소경 세 사람이 코끼리 구경을 갔대. 앞이 안 보이니 저마다 더듬더듬 코끼리를 만져 보고 나서 한마디씩 했어. 한 사람은 코끼리 몸뚱이만 만져보고 큰 담벼락 같다고 했어. 한 사람은 코끼리 다리만 만져 보고 큰 기둥 같다고 했어. 한 사람은 코끼리 코만 만져 보고 큰 구렁이 같다고 했어. 그러니까 몸뚱이 전체가 아니라 어느 한 부분만 만져 보고 마치 코끼리를 본 것처럼 말한 거지. 진짜 코끼리가 어디 그래? 자기는 다 아는 것 같아도 사실은 그렇지 못한 때 쓰는 말이야.

소경 잠자나 마나

소경은 잠을 자나 안 자나 언제나 눈을 감고 있다는 뜻으로, 무엇을 하나 마나 무엇이 있으나 마나 큰 차이가 없는 경우에 빗대어 이르는 말.

같은 속담 곱사등이 짐 지나 마나 • 귀머거리 귀 있으나 마나 • 봉사 안경 쓰나 마나 • 뻗정다리 서나 마나 • 앉은뱅이 앉으나 마나 • 장님 잠자나 마나

소경 제 닭 잡아먹기
소경 제 호박 따기

소경이 횡재했다며 잡아먹은 닭이 제집 닭이었다는 뜻으로, 이익을 보려고 한 일이 도리어 제게 큰 손해를 가져오는 경우를 빗대어 이르는 말.

같은 속담 장님 제 닭 잡아먹듯

소경 파밭 두드리듯[매듯]

파와 풀을 가리지 못하는 눈먼 소경이 파밭을 맨다는 뜻으로, 1. 무슨 일을 어림짐작도 없이 함부로 하여 일을 어지럽게 만드는 경우를 빗대어 이르는 말. 2. 분수없이 덤벼들어 일을 망치거나 어떤 물건을 못 쓰게 만드는 것을 빗대어 이르는 말.

ㅅ

소경 팔양경 외듯

'소경 경 읽듯'과 같은 속담.

낱말 풀이 **팔양경** 불교에서, 혼인, 장례 따위에 관한 미신을 없애려는 내용의 불경.

소 굿 소리 듣듯

1. 소는 굿하는 소리를 들어도 전혀 알아듣지 못한다는 데서, 늘 보고 듣는 것에 대하여 무관심하고 아무것도 모르는 경우를 빗대어 이르는 말. 2. 남이 하는 말을 아무 생각 없이 듣고만 있는 경우를 빗대어 이르는 말.

소 궁둥이에다 꼴을 던진다

1. 소를 먹이려고 힘들여 베어 온 꼴을 소 궁둥이에 던져 준다는 뜻으로, 힘들게 번 것을 아무렇게나 써 버리는 것을 빗대어 이르는 말. 2. 아무리 애쓰고 밑천을 들여도 보람이 없는 경우를 빗대어 이르는 말. 3. 사람이 몹시 둔하고 미련하여 아무리 가르쳐도 보람이 없음을 빗대어 이르는 말.

소금도 곰팡 난다
소금도 쉴 때가 있다

짜디짠 소금에도 뜻밖에 곰팡이가 날 때가 있다는 뜻으로, 어떤 경우에라도 탈이 생기지 않을 거라고 자신있게 말할 수 없다는 말.

읽을거리 우리는 날마다 소금을 먹어. 소금은 음식 맛을 내거나 김치나 장을 담글 때, 또 물고기나 고기를 상하지 않게 오래 두고 먹으려고 할 때 꼭 필요해. 소금은 소금밭(염전)에서 바닷물로 만들어. 좋은 소금은 알갱이가 고르고 손으로 비벼도 잘 바스러지지 않아. 또 뒷맛이 쓰지 않고 달지. 소금은 우리 몸에도 있어. 그래서 땀이나 눈물이 짠맛이 나는 거야. 소금은 공기나 물처럼 우리가 사는 데 꼭 필요해.

소금도 없이 간 내먹다

1. 어떤 준비나 아주 작은 밑천도 없이 큰 이익을 보려고 하는 경우를 비꼬아 이르는 말. 2. 매우 인색하게 구는 것을 비꼬아 이르는 말.

소금 먹던 게 장을 먹으면 조갈병에 죽는다

소금만 먹던 사람이 장맛을 보고 좋다고 너무 먹다가는 탈이 난다는 뜻으로, 없이 살던 사람에게 좋은 것이 생기면 지나치게 욕심을 내게 되어 화를 입기 쉽다는 말.

낱말 풀이 **조갈병** 입술이나 입안, 목 따위가 타는 듯이 몹시 마르는 병.

소금 먹은 놈이 물켠다[물 먹는다]
소금 먹은 소가 물을 켜지

짠 음식을 먹으면 물을 많이 마시기 마련이라는 뜻으로, 무슨 일이든 원인이 있으면 그에 따른 결과도 있다고 빗대어 이르는 말.

같은 속담 먹는 놈이 똥을 눈다 • 먹는 소가 똥을 누지

소금 먹은 소 굴우물 들여다보듯

소금 먹은 소가 목이 말라 깊은 우물을 들여다보기만 한다는 뜻으로, 어떤 일에 손쓸 방법을 찾지 못하고 안타깝게 애만 쓰는 모양을 빗대어 이르는 말.

같은 속담 목마른 송아지 우물 들여다보듯

소금 먹은 푸성귀

풀이 죽어 후줄근한 모양을 빗대어 이르는 말.

낱말 풀이 **푸성귀** 사람이 가꾼 채소나 저절로 난 온갖 나물을 이르는 말.

소금 섬을 물로 끌라고 해도 끈다

소금 자루를 물로 끌어들이면 소금이 다 녹아 없어지는데도 아무 생각 없이 남이 시키는 대로 한다는 뜻으로, 무슨 일이든 제 생각 없이 남이 시키는 대로만 하는 경우를 빗대어 이르는 말.

같은 속담 여울로 소금 섬을 끌래도 끌지

ㅅ

소금에 아니 전 놈이 장에 절까

소금에도 절지 않은 것이 소금보다 덜 짠 장에 절여지겠느냐는 뜻으로, 더 큰 속임수나 나쁜 계략에도 빠지지 않았던 사람이 자그마한 꾐에 속을 리도 없거니와 어지간한 일에 못 견딜 리도 없다는 말.

소금으로 장을 담근다 해도 곧이듣지 않는다

1. 아무리 사실대로 말해도 믿지 않음을 빗대어 이르는 말. 2. 옳은 말도 거짓말을 잘하는 사람이 하면 믿기 어려움을 빗대어 이르는 말.

같은 속담 찹쌀로 찰떡을 친대도 곧이듣지 않는다 • 콩 가지고 두부 만든대도 곧이 안 듣는다 • 콩으로 메주를 쑨다 하여도 곧이듣지 않는다

소금을 팔러 나섰더니 비가 온다

하는 일마다 뜻대로 되지 않고 어긋나거나 틀어지는 경우에 빗대어 이르는 말.

같은 속담 가루 팔러 가니 바람이 불고 소금 팔러 가니 이슬비 온다 • 밀가루 장사 하면 바람이 불고 소금 장사 하면 비가 온다 • 소금 팔러[타러] 가면 비가 오고 가루 팔러 가면 바람 분다

소금이 쉰다

틀림없다고 믿었던 일이 뜻밖에 어긋난 경우를 빗대어 이르는 말.

소금이 쉴까

소금은 녹아도 쉬는 법은 없다는 뜻으로, 1. 어떤 조건에서도 바뀌지 않고 틀림없어서 매우 미덥다는 말. 2. 매우 굳게 믿는 사람을 빗대어 이르는 말.

소금이 쉴 때까지 해 보자

소금은 짜디짜서 쉬는 법이 없는데 소금이 쉴 때까지 해 보자는 뜻으로, 아무리 시간이 오래 걸리더라도 어떤 일을 반드시 끝장을 보겠다는 말.

소금 팔러[타러] 가면 비가 오고 가루 팔러 가면 바람 분다

'소금을 팔러 나섰더니 비가 온다'와 같은 속담.

소나기 삼 형제

옛날부터 봄에 오는 소나기는 내렸다 멎었다 하면서 세 차례에 걸쳐 쏟아진다고 하여 빗대어 이르던 말.

같은 속담 봄 소나기 삼 형제

소나무가 말라 죽으면 잣나무가 슬퍼한다

소나무나 잣나무는 같은 무리에 속하는 나무이므로 소나무가 죽으면 잣나무가 슬퍼한다는 뜻으로, 같은 처지에 있는 사람들끼리 서로 딱하게 여기고 괴로움과 슬픔, 어려운 일들을 함께 나누는 것을 빗대어 이르는 말.

같은 속담 난초 불붙으니 혜초 탄식한다 • 여우가 죽으니까 토끼가 슬퍼한다 • 토끼 죽으니 여우 슬퍼한다

소년고생은 사서 하랬다
소년의 고생은 은을 주고도 못 산다

젊어서 하는 고생은 힘들어도 나중에는 밑거름이 되어 살아가는 데 큰 도움이 되므로 그 고생을 달게 여기라고 가르쳐 이르는 말.

같은 속담 젊어 고생은 사서도 한다 • 초년고생은 만년 복이라

낱말 풀이 **소년고생** 젊을 때 하는 고생.

소 닭 보듯 (닭 소 보듯)

서로 아무런 생각이나 관심 없이 바라보는 모양을 빗대어 이르는 말.

같은 속담 개 닭 보듯

소 대가리에 말 궁둥이 갖다 붙인다
소 대가리에 말 꼬리를 달아 놓은 격

1. 차림새가 격에 맞지도 않고 도무지 어울리지 않아 차마 보기가 어려운 모양을 빗대어 이르는 말. 2. 실제 사정에 맞지 않게 일의 차례나 짜임을 뒤바꾸어 하는 경우를 빗대어 이르는 말.

소댕으로 자라 잡듯

겉보기에 자라 등딱지와 비슷한 솥뚜껑을 들고 와서 자라를 잡았다고 한다는

뜻으로, 그저 모양만 비슷한 물건을 가지고 와서 엉뚱한 소리를 하며 우기는 사람을 비웃어 이르는 말.

낱말 풀이 **소댕** 솥을 덮는 쇠뚜껑.

소더러 한 말은 안 나도 처더러 한 말은 난다

소같이 말 못 하는 짐승에게 한 말은 새어 나가지 않으나 가까운 식구한테 한 말은 새어 나간다는 뜻으로, 아무리 믿는 사이라도 말을 가려서 조심히 해야 한다고 빗대어 이르는 말.

같은 속담 소 앞에서 한 말은 안 나도 아버지[어미] 귀에 한 말은 난다 • 아내에게 한 말은 나도 소에게 한 말은 나지 않는다 • 어미한테 한 말은 나도 소한테 한 말은 안 난다

소도둑놈[소도적놈]같이 생겼다

생김새가 몹시 사납고 드세게 생겼다는 말.

소도 언덕이 있어야 비빈다[디딘다]

언덕이 있어야 소도 가려운 데를 비비거나 발을 디뎌 볼 수 있다는 뜻으로, 누구나 의지할 곳이 있어야 어떤 일이든 시작하거나 이룰 수가 있다는 말.

같은 속담 도깨비도 수풀이 있어야 모인다

소 뒷걸음질 치다 쥐 잡기

소가 뒷걸음질을 치다가 우연히 쥐를 잡았다는 뜻으로, 어쩌다가 뜻밖의 성과를 거둔 경우에 빗대어 이르는 말.

소 등에 못 실은 짐을 벼룩 등에 실을까

소의 커다란 등에도 싣지 못한 많은 짐을 조그만 벼룩의 등에 실을 수 있겠느

냐는 뜻으로, 도무지 어림없는 일을 하려는 사람을 비웃어 이르는 말.

소똥도 약에 쓸 때가 있다

아무리 보잘것없는 것이라도 매우 중요하게 쓰이는 때가 있다는 말.

같은 속담 개똥도 약에 쓴다

소라가 똥 누러 가니 소라게 기어들었다

빈틈을 타서 남의 자리를 차지하는 뻔뻔스러운 짓을 비꼬아 이르는 말.

소라 껍질 까먹어도 한 바구니 안 까먹어도 한 바구니

소라는 살을 까먹어도 껍질은 그대로 남는다는 뜻으로, 무슨 일을 하고 난 뒤에도 흔적이 남지 않는 경우를 빗대어 이르는 말.

낱말 풀이 **바구니** 대나 싸리를 엮어 만든 속이 깊은 그릇.

바구니

소리 난 방귀가 냄새 없다

소문만 요란하고 실속은 없는 경우를 빗대어 이르는 말.

소리 없는 고양이 쥐 잡듯

고양이가 소리 없이 다가가 날쌔게 쥐를 잡듯 한다는 뜻으로, 무슨 일을 말없이 재빠르게 해내는 경우에 빗대어 이르는 말.

소리 없는 벌레가 벽을 뚫는다

아무 소리도 안 내고 꾸무럭거리는 벌레가 벽에 구멍을 뚫는다는 뜻으로, 말없이 꾸준히 일하는 사람이 오히려 큰일을 해낸다고 빗대어 이르는 말.

소매가 길면 춤을 잘 추고 돈이 많으면 장사를 잘한다

조건이 잘 갖추어졌거나 밑천이 든든하면 무슨 일이든 잘하기 쉽다는 말.

소매 긴 김에 춤춘다

어떤 일을 하려고 생각하다가 뜻밖에 좋은 기회가 생겨 그 일을 해치우는 경우에 빗대어 이르는 말.

같은 속담 떡 본 김에 굿한다[제사 지낸다] • 활을 당기어 콧물을 씻는다

소 먹이기 힘든데 괭이질을 어찌할까

고삐를 매어 풀밭에 놓아주기만 하면 되는 소도 먹이기 힘들다고 하는데 그보다 훨씬 힘든 괭이질을 어떻게 하겠느냐는 뜻으로, 1. 아주 쉬운 일도 못 하면서 더 힘든 일을 어떻게 할 수 있겠느냐고 비웃어 이르는 말. 2. 일할 줄 모르는 선비를 비꼬아 이르던 말.

소문난 물산이 더 안되었다
소문난 잔치 비지떡이 두레 반이라
소문난 잔치에 먹을 것 없다

떠들썩하게 난 소문이 뜻밖에 보잘것없거나 큰 기대에 못 미치는 경우를 빗대어 이르는 말.

같은 속담 이름난 잔치 배고프다

낱말 풀이 **두레** 둥근 켜로 된 시루떡 덩이. 또는 그것을 세는 단위. **물산** 한 지방에서 나는 물품. **비지떡** 두부를 만들고 남은 비지에 쌀가루나 밀가루를 넣고 반죽하여 부친 떡.

소문난 호랑이 잔등이 부러진다

세상에 떠들썩하게 소문이 나면 오히려 화가 생기기 쉽다는 말.

소문은 잘된 일보다 못된 것이 더 빠르다

나쁜 소문일수록 더 빨리 퍼진다는 말.

소반 가운데 구는 구슬

구슬이 별로 빛을 내지 못하고 작은 밥상 가운데에서 쓸모없이 굴러다닌다는 뜻으로, 충분히 높은 자리에 오를 만큼 능력이 뛰어난 사람이 써 주는 곳이 없어 딱하게 된 처지를 빗대어 이르는 말.

낱말 풀이 **소반** 나무로 만든 자그마한 밥상.

ㅅ

소불알 떨어지면 구워 먹겠다고 소금 가지고 따라다닌다

쇠불알을 구워 먹겠다고 살아 있는 소의 불알이 저절로 떨어지기를 기다린다는 뜻으로, 아무런 애도 쓰지 않고 언제 이루어질지 모를 일을 마냥 기다리거나 도무지 될 턱이 없는 것만 헛되이 바라는 어리석음을 비웃어 이르는 말.

같은 속담 쇠불알 떨어지면 구워 먹기 • 오뉴월 쇠불알 떨어지기를 기다린다 • 황소 불알 떨어지면 구워 먹으려고 다리미에 불 담아 가지고 다닌다

소뿔도 꼬부라드는 중복 고비
소뿔도 꼬부라든다

'삼복더위에 소뿔도 꼬부라든다'와 같은 속담.

낱말 풀이 **중복** 삼복 가운데 중간에 드는 복날. 삼복은 여름철에 가장 더운 때이다.

소뿔도 손대였을 때 뽑아라

무슨 일이든지 하려고 마음먹었으면 망설이지 말고 한창 열이 올랐을 때 곧바로 행동으로 옮기라는 말.

같은 속담 단김에 소뿔 빼듯 • 쇠뿔도 단김에 빼라[빼랬다]

소뿔에 달걀 쌓는다
소뿔 위에 달걀 쌓을 궁리를 한다

뾰족한 소뿔 위에 둥글둥글한 달걀을 세우려 한다는 뜻으로, 도무지 할 수 없는 일을 해 보겠다고 어리석게 행동하는 것을 빗대어 이르는 말.

소싯적에 호랑이 안 잡은 시어머니 없다

젊었을 때 무슨 큰일이나 한 것처럼 우쭐대며 뽐내는 사람을 비웃어 이르는 말.

같은 속담 옛날 시어미 범 안 잡은 사람 없다 • 젊어서 소 타 보지 않은 영감이 없다

낱말 풀이 **소싯적** 젊었을 때.

소 앞에서 한 말은 안 나도 아버지[어미] 귀에 한 말은 난다

'소더러 한 말은 안 나도 처더러 한 말은 난다'와 같은 속담.

소 잃고 외양간 고친다

소를 도둑맞고 빈 외양간의 허물어진 곳을 고치겠다고 수선을 떤다는 뜻으로, 일이 이미 잘못된 뒤에는 손을 써 보아야 아무 쓸데가 없다고 비꼬아 이르는 말.

같은 속담 도둑맞고 사립[빈지/사립문] 고친다 • 도적놈 보고 새끼 꼰다 • 말 잃고 외양간 고친다

소 잡은 터전은 없어도 밤 벗긴 자리는 있다

커다란 소를 잡은 자리는 흔적이 없어도 조그만 밤을 벗겨 먹고 난 자리는 밤송이와 껍질이 남아 있다는 뜻으로, 1. 크게 벌인 일은 잘 드러나지 않는데 오히려 대단치 않은 일이 잘 드러나서 말썽을 일으키는 경우에 빗대어 이르는 말. 2. 나쁜 일이면 작은 것이라도 쉽게 드러나게 마련임을 빗대어 이르는 말.

소코를 제 코라고 우긴다

뻔히 틀린 것을 알면서도 체면 때문에 주장을 굽히지 않고 생억지를 부리는 사람을 비웃어 이르는 말.

소 탄 양반의 송사 결정이라

1. 소 탄 양반에게 물으면 이래도 끄덕, 저래도 끄덕 하여 도무지 그 뜻을 헤아릴 수 없음을 빗대어 이르는 말. 2. 올바르고 정확한 판결을 빗대어 이르던 말.

읽을거리 소 탄 양반은 조선 시대에 정승을 지낸 맹사성을 가리켜. 맹사성은 사람 됨됨이가 겸손하여 정승이라는 티를 조금도 내지 않았대. 밖에 나갈 때 소를 타는 것을 좋아해서 사람들이 정승인 줄 못 알아봤다지. 맹사성은 어느 한 사람 편만 들지 않고 똑바로 일을 처리해서 당시 사람들은 맹사성이 하는 말이라면 무조건 옳다고 믿었다는 데서 나온 말이야. 나이가 들어 벼슬에서 물러난 뒤에도 나라에 중요한 일이 있으면 맹사성에게 의논을 했다고 해.

소 팔아 닭 산다
소 팔아 소고기 사 먹는다

큰 소를 팔아서 그 돈으로 작은 닭을 산다는 뜻으로, 1. 큰 것을 바치고서 적은 이익을 얻는 어리석음을 비웃어 이르는 말. 2. 밑진 장사나 그릇된 살림살이를 빗대어 이르는 말.

소한의 얼음 대한에 녹는다
소한이 대한의 집에 몸 녹이러 간다

1. 글자 뜻만 보면 대한이 소한보다 더 추울 것 같지만 소한 때가 대한 때보다 더 춥다고 일러 오던 말. 2. 일이 반드시 순서대로 되지 않을 때도 있다는 말.

같은 속담 대한이 소한네 집에 놀러 갔다가 얼어 죽는다 • 추운 소한은 있어도 추운 대한은 없다 • 춥지 않은 소한 없고 추운 대한 없다

ㅅ

소한 추위는 꾸어다가라도 한다

소한 때는 어김없이 춥다고 일러 오던 말.

소 힘도 힘이요 새 힘도 힘이다

새가 소보다 힘이 덜 세지만 힘은 힘이라는 뜻으로, 사람은 누구에게나 크나 작으나 저마다 능력이 있음을 빗대어 이르는 말.

속 각각 말 각각

저마다 하는 말과 생각이 서로 다른 경우를 이르는 말.

속 검은 놈일수록 흰 체한다
속 검은 사람일수록 비단 두루마기를 입는다

마음보가 못되고 속마음이 시커먼 사람일수록 겉으로는 깨끗하고 착한 척한다는 말.

속곳 벗고 은가락지 낀다

알몸에 은가락지를 끼고 겉치레를 한다는 뜻으로, 격에 어울리지 않는 겉치레를 하여 웃음거리가 된 경우를 빗대어 이르는 말.

같은 속담 속저고리 벗고 은반지 • 적삼 벗고 은가락지 낀다

속곳 벗고 함지박에 들었다

너무 급한 나머지 알몸인 채로 앞도 가리지 못할 함지박에 뛰어들었다는 뜻으로, 1. 옴짝달싹 못 하고 낭패를 보게 된 경우를 빗대어 이르는 말. 2. 여러 사람 앞에서 톡톡히 망신을 당하게 된 경우를 이르는 말.

함지박

낱말 풀이 **함지박** 통나무 속을 파서 큰 바가지같이 만든 그릇. =함지.

속병에 고약

속병이 들었는데 살갗이 헐거나 곪은 데를 치료하는 고약을 붙인다는 뜻으로, 마땅치 않은 일 처리를 빗대어 이르는 말.

속 빈 강정

속 빈 강정의 잉어등 같다

1. 겉만 그럴듯하고 속이 텅텅 비어 아무 실속이 없는 경우를 빗대어 이르는 말. 2. 손 안에 돈이 한 푼도 없는 경우를 빗대어 이르는 말.

같은 속담 사탕붕어의 겅둥겅둥이라

속에 구렁이가[어른/영감이] 들었다[들어앉았다]

속에 대감이 몇 개 들어앉았다

1. 구렁이가 똬리를 틀고 죽은 듯이 있다가 개구리나 쥐 따위를 집어삼키듯이, 어수룩해 보이지만 겉보기와 다르게 온갖 것을 다 알고 있는 경우에 빗대어 이르는 말. 2. 사람이 엉큼하고 능글맞아서 순진하고 털털한 맛이 없는 경우에 빗대어 이르는 말.

낱말 풀이 **대감** 조선 시대에, 벼슬아치를 높여 부르던 말.

속에 뼈 있는 소리

1. 살 속에 굳고 단단한 뼈가 들어 있듯이, 말에 깊이 새겨야 할 뜻이 담겨 있는 경우를 빗대어 이르는 말. 2. 하는 말에 나쁜 마음이나 좋지 않은 뜻이 들어 있는 경우를 빗대어 이르는 말.

속옷까지 벗어 주다

1. 남에게 베푸는 것이 지나친 경우를 빗대어 이르는 말. 2. 상대의 요구를 들어줄 수밖에 없는 구차한 형편에 놓여 있음을 빗대어 이르는 말.

속으로 기역 자를 긋는다

어떤 일에 대하여 마음속으로 미리 그러하다고 여기는 것을 빗대어 이르는 말.

속이 먹통

1. 목수들이 쓰는 먹통 속처럼 새까맣다는 뜻으로, 아무것도 모르는 것을 빗대어 이르는 말. 2. 속이 엉큼하고 고약한 것을 빗대어 이르는 말.

속이 빈 깡통이 소리만 요란하다

지식이 얕고 능력이 없는 사람일수록 더 아는 체하며 떠들어 댄다는 말.

같은 속담 빈 깡통이 소리는 더 난다[요란하다] • 빈 수레[달구지]가 요란하다

속잎이 자라나면 겉잎이 젖혀진다

'새잎이 돋아나면 묵은 잎이 떨어진다'와 같은 속담.

속저고리 벗고 은반지

'속곳 벗고 은가락지 낀다'와 같은 속담.

손가락도 길고 짧다

아무리 같은 조건에 있더라도 서로 조금씩은 다른 데가 있기 마련이라고 빗대어 이르는 말.

같은 속담 같은 손가락에도 길고 짧은 것이 있다 • 한날한시에 난 손가락도 길고 짧은 것이 있다

손가락에 불을 지르고 하늘에 오른다
손가락에 장을 지지겠다

1. 상대편이 어떤 일을 도저히 할 수 없을 것이라고 장담할 때 하는 말. 2. 자기가 하는 말이 틀림없다고 장담하는 말.

같은 속담 손바닥에 장을 지지겠다 • 손톱에 장을 지지겠다

손가락으로 하늘 재기[찌르기]

끝없이 높고 넓은 하늘을 한 뼘도 못 되는 손가락으로 재려고 한다는 뜻으로, 도무지 할 수 없는 일을 하겠다고 부질없이 덤비는 사람을 비웃어 이르는 말.

같은 속담 바지랑대로 하늘 재기 • 장대로 하늘 재기

손가락 하나 까딱 않다

몸은커녕 손가락 하나도 움직이지 않는다는 뜻으로, 아무 일도 안 하고 빈둥빈둥 놀기만 하는 것을 나무라는 관용 표현.

같은 관용 손끝 하나 까딱 안 하다

손금(을) 보듯 한다[환하다]

제 손바닥에 나 있는 금들을 보듯 한다는 뜻으로, 모든 것을 뚜렷하고 환하게 알고 있다는 관용 표현.

손꼽아 기다리다

기대에 차 있거나 안타까운 마음으로 날짜를 꼽으며 기다린다는 관용 표현.

손끝에 물도 안 튀긴다
손끝으로 물만 튀긴다

아무 일도 안 하고 뻔뻔하게 놀기만 하는 것을 비꼬아 이르는 말.

같은 속담 열 손가락으로 물을 튀긴다

ㅅ

손끝이 거름

사람 손이 많이 간 논밭은 거름을 준 것처럼 곡식이 잘된다는 뜻으로, 부지런히 손발을 놀려서 곡식을 가꾸는 것이 농사에서 가장 중요하다는 말.

손끝 하나 까딱 안 하다

'손가락 하나 까딱 않다'와 같은 관용 표현.

손바닥에 장을 지지겠다

'손가락에 불을 지르고 하늘에 오른다'와 같은 속담.

손바닥에 털이 나겠다

게을러서 아무 일도 하지 않는 것을 비꼬아 이르는 말.

손바닥으로 하늘 가리기

1. 아무리 숨기려고 해도 소용없음을 빗대어 이르는 말. 2. 그때그때 처한 상황에 맞추어 때우는 식으로 처리하는 것을 빗대어 이르는 말.

손바닥을 뒤집는 것처럼 쉽다

아주 손쉽게 할 수 있는 일을 빗대어 이르는 말.

같은 속담 쉽기가 손바닥 뒤집기다

손발을 맞추다

함께 일을 하는 데에 마음, 의견, 행동 방식을 서로 맞게 한다는 관용 표현.

손발이 맞다

함께 일을 하는 데에 마음, 의견, 행동 방식이 서로 잘 맞다는 관용 표현.

손뼉도 마주쳐야[마주 울려야] 소리가 난다

1. 무슨 일이든지 혼자서는 이루기 어려우며 서로 뜻이 맞아야 성과를 거둘 수 있다고 빗대어 이르는 말. 2. 서로 똑같기 때문에 다툼이 일어나므로 그 책임은 둘 모두에게 있다고 빗대어 이르는 말.

같은 속담 도둑질을 해도 손발[눈]이 맞아야 한다 • 두 손뼉이 맞아야 소리가 난다 • 빌어먹어도 손발이 맞아야 한다

손 안 대고 코 풀기

일을 힘 안 들이고 매우 쉽게 해냄을 빗대어 이르는 말.

ㅅ

손에 붙은 밥[밥풀] 아니 먹을까

절로 굴러 들어와 이미 제 차지가 된 행운을 잡지 않을 사람은 없다는 말.

손은 갈수록 좋고 비는 올수록 좋다

농사는 사람 손이 많이 가고 비가 자주 올수록 잘된다는 말.

낱말 풀이 **손** 사람의 팔목 끝에 달린 부분으로 여기서는 '일손'을 이르는 말.

손은 갈수록 좋고 비는 올수록 좋다

손님은 일찍 돌아가 주는 것이 고맙고 농사에는 비가 많이 오면 좋다는 말.

손이 들이굽지 내굽나

사람의 손은 안쪽으로만 구부러지고 바깥쪽으로 굽지 않는다는 뜻으로, 사람은 누구나 자기와 가까운 사람에게 마음이 더 가기 마련이라는 말.

같은 속담 제 손가락이 안으로 곱힌다[굽힌다] • 팔이 들이굽지 내굽나

손이 많으면 일도 쉽다

어떤 일이든지 여러 사람이 힘을 합치면 쉽게 해낼 수 있다는 말.

손이 발이 되도록[되게] 빈다

부드러운 손바닥이 단단하고 거친 발바닥처럼 될 때까지 빈다는 뜻으로, 잘못을 용서해 달라고 몹시 간절하게 비는 것을 빗대어 이르는 말.

손이 차가운 사람은 심장이 뜨겁다

겉으로 차가워 보이는 사람이 인정 있게 구는 사람보다 오히려 따뜻하고 정이 많다고 빗대어 이르는 말.

손이 크다

1. 씀씀이가 크고 후하다는 관용 표현. 2. 수단이 좋고 많다는 관용 표현.

손자를 귀애하면 코 묻은 밥을 먹는다

할아버지 할머니가 손자를 몹시 사랑하면 손자 코가 묻은 밥을 먹기 일쑤라는 뜻으로, 1. 사람을 너무 위해 주면 어려운 줄 모르고 함부로 대한다는 말. 2. 철없는 사람과 가까이 사귀면 이로울 것이 하나도 없다고 빗대어 이르는 말.

낱말 풀이 **귀애하다** 귀엽게 여겨 사랑하다.

손자 밥 떠먹고 천장 쳐다본다

할아버지 할머니가 손자의 밥을 떠먹고는 딴전을 피우느라 천장을 올려다본다는 뜻으로, 낯이 서지 못할 겸연쩍은 짓을 저질러 놓고는 모르는 척하고 시치미를 떼는 경우를 빗대어 이르는 말.

손자 턱에 흰 수염 나겠다
손자 환갑 닥치겠다

그렇게 오래 기다리다가는 손자가 늙어 버리겠다는 뜻으로, 어떤 일이 너무 오래 걸려서 기다리기 지루할 때 빗대어 이르는 말.

같은 속담 없는 손자 환갑 닥치겠다

손 잰 승[중] 비질하듯

손놀림이 잰 중이 절간 뜨락을 빗자루로 싹싹 쓸듯이, 손이 재고 날렵하여 일을 시원하게 해치우는 모양을 빗대어 이르는 말.

ㅅ

손 큰 어미 장 도르듯 한다

1. 물건을 헤프게 쓰는 것을 빗대어 이르는 말. 2. 어떤 물건을 아주 넉넉하게 나누어 주는 것을 빗대어 이르는 말.

낱말 풀이 **도르다** 몫을 갈라서 따로따로 나누다.

손톱 곪는 줄은 알아도 염통 곪는 줄은 모른다
손톱 밑에 가시 드는 줄은 알아도 염통 밑에 쉬스는 줄은 모른다

눈앞에 보이는 사소한 결함은 잘 알아도 눈에 보이지 않는 큰 결함이나 중대한 문제에 대해서는 잘 모름을 빗대어 이르는 말.

같은 속담 발등에 떨어진 불만 보고 염통 곪는 것은 못 본다 • 염통에 고름 든 줄은 몰라도 손톱눈에 가시 든 줄은 안다

손톱 밑의 가시

손톱 밑에 가시가 들면 매우 괴롭고 거북하다는 뜻으로, 늘 마음속에 께름칙하게 걸리는 일을 빗대어 이르는 말.

손톱 밑의 가시가 생손으로 곪는다

손톱 밑에 박힌 가시가 덧나서 손가락 끝이 곪는다는 뜻으로, 하찮은 것 때문에 큰 해를 입게 되는 경우를 빗대어 이르는 말.

손톱 발톱이 젖혀지도록 벌어 먹인다

손발톱이 다 닳아서 안쪽 살이 드러날 때까지 일해서 벌어 먹인다는 뜻으로, 1. 식구들을 먹여 살리기 위하여 있는 힘을 다해 일하는 것을 빗대어 이르는 말. 2. 남을 위하여 몹시 수고함을 빗대어 이르는 말.

손톱에 장을 지지겠다

'손가락에 불을 지르고 하늘에 오른다'와 같은 속담.

손톱여물을 썰다

앞니로 손톱 끝을 씹어 잘라 낸다는 뜻으로, 1. 곤란한 일을 당하여 큰 걱정을 하며 혼자서 애태우는 모양을 빗대어 이르는 말. 2. 음식 따위를 조금씩 아끼면서 나누어 주는 모양을 빗대어 이르는 말. 3. 하는 일이 자잘하고 생각이 좁음을 빗대어 이르는 말.

낱말 풀이 **손톱여물** 이로 손톱 끝을 잘근잘근 씹거나 물어뜯는 행동.

손톱은 슬플 때마다 돋고 발톱은 기쁠 때마다 돋는다

손톱이 발톱보다 더 빨리 자란다는 데서, 사람이 살아가는 데에는 기쁨보다 슬픔이 더 많다고 빗대어 이르는 말.

솔개가 뜨자 병아리 간 곳 없다

솔개가 뜨자 병아리가 모두 숨어 버린다는 뜻으로, 무섭고 힘센 이가 나타나면 약하고 보잘것없는 이들이 기를 못 펴고 움츠러들거나 달아나 버린다는 말.

솔개 까치집 뺏듯

솔개가 까치 둥지에서 까치를 내쫓고 그 둥지를 차지하듯 한다는 뜻으로, 느닷없이 남의 것을 억지로 빼앗아 가지는 것을 빗대어 이르는 말.

솔개는 매 편(이라고)

처지가 비슷한 사람들끼리 서로 돕거나 감싸기 쉬움을 빗대어 이르는 말.

같은 속담 가재는 게 편 • 검둥개는 돼지 편 • 검정개는 돼지 편 • 검정개 한패[한편] • 게는 가재 편 • 이리가 짖으니 개가 꼬리를 흔든다

솔개도 오래면[천 년을 묵으면] 꿩을 잡는다

솔개도 오랫동안 사냥을 하다 보면 솜씨가 늘어 저보다 큰 꿩을 잡는다는 뜻으로, 재주가 부족한 사람이라도 한 분야에서 오랫동안 경험을 쌓으면 힘든 일도 잘 해낼 수 있다고 빗대어 이르는 말.

ㅅ

솔개를 매로 보았다

기껏해야 남의 집 병아리나 채 가는 솔개를 꿩 사냥에 쓰는 매로 잘못 보았다는 뜻으로, 시원찮은 것을 훌륭한 것으로 잘못 본 경우를 빗대어 이르는 말.

솔개 어물전 돌듯

솔개가 생선을 먹고 싶어 생선 가게 위만 맴돈다는 뜻으로, 무엇에 욕심이 나거나 재미가 들려서 그 자리를 뜨지 못하고 둘레만 빙빙 도는 경우를 빗대어 이르는 말.

낱말 풀이 **어물전** 물고기, 김, 미역 같은 해산물을 파는 가게.

솔방울이 울거든

솔방울이 종처럼 울 리 없는 것처럼 도무지 될 리 없는 일을 빗대어 이르는 말.

솔밭에 가서 고기 낚기

'산에서 물고기 잡기'와 같은 속담.

솔 심어 정자라

솔씨를 심어서 다 자란 소나무 옆에 정자를 짓거나 다 자란 나무를 베어 정자를 짓는다는 뜻으로, 어떤 일을 시작하여 성공하기까지가 너무도 까마득하다는 말.

솔잎이 버썩하니 가랑잎이 할 말이 없다

소리가 날 리 없는 솔잎이 버썩 소리를 내니 작은 바람에도 버스럭대는 가랑잎이 어이가 없어 아무 소리도 내지 못한다는 뜻으로, 대수롭지 않은 일로 먼저 야단스럽게 떠들어 대니 정작 큰 걱정거리가 있는 사람은 어처구니가 없어 할 말이 없게 됨을 빗대어 이르는 말.

낱말 풀이 **버썩하다** 가랑잎이나 검불같이 잘 마른 물건을 밟는 소리가 나다. 또는 그런 소리를 내다.

솔잎이 새파라니까 오뉴월[여름철]만 여긴다

추위가 닥쳐왔는데도 솔잎이 푸르니까 더운 여름철로만 여긴다는 뜻으로, 큰 근심 걱정이 쌓여 있는데 그런 줄 모르고 작은 일 하나에 속없이 좋아함을 빗대어 이르는 말.

솜뭉치로 가슴을 칠 일이다
솜방망이로 가슴을 칠 노릇

1. 솜뭉치로 가슴을 두드려도 시원해지지 않듯이, 몹시 답답하고 억울함을 빗대어 이르는 말. 2. 대수롭지 않은 일을 놓고 분하고 억울해하는 사람을 놀리어 이르는 말.

같은 속담 담뱃대로 가슴을 찌를 노릇

솜뭉치로 사람 때린다
솜방망이로 허구리를 찌른다

때려도 아플 리 없는 솜뭉치로 괜히 때리는 시늉을 한다는 뜻으로, 대수롭지 않게 남을 슬쩍 놀리거나 약 올리는 짓을 빗대어 이르는 말.

낱말 풀이 **허구리** 허리 좌우의 갈비뼈 아래 잘쏙한 부분.

솜씨는 관 밖에 내어놓아라

1. 죽더라도 솜씨만은 땅에 묻어 썩히지 말라는 뜻으로, 솜씨가 훌륭하고 재주가 뛰어남을 빗대어 이르는 말. 2. 솜씨가 좋지 않고 재주가 없는 사람을 놀리어 이르는 말.

ㅅ

솜에 채어도 발가락이 깨진다

부드러운 솜에 차이고도 발가락이 깨진다는 뜻으로, 대수롭지 않은 일로도 궂은일을 당할 수 있다는 말.

송곳니가 방석니가 된다

이를 너무 갈아서 뾰족하던 송곳니가 어금니처럼 넓적하게 되었다는 뜻으로, 이를 뿌득뿌득 갈 만큼 몹시 분하고 억울한 경우를 빗대어 이르는 말.

낱말 풀이 **방석니** 송곳니 바로 다음에 있는 첫 번째 어금니.

송곳니를 가진 호랑이는 뿔이 없다

모든 것을 두루 다 갖출 수는 없다고 빗대어 이르는 말.

송곳도 끝부터 들어간다

송곳은 뾰족한 끝부터 들어간다는 뜻으로, 모든 일에는 일정한 순서가 있다고

빗대어 이르는 말.

낱말 풀이 **송곳** 작은 구멍을 뚫는 데 쓰는 도구. 쇠로 만들며 끝이 뾰족하고 자루가 달려 있다.

송곳 모로 박을 곳도 없다
송곳 세울 틈[자리]도 없다

송곳 하나 비껴서 박을 자리도 없다는 뜻으로, 발 들여놓을 틈도 없을 정도로 많은 사람들이 꽉 들어찬 것을 빗대어 이르는 말.

같은 속담 벼룩 꿇어앉을 땅도 없다 • 입추의 여지가 없다

송곳 박을 땅도 없다

뾰족한 송곳 끝을 세울 만한 넓이의 땅도 없다는 뜻으로, 제가 부쳐 먹을 땅이라고는 조금도 없음을 빗대어 이르는 말.

같은 속담 벼룩 꿇어앉을 땅도 없다

송곳으로 매운 재 끌어내듯

재가 긁어지지 않는 뾰족한 송곳으로 재를 긁어내려 한다는 뜻으로, 1. 무슨 일이든 그에 맞는 도구와 수단 없이는 헛수고만 할 뿐이라는 말. 2. 답답하고 미련하기 짝이 없는 짓을 빗대어 이르는 말.

송도가 망하려니까 불가사리가 나왔다

고려가 망할 무렵에 고려의 서울인 송도에 불가사리가 나타나 못된 장난질을 쳤다는 데서, 어떤 좋지 못한 일이 일어나기 전에 나쁜 징조가 먼저 나타난다고 일러 오던 말.

읽을거리 불가사리는 쇠를 먹고 나쁜 꿈이나 기운을 물리치는 상상 속 동물이야. 옛 전설에 따르면 고려가 망할 즈음에 불가사리가 나타났다고 해. 불가사리가 쇠란 쇠는 다 먹어 치워서 아무리 활과 창으로 죽이려 해도 끄떡없었대. 그때 어떤

사람이 불로 죽이면 된다고 알려 줘서 물리쳤다고 해. 그 뒤로 아무리 해도 죽거나 없어지지 않는다는 뜻으로 '불가살이', 불로 죽일 수 있었다고 '불가사리'라 부르게 되었대.

송도 계원

앞을 내다보지 못하고 조그마한 지위나 세도를 믿고 우쭐거리며 남을 함부로 깔보는 사람을 빗대어 이르던 말.

읽을거리 조선 시대에, 단종을 몰아내고 영의정까지 오른 한명회한테 일어난 이야기야. 한명회가 맨 처음 벼슬에 오른 게 마흔이 넘어서야. 마침 명절을 맞아 송도 관아에서 일하는 벼슬아치들을 모두 불러다 만월대에서 잔치를 벌였는데 한명회도 그 자리에 끼게 되었어. 이날 벼슬아치들은 멀리 송도까지 와서 일하는 사람들끼리 우정을 돈독히 하자면서 친목계를 만들기로 했어. 한명회도 '송도 계원'이 되겠다고 하자 사람들이 벼슬이 낮다고 받아 주지 않았대. 그런데 나중에 한명회가 높은 벼슬자리에 오르자 사람들은 계원으로 끼워 주지 않은 것을 아쉬워했지. 하찮은 지위나 세력을 믿고서 남을 깔보고 오만하게 구는 사람을 일컬을 때 쓰는 말이야.

송도 말년의 불가사리라

고려 말에 불가사리라는 괴물이 나타나 못된 짓을 많이 했는데 죽이지 못했다는 데서, 아주 못되게 구는 사람을 욕으로 이르던 말.

읽을거리 옛이야기에 나오는 불가사리도 있어. 고려 말 송도에 남편을 잃은 부인이 남의 집 삯바느질을 하면서 먹고살았어. 어느 날 벌레 한 마리가 나타나서 바늘을 꿀꺽 삼키더래. 그런데 이 벌레가 바늘뿐 아니라 집 안에 있는 쇠붙이를 다 먹어 치우는데 먹을 때마다 몸이 점점 커지더래. 괴물로 변한 벌레는 온 나라를 돌아다니면서 쇠붙이를 먹어 치웠지. 나라에서는 온갖 애를 썼지만 이 괴물을 잡을 수가 없었대. 그런데 어느 스님이 나타나 불가사리를 혼내자 그동안 먹은 쇠붙이를 다 뱉어 놓고 사라졌더래. 그 뒤로 마구잡이로 아무 일이나 저지르고 다니는 사람을 불가사리에 빗대어 이르게 되었어.

송도 오이 장수

조금이라도 이익을 더 보려고 이쪽저쪽을 오가다가 그만 때를 놓쳐 버리고 바라던 결과를 얻지 못하게 된 경우를 빗대어 이르는 말.

읽을거리 옛날 송도에 어느 오이 장수가 살았어. 서울에서 오이 값이 올랐다는 말을 듣고 오이를 잔뜩 싣고 서울로 부랴부랴 올라갔지. 가 보니 그새 오이 값이 뚝 떨어진 거야. 이번에는 의주에서 오이 값이 올랐다는 소문이 돌았어. 이걸 어쩌나 하던 오이 장수가 옳다구나 하고 의주로 달려갔지. 가 보니 또 그새 오이 값이 뚝 떨어진 거야. 하릴없이 다시 송도로 돌아오니 오이가 다 썩어 버렸지 뭐야. 작은 이익에 눈이 멀어 약게 굴다가 오히려 손해를 볼 수 있다는 이야기야.

송사는 졌어도 재판은 잘하더라

송사에서 비록 졌어도 재판만은 옳게 되었다는 뜻으로, 비록 다툼에서는 졌지만 판결이 올발라서 조금도 억울해하지 않는다는 말.

낱말 풀이 **송사** 백성끼리 다툼이 있을 때, 나라에 옳고 그름을 가려 달라고 하던 일.

송사리 한 마리가 온 강물을 흐린다

조그마한 송사리 한 마리가 강바닥을 휘저어 강물을 흐리게 만든다는 뜻으로, 좋지 못한 사람 하나가 큰 말썽을 일으켜 온 무리나 여러 사람에게 나쁜 영향을 끼치는 경우에 빗대어 이르는 말.

같은 속담 미꾸라지 하나가 못을 흐려 놓는다 • 실뱀 한 마리가 온 바다를 흐리게 한다 • 조그마한 실뱀이 온 강물을 다 휘젓는다 • 종개 한 마리가 대동강 물을 흐린다 • 한 갯물[개울물]이 열 갯물[개울물] 흐린다 • 한 마리 고기가 온 강물을 흐린다

송아지 못된 것은 엉덩이에 뿔 난다

되지못한 것이 가르침을 받아들이지 않고 제멋대로 구는 것을 욕으로 이르는 말.

같은 속담 못된 송아지 뿔부터 난다 • 엉덩이에 뿔이 났다

송아지 천자 가르치듯

송아지에게 천자문을 아무리 가르쳐도 알 리 없다는 뜻으로, 미련하고 아둔하여 알아듣지도 못하는 사람에게 억지로 가르쳐 보았자 헛수고라는 말.

낱말 풀이 **천자** 중국 양나라 주흥사가 지은 책. 모두 1000자로 되어 있다. 우리나라에서 한문을 익힐 때 첫 책으로 널리 쓰였다. =천자문.

송장 빼놓고 장사 지낸다

사람이 어리석어 가장 중요한 것을 잊거나 잃어버리고 일을 하는 경우에 비웃어 이르는 말.

같은 속담 장사 지내러 가는 놈이 시체 두고 간다

ㅅ

송죽의 절개는 엄동설한에야 안다

소나무와 대나무가 매서운 겨울 추위 속에서도 푸르름을 잃지 않듯이, 사람의 절개가 깨끗하고 굳센가는 힘든 때를 겪어 보아야 알 수 있다는 말.

낱말 풀이 **엄동설한** 눈 내리는 한겨울의 매서운 추위.

송충이가 갈밭에 내려왔다

솔잎만 갉아 먹고 사는 송충이가 어울리지도 않게 갈대밭에 내려왔다는 뜻으로, 제 분수에도 맞지 않고 격에도 어울리지 않는 짓을 빗대어 이르는 말.

송충이가 갈잎을 먹으면 죽는다[떨어진다]

1. 솔잎만 먹고 사는 송충이가 갈잎을 먹으면 땅에 떨어져 죽게 된다는 뜻으로, 자기 분수에 맞지 않는 짓을 하다가는 낭패를 보게 된다고 빗대어 이르는 말. 2. 제 할 일을 하지 않고 딴마음을 먹었다가는 낭패를 본다는 말.

낱말 풀이 **갈잎** 떡갈나무의 잎. **송충이** 솔나방의 애벌레. 온몸에 긴 털이 있고 솔잎을 갉아 먹는다.

송충이는 솔잎을 먹어야 한다

자기 분수에 맞게 몸가짐이나 행동을 하라는 말.

송파장 웃머리

옛날에, 소 시장으로 이름난 송파장에 나온 소 가운데서 가장 늙은 소라는 뜻으로, 나이가 적은 사람이 나이를 실제보다 많이 올려서 윗사람인 체하는 것을 비웃어 이르던 말.

낱말 풀이 **웃머리** 소를 사고팔 때, 소의 이빨을 검사하여 나이가 많은 것으로 밝혀진 늙은 소.

송편으로 목을 따 죽지

어처구니없는 일로 몹시 억울하고 분하다는 말.

같은 속담 거미줄에 목을 맨다

솥 떼어 놓고 삼 년(이라)

솥까지 떼어 놓고 이사 갈 준비를 한 지 삼 년이나 되었다는 뜻으로, 무슨 일을 시작만 해 놓고 질질 끌면서 이러지도 저러지도 못하는 것을 빗대어 이르는 말.

솥뚜껑에 엿을 놓았나

집으로 빨리 돌아가려고 몹시 조급하게 구는 사람에게 놀리어 이르는 말.

같은 속담 가마목에 엿을 놓았나 • 노구 전에 엿을 붙였나 • 이불 밑에 엿 묻었나 • 화롯가에[화롯전에다] 엿을 붙이고 왔나

솥 속의 콩도 쪄야 익지

솥 속에 넣은 콩도 불을 때서 쪄야 익는다는 뜻으로, 아무리 좋은 조건이 마련되어 있더라도 힘써 일하지 않으면 아무것도 이룰 수 없다는 말.

솥 씻어 놓고 기다리기

아무것이나 넣기만 하면 곧 끓일 수 있게 솥을 깨끗이 씻어 놓고 기다린다는 뜻으로, 모든 준비를 다 갖추어 놓고 기다린다는 말.

솥 안에 든 고기

'샘에 든 고기'와 같은 속담.

솥에 개 누웠다

쌀이 들어갈 솥에 개가 누웠다는 뜻으로, 끼닛거리가 없어 여러 날 동안 밥을 짓지 못한 것을 빗대어 이르는 말.

ㅅ

솥에 넣은 팥이라도 익어야 먹지

솥 안에 있는 팥도 익어야 먹지 날로는 먹지 못한다는 뜻으로, 일에는 반드시 밟아야 할 순서가 있으니 그것을 거치지 않고 너무 서두르면 안 된다는 말.

솥은 검어도 밥은 검지 않다

겉은 더럽고 안 좋아 보여도 속은 깨끗하고 훌륭한 경우를 빗대어 이르는 말.

솥은 부엌에 걸고 절구는 헛간에 놓아라 한다

1. 솥을 부엌에 걸고 절구를 헛간에 놓아두는 것이 마땅한 일인데 자꾸 가르치려 한다는 뜻으로, 누구나 다 알고 있는 일을 자기만 아는 것인 양 나서서 남에게 가르치려 드는 사람을 비꼬아 이르는 말. 2. 무엇이나 제자리가 있음을 빗대어 이르는 말.

낱말 풀이 **절구** 곡식을 빻거나 찧으며 떡을 치기도 하는 기구.

쇠가 쇠를 먹고 불[살]이 불[살]을 먹는다

'살이 살을 먹고 쇠가 쇠를 먹는다'와 같은 속담.

쇠고기 열 점보다 새고기 한 점이 낫다

참새고기가 아주 맛있다는 말.

쇠고집과 닭고집이다

하고 싶은 대로 하고야 마는 소나 닭처럼 고집이 센 사람을 놀리어 이르는 말.

쇠귀에 경 읽기

소귀에다 대고 아무리 경을 읽어도 알아들을 리도 없고 알아들으려고 애쓰지도 않는다는 뜻으로, 아무리 가르치고 타일러도 알아듣지 못하거나 보람이 없는 경우에 빗대어 이르는 말.

같은 속담 말 귀에 염불 • 쇠코에 경 읽기

쇠꼬리보다 닭 대가리가 낫다

큰 짐승의 꼬리 노릇보다는 작은 짐승의 머리 노릇 하는 것이 더 낫다는 뜻으로, 큰 무리에서 가장 아랫자리에 있는 것보다는 작은 무리에서 우두머리가 되는 것이 낫다고 빗대어 이르는 말.

같은 속담 닭의 대가리가 소꼬리보다 낫다

쇠는 단김에 벼려야 한다

쇠는 벌겋게 달아올랐을 때 두드려야 벼릴 수 있다는 뜻으로, 일이란 손에 잡은 김에 바로 끝을 보아야 한다고 빗대어 이르는 말.

같은 속담 단김에 쇠를 두드려야 한다

낱말 풀이 **단김에** 열기가 아직 식지 않았을 적에. **벼리다** 무디어진 연장 날을 날카롭게 만들다.

쇠똥도 약에 쓰려면 없다

옛날 농촌에서 흔하디흔한 것이 소똥인데 약으로 쓰려고 찾으면 없다는 뜻으로, 평소에 흔하고 많던 것도 막상 중요하게 쓰려면 구하기 어렵다는 말.

같은 속담 개똥도 약에 쓰려면 없다 • 고양이 똥도 약에 쓰려면 없다 • 까마귀 똥도 약에 쓰려면 없다[오백 냥이라]

쇠똥에 미끄러져 개똥에 코 박은 셈[일]이다

소똥에 미끄러진 것만도 운이 나쁜데 개똥에 코까지 박았다는 뜻으로, 일이 꼬여 잇따라 좋지 않은 일만 겪는 경우를 빗대어 이르는 말.

ㅅ

쇠똥이 지짐 떡 같으냐

1. 먹지 못할 것을 먹으려고 덤벼드는 경우를 빗대어 이르는 말. 2. 아주 가망이 없는 일을 바라는 경우를 빗대어 이르는 말.

같은 속담 말똥이 밤알 같으냐

쇠 먹는 줄

1. 줄칼이 쇠를 깎아 먹는다는 뜻으로, 돈을 함부로 헤프게 쓰는 사람을 욕하여 이르는 말. 2. 돈이 끝없이 들어가는 일을 빗대어 이르는 말.

낱말 풀이 **줄** 쇠붙이를 쓸거나 깎는 데에 쓰는 강철로 만든 연장.

쇠 먹은 똥은 삭지 않는다
쇠 먹은 똥을 거저는 새기지 못한다

뇌물을 주면 반드시 효과가 있다고 빗대어 이르는 말.

낱말 풀이 **쇠** '돈'을 속되게 이르는 말.

쇠불알 떨어지면 구워 먹기
쇠불알 떨어질까 봐 숯불 장만하고 기다린다
쇠불알 떨어질까 하고 제 장작 지고 다닌다
쇠불알 보고 화롯불 마련한다

'소불알 떨어지면 구워 먹겠다고 소금 가지고 따라다닌다'와 같은 속담.

쇠붙이도 늘 닦지 않으면 빛을 잃는다
쇠붙이도 닦지 않으면 녹이 슨다

아무리 훌륭하고 능력 있는 사람이라도 꾸준히 배우고 갈고닦지 않으면 뒤떨어지고 잘못될 수 있다는 말.

쇠뼈다귀 우려먹듯

쇠뼈를 여러 번 우려서 국물을 내어 먹듯이, 한 가지를 두고두고 써먹는 경우를 빗대어 이르는 말.

같은 속담 금방망이 우려먹듯

쇠뿔도 각각 염주도 몫몫

양쪽에 난 소뿔이나 한 줄로 꿴 염주도 모양이나 크기가 조금씩 다르다는 뜻으로, 1. 무슨 일이나 자기만의 특성이 있기 때문에 사람마다 일하는 방식도 다르다고 빗대어 이르는 말. 2. 무엇이나 다 저마다 맡은 몫이 따로 있다고 빗대어 이르는 말.

같은 속담 염불도 몫몫이요 쇠뿔도 각각이다

낱말 풀이 **몫몫** 각각의 몫. **염주** 염불할 때 손가락으로 돌려 개수를 세거나 손목이나 목에 거는 기구.

쇠뿔도 단김에 빼라[빼랬다]

'소뿔도 손대였을 때 뽑아라'와 같은 속담.

쇠뿔 잡다가 소 죽인다

어떤 물건이나 어떤 사람의 흠을 고치려다가 정도가 지나쳐서 도리어 그 물건이나 사람을 망치는 경우를 빗대어 이르는 말.

쇠 살에 말 뼈

도무지 서로 어우러지지 않는 경우를 빗대어 이르는 말.

쇠스랑 발은 세 개라도 입은 한 치다

쇠스랑 한 입에 세 발이 찍혀 들어가듯이, 남의 흉허물을 꼬집어 말하기 좋아하는 사람을 빗대어 이르는 말.

낱말 풀이 **쇠스랑** 땅을 파헤쳐 고르거나 두엄, 풀 무덤 따위를 쳐내는 데 쓰는 갈퀴 모양의 농기구.

쇠죽가마에 달걀 삶아 먹을라

1. 쇠죽가마에 달걀을 삶아 먹지 말라고 한 말이 도리어 그것을 일깨워 준 꼴이 되었다는 뜻으로, 잘못이 없도록 타일러 준 것이 도리어 나쁜 방법을 가르쳐 주는 꼴이 된 경우를 빗대어 이르는 말. 2. 일을 조건에 알맞게 하지 않고 크게 벌여 하는 경우를 빗대어 이르는 말.

낱말 풀이 **쇠죽가마** 쇠죽을 끓이는 데 쓰는, 아주 크고 우묵한 솥.

쇠코에 경 읽기

'쇠귀에 경 읽기'와 같은 속담.

쇠털 같은 날[세월]
쇠털같이 허구한[하고많은] 날

헤아릴 수 없이 아주 많은 나날을 빗대어 이르는 말.

낱말 풀이 **하고많다** 많고 많다. **허구하다** 날, 세월 따위가 오래다.

쇠털(을) 뽑아 제 구멍에 박는다[꽂는다/밀어 넣는다]

소의 털을 뽑아 기어코 제자리를 찾아 꽂는다는 뜻으로, 융통성이 전혀 없고 외곬으로 고지식하기 짝이 없는 사람을 빗대어 이르는 말.

수박 겉 핥기

달고 시원한 수박 속은 맛보지 않고 딱딱한 수박 껍질만 핥는다는 뜻으로, 사물의 속 내용은 모르고 겉만 대충 건드려 보고 마는 것을 빗대어 이르는 말.

같은 속담 꿀단지 겉 핥기[핥는다]

읽을거리 수박은 밭에 심어 기르는 여름철 열매채소야. 본디 아프리카에서 자라던 건데 지금은 세계 여러 나라에서 기르고 있지. 흔히 크게 썰어서 먹거나 속을 파내어 화채를 만들어 먹어. 껍질로는 나물을 만들어 먹기도 해. 파란 겉껍질을 벗기고 흰 속껍질만 채 썰어서 소금에 절인 뒤에 갖은양념에 무쳐 먹는 거야. 수박은 성질이 차고 달아서 목마름과 더위를 가시게 해 주지. 또 수박을 많이 먹으면 오줌이 잘 나와서 몸에 쌓여 있던 나쁜 찌꺼기도 내보내 준대.

수박씨(를) 깐다

겉으로는 점잖은 체, 어리석은 체하면서 남이 보지 않는 곳에서는 엉큼한 짓이나 뜻밖의 행동을 하는 사람을 비꼬아 이르는 말.

같은 속담 뒤로[뒤에서] 호박씨 깐다 • 뒷구멍으로 호박씨 깐다 • 똥구멍으로 호박씨[수박씨] 깐다 • 밑구멍으로 노 꼰다

수박은 속을 봐야 알고 사람은 지내봐야 안다
수박은 쪼개서 먹어 봐야 안다

수박은 쪼개서 속을 보아야 잘 익었는지 설익었는지 알 수 있다는 뜻으로, 사람의 됨됨이는 오래 같이 지내보아야 알 수 있다고 빗대어 이르는 말.

같은 속담 사람 속은 소금 세 말을 같이 먹어 보아야 안다

수수깡[수숫대]도 아래위 마디가 있다

아래위를 가리기 어려운 수수깡도 아랫마디와 윗마디가 나뉘어 있다는 뜻으로, 어떤 일에나 위아래가 있고 그 나름의 질서가 있기 마련이라는 말.

수수팥떡 안팎이 없다

수수 가루에 팥고물을 켜켜이 얹어서 찐 수수팥떡은 겉과 속이 모두 불그스름해서 안팎이 따로 없다는 뜻으로, 어떤 관계나 물건의 안팎이 뚜렷하지 않아 가리기가 무척 어려운 경우를 빗대어 이르는 말.

읽을거리 수수팥떡은 돌날에 꼭 빚어 먹던 떡이야. 돌은 아기가 태어나 첫 번째 맞는 생일로, 돌상을 차릴 때 백설기와 수수팥떡을 올렸지. 백설기는 아기가 오래 살라는 바람을, 수수팥떡은 나쁜 일은 물러가고 건강하게 자라라는 바람을 담아 빚었어. 수수팥떡은 붉은 수수에 붉은 팥고물을 묻혀 시루에 찌는데 빨간색이 나쁜 기운을 물리친다고 믿었지. 돌날에는 떡을 쟁반이나 대접에 담아서 이웃집에 보냈어. 그걸 돌떡 돌린다고 해. 돌떡을 받은 집에서는 떡을 가져온 그릇에 돈이나 쌀이나 실타래 따위를 담아 되돌려 보냈지. 아기가 건강하게 잘 살라는 뜻에서 보낸 거야.

수숫대에 기름 발린 말 (한다)

수숫대 껍데기는 본디 매끌매끌한데 거기에다 또 기름을 발랐으니 얼마나 매끄럽겠느냐는 뜻으로, 말하는 품이 몹시 매끄럽고 내용 없는 말만 번지르르하게 하는 것을 빗대어 이르는 말.

수양딸로 며느리 삼는다

1. 데리고 있던 수양딸을 며느리 삼는 것은 수월한 일이라는 뜻으로, 아주 하기 쉬운 일을 빗대어 이르는 말. 2. 자기에게 편한 대로 일을 아무렇게나 처리하는 것을 빗대어 이르는 말.

낱말 풀이 **수양딸** 남의 자식을 데려다가 제 자식처럼 기른 딸.

ㅅ

수양산 그늘이 강동 팔십 리를 간다

중국에서 이름난 수양산은 엄청나게 커서 그 그늘이 강동 팔십 리 땅끝까지 뻗친다는 뜻으로, 1. 훌륭한 사람 밑에서 지내면 그의 덕이 미치고 도움을 받게 된다고 빗대어 이르는 말. 2. 영향력이 매우 큼을 빗대어 이르는 말.

같은 속담 금강산 그늘이 관동 팔십 리 간다 • 인왕산 그늘이 강동 팔십 리 간다

낱말 풀이 **강동** 중국 춘추 전국 시대의 오나라와 월나라를 이르던 말. 양쯔강 동쪽에 있는 땅을 이르던 말에서 나왔다.

수염을 내리쓴다

마땅히 해야 할 일은 하지 않고 모르는 척 시치미를 떼는 것을 빗대어 이르는 말.

수염의 불 끄듯

수염에 붙은 불을 허겁지겁 끄듯이, 몹시 놀라서 어찌할 바를 몰라 허둥지둥하는 모양을 빗대어 이르는 말.

수염이 대 자라도 먹는 게 땅수
수염이 대 자라도 먹어야 양반이다
수염이 석 자가웃이라도 먹어야 산다

배가 불러야 체면도 차릴 수 있다는 뜻으로, 먹는 것이 가장 중요하다는 말.

같은 속담 구레나룻이 대 자 오 치라도 먹어야 양반 • 나룻이 석 자라도 먹어야 샌님 • 먹어야 체면

낱말 풀이 **가웃** 되, 말, 자를 셀 때, 그 분량의 절반 정도를 더 보태는 말. **땅수** 으뜸가는 수.

수제비 잘하는 사람이 국수도 잘한다

어떤 한 가지 일을 잘하는 사람은 그와 비슷한 다른 일도 다 잘한다고 빗대어 이르는 말.

같은 속담 국수 잘하는 솜씨가 수제비 못하랴

읽을거리 수제비는 멸치나 쇠고기로 만든 장국에 밀가루 반죽을 손으로 얇게 떼어 넣고 끓이는 음식이야. 옛날 농가에서는 여름철에 빼놓을 수 없는 먹을거리였어. 수제비는 흔히 밀가루로 만들지만 마을마다 가루나 국물 재료가 달랐어. 밀이 귀한 곳에서는 감자 가루, 옥수숫가루, 메밀가루, 도토리 가루, 칡가루 따위로 반죽을 했어. 국물은 닭고기, 조개, 멸치, 소고기 따위로 맛을 내고, 호박, 감자, 파, 미역 같은 채소도 넣어서 끓였어. 수제비는 반죽을 잘해서 손에 물을 묻히면서 얄팍하게 늘이듯 뜯어 넣어야 맛있어. 하지만 뭐니 뭐니 해도 만들어서 바로 먹어야 제맛이 나지.

수챗구멍에 물 빠지듯

한데 모였던 사람들이 질서 있게 쭉쭉 빠지는 모양을 빗대어 이르는 말.

낱말 풀이 **수챗구멍** 집 안의 허드렛물이 집 밖으로 빠져나가는 구멍.

수탉이 울어야 날이 새지

옛날에, 집안에서는 남편 뜻에 따라 일을 처리해야 일이 제대로 된다고 일러오던 말.

수풀의 꿩은 개가 내몰고 오장의 말은 술이 내몬다

수풀에 숨은 꿩은 개가 찾아내 내몰고 사람이 마음속 깊이 품은 생각은 술에 취해야 나온다는 뜻으로, 사람이 술을 마시면 평소 마음속에 있던 말을 모두 다 하게 된다고 빗대어 이르는 말.

숙맥이 상팔자

콩인지 보리인지를 구별 못 할 정도로 세상 물정을 잘 모르는 사람이 팔자가 좋다는 뜻으로, 많이 알아서 속을 썩느니보다 모르는 것이 마음 편하다고 빗대어 이르는 말.

낱말 풀이 **숙맥** 1. 콩과 보리를 아울러 이르는 말. 2. 사리 분별을 못 하고 세상 물정을 잘 모르는 사람.

숙성이 된 곡식은 여물기도 일찍 된다

제철보다 일찍 자란 곡식은 여물기도 일찍 여문다는 뜻으로, 지식과 경험이 많을수록 일의 성과도 빨리 이루어질 수 있다고 빗대어 이르는 말.

숙인 머리 베지 않는다

항복하여 머리를 숙인 사람의 목은 베지 않는다는 뜻으로, 제 잘못을 참되게 뉘우치는 사람은 너그럽게 용서하게 된다는 말.

같은 속담 비는 놈한테 져야 한다

순풍에 돛을 단 배
순풍에 돛을 달다

배가 갈 방향으로 돛을 다니 배가 거침없이 빨리 간다는 뜻으로, 무슨 일이 뜻대로 순조롭게 되어 가는 것을 빗대어 이르는 말.

순풍에 돛을 달고 뱃놀이한다

바람이 순하게 불 때 돛을 달고 뱃놀이한다는 뜻으로, 아주 순탄한 환경에서 아무 탈 없이 편안히 지내는 것을 빗대어 이르는 말.

숟갈 한 단 못 세는 사람이 살림은 잘한다

숟가락 한 단이 열두 개인데 그것조차 못 셀 정도로 배우지 못하고 어수룩한 사람이 오히려 살림을 더욱 알뜰하고 야무지게 잘하는 경우에 이르는 말.

술독에 치마 두르듯

볼품없이 자꾸 덧감고 동인 모양을 빗대어 이르는 말.

술 먹여 놓고 해장 가자 부른다

술을 잔뜩 먹여 놓고 이튿날 해장하러 가자고 부른다는 뜻으로, 남에게 해를 끼치고는 뒤에 가서 위해 주는 척하는 것을 욕으로 이르는 말.

같은 속담 등 치고 배 만진다[문지른다] • 병 주고 약 준다

낱말 풀이 **해장** 전날의 술기운을 풂. 또는 그렇게 하기 위해 해장국 따위와 함께 술을 조금 마심.

술 받아[사] 주고 뺨 맞는다

술을 받아서 대접하고는 오히려 뺨을 맞는다는 뜻으로, 남을 위하여 좋은 일을 해 주고 도리어 욕을 보거나 해를 입게 되는 경우에 빗대어 이르는 말.

같은 속담 떡 주고 뺨 맞는다 • 밥 퍼 주고 밥 못 얻어먹는다

ㅅ

술 샘 나는 주전자

술이 끊임없이 솟아나는 주전자라는 뜻으로, 이치에 맞지 않아 실제로 이루어질 수 없거나 도무지 사실과 맞지 않는 일을 빗대어 이르는 말.

같은 속담 불 안 때도 절로 익는 솥 • 양을 보째 낳는 암소 • 여물 안 먹고 잘 걷는 말

술에 물 탄 것 같다
술에 물[술] 탄 이

술에 물을 타면 술맛인지 물맛인지 알 수 없다는 뜻으로, 사람의 성격이 뜨뜻미지근하고 무척 싱겁다는 말.

술에 술 탄 듯 물에 물 탄 듯

1. 제 생각이나 줏대가 없어 말이나 행동이 분명하지 않음을 빗대어 이르는 말.
2. 어떤 일을 해도 아무런 효과나 바뀌는 것이 없는 상태를 빗대어 이르는 말.

같은 속담 물에 물 탄 듯 술에 술 탄 듯

술은 괼 때 걸러야 한다

술은 한창 부글부글 거품이 일 때 걸러야 맛이 좋다는 뜻으로, 무슨 일이든지 다 알맞은 때가 있으니 그때를 놓치면 안 된다는 말.

낱말 풀이 **괴다** 술, 간장, 식초 따위가 발효하여 거품이 일다.

술은 백약의 장

술은 알맞게 마시면 모든 약 가운데에서 몸에 가장 좋다는 말.

낱말 풀이 **백약** 모든 약. **장** 어떤 무리에서 우두머리.

술은 어른 앞에서 배워야 점잖게 배운다
술은 윗사람 앞에서 배우랬다

술은 어른한테 배워야 못된 술버릇이 들지 않는다는 말.

술을 먹으면 사촌한테 기와집도 사 준다

술을 마시면 통이 커져서 뒷감당도 못 할 엉뚱한 일을 많이 하게 된다는 말.

같은 속담 술 취한 사람 사촌 집 사 준다

술이 들어가면 지혜가 달아난다

사람이 술을 마시면 똑똑하던 정신도 흐리멍덩해진다는 말.

술이 술을 먹다

술에 취하면 술맛도 모르면서 정신없이 술을 마시게 된다는 뜻으로, 1. 취할수록 자꾸 술을 더 마신다는 관용 표현. 2. 무슨 일이나 도가 지나치면 그르치게 된다는 관용 표현.

술이 아무리 독해도 먹지 않으면 취하지 않는다

1. 아무리 해로운 것이라도 직접 건드리지 않으면 해될 리가 없음을 빗대어 이르는 말. 2. 무슨 일이든 실제로 하지 않으면 아무 결과도 나타나지 않음을 빗대어 이르는 말.

술 익자 체 장수[장사] 간다

술이 익어 체로 걸러야 할 무렵에 마침 체 장수가 지나간다는 뜻으로, 일이 뜻밖에 잘 맞아떨어진 경우를 빗대어 이르는 말.

술 취한 놈 달걀 팔듯

술에 취한 사람이 달걀을 마구 담아 판다는 뜻으로, 일하는 솜씨가 거칠고 어지러운 모양을 빗대어 이르는 말.

같은 속담 취한 놈 달걀 팔듯

술 취한 사람과 아이는 거짓말을 안 한다

술 취한 사람과 어린아이들은 속에 품은 생각을 숨김없이 말한다는 말.

술 취한 사람 사촌 집 사 준다

'술을 먹으면 사촌한테 기와집도 사 준다'와 같은 속담.

숨다 보니 포도청 집이라

숨으려고 들어간 곳이 자기를 잡으려던 포도청이었다는 뜻으로, 1. 애써 한 일이 뜻하지 않게 상황을 더 나쁘게 만든 경우를 빗대어 이르는 말. 2. 자기가 저지른 일로 말미암아 스스로 큰 화를 입게 된 경우를 빗대어 이르는 말.

ㅅ

숨은 내쉬고 말은 내뱉지 말랬다
숨은 내쉬고 말은 내 하지 말라

숨은 밖으로 내쉬어도 말은 밖으로 내놓지 말라는 뜻으로, 말을 함부로 하지 말라고 가르쳐 이르는 말.

숨을 쉬어도 같은 숨을 쉬고 말을 하여도 같은 말을 한다

여러 사람이 한 사람처럼 같은 생각과 뜻을 가지고 행동한다는 말.

숫눈길을 걷는 사람만이 제 발자국을 남긴다

어떤 일을 가장 먼저 해내는 사람만이 자기가 이루어 낸 결과를 다음 세대에 남기게 된다고 빗대어 이르는 말.

같은 속담 새벽길을 걷는 사람이 첫 이슬을 턴다

낱말 풀이 **숫눈길** 눈이 와서 쌓인 뒤에 아직 아무도 지나가지 않은 길을 빗대어 이르는 말.

숫돌이 저 닳는 줄 모른다

숫돌이 무엇을 갈 때마다 알지 못하는 사이에 점차 닳아서 파이게 된다는 뜻으로, 조금씩 줄어드는 것은 느끼기가 매우 어렵지만 그것이 쌓이면 무시할 수 없다는 말.

낱말 풀이 **숫돌** 칼이나 낫 따위의 연장을 갈아 날을 세우는 데 쓰는 돌.

숭늉에 물 탄 격[맛이다]

1. 숭늉에 물을 타면 밍밍해지듯이, 사람이나 음식이 너무 싱거운 경우를 빗대어 이르는 말. 2. 아무런 재미나 멋이 없는 경우에 빗대어 이르는 말.

숭어가 뛰니까 망둥이도 뛴다

1. 남이 한다고 하니까 앞뒤 가리지 않고 덩달아 나서는 경우에 비웃어 이르는 말. 2. 못난 사람이 덮어놓고 잘난 사람의 흉내를 내며 제 분수에 넘치는 일을 하려고 애쓰는 것을 비웃어 이르는 말.

같은 속담 가물치가 뛰면 옹달치도 뛴다 • 망둥이가 뛰니까 전라도 빗자루도 뛴다 • 잉어가 뛰니까 망둥이도 뛴다

숯은 달아서 피우고 쌀은 세어서 짓는다

1. 숯은 저울에 달아서 피우고 쌀은 한 알씩 헤아려 밥을 짓는다는 뜻으로, 모든 일에서 몹시 인색한 사람을 비꼬아 이르던 말. 2. 살림하는 솜씨가 매우 야무지고 깐깐하다는 말.

읽을거리 숯은 나무를 숯가마에 넣어 구워 낸 땔감이야. 참나무를 구워 만든 숯은 참숯이라고 해. 숯은 옛날부터 옷을 다리거나 음식을 하거나 방을 덥히는 데 써 왔어. 숯은 불씨를 계속 보관하는 재료이기도 해. 옛날에는 집 안에 불씨가 꺼지지 않게 하는 것이 매우 중요한 일이었어. 어쩌다 불씨가 꺼져 이웃집에 불씨를 빌리러 가는 것은 부끄러운 일이라고 여겼지. 숯은 더러운 것을 없애고 깨끗하게 하는 힘이 있어. 간장을 담글 때 숯 몇 덩어리와 붉은 고추 몇 개를 간장독에 넣는 것도 그 때문이야. 또 아기를 낳은 집에서는 문간에 금줄을 걸 때도 숯덩이를 끼웠지. 숯이 나쁜 기운을 물리치고 아기가 탈 없이 자라게 해 준다고 믿었기 때문이야. 설날 이전에 어른에게 귀한 음식이나 물건을 보낼 때 숯도 들어 있었어. 그만큼 숯이 귀한 물건으로 대접받았던 거지.

숯이 검정 나무란다

숯이 검정더러 검다고 나무란다는 뜻으로, 남 못지않은 잘못이나 흠이 있는 사람이 제 허물은 생각하지 않고 남의 허물을 들추어내는 것을 비웃어 이르는 말.

같은 속담 가마가 솥더러 검정아 한다

숯쟁이도 제집에 들면 주인이다

사람들이 천하게 여기는 숯쟁이도 집에서는 떳떳하게 주인 노릇 한다는 뜻으로, 아무리 하는 일이 보잘것없는 사람이라도 함부로 깔보지 말라고 이르던 말.

숲속의 호박은 잘 자란다

숲에서 크는 호박은 어쩌다 보므로 쑥쑥 크는 것처럼 보인다는 뜻으로, 늘 보는 것은 자라는 줄 모르나 오랜만에 보면 몰라보게 자란 느낌이 든다는 말.

숲이 깊어야 도깨비가 나온다

'산이 깊어야 범이 있다'와 같은 속담.

숲이 짙으면 범이 든다

1. 으슥한 곳에는 위험이 숨어 있기 마련이니 조심하라는 말. 2. 일이 뚜렷하지 못하면 반드시 잘못이 따른다고 빗대어 이르는 말.

숲이 커야 짐승이 나온다[든다]

무슨 일이든지 조건이나 바탕이 충분히 갖추어져야 알맞은 내용이 따르게 된다고 빗대어 이르는 말.

같은 속담 산이 깊어야 범이 있다

쉬 더운 구들[방]이 쉬 식는다

힘이나 밑천을 적게 들여서 서둘러 한 일은 그만큼 실수가 많고 그 결과도 오래가지 못한다고 빗대어 이르는 말.

같은 속담 급히 데운[더운] 방이 쉬 식는다 • 쉽게 단 쇠가 쉽게 식는다

쉬려던 차에 넘어진다

마음속으로 바라던 일을 할 수 있도록 좋은 조건이나 핑곗거리가 생김을 빗대어 이르는 말.

쉬파리 똥 갈기듯 한다

마음 내키는 대로 주책을 부리며 행동하는 것을 빗대어 이르는 말.

쉬파리 무서워 장 못 담글까[만들까]
쉬파리 무서워 장 안 말까

작은 걸림돌이 있어도 마땅히 할 일은 해야 한다는 말.

같은 속담 가시 무서워 장 못 담그랴 • 구더기 날까 봐 장 못 말까 • 장마가 무서워 호박을 못 심겠다

쉰 길 나무도 베면 끝이 있다

끝없이 높이 자란 나무도 베면 끝이 있듯이, 아무리 복잡해 보이는 일도 일단 시작해 놓고 보면 끝날 때가 있음을 빗대어 이르는 말.

쉰밥 고양이 주기 아깝다

자기에게는 필요하지 않거나 쓸모없는 것이라도 남한테 주기는 아까워하는 인색한 태도를 빗대어 이르는 말.

같은 속담 나그네 먹던 김칫국도 먹자니 더럽고 남 주자니 아깝다 • 나 먹기는 싫어도 남 주기는 아깝다 • 저 먹자니 싫고 남[개] 주자니 아깝다 • 제 먹기는 싫고 개 주기는 아깝다

쉽게 단 쇠가 쉽게 식는다

'쉬 더운 구들[방]이 쉬 식는다'와 같은 속담.

쉽기가 손바닥 뒤집기다

'손바닥을 뒤집는 것처럼 쉽다'와 같은 속담.

승냥이가 양으로 될 수 없다
승냥이 날고기 먹지 않는 종자 없다

날고기를 먹는 승냥이가 풀만 뜯어 먹는 양이 될 수 없다는 뜻으로, 타고난 제 성질은 바꿀 수 없다고 빗대어 이르는 말.

승냥이는 꿈속에서도 양 무리를 생각한다

남을 해치는 데 익숙해진 사람은 늘 그런 생각만 한다고 빗대어 이르는 말.

승냥이 똥이라

더럽고 너저분한 것을 빗대어 이르는 말.

승냥이를 쫓는다고 호랑이에게 문을 열어 준다

승냥이를 쫓아내려고 문을 열었다가 오히려 호랑이를 들이게 되었다는 뜻으로, 작은 위험을 막으려다가 오히려 더 큰 위험을 끌어들이게 된 경우를 빗대어 이르는 말.

같은 속담 이리 떼를 막자고 범을 불러들인다

승냥이 앞에 고깃덩이를 내맡기는 격
승냥이에게 어린 양을 보아 달라고 내맡긴다

위험한 줄 뻔히 알면서도 믿지 못할 사람에게 일을 맡기는 어리석은 짓을 빗대어 이르는 말.

시거든 떫지나 말고 얽거든 검지나 말지

한 가지가 시원찮으면 다른 것이라도 괜찮아야 하는데 그렇지 않다는 뜻으로, 이렇게 보나 저렇게 보나 아무 데도 쓸모가 없는 경우를 빗대어 이르는 말.

시골 깍쟁이 서울 곰만 못하다

시골 사람이 아무리 깍쟁이처럼 굴어도 서울에 있는 곰보다 떨어진다는 뜻으로, 서울 사람이 시골 사람보다 훨씬 더 인색하고 인정이 없다고 이르던 말.

시골 놈 제 말 하면 온다

어디에서든 그 자리에 없는 사람을 흉보지 말고 말조심하라는 말.

같은 속담 범도 제 말[소리] 하면 온다 • 호랑이도 제 말 하면 온다

시골 당나귀 남대문 쳐다보듯 (한다)

시골 당나귀가 서울 남대문을 쳐다보아도 무엇인지 모른다는 뜻으로, 좋은지 나쁜지 그 속사정이나 속뜻은 하나도 모르고 그저 어리둥절하여 보고만 있는 모양을 빗대어 이르는 말.

시골 사람은 굶어도 보리밥을 굶지만 도시 사람은 굶어도 흰쌀밥을 굶는다

도시 사람이 시골 사람을 업신여기거나 낮추어 봄을 빗대어 이르던 말.

시궁[시궁창]에서 용 난다

보잘것없는 집안이나 변변치 못한 부모한테서 훌륭한 사람이 나온 것을 빗대어 이르던 말.

같은 속담 개똥밭에 인물 난다 • 개천에서 용[선녀가] 난다 • 누더기 속에서 영웅 난다

시기는 산 개미 똥구멍[꽁무니]이다

1. 음식 맛이 지나치게 신 것을 빗대어 이르는 말. 2. 사람의 행동이 눈에 몹시 거슬리는 것을 비꼬아 이르는 말.

시냇가 돌 닳듯

이리저리 부대끼면서 어렵고 힘든 일을 겪는 모양을 빗대어 이르는 말.

같은 속담 냇가 돌 닳듯

시냇물도 퍼 쓰면 준다

많이 있다고 헤프게 써 버리면 마침내 남는 것이 없으니 아껴 써야 한다는 말.

같은 속담 강물도 쓰면 준다

시누이는 고추보다 맵다
시누이 하나가 벼룩이 닷 되
시누 하나에 바늘이 네 쌈

시누이가 못살게 구는 것이 고추보다 맵고 닷 되나 되는 벼룩이 달라붙어 깨무는 것과 맞먹고 바늘 네 쌈을 털어서 찌르는 것과 같다는 뜻으로, 시누이가 올케에게 심하게 시집살이를 시키는 것을 빗대어 이르던 말.

시누이올케 춤추는 가운데 올케 못 출까

시누이와 올케가 함께 춤추는 자리에서 올케라고 춤을 못 추겠느냐는 뜻으로, 자신도 마땅히 참여할 자격이 있다고 주장하여 이르는 말.

시다는데 초를 친다

엎친 데 덮친 격으로 어렵거나 나쁜 일이 겹쳐 일어남을 빗대어 이르는 말.

시든 배추 속잎 같다

싱싱한 기운은 하나도 없이 축 늘어져 있는 모양을 빗대어 이르는 말.

시든 호박잎 같은 소리

어떤 일을 하고자 하는 마음이나 생각이 없는 경우를 빗대어 이르는 말.

시러베장단에 호박국 끓여 먹는다

실없는 장단에 춤을 추다가 보잘것없는 호박국이나 끓여 먹는다는 뜻으로, 하찮고 시시한 사람들과 휩쓸려 다니다가 엉뚱한 일을 벌이거나 일을 그르쳐 버리는 경우를 빗대어 이르는 말.

낱말 풀이 **시러베장단** 실없는 말이나 행동을 낮잡아 이르는 말.

시렁 눈 부채[부처] 손

눈은 시렁처럼 높고 손은 둔하다는 뜻으로, 눈은 높아 좋은 것을 바라지만 재주가 무디고 능력이 모자라 이루지 못하는 경우를 빗대어 이르는 말.

같은 속담 실없는 부채[부처] 손

낱말 풀이 **시렁** 물건을 얹어 놓으려고 마루나 방 벽에 긴 나무 두 개를 가로질러 선반처럼 만든 것.

시렁에서 호박 떨어진다
시렁 위에서 떨어진 호박

'선반에서 떨어진 떡'과 같은 속담.

시루에 물 퍼붓기

바닥에 구멍이 뚫린 시루에 물을 붓는다는 뜻으로, 아무리 애쓰거나 밑천을 들여도 보람 없는 일을 빗대어 이르는 말.

시루

ㅅ

같은 속담 밑 빠진 독[가마/항아리]에 물 붓기 • 조리로 물 푸기

낱말 풀이 **시루** 떡이나 쌀 따위를 찌는 데 쓰는 둥근 질그릇. 바닥에 구멍이 여러 개 뚫려 있다.

시시덕이는 재를 넘는다
시시덕이는 재를 넘어도 새침데기는 골로 빠진다

'새침데기 골로 빠진다'와 같은 속담.

낱말 풀이 **시시덕이** 실없이 웃으면서 큰 소리로 쉬지 않고 이야기를 잘하는 사람. **재** 길이 나 있어 넘어 다닐 수 있는, 높은 산고개.

시아버지 무릎에 앉은 것 같다

몹시 부끄럽고 불편한 상태를 빗대어 이르는 말.

시아주버니와 제수는 백 년 손

시아주버니와 제수 사이는 친척 가운데 가장 거리가 멀고 서먹한 사이라는 말.

같은 속담 일가 못 된 건 계수[제수]

낱말 풀이 **시아주버니** 남편의 형제 가운데에서 형을 이르는 말. **제수** 남자 형제 사이에서 동생의 아내를 이르는 말. =계수.

시어머니가 오래 살자니까 며느리가 방아 동티에 죽는 걸 본다

사람이 오래 살다 보면 볼 꼴 못 볼 꼴 다 보고 온갖 일을 다 겪는다는 말.

낱말 풀이 **동티** 건드려서는 안 될 것을 괜히 건드려서 스스로 걱정이나 해를 입음. **방아** 곡식 따위를 찧거나 빻는 데 쓰는 기구를 통틀어 이르는 말. 물방아, 디딜방아, 물레방아, 연자방아 따위가 있다.

시어미 미워서 개 옆구리 찬다
시어미 역정에 개 밥그릇[배때기/옆구리] 찬다

엉뚱한 데 가서 노여움을 풀거나 화풀이를 하는 경우를 빗대어 이르는 말.

시어미 범 안 잡은 사람이 없다

시어머니 치고 젊었을 때 온갖 힘든 일을 안 해 본 사람이 없다는 뜻으로, 일은 제대로 하지도 못하면서 지난 일만 자랑하는 경우에 이르는 말.

시어미 부를 노래를 며느리가 먼저 부른다

1. 자기가 하고 싶은 말을 남이 먼저 하는 경우에 빗대어 이르는 말. 2. 꾸지람을 들어야 할 사람이 도리어 큰소리를 치는 경우에 빗대어 이르는 말.

같은 속담 나 부를 노래를 사돈집에서 부른다 • 내 노래를 사돈이 부른다 • 내 할 말을 사돈이 한다

ㅅ

시원찮은 국에 입(가) 덴다

시시한 일이나 대단치 않은 사람에게 뜻밖의 해를 입거나 화를 당하는 경우를 빗대어 이르는 말.

같은 속담 시원찮은 귀신이 사람 잡아간다 • 음식 같잖은 개떡수제비에 입천장(만) 덴다

시원찮은 귀신이 사람 잡아간다

1. 시시한 일이나 대단치 않은 사람에게 뜻밖의 해를 입거나 화를 당하는 경우를 빗대어 이르는 말. 2. 겉보기에는 미련하고 어리석어 보이는 사람이 도리어 큰일을 저지름을 빗대어 이르는 말.

같은 속담 시원찮은 국에 입(가) 덴다

시작이 반이다

무슨 일이든지 한번 시작하면 이미 반은 한 것과 다름없다는 뜻으로, 무슨 일이나 시작이 힘들지 한번 시작하면 일을 끝마치는 것은 어렵지 않다는 말.

시작한 일은 끝을 보라

한번 시작한 일은 끝까지 해야 한다는 말.

시장이 반찬[팥죽]

배가 고프면 반찬 없이 먹는 밥이나 변변찮은 음식도 다 맛있다는 말.

같은 속담 맛없는 음식도 배고프면 달게 먹는다

시장하면 밥그릇을 통째로 삼키나

아무리 급한 일이라도 지킬 것은 지키면서 차근차근 해야 한다는 말.

시장한 사람더러 요기시키란다

자기 배도 채우지 못하는 사람에게 시장기를 면할 정도로 조금 먹여 달란다는 뜻으로, 제 앞가림도 못하는 사람한테 어려운 일을 해 달라고 하는 경우를 빗대어 이르는 말.

같은 속담 배고픈 놈더러 요기시키란다

낱말 풀이 **시장하다** 배가 고프다. **요기** 배고픈 느낌을 겨우 면할 정도로 조금 먹음.

시조하라 하면 발뒤축이 아프다 한다

무엇을 하라고 하면 엉뚱한 핑계를 대며 안 하려고 하는 것을 빗대어 이르는 말.

낱말 풀이 **시조하다** 시조를 읊거나 부르다. 시조는 시에 반주 없이 일정한 가락을 붙여 부르는 노래이다.

시주님이 잡수셔야 잡수었나 하지

무슨 일이나 실제로 이루어진 다음에야 비로소 된 줄을 알지 일을 다 마치기 전에는 그 결과를 미리 알 수 없다는 말.

같은 속담 시형님 잡숴야 잡순 듯하다

낱말 풀이 **시주** 절이나 승려에게 돈이나 물건을 베풀어 주는 일. 또는 그런 일을 하는 사람.

시지도 않아서 군내부터 먼저 난다

김치가 익지도 않았는데 군내부터 난다는 뜻으로, 사람이 제대로 자라기도 전에 못된 버릇이 들어 젠체하는 것을 빗대어 이르는 말.

같은 속담 열무김치 맛도 안 들어서 군내부터 난다

낱말 풀이 **군내** 음식의 제맛이 변하여 나는 안 좋은 냄새.

시집가는 데 강아지 따르는 것이 제격이다

조금도 어색하지 않고 오히려 서로 잘 어울려서 격에 맞는다는 말.

시집가(서) 석 달 장가가(서) 석 달 같으면 살림 못할 사람 없다
시집가 석 달 같으면 살림 못할 사람 없다

갓 혼인했을 때처럼 부부 사랑이 한결같으면 살림 못하고 헤어질 사람이 하나도 없을 것이라는 뜻으로, 늘 그렇게 좋을 수만은 없다고 빗대어 이르는 말.

같은 속담 장가가 석 달 같으면 살림 못할 사람 없다

시집갈 날[때] 등창이 난다

시집가는 날이 되어 등에 큰 부스럼이 난다는 뜻으로, 어떤 일이 가까이 닥쳐오는 때에 뜻하지 않은 걸림돌이 생긴 경우를 빗대어 이르는 말.

같은 속담 혼인날 등창이 난다

낱말 풀이 **등창** 등에 나는 큰 부스럼.

시집도 가기 전에 강아지[기저귀/포대기] 마련한다
시집도 아니 가서 포대기 장만한다

일이 되기도 전에 지나치게 서두르는 행동을 비웃어 이르는 말.

같은 속담 아이도 낳기 전에 기저귀 누빈다 • 중매 보고 기저귀 장만한다

ㅅ

시집 밥은 겉 살이 찌고 친정 밥은 뼈 살이 찐다

시집살이하기보다 친정에서 사는 것이 훨씬 편하고 좋다는 뜻으로 이르던 말.

시집살이하려면 벙어리 삼 년 귀머거리 삼 년 해야 한다

'색시가 시집살이하려면 벙어리 삼 년 귀머거리 삼 년 해야 한다'와 같은 속담.

시키는 일 다 하고 죽은 무덤은 없다

이 세상에 자기가 해야 할 일을 말끔히 다 하고 죽은 사람은 없다는 뜻으로, 일은 하려고 하면 끝이 없다는 말.

같은 속담 일 다 하고 죽은 무덤 없다

시치미를 떼다

자신이 하고도 하지 않은 체, 알고도 모르는 체한다는 관용 표현.

시형님 잡숫고 조왕님 잡숫고 이제는 먹어 보랄 게 없다

많지 않은 것을 여기저기 나누어 주고 나면 남는 것이 없다는 말.

같은 속담 터주에 놓고 조왕에 놓고 나면 아무것도 없다

낱말 풀이 **시형** 남편과 항렬이 같은 사람 가운데 남편보다 나이가 많은 사람. =시아주버니. **조왕** 부엌을 다스린다는 신. 늘 부엌에 있으면서 모든 길흉을 판단한다고 한다.

시형님 잡숴야 잡순 듯하다

'시주님이 잡수셔야 잡수었나 하지'와 같은 속담.

식은 국도 맛보고 먹으랬다

아무리 쉬운 일도 한 번 더 살펴보고 하는 것이 안전하다고 빗대어 이르는 말.

같은 속담 무른 감도 쉬어 가면서 먹어라 • 식은 죽도 불어[쉬어] 가며 먹어라

식은 국도 불고 먹는다

뜨거운 국에 덴 경험이 있는 사람은 식은 국도 불면서 먹는다는 뜻으로, 어떤 일에 한 번 놀라고 나면 그 뒤로는 조심하게 된다는 말.

식은 떡 떼어 먹듯

거리낌 없이 아주 쉽게 늘 하던 대로 행동하는 모양을 이르는 관용 표현.

같은 관용 식은 죽 먹듯[먹기]

ㅅ

식은 밥이 밥일까
식은 밥이 밥일런가 명태 반찬이 반찬일런가

변변찮은 음식 대접을 흠잡아 이르는 말.

식은 죽도 불어[쉬어] 가며 먹어라

'식은 국도 맛보고 먹으랬다'와 같은 속담.

식은 죽 먹듯[먹기]

'식은 떡 떼어 먹듯'과 같은 관용 표현.

식전 개가 똥을 참지

참을 수 없는 것을 어떻게 참으려고 하느냐는 뜻으로, 늘 하던 일을 다시는 안 하겠다고 다짐하는 사람에게 그 말을 어떻게 믿겠느냐고 비웃어 이르는 말.

낱말 풀이 **식전** 1. 밥을 먹기 전. 2. 아침밥을 먹기 전이란 뜻으로, 이른 아침을 이르는 말.

식전 마수에 까마귀 우는 소리

옛날에, 이른 아침에 까마귀 우는 소리를 들으면 그날 운수가 나쁠 낌새라고 일러 오던 말.

낱말 풀이 **마수** 처음 팔리는 물건으로 미루어 아는 그날의 장사 운.

식전 팔십 리

아침밥을 먹기 전에 팔십 리 길을 걸은 것 같다는 뜻으로, 아침밥을 먹기 전에 너무 많이 돌아다녀서 배고프고 힘이 없음을 빗대어 이르는 말.

식지에 붙은 밥풀

밥상을 덮은 기름종이에 붙은 적은 양의 밥알이라는 뜻으로, 적은 물건은 여러 번 생겨도 흐지부지 없어져 모을 수가 없다고 빗대어 이르는 말.

같은 속담 초 판 쌀이라

낱말 풀이 **식지** 밥상의 음식을 덮는 데 쓰는 기름종이.

식초병보다 병마개가 더 시다

본디 것보다 그것에 곁딸린 것이 오히려 그 성질을 더 잘 드러내는 경우를 빗대어 이르는 말.

식칼이 제 자루를 깎지 못한다
식칼이 제 자루를 못 깎는다

1. 제 허물을 제가 알아서 고치기는 어려움을 빗대어 이르는 말. 2. 자기와 관계된 일은 남의 일보다 하기가 더 어려움을 빗대어 이르는 말.

같은 속담 도끼가 제 자루 깎지 못한다 • 자루 베는 칼 없다 • 칼날이 날카로워도 제 자루 못 깎는다

식혜 먹은 고양이 속

제가 저지른 죄가 드러날까 봐 두려워 근심에 찬 마음을 빗대어 이르는 말.

신발에 귀가 달렸다

신발에 쓸모도 없고 거추장스럽기만 한 것을 덧붙였다는 뜻으로, 쓸데없는 것이 덧붙어서 거추장스럽고 보기 싫은 것을 빗대어 이르는 말.

신 배도 맛 들일 탓

'산살구도 맛 들일 탓'과 같은 속담.

신 벗고 따라가도 못 따른다

어떤 사람의 재주나 능력이 뛰어나서 아무리 애써도 미치지 못한다는 말.

신선놀음에 도낏자루 썩는 줄 모른다

재미있는 일에 정신이 팔려 시간 가는 줄 모르는 것을 빗대어 이르는 말.

같은 속담 도낏자루 썩는 줄 모른다

신세도 신세같이 못 지면서 누이네 폐만 끼친다

그다지 도움이나 대접도 못 받고서 폐를 끼쳤다는 인사만 하게 된 경우를 빗대어 이르는 말.

낱말 풀이 **폐** 남에게 끼치는 신세나 괴로움.

신 신고 발바닥 긁기

신을 신은 채 가려운 발바닥을 긁는다는 뜻으로, 무슨 일을 애써 하기는 하지만 필요한 곳에 직접 미치지 못하여 안타까운 경우를 빗대어 이르는 말.

같은 속담 구두 신고 발등 긁기 • 목화 신고 발등 긁기 • 버선 신고 발바닥 긁기 • 옷을 격해 가려운 데를 긁는다

신작로 닦아 놓으니까 문둥이가 먼저 지나간다

새로 크고 넓은 길을 만들어 놓으니 문둥이가 먼저 지나간다는 뜻으로, 애써 한 일을 엉뚱한 사람이 그르쳐 놓아 보람 없게 된 경우에 빗대어 이르는 말.

같은 속담 거둥길 닦아 놓으니까 깍정이가 먼저 지나간다 • 길 닦아 놓으니까 거지[깍정이]가 먼저 지나간다 • 치도하여 놓으니까 거지가 먼저 지나간다

신정도 좋지만 구정을 잊지 말랬다

새로 사귄 사람과 든 정이 아무리 좋아도 오래 사귀어 온 사람과 쌓은 옛정을 잊어서는 안 된다고 가르쳐 이르는 말.

낱말 풀이 **구정** 지난날에 사귄 정. =옛정. **신정** 새로 사귄 정.

신정이 구정만 못하다

'새 정이 옛정만 못하다'와 같은 속담.

신주 개 물려 보내겠다

아무렇게나 간수하면 안 되는 신주를 개한테 물려 보낼 만큼 하는 짓이 칠칠하지 못하고 답답한 경우를 빗대어 이르는 말.

낱말 풀이 **신주** 죽은 사람의 이름을 적은 나무패. 혼이 깃든 것으로 생각했다.

신주

신주 개 물어 간다

가장 중요하게 간직하던 것을 남에게 빼앗긴 경우에 이르는 말.

신주 모시듯

몹시 귀하게 여겨 소중하고 조심스럽게 다루거나 간직하는 모양을 빗대어 이르는 관용 표현.

신주 밑구멍을 들먹인다

조상까지 들추어 떠들어 댐을 빗대어 이르는 말.

신주 싸움에 팥죽을 놓지

옛날에, 굶주린 신주들끼리 싸울 때 팥죽을 바치면 탈이 없다는 데서, 사람들이 다툴 때 먹을 것을 갖다 놓으면 싸움을 그친다고 이르던 말.

ㅅ

신주치레하다가 제 못 지낸다

겉치레에만 마음을 쏟다가 정작 해야 할 일을 못 하는 경우를 빗대어 이르는 말.

낱말 풀이 **신주치레하다** 높은 벼슬 이름이 쓰인 신주를 특별히 모시다.

실 가는 데 바늘도 간다

서로 늘 붙어 다니는 가까운 사이를 빗대어 이르는 말.

같은 속담 구름 갈 제 비가 간다 • 꺽꺽 푸드득 장끼 갈 제 아로롱 까투리 따라가듯 • 녹수 갈 제 원앙 가듯 • 바늘 가는 데 실 가고 바람 가는 데 구름 간다 • 바늘 따라 실 간다 • 바람 간 데 범 간다 • 범 가는 데 바람 간다 • 봉 가는 데 황 간다 • 용 가는 데 구름 가고 범 가는 데 바람 간다

실과 망신은 모과가 시킨다

'생선 망신은 꼴뚜기가 시킨다'와 같은 속담.

실도랑 모여 대동강이 된다

아무리 작은 것이라도 모이고 모이면 큰 덩어리가 된다고 빗대어 이르는 말.

같은 속담 먼지도 쌓이면 큰 산이 된다 • 모래알도 모으면 산이 된다 • 티끌 모아 태산[큰 산]

실뱀 한 마리가 온 바다를 흐리게 한다

'송사리 한 마리가 온 강물을 흐린다'와 같은 속담.

실없는 말이 송사 간다

아무 생각 없이 한 말 때문에 큰 소동이 벌어질 수도 있음을 빗대어 이르는 말.

실없는 부채[부처] 손

1. 아무 쓸모가 없는 것을 빗대어 이르는 말. 2. 눈은 높아 좋은 것을 바라지만 재주가 무디고 능력이 모자라 이루지 못하는 경우를 빗대어 이르는 말.

같은 속담 시렁 눈 부채[부처] 손

실 엉킨 것은 풀어도 노 엉킨 것은 못 푼다

1. 작은 일은 쉽게 풀 수 있어도 큰일은 좀처럼 풀기 어려움을 빗대어 이르는 말. 2. 얼핏 보기에 어려워 보이는 일이 뜻밖에 쉽게 풀리고 쉬워 보이는 일이 오히려 잘 풀리지 않는 경우를 빗대어 이르는 말.

실에 꿴 바늘 따라오듯

1. 옛날에, 혼인한 여자는 남자를 따르기 마련이라고 빗대어 이르던 말. 2. 피할 수가 없어 따라오기 마련인 것을 빗대어 이르는 말.

실이 와야 바늘이 가지

1. 주는 것이 있어야 받는 것도 있다고 빗대어 이르는 말. 2. 조건이 마련되어야 일이 이루어질 수 있다고 빗대어 이르는 말.

실컷 울고 나서 뉘 초상인가 물어본다

죽었다고 하여 실컷 울었으나 누가 죽었는지도 모르고 있다는 뜻으로, 어떤 일을 하면서 그 일의 내용이나 돌아가는 형편도 모르면서 덮어놓고 하는 행동을 빗대어 이르는 말.

같은 속담 밤새도록 울다가 누가 죽었느냐고 묻는다[한다]

낱말 풀이 **초상** 사람이 죽어서 장사를 지내는 일.

ㅅ

실패는 성공의 어머니

실패했다고 마음만 상해하지 말고 이때 경험을 앞날의 성공을 위한 중요한 밑거름으로 삼으라고 가르쳐 이르는 말.

싫은데 선떡

먹기 싫은데 설익어 푸슬푸슬한 떡을 주었다는 뜻으로, 1. 때마침 구실이 생겨서 떳떳하게 거절할 수 있는 경우를 빗대어 이르는 말. 2. 몹시 마음에 내키지 않는 경우를 빗대어 이르는 말.

싫은 매는 맞아도 싫은 음식은 못 먹는다

1. 다른 것은 몰라도 음식은 제 비위에 맞지 않으면 아무리 좋은 것이라도 애써 먹을 수 없다고 빗대어 이르는 말. 2. 도무지 받아들일 수 없는 경우를 빗대어 이르는 말.

같은 속담 맞기 싫은 매는 맞아도 먹기 싫은 음식은 못 먹는다

싫은 밥은 있어도 싫은 술은 없다

술꾼은 아무 술이나 다 좋아한다는 말.

싫은 춤에 지게 지고 엉덩이춤 춘다

내키지 않는 일이지만 말려들어 어쩔 수 없이 하게 된 경우를 빗대어 이르는 말.

심덕을 바로 가지면 하늘도 굽어본다

사람이 마음을 곱고 바르게 쓰면 하늘도 감동하여 보살펴 준다는 말.

같은 속담 남을 위해 주는 일엔 북두칠성도 굽어본다 • 마음 한번 잘 먹으면 북두칠성이 굽어보신다

낱말 풀이 **심덕** 마음을 쓰는 데서 나타나는 덕.

심사가 꽁지벌레라

사람들이 소중히 여기는 된장 간장을 먹고사는 꽁지벌레처럼 마음씨가 사나워 남의 일에 훼방 놓기를 좋아하는 사람을 비꼬아 이르는 말.

낱말 풀이 **꽁지벌레** 왕파리의 애벌레. 구더기를 이르는 말. **심사** 1. 어떤 일에 대해 일어나는 여러 가지 감정이나 생각. 2. 마음에 맞지 않아 어깃장을 놓고 싶은 마음.

심사가 놀부라

뒤틀린 심사가 놀부 같다는 뜻으로, 욕심 많고 심술궂은 사람을 놀리어 이르는 말.

같은 속담 심통이 놀부 같다

심사는 좋아도 이웃집 불붙는 것 보고 좋아한다

아무리 성격이 좋은 사람이라도 사람은 흔히 남의 불행을 좋아하는 마음이 있다고 빗대어 이르는 말.

심술만 하여도 삼 년 더 살겠다

심술을 잔뜩 가졌으니 그것만 먹고도 삼 년은 더 살겠다는 뜻으로, 몹시 심술궂은 사람을 욕으로 이르는 말.

심통이 놀부 같다

'심사가 놀부라'와 같은 속담.

십년공부 도로 아미타불

오랫동안 공들여 해 온 일이 헛일이 된 경우를 빗대어 이르는 말.

낱말 풀이 **십년공부** 오랜 세월 동안 쌓은 공.

ㅅ

십 년 묵은 체증이 내려간[가라앉는] 것 같다
십 년 묵은 체증이 내린다

십 년이나 앓던 체증이 쑥 내려가서 시원하다는 뜻으로, 걱정거리나 근심이 어떤 일로 한 번에 다 없어져 속이 후련해진 경우를 빗대어 이르는 말.

십 년 세도 없고 열흘 붉은 꽃 없다

세도는 십 년이 지나면 바뀌고 붉은 꽃도 피었다가 열흘이 지나면 시든다는 뜻으로, 1. 부귀영화가 오래 이어지지 못함을 빗대어 이르는 말. 2. 사람의 처지는 끊임없이 바뀌니 한때 세도가 있다고 너무 으스대지 말고 삼가라는 말.

낱말 풀이 **세도** 정치상의 권력과 세력. 또는 그 권세를 마구 휘두르는 일.

십 년을 같이 산 시어미 성도 모른다

같이 살거나 가까운 사이에 마땅히 알고 있어야 할 것을 뜻밖에 잘 모르고 지내는 경우를 빗대어 이르는 말.

같은 속담 머슴살이 삼 년에 주인 성 묻는다 • 한집안에 김 별감 성을 모른다

십 년이면 강산이[산천도] 변한다

강산도 십 년이 지나면 모습이 바뀐다는 뜻으로, 1. 시간이 지나면 세상 모든 것이 다 바뀐다는 말. 2. 십 년이란 세월은 결코 짧은 것이 아니라는 말.

십 리가 모랫바닥이라도 눈 찌를 가시나무가 있다

1. 아무리 훌륭한 조건이라도 그 속에 걸림돌이 있을 수 있음을 빗대어 이르는 말. 2. 아주 가까운 벗들 가운데에도 원수 될 사람이 섞여 있을 수 있다는 말.

같은 속담 십 리 백사장에도 눈 찌를 막대가 있다

십 리 강변에 빨래질 갔느냐

1. 십 리나 되는 강변까지 빨래를 하러 갔다 오느라고 얼굴이 탔느냐는 뜻으로, 얼굴이 새까맣게 그을린 사람을 놀리어 이르는 말. 2. 아무리 기다려도 기다리는 사람이 나타나지 않는 경우에 빗대어 이르는 말.

십 리 길에 점심 싸기

십 리밖에 안 되는 가까운 곳에 가면서도 점심밥을 싸 가지고 간다는 뜻으로, 무슨 일이든 시작하기 전에 빈틈없이 준비하라는 말.

같은 속담 가까운 데를 가도 점심밥을 싸 가지고 가거라

십 리 눈치꾸러기

십 리 밖에서도 눈치를 챌 만큼 아주 눈치가 빠른 사람을 빗대어 이르는 말.

십 리 밖에 있어도 오리나무

오리나무는 어디에 있어도 오리나무라는 뜻으로, 사물의 본질은 변하지 않음을 빗대어 이르는 말.

십 리 반찬

거리를 나타내는 '오 리'가 날짐승 '오리'와 같은 소리를 내는 데서 오리 두 마리로 만든 반찬이라는 뜻으로, 매우 좋은 반찬을 빗대어 이르는 말.

십 리 백사장에도 눈 찌를 막대가 있다

'십 리가 모랫바닥이라도 눈 찌를 가시나무가 있다'와 같은 속담.

십 리에 다리 놓았다

어떤 일에나 이런저런 방해나 사정이 많음을 빗대어 이르는 말.

십 리에 장승 서듯

무엇이 드문드문 멋없이 껑충하게 서 있는 모양을 빗대어 이르는 말.

싱겁기는 고드름장아찌[늑대 불알/황새 똥구멍](이)라
싱겁기는 홍동지네 세 벌 장물이라

싱겁기가 세 번째로 걸러 낸 홍동지네 집 장물 맛과 같다는 뜻으로, 사람이 아주 멋없고 몹시 싱거운 경우에 빗대어 이르는 말.

낱말 풀이 **고드름장아찌** 말이나 행동이 싱거운 사람을 놀리어 이르는 말. **장물** 간장을 담그려고 소금을 탄 찬물. **홍동지** 꼭두각시놀음에 나오는 온몸이 붉고 힘살이 울퉁불퉁한 벌거벗은 인형.

싸고 싼 사향도 냄새 난다
싸고 싼 향내도 난다

1. 어떤 일을 아무리 애써 숨기려 해도 결국에는 드러나고야 만다는 말. 2. 덕과 재주가 있는 사람은 이름을 떨치려고 애쓰지 않아도 저절로 알려지게 마련이라는 말.

낱말 풀이 **사향** 사향노루의 사향샘을 말려서 얻는 향료.

싸라기밥을 먹었나[먹고 자랐나]

부스러진 쌀로 지은 밥을 먹고 자라서 그렇게 말하느냐는 뜻으로, 반말질을 곧잘 하는 사람을 핀잔하여 이르는 말.

낱말 풀이 **싸라기** 부스러진 쌀알.

싸라기 쌀 한 말에 칠 푼 오 리라도 오 리 없어 못 먹는다

푼돈이라도 하찮게 여기지 말고 아껴 쓰라고 가르쳐 이르는 말.

싸리밭에 개 팔자

무더운 여름철 그늘진 댑싸리 밭에 아무 근심 걱정 없이 누워 있는 개의 팔자야말로 가장 좋은 팔자라는 뜻으로, 아무 하는 일 없이 마음 편히 놀고먹는 사람의 처지를 빗대어 이르는 말.

같은 속담 댑싸리 밑의 개 팔자 • 오뉴월 개 팔자 • 오뉴월 댑싸리 밑의 개 팔자 • 오뉴월 음달 아래 개 팔자 • 음지의 개 팔자 • 풍년 개 팔자

싸리불 펴 놓고 불 좋다 한다

싸리를 때고 타다 남은 불을 화로에 펴 놓고 불이 좋다고 한다는 뜻으로, 보잘것없는 것을 가지고 자랑하는 사람을 비웃어 이르는 말.

싸움 끝에 정이 든다[붙는다]

서로 가지고 있던 오해나 나쁜 감정을 싸우면서 풀어 버리면 오히려 더 가까워지고 정이 깊어진다는 말.

싸움은 말리고 불은 끄랬다

나쁜 일은 있는 힘을 다해 막아야 한다는 말.

싸움은 말리고 흥정은[혼사는] 붙이랬다

좋지 않은 일은 말리고 좋은 일은 잘되게 도와주라는 말.

같은 속담 흥정은 붙이고 싸움은 말리랬다

싸움 잘하는 놈 매 맞아 죽는다

나쁜 짓을 하는 사람은 결국 그 나쁜 짓 때문에 큰 화를 입게 된다는 말.

ㅅ

싸전에 가서 밥 달라 한다

쌀가게에 가서 밥을 달라고 한다는 뜻으로, 모든 일에는 차례가 있는데 성질이 급하여 지나치게 헤덤비는 경우에 비웃어 이르는 말.

같은 속담 급하기는 우물에 가 숭늉 달라겠다 • 돼지 꼬리 잡고 순대 달란다 • 메밀밭에 가서 국수를 달라겠다 • 보리밭에 가 숭늉 찾는다 • 우물에 가 숭늉 찾는다 • 콩밭에 가서 두부 찾는다 • 타작마당에 가서 숭늉 찾겠다

낱말 풀이 **싸전** 쌀과 그 밖의 곡식을 파는 가게.

싹수가[싹이] 노랗다

싹이 푸르지 못하고 노랗게 시들었다는 뜻으로, 잘될 가능성이나 희망이 처음부터 보이지 않는다는 관용 표현.

싹싹하기란 제철 참배 맛이다

사람이 매우 싹싹함을 빗대어 이르는 말.

싼 것이 비지떡[갈치자반]

값싼 물건치고 좋은 것이 없다는 말.

같은 속담 값싼 것이 갈치자반

쌀고리에 닭이라

옛날에, 가난하게 살던 사람에게 갑자기 쌀을 넣은 고리짝과 닭이 생겼다는 뜻으로, 뜻밖에 먹을 것이 많아지고 잘살게 된 경우를 빗대어 이르던 말.

낱말 풀이 **쌀고리** 쌀을 넣어 두는 고리. 흔히 대나무, 버들가지, 싸리 따위를 엮어 상자처럼 만든다.

쌀광에 든 쥐 (팔자)
쌀독에 앉은 쥐

쌀이 가득한 광에 들어가 사는 쥐 팔자 같다는 뜻으로, 모자란 것 없이 넉넉하고 만족스러운 처지를 빗대어 이르는 말.

쌀독에 거미줄 친다

쌀을 담아 놓는 독에 낟알은 한 알도 없고 거미가 줄을 치게 되었다는 뜻으로, 먹을 것이 떨어진 지 오래됨을 빗대어 이르는 말.

쌀독[쌀광]에서 인심 난다

자기가 넉넉해야 남의 딱한 형편도 도와줄 수 있다고 빗대어 이르는 말.

같은 속담 광에서 인심 난다

쌀에 뉘 (섞이듯)

흰쌀에 겉껍질이 벗겨지지 않은 뉘가 섞여 있다는 뜻으로, 많은 것들 가운데 드문드문 섞여서 찾아보기가 퍽 어려운 경우를 빗대어 이르는 말.

같은 속담 백미에 뉘 (섞이듯) • 흰쌀에 뉘 섞이듯

낱말 풀이 **뉘** 잘 찧은 쌀 속에 섞여 있는 겉껍질이 벗겨지지 않은 벼 알갱이.

쌀에서 뉘 고르듯

많은 것 가운데 쓸모없는 것을 하나하나 골라내는 것을 빗대어 이르는 말.

쌀은 쏟고 주워도 말은 하고 못 줍는다

'살은 쏘고 주워도 말은 하고 못 줍는다'와 같은 속담.

쌀 한 알 보고 뜨물 한 동이 다 마신다

쌀 한 알을 먹겠다고 뜨물 한 동이를 다 마신다는 뜻으로, 보잘것없는 이익을 얻으려고 노력이나 돈을 지나치게 많이 들이는 경우를 빗대어 이르는 말.

낱말 풀이 **뜨물** 쌀을 씻어 낸 뿌연 물.

쌈짓돈이 주머닛돈

쌈지에 든 돈이나 주머니에 든 돈이나 다 매한가지라는 뜻으로, 1. 그 돈이 그 돈이어서 가릴 필요가 없다고 빗대어 이르는 말. 2. 한 집안의 재산은 네 것 내 것 가리지 않아도 그 집안의 재산이라고 빗대어 이르는 말.

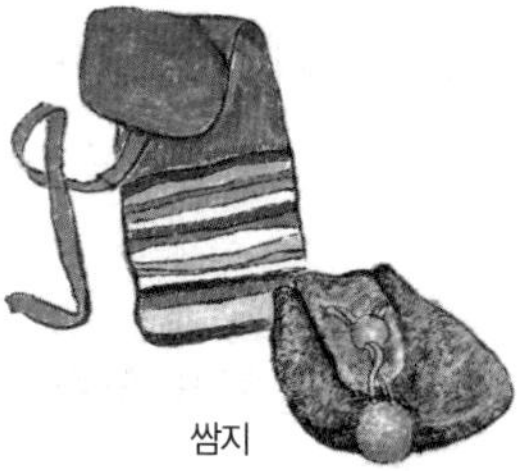
쌈지

같은 속담 주머닛돈이 쌈짓돈

낱말 풀이 **쌈지** 동전이나 바늘 따위를 넣어 두는 작은 주머니. 종이, 헝겊, 가죽 따위로 만든다.

쌍태 낳은 호랑이 하루살이 하나 먹은 셈
쌍태한 호랑이가 하룻강아지 먹은 것만 하다

한 번에 새끼를 두 마리나 낳은 호랑이가 아주 작은 하루살이 하나를 먹은 셈

이라는 뜻으로, 먹었으나 양이 하도 적어서 감질만 나고 성에 차지 않음을 빗대어 이르는 말.

같은 속담 목구멍 때도 못 씻었다 • 범 나비 잡아먹듯 • 주린 범의 가재다

낱말 풀이 **쌍태하다** 한 태에 두 아이 또는 두 새끼를 배다.

썩어도 준치

본디 훌륭한 것은 상해도 그 본질은 바뀌지 않는다고 빗대어 이르는 말.

같은 속담 물어도 준치 썩어도 생치

읽을거리 준치는 무르거나 썩어도 맛있다고 할 만큼 이름난 바닷물고기야. 물고기 가운데 가장 맛있다고 '진어'라고도 했어. 특히 단오 무렵에 잡는 준치가 맛있다고 해. 하지만 준치는 가시가 아주 많아. 준치가 왜 이렇게 가시가 많은 줄 알아? 옛날에는 준치한테 가시가 없었대. 그런데 맛도 좋고 가시도 없으니 사람들이 준치만 잡아먹어서 준치 가문이 사라지게 된 거야. 그래서 용왕이 모든 물고기를 모아 놓고 준치에게 가시 한 개씩 꽂아 주라고 했어. 가시가 많으면 사람들이 쉽게 못 잡아먹을 테니까. 그렇게 해서 준치가 가시가 많아졌다는 이야기야.

썩은 고기에 벌레 난다

좋지 못한 원인이 있으면 반드시 그에 따른 결과도 좋지 못하다는 말.

썩은 공물이요 성한 간색이라

실제 임금에게 바치는 물건은 썩었는데 앞서 관원에게 보이는 간색은 물건이 좋다는 뜻으로, 실물보다 본보기가 더 나은 경우를 빗대어 이르는 말.

낱말 풀이 **간색** 물건의 질을 살펴보기 위하여 그 일부분을 봄. **공물** 옛날에, 백성이 나라에 세금으로 바치던 물건이나 곡식.

썩은 기둥을[기둥 골] 두고 서까래 갈아 댄다고 새집 되랴

사물의 본바탕이 되는 부분은 낡은 채로 두고 보잘것없고 작은 부분만 고쳐서는 결코 나아지지 않는다고 빗대어 이르는 말.

썩은 동아줄 같다

힘없이 뚝뚝 끊어지거나 맥없이 쓰러지는 모양을 빗대어 이르는 말.

읽을거리 동아줄은 짚으로 굵고 튼튼하게 꼰 줄이야. 해와 달이 된 오누이라는 옛이야기에도 나오지. 옛날에 남매를 둔 어머니가 남의 집에 품팔이를 갔다가 돌아오는 길에 호랑이를 만났어. 호랑이는 야금야금 어머니가 이고 온 떡을 빼앗아 먹더니 어머니까지 잡아먹고는 남매가 사는 집으로 찾아갔어. 남매는 어머니가 아니라 호랑이라는 것을 알아채고 겨우 도망쳐 우물가 큰 나무 위로 올라갔지. 그런데 호랑이도 뒤쫓아서 나무 위로 올라오는 거야. 남매는 "우리를 살리려거든 새 동아줄을 내려 주시고 우리를 죽이려거든 썩은 동아줄을 내려 주세요." 하고 하늘에 빌었지. 그랬더니 하늘에서 새 동아줄이 내려와 남매는 하늘로 올라갔어. 호랑이도 따라서 "나를 살리려거든 새 동아줄을 내려 주시고 나를 죽이려거든 썩은 동아줄을 내려 주세요." 하고 빌었어. 그랬더니 하늘에서 썩은 동아줄이 내려와 호랑이는 냉큼 썩은 동아줄을 탔어. 그런데 썩은 동아줄이 뚝 끊어져 수수밭에 떨어져 죽었다지. 하늘로 올라간 오누이는 어떻게 됐냐고? 해와 달이 되었더라는 이야기야.

썩은 새끼[바]도 다쳐야 끊어진다

썩은 새끼도 건드려야 끊어진다는 뜻으로, 1. 어떤 일이나 사물이 바깥에서 끼친 영향으로 무너지는 경우를 빗대어 이르는 말. 2. 겉보기에 멀쩡해서 만졌다가 큰 화를 입게 되는 경우를 빗대어 이르는 말.

낱말 풀이 **다치다** 몸이나 물건을 건드리다. **바** 삼이나 칡 따위로 세 가닥을 지어 굵다랗게 드린 줄. **새끼** 짚으로 꼬아 줄처럼 만든 것.

썩은 새끼도 쓸 데가 있다

아무리 쓸모없어 보이는 것이나 못 쓰게 된 물건도 다 쓸 데가 있다는 말.

썩은 새끼로 범[호랑이] 잡기

1. 허술한 계획과 보잘것없는 재주로 뜻밖에 큰일을 해내는 경우를 빗대어 이르는 말. 2. 어수룩한 솜씨와 엉성한 준비로 큰일을 하겠다고 덤비는 어리석음을 빗대어 이르는 말.

썩은 새끼에 목을 맨다

1. 이러지도 저러지도 못하는 처지에서 억지로 하는 일을 빗대어 이르는 말. 2. 썩은 새끼에 목을 맬 정도로 기가 막히고 억울한 경우를 빗대어 이르는 말.

썩은 새끼 잡아당기다간 끊어진다

1. 낡아서 거의 못 쓰게 된 것을 잘못 건드렸다가는 영 못 쓰게 된다고 빗대어 이르는 말. 2. 몸이 아주 약한 사람에게 힘든 일을 시키다가는 죽일 수도 있다고 빗대어 이르는 말.

썩은 생선에 쉬파리 끓듯

먹을 것이나 이익이 생기는 곳에 어중이떠중이가 자꾸 모여드는 모양을 빗대어 이르는 말.

낱말 풀이 **쉬파리** 쉬파릿과의 곤충을 통틀어 이르는 말. 썩은 고기나 산 동물에 붙어산다.

썩은 숲에서 불난다

1. 대수롭지 않게 여기던 것이 뜻밖에도 큰 힘을 내는 경우를 빗대어 이르는 말. 2. 보잘것없어 보이던 것이 큰 화를 불러오는 경우를 빗대어 이르는 말.

썩은 콩을 씹은 것 같다

'생콩 씹은 상판'과 같은 속담.

쏘아 놓은 살이요 엎지른[엎질러진] 물이다
쏟아진 물

한번 쏘아 버린 살은 다시 거둬들일 수 없고 한번 엎지른 물은 다시 퍼 담을 수 없다는 뜻으로, 한번 저지른 일은 다시 고치거나 중도에 그만둘 수 없다는 말.

낱말 풀이 **살** 활시위에 걸고 당겼다가 쏘아서 목표물을 맞히는 긴 막대. =화살.

쑥구렁이 꿩 잡아먹는다

지지리도 못난 구렁이가 꿩을 잡아먹는다는 뜻으로, 아무리 못나고 어리석은 사람이라도 때로는 놀랄 만한 일을 한다고 빗대어 이르는 말.

낱말 풀이 **쑥구렁이** '쑥밭의 구렁이'라는 뜻으로, 대단하지 아니한 뱀을 이르는 말.

ㅅ

쑥구렁이 담 넘어가듯

구렁이가 소리 없이 슬며시 기어 어느새 담을 넘어가듯이, 일을 분명하고 깔끔하게 마무리 짓지 않고 슬그머니 얼버무려 넘어가는 것을 빗대어 이르는 말.

같은 속담 괴 다리에 기름 바르듯 • 구렁이 담 넘어가듯 • 메기 등에 뱀장어 넘어가듯

쑥대도 삼밭에 나면 곧아진다

'삼밭에 쑥대'와 같은 속담.

읽을거리 쑥은 산, 들, 집 둘레, 길가에서 자라는 여러해살이풀이야. 아무 데서나 쑥쑥 자란다고 쑥이야. 쑥은 우리나라 건국 신화에 나올 만큼 아주 오래전부터 먹었고 약으로도 써 왔어. 단군 신화에는 곰이 백 일 동안 동굴 속에서 쑥과 마늘만 먹고 사람이 되었다는 이야기가 나오지. 이른 봄철 어린잎으로는 국을 끓이거나 떡을 만들어 먹어. 쑥을 넣어 쑥떡, 쑥설기, 쑥버무리, 쑥찐빵, 쑥국, 쑥강정, 쑥콩가루죽, 쑥차같이 여러 가지 먹을거리를 만들어 먹어. 말린 쑥은 뜸을 뜨는 데 쓰고, 여름철에 불을 피워 모기를 쫓는 데도 써. 약재로 쓰는 쑥은 5월 단오에 거둬 말린 것이 가장 좋다고 해. 옛날에는 집집마다 쑥을 말려서 약으로 썼어.

쑥바자도 바람 막는다

하찮은 쑥대를 엮어서 친 바자도 제법 바람을 막는다는 뜻으로, 보잘것없는 사물이나 사람이 제 몫을 톡톡히 해내는 경우에 빗대어 이르는 말.

낱말 풀이 **쑥바자** 쑥대를 엮어서 만든 바자로 세운 울타리.

쑨 죽이 밥 될까

이미 다 틀어진 일을 아무리 되돌리려고 애써도 쓸데없음을 빗대어 이르는 말.

같은 속담 익은 밥 다시 설릴 수 없다

쓰니 시어머니

흔히 시어머니가 며느리를 못살게 군다고 느끼는 마음을 빗대어 이르던 말.

쓰다 달다 말이 없다

어떤 문제에 대하여 싫다 좋다 그 어떤 말도 하지 않는 것을 빗대어 이르는 말.

쓰러져 가는 나무는 아주 쓰러뜨려라

잘될 것 같지 않은 일은 빨리 치우고 새 일을 시작하라는 말.

쓰러져 가는 나무를 아주 쓰러뜨린다

1. 쓰러져 가는 판을 아주 못 일어나게 만드는 경우를 빗대어 이르는 말. 2. 어려운 처지에 있는 사람을 더 어렵고 딱하게 만드는 경우를 빗대어 이르는 말.

쓰면 뱉고 달면 삼킨다

옳고 그름이나 믿음을 저버리고 제 이익만 꾀하는 것을 빗대어 이르는 말.

같은 속담 달면 삼키고 쓰면 뱉는다 • 맛이 좋으면 넘기고 쓰면 뱉는다 • 추우면 다가들고 더우면 물러선다

쓴 개살구[배/외]도 맛 들일 탓

'산살구도 맛 들일 탓'과 같은 속담.

쓴 것이 약
쓴 약이 더 좋다

병을 고치는 데에는 쓴 약이 더 좋다는 뜻으로, 타이르거나 가르치는 말이 당장 듣기에는 언짢지만 잘 받아들이면 자기에게 이롭다는 말.

쓴 도라지[오이] 보듯

마음에 들지 않거나 쓸데없는 물건을 보듯이, 다른 사람을 하찮게 여겨 깔보거나 업신여기는 것을 빗대어 이르는 말.

같은 속담 원두한이 쓴 외 보듯

읽을거리 오이는 열매를 먹으려고 밭에 심어 기르는 덩굴 채소야. 여름철 대표 채소 가운데 하나지. 봄에 씨앗을 뿌리고 버팀대만 세워 주면 여름내 따 먹을 수 있어. 싱싱한 오이는 가시처럼 생긴 돌기가 오톨도톨 나 있어. 오이는 아삭하면서 시원하고 목마름도 풀어 주지. 그런데 꼭지 쪽은 조금 쓴맛이 나. 여름철 한낮에 딴 것일수록 더 쓴맛이 나. 오이는 흔히 날로 먹지만 오이소박이, 오이지, 오이장아찌, 오이냉국 따위를 만들어 먹기도 해. 오이지는 오이를 소금물에 절여 담근 김치고, 오이소박이는 오이에 소를 박아 담근 김치야. 누렇게 익은 오이는 노각이라고 하는데, 껍질을 벗기고 씨를 파낸 뒤에 무치거나 장아찌를 담가 먹지. 오이는 본디 인도에서 자라던 풀로, 우리나라에는 1500년 전쯤에 들어왔대. 무척 오래 길러 온 채소 가운데 하나야.

쓴맛 단맛 다 보았다

살면서 세상의 즐거움과 괴로움, 기쁨과 슬픔 따위를 다 겪어 보았다는 말.

같은 속담 단맛 쓴맛 다 보았다

쓸개 빠진 놈

1. 하는 짓이 줏대가 없고 사리에 어긋나는 사람을 욕으로 이르는 말. 2. 제정신을 바로 차리지 못하는 사람을 빗대어 이르는 말.

낱말 풀이 **쓸개** 간에서 만들어진 쓸개즙을 모으고 농축하는 주머니. 음식물의 소화를 돕는다.

쓸개에 가 붙고 간에 가 붙는다

자기에게 조금이라도 이익이 되는 쪽으로 이리저리 옮겨 다니는 짓을 빗대어 이르는 말.

같은 속담 간에 가 붙고 쓸개[염통]에 가 붙는다

씨가 따로 있나

높은 자리에 오르는 것은 타고난 팔자나 핏줄에 따른 것이 아니라 제 능력과 노력에 따른 것이라고 빗대어 이르던 말.

같은 속담 왕후장상이 씨가 있나

낱말 풀이 **씨** 어떤 집안의 혈통을 낮잡아 이르는 말.

씨는 속일 수 없다
씨도둑은 못한다

1. 이어져 내려온 집안 내력은 숨기려 해도 숨길 수 없음을 빗대어 이르는 말.
2. 아비와 자식은 생김새나 성격이 어느 모로 보나 닮은 데가 많아 핏줄을 속일 수 없다는 말.

씨름에 진 놈이 말이 많다

일을 그르치거나 잘못을 저질렀을 때 자꾸 변명을 하거나 남 탓만 하는 경우에 빗대어 이르는 말.

씨름은 잘해도 등허리에 흙 떨어지는 날 없다
씨름 잘하는 놈 잔등에서 흙 떨어질 새 없다

1. 몸에 배거나 잘하는 일은 쉽사리 손을 떼기가 어려움을 빗대어 이르는 말. 2. 재주와 솜씨는 있지만 편히 살지 못하고 일만 하고 살아야 함을 빗대어 이르는 말. 3. 어떤 일을 즐겨 하면 그 흔적이 늘 남아 있기 마련이라는 말.

씨 보고 춤춘다

오동나무 씨만 보고도 나중에 그 나무로 가구도 만들고 가야금도 만들 생각을 하며 미리 춤춘다는 뜻으로, 성미가 몹시 급해서 나중에 할 일을 너무 미리부터 서두름을 비웃어 이르는 말.

같은 속담 오동나무만 보아도 춤을 춘다 • 오동 씨만 보아도 춤춘다

씻어 놓은 흰 죽사발 같다
씻은 배추 줄기 같다

얼굴이 희고 키가 헌칠한 사람을 빗대어 이르는 말.

씻은 듯 부신 듯

아무것도 남지 않고 아주 깨끗하게 없어진 모양을 이르는 관용 표현.

씻은 쌀알[팥알] 같다

사람의 생김새가 멀쑥하고 옷차림이 얌전한 모습을 빗대어 이르는 말.

ㅅ

ㅇ

아가리가 광주리만 해도 막말은 못한다

입이 아무리 커도 함부로 말할 수 없다는 뜻으로, 누가 너무 어처구니없는 말을 할 때 핀잔하여 이르는 말.

광주리

낱말 풀이 **광주리** 대, 싸리, 버들 따위로 둥글게 엮어 만든 그릇. **아가리** 1. '입'을 속되게 이르는 말. 2. 병이나 그릇, 자루 따위에 난 구멍 입구.

아끼는 것이 찌로 간다
아끼다 똥 된다

물건을 너무 아끼기만 하면 잃어버리거나 못 쓰게 된다고 빗대어 이르는 말.

낱말 풀이 **찌** 어린아이의 말로, '똥'을 이르는 말.

아내가 귀여우면 처갓집 말뚝 보고도 절한다
아내가 귀여우면 처갓집 문설주도 귀엽다
아내가 예쁘면 처갓집 울타리까지 예쁘다

1. 아내가 좋으면 아내 둘레의 보잘것없는 것까지 다 좋게 보인다는 말. 2. 한 가지가 좋아 보이면 모든 것이 다 좋아 보인다고 빗대어 이르는 말. 3. 어떤 사람을 너무 좋아하여 판단이 흐려지면 실수를 하게 된다고 빗대어 이르는 말.

같은 속담 색시가 고우면 가시집 말장 끝까지 곱게 보인다 • 의가 좋으면 처갓집 말뚝에도 절한다 • 장모 될 집 마당의 말뚝을 보고도 절한다

낱말 풀이 **문설주** 문짝을 달기 위하여 문 양쪽에 세운 기둥.

아내 없는 처갓집 가나 마나

딱히 하려는 일이 없거나 서로 관계가 없는 곳에는 갈 필요가 없다는 말.

아내에게 한 말은 나도 소에게 한 말은 나지 않는다

소한테 한 말은 안 나도 가까운 식구에게 한 말은 어김없이 새어 나간다는 뜻으로, 아무리 믿는 사이라도 말을 가려서 조심히 해야 한다고 빗대어 이르는 말.

같은 속담 소더러 한 말은 안 나도 처더러 한 말은 난다 • 소 앞에서 한 말은 안 나도 아버지[어미] 귀에 한 말은 난다 • 어미한테 한 말은 나도 소한테 한 말은 안 난다

아는 것이 병[탈]

1. 정확하지 못하거나 분명하지 않은 지식은 오히려 걱정거리가 될 수 있다는 말. 2. 아무것도 모르면 차라리 마음이 편한데 쓸데없이 몰라도 될 것을 알게 되면 걱정이 늘어 도리어 해롭다는 말.

같은 속담 모르는 것이 부처

아는 길도 물어 가랬다

비록 잘 아는 길이라도 헷갈려 실수할 수 있으니 남에게 물어서 가라는 뜻으로, 아무리 잘 아는 일이라도 틀림없도록 꼼꼼히 살피고 조심해야 한다는 말.

같은 속담 돌다리도 두들겨 보고 건너라 • 삼 년 벌던 논밭도 다시 돌아보고 산다 • 얕은 내도 깊게 건너라 • 징검다리도 두들겨 보고 건너라

아는 놈 당하지 못한다

어떤 일의 속사정을 잘 알고 덤비는 상대는 이길 수 없다는 말.

아는 놈 붙들어 매듯

1. 물건을 대충대충 허술하게 묶어 두는 모양을 빗대어 이르는 말. 2. 어떤 일을 건성으로 하는 것을 빗대어 이르는 말.

같은 속담 아는 도둑놈 묶듯

ㅇ

아는 놈이 도둑놈

1. 도둑질도 그 형편을 잘 알고 있는 사람이 한다는 뜻으로, 서로 잘 아는 사이에 속임수를 써서 해를 끼치는 경우에 빗대어 이르는 말. 2. 잘 아는 사람이 물건값을 더 비싸게 매겨 팔 때 욕으로 이르는 말.

아는 데는 똥파리[쉬파리]

똥파리가 용하게 음식이 있는 곳을 알고 달려들듯이, 무슨 일을 빨리 알아 가지고 시끄럽게 구는 사람을 비꼬아 이르는 말.

아는 도끼에 발등 찍힌다

잘되리라 생각했던 일이 어긋나거나 믿었던 사람이 등을 돌리고 오히려 해를 입히는 경우에 빗대어 이르는 말.

같은 속담 낯익은 도끼에 발등 찍힌다 • 믿는 도끼에 발등 찍힌다

아는 도둑놈 묶듯

'아는 놈 붙들어 매듯'과 같은 속담.

아는 체하지 말고 모르는 체하지 말라

잘 모르면서 우쭐거리며 나서지도 말고 아는 것을 모른 체하면서 발뺌하지도 말라는 뜻으로, 사람은 언제나 겸손하고 솔직하여야 한다는 말.

아니 때린 장구 북소리 날까
아니 땐 굴뚝에 연기 날까

1. 원인이 없으면 결과가 있을 수 없음을 빗대어 이르는 말. 2. 정말로 어떤 일이 있기 때문에 말이 난다고 빗대어 이르는 말.

같은 속담 구름 없는 하늘에 비 올까 • 불 안 땐 굴뚝에 연기 날까 • 뿌리 없는 나무에 잎이 필까

아니 무너진 하늘에 작대기 받치자 한다

괜히 쓸데없는 일을 벌이려는 사람을 비웃어 이르는 말.

아니 밴 아이를 자꾸 낳으란다

되지도 않을 일을 시키거나 없는 것을 억지로 내라고 지나치게 떼쓰는 경우를 빗대어 이르는 말.

같은 속담 배지 아니한 아이를 낳으라 한다

아닌 밤중에 찰시루떡

뜻밖에 좋은 물건을 얻거나 행운을 만났을 때 빗대어 이르는 말.

같은 속담 굴러온 호박 • 선반에서 떨어진 떡 • 시렁에서 호박 떨어진다 • 호박이 굴렀다[떨어졌다]

읽을거리 시루떡은 쌀가루에 콩이나 팥을 섞어 시루에 켜켜이 안치고 찐 떡이야. 온갖 잔치나 제사에서 빼놓을 수 없는 전통 음식이야. 쌀가루에 어떤 고물을 섞느냐에 따라 떡 이름이 달라져. 아무것도 안 넣고 쌀가루로만 찐 백설기도 있고, 고물에 따라 콩시루떡, 대추시루떡, 팥시루떡, 호박고지 시루떡, 무채 시루떡, 곶감 시루떡과 같이 여러 가지가 있어. 옛날 어른들은 철마다 또는 갖가지 좋은 일, 나쁜 일이 있을 때마다 떡을 해서 나눠 먹었어. 그 가운데서도 시루떡은 가장 많이 해 먹는 떡이지. 요즘도 이사했을 때 이웃에 붉은 팥시루떡을 돌리는 풍습이 남아 있어.

아닌 밤중에 홍두깨 (내밀듯)

갑자기 생각하지 않은 말을 꺼내거나 불쑥 엉뚱한 짓을 하는 경우에 이르는 말.

같은 속담 그믐밤에 홍두깨 내민다[내밀듯] • 어두운 밤에 주먹질

아들네 집 가 밥 먹고 딸네 집 가 물 마신다

흔히 딸네 살림을 더 걱정하고 아껴 주는 부모 마음을 이르는 말.

아래턱이 위턱에 올라가 붙다[붙나]

상하 관계를 무시하고 아랫사람이 윗자리에 올라가 앉을 수 없다는 말.

아랫길도 못 가고 윗길도 못 가겠다

이것도 저것도 다 믿을 수 없고 어떻게 해야 좋을지 모름을 빗대어 이르는 말.

같은 속담 윗돌도 못 믿고 아랫돌도 못 믿는다 • 이 절도 못 믿고 저 절도 못 믿겠다

아랫돌 빼서 윗돌 괴고 윗돌 빼서 아랫돌 괴기

일이 몹시 급하여 이리저리 되는대로 둘러맞춰 일하는 것을 빗대어 이르는 말.

같은 속담 윗돌 빼서 아랫돌 괴고 아랫돌 빼서 윗돌 괴기

아무것도 못하는 놈이 문벌만 높다

1. 일도 잘 못하고 못난 사람이 높은 자리에 앉아 아니꼽게 군다는 말. 2. 쓸데없는 것일수록 성하다는 말.

같은 속담 못된 일가 항렬만 높다

낱말 풀이 **문벌** 대대로 내려오는 그 집안의 사회적 신분이나 지위.

아무 때 먹어도 김가가 먹을 것이다

내버려두어도 자기가 가질 이익이나 몫은 언제고 돌아오니 걱정하지 말라는 말.

아무렇지도 않은 다리에 침놓기

멀쩡한 다리에 침을 놓아 병신을 만들었다는 뜻으로, 그냥 내버려두면 아무 일

도 없을 것을 괜히 건드려서 탈을 내거나 걱정거리를 만드는 경우를 빗대어 이르는 말.

같은 속담 공연히 긁어서 부스럼 만든다 • 긁어 부스럼 • 울려서 아이 뺨 치기

아무리 궁해도 집 안에 날아든 꿩은 잡지 않는다

1. 아무리 자기에게 필요한 것이라도 사람이 사정을 하며 부탁하면 손을 대지 않는다는 말. 2. 몹시 어려운 처지에 있는 사람을 불쌍히 여기게 된다는 말.

아무리 바빠도 바늘허리에 (실) 매어 쓰지 못한다

아무리 바빠도 바늘을 쓰려면 실을 바늘구멍에 꿰어야 한다는 뜻으로, 아무리 바빠도 꼭 갖추어야 할 것을 갖추지 않고는 일을 할 수 없다는 말.

ㅇ

아무리 밝은 달빛도 햇빛을 대신 못한다

달빛이 아무리 밝아도 햇빛보다 밝거나 따뜻함을 대신할 수 없다는 말.

아무리 사당을 잘 지었기로 제사를 지내지 못하면 무엇하랴

겉모양이 아무리 훌륭하게 잘 갖추어져 있어도 마땅히 해야 할 일을 하지 못하면 아무 쓸모가 없다고 빗대어 이르는 말.

아무리 없어도 딸 먹일 것과 쥐 먹일 것은 있다

시집간 딸에 대한 부모 사랑이 매우 크다는 말.

아무리 쫓겨도 신발 벗고 가랴

아무리 급해도 해야 할 일은 하고 차려야 할 체면은 차려야 한다는 말.

아버지는 아들이 잘났다고 하면 기뻐하고 형은 아우가 더 낫다고 하면 노한다

형제끼리 사랑이 부모의 사랑보다 못하다는 뜻으로 이르는 말.

아버지 종도 내 종만 못하다
아버지 주머니의 돈도 제[내] 주머니의 돈만 못하다

1. 남의 것이 아무리 좋다고 해도 제가 가진 보잘것없는 것만 못하다고 이르던 말. 2. 아무리 가까운 사이에도 남의 것은 함부로 가져다 쓸 수 없고 셈은 정확히 해야 한다고 이르던 말.

아비만 한 자식 없다

1. 자식이 아무리 훌륭하다 해도 부모보다는 못하다는 말. 2. 자식이 부모에게 아무리 잘해도 부모가 자식 생각하는 것만은 못하다는 말.

아비 아들 범벅 금 그어 먹어라

아무리 가까운 사이라도 한계나 나눌 것은 분명히 해야 한다는 말.

낱말 풀이 **범벅** 곡식 가루에 호박이나 콩 같은 것을 넣고 된풀처럼 쑨 음식.

아비 죽은 지 나흘 후에 약을 구한다

1. 행동이 매우 굼뜨고 느린 것을 비꼬아 이르는 말. 2. 이미 때가 늦어 아무 쓸모가 없게 된 일을 빗대어 이르는 말.

아산이 깨어지나 평택이 무너지나

서로 싸울 때 누가 이기나 끝까지 겨루어 보자고 벼르며 이르는 말.

같은 속담 백두산이 무너지나 동해수가 메어지나 • 평택이 깨어지나 아산이 무너지나

아쉬운 감 장수 유월부터 한다

1. 돈이 아쉬워서 물건답지 못한 것을 미리 내다 파는 것을 빗대어 이르는 말.
2. 변변치 못한 일을 남보다 일찍 함을 빗대어 이르는 말.

아쉬워 엄나무 방석이라

마음에 들지는 않지만 어쩔 수 없어서 하게 되는 경우에 빗대어 이르는 말.

아욱으로 국을 끓여 삼 년을 먹으면 외짝 문으로는 못 들어간다

아욱이 사람 몸에 매우 좋다는 말.

아이가 때리는 매도 많이 맞으면 아프다

적은 피해도 여러 번 당하면 그것이 쌓여서 큰 피해가 된다고 빗대어 이르는 말.

같은 속담 어린애 매도 많이 맞으면 아프다

아이 가진 떡

상대가 힘이 없어서 가진 것을 쉽게 빼앗을 수 있는 경우에 빗대어 이르는 말.

아이 곱다니까 종자닭을 잡는다

아이더러 곱다고 한 사람한테 아끼는 씨암탉까지 잡아서 대접한다는 뜻으로, 1. 부모는 제 아이를 칭찬하는 것을 더없이 좋아한다는 말. 2. 남이 치켜세우거나 추어올리면 주책없이 돈이나 마음을 헤프게 쓰는 것을 비웃어 이르는 말.

같은 속담 아이 좋다니까 씨암탉을 잡는다

아이는 작게 낳아서 크게 길러라

아이를 낳을 때는 크다 작다 따지지 말고 잘 키워서 큰사람이 되게 하라는 말.

아이는 제 자식이 잘나 보이고 곡식은 남의 곡식이 잘되어 보인다

자식은 제 자식이 가장 잘나 보이고 물건은 남의 것이 크고 좋게 보인다는 말.

같은 속담 곡식은 남의 것이 잘되어 보이고 자식은 제 자식이 잘나 보인다 • 딸은 제 딸이 고와 보이고 곡식은 남의 곡식이 탐스러워 보인다 • 자식은 내 자식이 커 보이고 벼는 남의 벼가 커 보인다 • 자식은 제 자식이 좋고 곡식은 남의 곡식이 좋다

아이는 칠수록 운다

우는 아이는 때리기보다 어르고 달래는 편이 낫다는 말.

같은 속담 북과 아이는 칠수록 소리가 커진다 • 아이와 북은 칠수록 소리 난다

아이도 낳기 전에 기저귀 누빈다
아이도 낳기 전에 포대기 장만한다

일이 되기도 전에 지나치게 서두르는 행동을 비웃어 이르는 말.

같은 속담 시집도 가기 전에 강아지[기저귀/포대기] 마련한다 • 중매 보고 기저귀 장만한다

아이도 사랑하는 데로 붙는다

'아이와 늙은이는 괴는 데로 간다'와 같은 속담.

아이들은 많고 도래떡은 적다

써야 할 곳은 많은데 물건이나 돈은 적은 경우를 빗대어 이르는 말

낱말 풀이 **도래떡** 혼례상에 놓는 큼직하고 둥글넓적한 흰떡.

아이들이 아니면 웃을 일이 없다

집안에 아이들이 있으면 웃을 일이 생기고 위안을 받을 수 있다는 말.

아이를 기르려면 무당 반에 어사 반이 되어야 한다

1. 아이를 잘 기르려면 귀여워하면서도 한편으로는 엄하게 키워야 한다는 말.
2. 아이를 기르려면 부모가 여러 가지 것을 다 알아야 한다는 말.

낱말 풀이 **어사** 임금의 특별한 명을 받아 지방에 파견되던 임시 벼슬. 암행어사 따위가 있다.

아이를 예뻐하면 옷에 똥칠을 한다

못된 사람과 가까이 지내다가는 해를 입을 수 있다고 빗대어 이르는 말.

같은 속담 개를 친하면 옷에 흙칠을 한다 • 어린애 친하면 코 묻은 밥 먹는다

아이 말도 귀여겨들으랬다

어린아이가 하는 말이라도 무시하지 말고 귀담아들으라는 뜻으로, 남이 하는 말을 신중하게 잘 들으라는 말.

같은 속담 늙은이도 세 살 먹은 아이 말을 귀담아들으랬다 • 세 살 먹은 아이 말도 귀담아들으랬다 • 어린아이 말도 귀담아들어라 • 업은 아기 말도 귀담아들으랬다 • 팔십 노인도 세 살 먹은 아이한테 배울 것이 있다

아이 말 듣고 배 딴다

철없는 아이 말을 듣고 남의 집 배를 딴다는 뜻으로, 어리석은 사람의 말을 곧이듣고 주책없이 행동하다가는 일을 그르치거나 큰 실수를 하게 된다는 말.

아이 발이 첫발이라

비록 시작은 서툴더라도 나중에는 얼마든지 잘할 수 있다는 말.

아이 버릴 덤불은 있어도 나 버릴 덤불은 없다

자식에 대한 사랑이 크다고 하지만 자기를 생각하는 마음이 훨씬 더 크다는 말.

아이 보는 데는 찬물도 못 먹는다

1. 아이들은 보는 대로 따라 하기 때문에 아이들 앞에서는 말과 행동을 조심하라는 말. 2. 남이 하는 것을 바로 그대로 따라 하는 것을 비꼬아 이르는 말.

같은 속담 어린애 보는 데서는 찬물도 못 마신다

아이보다 배꼽이 크다

1. 주된 것보다 곁딸린 것이 더 많거나 큰 경우를 빗대어 이르는 말. 2. 일이 마땅한 도리와 반대가 되는 경우를 빗대어 이르는 말.

같은 속담 눈보다 동자가 크다 • 몸보다 배꼽이 더 크다 • 발보다 발가락이 더 크다 • 배보다 배꼽이 더 크다 • 얼굴보다 코가 더 크다

아이 손님이 더 어렵다

아이들은 조금만 잘못해도 섭섭해하므로 아이 손님 치르기가 더 어렵다는 말.

아이 싸움이 어른 싸움 된다

처음에는 아이들끼리 싸우다가 나중에는 부모들까지 나와 잘못을 따지다 보면 이내 아이 싸움이 어른 싸움으로 번진다는 뜻으로, 대수롭지 않은 일이 점차 큰 화로 번지는 것을 빗대어 이르는 말.

같은 속담 바늘만큼 시작된 싸움이 홍두깨만큼 커진다 • 어린애 싸움이 어른 싸움 된다

아이와 늙은이는 괴는 데로 간다

누구든지 자기를 아끼고 사랑해 주는 사람을 따르기 마련이라는 말.

같은 속담 아이도 사랑하는 데로 붙는다 • 어린아이와 개는 괴는 데로 간다

낱말 풀이 **괴다** 매우 귀여워하고 사랑하다.

아이와 북은 칠수록 소리 난다

'아이는 칠수록 운다'와 같은 속담.

아이와 장독은 얼지 않는다

장독에 든 장은 짜서 얼지 않고 아이들은 어른들보다 추위를 덜 타서 얼지 않는다는 뜻으로, 아이들은 어지간한 추위에는 잘 견딘다는 말.

같은 속담 어린애와 장독은 얼지 않는다 • 장독과 어린애는 얼지 않는다

아이 자라 어른 된다

1. 아이가 자라서 어른이 되니 어린아이라고 하여 얕보지 말라는 말. 2. 보잘것없는 일이 조금씩 커져서 발전하거나 큰일이 되는 것을 빗대어 이르는 말.

아이 좋다니까 씨암탉을 잡는다

'아이 곱다니까 종자닭을 잡는다'와 같은 속담.

아이 치레 송장치레

아이한테 겉치레하는 것은 죽은 사람 몸에 옷을 잘 입히는 것처럼 쓸데없는 일이라는 뜻으로, 아이들을 검소하게 꾸며서 키우라는 말.

낱말 풀이 **치레** 보기 좋게 꾸미거나 잘 손질하여 모양을 냄.

아재비 못된 게 조카 장짐 지운다
아저씨 못난[못된] 것 조카 장짐 지운다

되지못한 사람이 제가 조금 윗자리에 있다고 해서 아랫사람을 마구 부려 먹는 경우를 빗대어 이르는 말.

낱말 풀이 **아재비** '아저씨'의 낮춤말. **장짐** 장에서 산 물건이나 팔 물건을 꾸린 짐.

ㅇ

아저씨 아니어도 망건이 동난다

1. 아저씨가 굳이 안 사도 망건 사 갈 사람은 많다는 뜻으로, 꼭 그 사람이 아니라도 도와줄 사람은 얼마든지 있음을 빗대어 이르는 말. 2. 남이 가지고 있는 물건이 탐난다는 말.

아저씨 아저씨 하고 길짐[떡 짐]만 지운다

겉으로는 떠받들고 친한 척하면서 슬쩍 부려 먹거나 이용해 먹는 것을 빗대어 이르는 말.

같은 속담 행수 행수 하고 짐 지운다

아주까리 대에 개똥참외[쥐참외] 달라붙듯

1. 속이 텅 빈 아주까리 대에 개똥참외가 달렸다는 뜻으로, 연약한 데에 큰 것이 힘겹게 매달린 모양을 빗대어 이르는 말. 2. 홀어머니에게 다 큰 자식이 여럿 있는 경우를 빗대어 이르는 말.

아주머니 떡[술]도 싸야 사 먹지
아주머니 떡도 커야 사 먹는다

아무리 가까운 사이라도 이익이 있어야 오간다는 말.

같은 속담 동성아주머니 술도 싸야 사 먹지 • 외할미 떡도 싸야[커야] 사 먹는다 • 할아버지 떡도 커야 사 먹는다

아직 신날도 안 꼬았다

짚신을 삼으려면 먼저 신날부터 꼬아야 하는데 그것도 하지 않았다는 뜻으로, 큰일을 하려고 하면서 아무 준비가 되어 있지 않은 경우를 빗대어 이르는 말.

같은 속담 의주를 가려면서 신날도 안 꼬았다

낱말 풀이 **신날** 짚신이나 미투리 바닥에 세로로 놓는 날. 네 가닥이나 여섯 가닥으로 하여 삼는다.

아직 이도 나기 전에 갈비를 뜯는다

제 능력도 모르고 힘에 겨운 일을 하겠다고 나서는 경우에 비웃어 이르는 말.

같은 속담 이도 아니 나서 콩밥을 씹는다 • 이 빠진 강아지 언 똥에 덤빈다

아침노을 저녁비요 저녁노을 아침비라

아침에 노을이 지면 저녁때 비가 오고 저녁에 노을이 지면 아침에 비가 오기 쉽다고 일러 오던 말.

아침 아저씨 저녁 소 아들

옛날에, 농사일로 한창 바쁠 때에는 머슴 비위를 맞추려고 아침에는 아저씨를 대하듯 대접하다가 저녁에 일을 끝내고 돌아오면 대접은커녕 짐승만큼도 여기지 않은 데서, 제 잇속에 따라 알랑거렸다가도 일이 끝나면 언제 그랬던가 싶게 함부로 대하는 것을 빗대어 이르는 말.

아침 안개가 소[중] 대가리 깬다

아침에 안개가 자욱이 낀 날은 한낮이 되면 으레 햇볕이 쨍쨍하게 내리쬔다고 일러 오던 말.

아침에 까치가 울면 좋은 일이 있고 밤에 까마귀가 울면 대변이 있다

옛날부터 아침에 까치가 울면 기쁜 소식이 들리거나 반가운 손님이 오고 밤에 까마귀가 울면 좋지 않은 일이 생긴다고 일러 오던 말.

낱말 풀이 **대변** 많은 변화. 또는 큰 변화.

아픈 아이 눈 들어가듯 한다

독 안의 쌀 따위가 푹푹 줄어드는 모양을 빗대어 이르는 말.

ㅇ

아 해 다르고 어 해 다르다

같은 이야기라도 어떻게 말하느냐에 따라 다르다는 뜻으로, 말 한마디도 조심해서 하라는 말.

같은 속담 에 해 다르고 애 해 다르다

아홉 가진 놈이 하나 가진 놈 부러워한다

1. 욕심이 매우 많음을 빗대어 이르는 말. 2. 많이 가지면 가질수록 더 욕심이 생김을 빗대어 이르는 말.

아홉 마리 소에 터럭 하나

매우 많은 것 가운데 아주 적은 양을 빗대어 이르는 말.

낱말 풀이 **터럭** 사람이나 짐승 몸에 난 길고 굵은 털.

아홉 살 먹을 때까진 아홉 동네 미움을 받는다
아홉 살 일곱 살 때에는 아홉 동네에서 미움을 받는다

아이들이 아홉 살까지는 장난이 몹시 심하고 말도 잘 듣지 않아서 동네 사람들의 미움을 받게 된다고 일러 오던 말.

아홉 섬 추수한 자가 한 섬 추수한 자더러 그 한 섬을 채워 열 섬으로 달라 한다
아흔아홉 섬 가진 사람[놈]이 한 섬 가진 사람의 것을 마저 빼앗으려 한다

1. 남의 사정은 아랑곳하지 않고 제 욕심만 채우려는 사람을 빗대어 이르는 말.
2. 가진 것이 많은 사람일수록 더 많이 갖고 싶은 욕심에 모진 짓을 함을 빗대어 이르는 말.

악담은 덕담이다

1. 남을 잘못되라고 빈 말이 오히려 그 사람에게 좋은 결과를 가져오는 경우에 이르는 말. 2. 남에게 악담을 듣는 것이 제 몸과 마음을 닦는 데 오히려 도움이 된다는 말.

악으로 모은 살림 악으로 망한다

나쁜 짓을 해서 모은 재산은 오래가지 못하고 도리어 자신에게 해가 되니 악하고 못된 짓을 하지 말라고 가르쳐 이르는 말.

안개 낀 날 소 찾듯

어디로 갈지 갈피를 잡지 못하고 헤매는 모양을 빗대어 이르는 말.

ㅇ

안는 암탉 잡아먹기

1. 달걀을 품고 있는 암탉을 잡아먹는다는 뜻으로, 앞뒤 가리지 않고 뻔뻔한 짓을 하는 경우를 빗대어 이르는 말. 2. 아깝지만 어쩔 수 없이 손해를 보게 되는 경우를 빗대어 이르는 말.

낱말 풀이 **안다** 새가 알을 까기 위하여 가슴이나 배 부분으로 알을 덮고 있다.

안다니 똥파리

잘 모르면서 이것저것 아는 체하며 나서기 좋아하는 사람을 비웃어 이르는 말.

같은 속담 알기는 오뉴월 똥파리로군

안되는 놈은 두부에도 뼈라

어지간히 복 없는 사람은 모처럼 좋은 때를 만나도 그 일마저 잘 안된다는 말.

같은 속담 계란에도 뼈가 있다 • 달걀에도 뼈가 있다 • 복 없는 정승은 계란에도 뼈가 있다 • 헐복한 놈은 계란에도 뼈가 있다

안되는 사람은 자빠져도[뒤로 넘어져도] 코가 깨진다

운수가 나쁜 사람은 무슨 일을 해도 잘되지 않고 다른 사람에게는 흔히 생기지도 않는 나쁜 일까지 일어난다고 빗대어 이르는 말.

안되면 조상[산소] 탓

일이 잘 안되면 애먼 조상을 탓한다는 뜻으로, 일이 잘못되면 제 잘못은 생각하지 않고 남 탓을 하거나 남에게 덮어씌우는 것을 빗대어 이르는 말.

같은 속담 못되면 조상 탓 (잘되면 제 탓) • 못살면 터[조상] 탓 • 잘되면 제 복 못되면 남 탓

안 먹겠다 침 뱉은 물 돌아서서 다시 먹는다

두 번 다시 안 볼 것처럼 굴어도 나중에 다시 만나 신세를 지거나 아쉬워할 때가 올 수 있으니 누구에게나 너그럽게 대하라는 말.

같은 속담 다시 긷지 아니한다고 이 우물에 똥을 눌까 • 똥 누고 간 우물도 다시 먹을 날이 있다 • 발을 씻고 달아난 박우물에 다시 찾아온다 • 이 샘물 안 먹는다고 똥 누고 가더니 그 물이 맑기도 전에 다시 와서 먹는다 • 이 우물에 똥을 누어도 다시 그 우물을 먹는다 • 침 뱉은 우물 다시 먹는다

안 먹고 사는 장사가 없다

누구나 먹어야 힘을 쓰고 일을 할 수 있다고 빗대어 이르는 말.

안반 이고 보 마르러 가겠다

바느질 솜씨나 일솜씨가 없는 사람을 놀리어 이르는 말.

낱말 풀이 **마르다** 길이에 맞춰 베거나 자르다. **보** 보자기. **안반** 떡을 칠 때 밑에 받치는 두껍고 넓은 나무 판.

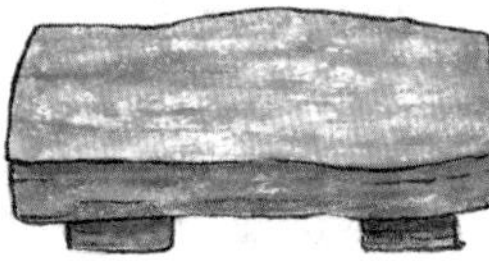

안반

안방에 가면 시어머니 말이 옳고 부엌에 가면 며느리 말이 옳다

두 사람의 말이 다 그럴듯해서 옳고 그름을 가리기 어려운 경우에 이르는 말.

같은 속담 방에서는 매부 말이 옳고 부엌에 가면 누이 말이 옳다

안벽 붙이고[치고] 밭벽 붙인다[친다]

벽을 안쪽과 바깥쪽에 따로 세운다는 뜻으로, 1. 이쪽에서는 이렇게 말하고 저쪽에서는 저렇게 말하여 두 사람 사이를 갈라놓는 경우를 빗대어 이르는 말. 2. 겉으로는 도와주는 척하면서 속으로는 방해하는 경우를 빗대어 이르는 말.

안 본 용은 그려도 본 범은 못 그린다

1. 어떤 일에 대하여 말하기는 쉽지만 실제로 하기는 어려움을 빗대어 이르는 말. 2. 눈앞에 벌어진 일을 실제 그대로 알기가 어려움을 빗대어 이르는 말.

ㅇ

안성맞춤

어디에 무엇이 꼭 들어맞거나 잘 어울리는 것을 빗대어 이르는 말.

읽을거리 안성은 옛날에 놋그릇과 가죽 꽃신을 잘 만든다고 이름난 곳이야. 안성에서 나는 놋그릇은 단단하고 짜임새가 좋아 으뜸으로 쳤지. 놋그릇은 유기그릇이라고도 하는데 임금한테 바치기도 했지만, 절에서나 집에서도 많이 썼어. 놋그릇은 흔히 주문을 받아서 만들었는데 안성에서 만든 놋그릇은 언제나 주문한 사람 마음에 꼭 들어맞았다는 데서 이 말이 생겼대.

안악 사는 과부

옛날에, 황해도 구월산 밑에 있는 안악 땅은 해가 든 날도 밤이나 다름없이 어둠침침했다는 데서, 밤인지 낮인지 모르고 사는 사람을 빗대어 이르는 말.

낱말 풀이 **과부** 남편을 잃고 혼자 사는 여자.

안인심이 좋아야 바깥양반 출입이 넓다

아내가 남에게 너그럽게 베풀면 남편도 다른 데 가서 잘 대접받는다는 뜻으로, 제집에 찾아오는 손님을 잘 대접해야 다른 데 가서도 대접받을 수 있다는 말.

안 주어서 못 받지 손 작아서 못 받으랴

무엇이나 주면 주는 대로 다 받을 수 있다는 말.

안중에 사람이 없다

남 일에는 관심도 없고 어려워하지도 않으며 함부로 나댐을 빗대어 이르는 말.

안질에 고춧가루

눈병 난 데에 고춧가루를 뿌린다는 뜻으로, 1. 서로 나쁜 영향을 끼쳐 꺼리게 되는 물건을 빗대어 이르는 말. 2. 아주 나쁜 결과를 가져올 수 있는 마땅치 않은 대책을 빗대어 이르는 말.

같은 속담 눈 앓는 놈 고춧가루 넣기

안질에 노랑 수건

1. 눈병이 나면 노란 눈곱이 끼어서 눈곱 닦는 수건이 노랗게 된다는 뜻으로, 가까이 두고 중요하게 쓰는 물건을 빗대어 이르는 말. 2. 서로 잘 어우러지는 물건이나 매우 가깝게 지내는 사람을 빗대어 이르는 말.

앉아 똥 누기는 발허리나 시지

앉아서 똥 눌 때는 하다못해 발허리라도 시리지만 그런 어려움조차 없다는 뜻으로, 일이 매우 만만하고 쉽다는 말.

앉아 삼천 리 서서 구만 리

앞일을 훤히 내다보는 경우를 빗대어 이르는 말.

앉아서 먹으면 태산도 못 당한다

일하지 않고 앉아서 까먹기만 하면 아무리 큰 재산이라도 당해 낼 수 없다는 말.

앉아서 주고 서서 받는다
앉아(서) 준 돈 서서도 못 받는다

물건이나 돈을 빌려주기는 쉽지만 다시 돌려받기는 매우 어렵다는 말.

앉은 개 입에 똥 들어가나

일하지 않고 가만히 있으면 먹을 것이 생길 수 없음을 빗대어 이르는 말.

앉은 데가 본이라

한번 한곳에 머무르게 되면 정이 붙어 다른 곳으로 옮겨 가기 쉽지 않다는 말.

낱말 풀이 **본** 한 겨레나 집안의 맨 처음 조상이 난 곳.

앉은뱅이가 서면 천 리를 가나

앉은뱅이가 일어서도 천 리 길은 도무지 갈 수 없다는 뜻으로, 능력 없는 사람이 앞으로 무슨 큰일이라도 할 듯이 희떠운 소리를 할 때 꾸짖어 이르는 말.

앉은뱅이 뛰뛰듯
앉은뱅이 암만 뛰어도 그 자리에 있다

애는 쓰지만 능력이 없어서 좋은 결과를 얻지 못하는 경우를 이르는 말.

앉은뱅이 무릎걸음[무릎밀이]하듯

앉아서 뭉개기만 하고 일의 성과를 못 내는 경우에 빗대어 이르는 말.

낱말 풀이 **무릎밀이** 꿇어앉아서 무릎으로 내밀어 걸음.

앉은뱅이 무엇 자랑하듯

제멋에 겨워서 시답잖은 것을 가지고 자랑하는 경우에 비웃어 이르는 말.

앉은뱅이 앉으나 마나

앉은뱅이는 앉아도 그 키요 서도 그 모양이라는 뜻으로, 무엇을 하나 마나 무엇이 있으나 마나 큰 차이가 없는 경우에 빗대어 이르는 말.

같은 속담 곱사등이 짐 지나 마나 • 귀머거리 귀 있으나 마나 • 봉사 안경 쓰나 마나 • 뻗정다리 서나 마나 • 소경 잠자나 마나 • 장님 잠자나 마나

앉은뱅이 용쓴다

제힘으로는 도무지 할 수 없는 일을 하겠다고 애쓰는 경우를 빗대어 이르는 말.

앉은 영웅이 없다

제아무리 뛰어난 사람이라도 노력하지 않고 행동하지 않으면 성공할 수 없다고 빗대어 이르는 말.

앉은 자리에 풀도 안 나겠다

사람이 지나치게 깔끔하고 매서울 정도로 차가운 경우에 빗대어 이르는 말.

앉을 자리 봐 가면서 앉으라

분별 있고 눈치 있게 행동하라는 말.

앉을 자리 설 자리를 가린다[안다]

이치에 맞고 눈치 빠르게 자기가 해야 할 일을 잘 가리는 경우를 이르는 말.

알고도 죽는 해수병이라

결과가 나쁠 것을 뻔히 알면서도 하는 수 없이 겪어야 함을 빗대어 이르는 말.

낱말 풀이 **해수병** 기침을 심하게 하는 병.

알고 보니 수원 나그네

누군가 싶었는데 다시 보니 전부터 잘 아는 수원 나그네였다는 뜻으로, 처음에는 알아차리지 못하다가 곰곰이 생각해 보니 알던 사람이라는 말.

같은 속담 다시 보니 수원 나그네 • 인제 보니 수원 나그네

ㅇ

알고 있는 일일수록 더욱 명치에 가둬야 한다

제가 안다고 나서지 말라는 뜻으로, 말과 행동을 언제나 조심스럽게 하라는 말.

알고 한 번 모르고 한 번

알고도 설마 하면서 한 번 속고 정말로 몰라서 또 한 번 속고 나면 두 번 다시는 속지 않는다는 뜻으로, 다시는 되풀이하지 않겠다고 마음먹을 때 이르는 말.

같은 속담 모르고 한 번 알고 한 번

알기는 오뉴월 똥파리로군

'안다니 똥파리'와 같은 속담.

알기는 칠월 귀뚜라미

가을이 온 것을 가장 먼저 알리는 것이 음력 칠월 귀뚜라미라는 뜻으로, 남보다 먼저 아는 체하거나 온갖 일을 다 아는 체하는 사람을 비꼬아 이르는 말.

알 까기 전에 병아리 세지 마라

무슨 일이든지 이루어지기 전에 섣불리 셈하거나 계획하지 말라는 말.

같은 속담 까기 전에 병아리 세지 마라

알 낳아 둔 자리냐

어떤 자리를 뻔뻔하게 혼자 차지하려는 것을 비꼬아 이르는 말.

알던 정 모르던 정 없다

1. 가깝게 지내던 사람이 갑자기 차갑게 구는 경우를 빗대어 이르는 말. 2. 공적인 일을 할 때에는 사적인 정에 치우치지 않고 냉정하게 처리해야 한다는 말.

알뜰하고 덕 있는 며느리가 들어와야 집안이 흥한다

옛날에, 한 집안이 사이좋고 행복하려면 며느리의 덕과 됨됨이, 살림 솜씨가 매우 중요하다고 이르던 말.

알로 깠느냐

알에서 깨어났느냐는 뜻으로, 사람이 변변치 못함을 이르는 말.

알로 먹고 꿩으로 먹는다

한 가지 일을 하여 두 가지 이익을 얻는 것을 빗대어 이르는 말.

같은 속담 굿도 볼 겸 떡도 먹을 겸 • 굿 보고 떡 먹기 • 꿩 먹고 알 먹고 둥지 털어 불 땐다 • 도랑 치고 가재 잡는다 • 배 먹고 배 속으로 이를 닦는다

알아야 면장을 하지

어떤 일을 하려면 그것에 관한 지식과 실력을 갖추어야 함을 빗대어 이르는 말.

낱말 풀이 **면장** 면사무소에서 으뜸인 사람. 또는 그 직위.

알 품은 닭이 삵을 친다

1. 부모가 제 자식을 위해서는 어떤 위험도 무릅씀을 빗대어 이르는 말. 2. 제힘으로는 도저히 해낼 수 없는 일에 어리석게 손을 대는 경우를 빗대어 이르는 말.

앓느니 죽지

남을 시켜서 시원치 않게 일을 할 바에는 힘이 들더라도 자기가 직접 해치우는 게 낫겠다는 말.

앓는 데는 장사 없다

아무리 힘센 장사라도 병에 걸리면 앓아눕는다는 뜻으로, 1. 앓지 않도록 조심하라는 말. 2. 누구나 아플 때는 일을 쉬어야 한다는 말.

ㅇ

앓던 이 빠진 것 같다

걱정을 끼치거나 마음에 께름칙하던 것이 없어져서 속이 거뜬하고 시원한 경우에 빗대어 이르는 말.

같은 속담 개 호랑이가 물어 간 것만큼 시원하다 • 호랑이 개 물어 간 것만 하다

암치 뼈에 불개미 덤비듯

이익이 있을 만한 것에 끈질기게 달라붙는 모양을 빗대어 이르는 말.

낱말 풀이 **암치** 1. 배를 갈라 소금에 절여 말린 민어. 2. 민어의 새끼.

암탉의 무녀리냐

맨 처음 낳은 알은 매우 작다는 뜻으로, 몸집이 작은 사람을 놀리어 이르는 말.

낱말 풀이 **무녀리** 한 번에 낳은 여러 마리 새끼 가운데 가장 먼저 나온 새끼.

암탉이 울면 집안이 망한다

옛날에, 가정에서 아내가 남편을 제쳐 놓고 모든 일을 쥐락펴락하고 떠들고 간섭하면 집안일이 잘 안된다고 이르던 말.

암탉이 울어 날 샌 일 없다

옛날에, 암탉이 운다고 해서 날이 밝는 것이 아니라는 뜻으로, 남자를 제쳐 두고 여자가 나서서 하면 일이 잘되지 않는다고 빗대어 이르던 말.

압록강이 팥죽이라도 굶어 죽겠다

팥죽이 압록강만큼 많아도 떠먹지 않아서 굶어 죽겠다는 뜻으로, 꼼짝하기 싫어하는 게으름뱅이를 비웃어 이르는 말.

앞길이 구만리 같다

아직 나이가 젊어서 앞으로 살아갈 날이 길고 어떤 큰일이라도 해낼 수 있는 날이 많이 있다는 말.

같은 속담 전정이 구만리 같다

앞 남산 호랑이가 뭘 먹고 사나

옛날에, 어리석고 나쁜 짓을 일삼는 사람이 미워서 호랑이가 와서 물어 갔으면 좋겠다고 이르던 말.

앞 달구지 넘어진 데서 뒤 달구지 넘어지지 않는다

앞서 지나간 달구지가 넘어진 자리에서는 뒤에 오는 달구지가 조심히 몰기 때문에 어지간해서는 넘어지지 않는다는 뜻으로, 다른 사람이 겪은 일을 가르침으로 삼으면 앞서 저지른 잘못을 거듭 저지르지 않게 됨을 빗대어 이르는 말.

앞 못 보는 생쥐

정신이 흐리멍덩해 무엇을 보고도 가려내지 못하는 사람을 빗대어 이르는 말.

앞문으로 호랑이를 막고 뒷문으로 승냥이를 불러들인다

앞으로는 적을 막는 척하면서 뒤로는 더 나쁜 놈을 끌어들인다는 뜻으로, 겉으로는 올곧은 체하나 뒤로는 온갖 나쁜 짓을 다 함을 빗대어 이르는 말.

앞에서 꼬리 치는 개가 후에 발뒤꿈치 문다

앞에 와서 좋은 말만 하고 살살 알랑거리는 사람일수록 보이지 않는 데서는 흉을 보거나 나쁜 꾀를 써서 해친다고 빗대어 이르는 말.

ㅇ

앞에 할 말 뒤에 하고 뒤에 할 말 앞에 하고

일의 차례가 뒤바뀐 것을 빗대어 이르는 말.

앞으로 보나 뒤로 보나 정방산

앞으로 보나 뒤로 보나 정방산은 정방산이지 다르게 될 수 없다는 뜻으로, 아무리 여러 가지 모양으로 바뀌어도 결국은 똑같은 것이라는 말.

낱말 풀이 **정방산** 황해도에 있는 산. 경치가 아름답고 숲이 우거진 곳으로 이름나 있다.

앞집 떡 치는 소리 듣고 김칫국부터 마신다

해 줄 사람은 생각지도 않는데 저 혼자 지레 다 된 일로 알고 행동하는 것을 빗대어 이르는 말.

같은 속담 김칫국부터 마신다 • 떡방아 소리 듣고 김칫국 찾는다 • 떡 줄 사람은 꿈도 안 꾸는데 김칫국부터 마신다

앞집 처녀 믿다가 장가 못 간다

남은 생각지도 않는 일을 혼자서 믿고 있다가 낭패를 보는 경우에 이르는 말.

같은 속담 동네 색시 믿고 장가 못 간다 • 옆집 처녀 믿다가 장가 못 간다 • 이웃집 색시 믿고 장가 못 든다

애꿎은 두꺼비 돌에 맞다

남의 싸움에 관계없는 사람이 뜻밖에 해를 입은 경우에 빗대어 이르는 말.

애들 꿈은 개꿈

애들이 꾼 꿈은 꿈풀이할 거리가 못 된다는 말.

애들을 귀해하면 어른 머리에 상투를 푼다

아이들을 너무 귀여워하면 버릇이 나빠져서 어른 상투를 풀고 틀고 하며 논다는 뜻으로, 아이들을 너무 버릇없이 키우면 나중에는 욕을 보기 쉽다는 말.

애매한 두꺼비[거북이] 돌에 치였다

애먼 사람이 화를 당하거나 벌을 받게 되어 억울한 경우를 빗대어 이르는 말.

같은 속담 두꺼비 돌에 치였다

애 삼신은 같은 삼신이다

아이들은 다 같다는 말.

낱말 풀이 **삼신** 아기를 갖게 해 주고 엄마와 아기를 돌보는 신령. 삼신할머니나 삼신할매라고 부른다.

애어미 삼사월에 돌이라도 이 안 들어가 못 먹는다

해가 긴 음력 삼사월에는 먹을 것이 모자라 이만 들어가면 돌도 먹겠다는 뜻으로, 젖을 먹이는 어머니는 음식을 안 가리고 다 잘 먹음을 빗대어 이르는 말.

애정이 헛벌이한다

사랑은 아무리 쏟아부어도 돌아오는 몫이 없고 끝이 없다는 말.

낱말 풀이 **헛벌이** 돌아오는 몫이 없는 벌이를 함. 또는 그 벌이.

애호박에 말뚝 박기

매우 심술 사나운 짓을 빗대어 이르는 말.

같은 속담 고추밭에 말 달리기 • 논두렁에 구멍 뚫기

읽을거리 옛날에 흥부와 놀부라는 형제가 살았어. 흥부가 동생이고 놀부가 형이야. 착한 흥부와 달리 놀부는 욕심도 많고 엄청 심술궂었어. 불붙는 데 부채질하고, 우물 밑에 똥 누고, 잦힌 밥에 흙 퍼붓고, 논두렁에 구멍 뚫고, 비 오는 날 장독을 열어서 늘 다른 사람들을 골탕 먹였지. 애호박이 다 자라기 전에 말뚝을 박기도 했어. 잘 자라는 애호박에 말뚝을 박았으니 어떻게 호박이 크게 열리겠어. 이 말은 몹시 심술궂은 짓을 빗대게 되었지.

ㅇ

야윈 말이 짐 탐한다

제격에 어울리지 않게 욕심을 내는 것을 빗대어 이르는 말.

야장간에 식칼이 논다[없다]

어떤 물건이 흔하게 있을 듯한 곳에 오히려 더 드물거나 없는 경우를 빗대어 이르는 말.

같은 속담 대장의 집에 식칼이 논다 • 짚신장이 헌 신 신는다

낱말 풀이 **놀다** 드물어서 구하기 어렵다. **야장간** 쇠를 달구어 온갖 연장을 만드는 곳. =대장간.

약과는 누가 먼저 먹을는지

제상에 흔히 오르는 음식인 약과를 누가 먼저 먹게 될지 모르겠다는 뜻으로, 누가 먼저 죽게 될지 알 수 없다고 빗대어 이르는 말.

약과 먹기

하기 쉽고도 즐거운 일을 빗대어 이르는 말.

같은 속담 개떡 먹기 • 기름떡 먹기 • 깨떡 먹기

읽을거리 약과는 달고 고소한 전통 과자야. 밀가루를 꿀과 기름으로 반죽해 여러 가지 모양을 만들어서 튀긴 거야. '약' 자가 붙은 음식에는 약식이나 약고추장도 있어. 다 꿀과 참기름이 들어가는데 옛날에는 꿀과 참기름을 약으로 써서 약 자가 붙었다고 해. 약과에 들어가는 재료는 모두 귀해서 제사나 잔치 때나 맛볼 수 있었지. 요즘은 어디서나 쉽게 즐겨 먹는 먹을거리야.

약국집 맷돌인가

여기저기 두루 쓰이는 것을 빗대어 이르는 말.

읽을거리 맷돌은 곡식을 갈아서 가루로 만들거나, 물에 불린 곡식을 갈 때 쓰는 살림살이야. 맷돌로 녹두를 갈아서 빈대떡도 부쳐 먹고 콩을 갈아서 두부를 쑤거나 콩국수도 해 먹었지. 맷돌은 위아래 두 짝으로 되어 있는데 아래짝은 '수맷돌', 위짝은 '암맷돌'이라고 불러. 곡식을 갈 때는 큰 함지에 맷돌을 앉히고 두 사람이 마주 앉아서, 한 사람은 곡식을 위짝 구멍에 넣고, 다른 한 사람은 손잡이를 돌리면서 갈아. 두 사람이 손발이 잘 맞아야 맷돌질이 쉽고 곡식도 알맞게 갈리지.

맷돌

약기는 쥐 새끼냐 참새 굴레도 씌우겠다

꾀 많은 참새에게 굴레를 씌울 만큼 약다는 뜻으로, 하는 짓이 매우 약삭빠르고 꾀 많은 사람을 비꼬아 이르는 말.

같은 속담 꿩처럼 굴레를 벗고 쓴다 • 참새 굴레 씌우겠다[쌀 만하다] • 참새 얼려 잡겠다

약방[약국]에 감초

한약방에는 감초가 꼭 있다는 데서, 무슨 일에나 빠지지 않고 꼭 끼어드는 사람이나 필요한 데에 꼭 있어야 할 물건을 빗대어 이르는 말.

같은 속담 건재 약국에 백복령

읽을거리 감초는 약들이 서로 잘 어울리게 해 주는 약초야. 열 내는 약은 열을 덜 내게 하고 차게 하는 약은 찬 기운이 줄어들게 하지. 그래서 한약을 지을 때 흔히 들어가는데, 어느 자리에나 빠짐없이 끼어드는 사람을 빗댈 때 이르기도 해. 감초라는 이름에는 맛있는 풀이라는 뜻이 담겨 있어. 감초는 뿌리를 말려서 약으로 쓰는데 감초를 씹으면 달큼한 물이 나와. 그래서 음식에 단맛을 내려고 넣기도 해.

약방에 전다리 모이듯

약방에 다리를 저는 사람들이 침을 맞으러 모여들듯이, 어중이떠중이들이 어지러이 한곳으로 모여드는 모양을 빗대어 이르는 말.

같은 속담 온양 온천에 헌[전] 다리 모이듯

낱말 풀이 **전다리** 절름절름 저는 다리. 또는 그런 사람.

약빠른 고양이 밤눈이 어둡다
약빠른 고양이 앞을 못 본다
약삭빠른 강아지 밤눈이 어둡다

어두운 밤에도 쥐를 잘 잡는 고양이가 밤에 잘 못 보게 되었다는 뜻으로, 1. 약아서 실수를 안 할 것 같은 사람도 허술하거나 부족한 점이 있음을 빗대어 이르는 말. 2. 지나치게 눈치 빠르고 똑똑한 사람이 도리어 잘못 판단하여 때를 놓치는 수가 있음을 빗대어 이르는 말.

같은 속담 약은 쥐가 밤눈 어둡다 • 영리한 고양이가 밤눈 어둡다[못 본다]

낱말 풀이 **약빠르다** 약아서 눈치나 행동 따위가 재빠르다. **약삭빠르다** 눈치가 빠르거나, 자기 잇속을 챙기는 데 재빠르다.

약쑥에 봉퉁이

1. 자기가 제 병을 못 고친다는 말. 2. 자기가 제 일을 할 수 없다는 말.

낱말 풀이 **봉퉁이** 부러진 데에 상처가 나으면서 살이 고르지 않게 붙어 도톰해진 것.

약에 쓰려도 없다

1. 약에 쓰려면 조금만 있어도 되는데 그 정도도 없다는 뜻으로, 어떤 것이 조금도 없음을 빗대어 이르는 말. 2. 아무리 애써도 찾을 수가 없다는 말.

같은 속담 눈에 약하려도 없다

약은 나누어 먹지 않는다

약은 제 병이 나을 만큼 먹어야지 남과 나누어 먹으면 약효가 떨어진다는 말.

약은 빚내어서라도 먹어라

사람에게는 몸이 튼튼한 게 으뜸이니 약을 지어 먹는 데 쓰는 돈을 아깝게 여기지 말고 제때에 먹으라는 말.

약은 쥐가 밤눈 어둡다

'약빠른 고양이 밤눈이 어둡다'와 같은 속담.

약은 참새 방앗간 지나친다

아무리 영리한 사람이라도 하는 일에서 어쩌다 한 번씩 빈틈이 생길 수 있다는 말.

약 지으러 간 사람이 성복날에야 온다

앓던 사람이 죽어 상복을 입는 날에야 약을 지으러 갔던 사람이 돌아온다는 뜻으로, 이미 일이 잘못된 다음에야 뒤늦게 대책을 세우는 것을 빗대어 이르는 말.

같은 속담 사후 약방문[청심환] • 상여 뒤에 약방문 • 성복 뒤에 약방문[약 공론] • 죽은 다음에 청심환

약질 목통에 장골 셋 떨어진다

몸이 약한 사람의 목구멍에 덩치 큰 사람 셋이 나가떨어진다는 뜻으로, 빼빼 마르고 여윈 사람이 오히려 음식을 엄청나게 많이 먹는 것을 빗대어 이르는 말.

낱말 풀이 **약질** 허약한 체질을 가진 사람. **장골** 기운이 세고 큼직하게 생긴 뼈대를 가진 사람.

얌전한 고양이[강아지/개](가) 부뚜막에 먼저 올라간다

겉으로는 얌전하고 점잖은 체하는 사람이 뒤로는 엉뚱하고 못된 짓을 하거나 제 잇속을 차리는 경우를 빗대어 이르는 말.

같은 속담 점잖은 개가 부뚜막에 (먼저) 오른다

얌전한 며느리 시아버지 밥상에 마주 앉는다

겉보기에는 얌전하고 몸가짐이 바른 것 같지만 실제로는 버릇 없고 정반대로 행동하는 사람을 빗대어 이르는 말.

양 대가리 걸어 놓고 개고기[말고기/소고기]를 판다

겉으로 그럴듯하게 거짓을 내세우고 실제로는 엉큼하게 딴짓을 함을 이르는 말.

읽을거리 양은 열두 띠 가운데 여덟 번째 동물이야. 보통 양과 염소를 뚜렷하게 가리지 않고 써서 양띠라고도 하고 염소띠라고도 했어. 양은 순하고 어질고 참을성 있는 동물이라서 새해 첫 달 양날에는 무슨 일을 해도 해가 없다고 여겼지.

양반 김칫국 떠먹듯

같잖게 점잔을 빼는 사람을 아니꼽게 여겨 이르던 말.

낱말 풀이 **양반** 1. 옛날 우리나라에서 지배층을 이루던 신분. 2. 점잖은 사람을 빗대어 이르는 말.

ㅇ

양반 때리고 볼기 맞는다

윗사람이나 힘 있는 사람에게 괜히 덤벼서 화를 입지 말라는 뜻으로 이르던 말.

양반 못된 것이 장에 가 호령한다

양반이라고 호령은 하고 싶은데 할 데가 없어 시장에 가서 호령한다는 뜻으로, 능력 없는 사람이 자기 손아랫사람에게 큰소리치며 윗사람 노릇을 하는 것을 비꼬아 이르는 말.

양반 양반 두 양반

두 양반과 돈 두 냥 반의 소리가 비슷한 데서, 돈을 주고 산 양반을 비꼬는 말.

양반은 가는 데마다 상이요 상놈은 가는 데마다 일이라

편하게 지내는 사람은 어디를 가나 대접을 받고 고생스럽게 지내는 사람은 어디를 가나 일만 한다는 말.

양반은 더러워서 범도 안 잡아 먹는다

양반은 겉으로는 점잖은 체하나 실상은 그 속내가 몹시 더럽고 못되기 그지없음을 빗대어 이르는 말.

양반은 물에 빠져도 개헤엄은 안 한다[친다]
양반은 얼어 죽어도 겻불[짚불]은 안 쬔다
양반은 추워도 곁불은 안 쪼인다.

양반은 물에 빠져 죽을지언정 시시하게 개헤엄은 치지 않는다는 뜻으로, 아무리 위험하고 급한 때라도 제 체면이 깎이는 일은 안 한다는 말.

낱말 풀이 **겻불** 겨를 태우는 불. 불기운이 미미하다. **곁불** 남이 켰거나 들고 있는 불.

양반은 세 끼만 굶으면 된장 맛 보잔다

늘 잘 먹고 지내던 사람은 배고픈 것을 조금도 못 참고 주리면 아무것이나 고맙게 먹는다는 말.

양반은 안 먹어도 긴 트림

양반은 가난해서 밥을 못 먹어도 마치 배불리 먹은 것처럼 길게 트림한다는 말.

양반은 죽어도 문자 쓴다

1. 양반은 체면치레를 퍽 한다는 말. 2. 한문에 빠진 양반을 비꼬아 이르는 말.

양반은 죽을 먹어도 이를 쑤신다

양반은 체면을 차리느라고 가난한 티를 안 낸다는 말.

양반은 하인이 양반 시킨다

아랫사람이 잘해야 윗사람이 칭찬을 받고 그만큼 대접도 받는다는 말.

양반의 자식이 열둘이면 호패를 찬다

1. 양반 자식은 어려서부터 남과 달리 훌륭하게 자란다는 말. 2. 양반 자식은 어느 정도 나이가 차면 어른 대접을 받는다는 말.

양반의 집 못되려면 초라니 새끼 난다

양반 집안이 안되려니까 초라니 같은 자식이 태어난다는 뜻으로, 집안이 안되려면 해괴한 일이 생기거나 아주 하찮은 사람이 난다는 말.

낱말 풀이 **초라니** 하회 별신굿 탈놀이에 나오는 양반의 하인. 행동거지가 가볍고 방정맞다.

ㅇ

양반 지게 진 것 같다

양반이 지게를 어떻게 지는지 몰라 거북하게 지고 있는 꼴 같다는 뜻으로, 어울리지 않고 하는 짓이 몹시 서툴러서 보기 흉한 모양을 놀리어 이르는 말.

양손의 떡

똑같은 두 가지 일이 있는데 어떤 것부터 먼저 해야 할지 모를 때 이르는 말.

같은 속담 두 손에 쥔 떡

양식 없는 동자는 며느리 시키고 나무 없는 동자는 딸 시킨다

양식은 구하기 힘들지만 땔나무는 산에 가면 쉽게 구할 수 있다는 데서, 흔히 시어머니가 며느리보다 자기 딸을 더 아끼고 위한다는 말.

같은 속담 가을볕에는 딸을 쬐이고 봄볕에는 며느리를 쬐인다 • 배 썩은 것은 딸을 주고 밤 썩은 것은 며느리 준다 • 봄볕은 며느리를 쬐이고 가을볕은 딸을 쬐인다 • 죽 먹은 설거지는 딸을 시키고 비빔 그릇 설거지는 며느리 시킨다

낱말 풀이 **동자** 밥 짓는 일.

양을 보째 낳는 암소

암소가 송아지가 아닌 양을 낳았다는 뜻으로, 이치에 맞지 않아 실제로 이루어질 수 없거나 도무지 사실과 맞지 않는 일을 빗대어 이르는 말.

같은 속담 불 안 때도 절로 익는 솥 • 술 샘 나는 주전자 • 여물 안 먹고 잘 걷는 말

양주 밥 먹고 고양 구실

밥은 양주에서 먹고 구실아치 노릇은 고양에 가서 한다는 뜻으로, 이쪽에서 일한 값을 받고 아무 상관도 없는 저쪽 일을 해 주는 경우를 빗대어 이르는 말.

같은 속담 경기 밥 먹고 청홍도 구실을 한다

낱말 풀이 **구실** 1. 관아의 임무. 2. 조선 시대에, 벼슬아치 밑에서 일하던 사람. =구실아치.

양주 사는 홀아비

고달파 보이고 차림이 영 변변치 못한 사람을 빗대어 이르는 말.

양주 싸움은 칼로 물 베기

부부는 싸웠다가도 쉽게 마음을 풀고 어울린다는 말.

같은 속담 내외간 싸움은 개싸움 • 부부 싸움은 칼로 물 베기

낱말 풀이 **양주** 바깥주인과 안주인이라는 뜻으로, '부부'를 이르는 말.

양지가 음지 되고 음지가 양지 된다

운이 나쁜 사람도 좋은 때를 만날 수 있고 운이 좋은 사람도 어려울 때가 있다는 뜻으로, 세상일은 늘 돌고 돌며 사람의 처지도 뒤바뀔 수 있다는 말.

같은 속담 부귀빈천이 물레바퀴 돌듯 • 빈부귀천이 물레바퀴 돌듯 • 음지가 양지 되고 양지가 음지 된다 • 흥망성쇠와 부귀빈천이 물레바퀴 돌듯 한다

양지 마당에 씨암탉 걸음

맵시를 내고 아양을 부리며 아장아장 걷는 여자의 걸음을 빗대어 이르는 말.

얕은 내도 깊게 건너라

'아는 길도 물어 가랬다'와 같은 속담.

어금니를 악물다

고통이나 분노를 참으려고 이를 악물어 굳은 의지를 나타낸다는 관용 표현.

어깨가 귀를 넘어까지 산다

허리가 굽어 어깨가 귀보다 올라갈 때까지 산다는 뜻으로, 오래 사는 것을 빗대어 이르는 말.

어느 구름에 눈이 들며 어느 구름에 비가 들었나

언제 어떤 일이 생길지 무엇이 어떻게 될지 앞일을 미리 알 수 없다는 말.

같은 속담 어느 구름에서 비가 올지

어느 구름에서 비가 올지

1. 언제 어떤 일이 생길지 무엇이 어떻게 될지 앞일을 미리 알 수 없다는 말.
2. 일의 결과는 미리 가늠하기가 힘들다고 빗대어 이르는 말.

같은 속담 어느 구름에 눈이 들며 어느 구름에 비가 들었나

어느 귀신이 잡아갈는지 모른다

언제 어떻게 잘못될지 알 수 없어 도무지 마음을 놓을 수 없다는 말.

어느 동네 아이 이름인 줄 아나

큰돈을 쉽게 입에 올리는 사람에게 그만한 돈을 동네 아이 이름 부르듯 그리 가볍게 보느냐고 핀잔하여 이르는 말.

어느 떡이 더 싼지 모른다

어떤 사람의 말이 맞는지 어느 쪽을 좇아야 이로울지 몰라 망설이는 경우를 이르는 말.

어느 말이 물 마다하고 여물 마다하랴

물이나 여물을 마다할 말은 없다는 뜻으로, 구태여 말하지 않아도 누구나 다 바라는 것은 뻔하다고 빗대어 이르는 말.

어느 바람에 넘어갈지 모른다

정신을 똑똑히 차리고 살지 않으면 언제 어떤 화를 당할지 모른다는 말.

어느 바람이 들이불까

자기 힘이나 세력을 감히 어느 누가 해칠 수 있느냐며 큰소리치는 말.

같은 속담 어느 바람이 부느냐는 듯이

어느 바람이 부느냐는 듯이

1. 남의 말을 들은 체 만 체 하거나 귓등으로 듣는 모양을 빗대어 이르는 말.
2. 자기 힘이나 세력을 감히 어느 누가 해칠 수 있느냐며 큰소리치는 말.

같은 속담 어느 바람이 들이불까

어느 장단에 춤추랴

어떤 일을 맡아 이끄는 사람이 너무 많아서 누구 말을 따라야 할지 모를 때 빗대어 이르는 말.

같은 속담 그 장단 춤추기 어렵다 • 이 굿에는 춤추기 어렵다 • 이날 춤추기 어렵다

ㅇ

어느 집 개가 짖느냐 한다

남이 하는 말을 무시하여 아예 들은 체도 안함을 빗대어 이르는 말.

같은 속담 동네 개 짖는 소리(만 못하게 여긴다) • 어디 개가 짖느냐 한다

어느 집 방앗간에 겨 한 줌 없겠는가

방앗간은 곡식을 찧거나 빻는 곳인데 겨 한 줌이 없을 리 없다는 뜻으로, 설마 그만한 것이야 없겠느냐고 되묻는 말.

어느 코에 걸릴지 모른다

둘레에 온통 그물코가 널려 있어서 자칫 잘못하다가 어느 코에 걸려들지 모른다는 뜻으로, 일에 빈틈이 많아서 언제 무슨 화를 입을지 불안하다는 말.

어느 코에다 바르겠나

물건이 너무 적어서 나누기 어려운 경우를 빗대어 이르는 말.

어두운 밤에 눈 깜짝이기

어두운 밤에 눈을 깜짝이면 아무도 못 알아본다는 뜻으로, 애써 한 일이지만 아무런 보람이 없을 때 빗대어 이르는 말.

같은 속담 동무 몰래 양식 내기 • 절 모르고 시주하기

어두운 밤에 손 내미는 격

느닷없이 불쑥 무엇을 요구하고 나서는 것을 빗대어 이르는 말.

어두운 밤에 주먹질
어두운 밤중에 홍두깨 (내밀듯)

'아닌 밤중에 홍두깨 (내밀듯)'와 같은 속담.

어두운 밤의 등불

꼭 필요한 것을 빗대어 이르는 말.

어둑서니는[어둑귀신은] 올려다볼수록 크다

옛날에, 어두운 밤에 어둑서니를 만나면 내려다만 보아야지 올려다보면 한없이 커져서 그만 겁을 먹고 쓰러져 죽는다는 데서, 어떤 일을 하기에 앞서 겁부터 먹으면 잘할 수 있는 일도 못하고 자꾸 힘겹게만 생각된다고 빗대어 이르는 말.

낱말 풀이 **어둑서니** 어두운 밤에 아무것도 없는데 있는 것처럼 잘못 보이는 것. =어둑귀신.

어둑서니 커 가듯

어떤 것이 잠깐 사이에 믿어지지 않을 만큼 커 보이는 경우에 빗대어 이르는 말.

어디 개가 짖느냐 한다

'어느 집 개가 짖느냐 한다'와 같은 속담.

어디 소경은 본다던

소경이 본다는 것은 있을 수 없는 일이라는 뜻으로, 이치에 어긋나는 말을 하는 사람에게 비꼬아 되묻는 말.

어려서 굽은 나무는 후에 안장감이다

굽어서 쓸데없어 보이던 나무도 말 안장감으로 쓰인다는 뜻으로, 쓸모없을 것 같은 물건도 다 제 쓰임이 있기 마련이라는 말.

같은 속담 어린 때 굽은 나무 쇠 길맛가지 된다

ㅇ

어르고 등골 뺀다
어르고 뺨 치기

거짓으로 잘해 주는 척하거나 그럴듯한 말로 꾀다가 해를 끼치는 경우를 빗대어 이르는 말.

어른 괄시는 해도 애들 괄시는 하지 말랬다

나이 많은 사람은 괄시를 해도 뒷날 크게 탈이 나지 않겠지만 앞날이 창창한 아이들은 뒷날을 생각해서 업신여기거나 하찮게 대하지 말라는 말.

어른도 한 그릇 아이도 한 그릇

아이나 어른이나 차별 없이 고르게 나누어 준다는 뜻으로, 무엇을 나눌 때 어느 쪽으로도 치우치지 않고 똑같이 나누어 주는 경우를 빗대어 이르는 말.

같은 속담 커도 한 그릇 작아도 한 그릇 • 흉년에 죽 아이도 한 그릇 어른도 한 그릇

어른 말을 들으면 자다가도 떡이 생긴다

어른이 시키는 대로 하면 실수가 없을 뿐만 아니라 여러 가지로 이익이 된다고 빗대어 이르는 말.

어리석은 자가 농사일을 한다

농사일은 무척 괴롭고 고된 일이라 우직하고 고지식한 사람이라야 견뎌 낼 수 있다는 말.

어리친 개 새끼 하나 없다

정신이 어리어리해서 비틀거리는 개 새끼조차 한 마리도 없다는 뜻으로, 아무도 얼씬하지 않음을 이르는 말.

낱말 풀이 **어리치다** 독한 냄새나 밝은 빛 따위의 자극으로 정신이 흐릿해지다.

어린 때 굽은 나무 쇠 길맛가지 된다

'어려서 굽은 나무는 후에 안장감이다'와 같은 속담.

낱말 풀이 **길맛가지** 소 등에 얹는 길마의 몸을 이루는 말굽 모양의 나뭇가지.

어린 아들 굿에 간 어미 기다리듯

굿에 간 어미가 떡을 가지고 올까 하고 기다리는 아이처럼, 좋은 일이 일어날 가망이 있을 때 애타게 바라며 기다린다는 말.

같은 속담 굿 구경 간 어미 기다리듯 • 굿에 간 어미 기다리듯

어린아이 가진 떡도 뺏어 먹겠다

어린아이가 손에 쥔 떡이라도 빼앗아 먹겠다는 뜻으로, 체면이나 부끄러움도 없이 제 욕심만 차리려는 행동을 욕으로 이르는 말.

같은 속담 코 묻은 떡[돈]이라도 뺏어 먹겠다

어린아이 말도 귀담아들어라
'아이 말도 귀여겨들으랬다'와 같은 속담.

어린아이 병엔 에미만 한 의사 없다
앓는 아이에 대한 어머니 정성은 아무리 뛰어난 의사도 당해 낼 수 없을 만큼 효험이 있다는 말.

어린아이 예뻐 말고 겨드랑이 밑이나 잡아 주어라
어린아이를 참마음으로 사랑한다면 예뻐하지만 말고 실제로 도움이 되는 일을 하거나 가르쳐 주라는 말.

ㅇ

어린아이와 개는 괴는 데로 간다
'아이와 늙은이는 괴는 데로 간다'와 같은 속담.

어린애 매도 많이 맞으면 아프다
'아이가 때리는 매도 많이 맞으면 아프다'와 같은 속담.

어린애 보는 데서는 찬물도 못 마신다
'아이 보는 데는 찬물도 못 먹는다'와 같은 속담.

어린애 싸움이 어른 싸움 된다
'아이 싸움이 어른 싸움 된다'와 같은 속담.

어린애와 장독은 얼지 않는다
'아이와 장독은 얼지 않는다'와 같은 속담.

어린애 입 잰 것

어려서부터 입이 빠르고 말이 많으면 쓸데없고 해롭기만 하다는 말.

어린애 젖 조르듯

몹시 졸라 대며 귀찮게 구는 경우에 빗대어 이르는 말.

어린애 친하면 코 묻은 밥 먹는다

'아이를 예뻐하면 옷에 똥칠을 한다'와 같은 속담.

어린 중 젓국 먹이듯

아무것도 모르는 어리숙한 사람을 속여 나쁜 짓을 하도록 부추김을 이르는 말.

어릴 때 굽은 길맛가지

나쁜 버릇이 어렸을 때부터 굳어져 고치지 못하게 된 경우를 빗대어 이르는 말.

어릴 적 버릇은 늙어서까지 간다

한번 몸에 밴 버릇은 늙어서까지 고치기 어렵다는 뜻으로, 어릴 때부터 나쁜 버릇이 들지 않도록 잘 가르쳐야 한다는 말.

같은 속담 세 살 버릇 여든까지 간다

어림 반 푼어치도 없다

몹시 이치에 안 맞거나 터무니없는 말을 이르는 관용 표현.

어머니 다음에 형수

어머니의 뒤를 이어 집안 살림을 맡아 할 어른은 형수라는 말.

어물전 떠엎고[털어먹고] 꼴뚜기 장사 한다

큰 이득을 볼 만한 일은 망쳐 버리고 하찮은 일을 시작하는 것을 비웃는 말.

낱말 풀이 **떠엎다** 어떤 일이나 판세를 뒤집어엎어 끝을 내다. **어물전** 물고기, 김, 미역 같은 해산물을 파는 가게.

어물전 망신은 꼴뚜기가 시킨다

지지리 못난 사람일수록 같이 있는 사람들까지 망신시킨다는 말.

같은 속담 과물전 망신은 모과가 시킨다 • 과일[과실] 망신은 모과가 (다) 시킨다 • 생선 망신은 꼴뚜기가 시킨다 • 실과 망신은 모과가 시킨다

낱말 풀이 **망신** 말이나 행동을 잘못하여 창피를 당하는 것.

ㅇ

어미 모르는 병 열두[열 수] 가지를 앓는다

겉으로 드러나지 않는 병은 다 알 수 없다는 뜻으로, 자식을 키우는 부모라도 그 자식의 속은 다 알기 어렵다는 말.

어미 본 아기 물 본 기러기

언제 만나도 좋은 이를 보고 기뻐하는 사람을 빗대어 이르는 말.

어미 팔아 동무 산다

1. 사람은 누구나 벗이 있어야 한다는 말. 2. 벗과 몹시 다정히 지냄을 빗대어 이르는 말.

어미한테 한 말은 나도 소한테 한 말은 안 난다

'아내에게 한 말은 나도 소에게 한 말은 나지 않는다'와 같은 속담.

어사는 가어사가 더 무섭다

진짜 어사보다 가짜 어사가 더 무섭다는 뜻으로, 진짜 힘을 지닌 사람보다 힘 있는 사람을 등에 업고 권세를 부리는 사람이 더 모질고 나쁘다고 이르던 말.

낱말 풀이 **어사** 임금의 특별한 명을 받아 지방에 파견되던 임시 벼슬. 암행어사 따위가 있다.

어사 덕분에 큰기침한다

남의 힘만 믿고 큰소리치는 것을 빗대어 이르는 말.

어설픈 약국이 사람 죽인다

의술에 서투른 사람이 치료해 준다고 나서다가 사람을 죽이기까지 한다는 뜻으로, 능력이 없어서 제구실을 못하는 주제에 함부로 하다가 큰일을 저지름을 빗대어 이르는 말.

같은 속담 서투른 의원이 생사람 잡는다 • 선무당이 사람 잡는다[죽인다]

어이딸이 두부 앗듯

어머니와 딸이 함께 두부를 만들듯이, 무슨 일을 할 때 뜻이 잘 맞고 손발이 척척 들어맞아 쉽게 잘함을 빗대어 이르는 말.

같은 속담 어이딸이 쌍절구질하듯

낱말 풀이 **앗다** 두부나 묵 따위를 만들다. **어이딸** 어머니와 딸을 아울러 이르는 말.

어이딸이 쌍절구질하듯

1. 무슨 일을 할 때 뜻이 잘 맞고 손발이 척척 들어맞아 쉽게 잘함을 빗대어 이르는 말. 2. 말다툼을 할 때 한 사람이 무어라고 하면 곧 다른 사람이 이어 하기를 쉬지 않고 되풀이하는 모양을 빗대어 이르는 말.

같은 속담 어이딸이 두부 앗듯

어장이 안되려면 해파리만 끓는다

일이 안되려면 성가시고 쓸모없는 일만 자꾸 생긴다는 말.

같은 속담 객주가 망하려니 짚단만 들어온다 • 마방집이 망하려면 당나귀만 들어온다 • 마판이 안되려면 당나귀 새끼만 모여든다 • 여각이 망하려니 나귀만 든다

어정뜨기는 칠팔월 개구리

마치 칠팔월 개구리처럼 하는 짓이 엉성하고 덤벙거린다는 뜻으로, 마땅히 해야 할 일을 제대로 하지 않고 몹시 덤벙대는 것을 빗대어 이르는 말.

낱말 풀이 **어정뜨다** 1. 마땅히 해야 할 일을 제대로 하지 않거나 태도가 분명하지 않다. 2. 이쪽도 저쪽도 아니고 어중간하다.

어정칠월 동동팔월

옛날에, 음력 칠월은 바쁜 농사일을 끝내고 곡식과 과일이 한창 익는 때라서 그다지 하는 일 없이 어정어정하는 사이에 지나가고 음력 팔월은 가을걷이로 바빠서 동동거리는 사이에 지나간다고 일러 오던 말.

어제 보던 손님

처음 보지만 만나자마자 서로 가까워진 사람을 빗대어 이르는 말.

어항에 금붕어 놀듯

남녀가 서로 잘 어울려 즐겁게 노는 모양을 빗대어 이르는 말.

억새에 손가락 베었다

대수롭지 않게 생각했던 상대에게 뜻밖의 손해를 보는 경우를 빗대어 이르는 말.

낱말 풀이 **억새** 볏과의 여러해살이풀. 잎을 베어 지붕을 이는 데나 말과 소의 먹이로 썼다.

억지가 반벌충이다

실패나 손해가 있더라도 처음 뜻대로 밀고 나가다 보면 건질 것이 있다는 말.

낱말 풀이 **벌충** 손실이나 모자라는 것을 보태어 채움.

억지가 사촌보다 낫다

억지로라도 자기 힘으로 하는 것이 남에게 의지하는 것보다 낫다는 말.

억지로 절 받기

마음이 없는 상대에게 해 달라고 졸라서 억지로 대접을 받는 경우를 이르는 말.

같은 속담 엎드려 절 받기 • 옆찔러 절 받기

억지 춘향(이)

억지로 어떤 일을 이루게 하거나 어떤 일이 억지로 겨우 이루어지는 경우를 빗대어 이르는 관용 표현.

언 다리에 빠진다

비록 실수를 했지만 그다지 큰 손해를 보지 않은 경우를 빗대어 이르는 말.

언덕에 둔덕 대듯 (한다)

잘못을 저지르고는 그것을 감추려고 정신없이 애쓰는 것을 빗대어 이르는 말.

같은 속담 도둑놈 허접 대듯

언덕에 자빠진 돼지가 평지에 자빠진 돼지를 나무란다

1. 남보다 못한 처지에 있으면서 자기보다 나은 사람을 얕보거나 비웃는 경우에 빗대어 이르는 말. 2. 제 흉은 모르고 남의 흉만 탓함을 빗대어 이르는 말.

같은 속담 그슬린 돼지가 달아맨 돼지 타령한다 • 달아매인 돼지가 누운 돼지 나무란다 • 매달린 개가 누워 있는 개를 웃는다

언 발에 오줌 누기

언 발을 녹이려고 발등에 대고 오줌을 누어 봤자 그다지 효과가 없다는 뜻으로, 잠깐은 쓸모가 있을지 모르나 오래가지 못할 뿐 아니라 사정이 더 나빠짐을 빗대어 이르는 말.

언 볼기에 곤장 맞기

언 볼기짝을 곤장으로 쳐 봤자 아픈 줄 모른다는 뜻으로, 어떤 일을 감당하기 쉬움을 빗대어 이르는 말.

언 소반 받들듯

매우 조심스럽게 다루는 모양을 빗대어 이르는 말.

같은 속담 깨어진 요강 단지 받들듯

언 손 불기

해 봤자 부질없거나 크게 도움이 안 되는 짓을 빗대어 이르는 말.

언제는 외조할미 콩죽으로 살았나

태어나서 여태껏 다른 사람의 덕으로 살아오지 않았는데 이제 와서 남의 보살핌이나 은혜를 바라겠느냐는 뜻으로, 새삼스럽게 남의 도움을 받기 싫다고 물리칠 때 이르는 말.

같은 속담 외갓집 콩죽에 잔뼈가 굵었겠나

낱말 풀이 **외조할미** 외할머니.

ㅇ

언제 쓰자는 하눌타리냐

아무리 좋은 물건도 쓸 데 쓰지 않고 쌓아 두기만 하면 아무 쓸모가 없는 말.

낱말 풀이 **하눌타리** 박과의 여러해살이 덩굴풀. 열매는 공 모양으로 누렇게 익으며, 열매살은 화장품 재료로 쓰고 덩이뿌리와 씨는 약으로 쓴다.

언치 뜯는 말

언치를 뜯으면 제 등이 시릴 텐데 그것도 모르고 뜯는다는 뜻으로, 형제나 친척을 해치는 것은 결국 자기를 해치는 것이나 다름없다고 빗대어 이르는 말.

같은 속담 제 언치 뜯는 말이라

낱말 풀이 **언치** 말이나 소의 안장이나 길마 밑에 깔아 그 등을 덮어 주는 방석이나 담요.

얻어들은 풍월

제대로 배운 것이 아니라 남에게 들어서 아는 지식을 이르는 관용 표현.

얻어먹는 놈이 이밥 조밥 가리랴

한창 궁하여 얻어먹는 처지에 쌀밥 조밥 가릴 수 없다는 뜻으로, 자기가 아쉽거나 사정이 급하면 좋고 나쁜 것을 가릴 겨를이 없음을 빗대어 이르는 말.

같은 속담 굶은 개가 언 똥을 나무라겠는가 • 배고픈 놈이 흰쌀밥 조밥 가리랴 • 빌어먹는 놈이 이밥 조밥 가리랴 • 없는 놈이 찬밥 더운밥을 가리랴

얻어먹은 데서 빌어먹는다

남에게 음식을 얻어먹는 사람한테 가서 자기도 거저 나누어 달라고 빈다는 뜻으로, 몹시 가난함을 이르는 말.

얻어먹을 것도 사돈집[이웃집] 노랑 강아지 때문에 못 얻어먹는다

자기가 하는 일에 하잘것없는 방해꾼이 쫓아다녀 하고 싶은 대로 일을 하지 못

함을 빗대어 이르는 말.

얻어 온 쐐기

남의 집에 와서 거드는 일도 없이 먹기만 하는 사람을 빗대어 이르는 말.

낱말 풀이 **쐐기** 물건의 틈에 박아서 맞물리거나 물건들 사이를 벌리는 데 쓰는 물건.

얻어 온 장 한 술 더 뜬다

1. 저도 없어서 겨우 얻어다 놓은 것을 눈치 없이 축내는 것을 빗대어 이르는 말.
2. 공짜로 생긴 것이니까 되도록 많이 먹으려 한다는 말.

얻은 가래로 식전 보 막기

남의 가래를 얻어 와서 아침 먹기 전에 봇물을 막는다는 뜻으로, 숨 가쁘게 빨리 해야 하는 일을 빗대어 이르는 말.

낱말 풀이 **가래** 흙을 파헤치거나 떠서 던지는 농기구. **보** 논에 물을 대기 위해 둑을 쌓아 흐르는 냇물을 막고 그 물을 담아 두는 곳.

얻은 것이 잠방이라

얻은 것이 고작 시원찮은 잠방이라는 뜻으로, 남한테서 얻은 것이 그리 탐탁지 않거나 훌륭하지 못한 경우에 빗대어 이르는 말.

낱말 풀이 **잠방이** 가랑이가 무릎까지 내려오는 짧은 남자 홑바지.

얻은 도끼나 잃은 도끼나

얻은 것이나 잃은 것이나 같다는 뜻으로, 이익과 손해가 그다지 다르지 않은 경우에 빗대어 이르는 말.

ㅇ

얻은 떡이 두레 반

애쓰지 않고 여기저기서 얻은 것이 애써 만든 것보다 많은 경우를 빗대어 이르는 말.

낱말 풀이 **두레** 둥근 켜로 된 시루떡 덩이. 또는 그 덩이를 세는 단위.

얻은 죽에 머리가 아프다

비록 변변치 못한 것이라도 남의 것을 얻으면 떳떳하지 못하고 마음에 짐이 된다고 빗대어 이르는 말.

얼굴보다 코가 더 크다

주된 것보다 곁딸린 것이 더 많거나 큰 경우를 빗대어 이르는 말.

같은 속담 아이보다 배꼽이 크다

얼굴 보아 가며 이름 짓는다

이름이란 사물의 생김새나 특성에 따라 짓게 마련이라는 뜻으로, 무슨 일이나 조건과 특성에 알맞게 해야 한다는 말.

얼굴이 두껍다

부끄러운 것도 모르고 염치없고 뻔뻔한 사람을 이르는 관용 표현.

얼굴이 요패라

널리 알려진 얼굴이라 숨길 수 없다는 말.

낱말 풀이 **요패** 조선 시대에, 군졸, 사령 들이 신분을 나타내기 위하여 허리에 차던 패.

얼기설기 수양딸 맏며느리 삼는다

수양딸로 데리고 있다가 어느 틈에 슬쩍 맏며느리로 맞아들였다는 뜻으로,

어물어물하면서도 손쉽게 제 이익을 채우거나 자기 편한 대로 슬쩍 일을 해치워 버림을 빗대어 이르는 말.

낱말 풀이 **수양딸** 남의 자식을 데려다가 제 자식처럼 기른 딸.

얼뜬 봉변이다

괜히 남의 일에 걸려들어 부끄러운 꼴을 당하며 고생하는 것을 이르는 말.

낱말 풀이 **봉변** 뜻밖의 변이나 망신스러운 일을 당함. 또는 그 변.

얼러 키운 후레자식

부모가 응석을 받아 주면서 키운 자식이라는 뜻으로, 버릇없이 제 욕심만 내세우고 아무 쓸모도 없는 사람을 욕으로 이르는 말.

같은 속담 응석으로 자란 자식

낱말 풀이 **후레자식** 배운 데 없이 막되게 자라 교양이나 버릇이 없는 사람을 낮잡아 이르는 말.

얼레빗 참빗 품고 가도 제 복이 있으면 잘산다

옛날에, 여자가 시집갈 때 친정이 가난하여 아무것도 가지고 갈 것이 없어 입은 옷과 머리빗만 가지고 가더라도 제게 복이 있으면 잘산다는 뜻으로, 혼수를 많이 가져가야만 좋은 것이 아니라고 이르던 말.

얼레빗

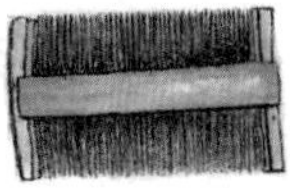
참빗

같은 속담 이고 지고 가도 제 복 없으면 못산다

낱말 풀이 **얼레빗** 빗살이 굵고 성긴 큰 빗. **참빗** 빗살이 아주 가늘고 촘촘한 빗.

얼어 죽고 데어 죽는다

어려움이나 불행이 자꾸 겹쳐 드는 것을 빗대어 이르는 말.

같은 속담 옹이에 마디

ㅇ

얼어 죽은 귀신이 홑이불이 당한 거냐

추워서 얼어 죽은 귀신에게 홑이불 하나 씌웠다고 무슨 쓸모가 있느냐는 뜻으로, 어떤 대책이 격에 안 맞고 성에 안 차는 경우를 빗대어 이르는 말.

얼음에 박 밀듯

1. 무슨 일이 매끄럽게 잘 되어 가는 모양을 빗대어 이르는 말. 2. 말이나 글을 거침없이 줄줄 내리읽거나 내리외는 모양을 빗대어 이르는 말.

얼음에 소 탄 것 같다

어쩔 줄 모르고 쩔쩔매는 모양을 빗대어 이르는 말.

얼음에 잉어

몹시 귀하고 소중한 것을 빗대어 이르는 말.

같은 속담 새벽바람 사초롱

얼크러진 그물이요 쏟아 놓은 쌀이라

이미 일이 다 틀어져서 바로잡기 어려운 상태를 빗대어 이르는 말.

얽거든 검지나 말지

본디 가지고 있는 한 가지 흠에다 또 다른 흠이 겹친 경우에 핀잔하여 이르는 말.

얽어도 유자

1. 유자는 겉은 비록 우글쭈글하여도 속은 달고 좋다는 뜻으로, 겉은 시원찮지만 내용이 좋은 것을 빗대어 이르는 말. 2. 가치 있는 것은 조금 흠이 있어도 본디의 제 값어치는 지니고 있다는 말.

같은 속담 질병에도 감홍로

얽은 구멍에 슬기 든다

1. 겉모습만 놓고 사람을 평가해서는 안 된다는 말. 2. 얼굴이 얽은 곰보를 추어주고 낯을 세우던 말.

엄벙덤벙하다가 물에 빠졌다

무슨 영문인지도 모르고 함부로 덤비다가 실패하거나 화를 입게 된 경우를 빗대어 이르는 말.

낱말 풀이 **엄벙덤벙하다** 1. 자기 생각이 없이 되는대로 행동하다. 2. 들떠서 함부로 행동하다.

ㅇ

엄천득이 가게 벌이듯

1. 무엇을 지저분하게 많이 늘어놓는 모양을 빗대어 이르는 말. 2. 되지도 않는 말을 구차하게 늘어놓는 것을 빗대어 이르는 말.

낱말 풀이 **엄천득** 옛날에, 가게 물건을 난잡하게 진열하였다는 상인의 이름.

업신여기는 나무에 상투[바지가랑이] 걸린다

보잘것없어 보이거나 어리다고 해서 함부로 업신여기지 말라는 말.

업신여긴 나무가 뿌리 박힌다

하찮게 여기던 사람이 뜻밖에 잘되는 경우를 빗대어 이르는 말.

업어 온 중

1. 앞뒤가 꽉 막혀 이러지도 저러지도 못하는 경우를 빗대어 이르는 말. 2. 싫지만 업신여겨 하찮게 대할 수도 없는 사람을 빗대어 이르는 말.

업으나 지나

짐을 등에 업으나 지나 같다는 뜻으로, 이리하나 저리하나 마찬가지라는 말.

같은 속담 둘러치나 메어치나

업은 아기 말도 귀담아들으랬다
업은 자식에게 배운다

'아이 말도 귀여겨들으랬다'와 같은 속담.

업은 아이 삼이웃[삼 년] 찾는다

무엇을 곁에 지니거나 가까이 두고도 다른 곳에서 오래도록 찾아 헤매는 경우를 빗대어 이르는 말.

낱말 풀이 **삼이웃** 이쪽저쪽의 가까운 이웃.

없는 꼬리를 흔들까

아무리 어떤 일을 하려는 뜻이 있어도 물질적으로 뒷받침되지 않으면 실행할 수 없다는 말.

없는 놈이 비단이 한 때라

당장 먹을 것이 없어 굶주린 사람에게는 값비싼 비단조차 한 끼를 이을 거리밖에 안 된다는 뜻으로, 끼니를 때우기 힘든 형편에서는 아무것도 아낄 것이 없음을 빗대어 이르는 말.

같은 속담 굶으면 아낄 것 없어 통비단도 한 끼라 • 비단이 한 끼라

없는 놈이 우는소리 하면 있는 놈도 우는소리 한다
없는 사람 울면 있는 사람도 운다

남보다 많이 가진 사람이 없는 체하며 인색하게 구는 것을 빗대어 이르는 말.

없는 놈이 있는 체 못난 놈이 잘난 체

허울뿐인 사람이 몹시 잘난 체하는 경우에 비웃어 이르는 말.

없는 놈이 자두치떡 즐겨 한다

가진 것 없는 사람이 제 분수에 넘치는 것을 바라고 씀씀이가 지나치게 큰 경우를 빗대어 이르는 말.

같은 속담 장 없는 놈이 국 즐긴다

낱말 풀이 **자두치떡** 한 자 두 치나 되는 크기의 떡. 한 자 두 치는 36센티미터쯤 된다.

없는 놈이 찬밥 더운밥을 가리랴

'얻어먹는 놈이 이밥 조밥 가리랴'와 같은 속담.

ㅇ

없는 손자 환갑 닥치겠다

어떤 일이 너무 오래 걸려서 기다리기 지루할 때 빗대어 이르는 말.

같은 속담 손자 턱에 흰 수염 나겠다

없어서 비단 치마

넉넉해서 좋은 것을 쓰는 게 아니라 다른 것이 없기 때문에 귀중한 물건이지만 할 수 없이 쓰게 되는 경우를 빗대어 이르는 말.

없어 일곱 버릇 있어 마흔여덟 버릇

사람에게는 여러 가지 버릇이 있다는 말.

없으면 제 아비 제사도 못 지낸다

집이 가난하면 마땅히 지켜야 할 예의도 지키지 못하게 된다는 말.

엇뛰기는 주막집 강아지

점잖지 못하고 부산하게 설렁거리는 사람을 빗대어 이르는 말.

엉덩이로 밤송이를 까라면 깠지

시키는 대로 할 일이지 웬 군소리냐고 우겨 대는 말.

엉덩이에 뿔이 났다

되지못한 것이 가르침을 받아들이지 않고 제멋대로 구는 것을 욕으로 이르는 말.

같은 속담 못된 송아지 뿔부터 난다 • 송아지 못된 것은 엉덩이에 뿔 난다

엎드려 절 받기

1. 마음이 없는 상대에게 해 달라고 졸라서 억지로 대접을 받는 경우를 이르는 말. 2. 남이 저한테 이로운 짓을 하도록 이끄는 경우를 빗대어 이르는 말.

같은 속담 억지로 절 받기 • 옆찔러 절 받기

엎어져도 코가 깨지고 자빠져도 코가 깨진다

일이 안되려면 하는 일마다 꼬여서 잘 안 풀리고 뜻밖의 나쁜 일이 생긴다는 말.

같은 속담 자빠져도 코가 깨진다 • 재수 없는 놈은 (뒤로) 자빠져도 코가 깨진다 • 재수 없는 포수는 곰을 잡아도 웅담[열]이 없다

엎어지면 코 닿을 데

매우 가까운 거리를 빗대어 이르는 말.

같은 속담 넘어지면 코 닿을 데

엎어진 김에 쉬어 간다

일이 일어난 김에 그 기회를 틈타 그동안 자기가 하려던 일을 이루거나 자기에

게 이롭게 꾀하는 경우에 빗대어 이르는 말.

같은 속담 넘어진 김에 쉬어 간다 • 미끄러진 김에 쉬어 간다 • 자빠진 김에 쉬어 간다

엎어진 둥지에는 성한 알이 없다

뒤집어진 새 둥지에 멀쩡한 알이 남아 있을 리 없다는 뜻으로, 전체가 잘못되면 그에 곁딸린 것도 온전할 수 없다고 빗대어 이르는 말.

엎지른 물

이미 틀어진 일은 아무리 애써도 다시 바로잡거나 되돌릴 수 없다는 관용 표현.

엎치고[엎친 데] 덮치다

나쁜 일이나 어려운 일이 잇달아 일어나는 경우를 이르는 관용 표현.

엎치나 메치나[덮치나]

이렇게 하나 저렇게 하나 결과가 마찬가지인 것을 이르는 관용 표현.

에너른 밭골이라

밭이나 집이 크고 넓으면 구석구석 주워 모을 거리가 많다는 말.

낱말 풀이 **밭골** '밭고랑'의 준말. **에너르다** 크게 에둘리어 너르다.

에 해 다르고 애 해 다르다

'아 해 다르고 어 해 다르다'와 같은 속담.

엑 하면 떽 한다

자기가 남에게 하는 말이나 행동이 곱고 상냥해야 남도 자기를 좋게 대한다는 말.

같은 속담 가는 떡이 커야 오는 떡이 크다 • 가는 말이 고와야 오는 말이 곱다 • 가는 정이 있어야 오는 정이 있다

여각이 망하려니 나귀만 든다

'어장이 안되려면 해파리만 끓는다'와 같은 속담.

낱말 풀이 **여각** 조선 시대에, 상인들의 숙박, 물건의 보관, 위탁 판매, 전달 따위를 맡아보던 시설.

여드레 병풍 친다

이미 때를 지나 다 끝난 다음에야 무슨 일을 하려는 경우를 비꼬아 이르는 말.

같은 속담 열흘날 잔치에 열하룻날 병풍 친다 • 혼인 뒤에 병풍 친다

여드레 삶은 호박에 도래송곳 안 들어갈 말이다

여드레 동안 삶아서 푹 물러진 호박에 도래송곳이 안 들어갈 리 없다는 뜻으로, 도무지 이치에 맞지 않는 말을 하는 것을 빗대어 이르는 말.

같은 속담 삶은 무[호박]에 이(도) 안 들 소리

낱말 풀이 **도래송곳** 자루가 길고 끝이 반달 모양이나 나사처럼 생긴 송곳.

여드레 팔십 리 (걸음)

여드레 동안에 팔십 리를 간다는 뜻으로, 걸음걸이나 하는 짓이 몹시 굼뜨고 느린 사람을 빗대어 이르는 말.

여든 살 난 큰아기가 시집가랬더니 차일이 없다 한다

오랫동안 별러 오던 일을 정작 하려고 하니 걸림돌이 생겨 끝내 하지 못하고 마는 경우를 빗대어 이르는 말.

같은 속담 노처녀가 시집을 가려니 등창이 난다

낱말 풀이 **큰아기** 1. 다 자란 여자아이. 2. 맏딸, 맏며느리를 정답게 이르는 말. **차일** 햇볕 가리개.

여든 살이라도 마음은 어린애라

사람은 아무리 나이를 많이 먹어도 마음 한구석에는 어린애와 같은 마음이 숨어 있다는 말.

여든에 능참봉을 하니 한 달에 거둥이 스물아홉 번이라

나이 여든에 겨우 능을 관리하는 참봉 벼슬 한자리를 얻었는데 한 달에 스물아홉 번이나 왕이 내려와 힘들다는 뜻으로, 1. 오래 바라던 일이 이루어졌으나 허울만 좋을 뿐 실속 없이 수고롭기만 할 때 빗대어 이르는 말. 2. 운수가 나빠서 하는 일마다 꼬이기만 하는 경우에 빗대어 이르는 말.

같은 속담 능참봉을 하니까 거둥이 한 달에 스물아홉 번이라 • 모처럼 능참봉을 하니까 한 달에 거둥이 스물아홉 번 • 칠십에 능참봉을 하니 하루에 거둥이 열아홉 번씩이라

여든에 둥둥이

도무지 행동이 시원스럽지 못한 사람을 비웃어 이르는 말.

낱말 풀이 **둥둥이** 어린아이를 안거나 쳐들고 어를 때에, '어린아이'를 귀엽게 이르는 말.

여든에 이가 나나

여든 살에 새로 이가 날 리 없다는 뜻으로, 도무지 있을 수 없는 일이라는 말.

여든에 이 앓는 소리

무엇이라고 말을 하기는 하지만 무슨 말인지 똑똑지 않거나 그다지 쓸데없는 말을 중얼거리는 경우를 빗대어 이르는 말.

ㅇ

여든에 죽어도 구들동티에 죽었다지

여든에 죽어도 제명에 못 죽었다며 구들동티 핑계를 댄다는 뜻으로, 이 세상에 핑계 대지 못할 일이 없음을 빗대어 이르는 말.

낱말 풀이 **구들동티** 구들(온돌)에 생긴 불행이라는 뜻으로, 까닭 없이 죽는 일을 이르는 말. 동티는 땅, 돌, 나무 따위를 잘못 건드려 지신을 화나게 하여 받는 재앙을 말한다.

여든에 첫 아이 비치듯

일이 쉽게 진행되지 않고 몹시 어려움을 이르는 말.

여럿의 말이 쇠도 녹인다

여러 사람이 뜻을 한데 모으면 쇠도 녹일 만큼 무서운 힘을 낼 수 있다고 빗대어 이르는 말.

여럿이 가는 데 섞이면 병든 다리도 끌려간다

1. 여러 사람이 함께 걷는 데에 병든 다리를 가진 이도 끼어서 걷다 보면 같이 나아갈 수 있다는 뜻으로, 여느 때엔 못 할 일도 여러 사람과 함께 하면 능히 해 나갈 수 있음을 빗대어 이르는 말. 2. 여러 사람이 권하면 어쩔 수 없이 따라 할 수밖에 없다는 말.

같은 속담 봉충다리의 울력걸음 • 울력걸음에 봉충다리

여름벌레가 얼음을 얘기한다

제 처지에 맞지 않는 엉뚱한 소리를 함을 비꼬아 이르는 말.

여름 불도 쬐다 나면 섭섭하다

1. 있을 때는 쓸데없거나 대단치 않게 여기던 것도 정작 없어지면 아쉽게 느껴

진다는 말. 2. 오랫동안 해 오던 일을 그만두기는 퍽 어렵다는 말. 3. 하찮은 것이라도 가지고 있던 것을 내놓기가 서운하다는 말.

같은 속담 오뉴월 겻불도 쬐다 나면 섭섭하다[서운하다] • 짚불도 쬐다 나면 섭섭하다

여름비는 더워야 오고 가을비는 추워야 온다

여름철에 내리는 비는 무더워야 오고 가을철에 내리는 비는 쌀쌀하고 추워야 온다고 일러 오던 말.

여름비는 잠비 가을비는 떡비

여름에 비가 오면 바깥일을 할 수 없기 때문에 낮잠을 자기 좋고, 가을에 비가 오면 추수한 곡식으로 집 안에서 떡을 해 먹기 좋다고 일러 오던 말.

여름에 먹자고 얼음 뜨기

앞으로 있을 큰일에 쓰기 위하여 미리 마련해 두는 것을 빗대어 이르는 말.

여름에 하루 놀면 겨울에 열흘 굶는다

농사꾼이 여름에 게으름을 피우면 겨울에 먹을 것이 없다는 뜻으로, 모내고 논매고 추수할 때에는 부지런히 일해야 한 해를 걱정 없이 보낼 수 있다는 말.

같은 속담 농군이 여름에 하루 놀면 겨울에 열흘 굶는다

읽을거리 여름은 농사철 가운데 가장 바쁜 때야. 모내기를 하고 고구마 순을 심고 감자도 캐야 해. 논밭에 난 풀도 여러 차례 매야 하지. 이렇게 농사를 한창 지어야 할 때 힘들다고 하루 쉬면 그만큼 할 일이 늘어나게 돼. 덥다고 김매기를 하루 미루면 풀이 금세 우거지거든. "여름에 하루 놀면 겨울에 열흘 굶는다"는 말은 뒷날을 생각해서 바쁠 때는 힘들다고 일을 게을리하지 말라는 뜻이야. 또 오늘의 한 가지 일이 앞날에는 열 가지 결과를 가져올 수 있다는 뜻으로도 써.

여름 하늘에 소낙비

흔히 있을 만한 일이니 조금도 놀랄 것이 없다고 빗대어 이르는 말.

여물 많이 먹은 소 똥 눌 때 알아본다

1. 무슨 일이든지 반드시 결과가 나타나기 마련이라고 이르는 말. 2. 남모르게 감쪽같이 한 일이라도 저지른 죄는 세상에 드러나고야 만다는 말.

여물 안 먹고 잘 걷는 말

1. 이치에 맞지 않아 실제로 이루어질 수 없거나 도무지 사실과 맞지 않는 일을 빗대어 이르는 말. 2. 밑천은 안 들이고 이득이 많은 것을 빗대어 이르는 말.

같은 속담 양을 보째 낳는 암소

여북하여 눈이 머나

오죽 상황이 안 좋으면 눈이 멀었겠느냐는 뜻으로, 고생이 더할 수 없을 만큼 심해서 죽을 지경에 이르렀다는 말.

낱말 풀이 **여북하다** 정도가 매우 심하거나 상황이 좋지 않다.

여우가 죽으니까 토끼가 슬퍼한다

같은 처지에 있는 사람들끼리 서로 딱하게 여기고 괴로움과 슬픔, 어려운 일들을 함께 나누는 것을 빗대어 이르는 말.

같은 속담 난초 불붙으니 혜초 탄식한다 • 소나무가 말라 죽으면 잣나무가 슬퍼한다 • 토끼 죽으니 여우 슬퍼한다

여우도 눈물을 흘릴 날

추위를 잘 타지 않는 여우까지 눈물을 흘릴 정도로 맵짠 날씨라는 뜻으로, 몹시 추운 한겨울이나 초봄의 날씨를 이르는 말.

여우 뒤웅박 쓰고 삼밭에 든 것

뒤웅박을 뒤집어쓴 여우가 앞도 보지 못하면서 줄기가 촘촘한 삼밭에 들어간 것 같다는 뜻으로, 앞뒤를 모르고 갈팡질팡하며 헤매는 모양을 빗대어 이르는 말.

낱말 풀이 **삼** 삼과의 한해살이풀. 줄기 껍질은 섬유의 원료로 쓰고, 껍질을 벗긴 대는 종이를 만드는 데 쓴다.

여우를 피하니까 이리가 나온다
여우를 피해서 호랑이를 만났다

일이 점점 더 어렵고 힘들게 되는 경우에 빗대어 이르는 말.

같은 속담 노루 피하니 범이 온다 • 조약돌[조막돌]을 피하니까 수마석을 만난다

여우볕에 콩 볶아 먹는다

행동이 매우 재빠르고 날랜 것을 빗대어 이르는 말.

낱말 풀이 **여우볕** 비나 눈이 오는 날 잠깐 났다가 숨어 버리는 볕.

여울로 소금 섬을 끌래도 끌지

무슨 일이든 제 생각 없이 남이 시키는 대로만 하는 경우를 빗대어 이르는 말.

같은 속담 소금 섬을 물로 끌라고 해도 끈다

낱말 풀이 **여울** 강이나 바다에서 바닥이 얕거나 폭이 좁아 물살이 세게 흐르는 곳.

여윈 강아지가 똥 탐한다

몹시 굶주린 사람이 온갖 먹을 것을 탐한다는 말.

여윈 개 겻섬 뒤지듯

무엇을 극성스럽게 뒤지는 모양을 빗대어 이르는 말.

낱말 풀이 **겻섬** 겨를 담은 섬.

여윈 당나귀 귀 베고 무엇 베면 남을 것이 없다

본디 넉넉하지 못한 데서 이것저것 떼고 나면 그다지 남는 것이 없다는 말.

여윈 말이 짐 탐한다

1. 비리비리한 사람이 감당하지도 못하면서 남보다 많이 가지려고 욕심을 부림을 빗대어 이르는 말. 2. 여윈 사람이 많이 먹으려고 함을 빗대어 이르는 말.

여의주를 얻은 듯

용의 턱 아래에 있다는 구슬을 사람이 얻으면 온갖 조화를 부릴 수 있다는 데서, 일이 뜻대로 척척 되어 감을 빗대어 이르는 말.

여인네 셋 앉으면 하나는 저 저 하다 만다

여자들이 모이면 말이 많다고 이르던 말.

여자가 셋이면 나무 접시가 들논다
여자 셋이 모이면 새 접시를 뒤집어 놓는다
여자 열이 모이면 쇠도 녹인다

여자들이 많이 모이면 말이 많고 떠들썩하다고 빗대어 이르던 말.

낱말 풀이 **들놀다** 들썩거리며 이리저리 흔들리다.

여자가 한을 품으면 오뉴월에도 서리가 내린다
여자의 악담에는 오뉴월에도 서리가 온다

여자가 한번 마음이 틀어져 미워하거나 응어리가 맺히면 무더운 오뉴월에도 서리가 칠 만큼 매섭고 독하다는 말.

같은 속담 계집의 곡한[독한] 마음 오뉴월에 서리 친다

여편네 팔자는 뒤웅박 팔자라

뒤웅박 끈이 떨어지면 어찌할 도리가 없듯이, 여자 팔자는 남자에게 매인 것이나 다름없다고 이르던 말.

낱말 풀이 **뒤웅박** 박을 쪼개지 않고 꼭지 근처에 구멍만 뚫어 속을 파낸 바가지. 곡식이나 씨앗 같은 것을 담아 처마 밑이나 방문 밖에 매달아 두고 쓴다.
여편네 결혼한 여자를 낮잡아 이르는 말.

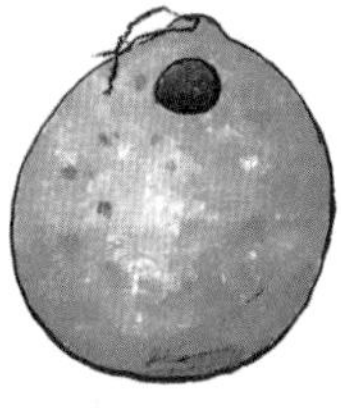

뒤웅박

역마도 갈아타면 좋다
역말도 갈아타면 낫다

1. 한 가지 일만 내내 하는 것보다 가끔 다른 일을 번갈아 하는 것이 더 좋다는 말. 2. 무엇이든지 알맞지 않으면 다른 것으로 바꾸어 볼 것이라는 말. 3. 낡은 것도 나쁘지 않지만 새것은 더욱 좋은 법이라는 말.

연가시 매미 잡듯

상대가 미처 달아날 새 없이 갑작스레 덮치는 것을 빗대어 이르는 말.

같은 속담 버마재비 매미 잡듯

낱말 풀이 **연가시** '사마귀'의 방언.

연자매를 가는 당나귀

일이 한꺼번에 몰려 눈코 뜰 새 없이 바쁜 처지를 빗대어 이르는 말.

낱말 풀이 **연자매** 맷돌의 하나. 맷돌 가운데 가장 크고, 소나 말이 돌려서 곡식을 찧거나 빻는다.

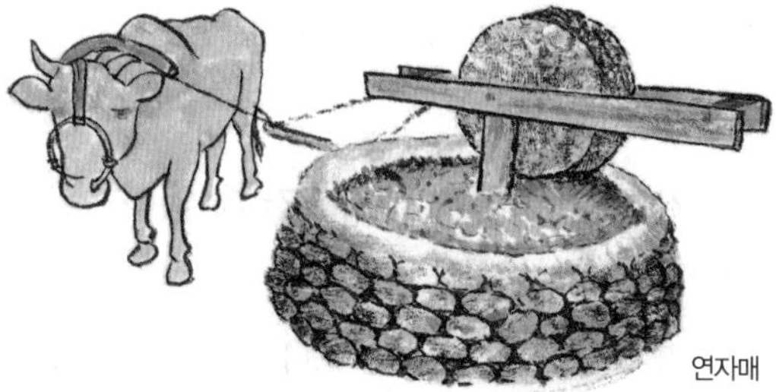

연자매

열고 보나 닫고 보나

이리하나 저리하나 마찬가지라는 관용 표현.

같은 관용 가로 지나 세로 지나 • 외로 지나 가로 지나 • 지나 업으나

열 골 물이 한 골로 모인다

여럿이 지은 죗값으로 받게 될 벌이 한 사람에게만 모이는 경우를 이르는 말.

열 길 물속은 알아도 한 길 사람 속은 모른다

사람의 속마음을 알기란 매우 어려움을 빗대어 이르는 말.

같은 속담 사람 속은 천 길 물속이라 • 천 길 물속은 알아도 한 길 사람 속은 모른다

열 놈이[놈에] 죽 한 사발

저마다 나누어 가지는 몫이 너무 적은 경우에 빗대어 이르는 말.

열 달 만에 아이 날 줄 몰랐던가

1. 일이 그렇게 될 것이 뻔한데 그것도 모르고 있었느냐고 되묻는 말. 2. 아무래도 당할 일인데 미리 준비하지 않고 있던 것을 꾸짖어 이르는 말.

열 도깨비 날치듯

여러 사람이 이치에 맞지 않는 소리를 하며 저마다 떠드는 꼴을 이르는 말.

낱말 풀이 **날치다** 자기 세상인 것처럼 날뛰며 기세를 떨치다.

열두 가지 재주를 가진 놈이 저녁거리가 간 데 없다
열두 가지 재주에 저녁거리가 (간 데) 없다

재주 많은 사람이 한 가지 재주만 가진 사람보다 못한 경우를 빗대어 이르는 말.

열두 폭 말기를 달아 입었나 열두 폭 치마를 둘렀나

자기와 상관없는 남의 일에 쓸데없이 끼어들어 이래라저래라 하는 것을 비꼬아 이르는 말.

같은 속담 치마가 열두 폭인가 • 치마폭이 스물네 폭이다

낱말 풀이 **말기** 치마나 바지의 맨 위쪽 허리 부분에 둘러서 댄 부분. **폭** 같은 길이로 나누어 놓은 종이, 천 조각을 세는 단위. 또는 그림이나 족자를 세는 단위.

열매 될 꽃은 첫 삼월부터 안다

잘될 일은 처음부터 돌아가는 낌새로 알 수 있다는 말.

열무김치 맛도 안 들어서 군내부터 난다

사람이 제대로 자라기도 전에 못된 버릇이 들어 젠체하는 것을 빗대어 이르는 말.

같은 속담 시지도 않아서 군내부터 먼저 난다

열 발 성한 방게 같다

발 열 개가 모두 팔팔한 방게가 여기저기 기어다닌다는 데서, 어린아이가 조금도 가만히 누워 있지 않고 바스락대며 돌아다니는 모양을 빗대어 이르는 말.

열 번 듣는 것이 한 번 보는 것만 못하다

남의 말을 여러 번 듣기만 하는 것보다 자기 눈으로 한 번 보는 것이 낫다는 말.

같은 속담 듣는 것이 보는 것만 못하다 • 백문이 불여일견 • 백 번 듣는 것이 한 번 보는 것만 못하다

열 번 쓰러지면 열 번 (다시) 일어난다

어떠한 어려움에도 결코 굽히지 않는 강한 정신과 마음씨를 빗대어 이르는 말.

열 번 잘하고 (한 번) 실수를 말라
열 번 잘하고 한 번 실수를 하지 말아야 한다

무슨 일이든 한 번 실수하면 이때까지 잘한 일들이 보람 없이 되므로 어느 하나 실수하지 않도록 조심하라고 가르쳐 이르는 말.

열 번 재고 가위질은 한 번 하라
열 번 재고 가위질하라

무슨 일이든 가볍게 시작하지 말고 깊이 생각하여 꼼꼼하게 따져 본 다음에 행동에 옮기라는 말.

열 번 찍어 아니[안] 넘어가는 나무 없다

1. 아무리 뜻이 굳은 사람이라도 옆에서 여러 번 권하거나 꾀고 달래면 마침내 마음이 바뀌게 된다고 빗대어 이르는 말. 2. 어떤 목적을 위해 꾸준히 애쓰면 뜻을 이룰 수 있다고 빗대어 이르는 말.

열 벙어리가 말을 해도 가만있어라

누가 뭐라고 해도 대꾸하지 말고 못 들은 척 가만히 있으라는 말.

열 사람이 백 말을 하여도 들을 이 짐작

남들이 옆에서 아무리 그럴듯한 말을 늘어놓아도 듣는 사람은 자기 나름대로 생각해 볼 것이니 말한 그대로만 될 리는 없다는 말.

같은 속담 들을 이 짐작

열 사람이 지켜도 한 도둑놈을 못 막는다

1. 여러 사람이 함께 살펴도 한 사람의 나쁜 짓을 막기가 쉽지 않다는 말. 2. 아

무리 여럿이 지켜도 빠져나갈 구멍은 있기 마련이라는 말.

같은 속담 도적 한 놈을 열 사람이 지키지 못한다 • 지키는 사람 열이 도둑 하나를 못 당한다

열 사람 형리를 사귀지 말고 한 가지 죄를 범하지 말라

힘 있는 사람을 많이 사귀어 도움을 받으려 하기보다는 죄를 짓지 않는 것이 낫다는 뜻으로, 남의 힘을 믿고 함부로 행동하지 말고 제 몸가짐을 바로 하라고 가르쳐 이르는 말.

같은 속담 열 형리를 친하지 말고 (한 가지) 죄(도) 짓지 마라

낱말 풀이 **형리** 조선 시대에, 형방에서 일하던 구실아치. 형방은 죄지은 사람을 다루던 곳이다.

ㅇ

열 사위는 밉지 아니하여도 한 며느리가 밉다
열 사위 미운 데 없고 외며느리 고운 데 없다

사위는 덮어놓고 사랑하면서도 며느리는 흠잡고 미워하는 사람이 많다는 말.

열 새끼 낳은 소 멍에 벗을 날이 없다

소가 새끼를 많이 낳았어도 일거리가 끊어지지 않아 하루도 멍에를 벗지 못한다는 뜻으로, 자식을 많이 둔 사람은 자식 걱정에 하루도 편안할 날이 없고 고생만 하게 된다고 빗대어 이르는 말.

열 소경에 한 막대
열 소경의 한 막대요 팔 대군의 일 옹주라

여러 곳에 매우 중요하고 소중한 물건이나 여러 사람이 믿고 기댈 수 있는 사람을 빗대어 이르던 말.

낱말 풀이 **대군** 왕비가 낳은 아들에게 붙이던 말. **옹주** 후궁에게 난 딸을 이르던 말.

열 소경이 풀어도 아니 듣는다

눈먼 남자 무당 열 사람이 경을 읽어도 듣지 않는다는 뜻으로, 자기 고집만 내세우고 남의 말을 하나도 귀 기울여 듣지 않는 사람을 빗대어 이르는 말.

열 손가락 깨물어 안 아픈 손가락이 없다

자식이 여럿이라도 부모에게는 어느 하나 소중하지 않은 자식이 없다는 말.

같은 속담 다섯 손가락 깨물어서 아프지 않은 손가락이 없다

열 손가락으로 물을 튀긴다

하는 일 없이 손가락으로 물만 툭툭 튀긴다는 뜻으로, 아무 일도 안 하고 뻔뻔하게 놀기만 하는 것을 비꼬아 이르는 말.

같은 속담 손끝에 물도 안 튀긴다

열 손 재배한다

일손을 놓고 놀며 지내는 경우를 빗대어 이르는 말.

열 손 한 지레

열 사람이 붙어 할 일을 지렛대 하나로 해치운다는 뜻으로, 1. 여러 사람이 할 일을 능력 있는 한 사람이 해낸다는 말. 2. 여러 사람의 힘보다 기계 한 대를 쓰는 것이 좋다는 말.

낱말 풀이 **지레** '지렛대'의 준말로, 무거운 물건을 움직이는 데에 쓰는 막대기.

열 숟가락 모아 한 밥

열 사람이 한 술씩 모아 밥 한 그릇을 만든다는 뜻으로, 여럿이 저마다 조금씩 도와주면 큰 보탬이 된다고 빗대어 이르는 말.

같은 속담 열의 한 술 밥(이 한 그릇 푼푼하다)

열 식구 벌지[벌려] 말고 한 입 덜라

벌이를 늘리려고 무리하게 애쓰지 말고 군식구를 하나라도 줄여서 나가는 돈을 줄이는 편이 낫다고 이르던 말.

같은속담 비단 한 필을 하루에 짜려 말고 한 식구를 줄여라 • 흉년에 한 농토 벌지 말고 한 입 덜라

열없는 색시 달밤에 삿갓 쓴다

정신이 흐려져 주책없는 짓을 하는 경우를 빗대어 이르는 말.

낱말 풀이 **열없다** 좀 겸연쩍고 부끄럽다.

열에 한 맛도 없다

음식이 도무지 맛이 없는 경우를 빗대어 이르는 말.

ㅇ

열은 하나를 꾸리지 못해도 하나는 열을 꾸린다

평범한 사람들은 아무리 머릿수가 많아도 큰일을 해내기 어렵지만 뛰어난 사람은 여러 사람들을 하나로 묶어 어렵지 않게 큰일을 해낸다는 말.

열을 듣고 하나도 모른다

아무리 들어도 깨우치지 못한다는 뜻으로, 몹시 아둔하고 어리석음을 빗대어 이르는 말.

열의 한 술 밥(이 한 그릇 푼푼하다)
열이 어울러 밥 찬 한 그릇

'열 숟가락 모아 한 밥'과 같은 속담.

낱말 풀이 **푼푼하다** 모자람이 없이 넉넉하다.

열 자식이 한 처만 못하다

남자에게는 자식보다 아내가 더 중요하다는 말.

같은 속담 효자가 악처만 못하다

열 집 사위 열 집 며느리 안 되어 본 사람 없다

혼사를 시키려고 여기저기서 말이 많이 나온다는 말.

열 형리를 친하지 말고 (한 가지) 죄(도) 짓지 마라

'열 사람 형리를 사귀지 말고 한 가지 죄를 범하지 말라'와 같은 속담.

열흘 굶어 군자 없다

아무리 착한 사람이라도 살림이 몹시 어려워지면 못하는 짓이 없게 된다는 말.

같은 속담 사흘 굶어 담 아니 넘을 놈 없다 • 세 끼 굶으면 군자가 없다

낱말 풀이 **열흘** 1. 열 날. 2. 그 달의 열째 되는 날.

열흘 길 하루도 아니 가서 (돌아선다)

오래 두고 해야 할 일을 시작하자마자 그만두거나 처음부터 싫증을 내는 경우를 빗대어 이르는 말.

같은 속담 사흘 길 하루도 아니 가서 (눕는다)

열흘 나그네 하룻길 바빠한다

1. 열흘 걸릴 길을 차근차근 가야 할 나그네가 하룻길을 바빠한다는 뜻으로, 어떤 일을 시작부터 너무 급히 서두르지 말라는 말. 2. 오래 걸릴 일은 처음에는 그리 바쁘지 않은 듯해도 급히 서둘러 해야 한다는 말. 3. 시간이 넉넉하다고 늦장을 부리다가 끝에 가서 몹시 서두름을 비웃어 이르는 말.

열흘날 잔치에 열하룻날 병풍 친다

'여드레 병풍 친다'와 같은 속담.

열흘 붉은 꽃이 없다

1. 붉은 꽃도 열흘이 지나면 빛깔이 바래서 곱지 않다는 뜻으로, 돈이 많고 높은 자리에 올라 세상에서 온갖 귀한 대접을 받는 것도 다 한때인 것이어서 그때가 지나면 그만이라고 빗대어 이르는 말. 2. 세상 모든 것은 바뀌기 마련이라는 말.

같은 속담 봄꽃도 한때 • 봄도 한철 꽃도 한철

염라대왕도 돈 쓰기에 달렸다
염라대왕도 돈 앞에서는 한쪽 눈을 감는다

돈과 뇌물에는 누구나 약하여 돈만 있으면 못하는 일 없이 다 할 수 있다는 말.

낱말 풀이 **염라대왕** 죽어서 지옥에 떨어진 사람이 살아 있을 때 지은 선악을 가린다는 왕. 저승을 다스린다.

염라대왕이 문밖에서 기다린다

죽을 때가 되었다는 말.

염라대왕이 제 할아버지라도

염라대왕이 제 할아버지라 해도 저승에 갈 처지를 벗어날 수 없다는 뜻으로, 큰 죄를 저질렀거나 큰 병에 걸려 곧 죽게 된 경우를 빗대어 이르는 말.

염병에 까마귀 소리

죽을지 살지 모를 염병을 앓는데 까마귀가 기분 나쁘게 운다는 뜻으로, 귀에 몹시 거슬리는 듣기 싫은 소리를 빗대어 이르는 말.

같은 속담 돌림병에 까마귀 울음

염병에 보리죽을 먹어야 오히려 낫겠다

가장 고치기 힘든 병에 가장 좋지 않은 음식이 오히려 낫겠다는 뜻으로, 너무 어처구니없어서 대꾸할 필요조차 느끼지 못하는 경우를 빗대어 이르는 말.

염불도 몫몫이요 쇠뿔도 각각이다

1. 무슨 일이나 자기만의 특성이 있기 때문에 사람마다 일하는 방식도 다르다고 빗대어 이르는 말. 2. 무엇이나 저마다 맡은 몫이 따로 있다고 빗대어 이르는 말.

같은 속담 쇠뿔도 각각 염주도 몫몫

낱말 풀이 **염불** 1. 부처의 모습과 공덕을 생각하면서 아미타불을 부르는 일. 2. 불경을 외는 일.

염불 못하는 중이 아궁이에 불을 땐다

염불을 못하기 때문에 중으로서 구실을 못하고 아궁이에 불이나 땐다는 뜻으로, 사람은 누구나 제 능력에 따라 대접받는다는 말.

낱말 풀이 **아궁이** 방이나 솥 따위에 불을 때려고 만든 구멍.

아궁이

염불 법사 염주 매듯

어떤 것을 치렁치렁 넌지시 매어 단다는 말.

염불에는 맘이 없고 잿밥에만 맘이 있다

중이 입으로 염불을 외우면서 염불보다는 잿밥 먹는 데 더 마음을 둔다는 뜻으로, 자기가 마땅히 해야 할 일은 건성으로 하면서 잇속 있는 데에만 마음을 쓰는 것을 비웃어 이르는 말.

같은 속담 제사보다 젯밥에 정신이 있다 • 조상보다 팥죽에 마음이 있다 • 초상난 집에서 송장은 안 치고 팥죽 들어오는 것만 친다

염소 물똥 싸는 소리 한다

염소 똥은 굳고 동글동글하다는 데서, 있을 리 없는 말을 한다는 말.

염초청 굴뚝 같다

옛날에, 화약을 만드는 곳의 굴뚝은 속이 매우 검다는 데서, 마음보가 엉큼한 사람이나 몹시 어두운 곳을 빗대어 이르던 말.

낱말 풀이 **염초청** 조선 시대에, 화약을 만들던 군대.

염치도 가죽 안에 있다
염치도 사람 믿고 산다

사람을 겸연쩍고 부끄럽게 할 만큼 너무나 염치없는 짓을 하는 경우에 빗대어 이르는 말.

ㅇ

염치없는 조 발막이다

옛날에, 조씨 성을 가진 사람이 궁궐에 들어가는데 신발이 없어 아내의 발막신을 신고도 부끄러운 줄을 몰랐다는 데서, 체면과 부끄러움을 도무지 모르는 사람을 빗대어 이르던 말.

낱말 풀이 **발막** 예전에, 흔히 잘사는 집의 노인이 신었던 마른신. 기름을 칠하지 않은 가죽신이다.

염치와 담(을) 쌓은 놈

체면과 부끄러움이 하나도 없는 사람을 이르는 말.

염통에 고름 든 줄은 몰라도 손톱눈에 가시 든 줄은 안다
염통이 곪는 줄은 몰라도 손톱 곪는 줄은 안다

눈앞에 보이는 사소한 결함은 잘 알아도 눈에 보이지 않는 큰 결함이나 중대한 문제에 대해서는 잘 모름을 빗대어 이르는 말.

같은 속담 발등에 떨어진 불만 보고 염통 곪는 것은 못 본다 • 손톱 곪는 줄은 알아도 염통 곪는 줄은 모른다

엿장사 놋쇠 사러 다니듯

이리저리 잘 돌아다니는 사람을 빗대어 이르는 말.

엿장수 마음대로[맘대로]
엿장수 엿 주무르듯

엿장수가 엿을 제 마음대로 늘였다 줄였다 하듯이, 무슨 일을 자기 마음대로 이랬다저랬다 하는 모양을 이르는 관용 표현.

엿 치를 쓰라오 닷 치를 쓰라오

여섯 치 되는 것도 있고 다섯 치 되는 것도 있으니 그 가운데 어느 것을 쓰겠느냐는 뜻으로, 어떤 것이나 다 갖추고 있으니 마음대로 고르라는 말.

영감님 주머니 돈은 내 돈이요 아들 주머니 돈은 사돈네 돈이다

남편이 버는 돈은 마음대로 할 수 있지만 아들이 버는 돈은 며느리가 맡으므로 어찌할 수 없다는 말.

영감 밥은 누워 먹고 아들 밥은 앉아 먹고 딸의 밥은 서서 먹는다

남편 덕에 먹고사는 것이 가장 편하고, 아들의 돌봄을 받는 것은 그보다 덜 편하고, 시집간 딸네 집에 얹혀사는 것은 어렵다는 말.

영감의 상투

늙은이는 머리카락이 성글어서 상투가 작을 수밖에 없다는 데서, 보잘것없이

작은 물건을 빗대어 이르던 말.

같은 속담 늙은이(의) 상투

영감의 상투가 커야 맛이냐
영감의 상투 굵어서는 무엇을 하나 당줄만 동이면 그만이지

쓰임에 알맞으면 되지 그 이상은 그다지 중요하지 않다는 말.

낱말 풀이 **당줄** 망건에 달아 상투에 동여매는 줄.

영계 울고 장다리꽃 피면 밤이 좀 길어진다

추울 때 깬 병아리가 어린 닭이 되어 울고 배추나 무의 장다리에서 꽃이 피면 낮은 짧아지고 밤은 조금 길어진다고 일러 오던 말.

낱말 풀이 **영계** 병아리보다 조금 큰 어린 닭. **장다리꽃** 무나 배추의 꽃줄기에서 핀 꽃.

ㅇ

영리한 고양이가 밤눈 어둡다[못 본다]

'약빠른 고양이 밤눈이 어둡다'와 같은 속담.

영산야 지산야 한다

'영산'은 광대가 판소리를 부르기에 앞서 목을 풀기 위해 부르던 노래로, 몹시 신바람이 나는 경우에 이르는 말.

옆구리에 섬 찼나

옆구리에 곡식 그릇을 차고 있어서 밥을 그렇게 많이 먹느냐는 뜻으로, 밥을 많이 먹는 사람을 놀리어 이르는 말.

낱말 풀이 **섬** 곡식 따위를 담기 위하여 짚으로 엮어 만든 자루.

옆집 개가 짖어서 도적 면했다

뜻하지 않게 남의 덕을 입게 된 경우를 빗대어 이르는 말.

같은 속담 이웃집 개가 짖어서 도적을 면했다

옆집 처녀 믿고 장가 안 간다

옆집 처녀는 생각지도 않는데 혼자 그이와 결혼할 생각을 하여 장가를 안 간다는 뜻으로, 상대의 뜻은 알지도 못하면서 제멋대로 생각하고 행동하는 것을 이르는 말.

옆집 처녀 믿다가 장가 못 간다

'앞집 처녀 믿다가 장가 못 간다'와 같은 속담.

옆찔러 절 받기

'억지로 절 받기'와 같은 속담.

예쁘지 않은 며느리가 삿갓 쓰고 으스름달밤에 나선다

가뜩이나 미운 사람이 더 미운 짓만 할 때 빗대어 이르는 말.

같은 속담 달밤에 삿갓 쓰고 나온다 • 못난 색시 달밤에 삿갓 쓰고 나선다[다닌다] • 못생긴 며느리 제삿날에 병난다 • 미운 계집이 달밤에 삿갓 쓰고 다닌다

낱말 풀이 **으스름달밤** 달빛이 침침하고 흐릿하게 비치는 밤.

예쁜 자식 매로 키운다

사랑하고 아끼는 자식일수록 잘못을 덮지 말고 엄하게 잘 가르쳐야 한다는 말.

같은 속담 고운 자식 매로 키운다 • 귀여운 자식 매로 키운다 • 귀한 자식 매로 키워라 • 사랑하는 자식일수록 매로 다스리라

옛날 갑인 날 콩 볶아 먹은 날

아주 오래된 옛날이라는 말.

낱말 풀이 **갑인**(甲寅) 육십갑자의 쉰한째. '계축'의 다음, '을묘'의 앞이다.

옛날 시어미 범 안 잡은 사람 없다

시어머니치고 젊었을 때 고생 안 했다는 사람이 없다는 뜻으로, 젊었을 때 무슨 큰일이나 한 것처럼 우쭐거리며 뽐내는 사람을 비웃어 이르는 말.

같은 속담 소싯적에 호랑이 안 잡은 시어머니 없다 • 젊어서 소 타 보지 않은 영감이 없다

옛날은 걷어 들이기 바쁘고 지금은 받기에 바쁘다

옛날에는 백성 재물을 거두어들이기에 바빴고 지금은 힘을 믿고 뇌물을 받기에 바쁘다는 뜻으로, 썩은 벼슬아치들을 비꼬아 이르는 말.

옛말 그른 데 하나 없다

예로부터 전해 내려온 말은 그른 데가 없으니 마음속 깊이 새겨 두라는 말.

오그라진 개 꼬리 대봉통에 삼 년 두어도 아니 펴진다

타고난 본바탕이 나쁜 것은 아무리 시간과 애를 써도 좋게 바뀌지 않는다는 말.

같은 속담 개 꼬리 삼 년 두어도 황모 못 된다 • 까마귀 백 년 가도 백로 못 된다 • 센 개 꼬리 시궁창에 삼 년 묻었다 보아도 센 개 꼬리다 • 흰 개 꼬리 굴뚝에 삼 년 두어도 흰 개 꼬리다

낱말 풀이 **대봉통** 대나무를 잘라 만든 꼿꼿한 통.

오금아 날 살려라

있는 힘껏 몹시 급하게 달아난다는 관용 표현.

같은관용 걸음아 날 살려라 • 다리야 날 살려라 • 종짓굽아 날 살려라

낱말 풀이 **오금** 무릎 뒤쪽의 오목한 안쪽 부분.

오금이 저리다

저지른 잘못이 들통나거나 그 때문에 나쁜 결과가 있을까 마음을 졸인다는 관용 표현.

오기에 쥐 잡는다

1. 쓸데없이 오기를 부리다가 낭패를 보는 경우를 빗대어 이르는 말. 2. 지기 싫어하는 성미 덕분에 어떤 일을 이루는 경우를 빗대어 이르는 말.

낱말 풀이 **오기** 1. 힘이나 능력은 모자라면서도 남에게 지기 싫어하는 마음. 2. 잘난 체하며 방자한 기운.

오뉴월 감기는 개도 아니 걸린다[앓는다]

오뉴월 여름철 감기는 개도 안 걸리는데 사람이 감기에 걸리다니 웬 말이냐는 뜻으로, 무더운 여름철에 감기에 걸려 앓는 사람을 놀리어 이르는 말.

오뉴월 감주 맛 변하듯

매우 빨리 변하여 못 쓰게 된 것을 빗대어 이르는 말.

읽을거리 감주는 엿기름을 우린 물에 밥알을 넣어 삭혀서 끓인 음식이야. 단술이라고도 해. 오뉴월에 감주를 담그면 쉽게 쉬기 때문에 사람 마음이 쉽게 바뀌는 것을 오뉴월 감주에 빗대어 말해 왔던 거야.

오뉴월 개가죽 문인가

한여름에 개가죽 문을 단 방처럼 더운 줄 아느냐는 뜻으로, 추운 날 방문을 잘 닫지 않고 다니는 사람을 핀잔하여 이르는 말.

오뉴월 개 팔자

아무 하는 일 없이 마음 편히 놀고먹는 처지를 빗대어 이르는 말.

같은 속담 댑싸리 밑의 개 팔자 • 싸리밭에 개 팔자 • 오뉴월 댑싸리 밑의 개 팔자 • 오뉴월 음달 아래 개 팔자 • 음지의 개 팔자 • 풍년 개 팔자

읽을거리 오뉴월은 오월과 유월을 이르는데 이때는 농사일이 많아 한창 바쁠 때야. 무더운 여름이라고 농사일을 놓을 수 없지. 모내고, 논매고, 밭에 김매기까지 쉴 짬이 없어. 그렇게 사람들은 논밭에서 땀을 흘리며 고되게 일할 때 개들은 그늘에 누워 낮잠이나 자니 부럽기도 하고 얄밉기도 했을 거야. 그래서 여름에 하는 일 없이 빈둥빈둥 잠만 자는 사람을 "오뉴월 개 팔자"라고 빗대어 말했던 거야.

오뉴월 겻불도 쬐다 나면 섭섭하다[서운하다]

'여름 불도 쬐다 나면 섭섭하다'와 같은 속담.

오뉴월 닭이 여북해서 지붕을 허비랴
오뉴월 닭이 오죽하여 지붕에 올라갈까

날알이 귀한 한여름에 배곯은 닭이 모이를 찾아 지붕을 후비러 올라간다는 뜻으로, 어쩔 수 없이 어떤 일을 하게 되었거나 아쉬운 때에 행여나 하고 무엇을 간절히 구함을 빗대어 이르는 말.

오뉴월 댑싸리 밑의 개 팔자

'오뉴월 개 팔자'와 같은 속담.

오뉴월 더위에는 염소[암소] 뿔이 물러 빠진다

음력 오뉴월 더위가 어찌나 심한지 염소나 암소 뿔이 물렁해져서 빠질 지경이라는 뜻으로, 한 해 가운데 오뉴월이 가장 덥다고 빗대어 이르던 말.

오뉴월 두룽다리

더운 여름철에 털모자라는 뜻으로, 1. 제철이 지나 쓸모없고 거추장스럽게 된 물건을 빗대어 이르는 말. 2. 격에 맞지 않는 물건을 빗대어 이르는 말.

같은 속담 한더위에 털감투

낱말 풀이 **두룽다리** 털가죽으로 둥글고 갸름하게 만든 방한모자.

오뉴월 똥파리[쉬파리] (꾊듯)

1. 먹을 자리를 용케 알고 달려드는 사람이나 그런 경우를 비웃어 이르는 말.
2. 아무 데나 가리지 않고 끼어들어 성가시게 구는 사람을 빗대어 이르는 말.

오뉴월 마파람에 돼지 꼬리 놀듯

줏대 없이 이리저리 방정맞게 촐랑거리는 사람을 놀리어 이르는 말.

낱말 풀이 **마파람** 뱃사람들이 쓰는 말로, '남풍'을 이르는 말.

오뉴월 맹꽁이도 울다가 그친다

끝없이 이어질 것 같은 일도 끝날 때가 있다고 빗대어 이르는 말.

오뉴월 바람도 불면 차갑다

아무리 보잘것없고 하찮은 것이라도 계속되면 얕잡아 볼 수 없는 결과를 가져오게 된다고 빗대어 이르는 말.

오뉴월 배 양반이오 동지섣달은 뱃놈

옛날에, 뱃사공들이 무더운 여름철에는 물 위에서 선선하게 지내지만 겨울철이면 추위 때문에 매우 괴롭게 지낸다고 이르던 말.

오뉴월 병아리 하룻볕 쬐기가 무섭다
오뉴월 볕이 하루가 무섭다
오뉴월 볕 하루만 더 쬐도 낫다

음력 오뉴월에는 하루만 볕을 쬐어도 동식물이 부쩍부쩍 자란다는 뜻으로, 짧은 동안에 무엇이 새롭게 바뀌거나 몰라보게 자라는 것을 빗대어 이르는 말.

같은 속담 오뉴월 하룻볕도 무섭다

오뉴월 볕은 솔개만 지나도 낫다

한여름 뜨거운 볕이 내리쬘 때에는 솔개 그림자 만한 그늘만 있어도 덜 뜨겁다는 뜻으로, 몹시 뜨거운 오뉴월 볕에는 조그만 그늘도 귀하다는 말.

ㅇ

오뉴월 상한 고기에 구더기 끓듯

동물이나 사람이 우글우글 많이 모여 있는 모양을 빗대어 이르는 말.

오뉴월 소나기는 닫는 말 한쪽 귀는 젖고 한쪽 귀는 안 젖는다
오뉴월 소나기는 쇠등[말 등]을 두고 다툰다

오뉴월 소나기는 소의 등 하나를 사이에 두고서도 이쪽은 내리고 저쪽은 안 내린다는 뜻으로, 가까운 거리에서도 내리는 데가 있고 내리지 않는 데가 있는 여름철 소나기를 빗대어 이르는 말.

오뉴월 손님은 호랑이보다 무섭다

한여름에는 너무 더워서 손님을 맞아 시중들고 대접하기가 무척 어렵고 힘들다고 빗대어 이르는 말.

읽을거리 음력 오뉴월은 양력으로 7~8월이라, 한창 무더운 여름철이야. 그때면 대접할 먹을거리도 마땅하지 않고, 농가에서는 일하느라 바빠서 살림도 내보이기 부끄러우니, 여름에 손님이 찾아오면 이래저래 부담스럽게 여겼어. 그래서 옛날에는 농사일로 바쁠 때나 한여름에는 남의 집에 가는 것을 실례라고 여겨 삼갔대.

오뉴월 송장이라

더울 때 웃어른을 모시기가 몹시 괴로운 데서, 예의를 갖추어 바라지하기가 몹시 귀찮은 집안 어른을 비꼬아 이르는 말.

오뉴월 쇠불알 (늘어지듯)

1. 무엇이 축 늘어져 있는 모양을 빗대어 이르는 말. 2. 몹시 늘어지게 행동하거나 느린 성미를 가진 사람을 놀리어 이르는 말.

오뉴월 쇠불알 떨어지기를 기다린다

아무런 애도 쓰지 않고 언제 이루어질지 모를 일을 마냥 기다리거나 도무지 될 턱이 없는 것만 헛되이 바라는 어리석음을 비웃어 이르는 말.

같은 속담 소불알 떨어지면 구워 먹겠다고 소금 가지고 따라다닌다 • 쇠불알 떨어지면 구워 먹기 • 황소 불알 떨어지면 구워 먹으려고 다리미에 불 담아 가지고 다닌다

오뉴월에도 남의 일은 손이 시리다

1. 남의 일이라면 쉬운 일도 하기 싫고 고되다는 말. 2. 남의 일을 하기 싫어서 건들건들하는 꼴을 핀잔하여 이르는 말.

오뉴월 엿가락

말이나 행동을 질질 끌면서 늘이는 모양을 빗대어 이르는 관용 표현.

오뉴월 음달 아래 개 팔자

'오뉴월 개 팔자'와 같은 속담.

오뉴월의 녹두 껍데기 같다

햇볕에 바짝 말라 조금만 건드려도 탁 터지는 녹두 껍데기 같다는 뜻으로, 매우 날카롭고 까다로워서 톡 건드리기만 하여도 쏘는 성미를 빗대어 이르는 말.

낱말 풀이 **녹두** 콩과의 한해살이풀. 열매로 빈대떡, 녹두죽, 숙주나물 따위를 만들어 먹는다.

오뉴월 (자주) 감투도 팔아먹는다

1. 먹을 것이 궁한 오뉴월에는 감투까지 판다는 뜻으로, 아무 물건이나 가리지 않고 닥치는 대로 다 팔아먹는 것을 빗대어 이르는 말. 2. 살림이 몹시 가난하여 집 안에 팔아먹을 것조차 없다는 말.

낱말 풀이 **감투** 1. 예전에, 남자가 머리에 쓰던 모자의 하나. 정식으로 갖추어 입을 때 썼다. 2. 벼슬이나 직위를 속되게 이르는 말.

ㅇ

오뉴월 장마에 돌도 큰다

오뉴월 장마에 온갖 식물이 무럭무럭 자라나는 것을 빗대어 이르는 말.

오뉴월 장마에 토담 무너지듯

무엇이 조금도 버티지 못하고 힘없이 무너져 내려앉음을 빗대어 이르는 말.

오뉴월 장마에 호박꽃 떨어지듯

무엇이 맥없이 떨어지는 것을 빗대어 이르는 말.

오뉴월 존장이라

더울 때에는 웃어른을 모시기 힘들고 괴롭다는 데서, 웃어른이나 손님을 대접하기가 어렵고 힘든 경우에 이르는 말.

낱말 풀이 **존장** 일가친척이 아닌 사람으로서 자기보다 나이가 많음. 또는 그런 사람.

오뉴월 품앗이 논둑[논두렁] 밑에 있다

오뉴월에 품을 사면 가을걷이가 끝난 뒤에 갚게 된다는 뜻으로, 빚 갚을 날짜가 아직도 까맣게 멀었음을 빗대어 이르는 말.

오뉴월 품앗이도 먼저[진작] 갚으랬다

아직 날짜가 넉넉하다고 하여 빚 갚는 것을 늦추어서는 안 된다는 뜻으로, 남에게 갚아야 할 빚은 오래 끌지 말고 될수록 앞당겨 갚아야 한다는 말.

오뉴월 하룻볕도 무섭다

'오뉴월 병아리 하룻볕 쬐기가 무섭다'와 같은 속담.

오는 날이 장날

뜻밖에 일이 딱 들어맞거나 어떤 일을 하려다가 뜻하지 않은 일을 당했을 때 빗대어 이르는 말.

같은 속담 가는[가던] 날이 장날

오는 떡이 두터워야[커야] 가는 떡이 두텁다[크다]
오는 말이 고와야[미우면] 가는 말이 곱다[밉다]
오는 정이 있어야 가는 정이 있다

1. 남이 자기에게 어떻게 대하느냐에 따라 자기도 그만큼 남을 대한다는 말. 2. 말은 누구에게나 점잖고 부드럽게 하여야 한다는 말.

같은 속담 네 떡이 한 개면 내 떡이 한 개라

오다가다 옷깃만 스쳐도 전세의 인연이다

불교에서, 어떤 만남이라도 전생의 인연에서 비롯된다는 데서, 살면서 겪게 되는 사람들과의 만남을 소중하게 여겨야 한다는 말.

오달지기는 사돈네 가을 닭이라

사돈네 가을 닭이 아무리 살찌고 보기 좋아도 저에게는 아무런 잇속이 없다는 뜻으로, 겉은 번드레하지만 아무 쓸모도 없는 것을 빗대어 이르는 말.

낱말 풀이 **오달지다** 마음에 흡족하게 흐뭇하다.

오동나무만 보아도 춤을 춘다
오동나무 보고 춤춘다

오동나무 씨만 보고도 나중에 그 나무로 가구도 만들고 가야금도 만들 생각을 하며 미리 춤춘다는 뜻으로, 성미가 몹시 급해서 나중에 할 일을 너무 미리부터 서두름을 비웃어 이르는 말.

같은 속담 씨 보고 춤춘다 • 오동 씨만 보아도 춤춘다

읽을거리 오동나무는 빨리 자라는 나무야. '딸을 낳으면 오동나무를 심는다'는 옛말이 있는데, 시집갈 나이쯤이면 이미 옷장을 짤 수 있을 정도로 자란다는 거야. 오동나무는 가볍고 무늬도 곱고 잘 썩지 않아서 옷장, 책장 같은 가구뿐 아니라, 거문고, 가야금, 장구 같은 악기도 만들었어. 소리가 곱고 맑게 울려서 '오동은 천년이 지나도 가락을 잃지 않는다'는 말이 있을 정도지.

ㅇ

오동 숟가락에 가물칫국을 먹었나

살결이 검은 사람을 놀리어 이르는 말.

같은 속담 자주꼴뚜기를 진장 발라 구운 듯하다

낱말 풀이 **오동** 검붉은 빛이 나는 구리. 장식품으로 많이 쓴다.

오동 씨만 보아도 춤춘다

오동나무 씨만 보고도 오동나무로 만든 거문고를 떠올려 춤을 춘다는 뜻으로,

1. 성미가 몹시 급해서 나중에 할 일을 너무 미리부터 서두름을 비웃어 이르는

말. 2. 여러 과정을 거쳐야 떠올릴 수 있는 사물의 기미를 보고 마치 결과를 본 듯이 기뻐하는 것을 빗대어 이르는 말.

같은 속담 오동나무만 보아도 춤을 춘다

오라는 네가 지고 도둑질은 내가 하마

좋은 것은 제가 차지하고 나쁜 결과에 대한 책임은 남에게 지우겠다는 말.

같은 속담 도둑질은 내가 하고 오라는 네가 져라

낱말 풀이 **오라** 옛날에, 도둑이나 죄인을 묶을 때 쓰던, 붉고 굵은 줄.

오라는 데는 없어도 갈 데는 많다

누가 오라고 바라거나 반갑게 여겨 주는 데는 없어도 자기로서는 나름 가야 할 곳, 해야 할 일이 이것저것 많다는 뜻으로 이르는 말.

오라는 딸은 안 오고 온통[보기 싫은] 며느리만 온다
오라는 딸은 안 오고 외통눈이 사위만 온다

기다리는 사람은 안 오고 몹시 꺼리는 사람이 오는 경우를 빗대어 이르는 말.

낱말 풀이 **외통눈이** '외눈'을 속되게 이르는 말.

오래 살면 도랑 새우 무엇 하는 것을 보겠다

너무 도리에 어긋나는 일이라 어이없다는 말.

오래 살면 맏며느리 얼굴에 수염 나는 것 본다
오래 살면 손자 늙어 죽는 꼴을 본다

사람이 오래 살다 보면 온갖 일들을 다 겪게 된다고 빗대어 이르는 말.

오래 살면 욕이 많다

사람이 오래 살게 되면 이런저런 못 볼 일을 많이 보게 되고 부끄러운 일을 많이 당하게 된다는 말.

같은 속담 늙으면 욕이 많다

오래 앉으면 새도 살을 맞는다

새도 한곳에 너무 오래 앉아 있으면 화살에 맞는다는 뜻으로, 편하고 재미있다고 위험한 일이나 나쁜 짓을 자꾸 하다가는 마침내 큰 화를 입게 된다는 말.

같은 속담 재미난 골에 범 난다

오래 해 먹은 면주인

옛날에, 여기저기 이 사람 저 사람 사이를 오가며 듣기 좋은 말로 발라맞추기를 잘하는 사람을 비꼬아 이르던 말.

낱말 풀이 **면주인** 조선 시대에, 주, 부, 군, 현과 면 사이를 오가며 심부름하던 사람.

오랜 원수를 갚으려다가 새 원수가 생겼다

보복하고 앙갚음하는 데에만 마음을 쓰다가는 더 좋지 않은 결과를 가져올 수 있으니 조심하라는 말.

오려논에 물 터놓기

물이 한창 필요한 때에 오히려 논에 물꼬를 터서 물을 뺀다는 뜻으로, 매우 심술이 사납다는 말.

읽을거리 오려논은 제철보다 일찍 여무는 올벼를 심은 논이야. 올벼는 일찍 심은 만큼 추석날 전에 거두어 추석상에 올렸지. 옛날에는 그해 처음 거둔 쌀로 밥을 지어 조상에게 먼저 바친 뒤에 집안 어른들을 드시게 하는 풍습이 있었어.

오르막이 있으면 내리막이 있다

세상일은 바뀌기 마련이어서 성할 때가 있으면 쇠할 때도 있다는 말.

오르지 못할 나무는 쳐다보지도 마라

자기 처지와 힘으로 이룰 수 없는 일은 처음부터 바라지도 말라는 말.

같은 속담 못 오를 나무는 쳐다보지도 마라

오른쪽 궁둥이나 왼쪽 볼기나

이것이나 저것이나 크게 다르지 않다는 말.

오 리를 보고 십 리를 간다

1. 옛날에, 장사치들은 한 푼의 절반인 단돈 오 리를 벌려고 십 리 길을 간다는 뜻으로, 장사꾼이 돈에 매달리는 것을 비웃어 이르던 말. 2. 장사꾼은 푼돈이라도 벌 수만 있다면 고생도 마다하지 않는다고 빗대어 이르던 말.

낱말 풀이 **리** 1. 거리의 단위. 1리는 약 393미터이다. 2. 돈을 셀 때 쓰던 단위.

오리 새끼는 길러 놓으면 물로 가고 꿩 새끼는 산으로 간다

1. 자식은 다 크면 부모 곁을 떠나 제 갈 길을 찾아간다는 말. 2. 저마다 타고난 바탕대로 행동한다는 말.

오리 알에 제 똥 묻은 격

본디 바탕에서 크게 어긋나지 않아 그다지 흠잡을 것이 없다고 빗대어 이르는 말.

같은 속담 달걀에 제 똥 묻은 격

오리 알에 제 똥 묻은 줄 모른다

제 허물이나 흠을 잘 깨닫지 못하는 어리석음을 빗대어 이르는 말.

오리 홰 탄 것 같다

홰를 타지 못하는 오리가 홰를 탄 것 같다는 뜻으로, 1. 마땅한 곳에 자리를 잡지 못했거나 제격에 어울리지 않는 자리에 있어 조마조마해 보임을 빗대어 이르는 말. 2. 엉뚱한 일을 함을 빗대어 이르는 말.

낱말 풀이 **홰** 닭이나 새가 올라앉도록 닭장이나 새장 속에 가로지른 나무 막대.

오목장이 암만 분주해도 저[제] 볼 장만 본다

1. 큰 명절을 앞두고 서는 장이 아무리 붐벼도 저마다 제 볼일을 보고 돌아간다는 뜻으로, 아무리 바쁘고 어수선해도 저마다 제 할 일은 틀림없이 다 찾아서 하게 마련이라는 말. 2. 아무리 복잡한 상황에서도 언제나 제 잇속만 차리는 사람을 빗대어 이르는 말.

낱말 풀이 **오목장** 큰 명절을 바로 앞두고 서는 장. =대목장.

ㅇ

오미잣국에 달걀

오미자를 붉게 우려낸 국물에 달걀을 풀어 넣으면 흔적을 찾을 수 없다는 데서, 처음 모양이 하나도 남지 않고 모두 없어져 버린 경우를 빗대어 이르는 말.

오소리감투가 둘이다

한 가지 일을 두 사람이 맡아 하여 서로 다툼이 생긴 경우를 빗대어 이르는 말.

낱말 풀이 **오소리감투** 오소리 털가죽으로 만든 벙거지.

오월 농부 팔월 신선

여름내 농사지으면 가을에는 편하다는 뜻으로, 애쓴 뒤에 편해진다는 말.

오이는 씨가 있어도 도둑은 씨가 없다

도둑질은 내림이 아니라서 마음을 잘못 먹으면 누구나 도둑질할 수 있다는 말.

오이 덩굴에서 가지 열리는 법은 없다

1. 오이 덩굴에서는 오이만 열리듯이, 자식은 부모와 닮을 수밖에 없음을 빗대어 이르는 말. 2. 무엇이나 본바탕은 바뀌지 않는다고 빗대어 이르는 말.

오이 덩굴에 오이 열리고 가지 나무에 가지 열린다
오이씨에서 오이 나오고 콩에서 콩 나온다

모든 일은 근본이나 원인에 따라 그에 걸맞은 결과가 나온다는 말.

같은 속담 가시나무에 가시가 난다 • 대 끝에서 대가 나고 싸리 끝에서 싸리가 난다 • 대 뿌리에서 대가 난다 • 배나무에 배 열리지 감 안 열린다 • 왕대밭에 왕대 난다 • 외 덩굴에 가지 열릴까[달릴까] • 외 심은 데 콩 나랴 • 조 심은 데 조 나고 콩 심은 데 콩 난다 • 콩 날 데 콩 나고 팥 날 데 팥 난다 • 콩 심은 데 콩 나고 팥[조] 심은 데 팥[조] 난다 • 팥을 심으면 팥이 나오고 콩을 심으면 콩이 나온다 • 호랑이가 호랑이를 낳고 개가 개를 낳는다

오이를 거꾸로 먹어도 제멋[제 소청]

오이를 쓰디쓴 꼭지부터 거꾸로 먹어도 제멋이라는 뜻으로, 격에도 안 맞고 제게 손해되는 일이라도 제 마음대로 하게 내버려두라는 말.

같은 속담 갓 쓰고 박치기해도 제멋(이다) • 도포를 입고 논을 갈아도 제멋이다 • 저모립 쓰고 물구나무를 서도 제멋 • 지게를 지고 제사를 지내도 제멋이다[상관 말라]

낱말 풀이 **소청** 부탁하거나 바라는 일.

오자기 안에서 소를 잡는다

1. 좁은 오지그릇 안에서 소를 잡는 것처럼 몹시 시끄럽고 어수선한 경우를 빗대어 이르는 말. 2. 아주 속 좁은 짓을 빗대어 이르는 말.

낱말 풀이 **오자기** 붉은 진흙으로 빚어 말리거나 살짝 구운 다음, 오짓물을 입혀 다시 구운 그릇. 검붉은 윤이 나고 단단하다. =오지그릇.

오장까지 뒤집어 보인다

하나도 숨김없이 속속들이 털어놓는다는 말.

오조 먹은 돼지 벼르듯

혼내 주려고 잔뜩 벼르고 있는 경우를 빗대어 이르는 말.

낱말 풀이 **오조** 일찍 익는 조.

오죽한 도깨비 낮에 날까

하는 짓이 터무니없어 상대할 수가 없으니 그냥 내버려두라는 말.

오줌 누는 새에 십 리 간다

1. 오줌을 누는 사이에 다른 사람은 십 리를 간다는 뜻으로, 잠깐 동안이지만 쉬는 것과 쉬지 않는 것은 차이가 꽤 크다고 빗대어 이르는 말. 2. 무슨 일이 아주 빨리 지나가는 것을 빗대어 이르는 말.

오줌에 뒷나무

1. 밑씻개가 필요 없는 오줌에 뒷나무라는 뜻으로, 마땅치 않은 물건을 빗대어 이르는 말. 2. 그다지 쓸모없는 물건을 빗대어 이르는 말.

낱말 풀이 **뒷나무** 밑씻개로 쓰는 가늘고 짧은 나뭇가지나 나뭇잎. 똥을 누고 밑을 닦는 데 쓴다.

오지랖이 넓다

1. 쓸데없이 아무 일에나 끼어들어 아는 체하거나 이래라저래라 하는 면이 있다는 관용 표현. 2. 부끄러운 줄 모르고 행동하는 면이 있다는 관용 표현.

저고리

낱말 풀이 **오지랖** 웃옷이나 윗도리에 입는 겉옷의 앞자락.

옥도 갈아야 빛이 난다
옥석도 닦아야 빛이 난다

1. 아무리 타고난 재주가 좋아도 잘 닦고 기르지 않으면 훌륭한 것이 못 된다는 말. 2. 고생을 겪으며 노력해야 뜻한 바를 이룰 수 있다는 말.

옥에는 티나 있지

1. 하는 짓이 아무런 허물이 없고 깨끗한 사람을 빗대어 이르는 말. 2. 조금도 흠잡을 데가 없이 훌륭한 경우에 빗대어 이르는 말.

옥에도 티가 있다

아무리 훌륭한 사람이나 좋은 물건도 샅샅이 살펴보면 흠이 있을 수 있다는 말.

옥에 티

나무랄 데 없이 훌륭한 것에 있는 아주 하찮은 흠을 이르는 말.

옥은 흙에 묻혀도 옥이다

본디 바탕이 좋은 것은 아무리 험하고 나쁜 곳에 있어도 그 성질이 바뀌지 않는다고 빗대어 이르는 말.

온면 먹을 제부터 그르다

혼인날 국수를 먹을 때부터 벌써 글렀다는 뜻으로, 일이 시작될 때부터 잘못된 경우에 빗대어 이르는 말.

낱말 풀이 **온면** 따뜻한 국물에 말아서 먹는 국수.

온몸이 입이라도 말 못 하겠다

온몸이 다 입이라고 해도 될 만큼 입이 크더라도 말을 할 수가 없다는 뜻으로, 실수나 잘못이 아주 훤히 드러나 핑계 댈 거리가 없을 때 빗대어 이르는 말.

같은 속담 입이 광주리만 해도 말 못 한다 • 입이 열 개라도 할 말이 없다

온 바닷물을 다 먹어야 짜냐
온 바닷물을 다 켜야 맛이냐

1. 무슨 일이든 끝장을 보지 않으면 손을 떼지 않는 욕심 많은 사람에게 핀잔하여 이르는 말. 2. 한 부분만 보고도 전체를 헤아릴 수 있다는 말.

온양 온천에 헌[전] 다리 모이듯

충청남도 온양에 이름난 온천이 많아 다리가 헌 병자들이 많이 모인다는 뜻으로, 어중이떠중이들이 어지러이 한곳으로 모여드는 모양을 빗대어 이르는 말.

같은 속담 약방에 전다리 모이듯

온전한 기와가 부서진 옥보다 낫다

아무리 귀한 물건이라도 깨진 것은 제구실을 못 하니 하찮아도 고스란한 것이 쓸모 있다는 말.

온통으로 생긴 놈 계집 자랑 반편으로 생긴 놈 자식 자랑

1. 큰 바보는 아내 자랑하는 사람이고 반 바보는 자식 자랑하는 사람이라는 뜻으로, 지나치게 사랑하여 눈이 어두워지는 것을 조심하라고 가르쳐 이르는 말. 2. 아내 자랑, 자식 자랑하는 사람을 놀리어 이르는 말.

낱말 풀이 **반편** 지능이 보통 사람보다 모자란 사람을 낮잡아 이르는 말. **온통** 쪼개거나 나누지 않은 덩어리. 또는 온전한 것.

ㅇ

올가미 없는 개장사

아무런 준비나 밑천도 없이 하는 장사를 빗대어 이르는 말.

낱말 풀이 **올가미** 새끼나 노 따위를 고리처럼 매어 짐승을 잡는 도구.

올꾼이 용강 가다[갔다 오다]

함경도 바보가 평안도에 있는 용강에 다녀오듯 한다는 뜻으로, 심부름을 갔다가 잊어 먹고 그냥 돌아오는 경우를 빗대어 이르는 말.

낱말 풀이 **올꾼이** 똑똑하지 못한 사람. **용강** 평안남도에 있는 한 면. 용강군의 군청 소재지이다.

올챙이가 개구리 된 지 몇 해나 되나

무슨 일에 좀 익숙해지거나 가난하게 살다가 살림이 조금 나아진 사람이 지나치게 젠체할 때 꾸짖어 이르는 말.

올챙이 적 생각은 못 하고 개구리 된 생각만 한다

전보다 형편이 나아진 사람이 보잘것없거나 어렵던 때를 잊고 처음부터 잘난 듯이 젠체하거나 뽐내는 것을 빗대어 이르는 말.

같은 속담 개구리 올챙이 적 생각 못 한다

옳은 일을 하면 죽어도 옳은 귀신이 된다

옳은 일을 하면 죽어서도 옳게 잘된다는 뜻으로, 착한 마음씨를 지니고 살면 죽어도 아쉬움이나 미련이 없다는 말.

같은 속담 마음을 잘 가지면 죽어도 옳은 귀신이 된다

옴딱지 떼듯

어떤 것을 봐주지 않고 모질게 내버리는 모양을 빗대어 이르는 말.

낱말 풀이 **옴딱지** 옴이 올라 헐었던 자리에 피나 진물 따위가 말라붙은 딱지.

옷은 나이로 입는다

1. 몸집은 같아도 나이 든 사람이 옷을 더 크게 입는다는 말. 2. 제 나이에 맞게 옷차림을 하듯이 모든 일을 나이나 경우에 어울리게 해야 한다는 말.

옷은 새 옷이 좋고 사람[임]은 옛 사람[임]이 좋다
옷은 새 옷이 좋고 친구는 옛 친구가 좋다

물건은 새것일수록 좋고 사람은 오래 사귄 사람일수록 정이 깊고 좋다는 말.

같은 속담 사람은 헌[때 묻은] 사람이 좋고 옷은 새 옷이 좋다 • 정은 옛정이 좋고 집은 새집이 좋다 • 친구는 옛 친구가 좋고 옷은 새 옷이 좋다

옷은 시집올 때처럼 음식은 한가위처럼

옷은 시집올 때 가장 잘 입을 수 있고 음식은 한가윗날 가장 잘 먹을 수 있다는 뜻으로, 늘 잘 입고 잘 먹고 싶다는 바람을 빗대어 이르는 말.

옷을 격해 가려운 데를 긁는다
옷 입고 가려운 데 긁기

무슨 일을 애써 하기는 하지만 필요한 곳에 직접 미치지 못하여 안타까운 경우를 빗대어 이르는 말.

같은 속담 구두 신고 발등 긁기 • 목화 신고 발등 긁기 • 버선 신고 발바닥 긁기 • 신 신고 발바닥 긁기

낱말 풀이 **격하다** 서로 사이에 두고 떨어져 있다.

옷이 날개(라)

옷이 좋으면 사람이 돋보인다는 말.

같은 속담 의복이 날개(라) • 입성이 날개(라)

ㅇ

옹이에 마디

1. 어려움이나 불행이 자꾸 겹쳐 드는 것을 빗대어 이르는 말. 2. 하는 일마다 방해가 있어 뜻대로 되지 않는 것을 빗대어 이르는 말.

같은 속담 고비에 인삼 • 기침에 재채기 • 눈 위에 서리 친다 • 마디에 옹이 • 얼어 죽고 데어 죽는다 • 하품에 딸꾹질

와우각상의 싸움

달팽이 뿔 위에서 싸운다는 뜻으로, 1. 매우 좁은 곳에서 싸우거나 하찮은 일을 가지고 아옹다옹 다투는 것을 빗대어 이르는 말. 2. 작은 나라끼리 싸우는 것을 빗대어 이르는 말.

낱말 풀이 **와우각상**(蝸牛角上) 달팽이의 뿔 위라는 뜻으로, 세상이 좁음을 빗대어 이르는 말.

왕개미 정자나무 흔드는 격

왕개미가 정자나무를 흔들어 봤자 끄떡하지 않는다는 뜻으로, 아무리 건드려도 꿈쩍도 하지 않는 것을 빗대어 이르는 말.

낱말 풀이 **정자나무** 집 가까이나 길가에 있는 큰 나무. 사람들이 나무 밑에서 놀거나 쉰다. =그늘나무.

왕대밭에 왕대 난다

1. 모든 일은 근본이나 원인에 따라 그에 걸맞은 결과가 나온다는 말. 2. 어버이와 아주 딴판인 자식은 있을 수 없다는 말.

같은 속담 오이 덩굴에 오이 열리고 가지 나무에 가지 열린다 • 외 덩굴에 가지 열릴까[달릴까] • 외 심은 데 콩 나랴

읽을거리 대나무는 무리를 지어 자라. 따뜻한 날씨를 좋아해서 남쪽 지방에서 잘 자라지. 대나무는 꽃이 잘 피지 않아 보기가 어렵고, 꽃이 피고 나면 죽는대. 왕대, 솜대, 맹종죽 따위가 있는데 모두 키가 10~20미터쯤으로 크게 자라. 봄이면 대밭에

죽순이 뾰족뾰족 올라와. 죽순은 향긋하고 아작아작 씹히는 맛이 좋아서 국, 나물, 부각, 찜, 장아찌처럼 여러 가지 음식을 만들어 먹어. 또 대나무는 쓰임이 아주 많아서 온갖 살림살이를 만들고 집을 짓기도 했어. 대나무는 매화, 난초, 국화와 함께 '사군자'라고 일컬으며 옛날 사람들이 즐겨 그렸어. 사철 푸르고 곧게 자라서 바르고 굳은 사람을 '대쪽 같은 사람'이라고 했지.

왕방울로 솥[가마] 가시듯
왕방울로 퉁노구 가시는 소리

쇠로 만든 솥을 왕방울로 가실 때 시끄러운 소리가 나는 것처럼 몹시 왁자지껄하게 떠들어 대는 소리를 빗대어 이르는 말.

낱말 풀이 **퉁노구** 품질이 낮은 놋쇠로 만든 작은 솥. 바닥이 평평하고 위아래의 모양과 크기가 비슷하다.

ㅇ

왕지네 마당에 씨암탉 걸음

왕지네가 가득한 마당에 씨암탉이 걷는 걸음질이라는 뜻으로, 똥똥하게 살이 쪄서 아기작아기작 걷는 모양을 빗대어 이르는 말.

왕지네 회 쳐 먹을 비위

끔찍하게 생긴 왕지네를 회 쳐서 먹을 만큼 비위가 좋다는 뜻으로, 낯 두껍기 짝이 없는 사람을 욕으로 이르는 말.

왕후장상이 씨가 있나

왕, 제후, 장군, 높은 벼슬아치가 되는 씨가 따로 있는 것이 아니라는 뜻으로, 높은 자리에 오르는 것은 타고난 팔자나 핏줄에 따른 것이 아니라 제 능력과 노력에 따른 것이라고 빗대어 이르던 말.

같은 속담 씨가 따로 있나

왜가리 (새) 여울목 넘어다보듯

1. 왜가리가 잡아먹을 게 있나 하고 여울목을 넘어다보듯이, 얻을 것이 없나 하고 목을 길게 빼서 엿보거나 넘겨다보는 모양을 빗대어 이르는 말. 2. 남의 눈을 피해 가며 제 잇속만 챙기는 것을 빗대어 이르는 말.

같은 속담 황새 여울목[논두렁] 넘겨다보듯

외갓집 들어가듯

남의 집에 아무런 거리낌 없이 마음대로 드나드는 모양을 빗대어 이르는 말.

외갓집 콩죽에 잔뼈가 굵었겠나

'언제는 외조할미 콩죽으로 살았나'와 같은 속담.

외 거꾸로 먹어도 제 재미다

자기만 좋다면 어떻게 하든지 상관없다는 말.

외나무다리에서 만날 날이 있다

'원수는 외나무다리에서 만난다'와 같은 속담.

외나무다리에서 발 맞추라고 한다

혼자 몸도 가누기 힘든 외나무다리에서 발까지 맞추라고 한다는 뜻으로, 되지도 않을 일을 억지로 시키는 경우에 빗대어 이르는 말.

외 덩굴에 가지 열릴까[달릴까]

'왕대밭에 왕대 난다'와 같은 속담.

외로 지나 가로 지나

'열고 보나 닫고 보나'와 같은 관용 표현.

낱말 풀이 **가로** 왼쪽에서 오른쪽 방향으로. 또는 옆으로 길게. **외로** 1. 왼쪽 방향으로. 2. 바르지 않고 비뚤게.

외며느리 고운 데 없다

며느리가 여럿이면 견주어 보며 좋은 점을 찾겠지만 외며느리라 그럴 수 없고, 또 본디 며느리란 밉게 보이기 마련이라는 말.

외모는 거울로 보고 마음은 술로 본다

술을 마시면 여느 때 품고 있던 속마음을 털어놓게 된다는 말.

외바늘 귀 터지기 쉽다

하나밖에 없는 바늘이 귀가 터져서 못 쓰게 되기 쉽다는 뜻으로, 매우 귀하게 여기는 것이 도리어 상하기 쉽다고 빗대어 이르는 말.

외밭 원수는 고슴도치고, 너하고 나하고의 원수는 중매쟁이라

중매로 혼인을 하고 사이가 나빠진 부부가 중매쟁이를 탓하는 말.

낱말 풀이 **외밭** 오이나 참외를 심는 밭.

외삼촌 물에 빠졌나 (웃기는 왜 웃나)

남의 실수를 보고 실없이 웃는 사람에게 핀잔하여 이르는 말.

외삼촌 사는 골에 가지도 말랬다

외삼촌과 조카 사이는 가까운 듯하면서도 매우 서먹한 사이라는 말.

ㅇ

외삼촌 산소에 벌초하듯

조카가 외삼촌 무덤에 가서 풀을 대충대충 벤다는 뜻으로, 일에 정성을 쏟지 않고 건성으로 하는 것을 빗대어 이르는 말.

같은 속담 의붓아비 묘 벌초하듯 • 작은아비[작은어미] 제삿날 지내듯 • 처삼촌 뫼[무덤/산소]에 벌초하듯

외상이면 사돈집[가을/꺼멍] 소도 잡아먹는다
외상이면 소[당나귀]도 잡아먹는다

뒷일은 어떻게 되든지 생각하지 않고 바로 그 자리에서 좋으면 그만인 것처럼 무턱대고 행동하는 것을 빗대어 이르는 말.

외손뼉이 못 울고 한 다리로 가지 못한다
외손뼉이 소리 날까
외손뼉이 울랴[울지 못한다]

두 손바닥이 맞부딪쳐야 소리가 나고 다리가 둘이라야 걸을 수 있다는 뜻으로, 1. 일은 혼자 힘만으로는 이루기 어렵고 여럿이 힘을 모아 함께 해야 잘될 수 있다는 말. 2. 상대 없이 혼자서는 싸움이 되지 않는다는 말.

같은 속담 한 손뼉이 울지 못한다

외손의 방축이라

외손자네 둑이라는 뜻으로, 무슨 일이든지 대수롭지 않게 그냥 지나쳐 버리는 것을 빗대어 이르는 말.

낱말 풀이 **방축** '방죽'의 원말로, 물이 밀려들어 오는 것을 막기 위하여 쌓은 둑.

외손자는 업고 친손자는 걸리면서 업은 아이 발 시리다 빨리 가자 한다

1. 딸에 대한 사랑이 커서 친손자보다 외손자를 더 귀여워하는 마음을 빗대어

이르는 말. 2. 친손자보다 가끔 보는 외손자를 귀하게 대한다는 뜻으로, 주된 것과 곁딸린 것, 중요한 것과 중요하지 않은 것이 뒤바뀐 경우를 이르는 말.

같은 속담 친손자는 걸리고 외손자는 업고 가면서 업힌 아이 갑갑해한다 빨리 걸으라 한다

외손자를 귀애하느니 방앗공이[절굿공이]를 귀애하지
외손자를 봐 주느니 파밭을 매지

외손자를 돌보는 것보다 곡식을 찧거나 파밭을 매는 것이 낫다는 뜻으로, 외손자는 아무리 귀여워하고 공을 들여도 귀여워한 보람이 없다고 이르던 말.

낱말 풀이 **방앗공이** 절구 모양으로 우묵하게 판 돌에 쌀이나 보리, 마늘 따위를 찧는 데 쓰는 길쭉한 몽둥이. **절굿공이** 절구에 곡식 따위를 빻거나 찧거나 할 때에 쓰는 도구.

ㅇ

외 심은 데 콩 나랴

'왕대밭에 왕대 난다'와 같은 속담.

외 엮고 벽 친다

1. 담벼락을 쌓은 것처럼 사물을 통 이해하지 못하는 경우에 빗대어 이르는 말. 2. 벽은 외를 엮은 다음에 흙을 바르는 것이 옳은 차례라는 뜻으로, 너무도 분명한 일을 아니라고 우기거나 고집을 부리는 행동을 빗대어 이르는 말.

낱말 풀이 **외** 흙벽을 바르기 위하여 벽 속에 엮은 나뭇가지. 댓가지, 수수깡, 싸리 잡목 따위를 가로세로로 얽는다. **치다** 벽 따위를 둘러서 세우거나 쌓다.

외주둥이 굶는다

혼자 밥을 끓여 먹으면 자연히 끼니를 거르게 된다는 데서, 혼자 사는 사람은 대충 먹거나 끼니를 굶는 일이 많다는 말.

낱말 풀이 **외주둥이** 식구 없이 오직 하나뿐인 입을 속되게 이르는 말.

외톨밤이 벌레가 먹었다

1. 외아들이 똑똑지 못하고 약하여 제구실을 못함을 빗대어 이르는 말. 2. 단 하나밖에 없는 귀중한 물건에 흠이 생겨 못 쓰게 된 경우에 빗대어 이르는 말.

외할미 떡도 싸야[커야] 사 먹는다

'아주머니 떡[술]도 싸야 사 먹지'와 같은 속담.

왼발 구르고 침 뱉는다

어떤 일이든지 처음에는 선뜻 앞장서다가 이내 슬그머니 꽁무니를 빼는 사람을 비웃어 이르는 말.

왼팔도 쓸 데가 있다

여느 때에는 잘 쓰지 않던 것도 중요하게 쓸 때가 있다고 빗대어 이르는 말.

요강 뚜껑으로 물 떠먹은 셈

별일은 없으리라 생각하면서도 기분이 나쁘거나 께름칙한 경우를 이르는 말.

욕심은 부엉이 같다
욕심이 곰 발바닥같이 두껍다
욕심이 땅보다 두텁다

욕심이 매우 많은 것을 빗대어 이르는 말.

욕심이 놀부 빰쳐 먹겠다

욕심이 놀부보다 더하다는 뜻으로, 욕심이 매우 많은 사람을 빗대어 이르는 말.

욕심이 사람 죽인다

욕심이 너무 많으면 위험한 짓도 거리낌 없이 하게 되어 끝내 제 몸뿐 아니라 집안까지 망칠 수 있으니 지나친 욕심을 부려서는 안 된다고 가르쳐 이르는 말.

같은 속담 허욕이 패가라

욕심쟁이 메주 빚어 놓듯

앞일을 내다보지 않고 덮어놓고 일을 크게 벌이거나 어떤 것을 필요한 것보다 더 많이 준비하는 경우를 빗대어 이르는 말.

욕은 욕으로 갚고 은혜는 은혜로 갚는다

남이 자기를 대하는 만큼 자기도 남을 대함을 빗대어 이르는 말.

같은 속담 덕은 덕으로 대하고 원수는 원수로 대한다 • 돌로 치면 돌로 치고 떡으로 치면 떡으로 친다 • 떡으로 치면 떡으로 치고 돌로 치면 돌로 친다

ㅇ

욕을 들어도 당감투 쓴 놈한테 들어라

꾸중을 듣거나 벌을 받더라도 덕이 있고 높은 자리에 있는 사람에게 당하는 것이 낫다는 말.

같은 속담 같은 값이면 은가락지 낀 손에 맞으랬다 • 매를 맞을 바에는 은가락지 낀 손에 맞아라 • 뺨을 맞아도 은가락지 낀 손에 맞는 것이 좋다

낱말 풀이 **당감투** 높은 벼슬아치가 쓰던 감투.

욕이 금인 줄 알아라

욕을 나쁘게만 생각하지 말고 잘 새겨서 제 몸과 마음을 닦는 데 쓰라는 말.

욕이 사랑(이다)

잘못을 고쳐 주려고 마음을 담아 하는 욕은 곧 사랑이라는 뜻으로 이르는 말.

용 가는 데 구름 가고 범 가는 데 바람 간다
용 가는 데 구름 간다

서로 늘 붙어 다니는 가까운 사이를 빗대어 이르는 말.

같은 속담 구름 갈 제 비가 간다 • 꺽꺽 푸드득 장끼 갈 제 아로롱 까투리 따라가듯 • 녹수 갈 제 원앙 가듯 • 바늘 가는 데 실 가고 바람 가는 데 구름 간다 • 바늘 따라 실 간다 • 바람 간 데 범 간다 • 범 가는 데 바람 간다 • 봉 가는 데 황 간다 • 실 가는 데 바늘도 간다

용 될 고기는 모이 철부터 안다

앞으로 크게 될 사람은 어려서부터 남다른 데가 엿보인다고 빗대어 이르는 말.

같은 속담 나무 될 것은 떡잎 때부터 알아본다 • 대부등 감은 자랄 때부터 다르다 • 될성부른 나무는 떡잎부터 알아본다 • 잘 자랄 나무는 떡잎부터 안다[알아본다] • 푸성귀는 떡잎부터 알고 사람은 어렸을 때부터 안다

낱말 풀이 **모이** 물고기의 새끼.

용마 갈기 사이에 뿔 나거든

용마는 본디 뿔이 없는 짐승인데 갈기 사이에 뿔이 나게 되면이란 뜻으로, 도무지 될 수 없는 일이라 아무리 바라도 쓸데없다는 말.

같은 속담 군밤에서 싹 나거든 • 층암 상에 묵은 팥 심어 싹이 날까[나거든]

낱말 풀이 **용마** 1. 용 머리에 말의 몸을 하고 있다는 신령스러운 전설 속 짐승. 2. 매우 잘 달리는 훌륭한 말.

용 못 된 이무기

용이 되지 못한 이무기가 잔뜩 심술이 나서 온갖 못된 짓을 다 한다는 뜻으로, 의리나 인정은 도무지 찾아볼 수 없고 심술만 남아서 남에게 해를 끼치는 사람을 빗대어 이르는 말.

읽을거리 용은 열두 띠 가운데 다섯 번째 동물이야. 상상 속 동물로, 뱀이 500년을 살면 이무기가 되고, 이무기가 물에서 500년을 살면 용이 된대. 용은 물을 다스리는 신으로도 여겼어. 용의 턱 아래에 있는 '여의주'란 구슬을 얻으면 무엇이든 만들어 낼 수 있다고 해. 새해 첫 달 용날에는 용이 우물에 알을 놓고 가는데 가장 먼저 우물물을 길어다가 밥을 지으면 그해 운이 좋아 풍년이 든다고 여겼어. 그래서 닭이 울 때를 기다렸다가 앞다투어 물을 길어 왔지. 그것을 '용알뜨기'라고 해.

용문산 안개 두르듯

낡아서 해진 옷을 지저분하게 치렁치렁 걸친 모양을 빗대어 이르는 말.

낱말 풀이 **용문산** 경기도 양평군 용문면과 옥천면 사이에 있는 산. '용이 드나드는 산'이라는 전설이 있다.

용문산에 안개 모이듯

무엇이 여기저기에서 한곳으로 갑자기 모여드는 모양을 빗대어 이르는 말.

같은 속담 만수산에 구름 모이듯 • 장마철에 비구름 모여들듯 • 청천에 구름 모이듯

용수가 채반이 되도록 우긴다

이치에 맞지 않는 것을 끝까지 우기는 경우에 빗대어 이르는 말.

같은 속담 채반이 용수가 되게 우긴다

낱말 풀이 **용수** 싸리나 대오리 따위로 만든 둥글고 긴 통. 술이나 장을 거르는 데 쓴다. **채반** 껍질 벗긴 싸릿개비 따위로 둥글넓적하게 엮어 만든 채그릇.

용수 채반

용수에 담은 찰밥도 엎지르겠네

속이 깊은 용수에 담은 찰밥도 엎지른다는 뜻으로, 복이 없는 사람은 좋은 운수를 만나도 오래가지 못하거나 그만 놓쳐 버린다는 말.

용은 용을 낳고 봉황은 봉황을 낳는다

근본이 좋은 집안에서 훌륭한 자손이 나온다는 말.

용이 개천에 떨어지면 미꾸라지가 되는 법
용이 개천에 빠지면 모기붙이 새끼가 엉겨 붙는다
용이 물 밖에 나면 개미가 침노한다

용도 제 재주를 펼칠 수 있는 물을 떠나면 보잘것없는 처지가 된다는 뜻으로, 힘 있는 사람도 알맞은 조건과 환경을 떠나면 힘을 못 쓰고 하찮은 사람에게 업신여김을 받는다는 말.

같은 속담 물 밖에 난 용이 개미한테 물어 뜯긴다

낱말 풀이 **침노하다** 성가시게 달라붙어 손해를 끼치거나 해치다.

용이 물을 잃은 듯

물을 잃은 용은 제 힘과 재주를 마음대로 쓸 수 없다는 뜻으로, 처지가 매우 어려워지고 살길이 막히게 된 것을 빗대어 이르는 말.

용이 여의주를 얻고 범이 바람을 탐과[탄 것] 같다

온갖 재주를 마음대로 부리는 용이 여의주까지 얻고 날랜 범이 바람까지 탄 것 같다는 뜻으로, 1. 힘 있는 사람이 그 힘을 마음대로 쓸 수 있는 조건까지 갖추게 된 경우를 빗대어 이르는 말. 2. 뜻한 바를 다 이루어 두려운 것이 없는 경우를 빗대어 이르는 말.

용이 여의주를 얻으면 하늘로 올라가고야 만다

용이 무엇이나 바라는 것을 이루게 해 준다는 여의주를 얻으면 하늘로 올라간다는 뜻으로, 1. 훌륭한 사람이 제 능력을 펼칠 수 있는 조건이 마련되면 크게 세를 얻게 된다는 말. 2. 무엇이나 어떤 단계에 이르면 마침내 결과가 나타나게 된다고 빗대어 이르는 말.

같은 속담 호랑이 새끼는 자라면 사람을 물고야 만다

우는 꿩이 먼저 채운다[죽는다]

꿩이 제 울음소리 때문에 매에게 잡혀 죽는다는 뜻으로, 스스로 제 허물을 드러내어 걱정을 사거나 화를 입게 되는 경우를 빗대어 이르는 말.

같은 속담 봄 꿩이 제 울음에 죽는다

우는 아이 똥 먹이기

인정 없고 심술궂으며 뻔뻔한 짓을 빗대어 이르는 말.

같은 속담 늙은 영감 덜미 잡기 • 무죄한 놈 뺨 치기

우는 아이 젖 준다

울며 조르는 아이에게 먼저 젖을 주게 된다는 뜻으로, 무슨 일에서나 자기가 요구하여야 얻을 수 있다는 말.

같은 속담 울지 않는 아이 젖 주랴

우는 애도 속이 있어 운다

아무 까닭 없이 우는 아이는 없다는 뜻으로, 겉으로 나타난 행동은 속에 품은 뜻을 드러내는 것이라는 말.

우둔한 것이 범 잡는다

어리석은 사람이 범이 뭔지도 모르고 마구 덤벼들어 잡는다는 뜻으로, 앞뒤를 재지 않고 덥석 덤벼든 사람이 뜻밖에 큰일을 한 경우를 빗대어 이르는 말.

같은 속담 우악한 놈이 범 잡는다

ㅇ

우렁이도 두렁 넘을 꾀가 있다

미련하고 못난 사람도 제 생각이 다 있으며 무엇이든 한 가지 재주는 가지고 있다고 빗대어 이르는 말.

낱말 풀이 **두렁** 논이나 밭 가장자리에 경계를 이룰 수 있도록 두두룩하게 만든 것.

우렁이도 집이 있다

집 없는 사람의 서러운 처지를 한탄하여 이르는 말.

같은 속담 갈매기도 제집이 있다 • 까막까치도 집이 있다 • 까치도 둥지가 있다 • 달팽이도 집이 있다 • 새도 보금자리가 있고 다람쥐도 제 굴이 있다

우렁이 속에도 생각이 들었다

아무리 어리석고 못난 사람이라도 다 나름대로 생각을 갖고 있다는 말.

우마가 기린 되랴

소나 말과 같이 흔하고 천한 짐승이 어떻게 신령스런 기린이 될 수 있겠느냐는 뜻으로, 아무리 애를 써도 제가 타고난 대로밖에 못 된다고 빗대어 이르는 말.

같은 속담 까마귀 학이 되랴 • 나무 뚝배기 쇠 양푼 될까 • 나무 접시 놋접시 될까 • 닭의 새끼 봉 되랴

낱말 풀이 **우마** 소와 말을 아울러 이르는 말.

우물가에 애 보낸 것 같다
우물둔덕에 애 내놓은 것 같다

어린아이를 우물가에 내놓으면 언제 우물에 빠질지 몰라 마음이 안 놓인다는 뜻으로, 몹시 걱정스러워 잠시도 마음을 놓지 못하는 상태를 빗대어 이르는 말.

같은 속담 강가에 아이 내다[세워] 놓은 것 같다 • 냇가에 어린애 세워 둔 것 같다

우물고누 첫수

1. 우물고누 놀이를 할 때에는 첫수를 잘 써야 이긴다는 뜻으로, 상대를 꼼짝 못 하게 누를 수 있는 가장 좋은 방법을 빗대어 이르는 말. 2. 다른 수를 생각해 낼 재주가 없는 사람이 쓰는 단 한 가지 방법을 빗대어 이르는 말.

낱말 풀이 **우물고누** 민속놀이의 하나. 두 사람이 말판에 말을 벌여 놓고, 서로 많이 따먹거나 상대의 집을 차지하기를 겨루면서 논다.

우물귀신 잡아넣듯 한다

옛날에, 우물에 빠져 죽은 귀신은 다른 사람을 우물에 끌어들여야 그 우물에서 빠져나올 수 있다는 데서, 제가 어려움이나 곤란한 지경에서 빠져나오기 위하여 남을 대신 그 속으로 밀어 넣는 짓을 빗대어 이르는 말.

ㅇ

우물 들고 마시겠다

몹시 급하게 서두르는 경우에 빗대어 이르는 말.

같은 속담 두레박 놔두고 우물 들어 마신다

우물물은 퍼내야 고인다

무엇이든 자꾸 써야 새것이 생겨난다고 빗대어 이르는 말.

우물 밑에 똥 누기

심술 사납고 고약한 행동을 빗대어 이르는 말.

우물 안 개구리[고기]

1. 세상 물정을 잘 알지 못하는 어리석은 사람을 빗대어 이르는 말. 2. 보고 듣고 배운 지식이 좁아 저만 잘난 줄 아는 사람을 비꼬는 말.

우물에 가 숭늉 찾는다

모든 일에는 차례가 있는데 성질이 급하여 지나치게 헤덤비는 경우에 비웃어 이르는 말.

같은 속담 급하기는 우물에 가 숭늉 달라겠다 • 돼지 꼬리 잡고 순대 달란다 • 메밀밭에 가서 국수를 달라겠다 • 보리밭에 가 숭늉 찾는다 • 싸전에 가서 밥 달라 한다 • 콩밭에 가서 두부 찾는다 • 타작마당에 가서 숭늉 찾겠다

우물에도 샘구멍이 따로 있다

우물에도 물이 솟아 나오는 구멍은 따로 있다는 뜻으로, 무슨 일에서나 밑바탕이 되고 중요한 구실을 하는 것이 따로 있다고 빗대어 이르는 말.

읽을거리 우물은 땅속 물을 퍼서 쓰려고 만든 거야. 우물의 본딧말은 '움물'인데 '움에서 솟아오르는 물'이라는 뜻이야. 움은 샘이야. 우물에서 물을 길을 때는 두레박을 써. 두레박에 줄을 길게 매어 깊은 우물에 던져서 물을 담은 뒤에 손으로 잡아 올리지. 우물은 집집이 있지는 않았어. 우물이 없는 집은 마을에 있는 공동 우물을 썼지. 우물은 옛날 어머니나 할머니들한테 쉼터이기도 하고 세상 소식을 듣는 곳이기도 했어. 또 젊은이들이 마음에 있는 사람을 몰래 만나는 곳이기도 했다지. 우리 조상들은 우물이 용궁으로 드나드는 문이라고 여겼어. 그래서 우물지기인 용에게 풍년과 집안이나 마을에 아무 탈이 없기를 바라며 용왕제를 지내기도 했어.

우물에 든 고기

헤어날 수 없는 아주 위험한 형편에 놓여 꼼짝없이 죽게 된 처지를 빗대어 이르는 말.

같은 속담 그물에 걸린 고기[새/토끼/짐승] 신세 • 낚시에 걸린 물고기 • 농 속에 갇힌 새 • 덫에 치인 범이요 그물에 걸린 고기라 • 도마에 오른 고기 • 모래불에 오른 새우 • 물 밖에 난 고기 • 뭍에 오른 고기 • 샘에 든 고기 • 솥 안에 든 고기 • 함정에 든 범

우물

우물 옆에서 목말라[말라] 죽는다

꽉 막히고 고지식한 사람을 비웃어 이르는 말.

우물을 파도 한 우물을 파라

우물을 팔 때 여기저기 조금씩 파지 말고 한곳을 파도 깊이 파야 물이 나온다는 뜻으로, 이 일 저 일 잔뜩 벌이지 말고 한 가지 일을 끝까지 해야 뜻한 바를 이루고 성공할 수 있다는 말.

같은 속담 쥐도 한 구멍을 파야 수가 난다

우선 먹기는 곶감이 달다

앞일은 생각해 보지도 않고 당장 하기 좋은 것부터 하는 경우를 빗대어 이르는 말.

ㅇ

우수 경칩에 대동강 물이 풀린다

절기로 우수와 경칩에 이르면 얼었던 대동강도 녹아서 풀린다는 뜻으로, 옛날부터 우수와 경칩이 지나면 춥던 날씨가 누그러진다고 일러 오던 말.

낱말 풀이 **경칩** 이십사절기의 하나. 양력 3월 5일경으로, 겨울잠을 자던 벌레나 개구리 따위가 깨어 꿈틀거리기 시작한다는 날이다. **우수** 이십사절기의 하나. 양력 2월 18일경으로, 입춘과 경칩 사이에 든다.

우수에 풀렸던 대동강이 경칩에 다시 붙는다

우수를 지나 좀 따뜻해졌던 날씨가 경칩 무렵에 다시 추워지는 것을 이르는 말.

우습게 본 나무[풀]에 눈 걸린다[찔린다]

대수롭지 않게 여겼던 사람이나 물건 때문에 크게 손해를 입는다는 뜻으로, 아무리 대수롭지 않게 보이더라도 조심해야 한다는 말.

우악한 놈이 범 잡는다

'우둔한 것이 범 잡는다'와 같은 속담.

낱말 풀이 **우악하다** 미련하고 사나우며 드세다.

우장을 입고 제사를 지내도 제 정성

몸에 걸칠 것이 없어서 볏짚으로 엮은 우장을 입고 제사를 지내도 정성만 있으면 된다는 뜻으로, 중요한 것은 형식이 아니라 정성스러운 마음이라는 말.

낱말 풀이 **우장** 비를 맞지 않기 위해서 차려입는 것. 비옷 따위를 이른다.

우황 든 소 앓듯

말 못 하는 소가 안타까운 마음을 하소연할 길이 없어 속만 썩이듯 한다는 뜻으로, 답답한 일이 있어도 남에게 말 못하고 혼자서 애태우며 걱정함을 빗대어 이르는 말.

같은 속담 벙어리 냉가슴 앓듯

낱말 풀이 **우황** 소의 쓸개 속에 병으로 생긴 덩어리.

운수가 사나우면 짖던 개도 안 짖는다

일이 안되려면 평소에 잘되던 것까지 틀어진다고 빗대어 이르는 말.

같은 속담 도둑을 맞으려면 개도 안 짖는다 • 도둑이 들려면 개도 안 짖는다

울고 먹는 씨아라

씨아로 목화씨를 뺄 때 나는 찌그덕찌그덕 소리가 울음소리 같다는 뜻으로, 울면서도 해야 할 일은 어떻게든 하게 된다고 빗대어 이르는 말.

낱말 풀이 **씨아** 목화의 씨를 빼는 도구.

씨아

울고 싶자 때린다

무슨 일을 하고 싶지만 마땅한 구실이 없어 못하다가 때마침 좋은 핑곗거리가 생김을 빗대어 이르는 말.

울려는 아이 뺨 치기

어떤 일이 틀어지려고 할 때 그것을 바로잡는 대신 도리어 부추겨서 더 큰 문제를 일으키는 경우를 빗대어 이르는 말.

울려서 아이 뺨 치기

'아무렇지도 않은 다리에 침놓기'와 같은 속담.

ㅇ

울력걸음에 봉충다리

여느 때엔 못 할 일도 여러 사람과 함께 하면 능히 해 나갈 수 있음을 빗대어 이르는 말.

같은 속담 여럿이 가는 데 섞이면 병든 다리도 끌려간다

낱말 풀이 **봉충다리** 사람이나 물건의 한쪽이 약간 짧은 다리. **울력걸음** 여러 사람이 떨쳐나서는 데 덩달아 끼어서 함께 걷는 걸음.

울며 겨자 먹기

하기 싫은 일을 억지로 마지못하여 할 때 빗대어 이르는 말.

같은 속담 눈물 흘리면서 겨자 먹기

울바자가 헐어지니 이웃집 개가 드나든다

자기에게 약점이 있으면 남이 그것을 알고 업신여김을 빗대어 이르는 말.

같은 속담 울타리가 허니까 이웃집 개가 드나든다

울 수 없으니까 웃는다

울고 싶은데 울 수가 없으니까 마지못해 웃는다는 뜻으로, 너무나 놀랍게 낭패를 보아서 어이없는 경우를 이르는 말.

울음 큰 새(라)

이름은 널리 알려졌지만 실제로는 보잘것없는 경우에 빗대어 이르는 말.

울지 않는 아이 젖 주랴

'우는 아이 젖 준다'와 같은 속담.

울타리가 허니까 이웃집 개가 드나든다

'울바자가 헐어지니 이웃집 개가 드나든다'와 같은 속담.

울타리 밖을 모르다

좁은 틀 안에만 머물러 세상 물정을 도무지 모르는 경우에 빗대어 이르는 말.

움도 싹도 없다

1. 앞으로 잘될 희망이라고는 도무지 없다는 말. 2. 사람이나 물건이 감쪽같이 없어져 간 곳을 도무지 모르겠다는 말.

낱말 풀이 **움** 풀이나 나무에 새로 돋아 나오는 싹.

움막의 단장

움막집에서 담근 장이 달다는 뜻으로, 1. 가난한 집 음식 맛이 좋을 때 이르는 말. 2. 겉모양은 볼품없지만 내용은 훌륭한 것을 빗대어 이르는 말.

낱말 풀이 **움막** 땅을 파서 위에 거적 따위를 얹고 흙을 덮어 추위나 비바람만 가릴 정도로 임시로 지은 집.

움 안에 간장

겉모양은 보잘것없지만 내용이 매우 좋고 훌륭한 것을 빗대어 이르는 말.

낱말 풀이 **움** 땅을 파고 위에 거적 따위를 얹어 비바람이나 추위를 막게 한 곳. 겨울에 화초나 채소를 넣어 둔다.

움

움 안에서 떡 받는다

스스로 구하지도 않았는데 뜻하지 않게 좋은 물건을 얻었을 때 이르는 말.

웃고 사람[뺨] 친다

겉으로는 좋은 척, 친절한 척 대하면서 실제로는 남을 해치는 경우에 이르는 말.

같은 속담 웃으며 뺨 치듯

ㅇ

웃기는 선떡을 먹고 취했나

설익은 떡을 먹고 취해서 웃느냐는 뜻으로, 별로 우습지도 않은 일에 히죽히죽 잘 웃는 사람을 핀잔하여 이르는 말.

같은 속담 선떡 먹고 체하였나 웃기는 왜 웃나

웃느라 한 말에 초상난다

장난으로 한 말이 영향을 끼쳐 듣는 사람에 따라 죽을 수도 있다는 뜻으로, 말은 매우 조심스럽게 해야 한다는 말.

웃는 낯에 침 뱉으랴[못 뱉는다]

웃는 얼굴로 대하는 사람에게는 침을 뱉을 수 없다는 뜻으로, 좋게 대하는 사람에게 나쁘게 대할 수 없다는 말.

웃는 집에 복이 있다

식구들이 정다워서 늘 웃음꽃이 피는 집에는 행복이 찾아들게 된다는 말.

웃어른 모시고 술을 배워야 점잖은 술을 배운다

술은 윗사람한테 배워야 예의 바르게 마시는 좋은 술버릇을 들이게 된다는 말.

웃으며 뺨 치듯
웃음 속에 칼이 있다

'웃고 사람[뺨] 친다'와 같은 속담.

원님 덕에 나발[나팔] 분다

옛날에, 원님과 함께 길을 나선 덕분에 나발을 불며 맞아 주는 대접을 받았다는 뜻으로, 남의 덕으로 이익을 얻게 되거나 좋은 대접을 받고 우쭐대는 꼴을 빗대어 이르는 말.

같은 속담 사또 덕분에 나팔 분다

낱말 풀이 **나발** 옛 관악기의 하나. 군대 안에서 호령하거나 신호하는 데 썼다.

나발

원님도 보고 환자도 탄다
원도 보고 송사도 본다

한꺼번에 두 가지 좋은 결과를 얻을 수 있는 일을 빗대어 이르는 말.

같은 속담 뽕도 따고 임도 보고[본다] • 임도 보고 뽕도 딴다

낱말 풀이 **환자** 조선 시대에, 봄에 백성들에게 곡식을 꾸어 주고 가을에 이자를 붙여 거두던 일. 또는 그 곡식.

원님에게 물건을 팔아도 에누리가 있다

아무리 대하기 어려운 사람과 물건을 사고팔 때에도 에누리가 있기 마련이라는 뜻으로, 흥정에는 반드시 에누리가 있다는 말.

낱말 풀이 **에누리** 1. 물건값을 깎는 일. 2. 실제보다 더 보태거나 줄여 말하는 것.

원두한이 사촌을 모른다

원두막에서 참외나 수박을 파는 장수가 사촌이 와도 하나도 거저 주지 않는다는 뜻으로, 장사꾼은 아는 사이라도 거저 주거나 더 싸게 주는 인심을 쓰는 법이 없다고 빗대어 이르는 말.

낱말 풀이 **원두한이** 밭에 오이, 참외, 수박, 호박 따위를 심어 가꾸는 사람.

원두한이 쓴 외 보듯

원두막 주인이 쓴 오이를 마뜩잖게 바라보듯이, 다른 사람을 하찮게 여겨 깔보거나 업신여기는 것을 빗대어 이르는 말.

같은 속담 쓴 도라지[오이] 보듯

원수는 순으로 풀라

원수를 원수로써 갚으면 다시 원한을 사게 되어 끝이 없으니 원수는 반드시 순리로 풀어야 뒤끝이 없다는 말.

원수는 외나무다리에서 만난다

1. 원수나 미워하는 사람을 피할 수 없는 곳에서 딱 만나게 된 경우를 빗대어 이르는 말. 2. 남에게 나쁜 짓을 하면 죗값을 받을 때가 반드시 온다는 말.

같은 속담 외나무다리에서 만날 날이 있다

낱말 풀이 **외나무다리** 통나무 한 개로 놓은 다리.

ㅇ

원숭이 달 잡기

원숭이가 물에 비친 달을 잡으려다가 빠져 죽는다는 데서, 제 분수에 맞지 않게 행동하다가 화를 당함을 빗대어 이르는 관용 표현.

원숭이도 나무에서 떨어진다

날고뛰는 원숭이도 나무에서 떨어질 때가 있다는 뜻으로, 어떤 일을 아무리 익숙히 잘하는 사람도 실수할 때가 있음을 빗대어 이르는 말.

같은 속담 나무 잘 타는 잔나비 나무에서 떨어진다 • 닭도 홰에서 떨어지는 날이 있다 • 잔나비도 나무에서 떨어진다

원숭이 똥구멍같이 말갛다

골라 가질 것이 하나도 없거나 몹시 보잘것없는 것을 빗대어 이르는 말.

원숭이 볼기짝인가

얼굴이 불그레한 사람을 놀리어 이르는 말.

원숭이의 고기 재판하듯

겉으로는 한쪽에 치우치지 않고 올바른 척하면서 속으로는 나쁜 꾀로 남을 속이고 제 잇속을 차리는 모양을 빗대어 이르는 말.

읽을거리 옛날 우화에서 나온 말이야. 여우와 이리가 길을 가다가 고깃덩어리를 주웠어. 서로 자기가 먼저 주운 거라며 다퉜지. 그때 원숭이가 나타나 고깃덩어리를 똑같이 두 개로 나누어 주겠다고 했어. 그런데 한쪽은 크고 한쪽은 작게 자른 거야. 그러고는 큰 것을 작은 것과 같게 만든다며 한 입 베어 먹었어. 그렇게 크기를 맞춘다며 야금야금 베어 먹고는 달아났지. 그제야 여우와 이리는 원숭이 꾀에 속은 것을 알고 후회했지만 소용이 없었다는 이야기야.

원숭이 이 잡아먹듯

1. 구석구석 빼놓지 않고 뒤지는 모양을 빗대어 이르는 말. 2. 원숭이가 늘 이를 잡는 것 같지만 막상 보면 아닌 것처럼, 사람이 무슨 일을 하는 체하면서 아무것도 하지 않는 경우를 빗대어 이르는 말.

원숭이 흉내[입내] 내듯

1. 생각 없이 남이 하는 대로 덩달아 따라 하는 것을 빗대어 이르는 말. 2. 남의 흉내를 곧잘 내는 경우에 빗대어 이르는 말.

같은 속담 잔나비 흉내 내듯

낱말 풀이 **입내** 소리나 말로써 내는 흉내.

원앙이 녹수를 만났다

서로 알맞은 짝을 만났을 때 빗대어 이르는 말.

읽을거리 원앙은 오리 무리에 속하는 물새야. 늪, 계곡, 냇가에서 볼 수 있는데 늘 한 쌍이 함께 다닌다고 사이좋은 부부를 보면 원앙 같다고 했어. 그래서 혼인하는 부부에게 원앙 조각 한 쌍을 선물하거나 친정어머니가 시집가는 딸에게 원앙 그림이나 무늬를 이불에 새겨 주는 풍습이 있었어. 남편과 아내가 된 두 사람이 서로 사랑하며 사이좋게 살기를 바라는 뜻에서야. 원앙은 수컷이 암컷보다 훨씬 수가 많아서 암컷이 아름다운 수컷을 골라서 짝짓기를 해. 그래서 수컷은 짝짓기 때 엄청 자기를 꾸미지.

낱말 풀이 **녹수** 푸른 물.

원을 만나거나 시주를 받거나

어려운 처지에 빠진 사람이 고을 수령을 만나거나 시주를 받거나 해야 해결할 길이 열린다는 뜻으로, 생각지도 못한 도움이 있어야 일이 풀릴 거라고 할 때 빗대어 이르는 말.

원의 부인이 죽으면 조객이 많아도 원이 죽으면 조객이 없다

원의 부인이 죽으면 찾아오는 사람이 많지만 원이 죽으면 원에게 얻을 것이 없어 찾아오지 않는다는 뜻으로, 사람 마음이 제게 이로운 쪽으로 움직인다는 말.

낱말 풀이 **조객** 남의 죽음을 슬퍼하여 상주를 위로하려 찾아오는 사람.

월천꾼에 난쟁이 빠지듯

키가 작은 난쟁이는 월천꾼에 끼지 못한다는 뜻으로, 어떤 일을 하는 데 일정한 축에 들지 못하고 빠지게 되는 경우를 빗대어 이르는 말.

낱말 풀이 **월천꾼** 옛날에, 사람을 업어 내를 건네주는 일을 하던 사람.

월천꾼처럼 다리부터 걷는다

무슨 일을 할 때 미리 수선을 떨며 서둘러 대는 모양을 빗대어 이르는 말.

위로 진 물이 발등에 진다

1. 머리 위에 떨어진 물이 발등에 떨어진다는 뜻으로, 좋지 못한 짓을 하는 사람은 그 조상도 그렇기 때문이라는 말. 2. 윗사람이 하는 일이 아랫사람에게 영향을 준다는 말.

위에는 위가 있다

제아무리 재주가 뛰어나다고 해도 그보다 더 뛰어난 사람이 있다는 뜻으로, 스스로 뽐내며 우쭐거리는 사람을 경계하여 이르는 말.

같은 속담 기는 놈 위에 나는 놈이 있다 • 나는 놈 위에 타는 놈 있다 • 뛰는 놈 위에 나는 놈 있다 • 치 위에 치가 있다

위 조금 아래 골고루

대접을 할 때는 윗사람뿐만 아니라 아랫사람까지 골고루 하라는 말.

윗돌도 못 믿고 아랫돌도 못 믿는다

'아랫길도 못 가고 윗길도 못 가겠다'와 같은 속담.

윗돌 빼서 아랫돌 괴고 아랫돌 빼서 윗돌 괴기

'아랫돌 빼서 윗돌 괴고 윗돌 빼서 아랫돌 괴기'와 같은 속담.

윗물이 맑아야 아랫물이 맑다

윗사람의 몸가짐이나 행동이 아랫사람들에게 미치는 영향이 크기 때문에 윗사람이 잘하면 아랫사람도 따라서 잘하게 된다고 빗대어 이르는 말.

같은 속담 꼭뒤에 부은 물이 발뒤꿈치로 내린다 • 이마에 부은 물이 발뒤꿈치로 흐른다[내린다] • 정수리에 부은 물이 발뒤꿈치까지 흐른다

ㅇ

윗입술이 아랫입술에 닿느냐

예의에 어긋나는 말을 어떻게 쉽게 입 밖에 낼 수 있느냐는 뜻으로 이르는 말.

유월 장마에 돌도 큰다

음력 유월 장맛비가 올 때는 돌조차 자란다고 할 정도로 들에 있는 모든 것이 다 잘 자람을 빗대어 이르는 말.

육모얼레에 연줄 감듯

풀어서 멀리 놓아 주었던 연줄을 육모 진 얼레에 부리나케 감듯 한다는 뜻으로, 무엇을 익숙하고 솜씨 좋게 돌돌 잘 감는 모양을 빗대어 이르는 말.

낱말 풀이 **육모얼레** 연줄, 낚싯줄 따위를 감는 데 쓰는, 모서리가 여섯인 얼레.

육모얼레

윤달에 만난 회양목

1. 회양목은 윤달이 들면 키가 한 치씩 줄어든다는 데서, 키 작은 사람을 놀리어 이르던 말. 2. 일이 되어 가는 정도가 더딤을 이르는 말.

낱말 풀이 **윤달** 다른 해보다 양력에서 하루 많은 2월. 또는 음력에서 한 달 늘어난 달.

윤동짓달 스무 초하룻날 주겠다

실제로 동짓달에는 윤달이 들지 않는데 윤동짓달에 빚을 갚겠다고 한다는 뜻으로, 빌려준 돈을 떼어먹겠다는 말.

낱말 풀이 **윤동짓달** 음력 11월에 드는 윤달. 실제로는 동짓달에 윤달이 들지 않는다.

윤섣달엔 앉은 방석도 안 돌려놓는다

옛날에, 윤섣달에는 아무 일도 벌이지 않는 것이 좋다고 이르던 말.

낱말 풀이 **윤섣달** 음력으로 한 해의 맨 끝 달에 드는 윤달.

윤이월 제사냐

자주 돌아오지 않는 윤이월 제사처럼 자꾸 빼먹고 거름을 핀잔하여 이르는 말.

낱말 풀이 **윤이월** 윤달인 2월을 이르는 말.

으슥한 데 꿩알 낳는다

1. 여느 때는 얌전해 보이던 사람이 남이 안 보는 데서 못 할 짓을 하는 경우에 비꼬아 이르는 말. 2. 뜻밖에 시원찮은 곳에서 좋은 것을 찾았을 때 이르는 말.

은 나라[나오라] 뚝딱 금 나라[나오라] 뚝딱

도깨비들이 모여 은 나라 뚝딱 금 나라 뚝딱 하면서 은방망이와 금방망이를 휘두르며 법석댄다는 뜻으로, 몹시 시끄럽고 떠들썩한 것을 빗대어 이르는 말.

은에서 은 못 고른다

같은 것이 많으면 그 가운데서 마음에 꼭 맞는 하나를 고르기가 매우 어려움을 빗대어 이르는 말.

은진은 강경으로 꾸려 간다

은진은 강경이 있기 때문에 버티어 나갈 수 있다는 뜻으로, 남의 힘을 빌려서 겨우 버티고 견디어 나가는 경우를 이르는 말.

낱말 풀이 **강경** 충청남도 논산시에 있는 읍. 농산물의 집산지이며, 상공업과 어업이 활발하다. **은진** 충청남도 논산시에 있던 옛 읍. 농산물의 집산지였다.

은행나무도 마주 서야 연다

1. 은행나무는 수나무와 암나무가 서로 바라보고 서야 열매가 열린다는 뜻으로, 사람이 마주 보고 대하여야 정이 더 깊어진다는 말. 2. 남녀가 짝을 맺어야 집안이 잘된다는 말.

읽을거리 은행나무는 아주 오래전부터 집 가까이나 절에 많이 심어 길렀어. 길가나 공원에도 많이 심는데, 가을에 단풍이 노랗게 들고 노란 열매가 달려. 노란 열매껍질에서 나는 냄새는 고약하지만 열매는 맛이 좋지. 은행은 딱딱한 속껍질을 벗겨서 구워 먹거나 삶아 먹어. 은행나무는 '살아 있는 화석'이라고 불릴 만큼 오랫동안 살아왔어. 온 세상에 은행나무와 비슷한 나무는 다 사라지고 은행나무과에는 오직 은행나무만 살아남았어. 또 은행나무는 오래 사는 나무야. 경기도 양평 용문사에 있는 은행나무는 천 년 넘게 살고 있어.

은혜를 원수로 갚는다

보살펴 준 사람에게 은혜를 갚기는커녕 도리어 해를 끼치는 경우에 이르는 말.

같은 속담 공을 원수로 갚는다 • 덕을 원수로 갚는다

음달의 싱아 대 같다

몸이 가늘고 키만 껑충하게 큰 사람을 빗대어 이르는 말.

같은 속담 물거미 뒷다리 같다 • 봉산 수숫대 같다

낱말 풀이 **싱아** 마디풀과의 여러해살이풀. 높이는 1미터 이상이며, 산에서 흔히 자란다.

음식 같잖은 개떡수제비에 입천장(만) 덴다

시시한 일이나 대단치 않은 사람에게 뜻밖의 해를 입거나 화를 당하는 경우를 빗대어 이르는 말.

같은 속담 시원찮은 국에 입(가) 덴다 • 시원찮은 귀신이 사람 잡아간다

음식도 적어야 맛이 있다

무엇이나 적으면 귀하게 여기게 된다고 빗대어 이르는 말.

음식 싫은 건 개나 주지 사람 싫은 건 할 수 있나

먹기 싫은 음식은 안 먹어도 그만이지만 마음에 들지 않는 배우자는 어떻게 할 수가 없다는 뜻으로, 싫어하는 사람이 있어도 어쩔 수 없이 참고 살아간다고 할 때 빗대어 이르는 말.

음식은 갈수록 줄고 말은 갈수록 는다

음식은 돌릴수록 줄어들고 말은 전해질수록 부풀려진다는 뜻으로, 말을 삼가고 조심해야 한다는 말.

같은 속담 말은 보태고 떡은 뗀다 • 말은 할수록 늘고 되질은 할수록 준다 • 말이란 발이 달리기 마련이다

음식은 한데 먹고 잠은 따로 자라

음식은 가리지 말고 잠자리는 가리라는 말.

음지가 양지 되고 양지가 음지 된다
음지가 양지 될 날[때]도 있다
음지가 있으면 양지가 있다

'양지가 음지 되고 음지가 양지 된다'와 같은 속담.

음지의 개 팔자

'오뉴월 개 팔자'와 같은 속담.

읍에서 매 맞고 장거리에서 눈 흘긴다

1. 욕을 당한 자리에서는 아무 말도 못하고 뒤에 가서 불평하는 것을 빗대어 이르는 말. 2. 억울한 일을 당하고 엉뚱한 데서 화풀이하는 것을 빗대어 이르는 말.

같은 속담 밖에 나가 뺨 맞고 구들 위에 누워서 이불 차기 • 서울서 매[뺨] 맞고 송도서[시골에서] 주먹질한다 • 종로에서 뺨 맞고 한강에서[빙고에서/한강에 가서/행랑 뒤에서] 눈 흘긴다

응달에도 햇빛 드는 날이 있다

그늘진 곳에도 언젠가는 볕이 들 수 있다는 뜻으로, 아무리 어려운 처지에 놓여 있더라도 끝까지 애쓰면 성과를 거둘 수 있다고 빗대어 이르는 말.

응석으로 자란 자식

'얼러 키운 후레자식'과 같은 속담.

의가 없는 부부는 맞지 않는 신발과 같다

뜻이 맞지 않는 부부는 발에 맞지 않는 신발과 같이 늘 마음이 괴롭다는 말.

의가 좋으면 세 어이딸이 도토리 한 알을 먹어도 시장 멈춤은 한다

서로 사이가 좋으면 어머니와 두 딸이 도토리 한 알을 나누어 먹어도 배고픔이 멈춘다는 뜻으로, 사이가 좋고 마음이 맞는 사람끼리는 어떤 힘든 상황에서도 서로 도우면서 잘 지낼 수 있다고 빗대어 이르는 말.

같은 속담 마음이 맞으면 삶은 도토리 한 알 가지고도 시장 멈춤을 한다

의가 좋으면 처갓집 말뚝에도 절한다

'아내가 귀여우면 처갓집 말뚝 보고도 절한다'와 같은 속담.

의가 좋으면 천하도 반분한다[나누어 가진다]

사이가 좋으면 어떤 것도 아끼지 않고 나누어 가진다는 말.

의논이 맞으면 부처도 앙군다

서로 마음이 맞아 뜻을 모으면 부처조차도 따르게 할 수 있다는 뜻으로, 여러 사람의 뜻과 힘이 모이고 마음이 맞으면 해내지 못할 일이 없다는 말.

낱말 풀이 **앙구다** 사람을 데리고 함께 가거나 물건을 지니게 하여 보내다.

의리는 산 같고 죽음은 홍모 같다

의리는 산처럼 무겁게 죽음은 기러기 털처럼 가볍게 여긴다는 뜻으로, 사람에게 의리는 목숨보다 귀중하다고 빗대어 이르는 말.

낱말 풀이 **홍모** 기러기 털이라는 뜻으로, 매우 가벼운 사물을 이르는 말.

의뭉한 두꺼비 옛말 한다

겉으로는 어리석은 듯하지만 속으로는 엉큼한 사람이 남의 말이나 옛말을 끌어와 제 속마음을 빗대어 나타내는 경우에 이르는 말.

낱말 풀이 **의뭉하다** 겉으로는 어리석은 것처럼 보이면서 속으로는 엉큼하다.

의복이 날개(라)

'옷이 날개(라)'와 같은 속담.

의붓아비 돼지고기 써는 데는 가도 친아버지 나무 패는 데는 가지 마라
의붓아비 떡 치는 데는 가도 친아비 도끼질 하는 데는 안 간다

의붓아버지가 돼지고기를 써는 데는 혹시 얻어먹을지도 모르니 가지만 친아버지가 나무 패는 데는 얻어먹을 것도 없고 자칫 다칠 수도 있으니 안 간다는 뜻으로, 조금이라도 해가 미칠 만한 곳에는 가지 말라는 말.

ㅇ

의붓아비 묘 벌초하듯
의붓아비 묘의 벌초

'외삼촌 산소에 벌초하듯'과 같은 속담.

의붓아비 소 팔러 보낸 것 같다

의붓아비더러 소를 팔아 오라고 장에 보내니 가서 돌아오지 않는다는 뜻으로, 심부름하러 간 사람이 감감하고 오래도록 돌아오지 않을 때 빗대어 이르는 말.

의붓자식 소 팔러 보낸 것 같다

일을 맡겼으나 도무지 믿음성이 없어 마음이 안 놓임을 빗대어 이르는 말.

의사가 제 병 못 고친다

남을 위해서는 할 수 있는 일도 자기가 얽히면 스스로 처리하지 못하는 경우를 빗대어 이르는 말.

같은 속담 무당이 제 굿 못하고 소경이 저 죽을 날 모른다 • 봉사 제 점 못 한다 • 중이 제 머리를 못 깎는다

의술은 인술이다

의술은 사람의 목숨을 살리는 매우 어진 기술이라는 뜻으로 이르는 말.

의심이 병

지레 큰 병이라고 의심하다 보면 정말로 병이 된다는 뜻으로, 지나친 의심은 제게도 해로울 뿐 아니라 일을 그르칠 수 있고 모든 것을 믿지 않게 되는 나쁜 결과를 가져올 수 있다는 말.

의젓잖은 며느리가 사흘 만에 고추장 세 바탱이 먹는다

못난 사람이 미운 짓만 골라 하며 놀라게 할 때 비웃어 이르는 말.

낱말 풀이 **바탱이** 흙으로 만든 그릇의 하나. **의젓잖다** 말이나 행동 따위가 점잖지 못하고 가벼운 데가 있다.

의주를 가려면서 신날도 안 꼬았다

'아직 신날도 안 꼬았다'와 같은 속담.

의주 파발도 똥 눌 때가[새는] 있다
의주 파천에도 곱똥은 누고 간다

1. 임금이 의주로 피난을 가는 다급한 상황에서도 이질에 걸리면 곱똥은 누고 가지 않을 수 없다는 뜻으로, 아무리 급한 일이 있어도 그보다 먼저 할 일은 해야 한다고 빗대어 이르는 말. 2. 아무리 급하고 바쁠 때라도 잠시 쉴 틈을 낼 수 있다고 빗대어 이르는 말.

낱말 풀이 **파발** 공문을 가지고 오가던 사람. **파천** 임금이 왕궁을 떠나 피난하는 것.

이가 자식보다 낫다
입안에 있는 이가 사람 사는 데 매우 중요한 구실을 한다고 빗대어 이르는 말.

이고 지고 가도 제 복 없으면 못산다
'얼레빗 참빗 품고 가도 제 복이 있으면 잘산다'와 같은 속담.

이 골 원을 하다가 저 골에 가서 좌수 노릇도 한다
낯선 고장에 가면 낮은 자리도 달게 받아들여야 할 경우가 있다고 이르던 말.

낱말 풀이 **좌수** 조선 시대에, 지방 수령(원)을 도와 일을 하던 기관의 우두머리.

이 굿에는 춤추기 어렵다
'어느 장단에 춤추랴'와 같은 속담.

ㅇ

이기는 것이 지는 것
싸우면 서로 손해가 나니 차라리 지는 척하고 얼른 물러서는 것이 나을 뿐 아니라 도리어 이기는 것이 된다는 말.

이기면 충신(이요) 지면 역적(이라)
옛날에, 왕은 언제나 힘 있는 신하를 믿고 나라를 다스렸기 때문에 힘겨루기에서 이기면 충신이 되고 지면 역적이 되었다는 데서, 강한 것이 정의가 되고 옳은 일이 된다는 말.

같은 속담 잘되면 충신 못되면 역적이라

이날 저 날 한다
일의 결정을 자꾸 미룬다는 말.

이날 춤추기 어렵다

'어느 장단에 춤추랴'와 같은 속담.

이 덕 저 덕 다 하늘[팔자] 덕

이 덕이니 저 덕이니 하지만 그 덕은 제 팔자거나 제가 하는 만큼 받는 하늘의 덕이라는 뜻으로, 사람이 살아가는 모든 것은 하늘 덕이라는 말.

이도 아니 나서 콩밥을 씹는다
이도 아니 나서 황밤을 먹는다
이도 안 난 것이 뼈다귀 추렴하겠단다[추렴한다]

'아직 이도 나기 전에 갈비를 뜯는다[뜯겠단다]'와 같은 속담.

낱말 풀이 **추렴하다** 모임이나 놀이, 잔치 따위에 드는 돈을 여럿이 저마다 얼마씩 내어 거두다.

이 떡 먹고 말 말아라

숨긴 일이 드러날까 두려워 자그마한 이익을 나누어 주면서 입막음을 하는 것을 빗대어 이르는 말.

이랑이 고랑 되고 고랑이 이랑 된다

1. 잘살던 사람이 못살게도 되고 못살던 사람이 잘살게도 됨을 빗대어 이르는 말. 2. 무엇이나 한번 정한 그대로 있는 것이 아니라 다 바뀌기 마련이라는 말.

이래도 한세상[일생] 저래도 한세상[일생]

1. 사람이 잘살거나 못살거나 한평생 사는 것은 마찬가지라는 말. 2. 어떻게 살든 사람이 한 번 살다 죽기는 마찬가지이니 둥글둥글 모나지 않게 살자는 말.

이레 안에 백구 친다

옛날에, 태어난 지 이레도 안 되어 백구 타령을 친다는 뜻으로, 몸과 마음이 나이에 견주어 놀라울 만치 어른스러움을 빗대어 이르는 말.

낱말 풀이 **백구** 타령의 한 가지. "백구야 펄펄 나지 마라. 너 잡을 내 아니로다."로 시작한다.

이른 새끼가 살 안 찐다

1. 알에서 일찍 깬 새끼가 살이 잘 안 찌고 크게 자라지 못한다는 뜻으로, 어려서 너무 빨리 자란 아이가 뒷날에는 오히려 남들보다 뒤떨어지는 경우를 이르는 말. 2. 무슨 일이든 처음에 너무 쉽게 되면 마음이 풀려 도리어 끝이 좋지 않게 될 수 있다는 말.

이름난 잔치 배고프다

떠들썩하게 난 소문이 뜻밖에 보잘것없거나 큰 기대에 못 미치는 경우를 빗대어 이르는 말.

같은 속담 소문난 물산이 더 안되었다

이름도 성도 모른다

어떤 사람에 대하여 아무것도 모른다는 말.

이름이 고와야 듣기도 좋다

이왕이면 사물의 이름도 좋아야 한다는 말.

이름이 좋아 불로초라

1. 이름만 좋고 허울뿐인 경우에 빗대어 이르는 말. 2. 불로초는 이름도 좋지만 약으로도 좋아 불로초라 이른다는 뜻으로, 내용에 걸맞게 이름을 지은 경우를

ㅇ

빗대어 이르는 말.

낱말 풀이 **불로초** 먹으면 늙지 않는다는 풀.

이름 좋은 하눌타리

겉보기만 좋을 뿐 실속은 하나도 없는 사람이나 물건을 빗대어 이르는 말.

같은 속담 허울 좋은 과부[하눌타리/수박/개살구]

이리가 짖으니 개가 꼬리를 흔든다

처지가 비슷한 사람들끼리 서로 돕거나 감싸기 쉬움을 빗대어 이르는 말.

같은 속담 가재는 게 편 • 검둥개는 돼지 편 • 검정개는 돼지 편 • 검정개 한패[한편] • 게는 가재 편 • 솔개는 매 편(이라고)

이리 떼를 막자고 범을 불러들인다

이리 떼를 막겠다고 더 무서운 호랑이를 불러들이게 된다는 뜻으로, 작은 위험을 막으려다가 오히려 더 큰 위험을 끌어들이게 된 경우를 이르는 말.

같은 속담 승냥이를 쫓는다고 호랑이에게 문을 열어 준다

이리를 피하니 범이 앞을 막는다

한 가지 위험을 피하고 나니 그보다 더 큰 위험이 들이닥치는 경우를 이르는 말.

같은 속담 노루 피하니 범이 온다 • 뒷문으로 이리가 나가니 앞문으로 호랑이가 들어온다 • 발바리 새끼 쫓겨 가자 미친개 뛰어든다

이리 앞의 양

무서운 사람 앞에서 기를 펴지 못하고 설설 기는 모양을 빗대어 이르는 말.

같은 속담 고양이 앞에 쥐[쥐걸음] • 쥐가 고양이를 만난 격

이마를 뚫어도 진물도 아니[안] 난다
이마를 찔러도 피 한 방울 안 나겠다

1. 매우 똑똑하고 야무진 사람을 빗대어 이르는 말. 2. 몹시 쌀쌀하고 인정 없는 사람을 빗대어 이르는 말.

같은 속담 이마에 송곳을 박아도 진물 한 점 안 난다 • 찔러도 피 한 방울 안 나겠다

이마에 땀을 내고 먹어라

이마에 땀이 날 만큼 애쓴 다음에 먹으라는 뜻으로, 공짜를 바라거나 수고도 없이 놀고먹으려 하지 말라는 말.

이마에 부은 물이 발뒤꿈치로 흐른다[내린다]

'윗물이 맑아야 아랫물이 맑다'와 같은 속담.

ㅇ

이마에 사잣밥 붙이고 다닌다

저승사자에게 대접할 사잣밥을 이마에 붙이고 다닌다는 뜻으로, 언제 죽을지 모르는 위험한 처지를 빗대어 이르는 말.

이마에 송곳을 박아도 진물 한 점 안 난다

몹시 쌀쌀하고 인정 없는 사람을 빗대어 이르는 말.

같은 속담 이마를 뚫어도 진물도 아니[안] 난다

이마에 피도 안 마르다

세상에 태어날 때 이마에 묻었던 피도 아직 마르지 않았다는 뜻으로, 나이가 어리거나 하는 짓이 아직 어른이 되려면 멀었다는 관용 표현.

같은 관용 꼭뒤에 피도 안 마르다 • 대가리에 피도 안 마르다 • 머리에 피도 안 마르다

이미 벌린 춤

1. 이미 시작한 일은 피할 것이 아니라 끝장을 보아야 한다는 말. 2. 어떤 일이 벌어지고 있어 그 책임을 피할 수 없게 된 경우에 이르는 말.

이미 씌워 놓은 망건이라

1. 남이 한 대로 내버려두고 다시 고치려고 하지 않는 경우를 빗대어 이르는 말. 2. 이미 정한 일이므로 마음대로 바꾸지 말라는 말.

이밥이면 다 젯밥인가

쌀로 지은 밥이라고 해서 다 제삿밥은 아니라는 뜻으로, 같은 물건이라도 경우에 따라 각각 다르게 쓰이며 또 그 효과도 저마다 다르다는 말.

이부자리 보고 발을 펴라
이불깃 봐 가며 발 편다

이부자리의 크기를 가늠하고 거기에 맞게 발을 펴라는 뜻으로, 1. 일을 할 때 어떤 결과가 나올지 생각하여 미리 살핀 뒤에 일을 시작하라는 말. 2. 때와 장소를 가려 행동하라는 말.

같은 속담 누울 자리 봐 가며 발을 뻗어라[편다] • 발길도 이불깃을 봐 가면서 펴야 한다 • 발 뻗을 자리를 보고 누우랬다

이불 밑에 엿 묻었나

이불 밑에 엿을 묻고 와서 서두르느냐는 뜻으로, 집으로 빨리 돌아가려고 몹시 조급하게 구는 사람에게 놀리어 이르는 말.

같은 속담 가마목에 엿을 놓았나 • 노구 전에 엿을 붙였나 • 솥뚜껑에 엿을 놓았나 • 화롯가에[화롯전에다] 엿을 붙이고 왔나

이불 속[안]에서 활개 친다

남 앞에서는 기도 펴지 못하면서 남이 없는 데서만 큰소리치며 잘난 체하는 사람을 비웃어 이르는 말.

같은 속담 다리 부러진 장수 성안에서 호령한다

이불 속에서 하는 일도 안다

이불 속에서 하는 일을 알 정도로 세상에 비밀은 없다는 뜻으로, 남이 없는 곳에서도 항상 말과 행동을 조심하라고 가르쳐 이르는 말.

이 빠진 강아지 언 똥에 덤빈다

'아직 이도 나기 전에 갈비를 뜯는다'와 같은 속담.

ㅇ

이 빠진 개 한뎃뒷간 만났다

뜻하지 않게 좋은 운을 만남을 이르는 말.

낱말 풀이 **한뎃뒷간** 집 울타리 밖에 있는 뒷간.

이사할 때 강아지 따라다니듯

이사하느라 수선스럽고 바쁜 주인을 강아지가 따라다니듯 한다는 뜻으로, 필요도 없는 사람이 쓸데없이 여기저기 귀찮게 따라다니는 꼴을 빗대어 이르는 말.

같은 속담 거둥에 망아지 (새끼) 따라다니듯

이삭 밥에도 가난이 든다

먹을 것이 떨어져 가을까지 못 기다리고 채 여물지 않은 벼 이삭과 수수 이삭을 베어다 먹을 때부터 이미 오는 해에 가난할 조짐이 보인다고 이르던 말.

이 샘물 안 먹는다고 똥 누고 가더니 그 물이 맑기도 전에 다시 와서 먹는다

'안 먹겠다 침 뱉은 물 돌아서서 다시 먹는다'와 같은 속담.

이 설움 저 설움 해도 배고픈 설움이 제일

온갖 서러운 일 가운데 배고픈 설움이 가장 크다는 말.

이 아픈 날 콩밥 한다
이 앓는 놈 뺨 치기

어려운 형편이나 처지에 놓여 있는데 더욱 딱하고 어려운 일을 당하게 된 경우에 이르는 말.

이알이 곤두선다

너무도 아니꼬워서 배 속에 들어간 밥알이 꼿꼿이 선다는 뜻으로, 가난하던 사람이 조금 잘살게 되었다고 큰소리를 치거나 잘난 체함을 비꼬아 이르는 말.

낱말 풀이 **이알** 이밥의 낟알, 곧 쌀알.

이야기 장단에 도낏자루 썩는다

재미있는 이야기를 듣다 보면 도낏자루가 썩는 줄도 모르고 빠져든다는 뜻으로, 이야기에 정신이 팔려 시간 가는 줄을 모를 때 빗대어 이르는 말.

이 없으면 잇몸으로 살지[산다]

1. 본디 쓰려는 것이 없을 때에는 그보다 못한 것이라도 씀을 빗대어 이르는 말. 2. 꼭 필요한 것이 없으면 안 될 것 같지만 막상 없으면 없는 대로 그럭저럭 살아 나갈 수 있다는 말.

이에 신물이 난다[돈다]

어떤 것이 두 번 다시 말하기 귀찮고 싫증이 날 만큼 지긋지긋하다는 말.

같은 속담 입에서 신물이 난다

낱말 풀이 **신물** 1. 음식을 많이 먹거나 체했을 때 트림과 함께 위에서 목으로 넘어오는 시척지근한 물. 2. 지긋지긋하고 진절머리 나는 생각이나 느낌.

이왕이면 창덕궁

이왕 고를 바에는 가장 나은 쪽을 고른다는 말.

이 우물에 똥을 누어도 다시 그 우물을 먹는다

'안 먹겠다 침 뱉은 물 돌아서서 다시 먹는다'와 같은 속담.

이웃이 사촌보다 낫다

먼 데 있는 사촌보다 가까이에 사는 이웃이 정도 많이 들고 도움을 주고받기도 쉬움을 이르는 말.

이웃집 개가 짖어서 도적을 면했다

'옆집 개가 짖어서 도적 면했다'와 같은 속담.

이웃집 개도 부르면 온다

아무리 불러도 대답조차 하지 않는 사람을 핀잔하여 이르는 말.

이웃집 나그네도 손볼 날이 있다

아무리 가까운 사이라도 손님으로서 깍듯이 대접해야 할 때가 있다는 말.

이웃집 며느리 흉도 많다

늘 가까이 있어 잘 아는 사이일수록 크고 작은 흠이 눈에 더 잘 띈다는 말.

같은 속담 가까운 집 며느리일수록 흉이 많다

이웃집 무당 영하지 않다

이웃에 사는 무당은 단점까지도 잘 알기 때문에 신통하게 여기지 않는다는 뜻으로, 가까이에 있는 사람은 흠까지 보여서 아무리 능력이 있고 재주가 좋아도 훌륭하게 생각하지 않는다는 말.

같은 속담 동네 무당 영하지 않다 • 동네 의원 용한 줄 모른다

이웃집 색시 믿고 장가 못 든다

'앞집 처녀 믿다가 장가 못 간다'와 같은 속담.

이웃집 장단에 덩달아 춤춘다

남의 것을 써서 제 잇속을 채우는 경우를 빗대어 이르는 말.

이월 바람에 검은 쇠뿔이[쇠붙이] 오그라진다

이월 바람이 몹시 세차다고 빗대어 이르는 말.

읽을거리 음력으로 정월이나 이월은 봄이 시작되는 즈음이야. 으레 날씨가 풀릴 거라고 생각하지만 이따금씩 추운 날이 있어. 꽃샘추위가 왔다고 하지. 오죽하면 쇠뿔이 오그라질 정도로 춥다고 했겠어? 꽃샘추위가 그만큼 춥다는 말이야.

이월에 김칫독 터진다

이월 추위가 만만치 않다고 빗대어 이르는 말.

이 장떡이 큰가 저 장떡이 큰가

어느 쪽이 더 많은 이익을 볼까 하고 여기저기 살피는 꼴을 빗대어 이르는 말.

같은 속담 방에 가면 더 먹을까 부엌에 가면 더 먹을까 • 부엌에 가면 더 먹을까 방에 가면 더 먹을까

이 절도 못 믿고 저 절도 못 믿겠다

'아랫길도 못 가고 윗길도 못 가겠다'와 같은 속담.

이 팽이가 돌면 저 팽이도 돈다

이곳의 물건값이 달라지면 저곳의 물건값도 달라짐을 빗대어 이르는 말.

ㅇ

익은 감도 떨어지고 선 감도 떨어진다

사람은 자기 운명에 따라 죽게 마련이라고 빗대어 이르는 말.

익은 게도 실에 매여 먹는다

1. 지나치게 조심성이 많은 사람의 행동을 빗대어 이르는 말. 2. 낭패가 없도록 모든 일에 늘 조심해야 함을 빗대어 이르는 말.

익은 밥 다시 설릴 수 없다
익은 밥이 날로 돌아갈 수 없다

이미 다 틀어진 일을 아무리 되돌리려고 애써도 쓸데없음을 빗대어 이르는 말.

같은 속담 쑨 죽이 밥 될까

익은 밥 먹고 선소리한다

이치에 맞지 않는 말을 하는 싱거운 사람을 핀잔하여 이르는 말.

같은 속담 더운밥 먹고 식은 소리 한다

낱말 풀이 **선소리하다** 이치에 맞지 않은 말을 하다.

인간 구제는 지옥 늧[밑]이라

옛날에, 어려운 처지에 빠진 사람을 도와준 일로 지옥에 가게 되었다는 뜻으로, 남을 도와주고도 도리어 해를 입는 경우가 많다고 이르던 말.

낱말 풀이 **늧** 앞으로 어떻게 될 것 같은 일의 근원. 또는 먼저 보이는 빌미.

인간 만사는 새옹지마라

사람의 행복과 불행은 돌고 돌아서 앞일을 미리 알기가 어렵다는 말.

읽을거리 새옹지마는 변두리에 사는 노인의 말이라는 뜻이야. 옛날 중국 북쪽 변두리에 어떤 할아버지가 살았는데, 어느 날 기르던 말이 달아났어. 사람들이 이를 어쩌냐고 안타까워하니까 뜻밖에 할아버지는 이게 복이 될지 어찌 아냐고 하더래. 정말로 몇 달 뒤에 달아났던 말이 다른 말들을 거느리고 돌아왔대. 사람들이 부러워하자 할아버지가 이번에는 나쁜 일이 생길지 어찌 아냐고 하더래. 그러고 나서 얼마 뒤에 할아버지 아들이 그 말을 타다가 떨어져서 다리가 부러졌어. 사람들이 안됐다고 위로하니까 할아버지는 복이 될지 어찌 아냐고 하더래. 그 뒤에 전쟁이 나서 젊은이들이 전쟁터에 나가 열에 아홉이 죽었어. 하지만 할아버지 아들은 다리가 부러지는 바람에 전쟁터에 안 나가 살 수 있었지. 그렇게 좋은 일이 궂은일이 되고 궂은일이 좋은 일이 되는 것처럼 행복과 불행은 어떻게 바뀔지 모른다는 말이야.

인경 꼭지가 말랑말랑하거든 인경 꼭지나 만져 보아라

쇠로 만든 인경 꼭지가 말랑말랑해지면이라는 뜻으로, 끝내 될 수 없는 일이나 처음부터 할 뜻이 없는 일을 빗대어 이르는 말.

낱말 풀이 **인경** 조선 시대에, 통행금지를 알리거나 해제하기 위하여 치던 종.

인물 좋으면 천하일색 양 귀비

아무리 얼굴이 곱다고 해도 양 귀비만큼이나 하겠느냐는 뜻으로, 인물만 믿고 잘난 체하는 사람을 핀잔하여 이르는 말.

낱말 풀이 **양 귀비** 중국 당나라 현종의 비. 춤과 음악에 뛰어나고 총명하여 현종의 사랑을 많이 받았다. **천하일색** 세상에 드문 아주 뛰어난 미인.

인사는 관 뚜껑 덮고 나서 결정된다

사람의 좋고 나쁨, 옳고 그름은 그 사람이 죽은 뒤에야 비로소 알 수 있다는 말.

인사 알고 똥 싼다

도리를 잘 아는 사람이 이치에 어긋나게 행동하는 경우에 욕으로 이르는 말.

ㅇ

인생 백 년에 고락이 상반이라

사람이 세상을 살아가는 데 괴로운 일과 즐거운 일이 서로 절반씩이라는 뜻으로, 지금은 괴로워도 앞으로 즐거움이 올 테니 희망을 가지라는 말.

낱말 풀이 **상반** 서로 절반씩 어슷비슷함.

인생은 뿌리 없는 부평초[평초]

삶이란 한갓 물 위에 떠도는 개구리밥과 같다는 뜻으로, 사람이 세상을 살아가는 것이 보잘것없고 덧없음을 빗대어 이르는 말.

낱말 풀이 **부평초** 개구리밥과의 여러해살이 물풀. 논이나 못에서 자란다. =평초, 개구리밥.

인심은 아침저녁 변한다

사람 마음이 아침저녁으로 바뀐다는 뜻으로, 힘든 세상살이에 사람들의 인심이 시시때때로 쉽게 바뀐다는 말.

인심은 천심

1. 백성의 마음은 곧 하늘의 마음이라는 뜻으로, 백성들의 마음과 뜻을 잘 헤아려야 한다는 말. 2. 백성이 생각하는 것이 옳다는 말.

인심이 한강수

마음이 퍽 넉넉하다는 뜻으로 이르는 말.

인심 좋은 여편네 풋나물 팔듯

인심이 넉넉한 아낙네가 달라는 대로 듬뿍듬뿍 쥐어 주며 풋나물을 팔다가 밑천도 못 건졌다는 뜻으로, 쓸데없이 인심을 헤프게 쓰는 사람을 빗대어 이르는 말.

인에서 인을 못 고른다

사람들 가운데에서 뛰어난 사람을 찾기는 쉽지 않다고 빗대어 이르는 말.

인왕산 그늘이 강동 팔십 리 간다

훌륭한 사람 밑에서 지내면 그의 덕이 미치고 도움을 받게 된다고 빗대어 이르는 말.

같은 속담 금강산 그늘이 관동 팔십 리 간다 • 수양산 그늘이 강동 팔십 리를 간다

인왕산 모르는 호랑이가 있나

1. 자기를 모르는 사람이 있을 수 없다는 말. 2. 그 분야에 있는 사람들이라면 누구나 잘 알고 있는 일이라는 말.

읽을거리 인왕산은 서울에 있는 산인데 옛날 조선 땅에서 사는 호랑이라면 으레 한 번쯤은 인왕산에 와 본다는 데서 나온 말이야. 우리나라에는 예부터 호랑이가 많이 살았고 호랑이에 얽힌 이야기도 많았어. 호랑이한테 피해를 당하는 건 사람 힘으로 막을 수 없는 일이라고 여겨서 호랑이를 두려움과 존경의 대상으로 보았지.

인왕산 차돌을 먹고 살기로 사돈의 밥을 먹으랴

아무리 먹을 것이 없기로서니 사돈집 밥을 먹겠냐는 뜻으로, 아무리 어려워도 처가의 도움에 기대어 살기는 싫다고 이르던 말.

인절미에 조청 찍은 맛

입맛에 딱 맞고 마음에 드는 경우를 빗대어 이르는 말.

읽을거리 인절미는 온갖 잔칫상에 빠지지 않고 오르는 떡이야. 찹쌀이나 찹쌀가루를 찐 다음, 떡메로 흠씬 쳐서 고물을 묻혀 만들지. 찰떡을 늘려서 잘라 만든 떡이라는 데서 인절미라는 이름이 붙었대. 인절미는 찹쌀이 주재료이지만, 그 밖에도 쑥이나 수리취, 대추를 넣어서 쑥인절미, 수리취인절미, 대추인절미 따위를 만들어 먹기도 해. 그 가운데 수리취인절미는 오월 단오에 만드는 인절미로 수리취를 넣고 만든 떡은 잘 쉬지 않는대. 고물은 떡이 뜨거울 때 묻혀. 고물로는 콩가루를 많이 쓰지만, 참깨나 검은깨, 팥 따위를 묻혀 여러 가지 맛을 즐기기도 하지.

인절미 팥고물 묻히듯이

온통 무더기로 뒤집어쓰거나 씌우는 모양을 빗대어 이르는 말.

인정도 품앗이라

자기가 남에게 말이나 행동을 좋게 하여야 남도 자기에게 좋게 대한다는 말.

같은 속담 진정도 품앗이라

인정에 겨워 동네 시아비가 아홉이라

1. 옛날에, 쓸데없이 인정을 헤프게 쓰다가는 남 좋은 일만 해 주고 끝내 자기를 망치게 된다고 가르쳐 이르던 말. 2. 인정에 이끌려 옳지 못한 일까지 하는 경우를 빗대어 이르는 말.

ㅇ

인정은 바리로 싣고 진상은 꼬치로 꿴다

옛날에, 나라에 바치는 물건은 꼬챙이로 꿸 만큼 적지만 벼슬아치에게 바치는 물건은 바리로 실을 만큼 많다는 뜻으로, 1. 제 잇속이 달린 일에는 재물을 아끼지 않고 더 마음을 쓰게 됨을 빗대어 이르는 말. 2. 높은 사람보다 그 아래에서 뇌물을 받는 벼슬아치들의 권세가 더 큼을 빗대어 이르는 말.

같은 속담 진상은 꼬챙이로 꿰고 인정은 바리로 싣는다

낱말 풀이 **바리** 말이나 소의 등에 잔뜩 실은 짐. **진상** 임금이나 높은 벼슬아치들에게 바치던 선물.

인제 보니 수원 나그네

'알고 보니 수원 나그네'와 같은 속담.

인품이 좋으면 한 마당귀에 시아비가 아홉

처녀가 인품이 좋으면 욕심내는 사람이 많아서 시아비 될 사람이 마당에 아홉이나 모여든다는 뜻으로, 사람이 좋으면 따르는 사람이 많기 마련이라는 말.

일가끼리[일가에서] 방자한다

일가친척끼리 서로 헐뜯고 탓하며 흉을 들추어내어 화근을 만든다는 뜻으로, 서로 돕고 사이좋게 지내야 할 사람들이 화목하지 못함을 이르는 말.

낱말 풀이 **방자하다** 남이 못되거나 재앙을 받도록 귀신에게 빌다. **일가** 1. 한집에서 사는 가족. 2. 성과 본이 같은 겨레붙이.

일가 못 된 건 계수[제수]

시아주버니와 제수 사이는 친척 가운데 가장 거리가 멀고 서먹한 사이라는 말.

같은 속담 시아주버니와 제수는 백 년 손

낱말 풀이 **계수** 남자 형제 사이에서 동생의 아내를 이르는 말. =제수.

일가 못된 것이 항렬만 높다

보잘것없는 사람이 항렬이 높다고 대접받으려 한다는 뜻으로, 변변하지 못한 사람이나 일이 잘되는 경우를 빗대어 이르는 말.

날말 풀이 **항렬** 친척 사이에서 세대의 위아래를 나타내는 일.

일가 싸움은 개싸움

1. 한집안 사람끼리 물고 뜯으며 싸우는 것은 짐승이나 하는 짓이라고 욕으로 이르는 말. 2. 집안싸움은 싸우는 그때뿐이고 응어리가 지지 않는다는 말.

일각이 여삼추[삼추 같다]

십오 분이 삼 년처럼 길게 느껴진다는 뜻으로, 몹시 애타게 기다리는 마음을 빗대어 이르는 말.

날말 풀이 **삼추** 세 해의 가을, 즉 삼 년을 이르는 말. **일각** 한 시간의 4분의 1, 곧 15분.

일곱 번 재고 천을 째라

무슨 일이든 실패를 안 하려면 조심스럽게 생각하고 행동하라는 말.

날말 풀이 **째다** 물건을 찢거나 베어 가르다. **천** 실로 짠, 옷이나 이불 따위를 만드는 감.

일기가 좋아서 대사는 잘 지냈소

날씨가 좋아서 큰 잔치를 잘 지냈느냐고 묻는다는 뜻으로, 혼인 잔치를 아무 탈 없이 잘 치렀다고 인사로 주고받던 말.

일 년 시집살이 못하는 사람 없고 벼 한 섬 못 베는 사람 없다

아무리 고된 일도 얼마쯤은 그럭저럭 해낼 수 있다는 말.

ㅇ

일년지계는 봄에 있고 일일지계는 아침에 있다

한 해 계획은 봄에 있고 하루 계획은 아침에 있다는 뜻으로, 무슨 일이든 잘 이루려면 처음부터 계획을 잘 세우는 것이 중요하다는 말.

일 다 하고 죽은 무덤 없다

이 세상에 자기가 해야 할 일을 말끔히 다 하고 죽은 사람은 없다는 뜻으로, 일은 하려고 하면 끝이 없다는 말.

같은 속담 시키는 일 다 하고 죽은 무덤은 없다

일도 못 하고 불알에 똥칠만 한다

하려던 일은 하지도 못하고 실패하거나 어긋난 경우를 빗대어 이르는 말.

일 못 하는 늙은이 쥐 못 잡는 고양이도 있으면 낫다

쓸모없는 것처럼 보이던 것도 나름대로 쓸 데가 있음을 빗대어 이르는 말.

일 안 하는 가장

제구실을 못 하여 아무짝에도 쓸모없게 된 사람이나 물건을 빗대어 이르는 말.

같은 속담 쥐 못[안] 잡는 고양이라

일에는 베돌이 먹을 땐 감돌이
일에는 베돌이요 먹는 데는 악돌이다

일할 때는 멀찍이 피해 돌아다니다가 먹을 것이 있으면 착 붙어서 끼어든다는 뜻으로, 제 잇속을 차리는 데에는 빠지지 않으면서 일할 때는 꾀만 부리며 요리조리 피하는 사람을 욕으로 이르는 말.

같은 속담 먹는 데는 감돌이 일에는 배돌이

낱말 풀이 **감돌이** 사소한 이익을 탐내어 덤비는 사람을 낮잡아 이르는 말. **베돌이** 일을 하는데 한데 어울려 하지 않고 따로 행동하는 사람. **악돌이** 악을 쓰며 모질게 덤비기를 잘하는 사람.

일월은 크고 이월은 작다

한 번 좋은 일이 있으면 다음에는 궂은일이 있듯이 세상일은 좋고 나쁜 일이 돌고 돈다는 말.

같은 속담 한 달이 크면 한 달이 작다

일은 송곳으로 매운 재 긁어내듯 하고 먹기는 도짓소 먹듯 한다

일은 아궁이에서 송곳으로 재를 긁어내듯 조금밖에 못 하면서 먹기는 도지를 내고 빌려 쓰는 황소가 먹듯이 한다는 뜻으로, 일은 더디면서 엄청나게 많이 먹기만 하는 사람을 비꼬아 이르는 말.

낱말 풀이 **도짓소** 곡식을 얼마씩 내기로 하고 한 해 동안 빌려 쓰는 남의 소.

일은 할 탓이고 도지개는 맬 탓

일이 되는 정도는 자기가 하기 나름이라고 빗대어 이르는 말.

낱말 풀이 **도지개** 틈이 가거나 뒤틀린 활을 바로잡는 틀.

일을 하려면 어처구니 독 바르듯 하고 삼동서 김 한 장 쳐부수듯 메로 새알 부수듯 하라

일을 하려면 우물쭈물하지 말고 빠르게 해치워야 한다는 말.

낱말 풀이 **메** 무엇을 치거나 박을 때 쓰는 물건. **어처구니** 엄청나게 큰 사람이나 사물.

일이 곱지 얼굴이 곱나

얼굴이 고운 사람보다 일을 잘하는 사람이 더 곱게 보인다는 뜻으로, 일 잘하는 사람을 칭찬하는 말.

일이 되면 입도 되다

1. 일이 많으면 그만큼 먹을 것도 많이 생긴다는 말. 2. 고된 일을 하다 보면 입에서도 저절로 험한 말이 나오게 된다는 말.

낱말 풀이 **되다** 1. 일이 힘에 벅차다. 2. 몹시 심하거나 모질다.

일이 잘될 땐 넘어져도 떡함지에 엎어진다

일이 잘 풀리는 사람은 안될 듯하던 일까지도 뜻밖에 좋은 결과를 가져온다고 빗대어 이르는 말.

같은 속담 잘되는 놈은 엎어져도 떡함지라

일 잘하는 아들 낳지 말고 말 잘하는 아들 낳아라

수걱수걱 일 잘하는 아들보다 말주변이 좋아 일 처리를 잘하는 아들이 더 낫다는 뜻으로, 사람이 말을 잘하면 사는 데 매우 이롭다는 말.

일 전 오 리 밥 먹고 한 푼 모자라 치사를 백 번이나 한다

보잘것없는 일 전 오 리어치 밥을 먹고서 한 푼이 모자라 값을 다 치르지 못한 탓에 고맙다는 말을 백 번도 더 한다는 뜻으로, 그다지 크게 잘못한 것도 없고 큰일도 아닌데 쓸데없이 굽실거려야 하는 경우를 빗대어 이르는 말.

낱말 풀이 **치사** 고맙다는 뜻을 표시함.

일천 관 불붙이고 동관에서 쌀알 줍는다
일천 석 불붙이고 쌀알 줍는다

1. 큰 손해를 입고 나서 적은 이익을 위해 애면글면 애쓰는 경우를 빗대어 이르는 말. 2. 남자는 밖에서 돈을 물 쓰듯 하며 돌아다니는데 아낙네는 집 안에서 푼돈을 아끼며 아글타글 애쓰는 경우를 빗대어 이르는 말.

일촌간장이 봄눈 슬듯 한다

근심 걱정이 더할 나위 없이 심한 정도에 달했음을 빗대어 이르는 말.

낱말 풀이 **일촌간장** 한 토막의 간과 창자라는 뜻으로, 애달프거나 애가 타는 마음을 이르는 말.

잃은 도끼나 얻은 도끼나 일반

잃은 것이나 얻은 것이나 다 같은 도끼라는 뜻으로, 전에 있던 것이나 지금 있는 것의 본질은 그다지 다르지 않다고 빗대어 이르는 말.

읽을거리 옛날에 어떤 나무꾼이 산에 나무를 하러 갔다가 잘못해서 도끼를 연못 속에 빠뜨렸대. 하릴없이 그 자리에 앉아 울고 있자니 연못에서 머리가 허연 할아버지가 나타나더래. 산신령인 거지. 할아버지가 금도끼를 보여 주면서 "이 도끼가 네 도끼냐?" 하고 물으니 나무꾼은 "아니오, 제 도끼는 낡은 쇠도끼입니다." 하고 답했지. 그러자 이번에는 은도끼를 보여 주면서 "이 도끼가 네 도끼냐?" 하고 물어. 나무꾼은 다시 아니라고 했지. 그랬더니 할아버지가 정직하다고 칭찬하면서 금도끼, 은도끼, 쇠도끼 세 개를 다 주더래. 그 이야기를 들은 이웃에 사는 욕심쟁이 나무꾼이 금도끼, 은도끼를 얻을 속셈에 그 연못을 찾아갔어. 욕심쟁이 나무꾼은 일부러 도끼를 연못에 던지고 할아버지가 나타나기를 기다렸어. 할아버지는 똑같이 금도끼, 은도끼, 쇠도끼를 보여 주면서 네 것이냐고 물었지. 욕심쟁이 나무꾼은 다 자기 거라고 답했어. 그러자 할아버지는 노여워하면서 그냥 연못 속으로 사라졌대. 욕심쟁이 나무꾼은 금도끼, 은도끼는커녕 자기 쇠도끼마저 잃어버렸다지.

잃은 도끼는 쇠가 좋거니

지금 쓰는 도끼보다 잃은 도끼가 쇠는 더 좋다는 뜻으로, 1. 지금 것보다 먼저 것에 미련이 있는 경우를 빗대어 이르는 말. 2. 새로 온 사람이 먼저 있던 사람보다 못한 경우에 빗대어 이르는 말.

잃은 사람이 죄가 많다

무언가를 잃은 사람이 애먼 여러 사람들을 의심하게 됨을 이르는 말.

임도 보고 뽕도 딴다

'원님도 보고 환자도 탄다'와 같은 속담.

읽을거리 뽕나무는 누에를 치려고 심어 기르는 나무야. 누에는 뽕잎만 먹고 자라거든. 좋은 뽕잎을 먹은 누에는 튼실한 고치를 짓고, 좋은 실을 만들어 내지. 산에서 저절로 자라는 산뽕나무나 꾸지뽕나무 잎도 누에 먹이로 주지만 집에서 기르는 뽕나무보다는 못하대. 꾸지뽕나무는 누에를 키우는 뽕나무가 부러워서 굳이 나도 뽕나무를 하겠다고 우겨 꾸지뽕나무가 되었다는 우스갯소리가 있어. 잎은 뽕나무보다 못하지만 꾸지뽕나무로 만든 활은 으뜸으로 쳐. 뽕나무 껍질은 닥나무 대신 종이를 만드는 데 쓰고, 나무껍질과 뿌리는 말려서 약으로도 썼어. 봄에는 어린잎을 나물로 먹기도 하고 뽕잎차를 만들어 먹기도 해. 뽕나무 열매를 오디라고 하는데 초여름부터 따 먹어. 까맣게 익은 오디는 달고 맛있어. 물이 많아서 먹다 보면 손과 입술이 까맣게 물이 들곤 하지. 산에서 나는 산뽕나무 오디도 맛있어.

임 없는 밥은 돌도 반 뉘도 반

남편 없이 혼자 지낼 때는 제대로 차려 먹지 않고 산다는 말.

임은 품에 들어야 맛

1. 나긋나긋하게 품에 안기는 임이 좋다는 말. 2. 뭐든 제 욕심을 채울 수 있어야 좋다는 말.

임을 보아야 아이를 낳지

1. 어떤 성과를 얻으려면 그에 걸맞은 노력과 준비가 있어야 한다는 말. 2. 무슨 일을 할 수 있는 환경이나 조건이 도무지 마련되지 않음을 빗대어 이르는 말.

같은 속담 꿈을 꾸어야 임을 보지[본다] • 눈을 떠야 별을 보지 • 잠을 자야 꿈을 꾸지 • 장가를 들어야 아이를 낳는다 • 하늘을 보아야 별을 따지

임자 없는 용마

주인을 잃어 힘을 쓸 수 없게 된 용마라는 뜻으로, 쓸모없거나 보람 없게 된 처지를 빗대어 이르는 말.

같은 속담 구슬 없는 용 • 꽃 없는 나비 • 날개 없는 봉황 • 물 없는 기러기 • 성인 못 된 기린 • 줄 없는 거문고 • 짝 잃은 기러기[원앙]

낱말 풀이 **용마** 1. 용 머리에 말의 몸을 하고 있다는 신령스러운 전설 속 짐승. 2. 매우 잘 달리는 훌륭한 말. **임자** 1. 어떤 물건을 자기 것으로 가지고 있는 사람. 2. 물건이나 동물 따위를 잘 다루는 사람.

임자 잃은 논밭에 돌피 성하듯

주인이 없으면 논밭에 돌피 같은 풀이 우거진다는 뜻으로, 가꾸고 보살피는 주인이 없으면 나쁜 것과 더러운 것들이 성하기 마련이라고 빗대어 이르는 말.

임진년 원수다

임진왜란을 일으킨 왜적처럼 영영 잊을 수 없는 원수를 빗대어 이르는 말.

입 가리고 고양이 흉내

속이 빤히 들여다보이는 얕은수로 남을 속이려 드는 어리석은 짓을 이르는 말.

같은 속담 가랑잎으로 눈(을) 가리고 아웅 한다 • 눈 가리고 아웅 • 눈 벌리고 아웅 • 머리카락 뒤에서 숨바꼭질한다

입도 염치 믿고 산다

부끄러운 줄 모르고 게걸스럽게 먹는 사람을 빗대어 이르는 말.

입만 가지면[있으면] 서울 이 서방 집도 찾아간다

이름을 모르는 이 서방 집도 입만 있으면 물어보면서 거뜬히 찾아간다는 뜻으로, 말만 잘하면 힘든 일도 얼마든지 해낼 수 있다고 빗대어 이르는 말.

입만 뾰족했으면 새소리도 하겠다

좋은 말, 나쁜 말을 가리지 않고 지껄여 대는 수다스러운 사람을 이르는 말.

입맛 나자 노수 떨어진다

1. 입맛이 없어 먹지 못하던 사람이 입맛이 돌자 돈이 떨어져 사 먹을 수 없게 되었다는 뜻으로, 한창 재미나 성과를 보게 되었는데 밑천이 떨어져 더는 이어갈 수 없게 된 경우에 빗대어 이르는 말. 2. 일이 뜻하지 않게 엇나가며 틀어지는 것을 빗대어 이르는 말.

낱말 풀이 **노수** 먼 길을 떠나 오가는 데 드는 비용. =노자.

입맛이 반찬

입맛이 좋으면 반찬이 없는 밥도 맛있게 먹는다는 말.

입성이 날개(라)

'옷이 날개(라)'와 같은 속담.

입술에 침도 마르기 전에 돌아앉는다

서로 약속이나 다짐을 하고 나서 바로 말을 바꾸어 행동하는 경우를 이르는 말.

입술에 침이나 바르지

입술이 마르도록 뻔뻔스러운 거짓말을 한다는 뜻으로, 속내가 훤히 들여다보이는 거짓말을 하는 사람더러 그런 말 같잖은 짓은 그만두라고 꾸짖어 이르는 말.

같은 속담 혓바닥에 침이나 묻혀라

입술이 없으면 이가 시리다

서로 떼려야 뗄 수 없는 사이여서 어느 한쪽이 망하면 다른 한쪽도 망하게 되는 경우를 빗대어 이르는 말.

입 아래 코

일의 차례가 뒤바뀐 경우를 빗대어 이르는 말.

입안의 혓바닥 같다

입안의 혀가 자기가 놀리고 싶은 대로 움직이듯이, 일을 시키는 사람의 뜻대로 말을 고분고분 잘 듣는 모양을 이르는 관용 표현.

같은 관용 입의 혀 같다

입에 들어가는 밥술도 제가 떠 넣어야 한다

아무리 쉬운 일이라도 자기 스스로 힘들여 애쓰지 않으면 이룰 수 없다고 빗대어 이르는 말.

ㅇ

입에 떨어지는 사과를 기다리는 격

아무런 애도 쓰지 않으면서 좋은 결과가 이루어지기만 바라는 것을 비웃는 말.

같은 속담 감나무 밑에 누워서 홍시[연시] (입안에) 떨어지기를 기다린다[바란다] • 배나무 밑에 앉아 선 배 떨어지기를 기다린다 • 홍시 떨어지면 먹으려고 감나무 밑에 가서 입을 벌리고 누웠다

입에 맞는 떡

제 입맛에 꼭 맞는 떡처럼 제 마음에 꼭 드는 일이나 물건을 빗대어 이르는 말.

입에 맞는 떡은 구하기 어렵다

제 뜻과 마음에 쏙 드는 물건이나 일을 구하기가 퍽 어려움을 빗대어 이르는 말.

입에 문 혀도 깨문다

누구나 실수할 수 있다는 말.

입에 붙은 밥풀

1. 어느 때고 떨어져 없어질 것을 빗대어 이르는 말. 2. 입에 붙은 밥풀은 보기 싫다는 뜻으로, 보기 흉하게 덧붙어 있는 것을 빗대어 이르는 말.

입에서 구렁이가 나가는지 뱀이 나가는지 모른다

아무 말이나 가리지 않고 함부로 하면서도 깨닫지 못하는 사람을 핀잔하는 말.

입에서 신물이 난다

'이에 신물이 난다[돈다]'와 같은 속담.

입에서 젖내가 난다

나이가 어려서 하는 말이나 행동이 수준 낮고 서투르다는 말.

입에 쓴 약이 병에는 좋다
입에 쓴 약이 병을 고친다

잘못을 타이르는 말이나 비판이 당장 듣기에는 괴롭지만 자기를 위해서는 달게 받아들이는 것이 이롭다는 말.

입에 재갈을 물린다

함부로 입을 놀리지 못하게 하는 것을 빗대어 이르는 말.

낱말 풀이 **재갈** 1. 말을 부리기 위해 말 입에 가로 물리는 쇠막대. 2. 소리를 내지 못하도록 사람 입에 물리는 물건.

입에 풀칠하다

낟알로 쑨 죽이 묽어서 마치 입에 풀칠하는 것 같다는 데서, 굶어 죽지 않을 정도로 겨우 먹고 살아간다는 관용 표현.

같은 관용 목구멍에 풀칠하다

입은 거지는 얻어먹어도 벗은 거지는 못 얻어먹는다

다 같은 거지라도 옷차림을 깨끗이 하면 얻어먹고 차림이 지저분하면 내쫓기기 쉽다는 뜻으로, 옷차림이 깨끗해야 남에게 대우를 받을 수 있다는 말.

같은 속담 거지도 입어야 빌어먹는다

입은 비뚤어져도 말은 바로 해라[하랬다]
입은 비뚤어져도 주라는 바로 불어라

무슨 일이 있더라도 말은 언제나 바르게 하라는 말.

낱말 풀이 **주라** 우리나라 관악기의 하나. 붉은 칠을 한 소라 껍데기로 만든다.

입의 말 다 듣자면 고래 등 같은 기와집도 하루아침에 넘어간다

먹고 싶은 대로 다 먹어 치우면 아무리 큰 재산이라도 거덜 난다는 말.

입의 혀 같다

'입안의 혓바닥 같다'와 같은 관용 표현.

입이 개차반이다

입이 개가 먹은 똥같이 지저분하다는 뜻으로, 아무 말이나 가리지 않고 되는대로 마구 지껄이는 사람을 욕으로 이르는 말.

낱말 풀이 **개차반** 개가 먹는 음식인 똥이라는 뜻으로, 언행이 몹시 더러운 사람을 속되게 이르는 말.

입이 걸기가 사복개천 같다

말을 가리지 않고 험한 소리를 함부로 지껄이는 사람을 욕으로 이르던 말.

낱말 풀이 **걸다** 말씨가 거칠고 험하다. **사복개천** 궁중의 가마나 말에 관한 일을 맡아보던 사복시에 흐르던 매우 더러운 개천.

입이 광주리만 하다

1. 음식을 많이 먹는 모양을 빗대어 이르는 말. 2. 잔뜩 화가 난 모양을 빗대어 이르는 말.

입이 광주리만 해도 말 못 한다

'온몸이 입이라도 말 못 하겠다'와 같은 속담.

입이 밥 빌리러 오지 밥이 입 빌리러 올까

자기에게 무엇을 달라고 하는 사람이 가지러 오지는 않고 가져다주기를 바라는 경우에 빗대어 이르던 말.

입이 보배

1. 말을 잘하면 해결하지 못할 일이 없다는 뜻으로 이르는 말. 2. 입으로는 못할 말이 없음을 빗대어 이르는 말.

입이 서울(이라)

무엇보다 먹는 것이 으뜸이라고 빗대어 이르는 말.

입이 여럿이면 금도 녹인다

1. 쓰는 사람이 많으면 그만큼 돈이 많이 든다는 말. 2. 여러 사람이 힘을 모으

면 무슨 일이나 다 해낼 수 있다는 말.

같은 속담 천 인이 찢으면 천금이 녹고 만 인이 찢으면 만금이 녹는다

입이 열 개라도 할 말이 없다
입이 열둘이라도 말 못 한다
입이 채 구멍만큼 많아도 말할 구멍은 하나도 없다

'온몸이 입이라도 말 못 하겠다'와 같은 속담.

낱말 풀이 **채** 껍질을 벗긴 싸릿개비나 가는 나무오리. 바구니, 광주리 따위를 만드는 데 쓴다.

입이 원수

1. 먹고살기 위하여 괴롭거나 아니꼬운 일도 참아야 하는 경우에 빗대어 이르는 말. 2. 말을 잘못하여 화를 입게 된 경우를 이르는 말.

같은 속담 구복이 원수

입이 터진 팥 자루 같다
입이 항아리 통만 하다

너무 좋아서 어쩔 줄 모르고 입이 헤벌어진 모양을 빗대어 이르는 말.

입이 포도청

먹고살기 위하여 해서는 안 될 일까지도 할 수밖에 없음을 빗대어 이르는 말.

같은 속담 목구멍이 포도청

낱말 풀이 **포도청** 조선 시대에, 죄지은 사람을 잡거나 다스리는 일을 맡아보던 곳.

입이 함박만 하다

매우 기뻐하고 흐뭇해하는 마음을 빗대어 이르는 말.

ㅇ

입찬말은 묘 앞에 가서 하여라
입찬소리는 무덤 앞에 가서 하라

자랑질하며 장담하는 것은 죽은 뒤에나 하라는 뜻으로, 무엇이나 함부로 장담하지 말라고 가르쳐 이르는 말.

같은 속담 찬 소리는 무덤 앞에 가 하여라

낱말 풀이 **입찬말** 자기의 지위나 능력을 믿고 지나치게 장담하는 말.

입추의 여지가 없다

송곳을 세울 남은 땅도 없다는 뜻으로, 발을 들여놓을 틈도 없을 정도로 많은 사람들이 꽉 들어찬 것을 빗대어 이르는 말.

같은 속담 벼룩 꿇어앉을 땅도 없다 • 송곳 모로 박을 곳도 없다

입춘(을) 거꾸로 붙였나

입춘이 지난 뒤에 다시 날씨가 몹시 추워진 경우를 이르는 말.

잇새도 어우르지 않는다

말 한마디 없음을 빗대어 이르는 말.

있는 것은 모으고[마디고] 없는 것은 헤프다

많이 있어 흔한 것은 아쉽지 않아 덜 찾으니 쌓이는데 없는 것은 보일 때마다 쓰게 되니 헤프다는 뜻으로, 무엇이나 많이 있으면 오래 버틸 수 있지만 없으면 한없이 궁해진다는 말.

있을 때 아껴야지 없으면 아낄 것도 없다

무엇이 흔하다고 하여 헤프게 쓰지 말고 흔할 때부터 아껴야 한다는 말.

잉어가 뛰니까 망둥이도 뛴다
잉어 숭어가 오니 물고기라고 송사리도 온다

남이 한다고 하니까 앞뒤 가리지 않고 덩달아 나서는 경우에 비웃어 이르는 말.

같은 속담 가물치가 뛰면 옹달치도 뛴다 • 망둥이가 뛰니까 전라도 빗자루도 뛴다 • 숭어가 뛰니까 망둥이도 뛴다

잉어 낚시에 속절없는 송사리 걸린 셈

1. 애먼 일에 말려들어 억울하게 화를 입는 경우를 빗대어 이르는 말. 2. 큰 것을 바라고 한 일인데 보잘것없는 결과밖에 못 거둔 경우를 빗대어 이르는 말.

낱말 풀이 **속절없다** 단념할 수밖에 달리 어찌할 도리가 없다.

잉엇국 먹고 용트림한다

시시한 일을 해 놓고서 무슨 큰일이나 한 것처럼 으스대는 것을 빗대어 이르는 말.

같은 속담 김칫국 먹고 수염 쓴다 • 냉수 먹고 갈비 트림한다 • 미꾸라짓국 먹고 용트림한다

잎거미도 줄을 쳐야 벌레를 잡는다

무슨 일이든지 그에 걸맞은 준비를 하고 힘을 들여야 뜻한 바를 이룰 수 있다고 빗대어 이르는 말.

같은 속담 거미도 줄을 쳐야 벌레를 잡는다

낱말 풀이 **잎거미** 잎거밋과의 동물. 넓은잎나무 잎사귀에 천막 같은 그물을 친다.

ㅈ

자가사리 끓듯 (한다)

어중이떠중이들이 한데 모여 법석대는 모양을 빗대어 이르는 말.

낱말 풀이 **자가사리** 1. 퉁가릿과의 민물고기. 2. '동자개'의 방언(강원).

자가사리 용을 건드린다

작고 보잘것없는 자가사리가 주제넘게 용을 건드린다는 뜻으로, 맞설 수 없을 만큼 센 상대에게 겨루어 보자고 덤벼드는 어리석은 짓을 빗대어 이르는 말.

같은 속담 범 모르는 하룻강아지 • 비루먹은 강아지 대호를 건드린다 • 하룻강아지 범 무서운 줄 모른다 • 해변 개 범 무서운 줄 모른다

자고 나면 인심도 변하고 세상도 변한다

제 잇속에 따라 사람의 마음이나 태도가 끊임없이 바뀐다는 말.

자기 낯[얼굴]에 침 뱉기

남을 해치려다가 도리어 자기가 해를 입게 됨을 빗대어 이르는 말.

같은 속담 내 얼굴에 침 뱉기 • 누워서 침 뱉기 • 제 갗에 침 뱉기 • 천장에 침 뱉기

자기 늙은 것은 몰라도 남 자라는 것은 안다

1. 제 자신은 세월이 지나도 나이를 먹은 것 같지 않지만, 아이들이 자라고 나이 드는 모습을 보니 세월의 흐름을 새삼스럽게 깨닫게 될 때 이르는 말. 2. 자기 흠은 잘 깨닫지 못하면서 남의 흠에는 밝은 경우를 빗대어 이르는 말.

같은 속담 저 늙는 것은 몰라도 아이 크는 것은 안다

자기 배 부르면 남의 배 고픈 줄 모른다

자기 배가 부르면 모두 저와 같은 줄 알고 남의 배고픔은 모른다는 뜻으로, 1. 편하게 사는 사람은 남의 어려운 사정을 잘 모른다는 말. 2. 자기만 만족하면 남의 사정이나 곤란함을 돌보아 주지 않는 것을 빗대어 이르는 말.

같은 속담 내 배가 부르니 종의 배고픔을 모른다 • 상전 배부르면 종 배고픈 줄 모른다 • 제 배 부르니 종의 밥 짓지 말란다

자기 자식에겐 팥죽 주고 의붓자식에겐 콩죽 준다

1. 친자식은 곱다고 맛있는 팥죽을 주고 의붓자식은 밉다고 콩죽을 준다는 뜻으로, 의붓자식보다 제 자식을 더 아끼고 챙기는 것을 이르던 말. 2. 자기와 사이가 멀고 가까움에 따라 달리 대한다는 말.

낱말 풀이 **의붓자식** 재혼한 배우자가 데려온 자식.

ㅈ

자는 벌집 건드린다
자는 범[호랑이] 코 찌르기
자는 범[호랑이] 코침 주기

잠잠한 벌집을 건드려서 벌에게 쏘였다는 뜻으로, 가만히 있는 것을 괜히 건드려서 문제를 일으키거나 큰 화를 입는 경우를 빗대어 이르는 말.

같은 속담 자는 호랑이 불침 놓기 • 잠자는 범에게 코침 주기

낱말 풀이 **코침** 콧구멍에 실오라기 따위를 넣어 간질이는 것.

자는 애 몫은 있어도 나간 사람 몫은 없다

1. 나간 사람은 어디서 얻어먹겠거니 생각하여 따로 몫을 남겨 두지 않는 것이

흔한 일이라는 말. 2. 나간 어른에 대해서는 잊기 쉬워도 제 품에서 키우는 아이에게는 언제나 마음을 쓰기 마련이라는 말.

자는 입에 콩가루 떨어 넣기

자는 사람의 입에 콩가루를 넣으면 숨이 막힌다는 데서, 1. 얼핏 보기에는 남에게 좋은 일을 하는 듯하나 알고 보면 어려운 지경에 빠뜨리는 경우를 빗대어 이르는 말. 2. 옳지 못한 일 처리를 빗대어 이르는 말.

자는 짐승은 포수도 쏘아 잡지 않는다
자는 짐승(을) 잡으면 죄로 간다

자는 짐승을 활이나 총으로 쏘아 잡는 것은 쉽지만 못할 노릇이라는 뜻으로, 손쉽게 얻을 수 있지만 인정으로는 차마 할 수 없는 경우를 빗대어 이르는 말.

자는 호랑이 불침 놓기

'자는 벌집 건드린다'와 같은 속담.

자다가 나는 새가 더 멀리 간다

1. 자던 새가 놀라서 깨면 엉겁결에 더 멀리 날아간다는 뜻으로, 갑자기 당한 위험에 놀라 엉겁결에 한 행동이 큰 힘을 낸 경우에 빗대어 이르는 말. 2. 뒤떨어졌던 사람이 한번 깨달으면 앞서간다고 빗대어 이르는 말.

자다가 벼락을 맞는다
자다가 생병 얻는[앓는] 것 같다
자다가 얻은 병

급작스럽게 뜻밖의 큰 변이나 망신스러운 일을 당한 경우에 빗대어 이르는 말.

낱말 풀이 **생병** 1. 힘에 겨운 일을 무리하게 하다가 생긴 병. 2. 까닭 없이 자기 스스로 앓는 병.

자다가 봉창 두드린다

뜻밖의 말이나 일을 갑자기 불쑥 내미는 것을 빗대어 이르는 말.

같은 속담 새벽 봉창 두들긴다

낱말 풀이 **봉창** 벽에 작은 구멍을 뚫고 종이를 발라서 막은 창문.

자던 아이 가지 따러 갔다

어머니가 아이를 재우려다 먼저 잠들어 버린 사이에 아이가 밭에 나가 가지를 땄다는 데서, 아이보다 어머니가 먼저 깊이 잠든 경우를 빗대어 이르는 말.

자던 아이 깨겠다

너무도 뜻밖의 말이라 자던 아이도 놀라 깨겠다는 뜻으로, 쓸데없는 말로 일을 시끄럽게 만들지 말라는 말.

자던 중도 떡 다섯 개

아무 일도 하지 않고 잠만 자던 중이 떡 다섯 개를 얻었다는 뜻으로, 아무 일도 하지 않고 이득을 보게 된 경우를 빗대어 이르는 말.

자도 걱정 먹어도 걱정

자면 잔다고 걱정하고 안 자면 안 잔다고 걱정하며 먹으면 먹는다고 걱정하고 안 먹으면 안 먹는다고 걱정한다는 뜻으로, 1. 자식에 대한 부모 사랑이 몹시 크다는 말. 2. 무엇을 어떻게 하든 걱정이 너무 커서 늘 걱정에서 헤어나지 못하는 사람을 두고 이르는 말.

자라나는[자라는] 호박에 말뚝 박는다[박기]

한창 잘되어 가는 일을 방해하는 비뚤어진 마음보와 행동을 빗대어 이르는 말.

읽을거리 호박은 밭두렁이나 울타리 밑, 산비탈에 심어 기르는 열매채소야. 호박을 빈터에 심으면 덩굴이 꾸불텅꾸불텅 뻗으면서 넓은잎으로 가득 뒤덮여. 어린순이나 잎은 쪄서 쌈을 싸 먹고, 열매는 어릴 때부터 다 익을 때까지 여름내 따 먹어. 여물기 전 애호박으로는 온갖 반찬을 만들어 먹지. 누렇게 다 여문 늙은 호박은 껍질을 벗기고 씨앗을 뺀 뒤 범벅이나 죽을 쑤어 먹어. 울릉도에서는 호박으로 엿을 고아 먹기도 해. 아기를 낳은 엄마가 호박으로 죽을 쑤어 먹으면 몸의 부기가 빠져서 좋대. 호박씨는 기름을 짜거나 땅콩처럼 날로 까먹어. 호박은 맛도 좋고 영양도 많아서 우리 밥상에서 빠지지 않는 채소야.

자라 보고 놀란 가슴 소댕[솥뚜껑] 보고 놀란다
자라 보고 놀란 놈이 솥뚜껑 보고 놀란다

어떤 것에 된통 혼이 난 사람은 그와 비슷한 것만 보아도 지레 겁을 먹게 된다고 빗대어 이르는 말.

같은 속담 고슴도치한테 혼난 범이 밤송이 보고도 놀란다 • 국에 덴 놈 물[냉수] 보고도 분다[놀란다] • 더위 먹은 소가 달을 보고 피한다 • 뜨거운 물에 덴 놈 숭늉 보고도 놀란다 • 뭅시 데면 회도 불어 먹는다 • 불에 놀란 놈이 부지깽이[화젓가락]만 보아도 놀란다

자라 알 바라듯[들여다보듯/바라보듯]

자라가 알을 낳고는 새끼가 깨기를 기다리며 들여다본다는 뜻으로, 1. 자식이나 재물 따위를 다른 곳에 두고 잊지 못하여 늘 생각하는 것을 빗대어 이르는 말. 2. 무슨 일을 벌여 놓고는 성과가 나타나기를 마냥 기다림을 빗대어 이르는 말.

읽을거리 자라는 밑바닥에 개흙, 모래, 자갈 따위가 깔린 연못이나 강, 저수지에서 살아. 물속에 한번 들어가면 물 밖으로 잘 안 나와. 이따금 바위에 올라와 볕을 쬐

는데 누가 나타나면 잽싸게 물로 들어가. 등딱지가 거북처럼 딱딱하지 않고 보들보들하고, 코가 뾰족하게 길어. 자라는 몸이 뒤집혀도 혼자 힘으로 일어날 수 있어. 몸이 뒤집히면 목을 자기 몸길이만큼 쭉 빼서 땅에 대고 힘을 주면서 바로 뒤집지. 지금은 사람들이 강가 모래를 퍼 가면서 알 낳을 곳이 사라져 수가 많이 줄어들었어.

자랑 끝에 쉬슨다[불붙는다]

1. 너무 뽐내며 거들먹거리다가는 일을 그르치게 된다는 말. 2. 너무 자랑하면 끝에 가서 말썽이나 화가 생긴다는 말.

자루를 찢는다

하찮은 자루를 두고 다투다가 자루를 찢는다는 뜻으로, 대수롭지 않은 일을 가지고 서로 다투는 것을 비웃어 이르는 말.

같은 속담 동냥자루를 찢는다

자루 베는 칼 없다

칼이 아무리 잘 든다고 해도 제 칼자루는 베지 못한다는 뜻으로, 1. 제 허물을 제가 알아서 고치기는 어려움을 빗대어 이르는 말. 2. 자기와 관계된 일은 남의 일보다 하기가 더 어려움을 빗대어 이르는 말.

같은 속담 도끼가 제 자루 깎지 못한다 • 식칼이 제 자루를 깎지 못한다 • 칼날이 날카로워도 제 자루 못 깎는다

자루 속에 든 쥐

1. 옴짝달싹 못 하고 잡히게 된 처지에 놓인 경우를 빗대어 이르는 말. 2. 남의 손아귀에 완전히 틀어쥐이게 된 처지를 빗대어 이르는 말.

ㅈ

자루 속의 송곳

자루 속에 든 송곳은 그 끝이 구멍을 뚫고 밖으로 빠져나오기 마련이라는 뜻으로, 아무리 감추려고 해도 정체가 저절로 드러나는 경우를 빗대어 이르는 말.

같은 속담 주머니에 들어간 송곳이라

자빠져도 코가 깨진다

일이 안되려면 하는 일마다 꼬여서 잘 안 풀리고 뜻밖의 나쁜 일이 생긴다는 말.

같은 속담 엎어져도 코가 깨지고 자빠져도 코가 깨진다 • 재수 없는 놈은 (뒤로) 자빠져도 코가 깨진다 • 재수 없는 포수는 곰을 잡아도 웅담[열]이 없다

자빠지는 기둥 썩은 새끼로 매기

1. 아무짝에도 쓸모없고 보람도 없는 일을 빗대어 이르는 말. 2. 그르친 판에 보잘것없는 대책으로 일이 잘 되기를 바라는 어리석은 행동을 비웃어 이르는 말.

읽을거리 새끼는 볏짚으로 꼰 줄이야. 볏짚은 벼를 베어 쌀을 털고 남은 줄기야. 새끼로는 짚신, 가마니, 바구니 같은 살림살이를 만들거나 초가집 지붕이나 담을 잇는 데 썼어. 갈대나 억새는 잘 부러져서 줄로 꼬기 어렵지만 볏짚은 질긴 데다 추수가 끝나면 구하기도 쉬웠거든. 새끼에 얽힌 옛이야기도 있어. 옛날에 어머니와 게으른 아들이 살았는데, 어머니가 더는 게으른 꼴을 못 보겠다며 새끼 서 발을 주고는 아들을 집에서 내쫓았어. 아들은 새끼 서 발을 깨진 독과 바꾸고, 깨진 독을 안 깨진 독과 바꾸고, 멀쩡한 독을 죽은 말과 바꾸고, 죽은 말을 산 말과 바꾸고, 그러면서 나중에 색시를 구해 잘 살았다는 이야기야.

자빠진 김에 쉬어 간다

일이 일어난 김에 그 기회를 틈타 그동안 자기가 하려던 일을 이루거나 자기에게 이롭게 꾀하는 경우에 빗대어 이르는 말.

같은 속담 넘어진 김에 쉬어 간다 • 미끄러진 김에 쉬어 간다 • 엎어진 김에 쉬어 간다

자식 겉 낳지 속은 못 낳는다

1. 제가 낳은 자식이라도 그 속에 품은 생각을 부모가 다 알 수 없음을 빗대어 이르는 말. 2. 자식이 나쁜 생각을 품더라도 그것이 부모 책임은 아니라는 말.

같은 속담 부모가 자식을 겉 낳았지 속 낳았나

자식 과년하면 부모가 반중매쟁이 된다

혼인할 때를 놓친 자식을 둔 부모는 이리저리 바쁘게 뛰어다니며 몸소 자식의 짝을 찾게 된다는 말.

자식 기르는 것 배우고 시집가는 계집[처녀] 없다

무슨 일이든 하면서 배우지 처음부터 다 알고 일을 하는 사람은 없다는 말.

자식도 농사와 같다

자식 기르는 일도 농사짓는 일과 꼭 같다는 뜻으로, 자식도 때에 맞게 온갖 정성과 노력을 기울여야 잘 큰다고 빗대어 이르는 말.

자식도 품 안에 들 때 내 자식이지

제 자식도 품에 안고 키울 때나 귀엽지 다 자라면 부모 뜻을 어기고 제 뜻대로 행동하려 하거나 속을 썩인다는 말.

같은 속담 품 안에 있어야 자식이라

자식 둔 골[곳]에는 호랑이도 두남둔다
자식 둔 골은 범[호랑이]도 돌아본다

호랑이같이 사나운 짐승도 제 새끼를 사랑하여 그 새끼가 있는 곳을 살펴본다는 뜻으로, 비록 악한 사람이라도 제 자식은 늘 마음에 두고 아끼며 돌본다고

빗대어 이르는 말.

같은 속담 범도 새끼 둔 골을 두남둔다[센다] • 범도 제 새끼 놔둔 곳을 센다 • 짐승도 제 새끼는 사랑한다 • 호랑이도 자식 난 골에는 두남둔다

낱말 풀이 **두남두다** 1. 잘못을 감싸거나 편들어 주다. 2. 애착을 가지고 돌보다.

자식 둔 부모는 알 둔 새 같다

부모는 늘 자식을 걱정한다는 말.

자식 없는 것이 상팔자

자식을 기르다 보면 걱정을 많이 하게 되므로 자식이 없는 것이 차라리 마음 편하다는 말.

같은 속담 무자식 상팔자

자식은 낳기보다 키우기가 더 어렵다

부모가 자식을 낳는 일보다 자식을 훌륭하게 키우는 것이 더 힘들고 어렵다는 말.

자식은 내리사랑이다

자식의 부모 사랑이 부모의 자식 사랑을 따라가지 못한다는 말.

자식은 내 자식이 커 보이고 벼는 남의 벼가 커 보인다

자식은 제 자식이 가장 잘나 보이고 물건은 남의 것이 크고 좋게 보인다는 말.

같은 속담 곡식은 남의 것이 잘되어 보이고 자식은 제 자식이 잘나 보인다 • 딸은 제 딸이 고와 보이고 곡식은 남의 곡식이 탐스러워 보인다 • 아이는 제 자식이 잘나 보이고 곡식은 남의 곡식이 잘되어 보인다 • 자식은 제 자식이 좋고 곡식은 남의 곡식이 좋다

자식은 수염이 허예도 첫걸음마 떼던 어린애 같다

자식이 아무리 철나고 나이가 들어도 부모한테는 늘 어린아이처럼 여겨진다는 뜻으로, 자식에 대한 부모의 걱정과 사랑은 늘 한결같다고 빗대어 이르는 말.

같은 속담 자식이 여든 살이라도 세살 적 버릇만 생각난다

자식은 애물이라

자식은 늘 부모의 애를 태우며 걱정만 끼친다는 말.

낱말 풀이 **애물** 몹시 애를 태우거나 성가시게 하는 물건이나 사람.

자식은 어머니가 키운다

자식을 기르는 데는 어머니의 손이 가장 많이 간다고 이르던 말.

ㅈ

자식은 오복이 아니라도 이는 오복에 든다

이가 든든한 것이 큰 복이라는 말.

낱말 풀이 **오복** 유교에서 이르는 다섯 가지 복. 수(오래 사는 것), 부(재산이 많은 것), 강녕(몸이 건강하고 마음이 편안한 것), 유호덕(덕이 많은 것), 고종명(제명대로 살다가 편안히 죽는 것)을 이른다. 유호덕과 고종명 대신 귀함과 자손이 많음을 꼽기도 한다.

자식은 제 자식이 좋고 곡식은 남의 곡식이 좋다

'자식은 내 자식이 커 보이고 벼는 남의 벼가 커 보인다'와 같은 속담.

자식을 길러 봐야 부모 사랑을 안다

1. 자기가 자식을 낳아서 길러 보아야 비로소 부모가 제게 쏟은 사랑을 헤아릴 수 있다는 말. 2. 무슨 일이든 자기가 몸소 겪어 보지 않고서는 속까지 다 알 수 없다는 말.

자식을 보기엔 아비만 한 눈이 없고 제자를 보기엔 스승만 한 눈이 없다

자식은 부모가 가장 잘 알고 제자는 스승이 가장 잘 안다는 말.

자식을 보기 전에 어머니를 보랬다

자식은 거의 어머니 품에서 자라기 때문에 어머니의 성품을 닮으니 어머니를 보면 그 자식을 알 수 있다는 말.

자식을 키우는 데 오만 자루의 품이 든다

자식을 키우는 데는 부모 힘과 정성이 헤아릴 수 없이 많이 든다는 말.

자식이 부모 사랑 절반만 해도 효자다
자식이 부모의 마음 반이면 효자 된다

자식이 부모 사랑의 딱 반만큼만 부모를 생각하고 은혜를 갚아도 효자가 된다는 뜻으로, 자식에 대한 부모의 사랑은 부모에 대한 자식의 효도에 견줄 수 없을 만큼 크다는 말.

자식이 여든 살이라도 세살 적 버릇만 생각난다

'자식은 수염이 허예도 첫걸음마 떼던 어린애 같다'와 같은 속담.

자식이 자라면 상전 된다

자기 자식이라도 나이를 먹으면 부모가 제 뜻대로 하기 어렵다는 말.

낱말 풀이 **상전** 예전에, 종에 상대하여 그 주인을 이르던 말.

자에도 모자랄 적이 있고 치에도 넉넉할 적이 있다

1. 때에 따라 많아도 모자랄 때가 있고 적어도 남을 때가 있다고 빗대어 이르는

말. 2. 일에 따라 재주가 있는 사람도 못할 때가 있고 어리석은 사람도 잘할 때가 있다고 빗대어 이르는 말.

낱말 풀이 **자** 길이의 단위. 한 자는 약 30.3센티미터이다. **치** 길이의 단위. 한 치는 약 3.03센티미터이다.

자주꼴뚜기를 진장 발라 구운 듯하다

살결이 검은 사람을 놀리어 이르는 말.

같은 속담 오동 숟가락에 가물칫국을 먹었나

낱말 풀이 **진장** 1. 검정콩으로 쑨 메주로 담가 빛이 까맣게 된 간장. 2. 오래 묵어서 아주 진하게 된 간장.

작게 먹고 가는 똥 누어라[싸지]

지나치게 욕심부리지 말고 제 분수를 지키며 마음 편히 살아가라는 말.

같은 속담 몽글게 먹고 가늘게 싼다 • 작작 먹고 가는 똥 누어라

작년에 고인 눈물 금년에 떨어진다

지난해에 슬픈 일을 당해 고였던 눈물이 이듬해에 비로소 떨어진다는 뜻으로, 어떤 일이 있은 지 한참 만에야 그 영향이 나타나는 것을 빗대어 이르는 말.

같은 속담 단술 먹은 여드레 만에 취한다

작년 추석[팔월]에 먹었던 오례송편이 나온다

다른 사람의 아니꼬운 짓에 속이 뒤집힐 것 같다는 뜻으로 이르는 말.

낱말 풀이 **오례송편** 제철보다 일찍 여문 쌀로 만든 송편.

작아도 대추 커도 소반

대추는 크기가 작아도 이름에 큰 대(大) 자가 있고 소반은 크기가 커도 이름에 작을 소(小) 자가 있다는 뜻으로, 남의 말을 슬쩍 다른 말로 재치 있게 받아넘기는 말.

읽을거리 대추나무는 대추를 먹으려고 집 가까이나 밭둑에 심어 기르는 나무야. 풋대추는 조금 신맛이 나고 쌉싸름한데, 붉게 익어 가면서 점점 달아져. 잘 익은 대추는 따서 말려 두었다가 떡에도 넣고 약으로도 쓰고 제사상에도 올리지. 대추는 밤, 감과 함께 제사상에 올리는 3대 과일 가운데 하나야. 대추나무로 만든 방망이는 아주 단단해서 야무진 사람을 보고 '대추나무 방망이 같다'고 빗대어 말하기도 했어. 대추는 남자아이를 상징해. 그래서 혼인날 시어머니가 새 며느리한테 첫 절을 받을 때 아들을 많이 낳으라고 며느리의 치마폭에 대추를 던져 주는 풍속이 있어.

작아도 콩 싸라기 커도 콩 싸라기

크거나 작거나 다 같은 콩 싸라기라는 뜻으로, 크기는 달라도 질적으로는 별 차이가 없고 서로 비슷한 경우에 빗대어 이르는 말.

작아도 큰아주머니

1. '큰'의 뜻을 달리 풀이하여 몸집이 작아도 항렬이 위인 아주머니라는 뜻으로 이르는 말. 2. 몸집은 작지만 통이 크고 너그러운 아주머니를 이르는 말.

작아도 후추알[고추알]

'작은 고추가 더 맵다'와 같은 속담.

작은 것부터 큰 것이 이루어진다

아무리 큰일이라도 시작은 작은 것부터 한다는 말.

작은 고추가 더 맵다

몸집이 작거나 나이가 어린 사람이 하는 일이 야무지고 재주가 뛰어날 때 빗대어 이르는 말.

같은 속담 고추는 작아도 맵다 • 고추보다 후추가 더 맵다 • 대국 고추는 작아도 맵다 • 작아도 후추알[고추알] • 작은 새 울음이 크다 • 작은 탕관이 이내 뜨거워진다 • 후추는 작아도 맵다

작은 나무는 큰 나무 덕을 못 입어도 사람은 큰집 덕을 입는다

1. 키 낮은 나무는 큰 나무 그늘에 치여 잘 자라지 못하지만 형과 아우 사이에는 아랫사람이 윗사람의 돌봄을 받게 마련이라고 빗대어 이르는 말. 2. 힘이나 돈이 있는 사람과 사귀면 얻는 것이 있기 마련이라고 빗대어 이르는 말.

작은 도끼도 연달아 치면 큰 나무를 눕힌다
작은 도끼로 아름드리나무를 찍어 눕힌다

비록 작고 대수롭지 않은 힘이라도 되풀이하면 큰일을 이룰 수 있다고 빗대어 이르는 말.

ㅈ

작은며느리 맞아 보아야 큰며느리 무던한 줄 안다
작은며느리 보고 나서 큰며느리 무던한 줄 안다

1. 먼저 있던 사람의 좋은 점은 나중 사람을 겪어 보아야 비로소 알게 된다는 말. 2. 잘 모르던 것도 서로 견주어 볼 대상이 있으면 그 차이가 뚜렷이 드러나 우열을 가릴 수 있다는 말.

같은 속담 둘째 며느리를 맞아 보아야 맏며느리가 무던한 줄 안다

작은 부스럼 고치다가 생사람 잡는다

1. 작은 흠집을 고치려다가 돌이킬 수 없는 큰 화를 입게 된 경우에 빗대어 이르는 말. 2. 하찮은 일이라고 얕보고 서투르게 하다가 큰 화를 입게 되는 경우를 빗대어 이르는 말.

작은 부자는 노력이 만들고 큰 부자는 하늘이 만든다

작은 부자는 사람이 애써서 될 수 있지만 큰 부자는 사람의 힘만으로는 안 된다는 뜻으로, 큰일을 이루는 데에는 사람의 노력만으로는 한계가 있다는 말.

작은 새 울음이 크다

'작은 고추가 더 맵다'와 같은 속담.

작은아비[작은어미] 제삿날 지내듯

일에 정성을 쏟지 않고 건성으로 하는 것을 빗대어 이르는 말.

같은 속담 외삼촌 산소에 벌초하듯 • 의붓아비 묘 벌초하듯 • 처삼촌 뫼[무덤/산소]에 벌초하듯

작은 일이 끝 못 맺는다

일이 작다고 시시하게 여겨 힘을 다하지 않으면 끝내 일이 이루어지지 못하고 흐지부지되어 버린다는 말.

작은 절에 고양이[괴]가 두 마리

1. 격에 어울리지 않게 무엇이 쓸데없이 많을 때 빗대어 이르는 말. 2. 먹을 것도 변변치 못한 가난한 집에 식구만 많을 때 빗대어 이르는 말.

작은 탕관이 이내 뜨거워진다

'작은 고추가 더 맵다'와 같은 속담.

작작 먹고 가는 똥 누어라
작작 먹고 가늘게 싸라

'작게 먹고 가는 똥 누어라[싸지]'와 같은 속담.

잔고기 가시 세다

잔고기가 보기와는 달리 가시가 세서 다루기가 쉽지 않다는 뜻으로, 흔히 몸집이 작은 사람이 속이 여물고 단단하다고 빗대어 이르는 말.

잔나비 담배 먹듯

1. 실속 없이 건성으로 남의 흉내만 내는 것을 빗대어 이르는 말. 2. 맛도 모르고 닥치는 대로 씹어 먹는 꼴을 빗대어 이르는 말.

같은 속담 잔나비 밥 짓듯

읽을거리 원숭이는 열두 띠 가운데 아홉 번째 동물이야. 원숭이는 잔나비라고도 해. 새해 첫 달 열두 띠 동물의 날에는 여러 풍습이 전해 내려오고 있어. 잔나비날, 곧 원숭이날에는 일을 안 하고 먹고 노는 풍습이 있었어. 특히 이날에는 칼질을 하면 손을 벤다고 삼가라고 했어. 또 되도록 집 밖을 나다니는 것을 꺼려서 집에 머물며 몸가짐이나 행동을 삼갔지. 원숭이는 사람과 가장 많이 닮은 동물로 재주꾼이라고 여겼어. 하지만 원숭이가 말이나 행동이 가벼워서 아이들에게는 원숭이를 닮지 말라고 타이르기도 했지.

잔나비도 나무에서 떨어진다

어떤 일을 아무리 익숙히 잘하는 사람도 실수할 때가 있음을 빗대어 이르는 말.

같은 속담 나무 잘 타는 잔나비 나무에서 떨어진다 • 닭도 홰에서 떨어지는 날이 있다 • 원숭이도 나무에서 떨어진다

잔나비 밥 짓듯

원숭이가 남의 흉내를 내어 밥을 짓는 체하듯이, 1. 조심성 없이 가볍게 행동하는 것을 빗대어 이르는 말. 2. 실속 없이 건성으로 남의 흉내만 내는 것을 빗대어 이르는 말. 3. 어떤 일을 하는 체만 할 때 비꼬아 이르는 말.

같은 속담 잔나비 담배 먹듯

ㅈ

잔나비 잔치다

1. 남을 흉내 내어 한 일이 제 격에 맞지 않는 경우를 빗대어 이르는 말. 2. 제대로 하지도 못하면서 어수선하게 서두르는 짓을 빗대어 이르는 말.

잔나비 흉내 내듯

남의 흉내를 곧잘 내는 경우에 빗대어 이르는 말.

같은 속담 원숭이 흉내[입내] 내듯

잔디밭에서 바늘 찾기

1. 아무리 애를 써도 찾아내기가 몹시 어렵고 힘든 경우를 빗대어 이르는 말.
2. 성과 없는 헛수고를 빗대어 이르는 말.

같은 속담 가랑잎에 떨어진 좁쌀알 찾기 • 감자밭에서 바늘 찾는다 • 검불밭에서 수은 찾기 • 겨자씨 속에서 담배씨 찾는 격 • 바다에 떨어진 바늘을 찾는 격 • 짚 속에 묻힌 바늘

잔병에 효자 없다

부모가 늘 잔병을 앓으면 자식들이 한결같이 정성껏 잘 모시기 어렵다는 말.

잔 잡은 팔 밖으로 펴지 못한다
잔 잡은 팔이 안으로 굽는다

사람은 자기와 조금이라도 더 가까운 사람에게 정이 가기 마련이라는 말.

잔치엔 먹으러 가고 장사엔 보러 간다

남의 좋은 일은 기뻐하고 슬픔은 달래는 것이 마땅한데 잔칫집에 가서는 먹기만 하고 초상집에서 가서는 일은 안 거들고 구경만 하는 것을 나무라는 말.

잔칫날 다가오듯

잡아 놓은 잔칫날이 하루하루 바싹바싹 다가오듯이, 어떤 일을 해야 할 때가 실제보다 빠르고 급하게 다가오는 느낌을 빗대어 이르는 말.

같은 속담 잡은 날 다가오듯

잔칫날 맏며느리 앓아눕는다

큰일을 해야 할 때에 가장 중요한 역할을 맡은 사람에게 문제가 생기거나 일이 틀어지는 경우를 빗대어 이르는 말.

같은 속담 제삿날 맏며느리 앓아눕는다

잔칫날 신부를 가마에 태워 놓고 버선이 없다 한다

큰일을 치르면서 그에 걸맞은 준비가 부족함을 꾸짖어 이르는 말.

잔칫집에는 같이 가지 못하겠다

마땅히 기쁨을 같이 나누어야 할 즐거운 자리에서 남의 흠을 들추어내어 남의 좋은 일을 그르치게 하는 사람을 두고 이르는 말.

잘 가다가[나가다] 삼천포로 빠진다

진주로 가야 하는데 길을 잘못 들어 삼천포로 가게 되었다는 데서, 어떤 일이나 이야기 따위가 엉뚱한 쪽으로 흘러가는 것을 빗대어 이르는 말.

잘 걷던 놈도 말만 보면 타고 가련다

자기 힘으로 할 수 있는데도 더 나은 조건이 만들어지면 그것에 기대어 자기 힘을 쓰지 않으려 하는 것을 빗대어 이르는 말.

같은 속담 걸어가다가도 말만 보면 타고 가자고 한다

잘난 사람이 있어야 못난 사람이 있다

선과 악, 좋고 나쁜 것은 서로 견주어 봐야 뚜렷해진다고 빗대어 이르는 말.

잘되는 놈은 엎어져도 떡함지라

일이 잘 풀리는 사람은 안될 듯하던 일까지도 뜻밖에 좋은 결과를 가져온다고 빗대어 이르는 말.

같은 속담 일이 잘될 땐 넘어져도 떡함지에 엎어진다

잘되는 밥 가마에 재를 넣는다

남의 잘되어 가는 일을 몹쓸 방법으로 방해하는 것을 빗대어 이르는 말.

같은 속담 다 된 죽에 코 빠졌다[빠뜨린다] • 잦힌 밥에 흙 퍼붓기 • 패는 곡식 이삭 뽑기[빼기]

잘되면 제 복 못되면 남 탓
잘되면 제 탓 못되면 조상 탓

일이 잘되면 제가 잘나서 잘되었다 하고 일이 잘 안되면 조상을 잘못 만나 그렇다고 애먼 조상을 탓한다는 뜻으로, 일이 잘못되면 제 잘못은 생각하지 않고 남 탓을 하거나 남에게 덮어씌우는 것을 빗대어 이르는 말.

같은 속담 못되면 조상 탓 (잘되면 제 탓) • 못살면 터[조상] 탓 • 안되면 조상[산소] 탓

잘되면 충신 못되면 역적이라

1. 강한 것이 정의가 되고 옳은 일이 된다는 말. 2. 권력 다툼이나 혁명이 성공하면 충신이 되고 실패하면 역적이 된다는 말.

같은 속담 이기면 충신(이요) 지면 역적(이라)

낱말 풀이 **역적** 자기 나라나 임금을 반역한 사람. **충신** 나라와 임금에게 충성을 다하는 신하.

잘 먹고 잘 입어 못난 놈 없다

비록 못난 사람이라도 잘 먹고 잘 입으면 맵시 있게 보인다는 뜻으로, 살림살이나 옷차림으로 사람을 가려서는 안 된다는 말.

잘 먹은 놈 껄껄하고 못 먹은 놈 툴툴한다

잘 먹은 사람은 흐뭇하여 껄껄 웃고 못 먹은 사람은 언짢아서 툴툴거린다는 뜻으로, 이득이나 손해에 따라 사람들이 저마다 다른 모습을 보인다는 말.

잘 먹자던 떡이 구정물로 간다

이득을 볼 줄 알았던 일이 그만 잘못되어 버린 경우에 빗대어 이르는 말.

잘못한 것 없이도 사과나무

사과나무의 '사과'를 자기의 잘못을 비는 '사과'에 빗대어, 잘못한 것도 없이 애매하게 비는 경우를 이르는 말.

ㅈ

잘 싸우는 장수에게는 내버릴 병졸이 없고 글 잘 쓰는 사람에게는 내버릴 글자가 없다

1. 일 잘하고 재주 있는 사람은 무엇이든지 쓸모 있게 다룰 줄 안다는 말. 2. 무슨 물건이나 제대로 쓸 줄만 알면 내버릴 것이 하나도 없다고 빗대어 이르는 말.

잘 익은 벼 이삭일수록 더 깊이 내리[머리를] 숙인다

아는 것이 많고 몸과 마음을 갈고닦은 사람일수록 남 앞에서 자기를 낮추고 내세우려 하지 않음을 빗대어 이르는 말.

같은 속담 곡식 이삭은 익을수록[여물수록/잘될수록] 고개를 숙인다 • 낟알은 익을수록 고개를 숙인다 • 벼 이삭은 익을수록 고개를 숙인다 • 병에 찬 물은 저어도 소리가 나지 않는다

잘 자랄 나무는 떡잎부터 안다[알아본다]

앞으로 크게 될 사람은 어려서부터 남다른 데가 엿보인다고 빗대어 이르는 말.

같은 속담 나무 될 것은 떡잎 때부터 알아본다 • 대부등 감은 자랄 때부터 다르다 • 될성부른 나무는 떡잎부터 알아본다 • 용 될 고기는 모이 철부터 안다 • 푸성귀는 떡잎부터 알고 사람은 어렸을 때부터 안다

잘해도 한 꾸중 못해도 한 꾸중

1. 덮어놓고 꾸짖는 경우를 빗대어 이르는 말. 2. 잘하고 못하고를 떠나 꾸중을 하려면 얼마든지 흠을 캐내어 할 수 있다는 말.

잘 헤는 놈 빠져 죽고 잘 오르는 놈 떨어져 죽는다

자기가 지닌 재주를 믿고 잘난 체하며 마음을 놓다가는 큰 실수를 할 수 있다고 가르쳐 이르는 말.

같은 속담 나무에 잘 오르는 놈이 떨어져 죽고 헤엄 잘 치는 놈이 빠져 죽는다 • 헤엄 잘 치는 놈은 물에 빠져 죽고 나무에 잘 오르는 놈은 나무에서 떨어져 죽는다

잠결에 남의 다리 긁는다

1. 기껏 한 일이 남 좋은 일이 된 경우에 빗대어 이르는 말. 2. 남의 일을 자기 일로 잘못 알고 엉뚱하게 애써 한 경우에 빗대어 이르는 말. 3. 미리 계획 없이 하는 일은 실수하기 쉽다는 말.

같은 속담 남의 다리 긁는다 • 남의 말에 안장 지운다 • 남의 발에 감발한다 • 남의 입에 떡 집어넣기

잠꾸러기 집은 잠꾸러기만 모인다

1. 게으른 사람의 집에는 찾아오는 사람마다 게으르다는 말. 2. 어떤 모임이든 같은 사람끼리 모이기 마련이라는 말.

같은 속담 조는 집에 자는 며느리 들어온다

잠방이에 대님 치듯

대님을 맬 수도 없고 매지도 않는 잠방이에 대님을 친다는 뜻으로, 1. 도무지 격에 어울리지 않는 차림새를 빗대어 이르는 말. 2. 몹시 거북한 일을 당해서 마음이 편치 않은 경우를 빗대어 이르는 말.

낱말 풀이 **대님** 한복에서, 남자들이 바지를 입은 뒤에 그 가랑이의 끝 쪽을 접어서 발목을 졸라매는 끈. **잠방이** 가랑이가 무릎까지 내려오는 짧은 남자 홑바지.

잠은 같이 자도 꿈은 다른 꿈을 꾼다

겉으로는 같이 행동하는 척하면서 속으로는 저마다 딴생각을 한다는 말.

같은 속담 같은 자리에서 서로 딴 꿈을 꾼다 • 한자리에 누워서 서로 딴 꿈을 꾼다

잠을 자야 꿈을 꾸지

1. 어떤 성과를 얻으려면 그에 걸맞은 노력과 준비가 있어야 한다는 말. 2. 원인 없이 결과를 바랄 수 없다는 말.

같은 속담 꿈을 꾸어야 임을 보지[본다] • 눈을 떠야 별을 보지 • 임을 보아야 아이를 낳지 • 장가를 들어야 아이를 낳는다 • 하늘을 보아야 별을 따지

잠자고 나서 문안하기

먼저 자고 나서 주인에게 인사를 한다는 뜻으로, 1. 일 차례가 뒤바뀐 것을 비웃어 이르는 말. 2. 영문도 모른 채 어떤 일을 하고 나서야 그 일이 돌아가는 형편을 물어보는 어리석음을 빗대어 이르는 말.

낱말 풀이 **문안하다** 웃어른께 편안히 잘 지내는지 아닌지를 여쭈다.

ㅈ

잠자는 범에게 코침 주기

'자는 벌집 건드린다'와 같은 속담.

잠자리 부접대듯 한다

1. 한 가지 일에 마음을 못 붙이고 이리저리 돌아다니거나 몹시 부산하게 행동함을 빗대어 이르는 말. 2. 붙었다가 금방 떨어지는 것을 빗대어 이르는 말.

낱말 풀이 **부접대다** 여기저기 옮겨 붙다.

잠자리(의) 눈곱

아주 하찮은 일이나 매우 적은 양을 빗대어 이르는 말.

같은 속담 모기 다리의 피만 하다 • 새 발[다리]의 피

잠자코 있는 것이 무식을 면한다

가만히 있으면 자기가 모른다는 것이 드러나지는 않는다는 뜻으로, 잘 알지도 못하면서 괜히 섣불리 나서지 말라고 이르는 말.

잡으라는 쥐는 안 잡고 씨암탉만 문다

고양이가 쥐는 안 잡고 씨암탉만 문다는 뜻으로, 하라는 일은 안 하고 엉뚱한 일을 하여 손해만 입히는 경우를 빗대어 이르는 말.

잡은 꿩 놓아주고 나는 꿩 잡자 한다

쓸데없이 어리석은 짓을 하여 헛수고를 하고 손해를 보는 경우를 이르는 말.

잡은 날 다가오듯

'잔칫날 다가오듯'과 같은 속담.

잣눈도 모르고 조복 마른다

자 눈금도 볼 줄 모르면서 비단옷을 만들려고 한다는 뜻으로, 1. 제대로 알지도 못하면서 함부로 일을 맡아 덤벙거리는 사람을 비웃어 이르는 말. 2. 아무것도 할 줄 모르면서 가장 어렵고 책임이 큰 일을 하려고 나섬을 비웃어 이르는 말.

같은 속담 말똥도 모르고 마의 노릇 한다 • 맥도 모르고 침통 흔든다

낱말 풀이 **마르다** 옷감이나 나무 따위의 재료를 치수에 맞게 자르다. **조복** 예전에, 벼슬아치가 조정에 나아가 의식을 치를 때에 입던 예복. 붉은빛의 비단으로 만들며, 소매가 넓고 깃이 곧다.

장가가는 놈이 무엇 떼 놓고 간다
장가들러 가는 놈이 불알 떼어 놓고 간다

무슨 일을 하는 데 없어서는 안 될 가장 중요한 것을 잊어버리거나 잃어버린 경우에 빗대어 이르는 말.

같은 속담 혼인집에서 신랑 잃어버렸다

장가가 석 달 같으면 살림 못할 사람 없다

갓 혼인했을 때처럼 부부 사랑이 한결같으면 살림 못하고 헤어질 사람이 하나도 없을 것이라는 뜻으로, 늘 그렇게 좋을 수만은 없다고 빗대어 이르는 말.

같은 속담 시집가(서) 석 달 장가가(서) 석 달 같으면 살림 못할 사람 없다

장가를 들어야 아이를 낳는다

'잠을 자야 꿈을 꾸지'와 같은 속담.

장 가운데 중 찾기

시장에서 사람들 틈에 낀 머리 깎은 중을 찾는다는 뜻으로, 아주 찾기 쉬운 경우를 빗대어 이르는 말.

장거리에서 수염 난 건 모두 네 할아비냐

비슷하기만 하면 덮어놓고 제 것이라고 우기는 사람에게 비꼬아 이르는 말.

같은 속담 감장강아지라면 다 제집 강아지인가 • 장마당에 수염 난 영감은 다 너의 할아버지더냐 • 조선의 뜸부기는 다 네 뜸부기냐

장구 깨진 무당 같다

장구가 깨져 굿판을 못 벌이게 된 무당 같다는 뜻으로, 흥을 잃고 축 처져 있는 사람을 빗대어 이르는 말.

낱말 풀이 **장구** 국악에서 쓰는 대표적인 타악기의 하나. 반주에 널리 쓰인다.

장구

장구를 쳐야 춤을 추지

1. 어떤 일을 하려면 그 일에 필요한 환경과 조건이 갖추어져야 한다는 말. 2. 무슨 일이나 곁에서 북돋우며 거들어야 더 잘하게 된다는 말.

장구 치는 사람 따로 있고 고개 까닥이는 사람 따로 있나

혼자서도 넉넉히 할 수 있는 일을 남과 나누어 하자고 할 때 물리치며 이르는 말.

장군 하면 멍군 한다

1. 장기를 둘 때 장군을 부르면 멍군으로 막는 데서, 서로 능력이 엇비슷하여 이기고 지는 것이 쉽게 판가름 나지 않는 경우를 빗대어 이르는 말. 2. 서로 묻고 답하기를 잘하는 경우를 빗대어 이르는 말.

장기짝 맞듯

영락없이 딱 들어맞는 경우를 빗대어 이르는 말.

낱말 풀이 **장기짝** 장기를 두는 데 말로 쓰는 나뭇조각. =장기쪽.

장기쪽 옮기듯

무엇을 자기 마음대로 이리저리 옮기는 경우를 빗대어 이르는 말.

장꾼보다 풍각쟁이[엿장수]가 많다

돈을 낼 구경꾼보다 풍각쟁이가 더 많다는 뜻으로, 많아야 할 것이 적고 적어야 할 것이 많게 뒤바뀐 것을 빗대어 이르는 말.

낱말 풀이 **장꾼** 장에서 물건을 사고파는 사람. 또는 그 무리. **풍각쟁이** 시장이나 집집마다 돌아다니면서 노래를 부르거나 악기를 연주하며 돈을 얻으러 다니는 사람.

장꾼은 하나인데 풍각쟁이는 열둘이라

1. 여러 사람이 그럴싸한 구실을 붙여 한 사람한테 돈이나 물건 따위를 받아 가는 경우에 빗대어 이르는 말. 2. 정작 중요한 사람보다도 곁다리나 구경꾼이 더 많은 경우에 빗대어 이르는 말.

같은 속담 구경꾼 셋에 풍각쟁이 일곱이다

장나무에 낫걸이

굵직하고 큰 나무에 낫질을 한다는 뜻으로, 도저히 당해 낼 수 없는 상대에게 주제넘게 덤벼드는 것을 빗대어 이르는 말.

같은 속담 개미가 정자나무 건드린다 • 대부등에 곁낫질이라[낫걸이라] • 참나무에 곁낫걸이 • 토막나무에 낫걸이

장날이 맏아들보다 낫다

이것저것 구하기 쉬운 장날이 아들 손을 빌려 무엇을 얻는 것보다 낫다는 말.

ㅈ

장 내고 소금 낸다

1. 자기 뜻대로 일을 해 나가는 것을 빗대어 이르는 말. 2. 이것저것 다 내주거나 이 일 저 일 다 함을 빗대어 이르는 말.

같은속담 감 내고 배 낸다

장님 개천 나무란다

물에 빠진 장님이 개천 탓만 한다는 뜻으로, 제 잘못과 흠은 생각하지 않고 애꿎은 남이나 조건만 탓하는 경우를 빗대어 이르는 말.

같은속담 개천아 네 그르냐 눈먼 봉사 내 그르냐 • 눈먼 탓이나 하지 개천 나무래 무엇 하나 • 봉사 개천 나무란다 • 소경 개천 그르다 하여 무얼 해 • 소경이 그르냐 개천이 그르냐

장님 단청[대청] 구경
장님 등불 쳐다보듯

1. 눈먼 이는 단청을 뚫어져라 보아도 어떻게 생겼는지 모른다는 뜻으로, 사물의 참모습과 가치를 깨닫지 못함을 빗대어 이르는 말. 2. 아무리 보아도 그 참된 아름다움을 알아볼 능력이 없는 경우를 빗대어 이르는 말.

같은속담 봉사 굿 보기 • 봉사 단청 구경 • 소경 관등 가듯 • 소경 단청 구경 • 장님 사또 구경 • 장님 은빛 보기다[보듯]

장님 막대질하듯

뜻밖의 행운을 바라고 어림짐작으로 일을 해 보는 것을 빗대어 이르는 말.

장님 문고리 잡기

1. 앞을 못 보는 장님이 어림짐작으로 문을 찾는다는 뜻으로, 그럴 능력이 없는

사람이 어쩌다가 운 좋게 어떤 일을 이룬 경우에 빗대어 이르는 말. 2. 장님이 문고리를 더듬어 찾느라 허둥거리듯이, 가까이 두고도 찾지 못하여 우물거리거나 안타까워함을 빗대어 이르는 말.

같은 속담 봉사 문고리 잡기 • 소경 문걸쇠 • 소경이 문 바로 든다

장님 북자루 쥐듯

제대로 다루지도 못하면서 어떤 일이나 물건 따위를 꽉 움켜쥐고 놓지 않는 모양을 빗대어 이르는 말.

같은 속담 소경 북자루 쥐듯

장님 사또 구경

'장님 단청[대청] 구경'과 같은 속담.

ㅈ

장님 손보듯 한다

장님이 손님을 대하듯 도무지 친절한 맛이라고는 없는 경우를 빗대어 이르는 말.

낱말 풀이 **손보다** 찾아온 손님을 만나 보다.

장님에게 눈으로 가리키고 벙어리에게 속삭인다

각각의 일에 알맞은 방법을 찾지 못하고 어리석은 짓을 해서 번번이 실패하는 것을 이르는 말.

장님 은빛 보기다[보듯]

장님이 환히 빛나는 은빛을 보아도 그 색깔을 모른다는 데서, 아무리 보아도 그 참된 아름다움을 알아볼 능력이 없는 경우를 빗대어 이르는 말.

같은 속담 장님 단청[대청] 구경

장님이 귀머거리 나무란다

앞을 못 보는 장님이 듣지 못하는 귀머거리의 흠을 꼬집어 말한다는 뜻으로, 자기와 처지가 비슷한 사람이 하는 일이 마음에 차지 않는다고 언짢아하는 것을 비꼬아 이르는 말.

장님이 넘어지면 지팡이 나쁘다 한다

제가 잘못하거나 실수한 까닭을 자기 자신한테서 찾지 않고 애먼 사람이나 조건 탓만 하는 경우에 핀잔하여 이르는 말.

같은 속담 넘어지면 막대 타령이라 • 소경이 넘어지면 막대[지팡이] 탓이다

장님이 눈먼 말을 타고 밤중에 물에 들어선다

앞 못 보는 장님이 눈먼 말을 타고 캄캄한 밤중에 물에 들어간다는 뜻으로, 불리한 조건에서 더 불리한 곳으로 멋모르고 뛰어드는 경우를 빗대어 이르는 말.

장님이 더듬어 봐도 알 노릇

어림으로 헤아려 보는 것만으로도 쉽게 알 수 있는 일을 이르는 말.

장님(이) 문고리 바로 잡았다
장님이 문 바로 들어갔다

장님이 뜻하지 않게 바로 문을 찾아 들어갔다는 뜻으로, 1. 뜻하지 않게 저절로 잘 들어맞은 경우를 빗대어 이르는 말. 2. 아는 것도 재주도 없는 사람이 엉겁결에 어떤 일을 이루어 낸 경우를 빗대어 이르는 말.

장님이 셋이면 편지를 본다
장님이 셋이 모이면 못 보는 편지를 뜯어본다

여러 사람이 힘과 슬기를 모으면 어떤 어렵고 힘든 일도 해낼 수 있다는 말.

같은 속담 소경이 셋이 모이면 못 보는 편지를 뜯어본다

장님이 외나무다리 건너듯

장님이 한 발 두 발 더듬으며 아슬아슬하게 외나무다리를 건너듯이, 1. 매우 위태로운 짓을 하는 경우를 빗대어 이르는 말. 2. 해내기 어렵다고 생각하던 고비를 용하게도 잘 헤쳐 나가는 것을 빗대어 이르는 말. 3. 일의 결과를 조금도 짐작할 수 없는 경우를 빗대어 이르는 말.

장님이 잔치 구경 간 격

1. 어떤 모임이나 일을 하는 데에 들어가기는 했지만 내용을 모르는 까닭에 있으나 마나, 하나 마나 하게 된 경우를 빗대어 이르는 말. 2. 모처럼 좋은 자리에 끼고도 능력이 없는 탓에 사람들과 어울리지 못하고 이리저리 밀리면서 겉도는 경우를 빗대어 이르는 말.

장님이 장님을 인도한다

장님이 다른 장님을 가르쳐 이끈다는 뜻으로, 제 앞가림도 못 하면서 주제넘게 남의 일을 해 주려고 나서는 경우를 빗대어 이르는 말.

장님이 집골목을 틀리지 않는다

장님도 제집으로 들어가는 골목은 틀리지 않고 바로 찾아 들어간다는 뜻으로, 무슨 일이든 몸에 익으면 실수가 없다고 빗대어 이르는 말.

장님 잠자나 마나

무엇을 하나 마나 무엇이 있으나 마나 큰 차이가 없는 경우에 빗대어 이르는 말.

ㅈ

같은 속담 곱사등이 짐 지나 마나 • 귀머거리 귀 있으나 마나 • 봉사 안경 쓰나 마나 • 뻗정다리 서나 마나 • 소경 잠자나 마나 • 앉은뱅이 앉으나 마나

장님 제 닭 잡아먹듯

장님이 횡재했다며 잡아먹은 닭이 제집 닭이었다는 뜻으로, 이익을 보려고 한 일이 도리어 제게 큰 손해를 가져오는 경우를 빗대어 이르는 말.

같은 속담 소경 제 닭 잡아먹기

장님 코끼리 만지는 격
장님 코끼리 말하듯

1. 어느 한 부분만 알면서 전체를 다 안다고 여기는 어리석음을 이르는 말. 2. 무능력한 사람이 제 분수에 넘치는 큰일을 이야기함을 빗대어 이르는 말.

장님 파밭 들어가듯[매듯]

얼핏 밟기만 해도 부러져 못 쓰는 파밭에 장님이 들어갔다는 뜻으로, 1. 무엇인지도 모르고 일을 되는대로 막 하여 그만 망쳐 버리는 경우를 빗대어 이르는 말. 2. 어림짐작도 없이 마구 찾아 헤매는 경우를 빗대어 이르는 말.

장 단 집에는 가도 말 단 집에는 가지 말라

듣기 좋게 알랑거리는 말을 잘하는 사람을 조심하라고 가르쳐 이르는 말.

장대로 하늘 재기

끝없이 높이 있는 하늘을 고작 장대로 재려 한다는 뜻으로, 도무지 할 수 없는 일을 하겠다고 부질없이 덤비는 사람을 비웃어 이르는 말.

같은 속담 바지랑대로 하늘 재기 • 손가락으로 하늘 재기[찌르기]

장독과 어린애는 얼지 않는다

장독에 든 장은 짜서 얼지 않고 아이들은 어른들보다 추위를 덜 타서 얼지 않는다는 뜻으로, 아이들은 어지간한 추위에는 잘 견딘다는 말.

같은 속담 아이와 장독은 얼지 않는다 • 어린애와 장독은 얼지 않는다

낱말 풀이 **장독** 간장, 된장, 고추장을 담아 두거나 담그는 독.

장독

장독보다 장맛이 좋다

장을 담은 독은 보잘것없는데 그 안에 담긴 장맛은 썩 좋다는 뜻으로, 겉모양은 비록 볼품없어도 속은 훌륭한 경우를 빗대어 이르는 말.

같은 속담 꾸러미에 단 장 들었다 • 뚝배기보다 장맛이 좋다

장마가 무서워 호박을 못 심겠다

작은 걸림돌이 있어도 마땅히 할 일은 해야 한다는 말.

같은 속담 가시 무서워 장 못 담그랴 • 구더기 날까 봐 장 못 말까 • 쉬파리 무서워 장 못 담글까[만들까]

장마 개구리 호박잎에 뛰어오르듯

달갑지도 귀엽지도 않은 것이 어디에 냉큼 끼어든 경우를 빗대어 이르는 말.

장마다 꼴뚜기[망둥이] 날까

1. 장이 설 때마다 꼴뚜기가 나오겠느냐는 뜻으로, 때마다 자기가 바라는 대로 어떤 일이 꼭 일어나는 것은 아니라는 말. 2. 자주 바뀌는 세상 물정을 모르는 어리석음을 비웃어 이르는 말.

장마당 돼지 복숭아 싫달 적 있을까

무엇이든 게걸스럽게 주워 먹는 장마당의 돼지가 복숭아를 마다할 때가 있겠느냐는 뜻으로, 무엇이든 닥치는 대로 욕심을 부려 제 잇속을 채우는 사람을 비꼬아 이르는 말.

장마당에 수염 난 영감은 다 너의 할아버지더냐

'장거리에서 수염 난 건 모두 네 할아비냐'와 같은 속담.

장마당에 쌀자루는 있어도 글 자루는 없다

1. 옛날에, 글공부하는 사람이 장터에 자주 드나들어서는 안 된다고 이르던 말. 2. 바로 입에 풀칠을 할 수 있는 벌이가 글공부보다 낫다고 이르던 말.

같은 속담 장에 쌀자루 나지 글 자루 나나

장마당의 조약돌 닳듯

1. 장마당에 깔린 조약돌처럼 하는 짓이 몹시 약삭빠르고 매끄러운 사람을 빗대어 이르는 말. 2. 사람 성미가 뺀질뺀질하고 바라진 경우를 이르는 말.

같은 속담 장바닥의 조약돌 닳듯

장마 도깨비 여울 건너가는 소리

장마진 물이 몹시 소란스럽게 여울목을 흘러 내려가듯이, 1. 도무지 무슨 소리인지 알아듣지도 못하게 말소리를 똑똑지 않게 입속으로만 투덜대는 것을 핀잔하여 이르는 말. 2. 이치에 닿지 않는 말을 하는 경우에 비꼬아 이르는 말.

장마 뒤에 외 자라듯
장마에 오이 굵듯[크듯]

장마에 오이가 부쩍 크듯이 무엇이 좋은 때를 만나 무럭무럭 자라는 것을 빗대어 이르는 말.

장마 때 맹꽁이가 울면 장마가 걷힌다

맹꽁이 울음으로 날씨를 미리 알 수 있다는 말.

같은 속담 맹꽁이 울면 장마가 멎는다

장마에 떠내려가면서도 가물 징조라 한다

아무것도 모르면서 주제넘게 맞지도 않는 소리를 하는 것을 빗대어 이르는 말.

장마철에 비구름 모여들듯

무엇이 여기저기에서 한곳으로 갑자기 모여드는 모양을 빗대어 이르는 말.

같은 속담 만수산에 구름 모이듯 • 용문산에 안개 모이듯 • 청천에 구름 모이듯

ㅈ

장마철에 햇빛 보기

잠깐 모습을 보였다가 어느새 사라지고 마는 것을 빗대어 이르는 말.

장마철의 여우별

모습을 나타냈다가 곧 숨어 버리는 것을 이르는 말.

낱말 풀이 **여우별** 비나 눈이 오는 날 잠깐 나타났다가 숨어 버리는 별.

장마철 하늘 같다

장마철에는 비가 오락가락해서 언제 흐리고 갤지 좀처럼 알기 어렵다는 뜻으로, 앞날에 대하여 도무지 가늠하기 어려운 경우에 빗대어 이르는 말.

장맛은 혀에 한번 묻혀 보면 안다

장은 조금만 맛보아도 달고 쓴 맛을 알 수 있다는 뜻으로, 일의 부분만 보고도 전체를 헤아릴 수 있다는 말.

장모는 사위가 곰보라도 예뻐하고[곱다 하고] 시아버지는 며느리가 빼드렁니에 애꾸라도 예뻐한다[이쁘다 한다]

흔히 며느리는 시아버지한테 더 사랑을 받고 사위는 장모한테 더 사랑을 받는다는 말.

같은 속담 며느리 사랑은 시아버지, 사위 사랑은 장모 • 사위 사랑은 장모, 며느리 사랑은 시아버지

장모 될 집 마당의 말뚝을 보고도 절한다

1. 아내가 좋으면 아내 둘레의 보잘것없는 것까지 다 좋게 보인다는 말. 2. 한 가지가 좋아 보이면 모든 것이 다 좋아 보인다고 빗대어 이르는 말. 3. 어떤 사람을 너무 좋아하여 판단이 흐려지면 실수를 하게 된다고 빗대어 이르는 말.

같은 속담 색시가 고우면 가시집 말장 끝까지 곱게 보인다 • 아내가 귀여우면 처갓집 말뚝 보고도 절한다 • 의가 좋으면 처갓집 말뚝에도 절한다

장미꽃에는 가시가 있다

겉보기와 달리 속에 모난 데가 있어 해를 끼칠 수 있음을 빗대어 이르는 말.

장미꽃이 곱다고 함부로 다치지 말라

장미꽃이 고와도 가시에 찔릴 수 있으니 함부로 건드리지 말라는 뜻으로, 아름다운 얼굴에 반해 분별없이 행동하다가는 낭패를 볼 수 있으니 조심하라는 말.

낱말 풀이 **다치다** 몸이나 물건을 건드리다.

장바닥의 조약돌 닳듯

'장마당의 조약돌 닳듯'과 같은 속담.

장발에 치인 빈대 같다

1. 몹시 납작하여 볼품없는 것을 빗대어 이르는 말. 2. 얼굴을 들 수 없게 체면이 깎이게 되었다는 말.

낱말 풀이 **장발** 장롱에 괴는 돌.

장병에 효자 없다

부모가 오랫동안 앓아누우면 자식이 정성을 다하다가도 어쩌다 모자란 때가 있게 된다는 뜻으로, 무슨 일이든지 너무 오래 걸리거나 자꾸 되풀이되면 마음이 풀어져 소홀해지기 마련이라는 말.

같은 속담 긴병에 효자 없다 • 삼 년 구병에 불효 난다

낱말 풀이 **장병** 오랫동안 낫지 않는 병.

장부가 칼을 빼었다가 도로 꽂나

1. 한번 하겠다고 마음먹은 일은 어려움이 생겨도 중간에 그만둘 수 없다는 말.
2. 남에게 무엇을 주려는데 그 사람이 안 받겠다고 할 때 받으라고 권하는 말.

장부의 한 말이 천금같이 무겁다

장부의 말 한마디는 천금같이 무겁다는 뜻으로, 한번 한 약속은 꼭 지키라는 말.

장비가 싸움을 마대[마다하랴]

자기가 즐기는 것을 남이 부추겼을 때 기쁘게 받아들이며 하는 말.

낱말 풀이 **장비** 중국 삼국 시대 촉한의 무장. 유비, 관우와 함께 도원에서 의형제를 맺고 왕인 유비를 섬겼다. 용맹하고 훌륭한 장수이지만, 성격이 불같다고 전해진다.

ㅈ

장비 군령이라

1. 성미가 급한 장비의 명령이라는 뜻으로, 느닷없이 일을 당함을 이르는 말.
2. 몹시 바삐 서두르는 일을 이르는 말.

장비는 만나면 싸움

1. 만나기만 하면 트집을 잡고 싸우려고 대드는 사람을 이르는 말. 2. 즐기는 것과 좋아하는 것이 비슷한 사람끼리는 만나면 곧 그 일로 함께 어울린다는 말.

장비더러 풀벌레를 그리라 한다

세상에서 큰일을 하는 사람에게 자질구레한 일을 하라는 것은 마땅치 않다는 말.

장비하고 쌈 안 하면 그만이지

누가 아무리 싸움을 잘해도 내가 맞서지 않으면 싸움은 일어나지 않는다는 말.

장비 호통이라

큰 소리로 몹시 시끄럽고 부산하게 꾸짖음을 이르는 말.

장사가 나면 용마가 난다
장사 나면 용마 나고 문장 나면 명필 난다

무슨 일이나 잘되려면 좋은 기회가 저절로 생기기 마련이라는 말.

같은 속담 장수가 나면 용마가 난다

장사말 가운데 혼삿말
장사말 하는 데 혼삿말 한다

죽은 사람의 장례와 관련하여 말을 주고받는데 혼사 이야기를 한다는 뜻으로,

1. 남의 슬픔을 달래기는커녕 엉뚱한 말을 꺼내 자리를 흐리는 생각 없는 짓을 빗대어 이르는 말. 2. 남들이 하는 말과 아주 다른 뚱딴지같은 말을 하는 사람을 핀잔하여 이르는 말.

낱말 풀이 **장사말** 장례와 관련하여 주고받는 인사말.

장사에 첫 마수걸이

1. 장사꾼들이 첫 물건을 잘 팔아야 그날 하루 장사가 쭉 잘된다고 생각하는 데서, 어떤 일을 하는 데 시작이 몹시 중요하다는 말. 2. 어떤 일의 시작에 참여하게 된 경우에 이르는 말.

낱말 풀이 **마수걸이** 장사하는 사람이 하루에 처음으로 물건을 파는 것. 또는 그때 얻은 소득.

장사 웃덮기

장사꾼들이 손님들의 눈을 끌기 위해 눈에 띄는 데 좋은 물건들을 놓는다는 뜻으로, 겉모양만 보기 좋게 꾸미는 것을 빗대어 이르는 말.

낱말 풀이 **웃덮기** 떡, 포, 과일 따위를 괸 위에 모양을 내기 위하여 얹는 재료. =웃기.

장사 지내러 가는 놈이 시체 두고 간다

사람이 어리석어 가장 중요한 것을 잊거나 잃어버리고 일을 하는 경우에 비웃어 이르는 말.

같은 속담 송장 빼놓고 장사 지낸다

장사치의 손님

장사하는 사람은 찾아오는 손님이면 누구에게나 잘 대하기 마련이라는 뜻으로, 비록 마음에는 없어도 겉으로는 반갑게 잘 대접한다는 말.

장수가 나면 용마가 난다

'장사가 나면 용마가 난다'와 같은 속담.

장수가 엄하면 군사가 강하다

장수가 엄하게 군사들을 훈련시키고 잘 이끌면 그만큼 강한 군사가 된다는 말.

장수 나자 용마 났다

훌륭한 사람이 좋은 때를 만났다는 말.

장수를 잡으려면 말부터 쏘아야 한다

말을 탄 장수는 먼저 말부터 쏘아야 잡을 수 있다는 뜻으로, 모든 싸움에서 이기려면 상대가 기대고 있는 수단부터 없애는 것이 중요함을 빗대어 이르는 말.

장승박이로 끌고 가겠다

옛날에, 사람이 하도 미련하여 아무 데도 쓸데가 없어 장승으로나 세워 두어야겠다고 비웃어 이르던 말.

낱말 풀이 **장승박이** 장승감으로 박아서 세워 두는 물건.

장승이라도 걸리겠다

장승도 걷게 할 수 있다는 뜻으로, 세력이 매우 크다는 말.

낱말 풀이 **장승** 돌이나 나무에 사람의 얼굴을 새겨서 마을 또는 절 어귀나 길가에 세운 말뚝. 거리와 방향을 나타내거나 마을의 수호신 역할을 한다.

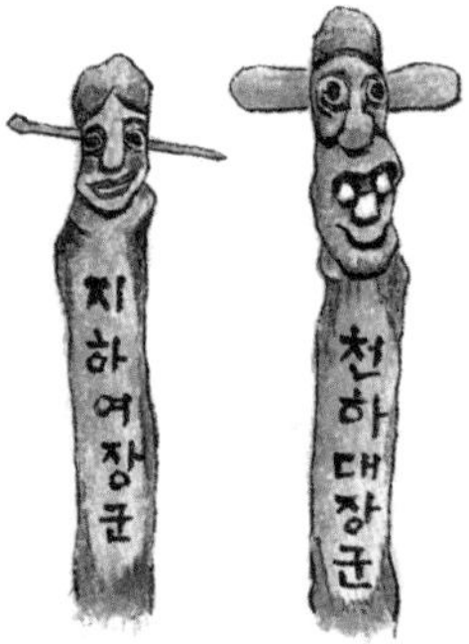

장승

장승하고 말하는 것이 낫겠다

듣는 이가 말귀를 못 알아들어 답답한 경우에 이르는 말.

장 없는 놈이 국 즐긴다

장도 없으면서 장국을 즐긴다는 뜻으로, 가진 것 없는 사람이 제 분수에 넘치는 것을 바라고 씀씀이가 지나치게 큰 경우를 빗대어 이르는 말.

같은 속담 없는 놈이 자두치떡 즐겨 한다

장에 가면 수수떡 (사) 먹을 사람 도토리묵 (사) 먹을 사람 따로 있다

사람마다 재주나 성격이나 좋아하는 것이 다 달라서 여러 사람이 모이면 저절로 서로 비슷한 사람들끼리 나누어지기 마련이라고 빗대어 이르는 말.

장에 쌀자루 나지 글 자루 나나

'장마당에 쌀자루는 있어도 글 자루는 없다'와 같은 속담.

장에 왔던 해라

지나간 때를 말하면서도 그날이 언제인지 또렷이 못 댈 때 빗대어 이르는 말.

장옷 쓰고 엿 먹기

옛날에, 여자가 얌전하게 장옷을 쓰고서 볼꼴 사납게 엿을 먹는다는 뜻으로, 겉으로는 얌전하고 점잖은 체하면서 남이 안 보는 데서는 좋지 않은 행동을 하는 경우를 이르던 말.

같은 속담 포선 뒤에서 엿 먹는 것 같다

낱말 풀이 **장옷** 옛날에, 여자들이 나들이할 때 얼굴을 가리느라고 머리부터 길게 내려 쓰던 옷.

장옷

장이 단 집에 복이 많다

1. 옛날에, 장맛이 좋은 집은 여자가 살림을 알뜰하게 하고 음식 솜씨가 좋아서

ㅈ

집안사람들이 건강하고 사이가 좋다고 일러 오던 말. 2. 한번 담그면 오래 두고 먹게 되는 장은 맛있게 담그는 것이 중요하다는 말.

장이 달아야 국이 달다

장맛이 달아야 장을 풀어 끓인 국도 달다는 뜻으로, 무엇이든지 바탕이 되는 감이 좋아야 그것으로 만든 물건이나 그 결과도 좋다고 빗대어 이르는 말.

장이야 멍이야

두 사람이 서로 맞서 승부를 가리기 어려움을 이르는 관용 표현.

장인 돈 떼먹듯

사위가 장인 돈을 얻어 쓰고 모른 체하듯이, 낯부끄러운 줄 모르고 남의 돈을 떼먹으려고 하는 경우를 빗대어 이르는 말.

장지네 회 쳐 먹겠다

고약한 노린내가 나는 장지네를 회 쳐서 먹겠다는 뜻으로, 비위살이 지나치게 좋거나 부끄러움도 모르고 행동하는 사람을 비웃어 이르는 말.

같은 속담 노래기 푸념한 데 가 시룻번이나 얻어먹어라 • 비위가 노래기 회 쳐 먹겠다

낱말 풀이 **장지네** 노래기. 초가지붕에 많이 살며, 건드리면 몸을 둥글게 말고 고약한 노린내를 풍긴다.

장판방에서 자빠진다

1. 안전하다고 믿는 데에서 뜻밖에 화를 입는 경우에 빗대어 이르는 말. 2. 마음을 놓는 데서 실수가 생기기 쉬우니 늘 조심하라는 말.

같은 속담 방바닥에서 낙상한다

낱말 풀이 **장판방** 장판지로 바닥을 바른 방.

잦힌 밥에 흙 퍼붓기

'잘되는 밥 가마에 재를 넣는다'와 같은 속담.

잦힌 밥이 멀랴 말 탄 서방이 멀랴

잦혀 놓았으니 다 된 밥이고 말을 탔으니 남편이 곧 올 것이지만 그래도 애타게 기다려진다는 뜻으로, 다 되어 가는 일을 애타게 기다리지 말라는 말.

재간을 배 속에서 타고난 사람 없다
재간을 배 안에서부터 배우겠나

재간은 어머니 배 속에서부터 타고나는 것이 아니라는 뜻으로, 무엇이든 자기가 노력하는 데에 달렸다는 말.

재갈 먹인[물린] 말 같다

말문이 막혀 아무 말도 못하고 있는 경우를 빗대어 이르는 말.

낱말 풀이 **재갈** 말을 부리기 위하여 아가리에 가로 물리는 가느다란 막대.

재강아지 눈 감은 듯하다

1. 털이 잿빛인 강아지는 눈을 감으나 뜨나 알아보기 어렵다는 뜻으로, 어떤 것의 속내를 알아내기가 힘든 경우를 빗대어 이르는 말. 2. 어떤 일이 운 좋게 들키지 않고 감쪽같이 지나감을 빗대어 이르는 말.

재는 넘을수록 높고[험하고] 내는 건널수록 깊다

갈수록 더욱더 어려운 처지에 빠지게 되는 경우를 빗대어 이르는 말.

같은 속담 갈수록 태산[수미산/심산/적막강산/험산](이라) • 산 넘어 산이다 • 산은 오를수록 높고 물은 건널수록 깊다

재 들은 중

평소에 좋아하거나 바라던 일을 하게 되어 신이 난 사람을 빗대어 이르는 말.

낱말 풀이 **재** 1. 부처에게 드리는 공양. 2. 낮 12시를 지나지 않은 이른 점심.

재를 털어야 숯불이 빛난다

숯불이 빛나려면 위에 덮인 재를 털어야 한다는 뜻으로, 늘 자기를 돌이켜보고 흠을 고쳐 나가야 자신을 더 빛낼 수 있음을 빗대어 이르는 말.

낱말 풀이 **재** 나무 따위가 불에 완전히 타고 난 뒤에 남은 가루.

재물을 잃은 것은 작은 것을 잃은 것이고 벗을 잃은 것은 큰 것을 잃은 것이다

좋은 벗은 어떤 재물과도 비길 수 없이 소중하다는 말.

재물이 있고 세력이 있으면 밑구멍으로 나팔을 분다

재물과 힘만 있으면 못하는 짓이 없다고 빗대어 이르던 말.

재미 끝에 쉬슨다

일이 잘되어 간다고 마음 놓고 우쭐거리다가는 실패를 보게 된다는 말.

낱말 풀이 **쉬슬다** 1. 파리가 알을 여기저기에 낳다. 2. 생각이나 뜻이 썩고 그릇되게 바뀌다.

재미난 골에 범 난다

1. 편하고 재미있다고 위험한 일이나 나쁜 짓을 자꾸 하다가는 마침내 큰 화를 입게 된다는 말. 2. 지나치게 재미있으면 그 끝에 가서는 좋지 않은 일이 생긴다는 말.

같은 속담 오래 앉으면 새도 살을 맞는다

재산을 잃고 쌀알을 줍는다

큰 손해를 보고 작은 이익을 구하는 데에 마음을 쏟는 꼴을 빗대어 이르는 말.

같은 속담 기름을 버리고[엎지르고] 깨를 줍는다 • 노적가리에 불 지르고 싸라기 주워 먹는다 • 집 태우고 못 줍기

재수가 물밀 듯하다
재수가 불붙었다
재수가 불 일 듯하다

재수가 좋아서 일이 썩 잘되어 가고 좋은 일만 잇달아 생기는 것을 이르는 말.

낱말 풀이 **재수** 재물이 생기거나 좋은 일이 있을 운수.

재수가 옴 붙었다

재수가 아주 없다는 말.

낱말 풀이 **옴** 옴진드기가 달라붙어 일으키는 피부병.

재수 없는 놈은 (뒤로) 자빠져도 코가 깨진다

'자빠져도 코가 깨진다'와 같은 속담.

재수 없는 포수는 곰을 잡아도 웅담[열]이 없다

1. 옛날에, 곰쓸개는 약으로 귀하게 쓰는데 포수가 곰을 잘못 쏘아서 쓸개를 못 쓰게 되었다는 뜻으로, 기껏 얻거나 받은 몫에서 가장 중요한 부분이 없는 경우를 빗대어 이르던 말. 2. 일이 안되려면 하는 일마다 꼬여서 잘 안 풀리고 뜻밖의 나쁜 일이 생긴다는 말.

같은 속담 자빠져도 코가 깨진다

낱말 풀이 **열** '쓸개'의 방언(강원, 경기, 충북, 평안) 또는 옛말. **웅담** 곰의 말린 쓸개.

ㅈ

재앙은 눈썹에서 떨어진다

재앙은 미처 피할 새도 없이 가까이에서 급히 닥쳐온다는 말.

재주는 곰이 넘고 돈은 되놈[주인/호인]이 받는다

재주는 곰이 부리는데 구경꾼들 돈은 다른 사람이 받아서 가진다는 뜻으로, 애써 일한 사람의 몫을 엉뚱한 사람이 받는 경우를 빗대어 이르는 말.

같은 속담 먹기는 발장이 먹고 뛰기는 말더러 뛰란다

낱말 풀이 **되놈** 예전에, 만주 지방에 살던 여진족, 또는 중국 사람을 낮잡아 이르던 말. **호인** 만주 사람.

재주는 돈을 주고도 못 산다
재주는 장에 가도 못 산다

재주는 돈으로 살 수 있는 것이 아니라 오래도록 배우고 익혀야만 비로소 얻을 수 있는 것이라는 말.

재주는 홍길동이다

매우 뛰어난 재주를 가진 사람을 칭찬할 때 이르는 말.

낱말 풀이 **홍길동** 옛 소설 〈홍길동전〉에 나오는 주인공. 의로운 도적 떼 두목으로 재주가 뛰어났다.

재주를 다 배우고 나니 눈이 어둡다

애써 재주를 배우고 익혔더니 그만 눈이 멀거나 어두워져 못 쓰게 되었다는 뜻으로, 애써 이룬 일이 헛일이 되어 보람 없게 된 경우를 빗대어 이르는 말.

같은 속담 모처럼 태수 되니 턱이 떨어져

잰 놈 뜬 놈만 못하다

무슨 일이나 빨리 마구 하는 것보다 천천히 정성스럽게 하는 것이 더 낫다는 말.

잿골[잿독]에 말뚝 박기

1. 잿더미에 말뚝을 박는 것처럼, 힘 안 들이고 매우 하기 쉬운 일을 빗대어 이르는 말. 2. 상대가 호락호락하여 제멋대로 다루기가 쉽다는 말.

같은 속담 만만한 데 말뚝 박는다 • 무른 땅에 나무 박고 재고리에 말뚝 치기

낱말 풀이 **말뚝** 땅에 박으려고 한쪽 끝을 뾰족하게 깎은 기둥이나 몽둥이. **잿골** 재를 담아 두는 독. =잿독.

잿불 화로의 불씨가 끊어져서는 집안이 망한다

옛날에, 집안의 불씨를 지키는 것이 살림살이에서 중요했다는 데서, 불씨를 꺼뜨리는 살림살이로는 한집안을 잘 꾸려 나갈 수 없다는 말.

낱말 풀이 **잿불** 재 속에 남아 있는 아주 여린 불. **화로** 숯불을 담아 놓는 그릇. 주로 불씨를 보존하거나 방을 따뜻하게 할 때 쓴다.

쟁기질 못하는 놈이 소 탓한다

쟁기질이 서툰 탓을 애먼 소에게 뒤집어씌운다는 뜻으로, 자기 재주나 솜씨가 모자란 것을 애꿎은 남의 탓으로 돌리는 경우에 빗대어 이르는 말.

낱말 풀이 **쟁기질** 쟁기를 부려 논밭을 가는 일.

쟁기질

쟁반 안의 녹두알

전체에 견주어 너무도 보잘것없는 것을 빗대어 이르는 말.

쟁반이 광주리같이 길고 깊다고 우긴다

얕고 동글납작한 쟁반을 광주리같이 길고 깊다고 우긴다는 뜻으로, 사실과 맞지 않는데도 억지다짐으로 우기는 경우를 빗대어 이르는 말.

읽을거리 광주리는 싸리나 대나무로 엮어 만든 큼지막한 바구니야. 바닥이 평평해서 머리에 이고 다니기 편해. 과일이나 생선 따위를 담아 머리에 이고 다니면서 파는 사람을 '광주리장수'라고 불렀어. 옛날 장터에 가면 논밭에서 거둔 채소를 광주리에 담아 와서 파는 사람들을 흔히 볼 수 있었어. 광주리는 성글게 짜여 있어 바람이 잘 통하고 물도 잘 빠져. 그래서 먹을거리를 씻어서 말리기에 좋고, 김장할 때 무나 배추를 씻어서 물기를 뺄 때에도 썼지. 곡식 따위를 담아 두거나 나를 때도 쓸모가 있어. 또 빨랫감을 담아 빨래터에 이고 갈 때에도 썼어.

광주리

저 건너 빈터에서 잘살던 자랑하면 무슨 소용 있나

건너다보아야 빈터밖에 남은 것이 없는데 옛날에 거기에서 잘살았다고 자랑한들 무슨 쓸모가 있겠느냐는 뜻으로, 아무런 가치도 없는 자랑을 해 봤자 웃음거리밖에 안 된다고 비웃어 이르는 말.

저 걷던 놈도 나만 보면 타고 가려네

저 혼자 잘 걸어가다가도 나만 보면 타고 가자고 한다는 뜻으로, 사람이 어려운 처지에 놓이면 천한 사람조차 자기를 업신여기려 든다는 말.

저 긷지 않는다고 우물에 똥 눌까

자기가 먹지 않는 우물이라고 남도 못 먹게 똥을 누겠느냐는 뜻으로, 자기와 아무 관계가 없다고 남에게 해로운 짓을 해서는 안 된다는 말.

저녁 굶은 초라

옛날에, 몹시 흘려 쓴 글씨를 빗대어 이르던 말.

읽을거리 옛날에, 어느 가난한 선비가 저녁거리가 없어서 쌀가게 주인에게 외상으로 쌀을 달라고 글을 보냈대. 그런데 어찌나 글씨를 흘려 썼는지 주인이 읽을 수가 있어야지. 그래서 선비는 쌀을 못 얻고 저녁을 굶었다는 이야기에서 나온 말이야.

낱말 풀이 **초** 흘려 쓴 글씨로 '초서(草書)'를 줄여 이르던 말.

저녁 까치는 근심 까치

옛날부터 아침에 까치가 울면 기쁜 소식이 있거나 좋은 일이 있고, 저녁에 까치가 울면 나쁜 일이 생긴다고 일러 오던 말.

저녁 먹을 것은 없어도 도둑맞을 것은 있다

아무리 가난한 집이라도 도둑이 훔쳐 갈 만한 물건은 있다는 말.

같은 속담 구제할 것은 없어도 도둑 줄 것은 있다 • 동생 줄 것은 없어도 도둑 줄 것은 있다 • 쥐 먹을 것은 없어도 도둑맞을 것은 있다 • 쥐 줄 것은 없어도 도둑 줄 것은 있다

저는 잘난 백정으로 알고 남은 헌 정승으로 안다

백정이 아무리 잘났어도 어찌 헌 정승에 견줄 수 있겠느냐는 뜻으로, 별 볼 일 없는 사람이 거드름을 피우며 사람을 깔보거나 자기보다 나은 사람을 업신여기는 경우를 빗대어 이르는 말.

낱말 풀이 **백정** 옛날에, 소나 돼지 따위를 잡는 일을 하던 사람.

저 늙는 것은 몰라도 아이 크는 것은 안다

'자기 늙은 것은 몰라도 남 자라는 것은 안다'와 같은 속담.

ㅈ

저 먹자니 싫고 남[개] 주자니 아깝다

자기에게는 필요하지 않거나 쓸모없는 것이라도 남한테 주기는 아까워하는 인색한 태도를 빗대어 이르는 말.

같은 속담 나그네 먹던 김칫국도 먹자니 더럽고 남 주자니 아깝다 • 나 먹기는 싫어도 남 주기는 아깝다 • 쉰밥 고양이 주기 아깝다 • 제 먹기는 싫고 개 주기는 아깝다

저모립 쓰고 물구나무를 서도 제멋

격에도 안 맞고 제게 손해되는 일이라도 제 마음대로 하게 내버려두라는 말.

같은 속담 갓 쓰고 박치기해도 제멋(이다) • 도포를 입고 논을 갈아도 제멋이다 • 오이를 거꾸로 먹어도 제멋[제 소청] • 지게를 지고 제사를 지내도 제멋이다[상관 말라]

낱말 풀이 **저모립** 돼지털로 싸개를 한 갓. 옛날에 벼슬아치가 썼다.

저물도록 아이 보아 주고도 욕 먹는다

실컷 남의 일을 해 주고도 욕을 먹는 경우에 빗대어 이르는 말.

저승길과 변소 길은 대로[대신] 못 간다

남 대신 죽을 수도 없고 똥을 눌 수도 없다는 뜻으로, 죽음과 똥 누는 일은 다른 사람이 대신해 주지 못한다는 말.

저승길이 구만 리

저승으로 가는 길이 아득히 멀다는 뜻으로, 아직 살날이 많이 남아 있다는 말.

저승길이 대문 밖이다

1. 집을 나서면 언제 어떻게 죽을지 모르는 험악한 세상이라고 빗대어 이르는 말. 2. 사람은 언제 죽을지 모른다는 뜻으로, 사람 목숨이 덧없다는 말.

같은 속담 대문 밖이 저승이라 • 문턱 밑이 저승이라

저울눈에 파리

1. 큰 저울에 파리가 앉으나 마나 이렇다 할 영향을 미치지 않는다는 뜻으로, 무슨 일에서 그다지 큰 영향을 미치지 못하는 보잘것없는 것을 빗대어 이르는 말. 2. 보잘것없는 파리라도 저울에 앉으면 눈 사이가 왔다 갔다 하게 된다는 뜻으로, 비록 하찮은 것이지만 무엇을 가늠하고 헤아리는 데 큰 영향을 미침을 빗대어 이르는 말.

낱말 풀이 **저울** 물건의 무게를 다는 데 쓰는 기구. **저울눈** 저울대에 새긴 눈금.

저울

저 잘난 멋에 산다

사람은 누구나 다 자기가 남보다 뛰어나다고 여기며 산다는 말.

저 중 잘 달아난다 하니까 고깔 벗어 들고 달아난다
저 중 잘 뛴다니까 장삼 벗어 걸머지고 뛴다

거짓 칭찬을 곧이듣고 신나서 주제도 모르고 나대는 모양을 빗대어 이르는 말.

낱말 풀이 **장삼** 승려의 웃옷. 길이가 길고, 품과 소매를 넓게 만든다.

저 하고 싶어서 하는 일은 힘든 줄 모른다

누구나 자기가 하고 싶어서 하는 일은 흥이 나서 힘든 줄 모른다는 말.

같은 속담 제가 하고 싶어 하는 일은 흥이 난다

적게 먹으면 부처님이라

1. 음식을 많이 먹으라고 권할 때 이르던 말. 2. 음식을 적게 먹는 게 아주 좋다고 빗대어 이르는 말.

적게 먹으면 약주요 많이 먹으면 망주다

1. 술을 적게 마시면 약이 되지만 지나치게 많이 마시면 주책없는 짓을 한다는 뜻으로, 술은 알맞게 마셔야지 지나치게 마시면 실수한다는 말. 2. 모든 일은 정도에 맞게 해야 한다고 빗대어 이르는 말.

적삼 벗고 은가락지 낀다

격에 어울리지 않는 겉치레를 하여 웃음거리가 된 경우를 빗대어 이르는 말.

같은 속담 속곳 벗고 은가락지 낀다 • 속저고리 벗고 은반지

낱말 풀이 **적삼** 윗도리에 입는 홑옷. 모양은 저고리와 같으나 고름이 없고 단추로 여민다.

적은 것은 똥 아닌가

나쁜 짓을 조금 했다고 하여 안 했다고 발뺌할 수 없다는 말.

같은 속담 강아지 똥은 똥이 아닌가 • 지린 것은 똥 아닌가

적은 물이 새어 큰 배가 가라앉는다

작은 구멍으로 새어 들어온 물이 결국은 큰 배를 가라앉힌다는 뜻으로, 작은 실수나 흠 때문에 큰일을 그르칠 수 있다는 말.

적은 밥이 남는다

밥이 적어서 서로 먹으라고 양보하다 보니 남게 된다는 뜻으로, 적은 것이 이런저런 까닭으로 남게 되는 경우를 빗대어 이르는 말.

적은 밥이 쉰다

밥이 많이 남지 않아 그냥 두니 쉬었다는 뜻으로, 양이 적거나 크게 쓸모 있는 것이 아니라고 하여 아무렇게나 다루다가 못 쓰게 되는 경우를 빗대어 이르는 말.

적은 복은 부지런해서 얻지만 대명은 도저히 막기 어렵다

적은 복은 부지런히 일하고 애쓰면 얻을 수 있지만 하늘이 내린다는 큰 복은 혼자 힘으로는 얻기 어렵다는 뜻으로, 작은 일은 사람의 힘으로 이룰 수 있지만 큰일은 사람의 힘만으로 하기가 힘들다는 말.

적을 잘 알고 자신을 잘 아는 자는 백 번 싸워 백 번 이긴다

싸울 때 적의 사정과 자기의 힘을 잘 알면 그에 맞는 방법이 생기기 때문에 꼭 이길 수 있다고 이르던 말.

적의 두목도 도적이요 그 졸개도 도적이다

도적의 우두머리나 졸개도 다 같은 도적이라는 뜻으로, 나쁜 짓을 시키는 사람이나 그것을 받들어 하는 사람이나 나쁜 것은 마찬가지라는 말.

낱말 풀이 **적** 남의 물건을 훔치거나 빼앗는 짓. 또는 그런 사람. =도둑.

적적할 때는 내 볼기짝 친다

하는 일 없이 놀기보다는 무슨 일이든 하는 것이 낫다고 빗대어 이르는 말.

같은 속담 노는 입에 염불하기 • 할 일이 없거든 오금이나 긁어라

낱말 풀이 **적적하다** 1. 조용하고 쓸쓸하다. 2. 하는 일 없이 심심하다.

전답을 사도 물소리 들리는 골에 것은 안 산다

논밭을 살 때 큰물 피해를 받을 수 있는 곳은 사지 말라는 말.

ㅈ

전당 잡은 촛대 (같고 꾸어 온 보릿자루 같다)

전당포에 저당 잡힌 촛대처럼 한쪽 구석에서 묵묵히 있다는 뜻으로, 여러 사람 가운데 어울리지 못하고 외따로 있는 사람을 빗대어 이르는 말.

같은 속담 꾸어다 놓은 보릿자루[빗자루]

낱말 풀이 **전당** 맡기는 물건의 값어치에 따라 돈을 빌리거나 빌려주는 일.

전라도 곡식이라

옛날에, 전라도에는 임자 있는 땅이 많아서 땅 없는 사람들이 그 땅을 빌려 농사를 지어 놓고도 거둔 곡식을 제 마음대로 하지 못하였다는 데서, 필요한 것을 눈앞에 두고도 마음대로 쓰지 못하는 경우에 빗대어 이르던 말.

같은 속담 두고도 못 먹는 전라도 곡식 • 보고도 못 먹는 전라도 곡식

전어 굽는 냄새에 나가던[나갔던] 며느리 다시 돌아온다

전어가 아주 맛이 좋다는 말.

읽을거리 전어는 오래전부터 사람들이 즐겨 먹었어. 특히 '가을 전어 머리에는 깨가 서 말이다'라는 말이 있을 정도로, 가을이 되면 살이 두툼해지면서 가장 맛이 좋다고 해. 갓 잡은 전어는 비늘을 벗겨 내고 구워 먹거나 뼈째 썰어서 회로도 먹지. 전어는 기름이 많은 생선이어서 구울 때 지글거리며 고소한 냄새가 나. 오죽하면 집 나간 며느리가 돌아올 만큼 전어구이 맛이 좋다는 말이 나왔겠어.

전정이 구만리 같다

아직 나이가 젊어서 앞으로 살아갈 날이 길고 어떤 큰일이라도 해낼 수 있는 날이 많이 있다는 말.

같은 속담 앞길이 구만리 같다

낱말 풀이 **구만리** 아득하게 먼 거리를 빗대어 이르는 말. **전정** 앞으로 가야 할 길.

절간에 가서도 눈치가 있어야 백하 젓국 얻어먹는다

절에서 먹어서는 안 되는 새우젓을 눈치만 빠르면 얻어먹을 수 있다는 뜻으로, 꾀 있고 세상 물정에 밝으면 구하지 못할 것이 없다고 빗대어 이르는 말.

절간에 가서 참빗 찾기

엉뚱한 곳에 가서 거기에 있을 리가 없는 것을 찾는 경우에 빗대어 이르는 말.

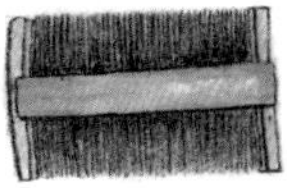
참빗

같은 속담 과부 집에 가서 바깥양반 찾기 • 물방앗간에서 고추장 찾는다 • 절에 가서 젓국 달라 한다

읽을거리 참빗은 대나무로 빗살을 가늘고 촘촘하게 만든 빗이야. 빗살이 굵고 성긴 것은 얼레빗, 가는 것은 참빗이라고 해. 흔히 얼레빗으로 머리를 정리한 뒤에 머리카락을 더 단정하게 하려고 참빗을 쓰지. 때로는 머리카락 때나 비듬을 없애기 위해 쓰기도 했어.

ㅈ

절간의 부처님

아무 일도 하지 않고 가만히 앉아 있는 사람을 빗대어 이르는 말.

절간이 망하려면 백하젓 장사가 성한다[흥한다]

일이 안되려면 아주 어이없는 일까지 생긴다는 말.

같은 속담 절이 망하려니까 새우젓 장수가 들어온다

읽을거리 백하젓은 새우로 담근 젓이야. 불교에서는 소, 돼지, 닭 같은 짐승은 물론 벌레까지 모든 살아 있는 생명을 죽이면 안 된다는 엄한 규칙이 있어. 그래서 소, 돼지, 닭뿐 아니라 생선도 먹으면 안 돼. 그러니 절에 사는 중들이 새우젓도 먹을 일이 없는데, 백하젓 장수가 절까지 들어와서 장사가 잘된다는 건 절이 망하기 전에는 말이 안 된다는 거지.

절로 죽은 고목에 꽃 피거든

때를 정해 약속할 수 없는 경우에 빗대어 이르는 말.

절 모르고 시주하기

1. 애써 한 일이지만 아무런 보람이 없을 때 빗대어 이르는 말. 2. 무슨 까닭인지도 모르고 돈이나 물건을 내놓는 경우를 빗대어 이르던 말.

같은 속담 동무 몰래 양식 내기 • 어두운 밤에 눈 깜짝이기

절에 가면 중노릇하고 싶고 배에 가면 사공 노릇 하고 싶다
절에 가면 중노릇하고 싶다
절에 가면 중 되고 싶고 마을에 가면 속인 되고 싶다

자기 뜻이나 생각 없이 덮어놓고 남을 따라 하는 경우를 빗대어 이르는 말.

낱말 풀이 **속인** 절에서 승려가 아닌 일반 사람을 이르는 말.

절에 가면 중 이야기 촌에 가면 속인 이야기
절에 가면 중인 체 촌에 가면 속인인 체

1. 절에 가면 중에 대한 이야기를 하게 되고 마을에 가면 여느 사람에 대한 이야기를 하게 된다는 뜻으로, 뚜렷한 자기 생각이 없이 때와 장소에 따라 생각과 태도가 잘 바뀌는 경우를 빗대어 이르는 말. 2. 주어진 환경과 조건에 따라 거기에 관계되는 일을 벌인다는 말.

절에 가서 젓국 달라 한다
절에 가서 젓국을 찾는다

1. 엉뚱한 곳에 가서 거기에 있을 리가 없는 것을 찾는 경우에 빗대어 이르는 말. 2. 엉뚱한 짓을 하는 경우를 빗대어 이르는 말.

같은 속담 절간에 가서 참빗 찾기

절에 가선 중(이) 하라는 대로 해야 한다

남의 집이나 어떤 무리에 들어가서는 거기서 하는 대로 따라야 한다는 말.

절에 간 색시[새아씨/처녀]

1. 무슨 일이나 남이 시키는 대로만 따라 하는 사람을 빗대어 이르는 말. 2. 아무리 싫어도 남이 시키는 대로 할 수밖에 없는 처지에 있는 사람을 이르는 말.

절에[절간에] 간 색시 재에는 뜻[마음]이 없고 잿밥에만 눈이 간다

자기가 마땅히 할 일에는 도무지 마음이 없고 잇속을 차리는 데에만 마음이 쏠린 것을 빗대어 이르는 말.

낱말 풀이 **잿밥** 불교에서, 부처에게 공양하는 재를 지낼 때 부처 앞에 놓는 밥.

절은 타도 빈대 죽는 게 시원하다

비록 자기가 큰 손해를 보더라도 늘 귀찮게 여기던 것이나 제 마음에 들지 않던 것이 없어져서 속이 시원하다는 말.

같은 속담 삼간집이 다 타도 빈대 죽는걸 보니 좋다 • 집이 타도 빈대 죽으니 좋다 • 초가삼간[초당 삼간이] 다 타도 빈대 죽는 것만 시원하다

절이 망하려니까 새우젓 장수가 들어온다

'절간이 망하려면 백하젓 장사가 성한다[흥한다]'와 같은 속담.

절하고 뺨 맞는 일 없다

사람이 늘 자기를 낮추고 남을 예의 있게 대하면 업신여김을 받거나 화를 입는 일이 없다는 말.

같은 속담 존대하고 뺨 맞지 않는다

젊어 고생은 사서도 한다
젊어서 고생은 금[논밭전지를] 주고도 못 산다
젊었을 때 고생은 돈 주고도 사지 못한다

젊어서 하는 고생은 힘들어도 나중에는 밑거름이 되어 살아가는 데 큰 도움이 되므로 그 고생을 달게 여기라고 가르쳐 이르는 말.

같은 속담 소년고생은 사서 하랬다 • 초년고생은 만년 복이라

낱말 풀이 **논밭전지** 가지고 있는 모든 논과 밭.

젊어서는 내외간밖에 없고 늙어서는 자식밖에 없다

젊을 때는 부부의 사랑이 으뜸이지만 늙을수록 자식이 귀해지고 자식에게 기대려는 마음이 커진다는 말.

젊어서 소 타 보지 않은 영감이 없다
젊어서 팔 한 섬 못 지고 다녔다는 시어머니 없다

젊었을 때 무슨 큰일이나 한 것처럼 우쭐대며 뽐내는 사람을 비웃어 이르는 말.

같은 속담 소싯적에 호랑이 안 잡은 시어머니 없다 • 옛날 시어미 범 안 잡은 사람 없다

젊은이 망령은 홍두깨로 고치고 늙은이 망령은 곰국으로 고친다

아이들이 잘못했을 때는 엄하게 가르쳐야 하고 노인들은 그저 잘 위해 드려야 한다는 말.

같은 속담 노인네 망령은 고기로 고치고 젊은이 망령은 몽둥이로 고친다

낱말 풀이 **망령** 늙거나 정신이 흐려서 말이나 행동이 정상을 벗어난 상태.

점잖은 개가 똥을 먹는다

의젓한 체하면서 못된 짓을 한다는 말.

점잖은 개가 부뚜막에 (먼저) 오른다
점잖은 개가 부뚜막에 오줌 싼다

겉으로는 얌전하고 점잖은 체하는 사람이 뒤로는 엉뚱하고 못된 짓을 하거나 제 잇속을 차리는 경우를 빗대어 이르는 말.

같은 속담 얌전한 고양이[강아지/개](가) 부뚜막에 먼저 올라간다

접시굽에도 담을 탓
접시 밥도 담을 탓이다

작은 접시굽에도 담는 사람의 솜씨에 따라 많이 담을 수 있다는 뜻으로, 좋지 않은 조건에서도 솜씨나 마음가짐에 따라서 좋은 결과를 이룰 수 있다는 말.

낱말 풀이 **접시굽** 접시의 밑바닥에 붙은 나지막한 받침.

접시굽에 한 섬을 담을까

작은 접시 밑굽에 쌀 한 섬을 담을 수 없다는 뜻으로, 주어진 조건으로는 도무지 일을 이룰 수 없거나 재주가 턱없이 모자라는 경우에 빗대어 이르는 말.

접시 물에 빠져 죽지

처지가 하도 구차하여 어쩔 줄 모르고 답답해하는 경우를 빗대어 이르는 말.

접시 물에 코를 박게 되었다

기막힌 처지나 사나운 운수를 빗대어 이르는 말.

젓가락으로 김칫국을 집어 먹을 놈

되지도 않을 일을 하려고 어리석게 덤비는 사람을 보고 비웃어 이르는 말.

젓갈 가게에 중

1. 젓갈을 먹으면 안 되는 중이 괜히 젓갈 가게 앞에서 서성거리며 구경한다는 뜻으로, 어떤 곳에 어울리지 않거나 아무 관계없는 사람을 빗대어 이르는 말. 2. 당치도 않은 일에 눈독을 들이는 경우를 빗대어 이르는 말.

읽을거리 젓갈은 물고기나 조개 따위를 소금에 절여서 삭힌 거야. 우리나라는 삼면이 바다라 물고기나 조개가 많이 나서 오래전부터 젓갈을 담가 먹었어. 젓갈은 반찬으로도 먹고 김장을 담글 때도 넣지. 다진 파, 마늘, 고춧가루 따위를 넣고 무쳐서 반찬으로 먹기도 해. 젓갈을 담그는 종류나 방법은 집안이나 마을마다 다르지만 주로 사는 곳 가까이에서 많이 잡히는 조개나 물고기로 담가. 대표로 꼽히는 젓갈에는 새우젓, 조기젓, 멸치젓, 까나리젓, 어리굴젓, 명란젓 들이 있어. 찌개나 국에 간을 맞출 때는 새우젓을 많이 넣고, 액젓은 갖가지 음식 간을 맞출 때 두루 쓰여.

정 각각 흉 각각

어떤 사람에 대하여 품은 정과 그 사람이 갖고 있는 허물은 다른 것이어서 비록 흉이 있어도 그 사람에게 쏠리는 정을 막지 못하고 또 정이 쏠리더라도 그 사람의 흉은 흉대로 눈에 뜨이게 된다는 말.

같은 속담 흉 각각 정 각각

정강이가 맏아들보다 낫다

마음껏 걸어 다닐 수 있는 다리가 맏아들보다 낫다는 뜻으로, 제 몸을 움직여서 아무 데나 마음대로 갈 수 있는 것이 남이 해 주는 것보다 훨씬 낫다는 말.

같은 속담 다리가 의붓자식보다 낫다 • 다리뼈가 맏아들이라 • 발이 맏아들[사촌/의붓자식/효도 자식/효자]보다 낫다

정담도 길면 잔말이 생긴다

1. 말이 많고 길어지면 군말과 잔말이 나오기 마련이라는 말. 2. 좋은 일도 길

어지면 안 좋은 결과가 생긴다는 말.

낱말 풀이 **잔말** 쓸데없이 자질구레하게 늘어놓는 말. **정담** 정답게 주고받는 이야기.

정들면 그만이다[다다]
정들면 미운 사람도 고와 보인다

사람은 서로 정이 들면 미워하는 사람도 고와 보인다는 말.

정들었다고 정말 말라

아무리 가깝고 다정한 사이라도 속내를 다 털어놓으면 뒤에 안 좋은 일이 생길 수 있으니 말을 함부로 하지 말라고 가르쳐 이르는 말.

낱말 풀이 **정말** 1. 거짓 없이 하는 말. 2. 함부로 입 밖에 내서는 안 될, 마음속 깊이 품고 있는 말.

정들자 이별

만나자마자 곧 헤어지는 경우를 이르는 말.

ㅈ

정선 골 물레방아 물레바퀴 돌듯

물방앗간의 물레바퀴가 쉬지 않고 빙글빙글 돌듯이, 세상 모든 것은 그대로 있는 것이 아니라 끊임없이 바뀐다는 말.

낱말 풀이 **물레바퀴** 물레방아에 붙어 있는 큰 바퀴. **물레방아** 떨어지는 물의 힘으로 바퀴를 돌려 곡식을 찧거나 빻는 기구.

물레방아

정성을 들였다고 마음을 놓지 마라

정성을 들였다고 해서 결과를 안심할 수는 없으니 끝까지 정신을 바짝 차리라고 가르쳐 이르는 말.

같은 속담 굿한다고 마음 놓으랴

정성이 있으면 한식에도 세배 간다

아무리 때가 늦어도 정성만 있으면 하려던 일을 이룰 수 있다는 말.

낱말 풀이 **세배** 섣달그믐이나 설날에 웃어른한테 인사로 하는 절. **한식** 우리나라 명절의 하나. 4월 5일이나 6일쯤이며, 조상의 묘를 찾아 제사를 지내고 무덤을 돌본다.

정성이 지극하면 돌 위에(도) 풀이 난다
정성이 지극하면 동지섣달[돌 위/바위]에도 꽃이 핀다
정성이 지극하면 동지섣달에도 멍석다래 찾는다
정성이 지극하면 하늘도 움직인다[돕는다]

무슨 일이든지 온 힘과 슬기, 정성을 다 쏟아부으면 반드시 좋은 결실을 맺을 수 있다고 가르쳐 이르는 말.

같은 속담 진정에는 바윗돌도 녹는다

정수리에 부은 물이 발뒤꿈치까지 흐른다

윗사람의 몸가짐이나 행동이 아랫사람들에게 미치는 영향이 크기 때문에 윗사람이 잘하면 아랫사람도 따라서 잘하게 된다고 빗대어 이르는 말.

같은 속담 꼭뒤에 부은 물이 발뒤꿈치로 내린다 • 윗물이 맑아야 아랫물이 맑다 • 이마에 부은 물이 발뒤꿈치로 흐른다[내린다]

정승 개[말/당나귀] 죽은 데는 (문상을) 가도 정승 죽은 데는 (문상을) 안 간다

옛날에, 정승네 개가 죽으면 정승에게 잘 보이려고 찾아가지만 막상 정승이 죽으면 찾아가지 않는다는 뜻으로, 힘 있는 사람 앞에서 알랑거리다가도 그 사람이 힘을 잃으면 돌아보지도 않는 세상인심을 빗대어 이르던 말.

같은 속담 대감 말이 죽었다면 먹던 밥을 밀쳐놓고 가고, 대감이 죽었다면 먹던 밥 다 먹고 간다

정승 날 때 강아지 난다

1. 태어난 날에 따라 사람의 귀하고 천한 것이 매겨지는 것은 아니라는 말. 2. 훌륭한 사람이 태어나는 때에 그렇지 못한 사람도 태어난다는 말.

정승도 저 싫으면 안 한다

아무리 좋은 것도 제 마음에 내키지 않으면 억지로 시킬 수 없다는 말.

정승 집 개도 삼 년이면 육갑을 한다

정승 집 개도 날마다 얻어듣는 것이 많아서 삼 년이면 육십갑자를 꼽는다는 뜻으로, 1. 아무것도 모르는 사람도 어떤 분야에서 오래 보고 들으면 얼마간 지식이 쌓이게 된다고 빗대어 이르는 말. 2. 이것저것 얻어들은 것을 가지고 뻐기는 경우에 이르는 말.

같은 속담 독서당 개가 맹자 왈 한다 • 서당 개 삼 년에 풍월한다

낱말 풀이 **육갑** 옛날에, 숫자 대신 연월일시를 표시하던 것. 갑, 을, 병과 같이 하늘의 시간을 나타내는 천간과 자, 축, 인과 같이 땅을 지키는 열두 마리 동물을 이르는 지지를 차례로 섞어서 60가지로 늘어놓은 것이다. =육십갑자.

ㅈ

정승 판서 사귀지 말고 제 입이나 잘 닦아라

권력 있는 사람과 사귀어 도움을 받으려 애쓰지 말고 행실을 조심하라는 말.

같은 속담 삼정승 부러워 말고 내 한 몸 튼튼히 가지라

정신은 꽁무니에 차고 다닌다
정신은 빼어서 개 주었나
정신은 빼어서 꽁무니에 차고 있다

1. 정신이 없어 무엇이든지 잘 잊어버리는 사람을 놀리어 이르는 말. 2. 어리석고 엉뚱한 짓이나 실수를 많이 하는 사람을 놀리어 이르는 말.

정신은 다 빠지고 등신만 남았다

얼은 이미 다 빠지고 허울만 남았다는 뜻으로, 1. 얼이 빠질 만큼 몹시 놀라서 미처 정신을 차리지 못하고 있는 경우에 빗대어 이르는 말. 2. 사리에 밝지 못하고 어리석어 실수를 많이 하는 사람을 욕으로 이르는 말.

낱말 풀이 **등신** 쇠, 돌, 풀, 나무, 흙 따위로 만든 사람의 형상을 이르는 말.

정신은 처가에 간다 하고 외가에를 가겠다

자기가 하려던 일을 잘 잊어버리고 엉뚱하게 다른 일을 하는 사람을 놀리어 이르는 말.

정신을 가다듬으면 바위라도 뚫는다

하자고 굳게 마음을 다잡으면 바위라도 뚫는다는 뜻으로, 하겠다고 결심만 하면 무슨 일이든 못 할 일이 없다고 빗대어 이르는 말.

정신을 차려야 염불을 하지

일을 그르치는 사람을 핀잔하여 이르는 말.

정신이 보리동냥 갔다

먹을 것이 없는 보릿고개에 보리쌀을 구걸하러 갔다는 뜻으로, 정신없이 허둥지둥 돌아다니는 경우에 놀리어 이르는 말.

정에서 노염이 난다

사이좋게 지내는 사이일수록 하찮은 일로 노여움을 살 수 있으니 말과 행동에서 서로 예의를 잘 지켜야 한다고 가르쳐 이르는 말.

정월 대보름날 귀머리장군 연 떠나가듯

어떤 것이 멀리 가서 떨어지는 모양을 빗대어 이르는 말.

낱말 풀이 **귀머리장군** 윗머리 양쪽 귀퉁이에 검은 삼각형을 그린 연.

정월 보름날 묵은 나물 먹어야 더위 먹지 않는다

옛날부터 정월 대보름날에는 버섯, 호박고지, 고비, 고사리, 도라지, 시래기 같은 묵은 나물을 먹어야 그해에 더위를 덜 탄다고 일러 오던 말.

낱말 풀이 **묵은 나물** 제철에 뜯어서 말려 두었다가 이듬해 봄에 먹는 나물.

정월 보름달을 먼저 보는 사람은 복을 많이 받는다

옛날부터 정월 대보름날 동산에 솟아오르는 달을 가장 먼저 보는 사람이 그해에 복을 가장 많이 받는다고 일러 오던 말.

정월 열나흗날 밤에 잠을 자면 눈썹이 센다

음력 정월 대보름날을 맞는 열나흗날 밤에 아이들을 일찍 못 자게 하느라고 어른들이 장난삼아 하는 말.

정월 초하룻날 먹어 보면 이월 초하룻날 또 먹으려 한다

한번 재미를 보거나 맛을 들이면 자꾸 하려고 하는 것을 빗대어 이르는 말.

같은 속담 초하룻날 먹어 보면 열하룻날 또 간다

정은 옛정이 좋고 집은 새집이 좋다

물건은 새것일수록 좋고 사람은 오래 사귄 사람일수록 정이 깊고 좋다는 말.

같은 속담 사람은 헌[때 묻은] 사람이 좋고 옷은 새 옷이 좋다 • 옷은 새 옷이 좋고 사람[임]은 옛 사람[임]이 좋다 • 친구는 옛 친구가 좋고 옷은 새 옷이 좋다

ㅈ

정이월에 대독 터진다

음력으로 정이월이면 한겨울 추위가 다 지나간 듯 날씨가 풀리지만 때로는 큰 독까지 얼어 터질 만큼 추울 때도 있다고 이르던 말.

읽을거리 대독은 배가 불룩하고 큰 항아리야. 흔히 간장을 담지. 간장은 물과 달리 짜서 간장독은 물독처럼 쉽게 터지지 않아. 그런데 한겨울에도 안 터진 큰 독이 봄이 들어선 지 한두 달이 된 정이월에 터진다니 이 무렵이 꽤 춥다는 거지. "정이월에 대독 터진다"는 말에는 정이월 무렵에 추위가 물러났다고 생각했다가 피해를 입을 수도 있으니 미리 추위에 준비를 하라는 뜻이 담겨 있어.

젖 먹는 강아지 발뒤축 문다

젖먹이 강아지에게 발꿈치를 물렸다는 뜻으로, 1. 보잘것없는 것에도 해를 입을 때가 있다고 빗대어 이르는 말. 2. 나이 어린 사람이 어른 앞에서 버릇없이 구는 경우를 빗대어 이르는 말.

젖 먹던 힘이 다 든다
젖 먹은 힘까지 다 낸다

온몸의 힘을 다 쓸 만큼 일이 몹시 힘든 경우를 빗대어 이르는 말.

젖 먹은 것까지 다 기어 올라온다
젖 먹은 밸까지 뒤집힌다

참기 어려울 만큼 매우 속이 상하고 아니꼬움을 빗대어 이르는 말.

같은 속담 삼 년 전에 먹은 오려 송편이 나온다

젖은 보채는 아이한테 먼저 준다

가만히 있지 않고 자꾸 조르는 사람이나 열심히 찾는 사람한테는 더 잘해 주게 된다고 빗대어 이르는 말.

같은 속담 보채는 아이 밥 한 술 더 준다

제가 기른 개에게 발꿈치 물린다

은혜를 베풀어 준 사람에게 도리어 해를 입는 경우에 빗대어 이르는 말.

같은 속담 개를 기르다 다리를 물렸다 • 기르던 개에게 다리를 물렸다 • 내 밥 먹은 개가 발뒤축을 문다 • 등을 쓰다듬어 준 강아지 발등 문다 • 삼 년 먹여 기른 개가 주인 발등을 문다 • 제 밥 먹은 개가 제 발등 문다 • 제집 개에게 발뒤꿈치 물린 셈

제가 기른 자식도 장가보내면 사촌 된다

제 자식도 장가보내 살림을 차려 주면 저절로 사이가 멀어지고 어려워지게 된다는 말.

제가 놓은 덫에 제가 먼저 걸려든다
제가 놓은 덫에 치이다

남을 해치려고 한 노릇이 자기에게 화로 돌아오는 경우를 빗대어 이르는 말.

같은 속담 제 눈 똥에 주저앉는다

제가 제 무덤을 판다

자기가 죽어 묻힐 무덤을 제 손으로 판다는 뜻으로, 스스로 자신을 망치는 어리석은 행동을 비웃어 이르는 말.

제가 제 뺨을 친다

1. 자기가 잘못하여 자신에게 해가 돌아온 경우에 빗대어 이르는 말. 2. 제 잘못을 스스로 뉘우침을 이르는 말.

같은 속담 제 손으로 제 눈 찌르기

ㅈ

제가 춤추고 싶어서 동서를 권한다
제가 춤추고 싶으니까 맏동서보고 춤추란다

자기가 하고 싶은 일을 남에게 하도록 부추기는 것을 빗대어 이르는 말.

같은 속담 동서 춤추게[춤추란다] • 춤추고 싶은 둘째 동서 맏동서보고 춤추라 한다

제가 하고 싶어 하는 일은 흥이 난다

'저 하고 싶어서 하는 일은 힘든 줄 모른다'와 같은 속담.

제갈공명 칠성단에 동남풍 기다리듯
제갈량이 칠성단에서 동남풍 기다리듯

무엇을 잔뜩 기다리는 모양을 빗대어 이르는 말.

읽을거리 제갈공명은 본디 이름이 제갈량이고, 슬기와 꾀가 뛰어나다고 이름난 중국 사람이야. '출사표'라는 유명한 글을 썼지. '출사표'는 군대를 이끌고 싸움터에 나가기 전에 나라를 걱정하면서 왕에게 올린 글이야. 그런 제갈량이 적벽에서 조조의 대군과 큰 전투를 앞두고 있을 때 바람이 불리한 방향으로 부는 거야. 그러자 제갈량이 칠성단을 쌓아 동남풍이 불게 해 달라고 빌었대. 그 기도가 통하여 바람의 방향이 동남풍으로 바뀌어 이겼다는 데서 나온 말이야.

제갈량이 왔다가 울고 가겠다

옛날에, 지략이 뛰어나기로 이름난 제갈량이 상대의 지략에 놀라 울고 돌아가겠다는 뜻으로, 지혜와 지략이 매우 뛰어난 사람을 빗대어 이르는 말.

제 갖에 좀 난다

가죽에 좀이 나면 결국에는 좀도 못 살고 가죽도 못 쓰게 된다는 뜻으로, 같은 무리나 이웃끼리 서로 다투는 것은 둘 다 해로울 뿐이라는 말.

제 갗에 침 뱉기

'자기 낯[얼굴]에 침 뱉기'와 같은 속담.

제 것 주고 뺨[매] 맞는다

남에게 잘해 주고도 도리어 해를 입는 경우를 빗대어 이르는 말.

같은 속담 내 것 주고 매 맞는다

제게서 나온 말이 다시 제게[제 귀에] 돌아간다

제가 한 말이 사람들 입을 통하여 돌고 돌다가 다시 자기한테 돌아온다는 뜻으로, 1. 소문이 빠르게 퍼짐을 빗대어 이르는 말. 2. 말이란 한번 하고 나면 곧 자기에게 돌아올 만큼 빨리 퍼지므로 그만큼 조심해야 한다는 말.

ㅈ

제 골 명창 없다

자기가 사는 고을에는 뛰어나게 노래를 잘 부르는 사람이 없다고 한다는 뜻으로, 자기와 늘 가까이 지내는 사람의 좋은 점이나 장기를 스쳐 보내기 쉽다는 말.

제 꾀에 제가 넘어간다

남을 속이려고 꾀를 부리다가 도리어 자기가 그 꾀에 속아 넘어가는 경우를 빗대어 이르는 말.

같은 속담 제 딴죽에 제가 넘어졌다

제 나락 주고 제 떡 사 먹기

제가 거둔 벼로 제가 먹을 떡을 샀으니 손해도 이익도 없다는 뜻으로, 남의 덕을 보려다가 뜻대로 안 되고 끝내 제 돈을 쓰게 되었다는 말.

제 낯 그른 줄 모르고 거울 탓한다

자기 허물이나 잘못은 모르고 남 탓만 하는 사람을 빗대어 이르는 말.

같은 속담 제 얼굴 더러운 줄 모르고 거울만 나무란다

제 논에 모가 큰 것은 모른다

언제 보아도 제 논의 모보다 남의 논의 모가 더 커 보인다는 뜻으로, 무엇이나 다 남의 것이 좋아 보이고 욕심이 난다고 빗대어 이르는 말.

제 논에 물 대기

남은 아랑곳없이 제게만 이롭게 생각하거나 행동하는 경우에 빗대어 이르는 말.

같은 속담 내 논에 물 대기

제 눈 똥에 주저앉는다

'제가 놓은 덫에 제가 먼저 걸려든다'와 같은 속담.

제 눈썹은 보지 못한다

가까이에 있는 것이나 가까이에서 일어나는 일은 도리어 잘 모를 수 있다는 말.

같은 속담 등잔 밑이 어둡고 이웃집이 멀다

제 눈에 안경

1. 보잘것없는 물건이라도 제 마음에 들면 좋게 보인다는 관용 표현. 2. 남이야 뭐라고 하든지 제게 쓸모 있고 제 마음에 맞으면 그만이라는 관용 표현.

제 덕에 이밥[흰쌀밥]이라

제사를 지내느라 흰쌀밥을 먹게 되었다는 뜻으로, 1. 무슨 일을 핑계로 내세워서 거기에서 이익을 얻는다는 말. 2. 어떤 좋은 기회를 틈타 이익을 얻는 경우를 빗대어 이르는 말.

같은 속담 제사 덕에 이밥[흰쌀밥]이라 • 조상 덕에 이밥[흰쌀밥]을 먹는다

제 도끼에 제 발등 찍힌다

도끼질을 하다가 도끼를 놓치는 바람에 제 발등을 찍혔다는 뜻으로, 자기가 한 일로 말미암아 자기가 큰 화를 입게 되는 경우를 빗대어 이르는 말.

같은 속담 돌을 들어 제 발등을 깬다 • 제 발등을 제가 찍는다 • 제 오라를 제가 졌다

제 돈 칠 푼만 알고 남의 돈 열네 닢은 모른다

제 것은 하찮은 것이라도 소중히 여기면서 남의 물건이나 남에게 끼친 큰 손해에 대해서는 모르는 체하는 사람을 비꼬아 이르는 말.

ㅈ

제 등이 가려워야 긁는다

남의 등이 가려울 때는 아랑곳하지 않다가 제 등이 가려우니 그제야 긁는다는 뜻으로, 자기한테 아쉬운 일이 생겨야 비로소 움직임을 빗대어 이르는 말.

제 딴죽에 제가 넘어졌다

'제 꾀에 제가 넘어간다'와 같은 속담.

낱말 풀이 **딴죽** 씨름이나 태껸에서, 발로 상대편의 다리를 옆으로 치거나 끌어당겨 넘어뜨리는 기술.

제 땅이라고는 메밀씨 모로 박을 땅도 없다

작고 뾰족한 메밀 씨를 세워 심을 땅조차 없다는 뜻으로, 제가 가진 땅이 하나도 없는 경우에 빗대어 이르는 말.

제 떡 먹기라

공짜인 줄 알고 신나서 먹었는데 알고 보니 제 떡이었다는 뜻으로, 이득을 보는 줄 알았는데 도리어 제 것이 나간 경우에 빗대어 이르는 말.

제 떡보다 남의 떡이 더 커 보인다

제 것보다 남의 것이 더 크고 좋아 보이기 마련이라는 말.

같은 속담 남의 꽃은 붉게 보인다 • 남의 밥그릇은 높아 보이고 자기 밥그릇은 낮아 보인다 • 남의 밥에 든 콩이 굵어 보인다 • 남의 손의 떡은 더 커 보인다

제 똥 구린 줄 모른다

자기의 흉이나 허물을 스스로 깨닫지 못하는 어리석음을 빗대어 이르는 말.

제 먹기는 싫고 개 주기는 아깝다
제 먹기 싫은 떡 남 주기는 아깝다
제 못 쓰는 것 남 주기 싫어한다

'저 먹자니 싫고 남[개] 주자니 아깝다'와 같은 속담.

제물에 배를 잃어버리다[잃어버렸다]

되어 가는 상황에 휩쓸려 가장 중요한 것을 빠뜨렸음을 빗대어 이르는 말.

낱말 풀이 **제물** 밀물을 타고 들어온 배가 그 밀물을 타고 다시 바다로 나가거나 움직임.

제 밑 들어 남 보이기
제 발등에 오줌 누기

제가 한 짓이 자기를 욕되고 떳떳하지 못하게 만드는 경우를 빗대어 이르는 말.

같은 속담 내 밑 들어 남 보이기 • 제 얼굴에 똥칠한다

제 밑 핥는 개

제가 한 짓이 더럽고 나쁜지 모르는 뻔뻔한 사람을 빗대어 이르는 말.

제 발등을 제가 찍는다

'제 도끼에 제 발등 찍힌다'와 같은 속담.

제 발등의 불 먼저 끄고 아비 발등의 불을 끈다
제 발등의 불을 끄고서야 남의 사정도 본다

매우 급하고 위험한 일이 닥치면 아무리 친하고 가까운 사이라 하더라도 자기의 위급한 일을 먼저 해결하려 한다는 말.

제 발등의 불을 끄지 않는 놈이 남의 발등의 불을 끄랴

자기 앞에 닥친 급한 일조차 어쩌지 못하는 사람이 어떻게 남 일까지 처리해 줄 수 있겠느냐는 말.

제 발등의 불을 먼저 끄랬다

남의 일에 참견하기에 앞서 자기의 급한 일부터 먼저 살펴야 한다는 말.

제 발등의 불이 제일 뜨겁다

자기가 몸소 겪는 괴로움이나 아픔이 가장 심한 것같이 느껴지게 마련이라는 말.

제 밥그릇 높은 줄만 안다

자기가 가장 잘난 줄 알고 우쭐거리는 사람의 어리석음을 빗대어 이르는 말.

제 밥 덜어 줄 샌님은 물 건너부터 안다

ㅈ

인정이 있고 어진 사람은 멀리 떨어진 데서 보기만 해도 알아볼 수 있을 만큼 어딘가 다른 데가 있다는 말.

제 밥 먹고 큰집[상전] 일 한다

1. 제 물건을 써 가며 공짜로 큰집 일을 해 준다는 뜻으로, 제 할 일도 똑똑히 못하면서 주책없이 행동하는 것을 비웃어 이르던 말. 2. 제 할 일을 못 하면서 마지못해 남의 일을 하게 됨을 빗대어 이르는 말.

제 밥 먹은 개가 제 발등 문다

'제가 기른 개에게 발꿈치 물린다'와 같은 속담

제 방귀에 (제가) 놀란다

자기가 한 일에 자기가 놀라는 경우를 빗대어 이르는 말.

같은 속담 봄 꿩이 제바람에 놀란다

제 배 부르니 종의 밥 짓지 말란다
제 배 부르니 종의 배 고픈[곯는] 줄 모른다

'자기 배 부르면 남의 배 고픈 줄 모른다'와 같은 속담

제 배 부르니 평양 감사가 녹두알[조카]같이 보인다

배불리 먹은 다음에는 아무리 좋은 벼슬자리도 부럽지 않다는 뜻으로, 먹을 것이 넉넉하면 더 이상 부러울 것이 없다고 빗대어 이르는 말.

제 버릇 개 줄까[주랴/못 준다]

한번 밴 나쁜 버릇은 쉽게 고칠 수 없다는 말.

제 보금자리 사랑할 줄 모르는 새 없다

말 못 하는 짐승도 제 보금자리를 사랑하는데 하물며 사람이야 더 말해 무엇 하겠느냐는 뜻으로, 누구나 다 자기 고향을 사랑하고 아낀다는 말.

제 복은 귀신도 못 물어 간다

1. 자기가 당할 일은 어떻게 하든지 끝내 당하고 만다고 빗대어 이르는 말.
2. 자기에게 떨어진 행운은 누구도 빼앗을 수 없다고 빗대어 이르는 말.

제 부모 나쁘다고 내버리고 남의 부모 좋다고 내 부모라 할까

좋건 나쁘건 제 부모가 남이 될 수 없고 남의 부모가 제 부모가 될 수 없다는 말.

제 부모 위하려면 남의 부모를 위해야 한다

남의 부모를 정성스럽게 대하면 자기 부모도 남에게 대접을 잘 받게 된다고 가르쳐 이르는 말.

ㅈ

제비가 기러기의 뜻을 모른다

평범한 사람은 속이 깊은 큰사람의 뜻을 짐작할 수 없다는 말.

같은 속담 제비나 참새가 어찌 백로의 뜻을 알랴 • 참새가 황새의 뜻을 모른다 • 참새 무리가 어찌 대붕의 뜻을 알랴

제비가 낮추 뜨면 비가 온다
제비가 사람을 어르면 비가 온다

옛날부터 여름철에 제비가 땅을 핥듯이 낮게 날면 비가 온다고 일러 오던 말.

읽을거리 제비는 봄에 우리나라에 와서 새끼를 치고 가을에 먼 남쪽으로 가는 여름

철새야. 제비는 봄을 알려 주는 새로 알려져 있지. 삼월삼짇날은 강남 갔던 제비가 돌아오는 날이라고 길한 날로 여겼어. 제비는 비가 들이치거나 햇빛이 들지 않는 처마 밑에 둥지를 많이 틀어. 옛 어른들은 자기 집 처마에 제비가 둥지를 틀고 새끼를 많이 낳으면 풍년이 든다고 믿었어. 농사꾼들은 제비가 나는 모습을 보고 날씨를 짐작하기도 했어. 제비가 높게 날면 날씨가 맑고, 낮게 날면 비가 올 거라고 여겼지. 그런데 날이 갈수록 제비가 줄어들고 있어. 농약 때문에 제비가 먹는 곤충이 사라져 가기 때문이야. 제비는 옛이야기에도 자주 나와. 부러진 다리를 고쳐 준 제비가 이듬해 봄에 박씨를 물고 왔다는 '흥부 놀부' 이야기는 잘 알려진 옛이야기지.

제비가 새끼를 많이 낳는 해는 풍년이 든다

제비가 새끼를 많이 낳는 해는 곡식이 잘되어 풍년이 든다고 일러 오던 말.

제비가 흥부네 집에 박씨를 물어 오듯

가난한 흥부가 제비가 물어 온 박씨 덕분에 잘살게 되었다는 옛이야기에서, 지금은 어렵고 힘들지만 앞으로 잘살게 될 거라는 바람을 이르는 말.

제비나 참새가 어찌 백로의 뜻을 알랴

'제비가 기러기의 뜻을 모른다'와 같은 속담.

제비는 작아도 강남을 간다
제비는 작아도 알만 낳는다

몸집은 비록 작아도 제구실을 다 한다고 빗대어 이르는 말.

같은 속담 거미는 작아도 줄만 잘 친다 • 뱁새는 작아도 알만 잘 낳는다 • 참새가 작아도 알만 잘 깐다[낳는다]

낱말 풀이 **강남** 중국 양쯔강의 남쪽 지역을 이르는 말. 흔히 '남쪽의 먼 곳'이라는 뜻으로 쓴다.

제비도 옛집을 잊지 않는다

제비같이 작은 새도 옛 둥지를 잊지 않는데 하물며 사람이야 옛집과 고향을 어찌 잊을 수 있겠느냐는 뜻으로 이르는 말.

제비도 은혜를 갚는다

옛 소설 〈흥부전〉에서 제비도 은혜를 알고 갚았다는 데서, 하물며 사람이 은혜를 몰라서야 되겠느냐는 뜻으로 이르는 말.

제비를 잡으니까 꽁지를 달란다[달라 한다]

다른 사람이 애써 얻은 것 가운데 가장 귀한 것을 뻔뻔하게 달라고 하는 경우를 빗대어 이르는 말.

제사 덕에 이밥[흰쌀밥]이라

'제 덕에 이밥[흰쌀밥]이라'와 같은 속담.

제 사람 되면 다 고와 보인다

남이라도 자기 집 식구가 되거나 자기 모임에 들어오면 정이 가고 고와 보이게 된다는 말.

제 사랑 제가 끼고 있다
제 사랑 제가 진다

저 하기에 따라서 사랑을 받을 수도 있고 미움을 받을 수도 있다는 말.

제사를 지내려니 식혜부터 쉰다

어이없게 일이 틀어지는 경우를 빗대어 이르는 말.

제사보다 젯밥에 정신이 있다

자기가 마땅히 해야 할 일은 건성으로 하면서 잇속 있는 데에만 마음을 쓰는 것을 비웃어 이르는 말.

같은 속담 염불에는 맘이 없고 잿밥에만 맘이 있다 • 조상보다 팥죽에 마음이 있다 • 초상난 집에서 송장은 안 치고 팥죽 들어오는 것만 친다

제 살 깎아 먹기

자기가 한 일의 결과가 자기에게 해가 되는 경우를 이르는 말.

제 살 아프면 남의 살도 아픈 줄 알아라

제 사정에 견주어 남 사정도 헤아리고 돌볼 줄 알아야 한다고 가르쳐 이르는 말.

제삿날 맏며느리 앓아눕는다

'잔칫날 맏며느리 앓아눕는다'와 같은 속담.

제삿술 가지고 친구 사귄다

제 물건은 안 쓰고 남의 것을 제 것인 양하며 생색 내는 짓을 빗대어 이르는 말.

같은 속담 곁집 잔치에 낯을 낸다 • 곗술에 낯내기 • 남의 떡 가지고 낯을 낸다 • 남의 떡으로 선심 쓴다 • 상두쌀[상둣술]에 낯내기

제상 다리를 친다

제사 지내려고 차려 놓은 상의 다리를 친다는 뜻으로, 애써 이루어 놓은 일을 심술을 부려 망쳐 놓는 경우를 빗대어 이르는 말.

제상도 산 사람 먹자고 차린다

모든 것이 다 살아 있는 사람에게 맞게 이루어지기 마련이라는 말.

제상에 놓은 떡이 커야 귀신도 좋아한다

누구나 많이 주고 잘 대접하면 좋아한다고 빗대어 이르는 말.

제 새끼 밉다는 사람 없다

자기 자식을 사랑하는 것은 누구나 갖는 마음이라는 말.

제 새끼 잡아먹는 범은 없다

아무리 무서운 사람이라도 자기 자식은 사랑한다고 빗대어 이르는 말.

제석 아저씨도 벌지[먹지] 않으면 안 된다

옛날에, 아무리 신이라고 해도 먹고 살려면 벌어야 한다는 뜻으로, 사람은 안 먹고는 살 수 없으니 누구든 힘써 벌어야만 한다는 말.

낱말 풀이 **제석** 무당이 받드는 신의 하나. 집안사람들의 목숨, 농사, 화복 따위의 일을 맡아본다고 한다.

제 속 짚어 남의 말 한다

1. 제 어림짐작으로 남의 사정을 이렇다 저렇다 헤아리는 경우를 빗대어 이르는 말. 2. 제 속뜻을 남의 말 하듯이 털어놓는 경우를 빗대어 이르는 말.

제 속 흐린 게 남보고 집 봐 달라고 말 못 한다

속내가 검은 사람은 남도 자기 같은 줄 알고 믿지 못한다는 말.

제 손가락이 안으로 곱힌다

사람은 누구나 자기와 가까운 사람에게 마음이 더 가기 마련이라는 말.

같은 속담 손이 들이굽지 내굽나 • 팔이 들이굽지 내굽나

제 손금 보듯 한다

무엇을 환히 꿰뚫어 보는 것을 빗대어 이르는 말.

제 손도 안팎이 다르다

자기 손이라도 손바닥과 손등은 다르다는 뜻으로, 남들끼리 마음이 서로 다른 것은 당연한 일이라고 빗대어 이르는 말.

제 손으로 제 눈 찌르기
제 손으로 제 뺨을 친다

'제가 제 뺨을 친다'와 같은 속담.

제 수염에 불 끄듯

턱에 난 수염에 붙은 불을 끄듯이 급해서 허둥지둥하는 꼴을 빗대어 이르는 말.

제수 흥정에 삼색실과[삼색과일]

제사에 쓸 물건 가운데 밤, 대추, 곶감은 빠져서는 안 된다는 뜻으로, 무슨 일에 반드시 있어야 할 물건을 빗대어 이르는 말.

낱말 풀이 **삼색실과** 제상에 올리는 세 가지 과일. 밤, 대추, 잣 또는 밤, 대추, 감을 이른다. **제수** 제사에 쓰는 음식물.

제 앞에 큰 감 놓는다

여럿이 하는 일에서 제 잇속만 채우려고 하는 행동을 빗대어 이르는 말.

제 어미 시집오는 것 보았다는 놈과 같다

제가 태어나기 전의 일을 직접 보았다고 말하는 사람과 같다는 뜻으로, 너무나 믿을 수 없는 헛된 이야기를 장담하는 사람을 비웃어 이르는 말.

제 언치 뜯는 말이라

1. 자기에게 큰 해가 될 수 있는 일을 제 스스로 저지르는 어리석음을 비웃어 이르는 말. 2. 형제나 친척을 해치는 것은 결국 자기를 해치는 것이나 다름없다고 빗대어 이르는 말.

같은 속담 언치 뜯는 말

낱말 풀이 **언치** 말이나 소의 안장이나 길마 밑에 깔아 그 등을 덮어 주는 방석이나 담요.

제 얼굴 더러운 줄 모르고 거울만 나무란다

'제 낯 그른 줄 모르고 거울 탓한다'와 같은 속담.

제 얼굴 못나서 거울만 깬다

제 얼굴이 못생긴 것은 모르고 거울 때문에 못나 보인다고 여겨서 거울을 깨뜨린다는 뜻으로, 자기가 잘못한 화풀이를 엉뚱한 데다 하여 아까운 물건만 버리는 어리석음을 비웃어 이르는 말.

ㅈ

제 얼굴에 똥칠한다

'제 밑 들어 남 보이기'와 같은 속담.

제 얼굴엔 분 바르고 남의 얼굴엔 똥 바른다

1. 저만 아낄 줄 안다는 말. 2. 잘된 일에는 자기 낯만 세우고 못된 일은 남이 한 것으로 깎아내리는 경우에 꾸짖어 이르는 말.

제 얼굴은 제가 못 본다

자기의 허물이나 잘못을 잘 모르는 경우에 빗대어 이르는 말.

같은 속담 제 흉 제가 모른다

제 오라를 제가 졌다

1. 나쁜 짓을 하다가 그 일로 벌을 받거나 스스로를 망치게 된 경우를 빗대어 이르는 말. 2. 자기가 한 일로 말미암아 자기가 큰 화를 입게 되는 경우를 빗대어 이르는 말.

같은 속담 제 도끼에 제 발등 찍힌다

낱말 풀이 **오라** 옛날에, 도둑이나 죄인을 묶을 때 쓰던, 붉고 굵은 줄.

제 옷감을 제가 찢는다

자기 일을 스스로 어그러뜨리는 경우에 빗대어 이르는 말.

제 옷 벗어 남의 발에 감발 쳐 준다

1. 자기에게 꼭 필요한 것을 내주거나 남이 별로 필요로 하지 않는 일에 씀을 빗대어 이르는 말. 2. 남을 위한다고 분수없이 줄 것 안 줄 것 다 털어 주는 어리석은 행동을 비웃어 이르는 말.

낱말 풀이 **감발** 버선이나 양말 대신 발에 감는 좁고 긴 무명천. 주로 먼 길을 걷거나 막일을 할 때 쓴다.

제 일 바쁘지 않다는 사람 없다

자기 일이 바쁘다고 엄살을 떠는 것을 비꼬아 이르는 말.

제 자루 떡메

뜻밖에 일이 잘 맞아 들어가 쉽게 되는 것을 빗대어 이르는 말.

읽을거리 떡메는 흰떡이나 인절미 같은 떡을 만들 때 쓰는 나무망치야. 받침으로 쓰는 안반과 짝을 이루지. 옛날에는 집집마다 떡메와 안반을 두고 썼어. 요즘은 방앗간에서 떡을 만들어 팔면서 거의 안 쓰게 되었지.

제 자식을 가려 보는 부모가 없다

부모는 제 자식을 차별하지 않고 똑같이 아낀다는 뜻으로, 여럿 가운데서 어느 하나만 달리 대하지 않고 다 똑같이 대한다는 말.

제 자식의 흉은 모른다

부모는 자기 자식에 관한 일은 무엇이나 다 좋게 보려고 한다는 말.

제 절 부처는 제가 위하랬다(고)

1. 자기 것은 자기가 아껴야지 남을 믿어서는 안 된다는 말. 2. 옛날에, 자기가 모시는 주인은 제가 잘 섬겨야 남도 그를 알아본다고 빗대어 이르던 말.

같은 속담 내 절 부처는 내가 위해야 한다

제 죄 남 안 준다

1. 자기가 지은 죄에 대한 벌은 반드시 자기가 받게 된다는 말. 2. 자기가 저지른 죄조차 남한테 주기 싫어할 만큼 몹시 인색함을 빗대어 이르는 말.

제주말 갈기 서로 뜯어먹기

1. 옛날부터 제주도에서는 섬 안에 말을 많이 놓아먹였다는 데서, 남의 물건에 손을 대도 누구 것인지 몰라 그다지 말썽이 생기지 않는 경우를 빗대어 이르는 말. 2. 같은 처지에 있는 사람들끼리 서로 해를 끼침을 빗대어 이르는 말.

제주말 갈기 외로 갈지 바로 갈지

말의 갈기가 자라서 왼쪽으로 젖혀질지 오른쪽으로 젖혀질지 알 길이 없다는 뜻으로, 어떤 일이 앞으로 어떻게 달라질지 도무지 가늠할 수 없다는 말.

같은 속담 망아지 갈기가 외로 질지 바로 질지 • 생마 갈기 외로 질지 바로 질지

제주말 제 갈기 뜯어먹기

1. 자기에게 이득이 된 듯이 기뻐한 것이 끝내 제 것을 축낸 데 지나지 않게 된 경우를 빗대어 이르는 말. 2. 남에게 기대지 않고 제힘으로 살아가는 경우를 빗대어 이르는 말.

제주 미역 머리 감듯

제주도에서 미역 머리를 칭칭 동여서 꼭지를 묶듯이, 길게 늘어진 것을 한데 동여서 감는 모습을 빗대어 이르는 말.

제주에 말 사 놓은 듯

제 것이지만 아주 멀리 있어서 쓸 수 없는 경우를 빗대어 이르는 말.

제집 개에게 발뒤꿈치 물린 셈

'제가 기른 개에게 발꿈치 물린다'와 같은 속담.

제집부터 꾸리고야 나랏일도 본다

1. 나랏일이야 어떻게 되든지 자기 집안일부터 먼저 보는 이기적인 행동을 빗대어 이르는 말. 2. 제 집안부터 먼저 잘 꾸려야 마음 놓고 자기에게 맡겨진 다른 일들을 훌륭히 해낼 수 있다는 말.

제집 어른 섬기면 남의 어른도 섬긴다

제집에서 잘하는 이는 밖에 나가서도 잘한다는 말.

제집 연기는 남의 집 연기보다 낫다

대수롭지 않은 것이라도 정든 것이 좋다는 말.

제집 제사는 모르면서 남의 집 제사는 알까

제집 일을 모르면서 남의 집 일을 잘 알 까닭이 없다는 말.

제 침 발라 꼰 새끼가 제일이다

자기가 손바닥에 침을 발라 가며 몸소 꼰 새끼가 제 마음에 가장 든다는 뜻으로, 1. 자기가 스스로 힘을 들여 한 일이 가장 믿을 만하다고 빗대어 이르는 말. 2. 자기의 노력을 들여 이룬 일의 결과가 귀하다고 빗대어 이르는 말.

제 칼도 남의 칼집에 들면 찾기 어렵다

아무리 자기 것이라도 한번 남의 손에 들어가면 제 마음대로 하기 어렵다고 빗대어 이르는 말.

같은 속담 내 칼도 남의 칼집 속에 들어가면 빼기 어렵다

ㅈ

제 코가 석 자(가웃이나 빠졌다)

되게 혼이 나서 코가 석 자나 쑥 빠져나올 정도라는 뜻으로, 자기 앞에 닥친 일이 급하여 다른 사람을 돕거나 안타까워할 겨를이 없을 때 빗대어 이르는 말.

같은 속담 내 코가 닷 발이다

낱말 풀이 **가웃** 되, 말, 자를 셀 때, 그 분량의 절반 정도를 더 보태는 말. 석 자가웃은 석 자 반 정도이다.

제 코도 못 닦는 것이 남의 코 닦으려 한다
제 코도 못 씻는 게 남의 부뚜막 걱정한다
제 코도 못 씻는 주제에 남의 코를 씻어 주겠다 한다

제 앞에 닥친 일도 똑똑히 해내지 못하면서 쓸데없이 남 일에 참견하거나 나서기를 잘하는 사람을 핀잔하여 이르는 말.

같은 속담 내 앞도 못 닦는 것이 남의 걱정 한다

제터 방죽에 줄남생이 늘어앉듯

남생이들이 볕을 쬐려고 물가에 죽 늘어앉듯이, 많은 사람이 줄을 지어 늘어앉은 모양을 빗대어 이르는 말.

같은 속담 팽기 다리에 물 들어서듯 • 합덕 방죽에 줄남생이 늘어앉듯

낱말 풀이 **제터** 제사를 지내려고 마련한 터.

제 털 뽑아 제 구멍에 박기

뽑은 털을 제 구멍에 도로 꽂을 만큼 꽉 막히고 고지식함을 빗대어 이르는 말.

같은 속담 털 뽑아 제 구멍 메우기

제 팔꿈치는 물지 못한다

1. 자기 앞에 닥친 일을 스스로 처리하지 못하는 경우를 빗대어 이르는 말. 2. 빤히 알거나 보면서도 제힘으로는 어쩌지 못하는 경우를 빗대어 이르는 말.

제 팔자 개 못 준다

타고난 운명은 바꾸려야 바꿀 수 없다는 말.

같은 속담 팔자는 독에 들어가서도 못 피한다

제 피리에 제가 춤을 춘다

제가 부는 피리에 저 혼자 신나서 춤춘다는 뜻으로, 멋없이 저 혼자 흥이 나서 괜히 들썩거리는 행동을 빗대어 이르는 말.

제 흉 열 가진 놈이 남의 흉 한 가지 본다

많은 허물을 가지고 있는 사람이 남의 자그마한 흠을 들추어내어 떠드는 경우에 비웃어 이르는 말.

제 흉 제가 모른다

'제 얼굴은 제가 못 본다'와 같은 속담.

제힘 모르고 강가 씨름 갈까[할까]

1. 제힘을 믿는 구석이 있어 명절날 강가에서 열리는 씨름판에 나간다는 뜻으로, 남 보기에는 엉뚱하고 잇속이 없는 짓 같지만 제 나름대로 헤아리고 하는 일이라는 말. 2. 어떤 일을 하기 전에 자기 능력을 미리 헤아려 봐야 한다는 말.

조개껍데기는[조개껍질은] 녹슬지 않는다

타고난 바탕이 어질고 좋은 사람은 나쁜 버릇에 물들지 않는다는 말.

조개부전 이 맞듯

부전조개의 껍데기 두 짝이 빈틈없이 이가 딱 들어맞듯 한다는 뜻으로, 어떤 것이 틈 하나 없이 꼭 맞물리거나 서로 의가 좋음을 빗대어 이르는 말.

같은 속담 부전조개 이 맞듯

조개 속의 게

매우 연약하거나 힘이 없는 사람을 빗대어 이르는 말.

조개젓 단지에 괭이[고양이] 발 드나들듯

한번 조개젓 맛을 본 고양이가 자꾸 조개젓 단지에 발을 들이밀어 꺼내 먹듯 한다는 뜻으로, 어느 곳을 매우 자주 드나드는 모양을 빗대어 이르는 말.

같은 속담 다람쥐 도토리 방구리에 드나들듯 • 반찬단지에 고양이 발 드나들듯 • 밤소쿠리에 생쥐 드나들듯 • 팥죽 단지에 생쥐 달랑거리듯 • 풀 방구리에 쥐 드나들듯

조그마한 실뱀이 온 강물을 다 휘젓는다
조그만 실뱀이 온 바닷물을 흐린다

좋지 못한 사람 하나가 큰 말썽을 일으켜 온 무리나 여러 사람에게 나쁜 영향을 끼치는 경우에 빗대어 이르는 말.

같은 속담 미꾸라지 하나가 못을 흐려 놓는다 • 송사리 한 마리가 온 강물을 흐린다 • 실뱀 한 마리가 온 바다를 흐리게 한다 • 종개 한 마리가 대동강 물을 흐린다 • 한 갯물[개울물]이 열 갯물[개울물] 흐린다 • 한 마리 고기가 온 강물을 흐린다

조깃배에는 못 가리라

조기잡이 배에서 뱃사람들이 말이 많으면 조기가 말소리에 놀라서 다 달아나므로 시끄러운 사람은 조깃배에 못 탄다는 뜻으로, 수다스럽고 말이 많은 사람을 꾸짖어 이르는 말.

읽을거리 조기는 제사상에 꼭 올리는 물고기라서 절 받는 고기라고 해. 우리나라 서해에서 많이 잡혀. 떼를 지어 다닐 때 부레를 옴쭉옴쭉 움직여서 '뿌욱, 뿌욱' 하고 울어. 조기는 굽거나 쪄서 먹는데, 바람에 꾸덕꾸덕하게 말린 것을 '굴비'라고 해. 굴비는 비리지 않고 영양이 많아서 누구나 좋아하지. 부세는 조기와 생김새가 똑 닮아서 헷갈리기도 해. 부세는 조기와 달리 머리 꼭대기에 다이아몬드 꼴 무늬가 없어.

조는 집에 자는 며느리 들어온다

'잠꾸러기 집은 잠꾸러기만 모인다'와 같은 속담.

조는 집은 대문턱부터 존다

1. 주인이 게을러서 졸고 있으면 온 집안 사람들이 다 게을러진다는 말. 2. 대문을 보면 집주인이 어떻게 사는지 알 수 있다는 말. 3. 같은 사람들끼리 한데 모이기 마련이라는 말.

조례만 있으면 사또질하겠다

자기는 손도 까닥 안 하고 남만 시켜 먹으려는 사람을 비꼬아 이르는 말.

낱말 풀이 **조례** 서울의 각 관아에서 부리던 하인.

조록싸리 피거든 남의 집도 가지 마라

조록싸리 꽃이 피는 초여름은 어느 집이나 먹을 것이 떨어지는 때이니 남의 집을 찾아가면 폐가 된다는 말.

낱말 풀이 **조록싸리** 콩과의 잎이 지는 넓은잎 떨기나무. 6~7월에 붉은 자주색 꽃이 핀다.

조롱 속[안]의 새
조롱에 갇힌 새

무엇에 얽매여 자기 마음대로 하지 못하거나 자유를 빼긴 사람을 이르는 말.

조리로 물 푸기

조리로 아무리 물을 퍼 담으려고 해도 물이 새어 남는 것이 없다는 뜻으로, 아무리 애쓰거나 밑천을 들여도 보람 없는 일을 빗대어 이르는 말.

같은 속담 밑 빠진 독[가마/항아리]에 물 붓기 • 시루에 물 퍼 붓기

낱말 풀이 **조리** 쌀을 일어 돌을 걸러 내는 데 쓰는 부엌 살림살이. 가는 대오리나 버들가지 따위를 국자 모양으로 엮어서 만든다.

조리

조리에 옻칠한다

1. 격에 맞지 않는 치레를 하여 도리어 어울리지 않고 흉한 것을 빗대어 이르는 말. 2. 쓸데없는 일에 마음과 재물을 쓰는 것을 빗대어 이르는 말.

조리 장수 매끼돈을 내어서라도

조리 장수가 한 푼 두 푼 모아서 매끼에 꿴 돈을 털어서라도 할 짓은 해야겠다는 뜻으로, 그 어떤 수단과 방법을 가리지 않고 별의별 짓을 다하여서라도 바라는 바를 이루기 위해 힘쓰겠다고 할 때 빗대어 이르는 말.

같은 속담 똥 묻은 속옷을 팔아서라도 • 중의 망건 사러 가는 돈이라도

낱말 풀이 **매끼돈** 매끼로 묶을 수 있을 만큼의 큰돈. 매끼는 곡식을 묶을 때 쓰는 새끼줄이다.

조막손이 달걀 굴리듯

무슨 일을 해내지 못하고 오랫동안 우물쭈물하며 질질 끄는 경우를 빗대어 이르는 말.

같은 속담 조막손이 달걀 만지듯

낱말 풀이 **조막손이** 옛날에, 손에 장애가 있는 사람을 이르던 말.

조막손이 달걀 놓치듯

물건이나 기회를 잡지 못하고 놓치는 모양을 빗대어 이르는 말.

조막손이 달걀 도둑질한다

1. 손가락이 불편해서 아무것도 쥘 수 없는 조막손이가 달걀을 훔쳤다는 뜻으로, 그럴 만한 재주가 없는 사람이 자기 능력 이상의 일을 이룬 경우에 빗대어 이르는 말. 2. 조막손이는 달걀 같은 것을 쥘 수가 없는데 어찌 달걀을 도둑질할 수 있겠느냐는 뜻으로 이르는 말.

조막손이 달걀 떨어뜨린 셈

계획한 일이 실패하거나 바라던 일이 기대에 어긋나 어쩔 줄 몰라 하는 경우를 빗대어 이르는 말.

조막손이 달걀 만지듯

1. 물건을 자꾸 주무르기만 하고 꽉 잡지 못함을 빗대어 이르는 말. 2. 무슨 일을 해내지 못하고 오랫동안 우물쭈물하며 질질 끄는 경우를 빗대어 이르는 말. 3. 어떤 일을 매우 서투르고 위험하게 하는 경우를 빗대어 이르는 말.

같은 속담 조막손이 달걀 굴리듯

조막손이 엿 주무르듯

일을 제대로 처리하지 못하면서도 놓지는 않고 그저 주무르고만 있는 서투른 일솜씨를 빗대어 이르는 말.

조모숨 열두 번 치고도 남 주기 아까워 딸네를 준다

아무것이나 남 주기 싫어하고 몹시 인색한 사람의 행동을 빗대어 이르는 말.

낱말 풀이 **조모숨** 조 이삭을 잘라 한 줌 될 만하게 묶은 것.

조밥도 많이 먹으면 배부르다

쌀을 섞지 않고 좁쌀로만 지은 밥도 많이 먹으면 배가 부르다는 뜻으로, 보잘것없는 것이라도 양이 많으면 한몫을 해낼 수 있다고 빗대어 이르는 말.

조밥에도 큰 덩이 작은 덩이가 있다

같은 조건에서도 크고 작은 차이가 있다는 말.

조밭 세 벌 김을 맬 때는 개미가 낙상하도록 북을 준다

옛날부터 조를 심은 밭에 김을 세 벌 맬 때는 흙을 높이 돋우어야 조 이삭이 알차게 팬다고 이르던 말.

낱말 풀이 **낙상하다** 떨어지거나 넘어져서 다치다. **북** 식물의 뿌리를 싸고 있는 흙.

ㅈ

조상 덕에 이밥[흰쌀밥]을 먹는다

가난한 집에서 제삿날에야 겨우 흰쌀밥을 제상에 올리고 먹게 되듯이, 어떤 좋은 기회를 틈타 이익을 얻는 경우를 빗대어 이르던 말.

같은 속담 제 덕에 이밥[흰쌀밥]이라

조상 덕은 못 입어도 주둥아리 덕은 입는다

1. 사람이 살아가는 방법 가운데 말 잘하는 것이 매우 중요하다고 빗대어 이르던 말. 2. 입을 잘못 놀리다가는 큰 화를 입을 수 있으니 말을 조심하라는 말.

조상 떡 바라듯

제삿날 제사보다 제사상에 차려 놓은 떡 생각만 한다는 뜻으로, 아무런 애도 쓰지 않고 자기에게 차려질 것만 바라보는 사람을 두고 비웃어 이르는 말.

조상보다 팥죽에 마음이 있다
조상에는 정신[마음] 없고 팥죽에만 정신이 간다

'제사보다 젯밥에 정신이 있다'와 같은 속담.

낱말 풀이 **조상** 사람이 죽은 집에 찾아가서 위로하고 함께 슬퍼하는 것.

조상 신주 모시듯

몹시 받들어 위하는 경우를 빗대어 이르는 말.

조석거리도 없는 주제에 천하를 걱정한다

끼닛거리도 없는 살림에 세상 온갖 일을 걱정한다는 뜻으로, 제 앞일도 어쩌지 못하면서 주제넘게 큰일을 걱정하는 사람을 빗대어 이르는 말.

조석 싸 가지고 말리러 다닌다

아침밥과 저녁밥을 싸 가지고 다니며 남의 행동을 말린다는 뜻으로, 있는 힘을 다해 남이 하는 일을 못 하게 말리는 것을 빗대어 이르는 말.

낱말 풀이 **조석** 1. 아침과 저녁을 아울러 이르는 말. 2. 아침밥과 저녁밥을 아울러 이르는 말. =조석반.

조석은 굶고도 이는 쑤신다

아침밥과 저녁밥을 굶고도 잘 먹은 듯이 이를 쑤신다는 뜻으로, 먹지 못하고도 잘 먹은 듯이 굴거나 없으면서도 있는 듯이 으스대는 사람을 비웃어 이르는 말.

조선 사람은 낯 먹고 산다

우리나라 사람은 너무 체면을 차린다는 말.

조선의 뜸부기는 다 네 뜸부기냐

'장거리에서 수염 난 건 모두 네 할아비냐'와 같은 속담.

조 심은 데 조 나고 콩 심은 데 콩 난다

1. 타고난 바탕이나 본질은 바뀌지 않는다고 빗대어 이르는 말. 2. 모든 일은 근본이나 원인에 따라 그에 걸맞은 결과가 나온다는 말. 3. 사람의 본디 타고난 핏줄은 숨길래야 숨길 수 없다고 빗대어 이르는 말.

같은 속담 가시나무에 가시가 난다 • 대 끝에서 대가 나고 싸리 끝에서 싸리가 난다 • 대 뿌리에서 대가 난다 • 배나무에 배 열리지 감 안 열린다 • 오이 덩굴에 오이 열리고 가지 나무에 가지 열린다 • 왕대밭에 왕대 난다 • 외 덩굴에 가지 열릴까[달릴까] • 외 심은 데 콩 나랴 • 콩 날 데 콩 나고 팥 날 데 팥 난다 • 콩 심은 데 콩 나고 팥[조] 심은 데 팥[조] 난다 • 팥을 심으면 팥이 나오고 콩을 심으면 콩이 나온다 • 호랑이가 호랑이를 낳고 개가 개를 낳는다

ㅈ

조약돌[조막돌]을 피하니까 수마석을 만난다

작은 조약돌을 피해서 가니 너럭바위가 앞을 떡 가로막는다는 뜻으로, 일이 점점 더 어렵고 힘들게 되는 경우에 빗대어 이르는 말.

같은 속담 노루 피하니 범이 온다 • 여우를 피하니까 이리가 나온다

낱말 풀이 **수마석** 물결에 씻겨 닳아서 반들반들하게 갈린 돌. **조막돌** '조약돌'의 입말.

조약돌이 바윗돌[바위]로 될 수 없다

1. 타고난 본성은 바뀌지 않는다고 빗대어 이르는 말. 2. 본디 바탕이 작은 것은 아무리 애써도 큰 것이 될 수 없다고 빗대어 이르는 말.

조정 공론 사흘 못 간다

왕과 신하가 모여서 정한 나랏일이 사흘도 못 가서 흐지부지되었다는 뜻으로, 시작한 일이 오래가지 못하고 자주 바뀌는 것을 빗대어 이르던 말.

같은 속담 고려공사 사흘[삼 일] • 중의 공사가 삼 일

조조의 살이 조조를 쏜다

조조가 유비의 연합군에게 하룻밤 동안 화살 십만 개를 퍼부었는데 제갈량이 그 화살들을 거두어서 나중에 조조와 싸울 때 썼다는 데서, 지나치게 재주를 피우면 끝내는 그 재주로 말미암아 망한다고 빗대어 이르는 말.

낱말 풀이 **조조** 중국 삼국 시대 위나라의 시조. 208년 적벽 대전에서 유비와 손권의 연합군에게 크게 패하여 중국 땅이 셋으로 나뉘어졌다. 그 뒤 216년에 위나라 왕이 되었다.

조카 생각하느니 만치 아재비 생각하는 법이라
조카 생각하는 것만큼 아재비 생각도 한다

자기가 남을 위하는 만큼 자기도 남한테 대접을 받게 된다는 말.

조 한 섬 가진 놈이 시겟금 올린다

좁쌀을 고작 한 섬 가진 사람이 쌀값을 올려놓았다는 뜻으로, 보잘것없는 사람이 나쁜 영향을 끼치게 된 것을 빗대어 이르는 말.

낱말 풀이 **시겟금** 시장에서 파는 곡식의 시세.

족제비는 꼬리 보고 잡는다

1. 무슨 일이든지 바라는 것이 있고 까닭이 있어야 하기 마련이라는 말. 2. 무슨 일이나 쓸모를 보고 거기에 알맞은 사람을 쓴다는 말.

읽을거리 족제비는 산이나 마을 가까운 들판에 사는데, 냇가의 큰 돌 밑에 구멍을 파고 살기도 해, 가끔 마을에 내려와 허술한 닭장에서 닭을 잡아먹거나 부러 물어 죽이곤 했어. 족제비는 제가 필요한 것보다 먹잇감을 더 많이 사냥하는 습성이 있거든. 하지만 족제비는 쥐 잡는 데 선수야. 족제비가 살면 마을 둘레에 있는 쥐가 사라진다고 할 만큼 잘 잡아. 쥐뿐 아니라 새나 개구리나 물고기도 잡아먹어. 천적을 만나면 똥구멍에서 고약한 냄새를 뿜고 달아나지. 족제비 털은 부드럽고 매끄럽고 윤이 나서 옛날에는 털로 목도리나 옷을 만들려고 마구 잡았대. 족제비 꼬리털로는 붓을 만들어 썼어.

족제비도 낯짝이 있다
족제비도 낯짝이 있어 숨을 구멍을 가린다

말 못 하는 짐승인 족제비조차 부끄러워 숨을 구멍을 찾는다는 뜻으로, 부끄러움을 모르고 체면 차릴 줄도 모르는 뻔뻔스러운 사람을 나무라는 말.

같은 속담 벼룩도 낯짝이 있다 • 빈대도 낯짝[콧등]이 있다

족제비 똥 누듯

눈물을 찔끔찔끔 짜는 꼴을 얄밉게 여겨 이르는 말.

ㅈ

족제비 밥[밤] 탐하다 치어 죽는다

족제비가 먹을 것을 탐내다 덫에 치어 죽는다는 뜻으로, 사람도 욕심이 많으면 망신당하거나 해를 입을 수 있으니 조심하라고 이르는 말.

족제비 잡아 꼬리[꽁지]는 남 주었다

가장 필요하고 중요한 것을 남에게 내주었다는 말.

족제비 잡으니까 꼬리를 달란다
족제비 잡은 데 꼬리 달라는 격

애써 일을 해 놓으니까 그 가운데 가장 중요한 것을 달라고 하거나 빼앗는 뻔뻔한 짓을 빗대어 이르는 말.

족제비 지나간 곳에 노린내 풍긴다

1. 어떤 일에나 반드시 그 결과를 가져온 원인이 있다고 빗대어 이르는 말. 2. 나쁜 짓을 하고 지나간 곳에는 반드시 흔적이 남게 된다고 빗대어 이르는 말.

존대하고 뺨 맞지 않는다

'절하고 뺨 맞는 일 없다'와 같은 속담.

좀개도 많으면 범을 잡는다

힘없는 작은 개라도 떼로 달려들면 범을 잡을 수 있다는 뜻으로, 작고 약한 것도 여럿이 한데 뭉치면 큰일을 이룰 수 있다고 빗대어 이르는 말.

같은 속담 개미 천 마리면 맷돌을 굴린다 • 모기도 모이면 천둥소리 난다 • 바위도 힘을 합하면 뽑는다

낱말 풀이 **좀개** 보잘것없는 작은 개.

좀벌레가 툇기둥을 넘어뜨린다

툇마루의 굵은 기둥도 좀벌레가 오랜 세월 파먹으면 쓰러진다는 뜻으로, 1. 시원찮은 것이 큰일을 망치거나 큰 화를 일으키는 경우에 빗대어 이르는 말. 2. 작은 힘이라도 꾸준히 오래 쓰면 마침내 큰일을 이룰 수 있다는 말.

좁쌀만큼 아끼다가 담 돌만큼 해 본다

작은 것을 아끼려다가 도리어 큰 손해를 보게 되는 경우를 빗대어 이르는 말.

같은 속담 기와 한 장 아끼다가 대들보 썩힌다 • 서까랫감 아끼다가 용마루 썩힌다 • 한 푼 아끼다 백 냥 잃는다

좁쌀 썰어 먹을 놈
좁쌀 알을 대패질해 먹겠다

성질이 몹시 잘고 좀스러운 사람을 비꼬아 이르는 말.

ㅈ

좁쌀에 뒤웅[뒤웅박] 판다

좁쌀 속을 파서 뒤웅박같이 만든다는 뜻으로, 1. 도무지 될 수 없는 일을 하려고 하는 경우를 비웃어 이르는 말. 2. 잔소리가 심한 사람을 비꼬아 이르는 말.

좁쌀 한 섬을 두고 흉년 들기를 기다린다

1. 남의 사정과 불행은 아랑곳하지 않고 오직 자기 잇속만을 채우려는 사람을 비꼬아 이르는 말. 2. 변변찮은 것을 가지고 남이 아쉬운 때를 기회 삼아 큰 결과를 노리는 경우를 빗대어 이르는 말.

좁은 데 장모 낀다

차마 가라고 할 수 없으나 가 주었으면 하는 사람이 끼어들어 몹시 불편한 경우에 빗대어 이르는 말.

좁은 입으로 말하고 넓은 치맛자락으로 못 막는다

한번 입 밖에 낸 말은 물릴 수도 없고 막지도 못한다는 뜻으로, 말은 입 밖에 내기 전에 곰곰이 생각하고 하라는 말.

좁은 틈에 장목 낀다

안 어울리는 곳에 어색하고 거추장스럽게 끼어 있는 경우를 빗대어 이르는 말.

낱말 풀이 **장목** 물건을 받치거나 버티는 데 쓰는 굵고 긴 나무.

종가는 망해도 신주보와 향로 향합은 남는다

종갓집이 망해도 제사 지낼 때 쓰는 신주보와 향로 향합은 남겨 둔다는 뜻으로, 1. 뼈대 있는 집안은 망해도 그 집안의 가풍은 남아 있다는 말. 2. 있던 것이 다 없어진다 하여도 남는 것이 한둘은 있다는 말.

같은 속담 논밭은 다 팔아먹어도 향로 촛대는 지닌다

낱말 풀이 **신주보** 신주를 넣은 나무 궤를 덮는 보자기. **종가** 한집안에서 대대로 맏아들로만 이어 온 큰집. =종갓집. **향로** 향을 피우는 데 쓰는 작은 화로. **향합** 제사 때에 피우는 향을 담는 작은 놋그릇.

종갓집 며느리 틀이 있다

1. 사람이 어질고 너그러운 데가 있으며 인복이 있어 보인다는 말. 2. 큰살림을 맡아보는 며느리의 일솜씨가 듬직하고 시원시원함을 빗대어 이르는 말.

낱말 풀이 **틀** 1. 일정한 격식이나 형식. 2. 듬직하고 위엄 있는 겉모양.

종개 한 마리가 대동강 물을 흐린다
종개 한 마리가 온 강물을 흐린다

'조그마한 실뱀이 온 강물을 다 휘젓는다'와 같은 속담.

낱말 풀이 **종개** 종갯과 민물고기. 몸빛은 누런 갈색이며, 옆구리에서 등까지 어두운 갈색 구름무늬가 있다.

종달새 깨 그루에 앉아 통천하를 보는 체한다

종달새가 깨를 벤 그루에 앉아 세상을 굽어보는 체한다는 뜻으로, 보잘것없는 자리에 올라 하늘 높은 줄 모르고 우쭐대는 사람을 비웃어 이르는 말.

종달새 삼씨[열씨] 까듯

종달새가 삼씨를 까먹으며 쉬지 않고 지저귀듯이, 지껄이기를 좋아하는 사람을 얕잡아 이르는 말.

낱말 풀이 **열씨** '삼씨'의 방언(함북). 삼은 거칠고 긴 마섬유가 나오는 식물을 통틀어 이르는 말이다.

종로 깍쟁이 각 집집 앞으로 다니면서 밥술이나 빌어먹듯

이 집 저 집 돌아다니면서 빌어먹는 꼴을 빗대어 이르는 말.

종로에서 뺨 맞고 한강에서[빙고에서/한강에 가서/행랑 뒤에서] 눈 흘긴다

1. 욕을 당한 자리에서는 아무 말도 못하고 뒤에 가서 불평하는 것을 빗대어 이르는 말. 2. 억울한 일을 당하고 엉뚱한 데서 화풀이하는 것을 빗대어 이르는 말.

같은 속담 밖에 나가 뺨 맞고 구들 위에 누워서 이불 차기 • 서울서 매[뺨] 맞고 송도서[시골에서] 주먹질한다 • 읍에서 매 맞고 장거리에서 눈 흘긴다

낱말 풀이 **빙고** 1. 얼음을 넣어 두는 창고. 2. 옛날에, 얼음을 저장하고 나누어 주는 일을 맡아보던 기관.

종이[종잇장]도 네 귀를 들어야 바르다

큰 종잇장도 여러 사람이 네 귀를 같이 들어야 처지지 않고 반듯해진다는 뜻으로, 무슨 일이나 한 사람도 빠짐없이 힘과 슬기를 모아야 일이 올바르게 된다고 빗대어 이르는 말.

ㅈ

종이 한 장도 들 탓

무슨 일이든지 어떻게 하는가에 따라 일의 결과가 정해진다는 말.

종이 한 장도 맞들면 가볍다[낫다]
종잇장도 맞들면 낫다

아무리 쉬운 일이라도 힘을 모아 서로 도우면 훨씬 쉽다는 말.

같은 속담 백지장도 맞들면 낫다[가볍다] • 초지장도 맞들면 낫다

종짓굽아 날 살려라

종짓굽에게 있는 힘껏 달려서 나를 살려 달라고 빈다는 뜻으로, 있는 힘껏 몹시 급하게 달아난다는 관용 표현.

같은 관용 걸음아 날 살려라 • 다리야 날 살려라 • 오금아 날 살려라

낱말 풀이 **종짓굽** 무릎뼈가 있는 언저리.

좋은 노래도 세 번 들으면 귀가 싫어한다
좋은 노래도 장 들으면 싫다
좋은 말[소리]도 세 번 하면 듣기 싫다

아무리 좋은 것이라도 여러 번 되풀이하여 대하면 싫어진다는 말.

같은 속담 듣기 좋은 꽃노래[육자배기]도 한두 번(이지) • 맛있는 음식도 늘 먹으면 싫다 • 찰떡도 한두 끼라

좋은 농사꾼에게 나쁜 땅이 없다

1. 부지런한 농사꾼은 땅이 나빠도 농사를 잘 짓는다는 뜻으로, 어떤 일이든 제가 하기에 달려 있다고 빗대어 이르는 말. 2. 부지런하고 성실한 사람은 조건을 탓하지 않는다는 말.

좋은 약은 입에 쓰다

잘못을 타이르거나 허물을 짚는 말은 듣기에 괴롭고 힘들어도 내 흠이나 부족한 것을 채우고 고치는 데는 더없이 좋은 약이 된다는 말.

좋은 일에는 남이요 궂은일에는 일가라

1. 좋은 일이 있을 때는 모르는 체하다가 제가 어려운 일을 당하면 일가친척을 찾아다니며 도움을 바란다는 말. 2. 먹을 일에는 남을 먼저 찾고 궂은일에는 친척을 먼저 찾게 된다는 말. 3. 먹을 일이 생겼을 때에는 남들이 먼저 찾아오지만 궂은일이 생겼을 때는 한집안 식구가 먼저 찾아와 도와준다는 말.

좋은 일에 마가 든다

좋은 일에는 짓궂게 훼방을 놓는 귀신의 장난이 들기 쉽다는 뜻으로, 좋은 일에 방해꾼이 나타나는 경우를 빗대어 이르는 말.

낱말 풀이 마 1. 일이 잘되지 않게 훼방을 놓는 요사한 귀신. 2. 사람의 힘으로 넘기 힘든 큰 장애나 위험.

ㅈ

좋은 친구가 없는 사람은 뿌리 깊지 못한 나무와 같다

사람에게는 친구가 많아야 언제나 마음이 든든하고 도움을 받을 수 있다는 말.

좋을 땐 외삼촌 하고 나쁠 땐 돌아선다

자기에게 이득이 있을 때는 떠받들고 친한 체하다가 자기에게 이롭지 않으면 돌아서서 모른 체하는 얄미운 짓을 빗대어 이르는 말.

죄는 막둥이가 짓고 벼락은 샌님이 맞는다
죄는 샌님이 짓고 벼락은 막둥이가 맞는다
죄는 천 도깨비가 짓고 벼락은 고목이 맞는다

나쁜 짓을 한 사람은 따로 있는데 애먼 사람이 억울하게 벌을 받거나 화를 당하는 경우를 빗대어 이르는 말.

죄는 지은 데로 가고 덕[공]은 닦은 데로 간다
죄는 지은 데로 가고 물은 곬으로 흐른다
죄는 지은 데로 가고 물은 트는 데로 간다

좋은 일을 한 사람은 그만한 복을 받고 나쁜 짓을 한 사람은 그에 마땅한 벌을 받는다고 빗대어 이르는 말.

같은 속담 공은 닦은 데로 가고 죄는 지은 데로 간다 • 덕은 덕대로 남고 벌은 벌대로 받는다

죄악은 전생 것이 더 무섭다

전생에 지은 죄는 이승에서 짓는 죄보다 더 무서워 그 값을 이승에서 몇 배나 더 치른다는 뜻으로, 이승에서 겪는 괴로움을 빗대어 이르는 말.

낱말 풀이 **이승** 지금 살고 있는 세상. **전생** 이 세상에 태어나기 이전의 생애.

죄 있는 놈 겁부터 먹는다

지은 죄가 있으면 언제나 마음이 조마조마해서 아무렇지도 않은 일에서조차 겁을 먹고 떨게 된다고 빗대어 이르는 말.

죄지은 놈 옆에 오면 방귀도 못 뀐다

아무 잘못도 없지만 괜히 의심을 받게 될까 봐 조심한다는 말.

죄지은 놈 옆에 있다가 벼락 맞는다

나쁜 짓을 한 사람과 가까이 지내다가는 죄 없는 사람까지 함께 벌을 받거나 덤터기를 쓰게 된다고 빗대어 이르는 말.

죄지은 놈 원님 돗자리에다 큰절을 한다

죄를 지은 사람은 굽실거리게 마련이라고 빗대어 이르는 말.

죄짓고 못 산다

죄를 지으면 마음이 조마조마하고 양심의 가책으로 괴로우니 죄를 짓지 말고, 이미 지은 죄는 털어놓고 용서를 받아야 한다는 말.

주객이 청탁을 가리랴

술꾼이 맑은 술이나 탁한 술이나 가리지 않는다는 뜻으로, 1. 술을 잘 마시는 사람은 술이라면 가리지 않고 무엇이나 즐긴다는 말. 2. 늘 즐기는 것이라면 굳이 종류를 가리지 않아도 좋다는 말.

주금에 누룩 장사

옛날에, 술을 빚거나 파는 것을 법으로 금지하고 있는 때에 술 만드는 데 쓰이는 누룩 장사를 한다는 뜻으로, 1. 세상 물정에 어두워 쓸모없는 일을 하는 사람을 비웃어 이르던 말. 2. 환경과 조건에 맞지 않게 엇나가는 일을 하는 사람의 어리석음을 비웃어 이르던 말.

같은 속담 금주에 누룩 흥정[장사]

낱말 풀이 **주금** 술을 빚거나 팔지 못하게 법으로 금지함.

주는 떡도 못 받아먹는다

제가 받을 수 있는 복도 멍청하게 놓친다는 말.

주러 와도 미운 놈 있고 받으러 와도 고운 놈 있다

1. 사람들 사이의 정은 이득과 손해만 따져서 맺어지는 것이 아니라는 말. 2. 사람을 좋아하고 미워하는 마음은 이치를 따져서는 헤아리기 어렵다는 말.

주린 개가 뒷간을 바라보고 기뻐한다

사람이 너무 굶주리면 보잘것없는 먹을 것 앞에서도 앞뒤 가리지 않고 기뻐한다고 빗대어 이르는 말.

주린 고양이가 쥐를 만났다

매우 급하게 필요할 때 좋은 수나 기회가 생긴 것을 빗대어 이르는 말.

주린 귀신 듣는 데 떡 이야기 하기

들으면 썩 좋아할 이야기를 그 사람 앞에서 하는 경우에 빗대어 이르는 말.

같은 속담 귀신 듣는 데 떡 소리 한다 • 귀신의 귀에 떡 소리

주린 범의 가재다

굶주린 호랑이에게 가재는 변변찮은 먹이라는 뜻으로, 먹었으나 양이 하도 적어서 감질만 나고 성에 차지 않음을 빗대어 이르는 말.

같은 속담 목구멍 때도 못 씻었다 • 범 나비 잡아먹듯 • 쌍태 낳은 호랑이 하루살이 하나 먹은 셈

주린 자 달게 먹고 목마른 자 쉬이 마신다

무엇이 꼭 필요한 사람한테 그것이 주어지면 매우 쓸모 있게 쓴다는 말.

주머니가 화수분이라도 모자라겠다

주머니에서 돈이 샘솟듯 나와도 못 버티겠다는 뜻으로, 물건을 함부로 써 버리는 사람을 꾸짖어 이르는 말.

낱말 풀이 **화수분** 전설에서, 재물이 계속 나오는 보물단지.

주머니 구구에 박 터진다
주먹구구에 박 터진다

지레짐작으로 대강 맞추어 하면 나중에 큰 화를 입게 된다고 빗대어 이르는 말.

같은 속담 지레짐작 매꾸러기

주머니 속에서 물건 쥐여 내듯

제 주머니 속에 있는 물건을 꺼내듯 한다는 뜻으로, 무엇을 손쉽게 찾아내거나 어떤 일을 손쉽게 해내는 것을 빗대어 이르는 말.

주머니에 들어간 송곳이라

'자루 속의 송곳'과 같은 속담.

ㅈ

주머니 털어 먼지 안 나오는 사람 없다

아무리 깨끗하고 착한 사람도 숨겨진 허물은 있다는 말.

주머닛돈이 쌈짓돈

주머니에 든 돈이나 쌈지에 든 돈이나 매한가지라는 뜻으로, 1. 그 돈이 그 돈이어서 가릴 필요가 없다고 빗대어 이르는 말. 2. 한집안의 재산은 네 것 내 것 가리지 않아도 그 집안의 재산이라고 빗대어 이르는 말.

같은 속담 쌈짓돈이 주머닛돈

주먹 맞은 감투(라)

1. 아주 못 쓰게 되어 되살릴 길이 없을 때 이르는 말. 2. 잘난 체하다가 남에게 핀잔을 듣고 쑥스러워 아무 말도 못 하고 있는 사람을 빗대어 이르는 말.

주먹으로 물 찧기

1. 주먹으로 물을 아무리 찧어 봐야 흔적도 없이 다시 되돌아간다는 뜻으로, 서로 다투었다가도 곧 마음이 누그러져 다시 사이가 좋아지는 것을 빗대어 이르는 말. 2. 하는 일이 매우 쉬울 때 빗대어 이르는 말.

같은 속담 땅 짚고 헤엄치기 • 칼로 물 베기

주먹은 가깝고 법은 멀다

1. 분한 일이 있을 때 나중에야 어떻게 되든 화를 참지 못하고 주먹부터 휘두르는 경우를 빗대어 이르는 말. 2. 법보다 폭력이 세다는 말.

같은 속담 법은 멀고 주먹은 가깝다

주먹이 운다

분한 일이 있어서 치거나 때리고 싶지만 참는다는 말.

주먹 쥐자 눈 빠진다

이쪽에서 덤비려는데 맞은편이 먼저 치고 들어왔다는 말.

주먹 큰 놈이 어른이다

힘센 사람이 윗자리를 차지한다는 말.

주모 보면 염소 똥 보고 설사한다

술 빚는 밥을 본 뒤에 비슷하게 생긴 염소 똥만 보고도 설사를 한다는 뜻으로, 술을 아예 못 마시는 사람을 놀리어 이르던 말.

낱말 풀이 **주모** 누룩을 섞어 버무려서 찐 밥. 술의 원료가 된다. =술밑.

주사위는 던져졌다

일이 되돌릴 수 없는 데까지 이르렀으니 마음먹고 하는 수밖에 없다는 말.

주색잡기에 패가망신 안 하는 놈 없다

술과 여자와 노름에 빠지면 누구나 집안을 망치고 신세를 망치게 된다는 뜻으로, 그런 좋지 못한 짓을 삼가라고 이르는 말.

주인 기다리는 개가 지리산만 바라본다

무엇이 생길까 하여 괜히 바라보기만 하는 사람을 놀리어 이르는 말.

같은 속담 턱 떨어진 개 지리산 쳐다보듯[바라보듯]

주인 많은 나그네 밥 굶는다
주인 많은 나그네 조석이 간 데 없다

주인이 많으면 저마다 손님이 대접을 받았으려니 생각하기 쉬워서 손님이 밥을 굶는 경우가 많다는 뜻으로, 1. 어떤 일에 얽혀 있는 사람이 많으면 서로 믿고 미루다가 끝내 일을 그르치게 된다는 말. 2. 무슨 일을 하나 한 곬으로만 해야 한다는 말.

주인 모를[모르는] 공사 없다

주인이 모르거나 주인이 없는 일은 벌일 수 없다는 뜻으로, 이끄는 사람이 모르거나 참여하지 않는 일은 이루어지기 어렵다고 빗대어 이르는 말.

주인 배 아픈데 머슴이 설사한다

저와 아무 관계도 없는 일로 화를 입거나 손해를 보는 경우에 빗대어 이르는 말.

ㅈ

주인보다 객이 많다

적어야 할 것이 도리어 많은 경우를 빗대어 이르는 말.

주인 보탤[보태 주는] 나그네 없다

손님은 아무래도 주인에게 폐를 끼치기 마련이라는 말.

주인 장 떨어지자 나그네 국 맛 없다 한다
주인 장 없자 손(님) 국 싫다 한다
주인집 장 떨어지자 나그네 국 마단다[마다한다]

일이 뜻하지 않게 잘 맞아떨어지는 경우를 빗대어 이르는 말.

같은 속담 가시어미 장 떨어지자 사위가 국 싫다 한다 • 나그네 국 맛 떨어지자[없자] 주인집에 장 떨어진다

죽겠다 죽겠다 하면서 정작 죽으라면 싫어한다

사는 것이 지겹고 힘들다고 말하면서도 살고 싶은 마음이 큰 것을 이르는 말.

죽과 병은 되어야 한다

죽은 되직해야 먹는 맛이 좋고 병은 시름시름 오래 앓는 것보다 되게 한 번 앓는 편이 낫다는 말.

날말 풀이 **되다** 1. 밥 따위가 물기가 적어 빡빡하다. 2. 일이 힘에 벅차다. 3. 몹시 심하거나 모질다.

죽기가 설운 것이 아니라 아픈 것이 싫다[섧다]

1. 사람이 죽는 것보다도 아픔을 참는 것이 더 어렵다는 말. 2. 망하는 것보다 망해 가는 과정이 더 견디기 어렵다고 빗대어 이르는 말.

죽기는 그릇[잘못] 죽어도 발인이야 택일 아니 할까

잘못 죽었어도 장례는 장례대로 치러야 한다는 뜻으로, 시작은 잘못되었다고 해도 잘못된 일의 뒷마무리는 바로 해야 한다고 빗대어 이르는 말.

낱말 풀이 **발인** 장례를 지내러 가기 위하여 상여 따위가 집에서 떠남. **택일** 어떤 일을 치르거나 길을 떠날 때 운수가 좋은 날을 가려서 고름.

죽기는 쉽지 않으나 늙기가 섧다

1. 죽는 것보다 늙는 것이 더 가슴 아프고 안타깝다는 말. 2. 눈앞에 닥쳐 겪는 아픔이 더욱 괴롭다고 빗대어 이르는 말.

죽기는 정승 하기보다 어렵다

죽는 일이 매우 어렵다는 말.

죽기 아니면 까무러치기

온갖 위험을 무릅쓰고 모든 힘을 다하는 것을 빗대어 이르는 관용 표현.

죽도 밥도 안 되다

어중간하여 이것도 저것도 다 안 된다는 관용 표현.

죽 떠먹듯 (한다)

무엇을 자꾸 되풀이하는 것을 빗대어 이르는 말.

죽 떠먹은 자리

숟가락으로 죽을 뜨면 이내 자리가 메워져 죽 뜬 자리가 없어진다는 뜻으로, 1. 조금 덜어 내어도 흔적이 나지 않는 경우를 이르는 관용 표현. 2. 무슨 자취가 가뭇없이 사라진 것을 이르는 관용 표현.

죽 먹은 설거지는 딸 시키고 비빔 그릇 설거지는 며느리 시킨다

하기 쉬운 죽 그릇 설거지는 딸을 시키고 하기 힘든 비빔밥 그릇 설거지는 며느리를 시킨다는 뜻으로, 흔히 시어머니가 며느리보다 자기 딸을 더 아끼고 위한다는 말.

같은 속담 가을볕에는 딸을 쬐이고 봄볕에는 며느리를 쬐인다 • 배 썩은 것은 딸을 주고 밤 썩은 것은 며느리 준다 • 봄볕은 며느리를 쬐이고 가을볕은 딸을 쬐인다 • 양식 없는 동자는 며느리 시키고 나무 없는 동자는 딸 시킨다

죽사발이 웃음이요, 밥사발이 눈물이라

1. 가난하게 살더라도 걱정 없이 사는 것이 재물을 넉넉히 가지고도 근심 걱정 속에 사는 것보다 낫다고 빗대어 이르는 말. 2. 가난한 집안은 사이좋게 지내지만 돈 많은 집안은 다툼이 그치지 않는다고 빗대어 이르는 말.

죽 쑤어 개 좋은 일 하였다
죽 쑤어 개 준다[바라지한다]

힘써 한 일을 남에게 빼앗기거나, 애써 한 일이 엉뚱한 사람에게 좋은 일이 되었을 때 화가 나서 투덜거리는 말.

같은 속담 풀 쑤어 개 좋은 일 한다

죽 쑤어 식힐 동안이 급하다

몹시 배고픈 사람은 다 된 죽을 식힐 동안도 급하게 기다려진다는 뜻으로, 어떤 일의 결과가 눈앞에 다다를 때 사람 마음이 몹시 조마조마하고 애가 탄다고 빗대어 이르는 말.

죽어도 씨오쟁이는 베고 죽는다

1. 농사꾼은 굶어 죽으면서도 이듬해 뿌릴 씨앗은 안 먹고 남겨 둔다는 뜻으

로, 농사꾼은 씨앗을 소중히 여긴다는 말. 2. 죽어도 자기에게 가장 소중한 것만큼은 버리지 않는다는 말.

같은 속담 굶어 죽어도 종자는 베고 죽는다 • 농민은 굶어 죽어도 씨오쟁이는 베고 죽는다

낱말 풀이 **씨오쟁이** 씨앗을 담아 두려고 짚으로 엮은 자루.

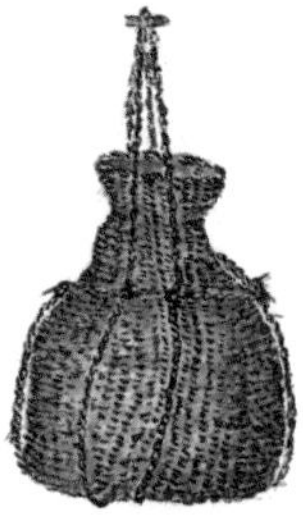

씨오쟁이

죽어도 죄만은 남는다

죄는 죽어도 씻을 수 없으니 살아서 그 어떤 죄도 짓지 말라는 말.

죽어 보아야 저승을 안다[알지]

죽은 사람의 넋이 가서 사는 저승은 자기가 죽어서 가 보아야 어떤 곳인지 알 수 있다는 뜻으로, 무슨 일이든 자기가 몸소 겪어 보아야만 비로소 어떤 것인지 알 수 있다고 빗대어 이르는 말.

죽어서도 넋두리를 한다
죽어서도 무당 빌려 말하는데 살아서 말 못 할까

죽은 사람조차 무당 입을 빌려 못다 한 말을 넋두리하는데 산 사람이 못 할 말이 있겠느냐는 뜻으로 이르는 말.

낱말 풀이 **넋두리** 1. 불만을 길게 늘어놓으며 하소연하는 말. 2. 굿을 할 때, 무당이 죽은 사람의 넋을 대신하여 하는 말.

죽어서 상여 뒤에 따라와야 자식이다

옛날에, 죽은 부모의 장례를 몸소 치르지 못한 자식은 자식의 도리를 어긴 불효자식이라고 이르던 말.

낱말 풀이 **상여** 관을 실어서 묘지까지 나르는 가마. 10여 명이 메고 옮긴다.

상여

죽어 석 잔 술이 살아 한 잔 술만 못하다

죽은 뒤에 아무리 정성을 다해도 살아 있을 때 생각해 주는 것만 못하다는 말.

같은 속담 사후 술 석 잔 말고 생전에 한 잔 술이 달다

죽으러 가는 양의 걸음

도살장으로 끌려가는 양의 걸음 같다는 뜻으로, 도무지 내키지 않는 것을 마지못해 하거나 겁에 질려 억지로 하는 모양을 빗대어 이르는 말.

같은 속담 푸줏간에 들어가는 소 걸음

죽은 게도 동여매고 먹으라
죽은 게도 발을 맨다

틀림없어 보이는 일도 뜻밖의 경우를 생각해 앞뒤를 잘 살피고 조심하라는 말.

같은 속담 구운 게도 다리를 떼고[매 놓고/비끄러매 놓고] 먹는다 • 삶은 게도 다리를 묶어 놓고 먹으랬다

죽은 게 발 놀리듯 한다

죽은 게는 남이 움직이는 대로 발을 놀린다는 데서, 아무런 뜻이나 생각 없이 남이 시키는 대로 움직이는 경우를 빗대어 이르는 말.

죽은 나무 밑에 살 나무 난다

1. 죽어서 없어지는 것이 있으면 새로이 생겨나 자라는 것이 있기 마련이라는 말. 2. 불행 가운데에도 행운이 있을 수 있다고 빗대어 이르는 말.

죽은 나무에 꽃이 핀다

1. 다 망해 버린 일이 다시 활기를 띠어 잘되는 경우에 빗대어 이르는 말. 2. 보잘것없는 집안에서 매우 좋은 일이 생겼을 때 빗대어 이르는 말. 3. 아버지를 일찍 여의고 어디 몸 붙일 곳 하나 없던 아이가 잘되어 집안이 성하게 된 경우를 빗대어 이르는 말. 4. 불행했던 사람이 기회를 만나 온갖 영예를 누리게 된 경우를 빗대어 이르는 말.

같은 속담 고목에 꽃이 핀다 • 죽은 덤불에 산 열매 난다

죽은 다음에 청심환
죽은 뒤에 약방문
죽은 뒤 초혼의 제 지낸다

사람이 죽은 뒤에야 약을 구한다는 뜻으로, 이미 일이 잘못된 다음에야 뒤늦게 대책을 세우는 것을 빗대어 이르는 말.

같은 속담 사후 약방문[청심환] • 상여 뒤에 약방문 • 성복 뒤에 약방문[약 공론] • 약 지으러 간 사람이 성복날에야 온다

낱말 풀이 **초혼** 사람이 죽었을 때 그 혼을 소리쳐 부르는 일. 죽은 이의 이름을 세 번 부른다.

죽은 닭에도 호세를 붙인다

1. 옛날에, 죽은 닭까지 세금을 매겨 돈을 긁어 간다는 뜻으로, 백성들 재물을 가혹하게 빼앗아 가는 벼슬아치들의 행동을 비꼬아 이르던 말. 2. 몹시 인정 없고 모질게 구는 경우를 빗대어 이르는 말.

낱말 풀이 **호세** 옛날에, 살림살이를 하는 집을 기준으로 하여 집집마다 거두어들이던 세금.

ㅈ

죽은 덤불에 산 열매 난다

1. 다 망해 버린 일이 다시 활기를 띠어 잘되는 경우에 빗대어 이르는 말. 2. 보잘것없는 집안에서 매우 좋은 일이 생겼을 때 빗대어 이르는 말.

같은 속담 고목에 꽃이 핀다 • 죽은 나무에 꽃이 핀다

죽은 말 한 마리에 산 말 한 마리

1. 아무 쓸모없는 물건을 내놓고 흥정하려는 사람을 비꼬아 이르는 말. 2. 쓸모 있는 것과 쓸모없는 것, 값어치 있는 것과 값어치 없는 것을 맞바꾸는 어리석은 사람을 비웃어 이르는 말.

죽은 사람 소원도 들어준다
죽은 사람 원도 푼다

죽은 사람 소원도 들어주는데 산 사람의 소원이야 어찌 못 들어주겠느냐는 말.

죽은 시어미도 보리방아 찧을 때는 생각난다

싫어하던 물건이나 미워하던 사람도 막상 없으면 아쉬울 때가 있다고 빗대어 이르는 말.

죽은 양반이 산 개만도 못하다

아무리 보잘것없는 처지라도 살아 있는 것이 죽는 것보다 낫다는 말.

같은 속담 죽은 정승이 산 개만[종만] 못하다

죽은 이만 불쌍하지 산 사람은 다 제살이한다

누가 죽더라도 산 사람은 결국 제 살 궁리를 하여 아무리 어렵고 고되어도 다 살아가기 마련이라는 말.

죽은 자식 나이 세기

죽은 자식 나이를 세어 보아야 아무 쓸데없다는 뜻으로, 이미 망쳐 버린 일에 미련을 버리지 못하고 자꾸 돌이키며 안타까워하는 경우를 빗대어 이르는 말.

죽은 자식의 귀 모양 좋다 하지 말라

죽은 자식의 귀가 잘났다고 아무리 자랑해야 쓸데없듯이, 이미 잃어버리거나 그른 일을 자랑해 보았자 아무 쓸모가 없다고 빗대어 이르는 말.

죽은 자식이야 다 잘났지

1. 죽은 자식은 하나같이 잘난 것처럼 여겨져 섭섭해하는 부모 마음을 빗대어 이르는 말. 2. 없어진 지 오래된 것을 두고 덮어놓고 훌륭한 것이었다고 말하는 경우에 이르는 말.

죽은 정승이 산 개만[종만] 못하다

1. 아무리 힘 있고 높은 벼슬을 한 사람이라도 죽으면 살아서 누리던 게 다 쓸데없다는 뜻으로, 아무리 보잘것없는 처지라도 살아 있는 것이 죽는 것보다 낫다는 말. 2. 훌륭한 사람이라도 제자리에만 머물면 비록 지금은 별 볼 일 없더라도 꾸준히 발전하는 사람을 당하기 어렵다는 말.

같은 속담 산 개 새끼가 죽은 정승보다 낫다 • 죽은 양반이 산 개만도 못하다

죽을 놈이 한배에 탔다

죽을 운명을 타고난 사람끼리 같은 배를 탔다는 뜻으로, 같은 처지에 있는 사람들이 같이 행동하게 된 경우를 빗대어 이르는 말.

죽을 때까지 배워도 다 배우지 못한다

지식을 얻는 데는 끝이 없으니 사람은 죽을 때까지 끊임없이 배워야 한다는 말.

죽을 변을 만나면 살길도 생긴다

'죽을 수가 닥치면 살 수가 생긴다'와 같은 속담.

죽을병에도 살[쓸] 약이 있다
죽을 약 곁에 살 약이 있다

1. 아무리 어렵고 곤란한 처지에 놓여도 벗어날 길이 있다고 빗대어 이르는 말. 2. 앓는 사람에게 병이 나을 거라는 믿음을 잃지 말라고 이르는 말.

죽을 수가 닥치면 살 수가 생긴다

아무리 어려운 경우에 맞닥뜨려도 어려움을 헤쳐 나갈 길이 생긴다는 말.

같은 속담 사람이 죽으란 법은 없다 • 죽을 변을 만나면 살길도 생긴다 • 하늘이 무너져도 솟아날 구멍이 있다

죽을 짬이[짬도] 없다

아주 조금의 겨를도 없을 만큼 매우 바쁜 경우를 빗대어 이르는 말.

같은 속담 죽재도 죽을 겨를이 없다

죽음에는 편작도 할 수 없다

병을 잘 고치는 의사로 천하에 이름난 편작도 죽은 사람은 살려 낼 수 없다는 뜻으로, 죽음에 대하여 사람은 아무 힘이 없다는 말.

죽음에 들어 노소가 없다

늙은이라 해서 먼저 죽고 젊은이라 해서 나중에 죽는다는 법이 없다는 뜻으로, 늙은이나 젊은이나 죽는 것은 마찬가지라는 말.

죽이 끓는지 밥이 끓는지 모른다

일이 어떻게 되어 가는지 도무지 모르겠다고 빗대어 이르는 말.

죽이 풀려도[풀어져도] 솥 안에 있다

1. 생김새는 달라져도 속에 든 것은 바뀌지 않는 경우를 빗대어 이르는 말. 2. 손해를 본 것 같지만 낱낱이 따져 보면 밑지지 않은 경우에 빗대어 이르는 말.

같은 속담 가마 안의 팥이 풀어져도 그 안에 있다 • 팥이 풀어져도 솥 안에 있다

죽일 놈도 먹이고 죽인다

사람을 굶기는 것은 사람의 도리가 아니라는 말.

죽일 놈이 한배에 탔다

원수끼리 같은 배를 탔다는 뜻으로, 사이가 나쁜 사람끼리 한자리에 있는 경우를 빗대어 이르는 말.

ㅈ

죽재도 죽을 겨를이 없다

'죽을 짬이[짬도] 없다'와 같은 속담.

죽지 부러진 까마귀[독수리/새]

어떤 새도 날갯죽지가 부러지면 날 수 없다는 뜻으로, 크게 기가 꺾여 자기의 힘과 재주를 마음대로 쓰지 못하게 된 경우를 빗대어 이르는 말.

낱말 풀이 **죽지** 새의 날개가 몸에 붙은 부분.

죽지 않으면 산다

이것 또는 저것 가운데 어느 한쪽으로 꼭 정해지는 경우를 빗대어 이르는 말.

준 떡이나 받아먹어라

차려진 것이나 받고 가만히 있지 웬 잔말이 그렇게 많으냐고 비꼬아 이르는 말.

줄 따르는 거미

1. 줄을 따라 움직이는 거미처럼, 한길만 고집하는 사람을 빗대어 이르는 말.
2. 서로 떨어져 있지 못하고 늘 같이 따라다니는 사람을 빗대어 이르는 말.

줄밥에 매로구나

줄밥을 먹기 위해 주인이 시키는 대로 꿩 사냥을 하는 매라는 뜻으로, 적은 이익을 바라다가 남에게 이용당하게 된 처지를 빗대어 이르는 말.

낱말 풀이 **줄밥** 갓 잡은 야생 매를 길들일 때 줄의 한 끝에 매어서 주는 밥.

줄수록 양양[냠냠]

1. 주면 줄수록 모자라게 여겨 더 달라고 보챈다는 말. 2. 사람의 욕심은 끝이 없다는 말.

낱말 풀이 **양양** 어린아이가 우는 소리를 내며 자꾸 보채는 모양.

줄 없는 거문고

쓸모없거나 보람 없게 된 처지를 빗대어 이르는 말.

같은 속담 구슬 없는 용 • 꽃 없는 나비 • 날개 없는 봉황 • 물 없는 기러기 • 성인 못 된 기린 • 임자 없는 용마 • 짝 잃은 기러기[원앙]

줄(이) 끊어진 연 쳐다보는 격

줄이 끊어진 연을 멍하니 바라보듯이, 돌이킬 수 없는 일을 저질러 놓고 아쉬워하면서 어쩔 줄 모르는 경우를 빗대어 이르는 말.

중놈 돝고깃값 치른다

고기를 먹지 않는 중이 돼지고깃값을 치른다는 뜻으로, 어처구니없게 남의 돈을 물게 되는 경우를 빗대어 이르는 말.

같은 속담 중이 횟값 문다

낱말 풀이 **돝고기** 돼지고기.

중놈 장에 가서 성내기

1. 아무런 반응도 없는 곳에 가서 큰소리로 꾸짖으며 화풀이하는 꼴을 비웃어 이르는 말. 2. 눈앞에서는 꼼짝도 못 하면서 안 보는 데서는 기를 쓰거나 뒷말을 함을 이르는 말.

중다버지는 댕기치레나 하지[한다]

1. 더펄머리라도 있으면 댕기를 드리겠는데 머리가 짧아서 그러지도 못한다는 뜻으로, 이러지도 저러지도 못할 정도로 형편이 매우 딱하고 어려운 경우를 빗대어 이르는 말. 2. 자기의 모자라는 것을 다른 것으로 억지로 채우려 하는 경우에 빗대어 이르는 말.

낱말 풀이 **중다버지** 길게 자라서 더펄더펄하게 된 아이들의 머리, 또는 그런 아이.

중 도망은 절에(나) 가 찾지

중이 달아나면 절에 가서 찾지만 여느 사람은 도망치면 간 곳을 알 수 없다는 뜻으로, 간 곳을 알 수 없어 찾기가 매우 어려운 경우를 빗대어 이르는 말.

중매는 잘하면 술이 석 잔이고 못하면 뺨이 세 대라

1. 중매는 잘하면 좋은 일이지만 잘못했다가는 큰 화를 입을 수 있으므로 찬찬히 살피고 따져서 해야 한다는 말. 2. 혼인은 억지로 부추길 일이 못 된다는 말.

ㅈ

낱말 풀이 **중매** 결혼이 이루어지도록 중간에서 소개하는 일. 또는 그런 사람.

중매 보고 기저귀 장만한다

일이 되기도 전에 지나치게 서두르는 행동을 비웃어 이르는 말.

같은 속담 시집도 가기 전에 강아지[기저귀/포대기] 마련한다 • 아이도 낳기 전에 기저귀 누빈다

중 먹을 국수는 고기를[생선을] 속에 넣고 담는다

중에게 알랑대느라고 국수에 고기를 감추어 준다는 뜻으로, 1. 겉으로 드러내지 않으면서 남의 마음에 들려고 너절한 짓을 하는 경우를 빗대어 이르는 말. 2. 남의 사정을 잘 봐주는 것이 좋다는 말.

중방 밑 귀뚜라미

무엇이고 잘 아는 체하는 사람을 빗대어 이르는 말.

낱말 풀이 **중방** 벽의 중간 높이에 가로지르는 나무.

중복물이 안 내리면 말복물이 진다

옛날부터 중복에 장마가 지지 않으면 말복에는 틀림없이 장마가 진다고 일러 오던 말.

낱말 풀이 **말복물** 말복 무렵에 장마가 져서 나는 큰물. **중복물** 중복 무렵에 내리는 큰비.

중상 아래 반드시 날랜 사람이 있다

1. 상을 크게 내걸면 뛰어난 재주를 가진 사람이 나서기 마련이라는 말. 2. 상을 준다고 하면 힘껏 일하기 마련이라는 말.

낱말 풀이 **중상** 상을 후하게 줌. 또는 그 상.

중 양식이 절 양식(이다)

1. 중의 밥이 곧 절 밥이라는 뜻으로, 한집안 식구 것은 내나 그 집 것이라는 말. 2. 이러나저러나 마찬가지라는 말.

중은 중이라도 절 모르는 중이라

1. 절을 모르는 중이 무슨 중이냐는 뜻으로, 제 할 일을 모르고 있는 얼떨떨한 사람을 비웃어 이르는 말. 2. 꼭 알고 있어야 할 처지에 있는 사람이 모를 때 비꼬아 이르는 말.

중의 공사가 삼 일

'조정 공론 사흘 못 간다'와 같은 속담.

중의 관자 구멍이다

중에게는 망건에 다는 관자 구멍이 필요 없다는 뜻으로, 다른 사람에게는 필요하지만 자기에게는 쓸모없게 된 물건이나 쓸데없는 물건을 빗대어 이르는 말.

같은 속담 중의 빗[망건]

낱말 풀이 **관자** 망건에 다는 장식물. 망건은 상투 튼 머리가 흐트러지지 않게 두르는 것이다.

중의 망건값 안 모인다[남는다]

중은 망건을 안 쓰니 돈을 모을 것 같지만 그렇지 않다는 뜻으로, 쓸데없이 나가는 돈을 줄이면 그만큼 돈이 모일 것 같지만 실제로 그렇지도 않다는 말.

중의 망건 사러 가는 돈이라도

'조리 장수 매끼돈을 내어서라도'와 같은 속담.

중의 법고 치듯

중이 부처 앞에서 북을 힘차게 두드리듯 한다는 뜻으로, 무엇을 아주 빨리 힘있게 쾅쾅 두드리는 모양을 빗대어 이르는 말.

같은 속담 상좌 중의 법고 치듯

중의 빗[망건]
중의 상투

1. 중은 빗을 머리칼이 없는데 중이 빗던 빗이라는 뜻으로, 구하기 몹시 어려운 물건을 빗대어 이르는 말. 2. 다른 사람에게는 필요하지만 자기에게는 쓸모없게 된 물건이나 쓸데없는 물건을 빗대어 이르는 말.

같은 속담 중의 관자 구멍이다

중이 개고기 사 먹듯

1. 남이 모르도록 돈을 쓰는 모양을 빗대어 이르는 말. 2.돈을 조금씩 전부 써 버리는 모양을 빗대어 이르는 말.

중이 고기 맛을 보면 법당에 파리가 안 남는다
중이 고기 맛을 알면 절에 빈대가 안 남는다

억누르고 있던 욕망을 이루거나 모르고 있던 일에 재미를 붙이면 그것에 빠져 정신을 못 차리고 덤빈다는 말.

중이 미우면 가사도[동냥자루까지] 밉다

중이 미우면 입은 옷까지도 밉다는 뜻으로, 어떤 사람을 몹시 미워하면 그 둘레에 있는 사람이나 딸린 물건까지도 괜히 미워진다고 빗대어 이르는 말.

같은 속담 며느리가 미우면 손자까지 밉다

낱말 풀이 **가사** 중이 웃옷 위에 왼쪽 어깨에서 오른쪽 겨드랑이 밑으로 걸쳐 입는 옷.

중(이) 절 보기 싫으면 떠나야지

절이 싫다고 허물 수 없으니 중이 떠나야 한다는 뜻으로, 어떤 곳에 있으면서 그곳이나 거기 사람들이 싫어지면 싫은 그 사람이 떠나야 한다는 말.

중이 제 머리를 못 깎는다

남을 위해서는 할 수 있는 일도 자기가 얽히면 스스로 처리하지 못하는 경우를 빗대어 이르는 말.

같은 속담 무당이 제 굿 못하고 소경이 저 죽을 날 모른다 • 봉사 제 점 못한다 • 의사가 제 병 못 고친다

중이 팔양경 읽듯

무슨 뜻인지도 모르고 자꾸 혼자서 흥얼흥얼 외우는 모양을 이르는 말.

같은 속담 소경 경 읽듯 • 소경 팔양경 외듯

ㅈ

중이 횟값 문다

'중놈 돝고깃값 치른다'와 같은 속담.

쥐가 고양이를 만난 격

무서운 사람 앞에서 기를 펴지 못하고 설설 기는 모양을 빗대어 이르는 말.

같은 속담 고양이 앞에 쥐[쥐걸음] • 이리 앞의 양

읽을거리 쥐는 열두 띠 가운데 첫 번째 동물이야. 새해 첫 달 열두 동물의 날에는 여러 풍습이 전해 내려오고 있어. 쥐날에는 '논두렁 태우기' 또는 '쥐불놀이'를 하는 풍습이 있었어. 쥐는 곡식을 훔쳐 먹고 살림에 해를 끼치기 때문에 논두렁 밭두렁에 자라는 풀을 태워서 쥐를 잡으려는 거야. 쥐불놀이에는 쥐와 해충을 없애는 것뿐 아니라 한 해 동안 건강하고 나쁜 기운을 멀리 쫓으려는 바람이 들어 있었지.

쥐가 고양이를 불쌍해한다
쥐가 고양이 생각을 해 준다

자기에게 해를 입히는 이를 오히려 불쌍해하는 모양을 빗대어 이르는 말.

쥐가 쥐 꼬리를 물고

여러 사람이 죽 잇달아 나오는 모양을 놀리어 이르는 말.

쥐가 하룻밤에 소금 한 섬을 나른다
쥐가 하룻저녁에 소금 석 섬을 나른다

쥐가 하룻밤 사이에 소금 한 섬을 야금야금 다 나른다는 뜻으로, 1. 보기에는 하찮은 것 같지만 피해가 매우 큰 경우에 빗대어 이르는 말. 2. 보잘것없는 힘이라도 꾸준히 오래 하면 큰일을 해낼 수 있다고 빗대어 이르는 말.

쥐고 펼 줄을 모른다

1. 좀스러워 너그럽게 생각하지 못하고 꽁하게 있는 경우를 이르는 말. 2. 돈을 모으기만 하고 쓸 줄 모르는 구두쇠나 몹시 인색한 행동을 이르는 말.

쥐구멍에도 눈이 든다

어떤 사람도 불행을 피할 수 없다는 말.

쥐구멍에도 볕 들 날 있다

어려운 처지에 놓인 사람도 언젠가는 좋은 때를 만날 날이 있다는 말.

같은 속담 개똥밭에도 이슬 내릴 때가 있다 • 고랑도 이랑 될 날 있다 • 마루 밑에 볕 들 때가 있다

쥐구멍에서 다람쥐가 나온다

쥐가 드나드는 구멍에서 다람쥐가 느닷없이 튀어나온다는 뜻으로, 전혀 생각하지 못했던 뜻밖의 일이 벌어진 경우에 빗대어 이르는 말.

쥐구멍에 홍살문을 세우겠다

1. 궁궐이나 관아 앞에 세우는 홍살문을 쥐구멍에 세우겠다는 뜻으로, 하는 일이 어리석고 주책없음을 비꼬아 이르는 말. 2. 쓸데없이 겉치레를 잔뜩 하는 것을 비웃어 이르는 말.

낱말 풀이 **홍살문** 능, 묘, 궁궐, 관아 같은 곳에 세우던 붉은 칠을 한 문. 둥근기둥 두 개를 세우고 지붕이 없이 붉은 살을 세워서 죽 꽂았다.

쥐구멍으로 소 몰려 한다

도무지 될 수 없는 일을 억지로 하려고 하는 어리석음을 빗대어 이르는 말.

ㅈ

쥐구멍으로 통영갓을 굴려 낼 놈

좁은 쥐구멍으로 큰 통영갓을 굴려 낼 놈이라는 뜻으로, 감쪽같이 남을 잘 속여 넘기는 사람을 비꼬아 이르는 말.

같은 속담 개구멍으로 통량갓을 굴려 낼 놈

낱말 풀이 **통영갓** 경상남도 통영 지방에서 만든 갓. 또는 그런 양식으로 만든 갓. 품질이 좋고 테가 넓다.

쥐구멍을 찾다

부끄럽거나 난처하여 어디에라도 숨고 싶어 한다는 관용 표현.

쥐구멍이 소구멍 된다

작은 화를 막지 않고 그대로 두면 큰 화가 된다는 말.

쥐구멍 틀어막으려고 대들보 들이민다

큰 힘이나 돈을 들이지 않고도 충분히 할 수 있는 일에 엄청나게 큰 것을 들이미는 어리석은 짓을 빗대어 이르는 말.

쥐 굴레 쓴 것 같다

작은 쥐 몸뚱이에 소나 말에다 씌우는 굴레를 씌운 것 같다는 뜻으로, 격에 어울리지 않는 엄청나게 큰 것을 뒤집어쓴 차림새를 비웃어 이르는 말.

낱말 풀이 **굴레** 소나 말을 부리려고 머리 쪽에서 고삐에 걸쳐 얽어매는 줄.

쥐 꼬리는 송곳집으로나 쓰지

아무짝에도 쓸모가 없음을 빗대어 이르는 말.

쥐나 개나

쥐나 개나 있는 대로 다 가지겠다는 뜻으로, 너무 가난해서 이것저것 가릴 처지가 못 된다는 말.

쥐도 도망갈 구멍을 보고 쫓는다

도망갈 곳이 없으면 쥐가 대들어 다치기 쉬우니 도망갈 구멍을 내주고 쫓으라는 뜻으로, 어려움에 빠진 사람을 너무 막다른 데까지 몰아넣지 말라는 말.

같은 속담 개도 나갈 구멍을 보고 쫓아라 • 도적놈 도망칠 구멍을 내주고 쫓는다

쥐도 들구멍 날구멍이 있다

쥐도 들어가고 나오는 구멍을 따로 둔다는 뜻으로, 무슨 일을 하든지 질서와 절차가 있어야 하고 나중 일을 빈틈없이 생각하고 해야 한다고 빗대어 이르는 말.

같은 속담 너구리도 들구멍 날구멍을 판다

쥐도 새도 모르게

아무도 모르게 감쪽같이 행동한다는 관용 표현.

쥐도 한 구멍을 파야 수가 난다
쥐도 한 모를 긁으면 끝장 본다
쥐도 한몫 보면 낙이 있다

이 일 저 일 잔뜩 벌이지 말고 한 가지 일을 끝까지 해야 뜻한 바를 이루고 성공할 수 있다는 말.

같은 속담 우물을 파도 한 우물을 파라

쥐 뜯어 먹은 것 같다

어떤 것이 고르지 않고 들쭉날쭉하여 보기 흉함을 빗대어 이르는 말.

쥐를 때리려 해도 접시가 아깝다

무엇을 없애려고 해도 도리어 자기에게 손해가 미칠까 봐 이러지도 저러지도 못하는 경우를 빗대어 이르는 말.

같은 속담 독을 보아 쥐를 못 친다

쥐 먹을 것은 없어도 도둑맞을 것은 있다

1. 아무리 가난한 집이라도 도둑이 훔쳐 갈 만한 물건은 있다는 말. 2. 아무리 없다 없다 하여도 남이 욕심내는 것이 있는 법이라는 뜻으로, 물건을 잘 거두어 두라고 이르던 말.

같은 속담 저녁 먹을 것은 없어도 도둑맞을 것은 있다

쥐면 꺼질까 불면 날까

무엇을 몹시 귀하게 여기며 조심스럽게 다룬다는 뜻으로, 부모가 어린 자식들을 매우 아끼고 소중히 키우는 것을 빗대어 이르는 말.

같은 속담 불면 꺼질까 쥐면 터질까

쥐 면내듯

무엇을 남모르게 조금씩 날라다 쌓아 놓는 모양을 빗대어 이르는 말.

낱말 풀이 **면내다** 남의 물건을 조금씩 훔쳐서 축내다.

쥐 못[안] 잡는 고양이라

1. 제구실을 못 하여 아무짝에도 쓸모없게 된 사람이나 물건을 빗대어 이르는 말. 2. 쓸모없는 듯하던 것도 없어지고 나면 필요한 것임을 깨닫는 경우에 이르는 말.

같은 속담 일 안 하는 가장

쥐 본 고양이 (같다)

1. 무엇이나 보기만 하면 반드시 끝장을 내고야 마는 사람을 빗대어 이르는 말. 2. 무엇인가를 아주 욕심 사납게 쫓는 모양을 빗대어 이르는 말.

쥐 새끼가 소 대가리를 깨무는 격

작고 힘이 약한 사람이 벅찬 상대에게 덤벼들거나 제힘에 겨운 일을 해 보려고 어리석게 달려드는 것을 비웃어 이르는 말.

쥐 새끼(가) 쇠새끼보고 작다 한다

자기보다 엄청나게 큰 것을 보고 작다고 함을 비꼬아 이르는 말.

쥐 새끼가 열두 해 나면 방귀를 뀐다

1. 무슨 일이나 오래 하고 있으면 좋은 수가 생긴다는 말. 2. 못난 사람도 오래 살면 제 할 일은 하게 된다고 빗대어 이르는 말.

쥐 새끼도 급하면 고양이에게 접어든다

힘없고 약한 쥐 새끼도 고양이한테 쫓겨 막다른 지경에 내몰리면 대든다는 뜻으로, 사람이나 짐승이나 최악의 경우에 이르면 죽기 살기로 덤벼들게 됨을 빗대어 이르는 말.

낱말 풀이 **접어들다** 다투거나 겨루기 위하여 남에게 대들다.

쥐 새끼 한 마리 얼씬하지 않다

아무도 다니지 않고 조용한 것을 이르는 관용 표현.

같은 관용 개 새끼 한 마리 얼씬하지 않다 • 검정개 한 마리 얼씬 안 한다

ㅈ

쥐 세 치 보기

쥐가 세 치 앞밖에 내다보지 못한다는 뜻으로, 앞날을 짐작하거나 전체를 보는 지혜가 없고 당장 눈앞의 일만 보는 것을 빗대어 이르는 말.

쥐 소금 나르듯[녹이듯]

1. 돈이나 물건 따위가 조금씩 줄어 없어지는 것을 빗대어 이르는 말. 2. 어떤 것을 조금씩 야금야금 옮겨 가는 모양을 빗대어 이르는 말.

같은 속담 비 소금 섬 녹이듯 • 쥐 소금 먹듯

쥐 소금 먹듯

1. 음식을 맛보듯이 조금씩 먹다가 그만두는 것을 빗대어 이르는 말. 2. 돈이나

물건 따위가 조금씩 줄어 없어지는 것을 빗대어 이르는 말.

같은 속담 생쥐 소금 먹듯 • 쥐 소금 나르듯[녹이듯]

쥐엄나무 도깨비 꼬이듯

1. 부정적인 것들이 한데 많이 몰려 와글거리는 모양을 빗대어 이르는 말. 2. 인색한 사람이 너무 심하게 아끼고 박하게 굴 때 이르는 말.

낱말 풀이 **쥐엄나무** 콩과의 잎 지는 넓은잎 큰키나무. 줄기와 가지에 가시가 많고, 나무껍질에 사마귀처럼 생긴 돌기들이 달려 있다. =주엽나무. 주염나무.

쥐 잡으려다가 쌀독 깬다

적은 이익을 얻으려고 섣불리 덤벼들었다가 큰 손해를 입게 되는 경우에 빗대어 이르는 말.

같은 속담 독 틈에서 쥐 잡기

쥐 죽은 날 고양이 눈물

쥐가 죽었다고 고양이가 눈물을 흘릴 리 없다는 뜻으로, 아예 없거나 있어도 양이 매우 적을 때 빗대어 이르는 말.

같은 속담 고양이 죽는 데 쥐 눈물만큼

쥐 줄 것은 없어도 도둑 줄 것은 있다

'저녁 먹을 것은 없어도 도둑맞을 것은 있다'와 같은 속담.

쥐 초 먹은 것 같다

식초를 먹은 쥐처럼, 1. 얼굴을 잔뜩 찌푸리는 꼴을 빗대어 이르는 말. 2. 널브러져서 옴짝도 못 하는 꼴을 빗대어 이르는 말.

쥐 코 조림 같다

아주 보잘것없는 사물을 빗대어 이르는 말.

쥐 포육 장사라

얇게 저며 양념을 해서 말린 쥐 고기를 판다는 뜻으로, 낯간지러운 줄도 모르고 좀스러운 짓을 하는 사람을 비웃어 이르는 말.

지각이 나자 망령

1. 분별없이 굴던 사람이 정신을 차려 일을 잘할 만하게 되니 망령이 들어 일을 그르치게 되는 경우를 빗대어 이르는 말. 2. 일이 되자마자 금방 잘못된다는 말.

같은 속담 철나자 망령 난다

낱말 풀이 **지각** 사물의 이치나 도리를 분별하는 능력.

지각하고(는) 담쌓았다

1. 깨달음이란 조금도 없이 못난 짓만 하는 사람을 빗대어 이르는 말. 2. 도무지 철이 안 났다는 말.

지게를 지고 제사를 지내도 제멋이다[상관 말라]

'저모립 쓰고 물구나무를 서도 제멋'과 같은 속담.

낱말 풀이 **지게** 짐을 얹어 등에 지고 나르는 우리나라 고유의 운반 기구.

지고 다니는 것은 칠성판이요 먹는 것은 사잣밥이라

옛날에, 늘 죽음의 문턱을 넘나들며 고된 일을 하는 처지를 빗대어 이르던 말.

낱말 풀이 **사잣밥** 초상집에서 저승사자에게 대접하는 밥. **칠성판** 관 속 바닥에 까는 얇은 널조각. 북두칠성을 본떠서 일곱 개의 구멍을 뚫어 놓는다.

지나가는 달팽이도 밟아야 굼틀한다
지나가는 달팽이도 밟으면 꿈틀한다

'지렁이도 밟으면[다치면/디디면] 꿈틀한다'와 같은 속담.

지나가는[지나는] 불에 밥 익히기

1. 어떤 사람을 위하여 일부러 한 것은 아니지만 결과적으로 그 사람에게 이익이 된 경우를 빗대어 이르는 말. 2. 어쩌다 생긴 기회를 잘 잡아 자기 일에 이롭게 써먹는 경우를 빗대어 이르는 말.

지나 업으나

이렇게 하나 저렇게 하나 마찬가지라는 관용 표현.

같은 관용 가로 지나 세로 지나 • 열고 보나 닫고 보나 • 외로 지나 가로 지나

지난해 고인 눈물 올해에 떨어진다

좋지 않은 일의 결과가 오랜 시간이 지난 뒤에야 나타나는 경우를 빗대어 이르는 말.

지남석에 날바늘 (끌리듯)

아무리 돌려도 늘 제자리로 돌아와 남북을 가리키는 지남석 바늘처럼, 틀림없이 제자리를 찾아와 멎거나 쭉 한쪽만 가리키는 것을 빗대어 이르는 말.

낱말 풀이 **날바늘** 실을 꿰지 않은 바늘. **지남석** 자석.

지네도 굴 때가 있다

발이 많은 지네도 구를 때가 있다는 뜻으로, 조건이 다 갖추어지거나 능력이 있는 사람이 뜻밖에 사고를 내는 경우에 빗대어 이르는 말.

지네 발에 신 신긴다

1. 발이 많은 지네의 발에 신을 하나하나 다 신기려면 몹시 힘들듯이, 무엇인가 갈래가 많은 것을 하나하나 풀려고 애쓰는 경우에 빗대어 이르는 말. 2. 자식을 많이 둔 사람이 애를 많이 쓴다는 말.

낱말 풀이 **지네** 지네강의 절지동물을 통틀어 이르는 말. 몸은 가늘고 길며, 여러 마디로 이루어져 마디마다 한 쌍의 발이 달려 있다.

지는 게 이기는 거다

맞설 형편이 못 되는 상대와 굳이 맞서 옥신각신하는 것보다 너그럽게 봐주는 것이 이기는 것이라고 가르쳐 이르는 말.

지는 송사를 어데 가서 못하랴

송사에 이기기는 어렵지만 지는 일은 누구나 다 할 수 있다는 뜻으로, 아무 데서나 손쉽게 할 수 있는 아주 쉬운 일을 빗대어 이르는 말.

낱말 풀이 **송사** 백성끼리 다툼이 있을 때, 나라에 옳고 그름을 가려 달라고 하던 일.

지렁이도 밟으면[다치면/디디면] 꿈틀한다

아무리 하찮은 사람이나 순하고 어리숙한 사람도 자기를 지나치게 괴롭히거나 업신여기면 가만있지 않는다고 빗대어 이르는 말.

같은 속담 굼벵이도 밟으면[다치면/디디면] 꿈틀한다 • 벌레도 밟으면 꿈틀한다 • 지나가는 달팽이도 밟아야 굼틀한다 • 참새가 방아[방앗간]에 치여 죽어도 짹 하고 죽는다 • 참새가 죽어도 짹 한다 • 한 치 벌레에도 오 푼 결기가 있다

지렁이 용 되는 시늉 한다

지렁이가 용이 될 꿈을 꾼다는 뜻으로, 도무지 될 수 없는 일을 이루려는 헛된 바람을 비웃어 이르는 말.

지레 약은 참새(가) 방앗간 지나간다[지나친다]

제 딴에는 똑똑한 체하나 정작 중요한 것을 빼놓고 행동함을 비웃어 이르는 말.

지레짐작 매꾸러기

1. 걸핏하면 꾸중을 듣는 사람이 무슨 일만 생기면 또 꾸중을 들을까 봐 미리 겁을 먹고 헤덤비는 모양을 빗대어 이르는 말. 2. 지레짐작으로 대강 맞추어 하면 나중에 큰 화를 입게 된다고 빗대어 이르는 말.

같은 속담 주머니 구구에 박 터진다

낱말 풀이 **매꾸러기** 장난을 심하게 하거나 잘못을 저질러 어른에게 자주 매를 맞는 아이.

지레 터진 개살구

먹지도 못할 개살구가 먼저 익어서 터진다는 뜻으로, 되지못한 사람이 오히려 잘난 체하며 뽐내거나 남보다 먼저 나섬을 빗대어 이르는 말.

같은 속담 개살구 지레 터진다

지리산 갈가마귀 게 발 물어 던지듯

1. 지리산 갈가마귀가 게 발을 물어다 아무 데나 내동댕이친다는 뜻으로, 제게 쓸모 있을 때는 아끼다가 쓸모없게 되면 내버린 채 돌아보지도 않는 경우에 이르는 말. 2. 지리산 갈가마귀가 물어 내던진 게 발처럼, 믿고 기댈 곳 없이 몹시 외로운 처지에 놓이게 된 경우에 빗대어 이르는 말.

지리산 포수

지리산으로 사냥을 가면 돌아오지 못하는 포수가 많았다는 데서, 어떤 곳으로 떠난 뒤에 다시 돌아오지 않거나 매우 늦게 돌아오는 사람을 빗대어 이르는 말.

같은 속담 강원도 포수

지린 것은 똥 아닌가

'적은 것은 똥 아닌가'와 같은 속담.

지붕 꼭대기로 소 끌어 올리는 격

되지도 않을 일을 억지로 하려고 하는 경우에 빗대어 이르는 말.

지붕의 호박도 못 따면서 하늘의 천도를 따겠단다

그다지 높지도 않은 지붕 위 호박도 못 따면서 하늘에 있다는 복숭아를 따겠다고 한다는 뜻으로, 쉬운 일도 못하는 주제에 당치 않은 어려운 일을 하려고 함을 빗대어 이르는 말.

낱말 풀이 **천도** 하늘 나라에서 난다고 하는 복숭아.

지성이면 감천
지성이 지극하면 돌에도 꽃이 핀다

더할 수 없이 정성을 다하면 하늘도 감동한다는 뜻으로, 무슨 일을 하든지 정성껏 하면 좋은 결과를 거둘 수 있다는 말.

낱말 풀이 **감천** 매우 정성스러워 하늘이 감동함.

지어 놓은 밥도 먹으라는 것 다르고 잡수라는 것 다르다

같은 밥이라도 먹으라고 낮추어 말하는 것과 잡수라고 높여 말하는 것이 서로 다르다는 뜻으로, 같은 것을 대접해도 예의를 지키는가 안 지키는가에 따라 상대에게 미치는 영향이 크게 달라진다고 빗대어 이르는 말.

지어먹은 마음이 사흘 못 간다

한때 부추김이나 억지에 못 이겨 먹은 마음이나 다짐은 오래가지 못한다는 말.

지어미 손 큰 것

집안 살림을 알뜰하게 꾸려야 할 아내가 손이 크면 쓸데없이 남을 보태주기만 한다는 뜻으로, 아무 데도 쓸모가 없고 오히려 해로움을 빗대어 이르는 말.

같은 속담 맏며느리 손 큰 것

낱말 풀이 **지어미** '아내'를 예스럽게 이르는 말.

지위가 높을수록 뜻을 낮추랬다
지위가 높을수록 마음은 낮추어 먹어야

1. 높은 자리에 올라갈수록 자기를 내세우지 말고 겸손하라는 말. 2. 높은 자리에 오를수록 욕심을 부리지 말아야 한다는 말.

같은 속담 벼슬은 높이고 뜻은 낮추어라

지전 시정에 나비 쫓아가듯 한다

종이를 파는 장사꾼이 나는 나비를 보고는 종이가 날아가는 줄 알고 쫓아간다는 뜻으로, 재물이 많으면서도 욕심 많고 인색한 사람을 놀리어 이르던 말.

낱말 풀이 **지전 시정** 종이를 파는 가게의 장사치.

지절거리기는 똥 본 오리라

이러쿵저러쿵 쓸데없이 수다스럽게 떠드는 사람을 놀리어 이르는 말.

지척의 원수가 천 리의 벗보다 낫다

가까이에 있는 원수가 멀리 있는 벗보다 낫다는 뜻으로, 이웃끼리 서로 도우며 사이좋게 지내라는 말.

같은 속담 가까운 남[이웃]이 먼 일가[친척]보다 낫다 • 먼 데 일가가 가까운 이웃만 못하다

지척의 원수나 천 리의 벗이나

가까이에 있는 원수나 먼 데에 있는 벗이나 오고 가지 않기는 마찬가지라는 뜻으로, 아주 가까운 사이면서도 멀리 떨어져 사는 탓에 왕래가 없이 지내는 경우를 빗대어 이르는 말.

지척이 천 리라

서로 가까이 살면서도 오가지 못하거나 오랫동안 못 만나서 멀리 떨어져 사는 것이나 다름없다는 말.

지키는 냄비가 더디 끓는다

결과를 애타게 기다리고 있으면 시간이 더 걸리는 것같이 느껴진다는 말.

지키는 사람 열이 도둑 하나를 못 당한다

1. 여러 사람이 함께 살펴도 한 사람의 나쁜 짓을 막기가 쉽지 않다는 말. 2. 아무리 여럿이 지켜도 빠져나갈 구멍은 있기 마련이라는 말. 3. 나쁜 짓을 절대 못 하도록 법과 질서를 세우지 않고 감시하는 사람 수만 늘려서는 나쁜 짓 하는 사람을 잡기 어렵다는 말. 4. 아무리 조심해도 느닷없이 닥치는 불행은 막기 어렵다는 말.

같은 속담 도적 한 놈을 열 사람이 지키지 못한다 • 열 사람이 지켜도 한 도둑놈을 못 막는다

지팡이 내다 주며 묵어 가란다

속으로는 떠나기를 바라면서 겉으로는 말리는 체한다는 뜻으로, 속생각은 다르면서 말로만 그럴듯하게 인사치레하는 것을 빗대어 이르는 말.

같은 속담 봇짐 내어 주며 앉아라 한다

ㅈ

지팡이를 짚었지

어떤 한 곳에서 나중에 크게 발전할 수 있는 터를 얻었다는 말.

진국은 나 먹고 훗국은 너 먹어라

진한 국은 내가 먹을 테니 물을 탄 멀건 국은 너나 먹으라는 뜻으로, 자기만 생각하는 욕심스러운 행동을 빗대어 이르는 말.

낱말 풀이 **진국** 오랫동안 푹 고아서 걸쭉하게 된 국물. **훗국** 진국을 우려낸 건더기로 다시 끓인 국.

진 꽃은 또 피지만 꺾인 꽃은 다시 피지 못한다

열매를 맺고 진 꽃은 이듬해에 자라서 또다시 꽃이 피지만 열매를 맺기도 전에 꺾인 꽃은 다시 못 핀다는 뜻으로, 아무리 형편이 어려워도 마음을 굳게 먹고 끝까지 포기하지 않아야 성공할 수 있다는 말.

진날 개 사귄 이 같다

비나 눈이 온 날 개를 가까이 하면 옷에 진흙을 묻히게 된다는 뜻으로, 1. 더럽고 귀찮은 일을 당한 경우를 빗대어 이르는 말. 2. 달갑지 않은 사람이 자꾸 따라다니며 치근대는 것을 못마땅하게 여겨 이르는 말.

같은 속담 궂은 날 개 사귄 것 같다 • 진날 삽살개 친한 격

낱말 풀이 **진날** 땅이 질척거릴 정도로 비나 눈이 오는 날.

진날 개 싸대듯

까닭 없이 비를 맞고 다니는 경우를 빗대어 이르는 말.

진날 나막신

1. 비 오는 날에만 신는 나막신처럼, 여느 때에는 쳐다보지도 않다가 필요할 때

에만 찾는 대상을 빗대어 이르는 말. 2. 꼭 필요하고 중요한 사람이나 물건을 빗대어 이르는 말. 3. 격에 어울리게 들어맞는 것을 빗대어 이르는 말.

진날 나막신 찾듯

여느 때에는 쳐다보지도 않다가 아쉬우면 찾느라 바쁜 모양을 빗대어 이르는 말.

진날 삽살개 친한 격

'진날 개 사귄 이 같다'와 같은 속담.

진드기가 아주까리 흉보듯

진드기가 자기와 비슷하게 생긴 아주까리를 흉본다는 뜻으로, 보잘것없는 주제에 남을 흉보는 꼴을 비웃어 이르는 말.

진드기와 아주까리 맞부딪친 격

진드기와 아주까리는 모양이 비슷한데 이 둘이 맞부딪친 격이라는 뜻으로, 서로 비슷비슷한 것끼리 맞붙어 옥신각신하는 경우를 빗대어 이르는 말.

진상 가는 꿀병 동이듯
진상 가는 꿀병[봉물짐] 얽듯

무엇을 소중하게 동여매는 경우를 빗대어 이르는 말.

낱말 풀이 **봉물짐** 서울 벼슬아치에게 바치던 선물 짐. **진상** 임금이나 높은 벼슬아치들에게 바치던 선물.

진상 가는 송아지 배때기 찼다

왕에게 바치는 송아지의 배를 발로 찼다는 뜻으로, 괜히 쓸데없이 일을 저지르고 화를 당하는 경우에 빗대어 이르던 말.

진상은 꼬챙이로 꿰고 인정은 바리로 싣는다

나라에 바치는 물건은 꼬챙이로 꿸 만큼 적지만 벼슬아치에게 바치는 물건은 바리로 실을 만큼 많다는 뜻으로, 1. 제 잇속이 달린 일에는 재물을 아끼지 않고 더 마음을 쓰게 됨을 빗대어 이르는 말. 2. 높은 사람보다 그 아래에서 뇌물을 받는 벼슬아치들의 권세가 더 큼을 빗대어 이르는 말.

같은 속담 인정은 바리로 싣고 진상은 꼬치로 꿴다

진상 퇴물림 없다

갖다 바치거나 뇌물을 주면 싫어하는 사람이 없다고 빗대어 이르는 말.

낱말 풀이 **퇴물림** 마음에 들지 않아 거절당하거나 물리침을 받은 물건.

진상할 배도 먹는다

왕에게 바칠 배도 눈앞에 있으면 먹는다는 뜻으로, 1. 앞뒤를 가리지 않고 먼저 먹고 보자고 부추길 때 이르는 말. 2. 먹고 싶은 마음을 억누르기가 매우 어려움을 빗대어 이르는 말.

진속은 오얏밭에 있다

속으로는 전혀 딴생각을 하고 있음을 빗대어 이르는 말.

진시황이 만리장성 쌓는 줄 아느냐

중국 진나라의 시황제가 만리장성을 쌓을 때 넘어가는 해를 붙들어 두고 어둡기 전에 일을 마쳤다는 이야기에서, 어떤 일을 해가 지기 전에 마치자고 재촉할 때 그것이 될 리 없다는 뜻으로 이르는 말.

진잎죽 먹고 잣죽 트림한다

아주 거친 음식을 먹고도 잘 먹은 체하느라고 거드름을 피운다는 뜻으로, 실속은 없으면서 겉모양만 그럴듯하게 꾸미는 짓을 빗대어 이르는 말.

같은 속담 비짓국 먹고 용트림한다

낱말 풀이 **진잎죽** 날것이나 절인 푸성귀 잎을 넣고 끓인 죽.

진정도 품앗이라

자기가 남에게 말이나 행동을 좋게 하여야 남도 자기에게 좋게 대한다는 말.

같은 속담 인정도 품앗이라

낱말 풀이 **진정** 참되고 애틋한 정이나 마음.

진정에는 바윗돌도 녹는다

'정성이 지극하면 돌 위에(도) 풀이 난다'와 같은 속담.

진주가 열 그릇이나 꿰어야 구슬

아무리 훌륭하고 좋은 것이라도 매만져서 쓸모 있게 만들어야 값어치가 있음을 빗대어 이르는 말.

같은 속담 구슬이 서 말이라도 꿰어야 보배(라) • 보석도 꿰어야 보배 • 청산 속에 묻힌 옥도 갈아야 빛이 난다

진주를 찾으려면 물속에 들어가야 한다

뜻하는 바를 이루기 위해서는 필요한 조건을 갖추거나 그에 마땅한 일을 노력해야 한다고 빗대어 이르는 말.

같은 속담 굴에 들어가야 범을 잡는다 • 굴을 파야 금을 얻는다 • 범을 잡자면 범의 굴에 들어가야 한다 • 범의 굴에 들어가야 범을 잡는다 • 산에 가야 범을 잡지[잡는다] • 산엘 가야 꿩을 잡고 바다엘 가야 고기를 잡는다 • 호랑이 굴에 가야 호랑이 새끼를 잡는다

질그릇 깨고 놋그릇 장만한다

질동이 깨뜨리고[깨고] 놋동이 얻었다

질동이

1. 하찮은 것을 잃고 대신에 더 좋은 것을 얻게 된 경우에 빗대어 이르는 말. 2. 먼저 것보다 나중 것이 나은 경우에 빗대어 이르는 말.

낱말 풀이 **놋그릇** 놋쇠로 만든 그릇. =유기그릇. **질그릇** 진흙만으로 구워 만든 그릇. 잿물을 덮지 않아 겉면에 윤기가 없다. **질동이** 질흙으로 빚어서 구워 만든 동이.

질러가는 길이 돌아가는[먼] 길이다

아무런 준비 없이 빨리하려고 서둘다가 오히려 일을 그르치거나 다시 하게 됨을 빗대어 이르는 말.

질병에도 감홍로

오지로 만든 투박한 병에도 감홍로같이 좋은 술이 담겨 있다는 뜻으로, 겉은 시원찮지만 내용이 좋은 것을 빗대어 이르는 말.

같은 속담 얽어도 유자

낱말 풀이 **감홍로** 소주에 홍국, 계피, 진피, 방풍, 정향 따위를 넣어 우린 술. **질병** 질흙으로 만든 병.

질탕관에 두부장 끓듯

걱정스러운 일로 마음이 어지럽고 속이 몹시 부글부글 끓는 모양을 이르는 말.

낱말 풀이 **두부장** 두부를 넣고 끓인 찌개. **질탕관** 국을 끓이거나 약을 달이는 데 쓰는 작은 그릇.

짐승도 은혜를 안다

말 못 하는 짐승도 먹여 주고 돌봐 준 은혜를 아는데, 하물며 사람으로서 은혜를 모르고 믿음을 저버릴 수 있겠느냐는 말.

같은 속담 까마귀도 반포의 효도가 있고 비둘기도 예절을 안다

짐승도 제 새끼는 사랑한다

'자식 둔 골[곳]에는 호랑이도 두남둔다'와 같은 속담.

짐작이 팔십 리

1. 눈치로 하는 짐작을 이르는 말. 2. 짐작을 해 보니 거리가 팔십 리쯤 된다는 뜻으로, 대충 어림짐작으로 한 것이 맞아떨어진 경우를 빗대어 이르는 말.

같은 속담 큰 벙거지 귀 짐작

집도 절도 없다

가진 집이나 재산 없이 여기저기 떠돌아다닌다는 말.

집 떠나면 고생이다

1. 이러니저러니 해도 제집이 가장 좋다는 말. 2. 집을 떠나 돌아다니게 되면 아무리 대접을 받아도 힘들기 마련이라는 말.

집안귀신이 사람 잡아간다

자기 집안에서 생긴 일로 해를 당하거나 가까운 사람에게 화를 입은 경우에 빗대어 이르는 말.

집안 망신은 막냇자식이[며느리가] 시킨다

1. 제 집안 식구나 함께 생활하는 사람이 분수없이 행동하여 그 집단의 흠을 드러내거나 체면을 떨어뜨리는 경우를 빗대어 이르는 말. 2. 못난 것이 늘 말썽을 일으키고 폐만 끼친다는 말.

ㅈ

집 안에 연기 차면 비 올 징조

궂은 날에는 연기가 아궁이로 잘 빠져나가지 않으므로 집 안에 연기가 차면 비가 올 징조라고 일러 오던 말.

집 안의 용마루

지붕을 떠받드는 용마루처럼 한 집안에서 중요한 구실을 하는 사람을 빗대어 이르는 말.

집안이 결딴나면 생쥐가 춤을 춘다

1. 집안이 망하려면 온갖 야릇한 일이 다 일어난다고 이르던 말. 2. 집안이나 무리가 망하게 되면 뒤에서 놀던 못된 것들이 살 때를 만났다고 활기를 띠고 돌아다닌다는 말.

같은 속담 집안이 망하려면 개가 절구를 쓰고 지붕으로 올라간다

집안이 망하려면 개가 절구를 쓰고 지붕으로 올라간다
집안이 망하려면 맏며느리가 수염이 난다
집안이 망하려면 제석항아리에 대평수[대변수]가 들어간다
집안이 안되려면 구정물 통의 호박 꼭지가 춤을 춘다

집안이 망하려면 온갖 야릇한 일이 다 일어난다고 이르던 말.

같은 속담 집안이 결딴나면 생쥐가 춤을 춘다

낱말 풀이 **대변수** 사람의 오줌똥물. **대평수** 군중에서 나발을 불던 군사. **제석항아리** 집안사람들의 목숨, 농사, 화복에 관한 일을 맡아보는 제석신을 모신 항아리.

집안이 망하면 집터 잡은 사람만 탓한다

무슨 일이든 잘못되면 남의 탓만 한다는 말.

같은 속담 집이 망하면 지관 탓만 한다

집 안 좁은 건 살아도 마음 좁은 건 못 산다

집이 좁은 건 참을 수 있지만 속이 좁아서 쩨쩨하게 구는 사람하고는 같이 살기 힘들다는 뜻으로, 집안이나 모임이 화목해야 한다고 빗대어 이르는 말.

집에 금송아지 매었으면 내 알 게 무엇이냐

집에 금송아지가 있어도 내가 보지 못했으면 알 게 무엇이냐는 뜻으로, 아무리 귀중하고 훌륭한 물건을 가졌더라도 그것을 알지도 못하고 바로 쓰지도 못하면 무슨 쓸모가 있느냐는 말.

집에 꿀단지를 파묻었나

집에 빨리 가고 싶어 안달하는 사람을 놀리어 이르는 말.

집에서는 아이들 때문에 웃는다

아이들이 집안에 행복과 즐거움을 가져온다는 말.

읽을거리 옛날 어느 마을에 부잣집과 가난한 집이 살았어. 부잣집에는 늙은 부부만 살았어. 가난한 집에는 아이들이 많아서 먹을 것도 제대로 못 먹고 입을 것도 제대로 못 입었지만 늘 웃음소리가 끊이지 않았어. 하루는 부잣집 영감이 아무것도 없는 가난한 집에 무슨 웃을 일이 있을까 하고 몰래 들여다보았어. 그랬더니 고작 젖먹이 아이가 뒤뚱뒤뚱 걷는 것을 보고 온 집안 식구들이 와그르르 웃음을 터뜨리더래. 부자 영감은 속으로 '흥, 돈도 없는 것들이 그깟 아이 재롱에 웃다니.' 하고는 집에 돌아와 돈꿰미를 꺼냈지. 그런데 마누라와 마주 앉아 아무리 돈을 굴려 보았자 웃음은커녕 무거운 한숨만 나왔다는 이야기야.

집에서 새는 바가지 들에 가도[나가서도] 샌다

본바탕이 나쁜 사람은 어디를 가나 그 성품을 드러내고야 만다는 말.

ㅈ

집오리 떼 속에 섞인 물오리

자기 무리에서 어울리지 못하고 떨어져 나와 외톨이로 딴 무리에 들어간 사람을 빗대어 이르는 말.

집을 사면 이웃을 본다

1. 집을 살 때는 먼저 그 둘레의 이웃이 좋은지 살펴보는 것이 중요하다는 말.
2. 집을 정하면 이웃이 생기기 마련이라는 말.

같은 속담 세 닢 주고 집 사고 천 냥 주고 이웃 산다 • 팔백 금으로 집을 사고 천 금으로 이웃을 산다

집을 지어 놓고 삼 년

1. 새집을 지은 뒤에도 잔손질할 일이 많듯이, 어떤 일이 대강 짜여진 듯해도 앞으로 할 일이 많이 남아 있음을 빗대어 이르는 말. 2. 일을 빨리 마무리 짓지 못하고 질질 끄는 모양을 빗대어 이르는 말. 3. 옛날에, 새집에 들어서 삼 년 동안 탈이 없어야 아무 일도 없는 거라고 일러 오던 말.

집을 지으려면 물 자리부터 보라

집을 지을 때에는 물을 길어다 먹기 편한지부터 따져 보아야 한다는 뜻으로, 사람이 살아가는 데에 무엇보다 중요한 것이 마실 물이라는 말.

집을 짓재도 터전이 있어야 한다

어떤 일에나 그것을 이룩해 나갈 수 있는 밑바탕과 밑천이 있어야 한다는 말.

집이 가난하면 효자가 나고 나라가 어지러우면 충신이 난다

가난한 집에서 효자가 나오고 나라가 어지러울 때 나라를 지키는 충신이 나타난다는 뜻으로, 어려운 때일수록 훌륭한 사람이 나오게 마련이라는 말.

같은 속담 나라가 어지러우면 충신이 난다

집이 망하면 지관 탓만 한다

'집안이 망하면 집터 잡은 사람만 탓한다'와 같은 속담.

낱말 풀이 **지관** 풍수설에 따라 좋은 집터나 묏자리 따위를 고르는 사람.

집이 타도 빈대 죽으니 좋다

'절은 타도 빈대 죽는 게 시원하다'와 같은 속담.

집 태우고 못 줍기
집 태우고 바늘 줍는다

'재산을 잃고 쌀알을 줍는다'와 같은 속담.

징검다리도 두들겨 보고 건너라

아무리 잘 아는 일이라도 틀림없도록 꼼꼼히 살피고 조심해야 한다는 말.

같은 속담 돌다리도 두들겨 보고 건너라 • 삼 년 벌던 논밭도 다시 돌아보고 산다 • 아는 길도 물어 가랬다 • 얕은 내도 깊게 건너라

짖는 개는 물지 않는다

겉으로 떠들어 대고 큰소리치는 사람은 오히려 실속이 없다는 말.

짖는 개는 여위고 먹는 개는 살찐다

먹지도 않고 사납게 짖기만 하는 개는 여위고 부지런히 잘 먹는 개는 살이 찐다는 뜻으로, 늘 징징거리며 모든 것이 다 제 마음에 들지 않아 투덜거리거나 지나치게 신경질이 많으면 몸에 해롭다고 빗대어 이르는 말.

짚그물로 고기를 잡을까

짚으로 만든 그물로 어떻게 물고기를 잡을 수 있겠느냐는 뜻으로, 준비를 단단히 갖추지 않으면 일을 이룰 수 없다고 빗대어 이르는 말.

짚불 꺼지듯 하다

1. 권세나 영화가 하잘것없이 쇠하거나 없어지는 경우를 빗대어 이르는 말. 2. 아주 곱게 목숨이 끊어지는 모양을 빗대어 이르는 말.

짚불도 쬐다 나면 섭섭하다

있을 때는 쓸데없거나 대단치 않게 여기던 것도 정작 없어지면 아쉽게 느껴진다는 말.

같은 속담 여름 불도 쬐다 나면 섭섭하다 • 오뉴월 겻불도 쬐다 나면 섭섭하다[서운하다]

짚불에 무쇠가 녹는다

약한 것이라도 큰일을 해낼 수 있다는 말.

짚 속에 묻힌 바늘

'잔디밭에서 바늘 찾기'와 같은 속담.

짚신감발에 사립(짝) 쓰고 간다

짚신 위에 발감개를 하고 어깨에는 도롱이를 걸치고 머리에는 삿갓을 쓰고 간다는 뜻으로, 어울리지도 않고 보기에도 흉한 경우를 이르는 말.

짚신

낱말 풀이 **사립** 도롱이와 삿갓을 아울러 이르는 말. **짚신감발** 짚신을 신고 천으로 발감개를 한 차림.

짚신도 제날이 좋다

짚신의 씨가 짚이면 날도 짚이 좋다는 뜻으로, 1. 무엇이든지 자기 분수에 알맞은 것이 가장 좋다는 말. 2. 처지가 비슷한 사람끼리 어울리는 것이 좋다는 말.

낱말 풀이 **제날** 짚신에서 그것을 삼는 재료와 같은 재료로 댄 날. 날은 천, 돗자리, 짚신을 짤 때 세로로 놓는 실이나 새끼 따위를 이른다.

짚신도 제짝이 있다

아무리 어리숙하고 보잘것없는 사람도 다 제 짝이 있기 마련이라고 이르던 말.

같은 속담 미물도 짝이 있다 • 헌 고리도 짝이 있다 • 헌 짚신도 짝이 있다

짚신 벗어 꽁무니에 찼다

1. 급히 꽁무니를 빼려고 채비를 서두르는 사람을 비웃어 이르는 말. 2. 단단히 잡도리를 하고 달라붙는 경우에 빗대어 이르는 말.

ㅈ

짚신에 국화 그리기

1. 격에 어울리지 않는 모양이나 차림새를 빗대어 이르는 말. 2. 밑바탕이 이미 하찮은 데에는 아무리 꾸며도 쓸모없다는 말.

같은 속담 새끼 짚신에 구슬 감기 • 새짚신에 구슬 감기 • 석새짚신에 구슬 감기

짚신을 거꾸로 끌다

반가운 사람을 맞으려고 정신없이 허둥지둥 뛰어나가는 모양을 이르는 말.

짚신을 뒤집어 신는다

짚신을 오래 신으려고 뒤집어 신는다는 뜻으로, 몹시 인색한 사람을 비꼬아 이르던 말.

짚신장이 헌 신 신는다

짚신을 삼아서 먹고사는 짚신장이가 신을 신이 없어서 헌 신을 신는다는 뜻으로, 어떤 물건이 흔하게 있을 듯한 곳에 오히려 더 드물거나 없는 경우를 빗대어 이르는 말.

같은 속담 대장의 집에 식칼이 논다 • 야장간에 식칼이 논다[없다]

짜도 흩어진다

아무리 맞추어 짜도 자꾸 흩어지기만 한다는 뜻으로, 아무리 애를 써도 자꾸 없어지기만 하거나 결과가 없는 경우에 빗대어 이르는 말.

짜지 않은 놈 짜게 먹고 맵지 않은 놈 맵게 먹는다

야무지지 못한 사람이 음식을 짜게 먹고 싱거운 사람이 맵게 먹는다는 뜻으로, 음식을 너무 짜게 먹거나 맵게 먹지 말라고 말리는 말.

짝사랑에 외기러기

혼자서만 그리워하고 사랑하여서는 아무 쓸모가 없다는 말.

짝 없는 화가 없다

복 받기는 매우 어렵고 화는 잇따라 겹쳐 옴을 빗대어 이르는 말.

같은 속담 복은 쌍으로 안 오고 화는 홀로 안 온다

짝 잃은 기러기[원앙]

1. 몹시 외로운 사람을 빗대어 이르는 말. 2. 홀아비나 홀어미의 외로운 신세를 빗대어 이르는 말. 3. 쓸모없거나 보람 없게 된 처지를 빗대어 이르는 말.

같은 속담 줄 없는 거문고

짧은 밤에 긴 노래 부르랴
짧은 밤에 만경타령 부를까

바쁜데 왜 그렇게 질질 끄느냐는 뜻으로, 일을 빨리 끝내라고 재촉하는 말.

낱말 풀이 **만경타령** 만경은 아주 많은 이랑이라는 뜻으로 긴 타령을 이르는 말.

쪽박 속의 주먹밥

거지가 쪽박을 들고 집집마다 다니며 동냥하여 겨우 얻은 주먹밥이라는 뜻으로, 빌어먹는 사람의 보잘것없는 끼니나 가엽고 불쌍한 처지를 빗대어 이르는 말.

쪽박

낱말 풀이 **쪽박** 작은 바가지.

쪽박 쓰고 비 피하기
쪽박을 쓰고 벼락을 피해[피하랴]

엉겁결에 어림없는 방법으로 위험을 막으려 하지만 되지 않을 일이라는 뜻으로 빗대어 이르는 말.

쪽박에 밤 담아 놓은 듯

올망졸망한 모양을 빗대어 이르는 말.

쪽박(을) 차다

머무를 곳도 없고 살아갈 밑천도 없는 거지 신세가 된 것을 이르는 관용 표현.

쪽박이 제 재주를 모르고 한강을 건너려 한다

제 분수를 모르고 힘에 겨운 일을 하려고 함을 비웃어 이르는 말.

쫓겨 가다가 경치 보랴

몹시 급한 위험이 닥쳐 딴생각을 할 겨를이 없다는 말.

쫓기는 개가 요란히 짖는다

속없고 능력 없는 사람이 더 우쭐대며 으스대는 것을 비꼬아 이르는 말.

쭈그렁밤송이 삼 년 간다

밤톨이 제대로 들지 않아서 쭈그러진 밤송이가 고이 삼 년을 견딘다는 뜻으로, 1. 약하게 보이는 것이 오히려 오래 견디는 경우를 빗대어 이르는 말. 2. 부족해 보여서 오히려 해를 입지 않고 오래 견디는 경우를 빗대어 이르는 말.

쭈그리고 앉은 손님 사흘 만에 간다

곧 가겠다고 앉은 손님이 더 오래 있다 간다는 뜻으로, 얼핏 보기에 얼마 가지 못할 듯한 것이 생각보다 오래 견디는 것을 빗대어 이르는 말.

쭉정이는 불 놓고 알맹이는 거둬들인다

내버릴 것은 내버리고 쓸 것만 거두어 들여놓는다는 말.

낱말 풀이 **쭉정이** 알맹이는 들지 않고 껍질만 있는 곡식이나 과일.

찍자 찍자 하여도 차마 못 찍는다

어떤 일을 하려고 잔뜩 벼르기만 할 뿐 막상 부딪치면 못 하는 경우를 빗대어 이르는 말.

찔러도 피 한 방울 안 나겠다

1. 매우 똑똑하고 야무진 사람을 빗대어 이르는 말. 2. 몹시 쌀쌀하고 인정 없는 사람을 빗대어 이르는 말.

같은 속담 이마를 뚫어도 진물도 아니[안] 난다

찜 쪄 먹다

1. 꾀, 재주, 수단 따위가 다른 것에 견주어 비교가 안 될 만큼 매우 뛰어나다는 관용 표현. 2. 남을 해치거나 꼼짝 못 하게 한다는 관용 표현.

찧는 방아도 손이 나들어야 한다

무슨 일이든지 공을 들여야 잘된다고 빗대어 이르는 말.

ㅈ

ㅊ

차돌에 바람 들면 석돌보다 못하다

야무진 사람일수록 한번 잘못된 길로 빠지면 걷잡을 수 없게 된다는 말.

낱말 풀이 **석돌** 푸석푸석한 돌. **차돌** 단단한 돌.

차 (떼고) 포 떼다

장기를 둘 때 차와 포를 떼고 둔다는 뜻으로, 어떤 일을 하는 데 꼭 필요하고 중요한 것은 다 뺀다는 관용 표현.

차면 넘친다[기운다]

1. 너무 지나치면 도리어 안 좋다는 말. 2. 무엇이든 한창 성하면 차츰 쇠하기 마련이라는 말.

같은 속담 그릇도 차면 넘친다 • 달도 차면 기운다 • 달이 둥글면 이지러지고 그릇이 차면 넘친다

차비 삼 년에 제떡(이) 쉰다

준비하는 데 삼 년이 걸려서 제사떡이 쉬었다는 뜻으로, 준비하느라 시간이 너무 오래 걸려서 오히려 결과가 좋지 않게 되는 경우를 빗대어 이르는 말.

낱말 풀이 **제떡** 제사상에 올리는 떡. **차비** 어떤 일을 하려고 필요한 것들을 미리 갖추어 차리는 것.

차조 심으나 마나

떡이나 밥을 해 먹으려고 찰진 조를 심었는데 구경조차 할 수 없다는 뜻으로,

애써서 해 놓은 일이 아무 보람도 없게 된 경우를 빗대어 이르는 말.

차 치고 포 친다

장기를 둘 때 차를 먼저 잡고 잇따라 포를 쳐서 잡는다는 뜻으로, 1. 잇따라 드센 공격을 퍼부음을 빗대어 이르는 말. 2. 어떤 일에 거침없이 덤비어 잘 해결함을 빗대어 이르는 말. 3. 일을 제멋대로 마구 휘두름을 빗대어 이르는 말.

찬물도 상이라면 좋다

아무리 하찮은 것이라도 상으로 받는다면 다 좋아한다는 말.

찬물도 위아래가 있다

1. 찬물을 마시는 데에도 순서가 있듯이, 어떤 일이든 지켜야 할 차례가 있다는 말. 2. 윗사람을 잘 모시라고 빗대어 이르는 말. 3. 무엇이든 겉만 보지 말고 여러모로 뜯어보아야 한다는 말.

같은 속담 초라니탈에도 차례가 있다

ㅊ

찬물 먹고 냉돌방에서 땀 낸다

1. 당치 않은 방법으로 뜻을 이루려고 하는 어리석은 행동을 비웃어 이르는 말. 2. 도무지 이치에 닿지 않는 말이니 하지도 말라는 말.

찬물에 기름 돌듯

사람들과 함께 어울리지 못하고 따로 도는 경우에 빗대어 이르는 말

찬물에 돌 (같다)

흐르는 찬물 속에 깔린 깨끗한 돌처럼, 마음이 올곧고 뜻이 굳세다는 말.

찬밥 두고 잠 아니[안] 온다

1. 대수롭지 않은 일에 대한 잔걱정으로 안절부절못하는 경우를 빗대어 이르는 말. 2. 자기가 좋아하는 일은 좀처럼 잊어버리지 못한다는 말. 3. 무엇을 다 먹어 치우거나 다 써 버리지 않으면 못 견디는 것을 빗대어 이르는 말.

찬밥 먹기라
찬밥으로 점심 하기라

있는 찬밥으로 점심을 차린다는 뜻으로, 일이 매우 쉽게 됨을 빗대어 이르는 말.

찬밥에 국 적은 줄만 안다

기껏해야 찬밥을 먹는 처지에 국이 적은 것만 탓한다는 뜻으로, 가난한 살림에 부족한 것이 당연한 줄 모르고 없는 것에 마음을 쓴다는 말.

찬밥에 국 적은 줄 모른다

기껏해야 찬밥을 먹는 처지라서 국이 적은 줄 모른다는 뜻으로, 가난하면 이것저것 없는 것이 많아서 오히려 그다지 마음을 쓰지 않는다는 말.

찬 소리는 무덤 앞에 가 하여라

자기 자랑을 하며 장담하는 것은 죽은 뒤에나 하라는 뜻으로, 무엇이나 함부로 장담하지 말라고 가르쳐 이르는 말.

같은 속담 입찬말은 묘 앞에 가서 하여라

찬 이슬(을) 맞는 놈

흔히 밤에 다녀 이슬에 젖는다는 뜻으로, 도둑을 빗대어 이르던 말.

같은 속담 밤이슬 맞는 놈

찰떡도 한두 끼라

맛 좋은 음식도 자주 먹으면 물린다는 뜻으로, 아무리 좋은 것이라도 여러 번 되풀이하여 대하면 싫어진다는 말.

같은 속담 듣기 좋은 꽃노래[육자배기]도 한두 번(이지) • 맛있는 음식도 늘 먹으면 싫다 • 좋은 노래도 세 번 들으면 귀가 싫어한다

찰떡이 먹고 싶다고 생쌀로야 먹으랴

아무리 급해도 거쳐야 할 순서를 제대로 밟아야 일이 된다는 말.

찰찰이 불찰이다

살피고 살펴서 꼼꼼히 한다는 것이 오히려 살피지 않은 것만 못하다는 뜻으로, 지나치게 꼼꼼히 하려다가 큰 것을 생각지 못하고 실수함을 이르는 말.

참깨가 기니 짧으니 한다

1. 비슷한 것들 가운데에서 굳이 낫고 못함이나 잘잘못을 가리려 함을 빗대어 이르는 말. 2. 좀스럽고 쩨쩨한 말을 하기 좋아하는 사람을 비꼬아 이르는 말.

같은 속담 내 콩이 크니 네 콩이 크니 한다 • 네 콩이 크니 내 콩이 크니 한다 • 참새가 기니 짧으니 한다 • 콩 났네 팥 났네 한다 • 콩이야 팥이야 한다

참깨 들깨 노는데 아주까리 못 놀까

남들도 다 하는데 나도 한몫 끼자고 나서는 것을 빗대어 이르는 말.

낱말 풀이 **아주까리** 대극과의 한해살이풀. 씨로 기름을 짜고 약으로도 쓴다. =피마자.

참나무에 곁낫걸이

단단한 참나무에 낫을 대고 내리치려 한다는 뜻으로, 도저히 당해 낼 수 없는 상대에게 주제넘게 덤벼드는 것을 빗대어 이르는 말.

ㅊ

같은 속담 개미가 정자나무 건드린다 • 대부등에 곁낫질이라[낫걸이라] • 장나무에 낫걸이 • 토막나무에 낫걸이

낱말 풀이 **곁낫걸이** 낫을 쓸 때 엮쪽으로 내리치는 일. =곁낫질.

참나무에서 떨어지는 도토리 멧돼지가 먹으면 멧돼지 것이고 다람쥐가 먹으면 다람쥐 것이다

주인이 따로 없는 것은 먼저 차지하는 사람의 것이라는 말.

같은 속담 가을에 떨어지는 도토리는 먼저 먹는 것이 임자이다 • 개똥참외는 먼저 맡는 이가 임자라

읽을거리 도토리가 열리는 나무를 두루 참나무라고 해. 쓸모가 많아서 참 좋은 나무라고 참나무인가 봐. 옛날에 산골 마을에서는 쌀이 귀해서 도토리를 삶아 콩이나 팥을 넣어서 밥처럼 먹었어. 흉년에는 도토리만 한 먹을거리도 없다는 옛말도 있어. 그러다 보니 도토리로 그해 농사를 점치는 풍속도 있었어. 도토리 흉년이 드는 해에는 벼농사가 풍년이 든다고 믿었지. 요즘은 도토리 가루로 묵을 쑤거나 국수나 부침개를 만들어 먹어. 도토리는 사람뿐 아니라 짐승들도 좋아해. 청설모, 오소리, 멧돼지, 새, 곰도 다 먹어. 도토리를 까먹는 데는 다람쥐가 선수야. 양쪽 볼에 물고서 오물오물 까먹고 껍질은 버려. 곰은 덜 익어서 파랄 때부터 가지를 꺾어서 먹는대. 멧돼지는 도토리가 떨어지면 땅에 코를 박고 흙이 파이도록 훑어 먹지.

참는 것이 아재비다

비위에 거슬리는 일을 당해도 참고 분별 있게 행동해야 문제가 더 커지지 않고 잘 풀리게 된다는 말.

낱말 풀이 **아재비** '아저씨'의 낮춤말.

참는 자에게 복이 있다

억울하고 화가 나도 때에 따라서는 꾹 참고 견디는 것이 좋은 방법이라는 말.

참대밭에 쑥이 나도 참대같이 곧아진다

사람도 좋은 환경에서 자라면 좋은 영향을 많이 받게 된다고 빗대어 이르는 말.

같은 속담 삼밭에 쑥대 • 쑥대도 삼밭에 나면 곧아진다

참빗으로 훑듯

빗살이 아주 가늘고 촘촘한 빗으로 머리카락에 붙은 머릿니나 비듬을 훑어 내듯이, 남김없이 샅샅이 뒤져서 들추어내거나 찾아내는 모양을 빗대어 이르는 말.

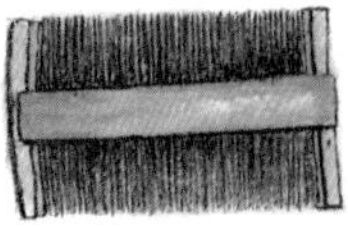

참빗

참빗이 뭔지도 모르는 참빗 장사

어떤 일에 대해 잘 알지도 못하고 해낼 만한 능력도 없으면서 주제넘게 하겠다고 나서는 사람을 비웃어 이르는 말.

참새가 기니 짧으니 한다

'참깨가 기니 짧으니 한다'와 같은 속담.

참새가 방아[방앗간]에 치여 죽어도 짹 하고 죽는다

아무리 하찮은 사람이나 순하고 어리숙한 사람도 자기를 지나치게 괴롭히거나 업신여기면 가만있지 않는다고 빗대어 이르는 말.

같은 속담 굼벵이도 밟으면[다치면/디디면] 꿈틀한다 • 벌레도 밟으면 꿈틀한다 • 지나가는 달팽이도 밟아야 굼틀한다 • 지렁이도 밟으면[다치면/디디면] 꿈틀한다 • 참새가 죽어도 짹 한다 • 한 치 벌레에도 오 푼 결기가 있다

참새가 방앗간을 거저 찾아오랴

어떤 일을 하는 데에는 다 목적이 있기 마련이라는 말.

ㅊ

읽을거리 참새는 도시나 시골, 산골, 바닷가 어디서나 흔히 볼 수 있는 우리나라 텃새야. 가을이 되어 곡식이 익어 갈 때면 참새 떼가 몰려들어. 옛날에는 아이들이 논에 나가 참새를 쫓고는 했어. 논밭에 세워 두는 허수아비도 참새를 쫓으려고 만든 거야. 소쿠리로 덫을 놓아 참새를 잡기도 했어. 비스듬히 세운 소쿠리를 줄을 길게 맨 나무 막대기 위에 걸쳐 놓아. 소쿠리 아래에 쌀을 뿌려 놓고는 참새가 쌀을 먹으러 들어오면 그때 줄을 잡아당기지. 또 새총을 만들어 잡기도 했어. Y 자 모양 나뭇가지에다 고무줄을 묶어 작은 돌멩이를 끼워서 쏘는 거야. 참새는 갖가지 곡식을 축내기 때문에 농부들한테 미움을 받지만 해충을 많이 잡아먹는 고마운 새이기도 해. 요즘은 벌레도 줄고 논밭도 줄어서 숫자가 꽤 많이 줄었어.

참새가 방앗간[올조밭]을 그저[거저] 지나랴

1. 욕심 많은 사람은 이득 볼 일을 그냥 지나치지 않는다는 말. 2. 사람은 자기가 좋아하는 것은 그냥 지나치지 못한다는 말.

낱말 풀이 **올조** 제철보다 일찍 여무는 조.

참새가 아무리 떠들어도 구렁이는 움직이지 않는다

보잘것없는 무리들이 아무리 떠들어 대도 힘 있는 사람은 이들과 맞붙어 옥신각신하며 따지지 않는다는 말.

참새가 작아도 알만 잘 깐다[낳는다]

몸집은 비록 작아도 제구실을 다 한다고 빗대어 이르는 말.

같은 속담 거미는 작아도 줄만 잘 친다 • 뱁새는 작아도 알만 잘 낳는다 • 제비는 작아도 강남을 간다

참새가 죽어도 짹 한다

'참새가 방아[방앗간]에 치여 죽어도 짹 하고 죽는다'와 같은 속담.

참새가 황새걸음 하면 다리가 찢어진다

다리가 짧은 참새가 다리가 긴 황새의 걸음걸이를 흉내 내다가는 다리가 찢어지고 만다는 뜻으로, 자기 처지나 능력은 생각하지 않고 힘에 부치는 일을 억지로 따라 하려다가 도리어 해만 입는 경우를 빗대어 이르는 말.

같은 속담 뱁새가 황새걸음을 하려면 다리가 찢어진다 • 촉새가 황새를 따라가다 가랑이 찢어진다

참새가 황새걸음 한다

다리가 짧고 몸집이 작은 참새가 다리가 길고 몸집이 큰 황새의 걸음을 흉내 낸다는 뜻으로, 되지도 않을 일을 주제넘게 흉내 내는 짓을 빗대어 이르는 말.

참새가 황새의 뜻을 모른다

평범한 사람은 속이 깊은 큰사람의 뜻을 짐작할 수 없다는 말.

같은 속담 제비가 기러기의 뜻을 모른다 • 제비나 참새가 어찌 백로의 뜻을 알랴 • 참새 무리가 어찌 대붕의 뜻을 알랴

ㅊ

참새고기를 먹었나

말이 빠르고 몹시 시끄럽게 재잘거리며 떠드는 것을 핀잔하여 이르는 말.

같은 속담 참새를 볶아 먹었나 • 참새 알을 까먹었나

참새 굴레 씌우겠다[쌀 만하다]

꾀 많은 참새에게 굴레를 씌울 만큼 약다는 뜻으로, 하는 짓이 매우 약삭빠르고 꾀 많은 사람을 비꼬아 이르는 말.

같은 속담 꿩처럼 굴레를 벗고 쓴다 • 약기는 쥐 새끼냐 참새 굴레도 씌우겠다 • 참새 얼려 잡겠다

참새 그물에 기러기 걸린다

1. 정작 애쓴 일은 되지 않고 엉뚱하게 다른 일이 잘된 경우를 빗대어 이르는 말. 2. 뜻밖에 큰 횡재를 한 경우를 빗대어 이르는 말.

같은 속담 고기 그물에 기러기가 걸린다 • 새망에 기러기 걸린다

참새는 굴레 씌울 수 없지만 호랑이는 길들일 수 있다

약삭빠른 참새는 길들여 굴레를 씌울 수 없지만 힘센 호랑이는 길들여 굴레를 씌울 수 있다는 뜻으로, 힘으로 꾀를 이길 수 없지만 슬기와 꾀로는 힘을 이길 수 있다고 빗대어 이르는 말.

참새도 땅이 없으면 못 산다

사람에게 땅은 없어서는 안 될 중요한 것이라고 빗대어 이르는 말.

참새 떼 덤비듯

한꺼번에 우르르 덤벼드는 모양을 빗대어 이르는 말.

참새를 볶아 먹었나

'참새고기를 먹었나'와 같은 속담.

참새 무리가 어찌 대붕의 뜻을 알랴

'참새가 황새의 뜻을 모른다'와 같은 속담.

낱말 풀이 **대붕** 전설에서, 하루에 구만 리를 날아간다고 하는 아주 큰 새.

참새 무리 조잘대듯

여럿이 모여서 시끄럽게 떠들어 대는 모양을 빗대어 이르는 말.

참새 알을 까먹었나

'참새고기를 먹었나'와 같은 속담.

참새 앞정강이를 긁어 먹는다

1. 하는 짓이 몹시 잘거나 인색함을 비웃어 이르는 말. 2. 어려운 처지에 있는 사람에게서 돈이나 물건을 뜯어냄을 빗대어 이르는 말.

같은 속담 모기 다리에서 피를 뽑아낸다 • 벼룩의 간을[선지를] 내먹는다

참새 얼려 잡겠다

'참새 굴레 씌우겠다[쌀 만하다]'와 같은 속담.

참외도 까마귀 파먹은 것이 다르다

까마귀가 잘 익은 참외만 골라 파먹는다는 뜻으로, 남이 욕심내는 것은 역시 좋은 것이 틀림없다고 빗대어 이르는 말.

ㅊ

참외를 버리고 호박을 먹는다

좋은 것을 버리고 나쁜 것을 가지는 경우를 빗대어 이르는 말.

읽을거리 참외는 밭에 심어 기르는 열매채소야. 맛이 달고 시원해서 수박과 함께 여름에 많이 먹어. 참외의 참은 좋다는 뜻이고, 외는 오이라는 뜻이야. 오이보다 달고 맛있기 때문에 붙은 이름이래. 참외는 껍질이 샛노란데, 초록색 바탕에 검푸른 줄이 나 있는 개구리참외도 있어. 참외는 짐승도 좋아해. 짐승이 참외를 먹고 똥을 누면 씨앗이 섞여 나오는데 이 씨앗이 싹 터서 열리는 열매가 개똥참외야.

참외밭에 들어선 장님

참외밭에 들어간 장님이 어떤 것이 익은 참외인지 가리지 못하여 얼떨떨해한

다는 뜻으로, 필요한 것을 앞에 놓고도 어느 것이 좋은지 나쁜지를 가리지 못하는 사람을 빗대어 이르는 말.

참을 인(忍) 자를 붙이고 다니랬다
참을 인(忍) 자 셋이면 살인도 피한다[면한다]

몹시 성나는 일도 몇 번 참으면 큰 화를 피할 수 있고 어떤 어렵고 힘든 일도 끝까지 참으면 해내지 못할 것이 없다는 말.

찹쌀로 찰떡을 친대도 곧이듣지 않는다

1. 아무리 사실대로 말해도 믿지 않음을 빗대어 이르는 말. 2. 옳은 말도 거짓말을 잘하는 사람이 하면 잘 믿기 어려움을 빗대어 이르는 말.

같은 속담 소금으로 장을 담근다 해도 곧이듣지 않는다 • 콩 가지고 두부 만든대도 곧이 안 듣는다 • 콩으로 메주를 쑨다 하여도 곧이듣지 않는다

채반이 용수가 되게 우긴다

넓적한 채반이 아가리가 좁은 용수가 되도록 우긴다는 뜻으로, 이치에 맞지 않는 것을 끝까지 우기는 경우에 빗대어 이르는 말.

같은 속담 용수가 채반이 되도록 우긴다

낱말 풀이 **용수** 싸리나 대오리 따위로 만든 둥글고 긴 통. **채반** 껍질 벗긴 싸릿개비 따위로 울이 없이 둥글넓적하게 결어 만든 채그릇.

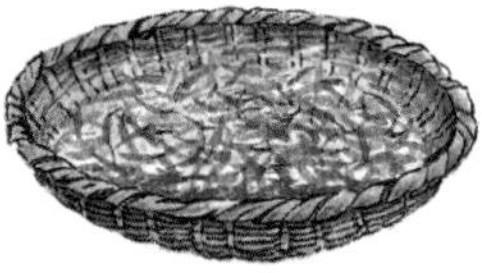

채반

책개비 열두 개

1. 변덕이 심하여 매우 복잡한 것을 빗대어 이르는 말. 2. 겉으로는 따르는 체하지만 속으로는 딴 꿍꿍이가 있는 사람을 빗대어 이르는 말.

낱말 풀이 **책개비** 소나 양같이 새김질하는 동물의 세 번째 위. =처녑.

책력 보아 가며 밥 먹는다

날마다 밥을 먹을 수 없어서 책력을 펴 놓고 좋은 날만 골라서 밥을 먹는다는 뜻으로, 가난한 살림살이를 빗대어 이르던 말.

낱말 풀이 **책력** 해 뜨고 달이 지는 때, 절기, 날씨 따위를 적어 놓은 달력.

챈 발에[발이] 곱챈다

차여서 몹시 아픈 발이 거듭 차였다는 뜻으로, 1. 힘들고 어려운 처지에 있는 사람이 또다시 어려움을 겪게 되는 경우에 빗대어 이르는 말. 2. 불행이나 어려운 고비가 거듭하여 닥쳐오는 경우에 빗대어 이르는 말.

처가살이 십 년이면 아이들도 외탁한다

처가에서 오래 살면 아이들도 외갓집 풍습이나 생각을 닮게 된다는 말.

낱말 풀이 **외탁하다** 생김새나 체질, 성질 따위가 외가 쪽을 닮다.

처가 재물 양가 재물은 쓸데없다

제 손으로 번 것이라야 제 재산이 된다는 말.

낱말 풀이 **양가** 양자로 들어간 집.

처갓집 세배는 살구꽃 피어서 간다

처갓집에 대한 인사는 자꾸 미루게 된다는 말.

처갓집에 송곳 차고 간다

사위가 처가에 가면 장모가 밥을 꾹꾹 눌러 담아 송곳으로 쑤셔서 먹어야 한다는 뜻으로, 처가에서 사위 대접을 정성껏 잘해 줌을 빗대어 이르는 말.

ㅊ

처녀가 아이를 낳아도 할 말이 있다

아무리 큰 잘못을 저지른 사람도 핑계 댈 구실은 다 있다는 말.

같은 속담 도둑질을 하다 들켜도 변명을 한다 • 핑계 없는 무덤이 없다

처녀들은 말 방귀만 뀌어도 웃는다
처녀 때는 가랑잎 굴러가는 것만 보아도 웃는다
처녀 한창때는 말똥 굴러가는 것 보고도 웃는다

처녀들은 대수롭지 않은 일에도 때 없이 잘 웃는다는 말.

같은 속담 비바리는 말똥만 보아도 웃는다

처녀 때 나물 캐듯

몹시 하기 쉬운 일을 빗대어 이르는 말.

처삼촌 뫼[무덤/산소]에 벌초하듯

일에 정성을 쏟지 않고 건성으로 하는 것을 빗대어 이르는 말.

같은 속담 외삼촌 산소에 벌초하듯 • 의붓아비 묘 벌초하듯 • 작은아비[작은어미] 제삿날 지내듯

처서가 지나면 모기도 입이 비뚤어진다

처서가 지나면 날이 선선해져서 모기나 파리도 사라진다는 말.

같은 속담 모기도 처서가 지나면 입이 비뚤어진다

낱말 풀이 **처서** 이십사절기의 하나. 8월 23일경으로, 입추와 백로 사이에 든다.

처서 밑에는 까마귀 대가리가 벗어진다

처서 무렵에는 까마귀 대가리가 타서 벗겨질 만큼 몹시 덥다고 일러 오던 말.

처음이 나쁘면 끝도 나쁘다

무슨 일이든 시작이 좋아야 결과도 좋다는 말.

척 그러면 울 너머 호박 떨어지는 줄 알아라

눈치와 짐작이 빨라야 한다는 말.

척수 보아 옷 짓는다

길이를 잰 뒤에 거기에 맞춰 옷을 짓는다는 뜻으로, 어떤 일이든 앞뒤를 잘 살펴보고 빈틈없이 계획을 세운 다음 격에 맞게 처리해야 함을 빗대어 이르는 말.

같은 속담 치수 맞춰 옷 마른다[짓는다]

낱말 풀이 **척수** 길이에 대한 몇 자 몇 치의 셈. =치수.

척하면 무른 감 떨어지는 소리라

1. 한창 무르익은 감나무에서 무른 감이 잇달아 떨어지는 소리라는 뜻으로, 좋은 소식이 잇따라 들려오는 경우를 빗대어 이르는 말. 2. 아무런 값을 치르지 않고 횡재한 이야기를 꺼내는 경우에 비꼬아 이르는 말.

낱말 풀이 **척하면** 한마디만 하면. 또는 넌지시 알리면.

척하면 삼천리

아주 작은 실마리만 있으면 돌아가는 상황을 재빨리 알아차린다는 관용 표현.

낱말 풀이 **삼천리** 한반도 북쪽 끝에서 남쪽 끝까지 삼천 리 정도 된다고 하여, 우리나라 전체를 빗대어 이르는 말.

척하면 착이다

조금의 암시만 있으면 바로 이해한다는 관용 표현.

천금사랑은 없어도 일사랑은 있다

아무리 돈을 들여도 사랑은 살 수 없지만 일을 잘하면 사랑받을 수 있다는 말.

낱말 풀이 **일사랑** 일을 잘해서 받는 사랑. **천금사랑** 천금이나 되는 많은 돈을 줄 만한 사랑.

천 길 땅속에서 하늘을 본다

먼 데서 일어난 일을 용케도 알아맞히는 경우에 빗대어 이르는 말.

천 길 물속은 건너 보아야 알고 한 길 사람 속은 지내보아야 안다

사람의 됨됨이는 오래 같이 지내보아야 알 수 있다고 빗대어 이르는 말.

같은 속담 강물은 건너 봐야 알고 사람은 지내봐야 안다 • 깊고 얕은 물은 건너 보아야 안다 • 대천 바다도 건너 봐야 안다 • 물은 건너 보아야 알고 사람은 지내보아야 안다 • 사람 속은 소금 세 말을 같이 먹어 보아야 안다 • 사람은 겪어 보아야 알고 물은 건너 보아야 안다 • 사람은 지내봐야 안다 • 사람을 알자면 하루 길을 같이 가[걸어] 보라 • 수박은 속을 봐야 알고 사람은 지내봐야 안다 • 한집 살아 보고 한배 타 보아야 속을 안다

천 길 물속은 알아도 한 길 사람 속은 모른다

사람의 속마음을 알기란 매우 어려움을 빗대어 이르는 말.

같은 속담 사람 속은 천 길 물속이라 • 열 길 물속은 알아도 한 길 사람 속은 모른다

천 냥 빚도 말로 갚는다

말만 잘하면 아무리 어려운 일이나 할 수 없어 보이는 일도 해낼 수 있다는 말.

같은 속담 말 한마디에 천 냥 빚도 갚는다

천 냥 지나 천한 냥 지나 먹고나 보자

이미 빚을 크게 졌으니 뒷일이야 어찌 되든 먹고나 보자는 말.

천 냥 시주 말고 애매한 소리 마라

복 받을 생각에 부처에게 많은 돈을 바치기보다는 애매한 소리를 하지 않는 편이 낫다는 뜻으로, 쓸데없이 괜한 말로 남을 헐뜯지 말라는 말.

낱말 풀이 **시주** 절이나 승려에게 돈이나 물건을 베풀어 주는 일. 또는 그런 일을 하는 사람.

천 냥에 활인 있고 한 푼에 살인이 있다

천 냥에 사람이 살 수도 있고 한 푼에 사람을 죽일 수도 있다는 뜻으로, 적은 돈 때문에도 사람들 사이가 나빠질 수 있다고 빗대어 이르는 말.

낱말 풀이 **활인** 사람 목숨을 구하여 살림.

천 냥 잃고 조리 겯기

1. 천 냥이라는 큰돈을 헛되이 써 버리고 몇 푼 안 되는 조리를 만들어 판다는 뜻으로, 큰 밑천을 잃고 불쌍한 처지가 된 경우를 빗대어 이르는 말. 2. 많은 돈을 들여 보잘것없는 기술을 배우게 된 경우를 빗대어 이르는 말. 3. 이 일 저 일 벌이기만 하다가는 재산을 다 잃고 끝내 조리 장사밖에 할 수 없게 된다는 뜻으로, 하던 일을 쉽게 그만두지 말고 끝까지 해 나가라는 말.

낱말 풀이 **겯다** 갈대, 싸리 따위로 서로 어긋매끼게 엮어 짜다. **조리** 쌀을 이는 데 쓰는 기구.

천 냥짜리 서 푼도 본다

천 냥이나 나가는 물건을 서 푼짜리로 보는 사람도 있다는 뜻으로, 1. 물건값은 사람마다 보기에 달렸다는 말. 2. 어떤 것의 가치가 너무 낮게 매겨지는 경우를 빗대어 이르는 말.

천둥 번개 칠[할] 때 천하 사람이 한맘 한뜻

모든 사람이 함께 겪는 재난이나 위험 속에서는 마음이 하나가 된다는 말.

천둥에 (놀란) 개 뛰어들듯
천둥 치는 날 송아지 방앗간에 뛰어들듯

깜짝 놀라 어쩔 줄 모르고 허둥지둥하는 모양을 빗대어 이르는 말.

같은 속담 벼락에 소 뛰어들듯

천둥인지 지둥인지 모르겠다

천둥인지 지진인지 모르겠다는 뜻으로, 무엇이 무엇인지 구별하거나 가리지 못하겠다는 말.

낱말 풀이 **지둥** '지동'이 변한말로, 땅이 갈라지면서 흔들리는 현상. =지진.

천 리 길도 십 리

그리운 사람을 만나러 갈 때에는 먼 길도 아주 가깝게 느껴진다는 말.

천 리 길도 첫 걸음으로 시작된다
천 리 길도 한 걸음부터
천 리 길도 한 걸음씩 걸어서 가 닿는다

1. 아무리 큰 일도 처음에는 보잘것없어 보이는 작은 일에서 시작되므로 무슨 일이나 그 시작이 매우 중요하다는 말. 2. 무슨 일이든 처음은 보잘것없지만 자꾸 하다 보면 쌓여서 큰 결과를 빚게 된다는 말.

같은 속담 만 리 길도 한 걸음으로 시작된다

천 리 길에는 눈썹도 짐이 된다

먼 길을 떠날 때는 적은 짐도 거추장스러우니 될 수 있는 대로 짐을 줄이는 것이 좋다는 말.

같은 속담 길을 떠나려거든 눈썹도 빼어 놓고 가라 • 서울 가는 놈이 눈썹을 빼고 간다

천 리 길을 찾아와서 문턱 넘어 죽는다

오래 애쓰던 일이 성공을 눈앞에 두고 덜컥 잘못되는 경우에 빗대어 이르는 말.

천 리도 지척이라

정이 깊어지면 천 리 밖에 떨어져 있어도 가깝게 느껴짐을 빗대어 이르는 말.

낱말 풀이 **지척** 아주 가까운 거리.

천리마 꼬리에 쉬파리 따라가듯

쉬파리가 천리마 꼬리에 붙어서 먼 곳까지 간다는 뜻으로, 1. 남의 기운을 얻어 무엇을 해 나감을 빗대어 이르는 말. 2. 힘 있는 자들을 따라다니면서 덕을 보려는 것을 비꼬아 이르는 말.

같은 속담 말 꼬리에 (붙은) 파리가 천 리 간다

낱말 풀이 **쉬파리** 쉬파릿과의 곤충을 통틀어 이르는 말. 썩은 고기나 산 동물에 붙어산다. **천리마** 하루에 천 리를 달릴 수 있을 정도로 좋은 말.

ㅊ

천리준마도 쥐를 잡는 데는 고양이만 못하다

하루에 천 리를 달릴 수 있다는 말도 쥐를 잡는 데는 고양이만 못하다는 뜻으로, 아무리 훌륭한 사람이라도 모든 일을 다 잘할 수는 없고 저마다 잘하는 것이 따로 있다는 말.

천 리 타향 고인 만나 반가워서 즐거운 일
천 리 타향에 고인 만난 듯

머나먼 타향에서 오랜 벗을 만난 듯이, 이를 데 없이 몹시 반갑고 기쁜 일을 빗대어 이르는 말.

같은 속담 칠십 노인 구 대 독자 생남을 한 듯

낱말 풀이 **고인** 사귄 지 오래된 친구.

천 마리 참새가 한 마리 봉만 못하다

참새가 아무리 많아도 봉황새 한 마리만 못하다는 뜻으로, 자질구레하고 질이 낮은 것은 아무리 많아도 훌륭한 것 하나보다 쓸모가 없다는 말.

같은 속담 고욤 일흔이 감 하나를 당하지 못한다

천생 버릇은 임을 봐도 못 고친다

타고난 버릇은 고치기가 어렵다는 말.

천생연분에 보리 개떡

1. 하늘이 맺어 준 사이지만 겨우 보리 개떡을 먹는다는 뜻으로, 기껏 자기 몫으로 받은 것이 너무 보잘것없는 경우를 빗대어 이르는 말. 2. 아무리 못난 사람도 다 제짝이 있어 보리 개떡을 먹을망정 정답게 산다는 말.

천생 팔자가 눌은밥이라

고작 눌은밥이나 좋아하니 가난한 처지를 못 벗어날 거라고 비꼬아 이르는 말.

천석꾼에 천 가지 걱정 만석꾼에 만 가지 걱정

가진 것이 많으면 그만큼 걱정도 많음을 빗대어 이르는 말.

낱말 풀이 **만석꾼** 곡식 만 석을 거두어들일 만한 땅을 가진 큰 부자. **천석꾼** 곡식 천 석을 거두어들일 만한 땅을 가진 큰 부자.

천 인이 찢으면 천금이 녹고 만 인이 찢으면 만금이 녹는다

1. 많은 사람이 달라붙어 뜯어먹으면 아무리 밑천이 많더라도 바닥 나고 만다는 뜻으로, 쓰는 사람이 많으면 그만큼 돈이 많이 든다는 말. 2. 여러 사람이 힘을 모으면 무슨 일이나 다 해낼 수 있다는 말.

같은 속담 입이 여럿이면 금도 녹인다

천장에 침 뱉기

남을 해치려다가 도리어 자기가 해를 입게 됨을 빗대어 이르는 말.

같은 속담 내 얼굴에 침 뱉기 • 누워서 침 뱉기 • 자기 낯[얼굴]에 침 뱉기 • 제 갗[낯]에 침 뱉기

천하를 얻은 듯

매우 기쁘고 만족스럽다는 관용 표현.

천하에 유명한 준마도 장수를 만나야 하늘을 난다

세상에서 가장 훌륭한 말이라도 말을 탈 장수가 없으면 빛을 낼 수 없다는 뜻으로, 아무리 좋은 조건이 마련되어 있어도 그것을 솜씨 있게 처리하고 운영할 사람이 없으면 쓸모가 없다는 말.

천하 장군도 먹어야 맥을 춘다

세상에 이름을 떨치는 용맹한 장군도 먹지 못하면 힘을 쓰지 못한다는 뜻으로, 사람이 살아가는 데 먹는 것이 가장 중요하다는 말.

철겨운 부채질 하다 봉변 안 당하는 놈 없다

여름이 지나 선선한 때에 부채질을 하다가는 남에게 놀림을 받는다는 뜻으로, 경우에 맞지 않은 짓을 하면 망신을 당하기 일쑤라는 말.

읽을거리 부채는 '부치는 채'라는 말이 줄어서 된 이름으로, 손으로 부쳐서 바람을 일게 하는 물건이야. 부채는 둥근 부채와 접었다 폈다 하는 접부채가 있어. 옛날에는 음력 5월 5일 단오가 가까워 오면 곧 다가올 여름에 쓰라고 가까운 사람이나 웃어른께 부채를 선물하던 풍습이 있었어. 부채를 선물 받으면 좋은 시나 꽃, 나비, 새 따위 그림을 그려 넣기도 했어. 또 부채는 불을 피울 때에도 쓸모 있게 썼지.

낱말 풀이 **철겹다** 제철에 뒤져 맞지 아니하다.

철 그른 동남풍

필요한 때에는 없다가 아무 쓸모도 없어진 때에 생기는 경우를 빗대어 이르는 말.

철나자 망령 난다
철들자 망령이라

1. 겨우 철이 들자마자 망령이 난다는 뜻으로, 분별없이 굴던 사람이 정신을 차려 일을 잘할 만하게 되니 망령이 들어 일을 그르치게 되는 경우를 빗대어 이르는 말. 2. 나이 먹고 알 만한 사람이 도리에 어긋나는 짓을 하는 경우에 비웃어 이르는 말. 3. 무슨 일이든 때를 놓치지 말고 제때에 힘쓰라는 말.

같은 속담 지각이 나자 망령

철모르는 자에게 삼강오륜

받아들일 준비가 안 된 사람에게 힘들여 어떤 일을 해 보았자 보람 없다는 말.

낱말 풀이 **삼강오륜** 유교에서, 도덕의 기본이 되는 세 가지 도리와 사람이 지켜야 할 다섯 가지 도리.

철 묵은 색시 가마[승교] 안에서 장옷 고름 단다

일이 눈앞에 닥쳐서야 허둥지둥 서두르는 것을 빗대어 이르는 말.

같은 속담 가마 타고 옷고름 단다 • 말 태우고[태워 놓고] 버선 깁는다

낱말 풀이 **승교** 예전에, 한 사람이 안에 타고 둘이나 넷이 들거나 메던, 조그만 집 모양의 탈것.

철이 가면 일이 절로 끝난다

모든 일은 시간제한이 있고, 어떤 것은 시간이 지나야 저절로 끝이 난다는 말.

첫가을에는 손톱 발톱도 다 먹는다

가을에는 모든 것이 무르익어서 먹는 것은 무엇이나 다 몸에 좋다는 말.

첫나들이(를) 하다

옛날에, 갓난아이가 처음으로 나들이할 때 코끝에 숯을 칠하여 잡귀를 쫓았다는 데서, 얼굴이 까맣거나 더러운 사람을 놀리어 이르는 말.

첫날 온 새각시 같다

몹시 얌전하고 수줍어하는 사람을 놀리어 이르는 말.

첫 단추를 끼우다

어떤 일을 새롭게 시작한다는 관용 표현.

첫딸은 금을 주고도 못 산다
첫딸은 살림[세간] 밑천이다

1. 맏딸은 집안 살림에 보탬이 되므로 큰 밑천이나 다름없다고 빗대어 이르던 말. 2. 첫딸을 보고 섭섭해하는 사람을 달래 주던 말.

ㅊ

첫 마수걸이에 외상

맨 처음 물건을 사 가는 사람이 외상을 졌다는 뜻으로, 무슨 일이 처음부터 꼬이거나 잘 안되는 경우에 빗대어 이르는 말.

첫맛에 가오릿국

못마땅하게 여기거나 부족한 것을 빗대어 이르는 말.

같은 속담 초미에 가오리탕

첫모 방정에 새 까먹는다

윷놀이를 할 때 맨 처음에 '모'가 나오면 그 판은 별 볼 일 없다는 뜻으로, 1. 상대가 첫모를 쳤을 때 그까짓 것쯤은 문제도 아니라고 비꼬는 말. 2. 무슨 일이 처음부터 너무 잘되면 끝이 시원치 않다는 말.

낱말 풀이 **방정** 몹시 가볍고 점잖지 못하게 하는 말이나 행동.

첫 사위가 오면 장모가 신을 거꾸로 신고 나간다

1. 처가에서 첫 사위를 매우 반갑게 맞이한다는 말. 2. 장모는 첫 사위를 매우 귀하게 여긴다는 말.

첫새벽에 문을 열면 오복이 들어온다

아침 일찍 일어나 문을 활짝 열면 온갖 복이 다 들어온다는 뜻으로, 게으름을 부리지 말고 일찍 일어나서 부지런히 일하라는 말.

첫술에 배부르랴

어떤 일이든지 한 번에 만족할 만한 성과를 얻기는 어렵다고 빗대어 이르는 말.

같은 속담 단술에 배부를까 • 한술 밥에 배부르랴

첫해 권농

어떤 일을 처음 해서 매우 서투르다는 말.

낱말 풀이 **권농** 1. 농사에 힘쓰도록 북돋움. 2. 조선 시대에, 지방에서 농사를 장려하던 벼슬아치.

청개구리가 울면 비가 온다

청개구리는 비가 오기 전에 요란하게 운다는 데서, 청개구리가 우는 소리를 듣고 비가 올 것을 미리 알 수 있다고 일러 오던 말.

읽을거리 옛날에, 어미 말이라면 늘 거꾸로 하는 청개구리가 살았어. 어미 청개구리는 아들 때문에 늘 속만 태우다 그만 큰 병에 걸려 죽게 되었어. 어미 청개구리는

아들한테 자기가 죽으면 물가에 묻어 달라고 했어. 그래야 거꾸로 산에 묻어 줄 거라고 생각했던 거지. 하지만 아들 청개구리는 어미가 죽고 나서야 제 잘못을 뉘우치고 어미 말대로 물가에 묻어 주었어. 그때부터 아들 청개구리는 비가 올 때면 어미 무덤이 떠내려갈까 봐 슬피 울었대. 그래서 청개구리가 울면 비가 온다지.

청국장이 장이냐 거적문이 문이냐

못된 사람은 사람이라 할 수 없고 좋지 않은 물건은 물건이라 할 수 없다는 말.

낱말 풀이 **청국장** 푹 삶은 콩을 띄워서 반쯤 찧다가 소금과 막고춧가루를 넣고 만드는 장.

청기와 장수

옛날에, 청기와 장수가 기와 굽는 기술을 남에게 가르쳐 주지 않았다는 데서, 어떤 방법이나 기술 따위를 자기 혼자만 알고 남에게 알려 주지 않는 사람을 빗대어 이르는 말.

낱말 풀이 **청기와** 푸른 빛깔을 띠는 매우 단단한 기와.

청보에 개똥

푸른 비단 보자기에 더러운 개똥을 쌌다는 뜻으로, 겉보기에는 그럴듯하지만 속은 더럽고 보잘것없는 사람이나 물건을 빗대어 이르는 말.

같은 속담 명주 바지에 똥싸개 • 비단보에 개똥[똥 싼다]

청산 속에 묻힌 옥도 갈아야 빛이 난다

아무리 훌륭하고 좋은 것이라도 매만져서 쓸모 있게 만들어야 값어치가 있음을 빗대어 이르는 말.

같은 속담 구슬이 서 말이라도 꿰어야 보배(라) • 보석도 꿰어야 보배 • 진주가 열 그릇이나 꿰어야 구슬

ㅊ

청산에 매 띄워 놓기다

1. 깊은 산에 매를 풀어놓으면 찾기 어렵다는 뜻으로, 한번 떠나면 다시 돌아오기 어려움을 빗대어 이르는 말. 2. 깊은 산에 매를 풀어놓고 무엇이든 걸리기를 바란다는 뜻으로, 터무니없는 일을 벌여 놓고 좋은 결과만 기다리는 것을 빗대어 이르는 말.

청산이 늙겠다

너무나 늦장을 부리는 바람에 푸른 산조차 늙겠다는 뜻으로, 하는 일이 몹시 더디고 굼뜬 사람이나 놀면서 지내는 사람을 핀잔하여 이르는 말.

청승은 늘어 가고 팔자는 오그라진다

나이 들고 살림이 쪼들리면 궁상스러워져 좋지 않은 모습만 보이게 된다는 말.

낱말 풀이 **청승** 궁상스러워 언짢게 보이는 태도나 행동.

청어 굽는 데 된장 칠하듯

청어를 굽는 데 덕지덕지 된장을 발라 볼품없다는 뜻으로, 무엇이 더덕더덕 붙어서 보기 흉한 꼴을 빗대어 이르는 말.

청을 빌려 방에 들어간다

1. 처음에는 마루를 빌린다는 구실로 들어와서 방까지 들어간다는 뜻으로, 처음에는 하찮은 것을 바라다가 나중에는 염치없이 더 큰 욕심을 부리는 것을 빗대어 이르는 말. 2. 처음에는 조심하여 삼가다가 차츰 재미가 나서 나중에는 정도에 넘치는 짓까지 하게 된다는 말.

같은 속담 행랑 빌리면 안방까지 든다

낱말 풀이 **청** 한옥에서, 안방과 건넌방 사이에 있는 큰 마루. =대청.

청천백일은 소경이라도 밝게 안다

눈먼 사람이라도 맑게 갠 하늘의 해는 안다는 뜻으로, 아주 뚜렷한 사실은 누구나 다 알 수 있다고 빗대어 이르는 말.

같은 속담 뇌성벽력은 귀머거리라도 듣는다

낱말 풀이 **청천백일** 1. 하늘이 맑게 갠 대낮. 2. 맑은 하늘에 뜬 해.

청천에 구름 모이듯

푸른 하늘에 구름 떼가 모여들듯이, 무엇이 여기저기에서 한곳으로 갑자기 모여드는 모양을 빗대어 이르는 말.

같은 속담 만수산에 구름 모이듯 • 용문산에 안개 모이듯 • 장마철에 비구름 모여들듯

청천 하늘에 날벼락

뜻하지 않게 화를 입거나 재난을 당하는 경우에 빗대어 이르는 말.

같은 속담 대낮에 마른벼락 • 마른날에 벼락 맞는다 • 마른하늘에 날벼락[생벼락] • 맑은 하늘에 벼락 맞겠다

청하니까 매 한 대 더 때린다

잘못을 빌었더니 도리어 매를 더 때린다는 뜻으로, 무엇을 간절히 부탁했다가 도리어 봉변을 당하는 경우를 빗대어 이르는 말.

체면이 사람 죽인다
체면 차리다 굶어 죽는다

체면을 너무 차리다가 할 일도 못 하고 먹을 것도 못 먹어 손해만 보는 경우에 빗대어 이르는 말.

낱말 풀이 **체면** 남을 대할 때 떳떳한 태도나 처지.

체수 맞춰 옷 마르고 꼴 보고 이름 짓는다
체수 보아 옷 짓는다[마른다]

몸에 맞게 옷을 짓고 생김새에 어울리게 이름을 짓는다는 뜻으로, 모든 일은 저마다 격에 어울리게 해야 한다는 말.

같은 속담 꼴 보고 이름 짓고 체수 맞춰 옷 마른다

초가삼간[초당 삼간이] 다 타도 빈대 죽는 것만 시원하다

비록 자기가 큰 손해를 보더라도 늘 귀찮게 여기던 것이나 제 마음에 들지 않던 것이 없어져서 속이 시원하다는 말.

같은 속담 삼간집이 다 타도 빈대 죽는 걸 보니 좋다 • 절은 타도 빈대 죽는 게 시원하다 • 집이 타도 빈대 죽으니 좋다

읽을거리 초가는 지붕을 볏짚이나 갈대 따위로 얹은 집이야. 흔히 방, 방, 부엌 세 칸으로 된 집으로, 초가삼간은 기와집에 견주어 가난한 사람이 사는 집을 일컫지. 농촌에서는 봄철에 처마 밑에 호박과 박을 심어 넝쿨이 지붕을 타고 올라가게 했어. 여름부터 가을까지 호박이며 박이 주렁주렁 지붕 위에 열렸지. 고추를 따서 지붕 위에서 말리기도 했어. 하지만 초가지붕은 썩거나 벌레가 생겨서 일 년에 한 번씩 갈아 줘야 했어. 초당은 흔히 집 몸채에서 떨어진 곳에 지은 작은 초가야.

초가집

초고리는 작아도 꿩만 잡는다

작은 매가 저보다 큰 꿩을 잡는다는 뜻으로, 몸집은 작아도 제 할 일은 다부지게 해내는 사람을 빗대어 이르는 말.

초년고생은 만년 복이라
초년고생은 사서라도 한다
초년고생은 양식 지고 다니며 한다
초년고생은 은을 주어도 안 바꾼다
초년고생은 은 주고 산다

젊어서 하는 고생은 힘들어도 나중에는 밑거름이 되어 살아가는 데 큰 도움이 되므로 그 고생을 달게 여기라고 가르쳐 이르는 말.

같은 속담 소년고생은 사서 하랬다 • 젊어 고생은 사서도 한다

낱말 풀이 **만년** 나이가 들어 노인이 된 때. **초년고생** 젊었을 때 겪는 고생.

초라니 대상 물리듯

언제고 해야 할 일을 자꾸 미루기만 하는 경우를 빗대어 이르는 말.

낱말 풀이 **대상** 사람이 죽은 지 두 돌 만에 지내는 제사. **초라니** 음력 섣달그믐날에 묵은해의 잡귀를 쫓아내는 의식을 치르던 사람들 가운데 하나.

초라니 소고[수고] 채 메듯

초라니가 탈놀이에서 소고 채를 메고 별별 짓을 다 하듯이, 하는 짓이 마냥 가볍고 방정맞은 것을 빗대어 이르던 말.

낱말 풀이 **소고** 우리나라 풍물놀이에 쓰는 타악기의 하나. =수고. **초라니** 하회 별신굿 탈놀이에 나오는 양반의 하인. 행동거지가 가볍고 방정맞다.

초라니

초라니 열은 보아도 능구렁이 하나는 못 본다

말과 행동이 가벼운 사람이 속이 의뭉한 사람보다 상대하기가 더 낫다는 말.

낱말 풀이 **능구렁이** 1. 뱀과에 속하는 파충류. 등은 붉은 갈색이고 배는 누런 갈색이다. 온몸에 검은 세로 띠가 있다. 독은 없지만 성질이 사납다. 2. 음흉하고 능청스러운 사람을 빗대어 이르는 말. =구렁이.

초라니탈에도 차례가 있다

어떤 일이든 지켜야 할 차례가 있다는 말.

같은 속담 찬물도 위아래가 있다

초례청에서 웃으면 첫딸을 낳는다

옛날에, 혼인하는 날 신부가 웃으면 첫딸을 낳는다며 신부더러 쓸데없이 웃지 말라고 이르던 말.

낱말 풀이 **초례청** 전통 혼례식을 치르는 장소.

초록은 동색

풀빛과 푸른빛은 같은 빛깔이라는 뜻으로, 1. 처지가 서로 비슷한 사람들끼리 어울리는 경우를 빗대어 이르는 말. 2. 부르는 이름은 다르지만 따져 보면 서로 비슷하여 다른 게 없다는 말.

같은 속담 그 속옷이 그 속옷이다

초록은 제빛이 좋다

처지와 수준이 비슷한 사람끼리 어울려야 서로 흉허물 없이 가까이 지낼 수 있다고 빗대어 이르는 말.

초미에 가오리탕

'첫맛에 가오릿국'과 같은 속담.

낱말 풀이 **초미** 처음 먹는 맛.

초사흘 달은 잰 며느리가[며느리라야] 본다

음력 초사흘에 뜨는 달은 초저녁에 잠깐 서쪽 하늘에 나타났다가 사라지므로 부지런한 며느리만 볼 수 있다는 뜻으로, 슬기롭고 부지런한 사람만이 아주 작은 것도 살필 수 있다고 빗대어 이르는 말.

같은 속담 초승달은 잰 며느리가 본다

날말 풀이 **초사흘** 한 달의 셋째 날.

초상난 데 춤추기
초상술에 권주가 부른다

집안에 죽은 사람이 생겼는데 거기서 춤춘다는 뜻으로, 1. 남의 불행에 오히려 기뻐하며 인정 없고 심술궂은 짓을 한다는 말. 2. 때와 장소를 가리지 않고 가벼이 행동하는 것을 빗대어 이르는 말.

날말 풀이 **권주가** 술을 권하는 노래.

초상난 집 개
초상집 개 같다
초상집의 주인 없는 개

초상집에서는 개를 돌볼 겨를이 없어 개가 못 얻어먹는다는 뜻으로, 먹을 것을 찾아 여기저기 돌아다니며 빌어먹는 사람이나 여위고 궁상스러운 꼴을 한 사람을 빗대어 이르는 말.

초상난 집에서 송장은 안 치고 팥죽 들어오는 것만 친다

초상난 집에서 장사 지낼 생각은 하지 않고 남이 쑤어다 주는 팥죽에만 정신을 판다는 뜻으로, 자기가 마땅히 해야 할 일은 건성으로 하면서 잇속 있는 데에만 마음을 쓰는 것을 비웃어 이르는 말.

같은 속담 염불에는 맘이 없고 잿밥에만 맘이 있다 • 제사보다 젯밥에 정신이 있다 • 조상보다 팥죽에 마음이 있다

ㅊ

초승달은 잰 며느리가 본다

'초사흘 달은 잰 며느리가[며느리라야] 본다'와 같은 속담.

초시가 잦으면 급제가 난다

1. 옛날에, 초시를 여러 번 치르다 보면 급제할 기회가 마련된다는 뜻으로, 어떤 일을 여러 번 되풀이하면 마침내 뜻한 바를 이룰 수 있다고 빗대어 이르던 말. 2. 어떤 일의 낌새가 자주 나타나면 반드시 그 일이 일어나기 마련이라고 빗대어 이르는 말.

같은 속담 번개가 잦으면 벼락 늦이라

낱말 풀이 **초시** 옛날에 치르던 첫 번째 과거 시험. 또는 거기에 합격한 사람.

초장 술에 파장 매
초장에 까부는 게 파장에 매 맞는다

일 첫머리에 까불고 덤비다가는 끝판에 가서 낭패를 본다는 말.

낱말 풀이 **초장** 시장이 서기 시작한 무렵. **파장** 과거장, 시장 따위가 끝남. 또는 그런 때.

초저녁 구들이 따뜻해야 새벽 구들이 따뜻하다

무슨 일이든 시작부터 잘되어야 결과도 좋다는 말.

초지장도 맞들면 낫다

아무리 쉬운 일이라도 힘을 모아 서로 도우면 훨씬 쉽다는 말.

같은 속담 백지장도 맞들면 낫다[가볍다] • 종이 한 장도 맞들면 가볍다[낫다]

낱말 풀이 **초지장** 초지의 낱장. 두께가 매우 얇고 질이 나쁜 종잇장을 이른다.

초지 한 장이 바람을 막는다

보잘것없는 것도 알맞게 쓰면 매우 중요한 일을 할 수 있다는 말.

낱말 풀이 **초지** 1. 초벌 원고를 적는 데 쓰는 종이. 2. 두께가 매우 얇고 질이 나쁜 종이.

초 판 쌀이라

옛날에, 식초를 팔아서 아주 적은 쌀과 바꾸었다는 데서, 적은 물건은 여러 번 생겨도 흐지부지 없어져 모을 수가 없다고 빗대어 이르는 말.

같은 속담 식지에 붙은 밥풀

초하룻날 먹어 보면 열하룻날 또 간다

한번 재미를 보거나 맛을 들이면 자꾸 하려고 하는 것을 빗대어 이르는 말.

같은 속담 정월 초하룻날 먹어 보면 이월 초하룻날 또 먹으려 한다

초학 훈장의 똥은 개도 안 먹는다

초학 훈장의 똥은 탄내가 나서 개도 먹지 않는다는 뜻으로, 선생 노릇 하기가 매우 힘들고 어렵다고 빗대어 이르던 말.

같은 속담 선생의 똥은 개도 안 먹는다 • 훈장 똥은 개도 안 먹는다

낱말 풀이 **초학** 학문을 처음으로 배움.

촉새가 황새를 따라가다 가랑이 찢어진다

'참새가 황새걸음 하면 다리가 찢어진다'와 같은 속담.

촌놈 관청에 끌려온 것 같다
촌닭 관청에 간[잡아다 놓은] 것 같다

매우 북적거리는 곳에 가거나 겪어 본 적 없는 일에 부딪혀 어리둥절하여 어쩔 줄 모르는 모양을 빗대어 이르는 말.

촌놈 성이 김가 아니면 이가라

성씨 중에 김씨와 이씨가 아주 흔하다는 말.

촌놈 엿가락 빼듯

어떤 일을 빨리 마무리 짓지 않고 오래 미루는 것을 빗대어 이르는 말.

촌놈은 똥배 부른 것만 친다
촌놈은 밥그릇 높은 것만 친다

시골 사람들은 무엇이든 배부르게 먹는 것을 으뜸으로 친다는 뜻으로, 질보다 양이 많은 것을 좋아하는 사람을 놀리어 이르는 말.

촌닭이 관청 닭 눈 빼 먹는다

겉보기에는 어수룩해 보이지만 눈치도 빠르고 일을 치러 나가는 재주가 좋은 사람을 빗대어 이르는 말.

총명이 둔필만 못하다

아무리 똑똑하고 머리가 좋아도 종이에 적어 놓은 글만 못하다는 뜻으로, 무엇이나 틀림없이 하려면 적어 두는 것이 가장 좋은 방법이라는 말.

같은 속담 똑똑한 머리보다 얼떨떨한 문서가 낫다

낱말 풀이 **둔필** 1. 굼뜨고 서투른 글씨. 2. 자기가 쓴 글이나 글씨를 낮추어 이르는 말.

총총들이 반병이라

1. 병에다 무엇을 급히 부으면 반밖에 채우지 못한다는 뜻으로, 무슨 일이든 바삐 서두르면 제대로 못 한다는 말. 2. 병이 워낙 작아서 가득 담아도 큰 병의 반밖에 안 된다는 뜻으로, 속이 좁고 생각이 얕은 사람을 빗대어 이르는 말.

낱말 풀이 **총총들이** 틈이 없을 만큼 겹겹이 들어서게.

추녀 물은 항상 제자리에 떨어진다

추녀에서 떨어지는 물이 늘 한자리에만 떨어지듯이, 늘 정해진 자리에 오게 됨을 빗대어 이르는 말.

낱말 풀이 **추녀** 기와집 지붕의 네 귀퉁이에 있는, 네모지고 끝이 번쩍 들린 큰 서까래. 또는 그 부분의 처마.

추녀 물이 돌에 구멍을 뚫는다

적은 힘이라도 꾸준히 계속하면 큰일을 이룰 수 있다고 빗대어 이르는 말.

같은 속담 낙숫물이 댓돌을 뚫는다

추우면 다가들고 더우면 물러선다

옳고 그름이나 믿음을 저버리고 제 이익만 꾀하는 것을 빗대어 이르는 말.

같은 속담 달면 삼키고 쓰면 뱉는다 • 맛이 좋으면 넘기고 쓰면 뱉는다 • 쓰면 뱉고 달면 삼킨다

추운 소한은 있어도 추운 대한은 없다

글자 뜻만 보면 대한이 소한보다 더 추울 것 같지만 소한 때가 대한 때보다 더 춥다고 일러 오던 말.

같은 속담 대한이 소한네 집에 놀러 갔다가 얼어 죽는다 • 소한의 얼음 대한에 녹는다 • 춥지 않은 소한 없고 추운 대한 없다

춘포 창옷 단벌 호사

늘 춘포로 만든 옷만 입고 다녀서 잘사는 줄 알았는데 알고 보니 여벌 옷이 없어서 그랬다는 뜻으로, 실제로는 그것 하나밖에 없는 경우에 빗대어 이르는 말.

낱말 풀이 **단벌** 오직 한 벌의 옷. **창옷** 예전에 입던 웃옷의 하나. 두루마기와 비슷하다. **춘포** 1. 강원도 춘천에서 나는 베. 2. 명주실과 모시실로 짠 천. **호사** 분수에 넘칠 정도로 사치를 부림.

춘풍으로 남을 대하고 추풍으로 나를 대하라

남에게는 부드럽고 따뜻하게 대하고 자기한테는 엄하게 대하라는 말.

춘향이네 집 가는 길 같다
춘향이 집 가리키기

이몽룡이 춘향이 집이 어디냐고 묻자 방자가 매우 까다롭고 복잡하게 대답했다는 데서, 집을 찾아가는 길이 복잡한 경우를 이르는 말.

읽을거리 옛날 소설 〈춘향전〉에서 비롯한 말이야. 이몽룡이 하인인 방자에게 춘향이 집이 어디냐고 물었더니 방자가 손을 들어 가리키면서 "저기 저 건너 동산은 울울하고, 연못은 맑고 맑은데, 물고기는 뛰어놀고, 온갖 아름다운 꽃과 풀이 우거지고, 나무에 앉은 새는 제 철을 자랑하여 우짖고, 바위 위에 굽은 솔은 맑은 바람이 건듯 부니 늙은 용이 몸을 구부렸다 일으켰다 하는 듯하고, 문 앞의 버들가지는 실실이 늘어져 춤을 추고, 대나무, 잣나무, 전나무 그 가운데 은행나무는 음양을 따라 정다이 마주 섰고, 초당 문 앞에는 오동나무, 대추나무, 깊은 산중 물푸레나무, 포도, 다래, 으름덩굴 휘휘친친 감겨 담장 밖으로 뻗었으니, 저 푸른 솔숲과 대숲 사이로 은근히 보이는 곳이 춘향이 집입니다." 하더래. 방자가 알려 준 대로 이몽룡은 춘향이네 집을 찾아갈 수 있을까?

춤추고 싶은 둘째 동서 맏동서보고 춤추라 한다

제가 춤추고 싶다는 말은 못하고 동서더러 춤추라고 한다는 뜻으로, 자기가 하고 싶은 일을 남에게 하도록 부추기는 것을 빗대어 이르는 말.

같은 속담 동서 춤추게[춤추란다] • 제가 춤추고 싶어서 동서를 권한다

춥기는 삼청냉돌이라

방 안이 몹시 차고 추운 것을 빗대어 이르는 말.

낱말 풀이 **삼청** 조선 시대에, 왕궁을 지키는 군사가 경비를 서던 곳. 불을 때지 않아 몹시 추웠다.

춥지 않은 소한 없고 추운 대한 없다

'추운 소한은 있어도 추운 대한은 없다'와 같은 속담.

충신이 죽으면 대나무가 난다

대나무는 위로 곧게 뻗어 자라기 때문에 곧은 절개를 상징하는 데서, 충신이 죽은 자리에서 그의 절개를 뜻하는 대나무가 돋는다는 말.

낱말 풀이 **절개** 생각이나 믿음을 굳게 지키는 태도.

충주 결은 고비
충주 자린고비

매우 인색하고 자기 이익만 꾀하는 사람을 빗대어 이르던 말.

읽을거리 옛날 충주에 어느 부자가 살았는데 어찌나 구두쇠인지 몰라. 글쎄 제사에 한 번 쓴 지방을 기름에 재워서 부모님 제사 때마다 꺼내어 썼다는 거야. 지방은 돌아가신 분의 이름을 적은 종이로 제사를 마치면 불에 태워 버려야 하는데 그걸 아깝다고 두고두고 꺼내어 쓴 거지. 이 충주 부자만큼 인색하고 자기 이익만 꾀하는 사람을 빗대어 "충주 자린고비", "충주 결은 고비"라고 하게 된 거야.

낱말 풀이 **자린고비** 몹시 인색한 사람을 낮잡아 이르는 말. **지방** 종잇조각에 지방문을 써서 만든 신주.

취객이 외나무다리 잘 건넌다

술에 취한 사람이 외나무다리를 용케도 잘 건넌다는 뜻으로, 보기에 위험하고 해내지 못할 것 같은 일을 솜씨 있게 잘해 내는 경우를 빗대어 이르는 말.

취담 중에 진담이 있다
취중에 진담이 나온다

취했을 때 진짜 속내가 나온다는 뜻으로, 술에 취하면 평소에 품었던 생각이 말이나 행동으로 나타나게 된다는 말.

같은 속담 상시에 먹은 마음 취중에 난다 • 생시에 먹은 마음 취중에 나온다 • 평시에 먹은 마음 취중에 나온다

취한 놈 달걀 팔듯

술에 취한 사람이 달걀을 마구 담아 판다는 뜻으로, 일하는 솜씨가 거칠고 어지러운 모양을 빗대어 이르는 말.

같은 속담 술 취한 놈 달걀 팔듯

층암 상에 묵은 팥 심어 싹이 날까[나거든]

도무지 될 수 없는 일이라 아무리 바라도 쓸데없다는 말.

같은 속담 군밤에서 싹 나거든 • 용마 갈기 사이에 뿔 나거든

낱말 풀이 **층암** 층층이 겹쌓여 있는 높고 험한 바위.

층층시하에 줄방귀 참는 새댁처럼

어떤 일을 아주 힘들게 참아 낸다는 말.

낱말 풀이 **층층시하** 부모, 조부모 같은 어른들을 모시고 사는 처지.

치고 보니 삼촌이라

어떤 행동을 하고 보니 매우 예의에 어긋나는 일이었음을 빗대어 이르는 말.

치도하여 놓으니까 거지가 먼저 지나간다

애써 길을 잘 닦아 놓았는데 거지가 먼저 지나간다는 뜻으로, 1. 애써서 한 일을 엉뚱한 사람이 그르쳐 놓아 보람 없게 된 경우에 빗대어 이르는 말. 2. 간절히 기다리는 사람은 안 오고 반갑지 않은 사람이 온 경우에 빗대어 이르는 말.

같은 속담 거둥길 닦아 놓으니까 깍정이가 먼저 지나간다 • 길 닦아 놓으니까 거지[깍

정이]가 먼저 지나간다 • 신작로 닦아 놓으니까 문둥이가 먼저 지나간다

치러 갔다가 맞기도[맞기는] 예사

남을 해치려다가 도리어 해를 입는 것은 흔한 일이라는 뜻으로, 남에게 무엇을 바라고 갔다가 거꾸로 그 사람이 바라는 것을 들어주는 일이 흔히 있다는 말.

치마가 열두 폭인가

옛날 치마는 보통 여덟 폭이나 아홉 폭인데 이 치마는 열두 폭이나 되느냐는 뜻으로, 자기와 상관없는 남의 일에 쓸데없이 끼어들어 이래라저래라 하는 것을 비꼬아 이르는 말.

같은 속담 열두 폭 말기를 달아 입었나 • 치마폭이 스물네 폭이다

치마 밑에 키운 자식

1. 옛날에, 홀어머니의 자식을 이르던 말. 2. 어머니의 지나친 사랑을 받으며 자란 아이를 빗대어 이르는 말.

치마에서 비파 소리가 난다

앉아 있을 겨를 없이 몹시 바쁘게 움직이거나 싸돌아다니는 것을 빗대어 이르는 말.

같은 속담 궁둥이에서 (비파) 소리가 난다

낱말 풀이 **비파** 동양 현악기의 하나. 인도와 중국을 거쳐 우리나라에 들어왔는데, 네 줄의 당비파와 다섯 줄의 향비파가 있다.

비파

치마폭이 스물네 폭이다

'치마가 열두 폭인가'와 같은 속담.

치수 맞춰 옷 마른다[짓는다]

'척수 보아 옷 짓는다'와 같은 속담.

치 위에 치가 있다

제아무리 재주가 뛰어나다고 해도 그보다 더 뛰어난 사람이 있다는 뜻으로, 스스로 뽐내며 우쭐거리는 사람을 경계하여 이르는 말.

같은 속담 기는 놈 위에 나는 놈이 있다 • 나는 놈 위에 타는 놈 있다 • 뛰는 놈 위에 나는 놈 있다 • 위에는 위가 있다

낱말 풀이 **치** 길이의 단위. 한 치는 약 3센티미터이다.

치장 차리다가 신주 개 물려 보낸다

지나치게 겉치레만 하다가 중요한 것을 챙기지 못하거나 일을 그르치는 경우를 빗대어 이르는 말.

같은 속담 사당치레하다가 신주 개 물려 보낸다

친구는 옛 친구가 좋고 옷은 새 옷이 좋다

물건은 새것일수록 좋고 사람은 오래 사귄 사람일수록 정이 깊고 좋다는 말.

같은 속담 사람은 헌[때 묻은] 사람이 좋고 옷은 새 옷이 좋다 • 옷은 새 옷이 좋고 사람[임]은 옛 사람[임]이 좋다 • 정은 옛정이 좋고 집은 새집이 좋다

친구 따라[친해] 강남 간다

1. 자기 생각은 없이 남이 하는 대로 덩달아 따라 하는 경우에 빗대어 이르는 말. 2. 벗과 사이가 가까운 관계를 이르는 말.

같은 속담 동무 따라 강남 간다 • 벗 따라 강남 간다

낱말 풀이 **강남** 중국 양쯔강 남쪽 지역을 이르는 말. 흔히 남쪽의 먼 곳이라는 뜻으로 쓴다.

친사돈이 못된 형제보다 낫다

사돈은 어려운 사이지만 딱하고 어려운 일이 생겨 도움을 받아야 할 때는 제구실을 못하는 형제보다 낫다는 말.

낱말 풀이 **친사돈** 남편과 아내의 부모가 서로를 부르는 말.

친 사람은 다리를 오그리고 자도 맞은 사람은 다리를 펴고 잔다

남에게 해를 입힌 사람은 마음이 불안하고 괴롭지만 해를 입은 사람은 오히려 마음이 편하다는 말.

같은 속담 도둑질한 사람은 오그리고 자고 도둑맞은 사람은 펴고 잔다 • 때린 놈은 가로 가고 맞은 놈은 가운데로 간다 • 맞은 놈은 펴고 자고 때린 놈은 오그리고 잔다

친손자는 걸리고 외손자는 업고 가면서 업힌 아이 갑갑해한다 빨리 걸으라 한다

친손자는 걸리고 외손자는 업고 간다

1. 딸에 대한 사랑이 커서 친손자보다 외손자를 더 귀여워하는 마음을 빗대어 이르는 말. 2. 친손자보다 가끔 보는 외손자를 귀하게 대한다는 뜻으로, 주된 것과 곁딸린 것, 중요한 것과 중요하지 않은 것이 뒤바뀐 경우를 이르는 말.

같은 속담 외손자는 업고 친손자는 걸리면서 업은 아이 발 시리다 빨리 가자 한다

친아비 장작 패는 데는 안 가도 의붓아비 떡 치는 데는 간다

자기가 힘써 도와주어야 할 곳은 피하고 공짜로 얻어먹을 것이 있는 데는 잘 가는 사람을 비웃어 이르는 말.

친정 가면 자루 아홉 가지고 온다

시집간 딸이 친정에서 될 수 있는 대로 많은 것을 가져가려 한다는 말.

칠 년 가뭄에는 살아도 석 달 장마에는 못 산다

가뭄 끝에는 곡식을 조금이나마 거둘 수 있지만 장마 끝에는 거둘 것이 하나도 없다는 뜻으로, 1. 오랜 가뭄에는 그럭저럭 살아갈 수 있어도 오랜 장마에는 견디기 매우 힘들다는 말. 2. 가뭄 피해보다 장마 피해가 더 크다는 말.

같은 속담 가물 그루터기는 있어도 장마 그루터기는 없다 • 삼 년 가뭄에는 살아도 석 달 장마에는 못 산다

칠 년 가뭄에 하루 쓸 날 없다

오랫동안 날씨가 맑다가도 무슨 일을 하려고 하면 갑자기 날씨가 궂어서 할 수 없게 되는 경우를 빗대어 이르는 말.

같은 속담 삼 년 가뭄에 하루 쓸 날 없다

칠 년 간병에 삼 년 묵은 쑥을 찾는다

오랫동안 병을 앓는 이를 돌보다 보면 온갖 어려운 일을 다 하게 된다는 말.

칠년대한에 단비 온다

칠 년 동안 계속된 가뭄 끝에 기다리고 기다리던 단비가 온다는 뜻으로, 오랫동안 몹시 애타게 기다리고 바라던 일이 마침내 이루어짐을 빗대어 이르는 말.

같은 속담 가물에 단비 • 구년지수 해 돋는다

낱말 풀이 **단비** 꼭 필요한 때 알맞게 내리는 비. **칠년대한** 칠 년 동안 계속되는 큰 가뭄이라는 뜻으로, 오래 계속되는 큰 가뭄을 이르는 말. 중국 은나라 탕왕 때에 있었던 큰 가뭄에서 나온 말이다.

칠년대한에 대우 기다리듯[바라듯]

오랜 가뭄에 큰비가 내리기를 기다리듯이, 무엇을 몹시 간절히 바라는 것을 빗대어 이르는 말.

같은 속담 대한 칠 년 비 바라듯

칠년대한에 비 안 오는 날이 없었고 구 년 장마에 볕 안 드는 날이 없었다

세상 모든 일이 궂은일만 이어지지는 않는다는 말.

칠석날 까치 대가리 같다

칠월 칠석날에 까치가 견우와 직녀를 만나게 하려고 서로 머리를 맞대어 오작교를 놓다가 머리털이 다 빠졌다는 이야기에서, 머리털이 빠져서 몹시 성긴 모양을 빗대어 이르는 말.

읽을거리 옛이야기에서 나온 말이야. 하늘나라에 사는 선녀 직녀와 소를 치던 견우가 서로 좋아했는데 둘이 만나 노느라 일을 게을리했대. 화가 난 옥황상제가 벌로 견우와 직녀를 떼어 놓고 일 년에 한 번씩만 만나게 했는데, 그날이 칠석날이야. 그런데 칠석날이 되어도 은하수가 가로막혀 있어서 만날 수가 없는 거야. 이를 딱하게 여긴 까치들이 머리에 돌을 이고 하늘로 올라가 다리를 놓아 주었대. 견우와 직녀는 까치 머리를 밟고 만날 수 있었지. 그때부터 이 무렵에 까치 머리털이 빠지게 되었대.

ㅊ

칠십 노인 구 대 독자 생남을 한 듯

아홉 대에 걸쳐 외아들로 지내 온 칠십 노인이 아들을 낳은 것처럼, 이를 데 없이 몹시 반갑고 기쁜 일을 빗대어 이르는 말.

같은 속담 천 리 타향 고인 만나 반가워서 즐거운 일

칠십에 능참봉을 하니 하루에 거둥이 열아홉 번씩이라

칠십 세가 되어서야 겨우 능을 관리하는 참봉 벼슬 한자리를 얻었는데 하루에 열아홉 번이나 왕이 내려와 힘들다는 뜻으로, 1. 오래 바라던 일이 이루어졌으나 허울만 좋을 뿐 실속 없이 수고롭기만 할 때 빗대어 이르는 말. 2. 운수가 나빠서 하는 일마다 꼬이기만 하는 경우에 빗대어 이르는 말.

같은 속담 능참봉을 하니까 거둥이 한 달에 스물아홉 번이라 • 모처럼 능참봉을 하니까 한 달에 거둥이 스물아홉 번 • 여든에 능참봉을 하니 한 달에 거둥이 스물아홉 번이라

칠십에 자식을 낳아서도 효도를 본다

1. 늦게 본 자식에게 효도를 받게 되는 경우에 이르는 말. 2. 때늦은 성과를 이루고 뜻밖에 기쁨을 누린다는 말.

칠월 더부살이가 주인 마누라 속곳 걱정한다

남의 집 더부살이를 하면서 제 옷도 변변찮은 사람이 주인집 마누라 속옷을 걱정한다는 뜻으로, 주제넘게 남 일에 대하여 걱정하는 것을 빗대어 이르는 말.

같은 속담 더부살이가 주인 마누라 속곳 베 걱정한다

낱말 풀이 **더부살이** 남의 집에서 먹고 자면서 일을 해 주고 삯을 받는 일. 또는 그런 사람.

칠월 송아지

칠월에 힘든 농사일이 끝나고 풀만 실컷 뜯어 먹는 송아지라는 뜻으로, 팔자 늘어진 사람을 빗대어 이르는 말.

칠월 신선에 구시월 뱃놈

농촌에서 음력 칠월에는 크게 바쁜 일이 없어 한가하게 지내고, 가을걷이하는 구시월에는 뱃사람처럼 눈코 뜰 새 없이 바쁘고 고되게 보낸다는 말.

칠월 신선에 팔월 도깨비라

칠월 삼복더위는 원두막에서 신선처럼 시원하게 지내고 팔월 장마는 도깨비처럼 피하여 걱정 없이 편안히 지낸다는 말.

칠월 장마는 꾸어서 해도 한다

우리나라는 칠월에 으레 장마가 있다는 말.

칠월 흉년에 팔월 도깨비

음력 칠월에 가뭄이 심하게 들어 곡식이 말라 죽은 데다가 팔월에는 도깨비 장마가 져서 농사를 망치는 자연재해를 빗대어 이르는 말.

낱말 풀이 **도깨비 장마** 갑자기 세차게 비가 쏟아졌다가 갑자기 찌는 듯이 더웠다가 다시 비가 세차게 내리는 예측하기 힘든 날씨.

칠팔월 가물에 수숫잎 꼬이듯

1. 심술 사납고 마음보가 뒤틀린 사람을 빗대어 이르는 말. 2. 자기 뜻을 뚜렷이 밝히지 않고 우물쭈물하는 모습을 빗대어 이르는 말.

같은 속담 꼬기는 칠팔월 수숫잎 꼬이듯 • 동풍 안개 속에 수숫잎 꼬이듯

읽을거리 수수는 밭에 심어 기르는 한해살이 곡식이야. 콩밭에 드문드문 섞어 심거나 밭두렁에 심었어. 키가 2~3미터쯤 크게 자라고, 잎이 길쭉해. 수수들 사이로 바람이 불면 '슈슈슈 슈슈슈' 소리가 나. 예부터 아기 돌날에 백설기와 수수팥떡을 해 먹었는데 수수와 팥이 색깔이 빨개서 나쁜 기운을 물리친다고 여겼기 때문이야.

칠팔월 수숫잎

음력 칠팔월 선들바람에 팔랑거리는 수숫잎처럼 이리 흔들 저리 흔들 한다는 뜻으로, 줏대 없이 이랬다저랬다 하는 사람을 빗대어 이르는 말.

칠팔월 은어 곯듯

음력 칠팔월에 알을 낳은 은어는 홀쭉해진다는 데서, 갑자기 수입이 줄어서 살아가기 어려움을 빗대어 이르는 말.

칠푼짜리 돼지 꼬리 같다

돼지 꼬리는 워낙 먹을 게 없어서 값이 칠 푼밖에 안 된다는 뜻으로, 아무 쓸모도 없고 시시한 물건짝 따위를 빗대어 이르는 말.

칡덩굴 뻗을 적 같아서는 강계, 위연, 초산을 다 덮겠다

칡덩굴이 뻗어 나갈 때는 세상을 다 덮을 것 같지만 그렇지 않다는 뜻으로, 한창 기운이 뻗칠 때에는 다 잘될 것 같지만 결과는 두고 보아야 안다는 말.

같은 속담 호박 넝쿨 뻗을 적 같아서는 강계, 위연, 초산을 뒤엎을 것 같다

읽을거리 칡은 산에서 흔히 볼 수 있는 덩굴나무인데, 여러 가지로 쓸모가 많은 나무야. 칡뿌리로는 가루를 내어 떡이나 수제비를 해 먹는데 곡식이 모자랄 때 좋은 먹을거리였어. 칡뿌리에서 짠 즙은 약으로 마시거나 차로도 끓여 먹었어. 잎은 토끼나 소, 닭을 기를 때 먹이로 주고, 껍질로는 옷감을 짜기도 했지. 또 칡 줄기는 질겨서 신발을 삼거나 줄이나 고삐나 곡식을 담는 그릇 따위를 만드는 데에도 썼어.

낱말 풀이 **강계, 위연, 초산** 평안북도에 있는 지역 이름.

침 먹은 지네

침을 먹고 옴짝달싹 못 하는 지네처럼, 겁에 질려 꼼짝 못 하거나 할 말이 있어도 못 하는 사람을 빗대어 이르는 말.

읽을거리 지네는 몸이 열다섯 개가 넘는 마디로 이루어진 동물이야. 독이 있어서 물리면 따갑고 살갗이 부어올라. 어미는 새끼가 자랄 때까지 먹이를 물어다 주면서 보살펴. 지네는 발이 많은 데다 독이 있기 때문에 옛이야기에는 사람을 괴롭히는 동물로 많이 나와. 대표적으로는 두꺼비가 자기를 돌보아 준 소녀가 지네에게 죽게 되자 은혜를 갚기 위해 소녀를 살리고 대신 죽는다는 이야기가 있지.

침묵은 금이고 다변은 은이라

쓸데없이 말을 많이 하는 것보다는 말을 삼가는 것이 훨씬 낫다는 말.

낱말 풀이 **다변** 말이 많음. **침묵** 아무 말 없이 가만히 있음.

침 발린 말

듣기 좋게 꾸며서 하는 말을 빗대어 이르는 말.

침 뱉은 우물 다시 먹는다

두 번 다시 안 볼 것처럼 굴어도 나중에 다시 만나 신세를 지거나 아쉬워할 때가 올 수 있으니 누구에게나 너그럽게 대하라는 말.

같은 속담 다시 긷지 아니한다고 이 우물에 똥을 눌까 • 똥 누고 간 우물도 다시 먹을 날이 있다 • 발을 씻고 달아난 박우물에 다시 찾아온다 • 안 먹겠다 침 뱉은 물 돌아서서 다시 먹는다 • 이 샘물 안 먹는다고 똥 누고 가더니 그 물이 맑기도 전에 다시 와서 먹는다 • 이 우물에 똥을 누어도 다시 그 우물을 먹는다

ㅊ

ㅋ

칼날이 날카로워도 제 자루 못 깎는다

칼이 아무리 잘 들어도 제 손잡이는 베지 못한다는 뜻으로, 1. 제 허물을 제가 알아서 고치기는 어려움을 빗대어 이르는 말. 2. 자기와 관계된 일은 남의 일보다 하기가 더 어려움을 빗대어 이르는 말.

같은 속담 도끼가 제 자루 깎지 못한다 • 식칼이 제 자루를 깎지 못한다 • 자루 베는 칼 없다

칼날 잡은 놈이 칼자루 잡은 놈한테 당하랴
칼날 쥔 놈이 자루 쥔 놈을 당할까

칼날을 쥐면 다치니 칼자루 잡은 쪽을 이길 수 없다는 뜻으로, 처음부터 이로운 조건에 있는 사람과 겨루어서는 도무지 이길 수 없음을 빗대어 이르는 말.

같은 속담 날 잡은 놈이 자루 잡은 놈을 당하랴[당할까]

칼도 날이 서야 쓴다
칼은 날이 서야 칼이다

칼도 날이 무디면 쓸모가 없다는 뜻으로, 무엇이든 제구실을 하려면 그럴 만한 힘이나 조건을 갖추어야 함을 빗대어 이르는 말.

칼로 물 베기

칼로 물을 베어 봤자 곧 합쳐지듯이, 1. 서로 다투었다가도 곧 마음이 누그러져 다시 사이가 좋아지는 것을 빗대어 이르는 말. 2. 어떤 자취나 결과도 없이 헛되이 끝나는 일을 빗대어 이르는 말.

같은 속담 주먹으로 물 찧기

칼을 뽑고는 그대로 집에 꽂지 않는다
칼을 뽑았으면 무라도 잘라야지

칼집에서 칼을 뽑으면 무엇이든 베지 않으면 도로 꽂지 않는다는 뜻으로, 한번 하겠다고 결심한 일은 물러서지 않고 끝장을 보는 것을 빗대어 이르는 말.

칼치가 제 꼬리 베 먹는다

갈치가 제 입으로 제 꼬리를 잘라 먹는다는 뜻으로, 1. 같은 무리끼리 서로 비웃고 헐뜯는 것을 빗대어 이르는 말. 2. 자기 밑천이나 재산을 조금씩 까먹는 것을 빗대어 이르는 말.

같은 속담 문어 제 다리 뜯어 먹는 것[격]

읽을거리 칼치는 갈치의 다른 이름이야. 갈치의 '갈' 자는 칼을 뜻하는 옛말로, 생김새나 몸빛이 긴 칼처럼 생겼다고 갈치라는 이름이 붙었다고 해. 아직도 '칼치'라고 부르는 곳도 있어. 갈치는 물속에서 하늘을 보며 선 채로 기다란 등지느러미를 물결처럼 움직이면서 헤엄을 쳐. 잠을 잘 때도 꼿꼿이 서서 자. 갈치는 오래전부터 즐겨 먹던 물고기야. 여름이 제철인데 회, 구이, 찌개, 탕을 해 먹고 젓갈을 담그기도 해. 갈치는 먹을 게 없으면 자기 꼬리나 다른 갈치의 꼬리를 서로 잘라 먹기도 해. 그래서 제 패거리끼리 서로 헐뜯을 때 "칼치가 제 꼬리 베 먹는다"고 말해 왔던 거야.

커도 한 그릇 작아도 한 그릇

1. 그릇이 크든 작든 한 그릇이라는 뜻으로, 양에 관계없이 겉보기에는 비슷하다는 말. 2. 큰 사람이나 작은 사람이나 차별 없이 고르게 나누어 준다는 뜻으로, 무엇을 나눌 때 어느 쪽으로도 치우치지 않고 똑같이 나누어 주는 경우를 빗대어 이르는 말.

같은 속담 어른도 한 그릇 아이도 한 그릇 • 흉년에 죽 아이도 한 그릇 어른도 한 그릇

코가 닷 발
코가 쉰댓[석] 자나 빠졌다

걱정거리가 많아 코가 닷 발이나 쑥 빠졌다는 뜻으로, 힘들고 괴로운 일이 있어 몹시 지치고 맥이 풀린 상태를 빗대어 이르는 말.

코가 어디 붙은지 모른다

어떤 사람이나 일에 대해 도무지 아는 것이 없다는 말.

코가 크고 작은 것은 석수쟁이 손에 달렸다

부처의 코를 크게 만드는가 작게 만드는가 하는 것은 돌을 쪼아 물건을 만드는 석수쟁이 손에 달렸다는 뜻으로, 일이 잘되고 못되고는 그 일을 맡아 하는 사람에게 달려 있다고 빗대어 이르는 말.

같은 속담 부처님 살찌고 파리하기는 석수에게 달렸다

코끼리 과자 먹으나 마나
코끼리 비스킷

먹었으나 양이 하도 적어서 감질만 나고 성에 차지 않음을 이르는 관용 표현.

코끼리는 생쥐가 제일 무섭다

몸집이 큰 코끼리가 제 콧구멍에 들어갈 만큼 조그마한 생쥐를 가장 두려워한다는 뜻으로, 보잘것없는 작은 것을 두려워하여 떠는 것을 빗대어 이르는 말.

코딱지 두면 살이 되랴

1. 쓸모없는 것을 오래 둔다고 절대로 다른 것으로 바뀔 수 없음을 빗대어 이르는 말. 2. 이미 그릇된 일이 다시 잘될 리 없다는 말.

같은 속담 고름이 살 되랴 • 부스럼이 살 될까

코 떼어 주머니에 넣다

코를 감추고 싶을 만큼 창피하다는 뜻으로, 어떤 일을 잘못하여 망신을 톡톡히 당하거나 얼굴을 들 수 없게 혼쭐이 난 경우를 빗대어 이르는 말.

코를 잘라도 모를 캄캄절벽
코를 잡아도 모르겠다

눈앞에서 벌어지는 일도 모를 만큼 몹시 어둡다는 말.

낱말 풀이 **캄캄절벽** 아무것도 모르는 상태.

코 막고 답답하다[숨이 막히다]고 한다

제가 제 코를 막고 답답하다 한다는 뜻으로, 스스로 쉽게 할 수 있는 일을 어렵게 여겨 다른 데서 해결할 길을 찾는 것을 빗대어 이르는 말.

코 맞은 개 싸쥐듯[싸대듯]

몹시 아프거나 속상해서 어쩔 줄 모르고 쩔쩔매는 모양을 빗대어 이르는 말.

코 멘 강아지 쥐구멍 파듯

코가 막혀 냄새를 못 맡는 강아지가 무턱대고 쥐구멍을 판다는 뜻으로, 그 일에 대해 잘 모르면서 무턱대고 이것저것 집적대는 모양을 비꼬아 이르는 말.

코 묻은 떡[돈]이라도 뺏어 먹겠다

어린아이 손에 든 떡이라도 빼앗아 먹겠다는 뜻으로, 체면이나 부끄러움도 없이 제 욕심만 차리는 행동을 욕으로 이르는 말.

같은 속담 어린아이 가진 떡도 빼어 먹겠다

코 아니 흘리고 유복하다

눈물 콧물을 흘리며 애쓰지 않고도 복이 있다는 뜻으로, 고생하지 않고 이익을 얻는다는 말.

코 아래 구멍이 제일 무섭다

1. 입을 잘못 놀리다가는 큰 화를 입게 되니 말조심을 하라는 말. 2. 먹고사는 일이 가장 힘들다는 말.

코 아래 제상도 먹는 것이 제일

제 앞에 좋은 게 아무리 많이 있어도 자기가 가져야 가치가 있다는 말.

낱말 풀이 **제상** 제사를 지낼 때 음식을 차려 놓은 상. =제사상.

코에 걸면 코걸이 귀에 걸면 귀걸이

어디에 거느냐에 따라 코걸이도 되고 귀걸이도 된다는 뜻으로, 1. 보는 처지에 따라 이렇게도 볼 수 있고 저렇게도 볼 수 있는 경우에 빗대어 이르는 말. 2. 자기 잇속에 따라 이랬다저랬다 하는 경우에 빗대어 이르는 말.

같은 속담 귀에 걸면 귀걸이 코에 걸면 코걸이

코에서 단내가 난다

일을 너무 많이 해서 몹시 힘겹거나 피곤하다는 말.

코털(이) 세다[셀 지경이다]

일이 뜻대로 되지 않아 몹시 마음이 쓰이고 애가 탄다는 관용 표현.

콧구멍 같은 집에 밑구멍 같은 나그네[사돈이] 온다

가뜩이나 작은 집에 대접해야 할 손님까지 온다는 뜻으로, 몹시 가난하고 비좁은 집에 달갑지 않은 손님이 찾아오는 것을 빗대어 이르는 말.

콧구멍 둘 마련하기가 다행이라
콧구멍이 둘이니 숨을 쉬지

콧구멍이 둘이니 하나가 막혀도 숨을 쉴 수 있다는 뜻으로, 몹시 답답하거나 너무 기막힐 때 숨이라도 쉬는 게 다행이라고 빗대어 이르는 말.

콧구멍에 낀 대추씨

1. 콧구멍 안에 들어갈 만큼 작은 대추씨만 하다는 뜻으로, 매우 작고 보잘것없는 물건을 빗대어 이르는 말. 2. 콧구멍에 꽉 끼어 빠지지 않는 대추씨처럼 몹시 답답하고 안타까운 존재를 빗대어 이르는 말.

콧대에 바늘 세울 만큼 골이 진다

몹시 불쾌하거나 못마땅해서 눈살을 잔뜩 찡그린 모습을 빗대어 이르는 말.

콧등에 파리가 앉아도 혓바닥으로 쫓는다

손발을 까딱하기 싫어하는 아주 게으른 사람을 비꼬아 이르는 말.

콩 가지고 두부 만든대도 곧이 안 듣는다

1. 아무리 사실대로 말해도 믿지 않음을 빗대어 이르는 말. 2. 옳은 말도 거짓말을 잘하는 사람이 하면 잘 믿기 어려움을 빗대어 이르는 말.

같은 속담 소금으로 장을 담근다 해도 곧이듣지 않는다 • 찹쌀로 찰떡을 친대도 곧이 듣지 않는다 • 콩으로 메주를 쑨다 하여도 곧이듣지 않는다

ㅋ

콩과 보리도 분간하지 못한다

1. 누구나 알 수 있는 것도 가리지 못할 만큼 어리석고 못난 사람을 빗대어 이르는 말. 2. 콩과 보리도 헷갈릴 만큼 살림을 통 모르는 것을 빗대어 이르는 말.

콩 꽃에 물방울이 달려야 콩 풍년이 든다
콩 꽃 필 때 가물면 콩 농사는 반농사다

콩 꽃이 필 무렵에 비가 와야 열매가 잘 맺힌다고 일러 오던 말.

콩나물 박히듯

시루에 콩나물이 빽빽하듯이, 어떤 것이 빽빽이 들어차거나 촘촘히 박힌 모양을 이르는 관용 표현.

읽을거리 콩나물을 먹는 곳은 온 세계에서 우리나라뿐이야. 옛날에는 살림살이가 넉넉하지 못하고 음식을 사 먹는 일이 드물어서, 일 년 내내 두고 먹을 수 있는 콩을 많이 길렀어. 그래서 콩으로 만든 먹을거리가 많은데 콩나물도 그 가운데 하나야. 콩나물은 주로 집에서 길렀어. 시루에 콩을 넣고 보자기를 씌워 물을 주면 콩이 콩나물로 자라지. 콩나물무침, 콩나물국, 콩나물밥을 해 먹고 해물찜이나 매운탕 같은 음식에 맛을 내기 위해 넣어. 콩나물은 콩보다 비타민이 더 많은 먹을거리야.

콩나물에 낫걸이

콩나물을 낫으로 친다는 뜻으로, 작은 일에 터무니없이 큰 대책을 세우는 격에 맞지 않는 일을 비웃어 이르는 말.

콩 날 데 콩 나고 팥 날 데 팥 난다

1. 타고난 바탕이나 본질은 바뀌지 않는다고 빗대어 이르는 말. 2. 모든 일은 근본이나 원인에 따라 그에 걸맞은 결과가 나온다는 말.

같은 속담 가시나무에 가시가 난다 • 대 끝에서 대가 나고 싸리 끝에서 싸리가 난다 • 대 뿌리에서 대가 난다 • 배나무에 배 열리지 감 안 열린다 • 오이 덩굴에 오이 열리고 가지 나무에 가지 열린다 • 왕대밭에 왕대 난다 • 외 덩굴에 가지 열릴까[달릴까] • 외 심은 데 콩 나랴 • 조 심은 데 조 나고 콩 심은 데 콩 난다 • 콩 심은 데 콩 나고 팥[조] 심은 데 팥[조] 난다 • 팥을 심으면 팥이 나오고 콩을 심으면 콩이 나온다 • 호랑이가 호랑이를 낳고 개가 개를 낳는다

콩 났네 팥 났네 한다

콩싹이나 팥싹이나 차이가 없는 것을 따지느라 다툰다는 뜻으로, 비슷한 것들 가운데에서 굳이 낫고 못함이나 잘잘못을 가리려 함을 빗대어 이르는 말.

같은 속담 내 콩이 크니 네 콩이 크니 한다 • 네 콩이 크니 내 콩이 크니 한다 • 참깨가 기니 짧으니 한다 • 참새가 기니 짧으니 한다 • 콩이야 팥이야 한다

콩도 닷 말, 팥도 닷 말

1. 어떤 것을 치우침 없이 똑같이 고르게 나누어 주는 경우를 빗대어 이르는 말.
2. 여기나 저기나 또는 이러거나 저러거나 다 마찬가지라는 말.

ㅋ

콩떡같이 말해도 찰떡같이 알아듣다

자세히 설명하지 않아도, 잘못 설명해도 어떤 말인지 알아들음을 빗대어 이르는 말.

콩 반 알도 남의 몫 지어 있다

콩알 반쪽도 누군가의 몫이라는 뜻으로, 1. 아무리 보잘것없고 작은 물건이라도 다 주인이 있다는 말. 2. 하찮은 것이라도 남의 것을 탐내지 말라는 말.

콩밭에 가서 두부 찾는다

콩을 갈아 간수를 쳐서 만드는 두부를 콩밭에서 찾는다는 뜻으로, 모든 일에는 차례가 있는데 성질이 급하여 지나치게 헤덤비는 경우에 비웃어 이르는 말.

같은 속담 급하기는 우물에 가 숭늉 달라겠다 • 돼지 꼬리 잡고 순대 달란다 • 메밀밭에 가서 국수를 달라겠다 • 보리밭에 가 숭늉 찾는다 • 싸전에 가서 밥 달라 한다 • 우물에 가 숭늉 찾는다 • 타작마당에 가서 숭늉 찾겠다

콩밭에 소 풀어놓고도 할 말이 있다

남의 콩밭에 소를 풀어놓아 다 망쳐 놓고도 구실을 댄다는 뜻으로, 잘못을 저지르고도 온갖 핑계와 구실을 줄줄 늘어놓는 것을 빗대어 이르는 말.

콩 볶아 먹다가 가마솥 깨뜨린다[터뜨린다]

콩 볶아 먹는 작은 재미에 빠져 그만 가마솥을 깨뜨린다는 뜻으로, 작은 재미나 이익을 보려다가 큰일을 저지르는 경우를 빗대어 이르는 말.

콩 볶아 재미 낸다

무슨 일을 하여 아기자기하게 재미를 보는 것을 빗대어 이르는 말.

콩 본 당나귀같이[하늘소] 흥흥한다

당나귀가 콩을 보면 좋아서 흥흥거린다는 뜻으로, 눈앞에 맛있거나 좋은 것을 두고 몹시 기뻐하는 모양을 빗대어 이르는 말.

낱말 풀이 **하늘소** 북녘에서, '당나귀'를 이르는 말. **흥흥한다** 잇따라 코를 세게 풀거나 콧김을 불다.

콩 실은 당나귀가 우쭐대면 껍질 실은 당나귀도 우쭐댄다

남은 자랑거리가 있어서 우쭐대는데 자기는 내세울 것 하나 없으면서 덩달아 뽐내는 것을 비웃어 이르는 말.

콩 심어라 팥 심어라 한다

콩이든 팥이든 알아서 심을 것을 옆에서 자꾸 끼어들어 말한다는 뜻으로, 남의 대수롭지 않은 일에 지나치게 이래라저래라 하는 것을 빗대어 이르는 말.

콩 심은 데 콩 나고 팥[조] 심은 데 팥[조] 난다
콩에서 콩 나고 팥에서 팥 난다

'콩 날 데 콩 나고 팥 날 데 팥 난다'와 같은 속담.

콩으로 메주를 쑨다 하여도 곧이듣지 않는다
콩으로 메주를 쑨다 해도 안 믿는다

'콩 가지고 두부 만든대도 곧이 안 듣는다'와 같은 속담.

콩을 팥이라고 우긴다

서로 다른 콩과 팥을 같다고 우긴다는 뜻으로, 사실과 다른 주장을 막무가내로 내세우거나 생억지를 부림을 빗대어 이르는 말.

같은 속담 밥을 죽이라고 우긴다

콩을 팥이라 하여도 곧이듣는다

1. 콩을 팥이라고 해도 무작정 믿는다는 뜻으로, 남이 하는 말을 곧이곧대로 잘 믿는 것을 빗대어 이르는 말. 2. 콩인지 팥인지도 모를 만큼 모자라고 어리숙함을 빗대어 이르는 말.

콩이야 팥이야 한다

'콩 났네 팥 났네 한다'와 같은 속담.

콩죽은 내가 먹고 배는 남이 앓는다

먹은 사람은 따로 있는데 엉뚱한 이가 배앓이를 한다는 뜻으로, 나쁜 짓은 제가 했는데 그 벌이나 화는 생뚱맞게 아무 관계도 없는 남이 당하는 경우를 빗대어 이르는 말.

같은 속담 김 씨가 먹고 이 씨가 취한다

낱말 풀이 **콩죽** 불린 콩을 갈아서 쌀과 함께 끓인 죽. 콩죽은 팥죽이나 녹두죽보다 덜 쑤어 먹지만, 단백질이 많아서 입맛이 떨어지는 봄철에 많이 쑤어 먹었다.

크고 단 참외라

참외는 흔히 작아야 맛이 좋은데 크고 달면 더욱 좋다는 뜻으로, 겉보기도 좋고 실속도 있어 마음에 드는 물건을 빗대어 이르는 말.

크고 단 참외 없다

모든 조건을 고루 다 갖추기란 어려움을 빗대어 이르는 말.

크고 작은 것은 대봐야 안다

크고 작고, 길고 짧고, 좋고 나쁘고는 말로 해서는 모르고 실제로 견주어 보거나 겪어 보아야 알 수 있다는 말.

같은 속담 길고 짧은 것은 대어[재] 보아야 안다 • 내 말이 좋으니 네 말이 좋으니 하여도 달려 보아야 안다

큰 고기는 깊은 물속에 있다

1. 깊은 물속에 들어가야 큰 고기를 볼 수 있다는 뜻으로, 훌륭한 인물은 사람들 속에 섞여 있어 잘 드러나지 않는다고 빗대어 이르는 말. 2. 큰 인물은 활동 무대가 크고 넓은 곳에서 살 수 있다고 빗대어 이르는 말.

큰 고기는 중간 고기를 먹고 중간 고기는 작은 고기를 먹는다

힘센 동물이 자기보다 더 작고 약한 동물을 잡아먹듯이, 힘센 사람이 약한 사람을 억누르며 사는 것을 빗대어 이르는 말.

큰 고기를 낚기 위하여 작은 미끼를 아끼지 말라

큰 고기를 잡으려면 미끼를 듬뿍 써야 한다는 뜻으로, 큰일을 이루려면 아낌없이 베풀거나 작은 것쯤은 기꺼이 버려야 함을 빗대어 이르는 말.

큰 도적이 좀도적 잡는 시늉 한다

큰 도적질을 한 자가 자기를 감추려고 좀도적을 잡는 척한다는 뜻으로, 권세를 가진 사람이 자기는 백성들을 쥐어짜 닥치는 대로 재물을 긁어모으면서도 아랫사람의 잘못은 엄하게 다스리겠다고 나서는 것을 비꼬아 이르는 말.

큰 둑[방죽]도 개미구멍으로 무너진다

개미구멍만 한 작은 틈으로 둑이 무너져 내린다는 뜻으로, 1. 작은 흠이나 실수를 제때 바로잡지 않으면 나중에 큰 문제를 일으킬 수 있으니 조심하라는 말. 2. 작은 힘으로도 얼마든지 큰일을 이루거나 막을 수 있음을 빗대어 이르는 말.

같은 속담 개미구멍으로 공든 탑 무너진다 • 공든 탑도 개미구멍으로 무너진다 • 모래 구멍에 동뚝 터진다

큰 말이 나가면 작은 말이 큰 말 노릇 한다

큰 말이 없으면 작은 말이 대신 일한다는 뜻으로, 1. 윗사람이 없으면 아랫사람이 대신하여 일을 맡아보는 것을 빗대어 이르는 말. 2. 힘이나 경험이 적어도 맡겨 놓으면 다 제구실을 함을 빗대어 이르는 말.

같은 속담 큰 소가 나가면 송아지가 가대기 끈다

큰무당이 있으면 작은 무당은 춤을 안 춘다

자기보다 윗사람이나 재주가 나은 사람이 있으면 앞에 나서기 꺼려진다는 말.

큰물에 큰 고기 논다

활동 무대가 크고 넓은 곳이라야 큰 고기도 살 수 있다는 뜻으로, 활동하는 무대가 커야 통이 큰 사람도 모이고 더 클 수도 있음을 빗대어 이르는 말.

큰 바람 뒤에는 고요하다

큰일을 치른 뒤에는 들끓던 분위기가 가라앉고 자잘한 다른 일도 조용해지는 것을 빗대어 이르는 말.

큰 벙거지 귀 짐작

벙거지가 아무리 커도 귀에는 걸리니 쓸 수 있다는 뜻으로, 대충 어림짐작으로 한 것이 맞아떨어진 경우를 빗대어 이르는 말.

같은 속담 짐작이 팔십 리

낱말 풀이 **벙거지** 조선 시대에, 군인이 쓰던 갓처럼 생긴 모자.

벙거지

큰북에서 큰 소리가 난다

북이 크면 클수록 큰 소리가 난다는 뜻으로, 크고 훌륭한 바탕에서 더 좋은 것이 생김을 빗대어 이르는 말.

큰 산 넘어 평지 본다

크고 높은 산을 넘으면 평평하고 넓은 들이 나온다는 뜻으로, 온갖 고생을 이겨 내면 즐겁고 좋은 날이 온다고 빗대어 이르는 말.

큰 산이 평지 된다

큰 산이 판판한 땅이 되었다는 뜻으로, 1. 자연이나 사회가 몰라보게 바뀜을 빗대어 이르는 말. 2. 세상 모든 것이 덧없이 바뀐다는 말.

같은 속담 태산이 평지 된다

큰 소가 나가면 송아지가 가대기 끈다
큰 소가 나가면 작은 소가 큰 소 노릇 한다

'큰 말이 나가면 작은 말이 큰 말 노릇 한다'와 같은 속담.

낱말 풀이 **가대기** 밭을 가는 농기구.

큰 소 잃고 송아지도 잃고

크고 작게 거듭해서 손해를 보았다는 말.

큰 소 큰 소 하며 꼴 아니[안] 준다

1. 말로는 큰 소가 귀하다고 하면서 꼴은 작은 소만 준다는 뜻으로, 아이들만 돌보고 어른들은 잘 대접하지 않는 것을 빗대어 이르는 말. 2. 말로는 위하는 척하면서 실제로는 푸대접하는 것을 빗대어 이르는 말.

ㅋ

큰 쌀독 열어 놓고 손님 대접한다

쌀독을 아예 열어 놓고 손님을 맞는다는 뜻으로, 후하게 인심을 쓴다는 말.

큰일이면 작은 일로 두 번 치러라

큰일을 한 번에 치르기보다 작은 일로 두 번 치르는 게 더 낫다는 뜻으로, 무슨 일이든 한꺼번에 하기보다는 차례차례 나누어 하는 편이 더 쉽다는 말.

큰 집 무너지는 데 기둥 하나도 버티지 못한다

집이 무너지는 데 버팀목 하나로 막지 못한다는 뜻으로, 나라가 망하거나 큰 것이 무너질 때에는 작은 힘으로 막기 어려움을 빗대어 이르는 말.

큰 집이 기울어도 삼 년 간다

본디 부자이던 사람은 다 망했다 하더라도 얼마 동안은 그럭저럭 먹고살 수 있다는 말.

같은 속담 부자는 망해도 삼 년 먹을 것이 있다 • 부잣집이 망해도 삼 년을 간다

큰집 잔치에 작은집 돼지 잡는다

남에게 매여 있어 엉뚱한 일에 억울하게 얽히거나 많은 재물을 쓰게 되는 경우를 빗대어 이르는 말.

큰 호박은 얻어먹고 작은 후추알은 사 먹는다

1. 물건의 크기로 가치를 정할 수 없다는 말. 2. 흔한 것은 얻어먹을 수 있지만 귀한 것은 사 먹을 수밖에 없다는 말.

키는 작아도 담은 크다

덩치는 작아도 배짱 좋고 용감한 사람을 칭찬하여 이르는 말.

키 장수네 집에 헌 키

키를 파는 장수도 집에서는 새 키를 안 쓴다는 뜻으로, 알뜰하게 산다는 말.

읽을거리 키는 곡식 따위를 까불러 쭉정이나 티끌을 골라내는 도구야. 키에 곡식을 담고 위아래로 흔들

키

면 가벼운 것은 날아가거나 앞에 남고, 무거운 것은 뒤로 모이는데 이것을 '키질'이라고 해. 옛날에는 오줌을 못 가리는 아이한테 키를 씌워 이웃집으로 소금을 얻으러 보냈어. 그러면 이웃집에서는 소금을 뿌리고 키를 두드리면서 '다시는 오줌 싸지 마라' 하고 소리쳤지. 그러면 오줌 싸는 버릇이 고쳐진다고 믿었기 때문이야.

키 크고 묽지 않은 놈 없다
키 크고 속 없다
키 크고 싱겁지 않은 사람 없다

키가 크면 대체로 실없는 사람이 많다는 뜻으로, 허우대만 멀쑥하고 속은 야무지지 못한 것을 빗대어 이르는 말.

낱말 풀이 **묽다** 1. 죽, 반죽, 물감, 약 따위에 물이 지나치게 많다. 2. 사람이 야무진 데가 없이 마음이 여리고 힘이 약하다.

키 크면 속이 없고 키 작으면 자발없다[대가 없다]

키 큰 사람은 실없고 싱거우며 키 작은 사람은 가볍고 참을성이 없다는 말.

낱말 풀이 **자발없다** 행동이 가볍고 참을성이 없다.

키 큰 놈의 집에서 내려 먹을 것 없다

키 큰 사람은 높은 곳에 놓인 물건을 잘 내릴 수 있는데 집 안에 내려서 먹을 만한 것이 아무것도 없다는 뜻으로, 남과 달리 유리한 몸을 가지고 있는데도 그것을 써먹을 형편이 되지 못함을 빗대어 이르는 말.

키 큰 암소 똥 누듯 (한다)

덩치 큰 암소가 편하게 똥을 누듯, 1. 어떤 일을 힘들이지 않고 쉽게 해 나감을 빗대어 이르는 말. 2. 하는 짓이 몹시 어설퍼 보일 때 놀리어 이르는 말.

같은 속담 누운 소 똥 누듯 한다

ㅌ

타고난 복은 남 못 준다

물건은 남에게 줄 수 있지만 타고난 복은 남에게 줄 수 없다는 뜻으로, 하는 일마다 자기 뜻대로 척척 잘되어 가는 경우에 빗대어 이르는 말.

타고난 재주 사람마다 하나씩은 있다

사람은 누구나 재주 한 가지씩은 가지고 있다는 뜻으로, 재주 하나만 있으면 먹고살 수 있다는 말.

타고난 팔자

사람마다 태어나서 죽을 때까지 영향을 미치는 좋거나 나쁜 운수를 이르는 말.

낱말 풀이 **팔자** 태어난 해, 달, 날, 시간에 따라 정해진 운수.

타고난 팔자는 죽는 날까지 떼어 놓지 못한다

정해진 운명을 벗어날 수 없다는 말.

타관에 섰어도 고향 나무

고향나무는 타향에 있어도 고향 나무라고 말장난으로 이르는 말.

낱말 풀이 **고향나무** '회양목'의 다른 이름. **타관** 자기가 태어난 곳이 아닌 곳. =타향.

타는 닭이 꼬꼬 하고 그슬린 돝이 달음질한다

아무 일도 없을 거라고 믿고 있던 일도 뜻밖에 그르칠 수 있으니 언제나 마음을 놓지 말고 조심하라는 말.

타는 불에 부채질한다[기름 끼얹는다]

타는 불을 끄기는커녕 오히려 기름을 더 붓는다는 뜻으로, 남의 불행을 더욱 부추기거나 성난 사람을 약 올려서 더욱 성나게 하는 것을 빗대어 이르는 말.

같은 속담 끓는 국에 국자 누르기[휘젓는다] • 불난 데 풀무질[부채질]한다 • 불붙는 데 키질하기[부채질하기]

타작마당에 가서 숭늉 찾겠다

낟알을 거두는 데 가서 숭늉을 찾는다는 뜻으로, 모든 일에는 차례가 있는데 성질이 급하여 지나치게 헤덤비는 경우에 비웃어 이르는 말.

같은 속담 급하기는 우물에 가 숭늉 달라겠다 • 돼지 꼬리 잡고 순대 달란다 • 메밀밭에 가서 국수를 달라겠다 • 보리밭에 가 숭늉 찾는다 • 싸전에 가서 밥 달라 한다 • 우물에 가 숭늉 찾는다 • 콩밭에 가서 두부 찾는다

읽을거리 숭늉은 누룽지에 물을 붓고 한소끔 끓인 거야. 솥에 눌어붙은 밥이 누룽지, 누룽지에 물을 부어 끓인 밥이 누룽지밥이고, 그 국물이 숭늉인 거지. 옛날에는 일부러 밥을 눌려서 누룽지를 만들어 먹기도 했어. 밥으로도 먹고, 간식으로도 먹었지. 옛날 어른들은 밥을 먹고 난 뒤에 숭늉을 마시거나 숭늉에 밥을 말아 먹어야 식사가 끝났다고 여겼지.

낱말 풀이 **타작마당** 익은 곡식을 떨어 알곡을 거두는 마당.

ㅌ

탐관의 밑은 안반 같고 염관의 밑은 송곳 같다

백성의 재물을 빼앗는 관리는 엉덩이에 살이 쪄서 안반 같고 욕심 없는 관리는 엉덩이에 살이 빠져 송곳 같다는 뜻으로, 탐관은 재산을 모으고 청렴한 벼슬아치는 가난하게 지낸다는 말.

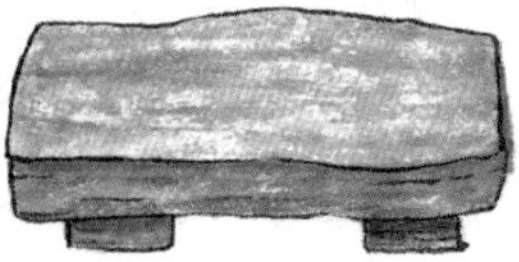

안반

낱말 풀이 **밑** =엉덩이. **안반** 떡을 칠 때 밑에 받치는 두껍고 넓은 나무 판. =떡판. **염관** 성품과 행실이 높고 허튼 욕심이 없는 벼슬아치. **탐관** 백성들의 재물을 빼앗는 못된 벼슬아치.

탕약에 감초 빠질까

달여 마시는 한약에는 감초가 꼭 들어간다는 뜻으로, 여기저기 아무 데나 빠지는 일 없이 꼭 끼어드는 사람을 놀리어 이르는 말.

태산을 넘으면[넘어야] 평지를 본다

큰 산을 넘으면 펀펀한 땅이 나온다는 뜻으로, 힘들고 어려운 고비를 이겨 내면 마침내 즐겁고 좋은 일이 생긴다는 말.

같은 속담 고생 끝에 낙이 온다[있다]

태산이 평지 된다

큰 산이 판판한 땅이 되었다는 뜻으로, 1. 자연이나 사회가 몰라보게 바뀜을 빗대어 이르는 말. 2. 세상 모든 것이 덧없이 바뀐다는 말.

같은 속담 큰 산이 평지 된다

터를 닦아야 집을 짓지[짓는다]

터를 닦은 뒤에야 주춧돌과 기둥을 세우고 집을 지을 수 있다는 뜻으로, 기초를 잘 닦아야 그다음 일을 할 수 있음을 빗대어 이르는 말.

터주에 놓고 조왕에 놓고 나면 아무것도 없다

젯밥을 집터 신과 부엌 신에게 나누어 바치고 나면 아무것도 남는 것이 없다는 뜻으로, 많지 않은 것을 여기저기 나누어 주고 나면 남는 것이 없다는 말.

같은 속담 시형님 잡숫고 조왕님 잡숫고 이제는 먹어 보랄 게 없다

읽을거리 터주는 집터를 지키는 신이야. 가신, 지신, 터줏대감으로도 불렸어. 터주신이 집안의 평안과 집터의 안전을 돌본다고 믿어서 해마다 가을걷이가 끝나면 햇곡식을 항아리 속에 넣고 짚가리를 씌운 뒤, 집 뒤뜰이나 장독대 근처에 모셨지. 조

왕은 부엌을 지키는 신이야. 늘 부엌에 있으면서 집안의 좋은 일, 나쁜 일, 식구들의 건강을 돌본다고 믿었어. 불을 다스리는 신이라고도 여겨서 불씨를 안 꺼뜨리려고 온갖 정성을 쏟았어. 불씨를 꺼뜨리면 집안이 망한다고 생각했거든. 그리고 솥과 솥뚜껑, 부뚜막과 아궁이도 조왕의 몸처럼 모셨지. 집안 살림을 맡은 안주인이 이른 새벽에 일어나 우물물을 떠서 조왕에게 올렸는데, 그 물을 '정화수'라고 해.

터주에 붙이고 조왕에 붙인다

부적을 써서 터주에도 붙이고 조왕에도 붙인다는 뜻으로, 여기에도 저기에도 빠지면 안 될 것 같아 무엇을 찢어서 사방에 갈라 붙이는 것을 빗대어 이르는 말.

터진 꽈리 보듯 한다

터진 꽈리는 더는 제 구실을 할 수 없어 쓸모없는 것으로 본다는 뜻으로, 사람이나 물건을 아주 쓸모없는 것으로 여겨 중요시하지 않음을 빗대어 이르는 말.

읽을거리 꽈리는 집 둘레에 많이 심어 기르는 여러해살이풀이야. 가을에 빨갛게 꽈리 열매가 익으면 꽈리를 불며 놀았어. 씨앗을 뺀 열매껍질을 입에 물고 공기를 불어 넣은 다음에 혀와 이로 살짝 물면 꽉꽉 소리가 나. 꽈리를 잘 불면 노래를 잘 부른다는 말이 있어서 옛날에는 어린이들이 너도나도 꽈리를 즐겨 불었어.

터진 방앗공이에 보리알 끼듯 하였다

1. 좁은 곳에 무엇이 잔뜩 들어찬 모양을 빗대어 이르는 말. 2. 버리자니 아깝고 파내자니 품이 들어 할 수 없이 내버려둘 수밖에 없음을 빗대어 이르는 말. 3. 성가신 방해물이 끼어든 경우를 빗대어 이르는 말.

터진 팥 자루 같다

기분이 좋아 입을 다물지 못하는 모양을 빗대어 이르는 말.

털 떨어지는 줄 모른다

어떤 일에 정신없이 빠져서 다른 것이 어떻게 되는지 모르는 경우를 이르는 말.

털 떨어진 개 지리산 쳐다보듯[바라보듯]
털 짧은 개 겻섬 넘겨다보듯

무엇이 생길까 하여 괜히 바라보기만 하는 사람을 놀리어 이르는 말.

같은 속담 주인 기다리는 개가 지리산만 바라본다

털 떨어진 광대

털이 떨어진 탈 때문에 광대 노릇을 못하게 되었다는 뜻으로, 제힘으로는 이러지도 저러지도 못하는 처지에 빠졌거나 믿고 기댈 곳이 없어 꼼짝 못 하게 된 경우에 빗대어 이르는 말.

같은 속담 광대 끈 떨어졌다 • 끈 떨어진 뒤웅박[갓/둥우리/망석중이]

털도 내리쓸어야 빛이 난다

짐승의 털은 내리쓸면 가지런해지고 반들반들 윤기가 나지만 치쓸면 꺼칠하여 아무 빛도 나지 않는다는 뜻으로, 모든 물건은 제대로 가꾸고 다루어야 비로소 가치가 드러난다는 말.

털도 아니 난 것이 날기부터 하려 한다

털도 안 난 어린 새가 날려고 한다는 뜻으로, 쉬운 일도 해내지 못하면서 반드시 거쳐야 할 차례를 건너뛰고 어려운 것을 해 보겠다고 헤덤비는 짓을 비웃어 이르는 말.

같은 속담 걷기도 전에 뛰려고 한다 • 기기도 전에 날기부터 하려 한다 • 푸둥지도 안 난 것이 날려고 한다

털도 안 뜯고 먹겠다 한다

1. 사리와 순서를 어기고 제 욕심만 채우려 조급히 서두르는 행동을 빗대어 이르는 말. 2. 남의 것을 통째로 삼키려고 하는 짓을 빗대어 이르는 말.

털도 없이 부얼부얼한 체한다

털도 없으면서 복스럽게 생긴 체한다는 뜻으로, 귀엽지도 않은 것이 귀염을 받으려고 아양을 떠는 꼴을 비웃어 이르는 말.

낱말 풀이 **부얼부얼하다** 살이 찌거나 털이 복슬복슬하여 탐스럽고 복스럽다.

털 뜯은 꿩
털 벗은 솔개

앙상하고 볼품없는 꼴을 빗대어 이르는 말.

털 뽑아 제 구멍 메우기

뽑은 털을 제 구멍에 도로 꽂을 만큼 꽉 막히고 고지식함을 빗대어 이르는 말.

같은 속담 제 털 뽑아 제 구멍에 박기

ㅌ

털어서 먼지 안 나는 사람[옷] 없다

아무리 깨끗한 옷이라도 털면 먼지가 나오듯이, 흠을 찾으려고 뜯어보면 허물이 없는 사람이 없음을 빗대어 이르는 말.

털을 뽑아 신을 삼겠다

자기 머리털을 뽑아 짚신을 만들겠다는 뜻으로, 온 정성을 다하여 은혜를 꼭 갚겠다고 맹세하는 말.

털토시를 끼고 게 구멍을 쑤셔도 제 재미라

귀한 털토시를 끼고 진흙 펄에 난 게 구멍을 쑤셔도 제가 재미있어 하는 일인데 누가 말릴 수 있겠느냐는 뜻으로, 누가 무슨 짓을 하든지 제가 하고 싶어 하는 일이니 남이 상관할 바가 아니라는 말.

낱말 풀이 **털토시** 추위를 막기 위하여 안에 털을 대고 만든 토시. 팔뚝에 낀다.

토끼가 제 방귀에 놀란다

토끼가 제가 뀐 방귀 소리에 놀란다는 뜻으로, 1. 남몰래 저지른 일에 스스로 겁을 먹고 대수롭지 않은 일에도 깜짝깜짝 놀라는 꼴을 빗대어 이르는 말. 2. 하는 짓이나 말이 가볍고 방정맞은 경우에 빗대어 이르는 말.

같은 속담 노루가 제 방귀에 놀라듯

읽을거리 토끼는 열두 띠 가운데 네 번째 동물이야. 새해 첫 달 열두 동물의 날에는 여러 풍습이 전해 내려오고 있어. 토끼날에는 칼질이나 가위질, 쟁기질 따위를 하지 않았어. 토끼가 곡식을 갉아 먹거나 짐승들이 밭농사에 해코지를 할 거라고 여겨서야. 또 바닷가 마을에서는 토끼가 방정맞은 짐승이라 보아 고기잡이를 하러 가지 않았대. 하지만 토끼는 털이 많은 짐승이라 토끼날이 일찍 돌아오면 그해 목화 농사는 풍년이 든다고도 했지.

토끼도 세 굴을 판다

토끼는 굴을 팔 때 달아날 구멍을 세 개나 판다는 뜻으로, 무슨 일이든 안전을 위하여 미리 여러 가지 방도나 살길을 마련해 놓아야 한다는 말.

토끼 둘을 잡으려다가 하나도 못 잡는다

여러 가지를 한꺼번에 이루려고 욕심을 부리다 보면 어느 하나도 성공하지 못한다고 빗대어 이르는 말.

토끼를 다 잡으면 사냥개를 삶는다
토끼 잡은 다음에는 개마저 잡는다

토끼 사냥이 끝나면 사냥개는 쓸모없다고 삶아 먹는다는 뜻으로, 필요할 때는 소중히 여기던 것도 필요없게 되면 푸대접하거나 없애 버림을 이르는 말.

읽을거리 옛날 중국 월나라에 구천이라는 왕이 있었어. 구천은 왕이 되자 전쟁에서 큰 공을 세운 범려와 문종에게 높은 벼슬을 내렸어. 그런데 범려는 왕을 믿을 수 없다며 다른 나라로 도망가 숨고, 친구 문종이 걱정되어 편지를 썼어. 사냥꾼이 토끼를 잡으면 사냥에 데리고 갔던 개를 잡아먹게 마련이니 얼른 몸을 피하라고 말이야. 하지만 문종은 떠나기를 주저하다가 결국은 왕에게 의심을 받고 스스로 목숨을 끊고 말았어. 자기한테 필요할 때는 데려다 쓰고, 쓸모가 없어지면 푸대접하거나 헌신짝처럼 버릴 때 빗대어 쓰는 말이야. 한자말로는 '토사구팽(兔死狗烹)'이라고 해.

토끼 북한산에 다녀온 셈

북한산에 다녀왔다는 토끼가 북한산에 대해 아무것도 모른다는 뜻으로, 급히 지나치면서 보아 무엇을 봤는지 잘 모르는 경우를 빗대어 이르는 말.

토끼 입에 콩가루 먹은 것 같다

무엇을 먹은 흔적이 입가에 남아 있는 사람을 놀리어 이르는 말.

토끼 죽으니 여우 슬퍼한다

1. 같은 처지에 있는 사람들끼리 서로 딱하게 여기고 괴로움과 슬픔, 어려운 일들을 함께 나누는 것을 빗대어 이르는 말. 2. 토끼의 죽음을 여우가 슬퍼할 리 없다는 뜻으로, 턱도 없는 결과를 기대하는 사람을 비웃어 이르는 말.

같은 속담 난초 불붙으니 혜초 탄식한다 • 소나무가 말라 죽으면 잣나무가 슬퍼한다 • 여우가 죽으니까 토끼가 슬퍼한다

ㅌ

토막나무 끈 자국과 같다
토막나무 끈 자국 지우지 못한다

토막 난 나무를 땅에 끌어서 생긴 자국은 안 지워지듯이, 어떤 흔적이나 자취가 뚜렷하면 지울 수도 숨길 수도 없음을 빗대어 이르는 말.

토막나무에 낫걸이

아무리 토막 난 나무라도 곡식이나 풀을 베는 낫으로는 벨 수 없다는 뜻으로, 도저히 당해 낼 수 없는 상대에게 주제넘게 덤벼드는 것을 빗대어 이르는 말.

같은 속담 개미가 정자나무 건드린다 • 대부등에 곁낫질이라[낫걸이라] • 장나무에 낫걸이 • 참나무에 곁낫걸이

통째로 삼켜도 비린내가[비린내도] 안 나겠다

통째로 몽땅 삼켜도 비린내 하나 안 나겠다는 뜻으로, 몹시 탐이 나도록 예쁘고 사랑스러운 사람을 빗대어 이르는 말.

틈 난 돌이 터지고 태 먹은 독이 깨진다

틈 난 돌이나 금이 간 독이 깨진다는 뜻으로, 본디 흠이나 약점이 있던 것은 끝내 일을 그르치게 한다고 빗대어 이르는 말.

낱말 풀이 **태** 그릇의 깨진 금.

티끌 모아 태산[큰 산]

티끌도 많이 모으면 큰 산을 이룰 수 있다는 뜻으로, 아무리 작은 것이라도 모이고 모이면 큰 덩어리가 된다고 빗대어 이르는 말.

같은 속담 먼지도 쌓이면 큰 산이 된다 • 모래알도 모으면 산이 된다 • 실도랑 모여 대동강이 된다

티끌 속의 구슬

티끌 속에 묻혀 빛을 발하지 못하는 구슬이라는 뜻으로, 세상에 알려지지 못한 인재나 재능 따위를 빗대어 이르는 말.

티를 불고 가시를 물어 낸다

남의 흠을 잘 들추어내거나 일부러 들추어내려고 애쓰는 사람을 빗대는 말.

낱말 풀이 **가시** 남을 욕하거나 불편하게 하는 말을 빗대어 이르는 말. **티** 아주 작은 흠.

ㅌ

ㅍ

파고 세운 장나무

물건을 받치거나 버티는 데 쓰는 장나무는 땅을 깊이 파고 세우면 한층 더 튼튼하다는 뜻으로, 사람이나 일이 든든하여 믿음직한 경우를 빗대어 이르는 말.

파리똥도 똥이다
파리똥은 똥이 아니랴

얼마쯤 차이는 있더라도 본질은 다 같다는 말.

같은 속담 강아지 똥은 똥이 아닌가

파리 본 두꺼비

마음에 드는 물건을 보고 너무 좋아서 어쩔 줄 몰라 하는 꼴을 빗대어 이르는 말.

파리한 강아지 꽁지 치레하듯

몸은 바짝 말라 앙상한 강아지가 꽁지만 꾸민다는 뜻으로, 본바탕이 좋지 않은 것은 헤아리지 않고 어느 한 부분만 요란하게 꾸미는 어리석은 행동을 빗대어 이르는 말.

낱말 풀이 **치레하다** 1. 잘 손질하여 모양을 내다. 2. 내용보다 겉을 더 좋게 꾸미어 드러내다. **파리하다** 몸이 마르고 핏기가 전혀 없다.

파리한 돼지 두부 앗는 날

여윈 돼지가 두부 만드는 날에 비지를 먹게 되어 좋아한다는 뜻으로, 1. 자기가 즐기는 음식이라고 염치없이 덤벼들어 배를 채우는 사람을 비꼬아 이르는 말.

2. 무엇을 게걸스럽게 먹으며 무척 기뻐하는 모양을 빗대어 이르는 말.

낱말 풀이 **앗다** 두부나 묵 따위를 만들다.

파리 한 섬을 다 먹었다 해도 실제로 먹지 않았으면 그만

남이 온갖 험담을 다 하더라도 자기가 실제로 그런 일을 하지 않았다면 상관할 것도, 신경 쓸 것도 없음을 빗대어 이르는 말.

파방[파장]에 수수엿 장수

과거에 급제한 사람을 발표한다기에 수수엿을 잔뜩 해서 팔려고 찾아왔는데 발표가 취소되어 엿을 팔 수 없게 된 엿장수 신세라는 뜻으로, 기회를 놓쳐서 이제는 별 볼 일 없게 된 사람이나 그런 경우를 빗대어 이르는 말.

낱말 풀이 **파방** 과거에 급제한 사람의 발표를 취소하던 일. **파장** 과거장, 시장 따위가 끝남. 또는 그런 때.

팔 고쳐 주니 다리 부러졌다 한다

1. 체면도 염치도 없이 무리하게 자꾸 요구하는 경우를 빗대어 이르는 말. 2. 사고가 잇따라 일어남을 빗대어 이르는 말.

팔도를 무른 메주 밟듯 한다

메주를 만들 때 삶은 콩을 골고루 밟아 으깨듯이, 우리나라 여러 곳을 구석구석 빠짐없이 두루 돌아다닌다는 말.

같은 속담 메주 밟듯 • 무른 메주 밟듯

팔도에 솥 걸어 놓았다

조선 팔도에 솥을 걸어 두고 밥을 지어 먹는다는 뜻으로, 어디를 가나 얻어먹을 데가 많음을 빗대어 이르는 말.

팔백 금으로 집을 사고 천 금으로 이웃을 산다

이웃은 집보다 더 큰 값을 치르고서라도 산다는 뜻으로, 집을 살 때는 먼저 그 둘레의 이웃이 좋은지 살펴보는 것이 중요하다는 말.

같은 속담 세 닢 주고 집 사고 천 냥 주고 이웃 산다 • 집을 사면 이웃을 본다

팔십 노인도 세 살 먹은 아이한테 배울 것이 있다

남이 하는 말을 신중하게 잘 들으라는 말.

같은 속담 늙은이도 세 살 먹은 아이 말을 귀담아들으랬다 • 세 살 먹은 아이 말도 귀담아들으랬다 • 아이 말도 귀여겨들으랬다 • 어린아이 말도 귀담아들어라 • 업은 아기 말도 귀담아들으랬다

팔이 들이굽지 내굽나
팔이 안으로 굽지 밖으로 굽나

사람의 팔은 안쪽으로만 굽고 바깥쪽으로 굽지 않는다는 뜻으로, 사람은 누구나 자기와 가까운 사람에게 마음이 더 가기 마련이라는 말.

같은 속담 손이 들이굽지 내굽나 • 제 손가락이 안으로 곱힌다[굽힌다]

팔자는 길들이기로 간다

팔자는 자기가 어떻게 길들이냐에 따라 달라진다는 뜻으로, 습관이 천성이 되어 사람의 일생을 좌우한다는 말.

팔자는 독에 들어가서도 못 피한다
팔자 도망은 못 한다

타고난 운명은 바꾸려야 바꿀 수 없다는 말.

같은 속담 제 팔자 개 못 준다

팔준마라도 주인을 못 만나면 삯말로 늙는다

아무리 빠르게 잘 달리는 말이라도 주인을 잘못 만나면 보잘것없는 삯말로 늙어 버리고 만다는 뜻으로, 아무리 힘이나 재능, 기술이 있는 사람이라도 그것을 이끌어 줄 사람을 만나지 못하면 아무런 쓸모가 없게 된다고 빗대어 이르는 말.

낱말 풀이 **삯말** 삯을 주고 빌려 쓰는 말. **팔준마** 중국 주나라 때, 목왕이 아끼던 여덟 마리의 준마.

팥으로 메주를 쑨대도 곧이듣는다
팥을 콩이라 해도 곧이듣는다

메주는 콩으로 쑤는데 팥으로 쑨다고 해도 곧이듣는다는 뜻으로, 남의 말이 옳든 그르든 지나치게 곧이곧대로 믿는 사람을 놀리어 이르는 말.

팥을 심으면 팥이 나오고 콩을 심으면 콩이 나온다

팥 심은 자리에서 팥이 나고 콩 심은 자리에서 콩이 난다는 뜻으로, 모든 일은 근본이나 원인에 따라 그에 걸맞은 결과가 나온다는 말.

같은 속담 가시나무에 가시가 난다 • 대 끝에서 대가 나고 싸리 끝에서 싸리가 난다 • 대 뿌리에서 대가 난다 • 배나무에 배 열리지 감 안 열린다 • 오이 덩굴에 오이 열리고 가지 나무에 가지 열린다 • 왕대밭에 왕대 난다 • 외 덩굴에 가지 열릴까[달릴까] • 외 심은 데 콩 나랴 • 조 심은 데 조 나고 콩 심은 데 콩 난다 • 콩 날 데 콩 나고 팥 날 데 팥 난다 • 콩 심은 데 콩 나고 팥[조] 심은 데 팥[조] 난다 • 호랑이가 호랑이를 낳고 개가 개를 낳는다

팥이 풀어져도 솥 안에 있다

1. 손해를 본 것 같지만 낱낱이 따져 보면 밑지지 않은 경우에 빗대어 이르는 말. 2. 생김새는 달라져도 속에 든 것은 바뀌지 않는 경우를 빗대어 이르는 말.

같은 속담 가마 안의 팥이 풀어져도 그 안에 있다 • 죽이 풀려도[풀어져도] 솥 안에 있다

팥죽 단지에 생쥐 달랑거리듯

생쥐가 팥죽을 훔쳐 먹으려고 부엌을 자꾸 드나든다는 뜻으로, 어느 곳을 매우 자주 드나드는 모양을 빗대어 이르는 말.

같은 속담 다람쥐 도토리 방구리에 드나들듯 • 반찬단지에 고양이 발 드나들듯 • 밤소쿠리에 생쥐 드나들듯 • 풀 방구리에 쥐 드나들듯

읽을거리 팥죽은 붉은팥을 삶아 쌀을 넣고 쑨 죽이야. 동지에 먹는 대표 음식이지. 동지는 한 해 가운데 밤이 가장 길고, 낮이 가장 짧은 날이야. 동지를 지나면서 밤이 차츰차츰 짧아지지. 옛날에는 동지를 작은설이라고 부르며 또 하나의 새해 첫날이라 여겼어. 그래서 이날 팥죽을 먹어야 진짜 한 살을 더 먹는다고 했지. 또 동짓날 팥죽을 쑤어 먹으면 쉽게 늙지 않고 잔병치레도 안 하고 부스럼도 안 난다고 했어. 동짓날에는 팥죽을 먹기 전에 대문이나 장독대에 팥죽을 뿌렸는데, 그러면 귀신도 쫓고 나쁜 일도 막을 수 있다고 믿었기 때문이야.

패는 곡식 이삭 뽑기[빼기]

이삭이 막 나오기 시작하는데 뽑아 버린다는 뜻으로, 남의 잘되어 가는 일을 몹쓸 방법으로 방해하는 것을 빗대어 이르는 말.

같은 속담 다 된 죽에 코 빠졌다[빠뜨린다] • 잘되는 밥 가마에 재를 넣는다 • 잦힌 밥에 흙 퍼붓기

낱말 풀이 **패다** 벼, 보리 따위의 곡식에 이삭이 나오다.

패랭이에 숟가락 꽂고 산다

숟가락 놓아둘 집도 세간도 없어서 패랭이에 숟가락을 꽂고 산다는 뜻으로, 떠돌아다니면서 얻어먹을 정도로 형편이 나쁘거나 가난한 사람을 빗대어 이르던 말.

낱말 풀이 **패랭이** 가늘게 쪼갠 대나무로 엮어 만든 갓. 조선 시대에 하인이나 보부상 같은 신분이 낮은 사람이 썼다.

팽기 다리에 물 들어서듯

많은 사람이 줄을 지어 늘어앉은 모양을 빗대어 이르는 말.

같은 속담 제터 방죽에 줄남생이 늘어앉듯 • 합덕 방죽에 줄남생이 늘어앉듯

낱말 풀이 **팽기** 갯벌에 사는 게. 게장을 많이 담가 먹는다. =방게.

편보다 떡이 낫다

편은 떡을 점잖게 이르는 말로, 같은 종류의 물건이지만 이것보다 저것이 낫다고 여기는 경우에 빗대어 이르는 말.

편지에 문안

편지에는 으레 안부를 묻는 말이 들어간다는 뜻으로, 언제나 빠지지 않고 꼭 끼는 것이나 빠뜨리지 않고 꼭 하는 일을 이르는 말.

평반에 물 담은 듯

1. 평반에 담긴 물이 출렁일 리가 없다는 데서, 안정되고 고요한 상태를 빗대어 이르는 말. 2. 평반에 물을 담은 탓에 쏟을까 걱정이 된다는 뜻으로, 자칫하면 잘못되기 쉬운 것을 조심스레 다룬다는 말.

낱말 풀이 **평반** 다리가 달리지 않은 둥글고 납작한 그릇. 쟁반처럼 생겼다.

ㅍ

평생소원이 누룽지[보리 개떡]

하찮은 누룽지나 보리 개떡을 먹는 것이 평생소원이라는 뜻으로, 기껏 바라는 것이 아주 보잘것없음을 빗대어 이르는 말.

평시에 먹은 마음 취중에 나온다

1. 술에 취하면 평소에 품었던 생각이 말이나 행동으로 나타나게 된다는 말.

2. 아무리 술에 취해서 한 말이라도 실수라 하여 덮어 버릴 수 없다는 말.

같은 속담 상시에 먹은 마음 취중에 난다 • 생시에 먹은 마음 취중에 나온다 • 취담 중에 진담이 있다

평안 감사도 저 싫으면 그만이다

마음에 맞지 않으면 평안 감사 자리라도 마다한다는 뜻으로, 아무리 좋은 일이라도 제 마음에 내키지 않으면 억지로 시킬 수 없다는 말.

같은 속담 돈피에 잣죽도 저 싫으면 그만이다 • 상감님도 제 맘에 들어야 한다

평안도 수심가처럼 간다 간다만 부른다

1. 한번 한 약속을 지키지 않는다는 말. 2. 어떤 일을 한다면서 계속 미루기만 한다는 말.

낱말 풀이 **수심가** 사는 게 덧없음을 구슬픈 가락에 붙여 부르던 민요. 평안도 것이 유명하다.

평양 돌팔매 들어가듯

1. 사정없이 들이닥치는 모양을 빗대어 이르는 말. 2. 겨냥한 것이 어김없이 이루어지는 상태를 이르는 말.

평양 병정의 발싸개 같다

더러운 물건이나 지저분한 행동을 빗대어 이르는 말.

낱말 풀이 **발싸개** 발을 싸는 종이나 헝겊.

평양 황 고집이다

융통성이 없고 고집이 센 사람을 빗대어 이르는 말.

읽을거리 옛날 평양에 황가 성을 가진 사람이 살았대. 볼일이 있어 서울에 갔는데

서울 사는 벗이 죽었다는 소식을 들은 거야. 서울 간 길에 바로 조문을 가면 되는데 서울에 딴 일로 온 것이라며 굳이 평양으로 돌아갔다가 다시 서울로 왔다는 거야. 고집도 세지만 꽉 막히고 원칙만 따지는 사람을 빗대어 이르는 말이지.

평택이 깨어지나 아산이 무너지나
평택이 무너지나 아산이 깨어지나

1. 양쪽의 힘이 비슷하여 싸우는 기세가 엇비슷함을 이르는 말. 2. 서로 싸울 때 누가 이기나 끝까지 겨루어 보자고 벼르며 이르는 말.

같은 속담 백두산이 무너지나 동해수가 메어지나 • 아산이 깨어지나 평택이 무너지나

포도청 뒷문에서도 그렇게 싸지 않겠다

옛날 포도청 군사들이 죄수들한테서 뺏은 물건을 팔 때도 그렇게 싸지 않겠다는 뜻으로, 물건값이 비싸다고 하면서 깎으려 할 때 비꼬아 이르는 말.

낱말 풀이 **포도청** 조선 시대에, 죄지은 사람을 잡거나 다스리는 일을 맡아보던 관아.

포도청의 문고리 빼겠다

포도청에 잡혀가서도 그곳 문고리를 훔치겠다는 뜻으로, 겁이 없고 대담한 사람을 빗대어 이르는 말.

포선 뒤에서 엿 먹는 것 같다

상을 치르는 동안에 포선으로 얼굴을 가리고 엿을 먹는다는 뜻으로, 겉으로는 얌전하고 점잖은 체하면서 남이 안 보는 데서는 좋지 않은 행동을 하는 경우를 이르던 말.

같은 속담 장옷 쓰고 엿 먹기

낱말 풀이 **포선** 옛날에, 상제가 외출할 때 얼굴을 가리기 위해 가지고 다니던, 베로 만든 물건.

포수가 꿩을 놓친 격

마음먹은 일이 뜻대로 되지 않아 몹시 아쉬운 경우를 빗대어 이르는 말.

포수 집 강아지 범 무서운 줄 모르듯

사냥꾼 집에 사는 강아지는 범을 무서워하지 않는다는 뜻으로, 남의 세력을 등에 업고 다른 사람을 업신여기는 것을 빗대어 이르는 말.

같은 속담 대신 댁 송아지 백정 무서운 줄 모른다

포수 집 개는 호랑이가 물어 가야 말이 없다

사냥개가 없어졌다고 포수가 이 사람 저 사람 의심할 때 범이 물어 가야 트집을 못 잡는다는 뜻으로, 자기가 저지른 일로 화를 당해야 남에게 트집을 잡지 못한다는 말.

포천 소 까닭이란다

1. 남의 물음에 어물어물 얼버무리며 슬쩍 넘어가는 경우를 이르는 말. 2. 자기 잘못을 깨닫지 못하고 자꾸 남 탓만 하는 경우에 빗대어 이르는 말.

읽을거리 조선 고종 때 고향이 경기도 포천인 최익현이 툭하면 임금에게 소를 올려 나랏일이 바뀌는 경우가 많았다고 해. 그래서 사람들이 무엇 때문에 바뀌었냐고 까닭을 물으면 포천에서 올린 소 때문이라고 대답하였다는 데서 나온 말이야.

낱말 풀이 **소** 임금에게 올리던 글.

폭풍 전야의 바다는 고요하다
폭풍 전의 고요

폭풍이 불어닥치기 직전에는 사방이 잠잠하다는 뜻으로, 무슨 큰일이 벌어지기 전에 잠깐 동안 고요함을 빗대어 이르는 말.

푸둥지도 안 난 것이 날려고 한다

털도 안 난 어린 새가 날려고 푸드덕거린다는 뜻으로, 쉬운 일도 해내지 못하면서 반드시 거쳐야 할 차례를 건너뛰고 어려운 것을 해 보겠다고 헤덤비는 짓을 비웃어 이르는 말.

같은 속담 걷기도 전에 뛰려고 한다 • 기기도 전에 날기부터 하려 한다 • 털도 아니 난 것이 날기부터 하려 한다

낱말 풀이 **푸둥지** 아직 깃이 나지 않은 어린 새의 날갯죽지.

푸른 소에 돌 던지듯

소에 돌을 던져 보았자 잠깐 물결이 일다가 곧 사라져 버린다는 뜻으로, 1. 애써 일한 보람이 흔적도 없이 사라진 경우에 이르는 말. 2. 아무런 이익도 없이 그저 심심풀이로 하는 짓을 이르는 말.

낱말 풀이 **소** 땅바닥이 움푹 패고 물이 깊게 괸 곳.

푸른 하늘에 별 박히듯

어떤 물건들이 촘촘히 박히거나 쫙 깔린 모양을 빗대어 이르는 말.

푸석돌에 불 난다

불이 날 리가 없는 푸석돌에 불이 난다는 뜻으로, 1. 열심히 노력하면 무엇이든 이룰 수 있다는 말. 2. 도저히 일어날 수 없는 일이 생긴다는 말.

낱말 풀이 **푸석돌** 긴 시간 비바람을 맞아 푸석푸석해진 돌.

푸성귀는 떡잎부터 알고 사람은 어렸을 때부터 안다

푸성귀는 떡잎만 봐도 잘 자랄지 못 자랄지 알 수 있다는 뜻으로, 앞으로 크게 될 사람은 어려서부터 남다른 데가 있음을 빗대어 이르는 말.

같은 속담 나무 될 것은 떡잎 때부터 알아본다 • 대부등 감은 자랄 때부터 다르다 • 될 성부른 나무는 떡잎부터 알아본다 • 용 될 고기는 모이 철부터 안다 • 잘 자랄 나무는 떡잎부터 안다[알아본다]

푸줏간에 든 소

궁지에서 도무지 벗어날 수 없는 처지를 이르는 관용 표현.

같은 관용 덫 안에 든 쥐 • 독 안에 든 쥐

푸줏간에 들어가는 소 걸음

푸줏간에 억지로 끌려 들어가는 소의 걸음 같다는 뜻으로, 도무지 내키지 않는 것을 마지못해 하거나 겁에 질려 억지로 하는 모양을 빗대어 이르는 말.

같은 속담 죽으러 가는 양의 걸음

풀 끝의 이슬

1. 풀 끝에 맺힌 이슬이 해가 뜨면 없어지듯이, 삶이 덧없고 허무하다고 이르는 말. 2. 아주 위태로운 상황에 놓여 있는 경우에 이르는 말.

풀 먹은 개 나무라듯

쓰려고 쑤어 놓은 풀을 개가 먹어서 나무라듯이, 몹시 심하게 나무라거나 탓하는 모양을 빗대어 이르는 말.

낱말 풀이 **풀** 쌀이나 밀가루 따위를 쑤어서 만든 끈끈한 물질. 종이나 물건을 붙이는 데 쓴다.

풀 방구리에 쥐 드나들듯

'팥죽 단지에 생쥐 달랑거리듯'과 같은 속담.

풀 베기 싫어하는 놈이 단 수만 센다

풀 베기가 싫어 이미 베어 놓은 단만 자꾸 헤아린다는 뜻으로, 일에 싫증이 나서 이미 해 놓은 적은 성과만 헤아리는 사람을 비꼬아 이르는 말.

낱말 풀이 **단** 짚, 땔나무, 채소 따위의 묶음을 세는 단위.

풀솜에 싸 길렀다[길렀나]

1. 몸이 약하거나 의지가 굳세지 못한 사람을 빗대어 이르는 말. 2. 지나치게 애지중지하며 키운 자식을 빗대어 이르는 말.

낱말 풀이 **풀솜** 허드레 고치를 삶아서 늘여 만든 솜.

풀 쑤어 개 좋은 일 한다

힘써 한 일을 남에게 빼앗기거나, 애써 한 일이 엉뚱한 사람에게 좋은 일이 되었을 때 화가 나서 투덜거리는 말.

같은 속담 죽 쑤어 개 좋은 일 하였다

풀을 베려면 그 뿌리를 없애라
풀을 베면 뿌리를 없이하라

풀은 뿌리를 뽑지 않으면 다시 자라기 때문에 풀을 없애려면 뿌리까지 뽑으라는 뜻으로, 1. 잘못을 바로잡으려면 잘못의 원인부터 찾아서 없애 버려야 한다는 말. 2. 무슨 일을 하려면 빈틈없이 하라는 말.

품 안에 있어야 자식이라
품 안의 자식

제 자식도 품에 안고 키울 때나 귀엽지 다 자라면 부모 뜻을 어기고 제 뜻대로 행동하려 하거나 속을 썩인다는 말.

같은 속담 자식도 품 안에 들 때 내 자식이지

풍년 개 팔자

아무 하는 일 없이 마음 편히 놀고먹는 처지를 빗대어 이르는 말.

같은 속담 댑싸리 밑의 개 팔자 • 싸리밭에 개 팔자 • 오뉴월 개 팔자 • 오뉴월 댑싸리 밑의 개 팔자 • 오뉴월 음달 아래 개 팔자 • 음지의 개 팔자

풍년거지 더 섧다

1. 남들은 다 잘사는데 자기만 어렵게 지내어 더 서럽다는 뜻으로, 남들은 다 흔하게 하는 일에 자기만 빠지게 될 때 이르는 말. 2. 풍년이 들어도 흉년에 진 빚을 갚다 보면 거지나 다름없어 더 서럽다는 말.

풍년거지 쪽박 깨뜨린 형상
풍년거지 쪽박 깨진 신세

풍년에 빌어먹어야 하는 처지도 서러운데 살림 밑천인 쪽박마저 깨뜨렸다는 뜻으로, 1. 서러운 데 또 한 번 서러운 일이 겹친 상태를 빗대어 이르는 말. 2. 어떤 일에서 거듭 실패하여 비참해진 신세를 빗대어 이르던 말.

풍년거지 팔자라

남들은 풍년이라고 다 잘 먹고 잘사는데 자기만 거지 노릇을 한다는 뜻으로, 남들은 넉넉하게 지내는데 자기만 어려운 처지에 있어 서럽다는 말.

풍년 두부 같다

살결이 희고 보기 좋게 살이 찐 사람을 빗대어 이르는 말.

풍년에 못 지낸 제사 흉년에 지내랴

풍년이 든 해에도 못 지낸 제사를 흉년이 든 해에 지낼 리 없다는 뜻으로, 유리한 조건에서도 하지 않던 일을 불리한 조건에서 굳이 할 필요가 없다는 말.

풍물을 갖추어도[잦추어도] 춤이 짐작

남이 아무리 재촉하더라도 자기가 헤아려 알아서 하라는 말.

낱말 풀이 **잦추다** 어떤 일을 빨리하도록 잇따라 몰아치다.

피나무 껍질 벗기듯

겉에 두른 옷이나 껍데기 따위를 남김없이 벗기거나 빼앗는 모양을 이르는 말.

같은 속담 물오른 송기 때 벗기듯

읽을거리 피나무는 껍질을 쓰는 나무라는 뜻에서 붙은 이름이야. 나무껍질이 질기고 물에 젖어도 잘 안 썩어서 쓸모가 많아. 그물, 밧줄, 바구니, 떡판, 쌀통, 밥상 같은 살림살이를 만드는 데 썼어. 피나무 통으로는 벌을 쳤지. 피나무 꽃은 약으로도 쓰는데, 꿀이 많이 나. 피나무 열매는 콩알만 한데 가운데 단단한 씨앗이 들어 있어. 씨앗으로 스님들 염주를 만들기도 해서 '염주나무'라고도 해. 공해에 강하고 나무 생김새가 아름다워 가로수나 공원에 심는 나무로도 좋아.

피는 꽃도 한때다

꽃도 한창 흐드러지게 피었다가 지듯이, 한창 성했다가 금방 쇠하고 마는 것을 빗대어 이르는 말.

피는 물보다 진하다

한 핏줄끼리 느끼는 정이 깊음을 이르는 말.

피 다 잡은 논 없고 도둑 다 잡은 나라 없다

논에 나는 피는 아무리 김을 매어도 자꾸 나오고 도둑은 아무리 잡아도 계속 생겨난다는 뜻으로, 아무리 애를 써도 나쁜 것을 모조리 다 없앨 수 없다는 말.

읽을거리 피는 논에서 자라는데 벼와 아주 비슷하게 생긴 풀이야. 조와 함께 아주 오랜 옛날부터 길러 먹었는데, 벼나 보리 같은 곡식을 기르면서 거의 안 먹게 되었지. 옛날에는 흉년이 들면 피죽을 끓여 먹으며 배고픔을 견뎠어. 우리가 흔히 피라고 부르는 잡초는 돌피야. 벼가 한창 자랄 때 양분을 빼앗아 먹기 때문에 농부들이 아주 싫어해. 그래서 한여름 동안 부지런히 뽑았어. 다시 살아나지 못하도록 뿌리째 뽑았지. 농작물에 섞여 자란 피를 뽑아내는 일을 '피사리'라고 해.

피장이 내일 모레

피장이가 온갖 핑계를 대면서 자꾸만 물건을 내일 모레 찾으러 오라고 한다는 데서, 약속한 날짜를 지키지 않고 자꾸만 미루는 것을 빗대어 이르던 말.

같은 속담 갖바치 내일 모레 • 고리백장 내일 모레

날말 풀이 **피장이** 짐승 가죽으로 물건을 만드는 일을 하던 사람.

핏짚에도 밸이 있고 깻묵에도 씨가 있다

낟알을 털고 난 핏짚에도 속이 있고 기름을 짜고 난 깻묵에도 씨가 있다는 뜻으로, 겉으로 표현하지 않는 사람도 다 자기 속마음이 있으니 누구든 함부로 업신여기거나 얕잡아 보지 말라는 말.

같은 속담 깻묵에도 씨가 있다 • 볏짚에도 속이 있다

핑계가 좋아서 사돈네 집에 간다

남의 물음에 사돈네 집에 간다고 하면 핑계 대기가 쉽다는 뜻으로, 1. 속으로는 딴 궁리를 하면서 겉으로는 엉뚱하게 둘러대는 경우에 이르는 말. 2. 그럴듯한 핑계를 대고 어디에 갈 때 이르는 말.

핑계 없는 무덤이 없다

사람의 죽음에는 다 까닭이 있다는 뜻으로, 1. 아무리 큰 잘못을 저지른 사람도 핑계 댈 구실은 다 있다는 말. 2. 모든 일의 결과에는 나름의 까닭이 있다는 말.

같은 속담 도둑질을 하다 들켜도 변명을 한다 • 처녀가 아이를 낳아도 할 말이 있다

핑계 핑계 도라지 캐러 간다

적당한 핑계를 대고 제 볼일을 보러 가는 것을 빗대어 이르는 말.

읽을거리 도라지는 순우리말 이름이야. 산과 들에 자라는 풀로, 뿌리가 인삼을 닮았어. 요즘에는 뿌리를 먹으려고 밭에 많이 심어 길러. 도라지 밭에 가면 쌉싸래한 도라지 냄새가 나지. 뿌리로 나물이나 장아찌, 묵나물을 만들어 먹어. 쓴맛이 강해서 먹기 전에 물에 담가 두거나 절여서 쓴맛을 빼야 해. 뿌리는 약으로도 쓰는데 약효가 인삼 못지않다고 해. 흔히 보라색 꽃이 피는데 흰 꽃도 있어. 도라지 타령에 나오는 백도라지는 하얀 꽃이 피어서 백도라지야.

ㅎ

하기 싫은 일은 오뉴월에도 손이 시리다

하기 싫은 일을 억지로 하면 무더운 오뉴월에도 손이 시리게 느껴진다는 뜻으로, 마음에 없는 일을 억지로 하면 온갖 구실과 핑계가 생기기 마련이라는 말.

하나는 열을 꾸려도 열은 하나를 못 꾸린다

1. 한 집안에서 한 사람이 잘되어 여러 사람을 돌보기는 쉬워도 여러 사람이 뜻을 맞추어 한 사람을 돌보기는 어렵다는 말. 2. 부모는 자식이 많아도 거뜬히 거느리며 살지만 자식들은 한 부모를 잘 모시기 어렵다는 말.

같은 속담 한 부모는 열 자식을 거느려도 열 자식들은 한 부모를 못 거느린다

하나를 듣고[보고] 열을 안다
하나를 부르면 열을 짚는다
하나를 알면[들으면] 백을 안다

말 한마디만 듣고도 여러 가지 일을 미루어 알아낸다는 뜻으로, 1. 한 부분만 보고 전체를 미루어 안다는 말. 2. 매우 눈치가 빠르고 꾀가 있다는 말.

하나를 알아야 열을 안다

풍부한 지식을 가지려면 쉬운 것부터 하나하나 쌓아 나가야 한다는 말.

하나를 통하여 백을 보여 주다

한 부분만 보고도 전체를 환히 꿰뚫어 본다는 뜻으로, 적은 것을 통하여 많은 것을 보여 주거나 알게 한다는 말.

하나만 알고 둘은 모른다

생각이 밝지 못하여 어느 한쪽만 보고 전체를 두루 보지 못하는 어리석음을 빗대어 이르는 말.

같은 속담 감출 줄은 모르고 훔칠 줄만 안다

하나 하면 둘 한다

남이나 윗사람의 뜻을 미리 알아 그에 맞게 일을 잘 처리해 나가는 것을 빗대어 이르는 말.

같은 속담 하늘 천 하면 검을 현 한다

하늘과 씨름하기

1. 보잘것없는 사람이 주제넘게 대단한 사람에게 트집을 잡아 욕하는 것을 빗대어 이르는 말. 2. 어떤 일을 이루려고 애를 쓰지만 그럴 만한 능력이 없어 괜히 하나 마나 한 짓을 하는 경우를 빗대어 이르는 말.

같은 속담 하늘 보고 손가락질한다[주먹질한다] • 하늘에 돌 던지는 격 • 하늘에 막대 겨루기

하늘 높은 줄만 알고 땅 넓은 줄은 모른다

몸이 야위고 키만 큰 사람을 놀리어 이르는 말.

하늘 높은 줄 모르다

1. 자기 분수를 모르고 건방지게 행동한다는 관용 표현. 2. 지위 따위가 높이 오르거나 뛴다는 관용 표현. 3. 물가가 매우 높게 뛴다는 관용 표현.

하늘 높은 줄은 모르고 땅 넓은 줄만 안다

키가 작고 뚱뚱한 사람을 놀리어 이르는 말.

ㅎ

하늘도 끝 갈 날이 있다

무엇이나 다 끝이 있다는 말.

하늘도 한 귀퉁이부터 갠다

답답하고 쓸쓸한 마음은 한꺼번에 풀리는 것이 아니라 시간이 지나면서 차츰 차츰 풀린다고 빗대어 이르는 말.

하늘로 올라갔나 땅으로 들어갔나

갑자기 아무도 모르게 사라져 버림을 빗대어 이르는 말.

하늘로 호랑이 잡기

하늘의 힘을 빌려 호랑이를 잡는다는 뜻으로, 세력이 대단하여 못하는 일이 없음을 빗대어 이르는 말.

하늘 무서운 말

사람의 도리에 어긋나 천벌을 받을 만한 말을 이르는 말.

하늘 보고 손가락질한다[주먹질한다]

'하늘과 씨름하기'와 같은 속담.

하늘 보고 침 뱉기

하늘을 보고 침을 뱉으면 그 침이 도로 제 낯에 떨어진다는 뜻으로, 1. 자기에게 해가 돌아올 짓을 함을 빗대어 이르는 말. 2. 제 스스로 자기에게 욕될 일을 하는 것을 빗대어 이르는 말.

같은 속담 누워서 침 뱉기 • 하늘에 돌 던지는 격

하늘 아래 첫 동네[고개/동리]

아주 높은 고개나 높은 산에 있는 마을을 빗대어 이르는 말.

하늘에 돌 던지는 격

1. 하늘에 돌을 던져 보아야 그 돌이 도로 자기에게 떨어지기 마련이라는 뜻으로, 자기에게 해가 돌아올 짓을 함을 빗대어 이르는 말. 2. 보잘것없는 사람이 주제넘게 대단한 사람에게 트집을 잡아 욕하는 것을 빗대어 이르는 말.

같은 속담 누워서 침 뱉기 • 하늘과 씨름하기 • 하늘 보고 침 뱉기

하늘에 두 해가 없다

한 나라에 두 임금이 있을 수 없다고 빗대어 이르는 말.

하늘에 막대 겨루기

'하늘과 씨름하기'와 같은 속담.

하늘에 방망이를 달겠다

걸 데도 없는 하늘에 방망이를 달려고 애쓴다는 뜻으로, 아무리 애써도 할 수도 없고 될 수도 없는 일을 하겠다고 달려드는 사람을 비웃어 이르는 말.

하늘 울 때마다 벼락 칠까

어떤 결과를 가져올 수 있는 조짐이 있다고 해서 그때마다 그 일이 일어나는 것은 아니라는 말.

ㅎ

하늘은 스스로 돕는 자를 돕는다

하늘은 뜻한 바를 이루려고 애쓰는 사람을 잘되게 돕는다는 뜻으로, 어떤 일을 이루기 위해서는 스스로 노력하는 것이 중요하다는 말.

하늘을 보아야 별을 따지

1. 어떤 성과를 얻으려면 그에 걸맞은 노력과 준비가 있어야 한다는 말. 2. 무슨 일을 할 수 있는 환경이나 조건이 도무지 마련되지 않음을 빗대어 이르는 말.

같은 속담 꿈을 꾸어야 임을 보지[본다] • 눈을 떠야 별을 보지 • 임을 보아야 아이를 낳지 • 잠을 자야 꿈을 꾸지 • 장가를 들어야 아이를 낳는다

하늘의 별 따기

무엇을 얻거나 이루기가 매우 어려운 경우를 빗대어 이르는 말.

하늘이 돈짝[돈닢/콩짝]만 하다

하늘이 엽전 크기만큼 작게 보인다는 뜻으로, 1. 얼떨떨하여 무엇을 바로 보지 못하는 경우를 빗대어 이르는 말. 2. 세상에 무서울 것 없다는 듯이 우쭐대는 사람을 비웃어 이르는 말.

하늘이 만든 화는 피할 수 있으나 제가 만든 화는 피할 수 없다
하늘이 주는 얼은 피할 도리 있어도 제가 지은 얼은 피할 도리 없다

자기가 저지른 잘못으로 말미암아 생긴 화는 피할 수 없다는 말.

하늘이 무너져도 솟아날 구멍이 있다

아무리 어려운 경우에 맞딱뜨려도 어려움을 헤쳐 나갈 길이 생긴다는 말.

같은 속담 사람이 죽으란 법은 없다 • 죽을 변을 만나면 살길도 생긴다 • 죽을 수가 닥치면 살 수가 생긴다

하늘 천 하면 검을 현 한다

《천자문》을 외는데 '하늘 천'이라고 하니 뒤이어 '검을 현'을 읊는다는 뜻으로,

1. 남이나 윗사람의 뜻을 미리 알아 그에 맞게 일을 잘 처리해 나가는 것을 빗대어 이르는 말. 2. 하나를 가르치면 둘, 셋을 앞질러 가며 깨닫는다는 말.

같은 속담 하나 하면 둘 한다

낱말 풀이 **천자문** 중국 양나라 주흥사가 지은 책으로 모두 1000자로 되어 있다. '하늘 천, 따 지, 검을 현, 누르 황(天地玄黃)' 네 글자로 시작한다.

하늘 천 하면 넘을 천 한다

알지도 못하면서 지레 어림하여 틀리게 대답하는 것을 빗대어 이르는 말.

하늬바람에 곡식이 모질어진다

여름이 지나 서풍이 불게 되면 곡식이 잘 여물어 간다는 말.

낱말 풀이 **하늬바람** 서쪽에서 부는 바람. 주로 농부나 뱃사람들이 부르는 말이다.

하늬바람에 엿장수 골내듯

차가운 하늬바람이 불면 엿이 녹지 않아서 좋은데도 엿장수가 화를 낸다는 뜻으로, 저한테 이로운데도 도리어 못마땅하게 여기고 괜스레 성을 내는 사람을 빗대어 이르는 말.

하늬바람이 사흘 불면 통천하를 다 분다

겨울바람이 내리 사흘만 불면 찬바람이 미치지 않는 곳이 없다는 뜻으로, 어떤 소문이나 유행이 매우 빨리 퍼지는 것을 빗대어 이르는 말.

ㅎ

하던 노릇도 멍석을 펴면 주저앉는다
하던 지랄도 멍석 펴 놓으면 안 한다

곧잘 하던 일도 누가 시키거나 더욱 잘하라고 추어주면 오히려 안 한다는 말.

하루가 여삼추(라)
하루가 열흘[십 년] 맞잡이

1. 하루에도 많은 일을 할 수 있다는 뜻으로, 하루라는 시간이 매우 중요하다는 말. 2. 짧은 시간이 매우 길게 느껴질 만큼 지루하거나 애타게 기다린다는 말.

낱말 풀이 **맞잡이** 서로 비슷한 정도나 분량. =맞들이. **여삼추** 삼 년과 같이 길게 느껴진다는 뜻으로, 몹시 애타게 기다리는 마음을 이르는 말.

하루 굶은 것은 몰라도 헐벗은 것은 안다

하루를 굶은 것은 남들이 잘 모르지만 옷을 허름하게 입으면 표가 난다는 뜻으로, 가난하더라도 남에게 궁하게 보이지 않게 옷차림이나마 잘하라는 말.

하루 물림이 열흘 간다

한번 뒤로 미루기 시작하면 자꾸 더 미루게 된다는 뜻으로, 무슨 일이나 뒤로 미루지 말라고 가르쳐 이르는 말.

하루 세 끼 밥 먹듯

흔히 있을 만한 일로 생각한다는 말.

하루에도 열두 번

번거로울 정도로 매우 자주 있다는 관용 표현.

하루 은혜 백 날에 갚지 못한다

작으나 크나, 적거나 많거나 남에게 은혜를 입기는 쉽지만 그 은혜를 갚기는 매우 어려움을 이르는 말.

하루 죽을 줄은 모르고 열흘 살 줄만 안다

언제 죽을지도 모르는 덧없는 세상에서 저만 오래 살 것처럼 박하고 모질게 구는 사람을 비웃어 이르는 말.

하룻강아지 범 무서운 줄 모른다

태어난 지 얼마 안 된 강아지가 범이 얼마나 무서운지 모르고 덤빈다는 뜻으로, 맞설 수 없을 만큼 센 상대에게 겨루어 보자고 덤벼드는 어리석은 짓을 빗대어 이르는 말.

같은 속담 범 모르는 하룻강아지 • 비루먹은 강아지 대호를 건드린다 • 자가사리 용을 건드린다 • 해변 개 범 무서운 줄 모른다

하룻망아지 서울 다녀오듯

1. 보기는 했지만 무엇을 보았는지 무슨 내용인지 모르는 경우에 빗대어 이르는 말. 2. 제 생각은 없이 남에게 끌려다니며 구경하여 아무 보람이 없다는 말.

같은 속담 까투리 북한 다녀온 셈이다

하룻밤 사이에도 기와집을 몇 채씩 지었다 헐었다 한다
하룻밤에 만리성을 쌓았다 헐었다 한다

이런저런 생각으로 잠을 이루지 못하고 이리저리 몸을 뒤틀며 움직이거나 생각하는 모양을 빗대어 이르는 말.

ㅎ

하룻밤에 소금 석 섬을 먹어도 짜다는 소리가 없다

1. 좋다 나쁘다 아무 말 없이 놀랄 만큼 음식을 많이 먹는 사람을 놀리어 이르는 말. 2. 남한테서 돈이나 물건을 잔뜩 받아먹고도 꿈쩍도 하지 않는 사람을 욕으로 이르는 말.

하룻밤을 자도 만리성을 쌓는다

하룻밤 사이에도 길고 높은 성을 쌓는다는 뜻으로, 잠깐 만나 사귀어도 정을 두터이 쌓을 수 있음을 빗대어 이르는 말.

낱말 풀이 **만리성** 매우 긴 성.

하룻비둘기 재를 못 넘는다

경험이나 능력이 없이는 큰일을 하기 어렵다고 빗대어 이르는 말.

같은 속담 햇비둘기 재 넘을까

하면 하고 말면 마는 식

꼭 하겠다는 각오 없이 하고 싶으면 하고 하기 싫으면 안 한다는 뜻으로, 일을 너무 쉽게 생각하고 편하게만 하려는 태도를 이르는 관용 표현.

하선동력으로 시골에서 생색낸다

1. 하지에 부채를 선물하고 동지에 달력을 선물하는 것을 인사로 여기던 옛 풍습을 이르던 말. 2. 돈푼이나 있는 사람들이 하찮은 물건을 가지고 낯내는 것을 빗대어 이르던 말.

낱말 풀이 **하선동력** 여름의 부채와 겨울의 새해 달력. 철에 맞게 선물하는 물건을 이른다.

하 심심하여 길군악이나 하지

심심풀이로 한가한 놀이라도 하자는 말.

낱말 풀이 **길군악** 1. 조선 시대 가사의 하나. 2. 왕 행차나 군대 행진 때 연주곡. 3. 진도 지방 들노래의 하나.

하자고 결심하면 못 해낼 일이 없다

하겠다고 마음만 굳게 먹으면 못할 일이 없다는 말.

하지가 지나면 구름장마다 비

하지가 지나면 비가 여느 때보다 자주 내리고 양도 많아진다는 말.

낱말 풀이 **하지** 이십사절기의 하나. 6월 22일경으로 낮이 가장 길고 밤이 가장 짧다. **구름장** 넓게 퍼져 있는 두꺼운 구름 덩이.

하지도 못할 놈이 잠방이 벗는다

어떤 일을 할 능력도 자신도 없는 사람이 그 일을 하려고 덤비는 경우를 비꼬아 이르는 말.

낱말 풀이 **잠방이** 가랑이가 무릎까지 내려오는 짧은 남자 홑바지.

하지를 지나면 발을 물꼬에 담그고 잔다

벼농사를 잘 지으려면 하지가 지난 뒤에 논에 물을 대는 것이 중요하기 때문에 논에 붙어살다시피 해야 함을 빗대어 이르는 말.

하지 쇤 보리 없다

1. 하지가 지나도록 밭에 남아 있는 보리가 없다는 뜻으로, 모든 것은 다 제철이 있다는 말. 2. 옛날에, 보릿고개를 넘기기 어려운 농부들이 하지 전에 이미 보리를 다 거두어들였던 것을 빗대어 이르던 말.

하품에 딸꾹질

하품을 하는데 딸꾹질까지 난다는 뜻으로, 1. 어려움이나 불행이 자꾸 겹쳐 드는 것을 빗대어 이르는 말. 2. 하는 일마다 방해가 있어 뜻대로 되지 않는 것을 빗대어 이르는 말.

같은 속담 고비에 인삼 • 기침에 재채기 • 눈 위에 서리 친다 • 마디에 옹이 • 얼어 죽고 데어 죽는다 • 옹이에 마디

학도 아니고 봉도 아니고

이것도 아니고 저것도 아니라는 뜻으로, 행동이 분명하지 않거나 사람이 뚜렷하지 못한 경우를 나무라는 말.

학이 곡곡 하고 우니 황새도 곡곡 하고 운다

남이 하면 무턱대고 자기도 하겠다고 따라나서는 주책없는 행동을 빗대어 이르는 말.

같은 속담 새 오리 장가가면 헌 오리 나도 한다

한 가랑이에 두 다리 넣는다

바빠서 정신없이 서두르는 것을 빗대어 이르는 말.

한가맛밥도 되고 질고 한다
한가맛밥도 타고 설고 한다

같은 솥에서 지은 밥도 된 데가 있고 진 데가 있다는 뜻으로, 같은 조건에서 이루어진 것이라도 경우에 따라 서로 달라질 수 있다는 말.

같은 속담 한솥밥도 되고 질고 한다

낱말 풀이 **한가맛밥** 같은 가마에서 푼 밥.

한가맛밥[한솥밥] 먹은 사람이 한울음 운다

처지가 같고 같은 환경에 영향을 받은 사람들은 뜻이나 행동이 서로 통한다고 빗대어 이르는 말.

한강 가서 목욕한다

가까운 곳에서도 목욕할 수 있는데 먼 한강까지 가서 목욕을 한다는 뜻으로, 어떤 일을 일부러 먼 곳에 가서 해 봐야 별다를 것이 없다는 말.

한강 물 다 먹어야 짜냐

한강 물을 다 마셔야 짠지 안 짠지 알겠느냐는 뜻으로, 어떤 일을 처음에 조금 만 해 보면 전체를 짐작할 수 있음을 빗대어 이르는 말.

한강 물이 제 곬으로 흐른다[간다]

물이 한쪽 방향으로 흐르듯이 모든 일은 반드시 순리를 따른다는 뜻으로, 죄를 지은 사람은 반드시 벌을 받게 마련이라고 빗대어 이르는 말.

낱말 풀이 **곬** 1. 한쪽으로 트여 나가는 방향이나 길. 2. 물고기 떼가 늘 다니는 일정한 길.

한강에 그물 놓기

한강에 그물을 치면 언제든 고기가 걸려들 것이라는 뜻으로, 1. 이미 준비해 놓았으니 기다리면 언젠가는 그 일이 이루어질 것이라고 빗대어 이르는 말. 2. 막연한 일을 마냥 기다리고 있는 것을 빗대어 이르는 말.

한강에 돌 던지기

1. 워낙 시답잖아서 하는 일에 아무런 영향이 없다는 말. 2. 아무리 돈을 대고 애를 써도 아무런 보람이 없다는 말.

한강에 배 지나간 자리 (있나)

아무런 흔적이나 자취가 남지 않아서 도무지 알 수 없는 상태를 이르는 말.

같은 속담 강물에 소 지나간 자리[것 같다] • 개 바위 지나가는 격

한강이 녹두죽이라도 쪽박이 없어 못 먹겠다

몹시 게으르고 아무 재주가 없는 사람을 비웃어 이르는 말.

ㅎ

한 갯물[개울물]이 열 갯물[개울물] 흐린다

좋지 못한 사람 하나가 큰 말썽을 일으켜 온 무리나 여러 사람에게 나쁜 영향을 끼치는 경우에 빗대어 이르는 말.

같은 속담 미꾸라지 하나가 못을 흐려 놓는다 • 송사리 한 마리가 온 강물을 흐린다 • 실뱀 한 마리가 온 바다를 흐리게 한다 • 조그마한 실뱀이 온 강물을 다 휘젓는다 • 종개 한 마리가 대동강 물을 흐린다 • 한 마리 고기가 온 강물을 흐린다

낱말 풀이 **개울물** 개울에 흐르는 물. **갯물** 강이나 내에서 흘러드는 바닷물.

한 귀로 듣고 한 귀로 흘린다

1. 남의 말을 귀담아듣지 않아 말을 해도 곧 잊어버리고 만다는 뜻으로 이르는 말. 2. 알아듣고도 짐짓 못 들은 척하는 것을 빗대어 이르는 말.

한날한시에 난 손가락도 길고 짧은 것이 있다
한날한시에 난 손가락도 짧고 길다

한 손에 있는 손가락도 길이가 다 다르다는 뜻으로, 아무리 같은 조건에 있더라도 서로 조금씩은 다른 데가 있기 마련이라고 빗대어 이르는 말.

같은 속담 같은 손가락에도 길고 짧은 것이 있다 • 손가락도 길고 짧다

한 냥 장설에 고추장이 아홉 돈어치라

옛날에, 한 냥짜리 잔칫상에 아홉 돈어치나 되는 고추장을 올렸다는 뜻으로, 주된 것보다 곁딸린 것에 더 많은 돈이나 힘을 들이는 경우에 빗대어 이르는 말.

같은 속담 돼짓값은 칠 푼이요, 나무값은 서 돈이라 • 한 푼짜리 푸닥거리에 두부가 오 푼

낱말 풀이 **냥** 옛날에, 엽전을 세던 단위. 한 냥은 한 돈의 열 배이다. **돈** 옛날에, 엽전을 세던 단위. 한 돈은 한 푼의 열 배이다. **장설** 잔치나 놀이로 여러 사람이 모인 자리에 차려 내는 음식.

한 냥짜리 굿하다가 백 냥짜리 징 깨뜨린다

괜스레 쓸데없는 일을 벌였다가 도리어 큰 손해를 보게 되는 경우를 빗대어 이르는 말.

낱말 풀이 **징** 우리나라 풍물놀이에 쓰는 타악기의 하나. 놋쇠로 크고 둥글게 만든다.

한 냥 추렴에 닷 돈 냈다

옛날에, 한 냥을 내야 할 일에 절반인 닷 돈밖에 내지 못했다는 뜻으로, 자기가 치러야 할 몫을 제대로 치르지 않고 여럿이 하는 일에 부끄러움도 없이 끼어서 좀스럽게 이득을 얻는 경우를 이르던 말.

낱말 풀이 **추렴** 모임이나 잔치에 드는 돈을 여럿이 얼마씩 내어 거둠.

한 노래로 장밤[긴 밤] 새울까

1. 한 가지 일로만 헛되이 세월을 보내는 것을 나무라는 말. 2. 무슨 일이나 그만둘 때가 되면 깨끗이 접고 새로운 일을 시작해야 한다고 빗대어 이르는 말.

낱말 풀이 **장밤** 1. 긴 밤. 2. 온밤 내내.

한 닢도 없는 놈이 두 돈 오 푼 바란다

없는 사람이 턱없이 많이 바란다는 말.

같은 속담 한 치도 없는 놈이 두 치 닷 푼 바란다

낱말 풀이 **닢** 돈이나 가마니, 멍석 따위처럼 납작한 물건을 셀 때 쓰는 단위. **푼** 1. 옛날에, 엽전을 세던 단위. 한 푼은 돈 한 닢을 이른다. 2. 얼마 안 되는 적은 돈을 세는 단위.

ㅎ

한 다리가 천 리

친척들 사이에서 한 촌수만 멀어져도 아주 큰 차이가 있다는 말.

같은 속담 한 치 걸러 두 치

한 달에 보숭이 세 번 떡국 세 번 한 집은 망한다

한 달 동안 고물 묻힌 떡을 세 번 해 먹고 떡국을 세 번 해 먹으면 집안 살림이 거덜 난다는 뜻으로, 살림살이를 헤프지 않게 알뜰히 해야 한다는 말.

한 달이 크면 한 달이 작다

한 번 좋은 일이 있으면 다음에는 궂은일이 있듯이 세상일은 좋고 나쁜 일이 돌고 돈다는 말.

같은 속담 일월은 크고 이월은 작다

한 달 잡고 보름은 못 본다

큰 것만 알고 꼭 알아야 할 작은 것은 모른다는 뜻으로 이르는 말.

한더위에 털감투

더운 여름철에 털모자라는 뜻으로, 1. 제철이 지나 쓸모없고 거추장스럽게 된 물건을 빗대어 이르는 말. 2. 격에 맞지 않는 물건을 빗대어 이르는 말.

같은 속담 오뉴월 두룽다리

한데 방앗간의 피나무 쌀개

가림막이 없는 방앗간에서 비바람을 맞는 피나무 쌀개 같다는 뜻으로, 꽉 막히고 고집이 센 사람을 빗대어 이르는 말.

낱말 풀이 **쌀개** 디딜방아, 물방아 따위의 허리에 가로 얹어서 방아채를 걸 수 있게 만든 나무 막대기.

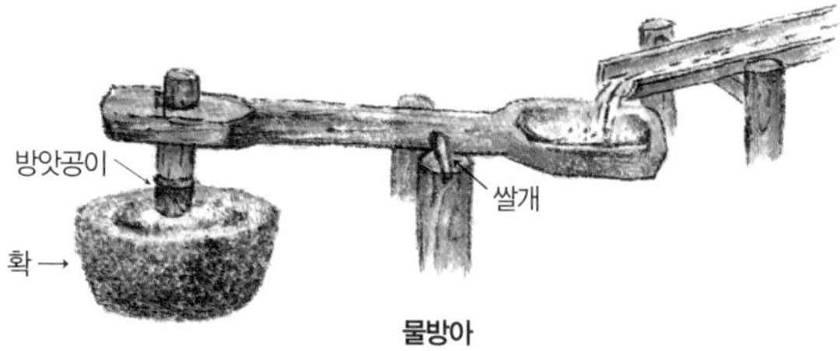

물방아

한데 앉아서 음지 걱정한다

저는 지붕조차 없는 한데에 나앉아서 다른 사람이 그늘에 앉아 있는 것을 걱정한다는 뜻으로, 제 일도 딱한데 자기보다 훨씬 나은 남 일을 주제넘게 걱정하는 것을 비웃어 이르는 말.

한 되 주고 한 섬 받는다

한 되를 주고 몇 갑절이나 많은 섬으로 되돌려 받는다는 뜻으로, 남에게 작은 도움을 주고 그 값으로 몇 배나 되는 것을 받아 내는 경우에 빗대어 이르는 말.

같은 속담 되로 주고 말로 받는다

한라산이 금덩어리라도 쓸 놈 없으면 못 쓴다

아무리 뛰어난 사람이나 귀한 물건이 많아도 그것을 쓸 줄 아는 사람이 없으면 쓸모없다고 빗대어 이르는 말.

한 마리 고기가 온 강물을 흐린다

'한 갯물[개울물]이 열 갯물[개울물] 흐린다'와 같은 속담.

한 마리 고기 다 먹고 말 냄새 난다고 한다
한 말 고기 다 먹고 비린내 난댄다

배고플 때는 정신없이 먹고 배가 부르니까 비린내가 난다고 흉본다는 뜻으로, 제 욕심을 실컷 채우고 나서 괜한 트집을 잡는 경우에 빗대어 이르는 말.

같은 속담 말고기를 다 먹고 무슨 냄새 난다 한다

ㅎ

한 마을 공사

1. 같은 관청에서 하는 일이라는 뜻으로, 하는 일마다 한결같음을 빗대어 이르는 말. 2. 어떤 것들이 결국 한 무리라는 말.

한 말[소] 등에 두 길마를[안장을] 지울까
한 몸에 두 지게 질 수 없다

한 사람이 두 가지 일을 한꺼번에 다 할 수 없다고 빗대어 이르는 말.

같은 속담 한 어깨에 두 지게 질까

한 말 주고 한 되 받는다

손해 보는 짓만 하고 다니는 것을 빗대어 이르는 말.

한 밥에 오르고 한 밥에 내린다

한창 자라는 아이들은 먹으면 먹는 만큼 살로 가고 안 먹으면 그만큼 살이 빠진다는 말.

한 번 걷어챈 돌에 두 번 다시 채지 않는다

한 번 한 실수를 두 번 다시 되풀이하지 않는다는 말.

한번 검으면 희기 어렵다
한번 검으면 휠 줄 모른다

한번 나쁜 물이 들면 고치기 힘들다는 뜻으로, 사람이 한번 나쁜 마음을 먹거나 나쁜 버릇을 들이면 고치기가 매우 어렵다고 빗대어 이르는 말.

한 번 똥 눈 개가 일생 눈다 한다

1. 어쩌다 한 번 똥 눈 개를 보고 늘 똥 눈 개라고 한다는 뜻으로, 한 번 실수하여 흠을 남기면 죽을 때까지 간다고 빗대어 이르는 말. 2. 한 번 잘못하면 그와 같은 일이 생길 때마다 늘 의심받게 된다고 빗대어 이르는 말.

같은 속담 삼밭에 한 번 똥 싼 개는 늘 싼 줄 안다 • 상추밭에 똥 싼 개는 늘 저 개 저 개 한다

한 번 보면 초면이요 두 번 보면 구면이라

붙임성이 좋아서 사람들과 이내 잘 사귀는 사람을 빗대어 이르는 말.

낱말 풀이 **구면** 예전부터 알고 있던 사람. **초면** 처음 대해 보는 얼굴이나 처지.

한 번 속지 두 번 속나[안 속는다]

처음 한 번은 모르고 속지만 그 다음부터는 조심하기 때문에 속지 않는다는 말.

한 번 실수[승패]는 병가의 상사라

싸움에서 이기기도 하고 지기도 하는 것처럼, 일에서는 실수나 실패가 있을 수 있다고 빗대어 이르는 말.

낱말 풀이 **병가** 군인이나 군에 관련된 일을 하는 사람. **상사** 보통 있는 일.

한번 엎지른 물은 다시 주워 담지 못한다

이미 저지른 잘못은 바로잡거나 돌이키기 어려우니 조심해야 한다는 말.

한번 쥐면 펼 줄 모른다

1. 한번 마음을 먹으면 다시 고쳐먹을 줄 모르는 고지식한 사람을 빗대어 이르는 말. 2. 무엇이든 한번 손에 들어오면 놓지 않는다는 말.

한 부모는 열 자식을 거느려도 열 자식들은 한 부모를 못 거느린다

부모는 자식이 많아도 거뜬히 거느리며 살지만 자식들은 한 부모를 잘 모시기 어렵다는 말.

ㅎ

같은 속담 하나는 열을 꾸려도 열은 하나를 못 꾸린다

한 불당에 앉아 내 사당 네 사당 한다

한집안 식구끼리 내 것 네 것 가리고 따지며 다툴 까닭이 있겠냐고 이르던 말.

낱말 풀이 **불당** 부처나 보살의 상을 모신 집. **사당** 조상의 이름을 적은 신주를 모셔 두는 집.

한 사람 가는 길로 가지 말고 열 사람 가는 길로 가라

여러 사람의 뜻과 생각을 따르는 것이 실패가 없어 좋다는 말.

한 사람의 덕을 열이 본다

한 사람이 잘되면 식구나 친척, 동무 들까지도 그 사람의 덕을 입어 잘될 수 있다는 말.

한 살 더 먹고 똥 싼다

나이를 먹어 가면서 철없는 짓을 더 한다고 비꼬아 이르는 말.

한 손뼉이 울지 못한다
한 손으로는 손뼉을 못 친다

두 손바닥이 마주쳐야 소리를 낼 수 있다는 뜻으로, 1. 일은 혼자 힘만으로는 이루기 어렵고 여럿이 힘을 모아 함께 해야 잘될 수 있다는 말. 2. 상대 없이 혼자서는 싸움이 되지 않는다는 말.

같은 속담 외손뼉이 못 울고 한 다리로 가지 못한다

한솥밥도 되고 질고 한다

'한가맛밥도 되고 질고 한다'와 같은 속담.

한솥밥 먹고 송사한다

한솥밥을 먹고 살면서도 하찮은 일을 가지고 다툰다는 뜻으로, 한집안 식구나 몹시 가까운 사람들끼리 대수롭지 않은 일로 싸우는 것을 빗대어 이르는 말.

같은 속담 한 자루에 양식 넣어도 송사한다

한 수렁에 두 바퀴 끼듯

좁은 데서 서로 밀치며 다투는 경우를 빗대어 이르는 말.

낱말 풀이 **수렁** 곤죽이 된 진흙과 개흙이 많이 깔린 물웅덩이.

한술 밥에 배부르랴

1. 어떤 일이든지 한 번에 만족할 만한 성과를 얻기는 어렵다고 빗대어 이르는 말. 2. 적은 힘을 들이고서는 큰 성과를 바랄 수 없다고 빗대어 이르는 말.

같은 속담 단술에 배부를까 • 첫술에 배부르랴

한시를 참으면 백 날이 편하다

잠깐 동안 화를 참으면 나중에 편하다는 뜻으로, 몹시 화가 나더라도 뒷날을 생각해서 참는 것이 좋다는 말.

한식에 죽으나 청명에 죽으나

한식과 청명은 하루 사이여서 하루 먼저 죽으나 뒤에 죽으나 같다는 말.

읽을거리 한식은 설날, 단오, 추석과 함께 우리나라 4대 명절 가운데 하나야. 한식은 동지부터 105일째 되는 날인데 대개 4월 5일이나 6일 무렵이야. 옛날에 한식날이면 나라에서는 큰 제사를 지내고 백성들은 성묘를 갔어. 이날은 '손 없는 날', '귀신이 꼼짝 않는 날'로 산소에 손을 대도 탈이 없는 날이라고 여겼어. 그래서 잔디를 새로 입히거나 비석을 세웠지. 요즘도 한식날 산소를 찾는 사람이 많아. 한식날에는 불을 지피지 않고 찬 음식을 먹기도 하는데, 그러니 밥도 찬밥을 먹는 풍습이 있었어. 청명은 한식과 같은 날이거나 한식 전날에 돌아와. 청명에는 풋나물과 산나물을 먹는 풍습이 있었지. 대부분 농가에서는 청명에 봄 농사를 시작했다고 해.

한 알 까먹은 새도 날린다

낟알 한 알을 까먹은 새도 쫓아서 못 먹게 한다는 뜻으로, 비록 적고 보잘것없는 것이라도 먹는 것이란 허술히 여길 수 없다고 빗대어 이르는 말.

한 어깨에 두 지게 질까

'한 말[소] 등에 두 길마를[안장을] 지울까'와 같은 속담.

한 어미 자식도 아롱이다롱이[오롱이조롱이]

한 어미가 낳은 자식도 모습이나 성격이 다 다르듯이, 세상에 일어나는 온갖 일이 서로 꼭 같은 것은 없다는 말.

낱말 풀이 **아롱이다롱이** 점이나 무늬가 고르지 못하고 비슷비슷한 모양. 또는 그런 물건. **오롱이조롱이** 오롱조롱하게 저마다 다르게 생긴 여럿.

한 외양간에 암소가 두 마리
한 외양간에 암소만 둘이다

한 외양간에 암소만 두 마리 있으면 새끼를 밸 수 없다는 뜻으로, 꼭 같은 것끼리 있어서 서로 도움이 되지 않는 경우에 빗대어 이르는 말.

한 입 건너고 두 입 건넌다
한 입 건너 두 입

소문이 조금씩 멀리 퍼지는 것을 빗대어 이르는 말.

한 입으로 두말하기

한 가지 일에 대하여 말을 이랬다저랬다 되는대로 한다는 말.

한 입으로 온 까마귀질 한다

말을 이랬다저랬다 하는 사람을 욕으로 이르는 말.

한 자 땅 밑이 저승이다

죽어서 한 자 땅 밑에 파묻히면 저승에 가는 것이라는 뜻으로, 죽음이나 저승이 멀리 있는 것이 아니라는 말.

한 자루에 양식 넣어도 송사한다

'한솥밥 먹고 송사한다'와 같은 속담.

한 자를 배워 주자면 천 자를 알아야 한다

글자 하나를 가르쳐서 알게 하려면 다른 글자들을 많이 알아야 한다는 뜻으로, 다른 사람을 가르치려면 아는 것이 많아야 한다고 빗대어 이르는 말.

한자리에 누워서 서로 딴 꿈을 꾼다

겉으로는 같이 행동하는 척하면서 속으로는 저마다 딴생각을 한다는 말.

같은 속담 같은 자리에서 서로 딴 꿈을 꾼다 • 잠은 같이 자도 꿈은 다른 꿈을 꾼다

한 잔 술에 눈물 나고 반 잔 술에 웃음 난다

사람을 사귀는 데 서로 대하는 태도나 방법에 따라 섭섭해지기도 하고 기분이 좋아지기도 한다는 말.

한 잔 술에 눈물 난다

사람들을 대접할 때 고루 정성껏 대접해야 한다고 가르쳐 이르는 말.

한집 살아 보고 한배 타 보아야 속을 안다

한집에서 오래 같이 살아 보고 한배를 타고 사나운 뱃길을 함께 가 보아야 비로소 사람 마음을 알 수 있다는 뜻으로, 사람의 됨됨이는 오래 같이 지내보아야 알 수 있다고 빗대어 이르는 말.

같은 속담 강물은 건너 봐야 알고 사람은 지내봐야 안다 • 깊고 얕은 물은 건너 보아야 안다 • 대천 바다도 건너 봐야 안다 • 물은 건너 보아야 알고 사람은 지내보아야 안다 • 사람 속은 소금 세 말을 같이 먹어 보아야 안다 • 사람은 겪어 보아야 알고 물은 건너 보아야 안다 • 사람은 지내봐야 안다 • 사람을 알자면 하루 길을 같이 가[걸어] 보라 • 수박은 속을 봐야 알고 사람은 지내봐야 안다 • 천 길 물속은 건너 보아야 알고 한 길 사람 속은 지내보아야 안다

한집안에 김 별감 성을 모른다
한집에 있어도 시어미 성을 모른다

같이 살거나 가까운 사이에 마땅히 알고 있어야 할 것을 뜻밖에 잘 모르고 지내는 경우를 빗대어 이르는 말.

같은 속담 머슴살이 삼 년에 주인 성 묻는다 • 십 년을 같이 산 시어미 성도 모른다

한집에 감투쟁이 셋이면 변이 난다
한집에 감투쟁이 셋이 변

한집안에 감투 쓴 사람, 곧 저 잘났다고 하는 사람이 셋 있으면 큰 변이 생긴다는 뜻으로, 어떤 일을 할 때 저마다 제 뜻만 고집하면 도리어 일을 그르치게 됨을 빗대어 이르는 말.

같은 속담 목수가 많으면 기둥이 기울어진다 • 사공이 많으면 배가 산으로 간다[올라간다] • 상좌가 많으면 가마솥을 깨뜨린다

한 치 걸러 두 치

'한 다리가 천 리'와 같은 속담.

한 치도 없는 놈이 두 치 닷 푼 바란다

'한 닢도 없는 놈이 두 돈 오 푼 바란다'와 같은 속담.

한 치 벌레에도 오 푼 결기가 있다

아무리 하찮은 사람이나 순하고 어리숙한 사람도 자기를 지나치게 괴롭히거나 업신여기면 가만있지 않는다고 빗대어 이르는 말.

같은 속담 굼벵이도 밟으면[다치면/디디면] 꿈틀한다 • 벌레도 밟으면 꿈틀한다 • 지나가는 달팽이도 밟아야 굼틀한다 • 지렁이도 밟으면[다치면/디디면] 꿈틀한다 • 참새가 방아[방앗간]에 치여 죽어도 짹 하고 죽는다 • 참새가 죽어도 짹 한다

한 치 앞을 못 보다

1. 눈이 나빠 가까이 있는 것도 못 본다는 관용 표현. 2. 학식과 견문이 얕아 앞을 전혀 내다보지 못한다는 관용 표현.

한 치 앞이 어둠

사람 일은 앞으로 어떻게 될지 미리 알 수 없다는 말.

한 판에 찍어 낸 것 같다

조금도 다른 데가 없이 똑같은 경우에 이르는 말.

한편 말만 듣고 송사 못 한다

말다툼이나 싸움은 다 그럴듯한 까닭이 있어 일어나고 또 서로 저에게 이롭게 말하기 마련이므로 어느 한쪽 말만 듣고는 잘잘못을 가릴 수 없다는 말.

한 푼 돈에 살인 난다

적은 재물에 대한 욕심 때문에 큰 죄를 저지를 수 있으니 조심하라고 가르쳐 이르는 말.

한 푼 돈을 우습게 여기면 한 푼 돈에 울게 된다

아무리 적은 돈이라도 하찮게 여기지 말라고 가르쳐 이르는 말.

한 푼 아끼다 백 냥 잃는다

작은 것을 아끼려다가 도리어 큰 손해를 보게 되는 경우를 빗대어 이르는 말.

같은 속담 기와 한 장 아끼다가 대들보 썩힌다 • 서까랫감 아끼다가 용마루 썩힌다 • 좁쌀만큼 아끼다가 담 돌만큼 해 본다

한 푼 장사에 두 푼 밑져도 팔아야 장사가 된다

장사를 하려면 밑지더라도 팔아야 장사가 된다는 뜻으로, 어떤 일이든 시작했으면 끝까지 하고 볼 일이라고 빗대어 이르는 말.

한 푼짜리 푸닥거리에 두부가 오 푼

푸닥거리에 쓴 돈보다 두부 값이 더 많이 들었다는 뜻으로, 주된 것보다 곁딸린 것에 더 많은 돈이나 힘을 들이는 경우에 빗대어 이르는 말.

같은 속담 한 냥 장설에 고추장이 아홉 돈어치라

낱말 풀이 **푸닥거리** 무당이 하는 굿의 하나. 간단하게 음식을 차려 놓고 부정이나 살 따위를 푼다.

한 홰 닭이 한꺼번에 운다

같은 운명에 처한 사람끼리 같은 행동을 한다는 말.

낱말 풀이 **홰** 새장이나 닭장 속에 새나 닭이 올라앉게 가로질러 놓은 나무 막대.

할아버지 떡도 커야 사 먹는다

아무리 가까운 사이라도 이익이 있어야 오간다는 말.

같은 속담 동성아주머니 술도 싸야 사 먹지 • 아주머니 떡[술]도 싸야 사 먹지 • 외할미 떡도 싸야[커야] 사 먹는다

할 일이 없거든 오금이나 긁어라

오금을 긁는 꼴은 보기 싫지만 할 일 없이 가만히 있는 것보다는 낫다는 뜻으로, 하는 일 없이 놀기보다는 무슨 일이든 하는 것이 낫다고 빗대어 이르는 말.

같은 속담 노는 입에 염불하기 • 적적할 때는 내 볼기짝 친다

낱말 풀이 **오금** 무릎 뒤쪽의 오목한 부분.

함박 시키면 바가지 시키고 바가지 시키면 쪽박 시킨다

윗사람이 아랫사람에게 무슨 일을 시키면 그 사람은 또 자기 아랫사람을 불러 일을 시키는 경우에 빗대어 이르는 말.

낱말 풀이 **함박** 통나무 속을 파서 큰 바가지같이 만든 그릇. =함지박.

함박

바가지

함정에 든 범

짐승을 잡으려고 판 구덩이에 빠진 호랑이는 살아날 수 없다는 뜻으로, 헤어날 수 없는 아주 위험한 형편에 놓여 꼼짝없이 죽게 된 처지를 빗대어 이르는 말.

같은 속담 그물에 걸린 고기[새/토끼/짐승] 신세 • 낚시에 걸린 물고기 • 농 속에 갇힌 새 • 덫에 치인 범이요 그물에 걸린 고기라 • 도마에 오른 고기 • 모래불에 오른 새우 • 물 밖에 난 고기 • 뭍에 오른 고기 • 샘에 든 고기 • 솥 안에 든 고기 • 우물에 든 고기

ㅎ

함정에서 뛰어 난 범

매우 위험한 처지에 놓여 죽게 되었다가 다시 살아난 경우를 빗대어 이르는 말.

함지 밥 보고 마누라 내쫓는다

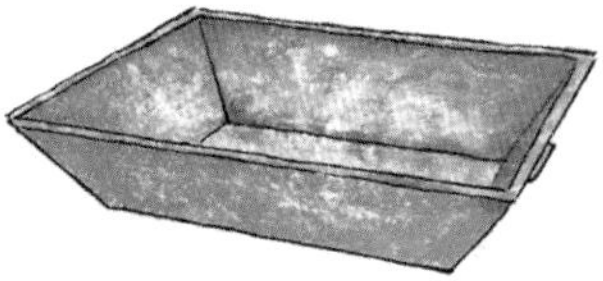

함지

1. 옛날에, 가난한 집에서는 흔히 함지에 밥을 퍼서 여럿이 둘러앉아 같이 먹었는데 미련한 남편이 함지에 퍼 담은 밥을 보고는 아내가 그 밥을 혼자 다 먹으려는 줄 알고 내쫓았다는 데서, 일의 속 내용이나 사정을 잘못 알고 일 처리를 그릇되게 하는 어리석음을 빗대어 이르던 말. 2. 옛날에, 여자가 살림을 헤프게 하면 쫓겨난다고 이르던 말.

낱말 풀이 **함지** 1. 나무로 만든 크고 네모난 그릇. 2. 통나무 속을 파서 만든 그릇.

함흥차사

심부름을 가서 오지 않거나 매우 늦게 돌아오는 사람을 이르는 말.

읽을거리 함흥차사는 조선을 세운 태조 이성계와 아들 이방원의 이야기에서 나온 말이야. 조선의 수도는 한양인데, 이성계는 나라의 기틀이 마련되자 둘째 아들 정종에게 왕위를 물려준 뒤에 함흥에 가 지냈어. 그런데 다섯째 아들 이방원이 반란을 일으켜 형의 왕위를 빼앗은 거야. 이 일로 이성계는 이방원을 미워하여 대궐로 돌아오지 않았지. 그래도 이방원은 함흥으로 계속 사신을 보내 아버지가 돌아오기를 청했어. 하지만 이성계는 이방원이 보낸 사신을 죽이거나 혹은 잡아 가두고 돌려보내지 않았다고 해.

낱말 풀이 **차사** 예전에, 임금이 특별한 임무를 주어 어떤 곳으로 보내던 벼슬아치.

합덕 방죽에 줄남생이 늘어앉듯

남생이들이 볕을 쬐려고 물가의 볕바른 쪽에 죽 늘어앉듯이, 많은 사람이 줄을 지어 늘어앉은 모양을 빗대어 이르는 말.

같은 속담 제터 방죽에 줄남생이 늘어앉듯 • 팽기 다리에 물 들어서듯

낱말 풀이 **합덕** 충청남도 당진군에 있는 읍. 쌀과 쪽파가 많이 난다.

합천 해인사 밥인가

옛날에, 경상남도 합천군에 있는 해인사에서 끼니마다 밥이 늦어졌다는 데서, 밥이 끼니때보다 늦어진 경우에 비꼬아 이르는 말.

항우도 댕댕이덩굴에 넘어진다

키가 크고 힘이 센 장수인 항우도 댕댕이덩굴 줄기에 걸려 넘어진다는 뜻으로, 비록 힘이 세더라도 조심하지 않으면 실수를 할 수 있으므로 작고 보잘것없다고 해서 깔보면 안 된다는 말.

낱말 풀이 **항우** 중국 진나라 말기의 장수. 진나라를 멸망시키고 스스로 서초의 패왕이 되었다.

항우도 먹어야 장수지

사람은 누구나 배를 든든히 채워야 힘을 쓸 수 있다는 말.

항우 보고 앙증맞다고[앙증하다고] 한다

크고 튼튼한 것을 잘못 알고 작고 깜찍하다고 한다는 말.

ㅎ

해가 서쪽에서 뜨다

1. 생각하지 않았던 사람이 뜻밖에 좋은 일을 했을 때 놀리어 이르는 관용 표현.
2. 절대로 있을 수 없는 일이 일어난 경우를 이르는 관용 표현.

같은 관용 서쪽에서 해가 뜨다

해변 개가 산골 부자보다 낫다

바닷가에서 사는 개는 물고기라도 얻어먹지만 산골 부자는 그나마도 구경조차 못한다는 뜻으로, 부자라도 사는 형편이 보잘것없는 경우를 빗대어 이르는 말.

해변 개 범 무서운 줄 모른다

'하룻강아지 범 무서운 줄 모른다'와 같은 속담.

해변 까마귀 골수박 파듯

한 가지 일에만 정신을 쏟아 딴생각할 겨를이 없는 경우를 빗대어 이르던 말.

낱말 풀이 **골수박** 해골을 수박에 빗대어 이르는 말.

해산한 데 개 잡기

1. 옛날에, 아기를 낳은 집에서 개를 잡으면 엄마와 아이가 탈이 난다고 일러오던 말. 2. 인정 없고 심술궂은 행동을 이르는 말.

햇비둘기 재 넘을까
햇비둘기 재를 못 넘는다

'하룻비둘기 재를 못 넘는다'와 같은 속담.

햇새가 더 무섭다

젊은 사람이 살림을 더 야무지게 하고 잇속에 밝다고 빗대어 이르는 말.

낱말 풀이 **햇새** 그해에 새로 알에서 깬 새.

행담 짜는 놈은 죽을 때도 버들잎을 물고 죽는다

1. 옛날에, 행담을 짜는 고리장이가 버들가지 껍질을 벗길 때 하던 버릇대로

입에 버들잎을 문 채 죽는다는 뜻으로, 사람은 죽는 날까지 끝끝내 제 하던 짓은 버리지 못한다고 빗대어 이르는 말. 2. 죽을 때를 당하여도 자기 근본을 잊지 않는다는 말.

같은 속담 백장이 버들잎 물고 죽는다

낱말 풀이 **행담** 들고 다닐 수 있게 싸리나 버들로 결어 가볍게 만든 작은 상자.

행랑 빌리면 안방까지 든다

1. 처음에는 하찮은 것을 바라다가 나중에는 염치없이 더 큰 욕심을 부리는 것을 빗대어 이르는 말. 2. 처음에는 조심하여 삼가다가 차츰 재미가 나서 나중에는 정도에 넘치는 짓까지 하게 된다는 말.

같은 속담 청을 빌려 방에 들어간다

읽을거리 한옥은 '한국 사람의 집' 또는 '한국식으로 지어진 한국인의 집'이야. 기와집이나 초가집이나 다 한옥이지. 옛날 양반들 사는 집은 크게 안채, 사랑채, 행랑채로 나뉘어. 안채와 사랑채는 양반이 쓰고, 대문에서 가장 가까운 곳에 둔 행랑채에는 하인들이 지냈지. 안채는 주로 집안 살림을 하는 여자들이 살던 집이야. 사랑채는 안채와 떨어져 있어 바깥주인이 거처하며 손님을 접대하던 곳이지.

행랑이 몸채 노릇 한다

하인들이 묵는 행랑이 주인이 사는 본채 노릇을 한다는 뜻으로, 1. 손님이나 주인 밑에 딸린 사람이 주인 노릇을 하려는 경우에 빗대어 이르는 말. 2. 아랫사람이 윗사람을 제치고 일을 제멋대로 하는 경우에 빗대어 이르는 말.

행사가 개차반 같다

몸가짐과 하는 짓이 바르지 못하고 지저분하다는 말.

낱말 풀이 **개차반** 1. 개가 먹는 음식이라는 뜻으로, 똥을 이르는 말. 2. 하는 짓이나 마음보가 더러운 사람을 속되게 이르는 말. **행사** 1. 힘 따위를 부려서 씀. 2. 행동이나 하는 짓.

행수 행수 하고 짐 지운다

겉으로는 떠받들고 친한 척하면서 슬쩍 부려 먹거나 이용해 먹는 것을 빗대어 이르는 말.

같은 속담 아저씨 아저씨 하고 길짐[떡 짐]만 지운다

낱말 풀이 **행수** 한 무리의 우두머리를 이르던 말.

행실을 배우라 하니까 포도청 문고리를 뺀다

몸과 마음가짐을 바르게 하라고 가르쳤더니 죄인을 잡아다 가두는 포도청 문고리를 뺀다는 뜻으로, 좋은 버릇을 배워서 행동을 반듯하게 하라고 타이르니까 도리어 더 못된 짓만 하고 돌아다님을 빗대어 이르는 말.

같은 속담 버릇 배우라니까 과부 집 문고리 빼어 들고 엿장수 부른다

행차 뒤에 나발

사또 행차가 다 지나간 뒤에 쓸데없이 나발을 분다는 뜻으로, 1. 제때 안 하다가 뒤늦게 대책을 세우며 서두르는 것을 핀잔하여 이르는 말. 2. 일이 다 끝난 다음에 하는 말과 행동을 빗대어 이르는 말.

같은 속담 사또 떠난 뒤에 나팔 분다

향기 나는 미끼 아래 반드시 죽는 고기 있다

미끼가 좋으면 고기가 걸려들게 된다는 뜻으로, 마음을 끄는 나쁜 꼬임에 걸려들지 말라고 가르쳐 이르는 말.

향불 없는 제상[젯밥]

제사를 지내려면 향불을 피워야 하는데 향불이 없어 제사를 못 지내고 제사를 못 지내서 젯밥을 먹을 수 없다는 뜻으로, 1. 먹을 것을 가져다 두거나 밥상을 받아 놓고 오랫동안 먹지 않고 있는 경우에 빗대어 이르는 말. 2. 없어서는 안

될 가장 중요한 것이 빠진 경우에 빗대어 이르는 말.

허기진 강아지 물찌똥에 덤빈다

굶주린 사람은 음식을 가리지 않는다는 말.

낱말 풀이 **물찌똥** 설사할 때 나오는, 물기가 많은 묽은 똥.

허리띠가 길양식[양식이다]

길 가는 사람이 배가 고파 허리띠를 졸라매고 배고픔을 달래며 간다는 데서, 가난한 사람은 허리띠가 길 가는 데 양식을 대신한다고 빗대어 이르던 말.

낱말 풀이 **길양식** 여행할 때 먹으려고 마련한 먹을거리.

허리띠 속에 상고장 들었다

허술한 허리띠 속에 남에게 함부로 보일 수 없는 상고장이 들어 있다는 뜻으로, 사람이나 물건이 겉보기에는 허름하고 못난 듯이 보여도 실제로는 남보다 뛰어난 재주와 끼를 지니고 있거나 쓸모가 있음을 빗대어 이르는 말.

같은 속담 떨어진 주머니에 어패 들었다 • 베주머니에 의송 들었다

낱말 풀이 **상고장** 상고할 뜻을 표시한 서류.

허리 부러진 장수[호랑이]

위세를 부리다가 기가 꺾여 힘없는 신세가 된 사람을 빗대어 이르는 말.

같은 속담 날개 부러진 독수리[매]

허리에 돈 차고 학 타고 양주에 올라갈까

언제 많은 돈을 마련하여 신선이 탄다는 학을 타고 양주 구경을 갈 수 있겠느냐는 뜻으로, 살면서 늘 바라던 것을 언제 모두 이루어 보겠느냐고 이르던 말.

허리춤에 빗 넣고 시집온 색시 잘산다

옛날에, 몹시 가난하여 허리춤에 빗이나 하나 넣고 시집온 색시가 오히려 살림을 알뜰히 하여 잘살게 된 경우에 이르던 말.

허물 모르는 게 내외

부부 사이에는 숨기는 것이 없어 서로 허물이 없다는 말.

낱말 풀이 **허물** 1. 남에게 비웃음을 살 만한 거리. =흉. 2. 잘못 저지른 실수.

허물이 커야 고름이 많다

물건의 덩치가 크면 그 속에 든 것도 많기 마련이라고 빗대어 이르는 말.

낱말 풀이 **허물** 살갗에서 저절로 일어나는 꺼풀.

허수아비도 제구실을 한다

허수아비가 밭 한가운데에 서 있는 것만으로도 새를 쫓는 구실을 한다는 뜻으로, 아무리 능력이 부족한 사람이라도 제 할 일은 다 한다고 빗대어 이르는 말.

허욕에 들뜨면 눈앞이 어둡다
허욕에 들뜨면 한 치 앞도 못 본다

헛된 욕심이 생기면 제대로 판단하지 못하게 된다는 말.

허욕이 패가라

헛된 욕심이 집안을 망친다는 뜻으로, 욕심이 너무 많으면 위험한 짓도 거리낌 없이 하게 되어 끝내 제 몸뿐 아니라 집안까지 망칠 수 있으니 지나친 욕심을 부려서는 안 된다고 가르쳐 이르는 말.

같은 속담 욕심이 사람 죽인다

허울 좋은 과부[하늘타리/수박/개살구]

겉보기만 좋을 뿐 실속은 하나도 없는 사람이나 물건을 빗대어 이르는 말.

같은 속담 이름 좋은 하늘타리

낱말 풀이 **허울** 실속이 없는 겉모양.

허울 좋은 도둑놈

겉으로는 멀쩡해 보이지만 하는 짓이 몹시 흉악한 사람을 빗대어 이르는 말.

허청 기둥이 측간[뒷간] 기둥 흉본다

자기는 더 큰 허물이 있으면서 남의 작은 허물을 들추어 흉보는 것을 핀잔하여 이르는 말.

같은 속담 뒷간 기둥이 물방앗간 기둥을 더럽다 한다 • 똥 묻은 개가 겨 묻은 개 나무란다 • 똥 묻은 접시가 재 묻은 접시를 흉본다

낱말 풀이 **측간** 사람이 똥오줌을 누는 곳. **허청** 막 쓰는 물건을 쌓아 두는 집채. 흔히 문짝이 없다.

허파에 바람(이) 들다

미덥지 못하게 지나치게 웃어 대는 것을 이르는 관용 표현.

허파에 쉬슨 놈

생각이 없고 줏대가 없는 사람을 욕으로 이르는 말.

낱말 풀이 **쉬슬다** 파리가 여기저기에 알을 낳다.

허파 줄이 끊어졌나

시시덕거리기를 잘하는 사람을 비꼬아 이르는 말.

헌 갓 쓰고 똥 누기

옛날에, 똥을 눌 때에는 갓을 벗는데 헌 갓이라면 쓰고 누어도 그리 허물이 아니라는 뜻으로, 낯을 세우기는 이미 글렀으니 부끄러운 짓을 조금 더 한다고 해도 대수로울 것 없다고 빗대어 이르던 말.

헌 고리도 짝이 있다

아무리 어리숙하고 보잘것없는 사람도 다 제 짝이 있기 마련이라고 이르던 말.

같은 속담 미물도 짝이 있다 • 짚신도 제짝이 있다 • 헌 짚신도 짝이 있다

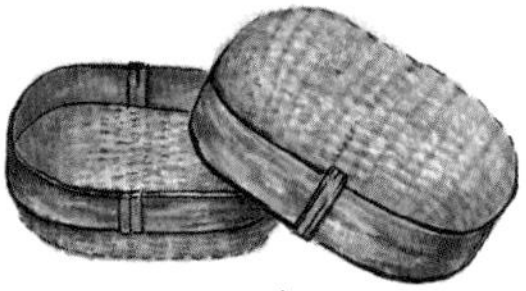

고리

헌머리에 이 꼬이듯[모이듯/박이듯]

머리에 상처가 나서 헐었는데 이까지 끓는다는 뜻으로, 1. 이득이 있는 곳으로 사람들이 떼를 지어 꾸역꾸역 모여드는 모양을 빗대어 이르는 말. 2. 많은 사람이나 물건이 이 틈 저 틈에 잔뜩 들어찬 모양을 빗대어 이르는 말.

낱말 풀이 **이** 이목의 곤충. 사람 몸에 붙어서 피를 빨아 먹는다. **헌머리** 상처가 나서 헌데가 생긴 머리.

헌머리에 이 잡듯

어지럽게 헝클어진 일을 매우 꼼꼼하게 하는 모양을 빗대어 이르는 말.

헌 바자에 개 대가리 나오듯

사람 얼굴이나 어떤 물건이 삐죽이 나온 모양을 빗대어 이르던 말.

헌 배에 물 푸기

낡은 배에 새는 물은 퍼낸다고 막을 수 없다는 뜻으로, 드러난 문제만 다루고 근본적인 대책을 세우지 않으면 일이 해결되지 않는다는 말.

헌 분지 깨고 새 요강 물어 준다

작은 손해를 끼치고 크게 물어 주는 경우에 빗대어 이르는 말.

낱말 풀이 **분지** 똥오줌을 누거나 받아 내는 그릇. **요강** 방에 두고 오줌을 누는 그릇.

헌 섬에 곡식이 더 든다

늙은 사람이 밥을 더 많이 먹음을 빗대어 이르는 말.

헌 옷이 있어야 새 옷이 있다

1. 헌 옷이 있어야 새 옷을 마련하듯이, 낡은 것이 있어야 새것을 만들게 된다는 말. 2. 헌것이 있어야 새것이 좋은 줄 알 수 있다는 말.

헌 정승만치도 안 여긴다

사람을 지나치게 업신여기고 깔보는 경우에 빗대어 이르는 말.

헌 집 고치기

헌 집은 고쳐도 끝이 없다는 뜻으로, 일한 보람이 없이 일거리가 끊이지 않고 생기는 것을 빗대어 이르는 말.

헌 짚신도 짝이 있다

'헌 고리도 짝이 있다'와 같은 속담.

혈복한 놈은 계란에도 뼈가 있다

어지간히 복 없는 사람은 모처럼 좋은 때를 만나도 그 일마저 잘 안된다는 말.

같은 속담 계란에도 뼈가 있다 • 달걀에도 뼈가 있다 • 복 없는 정승은 계란에도 뼈가 있다 • 안되는 놈은 두부에도 뼈라

ㅎ

낱말 풀이 **헐복하다** 어지간히 복이 없다.

헤엄 잘 치는 놈은 물에 빠져 죽고 나무에 잘 오르는 놈은 나무에서 떨어져 죽는다

자기가 지닌 재주를 믿고 잘난 체하며 마음을 놓다가는 큰 실수를 하거나 죽을 수 있다고 빗대어 이르는 말.

같은 속담 나무에 잘 오르는 놈이 떨어져 죽고 헤엄 잘 치는 놈이 빠져 죽는다 • 잘 헤는 놈 빠져 죽고 잘 오르는 놈 떨어져 죽는다

혀가 짧아도 침은 길게 뱉는다

없는 사람이 있는 체하거나 모르는 사람이 아는 체하는 것을 빗대어 이르는 말.

혀 밑에 죽을 말 있다
혀 아래 도끼 들었다

말을 잘못하면 큰 화를 입을 수 있으니 말조심을 하라는 말.

현인은 복을 내리고 악인은 재앙을 만난다

좋은 일을 하면 복을 받고 나쁜 짓을 하면 화를 입게 되므로 어질게 행동하고 악한 짓을 하지 말라고 가르쳐 이르는 말.

낱말 풀이 **현인** 어질고 슬기로운 사람.

혓바닥에 침이나 묻혀라

속내가 훤히 들여다보이는 거짓말을 하는 사람더러 그런 말 같잖은 짓은 그만두라고 꾸짖어 이르는 말.

같은 속담 입술에 침이나 바르지

혓바닥째 넘어간다

먹고 있는 음식이 아주 맛있다는 말.

형만 한 아우 없다

1. 어떤 일을 하는 데는 아무래도 오래 산 형이 동생보다 낫다고 이르던 말. 2. 동생이 형을 생각하는 정보다 형이 동생을 생각하는 정이 더 크다는 말.

형 미칠 아우 없고 아비 미칠 아들 없다

동생이 아무리 잘한다 해도 형만 못하고 아들이 아무리 잘한다 해도 아버지만 못하다는 뜻으로 이르는 말.

형 보니 아우

형이 하는 짓을 보면 그 동생의 말과 행동도 미루어 알 수 있다는 말.

형틀 지고 와서 볼기[매] 맞는다

가만히 있으면 아무 일도 없을 텐데 안 해도 좋을 일을 굳이 해서 화를 입거나 고생을 하는 경우를 빗대어 이르던 말.

같은 속담 곤장을 메고 매 맞으러 간다

호랑이가 굶으면 환관도 먹는다

굶주린 호랑이가 내시라고 안 잡아먹겠느냐는 뜻으로, 형편이 몹시 어렵거나 사정이 몹시 급한 사람은 아무것도 가리지 않고 막된 짓까지 마구 하게 됨을 빗대어 이르는 말.

같은 속담 굶주린 범이 원님 알아보랴 • 배고픈 호랑이가 원님을 알아보나 • 사흘 굶은 범이 원님을 안다더냐 • 새벽 호랑이가 중이나 개를 헤아리지 않는다

낱말 풀이 **환관** 옛날에, 궁중에서 임금의 시중을 들던 남자. =내시.

ㅎ

호랑이가 새끼 치겠다

얼마나 김을 매지 않았는지 깊은 산속에 사는 호랑이가 밭에 내려와 새끼를 치겠다는 뜻으로, 논밭의 김을 잘 매라고 꾸짖어 이르던 말.

같은 속담 밭에서 호랑이가 새끼 치게 되었다 • 범이 새끼를 치게 되었다

호랑이가 시장하면 코에 묻은 밥풀도 핥는다

격식을 차리던 사람도 배가 고프면 체면을 잃게 된다고 빗대어 이르는 말.

호랑이가 호랑이를 낳고 개가 개를 낳는다

모든 일은 근본이나 원인에 따라 그에 걸맞은 결과가 나온다는 말.

같은 속담 가시나무에 가시가 난다 • 대 끝에서 대가 나고 싸리 끝에서 싸리가 난다 • 대 뿌리에서 대가 난다 • 배나무에 배 열리지 감 안 열린다 • 오이 덩굴에 오이 열리고 가지 나무에 가지 열린다 • 왕대밭에 왕대 난다 • 외 덩굴에 가지 열릴까[달릴까] • 외 심은 데 콩 나랴 • 조 심은 데 조 나고 콩 심은 데 콩 난다 • 콩 날 데 콩 나고 팥 날 데 팥 난다 • 콩 심은 데 콩 나고 팥[조] 심은 데 팥[조] 난다 • 팥을 심으면 팥이 나오고 콩을 심으면 콩이 나온다

호랑이 개 물어 간 것만 하다

몹시 미워하던 개를 호랑이가 물어 간 것만큼이나 속이 시원하다는 뜻으로, 걱정을 끼치거나 마음에 께름칙하던 것이 없어져서 속이 거뜬하고 시원한 경우에 빗대어 이르는 말.

같은 속담 개 호랑이가 물어 간 것만큼 시원하다 • 앓던 이 빠진 것 같다

호랑이 개 어르듯

1. 속으로 해칠 생각을 하면서 겉으로는 좋은 낯빛으로 슬슬 달래어 마음을 사

려고 하는 짓을 빗대어 이르는 말. 2. 남의 넋을 잃게 만들어 놓고 쥐락펴락하며 놀리는 모양을 빗대어 이르는 말.

호랑이 굴에 가야 호랑이 새끼를 잡는다

뜻하는 바를 이루기 위해서는 필요한 조건을 갖추거나 그에 마땅한 일을 노력해야 한다고 빗대어 이르는 말.

같은 속담 굴에 들어가야 범을 잡는다 • 굴을 파야 금을 얻는다 • 범을 잡자면 범의 굴에 들어가야 한다 • 범의 굴에 들어가야 범을 잡는다 • 산에 가야 범을 잡지[잡는다] • 산엘 가야 꿩을 잡고 바다엘 가야 고기를 잡는다 • 진주를 찾으려면 물속에 들어가야 한다

호랑이 꼬리를 잡은 셈

이러지도 저러지도 못하는 매우 딱한 처지에 놓임을 빗대어 이르는 말.

같은 속담 범의 꼬리를 잡고[붙잡고] 놓지 못한다

호랑이 날고기 먹는 줄 누가 모르랴
호랑이 날고기 먹는 줄은 다 안다

1. 호랑이가 날고기를 먹는다는 사실은 누구나 다 안다는 뜻으로, 세상 모두가 뻔히 알고 있는 사실을 빗대어 이르는 말. 2. 본디 나쁜 속내는 아무리 가리려고 애써도 드러나기 마련이니 굳이 숨길 필요가 없다는 말.

같은 속담 범이 날고기 먹을 줄 모르나[모르랴]

ㅎ

호랑이는 세 살 먹은 어린애가 봐도 호랑인 줄 안다

1. 성질이 악하고 모진 사람은 누구 앞에서도 그 본성이 드러나기 마련이라는 말. 2. 용감하고 위엄 있는 사람은 누구나 알아본다는 말.

호랑이는 제 새끼를 벼랑에서 떨어뜨려 본다[보고 기른다]

자식을 훌륭하게 기르려면 어려서부터 엄하게 대해야 한다는 말.

호랑이는 죽어서 가죽을 남기고 사람은 죽어서 이름을 남긴다

호랑이가 죽어서 가죽을 남기듯이, 사람은 사는 동안 보람 있고 값있는 일을 많이 해서 죽은 뒤에 그 이름을 남겨야 한다고 빗대어 이르는 말.

같은 속담 사람은 죽으면 이름을 남기고 범은[호랑이는] 죽으면 가죽을 남긴다

호랑이 담배 먹을[피울] 적

지금과는 형편이 다른 아주 까마득한 옛날을 이르는 말.

같은 속담 범이 담배를 피우고 곰이 막걸리를 거르던 때

호랑이더러 날고기 봐 달란다

욕심 사나운 사람에게 맡기면 틀림없이 떼일 것을 알면서도 소중한 물건을 맡기면서 잘 봐 달라고 하는 어리석음을 빗대어 이르는 말.

같은 속담 범 아가리에 날고기 넣은 셈 • 호랑이에게 개 꾸어 준 셈

호랑이도 곤하면 잔다

1. 누구나 피곤할 때는 쉬는 것이 당연한 일이라는 말. 2. 일이 잘 안되고 자주 실패할 때는 차라리 좀 쉬면서 때를 기다리는 게 낫다는 말.

낱말 풀이 **곤하다** 1. 몸이 몹시 지쳐서 기운이 없다. 2. 잠이 깊다.

호랑이도 새끼가 열이면 스라소니를 낳는다

자식이 많으면 그 가운데 제구실을 못하는 자식도 있다고 빗대어 이르는 말.

호랑이도 쏘아 놓고 나면 불쌍하다

아무리 밉던 사람도 죽을 때는 불쌍하게 여겨진다는 말.

호랑이도 자식 난 골에는 두남둔다

호랑이같이 사나운 짐승도 제 새끼를 둔 골짜기는 끔찍이 여기고 살펴본다는 뜻으로, 비록 악한 사람이라도 제 자식은 늘 마음에 두고 아끼며 돌본다고 빗대어 이르는 말.

같은 속담 범도 새끼 둔 골을 두남둔다[센다] • 범도 제 새끼 놔둔 곳을 센다 • 자식 둔 골[곳]에는 호랑이도 두남둔다 • 짐승도 제 새끼는 사랑한다

호랑이도 제 말 하면 온다

깊은 산에 있는 호랑이도 제 이야기를 하면 찾아온다는 뜻으로, 1. 그 자리에 없는 어떤 사람에 대해 이야기를 하는데 때마침 그 사람이 나타나는 경우에 이르는 말. 2. 어디에서든 그 자리에 없는 사람을 흉보지 말고 말조심하라는 말.

같은 속담 까마귀 제 소리 하면 온다 • 범도 제 말[소리] 하면 온다 • 시골 놈 제 말 하면 온다

호랑이도 제 새끼가 곱다고 하면 물지 않는다
호랑이도 제 새끼를 사랑하면 좋아한다

누구나 제 자식을 칭찬해 주면 좋아함을 빗대어 이르는 말.

같은 속담 개도 제 새끼를 귀애하는 시늉을 보이면 좋아한다 • 고슴도치도 제 새끼가 함함하다면 좋아한다

호랑이도 제 숲만 떠나면 두리번거린다

아무리 뛰어난 사람도 환경과 조건이 바뀌면 낯설어서 조심하게 된다는 말.

호랑이를 그리려다가 강아지[고양이]를 그린다
호랑이를 잡으려다가 토끼를 잡는다

뜻을 크게 가지고 시작했으나 재주와 힘이 모자라 결과가 시원찮게 나왔거나 엉뚱한 것을 만들게 된 경우를 빗대어 이르는 말.

같은 속담 범을 그리려다 개[고양이]를 그린다

호랑이 보고 창구멍 막기

호랑이가 들어올까 걱정하여 창에 낸 구멍부터 틀어막는다는 뜻으로, 급한 나머지 어리석은 방법으로 어설프게 둘러맞추려는 모양을 비웃어 이르는 말.

같은 속담 범 본 놈[여편네/할미] 창구멍 틀어막듯

호랑이 새끼는 자라면 사람을 물고야 만다

호랑이의 무는 성질이 새끼 때는 나타나지 않다가도 자라면 나타나듯이, 무엇이나 어떤 단계에 이르면 반드시 결과가 나타나게 된다고 빗대어 이르는 말.

같은 속담 용이 여의주를 얻으면 하늘로 올라가고야 만다

호랑이 없는 골에 토끼가 왕 노릇 한다
호랑이 없는 동산에 토끼가 선생 노릇 한다

뛰어난 사람이 없는 곳에서 하찮은 사람이 높은 자리를 차지하고 잘난 체하며 나서는 꼴을 비웃어 이르는 말.

같은 속담 범 없는 골에 삵이 범 노릇 한다 • 사자 없는 산에 토끼가 왕[대장] 노릇 한다 • 혼자 사는 동네 면장이 구장

호랑이에게 개 꾸어 준 셈

'호랑이더러 날고기 봐 달란다'와 같은 속담.

호랑이에게 고기 달란다

고기를 즐겨 먹는 호랑이에게 고기를 달라고 하면 줄 리가 없다는 뜻으로, 상대에게 꼭 필요한 것을 달라고 함을 빗대어 이르는 말.

같은 속담 고양이에게 반찬 달란다

호랑이에게 물려 가도 정신만 차리면 산다

아무리 위험한 처지에 놓이더라도 정신만 똑똑히 차리고 용기를 내면 벗어날 수 있다고 빗대어 이르는 말.

같은 속담 물에 빠져도 정신만 잃지 말라 • 범에게 물려 가도 정신만 차리면 산다

호랑이에게 물려 갈 줄 알면 누가 산에 갈까

1. 호랑이를 만나 화를 입을 줄 알았다면 누가 구태여 산에 가겠느냐는 뜻으로, 처음부터 위험할 줄 알았다면 누구도 그 일에 나서지 않았을 것이라는 말.
2. 누구나 일을 처음 할 때 실패를 먼저 생각하고 하는 사람은 없다는 말.

같은 속담 호환을 미리 알면 산에 갈 이 뉘 있으랴

호랑이 잡을 칼로 개를 잡는다[잡는 것 같다]

호랑이를 잡을 큰 칼로 작은 개를 잡는다는 뜻으로, 1. 작은 도구로도 쉽게 할 수 있는 일을 쓸데없이 큰 도구를 써서 하는 경우를 빗대어 이르는 말. 2. 큰일에 쓰일 뛰어난 사람을 시답잖은 일에 쓰는 경우를 빗대어 이르는 말. 3. 칼이 잘 들지 않음을 이르는 말.

ㅎ

호랑이 제 새끼 안 잡아먹는다

사납고 힘이 세 산짐승 가운데 왕이라고 하는 호랑이도 제 새끼를 위한다는 뜻으로, 누구나 제 자식은 다 사랑한다고 빗대어 이르는 말.

호랑이 코빼기에 붙은 것도 떼어 먹는다

1. 잇속을 위한 일이라면 어떤 위험도 무릅쓰고 하는 것을 빗대어 이르는 말. 2. 눈앞에 닥친 일이 급해서 위험을 무릅쓰고서라고 하지 않으면 안 되는 경우를 빗대어 이르는 말.

호미로 막을 것을 가래로 막는다

1. 적은 힘으로 충분히 할 수 있는 일을 쓸데없이 큰 힘을 들여 하는 경우를 빗대어 이르는 말. 2. 일이 커지기 전에 처리했으면 쉽게 해결되었을 일을 내버려두고 있다가 나중에 큰 힘을 들이게 된 경우를 빗대어 이르는 말.

읽을거리 호미는 사람 손을 대신하던 농기구야. 주로 풀을 뽑을 때 쓰지만 씨를 뿌리거나 고구마나 감자 따위를 캘 때도 써. 호미는 우리나라에만 있는 농기구인데 이제는 다른 나라에도 수출하고 있어. 옛날에 모내기가 끝나면 7월 무렵에 '호미씻이'라는 잔치를 했어. 농사일을 하루 쉬면서 먹고 마시며 신나게 노는 거야. 논밭에 김을 다 매어 호미를 씻어 두고 노는 날이라고 '호미씻이'라는 이름이 붙었다고 해.

호미질

호박 나물에 힘쓴다

1. 몸이 튼튼하지 못한 사람이 가벼운 것을 들고도 쩔쩔매는 경우에 놀리어 이르는 말. 2. 쉽고 대수롭지 않은 일에 애를 쓰거나 쓸데없는 일에 괜히 화를 내는 경우에 비웃어 이르는 말.

호박 넝쿨과 딸은 옮겨 놓은 데로 간다
호박순은 돌려놓는 대로 뻗는다

1. 호박 넝쿨은 세워 준 가지를 따라 뻗어 올라가고 딸은 혼인한 남편을 따라가게 마련이라는 뜻으로, 딸을 시집보낼 때는 사윗감을 잘 골라야 한다고 빗대어

이르던 말. 2. 자식은 가르치기에 따라 달라지므로 잘 교육해야 한다고 빗대어 이르는 말.

호박 넝쿨 뻗을 적 같아서는 강계, 위연, 초산을 뒤엎을 것 같다
호박 넝쿨 뻗을 적 같아서는 온 천하를 뒤덮을 것 같지
호박 덩굴이 뻗을 적 같아서야

한창 기운이 뻗칠 때에는 다 잘될 것 같지만 결과는 두고 보아야 안다는 말.

같은 속담 칡덩굴 뻗을 적 같아서는 강계, 위연, 초산을 다 덮겠다

호박씨 까서 한입에 털어 넣는다

1. 애써 조금씩 모은 것을 한꺼번에 보람 없이 써 버리는 경우에 빗대어 이르는 말. 2. 겨우 모은 돈을 다른 사람에게 몽땅 빼앗기는 경우에 빗대어 이르는 말.

호박에 말뚝 박기

1. 아주 모질고 심술궂은 짓을 빗대어 이르는 말. 2. 아주 하기 쉬운 일을 빗대어 이르는 말.

같은 속담 호박에 침주기

호박에 침주기

1. 아무리 건드려도 아무런 반응이 없는 것을 빗대어 이르는 말. 2. 아주 하기 쉬운 일을 빗대어 이르는 말.

같은 속담 호박에 말뚝 박기

호박은 떡잎부터 좋아야 한다

무슨 일이나 시작할 때부터 잘되어야 결과가 좋음을 빗대어 이르는 말.

ㅎ

호박(을) 쓰고 돼지 굴로 들어간다

돼지가 좋아하는 호박을 머리에 뒤집어쓰고 돼지 굴로 들어가면 돼지에게 물리듯이, 아무 대책 없이 위험에 뛰어들어 제 스스로 망하는 길로 들어가는 경우에 빗대어 이르는 말.

호박이 굴렀다[떨어졌다]
호박이 넝쿨째로 굴러떨어졌다
호박이 떨어져서 장독으로 굴러 들어간다

뜻밖에 좋은 물건을 얻거나 행운을 만났을 때 빗대어 이르는 말.

같은 속담 굴러온 호박 • 선반에서 떨어진 떡 • 시렁에서 호박 떨어진다 • 아닌 밤중에 찰시루떡

호박잎에 청개구리 뛰어오르듯

1. 나이 어린 사람이 웃어른에게 버릇없이 구는 것을 욕으로 이르는 말. 2. 건방진 말을 툭툭 하며 마구잡이로 행동하는 것을 꾸짖어 이르는 말.

호환을 미리 알면 산에 갈 이 뉘 있으랴

'호랑이에게 물려 갈 줄 알면 누가 산에 갈까'와 같은 속담.

낱말 풀이 **호환** 호랑이에게 사람이나 가축이 입는 화.

혹 떼러 갔다가 혹 붙여 온다

1. 자기 짐을 덜려고 하다가 오히려 다른 일까지 떠맡게 된 경우를 빗대어 이르는 말. 2. 이익을 얻으려다가 도리어 손해를 본 경우를 빗대어 이르는 말.

읽을거리 옛날에 목에 커다란 혹이 달린 영감이 살았어. 하루는 산에 나무를 하러 갔다가 날이 저물었어. 빈집에 하룻밤 묵으러 들어갔지. 혼자 심심하니까 노래를 불렀는데 글쎄 도깨비들이 나타나 네 고운 노랫소리가 어디서 나오냐고 묻더래. 영

감은 목에 달린 혹에서 나온다고 했지. 그랬더니 도깨비들이 냅다 금은보석을 던져 주고 혹을 떼어 갔대. 그 덕분에 영감은 혹도 떼고 부자가 되었지. 다른 혹부리 영감이 그 말을 듣고 똑같이 빈집을 찾아가 밤이 되기를 기다렸어. 밤이 되어 노래를 부르고 있자니 정말 도깨비들이 나타났어. 이번에도 도깨비들이 네 노랫소리가 어디서 나오냐고 묻더래. 혹부리 영감은 옳다구나 하면서 혹에서 나오는 것이라고 했지. 그랬더니 도깨비들이 전에 어떤 영감이 와서 거짓말을 하더니 너도 그렇구나 하면서 혹을 하나 더 붙여 놓고 가더래. 그렇게 혹 떼러 갔다가 혹 붙이고 온다는 말이 생겼다는 이야기야.

혹시가 사람 잡는다

혹시 하면서 마땅히 해야 할 일을 안 하다가 돌이킬 수 없는 결과를 가져올 수 있으니 조심하라는 말.

혼사 말 하는데 상사[장사] 말 한다

1. 하고 있는 말과 아무 관련 없는 엉뚱한 말을 꺼내는 경우에 빗대어 이르는 말.
2. 기쁘고 좋은 일에 대해 말하는데 주책없이 나쁜 일에 대해 말하는 경우를 빗대어 이르는 말.

낱말 풀이 **상사** 사람이 죽은 사고. **장사** 죽은 사람을 땅에 묻거나 불에 태우는 일. **혼사** 혼인에 관한 일.

혼인과 물길은 끌어 대기에 달렸다

혼인은 서로 잘 이어 주기만 하면 이루어진다는 말.

혼인날 등창이 난다

혼인하는 날에 등에 큰 부스럼이 난다는 뜻으로, 어떤 일이 가까이 닥쳐오는 때에 뜻하지 않은 걸림돌이 생긴 경우를 빗대어 이르는 말.

같은 속담 시집갈 날[때] 등창이 난다

ㅎ

혼인날 똥 쌌다

남에게 잘 보이려고 할 때 뜻하지 않게 실수를 하여 낯부끄럽게 된 경우를 빗대어 이르는 말.

혼인 뒤에 병풍 친다

혼인날 병풍을 쳐야 하는데 혼인 잔치가 끝난 뒤에 병풍을 친다는 뜻으로, 이미 때를 지나 다 끝난 다음에야 무슨 일을 하려는 경우를 비꼬아 이르는 말.

같은 속담 여드레 병풍 친다 • 열흘날 잔치에 열하룻날 병풍 친다

혼인에 가난이 든다

혼인 잔치에 돈과 재물을 지나치게 쓰면 가난이 뒤따른다는 뜻으로, 잔치를 크게 벌여 낭비하지 말라고 가르쳐 이르는 말.

혼인에 트레바리

혼인은 좋은 일인데 까닭 없이 반대한다는 뜻으로, 남의 말이라면 좋은 일까지 마냥 반대만 하는 경우를 빗대어 이르는 말.

낱말 풀이 **트레바리** 까닭 없이 남의 말에 반대하기를 좋아하는 성미. 또는 그런 성미를 가진 사람.

혼인집에서 신랑 잃어버렸다

무슨 일을 하는 데 없어서는 안 될 가장 중요한 것을 잊어버리거나 잃어버린 경우에 빗대어 이르는 말.

같은 속담 장가가는 놈이 무엇 떼 놓고 간다

혼인치레 말고 팔자치레 하랬다

옛날에, 혼인 잔치를 크게 하고 못사는 것보다 잔치는 작게 해도 잘 살기만 하

면 된다고 이르던 말.

혼자 사는 동네 면장이 구장

1. 아랫사람이 없기 때문에 모든 일을 자기 혼자 도맡아 해야만 하는 처지를 빗대어 이르는 말. 2. 뛰어난 사람이 없는 곳에서 하찮은 사람이 높은 자리를 차지하고 잘난 체하며 나서는 꼴을 비웃어 이르는 말.

같은 속담 호랑이 없는 골에 토끼가 왕 노릇 한다

낱말 풀이 **구장** 예전에, 시골 동네의 우두머리를 이르던 말.

혼쭐난 영감 딸 집 다니듯

어느 곳을 주책없이 허둥지둥 드나드는 모양을 빗대어 이르는 말.

홀시어머니 거느리기가 벽에 오르기보다도 어렵다

혼자된 시어머니는 모시기가 더욱 어렵다는 말.

홀아비 굿 날 물리듯[물려 가듯]
홀아비 법사 끌듯

마음에 없는 일을 이 핑계 저 핑계 대면서 하루 이틀 질질 미룬다는 말.

홀아비는 이가 서 말이고 홀어미[과부]는 은이 서 말이라

옛날에, 홀아비 살림은 가난한 티가 나고 과부 살림은 넉넉하다는 뜻으로, 여자는 혼자 살아갈 수 있어도 남자는 혼자서 살아가기가 힘들다고 이르던 말.

홀아비 집 앞은 길이 보얗고 홀어미 집 앞은 큰길 난다

홀아비는 찾는 사람이 적지만 홀어미는 많은 사람들이 찾아든다는 말.

홀알에서 병아리 나랴

수정되지 않은 알에서 병아리가 생겨날 수 없다는 뜻으로, 무슨 일이든 조건이 갖추어지지 않고서는 이루어질 수 없다고 빗대어 이르는 말.

낱말 풀이 **홀알** 짝짓기를 하지 않고 암컷이 혼자서 낳은 알. =무정란.

홀어미 유복자 위하듯

홀어미가 아버지 얼굴도 보지 못하고 난 자식을 불쌍히 여기고 남달리 아끼듯이, 무엇을 몹시 소중히 여기며 위하는 경우에 빗대어 이르는 말.

낱말 풀이 **유복자** 아버지가 죽은 뒤에 태어난 자식.

홀짝술이 말술[사발술] 된다

술을 홀짝거리며 조금밖에 못 마시던 사람이 차츰 많이 마시게 되는 경우를 빗대어 이르는 말.

홈통은 썩지 않는다

창문은 늘 열고 닫으므로 홈통이 썩을 새가 없다는 뜻으로, 1. 어떤 일이든 쉼없이 꾸준하고 부지런히 해야 실수가 없고 탈이 생기지 않는다고 빗대어 이르는 말. 2. 물건이나 재능은 묵혀 두지 말고 늘 잘 써야 한다고 빗대어 이르는 말.

같은 속담 돌쩌귀에 녹이 슬지 않는다

홍길동이 합천 해인사 털듯[털어먹듯]

1. 미처 생각지 못한 때에 나타나 아무것도 남기지 않고 깡그리 빼앗아 가는 것을 이르는 말. 2. 차려 놓은 음식을 하나도 남기지 않고 죄다 먹어 버린 것을 놀리어 이르는 말.

읽을거리 우리나라 최초의 한글 소설 〈홍길동전〉에 나오는 이야기야. 〈홍길동전〉은 조선 시대 허균이 썼어. 합천 해인사에 있는 중들이 권세 있는 사람들을 등에 업고 툭하면 백성들에게 재물을 바치게 하거나 잡아 가두거나 매질을 했대. 그러자 홍길동이 자기는 대감 댁 도련님처럼 꾸미고, 부하 수십 명은 하인처럼 꾸민 뒤 흰쌀과 음식을 바리바리 이고 지고 해인사에 갔어. 떡 벌어지게 상을 차려 놓고 음식을 먹는데 홍길동이 슬쩍 모래알을 밥에 넣고 지끈 소리가 나게 씹었어. 그러고는 일부러 성을 내며 중들을 꾸짖고 꽁꽁 묶고는 절간에 있던 재물과 곡식을 남김없이 가져 갔지. 그렇게 무엇을 아무것도 남기지 않고 싹 쓸어 가거나 음식을 조금도 남기지 않고 다 먹을 때 "홍길동이 합천 해인사 털어먹듯" 한다고 말해 왔던 거야.

홍두깨 같은 자랑

몹시 부풀려서 늘어놓는 자랑을 빗대어 이르는 말.

낱말 풀이 **홍두깨** 다듬잇감을 감아서 다듬이질할 때에 쓰는, 단단한 나무로 만든 도구.

홍두깨로 소를 몬다

가는 회초리로 몰아야 할 소를 엄청 크고 굵은 홍두깨로 몬다는 뜻으로, 알맞은 것이 없거나 몹시 급하다고 무리한 일을 억지로 하는 것을 빗대어 이르는 말.

홍두깨 세 번 맞아 담 안 뛰어넘는 소가 없다

아무리 잘 참는 사람도 정도가 지나치게 대하면 맞대들기 마련이라는 말.

홍두깨에 꽃이 핀다

뜻밖에 좋은 일이 생긴 경우를 빗대어 이르는 말.

홍시 떨어지면 먹으려고 감나무 밑에 가서 입을 벌리고 누웠다

아무런 애도 쓰지 않으면서 좋은 결과가 이루어지기만 바라는 것을 비웃는 말.

같은 속담 감나무 밑에 누워서 홍시[연시] (입안에) 떨어지기를 기다린다[바란다] • 배나무 밑에 앉아 선 배 떨어지기를 기다린다 • 입에 떨어지는 사과를 기다리는 격

읽을거리 감나무는 감을 따 먹으려고 기르는 과일나무야. 감꽃은 한 그루에 암꽃과 수꽃이 같이 피는데 연한 노란빛이야. 가을에 잎이 다 떨어지고 빨갛게 익은 감만 드러날 때 감을 따. 감은 흔히 서리가 오기 전에 따. 까치가 먹으라고 몇 개 남겨 두는 감을 까치밥이라고 해. 말랑말랑 잘 익은 감은 홍시라고 하는데 달고 맛있어. 덜 익은 감도 항아리에 넣어 두면 떫은맛이 사라지고 홍시가 돼. 덜 익은 감을 껍질을 벗겨 말리면 쫀득쫀득한 곶감이 되지. 곶감은 겨우내 두고 먹을 수 있어.

홍시 먹다가 이 빠진다[빠지겠다]

익을 대로 다 익어 물렁해진 감을 먹다가 이가 빠지겠다는 뜻으로, 1. 너무 어처구니가 없는 일을 빗대어 이르는 말. 2. 쉬운 일이라고 마음을 놓으면 생각하지 않던 실수가 있을 수 있으니 조심하라는 말. 3. 일이 자꾸 꼬이고 틀어지는 것을 빗대어 이르는 말.

같은 속담 두부 먹다 이 빠진다

홍역은 관 속에 들어가서도 한다
홍역은 평생에 안 걸리면 무덤에서라도 앓는다

옛날부터 홍역은 누구나 꼭 한 번은 앓는다고 일러 오던 말.

낱말 풀이 **홍역** 열이 많이 나고 입안에 작은 반점이 돋고 온몸에 붉은색 발진이 생기는 전염병. 흔히 어린 아이가 잘 걸리며, 한번 앓으면 다시 걸리지 않는다.

홍제원 인절미[찰떡]

몹시 야무지고 까다로우며 빈틈없는 사람을 빗대어 이르는 말.

낱말 풀이 **홍제원** 조선 시대에, 중국 사신들이 서울 성 안에 들어오기 전에 임시로 묵던 집. 현재의 서울 특별시 서대문구 홍제동에 있었다.

화가 복(이) 된다

뜻밖에 입은 화가 도리어 좋은 결과를 가져오게 된 경우를 빗대어 이르는 말.

화난 김에 돌부리 찬다

함부로 화풀이를 하다가 도리어 손해를 본다는 말.

화는 입기 쉬워도 벗기 힘들다

화를 당하면 그 영향이 오래도록 미친다는 말.

화는 홀로 다니지 않는다

한 가지 불행에 뒤이어 또 다른 불행이 닥친 경우에 빗대어 이르는 말.

화롯가에[화롯전에다] 엿을 붙이고 왔나

화롯가에 붙이고 온 엿이 녹을까 봐 걱정이 되어 가려고 하느냐는 뜻으로, 집으로 빨리 돌아가려고 몹시 조급하게 구는 사람에게 놀리어 이르는 말.

화로

같은 속담 가마목에 엿을 놓았나 • 노구 전에 엿을 붙였나 • 솥뚜껑에 엿을 놓았나 • 이불 밑에 엿 묻었나

낱말 풀이 **화롯전** 화로에서 넓적하게 되어 있는 가장자리 부분.

ㅎ

화약을 지고 불로[불 속에] 들어간다

위험한 처지에 놓인 사람이 스스로 더 위험한 곳을 찾아가는 경우를 빗대어 이르는 말.

화재 난 데 도둑질

남의 불행을 도와주지는 못할망정 도리어 그것을 나쁘게 써먹어 제 이익으로 삼는 경우를 욕으로 이르던 말.

화초밭의 괴석

아무리 시시해 보이는 것도 제자리에 알맞게 쓰이면 가치가 드러난다는 말.

낱말 풀이 **괴석** 모양이 이상야릇하게 생긴 돌.

확 깊은 집에 주둥이 긴 개가 들어온다

일이 마침 알맞게 잘되어 가는 경우에 빗대어 이르는 말.

같은 속담 대문턱 높은 집에 정강이 높은 며느리 들어온다 • 문턱 높은 집에 무종아리 긴 며느리 생긴다

낱말 풀이 **확** 방앗공이로 찧을 수 있게 돌절구 모양으로 우묵하게 판 돌. =방아확.

활과 과녁이 서로 맞는다

하려는 일과 주어진 기회가 꼭 들어맞는 경우에 빗대어 이르는 말.

활을 당기어 콧물을 씻는다

어떤 일을 하려고 생각하다가 뜻밖에 좋은 기회가 생겨 그 일을 해치우는 경우에 빗대어 이르는 말.

같은 속담 떡 본 김에 굿한다[제사 지낸다] • 소매 긴 김에 춤춘다

활이야 살이야

본디 활터에서 사람이 다치지 않도록 못 오게 소리치던 말로, 남을 큰 소리로 호되게 오래 꾸짖는 것을 빗대어 이르는 말.

활이 있으면 살이 생긴다

무엇을 할 수 있는 바탕이나 조건이 마련되어 있으면 거기에 기초하여 일을 이루어 나갈 수 있음을 빗대어 이르는 말.

활인불은 골마다 난다

사람의 목숨을 살리는 부처는 골마다 난다는 뜻으로, 아무리 형편이 어렵더라도 도와주는 사람이 있어서 어디서든 다 살아갈 수 있다는 말.

같은 속담 사람 살 곳은 가는 곳마다 있다

낱말 풀이 **활인불** 사람 목숨을 구하여 살리는 부처.

황금 천 냥이 자식 교육만 못하다

자식에게 돈을 물려주는 것보다 자식을 잘 가르치는 것이 더 중요하다는 말.

같은 속담 돈 모아 줄 생각 말고 자식 글 가르쳐라

황새 여울목[논두렁] 넘겨다보듯

황새가 잡아먹을 게 있나 하고 여울목을 넘겨다보듯이, 얻을 것이 없나 하고 목을 길게 빼서 엿보거나 넘겨다보는 모양을 빗대어 이르는 말.

같은 속담 왜가리 (새) 여울목 넘어다보듯

낱말 풀이 **여울목** 강이나 바다에서 바닥이 얕거나 폭이 좁아 물살이 세게 흐르는 데 생긴 턱진 곳.

황새 올미 주워 먹듯

음식을 잘 주워 먹는다는 말.

황새 조알 까먹은 것 같다

먹은 것이 너무 적어서 먹은 둥 만 둥 양에 차지 않거나 이름만 그럴싸하지 실속이 없는 경우를 빗대어 이르는 말.

황소같이 벌어서 다람쥐같이 먹어라

열심히 일하고 많이 벌어서 쓸 때는 아주 아껴 쓰라는 말.

황소 뒷걸음에 잡힌 개구리
황소 뒷걸음치다가 쥐 잡는다

어리석은 사람이 우연히 알아맞히거나 어쩌다 보니 일이 저절로 이루어진 경우를 빗대어 이르는 말.

황소 불알 떨어지면 구워 먹으려고 다리미에 불 담아 가지고 다닌다

아무런 애도 쓰지 않고 언제 이루어질지 모를 일을 마냥 기다리거나 도무지 될 턱이 없는 것만 헛되이 바라는 어리석음을 비웃어 이르는 말.

같은 속담 소불알 떨어지면 구워 먹겠다고 소금 가지고 따라다닌다 • 쇠불알 떨어지면 구워 먹기 • 오뉴월 쇠불알 떨어지기를 기다린다

낱말 풀이 **다리미** 옷이나 천을 문질러서 주름이나 구김을 펴고 줄을 세우는 데 쓰는 도구. 옛날에는 숯불로 바닥을 뜨겁게 달구어 썼다.

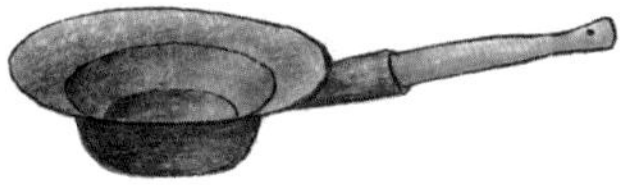

다리미

황소 얼음판 건듯

1. 넘어질까 봐 조심조심 걷는 걸음걸이를 빗대어 이르는 말. 2. 어떤 일을 너무 조심스럽게 하면서 어물어물하여 나아가지 않는 모양을 빗대어 이르는 말.

황소 제 이불 뜯어 먹기

황소가 제 등을 덮어 준 덕석을 뜯어 먹는다는 뜻으로, 제게 이익이 되는 것을 제 손으로 없애거나 어떤 일을 한 결과가 제게 손해를 입히는 경우에 빗대어 이르는 말.

황아장수 돈고리 같다

자질구레한 물건을 팔러 다니는 장사꾼의 돈고리 같다는 뜻으로, 닳고 닳아 몹시 유들유들하고 매끄러운 사람을 빗대어 이르는 말.

낱말 풀이 **돈고리** 예전에, 돈을 넣어 가지고 다니던 작은 고리. **황아장수** 집집마다 찾아다니며 담배쌈지, 바늘, 실 따위의 자질구레한 물품을 파는 사람.

황아장수 잠자리 옮기듯

황아장수가 집집마다 찾아다니며 물건을 파느라 잠자리를 자주 옮기듯이, 사는 곳을 자주 옮기거나 일을 자주 바꾸는 것을 빗대어 이르는 말.

황충이 간 데는 가을도 봄

메뚜기 떼가 한번 지나가면 농작물이 크게 해를 입어 가을에도 씨 뿌리기 전 봄처럼 거두어들일 것이 없다는 뜻으로, 1. 훼방꾼이 나타나거나 불행이 겹쳐서 다 되어 가던 일을 망치는 경우에 빗대어 이르는 말. 2. 나쁜 놈은 가는 곳마다 나쁜 영향을 끼친다고 빗대어 이르는 말.

낱말 풀이 **황충** 메뚜깃과 곤충. '풀무치'를 가리킨다.

ㅎ

황해도 처녀 (밤낮을 모른다)

옛날에, 황해도 처녀들은 구월산이 높아 그 그림자 때문에 밤과 낮을 가리지 못했다는 데서, 밤낮없이 부지런히 일하는 것을 빗대어 이르는 말.

황해도 판수 가얏고 따르듯

황해도 사는 판수가 덮어놓고 가야금 소리를 듣고 따라 간다는 뜻으로, 무턱대고 허둥지둥 뒤따라가는 것을 빗대어 이르는 말.

낱말 풀이 **가얏고** '가야금'을 달리 이르는 말.
판수 점치는 일로 먹고사는 눈먼 사람.

가얏고

황희 정승네 치마 하나 가지고 세 어이딸이 입듯

여럿이서 옷 한 벌을 가지고 번갈아 입는 것을 빗대어 이르는 말.

읽을거리 조선 시대에 황희 정승은 바르고 훌륭한 사람으로 이름났어. 오죽하면 조선 시대 통틀어 가장 이름나고 존경받는 정승이라고 했겠어. 하지만 워낙 바르고 재물에 욕심이 없는 사람이다 보니 살림살이는 늘 넉넉하지 않고 먹고살기 힘들었대. 그래서 부인과 두 딸이 치마 하나를 서로 번갈아 가며 입었다는 데서 나온 말이야.

낱말 풀이 **어이딸** 어미와 딸을 아울러 이르는 말.

횃대 밑 사내

1. 밖에서는 남들에게 꼼짝 못 하면서도 집 안에서는 큰소리치는 남자를 빗대어 이르는 말. 2. 밖에 나가지 않고 늘 방구석에만 박혀 있는 똑똑하지 못한 남자를 빗대어 이르는 말.

횃대

낱말 풀이 **횃대** 옷을 걸 수 있게 벽에 달아맨 막대. 옛날에 옷장이 없는 집에서는 흔히 방 아랫목 한구석에 기름한 막대를 달아매고 두루마기나 장옷 같은 옷을 걸쳐 놓았다.

횃대 밑에서 더벅머리 셋이면 날고뛰는 놈도 별수가 없다

어린 자식이 여럿이면 그 아이들을 먹여 살리는 데 얽매여 꼼짝달싹할 수 없다고 빗대어 이르던 말.

횃대 밑에서 호랑이 잡고 나가서 쥐구멍 찾는다

1. 집 안에서는 큰소리치고 밖에 나가서는 창피만 당하는 못난 사람을 비웃어 이르는 말. 2. 하는 짓이 몹시 좀스럽고 답답한 것을 빗대어 이르는 말.

횃대에 동저고리 넘어가듯

횃대에 건 동저고리가 미끄러져 내려가듯이, 걸리는 데 없이 거침없이 넘어가는 모양을 빗대어 이르는 말.

낱말 풀이 **동저고리** 남자가 입는 저고리.

효부 없는 효자 없다

옛날에, 며느리가 착하고 시부모를 잘 모셔야 그 아들도 제 부모에게 효도하게 된다고 이르던 말.

낱말 풀이 **효부** 시부모를 잘 섬기는 며느리.

효성이 지극하면 돌 위에 꽃이 핀다
효성이 지극하면 돌 위에 풀이 난다

온 마음을 다하여 정성껏 부모를 섬기면 돌 위에도 꽃이 핀다는 뜻으로, 어떤 어려운 조건에서도 부모를 잘 섬기면 자식 된 도리를 다할 수 있다는 말.

효자가 악처만 못하다

아무리 못된 아내라도 효자보다 낫다는 뜻으로, 남자에게는 자식보다 아내가 더 중요하다는 말.

같은 속담 열 자식이 한 처만 못하다

ㅎ

효자 끝에 불효 나고 불효 끝에 효자 난다

1. 어느 집안이든 효자와 불효자가 섞여 난다고 이르던 말. 2. 세상 모든 일에는 좋은 일, 나쁜 일이 있기 마련이라는 말.

효자 노릇을 할래도 부모가 받아 줘야 한다

제아무리 정성을 들여도 받는 사람이 어떻게 하느냐에 따라 빛이 날 수도 있고 안 날 수도 있다고 빗대어 이르는 말.

후생 각이 우뚝하다

뒤늦게 난 뿔이 머리보다 높이 솟았다는 뜻으로, 1. 나중에 생긴 것이 먼저 것보다 훨씬 낫거나 두드러지는 경우에 빗대어 이르는 말. 2. 후배가 선배보다 더 뛰어난 경우에 빗대어 이르는 말.

같은 속담 나중 난 뿔이 우뚝하다 • 뒤에 난 뿔이 우뚝하다 • 먼저 난 머리보다 나중 난 뿔이 무섭다

후추는 작아도 맵다

몸집이 작거나 나이가 어린 사람이 하는 일이 야무지고 재주가 뛰어날 때 빗대어 이르는 말.

같은 속담 고추는 작아도 맵다 • 고추보다 후추가 더 맵다 • 대국 고추는 작아도 맵다 • 작아도 후추알[고추알] • 작은 고추가 더 맵다 • 작은 새 울음이 크다 • 작은 탕관이 이내 뜨거워진다

후추는 작아도 진상에만 간다

후추가 알은 작아도 왕에게 바칠 만큼 귀하다는 뜻으로, 사람이 비록 작지만 똑똑하고 다부져서 훌륭하게 일을 하거나 쓰이는 경우를 빗대어 이르는 말.

후추를 통째로 삼킨다

후추를 통째로 삼키면 맛이 매운지 모른다는 뜻으로, 1. 내용도 모르면서 겉만 보고 취하는 어리석은 행동을 비웃어 이르는 말. 2. 속을 파헤쳐 보지 않고서는 속내를 알 수 없다는 말.

훈장네 마당 같다

옛날에, 훈장은 글만 가르쳤지 집안 살림을 꾸리는 데는 재주가 없어서 마당이 휑뎅그렁하였다는 뜻으로, 아무것도 없이 텅 비어 있거나 있던 것이 다 없어진 상태를 빗대어 이르는 말.

훈장 똥은 개도 안 먹는다

훈장의 똥은 탄내가 나서 개도 먹지 않는다는 뜻으로, 선생 노릇 하기가 매우 힘들고 어렵다고 빗대어 이르던 말.

같은 속담 선생의 똥은 개도 안 먹는다 • 초학 훈장의 똥은 개도 안 먹는다

훈장 앞에서 문서질

글을 가르치는 훈장 앞에서 글깨나 안다고 뽐내면서 문서질을 한다는 뜻으로, 저보다 나은 사람 앞에서 잘난 체하는 경우에 빗대어 이르는 말.

낱말 풀이 **문서질** 문서만 주고받으면서 형식적으로 하는 일.

휑한 빈집에서 서 발 막대 거칠 것 없다

집 안에서 서 발이나 되는 긴 막대를 마구 휘둘러도 걸릴 것이 하나도 없다는 뜻으로, 1. 몹시 가난하여 집 안에 살림살이가 아무것도 없음을 빗대어 이르는 말. 2. 거리낄 것도 없고 둘레에 조심할 사람도 없음을 빗대어 이르는 말.

같은 속담 서 발 막대[장대] 거칠 것[데] 없다

흉 각각 정 각각

1. 흉은 흉이고 정은 정으로 여긴다는 뜻으로, 상과 벌이 뚜렷함을 이르는 말. 2. 정 때문에 그 사람의 잘잘못을 가리지 못해서는 안 된다는 말. 3. 어떤 사람에 대하여 품은 정과 그 사람이 갖고 있는 허물은 다른 것이어서 비록 흉이 있어도 그 사람에게 쏠리는 정을 막지 못하고 또 정이 쏠리더라도 그 사람의 흉은 흉대로 눈에 뜨이게 된다는 말.

같은 속담 정 각각 흉 각각

흉년에 밥 빌어먹겠다

흉년에 집집마다 돌아다니며 밥을 빌어먹기란 여간 어렵지 않다는 뜻으로, 1. 무슨 일을 하기가 몹시 힘든 경우를 빗대어 이르는 말. 2. 일을 하는 데 몹시 굼뜨고 일솜씨가 없는 사람을 비웃어 이르는 말.

흉년에 뱀이 조 이삭을 먹는다

1. 곡식이 귀하다고 하니 온갖 것이 달라붙어 곡식을 훔쳐 간다는 말. 2. 굶어 죽게 되니 도저히 생각할 수 없는 일조차 하게 된다는 말.

흉년에 어미는 굶어 죽고 아이는 배 터져 죽는다

1. 옛날에, 흉년 든 해에는 먹을 것이 모자라 울며 보채는 아이들만 먹여서 아이들은 배가 터질 것 같고 어른들은 굶어서 죽을 것 같다는 뜻으로, 저는 배를 곯으면서도 아이들은 굶기지 않으려고 애쓰는 부모 마음을 빗대어 이르던 말. 2. 먹을 것이 넉넉하지 못할 때 보채는 사람은 많이 먹고 그렇지 않는 사람은 못 얻어먹는다고 빗대어 이르던 말.

흉년에 윤달

흉년에 윤달까지 들어 더욱 어렵게 되었다는 뜻으로, 불행한 가운데 또 좋지 못한 일까지 겹쳐 일어나는 것을 빗대어 이르는 말.

날말 풀이 **윤달** 다른 해보다 양력에서 하루 많은 2월. 또는 음력에서 한 달 늘어난 달.

흉년에 죽 아이도 한 그릇 어른도 한 그릇

아이나 어른이나 차별 없이 고르게 나누어 준다는 뜻으로, 무엇을 나눌 때 어느 쪽으로도 치우치지 않고 똑같이 나누어 주는 경우를 빗대어 이르는 말.

같은 속담 어른도 한 그릇 아이도 한 그릇 • 커도 한 그릇 작아도 한 그릇

흉년에 한 농토 벌지 말고 한 입 덜라

흉년에는 땅을 마련하는 것보다 차라리 군식구를 덜어서 먹을 것을 아끼는 것이 낫다는 뜻으로, 벌이를 늘리려고 무리하게 애쓰지 말고 군식구를 하나라도 줄여서 나가는 돈을 줄이는 편이 낫다고 이르던 말.

같은 속담 비단 한 필을 하루에 짜려 말고 한 식구를 줄여라 • 열 식구 벌지[벌려] 말고 한 입 덜라

흉년의 곡식이다

풍년에는 곡식이 대수롭지 않다가 흉년에는 매우 귀하게 여겨진다는 뜻으로, 같은 물건도 때에 따라 다르게 여겨진다는 말.

흉년의 떡도 많이 나면 싸다

귀한 물건이라도 너무 많으면 값이 떨어지기 마련이라고 빗대어 이르는 말.

ㅎ

흉년이라고 뱀이 조 이삭을 먹을까

1. 아무리 어려운 처지라도 먹지 못할 것은 먹을 수 없다는 말. 2. 서로 상관도 없고 도무지 바꾸어 쓸 수 없는 것을 대신하여 쓰려는 경우에 가당찮다는 뜻으로 이르는 말.

흉 없는 사람 없다

흉이 없는 사람은 없으니 어떤 흉이든 너무 부풀려서 트집 잡지 말라는 말.

흉이 없으면 며느리 다리가 희단다

며느리가 미우면 온갖 트집을 잡아 흉본다는 뜻으로, 미워하는 사람에 대해서는 괜히 트집을 잡아 없는 허물도 억지로 만들어 나무란다고 이르던 말.

같은 속담 며느리가 미우면 발뒤축이 달걀 같다고 나무란다

흉한 벌레 모로 긴다

미운 것이 더 밉살스러운 짓만 골라 하는 것을 빗대어 이르는 말.

같은 속담 미운 마누라가 죽젓광이에 이 죽인다 • 미운 중놈이 고깔을 모로 쓰고 이래도 밉소 한다

흐르는 물은 썩지 않는다

고인 물은 썩어도 흐르는 물은 썩지 않는다는 뜻으로, 사람은 늘 부지런히 일하고 공부해야 남에게 뒤떨어지지 않고 발전할 수 있다는 말.

같은 속담 물은 흘러야 썩지 않는다

흘러가는 물 퍼 주기

1. 아까워하지 않고 인심을 푹푹 쓰는 경우를 이르는 말. 2. 주는 사람은 그다지 손해 본 것이 없지만 받는 쪽에서 크고 고맙게 여기는 경우를 이르는 말.

흙내가 고소하다

머지않아 죽게 될 것 같다는 말.

같은 속담 땅내가 고소하다[구수하다]

흥망성쇠와 부귀빈천이 물레바퀴 돌듯 한다

사람이 잘되고 못되는 것이나 잘살고 못사는 것은 물레바퀴가 돌듯 끊임없이 바뀐다는 뜻으로, 세상일은 늘 돌고 돌며 사람의 처지도 뒤바뀔 수 있다는 말.

같은 속담 부귀빈천이 물레바퀴 돌듯 • 빈부귀천이 물레바퀴 돌듯 • 양지가 음지 되고 음지가 양지 된다 • 음지가 양지 되고 양지가 음지 된다

낱말 풀이 **부귀빈천** 재산이 많고 지위가 높은 것과 가난하고 천한 것을 아울러 이르는 말. **흥망성쇠** 흥하고 망함과 성하고 쇠함.

흥정도 부조다

흥정을 잘해도 남을 도와주는 셈이 된다는 말.

낱말 풀이 **부조** 남을 거들어 일을 도와줌.

흥정은 붙이고 싸움은 말리랬다

좋지 않은 일은 말리고 좋은 일은 잘되게 도와주라는 말.

같은 속담 싸움은 말리고 흥정은[혼사는] 붙이랬다

흰 개 꼬리 굴뚝에 삼 년 두어도 흰 개 꼬리다

흰 개 꼬리를 굴뚝에서 오래 묵혀도 본디 색이나 생김새는 안 바뀐다는 뜻으로, 타고난 본바탕이 나쁜 것은 아무리 시간과 애를 써도 좋게 바뀌지 않는다는 말.

같은 속담 개 꼬리 삼 년 두어도 황모 못 된다 • 까마귀 백 년 가도 백로 못 된다 • 센 개 꼬리 시궁창에 삼 년 묻었다 보아도 센 개 꼬리다 • 오그라진 개 꼬리 대봉통에 삼 년 두어도 아니 펴진다

흰 것은 종이요 검은 것은 글씨라

옛날에, 글을 읽지 못하는 사람을 놀리어 이르던 말.

흰 술은 사람의 얼굴을 누르게 하고 황금은 사람의 마음을 검게 한다

술과 돈이 사람의 몸과 마음을 해칠 수 있으므로 이를 조심하라는 말.

흰쌀에 뉘 섞이듯

1. 많은 것들 가운데 드문드문 섞여서 찾아보기가 퍽 어려운 경우를 빗대어 이르는 말. 2. 좋은 것들 가운데 나쁜 것이 드문드문 섞여 있음을 빗대어 이르는 말.

같은 속담 백미에 뉘 (섞이듯) • 쌀에 뉘 (섞이듯)

흰죽 먹다 사발 깬다

한 가지 일에 재미를 붙이다가 다른 일에 손해를 보는 경우를 이르는 말.

흰죽에 고춧가루

격에 맞지 않는 것을 빗대어 이르는 말.

힘과 마음을 합치면 하늘을 이긴다

사람들이 마음과 힘을 합쳐 서로 굳게 뭉치면 못할 일이 없고 어떤 어려운 일도 해낼 수 있다고 빗대어 이르는 말.

힘 많은 소가 왕 노릇 하나
힘센 소가 왕 노릇 할까

큰일은 힘만 가지고는 할 수 없으며 반드시 일에 대한 뛰어난 능력이 뒷받침되어야 한다고 빗대어 이르는 말.

같은 속담 기운이 세다고[세면] 소가 왕 노릇 할까 • 소가 크면[세면] 왕 노릇 하나

힘 모르고 강가 씨름 갈까

자기 힘을 스스로 알아야 한다는 말.

힘센 놈의 집에 져다 놓은 것 없다

힘이 세다 보니 무엇이든 져다 놓아서 살림살이가 넉넉할 듯하지만 그렇지 않다는 뜻으로, 힘센 것만 믿고 게으름을 부리는 경우에 빗대어 이르는 말.

힘센 아이 낳지 말고 말 잘하는 아이 낳아라

힘센 사람보다 말주변 좋은 사람이 살아가는 데 더 낫다는 뜻으로, 말을 잘하면 살아가는 데 큰 도움이 된다고 빗대어 이르는 말.

같은 속담 글 잘하는 자식 낳지 말고 말 잘하는 자식 낳으랬다

힘센 아재비가 참는다

윗사람이나 힘센 사람은 아랫사람이나 약한 사람에게 억울한 일이나 모욕을 당해도 참아야 한다는 말.

힘써 보고 꾀써 보니 꾀써 본 게 낫더라
힘쓰기보다 꾀쓰기가 낫다

힘으로 우기기보다 꾀를 써서 일하는 것이 손쉽다는 말.

부록

주제별로 속담 알아보기

속담은 삶의 지혜와 일깨움을 주는 짧은 말이다. 오랜 세월을 거쳐 입에서 입으로 전해져 온 속담에는 삶에서 얻은 경험과 교훈, 우리 겨레의 슬기가 담겨 있다. 한 번에 모아 보면 좋을 속담들을 주제별로 가려 담았다.

1. 과장되지만 비유가 잘 살아 있는 속담

속담은 어떤 사실에 빗대어 가르침을 주거나 풍자한다. 사실을 지나치게 부풀리고 과장이 심하다 싶지만 그 재치 있는 비유와 말솜씨에 절로 웃음이 날 것이다.

· 개미가 절구통 물고 나간다[가는 격]
· 거미줄로 방귀 동이듯
· 고려 적 잠꼬대 (같은 소리)
· 고추 나무에 그네를 뛰고 잣 껍질로 배를 만들어 타겠다
· 도랑 막고 고래 잡을까
· 두레박 놔두고 우물 들어 마신다
· 모기도 모이면 천둥소리 난다
· 물도 씻어 먹을 사람
· 밀기름 새옹에 밥을 지어 귀이개로 퍼서 먹겠다
· 바람 먹고 구름 똥 싼다
· 버마재비가 수레를 버티는 셈
· 번갯불에 콩 볶아 먹겠다
· 범이 담배를 피우고 곰이 막걸리를 거르던 때
· 범이 불알을 동지에 얼리고 입춘에 녹인다
· 벼룩 꿇어앉을 땅도 없다
· 벼룩이 황소 뿔 꺾겠다는 소리 한다
· 보리누름까지 세배한다
· 분다 분다 하니까 하루아침에 왕겨 석 섬을 분다
· 비 틈으로 빠져나가겠다
· 사흘 길에 하루쯤 가서 열흘씩 눕는다
· 산이 들썩한 끝에 쥐 새끼 한 마리라
· 삶은 소가 웃다가 꾸레미 째지겠다[터지겠다]
· 삼복더위에 소뿔도 꼬부라든다
· 삼사월 낳은 아기 저녁에 인사한다
· 새도 염불을 하고 쥐도 방귀를 뀐다
· 손가락에 장을 지지겠다
· 업은 아이 삼이웃[삼 년] 찾는다
· 없는 손자 환갑 닥치겠다
· 없어 일곱 버릇 있어 마흔여덟 버릇
· 온몸이 입이라도 말 못 하겠다
· 외밭 원수는 고슴도치고, 너하고 나하고의 원수는 중매쟁이라
· 잠자리(의) 눈곱
· 좁쌀 썰어 먹을 놈
· 좁쌀 알을 대패질해 먹겠다
· 지난해 고인 눈물 올해에 떨어진다
· 호랑이 담배 먹을[피울] 적

2. 슬기와 위로가 담긴 속담

속담은 아프고 힘든 사람을 위로하거나 옛 어른들의 슬기를 빌려 어려운 일을 이겨 내는 데 도움을 주었다. 지금도 우리에게 슬기와 위로를 전해 주는 속담들이 많다.

- 가까운 남[이웃]이 먼 일가[친척]보다 낫다
- 가는 말이 고와야 오는 말이 곱다
- 개미는 작아도 탑을 쌓는다
- 겨울을 지내보아야 봄 그리운 줄 안다
- 겨울이 다 되어야 솔이 푸른 줄 안다
- 고슴도치도 살 동무[친구]가 있다
- 곡식 이삭은 익을수록[여물수록 / 잘될수록] 고개를 숙인다
- 곡식과 사람은 가꾸기에 달렸다
- 곡식도 밑거름이 좋아야 잘 자란다
- 공은 닦은 데로 가고 죄는 지은 데로 간다
- 구두장이 셋이면 제갈량의 꾀를 이긴다
- 글 속에도 글 있고 말 속에도 말 있다
- 기쁨은 나눌수록 커지고 괴로움은 나눌수록 덜어진다
- 길동무가 좋으면 먼 길도 가깝다
- 길이 멀면 말의 힘을 알고 날이 오래면 사람의 마음을 안다
- 깊은 강물은 소리 없이 흐른다
- 깊은 물에 고기가 모이고 깊은 산에 짐승이 모인다
- 눈물은 내려가고 숟가락[밥술]은 올라간다
- 많이 생각하고 적게 말하고 더 적게 써라
- 말 같지 않은 말은 귀가 없다
- 말로는 속여도 눈길은 속이지 못한다
- 말이 마음이고 마음이 말이다
- 물은 근원이 없어지면 끊어지고 나무는 뿌리가 없어지면 죽는다
- 물은 흘러야 썩지 않는다
- 미련은 먼저 나고 슬기는 나중 난다
- 바람은 불다 불다 그친다
- 밤이 깊어 갈수록 새벽이 가까워 온다
- 비 온 뒤에 땅이 굳어진다
- 사람은 어려울 때 알아보고 사랑은 어려울 때 빛난다
- 새잎이 돋아나면 묵은 잎이 떨어진다
- 손톱은 슬플 때마다 돋고 발톱은 기쁠 때마다 돋는다
- 세 살 먹은 아이 말도 귀담아들으랬다
- 싸움은 말리고 불은 끄랬다
- 어린아이 병엔 에미만 한 의사 없다
- 일년지계는 봄에 있고 일일지계는 아침에 있다
- 일월은 크고 이월은 작다
- 자식을 길러 봐야 부모 사랑을 안다
- 좋은 친구가 없는 사람은 뿌리 깊지 못한 나무와 같다
- 죽은 나무 밑에 살 나무 난다
- 진 꽃은 또 피지만 꺾인 꽃은 다시 피지 못한다
- 집에서는 아이들 때문에 웃는다
- 하늘도 한 귀퉁이부터 갠다

3. 예쁜 우리 입말이 잘 살아 있는 속담

사람이나 사물의 소리, 모양, 움직임을 흉내 낸 말에는 우리 입말이 잘 살아 있다. 그렇게 예쁜 우리말이 잘 살아 있는 속담들은 한 편의 짧은 시와도 같다.

· 가라고 가랑비 오고 있으라고 이슬비 온다
· 가만바람이 대목을 꺾고 모기 소리에 소가 놀란다
· 가물철 수숫잎 꼬이듯
· 가을비는 떡비라
· 간다 하고 가는 님 없고 온다 하고 오는 님 없다
· 같은 말도 툭 해서 다르고 탁 해서 다르다
· 건너다보니 절터요 찌그르르하니 입맛이라
· 궁 처지기 불 처지기
· 깐깐오월 미끈유월 어정칠월에 건들팔월이라
· 꺽꺽 푸드득 장끼 갈 제 아로롱 까투리 따라가듯
· 나갔던 파리 왱댕한다[왱왱거린다/왱왱한다]
· 나도 덩더꿍 너도 덩더꿍
· 내 미락 네 미락
· 내 탓 네 탓 수염 탓
· 네 미룩 내 미룩
· 노닥노닥 기워도 마누라 장옷
· 노닥노닥 기워도 비단 걸레
· 노닥노닥해도 비단일세
· 누지 못하는 똥 으드득 누라 한다
· 눈 벌리고 아웅
· 눈 벌리고 어비야 한다
· 눈은 그까짓 것 하고 손은 어비 한다
· 달걀장사 속구구
· 닷곱에 참녜, 서 홉에 참견
· 떡 도르라면 덜 도르고 말 도르라면 더 도른다
· 마음이 흔들비쭉이라
· 만날 뗑그렁
· 말이란 아 해 다르고 어 해 다르다
· 말이란 탁 해 다르고 어 해 다르다
· 먹는 데는 감돌이 일에는 배돌이
· 모주 먹은 돼지 껄때청
· 물썬 때는 나비잠 자다 물 들어야 조개 잡듯
· 물어도 준치 썩어도 생치
· 미주알고주알 (밑두리콧두리) 캔다
· 반달 같은 딸 있으면 온달 같은 사위 삼겠다
· 보리 가시랭이가 까다로우냐 괭이 가시랭이가 까다로우냐
· 봄비는 잠비요 가을비는 떡비라
· 부모가 온효자 되어야 자식이 반효자
· 부엌에 가면 더 먹을까 방에 가면 더 먹을까
· 부지깽이가 뛰는 세월
· 북두칠성이 앵돌아졌다
· 불에 덴 강아지 반딧불에도 끙끙한다
· 비단 올이 춤을 추니 베올도 춤을 춘다
· 사탕붕어의 겅둥겅둥이라
· 삼 년 묵은 말가죽도 봄이 되면 오롱조롱 소리 난다
· 상추밭에 똥 싼 개는 늘 저 개 저 개 한다
· 새벽바람 사초롱

· 석 자 떡눈이면 찰떡이 한 자랬다
· 소라 껍질 까먹어도 한 바구니 안 까먹어도 한 바구니
· 손이 들이굽지 내굽나
· 시거든 떫지나 말고 얽거든 검지나 말지
· 시시덕이는 재를 넘어도 새침데기는 골로 빠진다
· 십 리 밖에 있어도 오리나무
· 싱겁기는 고드름장아찌[늑대 불알/황새 똥구멍](이)라
· 쌈짓돈이 주머닛돈
· 양반 양반 두 양반
· 어정뜨기는 칠팔월 개구리
· 어정칠월 동동팔월
· 여든에 둥둥이
· 여우볕에 콩 볶아 먹는다
· 오동 숟가락에 가물칫국을 먹었나
· 오른쪽 궁둥이나 왼쪽 볼기나
· 이 덕 저 덕 다 하늘[팔자] 덕
· 일에는 베돌이요 먹는 데는 악돌이다
· 자주꼴뚜기를 진장 발라 구운 듯하다
· 작아도 콩 싸라기 커도 콩 싸라기
· 잘 먹은 놈 껄껄하고 못 먹은 놈 툴툴한다
· 장마 도깨비 여울 건너가는 소리
· 정신이 보리동냥 갔다
· 지레짐작 매꾸러기
· 참깨 들깨 노는데 아주까리 못 놀까
· 총총들이 반병이라
· 털도 없이 부얼부얼한 체한다
· 핑계 핑계 도라지 캐러 간다
· 한 어미 자식도 아롱이다롱이[오롱이조롱이]

4. 같은 속담이 많은 속담

속담은 입에서 입으로 전해지다 보니 표현은 다르지만 속뜻이 같은 속담들이 많다. 말하는 사람이 그때그때 조금씩 바꾸어 말하기도 하고, 둘레에 있는 낯익은 사람이나 흔한 물건 따위를 넣어 말하기 때문이다. 그러다 보니 곁딸린 속담들이 많이 생기게 되었다.

· 가는 토끼 잡으려다 잡은 토끼 놓친다
· 닫는 사슴을 보고 얻은 토끼를 잃는다
· 달아나는 노루 보고 얻은 토끼를 놓았다
· 멧돼지 잡으려다가 집돼지를 잃어버린다
· 산돼지를 잡으러 갔다가 집돼지를 잃어버린다
· 산토끼를 잡으려다가 집토끼를 놓친다
▸ 지나치게 욕심을 부리다가 이미 얻은 것마저 잃어버리는 경우에 이르는 말.

· 가랑잎에 떨어진 좁쌀알 찾기
· 감자밭에서 바늘 찾는다
· 겨자씨 속에서 담배씨(를) 찾는 격
· 바닷가에 떨어진 구슬을 찾는 격
· 잔디밭에서 바늘 찾기
· 짚 속에 묻힌 바늘
▸ 아무리 애를 써도 찾아내기가 몹시 어렵고 힘든 경우를 이르는 말.

· 가물치가 뛰면 옹달치도 뛴다
· 가물치가 첨벙하니 메사구도 첨벙한다
· 망둥이가 뛰니까 전라도 빗자루도 뛴다
· 망둥이가 뛰면 꼴뚜기도 뛴다
· 숭어가 뛰니까 망둥이도 뛴다
· 잉어가 뛰니까 망둥이도 뛴다
· 잉어 숭어가 오니 물고기라고 송사리도 온다
▸ 남이 한다고 하니까 앞뒤 안 가리고 덩달아 나선다는 말.

· 가시 무서워 장 못 담그랴
· 구더기 날까 봐 장 못 말까
· 구더기 무서워 장 못 담글까
· 쉬파리 무서워 장 못 담글까[만들까]
· 장마가 무서워 호박을 못 심겠다
▸ 작은 걸림돌이 있어도 마땅히 할 일은 해야 한다는 말.

· 가시나무에 가시가 난다
· 대 끝에서 대가 나고 싸리 끝에서 싸리가 난다
· 대나무 그루에선 대나무가 난다
· 대나무에서 대 난다
· 대 뿌리에서 대가 난다
· 배나무에 배 열리지 감 안 열린다
· 오이 덩굴에 오이 열리고 가지 나무에 가지 열린다
· 오이씨에서 오이 나오고 콩에서 콩 나온다
· 왕대밭에 왕대 난다
· 외 덩굴에 가지 열릴까[달릴까]
· 외 심은 데 콩 나랴
· 조 심은 데 조 나고 콩 심은 데 콩 난다
· 콩 날 데 콩 나고 팥 날 데 팥 난다
· 콩 심은 데 콩 나고 팥[조] 심은 데 팥[조] 난다
· 팥을 심으면 팥이 나오고 콩을 심으면 콩이 나온다
· 호랑이가 호랑이를 낳고 개가 개를 낳는다
▸ 모든 일은 근본이나 원인에 따라 그에 걸맞은 결과가 나온다는 말.

· 가재는 게 편
· 가재는 게 편이요 초록은 동색[한 빛]이라
· 검둥개는 돼지 편
· 검정개는 돼지 편
· 검정개 한패[한편]
· 게는 가재 편
· 솔개는 매 편(이라고)
· 이리가 짖으니 개가 꼬리를 흔든다
▸ 처지가 비슷한 사람들끼리 서로 돕거나 감싸기 쉽다는 말.

· 갈매기도 제집이 있다
· 까막까치도 집이 있다
· 까치도 둥지가 있다
· 달팽이도 집이 있다
· 새도 보금자리가 있고 다람쥐도 제 굴이 있다
· 우렁이도 집이 있다
▸ 집 없는 사람의 서러운 처지를 한탄하는 말.

· 감 놓아라 배 놓아라 한다
· 남의 일에 흥야항야한다
· 남의 잔치[장/제사]에 감 놓아라 배 놓아라 한다

· 사돈네 제사에 가서 감 놓아라 배 놓아라 한다
· 사돈집 잔치에 감 놓아라 배 놓아라 한다
▸ 아무런 상관도 없는 남 일에 쓸데없이 끼어들어 아는 체하거나 이래라저래라 함을 핀잔하는 말.

· 강물은 건너 봐야 알고 사람은 지내봐야 안다
· 깊고 얕은 물은 건너 보아야 안다
· 대천 바다도 건너 봐야 안다
· 물은 건너 보아야 알고 사람은 지내보아야 안다
· 사람 속은 소금 세 말을 같이 먹어 보아야 안다
· 사람은 겪어 보아야 알고 물은 건너 보아야 안다
· 사람은 지내봐야 안다
· 사람을 알자면 하루 길을 같이 가[걸어] 보라
· 수박은 속을 봐야 알고 사람은 지내봐야 안다
· 천 길 물속은 건너 보아야 알고 한 길 사람 속은 지내보아야 안다
· 한집 살아 보고 한배 타 보아야 속을 안다
▸ 사람의 됨됨이는 오래 같이 지내보아야 알 수 있다는 말.

· 개 귀[목]에 방울
· 개 대가리에 관[옥관자]
· 개 발에 놋대갈[대갈/버선/주석 편자/토시짝]
· 개에게 호패
· 거적문에 (국화) 돌쩌귀
· 돼지 발톱에 봉숭아물을 들인다
· 돼지우리에 주석 자물쇠
▸ 제 분수나 격에 안 맞게 지나치게 치레한다는 말.

· 개 꼬리 삼 년 두어도 황모 못 된다
· 개 꼬리 삼 년 묵어도[두어도/묻어도] 황모 되지 않는다
· 까마귀 백 년 가도 백로 못 된다
· 센 개 꼬리 시궁창에 삼 년 묻었다 보아도 센 개 꼬리다
· 오그라진 개 꼬리 대통통에 삼 년 두어도 아니 펴진다
· 흰 개 꼬리 굴뚝에 삼 년 두어도 흰 개 꼬리다
▸ 타고난 본바탕이 나쁜 것은 아무리 시간과 애를 써도 좋게 바뀌지 않는다는 말.

· 개똥도 약에 쓰려면 없다
· 고양이 똥도 약에 쓰려면 없다
· 까마귀 똥도 약에 쓰려면 없다[오백 냥이라]
· 까마귀 똥도 약이라니까 물에 깔긴다[싼다]
· 까마귀 똥도 열닷[오백] 냥 하면 물에 깔긴다
· 쇠똥도 약에 쓰려면 없다
▸ 평소에 흔하고 많던 것도 막상 중요하게 쓰려면 구하기 어렵다는 말.

· 개를 기르다 다리를 물렸다
· 기르던 개에게 다리를 물렸다
· 기른 개가 아들 불알 잘라 먹는다
· 기른 개 발뒤꿈치[발뒤축] 문다
· 내 밥 먹은 개가 발뒤축을 문다
· 등을 쓰다듬어 준 강아지 발등 문다
· 삼 년 먹여 기른 개가 주인 발등을 문다
· 제가 기른 개에게 발꿈치 물린다
· 제 밥 먹은 개가 제 발등 문다
· 제집 개에게 발뒤꿈치 물린 셈

▸ 은혜를 베풀어 준 사람에게 도리어 해를 입는 경우에 이르는 말.

· 개미구멍으로 공든 탑 무너진다

· 개미구멍이 둑을 무너뜨린다

· 개미구멍 하나가 큰 제방 둑을 무너뜨린다

· 공든 탑도 개미구멍으로 무너진다

· 모래 구멍에 동뚝 터진다

· 큰 둑[방죽]도 개미구멍으로 무너진다

▸ 작은 흠이나 실수를 제때 바로잡지 않으면 나중에 큰 문제를 일으킬 수 있다는 말.

· 개살구도 맛 들일 탓

· 돌배도 맛 들일 탓

· 떫은 배도 씹어 볼 만하다

· 산살구도 맛 들일 탓

· 신 배도 맛 들일 탓

· 쓴 개살구[배/외]도 맛 들일 탓

▸ 처음에는 싫다가도 차츰 재미를 붙이고 정을 들이면 좋아질 수 있다는 말.

· 개천아 네 그르냐 눈먼 봉사 내 그르냐

· 눈먼 탓이나 하지 개천 나무래 무엇 하나

· 봉사 개천 나무란다

· 소경 개천 그르다 하여 무얼 해

· 소경 개천 나무란다

· 소경 개천 나무랄 것 있나 제 눈 탓이나 하지

· 소경이 그르냐 개천이 그르냐

· 장님 개천 나무란다

▸ 제 잘못과 흠은 생각지 않고 남이나 조건만 탓한다는 말.

· 걷기도 전에 뛰려고 한다

· 기기도 전에 날기부터 하려 한다

· 기도 못하는 게 날려 한다

· 기도[기지도] 못하면서 뛰려 한다

· 털도 아니 난 것이 날기부터 하려 한다

· 푸둥지도 안 난 것이 날려고 한다

▸ 쉽고 작은 일도 해낼 수 없으면서 어렵고 큰 일을 하려고 나선다는 말.

· 곁집 잔치에 낯을 낸다

· 곗술에 낯내기

· 남의 떡 가지고 낯을 낸다

· 남의 떡으로 선심 쓴다

· 상두쌀[상둣술]에 낯내기

· 상둣술에 벗 사귄다

· 제삿술 가지고 친구 사귄다

▸ 제 물건은 안 쓰고 남의 것을 제 것인 양하며 생색 내는 짓을 이르는 말.

· 계란에도 뼈가 있다

· 달걀에도 뼈가 있다

· 복 없는 정승은 계란에도 뼈가 있다

· 안되는 놈은 두부에도 뼈라

· 헐복한 놈은 계란에도 뼈가 있다

▸ 어지간히 복 없는 사람은 모처럼 좋은 때를 만나도 그 일마저 잘 안된다는 말.

· 고비에 인삼

· 기침에 재채기

· 눈 위에 서리 친다

· 마디에 옹이

· 얼어 죽고 데어 죽는다
· 옹이에 마디
· 하품에 딸꾹질
▸ 어려움이나 불행이 자꾸 겹쳐 든다는 말.

· 고슴도치한테 혼난 범이 밤송이 보고도 놀란다
· 국에 덴 놈 물[냉수] 보고도 분다[놀란다]
· 더위 먹은 소가 달을 보고 피한다
· 더위 먹은 소 달만 보아도 헐떡인다
· 뜨거운 물에 덴 놈 숭늉 보고도 놀란다
· 몹시 데면 회도 불어 먹는다
· 불에 놀란 놈이 부지깽이[화젓가락]만 보아도 놀란다
· 불에 덴 강아지 반딧불에도 끙끙한다
· 자라 보고 놀란 가슴 소댕[솥뚜껑] 보고 놀란다
· 자라 보고 놀란 놈이 솥뚜껑 보고 놀란다
▸ 어떤 것에 된통 혼이 난 사람은 그와 비슷한 것만 보아도 지레 겁을 먹는다는 말.

· 고추는 작아도 맵다
· 고추보다 후추가 더 맵다
· 대국 고추는 작아도 맵다
· 작아도 후추알[고추알]
· 작은 고추가 더 맵다
· 작은 새 울음이 크다
· 작은 탕관이 이내 뜨거워진다
· 후추는 작아도 맵다
▸ 몸집이 작거나 나이가 어린 사람이 하는 일이 야무지고 재주가 뛰어나다는 말.

· 곡식은 남의 것이 잘되어 보이고 자식은 제 자식이 잘나 보인다
· 딸은 제 딸이 고와 보이고 곡식은 남의 곡식이 탐스러워 보인다
· 아이는 제 자식이 잘나 보이고 곡식은 남의 곡식이 잘되어 보인다
· 자식은 내 자식이 커 보이고 벼는 남의 벼가 커 보인다
· 자식은 제 자식이 좋고 곡식은 남의 곡식이 좋다
▸ 자식은 제 자식이 가장 잘나 보이고 물건은 남의 것이 크고 좋게 보인다는 말.

· 곡식 이삭은 익을수록[여물수록/잘될수록] 고개를 숙인다
· 낟알은 익을수록 고개를 숙인다
· 벼 이삭은 익을수록 고개를 숙인다
· 병에 찬 물은 저어도 소리가 나지 않는다
· 잘 익은 벼 이삭일수록 더 깊이 내리[머리를] 숙인다
▸ 아는 것이 많고 몸과 마음을 갈고닦은 사람일수록 더욱 겸손하다는 말.

· 갈수록 태산(이라)
· 갈수록 심산
· 갈수록 적막강산
· 갈수록 험산
· 산 넘어 산이다
· 산은 오를수록 높고 물은 건널수록 깊다
· 재는 넘을수록 높고 내는 건널수록 깊다
▸ 갈수록 더욱더 어려운 처지에 빠진다는 말.

· 공것이라면 간장이라도 마신다
· 공것이라면 마름쇠[비상]도 삼킨다
· 공것이라면 양잿물도 마신다[먹는다/삼킨다]
· 공술 한 잔 보고 십 리 간다
· 공짜라면 당나귀도 잡아먹는다
· 공짜라면 양잿물이라도 먹는다
▸ 공짜라면 무엇이든지 가리지 않고 있는 대로 욕심부린다는 말.

· 공은 닦은 데로 가고 죄는 지은 데로 간다
· 덕은 덕대로 남고 벌은 벌대로 받는다
· 덕은 쌓은 데로 가고 죄는 지은 데로 간다
· 죄는 지은 데로 가고 덕[공]은 닦은 데로 간다
· 죄는 지은 데로 가고 물은 곬으로 흐른다
· 죄는 지은 데로 가고 물은 트는 데로 간다
▸ 좋은 일을 한 사람은 그만한 복을 받고 나쁜 짓을 한 사람은 그에 마땅한 벌을 받는다는 말.

· 과물전 망신은 모과가 시킨다
· 과일[과실] 망신은 모과가 (다) 시킨다
· 생선 망신은 꼴뚜기가 시킨다
· 실과 망신은 모과가 시킨다
· 어물전 망신은 꼴뚜기가 시킨다
▸ 지지리 못난 사람일수록 같이 있는 사람들까지 망신시킨다는 말.

· 구두 신고 발등 긁기
· 목화 신고 발등 긁기
· 버선 신고 발바닥 긁기
· 신 신고 발바닥 긁기
· 옷을 격해 가려운 데를 긁는다
· 옷 입고 가려운 데 긁기
▸ 무슨 일을 애써 하기는 하지만 필요한 곳에 직접 미치지 못하여 안타까운 경우를 이르는 말.

· 구레나룻이 대 자 오 치라도 먹어야 양반
· 나룻이 석 자라도 먹어야 샌님
· 먹어야 체면
· 수염이 대 자라도 먹는 게 땅수
· 수염이 대 자라도 먹어야 양반이다
· 수염이 석 자가웃이라도 먹어야 산다다
▸ 먹는 것이 가장 중요하다는 말.

· 구름 갈 제 비가 간다
· 꺽꺽 푸드득 장끼 갈 제 아로롱 까투리 따라가듯
· 녹수 갈 제 원앙 가듯
· 바늘 가는 데 실 가고 바람 가는 데 구름 간다
· 바늘 가는 데 실 간다
· 바늘 따라 실 간다
· 바람 간 데 범 간다
· 범 가는 데 바람 간다
· 봉 가는 데 황 간다
· 실 가는 데 바늘도 간다
· 용 가는 데 구름 가고 범 가는 데 바람 간다
· 용 가는 데 구름 간다
▸ 늘 서로 붙어 다니는 가까운 사이를 이르는 말.

· 구슬 없는 용
· 꽃 없는 나비
· 날개 없는 봉황
· 물 없는 기러기
· 성인 못 된 기린

· 임자 없는 용마
· 줄 없는 거문고
· 짝 잃은 기러기[원앙]
▸ 쓸모없거나 보람 없게 된 처지를 이르는 말.

· 국수를 못하는 년이 피나무 안반만 나무란다
· 굿 못하는 무당 장구 타박한다
· 글 못한 놈 붓 고른다
· 밭 갈 줄 모르는 소 멍에 나무란다
· 서투른 과방이 안반 타박한다
· 서투른 무당이 마당 기울다 한다
· 서투른 무당이 장구만 나무란다
· 서투른 숙수가 (피나무) 안반만 나무란다
· 선무당이 마당 기울다 한다
· 선무당이 장구만 나무란다
· 선무당이 장구 탓한다
▸ 자기 재주나 능력이 모자라는 것은 생각지 않고 애꿎은 도구나 조건만 나쁘다고 탓한다는 말.

· 굴러온 호박
· 선반에서 떨어진 떡
· 시렁에서 호박 떨어진다
· 아닌 밤중에 찰시루떡
· 호박이 굴렀다[떨어졌다]
· 호박이 넝쿨째로 굴러떨어졌다
· 호박이 떨어져서 장독으로 굴러 들어간다
▸ 뜻밖에 좋은 물건을 얻거나 좋은 수가 생김을 이르는 말.

· 굴에 들어가야 범을 잡는다
· 굴을 파야 금을 얻는다
· 범을 잡자면 범의 굴에 들어가야 한다
· 범의 굴에 들어가야 범을 잡는다
· 산에 가야 범을 잡지[잡는다]
· 산엘 가야 꿩을 잡고 바다엘 가야 고기를 잡는다
· 진주를 찾으려면 물속에 들어가야 한다
· 호랑이 굴에 가야 호랑이 새끼를 잡는다
▸ 뜻하는 바를 이루기 위해서는 필요한 조건을 갖추거나 그에 마땅한 일을 노력해야 한다는 말.

· 굶은 개가 언 똥을 나무라겠는가
· 굶은 놈이 흰밥 조밥을 가릴까
· 배고픈 놈이 흰쌀밥 조밥 가리랴
· 빌어먹는 놈이 이밥 조밥 가리랴
· 얻어먹는 놈이 이밥 조밥 가리랴
· 없는 놈이 찬밥 더운밥을 가리랴
▸ 자기가 아쉽고 급하면 좋고 나쁜 것을 가릴 겨를이 없다는 말.

· 굼벵이도 밟으면[다치면/디디면] 꿈틀한다
· 벌레도 밟으면 꿈틀한다
· 지나가는 달팽이도 밟아야 굼틀한다
· 지렁이도 밟으면[다치면/디디면] 꿈틀한다
· 참새가 방아[방앗간]에 치여 죽어도 짹 하고 죽는다
· 참새가 죽어도 짹 한다
· 한 치 벌레에도 오 푼 결기가 있다
▸ 아무리 하찮은 것이나 어리숙한 사람도 자기를 지나치게 괴롭히거나 업신여기면 맞서 대든다는 말.

· 굿도 볼 겸 떡도 먹을 겸
· 굿 보고 떡 먹기
· 꿩 먹고 알 먹고 둥지 털어 불 땐다

· 꿩 먹고 알 먹기[먹는다]
· 도랑 치고 가재 잡는다
· 배 먹고 배 속으로 이를 닦는다
· 배 먹고 이 닦기
· 알로 먹고 꿩으로 먹는다
▸ 한 가지 일을 하여 두 가지 이익을 얻는다는 말.

· 그물에 걸린 고기[새/토끼/짐승] 신세
· 그물에 걸린 고기요[새요] 쏘아 놓은 범이라
· 낚시에 걸린 물고기
· 낚싯바늘에 걸린 생선
· 농 속에 갇힌 새
· 덫에 치인 범이요 그물에 걸린 고기라
· 도마에 오른 고기
· 모래불에 오른 새우
· 물 밖에 난 고기
· 물 밖에 난 용이요 산 밖에 난 범이라
· 뭍에 오른 고기
· 샘에 든 고기
· 솥 안에 든 고기
· 우물에 든 고기
· 함정에 든 범
▸ 헤어날 수 없는 아주 위험한 형편에 놓여 꼼짝없이 죽게 된 처지를 이르는 말.

· 급하기는 우물에 가 숭늉 달라겠다
· 돼지 꼬리 잡고 순대 달란다
· 메밀밭에 가서 국수를 달라겠다
· 보리밭에 가 숭늉 찾는다
· 싸전에 가서 밥 달라 한다
· 우물에 가 숭늉 찾는다
· 콩밭에 가서 두부 찾는다
· 타작마당에 가서 숭늉 찾겠다
▸ 모든 일에는 차례가 있는데 성질이 급하여 지나치게 헤덤빈다는 말.

· 기는 놈 위에 나는 놈이 있다
· 나는 놈 위에 타는 놈 있다
· 뛰는 놈 위에 나는 놈 있다
· 뛰는 놈이 있으면 나는 놈이 있다
· 위에는 위가 있다
· 치 위에 치가 있다
▸ 제가 가장 잘난 듯이 뽐내며 우쭐거리는 사람에게 조심하라는 말.

· 기름을 버리고[엎지르고] 깨를 줍는다
· 기름을 엎지르고 깨 줍기
· 노적가리에 불 지르고 싸라기 주워 먹는다
· 노적가리에 불태우고 낟알 주워 먹는다
· 노적 섬에 불붙여 놓고 박산 주워 먹는다
· 재산을 잃고 쌀알을 줍는다
· 집 태우고 못 줍기
▸ 큰 손해를 보고 작은 이익을 구하는 데에 마음을 쓴다는 말.

· 꿈을 꾸어야 임을 보지[본다]
· 눈을 떠야 별을 보지
· 눈을 떠야 앞을 본다
· 임을 보아야 아이를 낳지
· 잠을 자야 꿈을 꾸지
· 장가를 들어야 아이를 낳는다
· 하늘을 보아야 별을 따지
▸ 어떤 성과를 얻으려면 그에 걸맞은 노력과 준비가 있어야 한다는 말.

· 나무 될 것은 떡잎 때부터 알아본다

· 대부등 감은 자랄 때부터 다르다

· 될성부른 나무는 떡잎부터 알아본다

· 될성부른 나물은 떡잎부터 다르다

· 용 될 고기는 모이 철부터 안다

· 잘 자랄 나무는 떡잎부터 안다[알아본다]

· 푸성귀는 떡잎부터 알고 사람은 어렸을 때부터 안다

▸ 앞으로 크게 될 사람은 어려서부터 남다른 데가 있다는 말.

· 난초 불붙으니 혜초 탄식한다

· 난초 불사르니 혜초가 탄식하고 소나무 무성하니 잣나무 기뻐한다

· 소나무가 말라 죽으면 잣나무가 슬퍼한다

· 여우가 죽으니까 토끼가 슬퍼한다

· 토끼 죽으니 여우 슬퍼한다

▸ 같은 처지에 있는 사람들끼리 서로 딱하게 여기고 괴롭고 슬픈 일들을 함께 나눈다는 말.

· 남의 군불에 밥 짓는다

· 남의 떡에 설 쇤다

· 남의 떡으로 조상 제 지낸다

· 남의 바지 입고 새 벤다

· 남의 바지 입고 춤추기

· 남의 불에 게 잡는다[굽는다]

· 남의 팔매에 밤 줍는다

· 남 지은 글로 과거한다

· 남 켠 횃불에 조개 잡듯

▸ 자기 밑천이나 노력은 안 들이고 남의 힘을 입어서 거저 이득을 보는 것을 이르는 말.

· 내 콩이 크니 네 콩이 크니 한다

· 네 콩이 크니 내 콩이 크니 한다

· 참깨가 기니 짧으니 한다

· 참새가 기니 짧으니 한다

· 콩 났네 팥 났네 한다

· 콩이야 팥이야 한다

▸ 비슷한 것들 가운데에서 굳이 낫고 못함이나 잘잘못을 가리려 한다는 말.

· 노루 피하니 범이 온다

· 뒷문으로 이리가 나가니 앞문으로 호랑이가 들어온다

· 발바리 새끼 쫓겨 가자 미친개 뛰어든다

· 여우를 피하니까 이리가 나온다

· 여우를 피해서 호랑이를 만났다

· 이리를 피하니 범이 앞을 막는다

· 조약돌[조막돌]을 피하니 수마석을 만난다

▸ 일이 점점 더 어렵고 힘들게 되었다는 말.

· 눈보다 동자가 크다

· 몸보다 배꼽이 더 크다

· 발보다 발가락이 더 크다

· 배보다 배꼽이 더 크다

· 아이보다 배꼽이 크다

· 얼굴보다 코가 더 크다

▸ 주된 것보다 곁딸린 것이 더 많거나 크다는 말.

· 늙은이도 세 살 먹은 아이 말을 귀담아들으랬다

· 세 살 먹은 아이 말도 귀담아들으랬다

· 아이 말도 귀여겨들으랬다

· 어린아이 말도 귀담아들어라
· 업은 아기 말도 귀담아들으랬다
· 업은 자식에게 배운다
· 팔십 노인도 세 살 먹은 아이한테 배울 것이 있다
▸ 남의 말을 신중히 잘 들으라는 말.

· 다람쥐 도토리 방구리에 드나들듯
· 반찬단지에 고양이 발 드나들듯
· 밤 소쿠리에 생쥐 드나들듯
· 조개젓 단지에 괭이[고양이] 발 드나들듯
· 팥죽 단지에 생쥐 달랑거리듯
· 풀 방구리에 쥐 드나들듯
▸ 어느 곳을 매우 자주 드나드는 모양을 이르는 말.

· 다시 긷지 아니한다고 이 우물에 똥을 눌까
· 똥 누고 간 우물도 다시 먹을 날이 있다
· 발을 씻고 달아난 박우물에 다시 찾아온다
· 안 먹겠다 침 뱉은 물 돌아서서 다시 먹는다
· 이 샘물 안 먹는다고 똥 누고 가더니 그 물이 맑기도 전에 다시 와서 먹는다
· 이 우물에 똥을 누어도 다시 그 우물을 먹는다
· 침 뱉은 우물 다시 먹는다
▸ 두 번 다시 안 볼 것처럼 굴어도 나중에 다시 만나 신세를 지게 됨을 이르는 말.

· 대낮에 마른벼락
· 마른날에 벼락 맞는다
· 마른하늘에 날벼락[생벼락]
· 마른하늘에 벼락 맞는다
· 맑은 하늘에 벼락 맞겠다
· 청천 하늘에 날벼락
▸ 뜻하지 않게 화를 입거나 재난을 당하는 경우에 이르는 말.

· 댑싸리 밑의 개 팔자
· 싸리밭에 개 팔자
· 오뉴월 개 팔자
· 오뉴월 댑싸리 밑의 개 팔자
· 오뉴월 음달 아래 개 팔자
· 음지의 개 팔자
· 풍년 개 팔자
▸ 하는 일 없이 놀고먹는 아주 편한 처지라는 말.

· 덤불이 깊어야 범이 나고 물이 깊어야 고기가 모인다
· 덤불이 커야 도깨비가 난다
· 물이 깊어야 고기가 모인다
· 산이 깊어야 범이 있다
· 숲이 깊어야 도깨비가 나온다
· 숲이 커야 짐승이 나온다[든다]
▸ 무슨 일이든지 조건이나 바탕이 충분히 갖추어져야 거기에 알맞은 내용이 따르게 된다는 말

· 뒤로[뒤에서] 호박씨 깐다
· 뒷구멍으로 호박씨 깐다
· 똥구멍으로 호박씨[수박씨] 깐다
· 밑구멍으로 노 꼰다
· 밑구멍으로 숨 쉰다
· 밑구멍으로[밑으로] 호박씨 깐다
· 수박씨(를) 깐다

▸ 겉으로는 점잖은 체하지만 남이 안 보는 곳에서는 엉큼한 짓이나 뜻밖의 행동을 한다는 말.

· 듣기 좋은 꽃노래[육자배기]도 한두 번(이지)
· 듣기 좋은 이야기도 늘 들으면 싫다
· 맛있는 음식도 늘 먹으면 싫다
· 좋은 노래도 세 번 들으면 귀가 싫어한다
· 좋은 노래도 장 들으면 싫다
· 좋은 말[소리]도 세 번 하면 듣기 싫다
· 찰떡도 한두 끼라

▸ 아무리 좋은 것이라도 여러 번 되풀이하여 대하면 싫어진다는 말.

· 미꾸라지 하나가 못을 흐려 놓는다
· 미꾸라지 한 마리가 온 웅덩이를[도랑물을] 흐려 놓는다
· 미꾸라지 한 마리가 한강 물을 다 흐리게 한다
· 송사리 한 마리가 온 강물을 흐린다
· 실뱀 한 마리가 온 바다를 흐리게 한다
· 조그마한 실뱀이 온 강물을 다 휘젓는다
· 조그마한 실뱀이 온 바닷물을 흐린다
· 종개 한 마리가 대동강 물을 흐린다
· 한 갯물[개울물]이 열 갯물[개울물] 흐린다
· 한 마리 고기가 온 강물을 흐린다

▸ 좋지 못한 사람 하나가 온 무리나 여러 사람에게 나쁜 영향을 끼친다는 말.

· 백지장도 맞들면 낫다[가볍다]
· 백지 한 장도 맞들면 낫다
· 종이 한 장도 맞들면 가볍다
· 종잇장도 맞들면 낫다[가볍다]
· 초지장도 맞들면 낫다

▸ 아무리 쉬운 일이라도 힘을 모아 서로 도우면 훨씬 쉽다는 말.

· 부귀빈천이 물레바퀴 돌듯
· 빈부귀천이 물레바퀴 돌듯
· 양지가 음지 되고 음지가 양지 된다
· 음지가 양지 되고 양지가 음지 된다
· 음지가 양지 될 날[때]도 있다
· 음지가 있으면 양지가 있다
· 흥망성쇠와 부귀빈천이 물레바퀴 돌듯 한다

▸ 세상일은 늘 돌고 돌며 사람의 처지도 뒤바뀔 수 있다는 말.

· 사람은 헌[때 묻은] 사람이 좋고 옷은 새 옷이 좋다
· 옷은 새 옷이 좋고 사람[임]은 옛 사람[임]이 좋다
· 옷은 새 옷이 좋고 친구는 옛 친구가 좋다
· 정은 옛정이 좋고 집은 새집이 좋다
· 친구는 옛 친구가 좋고 옷은 새 옷이 좋다

▸ 물건은 새것일수록 좋고 사람은 오래 사귄 사람일수록 정이 깊고 좋다는 말.

· 소년고생은 사서 하랬다
· 소년의 고생은 은을 주고도 못 산다
· 젊어 고생은 사서도 한다
· 젊어서 고생은 금 주고도 못 산다
· 젊었을 때 고생은 돈 주고도 사지 못한다
· 초년고생은 만년 복이라

· 초년고생은 사서라도 한다
· 초년고생은 양식 지고 다니며 한다
· 초년고생은 은을 주어도 안 바꾼다
· 초년고생은 은 주고 산다
▸ 젊어 고생은 나중에 사는 데 도움이 된다는 말.

5. 날씨, 농사, 풍습을 알 수 있는 속담

우리나라는 예부터 농사를 지어 왔다. 요즘처럼 과학이 발달하지 않고 날씨 예보 따위가 없으니 자연의 변화를 보면서 농사를 지을 수밖에 없었다. 그러다 보니 날씨나 절기가 매우 중요했고, 철에 따라 절기에 따라 딸린 풍습들도 많았다. 우리 속담에는 그런 것이 잘 녹아 있다.

· 가물 그루터기는 있어도 장마 그루터기는 없다
· 가을 날씨가 늦추면 그해 겨울이 춥다
· 가을 메는 부지깽이도 덤벙인다
· 가을 무 껍질이 두꺼우면 겨울에 춥다
· 가을 무 꽁지가 길면 겨울에 춥다
· 가을 밭은 안 갈아엎는다
· 가을밭을 밟으면 떡이 세 개요 봄밭을 밟으면 빰이 세 개다
· 가을비는 떡비라
· 가을비는 빗자루로도 피한다
· 가을비는 턱 밑에서도 긋는다
· 가을 안개에는 곡식이 늘고, 봄 안개에는 곡식이 준다
· 가을에는 부지깽이도 덤벙인다[덤빈다/뛴다]
· 감과 고욤은 두들겨 따야 잘 열린다
· 개구리가 봄에 집 안에 뛰어들면 큰물이 진다
· 개미가 거동을 하면 비가 온다
· 거미가 내리는 걸 보면 반가운 손님을 맞는다
· 겨울에 눈이 많이 오면 보리 풍년이 든다
· 겨울 추위에는 살이 시리지만 봄 추위에는 뼈가 시리다
· 과일 잘되는 해는 곡식이 안된다
· 난리가 모 뿌리로 들어간다
· 눈 본 대구 비 본 청어
· 눈 온 뒤에는 거지가 빨래를 한다
· 눈 온 이튿날 거지가 빨래한다
· 달무리 한 지 사흘이면 비가 온다
· 더도 말고 덜도 말고 늘 가윗날만 같아라
· 동지죽이 쉬는 해에는 풍년이 온다
· 돼지가 깃을 물어 들이면 비가 온다
· 두견새 울음소리가 소쩍소쩍 울면 풍년이 들고, 소똥소똥 울면 흉년이 든다
· 마파람에 곡식이 혀를 빼물고 자란다
· 맹꽁이 울면 장마가 멎는다
· 맹꽁이가 처마 밑에 들어오면 장마 진다
· 모기도 처서가 지나면 입이 비뚤어진다
· 모내기 때는 고양이 손도 빌린다
· 모내기 때의 하루는 겨울의 열흘 맞잡이다
· 모내기 철에는 아궁 앞의 부지깽이도 뛴다
· 물이 썬 뒤에야 게 구멍이 보인다
· 밤꽃 머리에 비가 오면 밤이 잘 열린다

· 밤꽃은 마른 땅에 떨어지지 않는다
· 밤꽃이 피어 썩어지는 해는 밤이 잘 열린다
· 밤눈이 오면 풍년 진다
· 보리누름에 설늙은이 얼어 죽는다
· 보리 안 패는 삼월 없고 나락 안 패는 유월 없다
· 봄 소나기 삼 형제
· 봄날의 하루가 가을날 열흘 맞잡이
· 봄날의 하루가 일 년 농사를 결정한다
· 봄바람에 여우가 눈물 흘린다
· 봄바람은 품으로 기어든다
· 봄비는 잠비요 가을비는 떡비라
· 봄에는 생말가죽이 마른다
· 비 오는 것은 밥 짓는 부엌에서 먼저 안다
· 삼복더위에 소뿔도 꼬부라든다
· 상원 달을 보아 수한을 안다
· 서무날 바람은 꾸어서라도 분다
· 석 자 떡눈이면 찰떡이 한 자랬다
· 소뿔도 꼬부라드는 중복 고비
· 손끝이 거름
· 아침노을 저녁비요 저녁노을 아침비라
· 아침 안개가 소[중] 대가리 깬다
· 여름비는 더워야 오고 가을비는 추워야 온다
· 여름비는 잠비 가을비는 떡비
· 여름에 하루 놀면 겨울에 열흘 굶는다
· 여우도 눈물을 흘릴 날
· 영계 울고 장다리꽃 피면 밤이 좀 길어진다
· 오뉴월 더위에는 염소[암소] 뿔이 물러 빠진다
· 오뉴월 볕이 하루가 무섭다
· 오뉴월 소나기는 쇠등[말 등]을 두고 다툰다
· 오뉴월 장마에 돌도 큰다
· 오월 농부 팔월 신선
· 유월 장마에 돌도 큰다
· 이월 바람에 검은 쇠뿔이[쇠붙이] 오그라진다
· 이월에 김칫독 터진다
· 장마 때 맹꽁이가 울면 장마가 걷힌다
· 장마철의 여우볕
· 정월 보름날 묵은 나물 먹어야 더위 먹지 않는다
· 정월 보름달을 먼저 보는 사람은 복을 많이 받는다
· 정월 열나흗날 밤에 잠을 자면 눈썹이 샌다
· 정이월에 대독 터진다
· 제비가 낮추 뜨면 비가 온다
· 제비가 사람을 어르면 비가 온다
· 제비가 새끼를 많이 낳는 해는 풍년이 든다
· 조록싸리 피거든 남의 집도 가지 마라
· 조밭 세 벌 김을 맬 때는 개미가 낙상하도록 북을 준다
· 중복물이 안 내리면 말복물이 진다
· 집 안에 연기 차면 비 올 징조
· 청개구리 울면 비가 온다
· 칠월 신선에 구시월 뱃놈
· 칠월 신선에 팔월 도깨비라
· 칠월 장마는 꾸어서 해도 한다
· 콩 꽃에 물방울이 달려야 콩 풍년이 든다
· 콩 꽃 필 때 가물면 콩 농사는 반농사다
· 하늬바람에 곡식이 모질어진다

4계절(봄, 여름, 가을, 겨울)과 24절기

우리나라는 봄, 여름, 가을, 겨울 사계절이 뚜렷하다. 절기는 1년을 4계절에 따라 스물네 개로 나눈 계절 달력이라고 할 수 있다. 절기는 대략 15일 사이로 나뉘는데, 계절의 길잡이인 셈이고, 철마다 특성도 알 수 있다. 일 년 24절기를 하루 24시간에 견주어 보면, 12시는 동지로 12월(음력 11월)이다. 여름 한가운데 있는 하지는 6시로 6월(음력 5월)이다. 봄, 여름, 가을, 겨울이 시작되는 때는 입춘, 입하, 입추, 입동이다. 봄, 여름, 가을, 겨울이 한창인 때는 춘분, 하지, 추분, 동지이다.

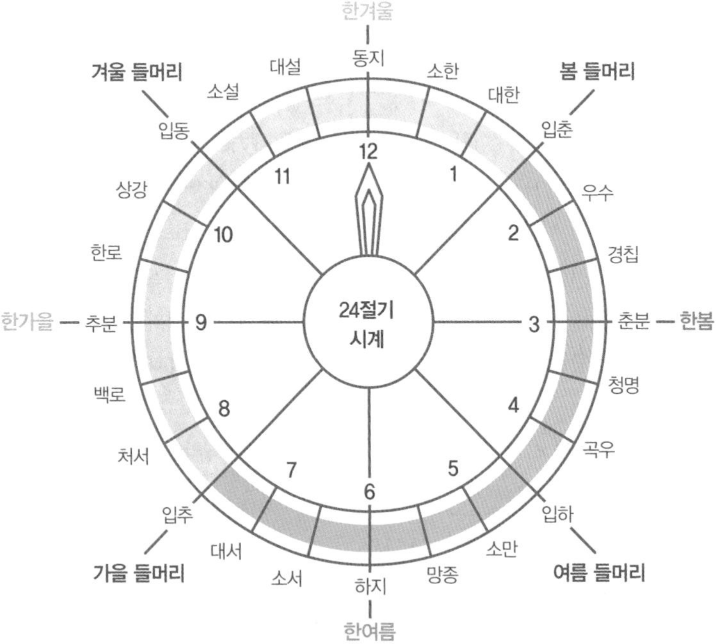

옛날에는 절기에 맞춰 농사를 시작하고 끝냈다. 옛날만큼은 아니지만 요즘도 계절마다 힘써서 할 일이 있고, 달마다 할 일이 다르다. 절기에는 동지 같은 명절도 있고, 농사철 시작을 알리는 곡우 같은 날도 있다. 그러다 보니 절기에 따른 속담들도 많이 생겨났다.

동지

낮이 가장 짧고 밤이 가장 긴 날이다.

한 해가 시작되는 날로 작은설이라고도 한다.

· 동지 지나 열흘이면 소 누울 자리만큼 길어진다

· 동지죽이 쉬는 해에는 풍년이 온다

· 범이 불알을 동지에 얼리고 입춘에 녹인다

소한

작은 추위라는 뜻의 절기이다.

· 소한의 얼음 대한에 녹는다

· 소한이 대한의 집에 몸 녹이러 간다

· 소한 추위는 꾸어다가라도 한다

· 추운 소한은 있어도 추운 대한은 없다

대한

큰 추위라는 뜻의 절기이다.

겨울이 막바지에 접어드는 때이다.

· 대소한에 소 대가리가 얼어터진다

· 대한 끝에 양춘이 있다

· 대한이 소한네 집에 놀러 갔다가 얼어 죽는다

· 대한이 소한의 집에 가서 얼어 죽는다

· 춥지 않은 소한 없고 추운 대한 없다

입춘

낮과 밤의 길이가 거의 같은 날로

새해 봄이 시작되는 때이다.

· 가게 기둥에 입춘

· 입춘(을) 거꾸로 붙였나

우수

눈이 녹아서 비가 된다는 뜻의 절기이다.

추운 겨울이 가고 봄을 맞는 때이다.

· 우수 경칩에 대동강 물이 풀린다

· 우수에 풀렸던 대동강이 경칩에 다시 붙는다

경칩

땅속에서 겨울잠을 자던 동물들이 깨어나서

꿈틀거리기 시작한다는 절기이다.

· 경칩 추위에 여우도 눈물을 흘린다

청명

봄 일을 시작하는 때이다.

· 한식에 죽으나 청명에 죽으나

곡우

봄비가 내려 온갖 곡식을 기름지게 한다는

뜻의 절기이다.

나무에 물이 가장 많이 오르는 때이다.

· 곡우에 가물면 땅이 석 자가 마른다

하지

낮이 가장 길고 밤이 가장 짧은 날이다.

하지가 지나면 날이 몹시 더워진다.

· 하지가 지나면 구름장마다 비

· 하지를 지나면 발을 물꼬에 담그고 산다

· 하지 쇤 보리 없다

처서

더위가 그친다는 뜻으로

선선한 가을을 맞이하는 절기이다.

이때는 풀이 더 이상 자라지 않아서

논두렁 풀을 깎거나 산소를 찾아 벌초를 한다.

· 모기도 처서가 지나면 입이 비뚤어진다

· 처서 밑에는 까마귀 대가리가 벗어진다

속담과 한자 성어 견주어 보기

한자 성어는 한자로 이루어진 말로, 교훈이나 유래를 담고 있다. 같은 뜻으로 쓸 수 있는 우리 속담들을 모아 담았다. 이해를 돕기 위하여 한자마다 뜻과 음을 달았다.

가렴주구 苛斂誅求
가혹할 가, 거둘 렴, 벨 주, 구할 구
· 관가의 조세는 범보다도 더 무섭다

각골난망 刻骨難忘
새길 각, 뼈 골, 어려울 난, 잊을 망
· 털을 뽑아 신을 삼겠다

감탄고토 甘呑苦吐
달 감, 삼킬 탄, 쓸 고, 토할 토
· 달면 삼키고 쓰면 뱉는다
· 맛이 좋으면 넘기고 쓰면 뱉는다
· 쓰면 뱉고 달면 삼킨다
· 추우면 다가들고 더우면 물러선다

격화소양 隔靴搔癢
막힐 격, 신 화, 긁을 소, 가려울 양
· 신 신고 발바닥 긁기
· 구두 신고 발등 긁기
· 목화 신고 발등 긁기
· 버선 신고 발바닥 긁기
· 옷을 격해 가려운 데를 긁는다
· 옷 입고 가려운 데 긁기

견강부회 牽强附會
이끌 견, 강할 강, 붙을 부, 모일 회
· 용수가 채반이 되도록 우긴다
· 채반이 용수가 되도록 우긴다

견문발검 見蚊拔劍
볼 견, 모기 문, 뽑을 발, 칼 검
· 모기 보고 칼 빼기[뽑기]
· 대포로 참새를 쫓는 격

결자해지 結者解之
맺을 결, 놈 자, 풀 해, 갈/어조사 지
· 맺은 놈이 풀지
· 문 연 놈이 문 닫는다

결초보은 結草報恩
맺을 결, 풀 초, 갚을 보, 은혜 은
· 꼴을 베어 신을 삼겠다

계란유골 鷄卵有骨
닭 계, 알 란, 있을 유, 뼈 골
· 계란에도 뼈가 있다
· 달걀에도 뼈가 있다

· 복 없는 정승은 계란에도 뼈가 있다

· 안되는 놈은 두부에도 뼈라

· 헐복한 놈은 계란에도 뼈가 있다

계륵 鷄肋

닭 계, 갈빗대 륵

· 사발 이 빠진 것

고목생화 枯木生花

마를 고, 나무 목, 날 생, 꽃 화

· 고목에 꽃이 핀다

· 죽은 나무에 꽃이 핀다

· 죽은 덤불에 산 열매 난다

고장난명 孤掌難鳴

외로울 고, 손바닥 장, 어려울 난, 울 명

· 외손뼉이 울랴[울지 못한다]

· 외손뼉이 못 울고 한 다리로 가지 못한다

· 외손뼉이 소리 날까

· 한 손뼉이 울지 못한다

고진감래 苦盡甘來

쓸 고, 다할 진, 달 감, 올 래

· 고생 끝에 낙이 온다[있다]

골육상쟁 骨肉相爭

뼈 골, 고기 육, 서로 상, 다툴 쟁

· 갈치가 갈치 꼬리 문다

· 망둥이 제 동무 잡아먹는다

· 망둥이 제 새끼 잡아먹듯

· 살이 살을 먹고 쇠가 쇠를 먹는다

· 쇠가 쇠를 먹고 불[살]이 불[살]을 먹는다

과유불급 過猶不及

지날 과, 오히려 유, 아닐 불, 미칠 급

· 그릇도 차면 넘친다

· 달도 차면 기운다

· 달이 둥글면 이지러지고 그릇이 차면 넘친다

· 차면 넘친다[기운다]

과전이하 瓜田李下

오이 과, 밭 전, 오얏 이/리, 아래 하

· 감나무 밑에서 삿갓 쓰지 말고 참외밭에서 신발 동이지 말라

교각살우 矯角殺牛

바로잡을 교, 뿔 각, 죽일 살, 소 우

· 쇠뿔 잡다가 소 죽인다

교토삼굴 狡兔三窟

교활할 교, 토끼 토, 석 삼, 굴 굴

· 토끼도 세 굴을 판다

구우일모 九牛一毛

아홉 구, 소 우, 한 일, 터럭 모

· 아홉 마리 소에 터럭 하나

군계일학 群鷄一鶴

무리 군, 닭 계, 한 일, 학 학

· 닭이 천이면 봉이 한 마리 있다

근묵자흑 近墨者黑

가까울 근, 먹 묵, 놈 자, 검을 흑

· 검은 데 가면 검어지고 흰 데 가면 희어진다

금상첨화 錦上添花

비단 금, 위 상, 더할 첨, 꽃 화

· 비단 위에 꽃

· 떡 위에 밥

금의야행 錦衣夜行

비단 금, 옷 의, 밤 야, 갈 행

· 비단옷 입고 밤길 가기[걷기]

금의환향 錦衣還鄉

비단 금, 옷 의, 돌아갈 환, 고향 향

· 비단옷 입고 고향 간다

기사회생 起死回生

일어날 기, 죽을 사, 돌아올 회, 살 생

· 그물을 벗어난 새

· 그물을 벗어난 새요 함정에서 뛰어 난 범이라

기우 杞憂

나라 이름 기, 근심 우

· 걱정도 팔자(다)

낭중지추 囊中之錐

주머니 낭, 가운데 중, 갈/어조사 지, 송곳 추

· 자루 속의 송곳

· 주머니에 들어간 송곳이라

노마지지 老馬之智

늙을 노/로, 말 마, 갈/어조사 지, 슬기 지

· 늙은 말이 길을 안다

당구풍월 堂狗風月

집 당, 개 구, 바람 풍, 달 월

· 독서당 개가 맹자 왈 한다

· 서당 개 삼 년에 풍월을 읊는다[짓는다]

· 정승 집 개도 삼 년이면 육갑을 한다

당랑거철 螳螂拒轍

사마귀 당, 사마귀 랑, 막을 거, 바퀴 자국 철

· 당랑이 수레를 버티는 셈

· 개미가 큰 바윗돌을 굴리려고 하는 셈

· 말똥구리가 수레바퀴를 굴리자고 한다

· 버마재비가 수레를 버티는 셈

대동소이 大同小異

클 대, 같을 동, 작을 소, 다를 이/리

· 난쟁이끼리 키 자랑하기

· 도토리 키 재기[다툼]

대해일속 大海一粟

클 대, 바다 해, 한 일, 조 속

· 바닷속의 좁쌀알 같다

동가홍상 同價紅裳

같을 동, 값 가, 붉을 홍, 치마 상

· 같은 값이면 다홍치마[검정 송아지]

· 같은 값이면 껌정소 잡아먹는다

동병상련 同病相憐

같을 동, 병 병, 서로 상, 불쌍히 여길 련

· 과부 사정은 과부[홀아비]가 안다

· 과부 심정은 홀아비가 알고 도적놈의 심보는 도적놈이 잘 안다

· 벙어리 속은 벙어리가 안다

동상이몽 同床異夢

한가지 동, 평상 상, 다를 이/리, 꿈 몽

· 같은 자리에서 서로 딴 꿈을 꾼다

· 잠은 같이 자도 꿈은 다른 꿈을 꾼다

· 한자리에 누워서 서로 딴 꿈을 꾼다

동족상잔 同族相殘

한가지 동, 겨레 족, 서로 상, 잔인할 잔

▸▸ 골육상쟁

동족방뇨 凍足放尿

얼 동, 발 족, 놓을 방, 오줌 뇨

· 언 발에 오줌 누기

등하불명 燈下不明

등 등, 아래 하, 아닐 불, 밝을 명

· 등잔 밑이 어둡다

· 등잔 밑이 어둡고 이웃집이 멀다

· 제 눈썹은 보지 못한다

마부작침 磨斧作針

갈 마, 도끼 부, 지을 작, 바늘 침

· 무쇠도 갈면 바늘 된다

마이동풍 馬耳東風

말 마, 귀 이, 동녘 동, 바람 풍

· 말 귀에 염불

망양보뢰 亡羊補牢

잃을 망, 양 양, 기울 보, 우리 뢰

· 소 잃고 외양간 고친다

· 도둑맞고 사립[빈지/사립문] 고친다

· 말 잃고 외양간 고친다

문일지십 聞一知十

물을 문, 한 일, 알 지, 열 십

· 하나를 듣고[보고] 열을 안다

· 하나를 부르면 열을 짚는다

· 하나를 알면[들으면] 백을 안다

목불식정 目不識丁

눈 목, 아닐 불, 알 식, 고무래 정

· 낫 놓고 기역 자도 모른다

· 가갸 뒷다리[뒤 자]도 모른다

· 기역 자 왼 다리도 못 그린다

묘항현령 猫項懸鈴

고양이 묘, 목 항, 맬 현, 방울 령

· 고양이 목에 방울 달기[단다]

반포지효 反哺之孝

돌이킬 반, 먹일 포, 갈/어조사 지, 효도 효

· 까마귀도 반포의 효도가 있고 비둘기도 예절을 안다

· 까마귀도 자라면 제 어미를 알아보고 위한다

배은망덕 背恩忘德

배반할 배, 은혜 은, 잊을 망, 덕 덕

· 낯익은 도끼에 발등 찍힌다

· 믿는 도끼에 발등 찍힌다

· 믿던 발에 돌 찍힌다

· 믿었던 돌에 발부리 채었다

· 아는 도끼에 발등 찍힌다

백골난망 白骨難忘

흰 백, 뼈 골, 어려울 난, 잊을 망

▸▸ 각골난망

백년해로 百年偕老

일백 백, 해 년, 함께 해, 늙을 로

· 검은 머리 파 뿌리 되도록[될 때까지]

백문불여일견 百聞不如一見

일백 백, 들을 문, 아닐 불, 같을 여, 한 일, 볼 견

· 백 번 듣는 것이 한 번 보는 것만 못하다

· 듣는 것이 보는 것만 못하다

· 열 번 듣는 것이 한 번 보는 것만 못하다

백미 白眉

흰 백, 눈썹 미

· 뭇 닭 속의 봉황이요 새 중의 학 두루미다

백척간두 百尺竿頭

일백 백, 자 척, 장대 간, 머리 두

· 백 자 대 끝에 서 있다

· 백 길 낭떠러지 위에 서 있다

병가상사 兵家常事

병사 병, 집 가, 항상 상, 일 사

· 한 번 실수[승패]는 병가의 상사라

본말전도 本末顚倒

근본 본, 끝 말, 엎드러질 전, 넘어질 도

· 눈보다 동자가 크다

· 몸보다 배꼽이 더 크다

· 발보다 발가락이 더 크다

· 배보다 배꼽이 더 크다

· 아이보다 배꼽이 크다

· 얼굴보다 코가 더 크다

부전자전 父傳子傳

아비 부, 전할 전, 아들 자, 전할 전

· 그 아버지에 그 아들[딸]

· 그 어머니에 그 딸[아들/자식]

부화뇌동 附和雷同

붙을 부, 화할 화, 우레 뢰/뇌, 한가지 동

· 가물치가 뛰면 옹달치도 뛴다

· 가물치가 첨벙하니 메사구도 첨벙한다

· 망둥이가 뛰니까 전라도 빗자루도 뛴다

· 망둥이가 뛰면 꼴뚜기도 뛴다

· 숭어가 뛰니까 망둥이도 뛴다

· 잉어가 뛰니까 망둥이도 뛴다

· 잉어 숭어가 오니 물고기라고 송사리도 온다

사면초가 四面楚歌

넉 사, 얼굴/방면 면, 초나라 초, 노래 가

· 광대 끈 떨어졌다

· 끈 떨어진 뒤웅박[갓/동우리/망석중이]

· 턱 떨어진 광대

사상누각 沙上樓閣

모래 사, 위 상, 다락 누/루, 집 각

· 모래 위에 선 누각[집]

· 모래밭에 세워진 궁전

· 모래 위에 쌓은 성

사족 蛇足

뱀 사, 발 족

· 뱀을 그리고 발까지 단다

사필귀정 事必歸正

일 사, 반드시 필, 돌아갈 귀, 바를 정

· 가시나무에 가시가 난다

· 대 끝에서 대가 나고 싸리 끝에서 싸리가 난다

· 대 뿌리에서 대가 난다

· 배나무에 배 열리지 감 안 열린다

· 오이 덩굴에 오이 열리고 가지 나무에 가지 열린다

· 오이씨에서 오이 나오고 콩에서 콩 나온다

· 왕대밭에 왕대 난다

· 외 덩굴에 가지 열릴까[달릴까]

· 외 심은 데 콩 나랴

· 조 심은 데 조 나고 콩 심은 데 콩 난다

· 콩 날 데 콩 나고 팥 날 데 팥 난다

· 콩 심은 데 콩 나고 팥[조] 심은 데 팥[조] 난다

· 팥을 심으면 팥이 나오고 콩을 심으면 콩이 나온다

· 호랑이가 호랑이를 낳고 개가 개를 낳는다

삼순구식 三旬九食

석 삼, 열흘 순, 아홉 구, 먹을 식

· 굶기를 (부잣집) 밥 먹듯 한다

삼인성호 三人成虎

석 삼, 사람 인, 이룰 성, 범 호

· 세 사람만 우겨 대면 없는 호랑이도 만들어 낼 수 있다

상전벽해 桑田碧海

뽕나무 상, 밭 전, 푸를 벽, 바다 해

· 뽕밭이 바다가 되다

새옹지마 塞翁之馬

변방 새, 늙은이 옹, 갈/어조사 지, 말 마

· 인간만사는 새옹지마라

설상가상 雪上加霜

눈 설, 위 상, 더할 가, 서리 상

· 눈 위에 서리 친다

· 고비에 인삼

· 기침에 재채기

· 마디에 옹이

· 얼어 죽고 데어 죽는

· 옹이에 마디

· 하품에 딸꾹질

소탐대실 小貪大失

작을 소, 탐할 탐, 클 대, 잃을 실

· 기와 한 장 아끼다가 대들보 썩힌다

· 서까랫감 아끼다가 용마루 썩힌다

· 좁쌀만큼 아끼다가 담 돌만큼 해 본다

· 한 푼 아끼다 백 냥 잃는다

수수방관 袖手傍觀

소매 수, 손 수, 곁 방, 볼 관

· 남의 굿 보듯

수주대토 守株待兎

지킬 수, 그루터기 주, 기다릴 대, 토끼 토

· 소불알 떨어지면 구워 먹겠다고 소금 가지고 따라다닌다

· 쇠불알 떨어지면 구워 먹기

· 오뉴월 쇠불알 떨어지기를 기다린다

· 황소 불알 떨어지면 구워 먹으려고 다리미에 불 담아 가지고 다닌다

숙맥불변 菽麥不辨

콩 숙, 보리 맥, 아닐 불, 분별할 변

· 콩과 보리도 분간하지 못한다

숙호충비 宿虎衝鼻

잘 숙, 범 호, 찌를 충, 코 비

· 자는 범[호랑이] 코 찌르기

· 자는 벌집 건드린다

· 자는 범[호랑이] 코침 주기

· 자는 호랑이 불침 놓기

· 잠자는 범에게 코침 주기

순망치한 脣亡齒寒

입술 순, 잃을 망, 이 치, 찰 한

· 입술이 없으면 이가 시리다

식자우환 識字憂患

알 식, 글자 자, 근심 우, 근심 환

· 아는 것이 병[탈]

· 모르는 것이 부처

· 모르는 게 약이다

· 모르면 약이요 아는 게 병

십벌지목 十伐之木

열 십, 칠 벌, 갈/어조사 지, 나무 목

· 열 번 찍어 아니[안] 넘어가는 나무 없다

십시일반 十匙一飯

열 십, 숟가락 시, 한 일, 밥 반

· 열 숟가락 모아 한 밥

· 열의 한 술 밥(이 한 그릇 푼푼하다)

· 열이 어울러 밥 찬 한 그릇

아전인수 我田引水

나 아, 밭 전, 끌 인, 물 수

· 내 논에 물 대기

· 제 논에 물 대기

양두구육 羊頭狗肉

양 양, 머리 두, 개 구, 고기 육

· 양 대가리 걸어 놓고 개고기[말고기/소고기]를 판다

어불성설 語不成說

말씀 어, 아닐 불, 이룰 성, 말씀 설

· 불 안 때도 절로 익는 솥

· 술 샘 나는 주전자

· 양을 보째 낳는 암소

· 여물 안 먹고 잘 걷는 말

언중유골 言中有骨

말씀 언, 가운데 중, 있을 유, 뼈 골

· 말 뒤에 말이 있다

· 말 속에 뜻이 있고 뼈가 있다

· 말 속에 말 들었다

· 말 속에 말이[뼈가] 있다

역지사지 易地思之

바꿀 역, 땅 지, 생각할 사, 갈/어조사 지

· 제 속 짚어 남의 말한다

연목구어 緣木求魚

오를 연, 나무 목, 구할 구, 물고기 어

· 나무에서 고기를 찾는다

· 바다에 가서 토끼 찾기

· 산에서 물고기 잡기

· 솔밭에 가서 고기 낚기

염량세태 炎涼世態

불꽃 염, 서늘할 량, 인간 세, 모습 태

· 대감 말이 죽었다면 먹던 밥을 밀쳐놓고 가고, 대감이 죽었다면 먹던 밥 다 먹고 간다

· 정승 개[말/당나귀] 죽은 데는 (문상을) 가도 정승 죽은 데는 (문상을) 안 간다

오비삼척 吾鼻三尺

나 오, 코 비, 석 삼, 자 척

· 내 코가 석 자

· 내 코가 닷 발이다

· 제 코가 석 자(가웃이나 빠졌다)

오비이락 烏飛梨落

까마귀 오, 날 비, 배 리, 떨어질 락

· 까마귀 날자 배 떨어진다

오십보백보 五十步百步

다섯 오, 열 십, 걸음 보, 일백 백, 걸음 보

· 나중 달아난 놈이 먼저 달아난 놈을 비웃는다

와각지쟁 蝸角之爭

달팽이 와, 뿔 각, 갈/어조사 지, 다툴 쟁

· 와우각상의 싸움

용두사미 龍頭蛇尾

용 용/룡, 머리 두, 뱀 사, 꼬리 미

· 범을 그리려다 개[고양이]를 그린다

· 호랑이를 그리려다가 강아지[고양이]를 그린다

· 호랑이를 잡으려다가 토끼를 잡는다

우공이산 愚公移山

어리석을 우, 공평할 공, 옮길 이/리, 메 산

· 우물을 파도 한 우물을 파라

· 쥐도 한 구멍을 파야 수가 난다

· 쥐도 한 모를 긁으면 끝장 본다

우이독경 牛耳讀經

소 우, 귀 이, 읽을 독, 글 경

· 쇠 귀에 경 읽기

· 쇠코에 경 읽기

우후죽순 雨後竹筍

비 우, 뒤 후, 대 죽, 죽순 순

· 비 온 뒤에 참대순 자라듯

유구무언 有口無言

있을 유, 입 구, 없을 무, 말씀 언

· 온몸이 입이라도 말 못 하겠다

· 입이 광주리만 해도 말 못한다

· 입이 열 개라도 할 말이 없다

· 입이 열둘이라도 말 못 한다

유명무실 有名無實

있을 유, 이름 명, 없을 무, 열매 실

· 소문난 잔치에 먹을 것 없다

· 소문난 물산이 더 안되었다

· 소문난 잔치 비지떡이 두레 반이라

· 이름난 잔치 배고프다

유유상종 類類相從

무리 유/류, 무리 유, 서로 상, 따를 종

· 가재는 게 편

· 가재는 게 편이요 초록은 동색[한 빛]이라

· 검둥개는 돼지 편

· 검정개는 돼지 편

· 검정개 한패[한편]

· 게는 가재 편

· 솔개는 매 편(이라고)

· 이리가 짖으니 개가 꼬리를 흔든다

이란투석 以卵投石

써 이, 알 란, 던질 투, 돌 석

· 계란으로 바위 치기

· 달걀로 바위[백운대/성] 치기

· 바위에 달걀 부딪치기

이심전심 以心傳心

써 이, 마음 심, 전할 전, 마음 심

· 벙어리 속은 벙어리가 안다

· 과부 사정은 과부[홀아비]가 안다

이현령비현령 耳懸鈴鼻懸鈴

귀 이, 매달 현, 방울 령, 코 비, 매달 현, 방울 령

· 귀에 걸면 귀걸이 코에 걸면 코걸이

· 코에 걸면 코걸이 귀에 걸면 귀걸이

인생무상 人生無常

사람 인, 날 생, 없을 무, 일정할 상

· 인생은 뿌리 없는 부평초[평초]

인지상정 人之常情

사람 인, 갈/어조사 지, 항상 상, 뜻 정

· 손이 들이굽지 내굽나

· 제 손가락이 안으로 곱힌다

· 팔이 들이굽지 내굽나

· 팔이 안으로 굽지 밖으로 굽나

일거양득 一擧兩得

한 일, 들 거, 두 양/량, 얻을 득

· 굿도 볼 겸 떡도 먹을 겸

· 굿 보고 떡 먹기

· 꿩 먹고 알 먹고 둥지 털어 불 땐다

· 꿩 먹고 알 먹기[먹는다]

· 도랑 치고 가재 잡는다

· 배 먹고 배 속으로 이를 닦는다

· 배 속으로 이 닦기

· 알로 먹고 꿩으로 먹는다

일구이언 一口二言

한 일, 입 구, 두 이, 말씀 언

· 한 입으로 두말하기

일석이조 一石二鳥

한 일, 돌 석, 두 이, 새 조

▸▸ 일거양득

일어탁수 一魚濁水

한 일, 물고기 어, 흐릴 탁, 물 수

· 미꾸라지 하나가 못을 흐려 놓는다

· 미꾸라지 한 마리가 온 웅덩이를[도랑물을] 흐려 놓는다

· 미꾸라지 한 마리가 한강 물을 다 흐리게 한다

· 송사리 한 마리가 온 강물을 흐린다

· 실뱀 한 마리가 온 바다를 흐리게 한다

· 조그마한 실뱀이 온 강물을 다 휘젓는다

· 종개 한 마리가 대동강 물을 흐린다

· 한 갯물[개울물]이 열 갯물[개울물] 흐린다

· 한 마리 고기가 온 강물을 흐린다

일일삼추 一日三秋

한 일, 날 일, 석 삼, 가을 추

· 일각이 여삼추[삼추 같다]

일자무식 一字無識

한 일, 글자 자, 없을 무, 알 식

▸▸ 목불식정

자승자박 自繩自縛

스스로 자, 노끈 승, 스스로 자, 묶을 박

· 제 꾀에 제가 넘어간다

· 제 딴죽에 제가 넘어가겠다

자업자득 自業自得

스스로 자, 일 업, 스스로 자, 얻을 득

· 내 얼굴에 침 뱉기

· 누워서 침 뱉기

· 자기 낯[얼굴]에 침 뱉기

· 제 갗[낯]에 침 뱉기

· 천장에 침 뱉기

작심삼일 作心三日

지을 작, 마음 심, 석 삼, 날 일

· 지어먹은 마음이 사흘 못 간다

장유유서 長幼有序

어른 장, 어릴 유, 있을 유, 차례 서

· 찬물도 위아래가 있다

적반하장 賊反荷杖

도둑 적, 돌이킬 반, 멜 하, 지팡이 장

· 똥 싸고 성낸다

· 방귀 뀐 놈이 성낸다

전광석화 電光石火

번개 전, 빛 광, 돌 석, 불 화

· 번갯불에 콩 볶아 먹겠다

· 번갯불에 회 쳐 먹겠다

전화위복 轉禍爲福

구를 전, 재앙 화, 될 위, 복 복

· 화가 복(이) 된다

정저지와 井底之蛙

우물 정, 밑 저, 갈/어조사 지, 개구리 와

· 우물 안 개구리[고기]

조변석개 朝變夕改

아침 조, 변할 변, 저녁 석, 고칠 개

· 고려공사 사흘[삼일]

· 조정 공론 사흘 못 간다

· 중의 공사가 삼 일

조삼모사 朝三暮四

아침 조, 석 삼, 저물 모, 넉 사

· 가랑잎으로 눈(을) 가리고 아웅 한다

· 눈 가리고 아웅

· 눈 벌리고 어비야 한다

· 머리카락 뒤에서 숨바꼭질한다

· 입 가리고 고양이 흉내

조족지혈 鳥足之血

새 조, 발 족, 갈/어조사 지, 피 혈

· 새 발[다리]의 피

· 모기 다리의 피만 하다

· 잠자리(의) 눈곱

좌불안석 坐不安席

앉을 좌, 아닐 불, 편안할 안, 자리 석

· 바늘방석에 앉은 것 같다

주객전도 主客顚倒

주인 주, 나그네 객, 엎드러질 전, 넘어질 도

· 나그네가 (도리어) 주인 노릇 한다

· 나그네 주인 쫓는 격

주마가편 走馬加鞭

달릴 주, 말 마, 더할 가, 채찍 편

· 달리는 말에 채찍질

· 가는 말에도 채를[채찍을] 치랬다

· 가는 말에 채찍질

· 닫는 말에도 채를 친다

· 닫는 말에 채찍질(한다)

· 재는 넘을수록 높고[험하고] 내는 건널수록 깊다

주마간산 走馬看山

달릴 주, 말 마, 볼 간, 메 산

· 꿀단지 겉 핥기[핥는다]

· 수박 겉 핥기

진퇴양난 進退兩難

나아갈 진, 물러날 퇴, 두 량/양, 어려울 난

· 업어 온 중

차일피일 此日彼日

이 차, 날 일, 저 피, 날 일

· 갖바치 내일 모레

· 고리백장 내일 모레

· 피장이 내일 모레 갖바치 내일 모레

천려일실 千慮一失

일천 천, 생각할 려, 한 일, 잃을 실

· 나무 잘 타는 잔나비 나무에서 떨어진다

· 닭도 홰에서 떨어지는 날이 있다

· 원숭이도 나무에서 떨어진다

· 잔나비도 나무에서 떨어진다

첩첩산중 疊疊山中

거듭 첩, 메 산, 가운데 중

· 산 넘어 산이다

· 갈수록 태산[수미산/심산/적막강산/험산]

· 산은 오를수록 높고 물은 건널수록 깊다

청천벽력 靑天霹靂

푸를 청, 하늘 천, 벼락 벽, 벼락 력

· 마른하늘에 날벼락[생벼락]

· 대낮에 마른벼락

· 마른날에 벼락 맞는다

· 맑은 하늘에 벼락 맞겠다

· 청천 하늘에 날벼락

청출어람 靑出於藍

푸를 청, 날 출, 어조사 어, 쪽 람

· 나중 난 뿔이 우뚝하다

· 뒤에 난 뿔이 우뚝하다

· 먼저 난 머리보다 나중 난 뿔이 무섭다

· 후생 각이 우뚝하다

초록동색 草綠同色

풀 초, 푸를 록, 한가지 동, 빛 색

· 그 속옷이 그 속옷이다

초미지급 焦眉之急

탈 초, 눈썹 미, 갈/어조사 지, 급할 급

· 눈썹에 떨어진 액[병]

침소봉대 針小棒大

바늘 침, 작을 소, 막대 봉, 클 대

· 바늘 끝만 한 일을 보면 쇠공이만큼 늘어놓는다

토사구팽 兎死狗烹

토끼 토, 죽을 사, 개 구, 삶을 팽

· 토끼를 다 잡으면 사냥개를 삶는다

· 토끼 잡은 다음에 개마저 잡는다

표리부동 表裏不同

겉 표, 속 리, 아닐 부/불, 같을 동

· 겉과 속이 다르다

· 겉 다르고 속 다르다

· 겉보기와 안 보기가 다르다

피차일반 彼此一般

저 피, 이 차, 한 일, 일반 반

· 둘러치나 메어치나

· 업으나 지나

풍전등화 風前燈火

바람 풍, 앞 전, 등 등, 불 화

· 바람 앞의 등불

· 바람받이에 선 촛불

하석상대 下石上臺

아래 하, 돌 석, 위 상, 대 대

· 아랫돌 빼서 윗돌 괴고 윗돌 빼서 아랫돌 괴기

· 윗돌 빼서 아랫돌 괴고 아랫돌 빼서 윗돌 괴기

학수고대 鶴首苦待

학 학, 머리 수, 쓸 고, 기다릴 대

· 구년지수 해 바라듯

· 구 년 홍수에 볕 기다리듯

허장성세 虛張聲勢

빌 허, 베풀 장, 소리 성, 형세 세

· 빈 수레[달구지]가 요란하다

· 빈 깡통이 소리는 더 난다[요란하다]

· 속이 빈 깡통이 소리만 요란하다

호가호위 狐假虎威

여우 호, 빌릴 가, 범 호, 위엄 위

· 사또 덕분에 나발 분다

· 원님 덕에 나팔[나발] 분다

호사다마 好事多魔

좋을 호, 일 사, 많을 다, 마귀 마

· 좋은 일에 마가 든다

후안무치 厚顔無恥

두터울 후, 낯 안, 없을 무, 부끄러울 치

· 벼룩도 낯짝이 있다

· 빈대도 낯짝[콧등]이 있다

· 족제비도 낯짝이 있다

· 족제비도 낯짝이 있어 숨을 구멍을 가린다

속담 속 숫자와 날짜 살펴보기

'세 살 버릇 여든까지 간다', '고욤 일흔이 감 하나만 못하다', '없어 일곱 버릇 있어 마흔여덟 버릇', '사흘 길을 하루도 아니 가서 (눕는다)'처럼 속담에서는 순우리말로 된 숫자나 날짜를 익힐 수 있다.

순우리말로 숫자 세기

숫자	순우리말	숫자	순우리말
1	하나	20	스물
2	둘	30	서른
3	셋	40	마흔
4	넷	50	쉰
5	다섯	60	예순
6	여섯	70	일흔
7	일곱	80	여든
8	여덟	90	아흔
9	아홉	100	온
10	열		

나이를 셀 때에는 '한 살, 두 살, 세 살, 네 살, 스무 살'을 빼고는 순우리말 숫자를 그대로 붙여 쓴다.

순우리말로 날짜 세기

날짜	순우리말	날짜	순우리말	날짜	순우리말
1일	하루(초하루)	11일	열하루	21일	스무하루
2일	이틀(초이틀)	12일	열이틀	22일	스무이틀
3일	사흘(초사흘)	13일	열사흘	23일	스무사흘
4일	나흘(초나흘)	14일	열나흘	24일	스무나흘
5일	닷새(초닷새)	15일	열닷새(보름)	25일	스무닷새
6일	엿새(초엿새)	16일	열엿새	26일	스무엿새
7일	이레(초이레)	17일	열이레	27일	스무이레
8일	여드레(초여드레)	18일	열여드레	28일	스무여드레
9일	아흐레(초아흐레)	19일	열아흐레	29일	스무아흐레(그믐)
10일	열흘	20일	스무날	30일	그믐

날짜에 '날'을 붙여 쓸 때에는 '하룻날, 이튿날, 사흗날, 나흗날, 닷샛날, 엿샛날, 이렛날, 여드렛날, 아흐렛날, 열흘날, 열하룻날, 보름날, 그믐날' 들로 쓴다.

속담 속 단위 명사 살펴보기

단위 명사는 수나 돈을 세고, 길이를 재고, 무게를 달고, 양을 나타내는 말이다. '석 자 베를 짜도 베틀 벌이기는 일반[마찬가지다]', '오 리를 보고 십 리를 간다', '천 냥 빚도 말로 갚는다'에서 보이듯이, 속담에는 '자, 리, 냥' 같은 전통적인 단위 명사가 많이 나온다. '걸음, 사람, 자' 같은 낱말은 단위로 쓰이지만 보통 명사이므로 따로 모았다. 속담을 예문으로 실었다.

1. 수량을 세는 말

개 낱으로 된 물건을 세는 단위. ¶ 네 떡이 한 개면 내 떡이 한 개라

년 해를 세는 단위. ¶ 칠 년 가뭄에 하루 쓸 날 없다

닢 돈이나 가마니, 멍석 따위의 납작한 물건을 세는 단위. ¶ 멍석 한 닢

달 한 해를 열둘로 나눈 것 가운데 하나의 기간을 세는 단위. ¶ 삼 년 가뭄에는 살아도 석 달 장마에는 못 산다

대 1. 화살처럼 가늘고 긴 물건을 세는 단위. ¶ 나무 한 대를 베면 열 대를 심으라
2. 때리는 횟수를 세는 단위. ¶ 청하니까 매 한 대 더 때린다

두름 1. 물고기를 짚으로 한 줄에 열 마리씩 두 줄로 엮어 스무 마리씩 세는 단위. ¶ 청어 한 두름
2. 산나물을 열 모숨 정도로 엮은 것을 세는 단위. ¶ 취나물 세 두름

번 일의 횟수를 세는 단위. ¶ 좋은 노래도 세 번 들으면 귀가 싫어한다

살 나이를 세는 단위. ¶ 세 살 버릇 여든까지 간다

알 작고 둥근 모양의 물건을 세는 단위. ¶ 콩 반 알도 남의 몫 지어 있다

일 날을 세는 단위. ¶ 고려공사 사흘[삼 일]

장 종이나 유리 따위의 얇고 넓적한 물건을 세는 단위. ¶ 백지 한 장도 맞들면 가볍다

점 1. 잘라 내거나 뜯어낸 고기의 살점을 세는 단위. ¶ 남의 고기 한 점 먹고 내 고기 열 점 준다
2. 떨어지는 물방울 따위를 세는 단위. ¶ 이마에 송곳을 박아도 진물 한 점 안 난다

접 채소나 과일 따위를 백 개씩 묶어 세는 단위. ¶ 곶감이 접 반이라도 입이 쓰다

2. 길이를 재는 말

촌/치 한 치 또는 일 촌은 한 자의 10분의 1로 약 3.03센티미터이다. ¶ 세 치 혀가 사람 잡는다

자/척 한 자 또는 일 척은 한 치의 10배로 약 30.3센티미터이다. ¶ 나룻이 석 자라도 먹어야 샌님

리 거리의 단위. 1리는 약 392미터이다. ¶ 십 리 밖에 있어도 오리나무

길 한 길은 약 2.4미터나 3미터에 해당한다. 또는 사람의 키 정도의 길이이다. ¶ 백 길 낭떠러지 위에 서 있다

발 한 발은 두 팔을 양옆으로 벌렸을 때 두 손끝 사이를 잰 길이이다. ¶ 내 코가 닷 발이다

3. 무게를 재는 말

근 고기나 한약재 한 근은 600그램이고, 채소나 과일 한 근은 375그램이다. ¶ 소고기 한 근

관 한 관은 한 근의 10배로 3.75킬로그램이다. ¶ 일천 관 불붙이고 동관에서 쌀알 줍는다

돈 귀금속이나 한약재 따위의 무게를 재는 단위. 3.75그램이다. ¶ 금 두 돈, 감초 너 돈

4. 곡식, 가루 따위의 부피를 재는 말

홉 한 홉은 한 되의 10분의 1로 약 180밀리리터이다. ¶ 서 홉에도 참견, 닷 홉에도 참견

되 한 되는 한 말의 10분의 1, 한 홉의 10배로 약 1.8리터이다. ¶ 한 되 주고 한 섬 받는다

말/두 한 말은 한 되의 10배로 약 18리터이다. ¶ 겉보리 서 말만 있으면 처가살이하랴

섬/석 한 섬은 한 말의 10배로 약 180리터이다. ¶ 버선목에 한 섬 들까

5. 돈을 세는 말

관 엽전을 묶어 세던 단위. 한 관은 엽전 열 냥을 이른다. ¶ 엽전 일곱 관

냥 엽전을 세던 단위. 한 냥은 한 돈의 10배이다. ¶ 세 닢 주고 집 사고 천 냥 주고 이웃 산다

닢 돈이나 가마니, 멍석 따위의 납작한 물건을 세는 단위. ¶ 제 돈 칠 푼만 알고 남의 돈 열네 닢은 모른다

돈 엽전을 세던 단위. 한 돈은 한 푼의 열 배이다. ¶ 두 돈 오 푼 바란다

푼 1. 엽전을 세던 단위. 한 푼은 돈 한 닢을 이른다. ¶ 돼짓값은 칠 푼이요, 나뭇값은 서 돈이라
2. 얼마 안 되는 적은 돈을 세는 단위. ¶ 내 돈 서 푼이 남의 돈 사백 냥보다 낫다

6. 넓이를 나타내는 말

마지기 논밭 넓이의 단위. 논은 약 150~300평, 밭은 약 100평 정도이다. ¶ 거짓말도 잘만 하면 논 닷 마지기보다 낫다

7. 단위를 나타내는 보통 명사

가락 가늘고 길게 토막이 난 물건을 세는 단위. ¶ 나중 꿀 한 식기 먹기보다 당장의 엿 한 가락이 더 달다

걸음 두 발을 번갈아 옮겨 놓는 횟수를 세는 단위. ¶ 천 리 길도 한 걸음부터

꾸러미 1. 꾸리어 싼 물건을 세는 단위. ¶ 꾸러미에 단장 들었다

2. 달걀 10개를 묶어 세는 단위. ¶ 달걀 한 꾸러미

단 짚, 땔나무, 채소 따위의 묶음을 세는 단위. ¶ 솔갈 한 단 못 세는 사람이 살림은 잘한다

동이 동이에 물 따위를 담아 그 분량을 헤아리는 단위. ¶ 미꾸라지 한 마리에 물 한 동이를 붓는다

두레 둥근 켜로 된 시루떡 덩이를 세는 단위. ¶ 얻은 떡이 두레 반

마리 짐승이나 물고기, 벌레 따위를 세는 단위. ¶ 송사리 한 마리가 온 강물을 흐린다

모숨 길고 가느다란 물건의 한 줌 안에 들어올 만한 분량을 세는 단위. ¶ 푸성귀 두 모숨

바가지 물이나 곡식을 담아 그 분량을 세는 단위. ¶ 모주 장사 열 바가지 두르듯

사람 명수를 세는 단위. ¶ 열 사람이 지켜도 한 도둑놈을 못 막는다

사발 국이나 밥을 담아 그 분량을 세는 단위. ¶ 열 사람이 밥 한 사발

식기 그릇에 담은 음식의 분량을 세는 단위. ¶ 나중에 꿀 한 식기 먹으려고 당장 엿 한 가락 안 먹을까

자 글자를 세는 단위. ¶ 글자는 이름 석 자만 알면 족하다

집 건물의 수효를 세는 단위. ¶ 열 집 사위 열 집 며느리 안 되어 본 사람 없다

폭 같은 길이로 나누어 놓은 종이, 천 따위의 조각을 세는 단위. ¶ 치마가 열두 폭인가

그림으로 옛 살림살이 살펴보기

1. 국악기

가야금

거문고

꽹과리

나발

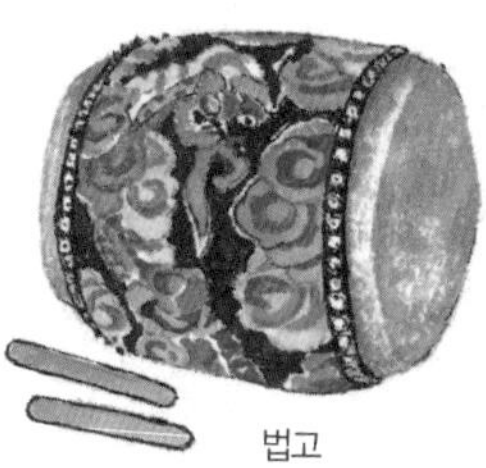

법고

소고

비파

북

장구

징

2. 농기구

가래

멍에

괭이

숫돌

키

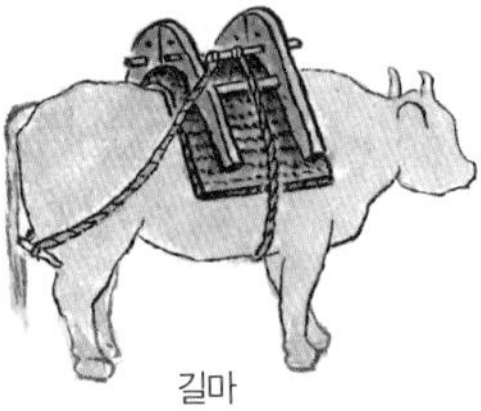

길마

달구지

도끼

지게

호미

먹둥구미

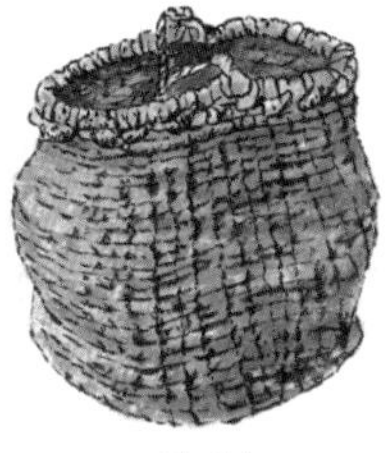

망태기

둥우리

씨오쟁이

멍석

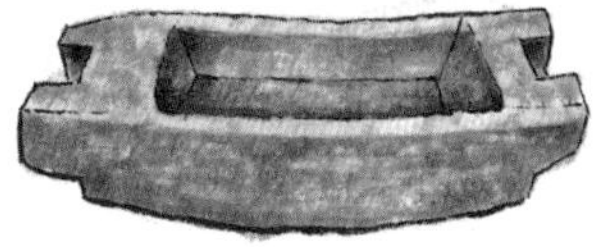

구유

낫걸이

낫

삼태기

홉

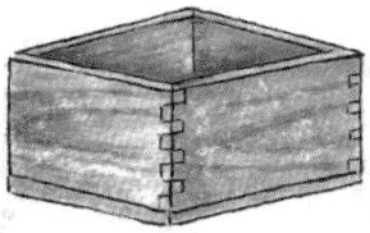

되

말

3. 살림살이

종지

노구솥

사발

양푼

가마솥

합

함지박

부지깽이

시루

탕관

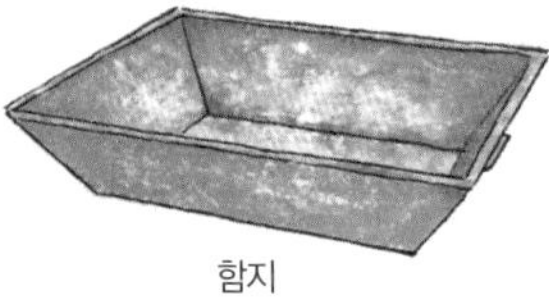
함지

바가지

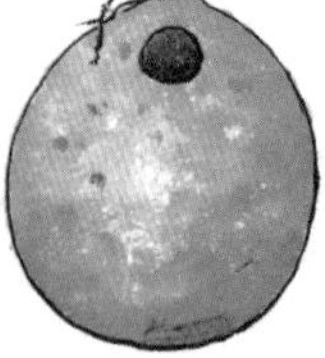
뒤웅박

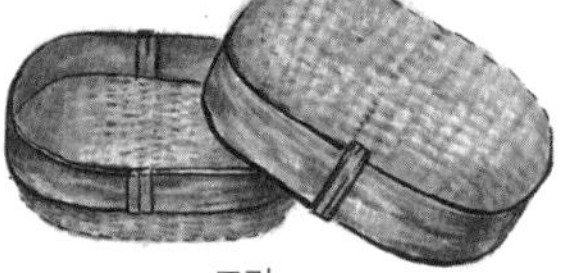
고리

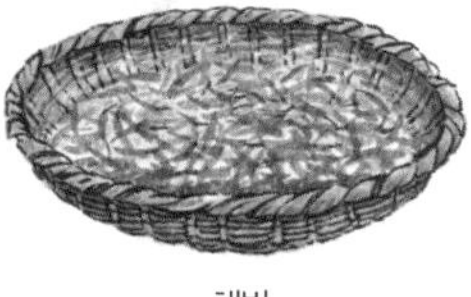
채반

바구니

용수

소쿠리

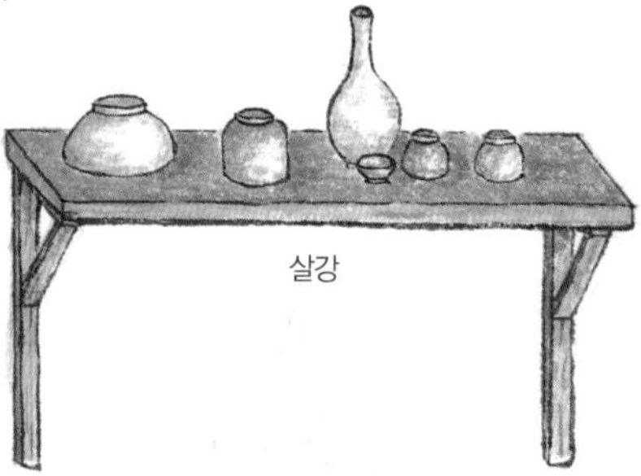
살강

떡살

조리

맷돌

화로

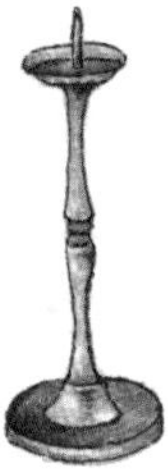

촛대

등잔

뒤주

요강

참빗

얼레빗

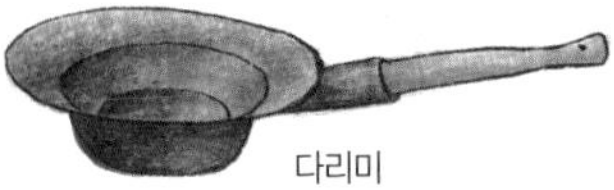

다리미

골무

씨아

횃대

다듬이

홍두깨

동이

단지

방구리

광주리

장독

체

돌절구

똬리

손풀무

안반(떡판)

떡메

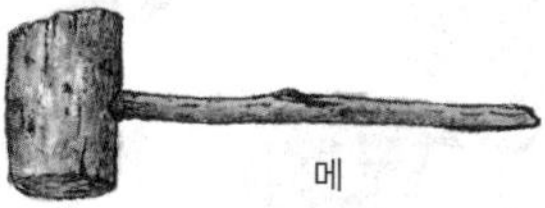
메

4. 옷붙이

감투

갓

망건

댕기

갖신

도포

두루마기

벙거지

나막신

사모

목화

잠방이

삿갓

짚신

저고리

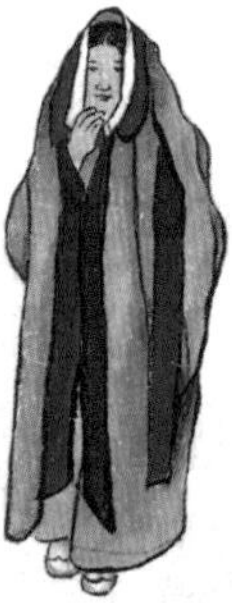
장옷

쌈지

패랭이

5. 옛날 집

기와집

대문(입춘방)

초가집

돌쩌귀

거적문

움

물레방아

물방아

연자방아

우물

소재별로 속담 찾아보기

우리 속담에 자주 나오는 낱말들이 있다. 사람과 동식물과 먹을거리에 관한 것들이다. 이런 낱말들을 살펴보면 우리 조상들의 생각이나 감정, 생활의 이런저런 모습들을 엿볼 수 있다. 오래전부터 사는 데 꼭 필요한 것들이고 관심거리였기 때문이다. 범과 호랑이나 달걀과 계란과 같은 낱말은 한데 묶지 않고 따로 찾아볼 수 있게 했다. 빈도수와 상관없이 한두 개 뿐이지만 의미가 있는 낱말도 찾아볼 수 있게 했다.

1. 속담 속 동물

우리 민족은 풍부한 이야깃거리를 지니고 있는 상징적인 동물이 많다. 열두 띠를 상징하는 동물부터 산과 들과 바다에서 사는 낯익은 동물들이 속담에 특히 많이 나온다. 그 까닭은 동물의 생김새나 행동 특징에 빗대어 사람의 성격이나 태도를 표현할 수 있기 때문이다.